1994

中国人物年鉴

中华名人协会主办

华 艺 出 版 社

1994
中国人物年鉴

华艺出版社出版
（社址：北京朝内南小街前拐棒胡同一号）
新华书店北京发行所发行
百花印刷厂印刷

开本：787×1092 毫米 16 开　印张 31　字数 992 千字
1994 年 10 月第 1 版
书号：ISBN7-80039-013-6/C·80　平装定价：26.00 元　精装：32.00 元

主编：李方诗　培　康　李维民　孙　波　邹英毅

编委（按姓氏笔画顺序）：

门　岿　马连儒　王绪圻　王鹏程　王锡璋　田翠华　朱小鸥
伊增埙　孙　川　孙公麟　孙志渊　孙晓青　孙璞方　李玉田
李贺普　吴泰昌　张仕国　张如贤　张翼昌　陈进鹏　陈学武
邵遗逊　林　凡　武际良　周　雨　周学之　赵志民　洪卓民
徐潮江　唐　旬　彭　飞　温云提

撰稿（按姓氏笔画顺序）：

万兴坤　王　决　王吉江　王道源　王朝柱　牛建国　史海燕
冯敬希　司洪文　弘　石　朱　赤　朱丽华　乔天富　齐泮连
刘　恺　刘　飒　刘海虎　刘路沙　汤家厚　孙　巍　杜淑芳
杨启儒　杨学军　李　秀　李　梅　李晓波　李炳清　李素珍
吴艾平　吴雅丽　邹天剑　应　红　张　本　张　磊　张文真
张书林　张世林　张秀琴　张桂凤　张鹤年　陈迎宪　邵新贵
罗帼英　周钧豪　俞小一　祝　吾　原成刚　顾锦明　钱　瑛
徐海燕　郭　祥　郭永兴　梁致东　萧紫光　常　华　常祥林
蒋凤波　蒋映光　韩　雪　韩小冬　蔡景凤　路小林　鲍继福
熊玉珍　瞿小阳

编 辑 说 明

《中国人物年鉴》是我国第一部以年鉴的形式，介绍每年度我国各方面知名人士的活动、事迹、贡献及生平的大型工具书。自1989年创刊以来，受到各界广泛重视和众多读者的欢迎。1994年《中国人物年鉴》共收人物条目1066条，其中包括中国共产党和国家、政府、军队的领导人，各民主党派领导人，获得全国性重大荣誉称号的英雄模范人物，在农工商各条战线上做出突出贡献的企业家、改革家和优秀代表人物，在科学技术方面有重大发明创造的专家，在学术上有重要成就的学者，发表有影响的著作或作品的理论家、文学家，在国内外重大比赛或评奖中名列前茅的艺术家、运动员，在教育、政法、卫生、新闻、出版、美术等方面有突出贡献的人士，有重大影响的少数民族、华侨和宗教界人士，以及台湾、香港、澳门各界著名人士，同时收录了在1993年逝世的我国各界著名人物和在1993年内举行过纪念活动或出版过文集、传记的我国历史上的著名人物。

按照年鉴的惯例，收入1994年《中国人物年鉴》中的人物，其情况介绍截止于1993年12月31日，对于1994年本书付印前有关人物发生的特别重大的情况，在该条目释文之后加附注作简要的说明。

本书还附录了中国共产党、国家、政府、军队和全国政协、各民主党派主要领导人名单，各省、市、自治区主要负责人名单等。此项资料截止时间为本书付印日期（1994年6月30日），在此之前未得知的变动，将在下年度年鉴中再作介绍。

《中国人物年鉴》邀请北京、上海、天津及部分省市有关方面的专家、学者和新闻工作者参加编撰和审稿。每年收入的条目，有一部分经过对传主本人直接采访后撰写，并经本人审阅；有一部分是通过信函由传主本人或所在单位提供材料撰写的；另有一部分人物的简历，参考或部分摘引了有关辞书或中央报刊刊登的有关资料。如有差错，将在下年度年鉴中更正。对于本年鉴存在的缺点与问题，诚挚地欢迎各界读者予以批评指正。

目录

附录:

各界人物检索

党政军

民主党派　民族　宗教

科　技

工　业　企　业

交　通　邮　电

商　业　金　融

农林牧副　乡镇企业

医　药　卫　生

政　法　公　安

教　育

社　科　理　论

新闻　出版　摄影

美术　书法

文　学

影视　戏曲　杂技

音乐　舞蹈

体　育

英　模　人　物

台港澳人士

逝世人物

纪　念　人　物

其　他　人　物

〔丁聪·著名漫画家·发表《转蓬的一生》〕1993年10月15日，上海《文汇报》发表著名漫画家丁聪写的自传体文章《转蓬的一生》。丁聪用随风飘转的蓬草来形容他的一生。说他“一直随着时代的激流旋转，有些时候我的身子和行动得不到自由，但我的心始终和人民息息相通。”

丁聪，1916年生，上海市人。其父是五四之前既已成名的上海老漫画家丁悚。人们习惯称其父为老丁，称他为小丁，又因小丁笔划简单，丁聪作画即以小丁署名。如今虽已年近八十，他仍喜欢用这个含有小人物之意的名字。丁聪从小受父亲周围绘画气氛感染，特别受张光宇影响较大。19岁时开始为上海《小晨报》画插图，后为新华、联华电影公司的画报做美术设计工作。1936年经黄苗子介绍到《良友》画报当编辑，业余为鲁少飞的《时代漫画》、张光宇的《上海漫画》画漫画，同年参加第一届全国漫画展览会。

抗日战争爆发后，丁聪在上海参与编辑良友公司出版的《战士画刊》、《战士画报》，并为《救亡漫画》作画，创作了大量抗日题材的作品。1937年底赴香港，继续在港出版的《良友》画报工作。曾帮助叶浅予设计编辑《日寇暴行实录》和《今日中国》画报。后与李青创编《大地》画报，直到1941年冬香港沦陷。在此期间曾三次赴四川，从事舞台美术设计和漫画创作，在渝两年是他创作欲最高、成果最丰富的两年。他曾画出24幅《鲁迅阿Q正传木刻插图》，画了一批彝族同胞素描，画了反映大后方现实的《现象图》，还与吴祖光化妆采访成都下等妓女云集之所，画出行墨漫画《花街》。他还为《牛郎织女》做过服装设计，为四川省立艺专教过课。

1945年10月返回上海，为柯灵、唐弢主编的《周报》、郑振铎主编的《民主》、黎澍主编的《文萃》和共产党直接办的《群众》等刊物画了大量漫画，并与吴祖光合编了图文并茂的《清明》月刊。与陈秋草、庞薰琹、吴作人等成立了上海美术家协会，积极参加各种进步活动。1947年冬根据中共地下组织安排，与茅盾等同船离沪赴香港。1948年底到达北京，参加了第一届青代会和文代会。历任《人民画报》副总编辑、全国青联常委兼副秘书长。中国美协第一、三届理事和漫画艺术委员会主任。他从1957年搁下画笔20多年，“文革”之后重返画坛。主要作品有：《鲁迅小说插图》、《丁聪插图》及讽刺画集《昨天的事情》、《古趣集百图》等。他是第二、六、七、八届全国政协委员。

丁聪多才多艺，还爱好音乐，四十年代曾在香港为严良堃指挥的乐队吹笛子，五十年代在朝鲜战场用二胡为侯宝林伴奏，七十年代末在联欢会上为李万春操过琴。

〔丁玉华·麋鹿专家·获全国保护野生动物先进个人称号〕青年麋鹿研究工作者丁玉华，克服种种困难，主持麋鹿野生放养工作获得成功，使我国麋鹿在保护区繁殖速度位居世界之最。1993年12月18日，获全国保护野生动物先进个人称号。

麋鹿属世界珍稀动物。它面似马非马，角似鹿非鹿，尾似驴非驴，蹄似牛非牛，故名“四不象”，原产我国。1500年前由于气候、环境等原因，野生麋鹿在我国逐渐绝迹。最后一群园囿豢养在北京南海子皇家猎苑中的麋鹿，也在清末八国联军攻打北京时被洗劫一空。后由英国贝福特公爵收集18头，豢养在乌帮寺别墅以内，世界现存的麋鹿都是这18头的后裔。1984年，世界野生动物基金会倡议，建立自然保护区，让麋鹿返回中华故土野生放养。经中外专家联合考察，决定在江苏大丰县海滨建立麋鹿自然保护区。1986年8月，由世界野生动物基金会将39头麋鹿从英国运回大丰。丁玉华担任大丰麋鹿自然保护区副主任，主持麋鹿野生放养的研究工作。

多年来，麋鹿都是在动物园饲养，这批麋鹿返回故土后，环境不适应，发生了腹泻、皮下血肿、瘤胃鼓气等疾病。在无资料可循的情况下，丁玉华按兽医的诊断及野生动物用药原则，精心护理，使病鹿全部康复。刚来保护区，39号公鹿突破小围栏，跑到保护区的树林中去了，一个月都未找到踪迹。过去“饭来张口”在公园娇养惯了的麋鹿，能否在自然保护区生存？丁玉华很着急，他们继续寻找，终于在长满芦苇的沼泽地发现39号公鹿仍健壮地活着。他高兴极了，说明麋鹿能适应保护区的生活环境，这才将其余麋鹿大胆放出。为了能掌握他们的特征和生活规律，头几个月，丁玉华经常进行24小时全天候跟踪。雪夜，他踩着麋鹿脚印了解冬天的活动规律；夏日，不顾蚊虫叮咬，常潜伏在树林草丛芦苇中观察鹿群的行为。7个春秋的日夜辛劳，为麋鹿重返大自然度过高温、检疫、饲养、疾病、繁殖等关，积累了大量资料和科学数据，使野生放养获得成功。现在丁玉华已经基本掌握了麋鹿采食、换毛、脱角、长茸、发情交配、怀孕产仔等行为规律。到1993年6月，保护区已拥有麋鹿154头，年增殖率为21.7%，比世界各国动物园豢养的高三倍，而且膘肥体壮，已发展为世界第三大种群。

为把麋鹿野生种群的研究成果推向国外，1992年，丁玉华成立了“大丰野生麋鹿研究会”，吸收了中外知名专家参加。研究会成立后，丁玉华拟定的麋鹿取茸试验，一举获得成功，填补了麋鹿研究史上的一项空白。该会已与19个国家进行学术交流。

丁玉华，工程师，1955年12月生，江苏省大丰县人，1975年9月在盐城农大牧医系学习，1977年毕业，分配到大丰县大桥兽医站工作，1986年7月调大丰麋鹿保护区工作至今。先后6次被评为先进生产者和优秀党员。现兼任大丰野生麋鹿研究会副理事长、中国动物学会、兽类学会、生态学会、自然保护区学会会员。曾先后在国内外发表论文26篇，其《麋鹿风土再驯化》是迄今世界麋鹿野生放养的唯一课题成果。

〔丁光训·中国基督教协会会长·当选第八届全国政协副主席〕 1993年3月26日在政协第八届全国委员会第一次会议上，中国基督教协会会长、中国基督教三自爱国运动委员会主席、中国爱德基金会董事长丁光训再次当选为全国政协副主席。

4月15日丁光训出访韩国延世大学，延世大学校长宋梓向丁光训颁发了韩国延世大学名誉哲学博士证书，并在仪式上赞扬他在神学研究上所作的贡献。

丁光训，1915年9月生，上海市人。上海圣约翰大学、美国纽约哥伦比亚大学师范学院、纽约协和神学院毕业；文学硕士，神学博士。1938年后，任上海基督教青年会学生部干事，加拿大基督教学生运动干事，瑞士日内瓦世界基督教学生同盟干事。1951年回国后任上海广学会总干事，金陵协和神学院院长，南京大学副校长兼宗教研究所所长，中国基督教三自爱国运动委员会主席，中国基督教协会会长，江苏省政协副主席。曾被欧美六所大学和神学院授予荣誉博士学位。他是第六、七届全国人大代表、全国人大常委会委员、全国人大外事委员会委员。第三届全国政协委员，第五届全国政协常务委员。

〔丁伟岳·数学家·获陈省身数学奖〕 中国科学院数学研究所研究员丁伟岳于1993年获“陈省身数学奖”。

丁伟岳，1945年4月26日生于上海市。1967年毕业于北京大学数学力学系数学专业。1982年获中科院数学研究所硕士学位，1986年获博士学位（在职），1988年晋升为研究员。

丁伟岳长期从事微分几何的研究。他的主要研究成果为起源于微分几何中“预定纯量曲率的共形形变”问题的方程问题。例如：

一、Nirenberg问题（在标准=维球面上预定高斯曲率）。这个问题由Nirenberg在六十年代提出后，J. Moser在1973年对预定的曲率函数是S^2上的偶函数的特殊情形进行了研究，并给出解答。但是，预定曲率函数不具对称性的一般情形问题要困难得多。丁伟岳和陈文雄第一次对一般的Nirenberg问题给出有解的一种充分条件。这一工作的突破性主要表现在方法上，他们首次提出了质心分析、S^2的共形变换群的利用及特殊梯度流的构造等新方法，从而使人们对这个问题的本质的认识前进了一大步。

二、R^n上Yamabe方程（在紧黎曼流形上预定常值纯量曲率）。这是一个形式上十分简单的椭园方程，由于它在一类与Yamabe问题有联系的椭园方程问题中占有特殊地位，因而引起人们的重视。丁伟岳（1986年）证明：这个方程在R^n上有无穷多个能量有限的变号解，从而解答了一个众所关注的问题；这个方程在有界区域上的狄氏问题的可解性是一个微妙的问题。Bahri和Coron（1988年）证明：如区域的拓扑非平凡则问题有解，他们同时提问：是否存在可缩区域使问题在其上有解？丁伟岳（1989）肯定地解答了这个问题，他构造出一类可缩区域并证明在这些区域上问题有解。

丁伟岳还在调和映射的存在性及热流方法方面进行了研究并在调和映射有关分析问题上取得了重要成果：如给出了球面间存在Smith形对称调和映射的充分必要条件，从而完成了Smith1975年开始的工作。他首次用变分方法对这一问题进行研究，这一方法既简单又便于推广，受到广泛注意。J. Eells及其合作者Ratto很快应用丁的方法于椭球面间的调和映射获得成功。此外，丁伟岳在源流形的维数$n>2$的情形，证明了调和映射的热流在有限时间内产生奇点的一个一般定理。还证明了先获得$n=3$时的结果，再将它推广到$n>3$的情形。J. Eells对这个结果评价很高，经他推荐，丁伟岳参加了1989年7月在美国夏威夷大学举行的“微分几何中的热方程”会议，并在会上报告了这个结果。德国数学家M. struwe在1990年京都世界数学家大会的报告中论及了这个结果，并给出了新证明。此后，丁伟岳在调和映射的热流的研究又有更深入的工作，他与张恭庆、叶如钢合作给出了2维情形热流在有限时间内产生奇点的第一个例子，推翻了一些专家的猜测；他与林芳华合作推广了经典的Eells—Sampson定理。

丁伟岳还在“非线性微分方程及其在几何中的应用”方面做出了很多杰出的研究，并取得了一批成果。

〔丁关根·中共中央政治局委员·谈新形势下宣传思想工作〕 中共中央书记处书记、中央宣传部部长丁关根，1993年1月16日在全国宣传部长座谈会的总结讲话中强调，宣传思想工作的根本指针，就是以建设有中国特色社会主义的理论指导宣传思想战线的全部工作，把用这一理论武装全党作为宣传思想战线最重要的任务。牢牢把握这一根本指针，就可以使我们的思想行动与党中央保持一致，坚持正确的政治方向。

丁关根说，用建设有中国特色社会主义的理论作为根本指针，必须全面贯彻执行党的基本路线。宣传思想工作要紧紧围绕经济建设这个中心，自觉服从和服务于这个中心。就是要运用多种手段和形式，集中做好经济建设和改革开放的宣传，把全党、全国人民的注意力引导到集中精力搞好社会主义现代化建设上来，并把人们的积极性引导好、保护好、发挥好。他指出精神文明重在建设，是宣传思想工作的一个重要原则。就是要以“建设”作为我们工作的出发点和落脚点，最重要、最核心的是用建设有中国特色社会主义的理论武装全党；就是要摒弃“搞运动”、“大批判”的方法，贯彻“不搞争论”的原则；就是要有目标，有规划，扎扎实实地去做，决不能停留在口头上、文件上、文章上；就是要继承和发扬人类文明的优秀成果。精神文明建设的成效，主要看是否有利于为经济建设和改革开放提供强大的精神动力和智力支持，是否有利于满足人民群众日益增长的精神文化需要，是否有利于培养“四有”新人。

丁关根说，宣传思想工作要更好地为群众服务，从思想观念到工作的具体内容和方式方法都要切实加以改进。在思想观念上，必须牢固树立群众观点，增强服务意识，向群众学习，注意倾听群众的意见，反映群众的愿望和要求。在宣传内容上要面向群众，面向实际，注意回答广大人民群众最关心的各种热点、难点和疑点问题。在宣传方式上，要改进宣传方法，注重宣传效果，多采取民主讨论，相互交流的方式，做到生动活泼，可信可亲。

丁关根，1929年9月生，江苏无锡人。1956年7月加入中国共产党。1951年毕业于上海交通大学运输管理系，历任铁道部工程师、外事局副处长、教育局长，第六届全国人大常委会副秘书长。1985年任铁道部部长。1988年起任国家计委副主任、台湾事务办公室主任。是中共十二届中央委员，十三届中央政治局候补委员，十四届中央政治局委员、中央书记处书记。1990年至1992年兼任中共中央统战部部长。1992年兼任中共中央宣传部部长。

〔丁国强·乡党委书记·创造全方位利用外资发展农村经济的经验使小乡大有作为〕 “成功的企业家，合格的党委书记”，这是江苏省宜兴市新街乡党委书记丁国强获得的赞誉。他带领一班人，坚持以经济建设为中心，抓住改革开放的机遇，在发展农村经济中创造了全方位利用外资的业绩和经验，1993年，这个只有一万多人的小乡，工农业总产值达9亿元。

丁国强，1954年2月出生于宜兴市新街乡。1970年他进入乡机砖厂干活；1980年，出任建材机械厂厂长；1986年以来，先后担任新街乡乡长和党委书记。这些年，新街乡的工业年年上新台阶，农林牧副渔各业协调发展，1993年全乡总产值达到9亿元，人均产值8万元，人均收入5000元，提前达到小康水平。新街乡的外向型经济发展迅速，合资企业已有25家，1993年就新办了16家。在发展外向型经济中，丁国强全方位多形式引进外资的经验赢得了人们的高度评价。

利用外资开发农村经济，新街乡所采取的主要形式有：

一、连销开发。即与一家跨国公司合作，集中在一个地块，接连办几个合资企业。乡建材机械厂经我国最大的集装箱公司介绍，与香港胜狮货柜公司合资兴办了万兴集装箱公司，生产英国专利折叠式集装箱。万兴公司投产后，香港胜狮总经理黄振中又与新街合资兴办宜兴胜狮货柜公司，总投资800万美元，注册资本510万美元，黄振中出资75%，380万美元现汇已全部到位，1994年第二季度开工投产，成为香港胜狮在大陆生产各类特种集装箱的基地。最近，香港胜狮又与新街合资兴办了信恒运输有限公司。至1995年，这三家合资企业产值可达三到四亿元，所有货柜全部出口。黄振中总经理表示，如合作成功，将继续投入，扩大生产能力。

二、分期开发。美国兴洋跨国公司来新街考察，决定成片开发建一个“电子城”。规划三平方公里，先启动一平方公里，投资100万美元的通讯公司已开工。这个片区由兴洋公司在美国招商，主要生产各种电子通讯原件和整机，若干年后，二、三十家同类企业集中在这里，形成一个小规模的“电子城”。中国电子深贸公司与日本三晶公司合作也来新街成片开发，主要生产机电合一的建筑机械，已付850万元征地定金，建设蓝图正在规划、设计。

三、委托开发。新街乡与一家美国大公司合作兴办不锈钢装饰板有限公司。第一期工程，总投资700万美元，外方出资97%，新街以征地费(60亩)入股，占总投资的3%。美方不直接管理企业，而由中美双方组成一个委托公司。具体实施有几条原则：一是合作期限为13年，到期后所有资产归新街乡；二是由委托公司招聘国内外人才来负责经营和管理；三是每年返回美方一定利润，超出部分归乡所有；四是委托公司由太平洋保险公司作担保。

四、租赁开发。近两年，台湾来大陆探亲、考察、经营的人越来越多。许多中下层员工不住宾馆，也不愿住亲戚家。由此，台湾塘州房地产开发公司看中宜兴的地域和旅游资源优势，看中新街的投资环境，决定在这里成片开发专供台湾同胞购买、租用的高级商品房。塘州公司拟向新街租赁2000亩山坡地，第一期工程先开发300亩，投资800万元，台方占75%，资金已到位。先建造具有20个国家、地区不同风格的40幢别墅，作为“样品”，以便下一步“以销定产”。

五、独资开发。韩国一些设备比较先进、有国外销售渠道的企业，将把工厂“搬”到新街来。新街提供2000亩土地，逐步建立一个独资的韩国工业园。新街与韩国“商工会”则合作成立一个咨询公司，提供服务。

新街乡是个只有一万多人的小乡。丁国强认为，只要继续深化改革，扩大开放，小乡也会大有作为。

〔丁树仁·保卫科长·被授予全国见义勇为先进分子称号〕　1993年8月25日，在第三次全国人民群众见义勇为与犯罪分子作斗争先进分子表彰大会上，山东省青岛市震泰时装纺织品公司保卫科科长丁树仁，被中宣部和公安部授予“全国见义勇为先进分子”称号。他还作为119名“全国见义勇为先进分子”中的优秀代表，在大会上向中央领导同志和与会代表介绍了他与持枪“蒙面大盗”英勇搏斗的事迹。

丁树仁所在的震泰时装纺织品公司，地处青岛市最繁华地区，是一个具有70年历史的“老字号”、产销一体的企业，经济效益在青岛商业系统名列前茅，也成了不法分子们眼中的一块肥肉。1992年1月2日凌晨3点，丁树仁在值班室听到“嘭”的一声闷响，判断有人溜进了财务科。财务科的保险柜里放有元旦这天18万元的销货款和准备发给职工的奖金。他一手抓起警棍，一手提着强光电击手电，直奔财务科。财务科的门关得好好的，丁树仁就用备用钥匙开门。正在他观察室内有无异常情况时，从侧面档案室里窜出一个蒙面人，把他撞了个趔趄。就在蒙面人夺路逃跑的瞬间，丁树仁抡起手中警棍朝他头上狠狠砸去。那人挨了一棍后迅速从腰间掏出一支枪，对着丁树仁头部说：“你再上，我就开枪打死你。”在走廊的灯光下，丁树仁看清了这个蒙面人：身体粗壮结实，头带黑色毛线帽，脸上捂个大口罩，身穿迷彩服和紧身裤，肩上斜挎一个大皮包。一种不祥之兆掠过他的脑海：元旦18万元的销货现金可能就在这皮包里，决不能让歹徒拿走。丁树仁一边大声呼喊，一边毫不犹豫地冲上去。“砰”的一声，歹徒扣动了扳机。他只觉得一股强大的热浪，擦过头部左侧。丁树仁使出全身力气，抡起警棍，朝歹徒头上、脸上连击不停，用手电直射歹徒的眼，使其视线不清。歹徒夺路向楼上逃窜，丁树仁追到6楼的平台上，见歹徒爬上了近3米高的围墙，想越墙逃跑。他冲上去，将歹徒拉下来。歹徒又拔出另一支手枪，向他射出第3枪。丁树仁与歹徒殊死搏斗，数十个回合过后，闻声赶来的2名值班员协助丁树仁将歹徒制服。后查明，这名歹徒曾因盗窃军用枪支被判刑7年，是个极其凶残的杀人、强奸、盗窃犯。抓获这个蒙面大盗之后，青岛市召开了数千人的表彰大会，丁树仁随之成为闻名遐迩的新闻人物。

丁树仁，山东省诸城市人，1954年10月生，大专文化程度，中共党员，1970年8月参加工作，曾当过知青、工人，多次被评为治保先进工作者、优秀民兵干部等。青岛市人民政府还授予他市劳动模范称号。

〔于珍·任中国轻工总会会长·谈轻工总会的任务和作用〕　1993年3月第八届全国人大第一次会议决定撤销轻工业部建立中国轻工总会，于珍出任中国轻工总会会长。

于珍，1936年生，山东海阳人。1956年加入中国共产党。1960年毕业于吉林工业大学农业机械系，留校任助教。后调任第八机械工业部《农业机械》编辑部编辑，第一机械工业部部长秘书，农业机械部生产管理局副局长，机械工业部农机工业局副局长，中国轻工业机械总公司经理。1985年起任轻工业部副部长。

在中国轻工总会成立大会上，于珍说：中国轻工总会的成立，是轻工行业管理体制的重大改革，该会一方面要协助政府搞好行业规划，制定行业标准，提供行业政策建议，另一方面要维护轻工各行业的共同利益和企业的合法权益，同时还要为维护消费者的合法权益承担应尽的责任和义务。要摸索在市场经济条件下不再作为政府专业经济部门而又能有效地实施行业管理的新模式，该会是对全国轻工行业行使行业管理职能的国务院直属事业单位，在行业管理上具有权威性。

〔于万增·京剧演员·获“梅兰芳金奖大赛”生角组金奖〕　1993年，京剧小生演员于万增在全国京剧演员最高层次评选活动——“梅兰芳金奖大赛”生角组评选中，以《辕门射戟》、《柳荫记》两出戏中的精彩演唱，一举夺得金奖。

于万增，1948 年出生于北京的一个梨园世家。祖父于连泉，艺名筱翠花，是著名的“筱派”京剧花旦艺术流派的创始人。父亲于世文是余派老生，多年从事艺术教育。于万增自幼受家庭影响，1960 年考入中国戏曲学校，主攻文武小生，得姜妙香、茹富兰、陈盛泰、江世玉、茹绍荃、黄定等名师传授，打下了坚实的基础。毕业后，又寻师习艺，经五年努力，学会了几乎所有的小生戏，有的戏还分别向四、五位不同戏路的老师求教。1984 年，他以一出小生为主的新编三国戏《白衣渡江》在首都剧场一炮打响。他饰演东吴小将陆逊，唱、念、做、表都很吃重，尤其是那 130 多句唱腔，几乎囊括了小生戏的各种调式和板式，还有新创编了小生唱腔中从未有过的二黄娃娃调。于万增精心创造、刻苦排练，成功地塑造了陆逊这个全新的艺术形象，充分展露了潜在的功力和艺术才华。不仅得到专家和观众的赞赏，同时引起著名梅派传人杜近芳的注意。1985 年在名角荟萃的中国京剧艺术家演出团赴香港公演之际，于万增被借来专为杜近芳配戏。他以人物感情把握得当，技巧性动作干净利落，表演细腻传神，深得港人称赞。此后他在《柳荫记》中饰演梁山伯，被认为深得叶（盛兰）派神韵。1990 年又第二次赴香港参加“纪念徽班晋京二百周年”演出活动。

于万增在艺术上师承姜（妙香）派，却不拘于一派，能从自身条件出发，广泛吸收小生各家之精华。比如《辕门射戟》这出戏，演唱上既继承了姜派喷口有力、吐字清晰、讲究四声的演唱技巧，又吸收了叶派的阳刚之美，充分发挥自己高音宽亮、低音悦耳的优势，并掌握轻重缓急，抑扬顿挫，亮亢处响遏行云，低回时潺若流水，细腻处真情俱见，激昂时虎啸龙吟，既符合人物性格，又给人美的享受。表演上则吸收了俞（振飞）派的书卷气。

于万增艺术全面，戏路宽广，不仅主演了许多小生重头戏，还和旦角、老生、花脸等行当合作，演出了各种类型的小生戏，并先后和袁世海、梅葆玖、童芷苓、杨荣环、厉慧良、谭元寿、马长礼以及冯志孝、刘长瑜、李维康等名家同台合作演出。

于万增 1991 年赴台湾探亲期间，“以精通各型小生戏路”受到台湾剧界关注，在台进行了三个月的演出、讲学、录相等活动。他的英姿勃勃的扮相、宽亮悦耳的演唱、清晰有力的念白、潇洒规范的表演以及儒雅倜傥的舞台风貌，在台引起轰动，台湾国剧协会授予他《海峡两岸演艺交流的先锋》锦旗。1993 年 4 月应邀二次赴台湾演出，并于同年 5 月参加中国京剧院首次赴台演出团在台公演。

〔**于永波·解放军总政治部主任·晋升上将军衔**〕　1993 年 6 月 7 日，中央军委命令，于永波晋升为上将军衔。

于永波，1931 年 9 月生，辽宁省复县人。满族。1947 年参加东北民主联军。1948 年加入中国共产党。曾任第四野战军四十二军团宣传队副队长。参加了东北 1947 年冬季攻势作战和辽沈、平津、西南等战役。1950 年参加抗美援朝，在中国人民志愿军任团宣传干事。参加了第一至四次战役。1952 年回国后，历任中南军区团政治处宣传助理员、军政治部教育助理员、师政治部宣传科科长、团政委、军政治部宣传处处长、师副政委兼政治部主任、师政委、广州军区司令部办公室主任、军政委、南京军区政治部主任、解放军总政治部副主任。1992 年 10 月起任解放军总政治部主任、中共中央军委委员。1993 年 3 月任中华人民共和国中央军委委员。是中共第十三届、十四届中央委员。1988 年被授予中将军衔。

1993 年 5 月 9 日，于永波在全军思想政治工作座谈会上讲话，着重强调了这样几个问题：一是认清面临的新形势，进一步增强做好思想政治工作的信心；二是充分发挥思想教育的优势，用强大的精神支柱凝聚军心；三是注重正面引导，努力形成奋发向上的舆论环境；四是着眼军队建设的特别要求，保证部队战斗力的巩固和提高；五是发挥各级政治标兵的积极性，在为基层服务上有所作为。8 月 10 日于永波在总政召开的驻京部队大单位学习理论汇报会上强调，要充分认识用建设有中国特色的社会主义理论武装全军的重大意义，不断增强学习的紧迫感和自觉性。他说，要保证我军经得起各种政治风浪的考验，在任何时候、任何情况下都自觉地在政治上、思想上、行动上同党中央保持一致，完成党和人民赋予的各项任务，必须用建设有中国特色社会主义理论武装头脑。他指出，当前要着重解决好两个方面的问题：一是要用建设有中国特色社会主义理论指导部队的改革和建设；二是要运用建设有中国特色社会主义理论，加强党性煅练，抓好廉政建设。9 月 25 日，于永波在国防大学举办的建设有中国特色社会主义理论研讨会上指出，军队的理论工作，尤其要深入研究邓小平同志新时期的建军思想，更好地回答、解决军队改革的建设中遇到的新课题。他要求各级领导关心理论队伍建设，既要注意发挥他们的作用，又要注意对他们的培养提高，为理论研究工作的深入开展创造良好的环境和条件。

1993年，于永波在北京会见了来访的罗马尼亚军事检察代表团团长波·凯雷凯安努少将。还出访了老挝、越南。

〔于旭东·通化市人民检察院副检察长·被评为中国十大杰出检察官之一〕　1993年9月20日，由《人民日报》、新华社、《法制日报》等13家新闻单位和中宣部新闻局联合主办的建国以来首次评选“中国十大杰出检察官”活动在京揭晓，并在人民大会堂举行颁奖大会。吉林省通化市人民检察院副检察长于旭东榜上有名。

于旭东，辽宁省凤城县人，1941年1月生，初中文化程度，1958年12月参加工作，1962年10月加入中国共产党，当过公安民警、法院审判员、法庭庭长，1978年后在通化市人民检察院历任科长、处长、反贪污贿赂工作局局长等。1992年10月被选为中共十四大代表。

1986年夏，于旭东做了直肠癌切除手术。由于他具有先天抗麻醉的特殊体质，各种麻醉手段对他都无济于事。他的四肢被紧紧捆在手术台上，手术后不仅医护人员精疲力尽，于旭东的整个腰部也磨去了一层皮。这样的手术他一个月中做了3次。刚出院，他就拖着虚弱的身子上了班。一件谭某故意杀人案，3年未结。面对厚达1000多页的卷宗，他反复审查，认为事实不清，证据不足，不应草率起诉，列出了30多页的复查提纲。就在这时，他又住院做了第四次手术。出院后他听说此案经复查，犯罪成立，维持原判后，拖着羸弱之躯来到院里，恳请让他带队再一次复查。严冬腊月，于旭东带人来到百公里外的小山村。复查工作极为艰苦，案发已过3年，取证相当困难，再加一些知情人作伪证，阻力重重。于旭东手术后因人造肛门收缩性差，每隔20分钟就得上一次厕所，肠子常常露出磨破出血，冷风一吹刺骨地疼。战友们劝他回县城坐阵指挥，但他不肯。最后案情终于真相大白，真正的凶手受到惩处，谭某被无罪释放。

原通化市委房产处处长吕某，手握房产大权，飞扬跋扈。在查处他的经济问题时，一些受过他好处的人为他通风报信，吕本人也有恃无恐，态度蛮横。市公安局副局长亲自找于旭东说情，被严辞拒绝。他与办案组艰苦奋战，经过3个月调查取证，查清了吕某受贿8万元、贪污2万元、投机倒把获利6000元的犯罪事实。同时顺藤摸瓜，挖出另外8名经济犯罪分子，为国家挽回经济损失18万元。1989年，于旭东查办原通化市建委主任刘某的贪污受贿案。此人原在检察院工作过，是他的老领导。刘某抱着一份侥幸前来拜访，求他高抬贵手，并许诺分给他一套住房。于旭东一家4代8口人住在不足20平方米的平房里，家境清贫。可他不为所动，刘某受到法律制裁。于旭东的一个亲侄女婿犯了过失杀人罪，刚担任副检察长的于旭东正好分管批捕起诉工作。侄女和其他亲属都上门来求助，而他却耐心讲清法律原则。不久公安局将此案移送检察院，他向检察长说明情况主动回避，使此案依法判决。

于旭东的老伴至今没有工作，他从未求人；大儿子在市人防办大集体厂，因长期在山洞里工作，得了风湿病，求父亲帮忙挪个单位，他也没答应。在于旭东的影响下，他已经工作的3个孩子都成了先进工作者。于旭东曾20多次被评为市和院的先进工作者、劳动模范、学雷锋标兵，多次立功，多次被评为省、市优秀共产党员，1992年5月最高人民检察院授予他“模范检察干部”称号。

〔万里·全国人大常委会委员长·卸职〕　1993年3月14日，七届全国人民代表大会常务委员会委员长万里在人民大会堂主持八届全国人大一次会议主席团的第一次会议。他在会上宣布：“根据全国人大议事规则的有关规定，我们七届全国人大常委会委员长会议组成人员参加今天的会议，就是一项任务：提出八届全国人大一次会议主席团常务主席的建议人选，请主席团会议推选。”接着，工作人员现场宣读了名单草案。万里向会议提出请付表决。当宣布乔石、胡锦涛、田纪云和七届全国人大常委会副委员长王汉斌、倪志福、陈慕华、费孝通、孙起孟、雷洁琼等9人当选为主席团常务主席后，万里说：“我的任务已经完成。我预祝八届全国人大一次会议圆满成功！现在，请常务主席主持主席团会议。我就告退了。”新当选的主席团常务主席乔石站起身，在热烈的掌声中同比他年长8岁的万里紧紧拥抱。

万里在七届全国人大及其常委会任职期间，先后主持了七届全国人大常委会的三十一次会议。他和他的同事们履行宪法赋予的职责，审议制定并通过颁布了86部法律和关于法律问题的决定，听取和审议了国务院、最高人民法院、最高人民检察院的39个工作汇报，把自己辛勤的工作，留在了中国社会主义民主与法制建设的历史上。3月31日，新当选的八届全国人大委员长乔石在八届人大一次会议上讲话时强调指出：七届全国人大及其常委会在五年任期内，坚持以建设有中国特色社会主义的理论和党的基本路线为指导，认真行使宪法赋予的职权，把保证和促进改革开放作为首要职责，把加强社会主义民主和法制建设作为根本任务，在保障改革开放和社会主义现代化建设的顺利进行方面发挥了重要作用。万里同志在担任第七届全国人大常委会委员长期间，坚定不移地坚持建设有中国特色社会主义的理论和党的基本路线，辛勤工作，尽职尽责，为加快改革开放和推进社会主义民主法制建设作出了重大贡献。请允许我代表八届全国人大，向万里同志致以崇高的敬意！向七届全国人大常委会各位副委员长和委员，向七届全国人大代表，表示由衷的敬意和感谢！

2月22日，万里主持了人大常委会第三十次会议，会议通过了将《中华人民共和国宪法修正案（草案）》提请第八届全国人民代表大会第一次会议审议的决定和《中华人民共和国国家安全法》、《中华人民共和国产品质量法》。

3月9日，万里主持了人大常委会第三十一次会议，会议审议了八届人大一次会议议程草案，决定提请八届全国人大一次会议审议。

5月7日，出席共青团第十三次全国代表大会的安徽省和山东省代表团部分代表到中南海看望万里。万里勉励大家要担当起历史的责任，成长为有才干、有能力、德才兼备的接班人。

10月13日是中国少年先锋队建队44周年纪念日，万里在人民大会堂亲切接见了第三届全国"十佳少先队员"，与孩子们共度少先队第44个生日。

12月15日，万里在人民大会堂会见了澳大利亚前总理霍克，共叙友情。

万里，1916年出生于山东省东平县。1936年加入中国共产党。曾任中共东平县工委书记，冀鲁豫地委书记，军分区政委。1947年后任中共冀鲁豫区委员会秘书长。建国后，曾任中华人民共和国建筑工程部副部长、城市建设部部长，中共北京市委书记兼北京市副市长。1973年后，任中共北京市委书记，北京市革命委员会副主任。1975年后，任铁道部部长，轻工业部副部长，中共安徽省委第一书记。1980年任国务院副总理。是中共十二届中央政治局委员、中央书记处书记，十三届中央政治局委员。1988年在七届全国人大一次会议上当选为人大常委会委员长。

〔万学远·当选浙江省省长〕　1993年1月14日，在浙江省第八届全国人大第一次会议上，万学远当选为浙江省省长。同年被选为中共浙江省委副书记。

万学远，1941年生，湖北黄冈人。1961年6月加入中国共产党。1964年毕业于上海交通大学船舶燃气轮机专业，留校工作多年。1978年调共青团上海市委工作，先后任团市委常委、学校部部长、秘书长，团市委副书记。1984年起，任上海市人民政府办公厅副主任，市政府副秘书长兼办公厅主任，市政府秘书长。1992年任浙江省副省长。

〔万承奎·原第四军医大学研究员·获全军先进退休干部称号〕　1993年9月，在人民解放军总政治部召开的全军老干部工作先进表彰会议上，万承奎被授予全军先进退休干部称号。

万承奎，1933年7月生，江西省南昌县人，1951年8月参加中国人民解放军，1959年11月加入中国共产党。1954年7月毕业于第四军医大学，历任该校政治干事、团委书记、宣传处副处长、附属医院政治部主任、校研究室副研究员。1989年1月退休。

万承奎自1986年以来，以顽强的毅力和刻苦的精神，学习了心理学、社会学、高等教育学、中医学、营养学、演讲学和口才学等五十多门课程。他和爱人孙慧心（第四军区大学副教授）共同召开了200余次健康调查会，进行了700余人个案分析，2000余人健康咨询，3000余份问卷调查，深入研究健康学，创立了独具特色的"生命自我管理科学"，提出了"把生命掌握在自己手中"的论点。他们发表科普文章近100篇，撰写了"论老年人生理健康和心理健康"、"知识分子要把生命掌握在自己手中"、"青春与健康"、"普及式、大面积、大群体行为指导和探讨"等10余篇论文，分别在报刊发表和国际学术会上交流。他撰写的15万字的"老年人身心健康的五把钥匙"专著，3年内出版6次，印数达15万6千册，被评为陕西省科技图书一等奖。

万承奎夫妇先后应邀到中央各部委、军委各总部、各军兵种以及全国24个省、市、自治区，作"健康学"的演讲738场，直接听众达100余万人。国家教委中国老年教育中心和国家邮电部把他们的演讲制成录相带或录音带向全国发行，受到广大群众的热烈欢迎。他们的报告通俗易懂，具有科学性、知识性、趣味性，更有实用性，既有医学知识，也有历史典故和现代事例，既有生活哲理，也有人情琐事，使人听了耳目一新，精神振奋，唤醒了众多人的健康意识。一位70岁的老人说，听到这样好的报告，好象年轻了10岁；一位有35年烟龄的领导人，听了报告后，很干脆地把烟戒了；另一位患乳腺癌的妇女，悲观绝望，闭门不出，听录音报告后，第二天就出了门，解脱了精神上的困惑，决心和癌症做斗争；某校一青年为报复，准备杀人，听了报告后，解除了心理危机，避免了恶性事件的发生。陕西第二大城市宝鸡，除了现场报告外，市电台用黄金时间连续播放二周，轰动了宝鸡三百万人，掀起了"健康热"。《中国教育报》、《健康报》、《解放军报》、《中国老年报》、中央电视台等近百家新闻单位先后报道了他们的事迹，受到中央组织部、总政治部和中华教育艺术家协会的表彰。1991年中央组织部授予万承奎"全国老干部先进个人"称号。

〔马宁·"左联"老作家·耄耋之年创作长篇小说《红白世家》第一部《香港小姐奇婚记》出版〕

1930年参加"左联"的老作家马宁，几年前开始倾注全力创作以自己亲身经历为素材的长篇小说《红白世家》，其中第一部29万字的《香港小姐奇婚记》于1993年出版。这位耄耋之年的老作家，在半个多世纪中经历了无数的坎坷、困顿、危厄、痛苦以后，依然以炽热的激情，生动的文笔，围绕一位香港小姐婚恋的曲折情节，描述了三十年代普通劳动者的痛苦生活、斗争要求和革命活动，作品富有生活气息，人物栩栩如生，反映出这位极富传奇色彩的老作家老而弥坚、青春常在的情怀和活力。

马宁原名黄振椿，1909年出生于闽西一个穷僻的山乡，在集美师范部读书时，因参加学潮被学校开除。后到上海入上海大学中文系，读书期间参加了上海第三次武装起义，从此走上了革命的道路。1927年"四·一二"政变，上海大学被封闭，不久南昌起义爆发。马宁只身跑到南昌找起义军。到南昌时，起义军早已撤离。马宁便在举行"八一起义"的南昌大旅社写出了后来受到陈毅同志高度评价的短篇小说《船上人》。以后，马宁又在穷困潦倒中写出了中篇小说《铁恋》，因此认识了南强书局的编辑冯铿和钱杏邨(阿英)。在阿英、冯铿帮助下，马宁更加积极自觉地参加革命活动，于1930年9月加入中国共产党，接着又加入"左联"，成为第一批"左联"成员。在此期间，马宁勤奋写作。四年间，创作了《铁恋》、《被忘却的市集》、《无办法的恋爱》等四部中篇，《处女地》、《土地快车》两部长篇，以及《马宁诗集》、《马宁随笔》等，共计十一本。当时的马宁，还只有21岁。

1931年初，"左联"作家冯铿、胡也频、柔石等被捕，马宁在上海无法立足，只身下了南洋，他像一粒火种，走到哪里就把革命火焰带到哪里。在马来亚华侨公立振华中小学校担任中学部主任时，适逢"九·一八"事变发生，他马上在学校组织反帝学联，开展抗日宣传，因此学校被封闭。马宁在马来亚共产党员掩护下，转入地下，秘密到北部山区一所小学当校长。后来到了新加坡，在进步华侨青年邀请下主编《南洋文艺》。后刊物被封。他又参加了马来亚各民族精粹分子组成的马来亚反帝大同盟，担任宣传部长，主编大同盟刊物《马反》，协助同盟组织了"马来亚普罗艺术同盟"，在南洋进步文艺青年和各国侨民中有很大的影响。在此期间，他除在报刊上发表了许多论文和散文外，还创作了七个独幕剧，在新加坡皇家剧院演出后，曾轰动一时，他被评论家誉为"南洋新兴戏剧运动的主将"。1938年抗日战争爆发后，马宁回到国内，先后在新四军和大后方从事文艺工作。1941～1944年在桂林，创作了《南洋风雨》、《动乱》和《无名英雄传》三部长篇小说。1946年在香港出版了著名长篇小说《将军向后转》，被誉为"继茅盾《子夜》之后，最能反映中国——所谓'胜利'后的中国的真实面貌，最具有强烈的政治性的文艺作品。"总计马宁从1921年至1949年解放前夕，22年间共创作了180万字的作品。

新中国成立后，马宁先后担任福建省文化处处长、《福建农民报》主编、福建省文联主任。但是，由于他的奇特经历，更由于他个性耿直，遇事敢于直言，因此在建国后的历次政治运动中都在劫难逃，多次遭到不公平的待遇，以致逐渐在文坛上消失，成了一个被遗忘的"左联"作家。进入八十高龄后，他就像老树爆发新芽，1991年出版了六十万字的《马宁选集》，同时开始创作《红白世家》。第一部《香港小姐奇婚记》已出版，第二部《爱与仇的角逐》已完成一半。他说："等我把第三部《最后笑的人》写完，你们看了一定会有许多感想的。"

〔马杰·全国劳动模范·领导濒临破产的合资企业扭亏为赢成为原材料工业利税十强企业之一〕

山西省平朔煤炭工业公司总经理兼党委书记马杰，在一年多时间内将一个负债累累、亏损严重、外方提前退出的合资企业扭亏为赢，原煤生产、外运商品煤量、劳动生产率和经济效益均创该企业历史最高水平，并探索了办好全民煤炭企业的新路。1993年9月4日《光明日报》报道了他的事迹。

平朔煤炭工业公司是我国最大的露天煤炭企业。1982年为中美合作企业，外方为美国西方石油公司。总投资6.5亿美元，合作合同于1985年6月29日签定生效，原定合作期30年。但由于生产成本过高，投产以来连年亏损。西方石油公司于1991年7月提前退出。据外方统计合作期间累计亏损2.8亿美元，中方累计亏损8319.3万元人民币。

当时任大同矿务局局长的马杰于1992年春临危受命。中央、国务院领导指示他要走出一条新路，把平朔煤矿办得比外国人在时更好。当时面临三个严重问题：一是由于盲目开采造成采剥失调须尽快调整；二是1991年末发生1100万立方米大面积滑坡，致使南排土场无法利用、洗车间被摧毁，造成严重损失；三是由于桥墩断裂使铁路中断，造成煤运不出去而被迫停产。马杰上任后，像抓作战一样狠抓恢复生产。他召开公司领导班子会议，决定企业的生产经营方针是：继续巩固现代化管理模式，摒弃外方高成本、高消耗、盲目开采的弊端，结合我国国情和企业实际，融中外成功的管理方法为一体，形成一套独具特色的、科学高效的现代化煤矿管理方法。采取五条有力措施：第一，深挖生产和成本上的潜力，解决采剥失调、成本高、浪费大的问题；第二，全面推行内部经营承包责任制，转换经营机制；第三，进行劳动、人事、工资制度改革；第四，加快多种经营和第三产业的发展；第五，关心群众生活，解决职工住房、夫妻两地分居、农转非以及休假疗养等问题。这些措施充分调动了广大职工的积极性，人心稳定，干劲倍增，生产形势迅速好转。1992 年全公司生产原煤 1156 万吨，外运商品煤 1052 吨，利税总额达 27873.5 万元，劳动生产率和经济效益均创历史最高水平，　被国家统计局列入利税十强企业之一。1993 年上半年利润总额达 20474.11 万元，　比上年同期有所提高，总成本和单位成本均比外国人在时大为降低。

马杰，山东省昌邑县人，1936 年生，1956 年毕业于中国矿业学院，在大同矿务局先后任技术员、工程师、技术科长、副总工程师、总工程师、副局长、局长等职。在大同矿务局工作期间，成绩卓著，先后组织全局完成科研成果 311 项，其中国家级 7 项、省、部级 29 项、市级 16 项、局级 259 项。全局煤炭生产在全国率先突破年产 3000 万吨大关。他本人获 1990 年能源部科技进步特等奖，被评为首届中国煤炭优秀企业家、全国能源工业劳动模范、全国劳动模范，现兼任中国矿业协会副会长、中国煤炭城市经济联合促进会副会长。

〔马雯（女）·中央音乐学院学生·获第二届全国大提琴比赛最高特奖〕　由中国音乐家协会表演艺术委员会和大提琴协会主办、广州幸福弦乐厂协办的“第二届全国大提琴比赛”，1993 年 8 月 18～24 日在北京中央音乐学院举行。本届比赛分独奏组、重奏成年组、重奏少年组。经过两轮角逐，本次比赛的最高特奖被中央音乐学院学生马雯捧走，她两轮演奏的曲目有：柴考夫斯基的《随想曲》、罗柯泰勒的《奏鸣曲》、王连三的《盲女》、柴考夫斯基的《罗可可主题变奏曲》、肖斯塔可维奇的《第一大提琴协奏曲》等。1988 年 8 月，时为中音院附中学生的马雯，在该赛事的第一届比赛中获二等奖。独奏组第一名为张莹、重奏成年组第一名为王霖和沈和群、重奏少年组第一名为金洁、郭淼。来自全国各地的近百名选手参加了此次比赛，年龄最小的 8 岁，最大者 57 岁。北京、上海、天津音乐院校和乐团的大提琴教授和专家担任了本届比赛的评委。

马雯，云南省昆明市人。回族。1972 年 9 月 19 日生。7 岁随父亲、云南省歌舞团大提琴演奏员马秉山学习大提琴。1983 年考入中央音乐学院附小，两年后入中央音乐学院附中，均从师女大提琴演奏家、高级讲师陈园学习大提琴，1991 年考入中央音乐学院管弦系，师从大提琴教育家宗柏。

马雯大提琴演奏基本功扎实，乐感强，演奏热情、奔放，处理作品上整体感强。1988 年 4 月，在捷克举行的国际室内乐录音比赛中，她曾获奖，同年 6 月应邀赴捷演出。近年，马雯曾参加中央音乐学院少年和青年交响乐团赴瑞士、意大利和香港、澳门等国家和地区演出。

〔马万祺·当选第八届全国政协副主席〕　全国政协八届一次会议于 1993 年 6 月 26 日举行选举大会，马万祺当选为第八届全国政协副主席。

马万祺，1919 年 10 月生，广东南海人。大学文化，获澳门东亚大学工商管理荣誉博士学位。现任澳门特别行政区基本法起草委员会副主任委员，澳门中华总商会会长，澳门大华行总经理。

1938 年广州沦陷，马万祺避居香港，成立泰生行永裕昌出任经理。1941 年香港失陷后移居澳门，先后与友人组织恒丰裕行、和生行、大丰银号、恒记公司等，任总监督、总经理等职。1944 年与柯麟等出任镜湖医院慈善会董事、副董事长、董事会主席。1946 年与柯平、何贤等组织新中行，1947 年组织大华行，任总经理、董事长。1948 年起出任澳门中华总商会理事、副理事长、副会长、会长。1950 年起任中华教育会理事、理事长、名誉顾问等职。1952 年任劳工教育协进会主任。曾任澳门篮排球总会、乒乓总会、游泳总会，象棋总会等会长，澳门东亚大学董事会主席、咨询会主席，濠江中学、培道中学、商训夜中学、广大中学、青洲小学、镜平小学等校董事会主席。又曾任华南企业公司、广东华侨投资公司、广东国际信托投资公司、广州国际信托投资公司、中国国际投资公司董事、副董事长，暨南大学、仲恺农业学院副董事长，南海中学、何香凝纪念学校名誉校长，广东省工商业联合会副主委、名誉会长，广东省政协常务委员，中华全国工商业联合会常委，澳门立法会议员，澳门中国土特产公司、大生建筑置业有限公司、联生发展有限公司、新建华建筑置业有限公司董事长等职。

是第五届全国政协委员，第六届全国政协常务委员。第六、七届全国人大代表、全国人大常委会委员。

马万祺热心澳门公益，捐资于慈善事业，先后被镜湖医院慈善会、中华教育会聘为副主席、副监事长。被澳门政府委任为官方立法局成员。他爱国情殷，近年不时为祖国四化建设献计献策。在大陆投资兴建有中山温泉宾馆、佛山旋宫酒家，还在珠海搞合营企业，并捐资家乡创办南海华侨中学、南海县人民医院门诊大楼、西樵山大桥、南海中学新校舍、里水华侨旅社等。

马万祺业余之时，喜欢赋诗撰文。参加第八届全国政协会议时，还以"天时地利人和济，锦绣前程未可量"的诗句，展望祖国的未来。著有《马万祺诗词》选。

〔马少良·京剧演员·获"梅兰芳金奖大赛"生角组金奖〕 1993年，马少良在全国京剧演员最高层次评选活动——"梅兰芳金奖大赛"生角组评选中，以京剧《响马传·秦琼观阵》一折中文武兼备的精采表演，一举夺得金奖。

马少良祖籍天津，1943年生于山东烟台。1954年随父马玉良学习马派戏《黄金台》、《借东风》、《四进士》、《群英会》等。1956年参加山东荣城京剧团，1958年参加天津市京剧团，先后向程正泰、徐盛昌、郭仲霖、曹世加等先生学戏。1961年正式拜著名京剧演员李少春为师，学习了《战太平》、《定军山》、《响马传》等，后又得厉慧良、张世麟、茹元俊等名家指导，学得了《八大锤》、《长坂坡》、《汉津口》、《野猪林》、《火烧望海楼》等戏。1981年又拜李万春为师，得其传授《走麦城》、《古城会》、《安天会》、《连环套》、《火拚王伦》等戏。至今已有四十年的演剧生涯。

马少良在艺术上不拘泥于某一流派，他博采众长，熔于一身，唱、念、做、打皆具特色。不仅擅长于文武老生戏、武生戏，还能演红生戏。不仅演出大量的传统戏，还创演新编历史戏和现代戏。他在《生死桃园》里扮演几个不同行当、不同性格的人物。比如"战东吴"一折饰黄忠，"捉潘璋"一折饰关羽，"连营寨"一折前饰刘备、后饰赵云，演得皆有深度。在《八大锤》一剧中，前饰陆文龙，俨然一个天真骄悍、武艺高强的英武小将，后饰王佐，则是一个忠心耿耿、机智善断的长者。大段念白、清晰有力、顿挫有致，充分展现了他文武皆长的艺术才华。他演出《秦琼观阵》穿箭衣、着厚底、系大带、背双锏、持马鞭，看去扮相英武、腿功漂亮、动作利落，演唱更是韵味醇厚，富于激情。不仅再现了李少春当年的神韵和风采，而且还有自己的体会和创造，在京、津、沪公演引起轰动。他在大型神话京剧《宝莲灯》中饰演刘彦昌，赴美国、加拿大等地公演时，受到外国朋友和华侨的热烈欢迎和好评。他在现代戏《六号门》、《红灯记》、《青山》等戏中所饰角色也都很受观众欢迎。1988年他曾获《中国戏剧》梅花奖。

〔马仁典·海军政治学院教授、专著《公本论》出版〕 海军政治学院教授马仁典的一部专门研究社会主义公本（即公有资本）阶段生产方式以及与之相适应的生产关系和交换关系的政治经济学专著《公本论》，1993年3月由人民出版社出版。

马仁典早在读大学的时候，就立志要写一部研究社会主义经济的杠鼎之作，为祖国建设作贡献。他认为研究中国公有制主体基础上的商品经济即公本经济的规律，是中国经济学者不可推卸的历史责任。研究"公本论"不仅需要厚实的理论功底，而且还需要丰富的实际知识，为此马仁典曾多次往返关外关内进行调查研究，跨越黄河长江辗转考察学习。曾深入到15个省市的50多个地、市、县和大中型企业。1986年他借开会之机，沿途到了8所有名望的大学求教，历时一个月。由于过度疲劳，在烟台考察时又遇暴风雨，被摔倒在地，致使右眼血管破裂。在右眼失明、右肾功能丧失的情况下，躺在医院病床上仍不忘思考、写作。不久右肾又被切除，马仁典以惊人的毅力坚持锻炼，恢复自己的记忆力、思维能力和闭眼写字的能力。出院后，在左眼视力只有0.1和左肾功能不健全的病态中，他笔耕不辍，终于在1990年夏完成了这部生命之作。马仁典说，是马克思主义的立场、观点、方法和马克思为追求真理不辞冒"下地狱"之险的精神给自己的研究提供了理论基石和动力之源。

马仁典的《公本论》出版后，得到了一些经济理论专家、教授的高度评价。他们认为这是一部具有开创性的政治经济学专著，它思路新、理论观点新、体系结构新，具有理论意义和实践意义。

马仁典，1936年3月生，山东省东阿市人。1958年入南开大学经济系，1960年6月加入中国共产党。1963年于南开大学毕业后，参加中国人民解放军，在海军政治学院任教已30年。

〔马冬青（女）·果品加工专家·获中国发明专利金奖〕 天津市林业果树研究所年轻的副研究员马冬青在水果加工方面颇多建树，她发明的"山楂蜜汁饮料的加工方法"1993年获中国发明专利金奖。

我国山楂资源丰富，全国年产约1亿公斤，而且山楂含的维生素C和钙、铁远远超过其它水果，因此开发山楂资源于国于民均有利。马冬青此次获奖的“山楂蜜汁饮料的加工方法”,原料消耗少,产品得率高,实施后已获利税4000万元,产值达2亿元。

马冬青,1962年5月生于河北省昌黎县,1983年毕业于河北农业大学唐山分校果树系,1986年在浙江农业大学食品科技系获硕士学位。7年来,她先是主持完成了“果蔬沙司新产品开发研究”,开发出桃、杏、芦笋、南瓜沙司产品4个,该课题为国内首创,其中两项申请了我国发明专利;后又主持完成了农业部“八、五”攻关课题:“利用生物酶开发山楂新型饮料及膜技术在山楂加工中应用研究”。她在读研究生期间,就有两项水果加工技术获浙江省科技成果四等奖和浙江农大科技成果三等奖。1989年,她荣获天津市新长征突击手称号;1992年又获得“有突出贡献的中青年专家”称号,出席了全国第七届妇女代表大会。为了推广水果加工技术,这几年她奔走全国各地,先后建了30多家饮料厂,大大推动了我国民族饮料的发展,并取得了巨大的经济效益。

〔马弘毅·国家建设部干部·创立并推行人民建议征集制度〕 国家建设部体改法规司干部、经济师马弘毅,十多年来向政府有关部门提出一百多项有价值的书面建议,大部分受到重视和采纳。他建议中央机关、省、市政府、企事业单位建立人民建议征集制度,建议社会科学院开展人民建议征集学的研究,均得到采纳并产生了很好的效果。国内外近一百家新闻单位先后向他采访,赞誉他为“建议家”。1993年3月30日《人民日报》报道了他的事迹。

马弘毅,回族,北京市人,1954年10月生。1984年毕业于中央民族学院历史系,后又毕业于北京经济函授大学现代经济管理学大专班。先后在国家医药管理局、邮电部、建设部从事企业管理和经济政策、法规、体改方面的研究工作。自1982年以来,他在做好本职工作的情况下,用业余时间向政府有关部门提出了许多富有创造性的建议。当他还在中央民族学院学习时就主动向来学院讲授国际法的外交部条约法律司司长黄家华建议:“中国应尽早参加1959年的国际南极条约,不然对我国将来参与开发南极很不利。”他还将这条建议以书面的形式上呈。1983年10月,中国参加了国际南极条约组织,并在南极建立了长城永久站。1984年,马弘毅在日本一会社驻华总代表处做兼职工作,他调查了解在外国驻华机构工作的中国雇员可以学到有关涉外知识和技术,便写了《关于利用外国驻华机构培养中国人才的建议报告》,分别寄送北京、上海、天津三市领导人,很快获得采纳。1988年底,马弘毅给北京、上海、天津三市和建设部领导人写信建议三市一部建立人民建议征集制度,成立人民建议征集机构,设立人民建议奖励基金,广泛开展人民建议征集活动。三市一部的领导都表示采纳他的建议。北京市1991年9月成立了人民建议征集办公室。中共中央办公厅、国务院办公厅秘书局、信访局、全国人大常委法工委及新闻局将马弘毅的建议及其事迹摘报中央领导同志参阅。中共中央、国务院有关部委和许多省、市的党政领导给马弘毅回信,肯定他的建议很有价值。1992年河北省政府率先建立了“人民建议征集制度”。兰州市、沈阳市政府设立“人民建议奖”。截止1993年底,全国100多个县级以上政府已设立“人民建议征集机构”。

〔马庆兰(女)·医师·被评为国际杰出妇女〕

山东省淄博市中心医院口腔颌面外科医师马庆兰进行“胎儿骨修复颌骨缺损与畸形”的研究取得成功,通过国家科委专家鉴定,属国内首创,居国际领先水平。她因此被国际妇女组织评为1992～1993年度“国际杰出妇女”,公告发往123个国家。她的名字和成果被英国剑桥大学国际传记研究中心列入《世界名人传记大词典》23版。

马庆兰,祖籍山东章丘,1951年生于济南,2岁时随父母迁往天津。1968年上山下乡到山西省临猗县,1972年入山西省运城卫生学校医士班学习,1974年毕业后分配到淄博中心医院口腔科,1980年入山东医科大学跟随国内著名颌面外科专家孙涌泉教授学习,学识技术大有长进。治疗各种颌面缺损或畸形病人,传统的办法是取病人自己身上的肋骨或髂骨来移植修复颌骨部位的缺损与畸形,这种拆东墙补西墙的办法,给病人很多痛苦。马庆兰下决心找出一种代替自体骨移植的充填材料,用来修复颌面缺损与畸形,以免除病人的动刀取骨痛苦。然而,这一课题对这个70年代毕业的中专生来说,犹如登天。她为了实现自己的追求,牺牲了家庭的欢乐,以坚忍不拔的毅力,开始了艰苦的探索和实验。她查资料,找线索,自费买来兔子、小白鼠,进行胎牛骨或羟基磷灰石骨给家免移植的试验,但手术后因出现感染和排异反应,宣告失败。后在临床实践中,她又为颌骨切除手术病人使用不锈钢和钢丝网架支撑缺损部位,也没有成功。就在她一筹莫展的时候,《健康报》发表了济南军区总医院沈志鹏主任医师《新鲜胎儿软骨修复股骨头无菌性坏死》获得成功的消息,她深受启发,主动给这位老专家写信,大胆提出了利用胎儿骨修复颌面缺损与畸形的设想,并多次去济南,诚恳地向沈志鹏求教,沈志鹏把多年来积累的有关资料给了她。从此，马庆兰开始了胎儿骨应用于颌面缺损、畸形方面的研究探索，经过多次实验，获得了成功。

在马庆兰把研究成果应用于临床时，又遇到了引产的胎儿与颌骨手术病人很难同步的问题。她又在胎儿骨储存方面进行深入研究，经过反复实验，终于发现用浓度75%的酒精浸泡胎儿骨并放置在0～4度的冰箱内储存，可以随用随取，与新鲜胎儿骨有同样的临床效果。这一试验的成功，为胎儿骨库的诞生和应用开辟了道路。四年来，马庆兰利用胎儿骨修复颌面缺损与畸形，已成功地做了64例，在医学界引起了很大震动，正在被广泛推广和应用。

〔马志明·数学家·获国家自然科学二等奖〕　中国科学院应用数学研究所研究员马志明因在狄氏型与马氏过程理论的研究中作出重要贡献，1992年获得由德国洪堡基金会与马普学会颁发的德国马克斯·普朗克研究奖，1993年又获得国家自然科学二等奖。

马志明，1948年1月25日生，山西省交城县人。1969年在四川渡口市攀枝花商场当职工，1975年10月在四川省重庆师范学院数学系学习，1978年10月在中国科学院研究生院读研究生，毕业后到中国科学院应用数学所工作至今，1984.年获博士学位，1986年晋升为副研究员，1991年晋升为研究员。1986年12月～1988年12月和1989年9月～1990年12月，获洪堡奖学金和德国科协资助，在德国进行合作科研。现任中国科学院自然科学评奖委员会委员，中国科学院数学学科专家委员会委员，《应用数学学报》执行编委。

马志明在概率论与随机分析领域，特别是在狄氏型与马氏过程的理论研究中有重要贡献，他在与德国科学家的一系列合作中，首次获得从一般状态空间狄氏型构造右连续马氏过程的充分必要条件，突破了"局部紧"和"正则"的限制，建立了狄氏型与右过程的一一对应关系，创建了拟正则狄氏型新框架，这一基本突破解决了该领域存在20年之久的难题。拟正则狄氏型新框架是研究无穷维问题与奇异问题的强有力的数学工具，目前已在流形上的环空间理论、轨道空间理论、无穷维随机微分方程、量子场论、超过程、奇异薛定锷算子、大偏差理论等许多研究领域获得日益增长的应用。

由于以上成就，马志明获得1992年中国科学院自然科学奖，1992年德国马克斯、普朗克研究奖，1993年国家自然科学二等奖，并获得1993年国家优秀中青年人才专项基金。1986年以来他应邀到美国、加拿大、英国、德国、意大利、瑞士、波兰、土耳其、日本等国的国际学术会议及大学科研机构作有关学术报告50余次，并应邀将在1995年举行的数学界最高学术会议第22届世界数学家大会上作45分钟邀请报告。

〔马芯兰(女)·北京市幸福村小学副校长·获全国巾帼建功标兵称号〕　北京市朝阳区幸福村中心小学副校长、中学高级教师马芯兰，在1993年"三八"国际劳动妇女节前夕，被全国妇联授予"全国巾帼建功标兵"称号。

马芯兰，1946年12月16日生于北平。1967年于北京市第二师范学校毕业后，在北京市朝阳区幸福村中心小学任教师、班主任、副校长。为了使学生能轻松愉快地学习，摆脱繁重的作业负担和考试、分数的束缚，达到通过教授语文、数学基本知识诱发学生爱学习、会动脑这一根本目的，马芯兰翻阅、参考各种教育刊物，分析研究中外有关的教育理论，努力探索，大胆试验，打破传统的教学模式，改革了教材和教法，编了一套教知识与提高能力同时并举的教材，创造了结构课、迁移课、发散思维课等几十种新课型。20多年来，她所教的每一个班都没有出现过留级生，降到她的班的留级生，马芯兰也能很快地使其追上大家。无论是市、区教育局还是学校布置的各种形式的考试，她所在班的成绩总是名列第一。在绝大多数情况下，班平均分数在98分左右。学生们越学越爱学，越学越会学，实现了在不留家业的情况下，用小学的一半时间就可完成小学的全部学习任务。马芯兰的教学方法先后得到中央和市的领导及国家教委的肯定。其经验推广后，受到全国各地教师的欢迎。她是北京市评出的第一批有特殊贡献的专家，曾先后获北京市"共产党员十杰"、"十佳教师"，全国"三八"红旗手等称号和全国"五一"劳动奖章。著有《关于小学数学应用题教学能力的培养》(上、下)、《小学数学改革常识》(四册)等和论文《改进知识结构培养学生能力》等60余篇。

〔马忠臣·当选河南省省长〕　在1993年4月22日举行的河南省八届人大一次会议上，马忠臣当选为河南省省长。

马忠臣，1936年生，山东泰安人。1956年加入中国共产党。历任中共泰安县委副书记，中共章丘县委书记，中共泰安地委副书记兼泰安县委书记，中共泰安地委、市委书记。1987年起任山东省副省长兼省政府秘书长。1988年起任中共山东省委副书记。后调任农业部副部长。1992年任河南省代理省长、中共河南省委副书记。是中共第十二、十三、十四届中央候补委员。

〔**马宗禹·退休政法干部·夫妇自费万里行作普法演讲**〕　1993年3月5日，马宗禹和夫人刘桂芬从安徽省凤阳县起程，进行“百场法制演讲万里行”活动，于11月5日到达终点合肥市。7个月中，他们节衣缩食，不买卧铺票坐硬座，不买饮料自带白开水，不住高档客房住地下室，总共花销1万2千余元，途经28个省、市、自治区的38个县、市，行程2万3千多公里，为41个民族的人民演讲110场。听众达6万4千多人，散发自己花钱印制的“二五普法演讲万里行纪念卡”1万8千余张。

马宗禹是安徽省宿县人，1940年2月11日出生，大专文化程度。1959年3月应征入伍，1965年1月退伍后在凤阳县工作。他在政法战线干了28个年头，曾担任过公安局治安股副股长、刑警队副队长、派出所所长、县普法办公室主任等职。马宗禹把宣传法律知识作为自己的毕生责任。10多年来，已义务演讲、以案讲法460多场，写出的演讲稿达18万字，曾获得司法战线二等功臣荣誉称号。

刘桂芬理解、支持丈夫的工作。她生于1940年9月25日，高中文化程度，1962年参加工作，曾当过园艺工人、营业员。1989年10月退休后协助丈夫从事普法。

他们这次自费到全国进行普法演讲，受到各界人士的理解、欢迎和支持。6月3日，在海南农垦中学操场演讲时，突然下起了雨，全校2750名师生无一人离开。90分钟的报告，掌声响起30余次。演讲结束后，数百名学生请他们签名留念。在“万里行”活动中，沿途有290多人为他们题词、签名或赠言。他们还收到锦旗30面，匾额6块，校徽82枚。中央和地方的电台、电视台及《法制日报》等50多家新闻单位报道了他们的演讲活动情况。在北京，马宗禹夫妇受到司法部、国家教委、全国妇联有关领导的亲切接见。“我们虽然吃了点苦，受了点累，但精神是愉快的。一个人只有对社会有所作为，活着生命才有价值。”这是他们的感受和体会。

〔**马俊仁·田坛教练·率领“马家军”屡破中长跑世界纪录**〕　率领18名姑娘在世界体坛刮起一阵“中国旋风”的“马家军”教头马俊仁，成了1993年备受世界体育界推崇和关注的新闻人物。因为在这一年中，他的队员不止一次地创造出令世界震惊的奇迹。

4月4日，在第7届全运会女子马拉松比赛中，“马家军”骁将王军霞以2小时24分7秒跑完全程，创造了自1992年以来世界最好成绩；4月11日，“马家军”7人出战汉城国际马拉松接力赛，以2小时13分14秒击败22个国家的对手，名列团体第一。

8月16日，曲云霞、张林丽、张丽荣在斯图加特世界田径锦标赛上夺得女子3000米跑前3名，创造了世界田径史百年来同一个项目被同一个国家的选手包揽金银铜牌的纪录，三面五星红旗同时升起。

9月上旬至中旬，在全国七运会上，“马家军”众战将向世人演出了一场世界罕见的破纪录大战——王军霞先以29分31秒78打破女子10000米世界纪录，3天后，曲云霞打破女子1500米世界纪录；王军霞、张林丽又三次打破女子3000米世界纪录。其中，曲云霞在女子1500米比赛中创造的3分50秒46的成绩，打破了前苏联选手卡赞金娜保持了12年之久的3分52秒47的世界纪录。

10月31日，在西班牙第5届世界杯马拉松赛中，“马家军”的王军霞、张林丽、张丽荣、马丽艳同62名世界名将较量，结果包揽了前4名，又是同时升起三面五星红旗。

8个月之内，“马家军”马不停蹄南征北战；每战必胜。非凡的成就，凝聚了马俊仁20年的卧薪尝胆，20载的艰苦奋斗。

马俊仁，辽宁省鞍山市人，1944年10月28日出生在一个渔民家庭。他既没进过体育大学堂，不是科班出身，也没有当过运动员，但他凭着一股锲而不舍的追求，创造了独具特色的一套训练方法。

马俊仁当过兵，曾任辽宁省军区某部班长。1964年全军开展大比武时，他是部队的训练尖子。退伍回到家乡后，他当上了体育教师。从那时起，他一门心里钻研中长跑，为了用事实回敬那种“黄种人永远跑不过白种人和黑种人”的论调，他甩开书本的所谓中长跑理论和非洲人的经验，带领姑娘们到动物园观察梅花鹿和驼鸟的跑姿，琢磨从动物身上演化出一种“仿生跑”的理论，跑起来轻松、节奏匀称，学生成绩突飞猛进。

马俊仁在创造自己的一套训练方法中，也有过教训，但他从中总结了两点：其一冲击世界纪录必须群起攻之；其二，大运动量后必须有同等重要的恢复手段。于是，他废寝忘食地查阅中药典籍，请教中医师，以中国传统的鸡汤、鳖血鳖肉为营养，为队员增加和补充大运动量训练的消耗。

马俊仁挑选队员标准有两条：一要有志气，敢于向外国人挑战；二要能吃苦，经得住每天一个马拉松的超长距离训练。

就这样，王军霞、曲云霞召来了，张林丽、张丽荣、马丽艳入队了。马俊仁率领着18位姑娘有计划、有目标地开始跑前人没有跑过的路！

在马俊仁身上，保持着中华民族的许多美德。他对队员既严又爱，以古语“无规矩不成方圆”来说明成功与失败的道理，全队上下从早至晚，练在一起，吃在一起，乐在一起。从此“马家军”的美称，就这样叫响了。

为了实现让中国人在中长跑项目上夺世界冠军的理想，马俊仁甚至连生死都置之度外。他患有较重的胰腺炎，仍强忍疼痛，指挥姑娘们攀登高峰。马俊仁虽然是个严厉的指挥官，却又是位很重感情的孝子，可他平时顾不上家，当母亲突然去世时，他只能默默地追忆母亲劝导家人要理解和支持他的事业，嘱咐他带好长跑队的情景。

从斯图加特世界田径锦标赛载誉归来，江泽民主席接见了“马家军”和马俊仁，并称赞他们“体现了坚韧不拔、锲而不舍、艰苦奋斗，勇攀高峰的民族精神，也体现了积极参与和更快、更高、更强的奥林匹克精神。”

〔马寅初·已故著名人口学家·获首届中华人口奖〕　1993年9月11日，由中共中央宣传部、国家计划生育委员会、国家科委等单位主办的首届中华人口奖颁奖大会在人民大会堂举行。已故著名人口学家、经济学家和教育家，原北京大学名誉校长马寅初，由于早在五十年代就提出以节制生育、提高人口质量为中心的“新人口论”，而获首届中华人口奖的特别荣誉奖。

马寅初，1882年生，浙江嵊县人。又名元善。早年加入中国同盟会。北洋大学肄业。1907～1914年先后就读于美国耶鲁大学和哥伦比亚大学研究院，获经济学博士学位。1915年回国后历任北京大学副教授、教授、经济系主任、教务长。曾参加“五四”运动。后兼任浙江兴业银行顾问，中国银行顾问、总司券。1927年后任浙江省政府委员，国民党政府立法院立法委员兼立法院经济委员会委员长、财政委员会委员长，中央大学、交通大学教授。抗日战争期间任重庆大学教授兼商学院院长。1940年12月因反对蒋介石独裁统治而被监禁。抗日战争胜利后，任中华工商专科职业学校教授，参加爱国民主运动。1949年9月参加中国人民政治协商会议第一次全体会议。新中国成立后，历任中央人民政府委员兼政务院财政经济委员会副主任，华东军政委员会副主席，浙江大学校长，北京大学校长，中国科学院哲学社会科学部委员。五十年代因提出“新人口论”和综合平衡按比例发展的经济理论，遭到错误批判。1960年辞去北京大学校长职务，居家赋闲。1979年平反恢复名誉，任北京大学名誉校长，中国人口学会名誉会长和中国银行常务董事。他是第一、二、五届全国人大常委，第一、三届全国政协委员，第二、四、五届全国政协常委。著有《马寅初演讲集》、《马寅初经济论文集》、《战时经济论文集》、《经济学概论》、《新人口论》等。1982年在北京逝世。

〔马惠明·评剧演员·获第十届中国戏剧梅花奖〕　1993年，马惠明获第十届中国戏剧梅花奖，他在评剧《山里人》中演唱优美，被认为是目前最有希望的评剧小生之一。

解放以来，评剧小生保持传统正调唱法，正调高，一般男演员的嗓音难以达到，因而数十年来评剧的小生人才一直是凤毛麟角。马惠明两次进京，其脆亮的嗓音，引起戏曲专家的极大兴趣。

马惠明，1956年生，山东掖县人。1972年考入黑龙江省评剧院，曾经半年“试用”的压力，苦练基本功，先后拜评剧小生艺术家刘小楼、李金声、杨振邦为师，得名家碧燕燕、呼勋卿、杨宗祥亲授，技艺日臻成熟。他两次进京献艺崭露头角，首次是1991年全国评剧青年演员大奖赛时，五位小生都唱《刘伶醉酒》，马惠明独占鳌头，一百多句正调小生腔，唱得挥洒自如，游刃有余。最难得的是身上还有功夫，他当时脊椎压缩性骨折，带伤摔跌翻扑。为了表现刘伶酒后腿脚发飘，身不由己的失态，用醉眼、醉笑、醉步、醉翻身儿，伴之以下桌抢背、滚堂甩发、倒扎虎和变身僵尸等一系列繁难技巧，与唱配合，恰如其分地表现了刘伶酒醉后的心态和神态。因他漂亮的演唱和表演高于同辈演员，一举夺得了全国评剧青年演员大奖赛的优秀青年演员奖。

他二次进京是在1992年，因演现代评剧《山里人》一炮走红。该剧是反映建国初期抗美援朝时期山里人家的一段爱情纠葛的故事。青年二忱要赴朝鲜前线，来与过去恋人大凤辞别，两人感情冲动做了错事，偏巧又被大凤丈夫撞见。二忱先不认错，后自悔，愿在危急关头牺牲自己，去救大凤丈夫。饰二忱的马惠明展示了自己得天独厚的亮嗓，他音质纯、音域将近两个八度，唱腔清脆悦耳，富有弹性，唱到四十句核心唱段时，字幕上出现了“树影摇山风寒，落叶飘零一点点，云携雨雾断山，秋露乍凝向草间，站在谷底四处望，只觉得树立眉、泉瞪眼，大山倾压头顶端……”马惠明轻起徐出，演唱如铜管乐中的金属声那样透亮柔和，随着人物痛苦感情的发展，几度强收，棱角分明，唱到高昂时挺拔激越，忧伤时如缕缕游丝……马惠明通过演唱塑造了山里汉子二忧的敢爱、敢恨、敢做、敢当而又勇于自悔的音乐形象。他在首都剧场演出时博得阵阵掌声。小生人才难得，他有幸成为全国首次获梅花奖殊荣的评剧小生演员。

〔王水·空间物理学家·当选中国科学院学部委员〕　中国科学技术大学教授王水于1993年12月当选为中国科学院地学部学部委员。

王水，1942年4月12日生，江苏省南京市人。1961年毕业于南京大学气象系。现为中国科学技术大学教授，《空间科学学报》副主编。

王水14岁人大学，42岁升为博士生导师，是我国空间物理学界较年轻的主要学科带头人之一。1972年他率先在我国开展哨声和甚低频发射的观测与研究，推动了我国低纬哨声研究的开展。首次提出了存在低纬导管哨声的实验证据，重新确定了导管哨声的临界截止纬度。七十年代后期，国际上刚开始进行太阳大气动力学的数值模拟研究，他就于1981年发展了球坐标系中Euler全隐式计算格式和多维时变流动的近特征边界条件，系统地进行了太阳大气动力学的数值研究。此项具有国际先进水平的成果对于推动太阳大气磁流体力学数值研究，特别在形成我国MHD数值模拟研究队伍方面起了重要作用。这些研究成果被国内外同行广泛持久地引用，推动了太阳大气磁流体力学的数值研究。八十年代中期首次研究了具有超Alfven速流动电流片的稳定性，成功地解释了ISEE—3飞船在地球远磁尾中的观测结果和在等离子体彗尾中存在Knots、Kinks和彗尾截断事件的新机制等物理现象。最近他根据国外最新观测结果，又提出了一种形成日冕物质抛射的新物理模型。这些理论研究结果已得到国外同行的关注和支持，有关论文已被广泛引用。

〔王刚·武警少尉·在抢险救灾中献身〕
1993年8月15日，武警四川省总队遂宁市支队蓬溪县中队司务长王刚，为了抢救人民群众的生命财产而光荣牺牲。10月26日，武警总部决定，给他追记一等功。

15日那天，四川省蓬溪县境内普降暴雨，致使山洪暴发，灾情十分严重。凌晨2时，蓬溪县中队接到抗洪抢险命令后，王刚在脊背肉瘤手术感染未愈的情况下，主动请战，与中队官兵一起赶到县丝绸厂。他忍着伤痛，将一包包60多公斤重的生丝包和生坯绸扛上三层楼。曾两次昏倒在楼梯上，醒来后又继续抢运。5个多小时他们共抢运出价值600多万元的物资。8时许，中队又受领了抢救被洪水围困的群众的任务。已处于极度疲劳状态的王刚，不顾个人的伤痛和指导员的劝阻，再次参加营救工作。他和4名战士组成营救突击队泅渡过河。游至河中心时，由于水流湍急，战士王卫东被一个漩涡卷走，王刚奋力游过去，抓住王卫东的臂膀向岸边游。这时，又一个漩涡向他俩袭来，王刚迅速将王卫东推出，使其躲过漩涡，而自己却被卷走，再也没有力气脱离险境。

王刚，1969年4月生，四川江津市人，中专文化程度，1987年11月入伍。他牺牲后，蓬溪县人民隆重悼念他的英灵。蓬溪县委做出向王刚学习的决定，号召全县人民化悲痛为力量，以王刚为榜样，搞好抗灾自救，重建家园。县委宣传部抽调人员，组成写作班子，创作赞颂王刚事迹的诗歌、散文，还举办了《王刚同志事迹之歌》音乐晚会，悼念和宣扬他的无私奉献精神。

〔王林·游泳教练·带出一支"王家军"〕　就在中国体坛杀出一支威震世界的"马家军"的同时，中国游泳界也悄悄崛起了一支"王家军"，即由广州军区游泳队教练王林率领的一批冲向世界的年轻的泳坛新秀。这支队伍包括：两破短池世界纪录、在女子仰泳项目上一枝独秀的18岁的贺慈红；在七运会女子200米蝶泳比赛中游出2分08秒53，创造了近5年来该项目世界最好成绩的15岁的瞿韵；在中长距离自由泳项目上取得突破性进展，并和队友一起打破4×200米自由泳接力赛短池世界纪录的18岁的周官彬；以及洪姝、金凤、原媛等七八个姑娘，她们都是王林的队员。

1993年年底，当王林带着他手下的10名队员奉召从广州军区游泳队浩浩荡荡集体加盟国家队时，无疑为中国泳坛创造了一个奇迹：仅有20多人的一个小游泳队居然有将近半数队员同时进入国家队，而且这些队员居然都出自一名教练员门下。泳坛"王家军"由此得名。

王林，河北保定人，1959年出生于一个军人之家，1973年像父辈那样穿上了军装，曾先后效力于武汉军区游泳队、八一游泳队和国家队，是我国七、八十年代的著名"蛙王"。从1975年首破男子100米和200米蛙泳全国纪录开始，他的优势和纪录整整保持了11年，期间，他除了不断地自己刷新自己的纪录外，几乎找不到对手，以致他的纪录整整保持了11个年头。然而，由于我国游泳运动同世界先进水平差距较大，王林没有实现游向世界的宿愿。退役后，他谢绝了国家队和八一队的挽留，只身远赴广州，精心挑选了一批小队员，希冀着在这些队员身上延续自己的冠军梦。

王林在教练员的岗位上苦斗8年终获成功的经

验，除了坚持科学训练以外，可以概括为两个字：一是"严"，二是"情"。这些队员当年刚刚入队时，多数都是些十一二岁的孩子，王林又当爹又当妈，既是教练更是兄长；同时，他把部队一整套严格管理的方式方法运用于队员的管理中，终于求得了"严师出高徒"的效果。对此，王林深有感触地说："我爱这些孩子，更爱这项事业。"

〔王忠·供销联社主任·被评为全国十佳青年服务明星之一〕　1993年10月，历时两年多的全国商业系统"文明经营、优质服务、争创效益"的活动落下帷幕。在这次活动中产生的"全国十佳青年服务明星"，10月12日在北京披红戴花，接受党和人民授予他们的荣誉称号。海南省临高县供销联社主任王忠以他出色的工作成绩获此殊荣。共青团中央和国内贸易部还同时授予他"全国新长征突击手"和"全国商业劳动模范"称号

王忠是海南省临高县人，1959年12月生，1986年7月毕业于暨南大学经济学院，1985年9月加入中国共产党，曾担任过临高县果菜副食品公司副经理，后任该县供销联社主任、党总支书记，职称为政工师、经济师。

王忠1989年走上县供销联社主任岗位时，当时的供销社是全县人员最多、经济包袱最重、工作难度最大的老企业。为了改变被动局面，他首先利用国际合作社节纪念活动，组织各种座谈会，大讲供销社在农村经济中的主导地位和历史贡献，并介绍各地供销社改革发展状况，使员工认清了自己肩上的责任。在此基础上，大力加强内部管理，推行主任经理经营目标责任制和以抵押为主的经营承包责任制，并打破原有工资级别，按经营效益和贡献大小提取报酬，同时清收欠款，整顿亏损企业。在业务上，王忠依据国务院有关文件精神，对化肥、农药、烟花爆竹、废旧物资等商品市场进行整顿，有力地制止各种专营（归口）商品的混乱状况，不仅维护了国家政策的严肃性，保护了农民的利益，也增加了供销社的营业收入，其中农资销售从1990年到1992年3年平均达1587万元，比1989年前平均增加1.2倍。废旧物资收购增加18.6倍。3年来全县供销社仅经营农资商品一项就减少农民开支达100万元以上。

1991年10月，他投资20万元在海南西线国防公路上，兴建了一个加油站，来年盈利4.5万元。他还决定让全县购买力较强的基层社，利用自己现有的土地，兴建农贸和商贸市场，积极开发房地产业，变死土地为活资金，以增强自身的实力。利用临高与越南隔海相望的地理优势，王忠又成功地为临高县开展对越边境贸易开创一条新的路子。

王忠在自己的岗位上为供销事业的发展做出了重大贡献，1989至1993年连续4年被评为县的优秀党员和先进工作者，1990年被团省委授予"大特区青年建设者奖章"，1991年被评为首次"海南大特区青年企业家"。

〔王垚·小学生·获世界第十届青少年围棋赛少年组冠军〕　1993年8月2日，世界第十届青少年围棋赛在加拿大首都渥太华举行，云南省昆明市中华小学十岁的学生王垚获得少年组冠军。

王垚，1983年生于昆明，1987年一个偶然的机会把他引向了黑白世界。一天，在昆明某工厂工作的妈妈带回一份礼品——"云子"。当王垚知道这是围棋后追着妈妈教他下棋，可是，爸爸妈妈都不会下围棋，妈妈被缠得没有办法，只好带他到市少年宫拜师。教围棋的戴心泉老师看他太小，怕他只是一时兴趣，当时没有马上答应，只同意他来看一阵子再说。于是，每当别人下棋时小王垚就在旁边当看客，而且一直兴头十足。终于，他获准报了名，利用假期等业余时间上围棋学习班。1989年"六一"儿童节期间，市里举办了全市少儿围棋比赛。小王垚初次上阵，技不如人，只落了个倒数第八，这使他大受震动。从那以后，小王垚憋足了劲，除了上学，便一门心思学棋，还让他父母做他的"陪练"。

一次，中国棋圣聂卫平到昆明，让9子与小垚下了一盘，没料想，老聂输了。聂圣输了棋却发现了一棵好苗子，他对云南围棋界的人士说：这孩子棋感很好，但不要捧；云南出"云子"，却没有一流的围棋人才，从小王垚身上看到了云南围棋的希望。王垚果然没有辜负人们的厚望。在第十届世界青少年围棋赛上，王垚作为中国围棋代表队的一员一共进行了7场比赛。他是这次参赛选手中年龄最小的一个。预赛时，首次参加世界大赛的小王垚发挥不够理想，输了两盘，排在第三位。半决赛时，他越下越好，先赢了台湾选手，决赛中，又战胜了韩国的李熙星，捧走了少年组的桂冠，为祖国赢得了荣誉。

〔王荣（女）·营业员·被评为全国十佳青年服务明星之一〕　1993年10月，历时两年多的全国商业系统"文明经营、优质服务、争创效益"活动落下帷幕。在这次活动中产生的"全国十佳青年服务明星"，10月12日在北京披红戴花，接受党和人民授予他们的荣誉称号。山东省汶上县城关供销社营业员王荣榜上有名。共青团中央和国内贸易部还同时授予她"全国新长征突击手"和"全国商业劳动模范"

称号。

王荣，山东省汶上县人，1960年生，高中文化程度，1977年参加工作，1988年加入中国共产党，现为汶上县城关供销社西关商场副食专柜实物负责人、团支部书记。

1977年，王荣来到汶上县康铎供销社当了一名营业员。副食柜组是门市部最苦最累的一个柜组，大部分青年职工都不愿去，但王荣却主动要求当了一名副食营业员。十几年来，她始终没有离开这个岗位，而且认真钻研业务。1979年她首次参加泰安地区供销系统技术比赛，就荣获了第一名。

1980年，王荣被调到城关供销社担任了副食专柜实物负责人，她又积极参加基社、县社举办的技术培训班，并在班上、班下积极开展岗位练兵，经常一练就是六七个小时，晚上下班还把售货工具带回家中，利用家里的米、面、油、盐进行练习。经过艰苦努力，王荣在珠算、心算、称包、捆扎等方面都练出了一手过硬的本领，被顾客和同行们誉为“一抓准”、“一秤准”。1985年和1989年，在县联社和济宁市举办的技术表演赛中，她先后夺得县、市技术比武第一名，破格晋升一级工资，并被选为全市技术能手。

工作中，王荣对顾客总是笑脸相迎，主动向顾客介绍商品知识，帮助顾客选购商品。她每天接待的顾客比其他营业员多一倍以上。她售货不仅数量准，速度快，而且包扎牢固，美观大方。在与你交流的同时，找零便放在秤前，保证分文不差，有人说看她售货是一种艺术享受。她还经常带领团员青年下乡送货，组织便民服务队上街服务。她接待的顾客多，工作量大，效益也好，年年超额完成承包利润计划。

王荣自参加工作以来，年年被评为先进工作者，1987年当选为县政协委员，1989年又被选为县级劳动模范，被市政府命名为财贸系统优质服务标兵，获市级“七五”建功勋章。1990年她被省总工会命名为学雷锋积极分子。她所领导的商场副食组自1987年开业以来，也年年被评为县级先进柜组。

〔王姬（女）·影视演员·在电视剧《北京人在纽约》中扮演阿春获得成功〕 王姬原为北京人民艺术剧院演员，后赴美留学，专攻表演，1993年在北京电视制作中心拍摄的电视连续剧《北京人在纽约》中，扮演女主角阿春，她以深厚的艺术功力、多年旅美生活的体验，将阿春这个从台湾到美国商业市场拼搏竞争多年的女性形象刻画得丰富、生动、令人信服，受到广大电视观众的认可和喜爱，人们由衷地赞许说：王姬就是活生生的阿春。

王姬，北京人。从小喜爱文艺，活泼开朗，能歌能舞。14岁时被工程兵文工团选中当了舞蹈演员。1980年与张丰毅联袂主演香港凤凰影业公司的故事片《塞外夺宝》。这是一部武打片，与《少林寺》同时推出，影响却相差甚远。这第一次从影虽不成功，但给王姬一个启示：缺乏艺术功力决演不好戏。于是下决心从头学起，听说北京人艺培训严格，是最有名望的学府，于是投考北京人艺演员培训班，与宋丹丹、罗历歌同班。她天资聪敏，反映灵活，学习努力，先后在北京人艺演出了《家》、《红白喜事》、《狗儿们涅槃》、《北京人》、《好兵帅克》等。可以说，一年到头舞台上的跌打滚爬，锻炼了她刻画人物的戏剧功底；同时，她参加了电影《草莽英雄》、《京都球侠》、《共和国不会忘记》的拍摄，又培养了她良好的镜头感；而在电视台客串节目主持人，又增强了她的现场适应力和应急能力。六年前，她赴美到洛杉矶加州大学分校攻读影视表演硕士学位，她边上学，边打工，干过报社记者、饭店前台服务经理，华语电视台的新闻播报员及节目主持人。几年的坎坷闯荡，使她身临其境地体验了华人只身在美酸甜苦辣和人间冷暖。这一切都帮助王姬在拍摄中迅速地进入角色，把握住阿春的精神本质，很快地调动自己的生活积累，多层次地赋予角色以立体的、丰满的外部动作和细腻的心理活动。因此，她的表演力度强，总体把握好，且经得片段的戏剧分析。王姬在谈到自己的感受时说：“在美国几年的生活的确对我演阿春十分重要，在我熟悉的许多人中，都能找到阿春的影子”，但是“表演的基本功还是在国内造就的”。她认为，作为演员，她的阵地在中国，她酷爱演戏，只有在自己的国家才能实现自己的梦想。现在王姬正准备把家搬回国内，她希望扮演祖国的老大妈、小媳妇、青春姑娘、含情少妇，年老年少、城市农村都可以，她不希望大家老叫她阿春。

〔王蒙·著名作家·频繁出国访问进行学术交流〕 1993年是王蒙在国外进行学术访问频繁的一年。3月，他出访了新加坡、马来西亚，4月在香港逗留了一段时间，8月又赴意大利的米兰参加一个文化问题的国际研讨会，接着又赴美国。在美国三个月中，他先后在哈佛、维奥斯利、依阿华、明尼苏达、伯克利、戴维斯、史坦佛、缅因州大学参加了学术交流活动。12月王蒙又赴台湾参加了由台湾《联合报》主持召开的“四十年来中国文学讨论会”。

1993年，王蒙完成了他的“长篇季节系列五部曲”的第二部《失态》，同时也写了一些杂文、散文。

王蒙，1934年生，河北南皮人。1949年后，历任青年团北京市东四区委副书记，新疆文联编辑，新疆文化局创作研究室干部，北京市文联专业创作员，中国作协书记处书记，《人民文学》主编，中国作协常务副主席，中华人民共和国文化部部长。中国作协第三、四届理事，中国共产党第十二、十三届中央委员，中国笔会中心副会长，中国国际交流协会副会长。

王蒙1955年开始发表作品。著有长篇小说《青春万岁》、《活动变人形》、《这边风景》，中短篇小说集《深的湖》，散文集《德美两国纪行》，评论集《漫话小说创作》，《王蒙报告文学集》，《王蒙选集》(1～4卷)等。他的小说《最宝贵的》、《悠悠寸草心》、《春之声》分别获1978年、1979年、1980年全国优秀短篇小说奖，《蝴蝶》、《相见时难》分获全国第一、二届优秀中篇小说奖，《访苏心潮》获全国第三届优秀报告文学奖。

〔附注：王蒙在1994年3月召开的全国政协八届二次会议上增补为全国政协常委。〕

〔王蔚·青年校对员·获第二届全国优秀校对培训竞赛一等奖〕 1993年10月4日，中国出版工作者协会举行第二届全国优秀校对培训竞赛颁奖大会，陕西师范大学出版社青年校对员王蔚，摘取了桂冠。

在当前“无错不成书”的情况下，提高校对质量是出版界当务之急。中国版协从全国选拔130多名优秀校对选手， 参加科技教育书刊专职校对培训竞赛。这届竞赛试题量大面广，难度相当高。在激烈角逐中，王蔚取得优异成绩：100道知识测验只答错3·7处，校对操作部分的8篇短文共5000字中埋伏了126处差错，他漏校率仅占万分之一，获得唯一的个人一等奖。

王蔚日校对书稿工作量2·5万字。 1992年因参加首届优秀校对培训竞赛耽搁了一些时间，但他能以超额100万字的成绩， 完成全年校对任务。经他校对的书籍，如《隋唐文化史》、《理论力学》等，在陕西师大出版社评比中差错率最低。

王蔚，1969年5月生，陕西乾县人， 1990年毕业于上海出版印刷专科学校。他在校对岗位上立志当个杂家。三年来省吃俭用， 购买了近三千元的最新科技成果书籍和工具书，努力攫取现代科技知识，提高校对技能。 在日常工作中，不仅注重消灭排版中技术性差错，对原稿中出现、 编辑失察的知识性、科学性错误，也勇于质疑，予以排除，为此，多次受到作者、 编辑和领导的表扬。 1991**k k** 1992年连续两年被评为陕西师范大学出版社和陕西师大的先进工作者。

〔王震·国家副主席·在广州逝世〕 伟大的无产阶级革命家、政治家、军事家，坚定的马克思主义者，党和国家的卓越领导人，中华人民共和国副主席王震于1993年3月12日因病在广州逝世。遵照其遗愿，他的骨灰于4月5日清明节撒放在巍巍天山。

王震1908年4月11日生于湖南省浏阳县一个贫苦农民家庭。13岁到长沙拉人力车、当铁路搬道工。1924年后，任粤汉铁路工会长岳段分工会执行委员、工人纠察队长。1926年10月首次接触毛泽东并受到他的教育。1927年1月加入中国共产主义青年团，同年5月转入中国共产党。长沙暴动后，任中共湘鄂赣特区区委书记，游击支队队长、政委，红军湘东独立一师团政委、师政委、师党委书记，湘赣苏区红军独立一师政委，第八军代理政委，湘赣军区代理司令员，红六军团政委。他是湘赣苏区创始人之一，作战英勇，指挥灵活，获三等红星奖章。在任弼时领导下，他和肖克率红六军团与红二军团会合后，建立了湘鄂川黔苏区。1934年底，他作为二方面军的领导人之一、率部参加了二万五千里长征。在长征途中，他和任弼时、贺龙等人一起，坚决抵制了张国焘分裂红军、另立中央的阴谋活动，与红四方面军共同北上抗日。

抗日战争爆发后，王震任八路军一二0师三五九旅旅长兼政委、延安地委书记、卫戍司令员，负责保卫党中央。1937年9月率部进入晋绥、晋西北抗日前线后，连克宁武等7座县城，为开创晋绥抗日根据地作出了贡献。1938年10月后，指挥部队进行了数十次战斗，歼灭大量敌人，击毙日寇常冈旅团长，震惊了侵华日军，八路军总部和边区政府分别授予王震所率部队“模范党军”、“百战百胜铁军”称号。在抗日战争极端困难的1941年，他率领三五九旅响应毛泽东的号召，在南泥湾开展大生产运动，为全军和抗日根据地树立了“自己动手、丰衣足食”的光辉旗帜。毛泽东为王震亲笔题词“有创造精神”。王震被边区选为劳动英雄，三五九旅被西北局誉为“发展经济的前锋”。1944年10月，王震率三五九旅主力组成南下支队，挺进华南抗日，在北返中，历尽艰险，行程2万余里，途经八省境地，历时两年，创造了中国革命战争史上的又一奇迹。

解放战争时期，王震任第一野战军第二纵队司令员兼政委。1947年初奉命西渡黄河，保卫延安，在青化砭、羊马河、蟠龙镇的战斗中三战三捷。1948年2月，他率部参加著名的宜(川)瓦(子街)战役，歼灭胡宗南主力，为取得西北战场的大捷作出了重大贡献。1949年6月任第一兵团司令员兼政委，率部解放青海后，奉命进军新疆，为解放大西北作出重大贡献。王震在20多年的战斗生涯中，英勇作战，七次负伤，为中华民族的独立和解放立下了不朽的功勋。

新中国成立后，王震任中共中央新疆分局书记、新疆军区代司令员兼政委。他根据党中央的指示，屯垦戍边，为恢复和发展少数民族地区经济、文化等各项事业，加强新疆各族人民的团结，维护祖国统一，巩固西北边疆倾注了全部精力。他在任中国人民解放军副总参谋长、铁道兵司令员兼政委期间，以较快的速度，新建了黎湛、鹰厦两条铁路，为巩固国防发展经济做出了贡献。他担任农垦部部长期间，开创性地建立了西北、东北、华南、海南、云南等几大垦区，为我国农垦事业的发展奠定了坚实的基础。为纪念王震在农垦事业上的功绩，在他当年率领官兵挺进北大荒的第一站——黑龙江密山市，树立了由江泽民亲笔题写的“王震将军率师开发北大荒纪念碑”及其半身塑像，于1993年10月15日正式落成揭幕。

“文化大革命”中，王震同林彪、江青反革命集团进行了坚决的斗争。1975年1月，被任命为国务院副总理，协助周恩来总理、李先念副总理抓经济工作。他积极支持邓小平进行全面整顿，发展国民经济。他坚决支持党中央对江青反革命集团采取的果断措施，为挽救党、挽救革命发挥了重要作用。

1978年后，在中共十一届三中全会上当选为中央政治局委员。他坚决支持邓小平提出的以经济建设为中心、坚持四项基本原则、坚持改革开放的基本路线，为拨乱反正，调整国民经济，推动改革开放，建设有中国特色的社会主义事业竭尽全力。在担任中央党校校长期间，重视中高级干部的思想理论建设。担任中日友好协会名誉会长期间，为增进中日两国人民的友谊做出了突出的贡献。他主动担任中国中小学幼儿教师奖励基金会理事长，为提高教师社会地位，改善教学环境竭尽全力，并带头为基金会捐款。他关心和支持残疾人事业，任中国残疾人福利基金会名誉理事长、中国残疾人联合会名誉主席。1988年当选为国家副主席后，开展了大量的国务活动和外事活动，受到各国朋友的赞誉。他积极支持和维护以江泽民为核心的党中央领导集体，在病重期间仍时刻关心着国家的改革和建设事业，多次表示对中国共产党的前途和社会主义、共产主义事业充满信心。

王震是中共七届中央候补委员，第八、九、十一、十二届中央委员，十二届中央政治局委员。曾任国防委员会委员，中央军委常委，中央顾问委员会副主任。1955年被授予上将军衔。

〔王九明·深圳市公安局副局长·被追授全国公安战线一级英模称号〕 1993年8月8日，公安部发布命令，追授在深圳“8.5”抢险中壮烈牺牲的深圳市公安局副局长王九明“全国公安战线一级英雄模范”称号，并颁发奖章、证书和奖金。

1993年8月5日下午1点25分，64岁的深圳市公安局第一副局长王九明，在乘车去贝岭居宾馆开会的途中，突闻远处传来巨大的爆炸声。这位身经百战的老公安，意识到出了大事故，当即命令驾驶员拉响警笛，调转车头，急速向爆炸现场奔去。他一到现场，立即来到距中心火场二三十米的地方，向已到达的同志了解情况，部署灭火方案，指挥灭火。现场的烈火、浓烟、异味、热浪，熏烤得人睁不开眼，喉咙冒烟。作为主管消防工作的副局长，他知道仓库内贮满了危险品，也知道距火海不远处就是供应全市的液化气站，更知道爆炸可能产生的后果。在场的同志们多次劝他后撤，他全然不顾，一边指挥灭火，一边嘱咐消防队员一定要注意安全。正当他指挥几辆救护车后撤到较安全的地方时，突然听到火场里传出一阵阵爆裂声，随后见到火场里吐出一缕缕白色的浓烟。凭着多年指挥灭火的经验，他意识到马上要有更大爆炸发生，立即向身边和身后的干警喊道：“你们赶快往后撤！”自己却还在那里指挥。更猛烈的第二次爆炸瞬间发生了。浓烟裹着巨大的气浪，夹着水泥石块铺天盖地砸过来，方圆达两公里。大地在颤抖。王九明站立的地方被黑烟笼罩着……几秒钟后，抢险的干警冒着还在散落的碎石，向爆炸中心冲去。在距爆炸中心30多米的地方，抱出被石块砸在地上的老局长。干警们跪在王九明的身旁，一次又一次地呼喊着，希望他能醒过来。然而，王九明再也没有醒来，倒在了他为之奋斗了42年的公安岗位上，倒在他呕心沥血14载的特区热土上。就在这天，他的离休报告刚刚批下来。

王九明牺牲的时候，没有穿警服。原来他没有授衔。作为深圳市公安局第一副局长的他，已年满64岁，在公安机关是“超期服役”了。他1945年参加革命工作，曾是深圳市公安局的第一任局长。10多年来，他由正职变成了副职，却从没有离开过自己的岗位。有人说：“那天他完全可以不去。”或许他确实有很多理由。但是，40多年公安工作的磨练已使他形成了习惯：哪里有险情，哪里有大案，就一定出现在哪里。就在他牺牲的前一天，他还带病主持召开二处整顿纪律作风的会议，一位医生追到处里为他查病。他一边接受治疗，一边坚持工作。市公安局四处一直管理批办过境证和往返香港的证件。作为主管局长，王九明从未利用职权给任何亲友批办过证件。与王九明共事多年的同志用3个“实”字概括了他的为人：忠实、老实、踏实——这就是王九明留给人们的最深印象。

〔王乃彦·核物理学家·当选中国科学院学部委员〕　中国原子能科学研究院研究员王乃彦于1993年12月当选为中国科学院数学物理学部学部委员。

王乃彦，1935年11月21日生，福建省福州市人。1956年毕业于北京大学技术物理系，并被聘于第二机械工业部进行研究工作，曾任中国原子能科学研究院激光与离子束研究室主任、研究员，核物理研究所所长、副院长。现为该院科学技术委员会主任，同时担任863计划高功率准分子激光研究项目负责人等学术职务。

王乃彦早年曾从事中子物理研究并完成多项当时属国际水平的研究工作。六十年代中期以后长期从事核试验的射线测量工作，领导和参加了核武器试验中极其重要的11种近区物理测试项目；对探测系统的响应函数、测试数据的解卷积的复原处理等重要问题作了创造性的深入研究，并为定量改进有关测试结果提供了方法，促进了我国核武器设计和测试技术的不断改进。七十年代后期以来，对惯性约束核聚变领域的技术和物理过程作了系统研究，在高功率脉冲技术和束流物理、束靶相互作用诸方面取得了突出成绩。利用自制的逐级外触发技术，主持研制出的800GW强流电子脉冲加速器工作稳定、性能优异。在束靶相互作用研究中，采用多种实验方法确认了不存在所谓的电子能量反常吸收现象。在电子束箍缩及传输方面得到较国外更为丰富的信息，为国际同行所赞扬。在电子束泵浦氟化氪准分子激光研究中取得具有国际水平的科学成果，通过对各项物理过程与技术的研究，使KrF准分子激光器的输出能量达100焦耳、能量抽取效率达到国际水平。

〔王大中·核反应堆工程与安全专家·当选中国科学院学部委员〕　清华大学核能技术设计研究院院长兼总工程师王大中教授，于1993年当选为中国科学院技术科学部学部委员。

王大中，1935年3月2日生，河北省昌黎县人。1958年毕业于清华大学，1961～1962年为清华大学在职研究生，1981～1982年在原联邦德国于利希核中心进修，并在亚琛大学获自然科学博士学位。历任清华大学热工实验室主任、讲师、反应堆工程总体设计室负责人、副教授、教授、博士生导师，清华大学核能技术所副所长、所长，清华大学学术委员会副主任兼校务委员会副主任。

王大中于六十年代初参与领导了我国自建的屏蔽试验堆的设计、建造和运行。七十年代主持创建了清华大学反应堆热工试验基地，系统地研究了低干微沸腾自然循环两相流不稳定性规律，取得了具有国际水平的研究成果。八十年代主持领导了我国第一台低温供热核反应堆的研究、设计、建造和运行，并获得成功，获国家教委科技进步奖特等奖、国家科技进步一等奖。他试验采用了满功率自然循环和非能动余热冷却的固有安全性设计，保证了安全，成为世界上首次投入运行的全自然循环壳式供热堆；还研究成功一种独创的水力驱动控制棒驱动系统，在世界上首次采用，获国家发明奖二等奖。他主持领导的200MW的供热堆研究设计，已获国家批准。他积极倡导和主持领导了高温气冷堆的研究发展工作。在于利希核中心从事高温气冷堆研究时，提出了一种模块式高温气冷堆的新概念，可使模块式堆芯功率提高一倍以上，获德、美国发明专利。他完成了500MW模块式高温气冷堆的设计研究和350MW模块式设计方案得到了实验证实。他提出的10MW高温气冷堆的可行性报告经国务院批准立项。还在我国率先开展核电站概率风险评估研究，并在大亚湾核电站完成了该项成果，受到国际原子能机构高度评价。共发表论文、研究技术报告50多篇，专著一本。

〔王卫东·南京理工大学教授·六年发明项目超百项〕　29岁的南京理工大学青年教师王卫东，在短短6年时间里，发明项目超百项，申请专利36项，其中24项已获得国家发明专利权。被人们誉为“发明大王”。

王卫东，1965年生于苏北东台市郊区一个贫苦农民家庭。他深知生活的艰辛，最珍惜来之不易的学习机会，因此，学习特别刻苦。读小学时，年年被评为“三好学生”。1982年，他以优异的成绩考入扬州大学工学院暖通空调专业。1986年，毕业后分配到南京理工大学。

走上工作岗位的王卫东，把整个身心都投到事业上。是一次偶然的机会，使他迈上了发明创造之路。1986年的夏天，他路过一家商店，买了一瓶汽水，售货员就是不给吸管，愤懑之中的王卫东突发奇想，如果瓶里有根吸管，打开瓶盖就能自动冒上来多好，既方便又卫生。于是他到另一家商店又买了一瓶汽水，要了一根吸管，连夜在办公室做实验，一举成功。从此，王卫东一发不可收地搞起发明创造来。

为了搞发明，王卫东饱尝艰苦辛酸。1991年暑假，他从南京到徐州作一项试验，为赶车没坐位硬是在火车上站了一夜，下车后腿肿痛酸麻，头晕得站立不稳，不得不到医院打吊针。他的发明创造全是利用寒暑假和平时休息时间在全国各地的工厂做的试验，已7个春节没有回过家。由于艰苦努力，在短短六七年里，他的发明成果一项一项出手，涉及精细化工、生物医药、食品、生活用品等多个领域，创造了良好的社会和经济效益。

王卫东发明的"万能擦字橡皮"专利产品，不但能擦掉铅笔字，而且能将园珠笔字、钢笔字、毛笔字、铅印字、复印字、描图字、油印字等很容易地擦掉，擦后不损伤纸面，不留痕迹，不影响再次书写。

王卫东发明的万能去污膏不需用水即可将衣物上的汗渍、血渍、墨水斑迹等顽固污垢擦除干净，还可以将手上的沥青、油漆等污染物一次性除去，而不损伤皮肤。

采用王卫东的发明生产出的"保健表"目前已销往美国、日本、加拿大等十多个国家和地区，获取了大量外汇。

王卫东发明的"家用自来水永久净化器"，可使自来水同时矿化、净化、软化、活化、磁化，在"92北京国际发明展览会"期间，引起了国内外来宾的极大兴趣，中国国家专利局副局长马连元评价说："该专利产品是世界上第四代净化器。"

由于王卫东发明创造贡献突出，1991年他的母校——扬州大学工学院聘请他为名誉教授。

〔王五全·农民技师·摸索总结出千石山区造林新技术累计推广面积逾百万亩〕　王五全经过20余年摸索，总结出了一套在千石山区造林新技术，经过林业部推广，目前累计推广面积已逾百万亩，取得重大社会、经济效益。1993年被山西省政府树为林业标兵。

王五全，山西省壶关县盖家川村人，1938年生，小学文化程度，1983年参加中国共产党。盖家川有龙山、凤山两座千石荒山，多年造林不见林，人们已失去了在这里栽树的信心。1970年王五全担任了林业队长，前三年投工2000多个，花钱3000多元，栽下油松成活的仍是廖廖无几。王五全急得吃住都在山上，细心寻找原因。他发现石头附近的小苗长得好，没有石头的地方反而长不好，原因是石头下面的土壤含水份多，石头起了截水防蒸发的作用。于是他就巧选地形利用石块，使凤山的1100亩阴坡油松成活率达到了90％。但是，在阴坡上育的树苗到龙山阳坡上还是成活很少。他又试着在龙山上育苗，就地移栽，结果成活率大大提高。王五全总结了"阳坡育苗阳坡栽"的经验，又摸索出一套抗旱栽植和常年造林的办法，使油松成活率达到85％以上，为北方千石山区阳坡造林创造了成功经验，成为我国造林史上的奇迹。林业部领导、专家五次专程前来考察。一位林业部的领导赞扬说："全国造林没有突破的，壶关突破了；专家们没有攻下的课题，农民攻下了。王五全的确是个奇人！"专家们一致认为，王五全的造林技术有巨大的实用价值，过去认为不宜造林的地方可以造林了，全年可造林时间延长了5个月，太行山以及我国北方的绿化可以大大加快。《千石山上栽油松》的科教片在全国放映后，累计推广面积已超过百万亩。王五全牵头创办的"壶关县营林开发公司"，立足山西，面向北方11个省市，承包造林，都能达到部颁绿化标准。王五全已被全国绿化委员会授予"全国绿化模范"，国务院授予他"全国劳动模范"称号。

〔王文冲·著名舞台美术设计大师·在北京逝世〕　我国著名的舞台美术设计大师王文冲，于1993年8月3日在北京逝世，享年68岁。

王文冲于1925年生于北京，1940年开始在北京雪庐国画社学习绘画，1944年毕业于北京京华美术专科学校国画系，1949年2月投身华北大学文工二团参加革命工作，五十年代初进入北京人民艺术剧院担任舞台美术设计工作。他还曾兼任中央戏剧学院舞美系及电影学院美术系客座教授。在北京人民艺术学院40余年的舞美设计创作中，他先后为剧院古、今、中、外40余部戏和院内外多部影视承担舞美设计。如老舍的《茶馆》、《骆驼祥子》，曹禺的《北京人》、《明朗的天》，田汉的《关汉卿》以及奥斯特洛夫斯基的《智者千虑必有一失》等，均为国内外观众所赞赏，其中《明朗的天》曾获文化部舞美设计一等奖。《茶馆》的设计同全剧一样震惊中外。日本已故著名舞台美术设计家三林亮太郎评价道：在空间运用上是一个精典作品。

王文冲不仅是享有盛誉的舞美设计大师，还是颇有造诣和影响的中国画画家。他在学生时期就曾潜心学习中国绘画兼西洋绘画，之后又专攻中国传统人物画，形成了兼收并蓄、中西交融的独特风格。其作品曾在日本、香港、新加坡、加拿大、德国、台湾展出，并为一些博物馆及收藏家收藏。王文冲已被收入《世界当代书画名家大辞典》，其作品被收入《世界当代书画名家作品集》。此外，他在字画鉴赏、篆刻治印、古典诗词、散文、音乐等方面也有很高的修养和造诣。

〔**王文采·植物分类学家·当选中国科学院学部委员**〕　中国科学院植物研究所研究员王文采于1993年12月当选为中国科学院生物学部学部委员。

王文采，1926年6月5日生，山东省掖县人。1949年毕业于北京师范大学生物系。历任中国科学院植物研究所助理研究员、副研究员、研究员，曾任《植物分类学报》主编。

王文采自1950年以来，系统地从事植物分类学和植物地理学研究，对毛茛科、苦苣苔科、紫草科、荨麻科等科的分类和系统学研究，发现20个新属、540个新种，建立了唐松草属等多个属的分类系统。揭示了毛茛科及其中翠雀属等三属的演化趋势。对苦苣苔科的分类和系统学研究揭示了科的演化趋势。对石蝴蝶属、唇柱苣苔属的分类系统作出了重要补充，建立了后蕊苣苔属、吊石苣苔属和小花苣苔属的分类系统。在植物地理学方面，根据对许多科植物分布区的分析、研究，划分东亚植物区系的三条迁移路线，提出16个间断分布式样，推测我国云贵高原和四川一带可能是被子植物在赤道地区起源后向北扩展时形成的一个重要发展中心。共发表论文80篇，主持或合作出版著作7部。由他主持编著的《中国高等植物图鉴》和《中国高等植物科属检索表》有全国130位专家参加，是世界上最大的一部植物图鉴，获1987年国家自然科学一等奖。

〔**王丙乾·当选第八届全国人大常委会副委员长**〕　1993年3月27日，王丙乾在第八届全国人民代表大会第一次会议上当选为第八届全国人大常务委员会副委员长。

王丙乾，1925年6月生，河北省蠡县人。1940年1月加入中国共产党。1939年至1945年任河北省蠡县县委机关刻写员，冀中九地委机关收发员、研究员，冀中九分区白洋县委秘书。1945年至1949年任冀中九分区审计委员会秘书，冀中区审计委员会审计干事，冀中区财经办事处审计干事，冀中行署财政厅审计科科员，华北人民政府财政部审计处副科长。1949年至1970年任中华人民共和国财政部主计处科长，预算司处长、副司长、司长。1970年至1980年任财政部革委会副主任、副部长。1980年任财政部部长。1983年任国务委员兼财政部部长。1992年10月任国务委员。是第五届全国人大代表，中共第十二、十三届中央委员。

〔**王平水·原军事学院副政委·在北京逝世**〕　1993年2月1日，王平水因病在北京逝世，终年78岁。

王平水，1915年生，福建永定人。1931年加入中国共产主义青年团，1932年转入中国共产党，同年参加中国工农红军。曾任永定县木船工会青工部部长，福建省木船工会青工部部长，红十三军三十九师政治部宣传队队长，红五军团直属队青年干事，公略步兵学校连政治指导员。参加了中央革命根据地第四、五次反“围剿”和长征。抗日战争初期，任中共镇原县委副书记，中共庆阳县委组织部部长、县委书记。1939年入延安中央党校学习。解放战争时期，任中共热西地委副书记，冀热察军区热西军分区副政委，冀察热辽军区政治部组织部部长，第四野战军十四兵团政治部组织部部长。参加了辽沈、平津战役。中华人民共和国成立后，任空军第一航空学校政委，空军干部部副部长，空军政治部副主任，济南军区空军第二政委，兰州军区空军政委，军事学院副政委。是第五届全国人大代表，第六、七届全国政协委员。1955年被授予少将军衔和二级八一勋章、一级解放勋章。1988年获一级红星功勋荣誉章。

〔**王汉斌·当选第八届全国人大常委会副委员长**〕　1993年3月27日，王汉斌在第八届全国人民代表大会第一次会议上再次当选为全国人大常委会副委员长。

王汉斌，1925年8月生，福建惠安人。1941年2月加入中国共产党。1941年至1942年在缅甸仰光华侨中学读书，并任缅甸华侨战时工作队队员。1942年至1946年在西南联合大学历史系学习，获文学学士学位，并任“民青”第一支部委员、地下党第一支部委员。1946年至1947年在北平《平明日报》社任编辑，负责领导清华大学、北平师范大学等校地下党工作。1948年至1949年任北平地下党学委委员、大学委员会书记。1949年至1958年任共青团北京市委大学部部长，中共北京市委政治秘书，市委政策研究室组长、秘书长、副主任，市委第二办公室主任，市委候补委员。1958年任北京市委副秘书长。“文化大革命”中受冲击，后下放劳动。1975年任北京市冶金机械厂革委会副主任。1977年任中国科学院政策研究室负责人。1979年任第五届全国人大常委会法制委员会副秘书长兼办公室主任。1980年任第五届全国人大法制委员会副主任兼秘书长，中央政法委员会副秘书长，宪法修改委员会副秘书长，第五届全国人大常委会副秘书长。1983年至1988年任第六届全国人大常委会秘书长，人大常委会法制工作委员会主任，香港特别行政区基本法起草委员会副主任委员。1988年后任第七届全国人大常委会副委员长、全国人大法律委员会主任委员、全国人大常委会法制工作委员会主任，澳门特别行政区基本法起草委员会副主任委员。

是中共第十二、十三、十四届中央委员，第十四届中央政治局候补委员。

〔王训颎·肝胆外科学家·被聘为中华医学会资深会员〕 1993年1月16日，具有78年历史的中华医学会，正式宣布首批聘任41位在医学上有重大成就、德高望重的内外科专家为中华医学会资深会员。青岛市立医院名誉院长王训颎获得这一荣誉。

王训颎，1915年2月4日生，山东龙口人。1942年毕业于齐鲁大学医学院(在成都)，获博士学位，同时获姊妹学校加拿大多伦多大学医学院医学博士学位。后任成都中央华西齐鲁三大学联合医院外科住院医师、总住院医师，齐鲁大学医院外科主治医师，青岛市立医院外科主任，青岛山东大学医学院附属医院外科主治医师，青岛山东大学医学院外科副教授，青岛医学院外科教授，青岛市立医院院长、名誉院长。1948年加入中国共产党，1950年加入中国民主同盟。

王训颎对肝、胆、胰病进行了深入研究，曾解剖413例1000多块胆石，发现以蛔虫为核心者占70%～80%，提出我国胆道蛔虫病及大肠杆菌感染是胆结石形成的主要因素的论点。关于"东方胆管结石症"的研究结果，被国内外许多论文、著作引证。主编《胆石症》一书，并参与撰写《当代胆外科学》和《腹部外科诊疗参考》等书。先后发表《肠折叠术治疗与预防粘连性肠梗阻》等论文近20篇。

王训颎还历任中华医学会山东分会外科学会副主任委员，中华医学会青岛分会副会长、外科学会主任委员，《普外临床》杂志顾问，山东省人大代表，青岛市人大常委会副主任委员，山东政协常务委员，中国民主同盟青岛市委员会副主任委员、名誉主任委员等职。

〔王式廓·中国著名油画家、版画家·逝世二十周年〕 1993年是王式廓逝世20周年。《美术》杂志第10期刊发了妥木斯写的《忆王式廓老师》的文章，介绍王式廓在50年代率领同学深入农村、深入生活，一边带病坚持劳动，一边坚持绘画的事迹，表达了深深的思念。

王式廓，1911年6月16日生于山东掖县。自幼喜爱书画艺术。1930～1933年，先后在济南爱美高中艺师科、北平京华美术学院、杭州艺术专科学校学习西画。1934年考入上海美术专科学校西画系，参加该校MK木刻研究会。同年秋赴日本留学。1936年考入东京美术学校。1937年抗战爆发后回国，曾在武汉国民政府军委会政治部第三厅美术科从事抗日宣传工作。1938年赴延安，入抗日军政大学学习。1946年任延安鲁迅艺术学院教员兼研究员。1942年参加延安文艺座谈会，参与创办《桥儿沟画报》。1947～1949年，先后在北方大学美术系、华北大学文艺学院任教授、研究员。1950～1973年任中央美术学院油画系教授、研究部副主任，并当选为中国美术家协会理事、常务理事。

王式廓具有较深厚的绘画基本功。40年代以后，他生活在农民之中，以素描为手段，创作了许多人物写生，如《延安老农》、《京郊老农》、《赵小六》、《副社长吕振香》等。生动刻画了不同时代的农民的不同气质和风貌。1959年创作的素描《血衣》是其代表作，曾引起广泛的社会反响。1973年4月，他为了完成油画《血衣》的创作，去河南深入生活，充实素材，由于辛劳过度，不幸于5月22日逝世于画架旁。

王式廓版画的代表作为《改造二流子》，后制为套色木刻，具有较强的艺术感染力。他的油画作品主要有《参军》、《井冈山会师》、《毛主席在十三陵水库劳动》、《秋收场上》、《发明者的夜晚》以及《血衣》、《转战南北》等。出版有画册《血衣》、《王式廓素描集》、《王式廓画集》等。

〔王光英·当选第八届全国人大常委会副委员长·全国工商联执委会名誉主席〕 中国人民政治协商会议第七届全国委员会副主席、中华全国工商联合会执委会副主席、民主建国会中央常务委员会委员王光英于1993年3月27日在第八届全国人民代表大会第一次会议上当选为全国人民代表大会常务委员会副委员长。同年10月17日，在中华全国工商联合会第七届执行委员会第一次会议上，当选为全国工商联第七届执委会名誉主席。

王光英，1919年生，北京市人。1942年北平辅仁大学化学系毕业。1943年起任天津近代化学厂厂长。新中国成立后，历任天津针织品织造公司经理，天津市国际信托投资公司副董事长兼总经理，天津市副市长、市人民政协副主席，全国青年联合会副主席，民建第三届中央副主任委员。1983年任中国光大集团有限公司、光大实业公司董事长兼总经理，中国国际信托投资公司董事。是第五届全国政协委员、第六届全国政协副主席，第五届全国工商联执委会副主席，第一至三届全国人大代表。

〔**王廷江·村党支部书记·将一个人均年收入三百元的穷村变为产值亿元富村**〕　山东省临沂市罗庄镇沈泉庄党支部书记王廷江，艰苦创业，无私奉献，任职三年期间，领导群众将一个人均年收入300元的穷村变为产值亿元富村，人均年收入达4500元。江泽民总书记在山东考察时称赞他是村里好带头人。他先后被评为全国乡镇企业家、省优秀共产党员、劳动模范。1993年1月5日《人民日报》以《无愧于共产党员称号》为题报道了他的事迹。

王廷江，山东省临沂市人，1951年10月生，是一个勤奋好学的农民。中共十一届三中全会以后，他探索在穷村劳动致富的道路，曾承包村里代销店，拉板车搞运输，后来购买大卡车搞长途运输，积累了30多万元资金。1987年靠这些资金加上贷款办起了陶瓷厂，招收500多名村民当工人，产品销往20多个省、市，到1989年已拥有固定资产和流动资金共600余万元。他决定将420万元固定资产全部奉献给沈泉庄集体，自己任厂长，创利归集体，亏损自己赔。1990年1月，他被选为村党支部书记、村委会主任，上任当天向镇党委立下军令状：坚持以工业带农业，以农业保工业，全面发展，三年实现全村农业机械化、水利化、良种化，村民住楼房，工农业产值超亿元。他说到做到，1990年投资1300万元，新建五个陶瓷厂，当年产值达4300万元，年创利450万元。1991年又投资3000万元，再建五个陶瓷厂，加上原有厂产值共达9100万元，创利970万元。1992年又与港商合资建起了东方陶瓷有限公司，产值达1·6亿元，创利1750万元。现在，全村拥有14个企业，4000多名职工，工农业总产值达3·5亿元，年创利1·57亿元。全村农业实现机械化、水利化，256户村民全住进楼房。盖楼房时，王廷江拿出自己积蓄给每户资助一万元。“五保”户全由集体供养，60岁以上农民按月领取养老津贴。王廷江于1992年3月当选为第八届全国人民代表大会代表。

〔**王仲荦·已故著名历史学家·80周年诞辰**〕
1993年11月9日，是我国已故著名历史学家王仲荦诞生80周年。

王仲荦，浙江余姚人，1913年生。1937年毕业于上海正岗文学院，曾任上海太炎文学院、中央大学、山东大学教授。新中国成立后，任山东大学教授、历史系主任，中国历史学会理事，中国唐史学会副理事长，山东省史学会理事长，中国古籍整理出版规划小组成员，国务院学位委员会学科评议组成员。

王仲荦长期从事文史领域的教学和研究工作。他在学术上的贡献大体有三个方面：一是对魏晋南北朝与隋唐史的研究有很深的造诣。过去的史著，往往把南北朝写成一片混乱和黑暗，而王仲荦在他撰写的《魏晋南北朝史》一书中，着重写了这一时期的光明面，南朝着重写经济发展，十六国北朝着重写民族融合。目前史学界流行的魏晋南北朝的历史主流——南方的经济大开发和北方的民族大融合，实为王仲荦首先提出。二是对中国古代史上若干重大问题，如古代史分期问题、春秋战国之际的农村公社和休耕制度问题、物价问题、明代的纺织业生产问题等，他都进行了带有开创性质的研究。如在中国古代史分期问题讨论中，王仲荦认为，从殷商到东汉，都是奴隶社会。中国的奴隶社会可分为两个段落：从商代到春秋是第一个段落，这时期社会上有农村公社和未获得发展的早期奴隶制两种基本结构；从战国到东汉是第二个段落，这时期农村公社已经瓦解，较发展的奴隶制开始在社会上占统治地位。到魏晋时期，封建制终于代替奴隶制而上升到主导的地位，中国就进入封建社会了。王仲荦是我国史学界持魏晋封建论观点的主要代表人物之一。三是在古籍整理上作出了明显的贡献。王仲荦在年轻时就着手注释宋代杨亿编纂的《西昆酬唱集》，后来写成了《西昆酬唱集注》。在新中国成立以后组织的二十四史点校出版工作中，他负责点校了《宋书》、《南齐书》，还负责《梁书》、《陈书》、《南史》点校的定稿工作。

王仲荦撰写的学术著作还有《隋唐五代史》、《关于中国奴隶社会的瓦解及封建社会的形成问题》、《曹操》、《北周地理学》、《北周六典》等。

1986年6月4日，王仲荦因心脏病猝发在济南逝世。

〔**王会悟（女）·中共“一大”工作人员·在北京逝世**〕　中国共产党创始人之一李达的夫人、为筹备中国共产党第一次代表大会做了许多有益工作的王会悟，1993年10月20日在北京逝世。终年96岁。

王会悟，1898年生，浙江桐乡人。上海大同大学肄业。1920年加入上海社会主义青年团。同年参加上海女界联合会。1921年协助陈独秀、李达为中共一大安排会址，并负责安全工作。后任上海平民女校教员、《妇女》杂志编辑。1927年后，长期协助李达工作。中华人民共和国成立后，在中央人民政府法制委员会工作。1966年“文化大革命”开始后受到严重迫害，李达含冤去世。中共十一届三中会会后，为中共党史的征集研究做了许多有益的工作。

〔**王兆国·中共中央统战部部长·当选第八届全国政协副主席·阐述统战工作政策和原则**〕

1993 年 3 月 26 日，在第八届全国政协第一次会议上，王兆国当选为全国政协副主席。

1993 年 11 月 3 日，王兆国在全国统战工作会议上，代表中共中央统战部提出了各个领域统战工作的政策思想和原则。他说，当前民主党派工作总的指导思想是认真落实中央关于坚持和完善共产党领导的多党合作和政治协商制度的文件，保持党对民主党派工作方针、政策的连续性和稳定性，并根据新情况对一些具体政策进行必要的补充，使之更加完善。在工作中要遵循以下原则：一是牢牢把握住加强党的领导和发扬社会主义民主这两条主线，努力创造团结、和谐的局面；二是认真贯彻“长期共存、互相监督、肝胆相照、荣辱与共”的方针，进一步活跃民主党派的工作，充分发挥民主党派的参政议政和民主监督作用，并对民主党派给予必要的支持和帮助；三是正确引导民主党派围绕党和国家的中心任务开展工作，充分调动广大成员的积极性；四是依靠民主党派的政治联盟特点，坚持进步性和广泛性相统一，推动民主党派加强自身建设，顺利实现新老交替与合作；五是充分尊重民主党派在宪法范围内的政治自由、组织独立和法律地位平等，支持民主党派独立自主地开展工作。

谈到民族工作时，王兆国指出，民族地区的发展要抓好两个大的环节，一是加快民族地区改革开放和经济文化发展的步伐，使之逐步与全国发展相适应；二是要尽快解决少数民族贫困地区群众的温饱问题，以体现社会主义制度的优越性。关于宗教工作，他提出，当前主要任务是全面正确地贯彻执行党的宗教信仰自由政策，依法加强对宗教事务的管理，积极引导宗教和社会主义社会相适应，引导广大信教群众为维护社会稳定，促进经济发展作贡献。

王兆国于 3 月 25 日在听取出席八届全国人大一次会议的台湾代表团意见时说，近几年来海峡两岸关系不断发展，这是值得重视的。对台湾岛内政局变化，只要有利于促进两岸关系发展，有利于祖国和平统一，我们都欢迎；对不利于祖国和平统一大业的事，我们则坚决反对。他强调，坚持一个中国，问题都好商量。我们一贯主张两党谈判，这是从国共两党地位、作用等实际情况出发，也是为了避开台湾方面感到不方便的问题。他说，中央一再重申，我们不承诺不使用武力绝不是针对台湾人民的，而是针对外国势力破坏中国统一和台独的，这一点是非常明确的。如果出现了台湾独立或外国势力插手台湾问题的情况，我们会毫不犹豫地采取一切必要的断然措施，以维护国家主权和领土完整。

王兆国，1941 年 7 月生，河北丰润人。1965 年 12 月加入中国共产党。1961 年在哈尔滨工业大学动力机械系涡轮机专业学习。1968 年任第二汽车制造厂车桥厂技术员、共青团委副书记，第二汽车制造厂团委书记、厂党委常委、厂政治部副主任兼车箱厂党委第一书记。1979 年任第二汽车制造厂副厂长、党委书记。1982 年任共青团中央第一书记兼中央团校校长。1984 年任中共中央办公厅主任兼中央直属机关党委书记。1985 年任中央书记处书记兼中央办公厅主任、中央直属机关党委书记。1987 年任福建省委副书记、代省长、省长。1990 年任国务院台湾事务办公室主任。1991 年起任国务院台湾事务办公室主任，中共中央统战部部长。是第六、七届全国人大代表，第六届全国人大常委会委员；中共第十二、十三、十四届中央委员。

〔王兴东·电影剧作家·获电影金鸡奖最佳编剧奖〕 由王兴东编剧、长春电影制片厂拍摄的影片《蒋筑英》，在 1993 年金鸡奖评奖中获最佳编剧奖。

王兴东，满族，大连人，1951 年 2 月出生。初中二年级时下乡插队，后入伍在吉林省边防部队服兵役 5 年，1975 年考入长春电影制片厂编辑室，1978 年至 1979 年到北京电影学院编剧进修班进修。1980 年开始与妻子王浙滨合作及独立创作电影剧本 20 多部，被搬上银幕的有《明天回答你》、《白桦林中的哨所》、《飞来的仙鹤》、《奔向银幕的马》、《请签字，朋友》、《狼犬历险记》、《鸽子迷的奇遇》、《陆军见习官》、《我只流三次泪》、《解放》、《没有爸爸的村庄》、《少年战俘》、《来吧，用脚说话》、《蒋筑英》等。其中《飞来的仙鹤》获 1982 年文化部优秀影片奖，1986 年法国阿朗松儿童电影节奖，上海萌芽文学创作奖；《鸽子迷的奇遇》获第二届全国童牛奖特别奖，1987 年印度国际儿童电影节金奖；《解放》获 1987 年广电部优秀影片奖，四川工人电影节最佳编剧奖，长白山文艺佳作奖；《我只流三次泪》获广电部优秀影片奖，全国童牛奖优秀影片、优秀编剧奖；《陆军见习官》获长白山文艺奖；《少年战俘》、《没有爸爸的村庄》获建国 40 周年少年儿童电影剧作征文三等奖；1993 年《来吧，用脚说话》获童牛奖优秀影片奖。

王兴东的剧作贴近生活、时代感强，充满激情，人物性格突出，结构完整，既有文学性又富有电影特性，能为导演提供良好的创作基础。王兴东在创作中注意深入生活，下笔之前总是到生活中去观察，体验、搜集素材，因此他的作品真实感强。他的创作题材几乎全是当代题材，作品的主人公都是战斗在各条战线上的血肉丰满的正面人物，因此，他的作品总是饱含着政治激情，给人以鼓舞。最难能可贵的是他对儿童电影的关心。迄今为止，他先后创作了七部儿童电影剧本，且都拍成了电影，受到广大少年儿童的欢迎。

王兴东的新作《蒋筑英》获得了中国电影最高奖"金鸡奖"的最佳编剧奖。电影《蒋筑英》取材于真人实事。蒋筑英(1939～1982)浙江省杭州市人，中国科学院长春光学精密机械研究所副研究员，1962 年毕业于北京大学物理系。他在短暂的一生中勤奋学习，勇于探索，为解决我国生产建设上的一些光学问题，做了许多开创性工作，是我国光学界很有影响的科学家。年仅 43 岁因过度劳累逝世于成都。国务院于 1983 年追授他为"全国劳动模范"。王兴东在创作中既忠实于真实，又在创作中将人物的思想境界、内心感情、心理，通过主人公的妻子，孩子、朋友，从不同角度加以展现。剧本立意高，艺术构思好，不是局限于人物的英雄事件，而是通过人物关系写情。结构规范，对话生动，富有强烈的艺术感染力及感情冲击力。金鸡奖评委们的评价是剧本既具有文学性又具备电影特性，人物性格鲜明，对话精彩，富有感情。

〔王军霞(女)·中长跑名将·获世界田径锦标赛女子一万米冠军〕　王军霞于 1993 年在第四届世界田径锦标赛上获得女子 10000 米金牌和在世界杯马拉松赛上赢得冠军称号，被国际田径联合会评选为 1993 年度最佳田径运动员(排名第二)。

王军霞 1973 年出生于大连，是辽宁中长跑运动员。她小时候身体不是很好，但长大后心肺功能极佳，从上小学起在社、乡、市每次田径比赛中只要她参加回回跑第一。1991 年被教练马俊仁看中而进了辽宁省中长跑队后进步很快，她 1992 年在世界青年田径锦标赛上初露头角，赢得女子 10000 米跑冠军；在世界越野赛跑锦标赛上获得女子青年组亚军。

1993 年，是王军霞享誉国际田坛的一年。6 月，在全国田径锦标赛上创造了 31 分 8 秒 42 的女子 10000 米亚洲纪录和 8 分 27 秒 68 的 3000 米亚洲纪录；8 月，在第四届世界田径锦标赛上以 30 分 49 秒 30 赢得女子 10000 米金牌，并创造了世界青年新纪录；9 月，在第七届全国运动会上不仅以 8 分 6 秒 11 (预赛 8 分 12 秒 19)和 29 分 31 秒 78 分别创造了女子 3000 米和 10000 米世界纪录，而且夺得这两个项目和女子马拉松三项冠军；10 月，在世界杯马拉松赛上成为女子个人和团体冠军获得者。最后，她被国际业余田径联合会评选为本年度世界田径最佳运动员之一和荣获本年度业余运动基金会世界奖，均排名第二。

王军霞在国内举办的世界十佳、亚洲十佳、全国十佳和全国田径十佳评选中均首次被评选为最佳女运动员，名列榜首。

她还在世界评选委员会的投票中以绝对的优势击败其他 5 名候选人，以 134 分的得分夺走了 1993 年度杰西·欧文斯奖，成为第一个获得这一殊荣的中国人和亚洲人。

〔王志文·青年影视演员·获第十一届金鹰奖最佳男配角奖〕　1993 年 10 月，青年演员王志文因在 30 集电视连续剧《皇城根儿》中成功地扮演了王喜，获第 11 届《大众电视》金鹰奖最佳男配角奖。

《皇城根儿》以九十年代北京皇城根下金家大院和"再造金丹"的得失为线索，向人们展示了一个错综复杂、离奇诡谲、恩怨交织、富有传奇色彩的人间悲喜剧。王志文在这部电视剧中饰演金家大院二女儿金枝的情人、"倒爷"王喜。虽然王喜在剧中是个无足轻重的配角，但王志文以潇洒、恢谐、幽默的表演，把人物演得有声有色、入木三分，塑造了一个活生生的当代"痞子"形象，给人印象极深，并受到专家和观众的肯定。

王志文，上海市人，生于 1966 年 6 月，1984 年考入北京电影学院表演系，三年级时初涉影坛，在电影《两宫皇太后》中饰演同治皇帝。1988 年毕业后，分配到中央戏剧学院任台词课教师，不久，出演电影《秘密采访》中的男主角新闻记者麦克峰。在获 1991 年第 11 届中国电视剧"飞天奖"和四川国际电视节"金熊猫奖"的电视连续剧《南行记》中，他饰演青年时期的艾芜，表演才华得到充分展示，名声为之大噪。接着，他又在电视剧《柳亚子》中演怒问苍天的柳亚子，《吴敬梓》中演一代文豪吴敬梓、电影《风雨故园》中演鲁迅笔下装疯卖傻的子凌么公，从而"赚"得了"文人演员"的头衔。电视剧《皇城根儿》中的王喜、《杀人街的故事》中的"侃爷"苏建，又使他步入当代"痞子"行列。最近，王志文在 8 集电视连续剧《过把瘾》里演的一个外表玩世不恭、内心却颇具人情味儿的小人物方言，贴近时代的表演，恰到好处地表现了一个当代青年内心世界复杂而细腻的情感，引起人们普遍的联想和共鸣。

〔王志英·新疆军区济南胆肾结石专科医院主任·获全军先进老干部工作者称号〕　1993 年 9 月，在人民解放军总政治部召开的全军老干部工作先进表彰会议上，"排石王"王志英被授予全军先进老干部工作者称号。

王志英，1948 年 9 月生，陕西省武功县人，1965

年7月参加中国人民解放军，1970年4月加入中国共产党。1976年7月第二军医大学毕业后，又先后在第三、第四军医大学、辽宁中医研究院深造。曾任解放军第十一医院内科副主任。专业技术职称为副主任医师。

王志英从事医疗临床工作近30年，具有较高的专业理论和技术水平，积累了丰富的临床经验，尤其擅长中西医结合治疗胆肾结石、被誉为"排石王"。他所研究和开展的中西医结合快速排石疗法，治疗人体胆肾结石收到了显著效果，经过对6000多例胆石症患者临床验证，排石率达60%以上，对2000多例尿石症患者临床验证，治愈率达84.2%，不仅为胆肾结石的治疗提供了具有我国特色的治疗方法，而且改变了一向认为胆肾结石必须手术的传统观点，在理论认识与医疗实践上开拓了新的领域。发表学术论文34篇，获得科技成果奖3项，参加了全国科学大会和6次全国性专业学术会议。多年来，王志英在我国老一辈著名专家的指导下，把中西医有机地结合起来。他医得高尚，对农村五保户、困难户、残疾人、烈军属一律免费治疗，对有困难的病人总是解囊相助，对群众送来的土特产总是婉言谢绝。几十年来他因治愈了成千上万名胆肾结石患者而闻名全国，并先后被评为新疆军区、兰州军区和全军先进文职干部、兰州军区科技新星，多次荣立二等功和三等功。

〔王志新·青年生化学家·获中国科学院青年科学家一等奖〕　中国科学院生物物理研究所研究员王志新于1993年12月获中国科学院青年科学家一等奖。

王志新，1953年8月生，江苏省金坛县人。1977年毕业于清华大学化工系。1988年在中国科学院生物物理所获博士学位。1987年8月至1988年4月在日本做访问学者。1989年11月至1991年8月在美国康奈尔大学做博士后。1991年9月至1993年2月在美国北达科他洲立大学任助理研究员。现为中国科学院生物物理所研究员。

王志新在不可逆抑制动力学理论和应用两方面都做出了重要贡献。他应用概率论的方法，给出了邹氏(邹承鲁)作图法的严格证明，从理论上讨论了该方法可能引起的误差并将其推广到寡聚酶的情况，扩展了适用范围。他在将统计力学应用于酶学研究中，导出了与模型无关的描述蛋白质——配体结合的一般公式；提出了描述非专一性抑制和激活的动力学方程及其确定必需位点数目的方法；导出了描述PH——酶活性关系的一般方程。他对酶活性不可逆抑制动力学理论和方法的发展及推广做出了创造性的贡献，将邹氏动力学理论和方法推广到双底物酶反应系统、偶联酶和滞后酶等复杂的酶反应系统、氨基酰化酶脱锌的失活动力学研究等方面，从而扩大了邹氏理论和方法的应用范围。同时从理论上建立了判断底物浓度能否忽略不计的判据，并给了一般动力学方程和确定动力学常数的作图法；还提出了适用任一酶反应体系的推导酶活性不可逆抑制动力学方程的一般方法。

王志新先后发表论文30余篇。其中在酶活性不可逆抑制动力学的研究中作为主要完成者获1990年中科院自然科学一等奖。

〔王希季·空间返回技术专家·当选中国科学院学部委员〕　航天工业总公司中国空间技术研究院研究员王希季于1993年12月当选为中国科学院技术科学部学部委员。

王希季，白族，1921年7月26日生，云南省大理市人。1942年毕业于西南联合大学，1952年获美国弗吉尼亚理工学院科学硕士学位。历任大连工学院、上海交通大学副教授、教授，上海科技大学教授，中国科学院上海机电设计院、七机部八院技术负责人、总工程师，七机部508所总工程师，五院副院长、研究员、科技委主任，航天部总工程师、返回式卫星总设计师。现任航天工业总公司科技委员会顾问、研究员，中国空间科学学会副理事长，国际宇航科学院院士。

王希季从1958年起从事航天技术工作。六十年代初主持研究、发展我国探空火箭及生物火箭并多次飞行成功。七十年代对卫星返回过程所涉及的返回轨道、气动和防热、导引和控制、回收和着陆技术进行了系统和创造性的研究，主持返回式卫星总体方案的研究和设计，包括飞行轨道系统组成、总体布局、有效载荷、飞行程序、可靠性等，还负责该型号卫星总装、试验和飞行的技术工作。1975年起，返回式卫星在轨飞行成功，并获取了大量优质照片，为我国"四化"建设以及我国返回卫星居世界先进行列做出很大贡献。他积极推动返回式卫星的应用工作，目前，返回式卫星已被广泛地用于科研和生产建设领域包括矿产石油勘探、地震地质调查、国土资源调查和开发研究、空间微重力试验等许多方面。曾两次获国家科技进步奖特等奖。发表论文20多篇，专著二本。

〔王宏坤·海军原第二政委·在北京逝世〕　1993年8月20日，人民解放军海军原第二政委王宏坤因病在北京逝世，终年85岁。

王宏坤，1909年生，湖北麻城人。1927年参加黄麻起义。1929年1月参加中国工农红军，同年3月加入中国共产党。1931年初任红四军第十师三十团团长。1932年3月任第十师师长，参加了新集、双桥镇等战斗以及鄂豫皖革命根据地历次反“围剿”。1933年参加川陕革命根据地反“三路围攻”后，所部第十师扩编为第四军，任军长。随后率部参加了反“六路围攻”、陕南战役和长征。1935年10月任川康省军事部指挥长。1936年夏调回红四军，先后任军长、政委。抗日战争时期，历任八路军第一二九师三八五旅旅长、冀南军区副司令员、冀鲁豫军区副司令员兼冀南指挥部司令员和政委。参加领导冀南平原游击战争，坚持和发展抗日根据地。1940年百团大战中率部参加了正太、平汉铁路破击战。1945年在抗日大反攻中，指挥部队收复冀县、临清等县城，10月攻克伪军盘踞的邯郸。解放战争时期，任晋冀鲁豫军区第二副司令员兼第六纵队司令员，邯郸战役中参与了对北集团部队的统一指挥。1947年9月任晋冀鲁豫野战军第十纵队司令员，后兼桐柏军区司令员。同年冬率部西越平汉路，向桐柏山区展开。1948年1月指挥邓县战役，歼灭大量国民党地方武装，巩固和扩大桐柏解放区，配合大别山区反“围攻”斗争。7月统一指挥中原野战军第六纵队和桐柏、陕南军区部队，发起襄樊战役。1949年3月任湖北军区第一副司令员，中共湖北省委副书记、代理书记。1950年5月任海军副司令员，参与创建海军的工作。1955年被授予上将军衔和一级八一勋章、一级独立自由勋章、一级解放勋章。1966年3月任海军第二政委。是中共第九、十届中央委员。“文化大革命”中犯有严重错误。

〔王君正（女）·电影导演·执导《天堂回信》在国内外连连获奖〕　北京电影制片厂导演王君正执导的儿童影片《天堂回信》，先后获1993年2月德国第43届柏林国际电影节“国际青少年儿童影视中心奖”、1993年10月美国第10届芝加哥儿童节“最佳故事片奖”、1993年10月荷兰第7届儿童电影节“儿童电影大奖”、1993年9月伊朗第25届伊斯法罕儿童电影节“最佳导演金蝴蝶奖”。1993年4月在中国儿童少年电影第五届童牛奖评选中，获“优秀故事片奖”和“优秀导演奖”。

影片《天堂回信》叙述了一位聪明活泼的小男孩晨晨与爷爷朝夕相处，为了孙子能适应当代的教育方式，爷爷托词离开孙子，最后悄然逝去的故事。这部影片以情感人，把祖孙之间的亲情描绘得很温馨、纯净、恬淡、动人，整个影片就像一首非常优美的散文诗。导演对人物把握准确，细节处理恰切，分寸掌握适度，显示出艺术功力日臻成熟。

王君正，北京电影制片厂二级导演，1945年出生于延安，1968年毕业于北京电影学院导演系。最初在《烽火少年》、《黑三角》、《拔哥的故事》等影片中任副导演。1980年首次独立执导儿童影片《苗苗》，获第1届中国电影金鸡奖“特别奖”、1980年文化部优秀影片奖、1982年第2届印度国际儿童电影节“最佳儿童影片奖”，并因此被聘为第3届印度国际儿童电影节评委。自此，她的艺术创作已趋成熟。1982年拍摄了儿童片《应声阿哥》，获1982年文化部优秀影片奖，并参加了1988年在法国戈尔贝依举办的国际儿童电影节。1986年拍摄的《山林中头一个女人》以其苍劲、凝重的风格震动了人们，获得第7届中国电影金鸡奖最佳录音奖和最佳女配角奖，并参加了在美国旧金山举办的“亚洲影展”。1988年拍摄了《大侦探》，1991年拍摄了喜剧片《女人·TAX1·女人》，1992年拍摄了儿童片《天堂回信》和警匪片《私人保镖》等。她还先后拍摄了电视剧《高敬亭》和《黑眼睛的太阳神》。王君正充满了童心，热爱儿童电影事业，先后执导了三部儿童电影，并出任中国儿童少年电影学会副会长。

〔王茂林·任中共湖南省委书记〕　《人民日报》1993年9月30日报道，中共中央决定原中共山西省委书记王茂林任中共湖南省委书记。

王茂林，1934年生，江苏启东人。1956年加入中国共产党。历任大同煤峪口矿采煤区区长、技术科副科长、矿长，大同矿务局副局长、工程师，中共山西省委经济领导组副组长，山西省副省长，太原市市长，中共山西省委常委、中共太原市委书记。1988年起任中共山西省委副书记、书记。是中共第十三、十四届中央委员。

〔王苓芬（女）·扬剧演员·赴朝鲜演出归来为全国听众演唱〕　1993年4月，被誉为“银嗓子”的扬剧演员王苓芬，在扬州接受了中央人民广播电台记者的专访，向记者讲述了她随扬州艺术团赴朝鲜演出的盛况。朝鲜金日成主席在万寿台艺术剧场兴趣盎然地观看了中国江苏扬州艺术团的专场演出。特别是当演员演唱到扬州小调《金主席来到我们扬州》时，剧场反映强烈。金日成被演员们清新优美的演唱，别有风情的舞姿，真挚的深情厚意打动，不觉流了眼泪。王苓芬向记者讲述以上情景后，即兴在电台话筒前为中国听众演唱了这首扬州小调。

王苓芬，1963年8月生于江苏省扬州市。因父母喜爱音乐、戏剧，自小受薰陶，七、八岁上便同戏曲结下了不解之缘，中学时期常常登台演唱现代京剧选段“都有一颗红亮的心”。那时，她窈窕清秀，又有天生的银铃般的嗓音，表演常得观众赞许。14岁，她如愿以偿地考进扬剧艺训班，学习青衣、花旦，经老师严格调教与刻苦习艺，两年半后，被调进扬剧团。起初演丫环、彩女，她利用下场时间，站在边幕看戏，天长日久，一出大戏《王宝钏》的台词、唱腔及女主角的表演一招一式记得滚瓜烂熟。机会属于强者。一次扮演王宝钏的演员身体不适，嗓子突然“封门”发不出音。救场如救火，王苓芬要求自己试试，大伙都为她捏把汗。没想到王苓芬越演越自如，全戏演完，台上台下竟掌声一片。这次成功，给王苓芬的舞台生涯带来了转折和变化。从此她既演配角，也任主角。1981年，她被送进江苏省戏校进修，在校系统地学习了斯坦尼体系的理论和中国戏曲表演章法及唱念做打等程式，为她日后的表演注入了丰富的营养。

返团后，王苓芬正式拜扬剧表演艺术家王琴为师，长期边实践、边学习，表演技艺日益长进。十多年来主演了《龙凤怨》、《血冤》、《秦香莲》、《玉蜻蜓》、《孟丽君》、《婆媳泪》等传统戏和现代戏。令人难忘的是在北京、上海等地公演扬剧《皮九辣子》时，王苓芬一曲曲伴唱，时而激越，时而舒缓，时而诙谐，时而深沉，给观众留下深刻的印象。她曾获江苏省首届戏曲大赛优秀演员奖、上海《白玉兰》金奖等十七次奖励。近年来她接受各音像出版社的邀请，共录制了十多种盒带，其中与丈夫常郇共同演唱的扬州小调的音带，一版再版，发行达数万盒。

王苓芬是中国民主促进会会员、江苏省青联委员、扬州市青联常委。

〔王国强·电视台曲艺编导·编导《马三立》一片获一等奖〕　1993年3月，由全国18家省级电视台联合录制的大型电视系列片《文化人物》组委会在北京举行授奖仪式，天津电视台文艺部曲艺编导王国强在该系列片中担任《马三立》一片的编导，获得一等奖。

王国强在参与撰稿和担任编导《马三立》一片中，充分调动文学摄影、音乐、解说、美工等手段，运用电视语言和对比、烘托等艺术手法，生动地展现了相声表演艺术家马三立65年艺术生涯中的悲欢离合，深刻反映了他在艺术上的执着追求、奉献精神和独特的风采。此片除在北京、上海、天津和四川等18家省级电视台播出外，还被中央电视台《曲苑杂坛》等栏目选用，并被作为天津电视台对外交流节目在美国、日本播出。

王国强，1953年生。河北省黄骅县人。1987年到天津电视台从事编辑、导演工作。1988年以来，他先后开辟了《曲艺大观园》、《周末相声》、《鱼龙百戏》等以曲艺为主的栏目，，受到观众好评，并受到市级以上奖励十余次。他编导的电视小品，选材新颖，拍摄考究，幽默而深刻，如《语言的误会》、《假作真时》等均曾获奖。1993年6月，在中央电视台举办的“全国‘同益杯’微型幽默电视录象大赛”中，他编导的《如此照象》、《自作自受》等7个作品获奖，并被中央台1993年春节晚会和《曲苑杂坛》栏目选用。此外，他还发表过多篇探讨电视艺术、电视与曲艺关系的论文。

王国强是中国曲艺家协会天津分会会员。

〔王忠孝·农民企业家·创办威远公司开发高科技的玻璃版画被接纳为国际康帕斯组织成员〕

以在北京生产火锅而“一炮打响”的王忠孝，将目光转向国际市场，创办威远实业有限公司，开发出国际高科技产品——玻璃版画，1993年被接纳为国际康帕斯组织成员。

36岁的王忠孝是山西省潞城县黄池乡峪北村一位普通农民，初中文化程度。1986年，29岁的王忠孝带领5位农民建起了峪北五金工艺厂，开始与全国100多个厂家竞争火锅生意。为了能够一炮打响，他于1988年，同北京30家商店联合举办了春燕火锅大联展，迅速打开了销路以后，他根据市场的新需求，开发研制了26型、28型、30型普通火锅和18型、22型宫廷火锅，从而使产品由单一走向系列化。1993年，王忠孝在研究了市场走向之后，果断地在县城以股份制形式成立了威远实业有限公司，决心在国际市场上“威”名“远”扬。

为了使开发的新产品在30年内不落后，王忠孝瞄准了国际高科技产品——玻璃版画。高薪聘请了一位中国美术大师，两位北京籍教授和两位大学生组成攻关技术小组。所谓玻璃版画就是利用特殊的金刚钻头，独特的工艺手段在玻璃上打出点线结构，再利用折光原理产生出栩栩如生的画面。这种产品研制成功后，一时在北京引起轰动。美国前总统布什对此表示了极大的兴趣。于是，王忠孝特意精制了一幅玻璃画象送给了他。据新华社消息，这件精品目前已被美国白宫珍藏。有关权威人士认为，用玻璃版画制作人物肖像，在世界上尚属首创。

1993年，经王忠孝申请，由欧洲经济共同体资助、联合国开发组织支持、140个国家组成的非盈利性服务机构——国际康帕斯组织接纳威远实业有限公司为他们的成员。从此，王忠孝的玻璃版画，将通过国际康帕斯组织与140个国家之间的信息库联网，复盖全世界约88%以上的人口和地区。全国人大常委会副委员长王光英称赞王忠孝的经营胆略，热烈祝贺威远实业有限公司在市场经济的大海中真正"威"名"远"扬。

〔王忠禹·任国家经济贸易委员会主任·阐述1994年经贸工作的任务〕　1993年3月29日，根据第八届全国人大第一次会议的决定，王忠禹被任命为国家经济贸易委员会主任。

王忠禹，1933年生，吉林长春人。1956年加入中国共产党。历任吉林造纸厂车间副主任、计划科副科长、副厂长兼总工程师，吉林省第一轻工业厅副厅长、厅长，中共吉林省委常委、秘书长。1985年起任中共吉林省委副书记。1988年起任吉林省副省长、省长。是中共第十三届中央候补委员、第十四届中央委员。

在1993年12月5日召开的全国经贸工作会议上，王忠禹在分析了当年我国经济形势后指出1994年经贸工作的任务是：以企业工作为中心，突出企业改革、市场建设、技术改造和企业管理四个重点，加强对经济运行的综合协调，保证国民经济的正常运行。在加快国有企业改革，搞好国有大中型企业方面，他说要制定并组织实施"万千百十，转机建制"规划。即在一万户国有大中型企业中不折不扣地落实14项经营自主权和责任，完成清产核资工作；通过委派监事会的形式，分期分批地对一千户关系国计民生的重点骨干企业的国民资产进行监管；选择一百户不同类型的国有大中型企业，结合贯彻两个"条例"，进行建立现代企业制度试点；在十个城市或地区进行减轻企业不合理负担和提高企业自有流动资金比重试点，摸清情况，提出分期分类解决的具体办法。

〔王季午·内科学家和传染病学家·被聘为中华医学会资深会员〕　1993年1月16日，具有78年历史的中华医学会，正式宣布首批聘任41位在医学上有重大成就、德高望重的内外科专家为中华医学会资深会员。浙江医科大学名誉校长王季午获得这一荣誉。

王季午，1908年6月出生于江苏苏州。1934年于北平协和医学院毕业，获医学博士学位。留校任助理住院医师、住院医师、助教、讲师、主治医师。1940年赴美在新奥尔良城吐兰大学进修热带病学，由于学业成绩优秀，医疗技术精湛，吐兰大学授他"名誉讲师"称号。当时抗日战争正处于艰苦阶段，他毅然回国，到贵阳医学院任副教授、教授、教务主任、附属医院院长、医学院代理院长。抗战胜利后，浙江大学竺可桢教授慧眼独具，邀请他来浙江筹办浙江大学医学院，聘为医学院院长兼附属医院院长。中华人民共和国成立，王季午历任浙江医学院副院长，浙江医科大学副校长、校长、名誉校长。1964年参加九三学社，1985年参加中国共产党。

王季午早在30年代就多次进行动物和临床实验，探索治疗黑热病的新药，论证了新斯锑波霜等为当时治疗黑热病有较好疗效的药物。他研究黑热病的成果多次在国内外杂志上发表，具有很高的学术水平和理论实践价值。此外，他对疟疾、肺吸虫病、斑疹伤寒、白喉等疾病也进行了深入的研究。解放后，虽然社会活动十分繁忙，但他经常深入现场进行调查研究。如1952年首次证实钩端螺旋体病在浙江的存在，推动了全国对该病的广泛研究。1954年对肺吸虫病进行了大量临床研究，制定出氯喹与吐根碱合并疗法，成为当时最有效的治疗方法。近年在指导和参加"抗血吸虫新药——吡喹酮的临床研究"、"大肠癌与血吸虫病的关系"和"乙型肝炎病毒宫内传播"的研究上均取得显著成绩。他在中外医学杂志上发表50余篇学术论文。担任《传染病学》参考书、《中国医学百科全书·传染病学分卷》、高等医学院校教材《传染病学》等专著的主编或副主编。他曾获得1978年全国科学大会奖等多次奖励。

王季午历任中华医学会理事，中华医学会内科学会副主任委员，中华医学会传染病寄生虫病学会主任委员，中国科协第二、三届委员、常务委员，浙江省科协主席、名誉主席，第二、三、四、五、六届全国人大代表，浙江省政协副主席，九三学社中央委员，九三学社杭州分社副主任委员。第一、二届国际传染病会议执行委员。

〔王季思·中山大学教授、曲学研究一代宗师·从教七十周年庆祝会在广州举行〕　1993年4月12日，由广州市政协和中山大学举办的"王季思先生从教七十周年庆祝大会"在中山大学永芳堂举行。来自海内外学者、教授及中山大学师生数百人济济一堂，向辛勤的园丁、著名的学者、我国曲学研究的一代宗师王季思先生表示热烈祝贺。王老感谢大家对他的关怀。他说，古代燕昭王千金买骏马之骨以招天下贤士，今天为我举行这样隆重的庆祝大会，我的理解是领导重视教育事业，希望吸引更多的千里马到教育战线上来。回顾七十年走过的历程，我深感当初选择当教师为我的终身职业，做对了。我这几十年，有做对的地方，也有犯错误的时候，两者相抵，恰好收支平衡。王老诚挚而风趣的答词，引起了春雷般的掌声。

庆祝会结束后，举行了为期三天的"王季思教授学术思想研讨会"。与会学者们称颂王季思致力于古典文学尤其是古典戏曲研究，硕果累累：他校注的《西厢记》成为名剧校注的典范；他六十年代主编的《中国文学史》至今仍是我国高等院校中文系的主教材；他主持编写的《中国戏曲选》、《中国十大古典喜剧集》、《中国十大古典悲剧集》、《金元戏曲》等，在国内外产生很大影响。代表们认为，王季思在进行学术研究时，目光远大，能站在文学史、文化史、时代精神的高度观察、研究古典文学尤其是戏曲领域的问题，在借鉴传统研究方法的基础上不断创新，将古典戏曲研究不断推向新的台阶。在研究方法上，无论古籍的校注评点、作品的分析评价、本事源流的探索等无不精到；又由博返约，以对戏曲作家作品的校注最为擅长，其《西厢记校注》可称是王老戏曲研究的代表作。

王季思，名起，浙江永嘉人，1905 年出生，少时即爱好戏曲。就读于南京东南大学时，得到著名词曲家吴梅先生的指导，开始从事词与散曲的创作。大学毕业后，在松江女中教书六年。抗日战争爆发，淞沪沦陷，他仓惶南归永嘉，随身所带的只有《西厢记》和《元曲选》两部书。后在浙江大学龙泉分校任教，于 1944 年发表《西厢五剧注》，是他研究古典戏曲的第一个也是最重要的一个成果，建国后，此书更名《西厢记校注》，从五十年代至今，先后七次印刷，发行一百余万册，被我国曲学界誉为"从明代以来注《西厢》之翘楚"。

建国以后，王季思一直任教于中山大学。从五十年代中期到六十年代初，是王季思学术研究日益深入的时期，他在戏曲理论上作出了重要贡献。其中最突出的是发表于 1962 年《学术研究》第四期上的文章《我国戏曲的起源和发展》。这篇论著对广泛搜集来的丰富史料作了细致的比较、鉴别、分析，全面、科学地探讨了我国戏曲形成的原因和发展的道路。1979 年他为《桃花扇》校注本的再版写了《再版后记》。以后又对《昭君怨》、《汉宫秋》、《长生殿》作了深入研究，并与人合作写出了《从〈昭君怨〉到〈汉宫秋〉》、《〈长生殿〉的思想倾向与艺术特色初探》等重要论文，为正确评价古代戏曲作家作品阐明了正确的原则。八十年代，他主编的《元杂剧选注》、《元散曲选注》、《元明清散曲选》、《中国戏曲选》等大型戏曲作品选集陆续出版，共计约 260 万字。

王季思先生七十年来治学育人，志行高洁。他曾为其门生黄天骥教授的论文集题诗一首，此诗也可作为先生之精神与人格的自况。诗曰："人生有限而无限，历史无情还有情。薪尽火传光不绝，长留双眼看春星。"

〔王秉祥·前中共甘肃省委书记·在兰州逝世〕

王秉祥因病于 1993 年 8 月 12 日在兰州逝世。

王秉祥，生于 1916 年，甘肃宁县人。1935 年加入中国共产党。后历任中共新宁县委组织部部长、宣传部部长，陕甘宁边区关中分区警备一旅团政委，中共宁县、正宁、中宜中心县委书记，中共关中地委宣传部部长，中共陇东地委书记。新中国成立后，历任中共甘肃省委组织部副部长、部长，甘肃省人事厅厅长，中共甘肃省委常委、书记处书记，甘肃省副省长等职。"文化大革命"后任中共甘肃省委书记兼政法委员会书记、中共甘肃省顾问委员会副主任、甘肃省第五届政协主席。是第七届全国政协常务委员。

〔王绍庭·临汾钢铁公司经理·领导企业扭亏为盈被授予优秀企业家称号〕　山西临汾钢铁公司经理王绍庭在企业连续亏损的条件下，在全厂认真推行经济责任制，苦练"内功"，担任厂长一年，企业迅速扭亏增盈。截止 1993 年 9 月实现利税突破亿元大关，创历史最高水平。1993 年 5 月，王绍庭被授予山西省优秀企业家称号，山西省政府给临汾钢铁公司记集体一等功。

临汾钢铁公司是一个具有 30 多年历史的老厂，过去在计划经济条件下，生产指标由上级下达，生产成品由国家调拨。进入九十年代，这个老厂遇到了市场经济的严峻考验。1991 年下半年，公司已经连续亏损六个月，亏损额达 450 万元。当年 10 月，山西省政府任命王绍庭担任公司经理，几个月的财务报表摆在他的面前，临钢一吨钢销售成本 1034 元，市场只卖 1063 元，不少货款还迟迟收不回，使他感到了市场的冷酷无情，只有打破企业的大锅饭，推行经济责任制，让全体职工人人经受市场经济的考验，承担市场的压力，企业才有出路。在七届四次职代会上，王绍庭提出了以炼钢为中心，以连铸、中板为重点的生产方针和全面推行"模拟市场、成本否决"经济责任制的设想，得到代表们的一致拥护。会议决定，各二级分厂的原燃料、材料、半成品一律以市场价格核算，各类产品的成本与工资奖金挂勾，并分解到车间、班组、个人。经济责任推行头一两个月，有的分厂没有完成成本指标，公司按照合同毫不含糊地扣掉与这些分厂挂勾的公司机关和这些分厂副科级以上干部的奖金，并下浮 5% 的基本工资。这么一动真格的，从干部到工人，人人感到了肩上的压力，大家憋着一股劲猛干。到1992年底全公司钢产量比上年增长33%，铁产量增长12.7%，人炉焦比、利用系数、钢铁料消耗、炉龄等13项技术经济指标创历史最好水平，全年实现利税4230万元，超额完成规定指标198%，一举甩掉了亏损的“愁帽”。在此基础上，王绍庭进一步动员全厂职工苦练“内功”，把降低成本、减少消耗贯穿到生产经营的各个环节上。他们建立了从公司到分厂到车间班组的成本管理体系，把成本核算重点落实到班组，公司和分厂两级定期进行经济活动分析，及时找出影响成本的主要因素，制订相应的改进措施，同时举办各种培训班，提高职工管理能力和成本意识。由于全厂上下苦练“内功”，使临钢在1992年原燃料价格不断上涨的情况下，产品成本却大幅度下降，公司产品可比成本比上年降低8.22%，仅此一项即增利1800万并于1992年夺得全国地方冶金骨干企业可比成本降低率第一名。

王绍庭，吉林省榆树县人，1942年出生，1964年大学毕业后分配到太原钢铁厂工作。历任副工段长、工段党支部书记、二钢厂厂长等职。1988年调任临汾钢铁厂副经理，1991年10月任经理。

〔王春瑜·历史学家·新著《阿Q的祖先——老中堂随笔》出版〕　1993年8月，团结出版社出版了中国社会科学院历史研究所研究员王春瑜撰写的《阿Q的祖先——老中堂随笔》。收入本书的文章有一半是近两年作者发表在报刊上的文史随笔，内容涉及中国文化、文化史方面的各种问题。同年，国际文化出版公司和中国社会科学出版社还分别出版了王春瑜策划和主编的《风骚五千年——中华名人传系》和《新编“三言”“二拍”丛书》。这些新著的出版，在文史界颇有影响。

王春瑜，江苏建湖人，1937年生。1963年毕业于复旦大学历史系研究生班元明清史专业。曾任上海师范大学历史系讲师。1979年调到中国社会科学院历史所工作，1988年晋升研究员。

王春瑜的研究领域很广泛，也颇有特点。他用新的观点探讨明清之际阶级关系的变化和知识分子的动向，提出了一些新的见解，如否定了顾炎武北上抗清说，肯定了曹寅在江南的历史作用，否定了反君权思潮与资本主义萌芽的关系等。他对中国封建社会的一个特殊产物宦官作了深入的研究，撰写了《明代宦官》（合著）、《明代宦官与经济史科初探》（合著）等专著，深化了对封建专制主义历史的探讨。他对一个时期特别是“文化大革命”期间突出发展的一些政治文化现象，作了历史的探讨，撰写了《万岁考》、《语录考》、《烧书考》、《吹牛考》、《说“天地君亲师”》等一系列文章。其中《万岁考》一文发表后，曾在国内外引起广泛注目。他的研究工作还有个显著的特点，就是文史结合，亦文亦史。他用文学笔调写的史学专著《明朝酒文化》以及《雪泥鸿爪》、《一碗粥装得下半部历史》、《三百年前的大吃大喝风》、《金庸印象》、《乌纱帽考》等一百多篇读史札记、小品，颇受读者欢迎。

王春瑜出版的其他著作还有《历史学概论》（合著）、《新地方史志学简编》（合著）、《“土地庙”随笔》、《我的史学观》等，还主编了《古今掌故丛书》三辑，发表史学论文数十篇。

〔王贵海·第二炮兵工程学院高级工程师·被授予“献身国防事业的青年科技尖兵”称号〕　年仅26岁的工程兵学院青年工程师王贵海，因攻克世界性科研难题——非圆齿轮计算机辅助设计与制造（CAD/CAM）技术这一机械转动领域的“哥德巴赫猜想”，被二炮党委授予“献身国防事业的青年科技尖兵”荣誉称号，并晋升为高级工程师。

王贵海，1966年10月出生，江苏省丰县人。他在中学时代，对数学具有超常的兴趣，是县、市、省中学生数学竞赛夺魁强手，多次为学校争得荣誉。高中毕业后，考上了我国战略导弹部队最高工程学府，攻读机电工程专业。大学二年级时，王贵海就对世界性的斜齿轮齿廓设计中的定量近似分析重大难题，提出了用当今最前沿科学理论“离散化技术”和计算机数值解算技术，来代替定量分析技术的新设想，写出了《斜齿轮齿廓方程建立和解算》及《斜齿轮法面齿形计算机仿真分析》两篇具有独到见解的和独创新意的论文。王贵海怀揣着这两篇论文找到了西安交通大学机械博士导师、我国著名齿轮专家吴序堂教授，到他门下拜师。在吴教授那里，王贵海知道了在机械王国里还有一个“哥德巴赫猜想”。在吴教授的鼓励和精心指导下，王贵海下定决心要攻取非圆齿轮技术难关。他挥笔写下了“为扬起中华民族旗帜而战，誓与非圆齿轮技术共荣耻”的誓言。

从此，王贵海开始了艰难的跋涉。为探讨非圆齿轮加工工艺，他利用节假日自费到全国各地有关生产厂和科研单位学习、调研。几年间，先后请教近1000名各类专家和工程技术人员，记下20多本近百万字的笔记，积累了十分珍贵的第一手资料。之后。王贵海便钻到计算机房和试验室。成千上万个设想和构思在他脑海中跳跃翻滚，无数个燃起的思维火花不断地在肯定中否定，又在否定中肯定。一串串数字、符号、计算公式像精灵一样占据了他大脑的空间……终于，两个互相啮合转动的椭圆形齿轮神奇般地跳跃在计算机屏幕上。他终于成功了！

1991年3月，二炮和国家有关部门联合举行了王贵海“非圆齿轮计算机辅助设计与制造(CAD/CAM)技术鉴定会”。经严密的技术鉴定，科学家和专家们一致认为，该技术成果解决了非圆齿轮在设计和制造中的重大难题，填补了我国在这一领域的空白，并达到国际先进水平，其变位理论和节曲线离散化处理技术属国际首创。此时，王贵海才24岁。王贵海研制出非圆齿轮(CAD/ CAM)技术的消息引起国际专家们的强烈反响，国际机器与机构联合会学会主席毕昂齐破例邀请王贵海参加四年一次的国际第八届机械与机构联合会年会，并在大会上宣读论文。他的论文，令各种肤色的专家，学者赞叹不已，被称之为“王氏理论”。

王贵海回国后，就马不停蹄地投身到非圆齿轮技术第二阶段攻关——将技术成果转化为生产力之战。他和另外两位年龄均在25岁左右的年轻人组成攻关小组，用6个月的惊人速度完成了产品样机设计与制造，并在1992年10月，于上海隆重召开了“圆齿轮FYM型液压马达产品样机技术鉴定会”。专家们一致认为，该成果填补了我国又一项空白，并达到国际先进水平，其行星轮系技术属国内首创。

〔王思婷(女)·台湾网球选手·获亚洲网球锦标赛女子单打冠军〕　中国台北著名女子网球选手王思婷，在1993年11月6日亚洲网球女子锦标赛单打决赛中，经过激烈的争夺，战胜中国大陆选手李芳，卫冕成功。这是她在此项大赛中连续三次获得冠军。

王思婷，1973年生，台湾省台南人。台南高工毕业。早年即在网坛崭露头角，9岁时夺得台湾分龄赛冠军，12岁就代表台湾参加国际比赛，有“网球神童”之称。曾多次获亚洲青少年网球赛冠军。在国际网球总会1990年度世界青少年女子网球排名中王思婷位居第二。1993年王思婷在世界女子网球中排名第25位，为海峡两岸排名最高的女子网球选手。

1991年，王思婷开始从事职业网球生涯，在四维杯国际网球巡回赛中包揽了四站女子单打冠军。1992年曾参加10多次在日本、美国、澳大利亚等地举办的国际性网球比赛，成绩均较理想。她刻苦努力，不断进步，1993年9月在香港迪吉多女子网球赛中，首次赢得职业网球大奖赛冠军。她在世界女子网球排名中已跃居28位，成为全球最佳的华裔女网球选手。

王思婷获得了台湾各界的支持，尤其是曾任台湾田径协会理事长，《联合报》系董事长王惕吾及四维胶带公司、名家体育用品公司等单位的资助。还有任其教练的父亲王文直的严格要求、训练，对她立志从事网球事业，奋斗拼搏影响很大。

1992年王思婷获台湾十大杰出青少年。1993年王思婷被台湾新闻媒体评选为台湾十大优秀运动员之一。

〔王顺来·武汉市江汉区检察院检察长·被评为中国十大杰出检察官之一〕　1993年9月20日，由《人民日报》、新华社、《法制日报》等13家新闻单位和中宣部新闻局联合主办的建国以来首次评选“中国十大杰出检察官”活动在京揭晓，并在人民大会堂举行颁奖大会。武汉市江汉区人民检察院检察长王顺来榜上有名。

王顺来是全国检察战线上知名度很高的老模范。1934年8月出生在浙江宁波慈城镇一个贫民之家，自幼家境贫寒，13岁就当了印刷徒工。解放后，1952年加入中国共产党，先后当过民警、派出所长、街道办事处工业组长、工交部长、区委秘书、巡视员、科长、纪委副书记等职，大专文化程度。1984年1月，江汉区人大换届选举，群众对执法不严反映强烈，希望选出一位敢于秉公执法的检察长，结果，代表们不约而同地投了王顺来的票。从此他四选四任，一干10年，带领全院干部出色地履行检察官的职责，受到社会各界好评。10年中他亲手办理的案子就有200多件，一个个犯罪分子纷纷栽在检察机关手里。王顺来上任后一年，与他共事30多年并同住一栋楼的原区经计委主任就因贪污受贿5800多元被判刑5年。此后，城建委一个与他交往颇深的副主任也因受贿3000元被送进监狱。在他办理的数十起大案要案中，有多起是县团级以上领导干部、高干子女或执法人员的犯罪案件。自1984年至今，他率办案人员查获了9起公安、法院、劳改劳教管教干部中发生的刑讯逼供、非法拘禁、徇私枉法、贪污受贿、敲诈勒索等犯罪案件，及时侦破了5起工商、税务、财政等行政执法人员的犯罪案件。在江汉区名气很大的光华皮件厂，曾被评为“文明工厂”、先进单位。王顺来从一封检举信上察觉该厂存在严重经济问题，组织了强大的办案班子进驻该厂。在办案中，有上百人次的说情或恐吓，都被王顺来一一顶回。经过缜密侦查，该厂领导以主持传播淫秽录相、受贿4900多元定罪，判刑3年。王顺来刚直不阿、勇斗邪恶的事迹在社会上引起巨大反响。据不完全统计，几年中通过各种途径和方式找他申冤的群众有近千人。他曾大年三十为百姓追回骗款，雪夜觅踪为工厂挽回损失。近5年来，他共接待来访群众1223人，处理群众来信 2482 封。10 年中带领办案人员立案查处经济罪案 529 件，追回赃款赃物和挽回经济损失 2523.6 万元。其中他亲自参与查处的万元以上大案 214 件，县团以上领导干部要案 15 件。

王顺来曾先后荣立一等功一次、二等功两次，两次被评为市、区优秀共产党员，并当选为中共武汉市第七届党代会代表。1988 年 4 月，湖北省人民政府授予他劳动模范称号；同年 11 月，最高人民检察院授予他"全国模范检察长"称号。1990 年 4 月，全国总工会授予他"全国优秀政法工作者"称号和全国"五一"劳动奖章。他秉公执法的事迹被收入小学思想品德课教材。他领导的江汉区检察院近年也被最高人民检察院授予反贪污贿赂先进集体，并两次荣立集体二等功。

〔王信喜·沈阳军区长春军事检察院检察长·被评为中国十大杰出检察官之一〕　1993 年 9 月 20 日，由《人民日报》、新华社、《法制日报》等 13 家新闻单位和中宣部新闻局联合主办的建国以来首次评选"中国十大杰出检察官"活动在京揭晓，并在人民大会堂举行颁奖大会。沈阳军区长春军事检察院检察长王信喜榜上有名。

王信喜，吉林省扶余市人，1949 年 8 月生，大专文化程度，1969 年 1 月入伍，1971 年加入中国共产党，曾任司令部机要参谋、政治部保卫干事等职，1980 年 1 月走上军事检察岗位，历任书记员、检察员，1985 年 5 月任副检察长，1989 年 11 月任现职，上校军衔。15 年来，他参与侦察和主持批捕各种案件 200 多起，都做到了证据确凿，定罪准确，从未发生过错捕错诉案件。特别是近 3 年来，他带领全院同志在办好 50 余起刑事案件的审查批捕、审查起诉和出庭支持公诉的同时，还积极投入打击贪污贿赂等经济犯罪的斗争，破获了 6 起经济犯罪要案，查获犯罪分子 12 人，追缴赃款赃物价值 20 万元，为部队挽回直接经济损失 150 万元。

1991 年 4 月，他负责查办某部营建主任李某受贿、挪用公款案。李某诡计多端，加之多年编织的关系网，使案件很难突破。王信喜带人深入内查外调，从一张假发票中抓住了狐狸尾巴，使他低头认罪。接着又一鼓作气，查清李某受贿 5000 元和擅自挪用 5.5 万元公款借给地方人员倒卖汽车的犯罪行为，把这个狡猾的"军营蛀虫"送上了法庭。1991 年 4 月，审计部门在审计部队红石制药厂的账目时，发现该厂财务账目和出入库登记混乱，亏空较大，怀疑副厂长郭某等人有重大经济问题。王信喜果断决定对郭某立案侦查，很快掌握了他 3 次私自变卖药品的线索。王信喜还亲自到外地调查取证，20 天时间跑了 4 省区近 20 个县市，行程 6000 多公里，逐个客户调查核实，追缴了价值 90 余万元的赃款赃物，查清了这个军办企业副厂长盗卖药品，贪污 6.7 万余元的犯罪事实。某部队军事加油站出了一伙"油耗子"，公然印制假油票，勾结一些司机倒卖军用油料从中牟利。油料部门追查两个月毫无结果。王信喜接案后，一方面深入部队发动群众揭发线索，同时抓住一些疑点进行突审，穷追猛打。还针对某油料员妻子分娩的机会进行政策攻心，获得重大战果。结果不到一个月，就挖出了这个有 18 人参与、利用职务之便盗卖军用油料 130 余吨的犯罪团伙，为部队挽回经济损失 16 万多元。

王信喜带领全院与某集团军多数团以上单位建立了联系，通过剖析案例，以案讲法，编发教材，宣传法制等形式，帮助发案单位总结经验教训，促进了部队预防犯罪和综合治理工作的落实。3 年中，他撰写法制教育材料 40 余份，为部队讲法制课 80 多场，听课人数 10 余万人次。办案中拒收被告人亲友送的现金、名酒和金银饰品价值上万元。自 1989 年王信喜任检察长以来，该院先后 4 次被军区评为检察系统先进单位，受到军区政治部通报表彰。两次荣立集体三等功，全院人人立功，其中王信喜立了二等功。1993 年 8 月，解放军军事检察院在该院召开了全军基层检察院建设现场会，会上该院再次被评为全军先进基层检察院。

〔王俊武·杂技表演艺术家·在广州逝世〕　曾获中国杂技艺术家协会颁发的最高荣誉奖"百戏奖"的国家一级演员王俊武，于 1993 年 1 月 18 日在广州逝世。

王俊武，艺名"王二楞"，1905 年生，河北省唐山市人。是著名杂技丑角演员，14 岁参加"亚细亚文武魔术班"，拜师著名魔术演员韩敬文学艺，长年流动演出于关内各地。1940 年到上海，与秦斌、孙泰、朱腾云等组织"墨西哥绳鞭技术团"，在长江下游城镇流动演出。1951 年在广东汕头参加中国人民解放军第 121 师文工队，1952 年调到中南军区体育技巧队，不久，该队改编为战士杂技团。他在战士杂技团曾参加演出了许多节目，并致力于培养青年演员。1960 年被授予少校军衔，任业务副团长。后任杂技团艺术顾问。他是中国杂技艺术家协会第一届理事、第二届名誉理事，广东省第四、五届政协委员。

王俊武擅长杂技的滑稽表演，在与蒋少棠合作演出中，配合默契，堪称双璧。常演的节目有：《卓别林》、《打扫卫生》、《大饭勺》、《举重》、《钓大鱼》等，风趣幽默，雅俗共赏。1964年，获第三届全军文艺会演导演奖。在多次出国访问演出中，他的滑稽表演艺术被国外报纸评论为“东方卓别林”、“千面笑匠”，受到广泛赞扬。

〔王炳君（女）·园艺学专家·获中国发明专利金奖〕 天津市蔬菜研究所副研究员王炳君在马铃薯研究方面取得一系列成果，她作为第一发明人完成的“马铃薯脱毒微型种薯的生产方法”于1993年获中国发明专利金奖。

王炳君，1936年2月17日生于山东烟台市，1962年毕业于河北省农业大学园艺系，后来到天津市蔬菜研究所工作至今，现任该所马铃薯研究室主任兼主持人。目前国内外培养种薯的方法是将经组织液培养长成的脱毒试管苗直接定植在防虫网室内，经100～130天栽培，产生大种薯送在各地扩繁后为生产提供脱毒种薯。而王炳君的发明是选择培养20～45天的试管苗切段，用赤霉素和生根粉溶液浸泡，在相对湿度为100%、26～28℃室温下培养3天，培养一两个月后即可获一茬微型薯。专家评价，这个发明开辟了脱毒种薯生产的新途径，不受季节限制，繁殖速度快，繁育成本低，种薯质量高；另外，由于采用无土栽培、工厂化生产，便于隔离生产，因而使种薯健康。更具经济效益的是，繁育周期至少缩短一年，脱毒苗的培养设施可压缩70%，减少原种调种量90%。经在7个单位实施，累计新增产值2716万元，新增利税229万元。已与美国国际农技公司及前苏联等进行国际合作。

王炳君还曾获中国科学院科技进步一等奖，获国家计委、科委、经委颁发的“六五”攻关表彰奖状，在“七五”期间被评为全国先进科技工作者；其研究成果被国家科委收入《1979～1988年中华人民共和国重大科技成果选集》。

〔王振华·天津钢厂第二炼钢厂工人·获全国“五一”劳动奖章〕 天津钢厂第二炼钢厂炼钢工炉长王振华，带领小组12名成员，两年共产钢17.5万吨， 超计划6.55千吨，质量合格率达100%，品种月月超额完成计划。仅超产一项，两年就创产值1057万元。两年共节约矽锰铁、铝等原材料235.46吨， 价值51.3万多元。安全生产保持了小组连续11年无任何事故的纪录， 被冶金部授予“安全生产先进班组”称号。王振华为企业增产增效做出了突出的贡献。1993年4月29日获全国“五一”劳动奖章，

王振华，1976年从炼钢技校毕业后当上了一名炼钢工人，整整18年没有离开炉台。他用自己的聪明才智和辛勤的汗水换来了一身过得硬的炼钢本领，同时，也由普通炼钢工逐渐晋升为炉长。炼钢是群体性的流水作业，为了提高小组的整体水平，他经常有针对性地进行炉前练兵，耐心地向组员传授技术。几年来，已从他手下培养出了35名炼钢工、摇炉工和一名炉长。

在提高钢产量上，王振华集全组的智慧，创造了“四快”炼钢法，即：处理非计划停工快；各岗位的生产准备快；生产出现小事故解决得快；认真做好交接班，做到交接班快。做到了这“四快”后，小组的产量迅速上升，最高纪录达班产23炉。同时，他瞄准炼钢的关键环节，提出把住“三口”，保证质量。第一是炉口，做到铁水兑准装净；第二是合金加料口，灵活畅通勤维护，以保证合金料均匀入包；第三是出钢口，大小适中，使出钢时间控制在1分半到3分钟。由于他们精心操作，严格把关，使小组率先达标，并创出了连续28个月无整炉报废，连续41个月无回炉事故，连续20个月质量百分之百合格的好成绩。

王振华，1957年7月生，河北故城人，中技文化，中共党员，1974年就学于天津钢厂技校，在天津钢厂从事了18年炼钢工作。

〔王振祥·北京军区原顾问·在北京逝世〕 1993年9月23日，王振祥因病在北京逝世，终年80岁。

王振祥，1913年生，山东郓城人。1931年参加宁都起义，1932年加入中国共产党。曾任红五军团骑兵连连长、警卫营连长，红九军团司令部参谋、第二八二团参谋主任，红四方面军总部骑兵营营长、骑兵师司令部科长。参加了中央革命根据地第四、五次反“围剿”和长征。1936年入陕北红军大学学习。抗日战争爆发后，任八路军一二九师骑兵团团长。参加百团大战和冀中反“扫荡”作战。抗日战争胜利后赴东北，任辽东军区第三军分区司令员，第四野战军四十二军一二六师师长，第五十三军副军长。参加了辽沈、平津、衡宝、广西等战役。中华人民共和国成立后，任华北军区装甲兵副司令员、解放军第一坦克学校校长。1957年毕业于军事学院装甲兵系。后任装甲兵工程学院院长，北京军区装甲兵司令员，北京军区副司令员、顾问。是中共九大代表，第四届全国人大代表，第五、六届全国政协委员。1955年被授予少将军衔和二级八一勋章、二级独立自由勋章、一级解放勋章。1988年获一级红星功勋荣誉章。

〔王恩怀·高级工艺美术师·作品在日本等国

展出获得盛誉〕　1993年3月，在日本横滨举办的“中国景德镇陶瓷艺术展览”上，景德镇陶瓷研究所所长、高级工艺美术师王恩怀根据陶渊明《桃花源记》创作的青花斗彩《硕果》桃文瓶，获得日本陶艺界的赞誉，并被陶艺家收藏家以90万日元高价买下。日本陶艺家称其作品富有传统中国画的意韵，清新雅丽，情趣盎然，令人耳目一新。同年，他有19件作品在国内外报刊发表，还被选送到美国、新加坡、香港等国家和地区展出，均深受欢迎。并应邀赴新加坡进行信息及学术交流。10月，参加中国瓷都——景德镇国际陶瓷节举办的技艺学术交流活动。

王恩怀，1935年生于陶瓷艺术世家，江西景德镇人。自幼酷爱陶瓷艺术，从小随父学艺，其父王步是景德镇著名的青花艺术大师。后又拜陶瓷名家刘雨岑先生为师，攻研粉彩。王恩怀博采众长，掌握了众多的陶瓷技艺，先后担任国家用瓷、礼品瓷、出国展览瓷及新产品、新花面版创作研究设计。他专业以粉彩花为主，对青花、新彩、青花斗彩、陶瓷造型、日用陶瓷贴花纸及综合装饰等都有研究。他经常深入生活，创作表现手法多样，融合贯通，将众多的陶瓷技艺汇集并用的作品，构图新颖，高雅清新，大方别致，独具一格，被誉为“百花园中一奇葩”。近年来，王恩怀设计的作品，在国内各级陶瓷设计评比中有49项获奖，其中获国家级奖四项。如粉彩《牡丹玉兰》花瓶，1980年在全国陶瓷设计评比中获一等奖。在国内外各级报刊杂志上发表的作品有80件。已大量投产的新产品、新花面有32种。被博物馆、工艺美术馆收藏的有31种。有不少作品为国家礼品赠送国际友人。日本、新加坡的报纸和香港《大公报》、《人民日报》(海外版)等报刊曾著文介绍王恩怀的艺术成就。日本“中国贸易公司”一年一次在日本20多个城市举办景德镇陶瓷名家作品展，从1990年起，连续4年都有王恩怀新作展出。1988年国家轻工部授予王恩怀“全国优秀工艺美术、专业技术人员”称号。1989年被江西省授予“有突出贡献的专业技术人员”称号。1990年被国家人事部授予“有突出贡献的中青年专家”。

〔王培君(女)·上海万国证券公司副总经理·获全国优秀女企业家称号〕　上海市万国证券公司副总经理王培君，在1993年“三八”国际劳动妇女节前夕，被中国企业管理协会女企业家协会、全国妇联授予“全国优秀女企业家”称号，并获全国妇联授予的全国“巾帼建功标兵”和“三八”红旗手称号。她还被选入由全国妇联、中共中央宣传部、中直机关工委和国家机关工委共同组织的“巾帼建功”演讲团，于“三八”节期间，随团在北京进行巡回演讲。

王培君，1950年2月3日生，浙江省人。1969年由上海到黑龙江生产建设兵团第六师当战士，后任副连长、参谋。1971年加入中国共产党。1977年12月病退回到上海后，在虹口区广中街道劳动调配站工作。1983年入上海大学文学院学习秘书专业，并调任市政府集体事业办公室党组秘书，一边学习、一边工作。1987年被送至中共上海市委党校参加首期上海外向型经济研讨班学习。1988年参与筹建中国唯一一家无上级、编制、级别的股份制试点的证券金融企业——上海万国证券公司，在一无资金、二无专业人才，三无经营场所，只有半间简单的办公室，一切都要白手起家的艰苦条件下，王培君作为公司副总经理协助总经理管金生，克服种种困难，经过近5年的辛勤努力，借助股份制这一机制，实现了公司的超速发展。并与总经理倡导、培育了“追求卓越，争讲奉献”的“万国精神”，现在公司已拥有资本金10个亿，资产总值近30亿，近千名专业人员，在市内外设有分支机构20余家，业务代理点14个，业务范围遍及包括台湾在内的全国31个省市近300个中心城市，并与国际证券界接轨，成为有跨地区经营能力的集团化、专业化的股份制大型证券公司。五年来，王培君全身心地投入了万国事业，不计报酬、时间，不讲条件，几乎天天工作10多个小时，并刻苦钻研业务。为了跟上万国专业的发展，她于1991年底报考了上海财经大学MBA在职研究生。在需要通过5门课而离考试只有3个多月时间的情况下，王培君硬是用两个月的业余时间自修完过去从没学过的微积分和线性代数。春节假日不回家，把自己关进办公室连续攻读、并以较好的成绩于1992年8月成为正式MBA在职研究生。

〔王萍兰(女)·高级教师·获全国优秀教师称号〕　北京市西城区外国语学校高级教师王萍兰，1993年9月被国家教委授予全国优秀教师称号。

王萍兰在英语教学中，探索开放式授课、交际教学法和情景教学法，并自编了一套配合课堂用语的手势表演式教学方式，能使学生很快适应英语，提高英语水平。

王萍兰，北京市人，1961年7月生。1979年在北京市155中、外贸职业学校任教，1988年到美国进修、同时教授中文和中国历史。1989年后在北京市西城外国语学校任教，任该校外语教研组组长。1990年被评为优秀青年教师，同年被评为西城区优秀园丁，1992年被授予北京市和西城区优秀青年知识分子，并晋升一级工资。1993年被评为西城区优秀青年教师，被授予希望杯奖。是北京市人大代表。

〔王梓坤·数学家·应聘汕头大学月薪万元为国内教师中薪水最高的学者〕　著名数学家、教育家王梓坤于1993年2月应聘到汕头大学任数学研究所所长、教授，月薪一万元，为目前中国大陆教师中薪水最高的学者。1993年5月26日《光明日报》报道了他在科研和教育方面的贡献。

王梓坤，江西省吉安县人，1929年4月生，1952年毕业于武汉大学数学系，分配到南开大学任教，后入苏联莫斯科大学数学力学系读研究生，1958年7月毕业获副博士学位，回国后继续在南开大学工作，1984～1989年任北京师范大学校长兼数学系教授、博士生导师，1993年赴汕头大学任职后仍兼任北京师范大学教授。1988年，他被澳大利亚麦克里大学授予名誉科学博士学位，并入选《世界名人录》。1991年当选为中国科学院数学物理部学部委员（现改为院士）。

王梓坤在数学理论与实践方面颇多建树。他致力于研究数学、概率论、随机过程的构造、多参数过程、布朗运动、地震统计预测等，均获成就。他首创极限过渡的概率构造方法，首次在国内开展随机泛涵分析的研究，还培养出概率论方面的博士、硕士研究生30余名。主要著作有《随机过程论》、《生灭过程与马尔科夫链》、《概率与统计预报》、《布朗运动与位势》、《科学发现纵横谈》等，先后发表学术论文数十篇。曾8次获国家科研成果奖，1978年获全国科学大会奖，1982年获国家自然科学奖，1985年获国家教委科技进步奖，1981年获全国优秀科普作品奖等。他将概率论应用于地震预报、医疗卫生等领域，创造了“随机转移”、“相关区”等地震统计预报方法，成功地预报了一些地震，并发表了有关论文，出版了专著。

他积极提倡“尊师重教”，于1984年同北京师范大学另一位教授联名建议设立“教师节”，这一建议很快被全国人大采纳。

曾先后任中国数学会理事，中国地震学会理事，中国概率统计学会常务理事，中国高等教育学会常务理事，中国高等师范教育学会理事长，中国自然辩证法研究会副理事长等职。现任《中国科学》、《科学通讯》、《科学导报》、《数学物理学报》等学术刊物编委。

〔王崇愚·金属缺陷及电子结构与材料设计专家·当选中国科学院学部委员〕　冶金部钢铁研究总院高级工程师、教授王崇愚于1993年12月当选为中国科学院技术科学部学部委员。

王崇愚，满族，1932年10月12日生，北京市人。1954年北京钢铁学院毕业。历任冶金部钢铁研究总院技术员、工程师、高级工程师、博士生导师。1989年起兼任北京科技大学教授，中国高等科学技术中心和中国科学院国际材料物理中心成员。

王崇愚长期从事金属材料，特别是氧硼等杂质在过渡族金属铁、镍中作用的研究。他用经典的递推法结合EHMO（扩展的Huckde分子轨道）理论，设计出具体缺陷结构模型并进行计算，揭示出材料的电子结构，再与宏观物性对比，得出B—空位—B缺陷复合体，在r—铁中构成rFe12—B2—空位原子簇，在α—铁构成αFe6—B2—空位原子簇，通过计算结果表明，簇内Fe—Fe键减弱，簇界Fe－Fe键加强，说明这类原子簇是热稳定的，而且B—空位—B复合体能使奥氏体中缺铁素体成形核困难，解释了微量硼增加钢淬硬性的原因，B—空位—B复合体也能增加镍的延性；氧在镍中的生成氧层错复合体，计算结果表明，氧提高镍的层错能，微量硼氧能改善镍的延性；用此方法曾计算镍的晶界原子间力和rBa2—O1—高温超导体的孽晶界能和刃型位错芯部的电子结构。由于在金属缺陷及电子结构与宏观物性的对比方面做出重要贡献，获1978年全国科学大会奖，1983年国家发明奖三等奖，1988年国家发明奖三等奖。在国内外物理学报上发表论文40多篇。

〔王惕吾·台湾报业巨子·赠奖辽宁“马家军”〕
1993年9月在全国七运会上，辽宁女田径选手王军霞、曲云霞等人在赛场上连创女子1万米、1千5百米、3千米世界纪录。所以如此，除她们个人的艰苦拼搏外，教练马俊仁也功不可没，因此有“马家军”之誉。“马家军”刷新三项世界记录，举世震惊，获得国内外一片喝彩赞扬之声。台湾同胞也热情欢呼，称其“霞光万丈”、“花开并蒂”。尤其是台湾报业巨子王惕吾由衷高兴，致赠王军霞、曲云霞各2万美元，以奖励她们“在世界田径史上写了新页”。后又致电马俊仁，对其培训教导有方深表敬佩，也予以2万美元的奖励。

近年王惕吾更加关注两岸田径运动的发展，最近制定并开始实施“王惕吾华夏杰出田径运动员奖”，所奖对象涵盖台湾与大陆，凡两岸选手刷新世界纪录及在国际大赛中获金牌者均可获奖，最多可获3万美元奖金。王惕吾此举令人称道赞扬。

长期来王惕吾为台湾田径运动事业的发展呕心沥血，辛勤耕耘，无私奉献。自1973年起蝉联四届台湾田径协会理事长，任期达16年之久，人称“田径大家长”。他也是台湾奥林匹克执行委员。1989年因年事已高，其田协理事长之职由台湾体育界名人纪政接棒，不过仍被推举为名誉理事长。

王惕吾，字瑞钟，号恒道，生于1913年，浙江省东阳县人。上海文化学院、黄埔军校六期毕业。美国圣若望大学荣誉文学博士。在大陆时曾在国民党军队任连、营、团长，副旅长、副师长。到台湾后，长期从事“报业工作”，被称为台湾报业巨子。1949年创办《民族报》、《民族晚报》，任社长和发行人。1951年参与创办《联合报》任社长，后又任董事长。还创办有《经济日报》、“中国经济通讯社”和联经出版公司、纽约《世界日报》、《民生报》、《工商时报》、《联合月刊》等，多由其出任董事长，并设置《联合报》文化基金会，形成实力雄厚的报业集团。《联合报》还向海外发行航空版，在亚太欧美等地驻有特派员和记者。是台湾数一数二影响最大的报纸。王惕吾除任联合报系董事长外，还历任台湾“中正学术基金会”董事长，“世界中文报业协会”副主席、“国际新闻学会”台湾分会会长、“亚洲报业基金会”永久荣誉理事。曾任国民党中央委员、常务委员，现为中央评议委员、台湾“国家统一委员会”委员。今年已从联合报系退休。

王惕吾主张国家统一，反对台湾独立，认为只有一个中华民族，只有一个中国。他希望能看到中国的统一，也希望将来有机会到大陆走走看看。为报效母校教育之恩和支援家乡教育事业，他捐赠220万元人民币兴建的浙江省东阳中学体育馆已于1992年10月竣工落成。

〔王森浩·任煤炭工业部部长〕　1993年3月29日，根据第八届全国人大第一次会议的决定，王森浩被任命为煤炭工业部部长。

王森浩，1933年生，浙江慈溪人。1955年加入中国共产党。1956年毕业于北京矿业学院采矿系。历任大同矿务局生产处工程师、总调度室副主任、四老沟矿总工程师，潞安矿务局王庄、石圪节矿矿长，潞安矿务局副局长，煤炭工业部总工程师、高级工程师。1983年起任中共山西省委副书记、山西省省长。著有《矿井煤尘》、《企业管理概论》。是中共第十二、十三、十四届中央委员。

〔王湘浩·著名数学家·在长春逝世〕　中国科学院学部委员、著名数学家、计算机科学家、教育家王湘浩教授，1993年5月13日在长春逝世。

王湘浩，1915年生，河北安平人。1937年毕业于北京大学数学系。1941年西南联合大学数学系研究生毕业。1949年获美国普林斯顿大学哲学博士学位。回国后，历任北京大学教授，吉林大学教授、数学系和计算机科学系主任、副校长。

王湘浩早期从事代数的研究，曾指出格伦威尔定理中的错误并给予补充、证明，使之完善。60年代初研究人工智能取得“广义归结原理”、“不取因子的归洁方法”等重要成果。著有《高等代数》、《近代代数》、《离散数学》等。1955年王湘浩当选为中国科学院数学物理部学部委员。他是国务院学位委员会第一届学科评议组成员，中国计算机学会第一届副理事长，中国民主同盟中央委员、中央参议委员会委员，第三、五、六、七、八届全国人大代表。

〔王锦芬(女)·滑雪女将·获世界大学生运动会金牌〕　1993年2月9日，中国体育又一项“零”的纪录被突破：来自解放军的滑雪运动员王锦芬，在第16届世界大学生冬运会冬季两项女子7.5公里比赛中，以25分13秒1的成绩获得金牌，使五星红旗第一次在世界大学生冬运会的赛场上升起。

滑雪运动是一项对自然条件和经济条件依赖很大的冬季运动项目。和欧美一些发达国家相比，这个项目长期以来一直是我国竞技体育的弱项。王锦芬所在的解放军滑雪队虽然在国内居领先地位，但是一进入世界赛场，往往连中游水平也难以达到，全队上下不服这口气，早就喊出了“国内称雄不算好汉，在世界大赛中升国旗、奏国歌才是英雄”的口号，并为此进行了艰苦卓绝的奋斗。

将近10年来，王锦芬和她的队友们艰苦奋斗，每到冬季便扎进人迹罕至的莽莽山林，迎朔风，冒严寒，在当年杨子荣战斗过的林海雪原印下了深深的雪板辙。那是一段漫长而寂寞的几乎看不到前途的征程。失败，奋斗，再失败，再奋斗……没有掌声，没有鲜花，更没有令人咋舌的奖金，有的只是挥洒在雪山上的汗水和深藏于心底的希望。

有心人，天不负。伴随着解放军滑雪队“冲出亚洲，走向世界”的脚步，1993年2月，王锦芬终于在第16届世界大学生冬运会上杀了出来。除了获得女子7.5公里比赛的金牌外，她还和她的妹妹王锦萍、队友宋爱芹团结奋战，夺得冬季两项女子3×7.5公里接力赛的银牌。

王锦芬，1969年7月27日生于吉林省通化市。少年时代爱好中长跑，后改练滑雪。1984年入伍加盟解放军滑雪队后，成绩提高很快，从1988年开始年年有全国冠军金牌入帐。我国开展女子冬季两项运动后，她放弃越野滑雪，专攻冬季两项，是我国第一批女子冬季两项运动员。

〔王新华·潍坊华光电子(集团)公司董事长兼总经理·不断完善更新华光电子出版系统为办公自动化作出贡献〕　潍坊华光电子(集团)股份有限公司在总经理王新华、总工程师向阳的领导下,以"拚搏奉献,为中华争光"的精神,研制成功了华光电子出版系统(又名激光照排),使周恩来总理生前关注的国家重大科技攻关项目"748"工程成为现实,接着他们不断完善更新电子出版系统,接连推出四代新产品,由黑白版发展到彩色版,特别是他们在主机上增加了国际流行的RISC最新技术制成的光栅图象文字处理器,使华光系统由新闻、出版印刷行业走进办公自动化和社会各个领域。1993年国务院和中共中央办公厅系统相继在办公自动化方面应用华光产品,使华光集团得到飞速发展。1992年销售收入2.2亿元,实现利税3000万元,　1993年1至9月销售和利税分别比1992年同期增长188.6%和119%。企业先后获得国家科技进步一等奖,　国家银牌奖、日内瓦国际计算机应用发明金奖等国际和国内20多项大奖。

王新华勇于开拓创新。他的治厂方略是:以高制胜,以新夺先。十多年前,华光还是一个只有300多人的小厂,70年代末他参与决策和实施了100系列小型计算机的开发与生产,潍坊计算机工业由此起步。1984年他出任潍坊计算机公司经理后,带领一班人创立了以计算机技术为支撑,把计算机、通信、汉字信息处理设备结合在一起的全新产品,不断改进完善华光产品,推出华光Ⅴ型出版系统,使华光走出国门,畅销五大洲十多个国家和地区。1993年,他适应市场发展需要,加快转换企业经营机制,将华光电子信息产业集团改组为华光电子(集团)股份有限公司,同年4月与韩国金星情报通信株式会社签定了合资兴建"华金通信设备有限公司"的合同。这一总投资4千万美元的合资建设项目已于10月22日破土动工,预计1994年10月建成。同时,他又在新加坡和泰国建立了华光企业有限公司,使华光从国内走向世界,实现跨国经营。

王新华视人才为企业的宝贵财富。他说"谁拥有人才,谁就会拥有明天"。从1984年开始,他们投资200多万元引进140名大学毕业生。近几年每年都吸收100到200名应届大专毕业生进厂。对于进入华光安家的大专生、本科生、研究生,除给予优越的工作条件外,在工资和奖金分配上都有较大的倾斜。企业内各类培训班、轮训班 常年不断,每年用于提高职工文化技术素质的经费达70余万元。华光现已聚集了高中级专家人才达1600余人。

王新华,1946年5月生,山东省平度人。大学毕业。1970年参加工作,1972年加入中国共产党,1975年调入潍坊计算机厂,历任车间副主任、副厂长、经理、副总经理、总经理、党委书记。1991年获山东省优秀企业家称号,1993年获山东省"富民兴鲁劳动奖章"。

〔王福义·编剧·获第三届文华剧作奖〕
《铁血女真》是青年编剧王福义"辽金系列三部曲"的又一力作,它以催人泪下的悲剧艺术和发人深思的主题思想,赢得了观众和专家的好评。1992年7月在山东淄博举行"天下第一团"优秀剧目展演中获"展演第一剧"的美誉,9月又应文化部和中央电视台邀请进京演出,荣登1993年第三届文华大奖榜首。与此同时,王福义及该剧导演、演员、作曲、美工人员分别获得个人单项奖。一个好剧本,带出一台好戏。

王福义,1950年生于吉林省农安县华家乡迟家店村。1968年初中毕业,当过农民,作过民办教师,由于才思敏捷、勤奋好学,从1978年后从事剧本创作至今短短14年内,已写出大、中、小型戏曲剧本和二人转剧本30余部。近年来,他已引起戏曲界的注意,这是因为1991年由他创作的黄龙戏《魂系黄龙府》在首都公演后,连中三元:获首届文华新剧目奖,第二届中国戏剧节优秀剧目奖,第三届全国少数民族题材剧本"特别奖"。事隔仅一年多,他又创作了这出大型满族新城戏《铁血女真》获文华大奖榜首,这自然令人刮目相看。

《铁血女真》写的是女真族英雄完颜阿骨打起兵灭辽建立大金国的历史故事。展现了一个封建王朝的兴盛和另一个封建王朝的衰亡这一历史史实。剧作家站在历史的高度,以鲜明的艺术形象,阐明了历代君王在创业时期的进步性和守业时期的局限性。剧中辽主天祚帝暴虐无道,不仅让女真部俯首称臣,而且对其首领阿骨打百般污辱,直至夺其爱妻乌古伦"为王荐枕"。可是天诈帝最终失去天下,沦为阿骨打的阶下囚,依然象凌辱阿骨打那样遭其凌辱;夺人之妻又被人夺回,爱子也被阿骨打摔死阶前……这对于失败者天诈帝来说,无疑是个悲剧的结局,但对胜利者阿骨打来说竟也是个悲剧。在辽、金之战中,阿骨打得到了江山社稷,但他重蹈天诈帝的复辙,驱使子民为其纳贡,令天诈帝为其献舞以显示胜利的淫威。这样阿骨打也就失去原来的忠厚仁爱,变得乖戾、残忍……这种历史惊人的相似,揭示了封建王朝不可逆转的历史规律,使人受到启迪。剧中最精采一场是"朝贺",阿骨打的爱妻为天诈帝生下皇子,天诈帝令阿骨打来朝贺，阿骨打忍受奇耻大辱进宫，不仅要贺天祚帝，还要贺皇子满月，贺过去的爱妻为帝生子。这段三人戏，每个人不仅有强烈的舞台动作，还有复杂的内心活动，既表现三人之间的感情纠葛，又揭示各人不同的内心矛盾，相互关联，浑然一体。特别是后来两个人物由主动到被动的地位的不断变化，使得全剧跌宕起伏，事态变幻莫测，收到扣人心弦的艺术效果。加之导演调动和统一了各种艺术手段，在舞台上创造了雄关漫道、残阳似血的诗意的气氛，更好地体现了剧作的意蕴。王福义现为农安县戏剧创作室主任，中国戏剧家协会会员。

〔云燕铭（女）·京剧表演艺术家·获黑龙江中华文化发展终身成就奖〕　1993 年 7 月 29 日，云燕铭以其在京剧表演艺术领域所取得的成就获“黑龙江中华文化发展终身奖”，著名物理学家、诺贝尔奖获得者杨振宁向获奖者颁奖。同时，云燕铭应邀连续担任《梅兰芳金奖大赛》的艺术评委。

云燕铭原名罗钜埙，1926 年生，原籍广东省南海县。5 岁随母新兰秋学艺，9 岁入南京厉家班，11 岁拜京剧名家冯子和为师，13 岁登台，得周信芳的器重与喜爱，被收为义女。15 岁走红，领班主演于北京、上海、济南、烟台、沈阳、唐山等地。1950 年加入戏曲改进局京剧实验二团后，又拜王瑶卿为师得以深造，并得梅兰芳、欧阳予倩的传授。1952 年参加第一届全国戏曲观摩演出大会，扮演《兵符记》中的如姬获表演奖；1955 年参加第五届世界青年联欢节，演出《水漫金山》、《双射雁》，以干净利索的武打和精湛优美的舞蹈表演勇摘两块金牌。从艺六十年来，足迹遍及大江南北，多次出访欧洲、南美等十几个国家。

云燕铭姿容秀美，扮相极佳，戏路宽广，艺术全面。青衣、花旦、刀马旦都演，梅派、程派、荀派戏皆唱。在艺术上不拘成规，善于吸收和创造，以演人演情、细腻传神自成风格，表演、念白尤为著称。因此无论演什么戏她都能悉心体会人物的思想感情变化，并将传统技法的运用与人物性格的刻画结合起来，即使是传统戏也能演出新意。她演《秦香莲》得梅兰芳的真传，杀庙、铡美等场的表演有自己的特点。《天门阵》是她演出最多的一出戏，以刀马旦应工，功架优美漂亮，念白动听传情，演出极富神韵。特别是她演的《打金枝》，不仅扮相富丽华贵，表演上通过面部表情的变化、眼神的运用以及大幅度的外部动作，刻画了一个骄娇公主的心态和神情变化过程，具有很高的艺术品味，演出录相广为流传，被台湾剧校列为教材。

五十年代以来，更致力于艺术上的革新与创作。和李和曾、李宗义、张云溪、张春华等合作，创演了《江汉渔歌》、《兵符记》、《三打祝家庄》、《猎虎记》等新编历史剧及少数民族京剧《三座山》。1958 年调到哈尔滨市京剧院以后，又和梁一鸣等合作创演了《革命自有后来人》、《红色的种子》、《赵一曼》等现代戏。塑造了众多性格鲜明的女性形象，顾大嫂和李铁梅的形象尤其受到好评。近年来，常应邀到黑龙江等地的大学举办关于京剧源流、表演等讲座，并收徒传艺。云燕铭现任黑龙江省文联副主席，著有艺术自传《风雨求艺路》。

〔贝时璋·著名生物学家·从事科研教学七十周年座谈会在北京举行〕　1993 年 6 月 28 日，中国科学院生物物理所隆重举行座谈会，庆祝以创建细胞重建学说闻名于世的我国著名生物学家、中国科学院生物学部委员贝时璋教授从事科研教学七十年及《贝时璋文选》和《贝时璋教授与中国生物物理学》纪念文集出版。年已九十的贝老仍在和他的“细胞重建研究组”的年经合作者们一道，为最终实现在实验室人工生物合成有生命的细胞这一奇迹而继续艰苦攻关。

生物体内的细胞是如何繁殖增生的？自德国病理学家微耳和于 1871 年提出“细胞以分裂产生细胞”、“细胞分裂为产生细胞之唯一方法”以来，世界生物学界一直将其奉为金科玉律。贝时璋从三十年代初开始，就对这一传统学说提出挑战，历经五十余年深入研究，经过反复实验验证，终于在八十年代形成了一个完整的细胞重建学说，其主要观点是：在生物体内，除细胞分裂以外以某种物质为基础，在合适的环境条件下也可一步步自行组成完整的细胞。这一重大发现，是细胞学说的一大突破，在理论和实际应用上具有极其重要的意义。由于贝时璋在细胞学研究中的卓越成就，德国土根宾大学于 1978 年再次授予他博士学位（“金博士”）。10 年后的 1988 年，第三次授予他博士学位。目前世界上获得土宾根大学如此殊荣者仅贝时璋一人。

贝时璋 1903 年 10 月 10 日出生于浙江省镇海县。早年留学德国，1923 年在德国土宾根大学做学位论文开始从事科研教学事业。1928 年获土宾根大学自然科学博士学位。1929 年回国，任浙江大学生物系主任，后任理学院院长。1932 年春，贝时璋带领他的助手和学生在杭州黄龙洞附近的松木场这个地方采集实验用的动物。在一条小沟里，贝时璋观察到一种“南京丰年虫”，其中有一些具有异常形态：雄性个体的头形像雌性的，而雌性个体的头形又像雄性的。这种异常及其原因，生物学界还没有作过研究。他断定这种异常具有生物学意义，决定采集这些小动物带回实验室进行深入研究。在实验室里，贝时璋发现，那些头部异常的丰年虫在性别上是异常的，它们非雌非雄，亦雌亦雄，是一种“中间性”，这种中间性丰年虫为贝时璋首次发现。经进一步研究，贝时璋又观察到，中间性丰年虫会进行性的转变：雌中间性向雄的方向转变，雄中间性向雌的方向转变。在发生这种性转变时，生殖细胞也同时发生性的转变。生殖细胞的转变是通过老细胞的解体或新细胞的形成（重建）而实现的。其中，他特别注意到雌中间性丰年虫的卵母细胞中，新形成的细胞并不是由母细胞分裂而成，而是以母细胞细胞质中的卵黄颗粒为基础材料逐渐建立起来的。据此，贝时璋提出，细胞繁殖增生，除了细胞分裂这一途径之外，同时存在着另一条途径，那就是细胞重建。他根据这一研究成果写出了研究论文《关于丰年虫中间性生殖的转变》和《卵黄粒与细胞之重建》。贝时璋发现的丰年虫性转变过程中的细胞重建现象，到1933年主要情况已经了解清楚。1934年春，贝时璋在浙江大学一次学术讨论会上报告了他的研究成果，正式提出了细胞重建假说。

但是，此后由于种种原因，贝时璋不得不把细胞重建的研究工作放了下来。直到1970年，贝时璋终于在他创建的中科院生物物理研究所重新开始了他的细胞重建的研究。这时的研究工作完全换了新的面貌：三十年代基本上是他一个人干，这时已是一个研究集体；原先只有光学显微镜观察这一种方法，这时已经有了电子显微镜、显微缩时电影、激光拉曼光谱等等以及各种新的生物化学方法与技术。他和他的研究组经过深入研究，反复实验，不断取得新成果：1974年，丰年虫性转变中细胞重建现象得到充分的验证；1976年，鸡胚早期发育中普遍存在细胞重建现象得到验证；1979年，证实小鼠成体的骨髓造血系统中也存在着细胞重建现象；1980年以后，贝时璋和他的研究组又以沙眼衣原体和大豆根瘤菌为材料，证明不仅真核细胞能重建，原核细胞也能重建；1988年，贝时璋的《细胞重建》论文集出版，标志着细胞重建学说的完整确立。

贝时璋在新中国成立后，历任中科院上海生物研究所所长、北京实验生物所所长、生物物理研究所所长。曾任中国动物学会和中国生物物理学会理事长、中国科技大学生物物理系主任、中科院研究生院生物教学部主任。是《中国大百科全书》总编辑委员会副主任和生物卷编委会主任。

〔牛玉琴（女）·农民·治理沙地成绩显著获“拉奥博士奖”〕 1993年10月15日，我国陕西省农民牛玉琴因治理沙地成绩显著，在泰国首都曼谷，接受了联合国粮农组织亚太地区办事处颁发的“拉奥博士奖”。泰国诗琳通公主向牛玉琴和另外两名来自印度和泰国的农民授予了奖牌和奖金。

牛玉琴，1949年12月出生，陕西省靖边县人。1966年她结婚嫁到东坑乡金鸡沙村。“风刮黄沙难睁眼，庄稼苗苗出不全，房屋埋压人移走，可恨的风沙苦难言”。这首民谣，就是当地自然条件的写照。历史延续到1983年。随着农村改革的深入，造林治沙、改变现状的愿望强烈地撩拨着牛玉琴的心。晚上，牛玉琴对丈夫张加旺说，她想把村北那2万亩荒沙包下来，栽树种草，既防风固沙，日后也能有一笔收入。经过半夜“论证”，小两口定下了承包2万亩荒沙的决心。在为期15年的造林治沙承包合同上郑重地按上了手印。

两万亩荒沙，几十个沙丘。牛玉琴和丈夫冒着刺骨的寒风，一趟一趟地穿梭于荒沙之中，很快绘出了一张因地制宜的治沙规划图，然后是凑钱买树苗。牛玉琴不知跑了多少路求了多少人，就连家里母鸡下的蛋也舍不得吃，终于凑了6000元。每天天不亮就同丈夫背上百十斤重的树苗，顶着风沙步履艰难地走向大漠。栽种完了，回来再背。每天往返跋涉40多公里，直到月挂中天。那一年，她和丈夫累死累活刚把10万株树苗种进荒沙，一场无情的沙暴跟着就来，一夜间，6000多亩树苗大半连根拔起，横七竖八摆了一地。面对如此惨状，丈夫问牛玉琴：“咋办?”牛玉琴抹了一把泪坚定地告诉丈夫：“补!”过分的劳作，牛玉琴的阑尾炎发作了。到医院手术一做完，牛玉琴硬是提前出院，连缝合伤口的药线都是自己在沙漠中拆掉的。金鸡沙村的人都说，玉琴比得过任何一条硬汉子。

正当她和丈夫实施他们的造林规划时，可怕的病魔渐渐地逼近了张加旺。1988年元月，张加旺第7次住进了医院，又一次手术后，牛玉琴背着只剩下一条腿的张加旺回到家里。已病入膏肓的张加旺知道，对婆姨最深沉的爱，莫过于帮她多栽一棵树，多种一棵草。因此他执意要去植树。牛玉琴拗不过他，只好用骡子把他驮进沙漠。张加旺拖着一条腿，靠双手一步一步往上爬，帮着牛玉琴扶树、填坑。就这样，他们在风沙中滚爬了近一个月，按计划种完了当年的草树。这一年的初夏，张加旺就永远地离牛玉琴而去了。巨大的不幸没有把牛玉琴击倒。她以更加坚韧的毅力继续造林治沙。看着牛玉琴的艰辛，有人劝她：把那几十万株树卖了，够你这辈子享用了。牛玉琴摇了摇头，坚持年复一年植树治沙。

如今，牛玉琴已种植了杨树3000亩、榆树300亩、柳树240亩、沙柳1900亩、沙蒿2400亩、沙打旺1500亩以及沙米、沙茨等1800亩。她承包的2万亩荒沙，已是杨柳成网，沙蒿满地。

牛玉琴于1988年当选为陕西省第七届人大代表。1990年被全国绿化委员会授予全国绿化奖章。并获全国先进女能手、全国"三八"红旗手荣誉称号，1991年被授予全国"三八"绿色奖章。是"三北"二期工程劳动模范，陕西省劳动模范。

〔**毛泽东·百年诞辰**〕　1993年12月26日是毛泽东百年诞辰纪念日，中共中央、全国人大常委会、国务院、中央军委、全国政协在首都人民大会堂隆重举行毛泽东诞辰一百周年纪念大会。党和国家领导人江泽民、李鹏、乔石、李瑞环、朱镕基、刘华清、胡锦涛、荣毅仁等和首都各界一万多人出席了大会。

中共中央总书记、国家主席、中央军委主席江泽民在纪念大会上发表重要讲话，高度评价了毛泽东的丰功伟绩。他说，我们党在70多年的奋斗历程中，在自己的旗帜上写着马克思主义，写着马克思列宁主义与中国革命的实践之统一的思想——毛泽东思想，现在又写上了当代中国的马克思主义——邓小平建设有中国特色社会主义的理论。对毛泽东同志的最好纪念，就是在建设有中国特色社会主义理论和党的基本路线指引下，把他和老一辈无产阶级革命家所开创的事业继续推向前进。

是日下午，为期四天的毛泽东生平和思想研讨会在人民大会堂开幕。研讨会的主题是：坚持和发展毛泽东思想，用邓小平建设有中国特色社会主义的理论指导各方面的工作。从事理论研究工作的专家学者500多人出席开幕式，薄一波、钱其琛、胡绳在会上发言，分别就怎样纪念毛泽东、毛泽东的外交思想和实践、毛泽东一生所做的两件大事等问题作了阐述。此次会议共收到论文112篇。

在1993年，全国各地、各条战线和各族人民先后举行各种活动，纪念毛泽东诞辰一百周年。1月，纪念毛泽东诞辰一百周年和全国毛泽东思想学术讨论会在西安召开。5月，在毛泽东的故乡韶山召开了毛泽东思想与邓小平的理论贡献学术研讨会。6月，坚持和发展毛泽东建党思想理论研讨会在北京召开。7月，毛泽东生平和思想研讨会在长沙召开，纪念毛泽东诞辰百年理论研讨会在呼和浩特召开，全军纪念毛泽东一百周年诞辰理论研讨会在北京举行。9月，"毛泽东与科学"学术讲座会在北京召开。10月，毛泽东军事思想在中国的胜利与发展理论研讨会在北京召开。11月，"毛泽东与西藏"学术研讨会在北京召开。12月，毛泽东外交思想研讨会在北京举行，李鹏在会议上发表讲话；毛泽东国防科技思想座谈会在北京举行。

12月，纪念活动进入高潮。中央国家机关、各人民团体和全国各省市自治区以及韶山、井岗山、延安、广州、武汉等地先后举行纪念会、报告会、座谈会、文艺晚会、诗词朗诵会、画展、影展等隆重纪念毛泽东百年诞辰。12月19日，总政治部举办毛泽东光辉业绩展览。12月24日，首都举行《山高水长》大型文艺晚会，20多家文艺单位的艺术工作者参加演出。

为纪念毛泽东诞辰100周年，经中共中央批准编辑的《毛泽东文集》、《毛泽东军事文选》、《毛泽东读文史古籍批语集》和编撰的《毛泽东年谱(1893～1949)》，于1993年12月先后出版发行。一批反映毛泽东革命生涯的影视片先后拍成，其中有故事片《重庆谈判》、《井冈山》、《秋收起义》；电视连续剧《中国出了个毛泽东》、《毛泽东》、《狂飚曲》、《毛泽东和斯诺在一九三六》、《毛泽东过山西》、《毛泽东在西柏坡》等，于12月26日前后公映。

中国人民银行于12月26日发行毛泽东诞辰100周年纪念币一套(一枚)。

韶山于12月20日举行毛泽东铜像揭幕仪式。铜像矗立在韶山毛泽东纪念馆前的广场上，像高6米，底座高4.1米，造型选用毛泽东在开国大典时的形象。 江泽民专程到韶山出席揭幕仪式，为铜像揭幕。

邮电部于12月26日发行毛泽东诞生100周年纪念邮票一套(两枚)。朝鲜民主主义人民共和国邮电部于12月26日向国内外公开发行毛泽东诞辰100周年纪念邮票一套(四枚)

。毛泽东，1893年12月26日出生于湖南省湘潭县。1920年在湖南创建共产主义组织。1921年7月出席中国共产党建党的第一次全国代表大会，后任中共湘区委员会书记，领导长沙、安源等地工人运动。1923年出席中共第三次全国代表大会，被选为中央委员。1924年国共合作后，在国民党第一、二次全国代表大会上被选为中央候补执行委员，宣传部代理部长。1926年11月任中共中央农民运动委员会书记。1927年到武汉任全国农民协会总干事。先后发表《中国社会各阶级的分析》、《湖南农民运动考察报告》，阐述无产阶级领导农民斗争的极端重要性，批评了陈独秀的右倾机会主义。1927年8月7日，中共中央在汉口召开紧急会议，毛泽东在会上提出"政权是由枪杆子中取得的"即以革命武力夺取政权的思想，并被选为政治局候补委员。会后，到湖南、江西边界领导秋收起义，接着率起义部队上井冈山，创立第一个农村革命根据地。1928年，同朱德领导的起义部队会师，成立工农红军第四军，任党代表、前敌委员会书记。1930年红军第一方面军成立，任总政委。1931年中华苏维埃共和国临时中央政府在瑞金成立，被选为主席。1933年被补选为中共中央政治局委员。从1930年起，同朱德领导红一方面军战胜了国民党军队的多次"围剿"。1934年10月红一方面军开始长征。长征途中1935年1月中共中央政治局在贵州省遵义县城召开了扩大会议，确立了以毛泽东为代表的新的中央领导。10月，中共中央和红一方面军到达陕北。随后，毛泽东被选为中共中央军委主席。

在抗日时期，毛泽东写了《论持久战》、《新民主主义论》等许多重要著作。1942年领导全党开展整风运动，为全党夺取抗日战争和全国革命的胜利奠定了思想基础。1943年3月被选为中共中央、中央政治局主席。1945年主持召开中共第七次全国代表大会，作《论联合政府》的报告。

抗战胜利后，针对蒋介石企图消灭共产党及其武装力量的现实，毛泽东提出"针锋相对"的斗争方针。1945年8月赴重庆同蒋介石谈判。1946年夏蒋介石发动全面内战后，他和朱德、周恩来等领导中国人民解放军从战略防御转入战略进攻，经过辽沈、淮海、平津三大战役和1949年4月渡长江以后的作战，推翻了国民党政府。1949年3月，主持召开中共七届二中全会。并作重要报告，决定把党的工作重心从农村转到城市，规定了党在全中国胜利以后的各项基本政策。

1949年10月1日，毛泽东在北京天安门宣告中华人民共和国成立，任中央人民政府主席。1953年，提出党在过渡时期的总路线，开始有系统地实行社会主义工业化和对生产资料私有制的社会主义改造。1954年，第一届全国人民代表大会第一次会议通过《中华人民共和国宪法》。他在这次会议上当选为中华人民共和国第一任主席，任职到1959年。1956年4月作《论十大关系》的讲话，对适合中国国情的建设社会主义的道路进行了一些初步的探索。1957年2月，作《关于正确处理人民内部矛盾的问题》的讲话，提出正确区分和处理社会主义社会中人民内部和敌我两类不同性质矛盾的学说。1958年，制定了鼓足干劲、力争上游、多快好省地建设社会主义的总路线，发动了"大跃进"和农村人民公社化运动。

1966年，毛泽东错误地发动"文化大革命"运动。这场运动被林彪、江青反革命集团利用，使党和国家、人民遭到建国以来最严重的挫折和损失。但是，毛泽东一生建立的丰功伟绩始终受到中国人民的崇高尊敬。1976年9月9日，毛泽东在北京逝世。他的主要著作收入《毛泽东选集》。

〔毛彦民·工人·获首届中国青年奥技赛珠宝制作第一名〕　广西桂林金元珠宝企业集团万雅珠宝有限公司制作工毛彦民，在1993年首届中国青年奥林匹克技能竞赛珠宝制作中，以精湛的技艺一举夺魁，并获"全国技术能手"、"全国新长征突出手"称号。同年还获全国"五一"劳动奖章。

毛彦民，1972年6月28日生于桂林市一个普通工人家庭。1987年毕业于桂林市松坡中学。1988年，他凭着对美术的爱好，考入了桂林金元珠宝企业集团万雅珠宝有限公司，被分配在首饰车间手造部工作。上岗以后才知道，制作珠宝是一种又精细又劳累的苦差事，成天挫毛刺，手上打起了水泡，磨出了鲜血，铜粉把手染成了青铜色。但他全然不顾，虚心求教于师傅，认真与工友们切磋工艺。功夫不负有心人，他终于掌握了挫、錾、剪、锤、焊等技能，制作出一件件精美的工艺品。1993年8月，他被公司推荐参加在成都举行的"首届中国青年奥林匹克珠宝首饰制作技能竞赛选拔赛暨第二届全国首饰业青工技术操作比赛"。在选拔赛中，他夺得青年组的第五名。比赛结束后，他不骄不躁，认真总结经验，苦练基本功，以崭新姿态参加全国决赛，终以娴熟的技艺，扎实的功底，一举夺得此项大赛中全国珠宝首饰工种的桂冠。

〔毛家华·台湾京剧名票·获《北京国际京剧票友电视大赛》金龙奖〕　1993年，广播电影电视部、中央电视台和文化部振兴京剧指导委员会联合主办《北京国际京剧票友电视大赛》，台湾京剧名票、79岁的毛家华以《徐策跑城》中的高拨子和《赵五娘》中的二六两个唱段报名参赛，并以精湛的演唱技艺和浓郁的麒派韵味，夺得清唱组金龙奖。

毛家华，祖籍福建，1915年出生于上海，毕业于复旦大学，一生从事金融事业。由于家庭的影响和环境的熏陶，自幼迷上了京剧。17岁考入复旦大学，第一次登台票戏演出《捉放曹》，18岁加入上海颇有名气的湖社票房，学习老生，成为上海知名度较高的票友，时有"三包(名票旦角包小蝶、肖蝶、幼蝶三兄弟)一毛"之称誉。至今已有六十余年的票戏生涯。

毛家华生性喜欢做工戏，研习马派。因身材、扮相、嗓音均酷似马连良而受到马先生的器重与赏识，在马的安排下学习了《一捧雪》、《群英会》、《打侄上坟》、《淮河营》、《御碑亭》、《甘露寺》、《法门寺》、《四郎探母》等戏。1949年，马连良、杨宝森、张君秋诸名角在香港合作反串演出全部《虮蜡庙》，毛家华由马连良亲自教授、特别推荐在戏中扮演施仕伦，反映颇佳，传为美谈。

毛家华在醉心马派艺术的同时，暗恋周信芳的麒派艺术。尤其是1953年由港迁台后，嗓音和身形发生变化，于是艺术上移情别恋，弃马从周，重新开始潜心练习钻研麒派艺术。他遵从周的告诫，学麒派不求其音色相似，而是学其劲头、气口、尺寸以及运用自如的演技，因此演唱和做表都深得麒派神韵。被台湾传媒称为国剧麒派票友之翘楚。

毛家华退休后票戏兴致不减，老而弥坚，一再公演，造成轰动。近年来，毛家华更热心于海峡两岸京剧艺术交流。1991年，应邀赴久别四十余年的上海参加庆贺俞振飞九十寿辰及舞台生活七十年纪念演出，以77岁高龄在中国大戏院演出。《打侄上坟》、《四进士》，扮相身段潇洒优美；演唱工稳，底气充沛；念白有力，齿清劲足；做表火候分寸恰到好处，彩声不绝。他还遍走京沪各地，访问搜集各种京剧史料，编辑出版《京剧二百年史话》，弥补台湾剧坛京剧研究之空白。还曾录制了十辑包括28出麒派戏的《毛家华京剧选集》音带，广为传播发行。

〔乌力吉·当选内蒙古自治区人民政府主席〕　1993年5月11日，在内蒙古自治区第八届人大一次会议上，乌力吉当选为自治区人民政府主席。

乌力吉，1933年生，蒙古族。内蒙古科尔沁右翼中旗人。1953年4月加入中国共产党。1950至1958年在部队从事技术工作。后在呼伦贝尔盟，先后任该盟二轻局副局长、重工业局局长、行署办公室主任、盟委党校校长、海拉尔市市长、盟委副书记、盟长等职。1991年任内蒙古自治区党委常委、区政法委员会书记。1992年任内蒙古自治区党委副书记、区政法委员会书记。是中共第十四届中央委员。

〔文圣常·物理海洋学家·当选中国科学院学部委员〕　青岛海洋大学教授、世界大洋环流实验(WOCE)委员会中国委员会副主席、中国海洋湖沼学会副理事长、中国海洋水文气象学会理事长文圣常，于1993年当选为中国科学院地学部学部委员。

文圣常，河南省光山县人，1921年11月1日生。1944年毕业于武汉大学机械系。1947年毕业于美国航空机械学校。

文圣常是我国物理海洋学的奠基人之一。四十年来，他系统地从事海浪研究工作，取得突出的创造性成果，受到国内外学者高度重视。海浪研究的核心问题之一是海浪谱。国际上海浪谱研究的第一阶段为充分成长的海浪能量谱。对这种谱他在六十年代初发表了属国际研究前列的“普遍浪谱”。该成果被收入1962年苏联出版的反映海浪研究进展的文集。海浪谱研究的第二阶段为发展中的海浪能量谱。现国际上通用的JONSWAP谱谱形复杂，文圣常引入与四阶矩有关的尖度因子，于八十年代末期第一次在国际上得到封闭解析形式的文氏谱(Wen'sSpectrum)，其结果得到了国际上好评。海浪谱研究中如何结合方向是一个高难度的课题，是国际上海浪谱研究的第三也是目前阶段的重要课题。文圣常最近以他八十年代末提出的解析形式海浪能量谱为基础，成功地将频谱与方向性有机地结合起来，得到了方向能量谱，开拓了研究的新途径，受到国际上很高评价。他在六十年代中期主持研究的海浪计算方法已于七十年代订入国家规范，取代了我国长期使用的国外方法。在“七五”重点科技攻关项目中，他针对目前国际通行的第三代海浪预报模式的缺陷，提出较先进的新型混合型海浪数值预报模式，有极强的实用价值。

〔方圻·心脏内科学家·被聘为中华医学会资深会员〕　1993年1月16日，具有78年历史的中华医学会，正式宣布首批聘任41位在医学上有重大成就、德高望重的内外科专家为中华医学会资深会员。北京协和医院名誉院长、教授方圻获得这一荣誉。

方圻，1920年2月生，安徽定远人。1946年毕业于成都华西大学医学院。后任天津中央医院内科住院医师，北京协和医学院内科住院医师、主治医师、讲师、副教授，解放军总医院心脏科副主任，中国医学科学院阜外医院心脏科副主任，中国协和医科大学教授，北京协和医院内科主任、副院长、名誉院长。1956年加入中国共产党。

方圻从1950年开始心血管疾病的医疗、研究工作，1956年开始做心脏导管检查，是国内较早开展先天性心血管病研究和最早开展血液动力学研究的学者之一。长期从事冠心病、心律失常、心电生理等方面的研究工作，对各种心血管疾病的诊断与处理有极丰富的经验。早在1961年与胡旭东合编《心脏导管检查术》，近年又主编了《临床心电生理学》、《内科临床与进展》等专著。

方圻还先后兼任中华医学会理事、副会长、内科学会主任委员、心血管病学会副主任委员，《中华内科杂志》副总编辑，《中华心血管病杂志》总编辑、顾问，世界卫生组织医学研究咨询委员会委员、专家咨询团成员，中国科协全国委员会委员等职。

〔方志纯·前江西省委书记、省长·在南昌逝世〕　方志纯因病于1993年7月31日在南昌逝世，终年88岁。

方志纯生于1905年，江西省弋阳县人。方志敏之弟。1923年参加弋阳青年社，投入学生爱国运动。1924年7月加入中国共产党。1925年任江西省农民协会干事。1926年后任中共弋阳支部书记、国民党弋阳县党部书记，参与领导弋阳工农运动。大革命失败后，任共青团弋阳县委书记，组织秘密农民革命团。1928年1月参加弋(阳)横(峰)起义，参与了创建赣东北革命根据地，后曾任共青团信江特委书记、共青团赣东北省委书记、中共赣东北省委代理军委书记、赤色警卫师师长兼政委，参加赣东北革命根据地反"围剿"作战。1933年1月转入中央革命根据地，任红军第31师政委，中共黎川中心县委书记兼军分区司令员与政委、中共均口特区委书记兼军分区司令员，参加了第四、五次反"围剿"斗争。1934年10月中央红军长征后返回赣东北，任闽浙赣军区政治部组织部部长、宣传部部长，参加了艰苦的游击战争。抗日战争爆发后赴延安中央党校学习，任中共支部书记。后被派往新疆工作。1941年被反动当局逮捕入狱，1945年冬被营救回到延安。曾任中共中央社会部第二室主任、中央卫戍司令部参谋长。新中国成立后，历任江西省人民政府副主席，中共江西省委副书记兼江西省副省长、江西省代理省长、中共江西省委书记、江西省省长、江西省军区第一政委、中共华东局委员。"文化大革命"中，遭受林彪、"四人帮"反革命集团的残酷迫害。平反后任江西省政协主席，中央纪律检查委员会常务委员、中央顾问委员会委员。是五届全国人大常委会委员，中共第十二大、十三大代表及第十四大特邀代表。

〔方祖岐·任南京军区政委〕　1993年12月，中央军委任命方祖岐为南京军区政委。

方祖岐，1935年10月生，江苏省靖江县人。1951年8月参加中国人民解放军。1952年参加抗美援朝。1954年回国后，任师司令部机要科保密检查助理员、装甲兵干部部任免处助理员、师政治部干部科助理员、组织科和秘书科副科长，团副政委，沈阳军区政治部干部部副科长、科长、副部长，沈阳军区政治部秘书长、组织部部长，军区政治部副主任兼干部部长，军政委，广州军区、北京军区政治部主任。1988年9月被授予少将军衔。1993年7月晋升中将军衔。

〔尹克升·再次当选中共青海省委书记〕　在1993年5月16日召开的中共青海省委第八届第一次会议上，尹克升再次当选为省委书记。

尹克升，1932年生，河北通县(今属北京)人。1953年加入中国共产党。1964年毕业于北京石油学院开发系。历任青海石油管理局科研所副所长、局长，中共青海省委常委、青海省副省长。1985年起任中共青海省委书记。是中共第十二、十三、十四届中央委员。

〔尹雪曼·台湾"中国作家艺术家联盟"会长·率团访问大陆〕　应中国作家协会的邀请，台湾著名作家、"中国作家艺术家联盟"会长尹雪曼率台湾两岸文艺交流访问团一行16人，于1993年4月20日抵达北京，开始为期4天的访问。访问团由台湾"中国作家艺术家联盟"名誉会长楚崧秋为名誉团长，台湾"中央研究院"院士陈奇禄为顾问。4月21日海峡两岸作家、评论家就当前中国文学发展状况和两岸文学交流等问题举行了座谈。尹雪曼说，两岸老朋友、好朋友在此聚会，非常愉快和兴奋，表示希望了解大陆文学出版界面对商业大潮如何保持作品艺术性，做到雅俗共赏等方面的问题。同时还前往北京广播学院，同首都部分院校的专家举行了座谈。在京期间，全国政协副主席会见了该访问团。访问团还在西安、上海、杭州等地访问。

尹雪曼，原名尹光荣，1918年生，河南汲县人。西北大学毕业。留学美国，获密苏里大学新闻学院硕士学位。返国后从事新闻工作，1946年曾主编重庆《新蜀夜报》副刊。赴台后历任成功大学教授、台湾电影制片厂主任秘书、新文艺学会理事长、"行政院国军退除役官兵辅导委员会"参事、《荣光周报》社社长等职。著作甚多，短篇小说有《彩虹》、《伙伴》，长篇小说有《苦酒》、《迟升的月亮》、《桥》、《留美外记》，散文集有《小城风味》、《海外梦迴录》，文学论著有《中国文学概论》、《中国文学演进史》，译作有《赤裸的财神》、《奇运当头》等。1990年获台湾中山学术文艺创作奖。

尹雪曼1990年曾到北京参观中国现代文学馆。当时他与台湾作家周锦留下贺词称"为中国现代文学有了家而欣喜异常"，并建议"对台湾作家作品做有计划的搜集与充实"。

〔尹瘦石·著名书画家·尹瘦石艺术馆在宜兴

落成〕　1993年10月，由赵朴初题名的“尹瘦石艺术馆”在江苏宜兴落成。艺术馆是由宜兴市委决定修建的，座落在尹老故里的周铁镇，占地15亩，是一座东方园林式的艺术馆，有曲廊、亭榭、小桥池水，花木扶疏，翠竹成阴，有“馆在园中，园在馆中”之感。艺术馆主馆陈列着尹瘦石的书画作品和收藏的康有为、徐悲鸿等名人字画、文物珍藏等，共200余件。1993年5月25日，炎黄书画院在北京成立，尹瘦石任院长。沈鹏、秦岭云、王学仲、林凡任副院长。该院致力于加强海峡两岸书画家的友谊，广泛联系海外华人书画家，开展国际性的文化艺术交流活动，发扬光大炎黄书画艺术。

尹瘦石，1919年1月生于江苏宜兴，1938年武昌艺专肄业。1940年，任广西省立艺术馆研究员。1946年，任华北联大美术系教员。1950年加入中国共产党。1957年后，任北京中国画院副秘书长、北京画院副院长、北京市文联副主席、中国美术家协会北京分会副主席、中国文联副主席、中国南社与柳亚子研究会会长。尹瘦石的艺术创作借鉴传统，注重深入生活。前期以历史人物为主，后期反映牧区生活见长。擅画马，神形兼备，亦擅书法，笔墨洒脱。1942年、1944年，先后两次在桂林举办个人画展，1945年、1946年，分别在重庆、成都举办《柳诗尹画联展》。1950年，其作品《劳模会上》获文化部新年画乙等奖。1990年出版《尹瘦石书画集》。曾应邀访问过加拿大、日本、前苏联和蒙古。1991年12月，尹瘦石率团访问埃及和突尼斯，进行艺术交流，举办古元、尹瘦石作品联展。

〔丑纪范·大气科学家·当选中国科学院学部委员〕　北京气象学院院长兼兰州大学大气科学系主任丑纪范于1993年当选为中国科学院地学部学部委员。

丑纪范，1934年7月23日生，湖南省长沙市人。1956年毕业于北京大学物理系。现任北京气象学院院长兼兰州大学大气科学系主任。

丑纪范是大气科学界可以和近代数学研究沟通并得到数学界重视的学者之一。他对数值天气预报的基础理论和方法及大气动力学理论问题作了系统的创造性的研究，尤其是在下述两个方面走在世界的最前面：(1)将数值天气预报问题由原来的初一边值问题推广为广义初一边值问题，使问题更为可解和易于求解，这是创造性的。1962年他首先将变分法和泛函分析引入数值天气预报问题中，提出使用过去资料的理论方法，比国外同类工作早出将近十年。后又于六十年代论证了准地转模式大气温压场的演变与下垫面热状况的等价性，提出由历史资料反求大气要素和参数并使之与长期预报模式相匹配的方法，这种将正问题和反问题相结合的方法是具有创新性的。(2)用最新颖的数学方法揭示大气动力学方程组的整体和全局行为，得到最好的结果。他从八十年代起即研究大气动力学长期演变的渐近性质，得到在特定情况下大气动力算子向外源的非线性适应特性，后来又严格得到在有常定外源作用下大气运动的自由度缩减的结果，并为其学生在国外与数学界大师Lions等合作进行了推广，此项工作不仅在指导长期天气预报方面有重要意义，在国际偏微分方程研究方面也是很出色的贡献。

〔巴金·著名作家·再次当选为全国政协副主席·九十华诞〕　1993年3月27日，在第八届全国政协第一次会议上，巴金再次当选为全国政协副主席。同年11月25日，按照中国传统习惯，是巴金的九十岁生日，文学界采取各种方式予以庆贺，表达人们对他的敬重。北京华夏出版社在他生日之际出版线装本《巴金随想录》；中国现代文学馆、上海文学发展基金会、中华文学基金会在上海共同举办名为《讲真话，把心交给读者——巴金》大型摄影图片展览，在社会上引起热烈反映。

是年，亚洲华文作家文艺基金会授予巴金“资深作家敬慰奖”；意大利蒙得罗国际文学奖评委会授予巴金和以巴金为主席的中国作家协会文学特别奖。

人民文学出版社出版的26卷本《巴金全集》，1993年全部出齐。巴金亲自参与《全集》的编选工作，为其中17卷写了珍贵的跋语，并把编完《全集》视为自己最后的重要工作。《巴金全集》收入作者自1921年以来除译文外的全部著作及迄今所见书信、日记，这也是我国首次出版的健在作家的全集。

巴金，原名李尧堂，字芾甘。1904年11月25日生，四川成都人。1927年去法国读书，1928年回国任《文学季刊》编委，文化生活出版社总编辑。1937年后，与茅盾创办《烽火》，任中华全国文艺界抗敌协会理事。1949年后，历任中国文联第三、四届副主席，中国作协副主席、主席，作协上海分会主席，上海市文联主席，《上海文学》、《收获》主编。是中国文联第二至四届委员，中国作协第一至四届理事，第五届全国人大常委，第六届全国政协副主席。

巴金1928年发表处女作长篇小说《灭亡》。著有长篇小说＜爱情三部曲＞：《雾》、《雨》、《电》；《激流三部曲》：《家》、《春》、《秋》；＜抗战三部曲＞：《火》之一、之二、之三；中篇小说《春天里的秋天》、《憩园》、《寒夜》；散文集《随想录》；回忆录《往事与随想》；译有长篇小说《父与子》、《处女地》。

〔邓乃荣·天津工艺美术学院教授·大型历史画《黎明》在香港拍卖反响热烈〕　1993年10月23日，在香港尖沙嘴中艺展览中心首次独家举办的中国古董艺术品拍卖会上，中国油画部分竞投激烈，其中以邓乃荣绘画的大型历史画《黎明》的竞投最为轰动，在激烈争持下，最后以260万港元成交，充分肯定了该画的艺术价值。

邓乃荣，1933年1月生于天津。1949年参加南下工作团，曾在部队的军事院校从事美术创作多年，并曾就读于华南文艺学院美术部、广州美术学院油画系，现为天津工艺美术学院教授，一级美术师。他对中国革命战争史，特别是解放战争的历史有浓厚的兴趣，并以此为题材，创作过多幅中国革命历史画，其中《南海轻骑》、《谆谆教导》、《同仇敌忾》、《激战天津》、《探求真理》、《第一次军委会议》、《主席和党小组长》等画作，艺术地再现了历史事件和历史人物，受到了各界人士的好评。这些画被分别收藏在军事博物馆和其他博物馆及纪念馆等单位。1981年，他又以毛泽东、刘少奇、周恩来、朱德、任弼时于1948年进驻西柏坡，运筹帷幄，指挥全国各个战场进行战略大反攻为题，创作大型巨幅历史油画《黎明》。他对人物形象和道具等进行深入调查研究，创作过程历时三载，曾三易其稿，在定稿时，因过度劳累，突然胃出血，在边输血边治疗的情况下，坚持完成了创作。画中的五位领袖人物，形象生动，神态各异，生动、艺术地再现了历史上这重要而又光辉的一幕。该画展出时，曾在各界人士中引起强烈反响，得到广泛的好评。

〔邓小平· 邓小平文选第三卷出版〕　中共中央文献编辑委员会编辑的《邓小平文选》第三卷，于1993年11月2日起在全国各地发行。据新华社12月30日报道，在不到两个月的时间内，《邓小平文选》第三卷已发行近2000万册，成为近年来发行量最大的图书。

《邓小平文选》前些年已经出版两卷，这次出版的《邓小平文选》第三卷是邓小平1982年9月至1992年2月这段时间内的重要著作，共119篇。很大一部分是第一次公开发表。文选以《中国共产党第十二次全国代表大会开幕词》为开卷篇。开幕词中提出的"建设有中国特色的社会主义"是全书的主题。1992年1月18日至2月21日《在武昌、深圳、珠海、上海等地的谈话要点》是全书的结束篇，是全书的纲领和总结。在这本文选中，邓小平提出了一系列新的思想、新的观点、新的概念。如关于社会主义的本质和根本任务；关于社会主义初级阶段；关于"三个有利于"的判断标准；关于分三步走的经济发展战略；关于抓住时机，加快发展，争取国民经济隔几年上一个新台阶；关于科学技术是第一生产力；关于改革是中国的第二次革命；关于中国的发展离不开世界，反对自我封闭和孤立；关于社会主义和市场经济不存在根本矛盾；关于政治体制改革必须与经济体制改革相适应；关于两手抓，两手都要硬；关于"一国两制"；关于坚持社会主义，制止动乱，防止和平演变；关于要警惕右，主要是防止"左"；关于坚持党的"一个中心，两个基本点"的基本路线一百年不动摇；关于和平与发展是当代世界两大主题；关于以和平共处五项原则为准则，建立国际新秩序；关于对国际局势要冷静观察、稳住阵脚、沉着应付；关于中国的问题关键是把共产党内部搞好；关于加强廉政建设，反对腐败等等。文选的时间跨度为十年，被认为是这十年历史的生动记录，集中反映了建设有中国特色社会主义理论的形成和发展，是当代中国的马克思主义的奠基之作。

11月2日，中共中央作出关于学习《邓小平文选》第三卷的决定。决定指出，《邓小平文选》第三卷出版发行是党和国家政治生活中的一件大事. 这本文选同十年前出版的第二卷(1975～1982)相衔接，是邓小平同志领导我们推进改革开放和社会主义现代化建设丰富经验的理论总结，也是引导我们继续胜利前进的科学指南。党的十四大提出，要用邓小平同志建设有中国特色社会主义的理论武装全党。《邓小平文选》第三卷的出版为落实这一战略任务，统一全党思想，教育干部和人民提供了最好的教材和最有力的武器。

同日，中共中央在人民大会堂举行学习《邓小平文选》第三卷报告会。中共中央总书记江泽民在会上发表讲话说：理论思维的成熟是党成熟的一个重要标志。改革开放十五年来，我们党在理论上取得的最大收获，就是在马克思主义基本原理与中国实际相结合的第二次历史性飞跃中，创立了建设有中国特色社会主义的理论。在当代中国，有了这个精神支柱，一个有五千万党员的大党才会有更加坚强的战斗力，一个有十一亿人口的大国才会有更加强大的凝聚力。他强调，各级党组织要按照中央的要求，组织广大党员和干部特别是县以上领导干部，认真落实决定，把学习《邓小平文选》第三卷这件大事抓好。

在此之前，新华社于9月23日播发了邓小平1982年9月24日同当时的英国首相撒切尔夫人就香港问题所作的重要谈话——《我们对香港问题的基本立场》。这个谈话重新发表，引起了香港各界的极大关注。香港各界知名人士9月27日在《大公报》举行座谈会，参加座谈的发言者指出，邓小平的谈话表明中国政府对香港问题的立场是坚定不移的。重温谈话可以看出，文中所指出的问题和所谈的内容高瞻远瞩。与会者认为，邓小平谈话是一个重要的历史文件，是中华民族一百多年来争取独立、恢复民族尊严的一个文献，具有重要的现实指导意义，有利于港 人增强信心、共同促使香港的平稳过渡和九七年的顺利回归，有利于保持香港长期稳定繁荣。

1993年1月22日我国农历除夕之夜，邓小平在上海与当地党政军负责人及各界人士共迎鸡年新春佳节。他高兴地向全体上海人民，首先是上海的工人阶级拜年，充分肯定了上海人民在过去一年所做的工作。他对大家说："实践证明，以江泽民同志为核心的党中央领导集体工作做得是好的，是可以信任的。"

在1993年，我国各条战线和各界人士对邓小平的理论与思想进行了深入的研究和探讨，编撰出版了许多专著。1月，中共中央文献研究室编辑的《邓小平关于建设有中国特色社会主义的论述专题摘编》出版发行；2月，国家"八五"规划重点图书《邓小平教育思想研究》由浙江教育出版社出版；4月，我国第一套研究邓小平生平和思想的大型丛书——《邓小平的生平、思想研究丛书》由辽宁人民出版社出版；5月，由百余名理论工作者精心编撰的《邓小平著作思想生平大事典》由山西人民出版社出版；7月，中央军委办公厅选辑的《邓小平关于新时期军队建设论述选编》由八一出版社出版，系统研究邓小平的思想理论的大型丛书——《邓小平的思想研究》由国防大学出版社出版。11月，辑录邓小平有关香港问题重要论述的《邓小平论香港问题》由香港三联书店出版发行。

1993年9月1日，邓小平的女儿毛毛(萧榕)所著《我的父亲邓小平》(上卷)由中央文献出版社出版，当天在人民大会堂举行该书出版座谈会。这部长篇传记作品的出版引起世人普遍关注，《人民日报》等许多报刊均作了连载。9月17日，该书海外中文版由香港三联书店在香港出版发行，作者萧榕前来香港参加发行仪式；9月18日，该书由香港三联书店有限公司授权，台湾地球出版社在台湾出版发行；台湾《中国时报》自8月14日至31日摘要连载该书，引起台湾读者广泛关注。

1993年10月，由前英国驻华大使理查德·伊文思爵士撰写的邓小平传记《邓小平与现代中国发展进程》一书，在英国出版发行。

邓小平，1904年8月22日生于四川省广安县，1920年赴法国勤工俭学，1922年加入中国社会主义青年团，1924年转为中国共产党党员。后到苏联学习。1926年底动身回国，先后任中共中央秘书长，红七军、红八军政委，军委总政治部秘书长，参加长征。1937年后，任八路军　政治部副主任，一二九师政委，晋冀鲁豫中央局书记。1945年后，任第二野战军政委，中共中央中原局书记，中共中央华东局书记。1949年后，任中共中央西南局书记，西南军区政委，中共中央秘书长，中央组织部部长，国务院副总理，中央军委副主席兼总参谋长。是中共第七届中央政治局委员，八届中央政治局常委、中央委员会总书记，十届、十一届中央副主席，十二届中央政治局常委、中央顾问委员会主任。他是第二、三、四、五届全国人大代表；第二届全国政协常务委员，第五届全国政协主席。1981年起任中共中央军委主席。1989年辞去中共中央军委主席职务。

〔邓少东·成都军区原副司令员·在南京逝世〕　1993年9月18日，邓少东因病在南京逝世，终年83岁。

邓少东，1910年生，湖北大悟人。1929年参加中国工农红军，同年加入中国共产主义青年团，1930年转入中国共产党。曾任黄安独立七师连长、营长，红二十八军连指导员、手枪队分队长。参加了鄂豫皖革命根据地反"围剿"和南方三年游击战争。抗日战争时期，任新四军第四支队七团副营长、营教导员、团政治处主任，江北游击纵队十六团政委，新四军二师六旅十六团政委，第六旅和五旅政治部主任。参加了淮南地区抗日和反顽斗争。抗日战争胜利后，任新四军第二师五旅政委、华东野战军第七纵队二十师政委、第八兵团二十五军副政委兼政治部主任，参加了莱芜、济南、淮海、渡江、上海等战役。中华人民共和国成立后，任公安部边防保卫局局长、公安部队副司令员。1957年毕业于军事学院。后任西藏军区副司令员、成都军区副司令员。是第五届全国政协委员。1955年被授予少将军衔和二级八一勋章、二级独立自由勋章、一级解放勋章。1988年获一级红星功勋荣誉章。

〔邓从豪·物理化学家·当选中国科学院学部委员〕　原山东大学校长、现任《分子科学学报》副主编邓从豪于1993年12月当选为中国科学院化学部学部委员。

邓从豪，1920年10月10日生，江西省临川县人。1945年毕业于厦门大学化学系。历任山东大学教授、山东大学校长。

邓从豪长期从事量子化学基础理论和应用、分子反应动力学理论等方面的研究，对配位场理论、过渡态理论、反应散射的量子理论、反应机理和分子反应动力学计算、共轭分子的分子轨道理论、电子相关研究等重大课题作了系统的研究并取得多项重要成果。在配位场理论的研究中，首先提出并定义了三维旋转群——正八面体点群的耦合系数，并论证了它的正交归一性质。此系数沟通了三维旋转群和点群，把 Racah 理论应用到配位场理论，使配位场的计算方法标准化。它标志着配位场理论研究进入一个新阶段。他用量子场论方法推导了反应的几率速率，再由统计热力学推导出 Eyring 的反应速率常数公式，还证明了宏观化学动力学的稳态假设在微观反应动力学中仍然成立。在进行量子化学多体问题的研究方面，他提出了相关算符，保留了轨道概念而能量的计算精度也比 Hartree—Fock 自洽场计算为好。他还证明了 Racah 方案波函数二阶约化密度矩阵 N－表示的必要与充分条件，并由此提出了二阶约化密度矩阵的变分计算。1992 年他发现了在超球座标下严格求解原子—分子体系的薛定锷方程的方法，开辟了严格求解多体量子化学体系的新途径。

邓从豪曾获全国科学大会奖、国家自然科学奖、国家教委科技进步奖多项。共发表论文 100 余篇。

〔邓亚萍（女）·乒乓球名将·与队友合作夺得世界乒乓球锦标赛女子团体冠军〕　1993 年 4 月，在瑞典哥德堡举行的第四十二届世界乒乓球锦标赛上，20 岁的邓亚萍作为中国队主力队员，与队友一起夺得女子团体冠军。

身高只有 1 米 50 左右的邓亚萍以训练刻苦、作风顽强闻名世界乒坛。她自 1986 年参加全国锦标赛以来，右手横握球拍快攻结合弧圈打法，在国内外比赛中集全国、亚洲、世界、奥运会女子单打冠军于一身。她多次被评选为全国、亚洲和世界十佳。

在最近几年里，对邓亚萍来说，1993 年战绩不是最好的一年。她在世界锦标赛后先后获得中国乒乓球大奖赛女子团体和单打冠军、第一届韩国大奖赛女子双打（与高军）和单打冠军、第七届全国运动会女子单打冠军、亚洲男女八强赛女子单打冠军。她还是首届亚洲杯乒乓球团体赛女子团体冠军中国队（邓亚萍、乔红、刘伟、乔云萍和唐薇依）的主力队员。

邓亚萍性格开朗，喜欢时髦服装和听流行歌曲，歌喉也不错，有时唱唱卡拉 OK。

邓亚萍 1973 年出生在河南省郑州市的一个乒乓球世家。父亲邓大松曾获中南五省单打冠军，哥哥邓建军也曾夺得过河南省的单打第三名。邓亚萍五六岁就开始在父亲的指导下进行乒乓球训练，不到十岁就夺取了全国业余体校乒乓球赛的女子单打桂冠，并进了河南省乒乓球队，先由父亲带，后拜在教练李凤朝门下。自 1986 年以后，在国内和世界比赛中所向披靡，屡屡夺冠，被称为“巨无霸”。

〔邓兆祥·当选第八届全国政协副主席〕
1993 年 3 月 26 日在政协第八届全国委员会第一次会议上，邓兆祥再次当选为全国政协副主席。

邓兆祥，1903 年生，广东高要人。1914 至 1923 年先后在黄埔海军学校、吴淞海军学校、烟台海军学校、南京鱼雷枪炮学校学习。1923 至 1929 年在北洋海军军舰任少尉、中尉、东北海军第一战队中尉副官，国民党海军军舰少校副长。1930 至 1934 年在英国格林威治海军学校、鱼雷航海信号枪炮学校学习。1934 年回国后任国民党海军舰少校枪炮正，海军水鱼雷营少校营长，海军第二舰队司令部中校参谋，贵州桐梓海军学校训育主任，长治舰舰长，重庆号巡洋舰上校舰长。1949 年起义后任解放军重庆号巡洋舰舰长，安东海军学校、快艇学校校长，东北行政委员会委员，第一海军学校副校长，国防委员会委员，海军青岛基地司令部副参谋长、副司令员，北海舰队副司令员，海军副司令员。他是第一届全国政协会议代表，第六、七届全国政协副主席。第一至四届全国人大代表，第五届全国人大常委会委员。

〔邓佩珍（女）·激光晶体专家·研制成功具有国际先进水平的“优质掺钛蓝宝石可调谐激光晶体”〕　中国科学院上海光学精密机械研究所研究员邓佩珍，1993 年研制成功“优质掺钛蓝宝石可调谐激光晶体”，获上海市科技进步一等奖，并获国家科委“八六三”计划先进工作者二等奖。

邓佩珍，江苏省南京市人，1935 年 7 月生。1957 年大学毕业后任中科院长春光学精密机械研究所第十三研究室课题组长，1964 年 5 月至今在中科院上海光学精密机械研究所工作。1988 年晋升为研究员，担任国家自然科学基金、中科院重大课题、”七五”、“八五”期间八六三科技课题等多项课题及子课题的负责人。

邓佩珍从事激光晶体研究多年，成果累累，曾多次获奖。1993 年获上海市科技进步一等奖的“优质掺钛蓝宝石（T　Al—O—）可调谐激光晶体”，其激光增益放大性能优于国外同类晶体，具有国际先进水平。它不仅可作为激光心脏的工作物质，还可用作超短脉冲高功率可调谐激光器的振荡器和放大器，对研究物理、化学、生物、医学中超快过程及强光物理等意义重大。它是当今世界上最优秀的宽带可调谐晶体材料。以往建立一个大瓦级的超短脉冲高功率激光装置需占地面积大于一个篮球场，如今全部用掺钛蓝宝石晶体建造一个同样大的高功率激光装置，其面积只需一个乒乓球台大小，占地面积大大缩小了。这项成果，1993 年 6 月在俄罗斯举行的国际激光光学会议上公布后，引起国际学术界的重视。目前，日、美、英、马来西亚、香港等地的一些研究机构已开始使用上海研制的激光晶体开展实验研究。

邓佩珍领导研究组取得的另一重大研究成果"激光晶体缺陷研究"，获 1987 年上海市科技进步一等奖和 1988 年国家科技进步二等奖。这一项目主要对一些极为重要的和新型激光晶体如：Cr：Al—O—、Cr：B—AL—O—等；激光窗口材料如蓝宝石（Al—O—），热锻 KCL 多晶中的缺陷性质及形成机理进行了深入系统的研究，得到了一些极重要的规律，如某些晶体中位错传播规律、自缀饰位错形成机理、位错对晶体激光特性的影响等，这些成果均属国际首创并达到国际先进水平。他们在实验技术上，利用缺陷对光的散射、干涉、衍射原理自行设计了重要的缺陷观测装置，改进和综合各种特殊技术，极清晰地观察到用一般光学方法无法看到的缺陷形貌、结构及发展过程，获得了大量极为珍贵的缺陷图象和资料，成功地指导了无内核、无错位、大尺寸（φ80×130mm）、优质（温梯法）晶体的生长，所切晶片已在国际上首次获得片状激光器运转。

由于邓佩珍为国家高技术研究发展计划在"七五"期间作出了杰出贡献，1991 年被国家科委表彰为国家高技术研究发展计划"七五"期间工作做出重要贡献者，同年 12 月被评为中科院"七五"重大科研任务先进工作者，1992 年 10 月受国务院表彰并在同年 10 月起享受政府特殊津贴，1993 年二月被评为 1991 年度到 1992 年度国家科委"八六三"计划先进工作者二等奖。

〔邓绍同、陈国沛·高级农艺师·获联合国"发明创新科技之星奖"〕 由广东省高级农艺师邓绍同、陈国沛研究成功的"地膜覆盖甘蔗少耕法"，1993 年初获联合国颁发的"发明创新科技之星奖"，并领取了奖章和证书。1993 年 4 月 26 日《南方日报》就此进行了报道。

1979 年底，邓绍同和他的学生陈国沛曾第一次把地膜覆盖技术应用在甘蔗栽培生产中并获得成功，此项成果获得国家科技进步一等奖。1986 年，他俩又潜心研究一种全新的甘蔗栽培法，即甘蔗少耕法。其技术要点是：创造一个模拟自然而优于自然的人工生态系统，一次下种，一次施肥，一次投药，一次覆盖，一次培土，一次收获。这种少耕法使每亩田产甘蔗高达 7 吨以上，最高达 15 吨，一般比常规法增产二成多，糖分提高 4‰，收到少工、高产、高收入的效果。目前，此法已在广东、广西、江西、云南、四川、海南、浙江等省、区推广，取得显著成效，其经济效益估算达 5 亿元以上。少耕法冲击了传统农业，也向现有栽培学提出了挑战。

邓绍同，广东三水人，1929 年 1 月生，1951 年毕业于中山大学，一直在广东省农业厅工作，对广东省甘蔗生产发展在技术改革方面作出了重要贡献。他通过少耕法的科研实践，提出"人工农业生态系统理论"，充分利用自然、模拟自然而优于自然，创造少耕、节肥、节水、综合防治病虫害等新技术，突破了过去"重施肥"、"重施农药"等传统栽培方法。著有《甘蔗少耕法新技术》、《人工生态农业》、《地膜覆盖甘蔗栽培》、《甘蔗生长抛物曲线理论与高产新技术》等 15 册，在报刊发表论文 300 余篇。先后获国家科技进步一等奖一次，省级科技进步二等奖三次。曾任中国甘蔗协会副理事长、全国农作物品种审定委员会常务理事、中国地膜覆盖研究会糖料学组组长等职。

陈国沛，广东台山人，1936 年 7 月生，1956 年毕业于广东省农业学校，1981 年入福建农业大学进修，现任台山市经济作物局副局长。一直在农业第一线从事科研，自 1983 年以来先后获国家农业部、省及市、县颁发各种奖励 55 项。1992 年应邀到泰国参加第 21 届甘蔗栽培国际学术会议，介绍甘蔗少耕法的经验，受到好评。获广东省颁发的科技积极分子奖，台山市颁发的物质进步一等奖及特别贡献奖。

〔邓家栋·血液学家·被聘为中华医学会资深会员〕 1993 年 1 月 16 日，具有 78 年历史的中华医学会，正式宣布首批聘任 41 位在医学上有重大成就、德高望重的内外科专家为中华医学会资深会员。中国医学科学院前副院长、我国血液学专业奠基人之一邓家栋获得这一荣誉。

邓家栋，1906 年 2 月出生，广东蕉岭人。1923 年于北京协和医学院毕业后，历任协和医学院附属协和医院内科住院医师、住院总医师、助教、讲师。1938～1940 年赴美进修和研究血液学。回国后仍在协和医院工作。1942 年日军占领该院后赴天津任天和医院内科主任、院长。后任中国协和医学院内科襄教授、教授、副主任，中国医学科学院输血及血液学研究所所长、名誉所长，北京医院副院长，中央保健局副局长，中国医学科学院副院长，中国协和医科大学副校长等职。1951 年加入九三学社,1956 年加入中国共产党。

邓家栋早在三十年代即对血液学发生浓厚兴趣,在福克纳教授的指导下开展研究。他和福克纳等于 1937 年报告了我国第一例世界少见的嗜酸细胞白血病。他对黑热病病人血象变化的机理进行了实验研究,在病人的尿和前列腺液中发现有黑热病原体(即利朵体),又证明利朵体能在常见的细菌污染的环境中生存。1956 年他受命组建输血及血液学研究所,并任所长和附属医院院长,指导研究人员在溶血机制、中西医结合治疗再生障碍性贫血、活血化淤等方面取得重要研究成果。同时陆续开设各种训练班,如输血、干血浆及代血浆(右旋糖酐)的制备等,及时向全国推广。此外又为一批又一批的进修医生及技术员开设进修班,使血液学知识和技术得以推广,血液学队伍迅速扩大。他先后主编《内科学基础》、《诊断学基础》、《临床血液学》等 6 部专著,参加编写了 3 部专著。

邓家栋,历任中华医学会理事,中华医学会内科学会、血液学学会的主任委员、名誉主任委员,《中华医学杂志》中文版及英文版、《中华内科杂志》、《中华血液学杂志》的副总编辑、总编辑,卫生部医学科学委员会委员,第三届全国人大代表,第六届全国政协委员等职。

〔邓锡铭·光学、激光专家·当选中国科学院学部委员〕 中国科学院上海光学精密机械研究所研究员邓锡铭,1993 年 12 月当选为中国科学院技术科学部学部委员。

邓锡铭,1930 年 10 月 29 日生,广东省东莞市人。1952 年毕业于北京大学。历任中国科学院长春光学精密机械研究所学术秘书、研究部副主任,上海光学精密机械研究所副研究员、副所长。现任中科院上海光机所研究员、博士生导师,高功率激光物理联合实验室主任,国家高技术 863 计划激光核聚变项目专家组成员。

1960 年国际上激光刚刚出现;邓锡铭提出在我国开拓激光科学技术新领域,于 1961 年初主持研制成功我国第一台氦氖气体激光器;与国外同时独立提出高功率激光调 Q 开关原理。他和几位同行专家倡议,1964 年成立了中国科学院上海光学精密机械研究所,此后主要致力于强激光大功率、短脉冲激光器的研制、开发工作。七十年代初,研制成功脉冲宽度为 1 毫微秒,峰值功率达 10一瓦的六路核聚变激光打靶装置;又为建立更大输出的 12 号装置进行了一系列的单元技术研究并抓总开展研制工作,该装备已为我国核爆模拟研究、惯性约束聚变研究、X 射线激光研究做出了重要成果。为此,他 1988 年获陈嘉庚技术科学奖,1989 年获中国科学院科技进步奖特等奖,1990 年获国家科技进步奖一等奖。此外,由他负责研制的六路激光装置获 1982 年中国科学院科技进步奖一等奖;宽频带激光的产生及其对等离子体物理作用的研究获 1987 年中国科学院科技进步奖二等奖。曾发表论文、研究技术报告 99 篇,专著一本。

〔孔飞·前中共内蒙古自治区委员会书记、自治区人民政府主席·在呼和浩特逝世〕 1993 年 1 月 23 日孔飞在呼和浩特逝世,享年 81 岁。

孔飞,1911 年出生于内蒙古科左中旗一个农民家庭,蒙古族。1935 年参加"一二·九"运动。1936 年加入中国共产党。抗日战争时期,参加并领导"学生战地工作团",先后担任西安东北大学中共支部书记、中共西安学委委员,积极参加抗日斗争。1938 年 7 月赴延安,先后在中共中央宣传部、中共中央西北工作委员会、中央社会部工作,曾任延安民族学院研究员,并参加了延安整风和大生产运动。抗日战争胜利后,任内蒙古自治运动联合会卓索图盟分会副主任、主任。解放战争时期,任人民解放军卓索图盟纵队副司令员、司令员,内蒙古骑兵第十师、第三师师长。领导和指挥了卓索图、昭乌达、锡林郭勒等地剿匪战斗和敌后游击战,为内蒙古的解放建立了不可磨灭的功绩。新中国成立后,任内蒙古兴安盟军分区司令员兼政委,内蒙古军区东部军事指挥部部长,蒙绥军区副参谋长、参谋长兼军法处长,内蒙古军区参谋长、副司令员。"文化大革命"中,同林彪、"四人帮"反革命集团进行了顽强斗争。1977 年恢复工作,任中共内蒙古自治区党委书记、自治区人民政府主席等职,为内蒙古拨乱反正、落实政策、平反冤假错案、加强民族团结、发展民族经济做出了卓越的贡献。是全国政协第六、第七届常务委员。1955 年被授予少将军衔。1988 年 7 月获一级红星功勋荣誉章。

〔孔繁鹏·曲阜市教育局局长·被授予全国优秀教育工作者称号〕 山东省曲阜市教育局局长、市教委主任孔繁鹏,因在教育事业中做出突出贡献,1993 年被国家教委授予全国优秀教育工作者称号。

孔繁鹏 1990 年从市土地管理局调到曲阜市教育局任局长。他领导教育工作三年迈出三大步,谱写了孔子故里教育的新篇章。他在治校办学方面,采取了一系列新措施,如"校长负责制"、"教师定编聘任制"、"教育岗位目标责任制"、"结构工资制"等农村中小学内部管理体制改革，改变过去的管理方式，做到人尽其才。同时，他还实行了分级办学分级管理的管理体制，提高了人民参与办学的意识。他扎扎实实地在曲阜市贯彻实施九年制义务教育，使全市9个乡镇在1993年全部实现了初等义务教育，真正实现了孔子故里“十万人家尽读书”的杏坛遗风。

为了解决教育经费不足的问题，孔繁鹏调动一切积极因素增加教育投入，三年间使教育投入增加8000多万元，仅用于乡镇中小学标准化建设的投资就达5500万元，使全市13个乡镇124个中小学完成了标准化建设，五分之一的学校实现了楼房化，并且有一处中学获得全省唯一的农村规范化学校称号。孔繁鹏还组织对市直学校进行城镇校舍改造工作。在市委、市政府领导下，他先后开通11条渠道，筹款2600万元，新建教学、办公、实验、宿舍、图书综合楼等21幢，建筑面积5.9万平方米，征地209亩，硬化、绿化、美化校园3.5万平方米，购置教学器材1.2万套，高标准、高质量地完成了山东省政府“五达标”的城镇校舍改造任务，并以“校校优秀、全市优秀”的优异成绩，跨入全省前列，获得省、市60万元的表彰奖励，他本人被授予山东省城镇校舍改造先进个人称号。

孔繁鹏还带领全市教职员工进行了教育教学改革，连续三年开展了“学校管理年”、“教育教学质量年”、“勤工俭学发展年”活动。他探索的“快乐教育”整体改革，被国内外誉为“有中国特色的教学改革”，受到国家和省市教育部门的高度评价。

孔繁鹏，山东曲阜人，1946年1月17日生。1965年后历任教师、校长、县文教局教研员，1978年任县文教办秘书。1980年任市组织部干事、乡镇党委书记，1987年任市土地管理局局长。1990年起任市教育局局长、市教委主任。1984年以来多次受记功、记大功和晋级等奖励，先后被评为省市级优秀共产党员、先进工作者。

〔甘苦·全国人大常委会副委员长·在南宁逝世〕　1993年3月27日，在第八届全国人民代表大会第一次会议上，原广西壮族自治区人大常委会主任甘苦，当选为第八届全国人民代表大会常务委员会副委员长。同年7月25日，甘苦在广西南宁因病逝世，终年69岁。

甘苦，1924年1月生，广西扶绥县人，壮族。1947年7月加入中国共产党。他青年时期就向往革命，1947年6月后多次参加中国共产党领导的武装斗争，历任左江游击区民兵大队教导员，广西凭祥县委工委书记，游击大队政委，滇、桂、黔边区纵队左江支队团政委。1950年后，任中共龙潭县委副书记、书记，龙潭县县长，桂西壮族自治区政府办公厅代科长，广西省手工业局副局长，中共龙州县委第一书记，中共崇左县委书记，河池地区行署专员。“文化大革命”期间遭迫害。恢复工作后任柳江造纸厂革委会主任，河池地委副书记，地区革委会副主任。1976年后任广西水利电力局局长，广西壮族自治区副主席，分管计委、建委等部门工作。1985年后任广西壮族自治区第六、七届人大常委会主任、党组书记。是中共第十三、十四次全国代表大会代表，第七、八届全国人民代表大会代表。

〔艾国祥·天体物理学家·当选中国科学院学部委员〕　中国科学院北京天文台研究员艾国祥，1993年12月当选为中国科学院数学物理学部学部委员。

艾国祥，1938年2月17日生，湖南省益阳市人。1963年毕业于北京大学地球物理系，并被聘入中国科学院北京天文台进行研究工作至今。现为北京天文台研究员，同时担任中国科学院天文委员会委员兼太阳物理组组长，中国科学院天文开放研究实验室副主任兼怀柔基地主任，国家自然科学基金“太阳磁场与速度场观测和研究”重点项目组长，“中美太阳联测研究”与“中日太阳物理合作”中方首席科学家等学术职务。

艾国祥主要从事太阳物理方面的观测研究并取得多项重要成果：①根据国内外实际，提出了研究太阳磁场和速度场的战略方向，创造性地将太阳物理观测仪器连续推进了三代，并在研制国际先进水平的太阳磁场望远镜过程中提出原理、负责总体和总调；实现了与美国大熊湖天文台的“日不落”太阳磁场和速度场的磁演化联合观测；创造性的提出了多通道太阳磁场望远镜系统，将为实现三维空间的太阳磁结构观测和研究奠定基础；同时发展了消除量化误差的理论并应用于太阳磁场测量。②研究发现了耀斑前兆红移、黑子半影亮纤维比暗纤维磁场强300高斯、色球磁场反变和磁纤维、磁超米粒寿命改写为70至90小时、网络磁元特征、对消磁结构、耀斑矢量场特征等一系列新现象，得到国内外高度评价。③从物理上提出了一些新见解：提出并论证了挤压无力场耀斑模型，严格定义了磁剪切和磁挤压概念，提出了磁场与速度场特征在耀斑过程中的等效作用等。

〔艾知生·连任广播电影电视部部长〕　1993年3月29日，根据第八届全国人大第一次会议的决定，艾知生被任命为广播电影电视部部长。

艾知生，1928年生，湖北汉阳人。1948年加入民主青年同盟，同年加入中国共产党。1950年毕业于清华大学土木系。历任清华大学党委副书记兼宣传部部长、党委办公室主任、团委书记、核能技术研究所党委书记、副校长。后调任国务院副秘书长、广播电视部部长。1986年起任广播电影电视部部长。是中共第十二届中央候补委员，第十三、十四届中央委员。

［附注：1994年5月12日，艾知生被免去部长职务，孙家正任部长。］

〔厉园卿（女）·金华市中级法院档案室馆员·被授予"全国法院模范"称号〕　1993年12月15日，最高人民法院授予浙江省金华市中级人民法院档案室馆员厉园卿"全国法院模范"称号。

厉园卿，浙江省东阳市人，1944年11月生，1963年毕业于浙江金华师范学校，1966年7月加入中国共产党，先后在县机关幼儿园、县档案馆工作，1982年后调入金华市中级人民法院档案室。厉园卿25年如一日，一心扑在档案事业上。她初到法院从事档案管理时，由于历史原因，档案处于"散、乱、杂、缺"的状况。1973年至1982年的所有档案分散在各庭室及经办人员手中，建国以来至"文革"前的大量档案则成捆成包地堆在库房内，虫蛀霉变，残缺零乱。为了改变这种混乱局面，厉园卿建议中院组织了清档小组。她带领清档小组来到各庭室，从有关人员的抽屉和柜子里，将凌乱的案卷收集起来，按照"一案一号"的要求，整理装订，归类入库。她放弃了许多星期天和节假日，早上班晚下班，经过半年多的努力，10年中的4000余卷档案整齐划一地排列在档案柜里，卷面都换了"新装"。接着，她又用三年时间，将建国以来的1.3万余卷档案整理完毕。她千方百计收集失散材料，按年代、类型、地区逐件鉴别，重新修补整理，光从废纸堆里就找出档案材料200余份、案卷9册。在厉园卿的努力下，金华市中院档案室现已拥有库房185平方米，标准档案箱310只，卡片柜6个，存有各类档案43438册，图书资料3000余册，档案的品种由单一的诉讼档案扩展到文书档案、声像设备、会计司法统计及法医学鉴定档案等。经有关部门考评，多次被评为省、市级优秀档案室。

厉园卿认为档案工作不仅是"管"，更在于"用"。到1985年，她已把那时所有的刑事诉讼档案检索工具重新编制，卡片达1.3万余张，随后又编制了民事档案、文书档案的检索工具达4万余张，现在全部诉讼档案已有姓氏笔划索引、汉语拼音人名、流水目录三套完整的检索工具，仅汉语拼音人名卡片就有6万余张。她对自己管理的4万余册档案，得心应手，能在几分钟内把档案送到调阅者手中。据近5年的不完全统计，共提供利用档案2100多卷次，无一差错。

厉园卿连年被评为金华市中院先进工作者，市优秀党员和"三八红旗手"，还被评为全省和全国档案系统先进工作者、全省法院系统先进工作者，立一等功一次。

〔石青云（女）·模式识别与图像数据库专家·当选中国科学院学部委员〕　北京大学教授、博士生导师、视觉听觉信息处理国家重点实验室学术委员会主任石青云，于1993年12月当选为中国科学院技术科学部学部委员。

石青云，1936年8月14日生，四川省合川县人。1957年毕业于北京大学。1980～1982年在美国普渡大学任访问学者。1985～1986年在美国IIT图像数据库研究实验室进行合作研究。历任北京大学助教、讲师、副教授、信息科学中心主任、视觉听觉信息处理国家重点实验室主任。

自七十年代后期开始，石青云在模式识别领域开展了一系列处于国际前沿的工作。在高维属性文法方面，有效实现了统计模式识别与句法模式识别的结合，引起国际同行的重视。在我国较早开展了图像数据库的研究，将深度优先四分树图像数据结构表示法改进为以颜色和深度的四分树表示法，并绘出了这两种表示的转换方法，既保持了原有方法的优点，又节省了内存。她主持研制的地理图像数据库系统和图像数据库管理系统，既有高的数据压缩率，又便于图像的运算，信息的检索和空间数据的信息复合达到国际先进水平。研制成适于保安应用的指纹识别系统（Live－ID）与用于公安侦破的系统（Delta－S），Live－ID系统已打进国际市场。她创建了北京大学视觉听觉信息处理国家重点实验室。主持研制的指纹识别系统获国家教委科技进步一等奖。发表论文40多篇，译著2本。

〔布赫·当选第八届全国人大常委会副委员长〕
1993年3月27日，在第八届全国人大第一次会议上，布赫当选为全国人大常委会副委员长。

布赫又名云曙光，1926年3月生，蒙古族，内蒙古土默特左旗人，1942年7月加入中国共产党。1939至1946年在延安陕北公学、延安民族学院、延安大学民族学院学习。1946至1954年任内蒙古自治运动联合会组织干事，内蒙古自治学院中学部副主任兼政治部教员，内蒙古文工团副团长、党支部书记、团长。1954 年以后任内蒙古自治区文化局副局长、党组书记兼自治区文联主任，中苏友协内蒙古分会秘书长，自治区党委代常委，自治区文委党委代书记、主任，内蒙古自治区包头市委书记、市革委会副主任，自治区党委宣传部副部长、部长，自治区党委常委，国家民委副主任，呼和浩特市委第一书记、市长、警备区第一政委，内蒙古自治区党委副书记、自治区人民政府主席。他是第七届全国人大代表。中共第十二、十三届中央委员。

〔**龙宇纯、龙乃馨（女）·台湾京剧票友·获“北京国际京剧票友电视大赛”金龙奖**〕　1993 年，在有 14 个国家和地区的近 700 名选手参加的“北京国际京剧票友电视大赛”评选中，台湾京剧票友、台湾大学教授龙宇纯携其女儿龙乃馨分别参加清唱组和彩唱组的比赛，经初赛、复赛及决赛的激烈角逐，双双捧得此次大赛的最高奖——金龙奖。

龙宇纯以《摘缨会》的西皮及《文昭关》的二黄两段演唱参加决赛。他宗余派兼学杨派，嗓音宽亮圆润，吐字运腔都很讲究，既苍劲浑厚又舒朗婉转，高、低音运用自如，特别可贵的是能够做到以声传情，而且颇具韵味。其女乃馨则崇梅学梅。她彩唱的《宇宙锋》规矩稳重，气度大方，嗓音甜美圆润，歌唱颇具功力，扮相、表演皆具梅派风范，得到梅兰芳之子、著名演员梅葆玖的赞许，且喜收为徒。龙氏父女的得奖得益于全家人几十年来对于京剧艺术的执著追求与潜心研习。

龙宇纯 1928 年生于安徽省望江县。望江旧属安庆府，是京剧创始人程长庚的故乡，也是驰名全国的“安庆花部”——徽班的故乡。他的父亲曾筹组“国剧社”，置办衣箱，延请名师教戏，他六岁时便学会了《黄金台》、《辕门斩子》等戏。1957 年获台湾大学中文系硕士学位后，在台湾中央研究院历史语言研究所工作；1962 年至 1972 年在香港中文大学任教；1973 年至 1989 年先后任台湾大学中文系主任、台湾中山大学中文系主任及台湾中央研究院史语所研究员。其专著《中国文字学》在台湾学术界甚得好评，被译成外文发行。在如此繁忙的教学与研究之余，他始终钟情于京剧艺术，坚持参加台大教职员京剧票房活动，参加每年一次的公演。他主持台大中文系期间，曾鼓励师生三十余人合力演出《四郎探母》，四郎、公主各分三人饰演，他亲自扮演《坐宫》中的四郎。此次演出，门前购票者排队如长龙，千余席位座无虚席，台北票界为之轰动。1989 年退休后，除应邀兼职东海大学客座教授外，专心致力于京剧演唱，每周在外租场父女合演至少两出戏。

龙乃馨，1965 年生于香港，中学时曾获台湾区第二届京剧清唱比赛青衣组第一名；就读台湾文化大学戏剧系国剧组时，主修老生，攻余派，并获孟小冬奖学金。毕业后曾在美国夏威夷大学戏剧研究所留学，现在台湾任中、英文语文教师。她酷爱梅派，其父曾赠对联一副：“习艺何妨，成艺为尚；歌梅则是，似梅乃馨。”其间嵌入其名以资鼓励。乃馨则不负父望，用心学艺，在台湾曾演出梅派戏《教子》、《坐宫》、《起解》等，并应陆光国剧队之邀，客串演出《宇宙锋》、《风还巢》、《洛神》等戏。1991 年与其父一起来北京在青艺剧场分别演出《文昭关》和《宇宙锋》，均获好评。

龙氏父女不仅戏演得好，而且多才多艺。龙父京胡拉得出色，龙女则弹得一手好月琴，屡次客串担任陆光国剧队月琴伴奏。还应提到的是龙宇纯夫人杜其容女士是他们父女的好后勤。一旦演出，化装、扮戏，前台后台都是她一人忙活。平时给他们整理戏装、联系演出，全力以赴，真可谓是一个快乐融洽的京剧之家。

〔**卢永根·作物遗传学家·当选中国科学院学部委员**〕　华南农业大学校长卢永根教授于 1993 年当选为中国科学院生物学部学部委员。

卢永根，1930 年 12 月 2 日生，广东省花县人。1953 年毕业于华南农学院农学系。历任华南农学院助教、讲师、副教授。现任华南农业大学教授、校长。

卢永根长期从事水稻遗传资源的研究。六十年代初协助丁颖教授主持“中国水稻品种的全国生态协作试验”，七十年代中期由他主持将结果总结成“中国品种的光温生态”专著，1978 年出版并获全国科学大会奖。他对我国早籼的四个著品矮源做了系统的遗传分析，其中各矮源分别对穗数、粒数、粒重、不实率等重要农艺性状影响的幅度大小进行了比较，并作出了遗传评估；在水稻雄性不育方面，他对三种不同细胞质来源的四个国内常用不育系（野籼型的珍籼 97A 和二九矮 AA，籼籼型的冈比亚卡二九矮 7A、籼籼型的毛早壳八四早 8A）的研究中发现，它们的育性恢复基因都是相同的 Rf1 和 Rf2，而且 Rf 为不完全显性，有剂量效应；他首次建立了我国三个野生稻种的粗线期核型，并从细胞遗传学角度证实了普通野稻是栽培稻的祖先；八十年代，他突破了过去一直以结实率为指标的简单方法来衡量不育程度，而改用花粉育性与结实率相结合的方法，杂种的不育性和亲和性至少由 6 个位点的花粉不育基因控制，而不是单个位点的基因控制，基因模式为单位点孢子体——配子体互作模式，而不是重复配子致死模式。他还提出了“特异亲和基因”的新概念，阐明了品种的广亲和性的遗传基础。这些成果引起了学术界的极大关注，被同行专家认为这是迄今国内外同类研究中最系统、最深入和最接近实际的，是对栽培稻杂种的不育性和亲和性的一个较完整而系统的新认识。

〔卢作孚·已故著名爱国实业家·百年诞辰纪念活动在重庆举行〕 1993年3月25日是有“中国船王”美称的著名实业家卢作孚百年诞辰纪念日，重庆各界人士于4月13日在北碚公园卢作孚塑像前聚会，举行纪念活动。

卢作孚，1893年4月14日出生于四川省合川县一个贫苦家庭，少时即刻苦自学，博览群书，立志救国，加入同盟会，投身辛亥革命运动，随后又投身五四运动，为唤醒民众，长期从事民众教育工作，曾与恽代英、王德熙等在川南进行新教育试验蜚声全川。“九·一八”事变发生后，一直站在抗日救亡运动的前列，号召“一致团结”、“赶赴前敌，共救国难”。1925年创办民生公司，并任公司总经理。仅以一只70吨的小轮船，航行于嘉陵江上的合川与重庆之间，经营长江内河航运，到抗战开始时，经过十多年奋发图强，惨淡经营，船舶大有发展，航线大有延伸，使民生公司崛起于长江，打破了日、英、美、法等国垄断我国长江航运的局面，进而将帝国主义势力排除出长江的航运界。曾任国民党政府川江航运管理处长、四川省建设厅长、国民党政府交通部次长。1937年7月卢沟桥事变发生后，他电告民生公司全体职工：“民生公司首先动员起来参加战争。”在八年抗日战争中，吴作孚先生曾担任交通部次长，全国粮食管理局局长，亲自组织指挥了撤退工厂、机关、学校、科研机构到四川，运送军队、粮食到抗日前线，日夜操劳，呕心呖血，为抗日战争作出了巨大贡献。抗战胜利后，又经营远洋航运。1950年6月应周恩来总理的邀请，回到北京作为政协代表参加第一届全国政协第二次会议，被补选为第一届政协委员。在卢作孚的领导下，民生公司员工发扬机智勇敢的精神，终于使18只滞港轮船先后安全返回祖国，连同原在长江与近海的100余只民生公司轮船，加入了人民交通运输的行列，奠定了新中国江、海航运的基础。曾任西南军政委员会委员，并继续任民生公司总经理。1952年在重庆病逝。

〔卢炬甫·中国科技大学教授·获首届中国青年科学家奖〕 1993年2月25日，由共青团中央、全国青联、中国青少年发展基金会共同设立的中国青年科学家奖，在北京举行首次颁奖仪式。中国科技大学教授、博士生导师卢炬甫，因在天体物理研究领域取得突出成就，被授予中国青年科学家奖。

卢炬甫多年来致力于天体物理研究，1985年得出了Schwarzschild黑洞有角动量吸积流运动方程的精确解，被国际同行肯定为迄今所知的两个精确解之一；在国际上首先研究了Kerr黑洞的吸积流运动，于1986年得出了迄今仅有的一个精确解；1988年，在与导师联名发表的论文中证明了黑洞吸积流运动解的唯一性，被国际同行称为“卢和Abramowicz的唯一性定理”；近几年对黑洞附近发出的喷流的加速机制、准直机制、进动机制的研究也取得了一系列成果。他在国内外学术刊物上发表论文近50篇，一些主要论文被国际同行多次引用，主要成果被载入国外的学术专著。

卢炬甫，湖北省大冶县人。1947年8月生。1964年入中国科技大学学习，1970年到湖北十堰市中学任教，1978年至今在中国科技大学任教。1982年到意大利国际高等研究生院留学，获博士学位，1986年在加拿大女王大学作博士后。他是中国青年科技工作者协会理事，中国引力与相对论天体物理学会理事、中国科学院陕西天文台兼职研究员。

〔卢嘉锡·当选第八届全国人大常委会副委员长〕 农工民主党中央委员会主席、著名科学家卢嘉锡，1993年3月27日在第八届全国人民代表大会第一次会议上当选为全国人大常委会副委员长。

卢嘉锡在第八届全国人大第一次会议结束后接受了《北京日报》记者的采访。他对记者说：人民信任我，我感到当选为副委员长后肩上的担子更重了，但我会尽最大的努力去把工作做好的，决不会辜负大家对我的关心、期望和信任。同时，我觉得今后更要为海峡两岸的交流和祖国的统一大业尽自己的微薄之力。

卢嘉锡，1915年10月26日生于福建省厦门市，祖籍台湾省台南市。1934年19岁就在厦门大学化学系毕业。1934年至1937年在母校任助教。1937年至1939年在英国伦敦大学学院化学系读研究生，获博士学位。1939年至1945年历任美国加州理工学院化学系、加州大学化学系研究员，美国国防研究委员会玛州研究室研究员。他设计的“等倾向魏森堡照像的LP因子倒数图”，为国际X射线结晶学界所公认，并普遍使用达几十年之久，使卢嘉锡的名字闻名国际科学界。

1945年，卢嘉锡满怀科学救国愿望，带着出色的研究成果，毅然辞退了国外所有聘任返回祖国。从1946年至1949年应聘为厦门大学化学系教授、系主任。解放前夕，国民党对他软硬兼施，企图把他弄到台湾去。他不顾威胁利诱，坚决留在大陆为新中国服务。

1949年至1960年历任厦门大学化学系教授、系主任，厦门大学理学院院长，厦门大学副教务长，研究部副部长、部长，校长助理，中国科学院学部委员，福建省厦门市政协副主席。卢嘉锡常说："一个老师如果不能培养出几个超过他自己的学生，不算好老师。"在多年教育实践中呕心沥血，辛勤培养科技人才。强调一个科学家应有"清楚的头脑，灵巧的双手，洁净的习惯"，引导学生走理论与实践相结合的道路，鼓励学生提高解决实际问题的能力。他出色的授课方法深得师生们的赞赏和高教部的表扬。1956年，高教部破格聘任卢嘉锡为我国首批最年轻的一级教授。

从1960年至1981年，卢喜锡任福州大学教授、副校长，中国科学院福建物质结构研究所研究员、所长，中国科学院学部委员，福建省人大常委会副主任、省政协副主席。

卢嘉锡在1978年至1980年先后两次作为代表团团长率团参加第三届和第四届国际固氮学术讨论会。1979年又作为中国化学会代表团团长出席IUPA芬兰学术会议和瑞士的IUPA代表大会，以卓有成效的工作，争取到中国化学会被接纳为正式会员。接着又出席在美国华盛顿特区召开的第七届世界各国化学会会长会议。

1981年5月，卢嘉锡由于在科学研究上的卓越成就，被选为中国科学院院长、主席团执行主席、学部委员。在他的领导下，中科院学术气氛浓厚，改革创新活跃，使科学技术作为第一生产力发挥了重大作用。1981年至1988年，他还担任中国科学技术协会副主席，全国政协常委，农工党中央副主席，比利时皇家科学院外籍院士。1988年后，任中国科学院特邀顾问，全国政协副主席，农工民主党中央主席，中国科学院学部委员，学部主席团名誉主席，第三世界科学院理事、副院长。是第三、五届全国人大代表。中国共产党党员。他与夫人吴逊玉共有7个孩子，5男2女。

〔归亚蕾（女）·台湾电影演员·获第三十届台湾电影金马奖最佳女配角奖〕　曾经因《家在台北》影片在大陆上映而为大陆观众熟悉的台湾电影演员归亚蕾，在1993年11月台湾第三十届电影金马奖的评选中，以她在影片《喜宴》中扮演的母亲一角而再度获得最佳女配角奖。

归亚蕾在影片《喜宴》中成功地塑造了主角高伟同的母亲——一位勤奋善良、热情贤惠的传统中国女性形象。她获知儿子和美国青年赛得的真正关系之后的悲痛绝望又无奈的内心世界的外部表演，给人留下了极为深刻的印象。

归亚薯，1941年6月1日出生。浙江吴兴人，台湾国立艺专影剧系表演科毕业。曾任教于聋哑学校。1965年心影拍摄第一部影片《烟雨蒙蒙》，饰演焦燥火辣的陆依萍。因其把人物的倔强骄傲和强烈的报复心理表现得淋漓尽致，故而获得第4届台湾电影金马奖最佳女主角奖。归亚蕾对电影事业一往情深，但决不乱接滥拍。她从影至今共拍摄了80余部影片。无论是演主角、配角，还是客串小角色，她都一律认真看待、倾心演出。正是这优良的职业道德和对待艺术的专注，使她长期受到影界人士的看重，并保持了表演艺术的高水平，多次获奖。1970年，因拍摄《家在台北》获第8届金马奖最佳女主角奖，和第16届亚洲影展最佳女主角奖。1978年，又因在《蒂蒂日记》中扮演母亲，获第18届金马奖最佳女配角奖。归亚蕾拍摄的代表作品还有《葡萄成熟时候》、《今天不回家》、《冬暖》、《庭院深深》、《女兵日记》、《三朵花》、《未婚妈妈》、《雪山飞狐》、《源》等。她在艺术上最成功的是塑造贤妻良母形象，并善于根据不同人物身份把握情感分寸，细致含蓄地展示人物的内心矛盾。

〔申军谊·影视演员·被评为首届十大影视明星之一〕　1993年11月，在中国电影家协会《电影艺术》杂志社、广东银海集团股份有限公司、长剑汽车集团公司联合举办的"首届十大影视明星"评选中，个体演员申军谊获得"十大影视明星"荣誉。

申军谊，壮族，广西南丹人，生于1957年3月。1964年随父母来到北京，高中毕业后参加人民解放军，复员后来到北京地铁当信号工。1984年偶然涉足影坛，在电影《通缉令》里客串犯罪集团的小喽罗，受到影视界的青睐，此后一发而不可收。从1985年至1986年先后在《喋血黑谷》、《世界奇案的最后线索》、《鸽子迷的奇遇》、《鸽子树》、《军人的证明》、《乌龙山剿匪记》等影视片中饰演重要角色。由于在电视连续剧《乌龙山剿匪记》中成功地扮演了凶残狡诈的土匪钻山豹，获第六届《大众电视》金鹰奖最佳男配角奖。为专心致志从事影视创作，同年他毅然辞职，成为中国大陆第一位演员个体户。

从1987年起，申军谊连续在《杀手情》、《复仇女郎》、《过年》、《便衣警察》、《座山雕世家》等20多部电影、70多集电视剧中扮演主要角色，塑造机智勇武的杀手宋光、憨厚正直的农民、支边知青、黑社会头目、国民党军队师长、富有正义感的警官、八路军英雄、改革时代的青年，挖参的山民等等职业不同，性格各异的众多银屏形象，被热情的电视观众评选为"全国电视十佳演员"；1989 年由于他在电影《欢乐英雄》、《阴阳界》中成功地扮演了许三多，倍受观众喜爱，获第 12 届《大众电影》百花奖最佳男配角奖；1991 年他主演的电影《烈火金钢》、《过年》获广播电影电视部优秀影片奖，《过年》还获得第四届东京国际电影节评委会特别奖。

〔**叶寅·青年微生物专家·在世界上首次育出抗病毒最强的烟草品系**〕　中国科学院微生物研究所副研究员，国家"863"、86 课题组长叶寅等培育出高抗毒烟草——NC89 新品系，经 1993 年田间实验测定，其抗病毒效果显著，相对保护效果达 92.95%，为目前最强抗性的烟草品系。

叶寅，1964 年 9 月生，湖北省孝感市人。1986 年毕业于武汉大学病毒及分子生物学系，1989 年 7 月获该系理学硕士学位。1989 年至今在中科院微生物所从事植物基因工程研究。1992 年由于工作成绩优秀被中科院特批为副研究员。

为培育出高抗病毒烟草，叶寅等于 1991 年在世界上首次提出用多种抗性基因转化植物以防治一种病毒，可以大大提高工程植株抗病性的设想，并首次将两种抗病毒基因——黄瓜花叶病毒卫星基因和外壳蛋白双基因同时导入烟草，获得高抗黄瓜叶病毒的烟草工程植株。但由于繁育方法复杂，直接应用较为困难。叶寅等通过研究实验，大大简化了育种程序，建立了不同于常规基因工程培育工程植株的新秩序，先培育植株的单倍体苗(烟草作物为异源二倍体)，再以单倍体苗转化基因获得转基因单倍体苗，经过处理加倍获得双倍体植株(烟草作物为异源四倍体)，再通过筛选获得高抗植株的种子。种子每年到海南岛繁育和进行抗病性田间测定，繁育出的种子经筛选后第二年即可直接推广应用。采用这一程序，简单快速，选育出的纯合品系可靠。据 1993 年的测定，用这种方法育出的烟草 Ne89 新品系，相对保护效果达 92.95%，抗病毒效果十分明显。由于保护效果好，现已推广十余万亩，使烟草产量大为增加，高品质级别的烟叶比例增大，产值与效益均大幅度提高。

叶寅的科研成果 1991 年获中科院科技进步三等奖。1992 年中科院特批他为副研究员。他还编辑了《核酸序列分析》一书，参加主编了《植物基因工程》一书。

〔**叶乔波(女)·速滑女将·获世界短距离速滑全能冠军**〕　对于被中央军委授予"体坛尖兵"称号的叶乔波来说，1993 年是令她喜忧交加的一年：她在走上事业巅峰的同时，也饱受了伤痛的折磨。

26 岁的叶乔波是解放军冰上训练基地的著名运动员，曾经在 1992 年第 16 届冬奥会上夺得两枚银牌，实现了我国冬季运动奥运奖牌"零的突破"。这年，她被中央军委授予"体坛尖兵"荣誉称号，不久又被评为全国十大杰出青年，排名榜首。

从 1992 年底至 1993 年春，叶乔波转战欧美，先后参加了世界杯系列赛、世界女子速滑锦标赛和世界短距离速滑锦标赛，包揽了女子 500 米项目的全部冠军和女子短距离全能桂冠，共获金牌 14 枚，在世界冰坛上创造了罕见的"大满贯"战绩。

然而，这年夏天，她的左腿膝关节旧伤复发。当时，有人劝她激流勇退，见好就收。可叶乔波不干。她说："激流勇退不符合我的性格。国家花那么多钱培养我，我怎么好意思在国家需要的时候'见好就收'！"为了实现冬奥会的金牌梦，她主动接受手术治疗，从左腿膝关节中取出 5 片碎骨。

谁知到了年底，她的左腿膝关节又出现了髌骨半脱位症状。中国的、外国的，不止一个医生断言：你不能再进行训练和比赛了。而她把腿上的绷带裹了又裹，缠了又缠，紧紧箍住半脱位的髌骨，义无反顾地走向冬奥会。

［附记：1994 年 2 月 23 日，叶乔波在挪威举行的第 17 届冬奥会女子速滑 1000 米比赛中，带伤拚搏，为连连受挫的中国体育代表团夺得第一枚奖牌。13 天后，她在德国接受膝关节大手术时，让人们大吃一惊：她的内外侧副韧带大面积断裂，内外半月板边缘大面积断裂，骨面呈锯齿状，髌骨下的软垫打卷变形，关节腔内有碎骨片游离……。德国医护人员边做手术边惊叹不已地说："这么严重的伤势还能参加比赛并夺得奖牌，真是不可思议！"他们为叶乔波的膝关节清除了 8 片碎骨，修补了断裂的半月板和内外侧副韧带，对错位的髌骨进行了牵引复位。

3 月 16 日，当叶乔波从德国飞回北京，坐着轮椅出现在首都机场时，迎接她的各界人士无不感动得热泪盈眶。两天后，在 1993 年全国十佳运动员评选揭晓发奖大会上，她说："也许有一天，我真的会瘫痪。但是请相信，乔波不会倒下，乔波会永远顶天立地地站着。"

6 月 5 日，在叶乔波年满 30 岁惜别赛场之际，在首都体育馆隆重举行了"冰之魂一叶乔波冰坛生涯 20 年专题晚会"。15000 多名观众，以热烈的掌

声，向获得过 133 枚奖牌 23 个世界冠军的叶乔波表达了衷心的敬意。〕

〔**叶连松·当选河北省省长**〕 在 1993 年 5 月 17 日举行的河北省八届人大一次会议上，叶连松当选为河北省省长。

叶连松，1935 年生，山东莱阳人。1958 年加入中国共产党。1960 年毕业于上海交通大学船舶动力机械系。历任石家庄柴油机厂副厂长兼副总工程师，石家庄市副市长，中共河北省委常委、经济部部长。1985 年起任河北省副省长、代省长。是中共第十三届中央候补委员、第十四届中央委员。

〔**叶松盛·空军政治部原主任·在北京逝世**〕 1993 年 7 月 22 日，叶松盛因病在北京逝世，终年 76 岁。

叶松盛，1917 年生，广东梅县人。1938 年入延安抗日军政大学学习。同年加入中国共产党。曾任新四军第四支队团政治处宣教股股长，第二师营教导员、团政治处主任、团副政委，华东野战军团政委，第三野战军军炮兵团政委。先后参加莱芜、孟良崮、淮海、渡江等战役。中华人民共和国成立后，任师政治部主任，空军师政委。1960 年入高等军事学院学习。后历任军区空军政治部主任、副政委，空军政治部主任。是中共十二大代表、第六届全国政协委员。1964 年晋升为少将军衔。曾获二级独立自由勋章、二级解放勋章。

〔**叶选平·当选第八届全国政协副主席·作第七届政协常委会工作报告**〕 1993 年 3 月 26 日叶选平在全国政协第八届一次会议上当选为中国人民政治协商会议第八届全国委员会副主席。

3 月 14 日，叶选平受政协第七届全国委员会常务委员会委托，就第七届常委会 5 年来的工作向第八届全国委员会第一次会议作报告。他说，第七届常委会 5 年来着重抓了以下几个方面的工作：巩固人民政协各参加单位和各方面代表人士在共同政治基础上的团结合作，努力维护改革开放和现代化建设所必需的安定团结局面；围绕经济建设中心，以国计民生重大问题为重点，积极开展政治协商和民主监督；发挥人民政协的优势，运用多种形式开展经常性工作，促进社会主义物质文明和精神文明建设的发展；拓展同台港澳人士和海外侨胞的交往，祖国统一联谊工作有了很大发展；适应国际形势变化，积极开展人民外交工作，为改革开放和现代化建设争取有利的国际环境；逐步建立和完善工作制度，各项工作开始走上规范化、制度化轨道；密切同地方政协的联系，加强对地方政协的指导；加强宣传报道工作，扩大人民政协的社会影响。

总结第七届常委会的工作，叶选平谈了以下几点体会：必须毫不动摇地全面贯彻以建设有中国特色社会主义理论为指导的基本路线，积极主动地围绕经济建设这个中心抓大事议大事；要充分发扬社会主义民主，切实履行政治协商、民主监督职能，努力完善共产党领导的多党合作和政治协商制度；要进一步贯彻大团结、大统一的精神，增进统一战线的团结合作，共同致力于振兴中华、统一祖国的事业。

叶选平，1924 年 11 月生，广东梅县人，1945 年 9 月加入中国共产党，1941 年 1 月参加工作，大学文化，工程师。是第七届全国政协副主席、党组副书记。第五、六届全国人大代表。中共第十二届中央候补委员、委员，第十三、十四届中央委员。

1941 年后在延安自然科学院机械专业学习。1944 年后在中央军委工业局工作。1947 年后在晋绥边区第一机械厂工作。1948 年至 1949 年先后在哈尔滨工业大学、清华大学学习。1949 年至 1960 年任沈阳第一机床厂车间主任、副厂长（其间曾赴苏联机床厂实习一年）。1960 年任辽宁省沈阳市机械局副总工程师。1962 年至 1973 年任北京第一机床厂副厂长兼总工程师、党委副书记。1973 年任北京市机械局领导小组副组长、党委常委。1978 年任国家科学技术委员会三局局长。1980 年任广东省副省长、省科学技术委员会主任，中共广州市委副书记、市长。1985 年任中共广东省委副书记、省长。1991 年后任第七届全国政协副主席、党组副书记。

〔**叶毓中·中国画画家·举办“唐风系列”画展**〕 1993 年 9 月 11 日～16 日，在中国美术馆举办了画家叶毓中“唐风系列”画展，引起很大反响。长期以来，叶毓中一直坚持深入中国历史的浩瀚海洋中去探寻历史风情，表现历史人物。他认真刻苦地研究汉唐以来的典章制度、车马骑乘、兵器乐舞、人物服饰及日常生活，绘制出无数极富历史特点和地域特点的历史人物画。这次举办的“唐风画展”便集中展示了他绘制的唐代历史人物画，从这些人物的体态神情、衣装服饰、舞姿风范、背景装饰等方面，都鲜明、生动地反映了唐代历史风貌，得到了各界人士的好评。

叶毓中，1941 年 10 月生于四川德阳，1957 年考入四川美术学院附中，后升入四川美术学院中国画系人物画专业。1965 年毕业后分配到新疆部队任美术创作员，后长期在部队从事文艺创作工作。他深入新疆少数民族地区，观察生活，勤奋创作，绘制了一批个性鲜明、生动感人的部队战士和少数民族人物形象，为他日后从事的人物画创作，特别是历史人物画创作打下了坚实的基础。他深知要想搞好历史人物画的创作，功夫就在画外。他除了手不释笔，同时还手不释卷，披阅了大量的文学和历史典籍。他根据古典名著《三国演义》，费时六年独立完成的中国人物画当中最为宏伟的《三国演义》长篇连续故事画长卷和这次举办的"唐风画展"，就是他这方面心血的结晶。

1983 年，叶毓中应聘为中央美术学院兼职教授，1988 年调入中央美术学院任民间美术系副主任，现为该院副院长。出版有《叶毓中画集》。

〔田方·已故著名电影艺术家·纪念会在北京举行〕　1993 年 12 月，在庆祝北影演员剧团成立四十周年之际，在北京的电影艺术家、文学家、音乐家、美术家一千多人聚集一堂，纪念这位把毕生精力无私奉献给电影事业的优秀电影艺术家。北影演员剧团是田方在 1953 年担任国家电影局秘书长时所筹建。在他兼任团长期间尽心尽力培养了一批又一批年轻演员，使他们成为出色的电影演员、著名的表演艺术家。

田方，1911 年 1 月生于天津，1931 年肄业于北京辅仁大学。"九一八"事变后，参加北平学生南下请愿团，1932 年考入上海天一电影公司任国语教员、场记、演员，参加了《红军豪侠传》、《海葬》、《无限生涯》、《壮志凌云》等十几部影片的演出，尤其是他在《壮志凌云》中的演出，显示了良好素质和刻画人物的才能，给观众留下深刻印象。

1937 年田方参加了上海救亡演剧队二队，演出了《保卫芦沟桥》、《放下你的鞭子》等剧目，拍摄了影片《最后一滴血》。

1938 年田方放弃了熟悉的演艺生涯，到延安要求上前线扛枪杀敌。后服从组织安排到抗大学习，同年 10 月入党，在参加大生产运动中获陕甘宁边区第二届劳动英雄甲等奖状。1939 年调至鲁艺，任艺术指导科科长、实验剧团副团长兼演员、生产大队副队长。先后演出了《日出》、《佃户》、《粮食》、《中秋》、《带枪的人》、《我们的指挥所》、《前线》等话剧。

1945 年日寇投降后，田方赴长春东北电影公司任接管小组组长，1946 年完成迁厂任务，建立了东北电影制片厂。1948 年接管伪长春电影制片厂，并荣获接管工作甲等功。年底随军入北平，接管中电三厂及北平的一切电影机构，筹建北平电影制片厂，后改名北京电影制片厂，田方任厂长。

1951 年调中央电影局任秘书长、副局长，1953 年建立北影演员剧团，任团长。1958 至 1965 年任北影副厂长，仍兼演员剧团团长。在此期间，他不仅领导北影拍摄了一大批优秀影片，如《红旗谱》、《早春二月》、《林家铺子》等，还参加演出了《风从东方来》、《深山里的菊花》、《一天一夜》、《英雄儿女》等影片。田方在《英雄儿女》中塑造的志愿军师政治部主任王文清，既有军队高级领导干部的政治素质，又有平易可亲、诚挚朴实的革命感情。他塑造的人物真实自然，摆脱了以往演领导端架子的套子。尤其善于运用眼神揭示人物细致而又层次分明的心理活动。广大观众尤其是军队观众，都充分肯定田方的创作，认为他演活了我军的高级指挥员。

〔田华（女）·电影艺术家·获老一辈电影艺术家荣誉奖〕　1993 年 11 月，在广州举行金鸡、百花双奖电影节期间，广州市对外文化交流协会向广州观众推选出的十名老一辈电影艺术家，颁发了"广州人最喜爱的老一辈电影艺术家"荣誉奖状。田华因在半个世纪的电影银幕上塑造了一系列生动感人的妇女形象，给观众留下深刻印象，产生了强烈的社会影响，而获得这一荣誉。

田华，原名刘天花，八一电影制片厂一级演员，原八一电影制片厂演员剧团团长。1928 年 8 月出生于河北唐县。1940 年，年仅 12 岁的田华参加了八路军，在晋察冀军区抗敌剧社当舞蹈演员，开始了表演艺术生涯。

她在《八路军和孩子们》、《子弟兵和老百姓》、《兄妹开荒》、《战斗里成长》等数部话剧、舞剧、歌剧中担任角色。1950 年参加北京电影制片厂故事片《白毛女》的摄制，在剧中饰演女主角喜儿，一举成名，从此开始了她的电影表演创作。

1955 年至 1956 年田华在中央戏剧学院表演班学习深造。在此期间，参加了《暴风骤雨》和《小市民》的演出。1959 年调入八一电影制片厂演员剧团当演员。三十多年来，她参加拍摄的影片有《花好月圆》（饰范灵芝）、《党的女儿》（饰李玉梅）、《江山如此多娇》（饰月仙）、《风暴》（饰林祥谦妻）、《碧海丹心》（饰方子妹）、《夺印》（饰胡素芳）、《白求恩大夫》（饰冯医生）、《秘密图纸》（饰公安人员山云）、《猎字九十九号》（饰党委书记）、《峥嵘岁月》（饰骆霞）、《奴隶的女儿》（饰曾医生）、《法庭内外》（饰法官尚勤）、《许茂和她的女儿们》（饰工作组长颜少春）、《柳非的遗书》（饰柳非母亲）等，其中影片《白毛女》获 1951 年卡罗维·发利国际电影节特别荣誉奖，1957 年获文化部授予的优秀影片一等奖。《法庭内外》获文化部优秀影片奖。

此外，田华还参加了多部话剧的演出，如《妇女代表》、《霓红灯下的哨兵》、《于无声处》等。田华善于调动自己的生活积累，使她的表演，朴素自然，情真意切，生活气息浓厚，创造的角色具有艺术魅力。

1953年，曾作为中国妇女代表出席在哥本哈根召开的世界妇女大会。

田华曾任第一届人大代表，中国剧协理事，全国妇联理事。现为中国文联委员，中国电影家协会理事。

〔田涛·北京长城饭店餐厅服务员·获首届中国青年奥技赛餐厅服务第一名〕　北京长城饭店法国餐厅酒水服务员田涛，以高质量的服务技能、规范的动作和潇洒得体的仪态，给场外的评委和观众留下深刻的印象，一举夺得1993年首届中国青年奥技赛餐厅服务工种的冠军，并获“全国技术能手”和“全国新长征突击手”称号。

田涛，1972年生于北京，1990年毕业于北京23中外事服务职业高中，被分配到长城饭店法式餐厅当服务员。餐厅服务要求标准化、规范化。倒酒、摆台、叠餐花等一招一式都必须按美国喜来登饭店管理集团的要求去做。为了熟练掌握服务技能技巧，他细心学，反复练，不懂就问，终于在本职岗位上练就了一身过硬功夫。他摆花瓶时的中心误差不超过0.5厘米，他摆酒水杯不多不少正好是45度角，而且杯与杯的间距正好是一厘米。他调制的鸡尾酒比例正确、装饰合理。他叠的餐巾花造型美观、品种多样，一次定型。他插的花构思新颖，搭配合理。难怪专家称赞“他的服务技能是国际一流的”。

〔田成平·当选青海省省长〕　在1993年1月11日举行的青海省八届人大一次会议上，田成平当选为青海省省长。

田成平，1945年生，河北大名人。1964年加入中国共产党。1968年毕业于清华大学土木建筑系。历任北京市石油化工总厂团委书记、北京燕山石油化学总公司前进化工厂党委副书记、燕山石油化工公司党委副书记、中共北京市西城区委书记。1988年起任中共青海省委副书记。是中共第十四届中央候补委员。

〔田守道·原天津铁厂工会主席·被授予全国优秀工会干部称号·在天津逝世〕　原天津铁厂工会主席田守道因长期积劳成疾，于1993年5月22日逝世，终年60岁。1993年7月，天津市总工会和中共天津市纪委分别追授田守道“工会干部的楷模”和“廉洁为民好党员”称号。1993年10月14日，全国总工会在北京召开命名表彰及事迹报告会，追授田守道“全国优秀工会干部”荣誉称号。

田守道，河南省上蔡县人。1933年11月生。1951年11月参加原中国人民志愿军，赴朝鲜作战。历任班长、排长。1958年8月复员到天津碱厂当工人、干事、武装部副部长。1969年8月调天津铁厂，历任党支部书记、党总支书记、副处长、分厂厂长、党委书记，1983年当选为天津铁厂工会主席。当时，天津铁厂已累计亏损2.4亿元，成为全国冶金行业的最大亏损户之一，职工人心思走。田守道想，企业没有效益，哪里会有职工的切身利益？又怎能留住人？上任以后，田守道自觉地把企业的扭亏增盈和发展作为工会的头等大事来抓。他带领工会干部跑遍20多个分厂，调查生产薄弱环节，研究改进措施，组织各级工会围绕“保铁”这一中心目标，在全厂开展劳动竞赛。他自己深入到生产关键岗位带头大干，调动职工的生产积极性，使企业由亏损大户变成了盈利大户，职工的收入大幅度增加，生活条件大有改善，赢得了广大职工群众的爱戴。田守道替职工说话办事不遗余力，想职工所想，急职工所急，做职工的贴心人。厂里为了减少医药费开支，提出了一套医药费改革方案，田守道认为这套方案搞“一刀切”，使确实有病的职工得不到治疗。他通过调查研究，听取职工意见，提出了“一控二保三实”（即控制不合理开支；保证有病职工得到及时治疗；实事求是地解决特殊病人的困难）的改革办法，受到厂领导和职工的欢迎。田守道经常对工会干部说，工会的职权是有限的，工会干部的责任心是无限的，凡是党政领导和职工希望我们干的，我们都要热情去干。他满腔热情地为广大职工群众办实事，严于律己，廉洁奉公。曾先后荣获天津市优秀工会工作者、“七五”立功先进个人、天津市劳动模范、全国冶金系统优秀政治工作者等称号。他领导的天津铁厂工会被评为天津市和全国的“模范职工之家”。

〔田纪云·当选第八届全国人大常委会副委员长〕　第八届全国人大第一次会议于1993年3月27日选举田纪云为全国人大常委会副委员长。

田纪云，1929年6月生，山东肥城人。1945年5月加入中国共产党。1941年秋参加八路军，1943年6月被保送抗属学校学习，1945年1月第二次参加革命工作。1945年1月至1949年在鲁西南第三抗日中学从事战勤工作，后任冀鲁豫朝城县一区土改工作组组长兼区长，冀鲁豫战勤总指挥部总会计，赣东北行署财政处总会计。1949年至1953年任贵州省贵阳市军管会财政接管部机要秘书，贵阳人民革命大学班主任，贵州省财政干部训练班主任。1953年至1969年任贵州省财政厅秘书科副科长、科长，财政厅办公室副主任、主任，省财政厅计划科科长、预算处处长，省财政厅副厅长，中共中央西南局财办财金处副处长。1969年至1981年任四川省革委会财贸经营管理组副组长，省财政局副局长、局长，省财政厅厅长。1981年任国务院副秘书长。1983年任国务院副总理兼国务院秘书长，国务院机关党组书记，中央财经领导小组成员、副组长。1987年后任国务院副总理。是中共第十二届中央委员，十二届五中全会增选为中央政治局委员、中央书记处书记。是十三、十四届中央政治局委员。

〔田桂英（女）·新中国第一代女火车司机、第一位铁路女劳模·报纸刊载追踪报道〕　1993年“五一”国际劳动节，《人民铁道》报用两个整版的篇幅，以《中国铁路之最》为题，介绍了中华人民共和国成立后，在铁路系统的各方面名列“第一”的十几位劳动模范的先进事迹和他们的近况。第一位介绍的是新中国第一代女火车司机、第一位铁路女劳模田桂英。

田桂英，辽宁旅大市人，1930年3月4日出生于一贫苦渔民家庭，只上过几年小学，后因生活所迫，到日本人经营的工厂当童工。1945年旅大解放，她到大连铁路机务段参加工作。1949年，机务段决定培养一批女司机，田桂英慨然报名，引起一场轩然大波：家庭反对，周围人风言风语。但田桂英抱定决心，要自己掌握自己的命运。为了实现开火车的理想，她走过了一段艰难的历程。整天端着大铁锹往炉子里练投煤，累得腰酸腿疼，满身煤灰，出乘回来，还要加班攻读机车理论，她没叫过一声苦。一年以后，终于成为一名正式司机。1950年3月8日，铁道部部长滕代远将一台命名为“三八”号的机车交给田桂英，并任命她为司机长。当时刚满20岁的田桂英和“三八”号机车运乘组的同事们驾驭着这条“长龙”，奔驰在祖国大地。至同年9月，她已安全行车3万多公里，节煤50多吨，出色完成各项生产任务，引起全国轰动，被授予全国劳动模范称号，出席了全国工农兵劳动模范大会，受到毛泽东、周恩来、刘少奇、朱德等老一辈党和国家领导人的接见。当工作人员介绍田桂英时，毛泽东握着她的手亲切风趣的说：“我在报上看到你了。你这么个小毛孩敢开火车头？”此后，田桂英参加了中国青年访苏代表团，出席了铁道部首届劳模大会。1955年凭着非凡的毅力，考入唐山铁道学院机车专业深造，1960年毕业。先后在沈阳铁路局机务段、工程处任工程师、科长等职。1985年离休。当年这位不让须眉的女火车司机，而今成为沈阳市红叶老年时装艺术团的一名时装模特，数次在北京、沈阳等地表演。她落落大方的台步和造型，仍和当年轰动一时的女劳模一样赢得了阵阵掌声。

〔田蕴章、田英章·书法家·在京举办田氏兄弟书法展〕　1993年11月，田蕴章、田英章《田氏兄弟书法展》在北京炎黄艺术馆举行。这次展出的百余幅书法作品，充分显示了田氏兄弟深厚的基本功力和艺术成就，他们不仅在独立完成巨幅书作中表现出个人的独特风格，而且两人合书一幅作品更显珠联璧合之妙。如行楷对联：“绛树青琴殊姿共艳，随珠和璧异质同妍。”兄书上联，弟书下联，作品融为一体，评论家称为书法史上所罕见。

田氏兄弟祖籍河北河间。田蕴章，字存文，1945年生，现为中国北方曲艺学校讲师，天津民族艺术进修学院院长，中国书法家协会会员，日本国艺书道院教授。田英章，字青存，1951年生。现为国家人事部处长，中国书画人才研修中心主任，中国硬笔书法协会会长，中国人民大学书法课程客座教授，日本国艺书道院教授。田氏兄弟出生于书法世家，自幼在父亲、伯父的严格训练下苦习书法，几十年从不间断。他们初学欧阳询，借助伯父在世时收藏的欧阳询楷书诸碑之精拓，以及历代临欧名家如文徵明、成亲王、林则徐、李鸿章等所书墨迹，反复研习。后又拓宽临摹范围，学王羲之、虞世南、褚遂良、颜真卿、柳公权和赵孟頫。兄弟俩均擅楷书，兼工行、草书，所作法度严谨，端庄秀丽。田蕴章曾获国际龙年书法大赛银奖，当代国际书法精品展特等奖。他认为，作为一名书法家，如写不好标准汉字——楷书，将是令人遗憾的。历史上自成体系的书法名家都具备一专多能的临摹基本功、渊博的字外功，超常的天赋三个条件。功力和素养达到一定高度，自然会产生飞跃。田英章20岁加入天津警备区文工团，25岁参与书界活动，崭露头角。28岁时以一幅楷书列全军书法大赛之前茅，被选调进京，任国务院高级书写员。自此，他凡遇书展书赛每发必中，十余年来，先后参加国内外大中型书展50余次，一路抢冠夺魁，书名日重。曾获“全国文汇书法大赛”一等奖；“中日书法大赛”一等奖；“北京书法选拔赛”一等奖；“日本写研新字体竞赛”中国方面最高奖，“日本森泽国际印刷字体竞赛”最高奖；“世界文化艺术金奖”等。著有《田英章系列书法字帖》11种；《田英章钢笔书法》19种；《田英章书法作品选》2种。田蕴章、田英章兄弟曾多次赴日本、韩国、香港、台湾等国家和地区办展、讲学、考察和交流。

〔**史大桢·任电力工业部部长·谈电力工业部今后的工作重点和目标**〕　1993年3月29日，根据第八届全国人大第一次会议的决定，史大桢被任命为电力工业部部长。

史大桢，1932年生，江苏无锡人。1955年毕业于山东工学院电机系。1978年加入中国共产党。历任辽宁发电厂副厂长兼总工程师，元宝山发电厂厂长兼总工程师、高级工程师，东北电业管理局副局长，水利电力部电力规划设计院院长，水利电力部总工程师、副部长。1988年任能源部副部长。是中共第十三、十四届中央候补委员。

1993年5月8日，新组建的电力工业部挂牌，史大桢在揭牌仪式上说：新组建的电力部不是旧体制的重复，而是改革在高层次上的前进，该部将逐步做到由对企业的直接管理到宏观调控；使企业转换机制，逐步成为有"四有"功能的经济实体；完善法规体系，调整经济政策；推行电价改革；开展股份试点，促进集资办电，使电力工业有更快的发展。他说要力争"九五"期间年均新增装机1500万至1700万千瓦，五年共新增装机7500至8500万千瓦，满足国民生产总值年增长8－9%对电力的需求。在5月28日电力部正式成立大会上，史大桢宣布，到本世纪末，在全国范围由基本缓解缺电局面，消灭无电县，农户通电率达到95%以上，一批电力企业达到或接近国际先进水平。

〔**史久镛·外交部法律顾问·当选国际法院法官**〕　1993年11月10日，联合国大会和安理会选出国际法院的5名法官，中国的史久镛当选。

设在荷兰海牙的国际法院是联合国的主要司法机构，由来自不同国家的15名法官组成。由于其中5名法官的任期将于1994年2月5日届满，联大和安理会于1993年11月10日同时举行了新法官选举。

史久镛是国际法专家，现任中国外交部法律顾问和联合国国际法委员会委员。他长期从事国际法的教学、研究和实际工作，成就卓著。自1980年起，在北京大学法律系、中国人民大学法律系等院校教授国际经济法概论、新国际经济秩序的国际法原则等课程，并进行多次学术讲演。他对"一国两制"和香港回归祖国问题作了深邃的法律研究。在日内瓦高等国际关系学院、联合国日内瓦办事处国际法讲习会等机构，作"中英关于香港问题的联合声明"、"国际法自治概念和未来香港特别行政区的自治问题"的法律讲演。在我国外交学院、北京大学也作了"未来香港特别行政区法律地位的若干问题"、"香港居民的国籍问题：现在和未来"等法律研究和讲演，为从法律上维护我国在香港的主权作了不懈努力。他还为司法部、外交部、海洋局等单位培训涉外法律人材讲授"国际经济法"、"国际贸易法"、"国际金融机构"等。还为联合国机构、日内瓦高等国际关系学院、国际"刑法典草案和国际刑事法庭"研讨会提供了学术论文和国际法讲演。

自八十年代初起，史久镛参与许多重大国际法律事务。他一直担任中国政府国际经贸、金融事务方面出访代表团的法律顾问，担任第35、36、37、38届联合国大会中国代表团顾问；曾担任中英关于香港问题的谈判工作组中方法律顾问(1984年)，中国外交部和美国国务院间法律协商会议(1983、1984)中方代表团代表，中美之间关于促进和保护投资协定的谈判中国代表团代表，日内瓦裁军会议中国代表团的法律顾问(1991——1992)。还曾代表国际法委员会出席第45届联合国大会(1990)和亚非国家法律协商委员会第30届会议(1991)。

史久镛，1926年10月出生于浙江省，1948年毕业于上海圣约翰大学政治学专业，1951年在美国纽约哥伦比亚大学研究院获国际法硕士学位，随后在该院从事国际法研究。1956年回国后在国际关系研究所从事国际法研究，1958年至1964年在外交学院任教，后为国际法研究所、国际问题研究所研究员。1986、1991年两次当选为国际法委员会委员，曾担任该委员会第40届会议报告员、第42届会议主席。现为外交学院兼职教授，中英联合联络小组(关于香港问题)中方代表处法律顾问，中国国际法学会理事，中国法律咨询中心法律顾问。

〔**史玉泉·我国神经外科创建人之一·被聘为中华医学会资深会员**〕　1993年1月16日，具有78年历史的中华医学会，正式宣布首批聘任41位在医学上有重大成就、德高望重的内外科专家为中华医学会资深会员。上海医科大学神经病学研究所名誉所长史玉泉获得这一荣誉。

史玉泉，1919年6月出生于浙江余姚。1944年在迁至重庆的上海医学院毕业后，先后在重庆市民医院、上海中国红十字会第一医院、中山医院普外、胸外、泌尿外科、骨科等部门工作，在外科手术上打下了坚实的基础，同时经常阅读神经外科专著，在理论上积累了丰富的知识。从1950年起开始了神经外科生涯。1952年起先后任华东荣军学校医疗队队长、抗美援朝医疗队神经外科小组组长。1954年起历任上海第一医学院附属第一医院外科及神经外科副主任、副教授，上海第一医学院华山医院神经外科主任、教授，上海第一医学院（后改称上海医科大学）神经病学研究所所长、名誉所长，上海市华东医院神经外科顾问等职。1956年加入中国共产党。

史玉泉是新中国神经外科的创建人与开拓者之一，在颅内肿瘤治疗、大脑半球切除术治疗婴儿脑性偏瘫、颅内动脉瘤的治疗，三叉神经痛的治疗、癫痫的外科治疗，颅内动静脉畸形的手术治疗等许多方面都有深入的研究。著有《实用神经病学》、《沈克非外科手术学》第三分册、《中国医学百科全书·神经外科学》等。

联合国世界卫生组织精神卫生处神经科，在华山医院设立了科研与培训协作中心，史玉泉是主要负责人。他还历任中华医学会神经精神科学会常委、外科学会委员、神经外科学会副主任委员，中华医学会上海分会委员、神经外科学会主任委员等职。

〔史民志·河津振兴企业公司总经理·获全国“五一”劳动奖章〕　出身贫寒之家，当过小学教员，推过炭、弹过棉花、饱尝缺吃少穿之苦的史民志，1982年以2000元起步，经过11年风风雨雨，先后创办了水泥、焦化、洗煤、造纸、印刷、机砖、预制、发电厂和运输车队等10大支柱企业，固定资产达9600万元，年产值7000万元，利税1500万元。职工人均年收入由开创时的900元增至4600元。1993年“五一”前夕，史民志荣获全国“五一”劳动奖章，在北京受到党和国家领导人的接见。

史民志的成功之路，在于勇为人先冒风险。他说：“办企业只要选准项目，不盲目从事，担点风险理所当然。茫茫大漠中，总得要有人走出第一条路”。振兴企业公司从无到有，从小到大，每一步都记录着史民志勇担风险的足迹。改革开放初期，当许多农民还守着刚分到手的责任田耕种，史民志就筹集7000元，买回了河津县第一辆姓私的汽车跑运输。年迈的老父亲怕被“割了资本主义的尾巴”，躺在车轱辘下哭着说：“要发财，你先从我身上开过去。”史民志坚定地排除各方面阻力，果断地闯入商品经济的汪洋大海，两年时间，他已成为闻名全地区的20万元户。接着他又相继办起了炼焦厂、机砖厂，新购了汽车，办起了产运销一条龙的个体企业。当焦化厂生意兴隆，财源茂盛时，有人劝他见好就收，他又利用晋煤资源丰富的优势，投资2300万元兴建一座12000千瓦发电厂。史民志常说：“事业无止境”。目前他正在为筹建硅铁、电解铝企业奔波。

“作为一个企业家，要使企业永远朝气蓬勃、立于不败之地，就得具备爱才、识才、求才、重才、用才、容才的良好素质。”这是史民志从办企业实践中悟出的真谛。他深谙金无足赤，人无完人的古训，在用人问题上从不求全责备，取其所长，避其所短，他舍得花大本钱培养人才、引进人才，网罗了许多能人，专家。

史民志真诚待人，关心职工冷暖。他在企业里建立了党支部、团支部、工会等组织，及时地教育、关心爱护、帮助从业人员。他常说，企业里的一砖一木，都是职工们用血汗换来的，应当从内心里爱护、关心每一位工友。他为职工盖起了生活楼、澡塘，购置了制冷机、洗衣机、彩电、录相机、录音机、台球案，还为职工订了20多种报刊杂志，丰富文化生活。对职工看病、结婚等切身之事，史民志更是关怀备至。

史民志牢记党的教导，走共同富裕道路。在十年的创办企业中，不论是1989年以前的自办还是1990年移交集体由他领办，除了按规定逐年上缴国家税金外，先后慷慨解囊、无偿捐资投资370余万元，分别资助国家、省、地、县、镇、村用于兴办教育、科技兴农、搭桥修路、公用事业，扶贫救济等事业上。

史民志，1952年10月生。山西省河津县人。1974年参加工作，中国共产党党员，大专文化水平。1984年起先后荣获山西省劳动模范、山西省特级劳动模范、山西省优秀企业家、优秀共产常员，全国先进个体劳动者、全国先进体育工作者、全国重教资助先进工作者、全国新长征突击手等称号。

〔代立·武警战士·在抗洪抢险中只身抢救11人荣立一等功〕　1993年10月26日，武警部队第一政治委员陶驷驹、司令员巴忠倓、政治委员张树田签署命令，给在抗洪抢险中只身救出11人，协助他人救出25人的武警湖南省总队湘西自治州支队永顺县中队战士代立记一等功一次。在此之前，湘西自治州人民政府授予代立“抗洪抢险模范”称号。

1993年7月中下旬，湘西自治州永顺县遭受百年不遇的特大洪水灾害，五分之四的城区被淹，造成停水、停电，通信中断，国家财产和人民群众的生命安全受到严重威胁。7月23日上午，到县农贸市场买菜的代立从广播中听到报警后，立即让战友把菜送回中队，自己协助群众转移物品。一位50多岁的老大娘被洪水吓得不知所措，代立背起大娘送往安全地带。返回途中，他看到一位老大娘抱着一个小孩，艰难地蹚水而行，便接过小孩扶着老人送到安全区。他从老人口中得知，幼儿园还有几十个小朋友已被洪水围困，便立即赶到幼儿园，左右手各抱起一个孩子，踏着没膝深的水，连续两次救出4名小朋友。

之后，水已齐腰深了，他让小朋友骑在自己的肩上，一个个地往安全地区送。当他把第八个小朋友送出时，已精疲力竭，倒在地上昏了过去。

代立苏醒后，见洪水已涨到幼儿园的二楼，便又跳入水中向幼儿园游去，与教职员工一起，把孩子放在门板上、脚盆里，一趟一趟地护送着。一个脚盆里放两个孩子，水深且急，孩子被吓得直哭，每前进一米都很困难。为了护着脚盆不致翻掉，代立被水一次又一次地呛着。幼儿园的小朋友全部救出后，他又昏了过去。

代立被救醒后，发现30米开外的水中有两个人头时浮时沉，便挣脱拉着他的老大娘的手，又跳入水中。原来，这是一位男青年救一位老人时，被老人抱住不好游动。代立奋力扒开老人的手，让男青年游上岸，自己带着老人游。因体力不支，他又喝进几口水。当他把老人推到岸边时，自己还没站起来就又昏了过去。

代立，1972年7月生，贵州省人，仡佬族，1991年12月入伍，上等兵。入伍一年多来，先后抓获扒手12名，制止打架斗殴14次，曾被支队树为“学雷锋标兵”，被总队评为优秀共青团员。

〔白杨(女)·电影艺术家·获老一辈电影艺术家荣誉奖〕　1993年11月，在广州举行金鸡、百花双奖电影节期间，广州市对外文化交流协会，向广州观众推选出的10名老一辈电影艺术家，颁发了“广州人最喜爱的老一辈电影艺术家”荣誉奖状。

白杨自1931年从影以来，主演了《十字街头》、《一江春水向东流》、《祝福》等传世佳作。她以优美自然、生动细腻，明朗流畅的表演风格，塑造了众多具有鲜明个性、又具有东方女性风韵的银幕形象。她的表演艺术成就，对中国电影事业在三十、四十、五十年代的发展起到了不可低估的作用。她在国内外享有盛誉，是一位德高望重、成绩卓著的电影艺术家，因而获得“广州人最喜爱的老一辈电影艺术家”荣誉奖状。

白杨，原名杨成芳，湖南湘阴人，1920年4月生于北平。11岁时为家境所迫投考了联华影业公司五分厂的演员养成所。她从影后的第一部影片是在《故宫新怨》中扮演一个小丫头。1934年后在中国旅行剧团等话剧团体演出进步话剧《回春之曲》、《黎明之前》、《梅梦香》、《茶花女》等，开始显露其才华。1936年进明星公司，主演《十字街头》，较为成功地塑造了杨芝瑛这个充满幻想的、幼稚的小资产阶级的年轻女性。1938年到重庆，在沈西苓、赵丹等进步艺人的影响下，参加拍摄了《中华儿女》、《长空万里》、《青年中国》等宣传抗日的影片。这段时期，她主要的艺术活动是在舞台，先后演出了《屈原》、《法西斯细菌》、《雷雨》、《日出》、《万世师表》等40多部话剧，扮演了各种不同时代、不同类型的角色，使她的表演艺术获得多方面的发展。

抗日战争胜利后，白杨回到上海，在党领导下的昆仑影业公司参加拍摄了《八千里路云和月》、《一江春水向东流》、《新闺怨》等影片。这些影片以辛辣的笔触，尖锐地揭露了国民党窃取抗战果实的丑恶行径。白杨在此片中塑造的李素芬，是一位举止端庄、内心充实、感情真挚的具有传统美德的贤妻良母。

解放后，白杨的表演艺术又有了新的发展，塑造了新生活的新人形象。她先后参加拍摄了《团结起来到明天》、《为了和平》、《祝福》、《春满人间》、《金玉姬》、《冬梅》等影片，塑造了各种不同的妇女形象。这个时期她的表演注意把人物外部动作的美与深入角色的精神世界统一起来，达到外形美与精神美相统一的“形神兼备”的艺术境界。她演的祥林嫂更是标志着她的表演艺术达到了一个新的高度，她在深入生活中学习江南当地农妇的劳作，感受她们深厚、忘我的精神，逐步地使祥林嫂的言谈举止、神情个性，风度气质在心中形成、清晰，再融化在她的表演中，因此，祥林嫂在几个大坎坷中的心情和精神状态都能通过白杨的眼神、动作节奏的变化清楚地透视出来。

白杨的表演优美、自然、娴静、柔和、舒适，顾盼自如、从容不迫，既能给观众以深刻准确的感受，又不把一切展览无余，而是给观众留下更多想象回味的余地，渗透着东方妇女特有的温柔善良。

〔白净(女)·博士生导师·获“跨世纪优秀人才专项基金”〕　1993年12月23日，国家教委在北京人民大会堂宣布开始启动“跨世纪优秀人才专项基金”。清华大学教授、博士生导师白净，是首批获得这项基金的优秀学者之一。

“跨世纪优秀人才计划“是国家教委为促进优秀年轻人成长，迅速培养造就一批高水平学科带头人与骨干而采取的一项新举措。其主要目标是到2000年，在全国范围内培养造就一批具有较高学术水平和良好思想品德、事业心强、有组织能力的优秀年轻学科带头人，其中一部分人将成为杰出人才。1993年度获得该项基金的有来自农业、能源、材料等8个领域的42名优秀青年科学家。

白净，辽宁人，满族，1956年10月生。1975年到吉林省榆树县插队，1978年考入吉林大学物理系，1981年到美国Drexel大学读书，1982年读博士，

1985 年任副研究员、副教授。1988 年回国，先后任清华大学副教授、教授、博士生导师。在回国后的五年中，她先后承担了七门专业课的教学任务，编写了两门课的教材。并参加科研项目 11 项，包括主持 3 项国家自然科学基金项目，主持霍英东基金项目、国家教委博士点基金项目等。先后发表论文 50 多篇，其中半数在国外学术刊物上发表。并有 3 部专著。

白净在医学超声方面的科研成果主要有：1、针对现实条件，在有声学噪音存在和超声换能器带宽有限的条件下提出了用反滤波方法来恢复由于噪声和有限带宽的影响而失真了的信号；2、针对介质是有损耗的情况，提出了以驰预时间的倒数分布的一种声吸收的理论模型和有损耗介质的超声参数的重建算法；3、建立了分层介质声阻抗图重建算法；4、建立了一个高频超声成象系统，取得了低于 66 微米的纵向分辨率，为精细结构的定量检测提供了无损检测手段；5、建立了测定超声波在软组织中衰减系数的实验系统；6、提出了采用相关系数包络峰值阈值法检测及分离超反射波和散射波的算法；7、提出了采用 ARMA 模型的残差再估法估计生物组织中超声波衰减系数的方法。

白净在心血管系统的计算机模型的研究方面取得一系列重要成果，受到国内外同行的高度评价，美国超声界著名学者 PeterLewin 教授说她在声散射和阻抗重建方面的贡献具有国际影响。美国心血管系统仿真界著名学者 DovJaron 教授说，白净解决了长期阻碍这项研究发展的重要概念和计算问题，推动了研究的进程，认为白净会成为国际上一流的科学家。

白净 1989 年获霍英东教育基金奖，1990 年获全国第二届青年科技奖，任 IEEE/EMBS12 届年会医学超声分会主席，1992 年任 IEEE 高级会员、并任国际声学大会声测量分会主席。

〔白钢·政治学与历史学家·新著《中国皇帝》出版〕　1993 年 6 月，中国社会科学院政治学所研究员白钢的新著《中国皇帝》一书，由天津出版社出版。这部专著综合运用政治学与历史学的研究方法，在对两千多年间中国历史上出现过的 332 个皇帝进行个案研究的基础上，系统论证了皇帝的产生及其形态，皇帝的类型及其决策的依据、程序与特点，皇权的发展阶段、范围与限度，皇帝权力的异化，封建主义、中央集权与官僚政治，皇帝与封建特权，皇帝制度下的文化政策、皇帝制度与封建宗法关系等等问题。

白钢，江苏睢宁人，1940 年生。1964 年毕业于南京大学历史系，在中国社会科学院历史研究所任助理研究员、副研究员，1987 年调政治学所任副研究员、研究员、政治理论研究室主任，学术委员会委员，研究生院政治学系主任、教授。1988 年起，分别被山东大学、中国军事科学院、中央民族学院等院校聘为兼职教授和特邀研究员。

白钢目前主要的研究领域是中国政治制度史，已经出版了《中国政治制度史》、主编了 10 卷本《中国政治制度史》(人民出版社即将出版)。他提出，传统的以官制史代替政治制度的研究模式，不符合政治学的学术规范，应当在深入研究历代政体的组织形式、结构形式的基础上，着力于政体运行机制即治理形式的探索，正确揭示历代帝王如何处理皇权与官僚机构的关系、国家与农民、国家与宗教的关系等等，从而建立把传统政治制度从静态研究推向动态研究的新的科学体系。他还提出，从统一多民族国家的历史实际出发，尊重历史政体的多样性特点，在论证以汉族为主体的中原王朝政治制度发展变化的同时，必须兼顾西北、西南及其它地区历代少数民族政权的组织结构及其运行机制的研究，使之成为名符其实的中国政治制度史。

白钢的著作还有《中国封建社会长期延续问题论战的由来与发展》、《中国农民问题研究》、《历史学的发展趋势》(合著)、《中国农民战争史论丛》(五辑、合著、主编)、《陈赓大将》、《历史学概论》(合著)和《中华古文明大图集》(合著、主编)等。

〔白月友·解放军军体大队军事五项队队长兼高级教练员·荣立一等功〕　1993 年 5 月 17 日，中华人民共和国中央军事委员会主席江泽民发布通令，给白月友记一等功。

、　白月友，甘肃省天水市人，1941 年 8 月出生，1959 年 12 月入伍，1961 年 8 月加入中国共产党，体育二级高级教练，专业技术大校军衔。白月友入伍 30 多年来，为发展我军军事体育事业做出了特殊贡献。特别是 1983 年担任军事五项队政委、队长以来，带领全队在被世界各国军队称为“捍卫军旗之战”的赛场上屡建奇功，为祖国、为我军争得了荣誉。在他带队参加的 11 次军事五项国际锦标赛中，先后夺得 7 次团体冠军和 4 次团体亚军，4 次个人冠军、5 次个人亚军和 5 次个人铜牌，创造并保持了男女团体和个人总分国际军体理事会纪录。尤其是 1992 年 9 月在瑞士举行的男子第 40 届、女子第 2 届世界锦标赛上，一举包揽了男女团体、男女个人全部 4 枚金牌和男女个人 2 枚银牌。他领导的军事五项队先后荣立集体一等功 1 次、二等功 5 次，1984 年和 1989 年分别被国家体委授予“精神文明运动队”和“全国优秀运动队思想政治工作先进集体”光荣称号。白月友为了发展我国军体事业，忘我工作，顾不上照顾妻子和孩子，常年住在队里，多年没休过一个完整的节假日。由于常年劳累，积劳成疾，患有偏头痛和心脏病，但仍坚持和运动员一起磨爬滚打。在他忘我精神的鼓舞下，全队团结一心，一鼓作气，在1988年我国首次举办的36届军事五项国际锦标赛上，夺得团体、个人双冠军，并打破了由西德队保持8年之久的世界纪录。1991年10月组建女队，他深入部队挑选人才，回来后立即投入紧张的训练，这一年他累计加班达100多个训练日。1992年带病率队赴瑞士参赛，在整个比赛期间，他和队员吃住在一起，研究对策，运筹指挥，以雄厚的实力和死打硬拼的作风，夺得男子团体冠军“戴布鲁斯杯”和男子个人冠军“丹麦国防部长杯”。组队才10个月的中国女兵队，第一次参赛就打破团体、个人两项世界纪录，把团体冠军“挑战者杯”抱回中国，赢得了女子个人的全部金、银奖牌。白月友先后3次荣立二等功，3次荣立三等功。

〔白立忱・再次当选宁夏回族自治区政府主席〕

在1993年5月20日举行的宁夏回族自治区第七届人大第一次会议上，白立忱再次当选为自治区政府主席。

白立忱，1941年生，热河凌源(今属辽宁)人。回族。1964年毕业于沈阳农学院农业工程系。1971年加入中国共产党。历任营口市农机研究所技术员，营口市人事局副科长，中共营口市区委书记、市委副书记，营口市市长，辽宁省副省长。1986年任中共宁夏回族自治区区委副书记，1987年任宁夏回族自治区政府主席。是中共第十三、十四届中央委员。

〔白花子(女)、崔福顺(女)、黄英姬(女)・银行储蓄员・被授予全国见义勇为先进分子称号〕

1993年8月25日，在第三次全国人民群众见义勇为与犯罪分子作斗争先进分子表彰大会上，吉林省和龙县农业银行西林储蓄所储蓄员崔福顺、黄英姬，被中共中央宣传部和公安部授予“全国见义勇为先进分子”称号。在与犯罪分子搏斗中壮烈牺牲的储蓄员白花子，被追授“全国见义勇为先进分子”称号。崔福顺在大会上介绍了三位女英雄勇斗歹徒的动人事迹。

1990年12月23日，白花子、崔福顺和黄英姬3人将运钞车送来的35336元备用金装入尾箱后开门营业。忽然储蓄所门被打开，走进一个手拎黑皮包的男人。来人是本储蓄所储蓄员金贞莲的丈夫，在某矿业公司人事科工作。他假称给妻子取饭盒，在营业室来回走动，眼睛盯着桌上的尾箱。走到小崔身后，他突然拉开皮包的拉锁，露出了里面寒光闪闪的尖刀、20管炸药和两根导火线。小崔刚一回头，歹徒就用左手卡住她的脖子，右手持刀猛向她的左胸刺来。小崔用手去挡，刀锋划开了她的右手背。崔福顺大喊“抢钱了!”歹徒又持刀向她刺来，刀锋直刺左胸，拔刀时又豁开了她的嘴唇。小崔满脸是血，眼前发黑，扑倒在桌子上。

喊声惊动了坐在里面的白花子和黄英姬，她俩“腾”地站了起来。歹徒持刀向黄英姬扑去，白花子大喊一声，抄起桌上算盘猛力砸向歹徒。歹徒一闪，朝白花子左胸猛刺一刀，花子昏倒在地。黄英姬操起椅子同歹徒展开搏斗。

崔福顺被刺伤后，唯一的念头就是保住尾箱，决不让歹徒把钱抢走。她乘黄英姬与歹徒搏斗之机，艰难地把尾箱关闭，边喊边向门外跑去。凶狠的歹徒怕被报案，疯狂地追上来，一把抓住绊倒在门口的崔福顺，向她左胸又猛刺一刀。

黄英姬乘歹徒去追崔福顺，一个箭步冲到门旁的桌前，按响了报警器。激烈的搏斗使白花子从昏迷中惊醒，她又顽强地爬起来向歹徒扑去，高呼“坏人抢钱啦!”歹徒朝她胸部又猛刺一刀，白花子倒在血泊之中。这时，歹徒又向黄英姬扑去。面对带血的刺刀，黄英姬面无惧色，奋力拼搏。歹徒掐住她的脖子，又向她左胸刺了一刀。黄英姬醒来时发现歹徒正往皮包里装钱，同时掏出一包炸药。她马上意识到歹徒要炸毁储蓄所，毁灭作案现场和罪证，用手捂住伤口冲出门外报警。

公安人员和群众听到报警及时赶到，擒获了垂死挣扎的歹徒。

崔福顺浑身是血，群众催她快上医院。她说：“我不能走，我的同事和钱还在营业室。”身负重伤的黄英姬忍着剧痛又回到营业室，在群众的帮助下，收拾好被打落在地上的散钱、有价证券和公章，才被人扶上送往医院的汽车。白花子因心脏被刺穿，在送往医院的途中光荣牺牲。

白花子，朝鲜族，吉林和龙县人，1966年1月10日生，高中文化，共青团员，1988年2月参加工作，牺牲后被吉林省人民政府批准为革命烈士，授予省特等劳动模范称号。

崔福顺，朝鲜族，吉林省和龙县人，1969年3月21日生，中专文化程度，1988年7月参加工作，受省人民政府通令嘉奖。

黄英姬，朝鲜族，吉林省和龙县人，1967年3月19日生，中专文化程度，1985年9月参加工作，受省人民政府通令嘉奖。

1991年1月26日，中国人民银行总行和中国农业银行总行决定追授白花子，授予崔福顺、黄英姬“全国金融卫士”称号。

〔白清才·再次当选陕西省省长·严肃查处省政府机关事务管理局突击提干的错误〕　在1993年4月20日举行的陕西省八届人大一次会议上，白清才再次当选为陕西省省长。

白清才，1932年生，山西五台人。1949年加入中国新民主主义青年团。1955年加入中国共产党。历任中国人民银行山西省分行股长、山西省计委办公室主任、中共山西省委财贸政治部副主任、中共晋东南地委书记。1983年起任山西省副省长，1985年任中共山西省委常委。后调任中共陕西省委副书记、陕西省省长。是中共第十四届中央委员。

1993年5月22日，陕西省政府机关事务管理局召开局长办公会议作出决定：一次提拨10名处级调研员和33名科级干部，并当即上报省人事厅审批。省人事厅任免奖惩处也竟于当日批复同意。5月25日，就在中共陕西省委、省政府召开省级机关机构改革动员大会宣布机构改革方案的当天，省政府机关事务管理局公然发出了这批人员的任命通知。5月27日，白清才主持会议决定对此事进行严肃处理，并公开通报全省。省府认为这种有令不行有禁不止，突击提干的错误作法，是干扰机构改革的严重违纪行为，问题性质是严重的，决定负有主要责任的副局长和任免奖惩处处长停职检查，突击提干的任命无效，责成省监察厅彻底查清违纪事实，作出严肃处理。

〔包光良（女）·农民·获全国双学双比先进女能手称号〕　1993年“三八”国际劳动妇女节前夕，湖南省株州县群丰乡长岭村农民包光良，通过自己艰辛的努力，成为闻名全省的靠科技致富的十万元大嫂，被全国妇联授予全国农村“双学双比”先进女能手称号。

包光良，1944年生，湖南省株州县人，小时由于家里穷，仅读了三年书。1964年嫁给一个仅剩一张床和一个锅台的老实巴交的庄稼汉，虽然夫妇二人起早摸黑地劳动，并没有摆脱债务缠身的窘状。1983年曾尝过文化低未被招收为工厂临时工苦头的包光良，第一个报名参加村妇女夜校班的学习，不顾别人的嘲笑，一直坚持上夜校，苦学3年终于甩掉半文盲帽子，捧回了初中毕业证书。此后她开始把目光转向了技术致富的门路。她曾尝过辛苦培育3个月的菌种卖不够成本钱的苦涩，也曾经历了用仅有的几件物品作抵贷款饲养瘦肉型良种猪，不仅未赚到钱，反而亏了700元，丈夫一怒之下离她而去的难堪。但从小就养成不服输性格的包光良，抹去滚滚而下的热泪，决心另起炉灶。她借钱偿还贷款，又跑到株州市外贸部门举办的瘦肉型猪喂养管理技术学习班学习，把别人的轻蔑当成动力。学习班结束后，她购买了38头仔猪，按所学的知识进行喂养、管理，科学技术终于换来了经济效益，猪出栏时，纯收入超过4500元。她接着趁热打铁，大胆投资1.2万元，新建8间猪舍，打井一口，建能蓄12吨的水塔和8.5平方米的沼气池各一个，当年出栏瘦肉型猪250头，纯收入3.2万元。由此，她成为县劳动模范、省“双学双比”女能手，并加入了中国共产党。丈夫也跑回来甘当她的“二把手”。1992年她靠养猪、养美国王鸽和办家庭强力石棉瓦厂创下超10万元的纯利。包光良虽然富了，但她没有忘记带领村民共同致富。1987年以来，她发展养猪户218户，为贫困户养猪垫款36000余元，上门为养猪户传授技术690余次，义务为村民医治猪病300余次。她扶植的养猪户，85%有了存款，40%建起了新楼房。今年又带领村里84户村民开发蚕桑基地50亩，栽桑树58800株。她曾捐款5000多元资助本村五保老人，支援乡村建校，献给“见义勇为奖励基金会”。包光良是湖南省人大代表、全国“三八”红旗手。

〔包起帆·国家级中青年专家·全国交通系统开展学习包起帆活动〕　著名“抓斗大王”包起帆，是全国交通系统在改革开放中涌现出来的具有时代精神的模范人物。交通部、中国海员工会、公路运输工会全国委员会于1993年10月26日联合作出决定，在全国交通系统开展学习包起帆的活动。

多年来，包起帆以“在岗位尽责，为事业奉献”的精神，同其他同志一道，发明创造了“15吨滑块式单索多瓣抓斗”、“单双索木材抓斗及工艺”、“异步启闭废钢块料抓斗”、“卡环式木材集装工具及工艺”、“无破损袋物手钩”、“半剪式散货抓斗”等几十种高效安全的装卸工具和先进的装卸工艺，大大提高了劳动生产率，为企业创造经济效益数千万元。他的发明在100多个港口推广使用后，大大降低了伤亡事故率，而且创造了显著的经济效益，被人们称为“抓斗大王”。1981年以来，曾先后获得国际发明金奖9项，银奖2项，铜奖2项，特别荣誉奖1项，比利时“军官勋章”1枚，为祖国赢得了荣誉；在国内，他曾获国家级发明奖7项次，部、市级发明奖17项次，先后荣获全国劳动模范、全国优秀科技工作者、国家级有突出贡献的中青年专家等荣誉称号和全国“五一”劳动奖章。

交通部、全国海员工会和公路运输工会在开展学习包起帆的决定中，要求全国交通系统的广大职工，通过对包起帆先进事迹学习，不断增强职工的主人翁责任感，自觉投身到改革开放和社会主义现代化建设中来，使交通系统的两个文明建设提高到一个新的水平。

包起帆，浙江省镇海县人，1951 年出生，毕业于上海第二工业大学，现任上海港务局南浦港务公司技术经理，高级工程师。

〔附注：1994 年 4 月，包起帆被评为 94 中国十大杰出职工之一。〕

〔乐靖宜（女）·泳坛女将·五破世界纪录〕
当中国泳坛的“五朵金花”尚未完全隐退之时，乐靖宜，这位庄泳和杨文意的同乡，已迫不及待地迎风怒放了。1993 年，在美国布法罗世界大学生运动会上，她连获女子 50 米自由泳、100 米自由泳两项冠军；年底，在首届世界短池游泳锦标赛中，又连破 5 项世界纪录，获 5 枚金牌，震惊了世界泳坛。

乐靖宜，1975 年生，上海市人。小时候，她体弱多病，好心的大夫给她开了一剂“药方”，让她学习游泳，增强体质。乐靖宜的父亲乐祥安绝没有料到，当初只是想让她锻炼好身体将来成为一名名牌大学的高材生，谁知却成了名扬世界的泳坛名将。

七岁那年，乐靖宜报名参加上海体育俱乐部，几经淘汰，田径班、游泳班均未能入选。后来，上海市游泳队教练郑重光改变了乐靖宜的人生轨迹。1.75 米的细高挑身材，双臂侧展长达 1.80 米，这等身体条件，在当时上海游泳界鹤立鸡群，绝对一流。上海队总教练林有锦事后说，郑教练选中乐靖宜不光是仅凭外观，他发现了小乐特别敢于吃苦的素质，认定这孩子将来必能成大器！

郑重光的确没有看错，乐靖宜从进队时 100 米游 1 分 10 秒多的平凡成绩起步，一步一步游向了今日的辉煌。

1988 年进上海市队，1991 年升入国家队，不论是郑重光，还是周明，教练们都感到眼前这名小姑娘身上蕴藏着无限的潜力，她从不惜力地在游泳池中来回游着，象是在螺旋式地攀登事业的顶峰。

年轻有为的国家队副总教练周明，为乐靖宜改进泳姿，并在全面身体素质以及综合能力上制订了一套计划，使乐靖宜如鱼得水，一年跃上一个台阶。

1993 年 12 月，在西班牙首届世界短池游泳锦标赛上，她首先打破女子 100 米自由泳世界纪录；接着与队友合作打破 4×200 米自由泳接力世界纪录；在 50 米自由泳争夺中两破世界纪录；最后在女子 4×100 米自由泳接力和 4×100 米混合泳接力战中，为祖国争得荣誉，共创 5 项世界纪录，夺得 5 枚金牌。

此时，乐靖宜的父亲乐祥安真正“乐”得合不拢嘴，如梦方醒，过去的丑小鸭，如今成了一只白天鹅。

〔宁瀛（女）·电影导演·执导《找乐》连获八项国际奖〕　北京电影制片厂青年导演宁瀛执导的影片《找乐》，获 1993 年 2 月德国第 43 届柏林国际电影节“青年电影评委荣誉提名奖”、1993 年 9 月西班牙第 41 届圣赛巴斯蒂安国际电影节“青年导演大奖”、1993 年 10 月日本东京国际电影节“青年导演金樱花奖”、希腊第 34 届塞萨洛尼基电影节“最佳导演奖”和“最佳男演员奖”、1993 年 12 月法国第 15 届南特亚非拉三大洲电影节“金球奖”、“最佳男主角奖”和“最佳亚洲电影奖”等八项奖。

《找乐》以一位京剧院看门的老韩头退休后找乐为线索，引出一群京剧老票友在相聚找乐中所发生的矛盾、碰撞和烦恼。在这充满人生的酸甜苦辣的生存状态中，他们找到了自己的生活乐趣——人与人之间需要宽容与理解。影片始终把镜头对准了“人”，通过极为生动的细节，关注着人与文化、人与社会及人与历史的关系。宁瀛继承和发扬了意大利新现实主义的特点，在影片中采用纪实的手法，大量的非职业演员，拍得流畅自然，风格独特，受到国内外电影界专家的好评，被誉为是“继《秋菊打官司》之后又一部纪实风格的好作品。”

宁瀛，1960 年生于北京城一个书香门第的家庭，从小酷爱音乐。1978 年考取北京电影学院录音系，1981 年去意大利罗马电影实验中心学习剪辑和导演。七年留学是她生活中一个重大的转折点，同时也得到了一个千载难逢的机遇。1985 年罗马电影实验中心将她推荐于意大利著名导演贝尔多鲁齐，曾在贝氏执导的影片《末代皇帝》中任副导演。1987 年，宁瀛归国入北京电影制片厂从事导演工作。1989 年执导处女作喜剧片《有人偏偏爱上我》。这部好莱坞式的喜剧片笑点均匀有度，于荒诞不经中透出一种宽容乐观的心态，获得极大的成功。但宁瀛并不想沿这条路走下去，她要拍自己感兴趣的题材，于是选择了北京街头巷尾退休老人的生活，拍出了《找乐》。

〔冯巩·相声演员·获百花奖最佳男配角奖〕
1993 年 11 月，中国广播说唱团相声演员冯巩，由于在故事影片《站直喽，别趴下》中成功地塑造了知识分子高文的形象，荣获第16届大众电影百花奖最佳男配角奖，以及第4届中国电影艺术表演学会奖。冯巩是著名的相声演员，在客串电影中饰演角色并获重奖，更加引人注目，许多报刊、杂志报道了他的成功，中央电视台在专题节目中也介绍了他的艺术生活。

冯巩，天津人。1957年生。1973年在天津第二十六中学读书时，他和同学刘伟在老师蒋道粲的培养和扶植下，开始学演相声，他们的业余演出曾得到马季、唐杰忠的鼓励和指点。中学毕业后，到天津制线厂当工人，积极参加业余文艺活动，他们创作、演出的相声《红娘》取得成功，在天津市职工业余会演中获一等奖。1980年他和刘伟一起被调到中国铁路文工团，1984年又一起被调到中国广播艺术团说唱团。冯巩到北京工作后，有了更多的机会向马季、候耀文等老师求教，技艺大进；他先后与刘伟、牛群合作，创作和演出了许多新作品，深受群众欢迎。他的相声代表作有《虎年谈虎》、《拍手歌》、《亚运之最》、《拍卖》等。他的相声语言节奏快，语汇丰富清新，他最善于表演的是子母哏类型的段子。1988年7月，他在中央电视台举办的全国相声“星海杯”大奖赛中获捧哏一等奖。1989年曾入中央戏剧学院戏剧编导班进修学习。近年来，冯巩除编演相声外，还多次参与电视晚会、电视剧的策划、创作和演出。他主演的电视系列剧《那五》、《我是阿Q》，电影《业余警察》等，都有较大影响。1989年因饰演那五一角，获首届全国电影厂电视剧评选最佳男主角提名奖。1991～1993年在中央电视台春节晚会中，他和牛群演出的《亚运之最》、《办晚会》、《拍卖》三段相声，在群众评选中央电视台春节晚会“我最喜欢的节目”时，连续三年被评为曲艺小品部分第一名。

〔冯至·著名作家、学者·在北京逝世〕
中国社会科学院外国文学研究所名誉所长、中国作家协会副主席、中国外国文学学会会长、著名诗人、学者冯至于1993年2月22日在北京逝世，享年87岁。

冯至，1905年9月17日出生于河北涿州，原名冯承植，字君培。1927年毕业于北京大学。1930年赴德国留学攻读德国文学，兼修美术史和哲学。1935年在海德堡大学获博士学位，同年回国。翌年任同济大学教授兼附设高级中学主任。1946年他回到北平，任教于北京大学西方语言文学系。解放后，冯至参加了首届全国文代会，当选为全国文联委员和全国文协理事。1951年起，任北京大学西方语言文学系主任。1954年当选为第一届全国人民代表大会代表。1955年起，任中国科学院哲学社会科学部学部委员。1956年加入中国共产党。1964年任中国科学院哲学社会科学部（现中国社会科学院）外国文学研究所所长。1978年起，任中国外国文学学会会长。1979年起，任中国作家协会副主席。1978年和1983年分别当选为第五和第六届全国人民代表大会代表。1982年，冯至因年迈不再担任外国文学研究所所长职务，改任名誉所长。

冯至从20年代起，就积极投身我国的新文化运动，开始了诗歌创作，创办或参加多种新文学社团，其中1925年与杨晦等人创建的沉钟社，在我国现代文学史上占有重要地位。他本人曾被鲁迅誉为“中国最为杰出的抒情诗人”。冯至的散文朴实、清新、隽永。他主要的诗歌和散文作品有：诗集《昨日之歌》、《十四行集》、《冯至诗选》、《冯至选集》等，散文集有《山水》、《东欧杂记》等。

冯至在中外文学研究上同样贡献卓越。他既精通中国古典文学，又精通欧洲文学。他的主要学术著作有：《杜甫传》、《诗与遗产》、《论歌德》和《冯至学术精华录》等。他对杜甫和歌德的研究成果在中国学术史上均具有开创性意义。

他先后翻译出版了里尔克的《给一个青年诗人的十封信》、海涅的《哈尔茨山游记》、《海涅诗选》、《德国，一个冬天的童话》等。

冯至在诗歌创作，在德语文学研究、教学、翻译方面的成就赢得了国际性的肯定和赞誉，他先后被聘为瑞典皇家文学、历史、文物科学院院士、原联邦德国美茵茨科学院院士及奥地利科学院通讯院士。他还曾获得原联邦德国歌德学院1983年度歌德奖章，原民主德国高教部授予的“格林兄弟文学奖”，原联邦德国国际交流中心艺术奖等大奖。1987年他以获得的联邦德国国际交流中心所授予的艺术奖的全部奖金设立了“冯至德语文学研究奖”。

〔冯牧·现代文艺评论家和作家·受巴金委托赴意大利领取“蒙德罗国际文学奖”〕　1993年在意大利举行的“蒙德罗国际文学奖”第19届年会上，为表彰中国作家协会在宣传意大利文化方面所做的贡献，评委会决定授予中国作家协会特别奖，并邀请中国作协主席赴意领奖。中国作家协会副主席冯牧受作协主席巴金委托，于1993年10月赴意大利领奖并参加颁奖活动。

冯牧，原名冯先植。北京人。1919年出生在一个知识分子家庭。18岁以前一直在北京上学，参加了“一二九”运动。1938年到延安，先在抗日军政大学和鲁迅艺术文学院文学系学习。1941年开始在鲁迅文艺理论研究室工作。1944 年调延安《解放日报》副刊部任文艺编辑。1946 年解放战争开始后改任新华通讯社前线记者，随陈赓兵团转中南战场。同年加入中国共产党。新中国成立后任十三军政治部文化部部长，昆明军区政治部文化部副部长。1957 年底调北京中国作家协会工作，先后任《新观察》杂志主编，《文艺报》编委、副主编。1976 年起任文化部政策研究室负责人、文学艺术院副院长，中国文联副秘书长，中国作家协会副主席，《文艺报》主编，《中国作家》主编。

冯牧早在延安时期即开始进行文艺评论工作，曾在延安《解放日报》、《文学月报》上发表文章。解放战争时期写了不少战地通讯、报告。担任文化部领导工作期间，热情扶植有才华的青年作家成长。他的文艺评论文章观点鲜明，分析细密，涉及当代文学、戏剧、电影等方面。评论文集有《繁花与草叶》(1955 年)、《激流小集》(1961 年)。"文革"浩劫之后，他致力于文艺界拨乱反正，为繁荣新时期文艺事业做了大量工作，受到文艺界好评。1981 年出版《耕耘文集》、《新时期文学的主流》，后又出版《冯牧文学评论选》等。他还写了许多描绘云南边疆风光和人民生活的散文，在诗情画意的描绘中，时有艰苦战争年代的回顾，更有作者对新生活的赞歌。他的《滇云揽胜记》，是一本有特色的散文集。

冯牧曾为第六、七届全国政协委员。

〔冯敏(女)·大学毕业生·立志献身边疆引起强烈反响〕 解放军国际关系学院优秀毕业生冯敏，在 1993 年大学毕业分配时，主动放弃去繁华都市和大机关工作的机会，坚决要求到新疆军营建功立业，兰州军区将她分配到新疆军区驻南疆的部队工作. 冯敏的事迹在军校和全国各界引起强烈反响。

冯敏，1972 年生，安徽合肥市人，1989 年 8 月考入解放军国际关系学院。在校期间学习成绩一直名列前茅，并担任班长、区队长，连续四年操行评定均为优秀，三次被评为先进，1991 年加入中国共产党。冯敏的父母响应国家号召在西南地区工作了 25 年，由于家庭潜移默化的影响，尤其是上大学后四年军校学习所受的教育及中国赴南极考察的女科学家金庆民的报告，使她萌生了到祖国需要的最艰苦的地方去工作的想法。为此，冯敏曾三次利用寒暑假赴川藏线、大别山老区和苏北农村。通过这些考察，冯敏更坚定了去西北建功立业的决心。

1993 年 6 月 23 日《人民日报》以《青春无悔献边疆》为题发表了优秀大学生、共产党员冯敏访谈录，并附以《好儿女志在四方》的短评，赞扬冯敏的选择继承和发扬了过去一代又一代有志者的优良传统，展现了当代青年可贵的精神风貌。兰州军区政治部决定在军区所属院校和训练机构中广泛开展向冯敏学习的活动。在许多院校中，"谈冯敏、比冯敏、学冯敏、赶冯敏"的活动形成了热潮。郑州高炮学院七百多名应届毕业生开展了"学冯敏 建功业"的活动，并向驻郑州一百三十多所大专院校发出倡议：到祖国最需要的地方实现自己的价值。解放军重庆通信学院毕业学员向学校党组织写决心书、申请书、倡议书，"向冯敏同志学习，到边疆去，到最艰苦的地方去，坚决服从组织分配"，已成为该院 566 名毕业学员的共同心声。7 月，冯敏应邀到合肥炮兵学院作报告，并与毕业学员进行座谈。一位在国防教育战线上奋斗了 40 多个春秋的老专家深情地说："'毛主席的战士最听党的话，哪里需要哪安家'的老红军传统没有丢，从冯敏这一代人身上看到了民族的希望!"

"冯敏现象"在全国军校大学生中产生深刻影响，1993 年有万余名军校应届毕业生自愿到基层、到边疆建功立业。南京炮兵学院 18 中队 120 名本科毕业生联名在共和国版图的边疆位置签名，表达他们坚决要到边海防地区的志愿。徐州工程兵指挥学院 500 名应届毕业生人人要求到基层去、到边疆去，他们把施展才华的"准星"瞄准了最锻炼人的意志的艰苦环境。

〔冯康·著名数学家·在北京逝世〕 中国科学院学部委员、中国科学院计算中心名誉主任、数学和物理学家、计算数学家冯康教授，因患脑珠网膜腔下出血，于 1993 年 8 月 17 日在北京逝世，享年 73 岁。

冯康，1920 年 9 月 9 日生于江苏省南京市。1944 年于重庆中央大学物理系毕业，1951 年到中国科学院数学研究所从事研究工作。1957 年参加我国计算技术和计算数学的创建工作，在有限元方法、自然边界元方法、哈密顿系统的辛算法等方面做出了突出贡献，多次获国家自然科学奖、科技进步奖。是第三届全国人大代表。曾被评为全国先进工作者、全国劳动模范。

〔冯不异·曲艺编审·主编《中国传统相声大全》出版〕 由冯不异任第一主编的《中国传统相声大全》，已于 1993 年 8 月出版。这部相声大全以 1957 年以来搜集积累的大批资料为基础，经过深入地挖掘、研究，并加以精心编选校订，由北京文化艺术出版社出版。全书共分四册，以单口相声短段、中篇(八大棍儿)、对口相声、群口相声为序，编入了传统相声四百多段以及一部分双簧、开场小唱(门柳儿)和太平歌词,约230万字。《大全》包括了一百三十多年来传统相声说哏、学哏、逗哏、唱哏的各个部类的段子,其中有不少是名家名段的舞台演出本,是自1933年开始有相声结集出版以来,广收博采的比较有代表性的传统相声底本,是研究传统相声的珍贵资料,对于相声艺术的继承与革新,具有重要的参考作用。

冯不异,北京人,1923年生。1946年北京大学文学院中国文学系肄业。北平解放后,1950年参加了大众文艺创作研究会,一度在该会主办并向全国发行的《说说唱唱》杂志社当编辑。1956年调中国曲艺研究会研究室工作。1957年《曲艺》杂志创刊后,参与杂志的编辑工作。曾与孙秀汶合写对口相声《打百分》、《住医院》,单口相声《黄半仙》,与王命夫合写对口相声《离婚前奏曲》等。这些作品经侯宝林、郭启儒、刘宝瑞、郭全宝演播实况录音后,成为中央人民广播电台经常播放的优秀保留节目。1979年以来先后担任《曲艺》杂志编辑部作品组组长、编辑部负责人,中国曲艺出版社编辑部负责人,参与了《中国大百科全书·戏曲曲艺卷》的编撰工作,曾任《中国新文学大系1976~1982曲艺集》的主编助理。1986年获编审职称。1988年退休后任《中国曲艺志·北京卷》副主编。他一向致力于曲艺编辑、研究工作,曾与孙玉奎编辑过《传统相声作品选》(作家出版社)、作为责任编辑,编过《传统单口相声作品选》(插图本、中国曲艺出版社)、《张寿臣笑话相声合编》及《刘宝瑞表演单口相声选》(中国曲艺出版社)。1991年他被中国说唱艺术研究学会聘为《中国传统相声大全》的第一主编与(另一主编为刘英男),主持编辑工作。

〔冯兰瑞(女)·经济学家·阐述社会主义条件下劳动力市场等问题〕 中国社会科学院研究员、经济学家冯兰瑞,1993年在《改革》杂志第1期上发表《关于中国劳动力市场的几个问题》一文。这篇文章对我国劳动力市场的基本情况、劳动力商品与劳动力市场、劳动力(人才)流动与劳动力市场、失业与劳动力市场、社会保障与劳动力市场、利益调整与劳动力市场等问题进行了分析,进一步论证了社会主义条件下劳动力是商品,劳动力是商品与劳动者的主人翁地位是可以相容的。同时明确指出,社会主义社会存在着大量失业现象,应当通过建立劳动力市场以减少失业。

冯兰瑞从事经济理论工作始于1956年。近十五年来她的研究重点是劳动经济。她在1980年发表的《劳动就业问题六议》,是我国经济学界讨论劳动就业问题最早的文章之一。1982年她在《人民日报》上著文呼吁"要研究社会主义社会的就业理论"。她在十几年来发表的一系列文章、著作中,论述了建立社会主义劳动就业理论的意义、内容和方法,回答了为什么我国还存在失业现象,指出失业是在社会进步的条件下,随着产业结构变化、技术设备更新、工艺过程改进及劳动生产率提高而产生的必然现象,是一种客观存在。在我国社会主义初级阶段,消灭失业是不可能的。

在劳动就业问题的研究中,她从人口规模和人口结构、经济增长、国民经济部门结构、所有制结构、教育结构和规模、劳动体制和劳动政策等方面,分析了影响我国劳动就业的因素,提出了一系列配套改革建议。

冯兰瑞经常深入基层、深入实际进行调查研究,写出了一系列结合中国实际的有份量的论文和调查报告,如《大邱庄经济序列调查报告》、《劳动力流动及其调节机制》、《农业剩余劳动力转移模式的比较研究》、《近十年两个失业高峰的比较》、《农业剩余劳动力转移与城市化道路的选择》等。

1988年出版的《社会主义初级阶段劳动就业问题研究》(合作)一书,是她多年进行劳动问题研究的成果。这部著作突破了社会主义社会劳动力非商品论的传统观点,明确提出社会主义条件下劳动力仍然是商品,并提出变劳动就业的行政配置为市场配置的主张。1992年又出版了《论中国劳动力市场》(合作)一书,进一步系统考察了我国劳动力市场的历史和现状,深入探讨了有关劳动力市场的理论。对于劳动力的个人所有制问题、劳动力在社会主义条件下怎样成为商品、劳动力成为商品与社会主义社会劳动者的主人翁地位是否相容以及如何相容等问题,进行了探讨性的研究。

她的著作还有《劳动就业与劳动报酬》、《按劳分配·工资·就业》和《论按劳分配》(主编)、《社会主义生产目的》(主编)等多种。

冯兰瑞1920年出生于贵州省贵阳市。1937年参加重庆市各界救国联合会,1938年加入中国共产党,1940年到延安,1946年参加中国人民解放军。1949年以后,历任共青团上海市工委宣传部副部长、部长、《青年报》社长兼总编辑,《中国青年报》编委兼主编,《哈尔滨日报》总编辑,哈尔滨工业大学马列主义教研室主任,黑龙江经济研究所副所长,黑龙江省统计局副局长。1975年到国务院政治研究室工作,1980年调中国社会科学院马列所任副所长、研究员。

〔**冯传汉·骨科学家·被聘为中华医学会资深会员**〕　1993年1月16日，具有78年历史的中华医学会，正式宣布首批聘任41位在医学上有重大成就、德高望重的内外科专家为中华医学会资深会员。北京医科大学前副校长、人民医院前院长冯传汉获得这一荣誉。同年，他主编的《中国骨科新成就》出版，并担任了《中国医学导报》主编。

冯传汉，祖籍广东番禺人。1914年1月14日生于汉口。1940年毕业于北平协和医学院，获医学博士学位。历任北平协和医院住院医师、北平中和医院外科副主任。1945年起定向骨科专业。1949年赴英国罗伯特·琼斯骨科医院及Derby省医院进修。1950年11月回国后，历任北京医科大学人民医院医务主任、骨科主任、副院长、院长，北京医科大学副校长，北京市创伤骨科研究所所长，北京医科大学协和医科大学联合出版社社长等职。1961年加入中国共产党。

冯传汉为发展我国骨科专业，开展过一些新的临床领域，进行了新的理论探讨，先后发表学术论文100余篇。1951年他在国内首先开展和推动手外科及膝关节充气造影、肩关节复发性前脱位，跟骨距骨桥的手术治疗，并进行长期的随访。随后，总结了下肢关节战伤处理的经验。1958年在骨关节结核病灶的细菌学观察中，他发现在抗结核药物治疗的情况下，结核菌培养的阳性率高达68%，这一发现为以后国内的大量重复实验所证实，被作为骨关节结核病灶清除手术的理论根据。1962年他在国内首次报道《多发性神经纤维瘤并发耐丁种维生素软骨病》，随后又与该院同道首次开展用区域灌注化疗、彻底切除植骨重建。1976年他设计了股骨颈粗隆切除后植骨重建法。近10年来致力于骨巨细胞瘤的基础研究，着重从病理学、免疫学、细胞遗传学等角度做了系统研究，提出了一些新的概念。1990年获北京市科技成果一等奖。另外，1989年他还获北京医科大学"桃李杯"奖。

冯传汉历任中华医学会骨科学会第一届主任委员、《中华外科杂志》副总编辑、《中华医学杂志》(英文版)总编辑、《北京医科大学学报》主编、《中国医学百科全书·骨科分册》主编等职务。

(附注：1994年1月14日，北京医科大学人民医院举行了"冯传汉从医五十年暨80寿辰庆祝会"，出版了642页的《冯传汉文集》。)

〔**冯亦吾·著名书法理论家、诗人·从事文化事业七十周年书画著作展览在京举行**〕　1993年是冯亦吾从事文化教育事业七十周年，又逢他90寿辰，海内外文化团体、书画界知名人士及冯亦吾的好友，纷纷寄来作品，以示祝贺，称赞他"为人师表，书坛书匠"。为了展示冯亦吾为我国文化事业作出的贡献，"冯亦吾从事文化事业七十周年书画著作展览"10月在北京举行。展览作品共400余幅，其中有冯亦吾的书法作品，同时发行展出了《冯亦吾文集》等著作。

冯亦吾，1903年生，江苏沛县人。自幼受家庭影响，爱好书法。师范毕业后，执教乡里，即为当地书写楹联、碑、匾，博得好评。大学新闻系毕业后，任北平晚报、世界日报、天津益世报记者。后转任教职，曾任辅仁大学附中教师、北京大学法学院讲师。抗战胜利后，任沈阳辽东学院教授。解放后回京，在西城干部业余大学讲授古典文学。十年动乱期间，仍未忘情于书艺事业。1974年后，专心致力于研究书法。1980年第一部著作《书法丛谈》由天津人民出版社出版。1983年第二部著作《书法探求》由北京出版社出版，次年创立卿云诗书画联谊社。1987年主编大型画册《长城诗书画》，由测绘出版社出版。。1988年，他将历年所作书法诗85首手写一遍，成《晚晴书法诗》一书，由测绘出版社影印出版。在此期间，他相继赴各地讲学，并陆续有书法论文在各地报刊发表。1989年中国管理科学研究院任命他为书学研究所所长，兼教授。同年，北京出版社出版了他的《书法故事》一书。1991年写成《司空图诗品解说》，近期所著《书谱解说》、《书法名论集》等以及他主编的《中国书法今鉴》亦已陆续出版。冯亦吾是中国书法家协会会员、中山书画社理事兼艺术指导、卿云诗书画联谊社社长。

冯亦吾一生大半从事教育事业。在书法理论上，他主张以唐人为法，上追魏晋，下开宋元，重师承而务创新。旨在取各家之长，形成自己的艺术风格。其作品以行楷为主，刚柔并用，结体秀润，守法而不拘于成规。近年转趋平稳，雍容丰腴，于凝重端庄中见功力，于朴实平淡中呈神韵。时人论其书法有书卷气，具学者风。许多作品刊载于报刊杂志，多次参加国内外展览，并为各地碑林名胜题写碑文匾额，如黄河游览区碑林、北京月坛碑廊、山东邹县峄山碑林、开封翰园碑林、江苏沛县大风碑歌等，皆有其作品刻制。他曾为开封翰园碑林赋诗作书。诗曰："历史名都忆汴京，古宫犹自号龙亭。禹玉台下千株树，琉璃塔高十级层。北望陈桥开帝业，南临朱镇破金兵。今闻旧貌多新换，更建一街曰宋城。"诗碑深获海内外人士赞誉。

〔**冯宝宝(女)·香港电影演员·获第十二届香**

港电影金像奖最佳女配角奖〕　自6岁就开始在《可怜天下父母心》影片中饰演角色，至今已在香港演艺界奋斗30多年的著名电影演员冯宝宝，在1993年第12届香港电影金像奖的评选中，以其在《92黑玫瑰对黑玫瑰》中成功地饰演了飘红这一性格独特的角色而获得最佳女配角奖。

冯宝宝，1954年10月出生于北婆罗洲，祖籍广东中山。六十年代初，她以饰演儿童角色而崭露头角，至今已拍摄了《雨夜惊魂》、《小侠白金龙》、《双星浪》、《可怜天下父母心》、《偷渡鬼门关》、《马来逐之记》等二百余部粤语片和国语片。

由于冯宝宝从影之初扮演的古今少男少女聪明乖巧，顽皮可爱，加之表演真挚自然，颇具天赋，因而在六十年代香港盛行粤语片的那段时日里，曾与肖芳芳、陈珠、薛家燕等人一起被誉为粤语片"七公主"。以后，随着片约纷至片酬增多，冯宝宝应接不暇，结果，她失去了普通孩子应该拥有的读书游戏的权利。因而，已经长大的冯宝宝终于下决心离开香港赴英国学习橱窗设计，实现了自己向往已久的重度校园生活的梦想。

1975年，冯宝宝学成返港，又重回演艺界，然而，此时的她对演艺事业有了一种新的认识："电影和电视都是一门艺术，除了名利，自己还可以学到很多东西。"她因此更加执著地投身于这一事业。拍摄了《追族》、《风云》、《秦始皇》、《杨贵妃》、《神女有心》、《一剑镇神州》、《西施》、《啼笑姻缘》等重要的电视剧集。其中她倾注的心血尤以《武则天》为之最多。无论是角色的年龄跨度还是性格的变化，她都表现得十分到位。充分体现了她的表演才能，因而在海内外引起了很大的轰动。

近年来，冯宝宝再度走上银幕和舞台。拍摄了《八星报喜》、《应召女郎1988》、《女子监狱》、《今夜星光灿烂》、《飞越黄昏》、《现代应召女郎》等影片，并在话剧《溥仪》、《鬼马鸳鸯》等中饰演角色。演技也更加纯熟，得心应手。虽然《92黑玫瑰对黑玫瑰》是一部情节离奇的惊险喜剧，冯宝宝在里面饰演的"黑玫瑰掌门人"飘红，是一个闹剧式的人物。然而，她却将其演得活灵活现又分寸得当，起到了很好的陪衬作用，从而在本届金像奖最佳女配角奖的角逐中拔了头签。

〔冯树茂·退休工人·被授予全国见义勇为先进分子称号〕　1993年8月25日，在第三次全国人民群众见义勇为与犯罪分子作斗争先进分子表彰大会上，天津市医疗器械五厂退休老工人冯树茂，被中共中央宣传部和公安部授予"全国见义勇为先进分子"称号。他还作为119名"全国见义勇为先进分子"中的优秀代表，在大会上介绍了他的事迹。

1990年11月28日下午两点多钟，位于天津市中心的滨江道上人如潮涌。白日晴天，4只贼眼贪婪地盯上了一位中年妇女的挎包。就在他们行窃得手的一刹那，突然被一双铁钳般的大手卡住了手腕。犯罪分子一愣，见是一位年近七旬的老者，先是装出一副可怜的样子，求大爷"放一马"。见老人不留情，立即露出凶相，"蹭"地抽出一把匕首，朝老人的背部、肘部、腿部连连猛刺。老人忍着剧痛，飞起一脚，将犯罪分子的刀子踢飞，一个"猛虎扑食"，把犯罪分子扑倒。另一犯罪分子见状想乘机溜掉，被老人一个"扫腿"撂倒在地。

这位英勇无畏的老人就是冯树茂。他是河北沧州市人，生于1924年3月，从50年代起就开始干公安执勤，在"反扒"战线上工作了40余年，先后抓窃贼400余名，被群众誉为"反扒老将军"。

一次在和平路大华商场，冯树茂盯上了一个40多岁的东北大汉，从上午9点一直跟到晚上9点，跟他逛商场、溜马路、坐汽车、下饭馆。他坐着老冯得站着，他吃着老冯得看着。那人吃饱喝足，仗着酒劲儿在龙门大厦把手伸进了一个年轻妇女的腰包。冯树茂又累又饿，憋了一天的气，一下子把他逮住带到派出所，这时已是晚上10点多了。另一次在国际商场，一个家伙想掏包，冯树茂过去一抓，忽拉围上来七八个，一个个横眉立目，冲他撸胳膊，挽袖子。冯树茂心中不慌，急中生智，把棉袄扣儿一解，佯装带有武器，首先制服其中一个，最后七八个人都乖乖跟他去了派出所。

冯树茂1983年退休，家人劝他，你在外头折腾大半辈子了，算了吧。可是他说，几十年都是这么过来，不干难受。1984到1988年，他连续被评为区治安积极分子，1991和1993年两次被天津市政府授予"天津市治安模范"称号。

〔冯恩洪·上海浦东建平中学校长·被评为全国教育系统劳动模范〕　上海市浦东新区建平中学（市重点中学）校长冯恩洪，1993年先后被评为全国教育系统劳动模范，上海市优秀教师标兵。

冯恩洪长期从事基础教育的研究与实践，大学毕业后曾在中学担任过近20年班主任，其工作成果《德育改革的认识与实践》被收入《中国教育学文集·德育卷》。1985年他调任建平中学校长后，致力于教育整体改革的探索。他认为教育服务于社会主义市场经济，必须变就范教育为规范＋选择的教育；培养合格＋特长的学生。他采取外围向核心逼近的策略，构建隐性课程、必修课程、休闲课程、微型课程等五个板块相结合的管理模式。国家教委肯定了他提出的这一有价值的教育思想。1993年《人民教育》发表了三万多字的长篇通讯《跨世纪教育工程》，报导了这一改革成果。1980年以来，他在国内外报刊杂志上发表了160多篇论文，曾先后六次获得上海市教育科研一、二、三等奖。上海师范大学聘请他担任了教育科学中心兼职教授。

冯恩洪，男，天津人。1945年生。毕业于华东师范大学中文系，中共党员，上海市特级教师。曾先后被评为上海市先进教育工作者、上海市劳动模范、全国优秀班主任。

〔司马义·艾买提·任国务委员兼国家民委主任·著文谈研究和发展民族理论问题〕　1993年3月29日，根据第八届全国人民代表大会第一次会议的决定，国家主席江泽民任命中华人民共和国民族事务委员会主任司马义·艾买提为国务委员兼国家民委主任。

司马义·艾买提在《求是》杂志1993年第19期上发表题为《深入研究和发展有中国特色的民族理论》的文章，提出：实行民族平等是我们解决民族问题最重要的基本原则和基本观点；各民族全面进步、共同繁荣是我们党在民族问题上的根本立场；在多民族国家里，民族关系的和谐，各民族的精诚团结、互助合作是社会稳定、国家昌盛、民族振兴的必要条件；民族区域自治是解决我国民族问题的基本制度；实行民族平等、民族区域自治，促进各民族共同繁荣，都离不开少数民族干部，等等。文章还就如何进一步深入研究社会主义现代化建设中的重大民族理论问题，加强民族理论的研究和队伍建设提出了意见。

司马义·艾买提，维吾尔族，新疆策勒人。1935年9月生，1953年8月加入中国共产党。1952年在新疆和田土改训练班学习，后在策勒县参加减租反霸和土改工作。1954年至1963年任新疆策勒县四区团工委书记、团县工委书记，中共策勒县委副书记兼县长（其间曾在中央高级党校新疆班学习）。1963年任新疆维吾尔自治区和田地委宣传部副部长。1966年任新疆维吾尔自治区党委文教政治部副主任。1969年任新疆维吾尔自治区革委会常委、文教卫生组组长。1972年至1985年任新疆维吾尔自治区党委书记、自治区革命委员会副主任、自治区人民政府主席（其间1975年至1981年兼任乌鲁木齐部队政委）。1985年10月后任国家民族事务委员会主任。是第五、六、七届全国人大代表，第五届全国人大常委会委员；第七届全国政协副主席；中共第十、十一、十二、十三、十四届中央委员。

〔司徒辉·香港企业家·病逝广东〕　香港著名企业家、全国政协委员司徒辉于1993年10月5日因病医治无效，在广东省人民医院去世。新华社香港分社、香港开平同乡会、司徒氏宗亲会等在香港分别举行了追悼会。司徒辉的家乡赤坎镇也举行了追悼会。

司徒辉，1917年生，广东开平人。早年中学毕业后进香港某船厂做工，并坚持修读英国机械工程函授课程。1949年自己创业，建立了英辉修船厂。五十年代初曾被广州船坞聘为总工程师。他在香港惨淡经营其修船厂，业务逐渐扩展到建造玻璃游艇、拖轮、消防船等特种用途的船只。他的经营之道是讲信用，诚实服务，赢得了包括外国在内的众多客户的信任。数十年间，他为推动香港造船业和航运业的发展，做了很多有益的工作。历任香港英辉修船厂有限公司、英辉工程企业有限公司、科洋有限公司董事长。晚年，其事业已由儿子继承，他告诫下一代"创业难，守业更难"。

为香港的稳定繁荣，为香港工商界的团结，司徒辉尽心竭力，贡献良多。历任香港中华厂商副会长、会长、名誉会长，香港中华总商会常务会董，香港友好协进会副主席，香港四邑会所理事长、监事长、名誉会长，香港开平同乡会永远名誉会长。

司徒辉爱国情殷，关心大陆的建设事业，希望祖国强盛发达。曾任第五、六、七、八届全国政协委员，广东省第五届人民代表大会代表，中华全国工商业联合会常务委员，中华全国归国华侨联合会委员，香港基本法咨询委员会委员。他支援家乡文化教育事业的发展，认为"教育乃兴国之事"。据不完全统计，改革开放以来，向家乡捐资赠物550万港元，兴建了教伦中学、塘联中学、英辉楼、赤坎侨联大厦、江门五邑大学、开平联塘小学等。在司徒辉等人的帮助下，开平侨务部门以及有关单位还举办了多期美加华侨华裔青年学生夏令营，使这些青年寻根问祖。

〔邢恩义·乡镇企业家·获全国"五一"劳动奖章〕　1993年春，河南省泌阳县丝毯厂厂长邢恩义，拼搏11个春秋，创办76个分厂和一个跨国公司，组建起一个外向型企业集团，带动3000多农户脱贫致富后，荣获全国"五一"劳动奖章。

邢恩义出生在偏僻、贫困的伏牛山区——河南省泌阳县王店乡一个农民家庭，是"第一代有文化的农民"，当过村干部、乡办蚕场场长，现已年届半百。

1981 年初冬，邢恩义得到广州朋友的一条信息：中国丝毯在国外十分畅销。他想：俺山旮旯里劳力多、蚕茧多，为啥不能办丝毯厂呢？他说干就干，第二天天不亮，就兴冲冲地找人商量，找了两间破草房、几把砍刀，请了两个技术员，招收了 8 名女工，办起了“泌阳县丝毯厂”。翌年 4 月，他背起 4 条小规格的丝毯，闯进北京，与瑞典 2 位客商相遇，他俩看着邢恩义摊开的丝毯，一个劲地叫好，当场付款 2 万 4 千元，将丝毯全部买下了，还与邢恩义签订了 10 万多元的供货合同。初战的胜利，更坚定了邢恩义的信心。他积极筹资，买了一家倒闭的酒厂 50 间旧厂房，架起了 18 架织机，建起图案、平剪、洗染等 11 个车间，大大加快了丝毯厂的发展。1984 年，全厂产值达到 45 万元，创利税 5 万元，振奋了泌阳人的心。从 1985 年起，邢恩义采取扶技式的联合办法，在省内外贫困山区办起 76 个丝毯分厂，向他们统一供料，统一丝毯图纸，统一组织销售，逐步形成了一个外向型企业集团。现在，这个企业集团，已有 6 幢高楼大厦作厂房，固定资产 2150 万元，累计创汇 1800 万美元，安置剩余劳力 3800 多名，人均纯收入 1805 元，帮助 3000 多贫困户农民脱贫致富。

1992 年初，邓小平南巡讲话后，邢恩义为更上一层楼，实行“五抓”：抓人才——从全国各地重金聘来 38 名中高级技术人才；抓信息——“千里眼，顺风耳”撒遍沿海各个口岸；抓产品——几年来，开发新产品 18 个；抓质量——产品获得了省优、部优、国优和国际金奖，被外贸部门指定为免检产品；抓管理——使企业达到了省一级先进企业水平。这“五抓”，抓出企业产值，效益连年翻番。为了加快发展，1992 年 11 月 28 日，邢恩义这位山窝里的企业家，飞向美国。他跑遍波士顿、纽约等 6 大城市进行考察。他发现本厂研制的、全国独一无二的高档蓄光丝毯，在美国至少有十年的畅销市场，当即做出了大胆的决策：在洛杉矶建立了“阳洋国际贸易有限公司”。他多次请教云集美国的各国丝毯行家，通过综合分析，及时调整了本厂产品结构，把生产高档次大规格的丝毯由占年产量的 31%，提高到 72%，使他领导的这个企业集团，成为名符其实的外向型企业。

早已被评为河南省劳动模范的邢恩义，1993 年“五一”国际劳动节前夕，又荣获“全国五一劳动奖章”，并被破格评为高级经济师。

〔巩俐（女）·著名电影演员·获电影金鸡百花电影节最佳女主角奖、威尼斯国际电影节最佳女主角奖·被评为首届中国十大影视明星之一〕 巩俐因在影片《秋菊打官司》中成功地扮演了女主角秋菊，及《大红灯笼高高挂》中饰演的颂莲于 1993 年 11 月获得金鸡、百花电影节最佳女主角奖。与此同时，巩俐因近年来在银幕上塑造了一系列鲜明生动的妇女形象，在由中国影协《电影艺术》杂志社、广东银海集团股份有限公司、长剑汽车集团公司联合主办的“首届十大影视明星”评选中，获得十大影视明星的荣誉。

巩俐，1963 年 12 月出生，山东济南人。1985 年考入中央戏剧学院。1987 年在张艺谋执导的《红高粱》中主演女主角获得成功后，又在《代号美洲豹》、《古今大战秦俑情》、《菊豆》、《一代妖后》、《上海滩赌圣》、《大红灯笼高高挂》、《梦醒时分》、《画魂》等影片中饰演女主角或重要角色，并获得过不少国际电影节的各种奖项，但在国内最重要的两项大奖：金鸡、百花同时获最佳女主角奖还是首次，这说明巩俐的表演日益成熟，获得了国内广大观众和电影界同行们的肯定。巩俐扮演的秋菊与她以往的角色都不同，以前她扮演的角色都是年轻美丽，魅力四溢的少女少妇，而秋菊却是扮相难看，挺着肚子，步履蹒跚，性格倔强、土得掉渣的农村孕妇。巩俐在认真地深入生活、领悟作品内涵，琢磨人物身份、心理上下苦功夫，硬是在没有大起大落情节的平常生活中将一个与演员自身素质反差很大的角色刻画得十分出色，体现了巩俐扎实的演技功底，赢得了金鸡奖评委们一致地称赞：巩俐扮演的秋菊准确、生动，几乎是无懈可击。

〔成克杰·当选广西壮族自治区政府主席〕 在 1993 年 1 月召开的广西壮族自治区八届人大一次会议上，成克杰当选为自治区人民政府主席。

成克杰，1933 年生，广西上林人。壮族。1957 年毕业于北方交通大学运输系。历任柳州铁路局南宁分局技术员、工程师、总工程师、副局长，柳州铁路局局长。1984 年加入中国共产党。1986 年起任广西壮族自治区人民政府副主席、代主席，中共广西壮族自治区委员会副书记。是中共第十四届中央委员。

〔毕升·古代活字印刷发明人·毕升墓碑在英山发现·其籍贯生平得到实证〕 我国古代四大发明之一的活字印刷发明人毕升的墓碑，于 1993 年 1 月在湖北省英山县草盘地镇五桂墩村发现。这一发现证实了毕升的籍贯、卒年及其后代，填补了中华文明史上的一个空白。

毕升是世界印刷史上的伟大革新家，他发明的活字印刷术影响远达海内外，为世界文明的传播作出了伟大贡献。可是关于他个人的事迹，在我国浩如烟海的史籍中却缺乏翔实记载，仅沈括在其所著《梦溪笔谈》中记载了274个字，而对他的籍贯、家庭情况均语焉不详，甚至连生卒年月也没有记载。湖北英山发现的毕升墓碑高110厘米，宽70厘米，边沿刻卷草纹，文物专家孙启康等经过半年多的研究，确认此碑确属宋碑无疑。此碑中间阳刻两行字："故先考毕升神主 故先妣李氏妙音"墓，两边小字为阴刻，有"孝子：毕嘉，毕文，毕成，毕荣，孝孙：毕文显，毕文忠"和"皇囗四年二月初七"等字样。专家从此碑年款可读出的七个字中，断定"皇囗"应为帝王纪元号，而两宋各朝皇帝纪元中冠以"皇"字的只有仁宗赵桢于庆历九年(1048)之后改元"皇祐"(1049——1053)。据此可以肯定此碑应立于宋皇祐四年即公元1052年，时在毕升创制成活字版的庆历年间(1041——1048)之后数年，与《梦溪笔谈》记载的"布衣毕升"所处的年代相符。按当时老人死后在家停柩数月入葬的丧葬习俗，可以判定毕升卒年为皇祐三年即公元1051年。

此碑发现处为五桂墩村毕家坳，其西居民点毕家铺，其东为红花咀村。据英山县地名志记载，此处曾是毕、李、肖三姓聚居之地。附近还有毕家畈等地名。这一带现在虽然没有毕姓民户，但保存着不少明以前的毕姓坟墓，说明此处确曾是毕氏宗族聚居之地。毕升死后，理当魂归故里。因此可以肯定"布衣毕升"是宋时淮南路蕲州(今湖北英山县)人氏。而毕升后嗣也从此碑刻中得到实证。

毕升所发明的活字印刷术，据《梦溪笔谈》记载，其方法是，第一步造活字，选用细腻胶泥制成小方块，刻上阳文反手字，用火烧硬成为活字；第二步制版，将活字排放在盛有松香、腊和纸灰的铁盘内，在火上加热使松香等融化，稍冷后用平板压平字面，即可印刷；第三步拆版，把印刷后的活字版在火上烘烤，松香融化，活字便可掉下，再次制版时重用。毕升于庆历年间(1041——1048)发明活字印刷术，比德国谷登堡发明金属活字印刷术早400年，在世界科技发展史上占有重要地位。

〔毕修勺·已故著名翻译家·遗译左拉作品九部出版〕 由我国著名翻译家毕修勺生前翻译的法国名作家左拉作品九部于1993年10月由山东文艺出版社出版。文学界誉之为"毕译左拉"的面世，被认为是一件有纪念碑意义的文化盛事。

左拉(1840——1902)是法国19世纪的文学巨匠，是法国历史上从伏尔泰到雨果"作家兼斗士"的优秀传统的继承者。他一生著作等身，自喻为"百眼百手"："一百只眼睛是为了能看到一切，一百只手是为了握住笔杆，记下一百只眼的见闻"。他笔下的上千个人物，无不触及法兰西第二帝国社会的各个层面，晚年的《三城市》、《四福音书》其艺术成就和思想价值更高。毕修勺(1902——1992)，浙江临海人。他出生之年，恰是左拉离开人世的那一年。西方陨落的文学巨星与东方译坛圣手生死"同年"，是一种偶合，但真正是第一个把左拉的作品介绍到人口最多的东方泱泱大国，而且作为彼此间共同拥有的事业，终生不悔的却是毕修勺。

毕修勺1920年到法国勤工俭学时刚刚十八岁。他一边在雷诺汽车厂做工，一边就读于巴黎高等社会学院。是一本亚勒克西的《左拉传》和左拉的《土地》使他和左拉结下不解之缘。他为这位伟大艺术家的雄伟气势所震撼，所折服，短短几年便搜集通读了几乎是左拉的全部著作，并暗暗立下了誓言：一定要把左拉的全部作品翻译成中文，献给祖国人民。1928年，他因公被派到蒙特里大学，再度来到法国。其间，他翻译了著名史地丛书《人与地》二十八卷，凡二百多万字，凭吊了左拉故居，访问了左拉时常光顾的小酒店……以左拉那样的求实精神把握左拉当时所处的氛围，体察左拉使用俚语、土语的语言环境，为他在继自己问世的《左拉短篇小说集》之后，面对左拉众多作品的继续翻译，扎下了坚实的根基，使之更臻准确、老练和圆熟。毕修勺没有愧对左拉，尽管他年复一年全身心地投入，换回的独是清贫。他的盛年时代，制定了在新中国这片热土上"日译三千字，十五年译完左拉全部作品"的宏大计划。可是政治上的坎坷剥夺了他二十五年的大好时光。这漫长的遗憾，好在终于完结。他的《萌芽》、《崩溃》、《劳动》等等，大部分是抗战前后问世，世称"毕译左拉"。当他的有生之年所苦无多的时候，仍以左拉的"我只有一种信仰，一种力量，这就是工作"作为座右铭，只讲耕耘，不问收获，终于凭着自己对法国社会和语言环境的深刻了解，以准确、细腻的文字，译出了一千多万字，近三十部左拉的著作，在中国翻译史上留下了夺目的光彩。可惜出于多方面的原因，他所完成的译著积年尘封，直至1992年逝世也不得付梓，抱着深深的遗憾离开了人世。所幸的是山东文艺出版社毅然决定整理出版毕修勺的遗译。他们首先从毕修勺近三十部左拉作品译著中，精选出九部书稿，全力以赴地投入编辑中，终使该书面世。

〔毕淑敏(女)·青年作家·获第6届庄重文文学奖〕 1993年12月13日由香港著名爱国人士庄重文出资设立、中国作家协会中华文学基金会主办的庄重文文学奖1993年度颁奖大会在北京人民大会堂举行。青年作家毕淑敏与华北和东北地区的30位青年作家一起获奖。

1993年，毕淑敏有多篇小说连连获奖。她的短篇小说《女人之约》获小说月报第五届百花奖、第三届青年文学创作奖；短篇小说《束修》获北京文学优秀作品奖；短篇小说《同你现在一样大》获海峡两岸少年小说佳作奖；散文《素面朝天》获全国第五届报纸副刊评比一等奖；散文《信里无照片》获中国作协创联部散文、报告文学一等奖。她还被《女友》杂志读者投票评为全国十佳作家之一。

毕淑敏，1952年出生于新疆伊宁，祖籍山东省文登市。1969年起任西藏阿里军区卫生员、军医，北京铜厂卫生所所长。1991年毕业于北师大与鲁迅文学院合办的研究生班，获文学硕士学位。1992年调任中国有色金属工业总公司任专业作家。1987年以来，共发表文学作品100万字，获各种文学奖20余次。她的处女作《昆仑殇》获第四届昆仑文学奖，中篇小说《补天石》获北京市建国40周年优秀作品奖，短篇小说《不会变形的金刚》获小说月报第四届百花奖等。

〔过邦辅·骨科学家·被聘为中华医学会资深会员〕　1993年1月16日，具有78年历史的中华医学会，正式宣布首批聘任41位在医学上有重大成就、德高望重的内外科专家为中华医学会资深会员。上海第二医科大学瑞金医院骨科原主任、上海市伤骨科研究所原副所长过邦辅获得这一荣誉。

过邦辅，1919年10月生，江苏无锡人。上海圣约翰大学医学院毕业后，任上海圣约翰大学医学院附属宏仁医院骨科住院医师、主治医师。1957～1959年先后在美国哈佛大学医学院、麻省总医院和英国伦敦大学骨科研究院、国立皇家骨科医院进修共三年。1960年起历任上海第二医学院（现名上海第二医科大学）瑞金医院骨科第二主任、教授、医院顾问组副组长，上海市伤骨科研究所副所长，上海邮电医院骨科顾问，上海市第六人民医院骨科顾问，上海科技大学生物力学教授等职。

过邦辅从事外科学的教学和科研工作近半个世纪。1956年他的改良先天性髋关节脱位手术治疗方法问世后，为国内广泛采用。1963年指导我国第一例断手再植成功。指导研究的“中西医结合治疗骨折”课题曾获卫生部嘉奖。先后发表论文156篇，撰有《骨与关节肿瘤》、《矫形外科学》等专著，还参与编写《黄家驷外科学》、《中国医学百科全书·骨科分册》等。

过邦辅先后兼任中华医学会骨科学会副主任委员，《中华外科杂志》编委，《中华骨科杂志》总编辑，《美国医学杂志》（中文版）编委等。

〔吐拉克·司马义·喀什市人民检察院副科长·被评为中国十大杰出检察官之一〕　1993年9月20日，由《人民日报》、新华社、《法制日报》等13家新闻单位和中宣部新闻局联合主办的建国以来首次评选“中国十大杰出检察官”活动在京揭晓，并在人民大会堂举行颁奖大会。新疆维吾尔自治区喀什市人民检察院批捕科副科长吐拉克·司马义榜上有名。

吐拉克·司马义，维吾尔族，1940年6月生，高中文化程度，1960年6月参加工作，同年加入中国共产党，30多年来一直从事公安、检察工作。

吐拉克·司马义在办案实践中积累了丰富的经验，工作效率高、质量好。在检察院，批捕科和其他科室相比，有办案法定期限短的特点。每起案件在3天的办理期限内，要阅卷、收集证据、找受害人谈话、提审被告、制作法律文书、开会研究案情，这对一些大案和疑难案件来说，决非易事。而吐拉克·司马义却能在法律规定的期限内保质保量地完成。他一个晚上可以审阅1000多页案卷，常常放弃国庆节、古尔邦节和肉孜节的休息而加班加点工作。喀什市检察院每年承办的案件，大于7个县院的工作量。近几年来，批捕科办理了近400起案件，其中吐拉克·司马义一人办理的案件就占三分之一，提前介入和参与现场勘察的则占一半以上。在一些抢劫、盗窃、轮奸等共同犯罪的案件中，犯有前科的或没有前科的，谁是主犯谁是从犯，他通过一两次审讯甚至被告的个别微小举动，就能摸得一清二楚。由于作风深入，调查细致，善于掌握充足的事实根据，避免了错案的发生。自1988年吐拉克·司马义任批捕科副科长以来，他们审查批捕的300多起案件，无一错案，起诉到法院后都作了有罪判决。吐拉克·司马义还积极履行监督的职责，几年中先后向公安机关提出30多份纠正违法的检察建议，维护了法律的尊严与当事人的合法权益。

吐拉克·司马义几十年如一日，廉洁执法，不徇私情。一次他承办一起盗窃案件，被告的亲属给他家送去一笔可观的现金和一只肥羊，请他在审案时手下留情，被他坚决拒绝。第二天被告家属又在一豪华酒家设宴招待吐拉克，仍然遭到拒绝。有人把礼物悄悄送到他的家中，都被他查明送还。他调查取证常年在外奔波，却从来不要出差费；节假日加班加点工作，也没领过一次加班费。自1980至1993年，吐拉克·司马义年年被评为先进工作者，4次被评为优秀共产党员，还被评为喀什地区检察系统“办案能手”，荣立三等功一次，1991 年被评为全国检察系统先进个人。

〔**曲云霞(女)·中长跑名将·获世界田径锦标赛女子三千米冠军**〕 曲云霞于 1993 年在第四届世界田径锦标赛上获得女子 3000 米跑金牌，被国际田径联合会评选为 1993 年度最佳田径运动员(排名第六)。

曲云霞 1972 年 10 月 4 日出生在大连金州区得胜村的一个农民家庭。她从小就喜欢跑步，身材尽管瘦小单薄，但动作却十分协调。1988 年 1 月，她在大连金州区业余体校被教练马俊仁选进辽宁省田径队。

在马俊仁的精心指导下，加上她自己的刻苦训练，曲云霞训练水平不断提高，开始在国内比赛中崭露头角。1989 年，仅训练一年多的曲云霞在第二届全国青运会上一举夺得女子 800 米和 1500 米乙组冠军，并打破了全国青少年纪录。1990 年参加第八届亚洲田径锦标赛，她又获得女子 1500 米第一名；同年代表国家出国参加世界青年田径锦标赛，又摘取了 1500 米的金牌。从此，曲云霞在国内外大赛中披金挂银摘铜：1991 年全国城运会女子 1500 米第一和 5000 米第二；第十六届世界大学生运动会女子 1500 米第三，并在预赛中破亚洲纪录；1992 年参加巴塞罗那奥运会获女子 1500 米铜牌。

1993 年，曲云霞的战绩显赫。5 月，在东亚运动会上获得女子 1500 米冠军；8 月，在第四届世界田径锦标赛上与队友一起，囊括了女子 3000 米的金银铜牌，作为冠军的她还以 8 分 28 秒 71 的成绩刷新了锦标赛纪录；9 月，在第七届全国运动会上，她不仅夺得女子 1500 米冠军和 800 米、3000 米和马拉松三项亚军，而且还以 3 分 50 秒 46 和 8 分 12 秒 18 分别创造了 1500 米和 3000 米的世界纪录。从而她被国际业余田径联合会评选为本年度世界田径最佳运动员之一，在国内举办的全国十佳评选中均被评选为最佳女运动员之一。她还第二次当选为全国田径“十佳”。

〔**吕艺生·北京舞蹈学院院长·担任大型文体表演《爱我中华》总编导**〕 1993 年 9 月 4 日，在中华人民共和国第七届运动会开幕式上，推出了由北京舞蹈学院院长吕艺生担任总编导的大型文体表演《爱我中华》。以《魂》与《潮》作为上、下篇共由七场构成的《爱我中华》，作为历届“全运会”开幕式，用舞蹈的曲线和流动感，取代了团体操几何图案的形式变化，它既增强了文化感，又增强了韵律感，引起近年来罕见的轰动效应，使鲜花、掌声、欢呼声溢满全场。以吕艺生为首，由舞院舞蹈专家、教授，多次获奖的中青年实力派编导和初出茅庐的九一届编导系毕业生组成的编创群体，改写了“全运会”开幕式的历史篇章。

吕艺生，原籍辽宁省本溪市，1938 年 2 月 21 日生于黑龙江省汤原县。1949 年起，先后在汤原县文工队、东北森林文工团从艺。1954 年入北京舞蹈学校学习古典舞、中外民间舞和芭蕾舞。1957 年在第六届世界青年与学生和平友谊联欢节中，以表演双人舞《牧笛》获银奖。于舞校毕业后，在黑龙江省伊春市歌舞团任教员、演员、编导、舞蹈队队长、副团长。所创作的《套子舞》、《流送舞》、《三八采种队》等舞蹈，均被拍入电影。他多才多艺，曾作词谱曲，写作话剧、歌剧等，其《女子采伐队之歌》曾流行一时。1976 年加入中国共产党。1979 年调任黑龙江省舞蹈协会主席兼秘书长后，专注于舞蹈理论研究，首编了《舞蹈小辞典》、主编了《舞剧舞蹈文学台本选》。1985 年起任北京舞蹈学院副院长、院长，一面担任讲授《舞蹈教育学》和《艺术管理》，一面继续进行理论研究。近年来，在《舞蹈》等刊物上发表了约百篇论文，主编了《社会科学百科辞典》、《艺术哲学丛书》、《文艺人才学》等。他竭力倡导北京舞院要努力培养出更多像吴晓邦、贾作光那样既能编导、又能表演，在国际上与名家媲美的国际性人才，使北京舞院成为一所真正名副其实的为国内外公认的高质量的舞蹈学府。经过多年的努力，如今舞院不仅有一支人才济济的队伍，更有一个培养人才的办学机制。学院每年都向社会推出多台新作，如《乡舞乡情》、《李忠梅舞蹈晚会》、《丁洁舞蹈晚会》、《唐韵》、《黄河》、《长城》等，出了人才又出了新剧目。有关人士赞道：“舞院的创作，形成新的中心”，“艺生，的的确确是为‘艺’而‘生’的。”

〔**吕玉兰(女)·著名劳动模范·在石家庄逝世**〕 著名劳动模范吕玉兰于 1993 年 3 月 31 日逝世。河北省各界干部群众 2000 多人在石家庄殡仪馆向这位年仅 51 岁的党的好女儿沉痛告别。

吕玉兰，1942 年 2 月出生于原山东省临清县(现河北省临西县)东留善固村一个农民家庭。1955 年，13 岁的吕玉兰就担任了本村初级农业生产合作社社长，从此，她带领群众战风沙，治盐碱，开荒植树，打井挖渠，把大片荒沙变成了一片绿林果树、高产粮田。她先后多次被评为山东省劳动模范、河北省劳动模范，并多次受到毛泽东、周恩来、朱德等老一辈革命家的接见。

吕玉兰先后担任过村党支部书记、县委书记、省委副书记、省革委会副主任、省委书记等职务，她还是中共第九至十一届中央委员；第四、五届全国人大常委会委员；第四届全国妇联执行委员。后来，她又担任过正定县委副书记、河北省农业厅副厅长。职务多次更换，她始终听从党组织的安排，一直同群众保持着密切的联系，保持着劳动模范的本色。一位女画家为她题诗写道："万花丛中一玉兰，不求绿叶不争艳；甘饱风霜一生苦，留得芳香在人间。"

〔吕丽萍（女）·青年影视演员·被评为首届十大影视明星之一〕 中国青年艺术剧院青年演员吕丽萍，1993年11月在《电影艺术》杂志社、广东银海集团股份有限公司、长剑汽车集团公司联合举办的"首届十大影视明星"的评选中，获"十大影视明星"荣誉。

"首届十大影视明星"评选活动，旨在繁荣影视创作和表演艺术的发展，肯定和表彰新的成长起来的有一定艺术成就、深受观众喜爱的青年演员，促进影视体制改革。新时期成长起来的青年演员吕丽萍，塑造的人物性格润贴而自然，极为逼近现实生活，演员与角色处于一种物我两忘状态，演过的十几个大大小小的角色，给观众留下了非常深刻的印象，同时受到专家们的好评。

吕丽萍，北京市人，生于1960年4月。中央戏剧学院表演系，毕业后，分配到上海电影制片厂，1992年调到中国青年艺术剧院。她先后在电影《童年的朋友》中饰假小子罗姐、《张家少奶奶》中饰演患精神病的小姑子文勤、《老井》中饰段喜凤、《嘿，哥们儿》中演卖羊肉串的女青年东佳、《危险的密月旅行》中饰研究生、《荒火》中饰木槿、《遭遇激情》里扮演梁小青、《大气层消失》中饰犯罪分子的女友、《龙年警官》中演有婚外恋警官的妻子、《青春无悔》中饰郑加农的前妻、《蓝风筝》中饰女教师等。在电视剧《大树底下》中饰王月、《山月儿》中演山月儿、《围城》中扮演孙柔嘉、《编辑部的故事》中饰女编辑戈玲等，不论主角、配角，都能独辟蹊径，创造出一个个栩栩如生、呼之欲出的艺术形象。1988年吕丽萍曾经在夺得第二届东京国际电影节最佳影片等四项大奖和第8届中国电影金鸡奖最佳影片奖。在第11届《大众电影》百花奖最佳影片奖的影片《老井》里，以精湛的演技活画出明知丈夫另有所爱却依然深爱着丈夫的新婚寡妇喜凤，一举夺得"金鸡奖"和"百花奖"的双料最佳女配角奖，成为电影界公认的演技派演员。1991年，她在《遭遇激情》中扮演的身患绝症的少女，获第11届中国电影金鸡奖最佳女主角提名。1992年在《青春无悔》中的表演，使她再次获得观众投票的《大众电影》百花奖最佳女配角荣誉。电视连续剧《围城》和《编辑部的故事》使吕丽萍的表演上了新台阶，尤其戈玲这一形象，更是走进千家万户。戈玲那种好强的内心，不屑一顾的外表，骨子里一份真诚，被吕丽萍刻画得淋漓尽致，使她荣膺1992年第12届中国电视剧飞天奖最佳女主角奖桂冠。在1992年哈尔滨冰雪节上，她被热情的观众评选为"我最喜爱的青年明星"。

〔吕叔湘·著名语言学家·九十华诞·吕叔湘语言学术讨论会在北京举行〕 1993年10月20日，著名教育家、语言大师吕叔湘的朋友、学生及语言界同仁在北京举行了庆祝吕叔湘九十诞辰和吕叔湘语言学术讨论会。

全国政协副主席、中国社会科学院院长胡绳是吕叔湘60年前在苏州中学时的学生。他说：我尊敬先生，他重视理论与实际的结合，作为一个语言学大师，他随时随地注意中国语文研究中的各种现象，明察秋毫，他的著作有很高的学术性，读起来却有浓厚的生活气息，这是一个大学者不易做到的。

吕叔湘，1904年生，江苏丹阳人。现任中国社会科学院语言研究所名誉所长，全国人大代表。1926年毕业于国立东南大学外文系，1936年赴英，就读于牛津大学人类学系、伦敦大学图书馆学科。曾任华西协合大学中国文化研究所研究员，清华大学中文系教授，中国科学院语言研究所所长，中国文字改革委员会副主任，中国语言学会会长。是第二、三届全国政协委员，第五届全国人大常委、法制委员会委员。他长期致力于语言研究和教学，对汉语语法学作出了重要贡献。主要著作有《中国文法要略》（商务印书馆，1942年）、《文言虚字》（开明书店，1944年）、《英译唐诗绝句百首》（开明书店，1947年）、《语法修辞讲话》（合作，开明书店，1952年）、《语法学习》（中国青年出版社，1953年）、《吕叔湘语文论集》（商务印书馆，1983年）等。主要译著有《文明与野蛮》（生活书店，1935年）、《汉语口语语法》（合作，商务印书馆，1979年）、《吕叔湘译文集》（上海译文出版社，1983年）等。

〔吕培俭·连任审计署审计长〕 1993年3月29日，根据第八届全国人大第一次会议的决定，吕培俭被任命为审计署审计长。

吕培俭，1928年生，江苏洪泽人。1944年参加新四军，同年加入中国共产党。曾任华中军区、华东军区供给部会计。新中国成立后，历任财政部处长、办公厅副主任、工交财务司副司长、副部长、中国人民银行行长，中国人民银行理事会理事长。1985 年起任审计署审计长。是中共第十二、十三、十四届中央委员。

〔附注：1994 年 5 月 12 日，吕培俭被免去审计长职务，郭振乾任审计长。〕

〔吕霞光·旅法著名画家·《吕霞光捐赠艺术品展览》在北京举行〕 1993 年 12 月 18 日，在北京炎黄艺术馆隆重举行旅法画家《吕霞光捐赠艺术品展览》，共展出他捐赠给国家的 177 件艺术珍品，这些珍品将在浙江"西湖美术馆"内"吕霞光艺术馆"永久陈列。12 月 24 日举行了吕霞光珍藏艺术品捐赠仪式，李铁映代表中共中央和国务院高度赞扬了吕霞光先生的爱国行为。12 月 31 日，江泽民、乔石在中南海亲切会见吕霞光。

吕霞光，1906 年生于安徽省阜阳县，七岁时开始上学读书，二十岁后，考入上海艺术大学，攻读绘画。1929 年，他师从徐悲鸿学油画，成为徐的得意弟子。徐悲鸿的艺术和爱国思想给他以极大的影响。1931 年，经徐悲鸿推荐，吕霞光和吴作人赴法国留学。先后就读于巴黎高等美术学院及比利时皇家艺术学院，成绩优异，名列前茅。他在留法期间，经常去卢浮宫临摹名画，两年的时间，共临摹一百多幅，并将它们带回国内，让国内画家能了解世界名作，可惜抗战期间毁于战火。抗战时期，他毅然回国，应郭沫若之邀，任国民革命政府政治部三厅美术科长，以画笔宣传抗日，唤醒民众。在重庆工作期间，结识了同住一楼的周恩来、邓颖超夫妇。1942 年，吕霞光兼任国立艺专（后为浙江美院，现为中国美术学院）教授。1948 年，应法国驻华总领事之邀，赴法举办个人画展并留居法国。当时，法国总统、文化部长、教育部长和著名艺术大师比加索都出席了他的画展开幕式。画展轰动了巴黎，观众盛赞他的油画是东西方文化的巧妙结合。吕霞光为此十分欣慰，更加勤奋作画。此后，他接连应邀在法国十多个城市举办了画展。同时也多次应邀到荷兰、丹麦、比利时等国巡回展出。

吕霞光在艺术上注重现实主义，强调为人民群众所喜闻乐见；希望中西文化艺术相互交流。他认为只有融贯中西，取长补短，艺术上才会有创新和突破。1952 年，他大病一场，半身不遂，出院后已不能作画。三年后，经过劳动锻炼，身体竟奇迹般康复。此后，他把主要精力投向经营古玩，不遗余力地收集、保护流失在外的祖国珍贵文物。一次，他让儿子拿二十万法郎买回一件流失海外的汉马俑。1982 年他第一次回国，目睹了祖国的巨变，感慨万千，总想为国家和家乡人民做点事情，他的爱妻马德兰女士非常支持他的想法，他向家乡捐赠巨款，办医院、办教育。后来北京的一些画家和访问法国的好友吴作人向他建议，为中国艺术家在法国学习提供帮助，建一个画室，他慨然应诺。经过一番努力，1984 年 11 月 28 日，"吕霞光马德兰画室"在塞纳河畔举行开幕典礼，并迎来了第一批国内进修画家，迄今已接待过近三十名中国画家。吕霞光十分关心留法画家的学习和生活，他本人也常去看望他们，希望他们热爱自己的祖国，做到人穷志不穷，树立中国人的良好形象。吕霞光在法国留学、工作、生活了大半个世纪，但他始终没有忘记自己是一个中国人，至今也不曾想过改变自己的中国国籍。

吕霞光对于自己多年来收藏的珍贵文物和名人字画等艺术珍品，一直想捐献给国家，1993 年 2 月，他曾致函江泽民主席，表示了自己的这一愿望。江泽民称赞他"爱国之心，溢于言表"。

〔朱训·连任地质矿产部部长·谈建立矿产资源消耗补偿的法律制度〕 1993 年 3 月 29 日，根据第八届全国人大第一次会议的决定，朱训被任命为地质矿产部部长。

朱训，1930 年 5 月生，江苏阜宁人。1946 年 1 月加入中国共产党。1952 年结业于中国人民大学工厂管理系。1957 年毕业于苏联第聂伯罗彼得洛夫斯克矿业学院地质勘探系。同年回国后，历任江西省地质局上饶专区地质队队长、工程师，赣东北地质大队队长，德兴铜矿会战指挥部指挥，江西省地质局总工程师、副局长、高级工程师，地质矿产部副部长。1985 年起任地质矿产部部长。合著有《德兴斑岩铜矿》。是中共第十二、十三、十四届中央委员。他还担任全国矿产储量委员会主任，中国矿业协会会长，中国自然辩证法研究会副理事长等职。

朱训于 1993 年 7 月答《人民日报》记者问，纵谈我国建立矿产资源消耗补偿的法律制度的必要性。他说：中国的确是矿产资源大国，也是世界第三矿产国。但人均拥用矿产资源都不到世界平均水平的一半，在世界上只排在第 80 位。目前矿产资源短缺所造成的供需矛盾日益突出。矿产资源的浪费也很严重。我国矿产资源总利用率仅 30%，远远低于国际先进水平。创造每单位的国民收入要比发达国家多投入 3～13 倍能源和 2 倍以上的有色金属。根本原因是没有建立起矿产资源消耗补偿的具体法律制度。征收矿产资源消耗补偿费，是实现矿藏资源国家所有权的必要形式，也完全符合市场经济规律，并与国际市场对接，按国际惯例办事。

〔附注：1994 年 3 月 19 日，第八届全国政协第二次会议增选朱训为全国政协秘书长。同年 5 月 12 日朱训被免去地质矿产部部长职务，宋瑞祥任地质矿产部部长。〕

〔朱德·中华人民共和国元帅·《朱德传》出版发行暨纪念朱德诞辰一百零七周年座谈会在北京举行〕 中共中央军委召开的《朱德传》出版发行暨纪念朱德诞辰 107 周年座谈会，于 1993 年 12 月 10 日在北京人民大会堂隆重举行。江泽民、李鹏、朱镕基、刘华清、荣毅仁及各界人士 300 多人出席了座谈会。

中共中央总书记、国家主席、中央军委主席江泽民在座谈会上发表讲话说，朱德是德高望重的老一辈无产阶级革命家、政治家、军事家，是我们人民共和国和人民军队的主要缔造者之一，是我们党和国家、军队的卓越领导人。他给我们留下了光辉的业绩和宝贵的精神财富。朱德是从一个爱国者、民主主义者成为伟大的共产主义者的。如果没有对国家、民族、人民命运的高度责任感，没有对马克思主义的真正了解和对中国人民解放事业的执著追求，没有惊人的毅力和勇气，要实现这样的转变是不可能的。他说，朱德有着钢铁般的坚强意志，他在一生的革命实践中特别是在党的历史的重要关头，充分表现出来的革命坚定性和矢志不移的马克思主义信念是共产党人极可宝贵的品格。它将鼓舞我们坚定不移地把我们所从事的伟大事业不断推向前进。

刘华清在讲话中着重讲了朱德对军队建设作出的贡献。他说，朱德始终不渝地坚持党对军队的绝对领导，要求全军坚持全心全意为人民服务的宗旨。他有极其丰富的治军经验，对如何养兵、带兵、练兵、用兵、军事指挥、政治工作、瓦解敌军、军事装备、后勤保障等，都有系统而深刻的论述。这些论述丰富了毛泽东军事思想体系，对中国人民解放军优良传统的形成和我军的建设起了重要的作用。建国后，他为我军的革命化、现代化、正规化建设作出了重要贡献。朱德将永远活在我们心中。朱德等老一辈无产阶级革命家的伟大业绩和思想风范，将永远是激励我们不断前进的巨大精神力量。

中央军委副主席张震，在座谈会上介绍了朱德的生平。他在发言中表示，我们要学习朱德的革命精神和思想品德，在以江泽民为核心的党中央、中央军委领导下，结合新时期军队建设的实际，认真学习《邓小平文选》第三卷和邓小平的其他著作，努力把我军的革命化、现代化、正规化建设提高到一个新的水平。

在座谈会上，薄一波、陈锡联、肖克等先后发言，深切缅怀朱德为中国人民解放事业建立的不可磨灭的巨大功勋。

李铁映、姚依林、宋任穷、雷洁琼、迟浩田、罗干、阿沛·阿旺晋美、赛福鼎·艾则孜、洪学智、赵朴初、胡绳、钱正英等和有关部门负责人，以及同朱德一起工作过的老同志、朱德的亲属等出席座谈会。

新出版的《朱德传》全面记述了朱德元帅一生的光辉历程。邓小平为这部书题写了书名。这部长 60 万字的传记由中央文献研究室编写，以翔实的资料描绘了朱德从一个爱国者、民主主义者成为伟大的共产主义者的光荣历史，生动地刻划了他追求真理、百折不挠、"度量大如海，意志坚如钢"、"临大节而不辱"的伟人情操，真实地反映了他投身革命后百战沙场的军事生涯和高超的指挥艺术，形象地展示了他光明磊落、襟怀坦荡、朴实宽厚的高尚人格。为写好这部传记，作者走访了许多与朱德有过直接接触的人，引用的多为第一手材料。该书还收录了反映朱德生平的珍贵图片 20 余幅，是一部具有珍贵史料价值的读物。

朱德，1886 年出生，四川省仪陇县人。幼年入私塾读书。1909 年考进云南陆军讲武堂，同年加入中国同盟会。1911 年在云南参加辛亥革命。1917 年任滇军旅长。1922 年，为寻求革命真理，他抛弃高官厚禄，离开云南，转赴德国，同年 11 月，由张申府和周恩来介绍加入中国共产党。1925 年赴苏联学习军事。1926 年夏回国。1927 年初到江西南昌创办国民革命军第三军军官教育团，参加领导了在江西南昌举行的"八一"起义，任起义军第九军副军长。1928 年初率起义军余部举行湘南起义，同年 4 月前往井冈山，同毛泽东领导的部队会合，成立工农革命军（不久改称工农红军）第四军，任军长。1930 年 8 月任中国工农红军第一方面军总司令，后任中国工农红军总司令。1930 年 9 月在中共六届三中全会上当选为候补中央委员。1934 年 1 月在中共六届五中全会上当选为中央政治局委员。同年 10 月参加长征。1935 年 1 月在贵州省遵义县城召开的中央政治局扩大会议上支持毛泽东的正确主张。长征途经四川北部时，红四方面军领导人张国焘进行分裂党和红军的活动，朱德同他进行了坚决的斗争。

1937 年抗日战争爆发后，中国工农红军改编为中国国民革命军第八路军，朱德任总指挥，率领和指挥八路军深入日军占领区后方，广泛开展游击战争，建立和扩大了许多抗日根据地。1945 年 4 月在中国共产党第七次全国代表大会上作《论解放区战场》的军事报告。在中共七届一中全会上当选为中央政治局委员、中央书记处书记。

在1946年开始的解放战争中，朱德任中国人民解放军总司令。曾亲临华北前线指挥作战，取得了清风店、石家庄战役的胜利。在战略决战阶段，协助毛泽东组织和指挥了辽沈、淮海、平津三大战役。和毛泽东一起发布向全国进军的命令，指挥人民解放军渡过长江，推翻了蒋介石在中国大陆的统治。

1949年10月中华人民共和国成立后，朱德历任中央人民政府副主席、中华人民共和国副主席、全国人民代表大会常务委员会委员长。在党内曾任中共中央政治局委员、中央军委副主席、中央纪律检查委员会书记、中央副主席等职。1955年被授予中华人民共和国元帅军衔。在“文化大革命”期间，曾遭林彪、江青反革命集团的侮辱和攻击。1976年7月6日在北京逝世，享年90岁。他的主要著作收入《朱德选集》。

〔朱士兴·古生物专家·发现宏观多细胞植物群化石〕　地矿部地质矿产研究所朱士兴研究员，同阎玉忠副研究员、陈辉能助理研究员，1993年在天津蓟县约17亿年前的地层中，发现了一个迄今最古老的宏观多细胞植物群化石，这是我国前寒武纪古生物研究中的一个重大突破。

朱士兴，1939年4月生，江苏省江阴市人。1963年毕业于南京大学地质系，在中国地质科学院工作二年，1965年调至天津地矿所（前身为华北地质研究所）工作至今。1963～1965年曾先后在中科院南京古生物地质研究所和南京大学生物系进修古藻类叠层石和现代藻类学。从1966年至今主要研究晚前寒武纪地层、叠层石、古藻类和微生物沉积、成矿作用。曾先后负责14个研究课题或专题的研究，共主编专著4本、参加编著4本、发表论文40余篇。1993年成为IGCP（国际地质对比计划）344项成员和中国国家工作组组长。

朱士兴于1993年承担主持地矿部下达的“晚前寒武纪重大生命事件的研究”课题。在研究中他们判断在天津蓟县有可能发现最古老的宏观生物化石。同年8月，朱士兴率副研阎玉忠、助研陈辉能来到蓟县考察，终于在蓟县自然保护区——下营镇团子山村和道古峪一带的约17亿年前的地层中，发现了一个迄今最古老的宏观多细胞植物群化石。他们研究了首批化石标本，又请同行专家进行会诊，确定这批化石确由各种宏观藻类化石组成，主要包括两类：一是带藻类，藻体宽0.1～5mm，最长32mm左右，多呈弯曲、折叠的带状体；二是叶藻类，藻体呈各种形态的叶片状，普遍有叶炳，有的还保存着固着器。据叶片形态可分为长叶藻、小叶藻和阔叶藻等新属。按照化石大小、体形和组织特征，它们中多数可能是高级褐藻化石，属由多细胞组成和具初步组织分化的多细胞植物化石。

朱士兴等的发现与研究不仅使宏观化石的地质记录提前了3～4亿年，而且与我国已知的青白口系龙凤山藻和北美小达尔群的同类化石相比，使后生生物的地质记录提前了8～9亿年。这在生物演化史上是一个重大事件。它对更新认识和研究地球早期生物演化的历史提供了新的科学依据，对前寒武纪生物地层学的应用提出了新的研究课题，而且还为深入探讨地球前寒武纪的古环境——地球早期古水圈、大气圈状况积累了珍贵的资料。

朱士兴自1977年以来，曾获1978年全国科学大会奖二项（一项为首、另一项为参加者），国家自然科学奖三等奖一次，天津市一级论文证书一次，地矿部科技三等奖一次。1986年获原联邦德国自然科学奖金一次。1992年获政府特殊津贴。他还被天津市授予前寒武纪古生物学家称号。

〔朱开轩·任国家教育委员会主任·谈实施《中国教育改革和发展纲要》问题〕　1993年3月29日，根据第八届全国人大第一次会议的决定，朱开轩被任命为国家教育委员会主任。

朱开轩，1932年生，上海市人。1951年入中国人民解放军第一航空学校学习。1953年加入中国共产党。1958年毕业于北京航空学院自动控制系。历任北京航空学院讲师、系副主任、院副教务长、副院长、院党委书记，高级工程师，中国科协第三届全国委员会常委。1985年起任国家教委副主任。1988年任国务院学位委员会副主任。是中共第十三、十四届中央候补委员。

1993年5月，朱开轩在国家教委的一次会议上强调，今后教育工作的重点是认真实施《中国教育改革和发展纲要》，1993年着重抓好三项工作：一是国家教委和所属司局都要系统制订落实《纲要》实施方案；二是积极推动、督促各级政府采取措施，创造有利于教育改革和发展的大环境，把实施《纲要》列入政府的工作职责和目标；三是抓好一批典型。今后一段时间要为稳定教师队伍抓紧办好八件实事，包括提高广大教师待遇，鼓励有条件的地方政府在此基础上再增加一些教师工资，支持有条件的学校继续实行内部工资制度改革，继续抓紧改善教委直属高校教师住房困难，认真解决部分地区严重拖欠教师工资问题。

〔朱少瑜(女)·惠州银华实业总公司总经理·获全国优秀女企业家称号〕　经过艰苦奋斗将企业扭亏为盈并发展壮大的广东省惠州银华实业总公司总经理朱少瑜,在1993年"三八"国际劳动妇女节前夕,被中国企业管理协会女企业家协会、全国妇联授予"全国优秀女企业家"称号,并被全国妇联授予"全国巾帼建功标兵"称号。

朱少瑜,1934年2月22日生,广东省清远县人,中国共产党党员,高级经济师。建国后,曾在清远县卫生院、县土改工作队,连山县青年团委、县妇联工作。1955年起任韶关生产资料供应站、五金交电公司、惠阳五金交电公司股长,惠州市商业局业务科副科长。1980年调任惠阳地区商业信托贸易公司副经理,主持业务工作。她克服人员少、资金缺等困难,带领全体职工努力工作,仅一年多就盈利一百多万元,建办公楼一幢、宿舍二幢,并使职工的生活福利待遇有了较大提高。1982年调至经营亏损达479万元,企业濒临破产的惠州商业服务大厦任总经理。朱少瑜深入了解情况,制定、实行挽救企业的措施,抓经营管理改革,同时亲自到省内外大中城市开拓贸易业务,并切实解决职工的实际困难,调动职工的积极性。通过5年努力,到1987年,大厦营业额为5年前的三倍,达2363万元,实现利润124万元。如今,这座商业大厦已发展成为一个集饮服、贸易、实业、生产于一体的综合经营的国营企业——银华实业总公司。固定资产由100多万元上升为8000多万元,实现利税最高达480万元。公司先后被评为省先进企业、"双增双节"立功竞赛先进集体、职业道德教育优秀集体,连续6年被评为市"重合同守信用企业"。她个人曾先后获市、省、全国"三八"红旗手等称号。朱少瑜还是全国女企业家协会理事、广东省女企业家协会副会长、惠州女企业家协会会长。

〔朱日祥·青年地球物理学家·获中国科学院青年科学家一等奖〕　中国科学院地球物理研究所研究员朱日祥于1993年12月获中国科学院青年科学家一等奖。

朱日祥,1956年8月生,山西省大同市人。1978年毕业于山西大学。1984年在中国科学院研究生院获硕士学位。1989年在中国科学院地质所获博士学位。1989至1992年在中国科学院地球物理研究所做博士后。后留所工作。现为该所研究员,古地磁实验室副主任。

朱日祥在地磁极性倒转、岩石磁学、地球磁场古强度、长期变化、古地磁学在大地构造中的应用以及磁性地层学等各个领域开展了多层次的研究,取得了一系列重要成果,特别是在极性转换期间地球磁场形态学研究领域的成果,不仅在国内属开创性,而且处于国际领先水平。有关转换场形态学研究是当代地磁学科的前沿课题之一。他在国际上首次利用风成沉积物确定了极性转换期间地球磁场时空分布特征,提出了地磁极性快速倒转在时间分步上的不对称性以及地磁极环太平洋分布与核幔边界流体运动和地幔结构相关等新观点。这些结果是富有创造性的工作。法国、加拿大、美国等一流的古地磁实验室先后邀请他做研究工作。他经过反复实验和理论研究提出了一系列测定地磁古强度的新方法,首次获得地质时期地球磁场绝对强度的一些可靠数据,并探讨了地球磁场强度与宇宙射线和气候变迁的相关性,这一研究对全球变化具有重要意义。

朱日祥先后主持和完成多项国家基金委和中科院的科研项目及"八五"重大项目,先后在国内外学术刊物上发表论文40余篇,他的科研成果和论文都受到国内外学术界的重视和好评。鉴于他的突出成就,1992年被授予赵九章优秀中青年科学奖。

〔朱光潜·已故著名美学家·《朱光潜全集》出版〕　二十卷巨著,七百万言的《朱光潜全集》,于1993年7月出版。

在二十年代就登上中国文坛的朱光潜,曾以一本《给青年的十二封信》而倾倒了一代青年学子,该书堪与当时冰心的《致小读者》相媲美。此后,朱光潜开始致力于美学研究,接连撰写了《悲剧心理学》(英文)、《文艺心理学》、《谈美》、《变态心理学》等一系列学术著作,使他跻身于当时最著名的理论家和作家的行列。五十年代后期开始的一场美学大讨论,其核心就是批判朱光潜的美学思想。但是,作为批判对象的朱光潜却没有灰心丧气,更没有缄默不言,而是十分虔诚地接受马克思主义,积极参加大讨论。这场大讨论的焦点是美的本质。美是客观的,主观的,还是主观与客观辩证统一的呢?朱光潜的观点是"美是主观与客观的统一",这一美学观点是在批判了"主观——客观"的二元论基础上提出来的,它超越了二元论,因而揭示了为主观论者或客观论者所忽略了的美的深层奥秘。这场大讨论以后,朱光潜出版了《美学批判论文集》,做了一生中第一次系统的理论综合,并撰写了我国第一部全面系统地阐述西方美学思想发展,代表了迄今为止我国对西方美学研究水平的专著——《西方美学史》。

1976年以后,朱光潜以耄耋之年又活跃于中国文坛之上,连续发表了大量论文和《谈美书简》、《美学拾穗集》等美学著作，翻译了柏拉图的《文艺对话集》、莱辛的《拉奥孔》、爱克曼的《歌德谈话录》、黑格尔的《美学》和维柯的《新科学》等西方美学名著；并做了一生中第二次系统的理论综合。他深入地钻研了马克思的《费尔巴哈论纲》及《1844 年经济学——哲学手稿》，认为马克思在美学上的贡献就在于倡导了由单纯的“认识观点”转变到“实践观点”，强调了“主体（人）与对象（物）的相互推进，不可偏废”，和在方法论上主张人是一个整体，“人与自然及人本身各种功能的辨证统一”，从根本上扬弃了他五、六十年代理论中的矛盾和不足，进一步丰富了“美是主观与客观的统一”这一美学观点的哲学命意和理论蕴含。他的这次综合，以马克思主义的实践观点为中心，从人的本质开始，涉及一系列重大理论问题，从而对当代美学作了一个初步的总结。

朱光潜，生于 1897 年，安徽省桐城人。字孟实。1922 年毕业于香港大学。1925 年起赴英、法留学，先后获硕士和博士学位。1933 年回国。先后在北京大学、四川大学、武汉大学、西南联大等校任教授，并曾任四川大学文学院院长、武汉大学教务长、北京大学西语系主任、文学院代理院长、商务印书馆《文学杂志》主编。建国后，历任全国政协第二、三、四、五届委员，第六届常委，民盟第三、四、五届中央委员，中国美学学会会长、名誉会长，中国作家协会顾问，中国社会科学院学部委员，北京大学英语语言文学系一级教授等职。他的名言：“以出世的精神做入世的事业”，既是他自己精神境界的反映，也是他一生实践的体现。1986 年 3 月 6 日朱光潜病逝于北京。

〔朱兆良·土壤学家·当选中国科学院学部委员〕 中国科学院南京土壤研究所研究员朱兆良于 1993 年 12 月当选为中国科学院生物学部学部委员。

朱兆良，1932 年 8 月 21 日生，浙江省奉化县人。1953 年毕业于山东大学化学系。历任中国科学院南京土壤研究所研究实习员，助理研究员、副研究员、研究员。他在氮素供应方面，建立了用土壤矿化铵的 N—15 丰度作为参比值和首次对土壤供氮能力进行了定量解析，测定水稻全生育期中非共生固氮量的方法，修正了通常以水稻累积氮量作为土壤供氮量量度的错误概念，为平衡法推荐作物氮肥施用量提供了理论依据，获 1990 年国家科技进步二等奖。在稻田氮肥损失方面，进行了农田土壤中氮肥去向的研究，明确了我国农田土壤中氮肥损失的严重性，土壤反应、氮肥种类、施用时期、施用方法、生物活性抑制剂等对氮肥损失的影响，氮素损失的原因、途径和最大值出现的时间，提出水稻田减少氮肥损失的合理施用新原则，使我国在这一领域的研究水平进入国际先进行列；揭示了三熟制中作物的高产对土壤养分供应速率的要求明显高于两熟制，为太湖地区双三制的调整和合理施肥作出了重要贡献；阐明了稻田土壤供氮特性中早发和晚发的机理，指出土壤氮素的矿化过程与水稻高产的需氮过程之间存在着明显的不协调，研究了高度集约栽培条件下的养分协调问题，提出了控制氮肥施用量和重视其他肥料配合施用的建议，获 1987 年国家科技进步二等奖。

〔朱志豪·高级工程师·指挥建设上海杨浦大桥获得成功〕 世界第一斜拉索桥——上海杨浦大桥于 1993 年 10 月 23 日正式通车。邓小平题写桥名，朱镕基等参加了通车庆典。这座大桥经 20 多家建设单位 2 年零 5 个月的艰苦拼搏全面建成，建设大桥的总指挥是高级工程师朱志豪。

朱志豪在 5 年内指挥建设了南浦、杨浦两座大桥，被报刊誉为“特大桥梁工程总指挥”、“冲破旧体制的改革者”。杨浦大桥全长 7658 米，其中主桥长 1172 米，主跨 602 米，主塔高 208 米，它采用横跨过江的双塔双索面迭合梁斜拉桥结构，长度、跨度均居世界同类桥梁之首。主桥桥面设 6 条双向机动车道，每天可通行汽车 5 万多辆。整个大桥 12600 吨钢梁、970 块混凝土板、33 万套高强螺栓，其精度和质量均达到优等。主桥钢梁结构是靠高强螺栓连接固定的，大桥的螺栓孔多达 100.8 万只，安装 100% 对上号，其误差率为零。 大桥主塔设计要求垂直精度为 1/3000，而实际精度已达到 1/15000，这意味着 208 米高的主塔，垂直偏差只有 1.39 厘米。上述这些使欧、美、 日等国建筑专家大为惊奇。大桥建成后，给国家和上海市带来了巨大经济效益和社会效益。

朱志豪担任建桥总指挥，实行全新的工程技术责任制，采取一系列改革措施：第一，按国际惯例和建设标准，通过招标形式选择设计、施工、材料供应、质量监理队伍，取得最佳效益；第二，把竞争机制引入建桥工程，组织两支施工队伍同步建设，开展技术质量竞争；第三，大桥质量管理与国际标准接轨，实行全过程跟踪监理；第四，在关键问题上敢于拍板，敢负责任。在讨论选择什么样的大桥桩基时，两种意见针锋相对：一种意见是采用钻孔灌注桩，花钱较少，但工期较长，承受力亦有限；另一种认为打钢管桩速度快，承受力强。朱志豪依据上海地质状况，毅然采用打钢管桩方案，虽然比钻孔桩多花 70% 的钱，但大桥工期提前了 100 天，为国家多收益 3300

多万元，不仅补上了购钢管的钱，而且大桥质量经得起历史检验。

朱志豪，广东省南海县人，1931年8月生，土木工程中专毕业。1951年参加工作，长期从事工业与民用建筑业务，历任工程队长、技术员、工程科长、处长、副指挥、总指挥等职，参加过长春第一汽车制造厂、上海30万吨合成氨工程，曾负责上海游泳馆、上海体育馆、上海宾馆、龙柏饭店等重点工程建造。先后获得上海市科技进步三等奖、二等奖。1991年被国务院授予"工程技术突出贡献者"、"全国优秀领导干部"称号，同年被评为上海市建设功臣、优秀共产党员；1992年被评为上海市劳动模范，获全国"五一"劳动奖章，当选中共十四大代表、第八届全国人大代表。

〔朱启平·著名记者·在美国旧金山逝世〕 在《大公报》前后工作30年，第二次世界大战中担任中国驻太平洋战区随军记者的朱启平，因病于1993年11月12日在美国旧金山的寓所逝世。中国记协特电其家属表示悼念。

朱启平，1915年11月生于上海，浙江海盐人。1937年毕业于北平燕京大学新闻系。先后在重庆《新蜀报》和《国民公报》工作，1940年进入重庆《大公报》。太平洋战争爆发，他被报社派往美国太平洋舰队任随军记者，写了许多出色的战地通讯。麦克阿瑟将军和中英苏法代表在东京湾美国军舰密苏里号接受日本投降，朱启平为参加仪式的少数采访记者之一。他于当天撰写的著名长篇通讯《落日》，记述1945年9月2日穷兵黩武的日本军国主义者签字投降情景，给读者留下深刻记忆，该文被列入大学新闻系的典范作品。1946年夏，《大公报》派他任驻美及联合国记者，其间写了不少精彩的美国通讯，其中一篇题为《大户人家办喜事——共和党第24届全国代表大会》，报道美国大选情况，受到读者称赞。

1950年，他被派往朝鲜前线，在战火中采访停战谈判，两年后归国，任香港《大公报》驻京记者。后被错划为"右派"，改行教书。1978年调香港《大公报》工作，1979年撰写了在法国谒戴高乐将军墓的评述文章《伟大的平凡》，一时为人们传诵，后被列入新亚洲文化基金会编印的《中国当代新闻文学选》书中。

1984年退休，不久即侨居美国。

〔朱其华·著名潜水员、海军某部救生船大队副大队长·在舟山逝世〕 曾经创下我国120米氦氧潜水纪录，12次突破"死亡禁区"，被人们誉为"东海水神"的海军驻舟山某基地救生船大队副大队长、国家一级潜水员朱其华由于长年超负荷的水下工作，积劳成疾，于1993年4月19日心脏病突发抢救无效在舟山逝世，年仅47岁。

朱其华，山东人，1946年出生，1965年成为一名潜水员。28年来，他出生入死忘我拚搏战斗在潜水打捞、抢险救灾第一线，共执行各种重大试验和急难险重任务100多次，刷新了数百次潜水纪录，累计潜水时间达1400多小时，为海军潜水员之最。他多次被海军、舰队评为"优秀共产党员"，先后荣立二等功1次、三等功6次，1987年海军党委曾授予他"无私无畏的水下尖兵"荣誉称号。

不怕艰难困苦，对工作件件较真，是朱其华短暂人生的真实写照。他常说，"作为一名共产党员，就要像铁锚一样，组织上抛在哪里就要在哪里牢牢生根"。1971年冬在云南抚仙湖我国首次进行氦氧深潜试验，这是一种探险式极限试验。不少国家进行此项试验曾多次发生过潜水员致残、丧生事故。朱其华深知此次试验的风险。行前他特意给远在家乡的妻子写了一封类似遗书的信："俺要到云南接受一项光荣而特殊的任务，如果俺有个三长两短，请你到部队来一趟，收拾收拾俺的东西，记住千万别告诉俺娘，就说俺远航去了……"就在试验即将进行的前两天，朱其华因水土不服严重腹泻，超剂量服用黄连素也未能止住。试验小组出于安全考虑，决定取消他的下水计划。朱其华急红了眼："人生能有几回搏？为了祖国的荣誉，俺就是准备竖着来，横着去的！"就这样朱其华一次吞下8片黄连素毅然用2分钟时间下潜了120米的潜水禁区，并配合试验在冰冷的湖底里顽强坚持了8小时，以超人的意志和智慧创下了氦氧潜水的亚洲纪录。

28年间，类似的纪录朱其华到底创造和刷新了多少，谁也说不清，但是人们都知道他为实践其"苦在人前，险揽自身"的诺言所说的一名话："只要俺当一天头儿，谁也别想跟俺抢下头水！"

由于长年超负荷、超时限的水下工作，朱其华相继患上了腰肌劳损、关节炎、胃溃疡、心脏病和高血压等病症，两条腿也由于得了减压病脆得像蜂窝，有时双手颤抖得连饭碗都端不住。早在7年前，各级组织就多次要为他调整工作岗位和职务，可他坚决请求继续从事潜水工作。"俺就像一条鱼，离开水就蹦达不了啦！"于是，在营职岗位他一干就是8年，去世前还是个副团级干部。

1993年4月1日，"东救329艇"开赴椒江执行探摸沉船任务。在家休息的朱其华闻迅主动请缨，带着一大堆降压药，踏上了他潜水打捞生涯的最后航程。在他的指挥下，潜水探摸沉船一次成功。17日下午，"东救329艇"带着沉船数据胜利返航。4月18日，朱其华感到头晕胸闷，血压舒张压突破110毫米水银柱。可是他却瞒着军医，组织了一天潜水器材吊装。晚上，朱其华回到家早早地就躺下了，他睡着了，竟再也没有醒来……

在痛悼这位英年早逝的"东海水神"时，海军广大官兵以大海作墨，泣吟一副挽联为他送行：闯龙潭大智大勇出生入死建奇功　战风浪无私无畏江河湖海矗丰碑

〔朱国福·已故中国第一个拳击家·其事迹在报纸披露〕　1993年4月3日，《人民日报》海外版刊载《中国第一个拳击家——朱国福》一文，介绍了朱国福在我国首先学习"西洋拳"（现代拳击），在上海万国竞武场国际拳击比赛中击败白俄拳击家裴益·哈伯尔，在上海组织女子拳击队，在南京训练出我国第一批拳击运动员的事迹。

朱国福（1891——1968），字炳公，号果夫，河北省新城县人，是形意门八代传人之一。其师爷是形意泰斗名闻南北的李存义，自幼习形意拳，于弱冠之年闯上海滩，为巨贾黄焕南之先施公司保镖护院。当目睹国人在"洋夷场"与洋人比赛拳击屡遭凌辱之时，他决心习"西洋拳"，以雪国耻。

1923年8月，上海法租界万国竞武场举办国际拳击比赛。朱国福报名参赛，与德人编为一组。6天后他正欲上台对垒，德人突然宣布弃权。朱国福坚持要比，德方经纪人只好找一欧洲名将、白俄拳击家裴益·哈伯尔与他比赛。英方经纪人见裴氏比朱氏重32磅，高6寸，便劝说拳击是要打死人的，欲阻止比赛。朱国福坚持要赛。大会律师出面调停，谓双方差距太大，不合规定。朱国福非比不可。大会律师只好允诺，条件是朱国福必须自请律师做公证人。朱国福请好友唐豪和史良为律师，并与斐氏签下生死合同。大会规定比赛6次，刚到第4次，朱便将裴氏击倒。8月13日上海《申报》载文《竞武场二次中外人士比武纪详，中华体育会会员朱国福战胜俄人》。

朱国福首次击败欧人，轰动上海滩，西人称他为"怪拳"，英、法、德等拳击界经纪人相继重金相聘均被谢绝。及至1928年，神州600豪杰大竞技，朱国福独占鳌头，终被聘为南京国术馆教务处长。他将"西洋拳"取名"搏击"，正式列入教学。朱国福身为教务处长，不仅亲自教形意和拳击，还从自己薪水里拿出一部分组织拳击队，训练出一批拳击人才。其中有我国目前拳坛老前辈周士彬、复旦大学教授李锡恩、同济大学教授张世正等。但由于国民党政府不重视体育，国术馆财政拮据，后朱国福终因国术馆不购置拳击设备与当局发生分歧愤而离馆赴湖南。难能可贵的是，朱国福不仅在南京国术馆，早在上海时，他就开始了对女子拳击手的培养和训练。1933年第二届全国国术比赛拳击获胜者女子前3名赵云霞、赵飞霞、蒋惠娴，都是朱的学子，这可称得上是世界上第一支女子拳击队。

〔朱金春·中学教师·率该校7名学生参加第十四届世界头脑奥林匹克竞赛获第一名〕　上海市市北中学教师朱金春，带领该校7名学生参加1993年6月5日在美国华盛顿举行的第十四届世界头脑奥林匹克竞赛。参加此次竞赛的有来自17个国家和美国47个州的700多个队。中国队自1988年参赛以来，曾获得两次第二名，此次是第一次获得金牌。参加比赛的学生是李孙新、顾轶骏、陈骏、倪珏、何灵骏、王朝勇和徐雷。在这次比赛中，朱金春还获得教练比赛第三名。

朱金春，上海市人。1953年11月3日生。1960年入上海闸北中兴路小学，1966年入上海星火中学，1970年到黑龙江嫩江县插队，1975年考入华东师范大学物理系。1978年分配到上海市市北中学任教，1988年东渡日本入日本东京语言学校学习，1989年回校任教。他带的学生，1991年曾获上海市头脑奥林匹克"巧送网球"初中组第一名；1992年获上海市头脑奥林匹克"延时反应"初中组第三名；1993年获上海市头脑奥林匹克"恐龙"初中第一名。他研制的"静力学演示器"，参加1993上海市中学物理自制教学仪器展评，获三等奖。

〔朱承修·新华社副总编辑·获首届韬奋新闻奖〕　中国记协和中国韬奋基金会联合举办的首届韬奋新闻奖于1993年12月17日在京颁奖。新华社副总编辑、高级编辑朱承修获奖。

朱承修，1930年生，江苏江阴人。1949年毕业于上海中国新闻专科学校，同年7月到新华社华东总分社工作，1951年调新华社总社。

朱承修从事新闻工作40多年来，长期担任军事、政治报道。抗美援朝期间为志愿军总分社主要编辑。回国后参与或主持了解放浙江沿海岛屿以及中印边境自卫反击战等重大军事题材的报道和编辑工作。

他曾参与多届中共代表大会、全国人大会议等报道组的领导工作。能较好地把握宣传方针，做细致的组织工作，妥善安排发稿，努力从整体上提高新华社报道的水平。

朱承修对新闻业务研究有素,写了不少业务研究文章。积四十多年经验,他认为当一名合格的编辑,一要掌握党的路线、方针、政策,了解当前形势,突出报道重点;二要熟悉编辑业务,有过硬的文字、文学根底;三要甘当无名英雄,努力为他人做嫁衣裳。1984 年被评为全国优秀新闻工作者。

〔朱贵卿·已故著名结核病和呼吸内科学家·逝世十周年纪念〕 1993 年 5 月 8 日,在北京协和医院举行了纪念我国著名结核病和呼吸内科学家朱贵卿教授逝世十周年座谈会。

朱贵卿,1908 年 9 月 15 日生,浙江吴兴(今湖州)人。1937 年毕业于北平协和医学院,曾任协和医学院讲师、副教授。中华人民共和国成立后,历任协和医学院、首都医院及中国首都医科大学(现名中国协和医科大学)副教授、教授和内科副主任、主任等职。1983 年 4 月 21 日逝世。

朱贵卿一生致力于结核病和呼吸系统疾病的防治研究工作,作出了突出的贡献。他医学基础扎实,临床经验丰富,学术造诣很深,他是我国第一部呼吸系统疾病参考书《胸部疾病》一书的主编之一。并编写了多本通俗易懂的防治胸部常见病的科普书籍。他从 1958 年起即患心绞痛,1964 年作了直肠癌切除术,20 多年他克服了疾病带来的痛苦与生活不便,常口含着硝酸甘油参加专业组查房,吸着氧气仍在家中修改稿件,他以高度的事业心和责任感一直工作到生命的最后一息。他在逝世前三年间以顽强的毅力,不顾严重心绞痛频繁发作,完成了我国第一部《呼吸内科学》的主编工作。

朱贵卿历任中国防痨协会常务理事,中华医学会结核病科学会副主任委员、顾问,中华医学会呼吸病学会顾问,《中华结核病科杂志》副总编辑、总编辑、顾问等职。

〔朱洪荫·我国整形外科奠基人之一·被聘为中华医学会资深会员〕 1993 年 1 月 16 日,具有 78 年历史的中华医学会,正式宣布首批聘任 41 位在医学上有重大成就、德高望重的内外科专家为中华医学会资深会员。北京医科大学第三临床学院教授、我国整形外科奠基人之一朱洪荫获得这一荣誉。

朱洪荫,1914 年 4 月出生于北京,蒙古族。1943 年毕业于北平协和医学院并获医学博士学位。毕业后,历任北平中央医院(现北京医科大学人民医院前身)外科住院医师,北京医学院附属医院(现北京医科大学第一临床学院)外科住院总医师、助教、讲师、副教授、教授、成形外科主任、成形外科研究室主任,北京医学院第三临床学院成形外科主任等职。

朱洪荫是中国整形外科奠基人之一。1949 年率先在北京医学院创立整形外科专业,五十年代初编写了整形外科学专著《成形外科学概要》,1986 年主编的《中国医学百科全书·整形外科学》出版。在整形外科临床和实验研究方面学识渊博、成就卓著。还参加编写了《肾移植》和《基础和临床免疫学》等专著。

朱洪荫还兼任中华医学会整形外科学会常委,《中华烧伤整形外科杂志》副总编辑,《中华外科杂志》编委,卫生部医学科学委员会委员,第三届全国人大代表,第五、六、七届全国政协委员等职。

〔朱祖威·集邮家·编著《中华世界邮票目录·亚洲卷》出版〕 著名集邮家朱祖威,为向《纪念毛泽东同志诞辰 100 周年全国邮展》献礼,于 1993 年编辑出版了《中华世界邮票目录·亚洲卷》。这部资料翔实的大型图谱式集邮工具书,容纳了亚洲 43 个国家的 4 万余幅邮票图。

朱祖威,1936 年生于江苏省无锡市,那里的集邮活动在历史上享有盛誉。少年时代的朱祖威就对集邮产生了浓厚的兴趣。他将早点钱、零用钱都变成了五彩缤纷的邮票。1950 年,年仅 14 岁的朱祖威隐瞒年龄,带着他的集邮册参加了中国人民志愿军。在紧张战斗的空隙,战友们和朝鲜阿妈妮帮他收集了许多朝鲜邮票,令他爱不释手。1954 年,朱祖威凯旋归国,他把大部分薪水都变成了中外邮票,有了不少的收藏。他一方面认真整理邮集,一方面把自己研究的心得写成集邮文章。1963 年,当他脱去穿了十余年的绿军装时,他的处女作在《集邮》杂志上发表了。至今他已在中外著名邮刊上发表了五百多篇文章。

"文革"中朱祖威成了"走资派",他辛勤收藏的邮票惨遭洗劫。从此,他的集邮活动转入"地下"。"文革"后,朱祖威焕发了艺术青春,把蓄积已久的能量一古脑地喷发出来。尤其是 1988 年以后,他的知名度在直线上长,做了几件轰动邮坛的大事。他参与策划编写的我国第一部最完整的大型图谱式集邮工具书《中国邮票全集》(第一卷《清代民国卷》、第二卷《中华人民共和国卷》、第三卷《解放区卷》)仅用三年时间于 1990 年前后陆续出版,北京市新闻出版局对其评价为"前无古人,功德无量",填补了我国集邮文献的空白。1990 年朱祖威主编的《列宁邮票全集》在列宁诞辰 120 周年前夕举行了首发式,中央电视台当晚在电视新闻中播放,第二天,《列宁邮票全集》随李鹏总理飞往前苏联,并被作为国家礼品赠送给苏联外长、列宁故居和列宁博物馆。这本邮集被评为北京市优秀图书一等奖，在1991年举办的《光辉的七十年》全国邮展上荣获镀金奖。1990年朱祖威主编的《亚运会邮票全集》于亚运会前夕在亚运村举行了首发式，这在亚洲是史无前例的。当时的亚奥理事会主席法赫德亲王闻知后非常高兴，寄来一封亲笔信，信中说："这是亚运会历史上首次产生的完整的邮票全集。……"这部邮集在巴塞罗那奥运会邮展上获大银奖。1991年，为了向《光辉的七十年》全国邮展和毛泽东同志诞辰100周年献礼，朱祖威又编辑出版《毛泽东邮票全集》，当时就有84个驻华使馆订购这本书。该邮集在全国邮展上获镀金奖。

朱祖威的下一个目标是于1994年打出《中华世界邮票目录·欧洲卷》。

〔朱森林·再次当选广东省省长·在金融工作上向全省各级政府提出约法"三章"〕　在1993年2月8日举行的广东省第八届人大第一次会议上，朱森林再次当选为广东省省长。

朱森林，1930年生，江苏川沙（今属上海市）人。1952年加入中国共产党。历任中共广州市委组织部副处长、办公室主任，中共广州市越秀区委书记，中共广州市委副秘书长兼办公厅主任、市委常委、市委政策研究室主任、市委副书记，广州市市长。1988年起任中共广东省委常委兼广州市委书记，中共广东省委副书记，广东省代省长、省长。是中共第十三届中央候补委员，第十四届中央委员。

1993年8月在广东省金融工作会议上，朱森林向全省各级政府提出约法"三章"：不准随意干预金融的正常运转，不准强行让银行担保、贷款、融资，不准弄虚作假和出现问题隐瞒不报。

〔朱敦法·国防大学校长·晋升上将军衔〕　1993年6月7日，中央军委命令，国防大学校长朱敦法晋升为上将军衔。

朱敦法，1927年9月生，江苏省沛县人。1939年参加八路军。1945年加入中国共产党。1947年任晋冀鲁豫野战军旅侦察连连长，在豫北战役中立大功，并获三级战斗英雄称号。1948年在淮海战役中再次立大功。后任第二野战军师侦察股股长、营长。参加了邯郸、陇海、渡江、西南等战役。1951年3月起，任师侦察科科长、团长。1953年参加抗美援朝，在中国人民志愿军任团长。1958年回国。1960年毕业于军事学院。后历任副师长、师长、军参谋长、副军长、军长。1985年起任沈阳军区副司令员、广州军区司令员。1992年10月起任国防大学校长。是第六、七届全国人大代表，中共第十四届中央委员。1988年被授予中将军衔。

〔朱镕基·中共中央政治局常委·连任国务院副总理〕　1993年3月29日，根据第八届全国人民代表大会第一次会议决定，朱镕基被任命为国务院副总理。这是他1991年4月经七届全国人大第四次会议决定任国务院副总理后，连任这一职务。

素有"解决经济难题能手"美誉的朱镕基，1993年致力于推进国民经济持续、快速、健康地发展，为整顿金融秩序、加强宏观调控、平抑粮油价格作出了贡献。

7月2日，朱镕基兼任中国人民银行行长。5日，主持召开了为期三天的全国金融工作会议，对整顿金融秩序、严肃金融纪律、推进金融改革、强化宏观调控作出具体部署。他在开幕会上讲话指出，当前国民经济运行中的各种矛盾集中表现为资金紧张，究其根源是投资规模过大，问题在于经济结构没有改善。由于金融在国民经济中处于重要的枢纽地位，同时在金融管理和金融纪律方面存在的问题又相当多，因此党中央、国务院决定从整顿金融秩序，严肃金融纪律入手，通过进一步加快改革开放步伐，强化宏观调控，尽快建立社会主义市场经济体制的办法来解决前进中的问题。7月9日，朱镕基在闭幕会上对金融系统提出"约法三章"，即立即停止和认真清理一切违章拆借，限期收回违章拆出的资金；任何金融系统不得变相提高存贷款利息；立即停止向银行自己兴办的经济实体注入资金。他要求各级银行执行"约法三章"，否则，将严重追究当事人和主要负责人的责任。

7月10日，国务院举行第二次全体会议，朱镕基受李鹏总理委托主持会议，部署贯彻中共中央、国务院关于加强宏观调控，做好当前经济工作的措施。他对国务院各部门的工作提出了要求，对贯彻落实好党中央、国务院的重大决策作了动员和部署。在一系列强化宏观调控措施出台之后，整顿金融秩序迅速收到成效。8月30日，朱镕基在向八届人大常委会报告经济工作时指出，整顿金融秩序、加强宏观调控已经取得初步成效：银行违章拆借得到制止，到8月15日止，已经收回违章拆借资金727亿元，占全部拆出资金的三分之一；社会上非法集资的现象得到初步控制，扭转了储蓄滑坡局面；人民币汇价迅速由1美元兑换11元人民币降到并稳定在1美元兑换8.8元人民币左右；保证了夏粮收购资金，基本没有发生给农民打白条的现象；一些地方曾经炒得很高的房地产价格下跌，生产资料价格也有所回落。

11月，全国一些地区粮油价格大幅度上涨。对此，朱镕基在安徽芜湖等地考察后指出，今年粮食获得了丰收，全国总产量高于去年；全国粮食收购进度不慢于往年供求平衡没有问题；国家粮食库存充足，库存粮食超过历史最高水平。因此，11月下旬以来粮价大幅上涨的情况是不正常的，是暂时的，心理的因素推动起来的。朱镕基说，党中央、国务院已经作出全面部署，采取有效措施，以迅速平抑粮食价格，确保市场稳定。12月27日，国务院召开全国平抑粮油价格工作会议。朱镕基在会上强调指出，粮油价格是市场基础价格，必须迅速抑制目前的涨价势头，使之恢复到合理水平，防止可能发生的连锁反映。为此，他提出了两大举措：第一步，在1993年底以前，国有粮店把粮食销价降到相当于国家计划规定的1994年度粮食价格水平；第二步，在春节以前再适当降低，为明年预定的粮食调价留有余地。国有粮店要充分发挥调控市场的主渠道作用，挂牌降价，敞开供应。他要求国务院各部门要精心做好组织、协调工作；铁道、交通运输系统要把运粮、油、副食品放在优先地位，充分予以保证；地方各级人民政府及其粮食、物价、工商、税务等部门要加强监督、检查，依法管好粮食市场；严厉打击哄抬投机、欺行霸市的违法行为，确保粮食市场的稳定，确保降价目标的限期实现。在上述一系列配套措施实施兑现以后，1993年底全国各地粮油市场迅速趋向稳定，一些地区还出现了价格回落。

在1993年，朱镕基先后出席了全国棉花工作会议、全国科技工作会议、全国财政工作会议等重要会议，对发展棉花生产，深化科技体制改革，整顿财税秩序、加快财税改革发表了重要意见。他还先后到山东农村、湖南洞庭湖区、上海浦东、贵州和内蒙等地考察工作，针对当地经济建设的情况提出了意见和要求。

5月16日至6月1日，朱镕基应邀对加拿大、墨西哥、巴西三国进行了正式访问，会见了三国领导人并同各方面人士进行了广泛接触，进一步推进了中国同上述三国的友好合作关系。在这一年内，朱镕基先后会见了来我国访问的西班牙首相冈萨雷斯、奥地利总理弗拉尼茨基、美国前总统尼克松、津巴布韦总统穆加贝、美国前国务卿基辛格、德国总理科尔。并受李鹏总理委托，与来访的新西兰总理博尔格举行了会谈。

朱镕基，1928年10月生，湖南长沙人，1949年10月加入中国共产党。1947年至1951年在清华大学电机系学习并参加"新民主主义青年联盟"。1951年至1952年任东北工业部计划处生产计划室副主任。1952年至1958年任国家计委燃料动力局、综合局组长，国家计委主任办公室副处长，国家计委机械局综合处副处长。1958年至1969年任国家计委干部业余学校教员、国民经济综合局工程师。1970年至1975年下放国家计委"五七"干校劳动。1975年至1979年任石油工业部管道局电力通讯工程公司办公室副主任、副主任工程师，中国社会科学院工业经济研究所室主任。1979年至1982年任国家经委燃料动力局处长、综合局副局长。1982年至1983年任国家经委技术改造局局长，国家经委委员。1983年至1985年任国家经委副主任、党组成员。1985至1987年任国家经委副主任、党组副书记。1987至1991年任中共上海市委副书记、上海市市长、市委书记。1991年后任国务院副总理兼国务院生产办公室主任、党组书记，兼国务院经济贸易办公室主任、党组书记。他是第七届全国人大代表，中共第十三届中央候补委员，第十四届中央委员、中央政治局委员、常委。

〔朱鹤年·著名生理学家和医学教育家·在上海逝世〕　第二军医大学专家组组长、全军医学技术委员会委员、一级教授朱鹤年，1993年9月12日在上海逝世，终年88岁。

朱鹤年，1906年生，江苏海门人。1926年毕业于复旦大学生物系。1927年赴美国留学，1930年获芝加哥大学理科硕士学位，1932年获康奈尔大学哲学博士学位，并赴英、法、德、奥、意等国考察，同年回国。曾任中央研究院心理研究所研究员，湘雅医学院、江苏医学院教授。1949年上海解放不久，他应聘到华东人民医学院任生理学教研室主任、教授。1961年参加人民解放军，任第二军医大学生理学教研室主任、教授。1985年加入中国共产党。

早在1928年，朱鹤年就在国际上首次发现哺乳类动物下丘脑室旁核神经细胞具有神经分泌现象。1930～1935年间，首次开展脑定向刺激与慢性埋置电极实验。全国解放后，他在"怒叫中枢"、下丘脑与针刺镇痛、神经肽基础与应用研究等方面取得丰硕成果，获军队科技进步二等奖6项。

〔乔石·中共中央政治局常委·当选为第八届全国人大常委会委员长〕　1993年3月27日，第八届全国人民代表大会第一次会议选举乔石为全国人大常委会委员长。3月31日，八届全国人大一次会议闭幕，乔石在会议上发表讲话说，大会选举我担任八届全国人大常委会委员长，并选出了副委员长、秘书长和委员。这是代表和全国各族人民对我们的信任，我们表示衷心的感谢。我们一定不辜负代表和全国各族人民的重托与期望,同全体代表一道,以对国家和人民高度负责的精神,严格依照宪法和法律的规定,竭尽全力把工作做好。

4 月 1 日,八届全国人大常委会举行第一次会议,乔石主持会议并发表讲话。他说,本届常委会要从国家总的形势和任务出发,把加强社会主义民主和法制建设作为根本任务。他从加快经济立法,健全监督机制,增强同代表和人民群众的联系,搞好自身建设等四个方面,阐述了当前发挥国家权力机关应有作用的工作重点。他强调,要把加快经济立法作为本届人大常委会第一位的任务,尽快制定一批有关社会主义市场经济方面的法律。在抓紧立法的同时,还必须健全监督机制,做好监督工作。常委会要重点抓好法律监督,首先要把监督宪法实施的责任承担起来。

在 1993 年,乔石还先后主持了人大常委会第二、第三、第四、第五次会议,审议通过了科技进步法、农业法、反不正当竞争法、消费者权益保护法、个人所得税法修正案、教师法、公司法等一系列法律。乔石在人大常委会第三次会议上讲话,强调反腐败必须严格执法,坚持在法律面前人人平等,不允许任何组织或者个人有超越法律的特权。

在这一年,乔石先后到广东、四川、上海、江西和福建等地考察工作。4 月 15 日,他在广州听取广东省领导人汇报后说,制定社会主义市场经济方面的法律,对我们来说是一个新课题。在国家法律还不很完备的情况下,地方可以先探索搞一些地方法规。尤其是广东,改革开放先行一步,会遇到更多的新问题,在这方面可以成为立法工作的试验田,为全国立法探路。5 月 27 日至 6 月 5 日,乔石到四川绵阳、遂宁、南充、德阳、成都和重庆等地考察工作时指出,只要各级干部继续解放思想,带领群众大胆探索,深化改革,扩大开放,进一步发挥本地的优势,四川的经济就会发展得更快更好。9 月下旬乔石在上海考察工作时强调,当前各项工作要坚持以经济建设为中心,在进行宏观调控、深化改革的同时,加快经济立法的进程,推动建立和完善社会主义市场经济体制。他说,制定法律和法规不可能一开始就十全十美,需要在实践中逐步健全和完善。各省市自治区人大要根据各地特点和自身需要,抓紧制定相应的地方法规。但要遵循一个共同的原则,就是要有全局观念,以全国人民的根本利益和长远利益为出发点,不能光从地方利益出发。

1993 年 7 月 20 日至 8 月 11 日,乔石应邀对印度尼西亚、马来西亚、新加坡、泰国、菲律宾等东盟五国进行正式友好访问。在访问期间,乔石会见了五国政府和议会的主要领导人,围绕地区安全、区域合作及双边关系、华侨、华人政策、议会间的往来与合作、各自经济发展和经济立法等方面,坦诚、深入地交换了意见,加深了相互的了解,对于加强中国同东盟五国的关系,维护本地区的和平与稳定,促进中国人大同五国议会间的交流与合作,推动相互间经贸关系的发展等,具有重要意义。

在 1993 年,乔石还分别会见了来我国访问的美国前总统尼克松、奥地利议长霍尔青格、新加坡总理吴作栋、菲律宾总统拉莫斯、日本众议院议长樱内义雄、马来西亚总理马哈蒂尔、巴勒斯坦总统阿拉法特、欧洲议会议长克莱普什、以色列总理拉宾、伊拉克国民议会议长萨利赫、喀麦隆总统保罗、越南国家主席黎德英、德国总理科尔等外国客人。

乔石,生于 1924 年 12 月,浙江定海人,1940 年 8 月加入中国共产党并参加工作,大学文化。1940 年～45 年,任上海南方中学、光华附中地下党支部委员、书记,上海地下党中学区委干事,在华东联合大学文学系学习,淮南华中局城工部调训班学习。1945～49 年,任上海地下党学委中学区委组织委员、中学分委副书记兼组织委员,上海同济大学地下党总支部书记,上海地下党学委总交通,上海地下党新市区委副书记,上海市北一区学委书记。1949～54 年,任浙江省杭州市委青委宣传部部长、组织部部长、市委青委书记,华东局青委统战部副部长。1954～62 年,任鞍山钢铁建设公司工程技术处副处长、处长,酒泉钢铁公司设计院院长兼钢铁研究院院长,酒泉钢铁公司陕西工程管理处党委书记。1962～63 年,在中央高级党校理论班学习。1963～82 年,任中共中央对外联络部研究员、副局长、局长、副部长。1982～87 年,任中共中央对外联络部部长,中央书记处候补书记,中央办公厅主任,中央组织部部长,中央政法委员会书记,中央保密委员会主任,中央政治局委员,中央书记处书记,国务院副总理。1987 年起,任中央政治局委员、常委,中央书记处书记,中央纪律检查委员会书记,中央政法委员会书记,中央党校校长,中央保密委员会主任,中央社会治安综合治理委员会主任。

他是中共第十二届、十三届中央委员,十二届中央书记处候补书记,十二届五中全会增选为中央书记处书记、中央政治局委员,十三届中央政治局委员、常委、中央书记处书记。

〔伍绍祖·连任国家体育运动委员会主任·谈我国的体育改革和 1993 年体育事业成就〕 1993 年 3 月 29 日,根据第八届全国人大第一次会议决定，伍绍祖被任命为国家体育运动委员会主任。

伍绍祖，1939年生，湖南耒阳人。1958年加入中国共产党。1964年毕业于清华大学工程物理系。历任国务院办公室秘书，国防科委二局参谋、三局副科长、二局副局长，国防科工委副主任，全国学联第十八、十九届主席，全国青联第五届副主席，中国核学会第二届副理事长，国防科工委政委。1988年被授予少将军衔。同年12月调任国家体育运动委员会主任。是中共第十二、十三、十四届中央委员。

1993年4月，伍绍祖在全国七运会四川赛区考察时指出：体育改革必须有经济发展作基础，体育比经济会相对滞后，体育改革是艰巨漫长的，这个变革也许需要30年，有些不易进入市场的项目可先不动。足球是中国体育改革的突破口，足球改革是一个大系统工程，至少有十个子系统。同年6月18日，他又指出：足球要坚定不移地走改革开放的路子，要锲而不舍，不会一蹴而就，要下决心改革体制，转换机制，健全足协机构，完善足球俱乐部，改进国内赛制，实行科学训练，抓好后备力量，加强管理教育，引进竞争机制，创造良好环境，采取特殊政策，确定科学规划，为足球发展创造宽松、温暖、积极、健康的环境。

1993年12月27日，伍绍祖向首都新闻界发表新年讲话，总结了1993年的体育工作成绩。他说：1993年体育工作主要是围绕"深化体育改革、申办2000年奥运会、办好东亚运动会和七运会、做好体育的全面工作"四大项内容展开的，事实证明卓有成效。当年4月提出了6个方面、29项具体改革措施，其中包括八运会项目设置向奥运会项目靠拢、推行全民健身计划、新组建冬季项目管理中心等，都在积极、稳步、健康地实施。2000年奥运申办工作虽没获得承办权，但也有很大收获：宣传了中国，了解了世界，凝聚了人心，促进了工作，锻炼了队伍。1993年是我国竞技体育大丰收的一年：已在17个项目中获103个世界冠军，总数不仅超越了1991年93个世界冠军的历史最高纪录，而且突破了100大关。共有38人7队124次创57项世界纪录，是建国以来创世界纪录最多的一年，其中6人1队10次创6项奥运会项目纪录，也是历史上最多的一年。另外还有81人3队242次创81项亚洲纪录，176人16队366次创173项全国纪录。特别可喜的是体育队伍中涌现出一大批有希望的新人。

〔任凤英（女）·列车员·被追授全国见义勇为先进分子、人民的好列车员称号〕　1993年8月25日，在第三次全国人民群众见义勇为与犯罪分子作斗争先进分子表彰大会上，为制止歹徒行凶而英勇献身的哈尔滨铁路局佳木斯列车段女列车员任凤英，被中共中央宣传部和公安部追授"全国见义勇为先进分子"称号。在此之前，铁道部曾追授她"人民的好列车员"称号。她的英雄壮举被中央电视台等新闻单位广泛宣传后，在华夏大地引起了强烈反响。

任凤英，辽宁省本溪县人，1950年1月出生，初中文化程度，1968年9月参加工作，一直在佳木斯列车段当列车员。

1993年3月1日19点50分，由大连开往佳木斯的275次列车运行在普兰店至瓦房店区间。在9号车厢内，已连续杀害两名女青年的在逃犯、吉林磐石县红旗水泥厂工人王宏利，向旅客张秀霞进行流氓挑逗，遭到斥责后，抽出尖刀向张的胸部猛刺一刀。跟着又一刀，将身旁另一名中年妇女朱丽华的腹部刺穿。车厢里顿时一片大乱，旅客们纷纷拥向车厢前部。歹徒此时杀红了眼，挥刀追赶旅客，见人便刺。"住手！"随着一声断喝，乘务员任凤英箭步上前，一把抓住歹徒的领子，一手抓住歹徒持刀的手，和歹徒撕打在一起，从车厢一直打到洗脸间。任凤英体力渐渐不支，歹徒持刀的手挣脱出来，狠狠地朝任凤英的颈、肩、腰连刺3刀，鲜血染红了她的全身。任凤英摇晃着，另一只手仍死死抓住歹徒的衣领。歹徒举起血淋淋的尖刀，对准任凤英的前胸又是一刀，刺入了她的心脏，任凤英倒下了。歹徒又冲进车厢，3名旅客又受到伤害。这时列车长、乘警、列车员们赶来，手枪、钢钎逼住了歹徒。歹徒踹车窗未踹开，自知罪恶深重自杀了。列车员们抱起奄奄一息的任凤英，她微睁双眼说："我不行了，赶紧抓凶手。"在送往瓦房店人民医院途中，她的心脏停止了跳动。

任凤英生性耿直，吃苦耐劳，助人为乐。有人说列车员走南闯北，倒点菜捎点烟受人羡慕，可任凤英就是不动心。26年来，她没倒过一条烟，也没勒卡过一个旅客。记者采访时，乘务员都异口同声："任姐是个好人。"她牺牲后，黑龙江省政府批准她为革命烈士，佳木斯市政府授予她"勇敢市民"称号，全国妇联追授她全国"三八"红旗手称号。

〔任建新·当选最高人民法院院长·强调市场经济即是法制经济〕　1993年3月28日，第八届全国人民代表大会第一次会议选举任建新为最高人民法院院长。

同年1月，任建新在接受《瞭望》周刊记者采访时强调：在一定意义上说，市场经济即是法制经济，司法审判必须为建立和促进社会主义市场经济体制服务。他说：今后一个时期人民法院工作的指导思想是进一步解放思想，实事求是，全面加强审判工作，提高执法水平，更好地为建立社会主义市场经济体制，为加快改革开放和现代化建设，提供有力的法律保障和法律服务。人民法院必须从全局出发，坚决反对和抵制地方保护主义和部门保护主义，秉公执法，维护法律的严肃性和国家法制的统一，促进全国统一的开放的市场体系的建立。

关于今后一个时期人民法院的主要任务，任建新于3月22日在第八届全国人大一次会议上作法院工作报告时提出，要认真贯彻党的十四大精神，坚定不移地执行党的"一个中心，两个基本点"的基本路线，坚持用邓小平同志建设有中国特色社会主义的理论指导工作，进一步解放思想，实事求是，继续全面加强刑事、民事、经济、行政、海事审判工作，深入开展严厉打击严重刑事犯罪和严重经济犯罪的斗争，充分运用法律手段调节经济关系，切实保护公民、法人的合法权益，维护和监督行政机关依法行政，为维护国家安全和社会稳定，为社会主义市场经济体制的建立，加快改革开放和现代化建设提供有力的法律保障和法律服务。

在12月21日召开的全国政法工作会议上，中央政法委员会书记任建新提出，1994年政法战线的主要任务是：贯彻落实党的十四届三中全会精神，坚持"两手抓、两手都要硬"的战略方针，适应建立社会主义市场经济体制的要求，加强和改革政法工作，强化人民民主专政职能，坚决打击敌对势力和各种犯罪活动，在反腐败斗争中抓紧查处大案要案，大力推进社会治安综合治理，加强对社会主义市场经济的法律保障和服务，进一步维护政治稳定和社会的安定。

任建新，1925年8月生，山西襄汾人。1948年6月加入中国共产党。1946年在北京大学工学院化学工程系学习。1948年任华北人民政府秘书厅秘书。1949年任中央政法委员会办公厅秘书，中央法制委员会秘书。1954年任国务院法制局秘书。1959年起任中国国际贸易促进委员会科长、处长。1971年任中国国际贸易促进委员会法律部部长。1981年任中国国际贸易促进委员会副主任。1983年任最高人民法院副院长。1988年至1992年任最高人民法院院长，中央政法领导小组成员兼秘书长，中央政法委员会副书记兼秘书长，中央社会治安综合治理委员会副主任。1992年以后任中央政法委员会书记，中央社会治安综合治理委员会主任，最高人民法院院长。是第七届全国人大代表；中共第十三届中央委员、十四届中央委员，中央书记处书记。

〔任弼时·已故无产阶级革命家·电视连续剧《任弼时》播映〕 4集电视连续剧《任弼时》于1993年4月在中央电视台播映。这部电视剧以质朴感人的事迹，生动形象的语言，反映了中共第一代领导集体成员之一、我国青年运动卓越领导人任弼时在革命战争年代勇敢顽强、坚毅不拔的革命意志，展现了这位著名老一辈无产阶级革命家一贯坚持原则，处处以身作则，深入实际，密切联系群众的优良作风。

任弼时（1904～1950），湖南湘阴人，原名培国。1920年加入中国社会主义青年团。同年赴苏联莫斯科学习。1922年加入中国共产党。1924年回国，在上海大学任教。1925年任中国共产主义青年团中央组织部部长。在共青团第三、第四次全国代表大会上当选为中央委员。1927年任共青团中央书记，和陈独秀的右倾机会主义路线进行了坚决的斗争。在中国共产党第五次至第七次全国代表大会上均当选为中央委员。1927年在"八七"会议上被选为临时中央政治局委员。1929年任中共江苏省委常委，曾两次被捕入狱。出狱后任中共中央长江局委员兼湖北省委书记。1931年中共六届四中全会上当选为中央政治局委员。同年3月任中央革命根据地党中央局委员兼组织部部长。1933年任中共湘赣省委书记兼湘赣军区政治委员。后任红六军团军政委员会主席、中共湘鄂川黔省委书记。1935年11月参加长征。长征途中先后任红六军团军政委员会主席，红军第二方面军政治委员，和张国焘另立中央、分裂红军的错误路线作了坚决斗争，完成了红军第二、第四方面军与中央红军会师陕北的任务。抗日战争爆发后，任八路军总政治部主任。1940年回延安，参加中共中央书记处工作。解放战争时期，和周恩来一起留陕北协助毛泽东指挥西北和全国的解放战争。1945年中共七届一中全会上被选为中共中央政治局委员、书记处书记，是当时的"五大书记"之一，协助毛泽东制定建国前后许多重要政策。1949年被推举为中国新民主主义青年团名誉主席。1950年10月27日在北京病逝。主要著作编入《任弼时选集》。

〔附注：1994年4月23日，《任弼时传》、《任弼时年谱》出版发行暨任弼时同志诞辰九十周年纪念座谈会在首都人民大会堂举行，江泽民在座谈会上发表重要讲话。由中共中央文献研究室编写的《任弼时传》已由人民出版社出版，并于4月30日任弼时诞辰九十周年时公开发行，《任弼时年谱》同时继续发行。〕

〔华罗庚·已故著名科学家·铜像在金坛揭幕〕 1993年10月27日，我国已故著名科学家华罗庚的铜像在江苏金坛华罗庚公园揭幕。此前两天，华罗庚科技信息中心在金坛县城东侧的华罗庚科技城内落成。

华罗庚，江苏省金坛县人。1910年11月12日生。1924年从金坛县立中学毕业后，入上海中华职业学校学习。因家境贫穷，一年后离校当了学徒工，利用业余时间自学数学，并在《科学》杂志上发表文章，他的论文《苏家驹之代数五次方程式解法不能成立的理由》受到清华大学数学系主任熊庆来教授的重视。经熊教授推荐，华罗庚于1931年到清华大学工作。他从管理员、助教到讲师，后又到英国剑桥大学深造。1938年任西南联大教授。在极为艰难的条件下，他写出了著名的《堆垒素数论》。1946年秋，他到美国先后任普林斯顿高等研究院研究员、伊利诺大学终身教授。1950年，他响应祖国召唤，毅然从美国回到北京，先后担任清华大学教授，中国科学院数学所所长，中国数学会理事长，中国科学院数理化学部委员、学部副主任，中国科技大学数学系主任、副校长，中国科学院副院长，中国优选法统筹法与经济数学研究会会长，中国科学技术协会副主席等职。1985年6月12日，在东京向日本数学界作学术报告时，因心脏病突发逝世，终年75岁。

华罗庚是蜚声中外的大数学家。他是中国解析数论、典型群、矩阵几何学、自守函数论与多复变函数论等方面研究的创始人和开拓者。他的《典型域上的多元复变数函数论》论文，1957年获中国科学院自然科学一等奖。他的研究成果被国际数学界称之为“华氏定理”、“布劳维尔—嘉当—华定理”、“华—王(元)方法”等。由于他在科学研究上的卓越成就，先后被选为美国科学院外籍院士，第三世界科学院院士，法国南锡大学、美国伊利诺大学、香港中文大学荣誉博士等。

华罗庚把数学方法创造性地应用于生产实践之中，他筛选出了以改进工艺问题数学方法为内容的“优选法”和处理生产组织与管理问题为内容的“统筹法”，并用通俗语言写成《优选法评话及其补充》和《统筹法评话及其补充》，为推广“两法”，他足迹遍及全国26个省、市、自治区，不仅取得了显著的经济效益，而且培养了一支为国民经济服务的科技队伍。

华罗庚一生留下了200多篇学术论文及10多部专著，其中8部为国外翻译出版，他还写了10多部科普作品。

〔华彦钧·民间音乐家·诞辰百周年纪念活动在无锡举行〕 今年是我国杰出的民间音乐家华彦钧(阿炳)100周年诞辰。为纪念这位对中国民族音乐做出了卓越贡献的民间音乐家，中国文联、中国音协、中央电视台、中国广播艺术团民族乐团、江苏省文联、江苏省音协、上海市音协、无锡市委宣传部、无锡市文联、无锡市文化局、无锡市人民对外友好协会等单位，于1993年11月22日至25日，在江苏省无锡市联合举办盛大纪念活动，内容包括：华彦钧(阿炳)诞辰100周年纪念大会、华彦钧(阿炳)艺术成就国际学术研讨会、华彦钧(阿炳)作品音乐会、华彦钧(阿炳)铜像揭幕仪式、东亭镇阿炳故居重建落成仪式、举办江苏省少儿二胡比赛颁奖仪式、纪念阿炳书画作品展览以及有关阿炳题材的影视和戏剧作品回顾展等。北京、上海、南京等地和日本的相模原市先后也举办了多种形式的纪念活动。此外，纪念阿炳诞辰100周年的首日封和由他本人亲自演奏的《阿炳曲集》录音带也同时发行。

国际学术研讨会于11月22日下午在无锡湖滨饭店开幕。三天的研讨会上，有我国和来自美国、马来西亚、日本、韩国和香港等国家和地区的59位专家、学者宣读了内容广泛的论文；内容涉及阿炳生平研究；阿炳作品研究和对其代表作《二泉映月》的分析；阿炳对中国民族音乐的重要贡献；阿炳的艺术成就和国际影响等等。代表作二胡曲《二泉映月》，经过改编后，为世界众多著名交响乐团演奏而流传全世界，在美国曾被选为世界十大名曲之一。1993年6月，《二泉映月》和阿炳创作的另一首琵琶曲《大浪淘沙》，荣获“20世纪华人音乐经典”荣誉奖。

华彦钧(1893～1950)，人称阿炳，江苏无锡人。其父华清和，是无锡洞虚宫道观偏殿雷尊殿的当家道士，精于道教音乐，善长演奏多种民间乐器，尤以琵琶为最擅长。阿炳从小受到父亲的严格训练并在这样的环境熏陶下成长，对他打下坚实的技巧功底大有帮助。他学会了演奏笛子、琵琶、二胡、鼓等乐器，演奏技艺超群，十六七岁已被当地道教音乐界所公认。他还广泛学习各种民间音乐、戏曲。他不固守一家一派的门户之见，拜不少民间艺人为师，博采众长，广纳博采，这对他以后创作特点及演奏风格的形成有重要影响。阿炳4岁丧母，21岁患眼疾，35岁双目失明，故人又称其为“瞎子阿炳”。时社会动乱，道产亦变卖殆尽，他以在街头卖唱和演奏各种乐器为生，成为与劳苦大众休戚相关的流浪盲艺人。

阿炳根据自己对现实生活的感受，创作、演奏了数量众多的各种器乐曲，惜大多流失，只是在中华人民共和国建立后的1950年，杨荫浏先生和曹安和先生在阿炳生命垂危之时，才抢录下他的六首音乐作品：二胡曲《二泉映月》、《听松》、《寒春风曲》，琵琶曲《大浪淘沙》、《昭君出塞》、《龙船》。经中央音乐学院民族音乐研究所将其记录整理后，编成《阿炳曲集》，1956年由音乐出版社出版。

〔多吉才让·任民政部部长·谈村民自治工作要做到“三个结合”〕　1993年3月29日，根据第八届全国人大第一次会议的决定，多吉才让被任命为民政部部长。

多吉才让，1939年生，甘肃夏河人。藏族。1960年加入中国共产党。历任加查县县长，中共山南地委书记，共青团西藏自治区区委书记，中共西藏自治区区委常委、日喀则地委第一书记，西藏自治区人民政府副主席。1985年起任中共西藏自治区委员会副书记，西藏自治区人民政府主席，中共中央纪委委员。是中共第十三、十四届中央委员。

1993年6月3日，《人民日报》刊登记者对多吉才让的专访文章。多吉才让就《中华人民共和国村民委员会组织法》试行5周年谈村民自治工作。他说：目前已有22个省（市、区）的人大常委会制定了贯彻实施办法，有100万个村依法由村民直接选举干部。开展村民自治示范活动，有力地推进了农村社会主义政治建设的进程，群众的事群众来办，村里的事村民来管。今后村民自治工作要在“三个结合”上下功夫：一是村民自治要与农村经济和社会发展有机结合，使民主促进发展，发展巩固民主；二是村民自治要与社会治安的综合治理有机结合，发动村民建立有效的社会防范机制，保证农村的社会稳定；三是村民自治要与完成国家各项任务有机结合，保证国家各项任务的顺利完成。

〔邬敏鸣·青年光学工程学家·获中国科学院青年科学家一等奖〕　中国科学院上海技术物理所研究员邬敏鸣于1993年12月获中国科学院青年科学家一等奖。

邬敏鸣，1962年4月生，浙江省杭州市人，中共党员。1984年毕业于浙江大学，获学士学位。1984至1990年在中国科学院上海技术物理所读研究生，先后获工学硕士学位、工学博士学位。现为该所研究员，第五研究室副主任。

邬敏鸣作为主要负责人，研制成功了国内第一台红外CCD焦平面成像系统，对我国红外成像技术发展起到开创性作用。该系统在军用夜视、成像制导、工业和医学等方面都有重要的应用价值，并获1992年上海市科技进步二等奖。他独立完成了国家“863”高技术计划专题研究课题“自动多目标识别和跟踪系统”，提出并研制建立了一个新颖的实时图像处理系统。该系统有多项技术创新，在国内属领先水平，其成果曾获1990年度大恒集团光学奖学金一等奖。他作为主要负责人，主持研制国家“863”和国防科工委合作的大型工程项目，承担部分总体工作，并全面负责电子分系统工作。该系统是国内首次将红外凝视焦平面探测器应用于军事靶场设备，对加强我军靶场测试现代化有很大意义。他独立承担及主持了上海市青年科技基金资助的课题“红外焦平面凝视成像系统的研究和应用”的科技“启明星”计划项目。

邬敏鸣在国内外学术刊物和学术会议上发表论文报告15篇，并曾参加国际光学工程学会会议，引起国际同行的关注，被选为国际光学工程学学会(SPIE)会员。

〔庄重文·香港著名爱国人士·病逝香港〕　香港著名实业家、庄士集团创办人庄重文因病于1993年4月6日在香港嘉诺撒医院逝世。全国政协主席李瑞环、全国人大副委员长王汉斌、中共中央统战部部长王兆国、国务院港澳办主任鲁平、前人大委员长万里、全国侨联主席庄炎等发唁电并送花圈，表示深切悼念。

庄重文，1912年生，福建惠安县人。1930年毕业于厦门集美水产航海学校。后赴南洋谋生，先执教，后从商。1946年赴香港定居。从五十年代起，庄重文先后创办味精厂、餐具厂等企业。经过20多年的惨淡经营，不懈努力，逐渐创办了拥用轻工、电子、地产、金融等多种经营业务的庄士集团。该集团所属公司30多家，业务遍及新加坡、印尼等東南亚国家，产品行销欧美和世界各地。庄重文历任香港庄士集团有限公司主席、美中贸易咨询组织香港区主席、学术交流基金会亚洲区主席、香港厂主联合会永远名誉主席、中华文学基金会顾问、福建省国际经济文化交流基金会名誉会长、陈嘉庚国际学会名誉会长、香港培道联爱会主席、香港基督教敬老院主席、香港庄严宗亲总会永远会长等职。曾连任三届香港中华厂商联合会会长，为推动香港工业的发展，促使香港经济的繁荣进步出谋献策，贡献巨大。

庄重文一向爱国情殷。他曾足迹世界很多地方，常被误认为日本人，但他总是自豪地称：不，我是中国人！他关心祖国，热爱家乡，积极支援大陆的现代化建设及文化教育事业。庄士集团所属公司在天津、北京、广东等地已投资设厂。他在福建设立有“庄采芳奖学金”，还设立有“庄重文文学奖学金”，均多次颁奖，以鼓励莘莘学子成才，培养中国文学新秀，备受人们赞许。他对中国的未来充满希望。

博学多识的庄重文,先后获美国圣三一大学荣誉法学博士学位,英国圣公会大学荣誉人文学博士学位,英国圣安德列宇宙研究院院士。著有《香港工业成长》,此书被视为“珍贵的香港工业断代史,一面鉴知往来的明镜”。

〔刘成·高级工艺美术师·获自学成才奖〕

没有进过大学校门的吉林省通化食品厂工艺美术师刘成,二十多年来,始终坚持勤奋自学,潜心钻研,不断创新,设计出大量精美的包装,深受国内外客商及消费者的喜爱,为企业产品在市场上增加了竞争力,带来近千万元的效益。1993 年 6 月获全国总工会授予的全国职工自学成才奖。

少年时代就立志做画家的刘成,1983 年辞掉了美术干部的舒适工作来到通化市食品厂,搞包装设计。这个厂是 50 年代建立的老厂,产品一直沿用着建厂初期的包装,他跑市场,下车间,收集资料,以对市场、信息、销售、消费心理等多方面的了解和对食品生产工艺流程的悉知,充实了自己创作设计基础,在较短的时间里设计出一批形式精美的新包装,创出了自己的牌子,为企业创造了较大的经济效益和社会效益。

刘成设计的包装高档的不豪华奢侈,中档恰如其份,低档的不粗俗。并注意节约材料,降低费用,设计一个就投产一个。自 1985 年以来荣获国际、国家各种表彰奖励 47 次。1993 年他设计的“永芳人参丽肤系列化妆品”包装,受到国家有关领导、化妆品专家的肯定与好评,实现订销 500 万元。由他设计的另一“永芳人参白美净面膜”在 1993 年新增利税 200 万元,同年 6 月,他被香港永芳集团公司聘为高级美术设计师。

刘成,1954 年 1 月生于长春市。1973 年参加工作。现为中国包装技术协会装潢设计委员会会员,吉林省工业设计协会理事;1991 年获吉林省职工自学成才奖。

〔刘扬、陆威·中学生·分获第五届全国青少年小提琴比赛青年组、少年组第一名〕　由文化部主办、上海文化基金会承办、上海音乐学院协办的“第五届全国青少年小提琴比赛”,1993 年 11 月 2～13 日在上海举行。本届比赛共有来自全国 20 个省市的 79 名选手参加。经过 3 轮角逐,青、少年组各有 8 名选手获奖。中央音乐学院附中 17 岁的刘扬和 12 岁的陆威脱颖而出,分别获得本届比赛青年组和少年组的第一名。青年组获 2～8 名依次为:李智胜、王灏、汤伟剑、乐薇薇、江山、谭伟、方元;少年组获 2～8 名依次为:潘依琼、俞晨和路路(并列)、宋歌、徐扬、顾晨、杨怡。本届比赛“中国作品演奏优秀奖”的得主分别为刘扬和俞晨。1993 年成立的“俞丽拿小提琴基金”为大赛提供了“指导教师奖”,对辛勤的园丁予以鼓励和表彰;郑荃教授代表中央音乐学院提琴研究中心向获青、少组的第一名赠送了一把价值 8000 元的优质小提琴。由全国八所音乐学院教授组成的本届比赛评委会是:主任吴祖强、副主任林耀基、郑石生、委员(按姓氏笔划)马绍宽、王振山、王德文、李向阳、李自立、陈继绩、俞丽拿、金在清、梁沂、张世祥、郭国光、胡惟民。与会者认为,同前几届比较,本届比赛的特点可概括为:规模更大、参赛人数更多、选手平均年龄更小、整体水平更高;少年组的成绩尤为令人鼓舞。

全国青少年小提琴比赛自 1981 年举办第一届以来,以它的规格高,要求严及人材众的特点而受到国内外音乐界的重视。在历届“比赛”推出的获奖选手中,有不少已在世界各地许多重要小提琴比赛中夺标或取得了前列名次,如王晓东、郭昶、吕思清、薛伟、王峥嵘、张乐、钱舟、董坤、金辉、李智胜、潘依琼等数十人。这项比赛已在国内以至国际乐坛获得了应有的声望。

刘扬,1976 年出生于北京。6 岁随其母学习小提琴。9 岁考入中央音乐学院附小,师从刘培彦学琴。12 岁入中央音乐学院附中,师从著名小提琴家林耀基教授。他基本功扎实,音色优美,演奏热情、完整。在台上既能纵情地表现乐曲的情感,又具备很好的控制力。刘扬获奖后说:“这应该感谢老师、学校和我妈妈。林老师既严格又平易近人,上课易懂、形象。”“今后要更加刻苦,争取参加国际大赛,拿到好名次,为国争光。”

陆威,1981 年出生于北京。三岁半时从其父学小提琴。9 岁考入中央音乐学院附小。1993 年考入中央音乐学院附中。陆威自 6 岁起即师从中央音乐学院王治隆教授学琴。他基础扎实,训练严格,演奏完整。本届比赛,陆威演奏了瓦克斯曼的《卡门幻想曲》及门德尔松《e 小调小提琴协奏曲》等乐曲。他以辉煌的技巧和动人的音乐倾倒了评委和听众。获奖后他无半点自傲,认为自已和别的选手并无多大差别。第一名只能说明现在,不能说明今后是否有出息,“我还要不断地努力”。

〔刘伟(女)·乒乓球名将·与队友合作获世界乒乓球锦标赛混合双打和女子双打冠军〕　1993 年 4 月,刘伟在瑞典哥德堡举行的第四十二届世界乒乓球锦标赛上与王涛合作获得混合双打冠军，与乔云萍合作获得女子双打冠军。

刘伟是一名出生河南的山东姑娘，今年23岁。她从小在当田径教练的父亲的严格训练下，练就了良好的身体素质和打下了扎实的乒乓球基础。7岁进河南范县的业余体校，在启蒙教练郑方德的指导下，逐步形成了快攻结合两面拉弧圈球的打法。11岁进山东省队刻苦训练，从1982年起连续3年赢得全国少年冠军称号，并成为山东省第一乒乓球运动健将。14岁就进国家队。在1986年第六届全国运动会上，刘伟出尽风头，一路过关斩将，击败不少当时属世界级的选手，以一场未输的佳绩，为山东队第一次赢得团体冠军立下了头功，并与队友合作摘取了混双金牌。

1987年第三十九届世界乒乓球锦标赛选拔赛，刘伟赢得了女子单打和双打冠军，但教练们都不敢保证她在世界大赛中发挥稳定，最后确定参赛名单中没有把她列上。两年后，国家队教练张燮林冒着风险，大胆启用刘伟，让她参加第四十届世界乒乓球锦标赛单项比赛。尽管她想创造佳绩，但最后仅与高军一起夺得女双第三名。

但教练张燮林深信刘伟会走向成熟。事实也是这样，刘伟1990年12月初赴马来西亚吉隆坡参加第十届亚洲乒乓球锦标赛，尽管只获得两枚银牌，但在女单比赛中力克韩国的玄静和，淘汰香港陈丹蕾后在半决赛中又拼掉了世界亚军、朝鲜的李粉姬；在女双比赛中，她与井浚泓合作在四分之一决赛中淘汰了朝鲜的李粉姬/俞顺福，在半决赛中力克韩国的玄静和/洪次玉，使得中国选手在这两个项目的决赛中胜利会师。1991年，刘伟在第四十一届世界乒乓球锦标赛上与王涛合作获得混双冠军，实现了她梦寐以求的愿望——登上世界冠军的宝座。

1993年对刘伟来说，是最辉煌的一年。她不仅5月在第四十二届世界乒乓球锦标赛上与王涛合作蝉联混双冠军和与乔云萍配对荣获女双冠军，6月与乔云萍一起被山东省政府授予省劳动模范称号。此外，刘伟还获得第十一届亚洲乒乓球锦标赛女单冠军、首届亚洲女子乒乓球明星巡回赛女单冠军和首届亚洲杯乒乓球团体赛冠军。

〔刘江·任农业部部长·谈认真贯彻《农业法》、《农业技术推广法》〕　1993年3月29日，根据第八届全国人大第一次会议的决定，刘江被任命为农业部部长。

刘江，1940年生，北京人。1964年毕业于新疆生产建设兵团农学院畜牧系。1978年加入中国共产党。历任西藏军区生产部技术员、澎波农场场长，北京市畜牧兽医站技术员，北京市红星养鸡场场长，北京市畜牧局局长、党委副书记，北京市牧工商总公司经理、党委书记，农牧渔业部副部长。1988年起任农业部副部长、国家计委副主任。

刘江在1993年8月19日的《人民日报》发表文章，谈认真贯彻《农业法》和《农业技术推广法》。他认为，第八届全国人大第二次会议审议通过了这两个法律，是我国农业建设和发展史上的一件大事，为推动农业和农村社会主义市场经济的发展提供了强有力的法律保障，同时标志着我国农业法制建设进入一个新的阶段。这两个法的宗旨是：保障农业在国民经济中的基础地位，发展农村社会主义市场经济，维护农业劳动者和农业生产经营组织的合法权益，加速农业科技成果的推广，促进农业持续、稳定、协调发展。他指出，这两个法涵盖面广、内容丰富，要认真学习，深刻领会，积极宣传，坚决贯彻。

〔刘志·青年作曲家·在北京逝世〕　中国人民解放军总政治部歌舞团创作室创作员、青年作曲家刘志（笔名“士心”），因病医治无效，于1993年6月30日在北京逝世，享年38岁。刘志为人正直坦荡，才华出众，人们对他的英年早逝，都表示出扼腕叹息之情。

刘志，1955年11月26日生于天津的一个音乐世家，是我国著名弦乐大师、中国音乐学院教授刘明源次子。刘志1970年7月参加工作，同年9月入伍。1974年10月加入中国共产党。历任战士、师宣传队演员、创作员、创作组组长。1979年3月借调总政歌舞团，独奏板胡、二胡、高胡、京胡，表演山东快书和相声。1984年调入总政歌舞团任演员、演奏员、民乐分队副分队长、创作员等职。1984年9月至1987年2月曾在中央音乐学院作曲系进修，师从苏夏教授。

刘志是以其创作出数量众多脍炙人口的声乐作品而奠定了他在音乐界的地位。他的作品以其健康向上的艺术风格、清新流畅的艺术特色、色彩醇化的民族音调、展示人的崭新精神风貌等特色，赢得了不同审美情趣的人们的共同喜爱，如其代表作《说句心理话》、《你会爱上它》、《小白杨》、《我们是黄河泰山》、《没有强大的祖国，哪有幸福的家》、《妈妈的太阳》、《峨眉酒家》、《战士不忘军容美》、《我的母亲叫中国》、《在中国大地上》等。这些歌曲先后荣获全军文艺会演一等奖、全国声乐作品评选优秀奖、“当代青年喜爱的歌”优秀奖等。尤其是歌曲《说句心里话》、《小白杨》，士心用委婉动听、优美抒情的民歌风曲调，抒发了戍守边疆指战员的真情实感，把歌词

“说句心理话/我也想家/家中的老妈妈已是满头白发/说句心里话。我也有爱/常思念梦中的她/既然来当兵/就知责任大/你不扛枪/我不扛枪/谁保卫咱妈妈/谁来保卫她/说句心里话/我也不傻/我懂得从军的路上风吹雨打/说句实在话/我也有情/人间的烟火把我养大/话虽这样说/有国才有家/你不站岗/我不站岗/谁保卫咱祖国/谁来保卫家”(石顺义词)、“……当初离家乡告别杨树庄/妈妈送树苗对我轻轻讲/带着它/亲人嘱托记心上/栽下它就当故乡在身旁/小白杨/它长我也长/同我一起守边防/小白杨/也穿绿军装/同我一起守边防”(梁上泉词)的内涵,鲜明准确、淋漓尽致地予以表现,道出了部队指战员的心声,这两首歌曲,在军营内外广为传唱,深受干部、战士的喜爱。多年来,在中央电视台春节晚会上,他创作的一首首优秀歌曲,得到领导和音乐界同行以及全国广大观众的首肯。1990年他被评为全国十大青年作曲家之一。刘志曾多次受到嘉奖、并三次荣立三等功、一次荣立二等功。

1993年,人民音乐出版社出版了《说句心里话——士心歌曲选》,收有他不同时期创作的歌曲108首。书首“自序”中他写到:“……兵的生活锻炼了我,兵的绿色滋润了我,兵的心气教悟了我。士心——我选中了这个把我的名字和军人连在一起的笔名,怀着一腔士兵的情怀去唱,去写,去生活,去完成一个士兵的夙愿。但愿我总是一个兵,一个属于九百六十万平方公里华夏土地、属于五千年文化古舟的一个小兵……”。

〔刘杰·哈尔滨汽轮机厂厂长·领导全厂提高经济效益列全国同行业前茅〕 哈尔滨汽轮机厂厂长刘杰,带领全厂职工走内涵发展生产的路子,使工厂的生产经营保持良好的发展势头。1992年,工厂工业总产值、商品产值、汽轮机产量、利税总额等几项主要指标均列我国汽轮机行业前茅。1993年4月29日,获全国“五一”劳动奖章。

刘杰以其严谨的作风和突出的业绩赢得职工的信赖,成为哈尔滨市国营大中型企业第一个经民主选举的厂长。他从1991年开始,在工厂行政序列以外单独组建了哈尔滨汽轮机厂高新技术产业集团公司,并在这个公司实行了与工厂不同体制的管理模式,从人、财、物、产、供、销等六个方面实行“厂内特区”政策,全员风险抵押,从总经理到每个员工都缴纳了2000元以上的风险抵押金,并充分利用政府的优惠政策,使经营工作在较短的时间就收到了明显的效果,该公司正式营业仅四个多月,营业额就达5000多万元。在工厂开办“美国加州牛肉面大王”有限公司,工厂投资额30%,其余由职工以个人自愿出资与工厂共同承担盈亏风险的方式进行风险投资,通过这几块“试验田”的大胆尝试,为工厂下一步深化改革和主动走入市场积累了必要的经验,效果比较明显。

近年来,他根据工厂生产任务重,但能力有“短腿”的实际,组织开展了上台阶、上能力、上水平的,由全厂职工参加的“大决战”,经过四个战役的拼搏,终于使工厂首次突破了年产300万千瓦汽轮机大关。组织了超临界60万,空冷30万、60万,核电30万、60万、100万千瓦汽轮机的开发工作;组织试制成功我国目前发电汽轮机最长的叶片——1米叶片;组织实施了总装厂房的扩建工程,工厂成为国内同行业唯一一家可同时进行两台60万、三台30万机组整体盘车的厂家。1991年,在巴基斯坦费萨拉巴·长特里电站的两台4.3万联合循环机组招标和木扎法戈两台21万千瓦机组招标中,工厂以较高的信誉,可靠的质量,一举中标。

刘杰,1938年12月生于安徽省阜阳县,中共党员,大学文化,高级工程师。1962年毕业于西安交通大学涡轮机专业,先后任哈尔滨汽轮机厂、东电公司技术员,哈尔滨汽轮机厂三车间副主任、设计研究所所长、副总工程师兼总设计师,1987年9月任哈尔滨汽轮机厂厂长。

〔刘春(女)·沈阳市中级人民法院庭长·被授予全国法院模范称号〕 1993年12月15日,最高人民法院授予辽宁省沈阳市中级人民法院第三刑事审判庭庭长刘春“全国法院模范”称号。在1993年8月举办的“辽宁省十大杰出执法者”评选中,刘春获得杰出执法者称号。

刘春在法院岗位上工作了23个春秋。无论是当书记员、助审员,还是干审判员、庭长,她都是全身心地投入,工作成绩突出。1985年,她担任刑一庭审判员,开始独立办案。5年间,她审结各类重大刑事案件100多件,判决各类罪犯150人(其中死刑50人),案件平均审限在25天左右,都做到定性准确,处刑得当,无一发回重审。她严肃执法,一些被拘押的人犯和社会上的不法分子私下议论:“案子到了刑一庭,遇上两个姓刘的就够呛。”两个姓刘的,一个指老庭长刘汉起,另一个就是刘春。刘春多次顶住说情风,从没办过人情案。她说:“为了国家和人民的根本利益,我只能认法不认亲。”几年来,她顶住说情60多次,拒礼拒贿5000余元。去年10月,她被授予“辽宁省政法系统廉政建设标兵”称号,在省内各地作了近20场事迹报告,受到听众热烈欢迎。

〔**刘柱·武警上尉·巧救人质荣立一等功**〕
1993年3月18日，武警总部决定，给巧救人质的吉林省总队浑江市支队机动中队代理中队长刘柱记一等功一次，同时由中尉晋升为上尉警衔

1993年2月1日，吉林省浑江市发生一起歹徒持刀劫持人质案。歹徒系通化矿务局材料库装卸工人，因与一女青年谈恋爱不成，将女青年的姐姐挟持为人质，躲在一办公楼内，向政府提出要两支手枪、200发子弹和一辆小轿车。声称，如果晚上6点前不满足这些要求，就将人质杀死。公安人员及犯罪分子的家属、亲朋反复做工作，均无效果。

晚上5点45分，刘柱奉命带2名战士赶到现场。他迅速察看了周围的环境和地形，提出立即疏散围观群众，将近处灯光熄灭，形成歹徒处于明处，我在暗处之势。为确保人质的生命安全，他提出枪击歹徒头部的方案。方案批准后，刘柱周密部署，巧妙地利用地形地物，与另一位战士找准最佳射击角度。当歹徒大喊还有20秒时，刘柱的枪口已对准其头部。歹徒大声数着：一、二、三、"三"字声音刚出，刘柱扣动了板机。歹徒应声倒地，人质安然无恙。当地政府、公安机关和人民群众纷纷赞扬这位神枪手。

刘柱，1965年1月出生，黑龙江省北安县人，1984年11月入伍，1988年6月加入中国共产党，中专文化程度。

〔**刘威·影视演员·获第十一届金鹰奖最佳男主角奖**〕　1993年，长春电影制片厂演员刘威因成功地在40集电视连续剧《唐明皇》中扮演唐明皇李隆基，获第11届《大众电视》金鹰奖最佳男主角奖、第13届中国电视剧"飞天奖"优秀男主角奖提名，主演的《唐明皇》获"金鹰奖"优秀长篇电视连续剧奖、"飞天奖"长篇电视连续剧特别奖。

《唐明皇》描写了唐玄宗李隆基的一生，通过他近六十年的政治生涯、丰富的人生内容与情感经历，以及尖锐复杂的政治斗争与社会矛盾，展现了唐朝开元、天宝年间这一特定历史时期的真实面貌和唐王朝由盛至衰的历史过程。刘威饰演的李隆基，无论是二十六岁的英俊王子，还是七十八岁的耄耋太上皇，造型和感觉都非常到位，把青年、中年时期的刚毅、果断、风流、柔情，以至老年后的无可奈何而又不甘寂寞的几个性格层面都表现得淋漓尽致，成功地塑造了一代英明君主形象。《唐明皇》播出后，在国内外产生了极大影响。

刘威，1957年10月生于长春市的一个干部家庭。17岁考入吉林省戏曲学校学习相声表演，毕业后分配到吉林省曲艺团做相声演员。1980年考入上海戏剧学院表演系，三年级时初登银幕，在《秋天的印象》中饰青年画家苏驰；四年级时，在毕业公演的莎翁名剧《哈姆雷特》中他演哈姆雷特，引起轰动。1984年，到长春电影制片厂当演员，先后在《海滩》、《末代皇后》、《水鸟行动》、《关东大侠》、《初恋时，我们不懂爱情》、《红房间、白房间、黑房间》、《追杀刑警》、《关东女侠》、《女子别动队》、《天字号密令》、《你好，太平洋》等影片和《努尔哈赤》、《荒唐王爷》、《袁崇焕》、《陈翰章》、《唐明皇》、《冯白驹将军》、《京都纪事》、《只要你过得比我好》、《三国演义》等电视剧中扮演主要角色。其中《末代皇后》中的侍卫官李越亭是他最投入的角色之一，也是使陈家林导演对他从认识到赏识直到爱不释手的一次极为成功的表演。此后，他多次在陈家林导演的影视片中饰演重要角色，如《努尔哈赤》、《荒唐王爷》、《袁崇焕》中的清太宗皇太极，《唐明皇》中的唐明皇，等等。1987年，刘威在《关东大侠》中扮演的正义多情的土匪头子关云天，以血性硬汉形象出现在银幕上，从而赢得了"硬派明星"的头衔，因此获第8届中国电影金鸡奖最佳男主角奖提名、第8届长春电影制片厂小百花奖优秀男演员奖和第2届中国电影表演艺术学会"学会奖"。

〔**刘铮·著名人口学家·因病逝世·获中华人口奖**〕　我国著名人口学家、中国人口学会会长、中国计划生育协会副会长刘铮，于1993年8月1日逝世，终年63岁。由中宣部、国家计生委、国家科委、中国计划生育协会、中国人口福利基金会发起设立的中华人口奖遴选于1993年8月19日揭晓，刘铮由于在人口理论研究方面作出的卓越贡献，获首届中华人口奖科学奖。

刘铮，1930年出生于辽宁省新民县，1948年进入华北大学学习，1950年开始在中国人民大学任教，1953年加入中国共产党。1973年冬，刘铮受命组建了中国第一个人口研究机构。1978年中国人民大学复校后，他任人口研究所所长。刘铮于70年代末创办了《人口研究》杂志并任主编。1981年创建了全国第一个人口学系并兼任系主任。1985年国家教委、联合国人口基金决定由中国人民大学建立中国人口学培训中心，刘铮任常务副主任。刘铮在学术上造诣很深，撰写了《人口理论问题》、《中国人口问题分析》等专著，为建立中国人口学学科体系奠定了理论基础。他否定了人口迅速增长是社会主义人口规律的说法，提出人类自身生产与物质资料生产要相适应观点，为推行计划生育提供了理论依据。他于

1979 年与他人合作提出"控制我国人口增长的五点建议"受到政府决策部门重视并采纳。他还为中国人口学会的发展，为增进中外人口学界的交流作出了极大努力，并于 1985 年当选为国际人口学研究机构联合会执行局亚洲委员。他主编的《人口理论教程》获国家教委优秀教材一等奖。

〔刘清·粮站站长·被评为全国十佳青年服务明星之一〕　1993 年 10 月，历时两年多的全国商业系统"文明经营、优质服务、争创效益"活动落下帷幕。在这次活动中产生的"全国十佳青年服务明星"，10 月 12 日在北京披红戴花，接受党和人民授予他们的荣誉称号。湖北省钟祥市九里粮管所九里粮站站长刘清榜上有名。共青团中央和国内贸易部还同时授予他"全国新长征突击手"和"全国商业劳动模范"称号。

刘清，湖北省钟祥市人，1966 年 7 月出生，高中文化程度，中共党员，1987 年 1 月参加工作，职称为助理经济师。

九里粮站地处山区，坐落在远离县城 20 多公里的南山坡上。刘清初到这里时，粮站只有两栋粮仓。这里不通水，不通车，不通邮，血吸虫繁生，生活十分艰苦。刘清没有失望，而是下决心改变这一切，一干就是 6 年。为了更好地扎根山区粮站，他把年轻的妻子也接到了这里。他带领职工自力更生，积极创业。在几年中，起五更，睡半夜，利用业余时间挖墙基 112 立方米，挥锹平整场地 1890 平方米，装卸基建物资 2400 吨，奠定了拖拉机运输新型粮站格局。从 1989 年开始，效益明显上升，之后又是一年一个新台阶，在全省名列榜首。如今的九里粮站已今非昔比，8 栋高大的粮仓、8 个露天货位整齐地排列在院内。职工之家内，红旗两边挂，奖状四周摆，锦旗下面彩色电视机、录放像机、电子琴、录音机、卡拉 OK 伴唱机、智力电子游戏机应有尽有。一个场平路畅、绿树成荫、四季花开、果香四溢的新型粮站展现在人们面前。

生活富裕了，他们没有忘记为山区人民的生产、生活提供更好的服务。粮食播种前，刘清走村串户宣传政策，提供信息，发放定金。作物生长季节，他深入田间帮助农民防治虫害，提供培育技术咨询服务。粮食收购季节，他增设网点，增加人力，方便农民交售粮食。他看到农民用拖拉机交售粮食在一个上坡路段要把粮食卸下一半才能爬上坡时，主动花钱联系推土机将坡度推缓，从此农民拖粮入库畅通无阻。粮农吃油难，他打破只收不销的陈规，大力开展粮油的原成兑换，仅 1992 年就兑换了 42.5 万公斤。1992 年秋收旺季，站里收购资金短缺，他带头拿出积攒几年准备买冰箱的 2000 元，又找亲朋借款凑了 4 万元，职工们在他的带动下也纷纷出主意，想办法，筹齐 46 万元收购资金，共收购粮食 600 万公斤，创历史最高纪录，没有向农民打一张白条。

为帮助粮农发展多种经营闯出新路，刘清首先组织粮站职工开展"四种八养"活动。他利用节假日到武汉、襄樊等地学习海狸鼠、"艾维英"肉鸡饲养技术，解决了一个个技术难题，使粮站和农民的多种经营效益稳步上升。粮站 1990 年多业收入为人均 2070 元，此后直线上升，到 1993 年已超过了 3000 元。在刘清和粮站的扶持下，粮站周围 4 个村人均年收入增加了 80 多元。刘清扎根山区小粮站取得的一个个成绩，获得省、地、市各级领导的好评。1993 年 3 月，他领导的粮站被评为"全国先进青年班组"。

〔刘淇·任冶金工业部部长〕　1993 年 3 月 29 日，江泽民主席根据第八届全国人大第一次会议的决定，任命刘淇为冶金工业部部长。

刘淇，1942 年生，江苏武进人。1975 年 9 月加入中国共产党。1959 年至 1964 年在北京钢铁学院冶金系炼铁专业学习，后考取炼铁专业研究生，1968 年毕业后，在武汉钢铁公司担任过技术员、工程师。1983 年任武钢炼铁厂副厂长。1985 年任武钢副经理。1992 年任武钢经理。是中共第十四届候补中央委员。

〔刘琪（女）·京剧演员·获"梅兰芳金奖大赛"旦角组金奖〕　1993 年，全国京剧最高层次评选活动——"梅兰芳金奖大赛"（旦角组）评选揭晓，54 岁的武旦演员刘琪荣登金榜，她与同行当演员相比，技高一筹，选票遥遥领先，成为武旦"首席"。消息传开，同仁皆赞："功夫不负有心人！"。

刘琪是"四小名旦"宋德珠之弟子，其技艺得宋派真传，此次以《扈家庄》、《小放牛》两戏参赛获奖。《扈家庄》是武旦演员的看家戏，饰扈三娘的刘琪一出场即光彩照人，她眼有神、手有准、脚有跟，动如行云流水，静如翠竹挺立。在几处走动中，根据自身条件，将宋派大步进身改为碎步逆跑圆场，身体大幅度内侧倾斜疾步如飞，形似苍鹰展翅滑翔，还加进提足长身的造型，更添人物美感。刘琪通过快速的翻身，纯熟的出手，背枪飞身而起，轻身而落的跳坐，刚健的涮腰仰面花儿，多姿变换的掏翎子亮相，骤雨击石般的快枪，紧凑火爆的档子，娴熟精湛的下场花儿，传神地表现了扈三娘的娇健和勇猛，同时又不乏人物的娇媚、俏皮和机趣。她同时演出的《小放牛》也具有动作灵巧、身姿婀娜的特色，载歌载舞一副童趣天籁，让人很难想象已是54岁的人了。金奖评委看了她的表演认为功夫地道，技巧用得恰如其分，塑造人物炉火纯青。

刘琪，山东省文登县人，1938年生，国家一级武旦演员，1947年入东北"咏讽社"学艺，后入东北戏曲学校，1959年毕业于中国戏曲学校，后到中国京剧院。在校曾随从邱富荣，马宗慧、赵桐珊，后从师宋德珠。代表剧目有《虹桥赠珠》、《小放牛》、《扈家庄》、《打焦赞》、《草原英雄小姐妹》等。数十年来，刘琪热爱京剧武旦艺术，无论任何困难，功夫从不搁下。"文革"期间，被作为"小三名三高"人物，仍躲在大字报包围的小屋里下腰踢腿，以至13年后回剧院，当同仁看她重新演出《扈家庄》依然漂亮娇健，风采不减当年时，都很激动。今天，"功夫不负有心人"，54岁的刘琪在离休前夕，捧走了金奖桂冠，应该说她为自己45年的艺术生涯竖立了一个闪光的里程碑。

〔刘琼·电影艺术家·获老一辈电影艺术家荣誉奖〕　1993年11月，在广州举行金鸡、百花双奖电影节期间，广州市对外文化交流协会，向广州观众推选出的10名老一辈电影艺术家，颁发了"广州人最喜爱的老一辈电影艺术家"荣誉奖状。刘琼自1934年参加影片《大路》的演出以来，在半个多世纪的银幕生涯中，一共参加演出了七十多部影片，塑造了众多的银幕形象。他导演了近十部影片，执导的影片获得过金鸡奖、西班牙第三届桑坦德国际音乐舞蹈电影节最佳舞蹈片奖。鉴于刘琼在电影表演导演创作上的杰出贡献，获得了"广州人最喜爱的老一辈电影艺术家"荣誉奖状。

刘琼，原名刘伯瑶，原籍湖南，1913年10月16日生于北京。1934年刘琼就读于上海法学院时，因喜好打篮球而结识电影演员金焰，经金焰介绍在当时联华公司拍摄的反映筑路工人生活，宣传抗日反帝的进步影片《大路》中扮演筑路工人刘长。虽然戏不多，但刘琼演得很认真，给观众留下较深印象。从此步入影坛，在《小天使》、《迷途的羔羊》、《自由天地》、《陌生人》、《费贞娥刺虎》、《联华交响曲》、《北战场精忠录》、《离恨天》、《文素臣》等数十部影片中扮演角色，后因拒拍"中日合作"宣扬"大东亚共荣圈"的反动影片而离开影界，转至上海艺术剧团，主演了舞台剧《长恨歌》、《蔡松坡》。抗战胜利后在香港、上海主演了影片《国魂》、《铁骨冰心》、《大地回春》、《乱世儿女》、《迎春曲》等影片。其中，刘琼在《国魂》中扮演的文天祥尤为突出，可以说是他表演艺术的高峰。他在表演文天祥口诵"正气歌"一节，充分表现了文天祥这位民族英雄的浩然之气和高风亮节。他以苍劲有力的嗓音、炯炯有神的眼神、京剧传统的捋须，水袖，将文天祥此时此刻的精神心态表现得正义凛然，催人泪下，给观众留下深刻印象。

解放后，刘琼从香港回到上海，任上影厂演员，先后主演了《山间铃响马帮来》、《女篮5号》、《牧马人》等。片子演得不多，却受观众欢迎，尤其是《女篮5号》中的篮球教练田振华更加动人。刘琼本身就是一个篮球爱好者，也经历过从旧社会到新社会的坎坷经历，他调动自己的生活积累，把主人公内在、深沉而又具有丰富感情的复杂性格表现得十分准确。在表现田振华与多年失去音信的恋人林洁相逢这场戏中揭示田教练内心的感情波澜时，起落有致，浓淡相宜，自然、质朴、真挚。

1957年以后刘琼的主要精力放在导演工作上。他执导的第一部影片也是他喜欢的体育题材影片《两个小足球队》，接着又完成了《翠谷钟声》、《巨浪》、《乔老爷上轿》、《宋士杰》、《女驸马》、《阿诗玛》、《李慧娘》、《海上生明月》等。《阿诗玛》是根据同名长诗改编摄制的音乐歌舞片，全片没有一句对话，全部用歌唱传递感情，音乐烘托氛围。影片拍得色彩淡雅、构图精美，富有浓郁的诗情画意，获得了西班牙桑坦德国际音乐舞蹈电影节最佳舞蹈片奖。而在戏曲片《李慧娘》中，刘琼的导演手法更为成熟，他巧妙地将人物、情境、歌舞熔于一炉，使影片浑然一体。《李慧娘》获得第二届金鸡奖。

〔刘锐·天津电机总厂钳工·获首届中国青奥赛钳工第一名〕　年仅20岁的天津电机总厂潜修分厂工人刘锐，1993年9月6日在首届中国青年奥林匹克技能竞赛机械行业决赛中技压群雄，夺取了钳工的桂冠，被劳动部授予"全国技术能手"称号，共青团中央授予"全国新长征突击手"称号，全国总工会授予全国"五一"劳动奖章。

刘锐，1973年1月出生于天津市，1991年毕业于天津市电机技工学校，被分配到电机总厂潜修分厂装配组当钳工。他面对的是一台台从油田服役回来的潜油泵，油泥覆盖着泵体的每一个部位。他不怕脏，不怕累，积极参加小组的革新活动，解决装配修理中的难题。潜油电泵保护器的拆卸难度很大，他同师傅一起研制出一种拆卸小工具，使拆卸由难变易，两三分钟就能完成。他深感在校学的专业知识不够用，经常利用业余时间到天津市和总厂图书馆借阅技术书籍，不断开拓自己的知识视野。报名参加奥林匹克技能竞赛后，高强度超负荷的训练，使他受过伤的鼻子经常出血，他依然顽强地坚持强化训练。他说：我们的苦和累自不待言，可是指导我们的师傅更辛苦，他们毫无保留的把自己几十年摸索出的“绝活”交给了我们，这种无私的奉献是使你获胜的关键所在。竞赛后他把对师傅的感激与获胜的喜悦浓缩为一个新的奋斗目标：进一步深造，掌握机电控制技术。

〔刘山林·蓟县下营法庭庭长·被授予全国法院模范称号〕　1993年12月25日，最高人民法院授予天津市蓟县人民法院下营法庭庭长刘山林“全国法院模范”称号。

刘山林，天津市蓟县人，1940年7月生，中专文化程度，1962年7月于河北滦师毕业后任教员。1970年9月加入中国共产党，1973年后参加法院工作，现为法庭庭长、正科级审判员。

下营法庭位于蓟县最北部长城脚下的深山区，辖区3万余人口分布在东西长70华里、南北宽50华里的47条深山峡谷中。1984年初，刚到这里工作的刘山林针对山区群众文化水平低、法律意识淡薄的状况，和全庭同志制定了一个山区5年普法计划。5年中，他和全庭同志跋山涉水，风雨无阻，把法律知识送到辖区群众之中。为了向地处偏僻的太平沟村26户村民普法，他背着行李，拄着树棍，沿着羊肠小道，攀援步行数十公里赶来宣讲《婚姻法》、《经济合同法》等，并当场解答群众的问题，走家串户调解纠纷，使这里的居民首次接受了基本的法制教育。为了普法，刘山林在10年中行程1万多公里，走遍辖区内的60多个自然村、18所学校和23家工矿企业，宣讲法律常识200多场次，直接受教育者达5万多人次，使这一地区群众法律意识普遍增强，民事案件成讼率明显下降，到1993年10月底，辖区60多个村中已有27个成为无诉讼村。

刘山林心系人民，利用法律武器为山区群众服务。这些年来，只要是受理立案的，都风雨无阻地下乡审理，尤其是可能激化的案件，更不分昼夜地及时审理。他身患多种疾病，医生给他开的全休病假，他一次也没休。在他的带领下，辖区内80%以上的案件审理在乡村，年结案率都在98%以上。

刘山林还积极为企业提供法律服务。在办理湖南岳阳某公司拖欠天津合力食品有限公司货款一案时，从受理到审结只用了6天，行程近万里，圆满解决这起纠纷，使该公司经营活动得以正常运转。1993年1至10月，他先后深入辖区的17个乡镇企业，向厂长经理和业务骨干近百人宣讲了《经济合同法》和《民事诉讼法》等，并结合各单位情况提出了15条司法建议，均被采纳。在执法过程中，他一贯拒吃请，拒收礼物。

自1984年以来，刘山林领导的下营法庭多次被评为先进集体，两次被天津市委、市政府授予“为民便民的好法庭”称号，两次荣立集体二等功。他多次被评为市、县先进工作者、政法工作标兵、市“七五”立功奖章获得者，自1988至1992年先后荣立一等功1次，二、三等功2次。其事迹多次被《人民日报》、中央人民广播电台等新闻单位广泛宣传。

〔刘之义·高级钳工技师·首创铁路道岔尖轨生产新工艺〕　铁道部山海关桥梁工厂高级钳工技师刘之义，对铁路道岔尖轨的传统生产工艺，大胆革新，首创用振动时效取代自然时效，使时效周期由原来的7天缩短到20分钟，开辟了振动时效这一高新技术应用的新技术领域，填补了国内一项空白。

铁路道岔尖轨淬火后的时效处理是道岔尖轨生产中的关键工序，目的在于消除热处理后的工件内残余应力，以保证工件尺寸的标准化与稳定性，提高工件的耐用强度。过去我国对道岔尖轨热处理后都要经过7天的自然时效期，然后再进行深加工，周期长，占地面积大，不适应生产发展的需要。1992年，刘之义开始对振动时效这一高新技术进行研究，并致力于在道岔尖轨生产应用上的探索。经半年多的反复试验，积累了一千多个数据，终于获得成功。经过振动时效处理的构件，其尺寸稳定性优于自然时效工艺，消除残余应力为48%，自然时效只能消除14%。1993年9月和12月，先后通过了全国振动时效技术推广中心和中国铁路工程总公司组织的部级鉴定，认为属国内首创，居国内领先水平，可以推广使用。采用这一新工艺，每年不仅可以多生产道岔尖轨160多组，同时，减少了折断率。仅此两项，就多创经济效益180多万元。该技术工艺还可以在导轨、高锰钢辙叉以及其它高碳钢构件生产工艺中应用，具有广阔的推广应用前景。

刘之义，北京市延庆县人，1949年5月生，1968年7月从山海关铁路技工学校毕业后分配到山海关桥梁厂工作，历任钳工、工长、设计组长、技师、高级技师，兼任　工会主席等职。他勤奋刻苦，努力学习，自学了大学的高等数学、理论力学、材料力学、金属切削、机床设计、液压传动等主要专业课程，并注意用于实践。十几年来，他先后完成了各类机床设备，工、量、夹、辅具等技改革新项目三百余项，其中能用数字反映取得经济效益的就达一千多万元。他对从日本引进的一台300多万美元大型数控加工设备进行改造，使其更充分地发挥效能和生产潜力。仅此一项，就可以年创经济效益一百多万元。由于他精通各种机械设备的性能，于1987年被吸收参加铁道部组织的技术改造联合调研组，对桥梁厂的一、二期技术改造发挥了重要的作用。

1980年以来，由于刘之义在技术革新和技术改造方面的突出成绩，曾连续13年被评为厂革新、生产标兵，多次被评为市级科技战线先进个人，先进生产者，优秀党员，两次被评为铁路系统和市级职工读书自学积极分子，1993年12月被评为秦皇岛市科技明星，并被提名为河北省职工科技明星。同年4月，获全国铁路总工会授予火车头奖章。

参加铁路道岔尖轨生产新工艺的研究人员还有该厂的高级工程师、副总工程师徐安友，高级工程师刘海林、冯炳成，助理工程师郝自英和节能员曾昭俊等。

〔刘开渠·一代美术宗师·在北京逝世〕　我国当代杰出的人民艺术家、雕塑艺术大师、著名美术教育家刘开渠，1993年6月25日在北京逝世。

刘开渠，1904年生。安徽萧县人。1920年考入北京美术学校，学生时代便积极投入反帝反封建的学生运动。1928年赴法国留学，入巴黎高等美术学校专攻雕塑。"九一八"事变后回国。1933年起在国立杭州艺专任教，1949年任杭州艺专校长，1951年任中央美术学院华东分院院长。1952年担任北京天安门广场人民英雄纪念碑设计处处长和雕塑组组长。1959年任中央美术学院副院长。1963年起任中国美术馆馆长，收藏委员会和艺术委员会主任。1982年相继担任全国城市雕塑规划组组长、城市雕塑建设指导委员会主任，为我国城市雕塑事业的蓬勃发展作出了巨大贡献。他是第一、二、三届全国人大代表，第五、八届全国政协委员，第六、七届全国政协常委。还曾担任民盟中央常委、文化委员会主任、参议委员会副主任，上海美术工作者协会主席、华东美术工作者协会主席、中国美术家协会副主席、中国文联委员等职。

刘开渠在70年的雕塑生涯中，将西方的雕塑观念和技巧与中国的民族精神相融会，努力表现人民大众和中华民族杰出人物的形象，讴歌中国人民的革命业绩和英雄气概，创立了现代中国的写实风范，形成了朴素、洗炼、沉稳和重于内在生命表现的艺术风格，成为中国现代雕塑的奠基人之一。他的代表作品如《"一二八"淞沪抗战阵亡将士纪念碑》(1934年)；《川军抗日英雄纪念碑》(即无名英雄纪念碑，1944)；浮雕《农工之家》(1945)；《胜利渡江解放全中国》(1955～1957)等群像雕塑和《毛泽东主席像》、《周总理像》、《蔡元培像》、《鲁迅像》、《李劼人像》、《萧友梅纪念像》、《梅兰芳像》等，在我国现代美术史上占有重要位置。他是中国社会主义时代美术事业特别是雕塑事业杰出的领导者和组织者，是我国当代美术馆事业的奠基者和创业者。

〔刘少奇·诞辰九十五周年纪念大会在郑州举行·铜像在开封揭幕〕　1993年10月25日，中共河南省委、中央文献研究室联合在郑州召开纪念刘少奇诞辰九十五周年大会暨学术讨论会。26日，刘少奇铜像在开封揭幕。

出席刘少奇诞辰九十五周年纪念大会的有全国人大常委会副委员长王光英、中央党史领导小组副组长邓力群、全国政协常委王光美。中央文献研究室和河南省委、省人大、省政府、省政协、省军区的负责同志以及长期在刘少奇领导下工作过的老同志、刘少奇的亲属和曾在刘少奇身边工作过的同志应邀出席了会议。纪念大会以后，来自全国19个省市的党史工作者和专家学者举行了为期3天的学术研讨会，围绕刘少奇关于社会主义经济建设以及政权建设、文化教育、执政党建设等方面的思想进行了深入的探讨。

在纪念大会上，河南省委副书记、省长马忠臣在讲话中介绍了刘少奇的光辉一生。他说，刘少奇同志早年投身革命，为我国新民主主义革命的胜利，为我国社会主义革命和建设的顺利发展，建立了不朽的历史功勋。今天我们纪念刘少奇同志，就是要学习他坚定的共产主义信念、勇于开辟新局面的马克思主义创造精神、高度的党性修养与坚定的党性原则、理论联系实际的马克思主义学风和全心全意为人民服务的精神，在江泽民同志为核心的党中央正确领导下，为争取河南经济和建设事业在九十年代跃上一个新的台阶而努力奋斗。全国人大常委会副委员长王光英在会上介绍了他与刘少奇交往的情况，他说，刘少奇同志作为我国第一代集体领导的核心成员，对中国的革命和建设都作出了不可磨灭的贡献。他给我们留下的宝贵精神遗产，将对我国的改革开放和经济建设产生巨大的影响。中央文献研究室顾问李琦在发言中说，刘少奇同志长期担任党和国家的重要领导职务，他的思想和主张，特别是关于经济建设和执政党建设的思想和实践，是他留给我们的宝贵遗产。学习和研究刘少奇的思想和实践，从他留下的丰富精神宝库中汲取智慧和经验，必将有助于我们更好地沿着建设有中国特色社会主义的道路不断前进。全国政协常委王光美在发言中说，刘少奇同志非常重视调查研究，不断地了解新的情况，研究新问题，找出解决问题的办法。这种学风值得我们学习。

刘少奇铜像揭幕仪式于1993年10月26日在他的逝世处——开封市北土街10号举行。他曾在此度过人生最后的27天，于1969年11月12日含冤逝世。高1.02米的刘少奇半身铜像，安放在将军红玉石基座上。 院内北侧是一块由杨尚昆题写的“刘少奇主席逝世处”汉白玉纪念碑。全国人大常委会副委员长王光英及有关方面的负责人段君毅、邓力群、李琦，刘少奇同志夫人王光美等，出席了揭幕仪式。据悉，“刘少奇主席在开封”陈列馆正在开封刘少奇逝世处筹建。这个陈列馆将重点展现刘少奇为创建新中国和在社会主义革命及建设时期的丰功伟绩，特别是他在河南的主要活动。王光美等向陈列馆捐赠了刘少奇的遗物。

为纪念刘少奇诞生九十五周年，由中共中央文献研究室编辑的《刘少奇论新中国经济建设》、由中央档案馆编辑的《刘少奇手迹选》于1993年11月出版。

刘少奇，1898年出生于湖南省宁乡县，青年时代参加了五四运动，1920年加入社会主义青年团，1921年加入中国共产党。1922年至1932年主要从事工人运动和党的地下工作，先后参加领导过安源煤矿和铁路工人大罢工、五卅大罢工、省港罢工及武汉工人夺回英租界的英勇斗争。1927年5月在中共第五次全国代表大会上当选中央委员。大革命失败后，到上海、天津、东北、华北等地从事党的地下工作，曾任满洲省委书记。1931年1月在中共六届四中全会上当选为中央政治局候补委员。同年秋担任党中央职工部部长、全国总工会党团书记。1932年冬，刘少奇进入江西中央革命根据地，先后担任全国总工会委员长和福建省委书记。参加了红军二万五千里长征，担任过红军第八军团、第五军团党中央代表和第三军团政治部主任。1935年1月在遵义会议上坚定地支持毛泽东所代表的正确路线。1936年春任北方局书记。抗日战争爆发后，他深入敌后，开展敌后游击战争和抗日救亡运动。1938年南下担任中原局书记，组织和建立华中抗日根据地。1941年皖南事变后，任新四军政治委员。1943年回到延安，任中央书记处书记、革命军事委员会副主席。1945年在中共第七次全国代表大会上当选为中央政治局委员、中央书记处书记。1947年春国民党军进攻延安，刘少奇受党中央、毛泽东的委托，担任中央工作委员会书记，转移到华北，和朱德一起负责党中央的日常工作。

1949年9月，刘少奇在中国人民政治协商会议上当选为中央人民政府副主席。1954年在第一届全国人民代表大会上当选为人大常委会委员长。1956年在中共第八次全国代表大会上当选为中央委员和中央政治局委员、常委、副主席。1959年4月在第二届全国人民代表大会第一次会议上当选为中华人民共和国主席。1965年1月在第三届全国人民代表大会上再次当选中华人民共和国主席。在“文化大革命”中，因受林彪、江青反革命集团诬陷和残酷迫害，于1969年11月12日在河南开封逝世。

〔刘长瑜(女)·京剧演员·在“梅兰芳金奖大赛”中荣登旦角组榜首〕　1993年1月17日，梅兰芳金奖大赛(旦角组)揭晓，由十万观众投票选出的八大名旦是：刘长瑜、李维康、杨淑蕊、刘琪、孙毓敏、薛亚萍、方小亚、王继珠。此次大赛是文化部振兴京剧指导委员会、中央电视台、中央人民广播电台、《中国京剧》杂志社共同举办的一次全国京剧演员高层次的评选活动。作为有四十年舞台经验的艺术家刘长瑜名登榜首，可谓实至名归，当之无愧。

刘长瑜，1942年生于北京，1959年毕业于中国戏曲学校，曾向三十多位老师学艺。1958年开始得荀慧生先生亲授，攻青衣、花旦、刀马旦，尤擅长花旦。后得雪艳琴、李玉茹、童芷苓、俞振飞及汉剧陈伯华、豫剧陈素贞、山西蒲剧王秀兰诸多艺术家的传艺指点，1962年调中国京剧院至今。她聪慧，善于学习，长期不断向院内外艺术家求教，就是此次大赛每位选手彩排时，都到场仔细观摩学习。参赛最后一晚是她“压大轴”，一折《辛安驿》不论反串花脸还是花旦活儿，特别“比武”时那三个鹞子翻身都干净利落的过去；后唱《红灯记》中的娃娃调，清脆明亮，观众一句一个好。戏一结束，掌声、欢呼声连成一片。刘长瑜主演过《红灯记》、《春草闯堂》、《红楼二尤》、《燕燕》等一批新戏，她创新创得好，戏戏有新意，因而曾获文化部颁发的个人表演一等奖、首届梅花奖、金唱片奖等。

〔刘凤学(女)·台湾舞蹈家·率团到大陆交流演出〕　应中国舞蹈家协会的邀请，享誉台湾的舞蹈家刘凤学博士率新古典舞团，于1993年2月10日到北京，在大陆进行为期20天的访问、交流和演出。

刘凤学所带的剧目有《布兰诗歌》、《投壶戏》、《招魂》、《俑之一》(汉俑)、《幂零群》、《渔歌子》、《雪祭》(窦娥冤)等两台舞蹈、舞剧作品晚会，均为刘凤学博士创作。该团别具一格的精采演出，令观众耳目一新，反响强烈。谓之是近年来很少看到的高水平的舞蹈艺术作品。体现了她“用现代的知识去光大传统，以传统为依归去创造现代”的艺术宗旨。作品倾注了她对祖国、民族、人民、故乡的炽热情感和内在力量，寓意深远，耐人寻味，表现了民族传统舞蹈的独特风格，让人一看就是中国现代舞，而不是外国现代舞，更不是那些怪诞得叫人看不懂的现代舞。其间，中国舞蹈家协会为刘凤学新古典舞团召开了有舞蹈各方面专家、学者参加的交流座谈会。会上，刘凤学女士简介了该团的创建和她几十年艰辛创作的经历，并一往情深地感谢著名舞蹈家戴爱莲老师对她舞蹈生涯的启萌教育。

刘凤学，黑龙江人，1949 年毕业于国立长白师范学院。自 1950 年开始从事舞蹈创作。1954 年起先后 10 次考察研究台湾各民族民间舞蹈，用了近 20 年时间，整理出台湾的 9 种民族舞蹈。1957 年开始研究中国古代舞蹈，对唐、宋、明代的舞蹈加以搜集研究、整理再现。1966 年至 1967 年在日本东京教育大学研究现代舞与舞蹈创作法。1970 年赴法国福克旺艺术学院专攻创作与拉班舞谱。1976 年创立台湾新古典舞团。1981 年赴英国拉班舞蹈学院攻读博士学位，次年冬完成博士课程后到剑桥大学，于 1987 年通过考试获英国国家哲学博士学位。40 余年来，她先后创作了 100 余个舞蹈作品，培养了一批艺术人才，对台湾的舞蹈文化建设尽其力量作出贡献，并有相当影响。其作品以有严谨的结构、丰富的肢体语言、恢宏的舞蹈风格和深沉的思想哲理而在台湾受到好评，被誉为“一首首精致完美的舞蹈交响乐章”。她在舞台时空的处理上，尤有独到的功力。其舞团是目前台湾一个具有代表性的艺术组织，曾多次赴美、英、法、德、奥及新加坡等地巡回演出，并获极高的评价。她是该团团长兼艺术总监。曾被国际舞蹈研究委员会评选为“杰出舞蹈学者”。

〔刘文西·画家·刘文西画展在北京举行〕 西安美术学院院长、著名画家刘文西画展，1993 年 5 月 23 日在北京中国美术馆举行。

刘文西，1933 年生，浙江省嵊县人。初中毕业后，考入上海陶行知创办的育才学校学习美术。1953 年考入浙江美术学院，二年级时被选拔入图画系，师从于潘天寿、方增先、李振坚、周昌谷等，专攻中国人物画。大学期间就有作品参加全国青年美展并获三等奖。1958 年毕业后分配至西安美术学院任教，同年加入陕西美协。1961 年加入中国美协。1979 年参加第四届全国文代会，并被选为中国美协理事。后任西安美术学院国画系主任、教授。他勤奋好学，创作态度严肃认真，将西洋素描与中国人物画的传统技法有机结合起来，热练地掌握了绘画中的艺术语言与基本技巧，并在继承民族传统的基础上不断创新。他十分重视生活体验，注意在生活中发掘素材，发现人物。曾先后二十多次下延安，熟悉那里的人民和生活，他的作品以表现陕北人民的革命历史和现实斗争为主，形成了自己的独特风格，他创作勤奋，出版、发表作品二百余幅。代表作品有：《在毛主席身边》、《拉家常》、《毛主席和牧羊人》、《枣园桃李》、《毛主席和小八路》、《奠基礼》、《刘志丹是清官》等等。个人画册和选集有《人物习作选》、《人物画习作选第一辑》、《中国人物画头像写生》、《素描选集》、《藏区写生集》、《大型习作选集》、《玛曲藏区写生》等。

〔刘方仁·当选中共贵州省委书记〕 在 1993 年 11 月 9 日结束的中共贵州省委第七届第一次会议上，刘方仁当选为中共贵州省委书记。

刘方仁，1936 年生，陕西武功人。1954 年加入中国共产党。1962 年毕业于沈阳建筑材料工业学院硅酸盐专业。历任解放军总后勤部军需生产部厂调度员，长江化工厂技术员、副总工程师、副厂长，中共九江市委副书记、书记。1985 年起任中共江西省委副书记。是中共第十三、十四届中央候补委员。

〔刘东生·环境地质学家·获首届中华绿色科技奖特别金奖〕 由林业部、国家环保局、《科技日报》共同组织设立的中华绿色科技奖特别奖颁奖仪式，于 1993 年 8 月 5 日在北京举行。我国著名环境地质学家、中国科学院学部委员刘东生获特别金奖。中国科学院院长周光召、林业部部长徐有芳、国家环保局局长解振华出席颁奖大会，并在会上发表了讲话，对获奖专家表示祝贺，强调环境保护是一项系统工程，希望全社会重视并认真作好保护环境的工作。

刘东生，1917 年 11 月出生，天津人。1942 年毕业于西南联大地质系，早年从事古脊椎动物的研究，曾发表《甘肃玉门下惠回铺系中间一新古鱼——鳕鱼》、《湖南临沣鲈形类一新种》、《南京五通系中的鱼化石》等论著，填补了我国鱼化石方面的空白，对泥盆纪的划分、对比及恢复这一时期的古地理有较大贡献。五十年代中期，参加了黄河中游水土保持的科学考察工作，并系统地研究了黄土的成因及其特征，发表了有关黄土的专著四册、考察报告一册，受到国内外同行的重视。他与参加工作者合著的《黄河中游黄土》、《中国的黄土堆积》和《黄土的物质成份与结构》曾获 1982 年国家自然科学奖二等奖。在此期间，他还编制了 1/400 万中国第四纪沉积物分布图；1/200 万中国黄土分布图和 1/50 万黄河中游黄土分布图。他与张宗德合著的《中国的黄土》一文，被国际同行广泛引用。从五十年代至六十年代初，他坚持中国黄土研究，对黄土的风成学说，黄土的地层时代划分，黄土的古气候标志与全球古气候的对比等基础理论取得了科学依据，并培养了一代人才，成为公认的国际黄土研究的权威。六十年代，他与施雅风等组织了两次多学科高山考察，相继编辑了希夏邦玛峰科学考察论文集，珠穆朗玛峰科学考察论文集14卷，这些成果填补了我国在世界高山科学史上的空白，使他成为我国环境科学和高山学的奠基人之一。

七十年代以后，刘东生开始围绕第四纪地质学探索环境地质学的研究，并根据研究成果提出了开展我国环境地质工作的若干建议，发表了《环境地质学的出现》、《当前环境中的若干问题》和《氟骨症与氟的地球化学环境》等论文，开创了环境地质连结地质生物学和医学的研究，建立了地质医学，为开展我国环境地质学，推动医学与地质学之间的互相渗透作出了重要贡献。

〔刘汉元·通威(集团)有限公司总裁·获全国杰出青年企业家称号〕 年仅29岁的四川省通威(集团)有限公司总裁刘汉元，继首创“渠道金属网箱式流水养鱼”先进集约化养鱼方法之后，又在饲料的研制与开发上取得突出成就。1993年1至8月，累计产值达1.2亿元，创造利税1300万元，为救助失学儿童，向“希望工程”捐资10万元，设立了“通威——希望工程奖励基金”。1993年11月，在第三届全国优秀青年企业家评选活动中，刘汉元被评为“全国杰出青年企业家”。

刘汉元，四川省眉山县人，1964年12月出生，1981年于四川省水产学校毕业后，分配到眉山县水利电力局任水产技术员、后升任水产股副股长。他潜心钻研水产养殖技术，1984年首创“渠道金属网箱式流水养鱼”方式，这一先进集约养鱼法，填补了我国空白，1985年获“四川省科技一等奖”。网箱养殖法在全国推广后，从根本上改变了几千年来传统的粗放经营、效益低下的养殖方式。

为了解决网箱养鱼的饲料问题，他辞去公职，建立了自己的饲料研究室，经过上千次的配方选择试验，终于研制出一种饲料，投放1到1.5斤，就能收获一斤鱼，而且解决了网箱鱼头小肚大脂肪多和成本高的问题，专家鉴定后，一致认为这种饲料“达到国内一流水平”。1986年刘汉元创办了我国西南地区首家集约化鱼用配合饲料厂。1992年9月，他又和港商合资兴办了年产6万吨的现代化饲料厂，成为集科研、生产、养殖、综合利用等多种功能齐全的企业集团。现在刘汉元又在美国纽约创办了通威(美国)有限公司、通威饲料有限公司、通威激光视盘制作有限公司，在国内兴建了8个子公司，取得了较大的经济效益。刘汉元1986年荣获“四川省优秀星火青年”称号，1987年获“集约化养鱼先进个人”，1989年获四川省科技进步奖。

〔刘永好·民营企业家、希望集团总裁·当选全国工商联副主席〕 作为全国最大的私营企业家之一的刘永好，1993年先后当选为全国政协委员和全国工商联副主席。

刘永好，四川省新津县人，现年41岁。在排行“言、行、美、好”四兄弟中，刘永好是老四。1982年，像当初四兄弟先后考上大学一样，他们又相继摔掉铁饭碗，回到本村捧起了泥饭碗，又一次引起十里八乡的轰动。四兄弟修自行车、卖手表，辛辛苦苦攒起1000元作本钱，经过调查论证，把养鹌鹑作为事业的起点。几年的艰苦经营之后，古家村成了远近闻名的“鹌鹑王国”，积累了上千万元的资金。

兴旺的养殖业必然引发大量的饲料需求。1988年，四兄弟投资200万元兴建了希望饲料研究所，广揽国内外一流的专家学者，对精选出的33个配方在100个试验点同时试验，跟踪观测，不到一年就研制开发出“希望”牌高档畜禽饲料，迅速投放市场，打破了当时外资企业独家垄断高档饲料市场的局面。1989年，成都“希望”牌饲料产销量一举超过“正大”之后，先后在省内外建起了10多个饲料公司，产销量不但连续三年在西部中国居于榜首，同时也奠定了“中华饲料王”的地位。近年来，希望饲料荣获四个国家级金奖和两个国家级星火成果二等奖，并成为全国星火示范企业。

刘永好热心于民营企业与国有企业的优势互补。1993年希望集团投资数千万元，与湖南邵东、汨罗、江西南昌、上海浦东合资建立四家希望饲料有限公司，初步体现了优势互补的潜力所在。

“希望”发了，首先带动古家村成为成都市的第一个“亿元村”，年人均收入超过1500元。“希望”发了，也带动新津县的“发”，全县非公有经济成分上交税收占财政收入的比重，1992年为34%，1993年达到40%，并建成了全省第一个省级个体私营经济试验区——新津希望城。

“希望”发了，刘永好四兄弟并没有沦为金钱的奴隶，沉醉于吃喝玩乐。作为总裁的刘永好，至今抽烟、喝酒、打牌、跳舞“四不会”，他最大的享受，就是每天打电话向下属公司经理询问产销情况。

〔刘廷杰·外科学家·被聘为中华医学会资深会员〕 1993年1月16日，具有78年历史的中华医学会，正式宣布首批聘任41位在医学上有重大成就、德高望重的内外科专家为中华医学会资深会员。第三军医大学附属第三医院副院长、野战外科研究所副所长刘廷杰获得这一荣誉。

刘廷杰，1914年生于山东莱阳。1940年于贵阳医学院毕业后，先后任中国红十字会医疗队队长，战时卫生人员训练所外科教官，重庆陆军总医院外科主治军医。1946年赴美在旧金山莱德曼总医院外科进修。1947年回国，任重庆陆军总医院外科主治军医。1950年起历任第七军医大学附属第二医院外科临床教研室副主任，第三军医大学附属第三医院外科主任、教授、副院长，野战外科研究所副所长。1962年加入中国共产党。

刘廷杰在国内首次开展局麻条件下进行甲状腺大部切除术。在国内最早采用直肠悬吊治疗直肠脱垂的新方法。对战伤和肿瘤切除造成胸、腹壁大缺损修补材料进行研究，先后用丝线、涤纶结网作修补材料，临床取得良好效果，填补了国内空白。刘廷杰曾任总后卫生部医学科学技术委员会委员，全军普通外科专业组副组长。先后编著、合著专著四部，发表学术论文十余篇，其中"涤纶网修补胸腹壁缺损的动物实验和临床应用"获全军科技成果三等奖。因医疗教学成绩显著，曾立三等功三次。

〔刘传富·赣榆县柳编工艺一厂厂长·闯出柳编出口走向世界之路〕　江苏省赣榆县柳编工艺一厂厂长刘传富，领导全厂实施"振兴柳编，走向世界"的规划，闯出一条柳编出口之路，带动当地土城乡成为远近闻名的柳编市场，1993年日上市柳条柳编上万公斤，迅速走上致富之路。1993年11月21日，《人民日报》海外版以《柳编出口闯路人》为题，介绍了刘传富的事迹。

赣榆县土城乡盛产柳条，当地农民素有编织柳编的习惯，不乏编织好手。乡里建有一个柳编厂，但制品大多只在附近市场上市，效益一般。1987年2月，出身柳编世家的刘传富当了厂长。他决心依靠本地优势，让柳编走出国门。他上任以后，首先集中精力把住四道关口：一是技术关。柳编，关键是创新打样，外国人需求的，都是根据本国的风俗民情所定，诸如：德国、意大利的带色编织，日本的盘子，美国的篮子……厂里购进了筐、筐、盘、碟等各种样品的图片，让技术人员认真加以揣摩，然后推陈出新。厂里规定，凡创造一个新产品，奖励订货总额1%。几年来，这个乡办柳编厂先后推出60多个新产品，占全厂样品的70%以上。二是生产关。全厂职工全部实行记件工资，上不封顶，下不保底，集体供应原材料，一手交货，一手付款。达不到技术要求和标准的，本人负责原材料货款，不发加工费。三是质检关。柳制品数量、质量验收严格按照外贸规定办事，凡外商退回的不合格产品，所有费用全由质检员负责。四是包装关。包装之前，先由包装人员过目，以后出现的包装问题，由包装人员负责。这样，从柳条洗刷、晾晒、编织、上色、复剪、验收、包装，道道把关，确保万无一失。

柳编制品质量有了保证，刘厂长决定奔赴广州直接与外商订货。初到广州，他顾不得观光游览，一头扎进草柳编织样品展览室。靠眼勤、嘴勤、腿勤功夫，他很快向负责展厅摆设的负责人争得了一块比较理想的地方，把带来的各种样品，什么装狗的筐子，养猫的篮子，吊花的"瓶子"、装苹果放糖块的"盘子"，以及各种颜色的套织品，全部陈列有序，大有挑起外商眼皮，让他们不由自主地高看一眼之势。

广交会开幕了，果然不出所料，操着各种语言的外商几乎都围了上来，刘传富带来的50多种样品，样样都有货主，到广交会结束，外商共订货50余万件。

柳编出口的路打开了。从1986年到1993年10月的7年间，赣榆县柳编工艺一厂共出口柳编600余万件，产值650万元，为国家创汇70多万元，创利72万元，每年产值利润平均以15%的速度递增，全乡走上了致富之路。

〔刘仲宝·无锡市歌舞团副团长·获文华编导奖〕　无锡市歌舞团副团长、二级演员刘仲宝，1993年4月获文化部第三届文华奖编导奖。其编导的歌舞《江南好》，获文华新节目奖。歌舞《江南好》以"太湖春色"、"吴地风情"、"劳动欢歌"三个部分歌舞串联相扣在一起，精巧构思，浓郁的地域文化特色与歌舞艺术个性的交汇，把观众引入艺术美的无尽回味之中。《江南好》内涵丰富、形式活泼。从古至今，从物到人，有抒情和豪情，有优美和幽默，继承中有创新，创新中又有继承。充分地表达了美在江南、情溢江南、春满江南这一主题。

刘仲宝，1957年生，江苏省无锡市人。1973年于无锡市艺术学校毕业后，任无锡市歌舞团舞蹈演员。1980年入北京舞蹈学院进修。从艺以来，他牢记"台上一分钟，台下十年功"这句格言，不仅练就了一身扎实的基本功，也使自己具有了很强的表现力。十多年前，为了成功地塑造舞蹈《捉蟹》的渔翁形象，凭着顽强的意志，忍受双膝肿痛磨伤，坚持苦练了一年多，终于练成那23个连续快速跪转，并将这招绝活一直保持至今。他曾在1982年、1984年第一、二届华东六省一市舞蹈会演上，因在舞蹈《鸬鹚号子》、《捉蟹》中分别表演调皮可爱的小鸬鹚和勤劳风趣的捉蟹翁而获表演一等奖。1987 年在江苏省首届音乐舞蹈节中，创作表演的独舞《二泉映月》获表演一等奖、创作三等奖。1991 年在省音舞节上，获表演一等奖。1993 年 9 月在无锡他成功地举办了《刘仲宝舞蹈艺术展演》。

〔刘仲藜·连任财政部部长·谈关于实施财税改革方案问题〕　1993 年 3 月 29 日，根据第八届全国人大第一次会议的决定，刘仲藜被任命为财政部部长。

刘仲藜，1934 年生，浙江宁波人。1954 年加入中国共产党。历任黑龙江省计委副处长、副主任、主任，黑龙江省计划经济委员会主任，黑龙江省副省长。1988 年起任财政部副部长、国务院副秘书长。1992 年任财政部部长。是中共第十四届中央委员。

1993 年 12 月 5 日，刘仲藜在全国财政工作会议上宣布财税制度改革方案将如期出台。他说：按照中央统一部署，税制改革、分税制改革以及国有企业利润分配制度的改革，将在 1994 年初同时出台，这是党的十四届三中全会后我国经济体制改革中一项关键性的改革，这次财税改革重在转换机制，建立符合社会主义市场经济体制要求的财税管理运行机制，使财政运用走上良性循环的轨道，同时也牵涉到方方面面的利益，动作之大、影响面之广，是建国以来不多见的。他强调，明年财税改革取得成功的关键，在于统一认识、统一行动、统一步调，各地必须不折不扣地执行，首先在基数问题上不能搞小动作；其次在改革措施落实中，不能扭曲各项改革的基本框架，要确保财税运行机制的形成；再次，在税收返还问题上要服从大局；第四，要积极促进转移支付制度的建立；第五，要尽快解决好税务机构的分设问题，以保证分设后的机构能投入正常工作。

〔刘华清·中共中央政治局常委·连任中华人民共和国中央军委副主席〕　1993 年 3 月 28 日，第八届全国人民代表大会第一次会议决定，刘华清为中华人民共和国中央军事委员会副主席。这是他在 1989 年 11 月经中共十三届五中全会决定任中央军委副主席、1990 年 3 月经第七届全国人大第三次会议决定任国家中央军委副主席之后，连任这一职务。

5 月 20 日，刘华清在中央党校向全体学员作了题为《坚定不移地沿着建设有中国特色现代化军队的道路前进》的报告，阐述了新时期军队建设的指导思想、方针原则。他说："国家以经济建设为中心，军队以现代化建设为中心，这是时代的要求，历史的必然。我们必须抓住机遇，不断增强国防实力，为改革开放和经济建设提供坚强有力的安全保证。"刘华清在报告中说，党的十一届三中全会以后，邓小平同志主持军委工作，他在制定党的"一个中心，两个基本点"的基本路线，创立建设有中国特色社会主义理论的同时，提出了把我军建设成为一支强大的现代化正规化革命军队的总目标，提出了一整套新时期军队建设的方针原则，并率领全军进行了一系列重大改革，取得了巨大成就。邓小平不仅是我国改革开放和现代化建设的总设计师，也是新时期军队建设与改革的总设计师。1989 年以来，我军在以江泽民为核心的党中央、中央军委的领导下，沿着邓小平指引的方向迈出了新步伐。江主席提出了"政治合格、军事过硬、作风优良、纪律严明、保障有力"的总要求。与此同时，还作出了一系列重大决策。特别是新时期军事战略方针的确立，为进一步加强我军现代化建设指明了方向，具有重大而深远的历史意义。刘华清说，国防现代化是我国"四化"建设的重要组成部分，是实现其他"三化"的安全保证。我们历来强调，我军现代化建设必须从我国国情和军情的实际出发，坚持走自己的路。在建设有中国特色现代化军队的过程中，必须始终把握好以下八个方面：坚持把革命化放在首位，保证我军现代化建设的正确方向；坚持积极防御的军事战略方针，提高我军在现代条件下的防卫作战能力；坚持自力更生与积极引进国外先进技术相结合，加快武器装备现代化建设的步伐；坚持把教育训练摆到战略地位，培养和造就一大批现代化的军事人才；坚持精兵、合成、提高效能、平战结合的原则，优化军队的编制体制；坚持依法治军，努力提高正规化建设的水平；坚持艰苦奋斗、勤俭建军，充分挖掘现有物质条件的潜力；坚持改革创新，推进军队现代化建设。

11 月上旬，刘华清在军队的一次会议上讲话，要求全军各级领导干部特别是高级干部必须带头学好《邓小平文选》第三卷。他强调，一切从实际出发，解放思想，实事求是，是邓小平建设有中国特色社会主义理论的精髓。各级领导干部不仅要成为学习小平同志理论的模范，而且要成为带头实践小平同志理论的模范。当前，我军建设遇到许多新情况、新问题，解决这些问题，最根本的是要结合实际运用好小平同志的思想，创造性地开展工作。要学习和运用小平同志的思想去观察和分析国际国内形势，增强全局观念和战略意识，指导部队的建设与改革，努力探索现代战争的特点、规律，全面提高部队战斗力。

在1993年，刘华清出席了许多重要会议并发表讲话。10月9日在北京会见了我国第二批赴柬埔寨参加联合国维持和平行动胜利归来的工程兵大队全体军官和部分士兵。他在讲话中说："我们派出部队分两批赴柬埔寨，参加联合国的维持和平行动。这两支部队都很好地完成了任务，对柬埔寨恢复和平与重建起到了积极作用，同时也使部队得到了很大锻炼和提高。你们为祖国争了光，为军队争了光。我代表中央军委感谢大家为人类和平做出的贡献。"

刘华清先后到陕西延安、浙江舟山、上海、吉林、广东等地考察工作，视察当地驻军部队。他在延安会见驻军部队干部时强调，在新形势下军队要继续学习、弘扬延安精神；在舟山时勉励驻岛部队在抓好自身建设的同时，要大力支援地方经济建设；在上海视察驻军时要求部队发扬艰苦奋斗精神，自觉服从国家经济建设大局；在吉林考察部队时要求军队领导干部带头加强廉政建设；在视察驻穗三军时强调要确保军事训练的中心位置，加强部队现代化建设。

6月23日至7月5日，中央军委副主席刘华清应俄罗斯政府邀请，率中国政府代表团对俄罗斯进行了正式访问。在俄期间，刘华清上将一行访问了莫斯科、圣彼得堡、伏尔加格勒、伊尔库茨克和海参崴，与俄罗斯政府和军队领导人举行了会见和会谈，参观了俄罗斯的工业企业、科研机构、军事院校和部队，广泛接触了俄经济、科技界人士和军人，受到了俄罗斯各地政府和军队负责人的热情友好的接待。在1993年，刘华清还先后会见了来我国访问的伊朗伊斯兰革命卫队总司令雷扎伊，厄瓜多尔国防部长罗曼，土耳其武装部队总参谋长居雷什、国防部长阿匹兹，泰国武装部队最高司令阿披乍里，美国助理国防部长傅利民，巴基斯坦国防部长米拉尼，罗马尼亚国防部长斯皮波尤等外国客人。

刘华清，生于1916年10月，湖北大悟人，1929年10月加入共产主义青年团，1935年10月转为中共党员，1929年10月参加工作，1930年12月参加中国工农红军。1929～37年，曾任少共区委书记、团委书记，交通队指导员，军政治部组织、宣传、文印科科长，军团政治部敌工部科长，师政治部宣传科科长，红三十一军司令部机要科科长、作战科副科长，干部大队长兼政委。1937～45年，任八路军一二九师司令部秘书主任、师政治部宣教科科长、师供给部政治部主任，冀南军区政治部组织部副部长、部长，平原军区政治部组织部部长，冀鲁豫六分区副政委，冀南军区第七支队政委。1945～49年，任第二野战军二纵队六旅政委，二野三兵团十一军政治部主任。1949年以后，历任西南军区军政大学政治部主任，西南军区第二高级步校政治部主任，二野十军副政委，第一海军学校副校长兼副政委。1954～58年，赴苏联海军指挥学院海军指挥专业学习。1958～65年，任海军旅顺基地第一副司令员兼参谋长，海军北海舰队副司令员兼旅顺基地司令员，国防部第七研究院院长。1965年以后，任六机部副部长兼第七研究院院长，国防科委副主任，海军副参谋长。1979～82年任解放军总参谋长助理、副总参谋长。1982～87年，任海军司令员、海军党委副书记。1987年起任中顾委委员，中央军委委员、副秘书长，中央军委副主席。是第七届全国人大代表；中共第十二届、十四届中央委员，第十四届中央政治局委员、常委。

〔刘兴泉·黑河边贸公司经理·最早开拓黑龙江边境贸易成绩显著〕 刘兴泉1985年创办的黑河边贸公司，目前是黑河口岸实力最雄厚的对外贸易公司，1990年跨入中国进出口最大的五百家企业行列，1993年拥有固定资产一千万元，年创利税四千万元。刘兴泉被誉为"刘兴边"，1993年3月11日，《光明日报》以整版篇幅报道了他的事迹。

刘兴泉，1935年11月15日生于吉林扶余，1955年7月参加工作，1959年1月加入共产党。他出身贫寒，家庭没有官宦和经商历史，参加工作后，当过北安市委组织部干事、黑河行署办公室副主任，工商局副局长。1985年地委派他到新成立的边贸公司当经理。那时他们与对岸的关系没有打通，他领着十几个职工，蹲在黑河的街头上卖过从哈尔滨进来的毛线和黄瓜。1987年夏天，经过边防部队牵线，他们终于和对岸联系上了，商量要做第一笔买卖。当时俄方还不知道中国啥都有，只记得五十年代吃过黑河的西瓜很甜，就提出要西瓜。刘兴泉当即领着一帮人跑遍郊区的瓜园，挑选最好的西瓜，经过七天的工作，搞到208吨。俄方地方官员西蒙涅茨把西瓜拉回去，却没了音讯。黑河舆论哗然："刘兴泉让人家骗了！"就在黑河封冰之后，圣诞节的前一天，对面驶过一个车队，拉来了306吨化肥。边贸公司的人欢呼跳跃，黑河人奔走相告，第一笔买卖做成了！刘兴泉趁热打铁，三天之后，他带着恢复边贸后的第一个代表团去对岸布拉戈维申什克市又签定了46万瑞士法郎的生意合同。从此，黑河和布市之间的运货车频繁往来，白色冰面上出现了一条连结两岸的黑色大道。

刘兴泉在竞争的伙伴中培养朋友，有了好朋友，就有好生意。1993年2月一个很冷的早晨，莫斯科拉达汽车制造厂的副厂长、总工程师一行四人，在黑河口岸入境后，并没有看见北京的伙伴来接他们。他们因无人接待，只得用一件大衣的呢料，换了四个小面包，四瓶汽水救急。这件事被刘兴泉公司的一个小翻译看到了。刘兴泉马上派人把他们接来并热情招待。这使四位俄国朋友满面红光，他们拉着刘兴泉的手说："我们哪也不去了，就和你做买卖。"刘兴泉还是给他找来了北京客户。临走前，四个俄罗斯人非给他留下一笔买卖：五百台拉达轿车。

就这样，刘兴泉交了不少俄罗斯朋友，买卖越做越大。公司效益越来越好，手下的工作人员收入也越来越高。有人提出，刘总的工资也应向上浮动了。他说"你们问问小平同志，他使全国人民的生活都好了，他工资向上浮动了吗？"刘兴泉家里，灰暗的并不宽敞的房间，摆着一对蓝色破人造革的沙发，墙角摆的还是三十年代的那种刷着红漆的破木箱。

〔刘红英（女）·营业员·被评为全国十佳青年服务明星之一〕 1993年10月，历时两年多的全国商业系统"文明经营、优质服务、争创效益"活动落下帷幕。在这次活动中产生的"全国十佳青年服务明星"，10月12日在北京接受这一荣誉称号。山西省临汾市前进百货大楼营业员刘红英，以她超群的服务技能获此荣誉。同时，共青团中央和国内贸易部还分别授予她"全国新长征突击手"和"全国商业劳动模范"称号。

刘红英，山西省太原市人，1968年3月出生，大专文化程度，1982年1月参加工作，1990年8月加入中国共产党，现为临汾市前进百货大楼棉布组营业员、团支部书记。10余年来，刘红英先后50多次走上全国和省市各级领奖台，1989年当选为省青联委员，1991年被授予"山西省优秀青工"称号，1992年又被授予"山西省优秀共青团员标兵"和"省新长征突击手"称号。

作为一名棉布营业员，刘红英努力学习各种业务技能，量布、抖布，熟记花色品种和规格、价格，还买了《珠算入门》、《心珠结合简捷法》、《柜台心算》等书籍，超乎常人的勤学苦练使她的珠算心算水平飞速提高。一次有位老大娘一下买了几种花色的棉布，刘红英没动算盘，边扯布边计算边报价，最后一块布扯好了，几块布的总价格也出来了。老大娘面露惊诧和疑虑，经过细心的复尺、计算，几块布量足钱对，惊喜得老大娘连声夸奖。刘红英由此声名鹊起，许多顾客慕名前来购物，为企业提高了经济效益和社会效益。刘红英曾数十次为各级领导和参观团表演心算一口清，多次在全国和省、市珠算心算比赛中名列榜首。1987年在原商业部举办的珠算大赛中，她荣获优秀选手奖，1988年被中国珠算协会聘为全国注册鉴定员，获中国珠算协会高级计算教师合格证书。1992年5月在全国海峡两岸珠算通信比赛中荣获大专组优胜第一名。

在前进百货大楼，刘红英是200余名团员青年的领头雁。她发动团员青年紧紧围绕商业经济建设这个中心，开展职业理想道德教育，开展"我为企业献计献策"和"QC"攻关活动，提高了大楼的整体文明服务水平，成为团中央和原商业部命名的"全国文明经营示范单位"。她组织团员青年开展技术比武竞赛，涌现出技术能手35人、优质服务明星10人。她还组织团员青年组成学雷锋小组，利用节假日走出柜台，上门服务。为扩大销售，数年来刘红英牺牲了300多个节假日开展义务送货上门扩销竞赛，仅她一人就在临钢、临纺、山西师大、霍县电厂建立了许多业务关系，每年增销近10万元。

〔刘松藩·出任台湾"立法院"院长〕 台湾第二届"立法委员"于1992年12月选举产生。1993年2月1日"立法院"办理新"立委"报道，进行宣誓就职，随即进行正、副院长选举。在激烈的竞争中，国民党提名的刘松藩、王金平击败在野党提名的朱高正、张俊宏、林正杰，分别当选为"立法院"正、副院长。

刘松藩，1931年生，台湾省台中县人。台中商校高级班毕业，政工干校战地政务财经班、台湾省训练团农会总干事班结业。曾赴日本近畿大学商经科深造。历任台中县大甲镇农会总干事，台中县税捐稽征处税务员，国民党台中县党部委员，台湾东亚企业公司董事长，美信贸易公司、东昌塑胶公司常务董事，台湾角力协会常务理事，体育协进会常务监事，省农会理事。1972年起连续6次当选增额"立法委员"。曾任国民党"立委"党部常委。1988年任国民党中央政策会副秘书长。1989年任国民党中央秘书处主任。1990年2月当选"立法院"副院长，是首位由增额"立委"中选出的"立法院"副院长。1992年1月当选为台湾"立法院"院长，任期至1993年初第二届"立法委员"就职为止。

是国民党第十三届候补中央委员，十四届中央委员、中央常务委员

擅于整合各派政治势力，精于沟通协调，人际关系不错。

〔刘卓甫·前中共云南省委书记·在北京逝世〕

1993年1月17日，前中共云南省委书记刘卓甫在北京逝世，终年82岁。

刘卓甫，1911年出生于直隶省祁县（今河北省安国县）南楼底村。原名云章。1936年毕业于北平师范大学生物系。同年作为中国篮球队队员参加了在

柏林举行的第十一届奥运会。1937 年参加革命工作。1938 年 9 月加入中国共产党。先后担任安国县伍仁桥抗战动员会主任、冀中区深县人民政府县长、八路军一二0师司令部政治协理员。1942 年后调任晋绥边区三分区贸易局局长、晋绥边区贸易局副局长、西北贸易公司副经理、西北农民银行副行长、陕甘宁边区工商厅副厅长。新中国成立后，任西南军政委员会贸易部副部长兼西南蚕丝公司总经理、西南行政委员会财委副主任兼商业局局长。后调国务院任商业部副部长、农产品采购部和城市服务部副部长。曾任云南省副省长、中共云南省委书记。后回国务院任全国物价委员会副主任、国家物价总局局长兼党组书记。1982 年 4 月后，任国家物价局顾问、中国价格学会会长、国务院价格研究中心总干事、国务院经济技术社会发展研究中心顾问。是中共第十二大代表，第五、六届全国人大代表，全国人大法律委员会委员。

〔**刘忠德·任文化部部长·谈衡量文化体制改革得失成败的标准**〕 1993 年 3 月 29 日，根据第八届全国人大第一次会议的决定，刘忠德被任命为文化部部长。

刘忠德，1933 年生，吉林辑安(今集安)人。1948 年加入民主青年同盟，同年入中国人民解放军牡丹江航校学习。1958 年加入中国共产党。1959 年毕业于哈尔滨工业大学土木系。历任哈尔滨建筑工程学院党委秘书，南京工学院副教授、党委副书记和书记，国家教委副主任兼秘书长。1988 年起任国务院副秘书长、中共中央宣传部副部长、文化部代部长。是中共第十四届中央委员。

1993 年 5 月 27 日，在中共中央宣传部召开的文化工作理论研讨会上，刘忠德提出：我国的经济体制已经历着历史性的变革，文化体制也必然要有一个相应的变化，使之既适应市场经济的需要，又符合精神文明建设的需要和文化艺术发展自身规律的需要。他认为文化体制改革要用是否有利于充分调动和发挥广大文艺工作者的积极性和创造性；是否有利于出作品、出人才，繁荣社会主义文艺事业，满足广大群众日益增长的文化生活需要；是否有利于促进经济发展和社会全面进步的三个标准来衡量其得失成败。

〔**刘诗白·经济学家·撰文论述产权制度及其功能**〕 1993 年 9 月，西南财经大学教授、著名经济学家刘诗白在《经济体制改革》1993 年第 5 期上，发表《论产权制度及其功能》一文。文章认为，产权不等于所有权。产权制度是维系微观生产组织的利益纽带，是市场机制形成的前提，是现代市场经济和社会得以顺利运行的重要经济、法权基础。只有构建一个完善的产权制度，才能形成包括各种生产要素的完备市场。同年，刘诗白当选为第八届全国政协委员。

刘诗白，1925 年生，四川万县人。在大学期间就开始政治经济学的研究工作，解放后主要从事社会主义经济理论和实践的研究，出版 38 部专著、8 部教材和辞典(主编)，并担任中国大百科全书政治经济学(社会主义)卷的副主编、《＜资本论＞辞典》的常务编委。

刘诗白在他的论著中提出了不少见解独到的学术观点。例如，他在 1961 年第 10 期《经济研究》上发表的《论马克思列宁主义政治经济学的对象》一文中，把研究对象和研究范围作了区分，提出了政治经济学的研究范围应包括生产力的观点。1979 年 4 月在无锡召开的全国价值规律讨论会上，提出了社会主义经济也是市场经济的观点。1981 年在成都召开的全国第一次所有制研究会上，他提出了社会主义所有制结构的多元性、所有制形式的多样性和公有制内部的多层次性的“三性”观点。

刘诗白是我国较早研究社会主义股份制的经济学家之一。他在 1986 年 12 期《经济研究》上发表的《论社会主义股份制》一文，阐述了社会主义股份制出现的必然性和社会主义股份制的作用，并把它作为我国经济改革的重要内容。刘诗白也是我国社会主义产权理论研究的创导者之一。1988 年以来，他在报刊上发表了有关论文十余篇。他认为，要从根本上搞活国有大中型企业，必须构建起与市场经济相适应的微观主体，构建起一种能有效地实现国家所有权和保证企业经营权的产权制度，特别是要采用法人财产制度，使企业拥有长期归它支配的经营财产。

刘诗白在国内外学术界享有较高的声誉。他是西南财经大学的名誉校长、国务院学位委员会第二届学科评议组成员。他还是第七届全国人大代表、四川省政协副主席、中国民主同盟中央常务委员、民盟四川省委副主任。他的小传已被列入美国传记研究所编辑的《国际名人录》、英国剑桥国际传记中心编辑的《国际领袖人物录》和《澳洲、亚洲、远东名人录》。

〔**刘建章·天津华联公司董事长·领导该公司获得十项全国先进单位称号**〕 天津市华联商厦股份有限公司为全国大型百货零售商场之一，销售额连续三年为天津市同行业之冠。该公司在董事长刘建章领导下，坚持依靠法制经商，文明经商，信誉经商，1993 年被评为全国质量效益型先进企业、全国执行物价计量政策法规先进单位、全国文明经营先进单位、全国用户满意企业、全国维护消费者权益先进单位、全国语言文字工作先进单位等。并获国家级企业管理现代化创新成果二奖、国家级“沃土奖”等。1993 年华联实现销售额 8.69 亿元，利税 6662 万元，创历史最高纪录。刘建章的事迹曾在《天津日报》、《工商日报》等进行报道。

刘建章，1933 年生，天津市人，大专文化程度，高级经济师。他从事商业工作 40 余年，改革开放以来积极探索社会主义市场经济条件下商业工作规律获得成功。他主持制定了以为人民服务为主线、以维护消费者利益为前提、架好生产与消费之间的桥梁、发挥物质文明与精神文明“两个窗口”作用、提高经济与社会“两个效益”的经营方针，提出：优良商品＋优美环境＋优质服务＝效益的论点。强调顾客满意就有市场。以非价格手段在竞争中取胜。领导华联开展了“七试一退”、“全员创优”等优质服务活动。把好进货关，严防伪劣产品进入，遇有顾客投诉由领导出面检查处理。他强调以教兴商，重视智力开发和“四有”职工队伍的建设。他勤政务实，廉洁奉公，要求公司各级领导干部在廉洁经营上起模范带头作用，在工作上要有“悟性”，“敢想、敢干、敢开拓、敢拿主意负责任”。他提出“以人为本”的管理思想：“以思想政治工作的说服力晓之以理，以行政的强制力导之以轨，以物质的驱动力施之以利，以法纪的约束力束之以行”，团结全体职工奋发向上艰苦创业。他注重企业长远发展战略的研究，抓住扩大全方位开放的机遇，以大开放促进大开发，实施跨行业、跨地区、跨国经营战略。华联已经成为拥有 4 个子公司、12 个合资参股企业、9 个连锁点的集团化企业，正朝着以商业资本为主，融合产业、金融资本，集商、贸、科、工、金融、房地产、信息服务于一体的综合商社目标发展。刘建章是第八届全国人大代表，曾获天津市特等劳动模范称号和全国“五一”劳动奖章。

〔刘荣忠·曲艺创作员·获中国相声节金玫瑰评奖一等创作奖〕　1993 年 10 月底，由文化部艺术局、中国曲艺家协会等四单位在合肥市举办的中国相声节上，进行了相声金玫瑰奖评奖活动，共评出两个创作一等奖，刘荣忠创作的《真富假富》获创作一等奖。作品形象地反映了农民希望手中的白条早日兑现的迫切心情；讴歌了国务院下达不许再给农民打白条的决定后，深得人心的情景。所塑造的青年农民形象，朴实憨厚，形神兼备，内容和形式的结合比较完美。

刘荣忠，辽宁省大连人，1943 年生。青年时代喜爱相声艺术，1962 年高中毕业后，曾在大连市西岗区文化馆业余曲艺队边学习边演出三年，后开始从事曲艺创作，经常自编自演。1973 年调普兰店盐场文工团，编演的故事《港城风云》在参加大连调演时，受到广泛好评，获得轰动效应。1980 年 4 月调入大连说唱团。1984 年创作的相声《坐月子》获大连市政府征文一等奖；接着与他人合作创作了相声《大连人》获三等奖。1988 年 9 月大连说唱团解散，他被调到大连重型机器厂工会做宣传教育工作。1989 年他编演的《父子夜话》参加了辽宁省第二届故事比赛，被评为作品三等奖、表演二等奖。同时，省文化厅授予他“优秀故事员”称号。1990 年 10 月调到大连港文工团任创编室主任后，创作的小品《主随客便》荣获海员、城建、建材工会小品比赛金奖。1993 年 4 月起参加了辽宁电视台“共渡好时光”栏目的策划工作，该台还先后播放了他新创作的相声作品《真富假富》、《青松岭》及《泄露天机》等。

〔刘剑华·篆刻家·创作金石篆刻《三国演义》全部人物肖像印问世〕　鞍钢矿山供应处助理经济师刘剑华从 1991 年 5 月开始，含辛茹苦，寒暑不辍，凭着练就的深厚艺术功力和顽强的毅力，于 1993 年 6 月，刻制完成了《三国演义》人物肖像印 1020 方，全部为五面印和六面印，将《三国演义》中 1114 个人物刻出。每方都淋漓尽致地表现出那个特定历史时代典型人物的性格和神貌。现在，他又着手刻《三国演义》中的全部故事印，已完成 200 多方，预计十数月后，500 多个三国故事，将再现于金石印上。

《三国演义》中的人物从未留下真影，刘剑华只能按时代、官职、书中对人物形象和性格的描写来想象他们的神貌，然后刻在方寸的印材上。刻出来米粒大小的人头，要做到出神入化，一条眼线或眼里一个小点刻错了位，一方印就即报废。特别是在青石上刻，就更加困难。刻印千余方，谈何容易。加之刘剑华工资不高，买石料和笔墨纸张所费不少。但是，这些困难，丝毫没有动摇刘剑华的决心，他白天上班，晚上抓紧时间刻印，甚至蚊子叮咬也舍不得花费时间去打，刻得手肿得象小胡萝卜。功夫不负有心人，历时两年，他终于完成了被中外专家认为堪称“世界之最、中国一绝”、“当代东方米开朗基罗”的《三国演义》金石篆刻。

刘剑华不仅擅长于石刻，而且爱好书法和绘画。

书法艺术也达到一定水平。他的一幅草书作品被国际书法篆刻博鉴会选中，收入《国际当代书法篆刻大观》一书。

刘剑华耕耘不止，完成《三国演义》石刻之后，他决心继续篆刻《水浒》、《红楼梦》、《西游记》、《金瓶梅》的故事印，将五部中国古典名著形象化地用石刻艺术手法展现在世人面前，提高中国艺术在世界上的知名度和地位。

刘剑华，山东日照市人，生于1952年5月，1968年参加工作，大专文化水平，先后插过队，当过电影放映员，鞍钢齐大山铁矿修车电工，现任鞍钢矿山公司供应处助理经济师。

〔刘胜角·书法家·作品参加国际中国书画博览会精品展〕　1993年3月，远东8国著名作家《'93亚细亚美术招待展》在韩国汉城举行，刘胜角创作的小楷扇面《刘禹锡陋室铭》入选参展。同年10月，其行草条幅《古诗一首》参加在北京举行的《国际中国书画博览会·现代中国书画精品展》。同年，刘胜角主持海南省书法家协会工作，组织举办《海南省纪念毛泽东诞辰百年书展》、组织策划"海南省首届书学研讨会"取得成功。

刘胜角，笔名刘茅，室名砺志堂。1951年生，海南临高人。现为中国书法家协会会员，海南省书法家协会主席，海南琼台师范学校专职书法教师。他自幼酷爱书法，承家训，11岁起就在县中小学生书赛中获奖。虽地僻天涯，求师无门，然常年坚持临池，曾临习王羲之、欧阳询、柳公权、沈尹默和麦华三、胡问遂诸古今法帖。1982年聆教于麦穗、黄强、张光惇诸海南书界长辈，1985年得无锡徐仲楠先生启导。致力于颜楷与钟王小楷之研习。先后获龙年国际书法大赛银奖，国际赛"牡丹杯"一等奖，全国赛"花山杯"一等奖。"庐山杯""遵义杯"二等奖等。作品入选全国第四、五届书展，全国第三、四届中青年书展。1991年5月小楷作品参加北京首届国际书法邀请展，10月赴日本神户展等，不少作品被一些博物馆纪念馆收藏。

刘胜角创作的书法作品，所书内容不少还是自撰诗文。如入选《全国第四届中青年书法篆刻作品展览》、《全国第五届书法篆刻作品展览》和《北京首届国际书法邀请展》，分别是其自撰的《海南省书展观感》、《百仞滩游记》、《三亚行吟》论文、散文和诗词。

刘胜角的书法教学取得显著成绩，曾获全国神龙杯青少年书法大赛"园丁银奖"、"庐山杯"伯乐奖、"全国中学生大赛园丁金奖"；获全国规范汉字楷书大赛集体优胜奖等。其艺术成就被载入《中国文艺家传集》。

〔刘洪峰·解放军海军某部仓库战士·获"雷锋式的好战士"称号〕　1993年2月19日，人民解放军海军发布命令，授予在江西省湖口县渡口为抢救遇险群众光荣牺牲的革命烈士刘洪峰"雷锋式的好战士"荣誉称号。

刘洪峰，河北省涿鹿县人，1971年7月出生，1990年3月入伍，1992年1月加入中国共产党，海军中士军衔。1993年1月15日晚6时许，刘洪峰搭乘湖口县一辆中型客车前往渡口替换战友值勤。6时25分，该车下坡上渡船时，刹车突然失灵，一头冲入鄱阳湖中。在客车迅即沉没的危急关头，坐在车门口的刘洪峰置个人生死于不顾，向被这突如其来的险情惊呆了的乘客大声喊道："大家不要慌，赶快跳出去！"并用力拉开折叠式车门，一手顶住车门，一手猛地将坐在身边的乘客郭小洪推出车门。这时，刘洪峰只要向前一步就能跨出车门脱险，可是他却挺立在车门旁，用一只手死死抵住折叠式车门上边，另一只手接连将周围的5名乘客推出车外。车在急速下沉，冰冷的湖水就要没到车顶了，刘洪峰面对死亡的威胁，没有移动半步，他用尽全力把售票员雷镇拽向车门，又在他后腰部猛推一把，雷镇脱险了，客车被洪水吞没了，筋疲力竭的刘洪峰却落入湖中，献出了年仅21岁的生命。这位刚刚转正12天的共产党员，用自己的生命实践了他的入党誓言："我要求入党并非为了名利，而是时刻准备奉献和牺牲。"

刘洪峰生前就是一位热爱人民、关心同志、乐于助人的好战士。他热心照顾驻地附近两位年逾古稀的老人瞿大爷和徐大娘，经常为老人挑水拾柴、请医抓药，有时还为老人送水果和点心。他平日生活克勤克俭，而当安徽发生水灾时，却把积攒下的200元钱全部捐给了灾区人民。一位战友家中有困难，他主动送去80元钱。他曾两次勇敢地帮助驻地群众扑灭火灾。他忠于职守，勤奋工作，干一行、爱一行、专一行。当保管员，所管的库房被评为"红旗库房"；当警卫班副班长，所带的班被评为先进班；当给养员，他精打细算，所在食堂被评为先进食堂。1月20日，海军后勤部决定追认刘洪峰为革命烈士。2月1日，九江市军民为他举行追悼大会，上万名群众前来为烈士送葬。

〔刘桂红(女)·话务员·获全国优秀业务能手称号〕　一个在平凡的岗位上工作14年，却完成了相当于28年工作量的邮电话务员，曾15次获得全国、省、地市劳动模范、技术状元、最佳话务员等荣誉称号。她就是1993年5月被全国总工会授予"全国优秀业务能手”称号和“五一”劳动奖章的刘桂红。

刘桂红，河北省深县人，1960年5月生，1977年12月参加工作，现在沧州市邮电局话务科任话务员。她上学时，就是一个品学兼优的好学生。1977年初中毕业后因家庭困难，不得不中途辍学，到沧州市邮电局当了一名话务员。参加工作后，每天都重复着“插塞应答，撤线记录”这种单调的工作。但刘桂红却非常热爱这项工作，勤勤恳恳，一丝不苟。她感受到话务员的工作虽然平凡，但却联系着社会的方方面面，连着你我他。有一次刘桂红休班回家，本想打个电话让家人去车站接她，可是挂了电话后两个小时没接通，当她催问时，被无端训斥了一顿。结果电话没打通末班车也开走了，只好在附近旅馆住了一宿。这件事，引起了刘桂红的反思。从此，她给自己定下了“我就是用户，用户就是我”的服务标准。有一次她上夜班，河间市一个农民铡草时，胳膊被切断，挂发加急电话，急求救护车送沧州抢救。刘桂红立即拨通地、市、县医院，均因各种原因不能出车。她急中生智，又拨地区运输公司调度的电话，她为人解难的热情感染了调度，受伤的农民很快被接到沧州，得到了及时救治。就这样，刘桂红在14年的繁忙工作中，义务为用户代传电话1562次，帮助许多用户解除了燃眉之急，博得了群众的普遍赞誉。

实践使刘桂红体会到，业务技能的熟练与高低，直接关系着电话接续的速度与质量。为此，她认真钻研，苦练基本功，利用业余和休息时间背地名、记号码，现已熟记全国1100多个地名和800多个电话号码。由于刘桂红业务娴熟，礼貌接转，她值坐的北京台已连续5年被北京长途电信局评为“红旗电路”，并先后2次获全国先进女职工、优秀业务能手称号，3次获省技术能手、最佳话务员称号，9次被地市局授予技术状元、先进生产者、技术标兵、质量信得过话务员以及市劳动模范等荣誉称号。

〔刘晓庆（女）·著名电影演员·被评为首届十大影视明星之一〕 1993年11月，刘晓庆因十多年来在银幕上塑造了众多生动、深刻的银幕形象，在《电影艺术》杂志、广东银海集团公司、长剑汽车集团公司主办的“首届十大影视明星”评选中，被评为十大影视明星之一。

刘晓庆，北京电影制片厂一级演员。四川涪陵人，1953年10月出生。10岁时进入四川音乐学院附中学弹扬琴。1969年毕业后，在四川达县宜汉农场当工人，次年借调至宜汉县宣传队当演员。1971年应征入伍，在达县军分区当文艺兵。1975年调至成都军区话剧团从事话剧表演，后借调到八一电影制片厂参加影片《南海长城》的拍摄，并扮演女主角“甜女”，从此步入影坛。1980年调到北京电影制片厂演员剧团专事电影表演。先后参加过多部电影的拍摄，如《同志，感谢你》、《小花》、《瞧这一家子》、《原野》、《潜网》、《许茂和他的女儿们》、《火烧圆明园》、《垂帘听政》、《芙蓉镇》、《西太后》、《春桃》、《红楼梦》（八集）等三十多部影片。刘晓庆在片中均演重要角色。其中，1980年因在《瞧这一家子》中的出色表演获第三届“百花奖”最佳女配角奖；以《小花》中的表演分获“文汇电影奖”最佳女配角奖和文化部颁发的个人优秀创作奖；1989年以扮演《芙蓉镇》中的“胡玉音”而获第十届“百花奖”最佳女演员奖，第七届“金鸡奖”最佳女演员奖，同年获“学会奖”；1987年因扮演《原野》中的“金子”而获得第十一届“百花奖”最佳女演员奖，并在同年举办的“全国十年最佳演员”评选中获第一名。她多次获得各类观众评选活动的“最佳女演员”及“最喜爱的女演员”称号。由此成为迄今中国获奖最多的电影女演员。除电影表演外，还擅歌唱、舞蹈。并会扬琴、钢琴等多种乐器的演奏。在美国、法国举办过“刘晓庆个人影展”，并在国内举办过个人演唱会，录制的个人演唱磁带《刘晓庆的歌》1985年获“云鹤奖”。是大陆电影演员在国外举办个人影展的第一人。出版有自传《我的路》、《我的爱》等，并被译成多种文字在世界各国以及港台发行。现为中国电影家协会会员，中国电影表演艺术学会常务理事，全国第四届青联委员，政协第七届全国委员。

〔刘海福·哈尔滨市技术革新能手·获中国发明专利金奖〕 哈尔滨国营风华机械厂工程师刘海福因发明“错齿单侧刃工作丝锥”，于1993年获中国发明专利金奖。

刘海福1938年3月15日生于黑龙江省兰西县，1961年从哈尔滨航空工业学校毕业后留校工作，1966年到国营风华机械厂工作。他心灵手巧，善于钻研，1977年曾获哈尔滨市刃具革新能手称号，1978年获机夹刀具全国科学大会奖。是黑龙江省、哈尔滨市劳动模范。

刘海福发明的错齿单侧刃工作丝锥很有特点。一般用于加工内螺纹的丝锥，由于双侧刃都参加切削工作，难免有“卡、抱”锥现象。而刘海福发明的这项实用新型专利，提供了一种能减少加工扭矩的错齿单侧刃工作的丝锥，每个齿在攻丝过程中，都只有一个侧刃参加切削，这样沿螺施线，每个齿都依次交错地只有一个工作侧刃，分别地完成内螺纹沟槽两个侧面的加工，主切削仍由每个齿的顶刃完成。由于有分屑作用,排屑容易,避免了攻制软金属材料时,切屑变形而造成挤伤、划伤内螺纹沟槽侧面及塞屑、卡锥现象;又由于非工作侧刃与螺纹侧面有间隙,使冷却润滑液容易渗入,改善了切削条件,减少了扭矩,提高了螺纹的加工质量。丝锥是机械制造、机械加工行业不可缺少的通用工具,应用面广,消耗量大。由于错齿丝锥平均寿命是原丝锥的3倍以上,加工效率提高了30%以上,因而给国家节省了大量钢材。该技术实施以来,已生产丝锥15万支,新增销售额105万元,利税51万元。

〔刘鸿儒·经济学家、中国证券监督管理委员会主席·指出上市公司必须首先转换经营机制〕 1993年12月,中国证券监督管理委员会主席、金融专家、经济学家刘鸿儒,在《社会科学报》上著文指出,上市公司只有真正转换了经营机制,才能确保经济效益的不断提高,才可以给广大投资者以稳定而丰厚的回报;否则,必然在竞争中处于不利地位。

刘鸿儒,1930年11月生于吉林省榆树县。1947年参加革命,1952年毕业于中国人民大学财贸系研究生部,在人民大学和吉林大学任教。1955年至1959年在莫斯科大学和莫斯科财政学院作研究生,获副博士学位。回国后在中国人民银行和财政部任处长、办公厅副主任,1979年任中国农业银行副行长,1980年任中国人民银行副行长,1991年任国家经济体制改革委员会副主任,1992年10月任国务院证券委员会副主任、中国证券监督管理委员会主席,他还兼任北京大学、清华大学、南开大学、复旦大学等院校教授、博士生导师。

近十多年来,刘鸿儒一直主管金融体制改革和金融市场的组织和设计工作,同时坚持结合实际进行理论研究和培养人才的工作。他组织创办了中国人民银行研究生部,亲自执教和指导研究生。还参与创办了中国金融学院并曾兼任院长。他在六十年代著有《社会主义银行信贷问题》(合著),译著有《第二次世界大战后资本主义体系中的黄金》(合译)、《社会主义社会的货币理论基础》。1977年以来,著有《社会主义货币与银行问题》、《中国金融体制改革问题研究》、《金融调控论》,主编了《金融大辞典》(金融卷)、《社会主义金融市场》与《中国证券手册》等,发表论文150多篇。

在金融改革方面,刘鸿儒1981年就发表文章,提出发展社会主义经济并按照商品经济的要求进行银行改革,银行要业务交叉与竞争的设想。他在国务院领导下主持金融改革小组的工作,提出了金融改革的思路与方案,研究并具体设计了建立中央银行体系以及银行企业化的途经,具体组织实施金融改革的试点工作。

在金融调控方面,他深入研究并介绍了西方国家的经验,结合中国实际,提出了从双向调控(直接和间接)逐步向间接调控为主、直接调控为辅的方向转变。经过反复调查,改变了适用于指令性计划的衡量货币量的观点和方法,提出了新的划分货币供量的方案及分析方法。同时提出了在中国现时条件下如何运用存款准备金、特种存款、利率和汇率等经济手段的建议。

在股份制和证券市场方面,他从理论上论证了股份制在社会主义制度下的必要性,并在总结实践经验的基础上,提出了我国实行股份制和证券市场坚持公有制为主体的三条主要措施。在建立和完善社会主义证券市场方面,提出了一系列建议。

〔刘淑芬(女)·律师·工作成绩突出当选侯马市副市长〕 1993年3月5日,41岁的女律师刘淑芬,因工作成绩突出,职业道德高尚,在山西省侯马市第十一届人民代表大会上当选为该市副市长,此事在当地被传为佳话。

刘淑芬,山西曲沃人,1952年2月生,1976年8月毕业于山西大学中文系,曾在临汾地区干校执教。由于同情群众"打官司难"、企业请"法诸葛难",加之热爱律师工作等原因,她改行自学法律。1982年调入侯马市律师事务所从事专职律师工作,1985年经考试取得律师资格,1988年晋升为三级律师,1989年被选举为律师所负责人,1992年6月被任命为律师事务所主任。

10多年来,刘淑芬恪守律师职责,全心全意为受聘企业和当事人提供法律服务,秉公办案,深受群众好评。一次她做流产术后,遇一老人执意要她为其子做刑事辩护,便不顾身体虚弱,一天没休息,赴翼城办案,为其子做了无罪辨护,得到法庭支持,依法宣告被告无罪,当庭释放,感动了许多人。她为翼城一家企业当法律顾问办案,一次深夜两点骑摩托车从绛县返回,奔波几十里乡间土路,满身风尘,连眉目都认不清了。她一年中有半年出差,在任何情况下,总是以工作为重,说走就走,奔波在外。10多年中,先后担任58个企事业单位的法律顾问,依法办理刑事案件210余件,其中6件被告被无罪释放;办理民事、经济案件430多件,为企业和当事人挽回经济损失840余万元,避免和减少经济损失2830余万元,有效地维护了他们的合法权益。年年超额完成任务指标,办案数量质量在所里名列前茅。

刘淑芬担任事务所负责人后,紧紧围绕为经济建设服务这个中心，狠抓全所律师政治、业务素质的提高，先后建立健全规章制度14项，使全所工作逐步规范化、制度化、科学化，办案数和效益不断提高。自1989年以来，全所办案数量每年递增20%，经济效益每年递增30%，法律顾问每年递增25%，每年还为国家节约财政开支6万余元，同时大大改善了律师的办公条件，提高了工作效率。事务所连续3年被评为地区先进集体，1992年被省司法厅评为先进律师事务所，她曾先后20多次受到上级领导部门的奖励。

〔刘淑莹(女)·化学家·研究C_{60}气相离子——分子反应规律取得重要成果〕　中国科学院长春应用化学研究所研究员、博士生导师刘淑莹在研究C_{60}气相离子——分子反应的规律方面作出重要贡献，1993年在第五届北京国际仪器分析报告会上作了报告，受到国内外专家好评。

刘淑莹，1943年1月生，黑龙江省哈尔滨市人。1965年毕业于吉林大学化学系。1965—1979年在中科院长春应用化学所九室从事结构化学和有机光谱学的研究。1979年在美国加利福尼亚大学圣巴巴拉分校化学系做访问学者，从事气相离子化学研究。1980年在加州大学化学系读博士研究生并获博士学位。1986年返回长春应用化学所工作，任该所研究室主任、所学术委员会副主任，1988年起任该所研究员和南开大学兼职教授，1993年被评为博士生导师。

刘淑莹1993年10月在第五届北京国际仪器分析报告会上做的"C_{60}与某些小分子的气相离子——分子反应"报告是气相离子化学中的一例，也是气相离子——分子反应规律的一部分。这是她从1992年以来指导研究生主要从事的C_{60}及其衍生物合成与气相离子反应研究(串联质谱技术的理论及应用中)的内容之一，她在大量实验基础上总结出了C_{60}在气相离子——分子反应的规律(之一)。这是我国高科技领域中的一项空白。1993年她还主持了两个全国性的质谱学术性交流会，即在长春召开的第七届全国有机质谱学术论文报告会和VG全国用户交流会。同年她被评为博士生导师，指导博士和硕士研究生6人，并获两个94～96年国家自然科学基金资助项目。

刘淑莹1980～1985年在美国加州大学做博士研究生时，首次精确分析浅势能面体系的缔合反应动力学，准确求解动力学方程并讨论了第三体对缔合反应的影响(1984年)。1985年回国后，克服了仪器设备的困难，在长春及天津(南开大学)利用国内现有条件开展属国内空白领域的气相离子化学研究，第一次在实验中证实气相乙烷双电荷离子的存在(1986年)，并利用快原子轰击质谱法研究某些溶液化学反应(1987年)。1987年～1990年，她又领导质谱组同仁进行了彩色照相中青成色剂的谱学研究和新型有机磷农药的质谱研究。

刘淑莹1982年获美国加州大学奖学金，1984年又获加州大学圣巴巴拉分校奖牌，1986年和1990年两次获长春应用化学研究所吴学周奖，1990年成为中科院长春分院优秀研究生导师，1993年被评为博士生导师。她于1987年加入九三学社，现为九三学社中央委员、吉林省副主委。

〔刘敬之·老新闻工作者·在长春逝世〕　长期从事党的理论宣传和新闻工作的刘敬之，于1993年1月16日在长春逝世。

刘敬之，1920年出生于辽宁省安东(今丹东)。1937年在北平东北大学补习班学习。1938年参加革命工作，1939年加入中国共产党。他长期从事党的理论宣传和新闻工作。抗日战争时期，在山东大众日报社任特派记者、编辑室主任、编委；解放战争时期，任辽东日报社副社长、通讯部部长，安东日报社社长兼总编辑。

新中国成立后，担任中共辽宁省委宣传部副部长、东北局宣传部报刊处处长、理论处处长。1954年任《吉林日报》总编辑，1960年调任东北局宣传部副部长。十年动乱期间，遭受林彪、"四人帮"反革命集团残酷迫害。"文革"后任辽宁省委宣传部长。1978年，任新华社副社长、机关党委书记。1982年调任中共吉林省委书记。1985年当选为政协吉林省第五届委员会主席。1988年离休后，任吉林省社会科学团体联合会主席、吉林书法家协会主席、离退休科技工作者协会主席、北国书画社名誉社长、吉林省对外友协名誉会长。

刘敬之在报刊上发表过大量社论、评论、杂文和理论文章。出版著作有：《关于民主集中制的几个问题》、《发扬艰苦奋斗精神》、《谈谈两个过渡》等。

〔刘阔才·台湾前"立法院"院长·病逝台北〕
台湾前"立法院"院长、"总统府"资政、"国家统一委员会"委员刘阔才，因心脏病不治于1993年5月21日在台北去世。台湾"总统"李登辉亲往其灵堂行礼悼祭。

刘阔才，1911年生，台湾省苗栗县人，出身医生家庭。高等学校毕业后准备继承父业，但其父认为要真正对社会有所贡献就该研习法律，便弃医学法，负芨东瀛。在日本京都帝国大学法学部毕业后，通过日本高等文官司法科考试，获职业律师资格。1971 年六十高龄时，又以一篇研究公害的论文获日本关西学院大学法学博士学位。早年曾创办建台中学、新民中学及仁德高级药剂职业学校，自任董事长。1945 年任新竹县政府建设局长。1946 年被推选为台湾省临时议会参议员，从此步入政坛。1950 年加入国民党，任国民党苗粟县党部改造委员，后任台湾省议会议员。1957 年任台湾省政府委员。1961 年任台湾省合会储蓄公司董事长，"国家建设计划委员会计划委员"。1969 年以高票当选为"立法委员"，并任远东电器工业公司董事长。1972 年获执政党提名当选为"立法院"副院长。1981 年后三度蝉联此职。1988 年底台湾"立法院"院长仉文亚辞职后，副院长刘阔才代理其职。1989 年 2 月，刘阔才经国民党中常会提名，被选为"立法院"院长。他是继黄国书之后第二位台湾省籍的"立法院"院长。1990 年卸任"立法院"院长后，被聘为"总统府资政"、"国家统一委员会"委员。

刘阔才在台湾，尤其在苗粟地区是一位有影响的人物，被视为"苗粟开山祖师"。其次子刘国昭，当选为台湾二届"立法委员"。

〔刘尊棋·著名新闻出版家·在北京逝世〕

刘尊棋于 1993 年 9 月 5 日在北京逝世。享年 82 岁。

刘尊棋，1911 年出生于浙江宁波，祖籍湖北鄂城。1928 年进北平燕京大学学习，其间参加进步文艺活动。1930 年任中国左翼作家联盟北平分盟理事，同年加入中国共产党，不久被捕，与薄一波、刘澜涛一起关押在草岚子监狱。他曾用英文写了一封致上海中国民权保障同盟的信，这封信巧妙地传到上海，宋庆龄、蔡元培等阅后即派代表约同外国记者到北平探监，刘尊棋用英语与外国记者交谈，揭露监狱种种黑暗，迫于国际舆论压力，主要是中共北方局的大力营救，这批被押的共产党人得以获释。

刘尊棋曾先后任苏联塔斯社北平分社记者、翻译；北平《晨报》记者、编辑；中央通讯社记者；武汉中国青年记者学会理事。1938 年参加创办国际新闻社，并任社长。1941 年皖南事变后，他到新加坡《南洋商报》任编辑。太平洋战争爆发后回到国内，被重庆美国新闻处聘为中文部主任，他吸收中共地下党员金仲华、刘思慕等到该处工作，形成一支强大的宣传力量。抗战胜利后，在上海创办了《联合日报》、《联合晚报》，成为党在国统区的重要喉舌之一。解放前夕，两报被国民党反动派查封，他出走香港，主办英文刊物《远东公报》。多年来，他写了大量揭露日本帝国主义，抨击国民党黑暗统治，鼓吹民主进步的通讯和评论。

1949 年，他作为新闻界代表，参加了第一次全国人民政治协会议。全国解放后，曾任中央人民政府新闻总署国际新闻局副局长、外文出版社社长、中国大百科全书出版社副社长兼总编辑、《简明不列颠百科全书》中美联合编审委员会中方主席、英文《中国日报》总编辑等职。他是第五、六、七届全国政协委员、常委，曾任中华全国新闻工作者协会副主席。

译有陀思妥耶夫斯基的《死屋手记》、华莱士的《天下一家》、康马杰的《美国通史》，著有通讯集《美国侧面像》等。

〔刘靖基·当选第八届全国政协副主席〕

1993 年 3 月 26 日在政协第八届全国委员会第一次会议上，刘靖基当选为全国政协副主席。

刘靖基，1902 年 9 月生，江苏省常州市人。1919 至 1949 年任苏纶纱厂、宝成纱厂业务员、业务部主任，常州大成纺织染厂经理，南京江南水泥厂常务董事、副董事长，安达纺织厂董事、总经理。1949 年后任安达纱厂总经理，华东区原棉联购处总经理，上海大隆机器厂董事长，上海市棉纺工业公司经理，上海市工商业联合会主委，民建上海市主委、名誉主委，上海市投资信托公司董事长，上海市爱建公司董事长兼总经理、爱建金融公司董事长，上海市政协副主席，上海市人大常委会副主任，中华全国工商业联合会副主席，民建中央顾问。他是第二、三、四届全国政协委员，第五届全国政协常务委员。第六、七届全国政协副主席。第一至六届全国人大代表，第五、六届全国人大常委会委员。

〔刘德华·香港歌星·在北京举办演唱会〕

香港著名歌星刘德华于 1993 年 8 月 24 日在北京首都体育馆举办首场个人演唱会。他以《末世天使》开始演唱后，歌迷们情不自禁，站起来跳跃着，挥着手，呼喊着："刘德华，刘德华！"。刘德华边舞边唱，边侃边演，风彩动人。《谢谢你的爱》、《来生缘》、《长夜多浪漫》、《如果你是我的传说》……音乐会自始至终洋溢着热烈的气氛。刘德华以《再会了》结束他的演唱时，馆内满场歌迷久久不愿离去。在馆外的歌迷也蜂拥而至。在大陆，在北京，刘德华拥有众多歌迷，有位女中学生甚至从东北专程前来参加其演唱会，还有位少女当听刘德华演唱《谢谢你的爱》时，感动地流下了热泪。

近年刘德华经常到大陆演出，如1992年9月中秋之夜为广东教育事业义演筹款。1993年4月间，还与香港其他著名艺人张学友、郭富城、张曼玉、梁家辉、成龙、叶倩文、林忆莲、许冠文、梅艳芳、谭咏麟等人到北京参加大型"减灾扶贫"义演，献上一片爱心。

刘德华关心大陆，1993年春他决定选择天津开发区作为他在内地投资和发展的基地，投资创办银座文娱发展(天津)有限公司，被开发区聘为文化顾问。1993年8月捐资10万元人民币，帮助在天津开发区兴建国际学校，还将至少赠100万元人民币。还向天津SOS儿童村损赠10万人民币，并专程看望那里的孩子和妈妈。

刘德华，1961年生，在香港长大。高中毕业后考入香港无线电视台艺员训练班，在娱乐圈奋斗10多年，已成为香港家喻户晓的影、视、歌三栖明星，在台湾、大陆、东南亚等地也遐迩闻名。他与张学友、郭富城、黎明被誉为香港歌坛的"四大天王"。他还足迹台湾、南朝鲜、东南亚等地举办个人演唱会。歌声浑厚，且伴以劲舞，受到歌迷热烈欢迎。曾多次获奖，如1990年在港澳三度获"最受欢迎男歌手奖"。1992年获广东文化局颁发的"全中国最受欢迎歌星奖"。1992年被台湾《民生报》、《偶像杂志社》评为"港台歌坛十大偶像"，且居榜首。1993年初又到台湾领取"最受欢迎的男歌手奖"。

多才多艺的刘德华还参与电影电视剧的演出，在银幕上塑造过众多人物形象，其中演出过70多部电影，如《投奔怒海》、《神侠侣》、《跛豪》、《法外情》、《赌神》等。他还自组天幕制作公司，出资拍摄《九二神雕侠侣》、《新神雕侠侣》，并自任主角。曾获台湾广播电视剧"金钟奖"。

台湾出版有《刘德华传》。

〔齐力、史雪松、苏筠(女)·杂技演员·获维罗那国际明星杂技艺术节奖〕　1993年1月，福建省杂技团小演员齐力、史雪松、苏筠表演的《小顶杆》，参加了在意大利举行的第二届维罗那国际明星杂技艺术节，在与13个国家的45个节目的竞赛中，获得少儿组的最高奖"金星奖"。

《小顶杆》是福建省杂技团的王宝根教师设计和教练的，他把我国传统节目《皮条》和《爬杆》中的动作和技巧移植到《小顶竿》上，同时因材施教，严格训练，创作出了一系列新的高难技巧，如"手抱杆悬空仰卧"、"圈内头倒立晃圈"等。特别是底座演员齐力骑独轮车，头顶杆，杆上演员史雪松、苏筠表演双层头倒立晃圈技巧，这种顶技矫健神奇，把节目提高到了一个新的水平，令人叹为观止。

齐力，1979年3月生，福建省福州市人。1987年考入福建省艺术学校杂技班。史雪松，1982年生，福建省泉州市人。苏筠，1984年生，福建省漳州市人。史雪松和苏筠均于1990年考入福建省艺术学校杂技班。

〔齐康·建筑设计专家·当选中国科学院学部委员〕　东南大学建筑研究所所长，城市规划设计、风景规划设计专家齐康教授，1993年12月当选为中国科学院技术科学部学部委员。

齐康，1931年10月28日生，浙江省杭州市人。1952年毕业于南京大学。历任南京工学院助教、讲师、副教授、教授、博士生导师、系主任、副院长。现任东南大学建筑研究所所长，建筑设计研究院总顾问兼大连理工大学建筑系主任。

齐康长期从事建筑设计并延伸到城市设计、城市形态、城市规划、城市体系以至城市化问题的研究。他参加完成的"发达地区城镇化途径和小城镇技术经济政策"研究，获部级科技进步二等奖。该研究项目综合探讨了从历史、地理、经济、科技、人文以至心理诸方面对城市的影响和作用，阐明了苏南地区许多城镇形态的形成规律。按其"城市建筑环境设计"思想规划设计的无锡市，获教委科技进步奖一等奖。他曾主持完成了几十项工程，其中他作为主要设计人的有十几项，分别获各种奖励，主要的有：南京大屠杀纪念馆、福建武夷山庄、南京梅园新村、南京周恩来纪念馆、淮安周恩来纪念馆、苏州丝绸博物馆、南京雨花台烈士纪念馆、南京五台山体育馆等。为此，1990年建设部授予他全国建筑设计大师称号。共发表论文10篇，专著两本。

〔齐越·著名播音员·在北京逝世〕　原中央人民广播电台播音部副主任、播音艺术指导、北京广播学院教授齐越于1993年11月7日在北京病逝。

齐越，原名齐斌濡，笔名遥拉。河北高阳人。1922年2月生。　1942年考入西北大学外文系学习。1946年10月进入晋冀鲁豫解放区，　先后在《人民日报》(晋冀鲁豫)和新华通讯社任编辑，1947年8月调陕北新华广播电台，从事播音工作，成为我国人民广播事业史上的第一个男播音员。解放战争时期所播《敦促杜聿明等投降书》、《中国人民解放军布告》、《百万雄师横渡长江》等重要文告和新闻，　在国民党统治区听众中引起很大震动。

北平解放时，他参与接管北平国民党电台。1949年10月1日和丁一岚在天安门城楼上，担任中华人民共和国开国大典的现场播音。1950年加入中国共产党。50—60年代中期，历任北京新华广播电台播音组组长、中央人民广播电台播音部副主任、播音艺术指导。所播《斯大林逝世讣告》、《谁是最可爱的人》、《县委书记的好榜样—焦裕禄》等稿件，产生了广泛的社会影响。

粉碎“四人帮”后，齐越先后播出了《在彭总身边》、《巍巍昆仑》等革命回忆录和电影小说，在听众中引起很大反响。1980年，他参加了审判林彪、江青反革命集团公审会，担任宣读证词的播音。他的播音气势磅礴，坚定豪迈，爱憎分明，准确生动，开创了人民广播的一代新风，被誉为“优秀播音艺术家”。

从1975年起，他担任北京广播学院教授，从事教学工作。他以自己的道德风范影响了今天活跃在国内播音界的一大批学生。曾当选为第三届全国人大代表，1984年被评为全国一级优秀新闻工作者。主要著作有《播音创作漫谈》、《朗诵艺术》、《寄语青年播音员》等。

〔齐白石·著名书画家、篆刻家·诞生一百三十周年〕　纪念世界文化名人、国际和平奖金获得者、近代艺术大师齐白石诞辰130周年书画展，1993年10月23日至29日在中国画研究院展览馆隆重推出，共展出美术、书法、篆刻作品二百件。同年9月10日，首都100多位著名书画家、艺术评论家在老舍茶馆隆重集会，用饱蘸深情的笔墨和热情洋溢的演说，表达了对齐白石高山仰止的敬幕之情和深切的怀念。

齐白石，原名纯芝，字谓清，后改名璜，字濒生，号白石，别号借山吟馆主者、寄萍老人、湘上老农等。1863年生，湖南湘潭人。八岁到外祖父处读书，一年后因家贫而辍学务农，劳动之余学习绘画、写字。十二岁学木匠，十五岁学雕花手工，手艺出众，名闻乡里。其间坚持业余练习绘画十年。二十五岁时拜家乡画家萧传鑫为师，学习画像。后又结识画师文少可，得其指教。此后以画像、画中堂及画鞋样等维持生活，不再做木匠而成为专门画匠。其间除画像外，兼画山水人物，花鸟虫鱼，尤其以仕女为多，人称齐美人。1894年，齐白石与同乡王仲言、罗真吾、罗醒吾、陈伏根、谭子荃、胡立三等七人组织了龙山诗社，人称“龙山七子”。与此同时，他开始学习书法和篆刻。1899年，他结识并拜湘潭著名诗人王湘绮为师，于诗文画论获益匪浅。1900年，他用卖画得的钱，新盖了一间书房取名为借山吟馆。在一年中，他在借山吟馆作诗就达几百首，同时他的诗画篆刻也渐渐成名，逐步由一名民间画匠变为一名有相当文化修养的艺术家了。

1902年，四十岁的齐白石开始了他的“五出五归”的远游生涯。他足至大江南北，遍游名山大川，一路上他画山水，观珍藏，摹碑帖，识名流，仍以卖画刻印为生，直至1909年他返回故里。这长达七年的远游，使他极大地开阔了眼界，丰富了他的视觉世界和内心世界。特别是在看到了很多名画珍藏，结识了许多名士和艺术家后，他在绘画上由工笔转向大写意；书法上亦由写何绍基转而临《爨龙颜碑》；刻印上亦由学丁龙泓、黄小松转仿赵之谦了。他在自述中总结说，远游成为他“改变作风的一个大枢纽”。

1910年，齐白石把他在游历中画的山水画稿，重画一遍编成《借山图卷》，共计52幅，后又画成《石门二十四景图》。时值军阀连年混战，50岁时，齐白石曾避难来到北京，仍以篆刻、卖画为生。57岁以后长住北京。其后应北平艺术专科学校之聘出任该校中国画教授，艺术造诣日趋成熟，先后创作了《莲池讲学图》、《江山万里楼图》、《明灯夜雨楼图》、《辽东吟馆谈诗图》等经意佳作。

1937年日本帝国主义侵占北平后，齐白石辞去北平艺专之聘，门书“画不卖与官家”，不接待权贵。曾画螃蟹，题词“看你横行到几时”，以讽刺日伪。1944年停止卖画，并以“寿高不死羞为贼，不丑长安作饿饕”的诗句，表示宁可饿死，也不取媚于外敌的民族气节。1946年到南京、上海举办齐白石画展。解放后，创作热情高涨，画作甚多。1951年参加抗美援朝义卖画展。画和平鸽，并题“愿世界人都如此鸟。”翌年，被聘为中央美术学院名誉教授，作《百花与和平鸽》，向亚洲及太平洋区域和平会议献礼，是年被选为中国文联主席团委员。1953年1月7日齐白石90诞辰，文化部授予他“人民艺术家”荣誉奖状。同年徐悲鸿逝世，齐白石继其当选为中国美术家协会主席。1953年被推为北京中国画研究会主席，翌年在北京举办齐白石绘画展，并当选为第一届全国人民代表大会代表。1955年获德意志民主共和国艺术科学院通讯院士荣誉奖状。1956年获世界和平理事会颁发的1955年度国际和平奖金，周恩来、郭沫若、茅盾等参加了授奖仪式。1957年任北京中国画院名誉院长，同年9月16日在北京逝世。

〔关山·天津人民广播电台播音指导·关山播音艺术研讨会在天津召开〕　1993年5月14日，关山播音艺术研讨会在天津召开，来自天津、北京、河北、广西、吉林、黑龙江、内蒙等地的播音界、教育界人士，交口赞誉关山在播音事业上的卓越成就和独特的播音风格。

关山，原名丁威，湖北孝感人，1934 年出生。1954 年参加工作，1956 年到天津人民广播电台，先后任播音员、组长、部主任，1987 年 7 月任天津广播电视局调研员至今。

关山，是新中国成立后成长起来的一位在全国享有盛誉的播音艺术家。由于他对播音事业的热爱，对播音艺术的执着追求和严肃认真的创作态度，近 40 年来，形成了自己独特的播音风格：朴实真挚、昂扬奔放，声情并茂。

关山具有良好的文学基础和艺术修养，在播音工作岗位上，经常深入群众，贴近生活，并善于涉猎各方面的知识，向姐妹艺术学习借鉴，再加上勤奋敬业，心无旁骛，对播音艺术情有独钟。他力主多发有情之声，以情运气，以声传情，把握分寸。

关山的播音业务发展全面，他不但能很好地播出各类新闻稿件，对各种文学作品，也播得有声有色，意韵深长，雅俗共赏。几十年来，他播出、朗诵的中、长篇小说和报告文学等近 300 部，在天津、华北乃至全国各地听众中，都有广泛的影响，如他所录制的长书《四世同堂》、《生活变奏曲》、《平凡的世界》等连续获城市台小说评比一等奖；1990 年获中国播音学研究会授予的全国播音荣誉奖；1991 年获广播电视学会长书连篇研究会授予的“优秀长篇演播艺术家”称号；1992 年被国家语言文字委员会评为全国语言文字先进工作者。

关山十分重视培养年轻播音员，在他沤心沥血的精心培养下，天津一大批播音骨干正在成长，他还为全国十多个省、市、自治区举办播音员培训班、朗诵学习班等，听众逾 10 万人次。

在播音改革探索中，关山一直走在前列。他在《新时期播音改革断想》一文中，将 50 年代提出的“更生活、更口语、更亲切”的播音路子进一步重申，提出了“更亲切、更细腻、更灵活”的要求。他指出：“改革开放的今天，语言对于沟通人际关系显得更为重要，播音改革必然要突出自然语言的灵活性，使有声的语言充分发挥播音员与听众之间交流思想的功能。”他强调，播音员只要自强不息，迎难而上，就会进一步弘扬独家之优势。

关山现任天津市政协委员，中国播音学研究会副会长。

〔关广富・再次当选中共湖北省委书记〕 1993 年 12 月 28 日召开的中共湖北省委六届第一次会议上，关广富再次当选为中共湖北省委书记。

关广富，1931 年生，黑龙江省穆棱人。满族。1948 年加入中国共产党。曾任东北人民政府粮食总局科员。新中国成立后，历任湖北省财政厅科长、办公室副主任。1964 年毕业于湖北大学经济系财政信贷(函授)专业。后任湖北省财政厅地方企业财务处处长、中国人民银行湖北省分行行长。1983 年任中共湖北省委书记。在 1993 年 5 月 5 日结束的湖北省八届人大一次会议上，当选为湖北省人大常委会主任。是中共第十二、十三、十四届中央委员。

〔关东升・中央民族大学教授・书法家・举办第 8 次赴日作品展〕 1993 年 11 月，关东升书法作品在日本埼玉市展出，日本各界反映热烈。前首相福田纠夫、中曾根康弘、海部俊树以及许多内阁成员均赠送了花篮。现任首相细川护熙的弟弟、世界红十字会总裁细川进卫等政要还专门会见了他。自 1986 年以来，关东升的作品 8 次东渡扶桑。日本国正在筹建“关东升书道艺术馆”，关东升后援会的主要成员也第一次访问了北京，受到全国人大和全国政协负责人的热情接待。

关东升，满族，1949 年 11 月 5 日出生于内蒙古通辽县五道木村。他从 6 岁起开始随父亲关翰飞习字，并逐渐加强了对中国民族文化的兴趣。他曾在中央民族歌舞团工作，此后又走遍全国，遍览书艺碑林，广泛吸取诸家运笔技巧和韵味，终于自成一家。1989 年，关东升调到中央民族学院，1992 年被聘为教授；1993 年担任全国政协委员。关东升的作品既有端庄凝重的魏碑，又有潇洒奔放的行草，在他的笔下常生出峥嵘峭拔之势、龙飞凤舞之姿，给人以奇异感和脱俗感。早在 1983 年，叶圣陶先生就为他赋诗道：“东升爱临池，功深书臻妙。声名海外传，颇受东邦好。”他的作品还作为国礼赠送给日本、韩国、朝鲜、印尼和新加坡等国家的领导人。

关东升热爱祖国，积极奉献。1986 年他第一次出国展出，就用部分报酬为某歌舞团添置了价值 10 万多元的音响器材。1986～1989 年，他又将 6 次赴日展出的报酬捐献给中日两国的残疾儿童。1990 年，他为美国 AST 计算机公司书写了一批作品，并自己掏钱装裱。当客人要付给他报酬时，他表示希望客人为教学条件不太好的中央民院捐献设备。AST 公司负责人很感动，当即捐出价值 200 万元的计算机设备，在民院建立了“关东升计算机实验室”。他还促成日本向民院赠送价值 50 万美元成套设备的谈判。1993 年，他把全年的工资都捐献给学生作生活费。

〔米东风・青年歌唱家・获第三届文华表演奖〕

第三届“文华奖”评奖结果1993年4月15日在北京揭晓。在陕西省歌舞剧院歌剧团演出的5幕大型歌剧《张骞》中饰张骞的青年歌唱家米东风，在本届“文华表演奖”评选中荣获第一名。同获此奖的还有安金玉（歌剧《张骞》中饰阏云）、李祝华（歌剧《樱花》饰樱子）、校毅之（歌舞《洪湖的女儿》饰韩英）、邓宇（舞剧《丝海箫音》饰小海）、依苏拉罕（舞剧《阿诗玛》饰阿诗玛）、赵霞（舞剧《森吉德玛》饰森吉德玛）、郭明利（舞剧《森吉德玛》饰布日固德）、程春玲（舞剧《丝海箫音》饰桐花）、高国庆（舞剧《丝海箫音》饰阿海）。本届评奖，首先继续坚持了公正性、权威性、导向性的宗旨和少而精、宁缺勿滥的原则；其次是对参评剧目规定了演出场数，即原则上应演出30场以上才具备评奖资格，有些品种具有特殊性，如歌剧、舞剧的场次适度放宽；最后是放宽了参评剧目首演时间的限定，即新剧目在当地首演至参评可以有五年，在这期间不断修改和演出者，均可参评。

米东风，河北省承德市人。1958年12月14日生。1976年参加中国人民解放军，在兰州军区某部文工团当演员，后调兰州军区战斗歌舞团，任独唱演员。1984年调陕西省歌舞剧院歌剧团当演员。曾师从中国音乐学院王秉锐教授学习，打下扎实的歌唱技艺。

多年来，米东风曾先后演出过话剧《于无声处》、《深夜静悄悄》、《军营内外》，歌剧《慈母情》、《街道风情》、《芳草心》、《秦俑畅想曲》、《江姐》、《桃花渡》、《货郎与小姐》（片断）等。曾多次参加文化部、中央电视台和省内外举办的各项演出活动，多次为影视和其它省市的春节晚会演出。1979年和1981年曾在部队和地方的声乐比赛中获奖。

现为陕西省歌舞剧院歌剧团演员，中国音乐家协会陕西分会会员、陕西省轻音乐家协会会员。

〔江兆申·台湾书画家·在北京中国美术馆举办《江兆申书画展》〕　1993年8月，《江兆申书画展》在北京中国美术馆举行。该展是故宫博物院、中国美术家协会、台北时报文教基金会等单位联合举办的。北京展览结束后，9月，江兆申的作品又移至安徽屯溪，在黄山博物馆展出。这是他离别大陆44年后，第一次回故乡办展，将自己多年的成就奉献给父老乡亲。

江兆申，1925年8月生，安徽歙县人。6岁入小学，不慧斥归，后侍母学画，并偶事雕刻。1932年，从读于三舅方叔甫先生，并偶作画。1935年缀学，1949年渡海至台定居。1950年开始从学于溥心畬先生。1965年5月，任台湾国立故宫博物院副研究员，后升任书画处处长及副院长，至1991年9月因病请辞。1969年接受美国国务院邀请访问美国，其间饱览公私收藏，并自绘画作诗。1978年获韩国庆熙大学颁赠文学荣誉博士学位，被台湾艺术界推为“新文人画”的典范，“将中国文人雅致的传统，包括诗、文、书、画、印，做彻底精粹的保存者，江兆申实可谓个中翘楚”。他年轻时代曾游览过黄山、新安口、富春江等名山大川，他印象最深的是一次沿信江而下的游览，见两岸山峰挺拔，一场大雨过后，山经雨水的冲洗变得一片翠绿，正值黄昏，夕阳一照，色彩斑斓，美极了！到了台北，他又有机会接触许多书画作品，特别是在台故宫博物院工作后，能见到更多的古代书画，给了他借鉴的机会。他作画从不临摹，而是把曾见到的东西由立体变平面，由大变小，将自己理想中的境界描绘出来。因此，他的画作，多是高山大川，气势磅礴，再现祖国名山大川的景色。1965年，江兆申在台北中山堂举行第一次个展。以后，在台北春秋艺术廊、历史博物馆、市立美术馆举行5次个人书画展。1975年、1980年，先后在日本东京和韩国汉城举办《江兆申书画展》。他创作的“依岩”二字巨榜，获台“教育部”书法奖。出版书画集10余部，出版著作有《关于唐寅的研究》、《宋画精华》、《文徵明与苏州画坛》、《谈中国文人画》等。

〔江村罗布·再次当选西藏自治区政府主席·纵谈西藏经济建设形势〕　在1993年1月12日举行的西藏自治区六届人大一次会议上，江村罗布再次当选为西藏自治区政府主席。

江村罗布，1932年生，四川巴安（今巴塘）人。藏族。1956年加入中国共产党。历任八宿县县长，中共扎东特委副书记，中共日喀则地委书记，西藏自治区高级人民法院院长，西藏自治区人民检察院检察长，中共西藏自治区委常委。1985年起任中共西藏自治区委副书记、西藏自治区人民政府主席。是中共第十四届中央候补委员。

1993年3月22日，在第八届全国人大第一次会议期间，江村罗布答中外记者问，纵谈西藏经济建设面貌。他说：1992年西藏自治区国民生产总值32.7亿元，比上年增长7.1%；国民收入27.5亿元，比上年增长6%。总的看，打破了长期低速度的局面。他提出1997年西藏国民生产总值争取达到48亿元，平均年增长8%；在基础设施方面安排了一批重点骨干工程，总投资30亿元。

〔江泽民·中共中央总书记·当选为中华人民共和国主席、国家中央军委主席〕　1993年3月

27 日，江泽民在第八届全国人民代表大会第一次会议上当选为中华人民共和国主席、国家中央军委主席，成为继毛泽东、刘少奇、李先念、杨尚昆之后我国的第五位国家主席。他在当选后于 3 月 31 日在八届人大一次会议上讲话时说，国家主席责任重大。我将忠诚地履行宪法赋予的职责，恪尽职守，勤勉工作，不辜负各位代表和全国人民的重托。

江泽民原任中共上海市委书记，1989 年北京“六四”风波之后，在中共十三届四中全会上当选为中共中央总书记，随后中共十三届五中全会决定江泽民接替辞去职务的邓小平为中共中央军委主席。1992 年 10 月，江泽民在中共十四届一中全会上连任中共中央总书记、中央军委主席。几年来，以江泽民为核心的第三代领导集体遵循邓小平建设有中国特色的社会主义理论，坚持贯彻党的基本路线，领导全党全国人民进行社会主义现代化建设，不断取得新的成就。“实践证明，以江泽民同志为核心的党中央领导集体工作做得是好的，是可以信赖的”（邓小平语）。

在 1993 年，中共中央召开了两次中央全会，即 3 月 5 日至 7 日的十四届二中全会和 11 月 11 日至 14 日的十四届三中全会，江泽民在这两次全会上作了重要讲话。二中全会审议通过了《关于调整“八五”计划若干指标的建议》和《关于党政机构改革的方案》，决定将中央政治局提出的国家机构和全国政协领导人员人选名单分别向八届人大一次会议主席团和八届政协一次会议主席团推荐。这次会议为八届全国人大和八届政协的胜利召开作了准备。三中全会通过的《中共中央关于建立社会主义市场经济体制若干问题的决定》被认为是我国实现从旧经济体制向新经济体制过渡的蓝图。

国家主席江泽民在这一年中以极大的精力抓经济建设。5 月 9 日至 11 日，他在上海主持召开了华东六省一市经济工作座谈会；6 月 13 日至 14 日，在西安主持召开了西北五省（区）经济工作座谈会；8 月 25 日至 27 日，在大连主持召开了华北、东北八省（区、市）经济工作座谈会；9 月 27 日至 29 日，在广州主持召开了中南、西南十省（区）经济工作座谈会。在这几次座谈会上，江泽民从各个地区的实际出发，强调要积极、全面、正确地领会和贯彻邓小平视察南方重要谈话和党的十四大精神，抓住机遇，不失时机地推进改革开放，解决深层次经济问题，加强宏观调控，促进经济持续、快速、健康地发展。10 月 18 日，江泽民在中共中央召开的农村工作会议上讲话，强调指出农业、农村和农民问题始终是一个关系我们党和国家全局的根本性问题。在建立社会主义市场经济体制的过程中，要继续坚定不移地贯彻以农业为基础的方针，把农业放在经济工作的首位。各级党委、政府都必须始终把大力提高农村社会生产力，加快农村经济的发展，不断增加农民收入，作为农村工作的根本出发点和落脚点。

12 月 4 日，江泽民在国务院召开的全国经济工作会议上发表讲话，强调当前国际国内形势为我们提供了不可多得的有利时机，我们要抓住机遇，加快改革开放和现代化建设步伐，努力在本世纪末初步建立起社会主义市场经济体制，实现达到小康水平的第二步发展目标，使我国综合国力登上一个新的台阶。

在推进向市场经济过渡的同时，江泽民总书记对进一步端正党风、加强廉政建设、反对腐败的斗争极为关注。8 月 21 日，他在中共中央纪律检查委员会第二次全体会议上讲话中强调，各级党委和政府必须把反腐败斗争作为一项重大任务进一步抓紧抓好，务必在近期内取得明显的阶段性成果，并明确提出了近期要做好的三个方面的工作：一、各级党政领导干部要带头廉洁自律。特别是省、部级以上领导干部要起表率作用。二、集中力量查办一批大案要案。重点查办发生在党政领导机关和司法部门、行政执法部门、经济管理部门工作人员中的案件。三、紧紧抓住本地区本部门本单位的突出问题，刹住群众最不满意的几股不正之风，年内要见到明显成效。在此之前，江泽民于 8 月 18 日主持了中共中央在怀仁堂召开的党外人士情况通报会，他在讲话中指出，加强廉政建设，同各种腐败现象作斗争，以保证改革开放和经济建设的顺利进行，是小平同志和我们党的一贯思想，也是密切党同人民群众联系的重要问题。他希望党外人士发扬肝胆相照、荣辱与共的优良传统，积极献计献策，共商反腐倡廉的大计，和我们党一起共同把反腐败斗争坚决有效地开展起来，为深化改革和加快发展创造良好的社会环境。

江泽民在 1993 年出席了许多重要会议，对做好各方面的工作发表了重要意见。

中央军委主席江泽民 3 月 22 日参加出席八届全国人大一次会议的解放军代表团的座谈时，畅谈国内外形势和军队建设。他说：“历史经验告诉我们，安全稳定的环境，离不开国防力量的加强。国防现代化是社会主义现代化建设的组成部分，是综合国力的重要体现。只有建设一支与我们国家地位相适应的强大军队，才能可靠地保卫国家安全，保证社会主义现代化建设的顺利进行。”他指出，军队的建设和改革，要与国家的建设和改革相适应。要按照党的十四大精神，认真贯彻邓小平关于新时期军队建设的思想,注重质量建设,走有中国特色的精兵之路,全面提高部队战斗力。在这一年里,江泽民先后视察了军事科学院及驻陕西、青海、广东各部队,和国防大学学员进行了座谈,会见了"创业在军营"先进事迹报告团成员和出席全军老干部工作表彰会议、全军生产经营工作会议的代表。

江泽民在这一年中先后到海南、上海、青海、广东等地视察工作。

11 月 17 日,国家主席江泽民应美国总统克林顿邀请,赴美国西雅图参加了在那里举行的亚太经济合作组织领导人非正式会议。19 日在西雅图与克林顿举行了正式会晤。20 日在这次会议上发表了讲话。会议期间,分别会见了出席此次会议的各国领导人。会议结束后,应邀访问了古巴、巴西和葡萄牙。在这一年里,江泽民还会见了许多来我国访问的外国领导人。

江泽民,生于 1926 年 8 月 17 日,江苏省扬州市人,1943 年起参加地下党领导的学生运动,1946 年 4 月加入中国共产党,1947 年毕业于上海交通大学电机系。上海解放后,历任上海益民食品一厂副工程师、工务科科长兼动力车间主任、厂党支部书记、第一副厂长,上海制皂厂第一副厂长,一机部上海第二设计分局电器专业科科长。1955 年赴苏联莫斯科斯大林汽车厂实习。1956 年回国后,任长春第一汽车制造厂动力处副处长、副总动力师、动力分厂厂长。1962 年调任一机部上海电器科学研究所副所长,一机部武汉热工机械研究所所长、代理党委书记,一机部外事局副局长、局长。1980 年后,任国家进出口管理委员会、国家外国投资管理委员会副主任兼秘书长、党组成员。1982 年后,任电子工业部第一副部长、党组副书记、部长、党组书记。1985 年后,任上海市市长,中共上海市委副书记、书记。1982 年 9 月在中共第十二次全国代表大会上当选为中共中央委员。1987 年 11 月在中共十三届一中全会上当选为中共中央政治局委员。1989 年 6 月在中共十三届四中全会上当选为中共中央政治局常务委员,中共中央委员会总书记。1989 年 11 月在中共十三届五中全会上当选为中共中央军事委员会主席。1990 年 3 月在第七届全国人大第三次会议上当选为中华人民共和国中央军事委员会主席。

〔江绍基·消化疾病专家·被聘为中华医学会资深会员〕 1993 年 1 月 16 日,具有 78 年历史的中华医学会,正式宣布首批聘任 41 位在医学上有重大成就、德高望重的内外科专家为中华医学会资深会员。上海第二医学院教授、上海市消化疾病研究所名誉所长江绍基获得这一荣誉。

江绍基,1919 年 4 月 12 日出生,江苏省无锡县人。1945 年毕业于上海圣约翰大学,并获医学博士学位后,留校从事临床教学工作,任附属上海宏仁医院住院医师、住院总医师、内科副主任,1952 年任宏仁医院副院长、副教授,1957 年任上海第二医学院(1985 年改为上海第二医科大学)附属仁济医院副院长、内科主任、教授、医学系副主任、主任,上海市消化疾病研究所所长、名誉所长。1955 年加入中国民主同盟。

江绍基主要从事内科的医疗、教学、科研工作,1950 年起从事血吸虫病的防治研究工作,合编了我国第一部《血吸虫及血吸虫病》专著。他长期致力于消化疾病的研究和消化学科的建设。1981 年参与应用聚乙二醇浓缩腹水回输治疗顽固性腹水症取得成功,首次证实在中国确有 A 型萎缩性胃炎并发恶性贫血。在上海市高等教育局的支持下,1984 年建立了上海市消化疾病研究所,任所长。他对消化系的各种胃病和肝硬化的发病机理及肝纤维化等作了不少研究,曾多次受奖。他主持的上海第二医科大学消化学科,1988 年被评为国家教委的重点学科。江绍基 1989 年获上海市劳动模范,1990 年获全国劳动模范称号。1988 年和 1992 年先后两次成功地组织了两次国际胃肠病讨论会。主编了《临床肝胆病学》、《临床胃肠病学》、《胃癌》,还协助黄铭新教授主编《内科理论与实践》等参考书。1993 年曾牵头组织全市多中心研究胃癌的早期诊断,获上海科技进步二等奖。

江绍基先后任上海市政协第五、六届常委,卫生部内科专家委员会成员、自然科学评选委员会成员、成果鉴定委员会成员,中华医学会消化病学会副主任委员,中华医学会上海分会副会长,上海市科协副理事长,《中华消化杂志》总编辑,《国外医学·消化系疾病分册》主编。

〔汤培茵(女)·话务班长·获全国"五一"劳动奖章〕 一个普通女工,没有惊天动地的壮举,没有传奇般的经历,却在话务员这个平凡岗位上用条条银线为人们架起了信息的桥、效益的桥、致富的桥和欢乐的桥,博得用户群众的普遍赞誉。她就是 1993 年 5 月获得全国"五一"劳动奖章的汤培茵。

汤培茵,现任河北省武强县邮电局话务班长,中国共产党党员,山东省烟台人,1960 年 3 月生,1977 年 3 月参加工作后,一直在武强县邮电局工作,技术职称是长途话务技师。由于她在普通工作岗位上创造出了出色的成绩,16 年来,曾两次被全国妇联授予全国"三八红旗手"称号,1985 年被邮电部评为全国邮电系统劳动模范，1986 年，又被评为河北省劳动模范，还多次被评为省、地邮电系统的先进个人、优秀话务员、质量标兵、技术能手、话务状元、最佳话务员等多项荣誉，连续 4 次当选县人大代表和人大常委委员。

汤培茵参加工作后，为了尽快掌握话务技术，提高效率，采取早起点、晚睡点、电视少看点、家务抓紧点等办法，见缝插针，挤出时间抄写、背诵电话号码，光抄、背号码的废纸能装一麻袋。由于她刻苦学习，日积月累，现已能熟练地背诵本县、本地区电话号码 2800 多个，熟记长途区号 300 多个以及本省、邻省地名 1500 多个，还能把长途值机操作法、长途业务规程 100 多条全部背下来。过硬的基本功，使工作效率大为提高。部定应答 113、114 的时限为 40 秒，汤培茵应答时限平均在 4 秒以内，而且准确无误。1978 年以来，在本地区练功比赛中，她夺得 5 次第一，一次第二，在全省比赛中，她曾取得长话项目第 3 名的好成绩。

有人说，话务员工作拔拔插插，接接转转，没有什么意思。汤培茵却认为信息就是生命，时间就是金钱。她热爱话务工作，让电话在传播信息、节省时间、提高效率上发挥重大作用。有一次，生产资料公司急需化肥，汤培茵通过 10 多个电话，很快找到了货源，及时满足了农业生产的需要，用户给她们送了一个“一呼全国通，四化服务兵”的匾额，盛赞她们为生产热情服务。还有一个老农民，与在台湾的哥哥失散 46 年，他得知海峡两岸通邮之后，想挂电话听听哥哥的声音。汤培茵很快给他们接通，兄弟二个听到对方的呼叫，都泣不成声。汤培茵通过条条银线，为用户群众把科技、生产、市场的信息沟通了，把致富的路沟通了，把祖国亲人与海外赤子的心沟通了，她内心也充满了无限的欢乐。

汤培茵任话务班长以后，努力培养新同志，耐心帮助她们提高技术水平。10 多年来，先后带出 16 名徒弟，个个独立工作，成了业务技术骨干，出色地完成任务。她带领的这个话务班，多次被省地市评为优秀班组，长途电路连续 15 年被省、地邮电局评为“红旗电路”。

〔汤瑞仁（女）·农民·从湖南到北京办“韶山毛家饭庄”〕　1993 年 10 月 28 日，毛泽东故乡湖南韶山冲的“毛家饭店”女主人汤瑞仁，来到北京东城区和平里办起了“韶山毛家饭庄”，吸引了大批中外游客。

如今已是西装革履、拥有 10 多万元资产的女老板汤瑞仁，原是毛泽东故乡韶山的邻居，也是他的本家儿媳妇。年届花甲的汤瑞仁解放前，讨过米；解放后的合作化年代，她和三个妇女率先组织韶山第一个互助组。1959 年 6 月 26 日，毛泽东主席回故乡韶山时，和汤瑞仁一起合影留念。八十年代初，韶山落实联产承包责任制时，她怎么也想不通。改革开放，给韶山人民带来了观念的更新。她渐渐发现，人民公社时期“出工一窝蜂，做事磨洋工”的情景不见了，韶山冲里的人既务农，也开始了经商，粮食产量、人民生活，一年比一年好。她心里受到震动，也想摆摊子开饭店，可儿女们都反对。她还和过去一样，每天烧三桶开水，免费招待参观毛泽东故居的游客。有人劝她收点茶水钱，她却说：“那样做对不起毛主席，莫丢了韶山人的脸”。1983 年 6 月，汤瑞仁在别人的劝说下，背着儿女们，熬了绿豆稀饭提到公路边上去卖，自己却躲到一边去看。游客大声问：“这是谁摆的稀饭？”她在一边小声地说：“谁吃自己舀吧。”游客吃完后问多少钱一碗，她却说：“你们看着给吧”。就这样，一天卖下来，共有 5 元多钱。这回才使她渐渐开了窍：心想这生意本小利大，又方便游客。第二天再去卖稀饭，他就脸不红心不跳了。后来，她除了卖茶水，还卖各式各样的纪念品。做了三年的小买卖，她手头有了点积蓄。1987 年 3 月，她和老伴及儿女们商量，把位于毛泽东故居对面的自家旧房装修了一番，开起了“毛家饭店”。6 年多来，她文明经商，礼貌待客，接待了国内外游客近 20 万人次，生意越做越兴隆，这可能与她的“毛家饭店”墙上挂着毛泽东主席与她合影的照片有关。

现在，汤瑞仁不仅是韶山“毛家饭店”的女主人，而且是北京“韶山饭庄”的总经理。几年来，她积极向国家交纳税费、带头购买国库券 5 万元，为韶山纪念毛泽东诞辰 100 周年 5 项永久工程建设捐款 5000 元。1990 年，汤瑞仁被选为韶山市政协委员，1991 年她作为湖南省个体经营者协会代表，出席了在北京召开的全国个协代表大会，受到国家领导人的接见。

〔安士伟·中国伊斯兰教阿訇·当选中国伊斯兰教协会会长〕　1993 年 12 月 17 日，中国伊斯兰教第六次全国代表会议在北京结束。会议选举产生了以安士伟为会长的第六届委员会及领导成员。中共中央政治局常委、全国政协主席李瑞环会见了出席中国伊斯兰教第六次全国代表会议的全体代表，并同中国伊斯兰教协会新当选的领导成员进行了座谈。

安士伟，1919 年生，河北保定人，回族。经名萨利赫。自幼学习伊斯兰教经文。曾先后在保定、石家庄、沈阳、北京等地当海里凡。1948 年任北京手帕胡同清真寺阿訇。新中国成立后，历任北京东四清真寺、牛街礼拜寺阿訇，北京伊斯兰教界学委会副主任，北京市伊斯兰教协会主任，中国伊斯兰教协会副主任、副会长。1981 年当选为世界伊斯兰教联盟亚洲协调委员会执行委员。是第五、六、七、八届全国政协常务委员。

〔**安子介·香港南联实业有限公司主席·当选第八届全国政协副主席**〕　1993 年 3 月 26 日在全国政协八届一次会议上，安子介当选为政协第八届全国委员会副主席。

安子介，1912 年生，浙江定海人。1938 年赴香港，从事进出口贸易。1941 年日寇侵港，携家赴重庆，曾在国民政府中央信托局工作。曾著《国际贸易实务》一书，由商务印书馆印行。著名经济学家马寅初作序，称它"是为国际贸易理论与实际间一良好桥梁"。

1949 年安子介在香港定居。1950 年与人合办中南公司，建立香港战后的纺织工业。他过去对纺织工业所知甚少，但善于学习和实践，钻研了各国的先进纺织技术，取其精华，生产出具有国际先进水平的纺织品，一举打入南非，销往美国。1969 年成立以安子介为董事会主席的南联实业有限公司，它是香港和东南亚最具规模的纺织、印染、制衣和毛纺针织联合企业，产品销往全世界。1970 年被选为香港工业总会主席及棉纺业同业会主席。1970 年任港英立法局议员。1974 年后任港英行政局非官守议员，并任大学及理工教育资助委员会副主席。1975 年受港府委任，担任香港贸易发展局主席、训练局主席。他筹划了推动发展香港总体对外贸易的方针和措施，为开拓香港的海外市场，足迹遍及五大洲。他对香港的工业化、现代化和国际化所做的杰出贡献得到香港各界的赞誉和国际社会的公认，为此先后获英国女王、法国总统和日本天皇的授勋。1976 年获香港中文大学名誉法学博士学位，1986 年被聘为北京对外经济贸易大学名誉教授。

1983 年当选为政协第六届全国委员会委员、常务委员。1985 年 7 月，被全国人大常委会任命为香港基本法起草委员会副主任委员。同年 12 月，被香港各界人士推选为香港基本法咨询委员会执委会主任。1993 年 7 月 16 日，在香港特别行政区筹委会预备工作委员会首次会议上，全国人大委员长乔石向安子介颁发了担任预备工作委员会委员的任命书。

安子介是著名的语言学家、汉字学家。他熟练地掌握了英、法、日、德、西班牙等语种，并涉猎其他多种语言。在长期研究和应用外语的过程中及翻译工作中，不断同汉语、汉字进行比较，得出了汉字是比拚音文字优越的先进文字的结论。从 1979 年起，对汉字进行深入系统的研究。1982 年以来先后出版了五卷英文本《解开汉字之谜》及《劈文切字集》、《汉字科学的新发展》、《安子介现代千字文·启蒙篇》、《安子介现代千字文·书写篇》、《安子介现代千字文·繁简编》等著作。他经过大量调查研究，筛选出 2000 个汉字，构成 148 句有生活情趣、有哲理和现代知识的句段，易于上口和记忆，便于扫除文盲。在江西、浙江、河北、北京都应用《安子介现代千字文》进行扫盲实验，开拓了一条快捷扫盲的途径。

安子介是促进汉字电脑化的先行者，他认为汉字输入电脑是对国内外"汉字落后论"的最有力批判，是汉字迈向现代化的新突破。他经过多年钻研，七易其稿，于 1984 年创造了"安氏汉字六位数电码"输入法。他和长子安如磐合作，于 1985 年试制成功"安子介写字机"。这种写字机一改电脑通用英文键盘传统，只使用 0 至 9 十个数字键和十个功能键，只需单手操作。它具有多种编辑功能，可以处理中、英、日、法、德、意、西、葡、俄、希腊十国文字，并具有绘图制表功能，连接普通打印机可以打出 22 种不同字体，繁简体可以互换。"安子介写字机"于 1988 年获国家发明专利，还获得美、英、新加坡、香港等国家和地区的专利。

〔**安文华·砌砖工·获首届中国青年奥技赛砌砖第一名**〕　河北省国防工业建筑公司第一分公司砌砖工安文华，在 1993 年首届中国青年奥林匹克技能竞赛砌砖决赛中，以优异的成绩夺取了桂冠，获得"全国技术能手"、"全国新长征突击手"称号和全国"五一"劳动奖章。

年仅 20 岁的安文华，河北人，1989 年高中毕业后进公司当了一名壮工，干完搅拌机前配料、打灰，便偷空帮助师傅砌砖。他眼勤、手勤、肯吃苦，被领导看中，便让他学砌砖。开始，他不得要领，灰不是多了就是少了，不合格。为了早日掌握砌砖技术，无论酷暑严寒，还是午休、班后，他都要加一两个小时班练习砌砖技术。为了全面提高技术素质，他买了大量专业技术书籍，刻苦攻读技术理论，曾两次报名参加公司组织的识图班学习。他严格要求自己，积极参加各种技术练兵，技术比武活动，从不放弃学习锻炼的机会。他坚持赛中学，赛中练，赛中提高。他精益求精，只要发现技术上有一点不满意的地方，立即拆了返工，并认真总结经验教训，找不出原因，绝不离开训练场地。由于他虚心好学，竞赛成绩直线上升，在强手会集的公司级千人大比武中他获第三名，在分公司瓦工技术比武中又获得第一名，在省级和全国青年奥林匹克技能竞赛砌砖工决赛中，他连连夺冠。他砌的墙，磨砖对缝，外观和结合面整齐、准确、美观，使不少经验丰富的评判员赞不绝口。

〔**安朝俊·著名冶金专家·在北京逝世**〕　著名冶金专家、北京市人大常委会原副主任、首都钢铁公司原副经理兼总工程师安朝俊，于1993年8月31日在北京逝世，终年82岁。

安朝俊于1911年5月22日生于河北省行唐县，1936年于天津国立北洋工学院矿冶系毕业。早在抗日战争前夕，他就开始从事钢铁工业的生产技术和科研工作。1946年任石景山钢铁厂炼铁厂厂长。1951年起任石景山钢铁厂生产副厂长兼总工程师，石景山钢铁公司副经理兼总工程师、公司党委常委会委员，首都钢铁公司副经理兼总工程师。1979年至1985年当选为北京市第七、八届人大常委会副主任。是第二、三届全国人大代表，第五届全国政协特邀委员。安朝俊是我国钢铁工业界较早的优秀技术专家，首钢生产技术的主要领导者之一。解放初期，在党的领导下，他同广大技术人员和工人群众一起，迅速恢复了炼铁生产，他组织和参与制定了炼铁厂、炼焦厂、烧结厂、迁安铁矿和氧气顶吹转炉等许多重大生产建设项目的技术方案，并组织投产，达到先进水平，使石钢的生产规模不断扩大，为首钢的全面发展奠定了基础。

〔**冰心（女）·著名作家·获亚洲华文作家文艺基金会“资深作家敬慰奖”**〕　1993年4月7日，亚洲华文作家文艺基金会向冰心颁发了“资深作家敬慰奖”，并赠一块纪念牌。该会在给冰心的贺信中称：冰心女士著作等身，作品广受读者喜爱历久不替，堪称文坛瑰宝，本会谨代菲华庄子长先生敬赠纪念牌一座，以表敬意。

1993年，《冰心文集》全部出齐。年逾九旬的冰心又继续写出了一些文章，发表在报刊杂志上。这一年，她也仍在为始终关心的“希望工程”和福建家乡的长乐小学捐款。

冰心，原名谢婉莹，1900年出生，福建长乐人。1921年加入文学研究会，1923年燕京大学中文系毕业，同年去美国留学，获威尔斯利女子大学硕士学位，1926年回国。她曾在燕京大学、北平女子大学、清华大学、昆明呈贡简易师院任教。1938年参加中国文艺家协会，还是中华文艺界抗敌协会第三届理事，1946年后去日本东京大学任教，1951年回国。历任中国作协书记处书记、顾问，中国文联副主席，中国民主促进会中央名誉主席，曾当选全国人大一至五届代表，第五至七届政协常委，中国文联第二至四届委员，中国作协第二、三届理事。

冰心1919年开始发表文章。著有散文集《寄小读者》、诗集《春水》、《繁星》、儿童文学集《小橘灯》。译有《泰戈尔诗集》、《马亨德拉诗抄》、《印度童话集》。他创作《空巢》获1980年全国优秀短篇小说奖。

〔**许天申、李占扬·文物考古工作者·组织发掘世界罕见的西峡盆地恐龙蛋化石群**〕　河南省文物考古研究所于1993年5～12月组织调查发掘了世界罕见的西峡盆地恐龙蛋化石群，目前已出土数千枚。专家认为，这一发现对于探索恐龙繁殖行为、恐龙蛋壳的起源和发展以及对白垩纪地层的划分与对比，复原恐龙时代的生态环境等，均有重要的科学价值，被《科技日报》评为1993年世界十大科技新闻。组织考察、发掘工作的是该所副所长、副研究员许天申和助理研究员兼办公室副主任李占扬。

西峡盆地位于伏牛山南麓。1974年，原河南省地质局和中国科学院就曾在该县发现零星的恐龙蛋化石，推测此地将会有新的发现，但一直无大的收获。1992年底，该县丹水镇上田村农民在山坡上挖沟栽种龙须草时，才使这些长埋地下的珍宝初露尊容。后经中国科学院古脊椎动物与古人类研究所赵资奎教授和省文物考古研究所等一批专家学者现场考察，确认了20多个埋藏点，主要分布在西峡县的丹水镇、阳城乡和内乡县赤眉乡等地，其中以丹水镇上田村西坡最为集中。经初步发掘，除出土数千枚恐龙蛋化石外，还在阳城乡发现了恐龙骨化石。这次发掘的西峡盆地恐龙蛋化石群有如下几个特点：一是分布面积大，在丹水镇等40平方公里的范围内，均能找到恐龙活动的踪迹。二是埋藏集中，从局部的发掘剖面上可观察到3个化石层，化石呈窝状分布，排列有序，每窝10至30多枚不等。三是数量丰富，目前已发现了即达数千枚，估计全部埋藏量不下数万枚，丰富程度举世罕见；其小者为鸡蛋，直径4～6厘米，大者如饭碗，直径约40～50厘米。四是原始状态好，基本未遭后期扰乱与破坏，除少量蛋壳受岩层挤压表面略有凹陷外，大部分完整如初，实为世界上独一无二。学术界认为，西峡盆地是我国迄今发现的年代最早的巩龙蛋化石地，大约为白垩纪早期，距今1亿年左右。从现场观察，化石埋藏层倾角约20度，可能是受新构造运动的影响所致，估计与我国的喜马拉雅山、欧洲的阿尔卑斯山等山脉同期隆起。这对于新构造山运动的研究，是不可多得的材料。

许天申，河南省方城县人，1954年2月生，1972

年12月参加人民解放军，1977年复员后考入南京大学历史系考古专业，1982年7月毕业，分配到河南省文物研究所工作，先后参加了新郑郑韩故城、郑州商城、上蔡察国故城、丹江口水库楚墓群等多处城址、遗址及墓藏的考古发掘工作。1976年4月任副所长，1988年9月任助理研究员，1993年3月任副研究员，曾发表《十年来河南隋唐考古的发现与研究》、《楚文化研究的新进展》等学术论文8篇，1993年5月对西峡恐龙蛋化石群进行了调查，是恐龙蛋化石的主要发现和确认者之一、曾荣立三等功和被评为优秀共产党员。

李占杨，河南太康县人，1961年10月生，1984年7月毕业于山东大学历史系考古专业，分配到山西省考古研究所工作，1987年调入河南省文物研究所。1992年曾参加中美动物考古研习班。毕业后主要从事史前考古发掘和第4纪地质地层的调查和研究工作。先后参加过山西丁村遗址、长治屯留哺乳动物化石点、河南确山第三纪哺乳动物群以及西峡盆地恐龙蛋化石的调查发掘，发表有《山西襄汾大固堆山石器制造场初步研究》、《确山后胥山哺乳动物化石群》等学术论文7篇。是西峡盆地恐龙蛋化石群的重要发现、发掘和确认者之一。

参加西峡盆地恐龙蛋化石群发掘工作的还有：河南省文物考古研究所研究员杨肇清，南阳地区文物研究所副所长柴中庆，西峡县文物保管所所长谢宏亮。

〔许历农·国民党中评委主席团主席·脱离国民党加入新党〕　已有54年党龄的国民党中央评议委员会主席团主席、前“行政院退辅会”主任委员许历农，于1993年11月24日在台北新党办公室，宣布脱离国民党，加入新党。他发表了《大是大非——我的痛苦抉择与崭新希望》的声明，阐述他加入新党的心路历程。许历农指出，他脱离国民党，是无法认同当前的国民党中央领导作风，“党魂飘零失散，党德荡然无存，党纪形同虚设”。并严词批评国民党“挂羊头卖狗肉”，已与主张台独的民进党合流，推崇新党才是正统国民党。台报评论认为从其声明中看他脱离国民党主要有两个原因：一、对国民党的一个中国政策充满了疑虑，从过去的“一中一台”到现在的“两个中国”的脉络，担心国民党走的是台独路线，将为台湾带来危机；二、对于国民党党德、党纪的不振，长期纵容派系政治、金权政治表示不满。

许历农历任党政要职是国民党非主流派的核心人物，颇有影响。他决定退出国民党加入新党，在台湾政坛引起很大震撼。国民党中常委多感到讶异，有的“避谈”，有的“淡然”，国民党副主席郝柏村曾多次劝阻也无效，但认为许“忠贞爱国，为人清廉，无私无我，牺牲奉献，如果能把这种精神带到新党，未必是坏事”。还有人认为许历农此举将带动不少人加入新党，产生“许历农效应”。

许历农，又名根甫，1921年出生，安徽省贵池县人。国民党陆军军官学校十六期工兵科毕业。早年在国民党军队二十五军任职。后任青年军二０八师连长、副营长。曾参加对日作战。到台湾后，仍任军职。1958年任国民党军队第十师二十八团团长，驻守金门东鹊山地区。1961年任“马祖守备区指挥部”参谋长。1962年任二十七师副师长。1965年任三十三师副师长。1966年任第二军团第三处（作战处）少将处长。1968年任八十四师师长。1970年任第二军副军长。1972年任陆军军官学校教育长。1975年任政治作战学校中将校长。1978年任陆军军官学校校长。1979年任陆军第六军团司令。1981年任金门防卫司令，晋升为二级上将。1983年任总政治作战部主任。1987年任“行政院国军退役官兵辅导委员会”主任委员，1993年2月卸任辞职后，3月被聘为台湾“总统府国策顾问”。

曾是国民党十二届中央候补委员，十三届中央委员，十四届中央评议委员会委员、主席团主席。

〔许水德·新任国民党中央委员会秘书长〕
1993年3月10日，国民党中常会通过李登辉提名，由台湾“亚东关系协会驻东京代表处”代表许水德接替宋楚瑜，出任国民党中央委员会秘书长，成为出任该要职的首位台籍人。目前台湾政坛正值多事之秋，许水德上任后面临一系列难题，除与民进党较量周旋外，最令其感到棘手的是如何整合国民党内的派系纷争，对此，处事灵活、长于协调的许水德不表乐观。

许水德，1930年生，台湾高雄市人，早年家境贫寒。台湾师范大学教育系毕业，后获政治大学教育研究所硕士学位。曾任高雄市立女中教师，陆军官校、屏东师专讲师、副教授。1966年公费留学日本，进东京教育大学文学院研究所深造。1968年步入政坛后，初任台湾屏东县教育科长，后调任高雄市督学、教育局长。1972年出任高雄市政府主任秘书，由此奠定了仕途逐步高升的政治基础，后为国民党刻意培植。1975年出任台湾省社会处处长。1979年任国民党社会工作会主任，兼民众团体活动中心主任委员。同年7月任高雄市政府秘书长。1982年任高雄市长。1985年任台北市长。1988年任“行政院政务委员”，兼任“内政部长”。1991年调任台湾“东亚关系协会驻东京代表处”代表。是国民党十一届候补中央委员，十二至十四届中央委员、中央常务委员。

1969年被选为台湾“十大杰出青年”。1971年被保荐为“特优公务员”。

著有《卢梭之幼年教育》、《心理学》、《现代教育文集》、《日本中学课程研究》等。

〔许玉洁（女）·民航广州白云国际机场副处长·获全国优秀科技工作者称号〕 许玉洁在机场工程设计和施工管理工作中勤奋钻研，勇挑重担，克服资金技术等方面的许多困难，为民航广州白云国际机场的建设做出了重大贡献，1993年5月，获全国总工会授予全国优秀科技工作者称号和“五一”劳动奖章。此前，她还被评为中国民航总局的劳动模范。

随着改革开放和对外交往的增加，民航广州白云机场已成为我国南方较大的国际空港。1989年白云机场旅客进出港流量年增长近一百万人次。为适应生产形势的发展，急需修建地面配套设施，广州市供电局提出修建十一万伏变电站，需耗资几千万元。许玉洁考虑到资金紧缺，请示管理局领导，并会同供电局等有关部门考察了北京、上海两个国际机场的供电设施以后，她提出修建南北两个增容变电站，解决了电力增容6000千伏安，缓和了机场用电紧张状况，为国家减少投资1300余万元。许玉洁在承担白云机场货运仓库工程中，考虑到该库跨度大，高17米的建筑，库内灯光照明是个难题。原设计选用二百支500W和六十支300W的弯杆灯，耗电119KW，不符合消防规范，且耗电大。因此，她多次同使用单位研究并参照国外同类设施对光源的选型，在消防部门的支持下，修改了设计。整个库内的照明灯只需安装64个60W白炽灯，49个250W的钠灯，总耗电量为16KW。既满足用户要求又节约开支，符合消防规范，大大减少了耗电量。

许玉洁一贯工作兢兢业业。1987年白云机场国内候机楼扩建工程为赶在全运会前验收启用，她一心扑在工作上，经常日夜在工地上检查、督促，为施工队出主意、想办法，半年时间里多次加班，有时通宵达旦。1991年，国际候机楼工程抢时间，赶工期。她带病连续四个多月每天工作十八个小时，直至晕倒在电话机旁边，大家深深被她的精神所感动。1989年以来，她先后3次被民航广州管理局评为先进工作者，2次被评为“三八红旗手”，连续3年被评为民航广州管理局优秀党员，荣立三等功1次，1989年曾获广东省“南粤巾帼奖”。

许玉洁，河北省定兴县人，中国共产党党员，1942年9月生，1965年毕业于水电部长春水电学校，历任广州白云机场电气技师、助理工程师、工程师等职。

〔许学彦·船舶设计专家·当选中国科学院学部委员〕 船舶工业总公司七院第708研究所高级工程师许学彦于1993年12月当选为中国科学院技术科学部学部委员。

许学彦，1924年5月11日生，江苏省常州市人。1948年毕业于上海交通大学。历任一机部船舶工业局、九局工程师，三机部九局工程师，国防部七院八所工程师、副总工程师，六机部七院八所副总工程师、副所长、高级工程师，船舶工业总公司708所科技委主任、高级工程师。现任船舶工业总公司708所技术顾问、高级工程师。

五十年代末许学彦主持设计了我国第一艘万吨级远洋货船“东风号”，在载重量、船速和燃料消耗率等方面达国际先进水平。六十年代主持设计了“62型”高速护卫艇，该型炮艇在海战中发挥了重要作用，还出口国外。七十年代主持设计了“718工程”，即远洋跟踪综合测量船队的主测量船“远望号”、海洋调查船“向阳210号”和远洋打捞救生船“925号”等三型船舶，该船队七下太平洋，航程十几万公里，经受12级以上台风考验，各项设备基本上工作稳定可靠。主测量船“远望号”获1985年国家科技进步奖特等奖，“向阳红10号”调查船获国家科技进步一等奖。“925号”打捞救生船获国家科技进步奖一等奖。八十年代初主持设计了我国第一艘万吨级出口船——17500吨多用途货船，为我国造船工业进入国际市场做出了贡献。由他主管设计的27000吨散货船、7000吨散货船和700箱全集装箱船分别获国家科技进步奖一等奖和三等奖。曾发表论文10篇，主编和主持编译专著各一部。

〔许胜发·台湾工业总会理事长·率团访问大陆〕 台湾工业总会理事长、著名工商企业家许胜发，于1993年10月21日至31日率台湾工业总会大陆考察团首次访问大陆。在京期间，党和国家领导人江泽民、李岚清等会见了许胜发一行29人，宾主进行了亲切交谈，江泽民总书记对他们来大陆考察访问表示欢迎。许胜发赞成两岸进行经济交流和合作。他表示近年台商纷纷到大陆投资，显示大陆投资环境颇具吸引力，这是一个趋势。展望未来，台湾的前途在大陆。又说，现在国际竞争越来越激烈，台湾的企业界都希望加快两岸沟通交流，共同开发商品，开发市场，才能使二十一世纪真正成为中国人的世纪。台湾工业总会大陆考察团的成员对大陆经济发展速度之快相当震惊。

许胜发,1925年生,台湾省台北市人。1948年台湾大学法律系毕业。早年在银行任职,后转入工商界,在台北创立大发贸易公司,经营农产品出口。曾任台湾青果公会常务理事8年。1965年在台北县三重市创办太子汽车股份有限公司,任董事长。1968年创办胜荣贸易公司,经营汽车零件进口。1973年创办太子工业公司,任董事长兼总经理,代理经销日本电器公司电脑产品。1978年创立联合租赁公司,任董事长兼总经理,经营工业机械设备租赁业务。是太子汽车企业集团核心人物。1983年当选为台湾"优良商人"。

历任国民党台北县委员会委员,台湾省委员会委员。1980年起连任3届增额"立法委员"。曾任"立法院"党部常委、副书记长,国民党中央委员会党务顾问,中央政策委员会副秘书长。

在社团活动中历任台北县工业会理事长,台湾区车辆工业同业公会常务理事,世界石伦宗亲总会副理事长,台湾许姓宗亲会副会长,台湾省工业会理事长,台湾区金属品冶制公会理事长。1988年当选台湾工业总会理事长。是国民党第十三届中央委员、中央常务委员,十四届中央委员。

许胜发在台湾工商界是位有影响的人物。与台湾工商协进会理事长辜振甫、台湾商业总会理事长王又曾被称为台湾"工商界三巨头"。

1993年12月再次被选为台湾海峡交流基金会副董事长。

〔许博允·台湾新象艺术公司负责人·致力于海峡两岸文化交流〕　台湾新象艺术公司负责人许博允致力于海峡两岸文化交流。该公司于1992年邀请北京中央芭蕾舞团和上海昆剧团赴台演出,颇受台湾观众欢迎。为促成此事,许博允奔波4年之久。台湾当局对此不仅不予以表彰,"陆委会"反而以北京中央芭蕾舞团和上海昆剧团在台演出期间,未经"教育部"核准而临时增加两场演出和更动演出节目为"理由",决定对台湾新象艺术公司罚款20至100万元新台币。许博允不平地指出,台湾当局的严重处分是明显在扼杀两岸文化交流的进行。台湾文艺界对"陆委会"此举也表现出强烈不满。1993年4月,许博允以团员身份随台湾两岸文艺交流访问团赴大陆访问。

许博允,1944年生于日本东京,台湾省台北市人,出身名门世家。台北建国中学毕业。自幼酷爱音乐,虽未进高等院校深造,但由于不懈努力,造诣颇深,成就不凡,成为台湾著名音乐家。脍炙人口的曲作有《中国戏曲冥想》、《寒食》、《生死》、《琵琶随笔》等。出版有《许博允专辑系列》。曾任音乐、影片指导。

为推动台湾音乐事业的发展,允许博呕心沥血,人称"文化先锋"。1962年,他发起编撰《江浪乐集》。历任台湾现代音乐研究会秘书、环境音乐制作所董事长、"行政院文化建设委员会"表演艺术委员会委员、台湾文化推展协会秘书长、财团法人国际新象文教基金会董事,并参加岛内外多种艺术活动评审工作。

许博允热衷于台湾与国际间的文化交流,有"民间文化使者"之誉。为此,他于1979年创办了台湾新象活动推展中心,不辞辛劳,奔波忙碌,邀请美国、西欧、日本等国家地区的优秀文艺团体,在台湾多次举办国际艺术节,上演音乐、舞蹈、戏剧多种节目,备受观众欢迎好评。虽然因此有时债台高筑,经济拮据,不惜变卖祖产,千金散尽,甚至在亲祖中被视为"、败家子",仍乐此不疲,坚持不缀。时至今日,许博允所主持的台湾新象活动推展中心,已成功地邀请90个国家地区的艺术团体赴台湾演出,登台献艺者逾10000人次,大小场次超过5000场。国民党文化工作会曾多次予以嘉勉,颁赠奖状奖金。1982年许博允当选为台湾十大杰出青年。历任亚洲文化推展联盟秘书长,亚洲戏剧节目及会议筹备委员、计划委员会主席,亚洲作曲家联盟台湾首席代表、副秘书长、理事兼研究发展组组长,多次出席国际性的音乐学术研讨会。

许博允多才多艺,精力过人,被冠以"拼命三郎"。他通畅英、日、法文,兼建筑师,负责设计过台湾新淡水和士林百龄桥两处高尔夫球场。是旭有机械公司董事长。

〔许舒亚·青年作曲家·获国际作曲比赛大奖〕

在1993年10月9日结束的意大利第15届吕奇·卢索洛国际作曲比赛中,我国赴法巴黎音乐学院深造的青年作曲家许舒亚的作品《太一第Ⅱ号》获电子音乐与传统乐器混合作品组第二名(该组第一名奖缺)。《太一第Ⅱ号》是根据道教祖师老子的思想创作的一部电子作品。它将中国民间传统乐器箫的声音输入电子计算机,并与西方传统乐器长笛的声音有机地结合起来,使音乐充满中国古老文化气息。

吕奇·卢索洛国际作曲比赛是欧洲音乐赛事之一。本届赛事是为了纪念意大利未来派作曲家吕奇·卢索洛所著《论噪音艺术》出版80周年而举办。

许舒亚,河北安新人,1959年生。1983年毕业于上海音乐学院作曲系后留校任教。中国音乐家协会会员。

〔**许溶烈·建设部总工程师·被授予英国特许建造师称号**〕 1993年1月11日，在香港举行的英国特许建造学会年会上，国家建设部总工程师许溶烈被授予英国特许建造师称号，他是第2位获此称号的中国公民。获得这一称号的人士便具备了在英国以及大多数英联邦国家和地区执业施工、施工管理和监理咨询的技术资格。

许溶烈，中国共产党党员，高级工程师，浙江绍兴人，1931年5月生，1953年从南京工学院土木系毕业后分配到华北工程管理局技术处任技术员。1956年被选派入前苏联建筑科学院地基与地下构筑物研究所进修，并独当一面负责莫斯科和加里宁的两项电厂工程。施工过程中，他刻苦钻研，学以致用，解决了大面积浅层降低地下水位计算和喷射井点真空度检测等几十个重要的技术难题。这两项工程，顺利完成。他的工程论文在苏联报刊发表后，引起很大反响。1958年，他学成回国，分配到中国建筑科学研究院地基基础研究所工作，历任研究组长、室主任、副所长。在此期间，他作为工程专家，参加了核爆炸试验、导弹基地的地基基础工程等多项国家重点工程的建设。1965年4月，中国第2次核爆炸试验后半小时，他不顾放射性元素可能造成的伤害，头戴防毒面具，带领科研工作小分队冲进爆炸现场，第一个下到井下30米的深处，检测深层土动力性能的有关数据。1967年底，他参加西北边陲的一个导弹基地地基基础工程建设时，冒着零下40度的严寒，风餐露宿，夜以继日的工作，解决了地下砂砾层渗水的难题，不到半年，使这项国家重点工程顺利峻工。1968年夏，他被调到建造核潜艇的工程指挥部任技术负责人，之后又参加鄂西山区一地空导弹工业基地的工程建设，四年中他经受了"文化大革命"的冲击和艰苦环境的考验，始终以坚韧不拔的意志，迎难而上，完成了多项工程任务。1972年后，许溶烈被调到国家建委、建工总局、建设部工作，历任建筑科技局副处长、副总工程师、副局长、局长、部科技委员会副主任、主任，1986年任建设部总工程师至今。80年代初，他首先提出了"建筑软科学"的思路，把科学技术引入决策和管理领域，进一步提高了建筑工程的质量与效益。1986年，他参与主持了国家12项重大技术政策中的"住宅建设技术政策"的制定工作，这些技术政策的基本要点和原则已被国家和地方的科技社会发展规划所采用。由于许溶烈在工程技术上的高深造诣和在国际技术交流合作活动中的突出贡献，1986年5月，被瑞典皇家工程科学院选为外藉院士。1991年又被授予国家级有突出贡献的专家称号。

许溶烈现兼任中国土木工程学会、中国建设机械协会、中国深基础工程协会的理事长，中国建筑学会副理事长。学术著作甚丰，曾先后在国内外学术刊物发表论文130多篇，并主持编著若干种大型科技著作，如《国家几个重要领域技术政策研究》、《中国建筑技术政策》、《建筑施工与工程实用技术》、《中国土木工程指南》、《中国核与深基础工程理论与实践》（英文版）等，其中前两项著作曾分获国家科委、计委、经委"突出贡献"表彰与建设部科技进步一等奖，最后一项1992年获全国优秀建筑科技图书一等奖。

〔**阮建红（女）·银行储蓄员·被追授金融卫士等荣誉称号**〕 1993年6月19日，中国人民建设银行总行和江西省人民政府在南昌市隆重举行命名表彰大会。中国人民银行总行和建设银行总行分别追授为保卫国家财产而英勇献身的阮建红烈士"金融卫士"和"建行卫士"称号。在此前后，阮建红的事迹被《人民日报》、《法制日报》等多家新闻单位广泛宣传。1993年8月，中宣部和公安部还追授她"全国人民群众见义勇为与犯罪分子作斗争先进分子"称号。

阮建红，江苏省常熟市人，1970年9月生，高中文化程度，1989年3月参加工作，1990年5月加入共青团，生前为江西省新余市建设银行营业部电工厂储蓄所储蓄员。

1992年6月20日中午11点多钟，正下班准备吃饭的阮建红走出储蓄所柜台，被两名早有预谋的不法分子以欺骗手段叫出。其中一名歹徒突然窜上前，一手紧紧卡住阮建红的脖子，并捂住她的嘴，另一手握着三角刮刀对准她，凶狠地说："赶快交出钥匙，不然就捅死你！"阮建红立即意识到这是歹徒要抢劫银行。这位平时文静柔弱的姑娘，面对歹徒和凶器，表现出巨大的勇敢和顽强，把钥匙紧紧攥在手中。歹徒得不到钥匙，恼羞成怒，用刀向她的上腹划去，但阮建红仍紧抓钥匙不放，一口咬住了凶犯的两个手指。罪犯见势不妙，将她从营业厅外间拖到侧面的杂物间，用刀捅她的腰肋，她奋起反抗，两人绊倒在地上扭打起来。在搏斗中，阮建红一次次地以赤手空拳挡住向她刺来的三角刮刀，使三角刀刃和刀把脱开落地。这时，另一名望风的歹徒见同伙还未抢到钥匙，遂上前用事先准备的单刃尖刀残忍地向阮建红的脖子连砍3刀，阮建红倒在血泊中，呼吸困难，但仍紧握着被鲜血浸透的钥匙。疯狂的歹徒又向阮建红的胸部猛刺两刀，阮建红壮烈牺牲。杀害阮建红的两名歹徒，一名当晚被公安机关缉拿归案，另一名于次日凌晨畏罪卧轨自杀，被抢劫的1.6万元现金全部追回。

阮建红出生在一个知识分子家庭，平时助人为乐，好学上进，表现突出。她牺牲后，江西省人民政府批准她为革命烈士，中华全国总工会追授她全国“五一”劳动奖章，全国妇联追授她全国“三八”红旗手称号。

〔阮崇武·任中共海南省委书记·当选海南省省长〕　据《人民日报》1993年1月19日报道，中共中央决定原劳动部部长阮崇武任中共海南省委委员、常委、书记。在当年2月3日举行的海南省第一届人大第一次会议上，阮崇武当选为海南省省长。在7月15日举行的中共海南省委二届一次会议上，阮崇武当选为省委书记。

阮崇武，1933年生，河北怀安人。1952年加入中国共产党。1957年毕业于苏联莫斯科汽车机械学院机械系。回国后历任沈阳铸造研究所室主任、上海材料研究所副所长、上海市科协副秘书长、驻联邦德国大使馆参赞。后回上海任中共市委书记、副市长。调中央工作后任公安部部长。1987年起任国家科委副主任、劳动部部长。是中共第十二、十三、十四届中央委员。

阮崇武在当选为海南省省长后，在一次省政府会议上强调：各级政府领导人员要尽量减少各种应酬活动，把心思和精力放在察实情、干实事上，特区的政府机关应成为荡除虚夸浮华之恶习，弘扬求真务实之正气的榜样。政府为企业服务，要对所有企业一视同仁，为企业创造公平竞争的环境，不能有亲有疏。

〔阳翰笙·著名文学家、戏剧家·在北京逝世〕

中国新文化运动的先驱者之一、文艺界卓越领导人阳翰笙，于1993年6月7日在北京逝世，终年91岁。

阳翰笙，1902年生于四川省高县，原名欧阳本义，字继修。1924年在上海大学加入中国社会主义青年团，1925年转为中国共产党党员。1926年受党组织委派到黄埔军校担任政治部秘书、兼任政治教官，1927年参加南昌起义，在叶挺指挥的第十一军二十四师任党代表，后任起义军总政治部秘书长，1928年调往上海从事地下工作和党的文艺工作。他是“左联”的创始人之一，曾任“左联”党团书记，参加了党对电影戏剧工作的领导。抗日战争爆发后，阳翰笙在周恩来直接领导下，从事国统区文化斗争和统一战线的工作，曾任国民政府军事委员会政治部设计委员兼三厅主任秘书、政治部文化工作委员会副主任。“皖南事变”后，他遵照周恩来的指示，在白色恐怖下的重庆，组织了“中华剧艺社”，完成了《前夜》等七部大型话剧的创作。1946年后，他负责筹建上海联华影艺社、昆仑影业公司，拍摄了《八千里路云和月》、《一江春水向东流》、《万家灯火》、《三毛流浪记》等优秀影片。

中华人民共和国成立前夕，他与郭沫若、茅盾、周扬等一起筹备和召开了中华全国文学艺术工作者第一次代表大会，并当选为中国文联常委、第一届中华全国电影艺术工作者协会主席。1949年9月，当选为全国政协委员。建国后，他担任政务院文教委员会委员兼副秘书长，周恩来总理办公室副主任、中国文联副主席、党组书记等职。从新中国成立到“文化大革命”前的十七年中，他在担任文艺界重要领导职务的同时，还用业余时间，创作了话剧《三人行》、电影《北国江南》等。他是第一、二届全国人大代表，第一、二、三届全国政协委员，第五、六届全国政协常委。

〔那启贤·书画家·在北京组织老干部书画展受到赞赏〕　以书画为终身爱好，并有很深造诣的军事科学院原研究员那启贤，离休后痴心于研讨与传授书画艺术，被聘为中国书法艺术研究院顾问、教授，并在几所老年大学任教。他不图名利，不计报酬，勤勤恳恳为老同志传艺，数年如一日。1993年3月，他筹划组织在北京军事博物馆举办了军事科学院老干部书画展，他的60多位学员包括多位年逾古稀和年近八旬的大军区级干部的书画作品参加了展出。这一别开生面的书画展，受到观众赞赏。张爱萍、叶飞、洪学智、杨成武等老将军为展览题了词。

那启贤，字君哲，满族，1928年生，北京市人。自幼酷爱书画艺术，早在四十年代初即受业于著名老书画家丁文隽、爱新觉罗·溥松窗和启功等门下。1945年考入国立北平艺专（中央美院前身），专攻国画山水。1949年初参加人民解放军，长期从事军队政治工作和军事科学研究工作。在工作之余40余年坚持临池作画。在绘画方面擅长山水，曾潜心临摹历代诸家名迹。注重取法自然，足迹遍及祖国南北名山大川，力求在继续传统技法的基础上，有所创新。早在四十年代即有作品在平津等地展出。在书法方面，他情趣宽博，法古而不泥古，取百家之长，篆、隶、草、真均打下坚实功底，形成了法度严谨、飘逸秀雅之书风。改革开放以来，他创作了不少书画作品，多次参加全国、全军性的书画展并获奖；其代表作《漓江春晓》(桂林山水画)、《夜宿天海》(黄山风景画)等在报刊和画册发表。3.5×1.5公尺的巨幅国画《黄山迎客松》为人收藏。他曾应邀为刘少奇、朱德纪念馆，开封碑林及一些游览胜地题写墨迹，刻碑立石，从来不要报酬。他的书法作品及传略被载入《当代中国书法艺术大成》、《中国古今书家辞典》等辞书中。不少书画作品传入日本、美国、法国、意大利及香港、台湾地区，受到人们的赏识与好评。他是中国书法家协会会员、中国老年书画研究会会员。

〔牟作云·体坛耆宿·八十高龄参加北京申办奥运会城市代表团飞赴摩纳哥〕　为争办2000年第27届夏季奥运会，北京申办城市代表团于1993年9月16日飞赴摩纳哥。代表团由近200人组成，其中年龄最大的是八十高龄的全国篮球协会主席、亚洲篮联第一副主席牟作云。

牟作云1913年出生于天津市武清县，从小在北京长大。在育英小学、育英中学(现北京二十五中)念书时，由于这所学校注重体育，使少年牟作云对体育兴趣越来越大，他蓝球、排球、田径样样喜欢，曾在一次北京市中学生运动会上，一人夺得跳高、跳远、三级跳三项冠军。1932年念高中时，在华北运动会上，获得标枪冠军，并打破当时的中国记录。1934年，高中三年级的牟作云入选国家篮球队，参加了第十届马尼拉远东运动会。同年考入北京师范大学体育系。1936年，再次入选国家篮球队，参加了柏林第十一届奥运会。1937年日军占领北平后，伪政权让他代表华北地区参加在日本东京举行的“大东亚共荣圈运动会”，牟作云当即拒绝，逃到云南，应聘为清华大学体育教师。抗战胜利后，牟作云到美国麻省春田体育学院，一面学习，一面担任篮球和田径助理教练。1948年，学业未完，应召回国，组队参加了伦敦奥运会。牟作云在旧中国十几年东奔西走，为祖国体育事业竭尽全力，但在当时政治腐败，经济极端落后的条件下，他只能空怀壮志，难展宏图。

牟作云从美国回国后，被聘为清华大学体育系副教授、师大体育系兼职教授。1949年开国大典前夕，他奉命组建篮球队随中国青年代表团参加了在匈牙利布达佩斯举行的第一届世界青年联欢节。随后，又组队参加了1951年在柏林举行的第二届世界青年联欢节。以后，牟作云参加中央体训班的筹建工作，这个训练班包括足球、男女篮球、男女排球、乒乓球、羽毛球等，成为国家队的前身，我国许多优秀运动员就是从这里起步，走向世界体坛的领奖台。牟作云亲自组建了新中国第一支篮球队，是第一任国家蓝球队和八一篮球队教练，许多蓝球宿将如陈文彬、钱澄海、杨伯镛等都出自他的门下；全国每个省都有他带出的教练和运动员，真正是桃李满天下。他先后担任国家体委球类司副司长近三十年，把毕生精力投入我国篮球事业，是当之无愧的新中国篮球运动的开拓者和奠基人之一。曾荣获国家体委颁发的“体育运动荣誉奖章”和“新中国体育运动开拓者奖章”。

四十多年来，牟作云为加强中国与世界各国的体育交流和友好往来，足迹遍布五大洲四十多个国家。他曾率队参加过多次重大国际比赛；在美国、日本、韩国、菲律宾等许多国家尚未与我国正式建交之前就分别访问过这些国家，并受到当时那些国家元首的接见，对以体育交流增进我国与世界各国人民的友谊作出了贡献。此次，牟作云作为北京申办城市代表团成员前往摩纳哥，他会见了许多国家体育界的老朋友，为北京争办2000年奥运会作出了巨大努力。申办没有成功。牟作云感慨万千，但他毫不灰心。他说：“作为一个历经沧桑的老体育工作者，多么盼望我们能申办成功，那是我一生梦寐以求的目标。此次申办虽未成功，但我相信，奥运圣火迟早一定会在北京点燃！”

〔孙小梅(女)·大陆第一位赴台采访的电视节目主持人〕　1993年6月8日，中央电视台“电视你我她”节目首席主持人孙小梅和该节目外景摄制组一行5人飞抵台湾，实现了大陆电视台节目主持人首访台湾。

这几年，台湾的节目主持人凌峰、张小燕、傅达仁等曾频频在中央电视台荧屏露面，大陆孙小梅等人踏上台湾宝岛是零的突破。

孙小梅一行是应台湾“中国两岸影艺协会”的邀请，赴台采访台湾的三大电视台**k k**“中视”、“台视”和“华视”，拍摄三家电视台的综艺节目，报道台湾影视歌星和普通民众的家庭生活。

孙小梅受到台湾传播媒介热烈欢迎。许多报纸几乎每天连篇累牍地对她加以报道，大幅彩照不断出现在报纸版面上。孙小梅在台湾15天中，与当地电视台著名主持人或联合主持节目，或相互访问，她认真严肃的工作作风，自然洒脱的主持风度，圆润甜美的嗓音仪态，受到台湾舆论的好评。他们一行在台湾的采访成果已在七月份的中央电视台“你我他”节目中先后与大陆观众见面，为大陆观众了解台湾的综艺节目状况，开启了一扇小小的窗口。

孙小梅，1968年10月生，上海人。1989年在北京广播学院播音系毕业后，分配到中央电视台工作。她主持的“电视你我他”节目是该台收视率最高栏目之一。1992年，孙小梅还获得中央电视台全国青年歌手电视大奖赛优秀歌手奖。

〔孙玉胜·中央电视台新闻部主任·获首届韬奋新闻奖〕 中国记协和中国韬奋基金会联合举办的首届韬奋新闻奖，于1993年12月17日在北京颁奖，中央电视台新闻采访部主任孙玉胜获奖。

孙玉胜，1960年6月生，吉林敦化人。1984年毕业于吉林大学经济系，在中央电视台工作9年。他"追踪生活的本质与主流"的思想以及艰苦奋斗、勤勤恳恳的工作作风，使得中央电视台的许多重要新闻栏目和节目大放异彩。1988年元旦和1993年元旦中央电视台先后推出的反映改革开放成果的大型电视系列片《时代的大潮》、《广东行》，对推动改革的深化和加快经济建设的步伐，起了促进作用，获得观众的好评。《时代的大潮》获全国电视专题片一等奖，而孙玉胜就是这两部新年开篇之作的主创人员和编辑。

1993年5月1日，建台35年的中央电视台第一次推出早间新闻《东方时空》，以鲜活的新闻板块形式同观众见面，受到观众的称赞。孙玉胜是这个栏目的主要创办人之一。此外，他参与策划、编辑的几十个系列报道和近千条新闻，大部分受到台内外的好评。

〔孙光圻·教授·所著《郑和下西洋及其航海技术》获英国皇家航海学会青铜勋章〕 大连海运学院港口与航运研究所孙光圻教授撰写的《郑和下西洋及其航海技术》论文，以其高新的学术价值被英国皇家航海学会评为1992年度最佳论文，并于1993年授予青铜勋章。这是从该年度世界航海界著名学者的50多篇重要论文中评选出的唯一一篇最佳论文，也是我国学者在英国第1次获此殊荣。

郑和是中国历史上最伟大的航海家，也是世界航海史上杰出的先驱。孙光圻的这篇论文介绍了郑和的家世生平及其船队，记述了郑和七下西洋的历程。分别叙述每次的起止时间、路线、到达目的地等。介绍了郑和的航海技术。如船队运用天体定向与定位、罗盘指向与航迹推算等诸多方法，证明当时航海技术均已成熟。最后，孙光圻指出，郑和史诗般的航海活动，达到了中国古代悠久航海历史发展的顶峰，郑和是世界上第一个正确组织和园满完成大洋航行的人；而只有一个出类拔萃的人，才能计划并成功地领导如此非凡的远洋活动。

孙光圻，大连海运学院港口与航运研究所暨港台航运研究所常务副所长，江苏无锡市人，1943年10月生，1966年7月由大连海运学院毕业后上船工作，1982年回母校从事中外航海史的教学与研究。1983年任讲师，1986年破格晋升副教授，1992年评聘为教授，硕士生导师。曾多次被评为市、院优秀教师，1989年被评为全国交通系统优秀教师。他治学勤奋，视野开阔，著述甚丰，主撰（含参编）出版译著5部，在国内外发表论文50多篇。他在1987年撰成并于1989年出版的《中国古代航海史》是一部在国内外有广泛影响的航海史专著，以翔实的资料、严谨的论证，说明中国从秦汉时就开始在西太平洋乃至印度洋中航行，到7～13世纪，已发展成航海大国，14～15世纪初达到世界先进的航海水平，澄清了外国学者认为中国远洋航海晚于欧洲、阿拉伯、波斯、印度等国家的不实观点，受到学术界的重视。

孙光圻是中国太平洋历史学会港口与航运专业委员会秘书长，中国海外交通史研究会理事，中国中外关系史学会理事，中国船史研究会委员，以及英国皇家航海学会及香港海运学会的会员。

〔孙传兴·普通外科学家·被聘为中华医学会资深会员〕 1993年1月16日，具有78年历史的中华医学会，正式宣布首批聘任41位在医学上有重大成就、德高望重的内外科专家为中华医学会资深会员。第四军医大学附属第一医院原副院长孙传兴获得这一荣誉。

孙传兴，1917年5月出生，湖北黄陂人。1941年于南京中央大学医学院毕业后，留校任外科助教、住院医师、住院总医师。1945～1948年赴英国留学。1949年回国后历任南京中央大学医学院外科负责人，第五军医大学外科副教授，第四军医大学外科教研组主任、普通外科主任、副教授、教授、第一附属医院副院长。1956年加入中国共产党。

孙传兴，一直从事外科尤其是普通外科的医疗、教学、科研工作。在外科方面造诣深、经验丰富，解放后对我军第五、第四军医大学普通外科的建设做出重大贡献。他注重理论与实践的研究。主编有《腹部创伤外科学》、《临床疾病诊断依据治愈好转标准》，参与主编《现代临床医学辞典》，参与编写《中国医学百科全书·战伤外科学》。孙传兴历任中华医学会常务理事，中华医学会陕西分会副会长、老年学学会副主任委员等职。

〔孙传哲·邮票设计大师·四十年设计邮票153套被誉为新中国邮票设计第一人〕 我国唯一的联合国特邀邮票设计师孙传哲，40年来设计和参与设计了153套邮票，获新中国邮票设计第一人的美称。

孙传哲，高级美术师，邮电部邮票发行局原设计室主任。浙江宁波人，1915年10月出生。他受父亲熏陶，从小就酷爱绘画。高中毕业后，以优异的成绩考入了上海美术专科学校西洋画系，两年后转到南京中央大学艺术系深造，从师于大师徐悲鸿、潘玉良先生。抗日战争爆发后，全家从宁波逃到上海，为了谋生，他不得不到处奔波找工作，偶然的机会，他看见报上有一则招聘一名邮票设计员的广告，决定应考。他画的穿西装的孙中山像在83名考生中独占鳌头，被录取进了南京邮政总局驻沪供应处任专职邮票设计员，从此开始了邮票设计生涯。

1949年，中华人民共和国诞生了。孙传哲接受了设计《开国纪念》邮票这一光荣而艰巨的任务。于是，新中国第一套纪念邮票在他的手中诞生了！之后，他又设计了新中国第一套特种邮票、第一套普通邮票、第一套航空邮票和第一套欠资邮票。小小方寸，把他的整个心都牵进去了。为了画好《梅兰芳舞台艺术》邮票，他每天下午都要去吉祥剧院看梅兰芳的儿子梅葆玖的表演，还把梅先生用过的行头借来照着画，连服装图饰的细微变化也不放过；为了画好《金鱼》邮票，他把著名生物学家童第周给他的两桶名贵金鱼带回家，从早到晚仔细观察，终于把金鱼那千姿百态的动态和美感表现得淋漓尽致；为了设计《鉴真大师》邮票，就“鉴真东渡船”尾部究竟有无船舵这一细节问题，他曾多次到扬州和中国历史博物馆进行考证，终于得到了准确的答案。

孙传哲设计的邮票无论是数量上还是质量上都是一流的，在1980年评选出的30套建国30年最佳邮票中，他设计的占了1/3以上。其中《开国纪念》、《梅兰芳舞台艺术》、《中国古代科学家》(第一、二组)、《黄山风景》、《台湾风光》、《金鱼》、《熊猫》、《金丝猴》等邮票，不仅在我国邮坛上享有盛誉，且深为国外集邮者所喜爱。1956年曾被评为全国邮电系统先进工作者。同年10月，出席全国工交系统先进分子代表会议，获劳动模范称号和“劳动光荣”银质奖章。1981年孙传哲以中国高级邮票设计师的身份，赴奥地利参加维也纳WIPA国际邮票展览会，荣获了大会授予的荣誉证书；1985年，应联合国“国际和平大会”邀请，孙传哲代表我国参加了为1986年“国际和平年”设计宣传画的活动，其作品荣获三等奖。他还应约为国外设计邮票多套，其中《海洋安全年》、《世界人口年》、《国际和平年》等三套邮票，是八十年代应联合国之约设计的。

孙传哲1985年离休，曾任全国集邮联合会第一、二届理事，北京市政协常委。现为民革中央委员。

〔孙孝思·邵阳市人民检察院检察长·被评为中国十大杰出检察官之一〕 1993年9月20日，由《人民日报》、新华社、《法制日报》等13家新闻单位和中宣部新闻局联合主办的建国以来首次评选“中国十大杰出检察官”活动在京揭晓，并在人民大会堂举行颁奖大会。湖南省邵阳市人民检察院检察长孙孝思榜上有名。

孙孝思于1986年从邵阳市副市长的岗位上被选为检察长。他是湖南省新邵县人，生于1942年7月，大学本科文化程度，1968年毕业于湖南农学院牧医系兽医专业，1970年加入中国共产党，曾任公社秘书、组织部秘书、县人事局长、区委副书记、乡党委书记、县委副书记等职，1985年3月任邵阳市副市长。

作为人民的检察官孙孝思，敢于为民作主，对国家干部、政法干警依仗权势欺压百姓的案件，坚决依法查处。一位女青年向派出所反映问题时，遭到干警无故辱骂、体罚、殴打以至拘禁，并被逼迫写检讨。问题反映到检察院，在查办中遇到多方阻力，县委多数委员不同意立案侦查，公安局抵触情绪更大。孙孝思与县委领导逐个通气，形成共识，使违法干警终被推上被告席。查办某法院一副庭长的违法行为时，也是阻力重重，犯罪分子竟被作无罪判决。孙孝思找到市人大常委会，请求对此案实施权力监督，同时写出抗诉书送至省检察院，由省检察院通过审判监督程序向省高院提出抗诉。在省市区三级人大、检察院的通力配合下，省高院将此案发还市中级法院再审，撤销原判决，判处犯罪分子有期徒刑二年。在市人民代表大会上，孙孝思在报告工作中谈到此案的侦查、起诉、抗诉经过时，会场爆发出持续3分钟之久的热烈掌声。自1989年以来，在孙孝思的主持下，依法查处了240多名国家干部侵犯人民群众权益的案件，其中公安政法干警犯罪案件39起45人，县团级干部30多人。

孙孝思反贪肃贿，义无反顾。在查处城步罐头厂党总支书记贪污贿赂特大案件中，牵出了原市委书记及家属的经济问题。原市委书记刁难指责，公开威胁，阻挠案件的查处，上上下下80多个说客拥到检察院，软硬兼施。但孙孝思没有动摇决心，经过7个月奋战，查清了17人的经济犯罪事实及有牵连的人和事，追究了刑事责任或作了政纪处理。自1986年以来，全市检察机关共立案查处贪污贿赂犯罪案件2856件，其中大案698件，为国家挽回经济损失6800万元，466名党政机关干部受到制裁，其中科级以上干部216人。

在孙孝思的领导下，邵阳市检察院连续3年被市委评为精神文明达标先进单位，法纪检察和刑事检察分别被评为全国检察系统先进集体，有10个业务部门先后被评为全省检察系统先进单位。省检察院给邵阳市检察院记集体二等功一次。1992年5月，该院还被评为全国检察系统先进集体，受最高人民检察院通令嘉奖。孙孝思也多次被评为优秀党员和优秀党务工作者。

〔**孙丽清（女）·导演·获第三届文华导演奖**〕1993年，孙丽清因执导满族新城戏《铁血女真》独具匠心，荣登第三届文华导演奖榜首，成为该项奖中的"女状元"。

孙丽清生于1941年，河北昌黎县人。原是新城戏第一代演员，后为导演。新城戏是1961年诞生于松花江畔的一个满族新剧种，三十多年来孙丽清和剧团同仁为创立这个新剧种的艺术风格，作了多方面的探索。作为导演，仅近十年内，曾多次赴辽宁、黑龙江、吉林等满族集居的地方，熟悉研究满族人民的社会生活和民风民俗，她发现在漫长的历史岁月中，满族人民通过与大自然的斗争，已形成了机智、顽强的个性。他们的祖辈曾在风雪中驾鹰逐犬追捕野兽，在清浪里驶船撒网捕鱼捞虾。在表达丰收喜悦时，敲起单鼓，跳着九折十八式的蟒式舞。在表达对神的虔诚时，甩着腰铃，唱起古朴苍凉的萨满调。他们崇拜图腾，把鹰、虎、蛇、长白山、松花江奉为神灵……这些都给孙丽清以启迪，她在导演《铁血女真》时，就尝试了一种新的表演程式，将鹰、虎的神态融入角色的动作里。例如规定男主人公阿骨打在情绪激昂时的亮相是雄鹰展翅，搏击云天；思索时双手倒背，勾首侧目，似苍鹰雄踞于峭壁之上，正在选择捕获目标。在庆祝皇子满月一场戏中，给阿骨打设计的萨满舞以鹰的动作为素材，做各种动作展示人物含悲忍辱时的心态。给大将娄室造型时，则是用虎的神韵作为角色种子，虎虎有生气。还用满族秧歌中"抖肩"、"骑山步"等创造丑行的表演程式等。孙丽清对这些表演程式的尝试，丰富了剧种个性，收到很好的艺术效果。同时，在处理群众场面时，也敢于突破传统，既用戏曲龙套，又与传统龙套截然不同，如摔皇子时，用了六个宫女做各种形象的造型，以表现主人公的心理，营造了浓郁的戏剧氛围。哭丧一段，则根据满族风俗，用四个宫女做无声的伴哭动作，既美感，又强化了悲剧气氛。发兵一场，抛开了戏曲常用的趟马、翻跟头等动作，只见辽阔的舞台，昏暗无光，阿骨打背身立于高台之上，两边满是旌旗、号角，当阿骨打转身面向观众时，灯光骤亮，16个弓箭手板腰贴地而起，拉弓环视，队行如蛇如刀，骑士在鼓乐声中冲杀奔腾。忽然，特长的旗杆，桃出十数杆旌旗从侧幕聚拢而来，大旗飘舞，满台呐喊，好不气派，把八百年前女真部落发兵的雄伟壮阔的场面，一下呈现在观众眼前。首都专家盛赞该剧以博大的气势表现了女真族抗辽的历史故事，导演独具匠心，出手不凡。该剧可说是满族新城戏的一个里程碑，荣获第三届文华大奖榜首当之无愧。

孙丽清1米70的大个，说话当当响，走路噌噌有力。15岁当演员，1964年开始了导演生涯，已执导剧目30多台，近十年来执导的四台大型满族新城戏，一出比一出叫响。她导戏入迷，发高烧、打点滴，以至拎着吊瓶进排练场。她的成功，来自于数十年的勤思苦干。现为吉林省剧协理事，中国戏剧家协会会员。

〔**孙孚凌·当选第八届全国政协副主席**〕1993年3月26日在政协第八届全国委员会第一次会议上，孙孚凌当选为全国政协副主席。

孙孚凌，1921年9月生，浙江绍兴人，民建成员。1938年至1945年在北平燕京大学物理系、西南联合大学数学系、成都光华大学政治经济系、成都华西大学经济系学习。（1940年至1941年任滇缅公路局昆明西站职员。）1945年后历任重庆天府煤矿营运处办事员，行政院善后救济总署冀热平津分署办事员、科员、专员，淮南煤矿矿路公司下关煤厂课员，北京福兴面粉厂经理、厂长。1958年至今任北京市服务事业管理局局长、市对外贸易局副局长，北京市工商业联合会主委，民建北京市副主委，北京市政协副主席，北京市副市长，中华全国工商业联合会副主席。他是第二至五届全国政协委员，第六、七届全国政协常务委员。

〔**孙启利·解放军某部技术员·获"爱军习武模范"称号**〕　1993年2月12日，沈阳军区发布命令，授予孙启利"爱军习武模范"荣誉称号。

孙启利，辽宁省长海县人，1960年8月出生，1980年1月入伍，1983年5月加入中国共产党，1985年转为志愿兵，1992年3月任技术员，上尉军衔。他是一位立足本职岗位学雷锋，乐为国防建设献青春的先进典型。入伍后被分配到装甲部队，决心做一个对专业技术精益求精的好战士。他利用业余时间，在自制的驾驶椅上苦练驾驶技术，攻读专业理论书籍，记下了近10万字的读书笔记，使自己从一个门外汉变成了精通装甲车驾驶和维修专业技术的能手，在本部队第一个考取一级驾驶员。1984年以来，他10次参加上级组织的装甲车故障排除和驾驶技术比赛，10次名列前茅。在36次演习中，每次他都担任开路先锋车，每次都圆满完成任务。他从不自满，自觉进行一专多能训练，终于成为连队全能尖子。1991年9月，上级组织一次集训，在100多名学员中，所训21个科目他都取得优秀成绩，评为"全优学员"。他还热心向战友传授军事技能，从1986年开始，每年都担任本部队培训装甲车驾驶员集训队的总教练，现在本部队一半以上营连主官和60%的装甲车驾驶员都是他教出来的。他培训的学员中，先后有260人成为优秀装甲车驾驶员，其中有78人考取了二级驾驶员、8人考取了一级驾驶员，还带出其他专业训练尖子30多人。由于工作成绩显著，他连续6年被树为"学雷锋爱军习武标兵"、"志愿兵标兵"，1990年被军区树为"尊干标兵"，1992年荣获沈阳军区颁发的银质"学雷锋荣誉章"。先后荣立二等功2次、三等功3次。

〔孙秋萍（女）·中央电视台主任编辑·获全国巾帼建功标兵称号〕　中央电视台国际部《动物世界》组组长、主任编辑孙秋萍，在1993年"三八"国际劳动妇女节前夕，被全国妇联授予"巾帼建功标兵"和"三八"红旗手称号。她还被选入由全国妇联、中共中央宣传部、中直机关工委和国家机关工委共同组织的"巾帼建功"演讲团，于"三八"节期间，在北京巡回演讲。

孙秋萍，原籍天津市，1955年9月20日生于北京。1974年到北京市果品公司工作，1977年12月加入中国共产党。1979年入北京广播学院学习。1983年毕业后，分配到中央电视台工作。1985年起，任国际部《动物世界》编辑、组长、主任编辑，常带领摄制组奔波于塞外边疆、高山峻岭之中。1988年孙秋萍与摄制组到海南岛坝王岭原始森林拍摄长臂猿，在十万亩莽莽森林中，背着沉重的背包，终日循着猿声跟着猿群在密林里穿行，尝试各种办法向猿群靠近。热带森林到处枝缠藤绕，遍地是湿漉漉的腐叶，天气转瞬阴晴，身上总是雨水夹杂着汗水，举步维艰常摔跟斗。山中保护区一个小观察站是她与摄制组的住处，台风季节，连续几天大风加暴雨，使屋子漏得无法休息，厨房几次被刮跑，在与山下中断联系的情况下，孙秋萍就与当地保护人员一起，挖野菜，吃压缩饼干。一次在拍摄练习时，突然藤断，她从树上摔下碰到了马蜂窝，头、脖子、手和胸被蜇得一片红肿、火烫，她只能用橡皮膏一下下贴，往外拔毒水。连年的辛劳使孙秋萍几次生病进医院。几次手术，但她仍不顾一切，一心专注于拍摄出对得起观众的好作品。1985年以来她拍摄的节目，几乎年年得奖。其中《马岗侨乡》获对外节目评比一等奖，《獴》获全国优秀电视专题节目编辑类一等奖，《中国珍稀动物》获意大利桑德里奥第二届国家公园纪录片国际电影节卡瑞波罗奖，《人类的朋友》和《懒猴》分别获全国社教节目评比特别节目奖和一等奖，《雾海绿洲》获首届中国电视节目展播评比一等奖和摄影、音乐音响奖。她曾被授予台长基金特别奖和广播电影电视部先进工作者称号。孙秋萍说，有了这几年和大自然、野生动物打交道的经历后，我知道了什么叫磨砺，获得了日常生活中很难出现的临危不惧、遇险不惊的心理和感情体验。

〔孙保杰·农民·一家三代收养一名傻哑日本伤兵四十八年终使其归国与亲人团聚〕　1993年6月11日，河南农民孙保杰陪同由他家三代人收养48年的侵华日军士兵石田东四郎返回日本与亲人团聚，在日本引起强烈反响。日本《读卖新闻》、《朝日新闻》以及多家报刊、电台、电视台对石田的归国和孙保杰一家收养石田的事迹作了大量的连续报道。日本秋田县知事佐佐木喜久治在欢迎大会上称赞孙保杰一家三代的人道主义精神"体现了中华民族的美德，是中日人民友好的一本教科书"。

孙保杰一家，是河南南阳市伏牛山区刘村的农民。1945年秋，孙保杰的父亲孙邦俊在山里遇见一个蓬头垢面、身穿破烂不堪的日本军服的乞讨者。他恨透了糟害中国的日本侵略军，但望着眼前在秋风里瑟瑟发抖的日本伤兵，仁慈之情油然而生；不但给了干粮，还把伤兵带回了家。老伴张金荣也具有一副"见不得可怜人"的热心肠，他们就把这个日本伤兵收留了下来。

这名日本兵又傻又哑，村里人叫他为"鲁"（河南方言，意为傻子）。有人劝孙邦俊："你家日子紧巴，白养活个鲁，还是日本人，把他撵走算了。"有些人干脆说："不是他鲁，是你鲁哩"。可孙邦俊说："他又鲁又哑，把他撵走，他可咋活哩。"

1964年，孙邦俊病逝前，再三叮嘱儿子孙保杰：要好好照顾日本大叔，想办法替他找到亲人团聚。

几十年中，日本伤兵先后两次患关节炎和偏瘫症，前后住院治疗一年多。沉重的经济负担和陪床护理，孙家都默默承担起来。三年困难时期，孙邦俊同院的哥嫂浮肿死去，日本兵却靠孙家大小挖捡的野菜山果，幸运地活了下来。孙保杰找媳妇时，也因他家白养了个日本"鲁"，没有姑娘愿嫁她。后来有位甘愿和他一起受苦的山村姑娘王成香说："一个不沾亲带故的老日，他们都对他好，这样的人家我咋能不嫁？"孙保杰这才成了家。

史无前例的"文革"期间，孙家承受了巨大的政治压力。"勾结特务，里通外国，小日本的孝子贤孙……"，一顶顶大帽子接连飞来。他和日本兵还曾被扣留起来，孙保杰愤然说："我们收养他是看他可怜，你们要说我有啥企图的话，就把他交给你们。只是一条，别把他饿死。"孙保杰这一招真灵，当天下午，日本兵就被送回来。那年头，谁愿供养一个饭来张口的日本傻子？从此以后，孙保杰、王成香和他们的儿子禄峰、女儿禄菊一直精心抚育着这名日本兵。

中日关系正常化以后，为了给日本兵寻找亲人，孙保杰先后向有关部门写信100多封。1991年，一个日本友好访问团将日本伤兵的照片带回日本，刊登在报纸的醒目位置，为他过去的同事津田康道认出，越看越象是分别40多年的石田东四郎。津田亲自来到中国，虽然石田对他毫无反应，但他确信这正是毕业于日本农业学院，任教两年后，1939年被迫踏上中国领土的石田东四郎。为了取得科学的证明，日本兵的指甲、头发、血型化验单及X光胸透片送到了日本，经秋田大学医学院鉴定，确认了这个日本兵就是1924年出生于秋田县增田町、离别故土54年的石田东四郎。

当石田在孙保杰的陪同下回到日本大阪机场时，日本的报刊电台竟相报道，许多热衷推进中日友好的人士还专门成立了石田东四郎君救援委员会，并掀起募捐活动，用募捐的款项支援养护过石田东四郎的中国河南省的建设。

〔孙起孟·民建中央主席·当选第八届全国人大常委会副委员长〕　孙起孟于1993年3月27日在第八届全国人大第一次会议上再次当选为全国人大常委会副委员长。

孙起孟，1911年生，安徽休宁人。1930年东吴大学政治系毕业，曾在苏州女子师范、苏州中学、贵州师范学校任教，担任过上海《申报》周刊编辑，以后在中华职业教育社任职。1945年参与发起组织中国民主建国会，任常务理事。1949年后任中国人民政治协商会议筹备会副秘书长，中央人民政府政务院副秘书长、人事部副部长，全国人大、全国政协副秘书长，国务院第八办公室副主任，中华职业教育社总干事、副理事长，中华全国工商业联合会第三、四届副主任委员、第五届副主席，民建第一至三届中央副主任委员、第四届中央副主席。1987年任民建中央主席。1988年当选为第七届全国人大常委会副委员长，是第一至五届全国人大代表，第二至六届全国政协常委。

〔孙逢铎、徐远国·石油炼制专家·获中国发明专利金奖〕　中国石油化工总公司抚顺石油化工研究院高级工程师孙逢铎与该院研究室主任、高级工程师徐远国发明的"一种石脑油重整催化剂"，于1993年获中国发明专利金奖。

孙逢铎，1930年9月生于山东省龙口市，1955年9月毕业于北京石油学院石油炼制系。曾先后在抚顺石油二厂、中国科学院辽宁分院工作，1986年获国家级有突出贡献的科技专家称号。

徐远国，1938年11月生于四川省铜梁县，1963年8月毕业于四川大学化学系。一直在抚顺石油化工研究院工作，多次获该院先进工作者和优秀共产党员称号。

孙逢铎和徐远国在石脑的催化重整、提高汽油辛烷值和生产芳烃方面特别是在改善催化剂的性能方面作出了重要贡献，他们发明的是一种多金属重整催化剂，是目前国内外最高水平、最低铂含量的工业化催化剂，其特点是将氢氧化铝原料，在高温水气氛下进行酸性改性，再经成型焙烧制成γ—氧化铝载体，担载金属铼、铂、锑和卤素，使催化性能大幅度改善。自1991年6月在大连石化公司投入工业应用以来，已累计新增利润近2000万元，节约贵金属铂63公斤，折合人民币667万元。

〔孙维本·再次当选中共黑龙江省委书记〕
在1993年5月11日召开的中共黑龙江省委七届一次会议上，孙维本再次当选为中共黑龙江省委书记。

孙维本，1928年生，辽宁营口人。1947年加入中国共产党。曾任沈阳市商业公司人事股股长。新中国成立后，历任中共沈阳市委组织部处长，中共西丰、开原县委第一书记，中共铁岭地委书记，中共辽宁省委常委兼秘书长，中共辽宁省委书记。1985年调任中共黑龙江省委书记。先后当选为黑龙江省第七、第八届人大常委会主任。是中共第十二、十三、十四届中央委员。

[附注：1994年4月，孙维本不再任黑龙江省委书记，岳歧峰任省委书记。]

〔孙道临·电影艺术家·获老一辈电影艺术家荣誉奖〕　1993年11月，在广州举行金鸡、百花双奖电影节期间，广州市对外文化交流协会向广州观众推选出的十名老一辈电影艺术家颁发了"广州人最喜爱的老一辈电影艺术家"荣誉奖状。孙道临自1948年参加电影《大团圆》拍摄以来，在银幕上塑造了不少深刻感人的艺术形象。他戏路宽，艺术功底厚，是一位名副其实的性格演员，深受观众欢迎。

孙道临1921年出生于北平。1938年进入燕京大学，就读于哲学系。在此期间，曾经一度辍学，随中国旅行剧团等演剧团体在京、津、沪等地进行舞台演出。大学毕业后，于1948年在清华影片公司的影片《大团圆》中出任角色，步入了影坛，开始了他的电影艺术生涯。

孙道临从事话剧、电影工作至今已达四十余年，是我国著名电影演员和电影导演。他在表、导、译、配音等方面都有出色的成就。在舞台上塑造了许多生动的人物形象，在银幕上成绩更佳。在《大雷雨》、《乌鸦与麻雀》、《民主青年进行曲》、《渡江侦察记》、《家》、《不夜城》、《永不消失的电波》、《革命家庭》、《早春二月》、《李四光》、《一盘没有下完的棋》、《雷雨》等二十余部电影中饰演了主要角色或重要角色。他还自编自导自演了《非常大总统》。他主演的影片《渡江侦察记》、《乌鸦与麻雀》获文化部优秀影片一等奖，《李四光》获1979年文化部优秀影片奖，《一盘没有下完的棋》获1983年蒙特利尔电影节大奖。他的表演平易、自然、深沉，富有丰富的内涵，他以独特的艺术风格，塑造了许多光彩的银幕形象。

此外，他还为《王子复仇记》、《白痴》等二十余部外国经典影片担任主要配音，受到观众和电影界人士的好评。

孙道临现为上海市人民代表大会常务委员，中国电影家协会主席团委员，中国影协上海分会研究部委员，上海文联理事。

〔孙儒泳·动物生态学家·当选中国科学院学部委员〕　北京师范大学教授孙儒泳于1993年12月当选为中国科学院生物学部学部委员。

孙儒泳，1927年6月12日生，浙江省宁波市人。1951年毕业于北京师范大学生物系。1958年于苏联莫斯科大学生物土壤系研究生毕业，获副博士学位。历任北京师范大学生物系讲师、副教授、教授，中国生态学会理事长。现任北京师范大学教授，《兽类学报》、《生态学报》副主编等职。

孙儒泳于五十年代中后期在苏联以8季×2种鼠×2地点的大量观测发现，栖息在相距仅百余公里的两地理种群间存在统计学上显著的生理特征的地理差异，为兽类地理物种形成微小阶段提供生理学的依据，同时提出地理变异季节相新概念；他研究了大家鼠属能量代谢和水分代谢，阐明了与栖息生境相适应的种间差异，并引入协方差分析，促进我国脊椎动物生态学研究中数学的应用。七十年代以后，他根据国际生态学发展趋势，由描述鼠类生理生态的种间差异、种内季节变化、年龄变异、地理变异等研究，转向生理生态特征的机理和能量代谢的研究工作：1. 从每日平均代谢率（ADMR）与静止代谢率（RMR）关系研究，提出Weiner以ADMR估计DER模型应予修正；2. 发现鼠类体温调节胎后发育分三期，呈“S”曲线，并发育过程数学模型化，提出恒温能力指数明显优于Rieklef指数；3. 进行鼠类行为生态研究，如对高原鼠兔繁殖的季节性研究追溯到神经的分泌机制，又开展小家鼠的发育行为、化学通讯、亲缘识别等行为生态学前沿方面研究；4. 与有关教师合作，从亚细胞水平生化测定研究鼠类一些内脏、线粒体蛋白、细胞色素C氧化酶和琥珀酸氧化酶的呼吸功能和活性变化；5. 在国内首先应用同位素标记测定田鼠代谢；6. 将生理生态研究由鼠类扩展到鱼类的研究。

孙儒泳在国内外发表论著68篇。

〔孙曙霞（女）·农家姑娘·获第二届全国戏剧小品表演“群星奖”银奖〕　1993年，江苏省灌南县张镇农家姑娘孙曙霞主演的小品《野花》，继上年7月获得华东6省1市小品大赛最佳女演员奖之后，又获得了深圳“华旅杯中国笑星电视大赛”荧屏奖，文化部颁发的全国第二届戏剧小品表演“群星奖”银奖。这是迄今为止，江苏省群众文艺创作演出获得的最高奖。

孙曙霞1963年出生在灌南县张店镇一个农民家庭。父母曾是乡间医生，他们对天资聪慧的女儿十分疼爱，希望她长大后能继承父母之志学医。可倔强的孙曙霞，从小就想当一名演员。13岁那年，县剧团下乡招生，她和小伙伴扒在门缝里往里看，不料被县里的主考官一眼看中，她就这样进了县剧团。从此勤学苦练，在艺术的道路上，一步一个脚印地攀登高峰。功夫不负有心人。1987年，她参加淮阴市青年演员基本功大赛中脱颖而出，接着又在苏鲁豫皖四省戏剧节演出《快乐的苦恼》中获表演奖；随后，她主演了现代戏《青青草》等十几个大型剧，成为剧团挑大梁的演员，每年都要深入农村演出250多场戏。1992年4月，江苏省徐州、淮阴、盐城、连云港4市举办戏剧小品联谊赛，孙曙霞主演的小品《野花》一举成名，荣获特等奖。《野花》讲的是一位进城卖桃子的乡下姑娘小花子，在住进宾馆后在盥洗间里与一位城市少妇邂逅相遇的生活中一个片断。从小花子辨认那个“盥”字开始，到后来与少妇开心地滚到地上大笑，都要求有分寸地把握人物性格，演出的难度相当大。孙曙霞为了演好这个角色，十分注重观察生活，体验生活，克服了戏曲表演程式化与小品表演生活化的自身差别，很多动作都是从内心里自然地流露出来的。1992年7月，小品《野花》代表江苏省参加华东6省1市戏剧小品大赛，10多分钟的演出，就响起了8次热烈的掌声，使这朵小小的野花开放在大上海。著名电影表演艺术家张瑞芳看完她的表演，走上台握着她的手说："你把小花的芳香都演出来了，太香了！"我国著名戏剧评论家、原上海戏剧学院院长陈恭敏称赞"小品《野花》是精品，是小品的样本。《野花》女演员孙曙霞是当之无愧的最佳女演员。"

〔严沁（女）·香港作家·其作品研讨会在京举行〕　1993年5月10日，中国文联出版公司在北京国际艺苑皇冠假日饭店举行严沁作品研讨会。严沁专程由美国到大陆参加此会。与会文艺评论家雷达、吴泰昌、曾镇南等人称赞其作品轻松优美，以女性纤细的笔触传达微妙的心理感受，展示了人类对真善美的执着追求。中国文联公司自1992年10月以来，陆续推出严沁作品《梦中缠绵》《夜是温柔》、《情在深时》、《千帆尽处》等15部，受到大陆读者的好评。

严沁，原名胡尔敏，原籍杭州，抗日战争时期生于上海（一说四川）在台湾长大受教育。台北美国学校毕业。婚后随丈夫迁居香港，开始文学创作生涯。公开发表的处女作是中篇小说《心墙》。后随即发表的长篇小说《心影》在台湾轰动一时。她是一位高产作家，中长篇小说上百部，其中有《绿色的山庄》、《冬绿》、《故人风雨》、《梦痕》、《蓝色的忧郁》、《白色郁金香》、《逝》、《草浪·彷徨》等，散文集有《沁园》、《星夜小雨》、《阡陌行》等。她的作品不少是"言情小说"，笔下的人物爱恨生死，喜怒哀乐，有血有肉，主题是健康有意义的，拥有众多读者，作品畅销于香港及东南亚各地。有的作品在港台被改编成电影电视，搬上银幕，如电视剧《殒星》、《失落的风铃》等。还历任香港《明报》、《清新》周刊和亚洲电视台专栏作者。

从事文学创作之余，严沁在香港开设有女性时装服务公司，取名为"PHOEBLAN"自任董事长，还办有餐厅、舞厅等，并准备在北京开设服装专卖店。

〔严仁英（女）·妇产科学家·获首届中华人口奖·诞辰80周年〕　1993年9月11日，首届中华人口奖颁奖大会在北京人民大会堂举行。著名妇产科学家、中国计划生育协会副会长严仁英教授，因在计划生育科研方面作出突出贡献，获得"中华人口奖"科学奖。这项奖励是由中央11个单位联合发起设立的，是我国在人口方面的最高奖。同年11月26日，北京医科大学举行了严仁英教授从事医学教育54周年暨80寿辰庆祝会。

严仁英，1913年11月26日生于天津市。1932～1935年就读于清华大学生物系。1935年入北平协和医学院，1940年毕业，获医学博士学位，在协和医院任住院医师。1942年在国立第一妇产学校任讲师。1946年在北平大学医学院（北京医科大学前身）任住院总医师。1947年任北京医学院妇产科讲师。1948～1949年在美国哥仑比亚大学医学院进修妇产科内分泌学。1952年起任北京医学院妇产科副教授、教授，医疗系副主任、主任。1979年任北医第一附属医院院长，1984年任北京医科大学妇儿保健研究培训中心主任，1989年任世界卫生组织妇儿保健协作中心主任。

严仁英从70年代转入计划生育药具及方法的研究，试验使用前列腺素、中药穿心莲等终止早期和中期妊娠（临床应用成功率达90%以上），以及可逆性女性绝育手术等。80年代从事优生学的研究，提出"以农村为主，以预防为主"的方针，于国内开创在农村试行用高危管理法降低母婴死亡率。她率先研究妇女在青春期、产褥期和更年期的心理状态与病理防治。她曾3次参加世界卫生组织举行的国际计划生育学术会议，两次参加亚洲人口论坛会议并发表论文介绍我国人口政策和控制人口成就。由于她在妇幼保健方面作出的贡献，1988年被宋庆龄基金会授予"樟树奖"，1991年获杨崇瑞基金会妇幼卫生奖。

严仁英1979年加入中国共产党。是第二、三届全国政协委员，第三、五、六、七、八届全国人大代表。曾任中华医学会妇产科学会主任委员、中华妇产科杂志副总编辑、中华围产医学会主任委员、卫生部妇幼卫生专家咨询委员会主任委员、中国关心下一代工作委员会专家委员会主任委员。合编有《病理产科学》、《妇产科学理论与实践》等，主编有《实用优生学》等。

〔严庆堤·原工程兵副政委·在北京逝世〕
1993年7月23日，严庆堤因病在北京逝世，终年78岁。

严庆堤，1915年生，江西瑞金人。1934年参加中国工农红军，1935年加入中国共产党。曾任红一军团二师二团排长、连指导员。参加了中央革命根据地第五次反"围剿"、长征和直罗镇、山城堡等战役。抗日战争爆发后，任八路军一一五师三四三旅六八五团政治处组织股干事，参加了平型关战斗。后任晋察冀军区第四军分区独立营教导员、第七大队政委、军分区政治部组织科科长。1940年先后入延安军政学院、中央党校学习。抗日战争胜利后，任晋察冀军区教导师三团政委，华北军区第六纵队十八旅政委，第二十兵团六十八军师政委。参加了平津、太原等战役。中华人民共和国成立后，任师政委。1951 年参加抗美援朝，任中国人民志愿军军政治部主任、军副政委。回国后，任济南军区公安军政委。1960 年毕业于高等军事学院。后历任工程兵科学研究设计院政委，工程兵政治部主任、副政委。是中共七大、九大代表。1955 年被授予少将军衔和三级八一勋章、二级独立自由勋章、一级解放勋章。1988 年获一级红星功勋荣誉章。

〔严志达·数学家·当选中国科学院学部委员〕

南开大学教授严志达于 1993 年 12 月当选为中国科学院数学物理学部学部委员。

严志达，1917 年 11 月 1 日生，江苏省南通市人。1941 年毕业于清华大学，获学士学位，并入云南大学任教。1947 年赴法国斯坦福大学留学，1949 年获法国国家博士学位，并入法国国家科学研究中心进行研究工作。1952 年回国后被聘入南开大学从事教学和研究工作，现为该校南开数学研究所教授。

严志达主要从事基础数学和应用数学方面的研究并取得突出成就。他是我国最早从事微分与积分几何研究的数学家之一，1939 年即与陈省身教授合作建立了积分几何运动的基本公式，被称为陈－严公式，成为积分几何的经典理论之一。在李群李代数及其在微分几何上应用的研究方面获突破性进展，1949 年即确定了例外单李群的 Betti 数，在国际数学界引起巨大震动，被陈省身教授评之为一项“历史性的工作”、是一个“里程碑”，其后又在李群李代数及齐性空间微分几何研究中取得一批又一批重要成果；五十至六十年代对实单李代数的分类方法作了极大简化，并揭示了实单李代数结构理论的本质，解决了极为重要的非紧致对称空间分类问题；得到了实半单李代数的实表示问题的一般性结果，并在对称黎曼空间的谱理论研究方面取得重要成果。七十年代对齿轮啮合理论及其应用作了深入研究，应用微分几何澄清了许多重要概念并给出了齿轮啮合理论的数学基础，导出了齿面之间的曲率关系即诱导曲率公式，对我国齿轮加工工业的发展起了重要作用。他还在培养科学人才方面做了许多工作。

〔严志荣·美发师·获首届中国青年奥技赛女子美发第一名〕 上海绮华万宝美容造型有限公司美发师严志荣，在 1993 年首届中国青年奥林匹克技能竞赛女子理发工种的决赛中，以他创作的晚宴发型——孔雀开屏，使赛场的观众耳目一新，从而夺取了这一工种的冠军。并获“全国技术能手”和“全国新长征突击手”称号。

严志荣，1972 年生于上海。像干了一辈子美发的外婆、妈妈一样，从小就热爱美发这一行。他参加工作后，无论是上班还是下班，剪子、梳子、发卷、发夹不离手，时时刻刻苦练技术。他不满足于只学传统的技术。他认为现代美发，不仅仅是长剪短，而应当是一种创造——用头发进行艺术创造，从而达到美化人们生活的目的，满足人们对美的追求。为了设计“孔雀开屏”，他一连 5 次去上海动物园观察孔雀的习性特点，然后憋在屋子里反复试做，失败了几十次，终于获得成功。他说：“把生活中美的、有价值的东西在人头上进行艺术缩写，这是我感到最满意的事情。”赛后，他表示，要以这次比赛为动力，继续努力，为我国美发行业赶超世界先进水平而奋斗。

〔严家淦·台湾前“总统”·病逝台北〕 1993 年 12 月 24 日，台湾前“总统”严家淦因心脏衰竭，病逝于台湾省台北荣民总医院。严家淦自 1986 年 9 月因中风入院治疗，1992 年 9 月初第二次脑溢血，病情不断恶化。严家淦病逝后，台湾当局党政要人李登辉、连战等人前往台湾荣民总医院悼祭。国民党政权迁播台湾后，严家淦历任党政要职，对台湾的经济发展有很大贡献，受到台湾各界的肯定与好评。

严家淦，1905 年生。字静波，又名属水。江苏省吴县人。1926 年毕业于上海圣约翰大学化学系。早年曾任上海西门子洋行买办，京沪、沪杭甬铁路管理局材料处处长，福建省贸易公司总经理，福建省政府委员兼建设厅长，福建省银行董事长及总经理。1945 年 2 月被调重庆任战时生产局采办处处长，同年 8 月，被派为经济部和战时生产局代表，到南京协助何应钦办理受降接收事宜。

1945 年 12 月奉命到台湾，任台湾省长官公署交通处长，兼交通部台湾区特派员。1946 年任台湾省长官公署财政处长，兼台湾银行董事长。1947 年台湾省政府成立，任台湾省政府委员兼财政厅长。1949 年底任“总裁办公室”第二组组长兼任“资源委员会中国石油公司”董事长。1950 年任台湾“经济部”部长兼“美援运用委员会”副主任委员，后任“财政部”部长。1954 年任台湾“省政府”主席兼保安司令。1957 年任“行政院政务委员”兼“美援运用委员会”主任委员和“经济安定委员会”副主任委员。1958 年再任“财政部”部长。1963 年任“行政院”院长，兼“国际经济合作发展委员会”主任委员。1966 年任“副总统”，仍兼“行政院”院长。1972 年专任“副总统”。1975 年继任“总统”，兼任“国家安全会议”主席、"国民大会宪政研讨委员会"主任委员。1978 年 2 月获国民党"中山奖章",同年 5 月卸任"总统"。后任台湾"中华文化复兴运动推行委员会"会长,"中华战略学会名誉会长。

是国民党九至十二届中央委员、常务委员,十三届、十四届中央评议委员会主席团主席。

〔**苏宁·解放军某部炮兵团参谋长·获"献身国防现代化的模范干部"称号**〕　1993 年 2 月 19 日,中华人民共和国中央军事委员会主席江泽民发布命令,授予苏宁"献身国防现代化的模范干部"荣誉称号。

苏宁,山西省孝义县人,1953 年 12 月出生,1969 年 2 月入伍,1973 年 3 月加入中国共产党。入伍后历任班长、排长、连长、参谋、股长、营长等职,中校军衔。

1991 年 4 月 21 日上午,苏宁所在炮兵团按预定计划成建制连进行手榴弹实弹投掷训练,苏宁负责现场组织指挥。十三连投弹后,轮到十二连投弹。突然,意外情况发生了,十二连的一名投弹手由于挥臂过猛,弹体碰撞在堑壕的后沿,手榴弹落在不到一米外的监护员李印权脚下。已经拉火的手榴弹,冒着白烟将在 3.5 秒内爆炸。在这危急时刻,苏宁大喊一声:"快卧倒!"并一个箭步冲过去,推开战友,俯身抓起冒烟的手榴弹,但手榴弹还未出手就爆炸了。两名战友得救了,苏宁却身负重伤,经抢救无效,于 1991 年 4 月 29 日牺牲。

苏宁入伍 22 年,以对祖国对人民的无比忠诚,在所工作过的岗位上取得了突出的成绩。走上领导岗位后,他严于律己,勤奋工作,带领部队苦练军事技术,掌握过硬本领。他目光紧盯着世界军事科学的发展进步,在做好本职工作的同时,潜心钻研军事理论,挤时间撰写了 70 篇学术论文,其中有的理论观点受到专家高度评价。他与战士情同手足,生前曾 3 次冒着生命危险保护战友;关心人民疾苦,看到自家附近一户以修鞋为业的外地人生活困难,多次把自己家的豆油、粮食、蔬菜送给他们。他的父母、岳父母都是领导干部,妻子是军医,家庭生活条件较好,但他一直过着俭朴的生活。当参谋长以后住的宿舍,是不足 10 平方米的背阴小屋,却把向阳的大房间让给公勤人员。团领导两次要给他换房子,他都不肯。自己平时花钱十分节省,但别人有困难时,却慷慨接济。苏宁牺牲后,他的事迹在社会上引起了强烈的反响,《人民日报》、《解放军报》等报刊连续报道他的事迹,称赞他"像雷锋那样做人,像焦裕禄那样做'官'",赞誉他是"想现代化、钻现代化、干现代化的先进典型"。

〔**苏民·导演艺术家·获第三届文华导演奖**〕
1993 年,67 岁的原北京人民艺术剧院副院长苏民,因执导话剧《李白》获文化部第三届文华导演奖。

从事话剧艺术 47 年的苏民,出生于书香之家。幼年由父亲授诗文,具有深厚的古典文学基础,文史知识渊博,写得一手好字、能诗、能画,这些,都融入了他的艺术追求,融入了北京人民艺术剧院话剧民族化的探索之中。在他早年为《嫦娥奔月》等剧的舞美设计中,已可看到他对中国戏曲写意传统和意境构思的自觉运用。他的导演,注重人物塑造和舞台诗意的创造,具有精炼、流畅、画面优美、格调高雅的特点。在话剧《李白》中,为深刻展示中国古今知识分子共有的而李白则更为强烈的"进不能、退不甘"的命运矛盾,苏民在舞台上用了一个大三角斜坡,通过简洁的布景、道具和灯光的变化,在空旷的舞台上景随情迁,以突出人物的表演。在李白的形象塑造上,苏民突出了具有象征意义的剑与月的运用。李白十五学剑术,二十五岁辞亲远游,长剑伴终身。"抚剑夜吟啸,雄心日千里",是他满腔抱负的象征。大幕开启,人们看到,浔阳江头,李白腰佩长剑,束装待发,在"半百学士,又将书剑朝天阙"的伴唱中,李白高呼"太上皇,我又出山了",由此拉开了此剧的序幕。第八场,郭子仪以所佩虹霞剑相赠,激起李白万丈豪情,他"烈士暮年,壮心不已"地拔剑起舞,慷慨请缨。月,则是李白理想的寄托,人生的归宿,苏民对全剧终场的处理极富意韵,全黑的舞台上,一束顶光在斜坡上打出一轮灿灿的明月。清辉流泻中,李白着宫锦袍孤坐船头喃喃自语:"人生百年,百年三万六千日……"。须臾,他脱下外衣,浑身上下一色素白,此时苏民运用电影的慢镜头,让演员缓缓地舞蹈般地步入月轮,感受着月的清爽,月的怡人,月的舒展,终与明月融为一体。"乘清风而来兮,载明月以归",李白完成了对剑与月的超越,完成了对"大欢喜与大悲凉"的超越,在"平平仄仄"的诗律吟诵中,与诗、酒、月同在,与大自然共存。

苏民,原名濮思洵,祖籍江苏,1926 年出生于济南。1944 年考入北平国立艺专攻国画专业,1946 年参加当时在北方剧运中颇有影响的沙龙剧团、祖国剧团,曾在《虎符》中饰信陵君、《青春》中饰田喜、《民主青年进行曲》中饰宋教授。解放后曾任北京人艺舞美组副组长、总导演办公室第一副主任。1956 年进中央戏剧学院苏联专家主持的"导演师资进修班"。毕业回院后,曾在《青春之歌》中饰丁辉、《胆剑篇》中饰范蠡、《蔡文姬》中饰周进、《日出》中饰张乔治、《雷雨》中饰周萍、《三姐妹》中饰库里根等重要角色。1964 年起任导演，执导了《红色火车头》、《红心虎胆》等剧，1978 年后，执导了《教师啊教师》、《王昭君》、《故都春晓》、《阵痛的时刻》、《遛早的人们》、《茇茇草》、《李白》、《虎符》等剧。作为一位老艺术家，苏民对北京人艺的艺术建设倾注了大量心血，亲手培养了任宝贤、梁月军、尚丽娟、梁冠华、王姬、宋丹丹、陈小艺、龚丽君、徐帆、李洪涛等中青年优秀演员。同时，由他主持，北京人艺整理出版了《茶馆舞台艺术》、《蔡文姬舞台艺术》、《攻坚集》、《秋实春华集》等一批艺术理论著作，他还主要执笔撰写了《论焦菊隐导演学派》的专著，为剧院、也为中国话剧艺术事业积累了宝贵财富。他写的一首《咏梅》小诗道出了自己的心声："平生漫步不争春，枝干疏密根自深，何期岁暮催花放，愿与白雪共芬芳"。

〔苏进（女）·中学生·获第三届全国"十佳少先队员"称号〕　北京师范大学附属实验中学学生苏进，1993 年获第三届全国"十佳少先队员"称号。这一评选活动是由共青团中央、全国少工委和中央电视台联合举办的。获得这一称号的其他九名学生是：杜瑶瑶、蔡建、宋涛、周菲、张喜忠、崔美娜、李文慧、贾力肯·阿合买提托拉、吴莉娜。

苏进，1979 年生。自幼在美国生活，9 岁回国。因父母工作调动，4 年间转学 7 次。为了攻克汉语关，她在饭桌上学菜名，乘车时认站名，深夜躺在被窝里打着手电查字典，经过艰苦努力，小学毕业时她以优异成绩被保送到北师大实验中学。在中学，她的语文、数学、外语、政治成绩居全班第一，音乐、美术、体育也样样不落后。她热情为集体服务，品学兼优、全面发展，获得师生的一致好评。

获得"十佳少先队员"称号的杜瑶瑶是山东省青岛市台东五路小学少先队员，她 9 岁丧父，每天服侍患病的母亲，常常边干活边学习，虽然家务负担很重，但学习成绩一直名列前茅；蔡建是河南省信阳市第 9 中学少先队员，他爱学习，肯钻研，几年来先后获得"千年编码贺年卡"、"充气式浴罩"、"擦笔器"、"指针量角器"等五项发明专利权，是中国发明学会会员；宋涛是吉林省长春市崇智路小学少先队员，他 5 岁患胰岛素依赖型糖尿病，7 岁带病上学，三年来，天天自己给自己打针，考试成绩总是第一，还热心帮助别的同学；周菲是江苏省南京市丹凤街小学少先队员，他经过竞争当选为南京市少年儿童银行理事长，任职不到一年，使小银行吸储达 200 多万元，去年还组织全市少年儿童集资 2300 万元，支援南京长江大桥高架桥建设；张喜忠是山西大同矿务局大斗沟矿小学少先队员，1992 年 9 月 12 日，一名两岁男孩掉入几十米深的山缝，他系绳下去，冒着生命危险把孩子救上来，他多次被评为学雷锋、学赖宁先进个人；崔美娜是天津市塘沽二中少先队员，连续三年免试升学，曾获全国中小学作文大赛一等奖，全国数学奥林匹克竞赛二等奖；李文慧是黑龙江省大庆市龙凤乡久青小学少先队员，课余钻研农业技术，种植的蔬菜创收 18000 元，还帮助周围 10 多户乡亲，被称为"戴红领巾的小农技师"；贾力肯·阿合买提托拉（哈萨克族）是新疆乌鲁木齐市第 43 小学少先队员，他翻译出版了一本 3.5 万字的书，被称为小小翻译家；吴莉娜是辽宁省阜新市 11 中学少先队员，她 7 岁时的摄影作品获全国小学生艺术大赛一等奖，1992 年参加阜新市少儿"世界屋脊创作行"活动，行程 15000 多公里，被誉为"勇创奇迹的小姑娘"。

〔苏天钧·考古学家·明陵探秘第一人·首探明定陵事迹在报章披露〕　1993 年 3 月 27 日，《北京日报》发表长篇通讯，介绍考古学家苏天钧首探明定陵的经过及苏天钧教授考古事迹。

苏天钧 1955 年从北京大学考古系毕业以后，就从事田野考古工作，干起了刨坟掘墓的行当，一干就是 25 年，先后开挖坟墓上千座，其中最大的一座，就是明朝万历皇帝的定陵，他是首探定陵秘密的第一人。事情的经过是，1956 年国家成立了以彭真为主任委员的十三陵试掘委员会，准备发掘十三陵。当时选定首挖定陵，是因为抗日战争期间，党的地下工作者曾在定陵金钢墙西侧墙内设立通讯电台，解放后废弃，因此试掘十三陵首选定陵为突破口。

1957 年 8 月，开挖定陵。当时苏天钧在北京市文教委员会文物组，参加了发掘工作。那时他身强力壮，出力冒险的事都往前跑。定陵的金刚墙封门砖拆开之后，露出了一个黑不见底的深洞。谁下去？苏天钧自告奋勇："我来。"当时当地老百姓曾有传言：皇陵里有暗藏机关，专为防备盗墓的，人一下去就会被暗箭射死。考古人员分析：明代的科技水平未必有那么高；即使有，如果是铁制的也该锈蚀坏了。不过苏天钧担心会不会有令人窒息的毒气。于是先到农民家里买了只公鸡，饿了一天后，将鸡放进洞里，撒些米，再系进灯去。饿极了的鸡见了米便大吃起来。听见鸡啄米声不止，苏天钧说："行，没问题。"这才叫人把自己系下去，下面是地宫大门的前室，脚踏实地后，苏天钧发现脚下有东西在滚动，弯腰拾起来一看，是一颗颗黄色的料珠儿，这就是所谓的"金砂铺地"。苏天钧摸到地宫门前，发现汉白玉的大门被里面的"自来石"（俗称顶门石）顶着，如果推开"自来石”，门就有可能倒下去摔坏。而且，周围的景象也应该在地宫打开之前记录下来。这样，苏天钧就上来了。为了稳妥地打开地宫之门，中科院考古所的技佐白万玉老先生提出一个方案：先给石门打个箍，不让它开裂，然后再开门。苏天钧又回到北京联系红外线胶卷，稳妥地将地宫大门打开，并将地宫大门初次打开时的原貌拍摄了下来。这才有了后来定陵地宫内部的发掘与整理，也才有了今日定陵博物馆举世闻名的“地下宫殿”。

苏天钧，1929 年 9 月出生于沈阳，抗日战争时期入四川自流井国立中山中学攻读，1948 年随家人去台湾，1950 年返回大陆考入清华大学历史系学习。1952 年院校合并转入北京大学考古系。1955 年毕业后分配到北京人民政府文教委员会文物组，从事田野考古工作。“文革”期间苏天钧被扣上“特嫌”的帽子被监督使用。尽管背着如此沉重的负担，苏天钧还是驾驶着卡车，从造纸厂的纸浆池旁，抢救出上百吨有价值的书籍和文字资料，从“红卫兵”的棍棒下，救出数千件珍贵文物。“破四旧”的狂潮过去之后，苏天钧受到严重迫害。但他矢志不改。“文革”后期，他姐姐捎信要他离开大陆，或去美国，或去台湾。苏天钧拒绝了。他说：“我的事业就在这儿，我哪儿也不去。”平反后他马上主动请求继续从事野外考古工作，不久就参加了大葆台汉墓车马坑清理工作，又干起了刨坟挖墓的行当，直至 1980 年考入中国社会科学院任副研究员。以后分配到北京市社会科学院，1987 年升教授职，现任北京市社会科学院研究员、历史所副所长兼古地理室主任。

〔苏地亚·马合木提（女）·曲艺演员·在全国少数民族曲艺调演中获一等奖〕　1993 年 9 月，在文化部、国家民委等四单位主办的全国少数民族曲艺调演中，新疆和田新玉歌舞团演员苏地亚·马合木提以“来帕尔”《银匠与厨娘》的演出获一等奖（“来帕尔”是维吾尔族群众最喜爱的一种边唱边舞的民间说唱形式）。

苏地亚·马合木提，维吾尔族。1950 年出生。1962 年参加文艺工作。多年来，她自己作词作曲并演出；在和田地区和新疆自治区举行的各种文艺会演中多次获奖。她和与她配合演出的苏来曼·肉孜，是在维吾尔族中受到广泛欢迎，具有较大影响的演员。1988 年她曾赴巴基斯坦访问演出。

〔苏步青·著名数学家·当选第八届全国政协副主席〕　1993 年 3 月 26 日，在第八届中国人民政治协商会议全国委员会第一次会议上，苏步青当选为全国政协副主席。

苏步青，1902 年 9 月生，浙江平阳人，中国民主同盟成员，中国共产党党员。1931 年日本东北帝国大学研究生院毕业，获理学博士学位。后任浙江大学理学院数学系副教授、教授，系主任，浙江大学训导长。1941 年后任中央研究院研究员、院士兼学术委员会常委，《中国数学会学报》总主编。1949 年后任浙江大学数学系教授、教务长，复旦大学数学系教授、教务长。1955 年后任中国科学院学部委员，复旦大学副校长。1978 年后任复旦大学校长、数学研究所所长，复旦大学名誉校长、教授，国务院学位委员会委员，上海市人大常委会副主任，民盟中央常委、副主席，民盟中央参议委员会主任，中国科学技术协会名誉委员，中国科学院学部委员。是第二届全国政协委员，第七届全国政协副主席；第二、三、五、六届全国人大代表，第五、六届全国人大常委会委员，第六届全国人大教育科学文化卫生委员会副主任委员。

〔苏雪林（女）·台湾作家·获菲华庄子长资深作家敬慰奖〕　台湾著名女作家苏雪林于 1993 年被亚洲华文作家文艺基金会授予菲华庄子长资深作家敬慰奖。同获此奖者还有大陆的著名作家巴金、冰心。

苏雪林，原名梅，以字行，曾用笔名有绿漪、老梅、肖青、杜若、天婴、灵芹等。1897 年（一说 1900 年）生，安徽太平县人。幼年勤奋好学。早年在安徽第一女子师范学校毕业后，执教该校附属小学二年。1919 年进北京高等女子师范中文系读书。1920 年赴法国，先后入里昂中法学院、里昂国际艺术学院学习法语、绘画。返国后执教于苏州东吴大学、上海沪江大学、安徽大学。1931 年起执教于武汉大学，长达 18 年之久。1949 年赴香港，在天主教会机构任编辑。一年后再度赴法，从事研究工作。1952 年去台湾，执教于台湾师范大学、成功大学。1973 年自成功大学退休，居住台南市。曾赴新加坡南洋大学执教一年半。她在各大专院校均讲授国文，是位令人尊敬的教授。1991 年时她 95 寿诞，亲友学生纷往祝寿，成功大学并致赠荣誉教授状。台湾“文建会”也派专员访贺，并拨款成大举办苏雪林教授国际研讨会。

苏雪林在大陆时期已很有名气，是中国新文学运动女作家之一。她的成名自传体长篇小说《棘心》、散文集《绿天》，颇受欢迎。当时一些著名作家、评论家称其“文章具有阳刚和阴柔两种美”。又有“闺秀派”作家之称，与冰心、冯沅君、凌淑华、丁玲齐名。

一生执教的苏雪林，其著作甚丰，有 50 多本书问世，总计2千多万字，其中有小说、散文、传记、戏剧、专著，如《天马集》、《青鸟集》、《鸠那罗的眼睛》、《人生三部曲》等。文艺评论专著有《屈原新探》、《唐诗概论》、《中国文学史》等。毛泽东喜欢读其所著《李义山恋爱事迹考》。她在台湾曾多次获奖，其中有“文复会中正奖”、“行政院文化奖。1983年还被台湾文艺协会推选为“资优文艺工作者”。

台湾文坛宿将苏雪林十分怀念大陆故旧亲友和风光秀丽的皖南故乡，常亲笔写信给大陆的亲朋好友。1981年文坛巨匠茅盾去世时，她立即挥笔撰文表示悼念。在她撰写的一部中国文学作家的书中，有三章是写冰心的，而写其他作家的篇幅最多为两章，有的半章，可见对冰心的钦佩。近年这两位“五四”时代的老作家互有赠书交往。晚年她也有“落叶归根”之愿。

〔杜丽华（女）·吉林市远东药业公司总经理·获全国优秀女企业家称号〕　吉林远东药业股份有限公司董事长、总经理杜丽华，在1993年“三八”国际劳动妇女节前夕，被中国企业管理协会女企业家协会、全国妇联授予“全国优秀女企业家”称号。

杜丽华，1951年7月17日生，吉林省九台市人。中国共产党党员，高级经济师。1969年起分别在吉林市第三化工厂、重型机械厂当工人、化验员。1985年任花木公司经理。1988年底接受开办只有6个人的“三宝医药药材经销部”的任务。创业初始，租赁的一间用炉子当办公桌的民房即是“三宝”的店铺，库房则是她腾出的自家的方厅。开业的第一个月正临近春节，职工的薪水、奖金是杜丽华从家里拿钱支付的。“诚召天下客”。“三宝”在她的带领下，不仅打开了吉林市地区方圆几百里农村用户的大门，而且将市场延伸到长春、九台、内蒙古、黑龙江等地区的农村。接着又以“真诚与信誉”闯进了吉林市这个百万人口的城市。“三宝”只10个月利税额就达17万元，固定资产54万元。1990年销售额骤增到1千万，实现利税21.9万，固定资产280万。昔日登门求人订货，今日门庭若市的“三宝”生意做得更加红火。这年11月已被更名为市医药药材经营站的“三宝”归入市医药化工局的医药药材供销公司时，杜丽华接任了总经理的职务。面对潜亏74.8万元，企业面临倒闭的这家公司，她大刀阔斧地对企业进行整顿，砍掉了终年不赢利、打内战搞内耗的三个批发部和一个零售商店，对企业全体人员进行优化组合，实行经济利益同工资挂钩，并将企业管理纳入法制轨道，使企业迅速恢复生机和活力，仅5个月赢利就为该公司建立5年利润的总和。在杜丽华的带领下，公司已成为以药为主，多种经营，固定资产近2千万元的吉林远东药业股份有限公司。公司分别被市局、省局授予“创医药商业历史最高纪录奖”、“经营管理特别奖”，并被市政府命名为“先进单位”。1992年公司又以销售额达7200万元、利税450万元、利润380万元的业绩，成为吉林省创高经济效益的拔尖企业。

〔杜铁环·任解放军总政治部副主任〕　1993年12月，中央军委任命杜铁环为中国人民解放军总政治部副主任。

杜铁环，1938年8月生。辽宁省鞍山市人。1955年8月入解放军沈阳炮兵学校学习。1959年9月加入中国共产党。曾任见习排长，团宣传股文化教员，师组织科、青年科干事，军政治部干部处干事，军政治部保卫处副处长、干部处处长，团政委，师副政委。1982年入解放军政治学院学习。1984年起任师政委、集团军副政委、政委。1992年11月任解放军总政治部主任助理。1988年9月被授予少将军衔。1993年12月晋升为中将军衔。

〔杜润生·农业专家·被选为中国残联副主席〕　1993年10月，在中国残疾人联合会第二次代表大会上，原中共中央农村政策研究室主任、著名农业专家杜润生被选为中国残联副主席，并兼任中国残联评议会副主任，同时被推选为中国精神残疾人亲友会主席。

杜润生，1913年生。山西太谷人。早年就读于北平师范大学。1932年参加抗日反帝同盟会和社会科学家联盟。1935年参加一二九运动。1936年参加中华民族解放先锋队，任总部宣传部部长。同年加入中国共产党。后任晋冀豫抗日义勇军第三支队队长，晋冀豫区党委《中国人报》社编辑主任，晋冀鲁豫边区政府委员兼教育处处长，太行区六专署、二专署专员，太行行政公署副主任，中共淮西区工委书记，豫皖苏四地委书记，中共中央中原局、华中局秘书长。中华人民共和国成立后，历任中共中央中南局秘书长，中南军政委员会土改委员会副主任，中共中央农村工作部秘书长兼国务院农林办公室副主任。1956年调任中国科学院秘书长。1979年任国家农业委员会副主任，1982年任中共中央书记处农村政策研究室主任，兼任国务院农村发展研究中心主任。他积极倡导农村经济体制改革，实行家庭联产承包责任制，调整农村产业结构，逐步使中国农村转向有计划的商品经济轨道。在中共中央、国务院领导下，他参与中央关于农业问题的几个一号文件的起草，是实施农村经济改革的主要领导人之一。1985年9月增选为中共中央顾问委员会委员。1988年2月任中共中央农村政策研究室主任。他还曾任中共中央财经小组成员，中国农学会名誉会长，中国农业经济学会理事长。他是中国人民大学兼职教授，北京农业大学名誉教授。著有中、英文版的《中国农村经济改革》、《中国农村的选择》等。

〔**杜家驹·甘南州公路总段工会主席·获全国优秀工会工作者称号**〕　杜家驹几年来呕心沥血，为少数民族地区公路运输事业的发展，谱写了一曲光彩照人的赞歌。1993年11月，被中华全国总工会授予全国优秀工会工作者称号。

杜家驹，现任甘肃省甘南藏族自治州公路总段工会主席，中国共产党党员，高级政工师，甘肃省康乐县人，1936年11月生，1952年参加工作，历任县供销社干部，商业局副局长，文教局副局长，手工业管理局副局长等职，1991年任甘南藏族自治州公路总段工会专职主席。到任以来，认真抓工会组织的健全与领导班子的建设，不畏山高路远、高原缺氧等困难，跑遍了全州6个段、38个道班，对工会工作的全面情况进行深入的调查研究。为了提高工会干部业务水平和自学积极性，他给段、道班订购了《工会工作大百科》等业务资料，并亲自编写了《公路职工学习手册》、《工会目标管理》等材料，使基层工会工作规范化、具体化，便于操作，深受基层干部的欢迎。1992年新的《工会法》颁布后，他深入道班，精心指导，组织各种形式的宣传活动，使《工会法》家喻户晓，人人皆知，提高了职工的主人翁觉悟和生产积极性，促进了公路运输各项工作的发展。

为使工会工作适应市场经济的发展，为民族地区的经济建设服务，1991年以来，他组织开展以"效益年"为主要内容的社会主义劳动竞赛，在短短60天的春运安全优质服务中，全州826公里公路上没有发生任何重大事故。在开展合理化建议活动中，施工人员在车道岭国道改建工程中，从实际出发，提出变更两项设计的建议，减少了一万多土方工程，缩短了工期，节约投资三万八千多元。以后，杜家驹又将这一建议活动推向全州公路战线，连续三年开展以提高公路养护质量为重点的"骏马杯"百日竞赛活动，有力地推动了全州公路养护工作。

杜家驹时刻把职工的冷暖放在心上，他经常深入基层，与工人实行"四同"。现在分散在全州的800多名职工的姓名、年龄、身体、文化、爱人单位、家庭人口、生活状况等基本情况都掌握得一清二楚。积极配合行政系统解决职工家属住房等实际困难。在他的努力下，全州38个道班已基本实现了"四机化"，即电视机、收录机、洗衣机、压面机，还为有条件的道班购置了淋浴器，录相机等，深受一线职工的称赞。

〔**杜瑶瑶（女）·小学生·被评为第三届全国十佳少先队员之一**〕　由共青团中央、全国少工委和中央电视台联合举办的第三届全国"十佳少先队员"评选活动于1993年10月9日在北京揭晓。山东省青岛市台东五路小学学生杜瑶瑶等十名少先队员获得此项荣誉。全国"十佳少先队员"是经过少先队组织层层推荐、全国少先队员投票推选和评委会综合评定产生的。每两年举行一次。此次评选活动揭晓以后，全国少工委向全国少先队员发出了向"十佳少先队员"学习的号召。

杜瑶瑶出生于1982年。八岁时，她的母亲因患风湿性心脏病住进了医院，父亲又突发心肌梗塞去世，撇下了孤儿寡母，妈妈痛不欲生。面对这场灾难杜瑶瑶默默地对自己说：瑶瑶啊，光哭是没有用的，勇敢地承担起一切吧！从此，她承担起了全部家务。每天很早起床，做早饭，伺候妈妈吃完饭、吃上药后，就急急忙忙赶到学校上学；中午放学回家做点简单的饭吃；下午放学后，先去买菜，因为只靠妈妈的病休工资生活，钱很少，每次买菜她都要跑好几个菜店，把手里的钱计算了再计算，买妈妈爱吃还便宜的。回家后，再做饭收拾卫生，洗刷碗筷。三年来，杜瑶瑶的妈妈大部分时间是在医院的病床上度过的；每次妈妈住院治疗，她就随妈妈一起"搬"到医院，妈妈的病床就成了她的书桌。1992年10月，妈妈又因下肢动脉栓塞而瘫痪。生活的磨难使这位母亲多次失去生活的信心。瑶瑶经常开导妈妈说，好妈妈，为了您的女儿，您也要坚强地活下去。然后就给妈妈唱歌跳舞。

在照顾妈妈，操持家务的同时，她抓紧点滴时间学习。每当洗衣服时，总是把英语书放在自来水管上，一边搓洗着衣服，一边背着英语单词，衣服洗完了单词也就背过了。妈妈瘫痪后，她在给妈妈揉腿时，就把语文书放在床边，一边揉腿，一边背课文，许多课文，就是在这种情况下背过的。三年来，瑶瑶从不因家里的事耽误学习。

五年来，杜瑶瑶年年被评为学校的三好学生，1992年被评为省、市"劳动小能手"，1993年又被评为青岛市"三好学生"、"山东省十佳"等光荣称号。

获第三届全国"十佳少先队员"荣誉的另外九名少先队员是：北京师范大学附属实验中学苏进、河南信阳市第9中学蔡建、吉林省长春市崇智路小学宋涛、江苏南京市丹凤街小学周菲、山西大同矿务局大斗沟矿小学张喜忠、天津市塘沽二中崔美娜、黑龙江省大庆市龙凤乡久青小学李文慧、新疆乌鲁木齐市第43小学贾力肯·阿合买提托拉(哈萨克族)、辽宁省阜新市11中学吴莉娜。

〔杨华(女)·营业员·被评为全国十佳青年服务明星之一〕　1993年10月,历时两年多的全国商业系统"文明经营、优质服务、争创效益"活动落下帷幕。在这次活动中产生的"全国十佳青年服务明星",10月12日在北京披红戴花,接受授予他们的荣誉称号。黑龙江省哈尔滨市第一百货商店鞋帽商场特级营业员杨华,以她"看手卖鞋万无一失"的绝技获此殊荣。共青团中央和国内贸易部还分别授予她"全国新长征突击手"和"全国商业劳动模范"称号。

杨华是辽宁省人,出生于1957年6月,大专文化程度,1978年11月踏进哈尔滨市第一百货商店的大门,站在了鞋帽商场的柜台前。百问不烦、百拿不厌是那个年代优秀服务员的标准,她达到了,并登上了"今夜星光灿烂"评议的领奖台,获得了"最佳营业员"的称号。

1982年,杨华作为市级劳模的代表,来到北京百货大楼张秉贵的柜台前,通过观摩娴熟的技术表演,深受教育。她觉得传统的卖鞋方式劳动强度大,效率低,有的顾客买一双鞋要挑选四五双,平均要20多分钟。而且经过顾客反复试穿,穿后变形不能销售的鞋一天多达10多双,加之一些顾客患有脚疾容易造成交叉感染,于是便开始琢磨如何改进自己的服务技能。一天她偶然听到"大手大脚"的议论,突发奇想:人的手和脚之间有无关联呢?下班回家后,她把自己的手和脚以及家人的手脚进行比较,惊奇地发现,人的手脚比例是有规律的。此后她在柜台前千百次地摸索、实践这一技能。更深人静,她还在反复计算、核对、分析。她来到振华制鞋厂请教老师傅,掌握新旧鞋号的差别,了解南北方鞋号的标准。为了找到医学上的理论根据,她还刻苦研读了《生理解剖学》,并到哈尔滨医科大学找到张树才教授,请教手和脚的比例关系。张教授很惊讶:一个营业员,竟能提出这样一个专业的连医学家也没研究过的课题。

杨华利用3年时间调查分析了10多万双卖鞋的实例,掌握了基本规律,后又经过柜台实用销售1000多例,终于验证了把手与足跟的长度相加就是脚长的结论,创造了举世无双的"观手型测鞋号"的方法。为了一眼看准手的长度,她又苦练了7年。现在,她只要看到手,眨眼功夫就能准确说出鞋的号码,使成交时间由平均20分钟变成了3分钟,连一些穿特殊型号鞋的顾客也能得到满意的效果。1992年1至10月,杨华看手卖出3932双鞋,无一失准。1992年8月,杨华代表黑龙江省商业职工进京参加在燕莎中心举行的全国商业青年服务技能电视表演赛。全国很多电视观众深深记住了那一幕:杨华把从屏壁后伸出的3只手握住,片刻之间便准确地测出了这3个人穿鞋的号码,赢得了一阵阵掌声与喝采声。杨华连续5届荣获哈尔滨市劳动模范称号,还先后获得"市新一代创业人"、"市学雷锋标兵"、"市巾帼标兵"、"省青年优秀技术能手"、"省市十大杰出青年"、"省十佳青年服务标兵"等称号,并当选为省人大代表、省市青联委员。

〔杨青(女)·高级编辑·获首届韬奋新闻奖〕

中国记协和中国韬奋基金会联合举办的首届韬奋新闻奖,于1993年12月17日在北京颁奖,中央人民广播电台高级编辑杨青获奖。

杨青,1938年1月生,广东阳山县人。1960年从中国人民大学新闻系毕业后,即到中央人民广播电台任编辑迄今,在夜班岗位上默默地耕耘,已拼搏了33个春秋。她是中央电台名牌节目"新闻和报纸摘要"和"全国新闻联播"的主要编辑。近10年来又是这两个节目的定稿人。

30多年来,她的大部分时间,都是在夜班和凌晨的大早班中度过的。她工作严谨细致,有敏锐的新闻嗅觉,从不计较个人得失,为杜绝差错,曾多次以秒计的速度冲进直播室,改错、撤换稿件;同时在准确、安全的前提下抢发了许多重要报道,赢得了时间,为电台新闻在群众中树立了信誉。1987年9、10月间,在有关西藏拉萨发生骚乱的报道中,她曾改正了一位领导人在讲话中提出的"拉萨骚乱是外国帝国主义和反动派策划的"这一有悖于中央"骚乱是在国外的分裂主义集团策划"的提法,从而避免了重大政治差错,受到领导同志的赞誉。

杨青有明确的编辑思想,出了许多好点子。1982年9月,中共十一大召开,杨青根据全天播音的优势,提出大会开幕消息随着大会进展情况做连续报道的建议,取得很好的宣传效果。她以此为例,提出"明天发生的新闻今天报,这是报纸的观点;广播的观点应该是现在发生的新闻现在报"。1991年海湾战争爆发,世人瞩目。作为定稿人,杨青采取了"重要新闻反复播,最新消息及时播,次要新闻随时换"的方针,做到多次新闻节目有新内容,满足了听众急切了解事态进展的需要。

杨青是"首都报纸内容介绍"的主要经管者之一。几十年来,她同其他编辑一道集首都几十家报纸的精华,以扫描形式昭告天下。近10年来,她为这一栏目编写了百万字的稿件，还撰写了30多篇总结编辑业务工作的文章。她多次被评为中央电台先进工作者，十几家报刊曾登载了她的敬业、创业的先进事迹。现在她已头发斑白，仍然精力充沛，一丝不苟地工作在新闻部这间日光和灯光交织的房间里。

〔杨绛（女）·作家、翻译家·杨绛作品集出版〕

三卷一套的《杨绛作品集》。1993年由中国社会科学出版社出版，书名由钱钟书题签。这套作品集汇集了她的全部创作作品。卷一是小说集，收入长篇小说《洗澡》和7部短篇小说；卷二是散文集，《干校六记》和《将饮茶》都在其列；卷三收入了她的19篇文论与两部戏剧，书末还附有简略的作者小传和详尽的著译书目。三卷80多万字的作品，“倾注了作者半个多世纪的心血”，也从一个很重要的侧面，反映了一个时代的演进轨迹和一个知识分子的心态历程”。

杨绛，原名杨季康，1911年生，江苏无锡人。1932年苏州东吴大学毕业后，考入清华大学研究院。1935年留学英国、法国，1938年回国。曾任苏州振华女中分校校长、上海震旦女子文理学院外语系教授。1949年后任清华大学西语系教授、北京大学文学研究所、中国社会科学院外国文学研究所研究员。1934年开始发表作品，著有剧本《称心如意》、《弄真成假》、《风絮》，论文集《春泥集》，长篇小说《洗澡》，短篇小说集《倒影集》。她的散文《干校六记》获中国作家协会主办1976～1988年全国散文、杂文（集）优秀散文奖。她有不少译作问世，计有散文集《一九三九年以来英国散文作品》，长篇小说《小癞子》、《吉尔·布拉斯》、《堂·吉诃德》。

〔杨槐·科学工作者·创立“地球非球对称膨胀学说”〕 自学成才的四川成都市科学工作者杨槐经二十多年艰苦研究，创立了“地球非球对称膨胀学说”，受到国内外人士关注。为筹集科研资金，他将自己撰写的关于地球科学的著作以及诗词集、草书选、长篇小说等文稿拿到深圳市拍卖，因此引起了新闻界、科技界、企业界的重视。《深圳特区报》于1993年12月13日以《中国学派从地平线升起》为题报道了他的事迹。

杨槐，祖籍安徽安庆市，1939年出生于南京。初中毕业后到爱国化学家侯德榜创办的化工厂当职工。他利用工余刻苦自觉，收集研究各种地震资料和地球物理学资料，对近半个世纪以来西方科学家提出地球“板块说”和“大陆漂移，海底扩张”设想产生了怀疑，提出了“地球非球对称膨胀论”，对西方地球物理理论权威“板块说”进行挑战。他根据大量资料论证认为：地球迄今膨胀演化的全部旋回，可概括为两大发展阶段九个膨胀期。目前正处于第九期膨胀后的间歇期，第十期的剧烈膨胀尚未到来。他曾预言：地球上存在着不止一个所谓“魔鬼三角海域”，每一个这类海域都是地球的“瞬间物理场异常区”；中外地理学家将发现：“日本地块”在中生代之前原是同中国大陆相连的；“菲律宾地块”在中生代之前是同“台湾地块”相连的；塔里木盆地是中国最大的石油汇聚圈，中国版图内的石油储量世界第一，比中东地区储油还多，等等。杨槐创立的学说和科学推断的预言，受到中国地球物理学会理事长、著名地球物理学家翁文波和著名地震学家耿庆国的重视，受到全国政协副主席、著名科学家钱学森的关注。由于钱学森的推荐，杨槐以特邀代表身份参加了1990年10月22日在北京举行的“全国性减轻自然灾害研讨会”，在会上作了《关于“地球非球对称膨胀”的论证》学术报告，受到几十位专家、教授的好评。1992年3月24日，四川科技出版社和中国“国际减灾十年”委员会山地环境灾害防治研究中心共同在成都举办“地球非球对称膨胀说”学术讨论会，杨槐在会上作了《试论板块学说的理论得失和“非球对称膨胀说”的理论检验》的报告，受到与会者欢迎。杨槐的学术专著《地球非球对称膨胀论》（卷一）完稿后，中科院院士翁文波、孙殿卿、陈庆宣教授先后为其作序，序言称杨槐“向当代地学权威板块说提出了挑战”，“以大量事实和有说服力的理论模式对‘地学革命’理论进行了检验”。杨槐不仅勇敢的创立了“地球非球膨胀学说”，而且工诗文，善书法。他有真才实学，却走着艰难曲折的道路，至今无单位、无工资、无住房。四川省石棉县川康矿产实业公司总经理饶正勇将自己私宅让给杨槐安身，成都市学术界成立了“杨槐理论后援会”，深圳市若干家企业发起成立“深圳杨槐理论促进会”。科学无坦途，杨槐将在艰难实践中创立地球科学新学派——“中国学派”。

〔杨大成·北京贵宾楼饭店厨师·获首届中国青年奥技赛西餐烹饪第一名〕 北京贵宾楼饭店厨师杨大成，1993年11月25日以其出色的烹饪技艺，力挫群雄，夺取了首届中国青年奥林匹克技术竞赛西餐烹饪桂冠。国家劳动部授予他“全国技术能手”称号，共青团中央授予他“全国新长征突击手”称号。

杨大成，北京市人，1973年9月8日生。1991年毕业于北京旅游服务学校西餐烹饪专业，被分配到北京贵宾楼饭店任西餐厨师。他爱好西餐烹饪，是小学时候从一本杂志照片上偶然产生的。从那副画面上，他发现西餐很美。从此他常找西餐杂志去看。他说：“以前我对烹饪的理解就是一个字‘吃’，从那以后，才逐渐意识到它还包含了更深的含义，那就是创造一种艺术美。”初中毕业后，他毫不犹豫地报考了北京旅游学校，学习西餐烹饪专业，在校学习刻苦勤奋，打下了扎实的理论基础。到工作岗位以后，他满以为可以大显身手了，不料实际操作竟那样难，不是火候把握不准，就是配料出问题。他虚心向师傅学习请教，反复练习，反复琢磨，精心操作，直到掌握要领为止。正如他的师傅所说：“小杨的成功在于他虚心好学。他把西餐烹饪当成一项崇高的事业，而不单纯是一种谋生的手段。”这次获得青奥竞技赛冠军后，杨大成仍深感不足，他说：“西餐烹饪也是一门学无止境的艺术，而我只不过刚刚摸到了它的门坎。”

〔杨文英（女）·阜新市人民检察院检察员·被评为中国十大杰出检察官之一〕　1993年9月20日，由《人民日报》、新华社、《法制日报》等13家新闻单位和中宣部新闻局联合主办的建国以来首次评选“中国十大杰出检察官”活动在京揭晓，并在人民大会堂举行颁奖大会。辽宁省阜新市人民检察院审查起诉科副县级检察员杨文英榜上有名，成为中国当代检察官“十杰”中的唯一女性。

杨文英，辽宁省法库县人，1944年11月生，中专文化程度，1965年毕业于阜新市师范学校，1966年加入中国共产党，参加工作后曾任中学教师7年，1982年后调入检察机关当了检察员。

杨文英是个事业上成功、生活中坚强的女性。10年前，她与丈夫离婚后，独自承担起赡养老母与抚育两个年幼儿子的重担。尽管家务很重，但工作性质决定她经常外出办案，她总是说走就走，从未请过假。一次办理一件涉及9名被告的流氓杀人案，先后3次去100公里外的彰武县调查，为了不误公事，她只好每次走前买回面包、咸菜留给老人和孩子。当她在法庭上面对8名被告、6名律师、4名法定代理人，作出有理有据的公诉时，老母正值病危。而此后不久，在她提审完被告人回到家中时，老母已溘然去世。另一次她下乡办案，8天后才回到家里，而孩子正发着高烧。

杨文英承受着生活重负的同时，认真地履行着检察官的职责。一次，一起故意杀人案的卷宗转到她手里，阅卷后她觉得记录还缺少一些应有的细节。如简单地定为故意杀人罪，有可能造成错判。使命感驱使她赶往100公里外的发案地重新调查，逐个环节取证，核实了一些细小而又至关重要的情节。在法庭审理中，她以确凿的事实排除了被告故意杀人的因素，以被告人犯有故意伤害（致死）罪提起公诉。有理有据的事实，使法院最终以伤害（致死）罪判处被告人死缓。被告人本已绝望，听完法院判决后，跪倒在杨文英面前，声泪俱下：“清官，清官啊！”

1992年初，阜新县国华乡有两家邻居因占道问题发生争吵，并将一方打死。在法庭上，杨文英作为公诉人据理力争，驳得被告方哑口无言。休庭后，被害人的亲友拥进她的办公室给她塞钱，她不收。被害人妻子又把钱送到她家，再三说：“我给钱不是求你办事，是感谢你这个人。”她仍坚决拒收。那人急得哭着说：“你要是不收，我就不走了。”无奈，杨文英只好暂时收下，次日上班时将钱交给了领导，最后退给了被害人亲属。另一位被害人之妻因事找到杨文英，见她家连一台彩电也没有，就拿出一沓钱说：“真没想到堂堂检察官这样贫寒，这钱你就买台彩电吧。”杨文英说：“我的生活是很清苦，可我要是收了你的钱，我的灵魂就变脏了。况且，我们办案纪律也是绝不允许的。你愿意我犯错误吗？”说得那人连连点头。清廉使杨文英执法始终公正。自1987年以来，她主办和协办案件200余件，件件从速从快，不枉不纵，无一错案。

杨文英连续多年被评为全市和本院先进工作者，荣立二等功、三等功各1次，并被最高人民检察院授予优秀刑事检察干部称号。她还被评为省市优秀共产党员、全市十大公仆，获省市“三八”红旗手和特等劳动模范称号。1993年辽宁省委政法委授予她“廉政建设标兵”称号。

〔杨水桐·深圳市公安局副局长·被追授全国公安战线一级英模称号〕　1993年8月8日，公安部发布命令，追授在深圳“8.5”抢险中壮烈牺牲的深圳市公安局副局长杨水桐“全国公安战线一级英雄模范”称号，并颁发奖章、证书和奖金。

1993年8月5日中午，一声强烈的爆炸，震醒了正在办公室休息的杨水桐，接着，电话中传来清水河危险品仓库发生爆炸的消息。仅13分钟，杨水桐就率3辆消防车和市局指挥中心的干警们赶到了爆炸现场。他一面指挥消防队员灭火，一面通过市局指挥中心，命令全市公安干警火速支援。在爆炸的4号仓库周围还有9个仓库装满了易燃、易爆、剧毒物品，临近火海处还有6000吨汽油、柴油站和3个巨大的液化石油罐，在烈日和熊熊大火的烘烤下，随时都有再度爆炸的可能。一旦发生爆炸，后果不堪设想。于是他命令身边的司机和记者们撤到安全地带去，自己却连头盔也未顾上戴，就同市局刑侦处长等一起冲到火场附近灭火。

杨水桐的指挥位置距 4 号仓库爆炸中心只 20 多米,四周热浪袭人。浓烟、烈焰烤得人喘不过气。杨水桐指挥着不断增援的消防队员迅速投入灭火,指挥干警维护现场秩序并疏散附近群众。他看到一名身背氧气瓶的消防队员晕倒了,便走过去,蹲在地上,将手中的矿泉水递给他。

第一次爆炸一小时后,6 号仓库冒出的浓烟突然由黑转白,并伴有噼里啪拉的爆裂声,这是大爆炸的前兆。杨水桐呼叫消防队员赶快离开。一位记者仍在抢拍大火的照片,杨水桐急了,大声喊道:"还不快撤,要爆炸了!"然而他自己仍在最危险的地方指挥。两点 28 分,更猛烈的爆炸发生了,巨大的冲击波掀掉了楼顶,浓烟裹着气浪,挟夹着水泥块向四周砸去,方圆达两公里。大地猛烈颤动,2000 米外的列车被震碎了 51 块玻璃。杨水桐的司机赶忙拨通随身携带的"大哥大",没有人接。他不顾武警官兵的阻拦,开着变了形的车冲进现场,从几具无法辨认的尸体中,凭着一双皮鞋认出了杨水桐。

杨水桐牺牲了。在他的履历上写着:现年 56 岁,广东海丰县人,1955 年参加公安工作,曾任汕头市公安局副局长、大亚湾公安分局局长、市局刑侦处处长等职。

多年来,杨水桐勤勤恳恳,恪尽职守,秉公执法,清正廉洁,在同刑事犯罪分子和灾害事故斗争中出生入死,机智勇敢。他任刑侦处处长时,主持侦破了市政府办公楼被窃、"的士"司机张祥剑被杀害等一大批重大案件,战绩赫赫。每逢发生大案要案,他总是率先赶到现场,指挥侦破工作。他经常深入看守所、收审所、拘留所和派出所,倾听基层干警的呼声,解决困难和问题。前段时间,边防局查获一批价值 2400 多万元的走私物品,许多有"背景"的人纷纷打电话、送礼给杨水桐,又是劝,又是说情,都遭到杨水桐的拒绝。许多战友说,他的业绩证明,他无愧于全国公安战线一级英模这一光荣称号。

〔杨生茂·历史学家·与刘绪贻主编《美国的独立和初步繁荣(1775～1860)》出版〕　我国著名的历史学家杨生茂和武汉大学教授刘绪贻主编的《美国的独立和初步繁荣(1775～1860)》一书,1993 年 10 月由人民出版社出版。这本书是 6 卷本《美国通史丛书》的第 2 卷,叙述从美国独立革命运动至内战前夕的美国历史,主要内容包括美国独立战争,联邦政府的创建,建国早期的工业发展,工人运动,废奴运动,开发西部以及早期自然科学与应用科学、教育、文学、史学的发展。

杨生茂,字畅如,1917 年 9 月生于河北涿鹿。1941 年毕业于美国加利福尼亚大学,1946 年获斯坦佛大学研究院硕士学位。新中国成立后历任南开大学历史系副主任、世界近代史教研室主任、美国史教研室主任、国际问题研究中心副主任。他还是中华美国学学会常务理事、美国历史研究会副会长和顾问、世界近代史学会学术顾问、国务院学位评议委员会历史组成员。1992 年被美国《美国历史杂志》聘为特约编辑。

杨生茂认为,历史认识具有相对性。应当承认对历史的解释在一定程度上是因时而异,因社会发展而不断完善。重视历史认识的相对性,可以鼓励历史工作者不断探索,不断纠编,不断前进。他认为,对于民族文化的发展来说,应当重视对外来文化的分析筛选、鉴别吸收。"全盘西化"与"全盘吸收"应予反对;"中学为体,西学为用"也行不通。前者出自民族虚无主义,后者徒托空言,二者均不足取。对外来文化,不仅要"吸收",更重要的目的在于弘扬本民族文化,丰富和提升世界文化。因此,积极的参与意识是极其需要的。

对于外交史学,杨生茂认为:一、只要国家这一政治现象存在,外交政策的决定总是以国家利益为依据的,但一国利益的实现不应以他国利益为牺牲;二、外交政策是内政政策的延续;三、从宏观的终极意义上说,经济因素是外交政策中经常起决定作用的因素,是外交政策的基础;但这不等于说,每个具体事件都须与经济因素直接挂钩;四、美国外交政策决策者往往囿于一种传统观念,即从地理和经济因素去思考问题,缺少从历史和社会文化因素去思考问题。这是扩张主义和强权政治的思想根源之一。

杨生茂的主要著作有《美国历史学家弗·杰·特纳及其学派》、《美国南北战争资料选辑》、《美国外交政策史(1774～1989)》(主编)、《美国史新编》(合著)、《美洲华侨华人史》(合作、主编)、《美国通史丛书》(合作、主编)、《世界近代史》(合作、主编)、《美国西班牙战争资料选辑》(合编)及论文多篇。

〔杨印环·北京暖风集团总经理·研制生产出填补国内空白的多功能汽车空调器获显著效益〕

北京暖风集团总经理杨印环研制生产出多功能汽车空调器,填补了国内空白,使北京暖风集团年产值达到 1.6 亿元。当中央电视台 1993 年元旦特别节目播出他的讲话录像的时候,杨印环感慨万千,一幕幕创业画面浮现在眼前。

1946 年 1 月出生于北京市通县张家湾乡的杨印环,熬过了艰难困苦的青少年时期。在中共十一届三中全会之后,伴随着乡镇企业的发展壮大,不断创造新的业绩。杨印环刚创办北京汽车暖风机厂的时候，缺乏必要的技术、设备和资金，只是根据市场的需要，决定研制汽车暖风机。他们苦干加巧干，日夜奋战，硬是把暖风机生产了出来，安装在一辆辆来往于京津公路的汽车上。接着，他又来到北京第二汽车制造厂，提出要和他们合作配套生产暖风机。经过整整十个月的不懈努力，杨印环将所有难题全揽在自己身上，以他特有的真诚和毅力，赢得了北京第二汽车制造厂上下左右的信任，终于实现了宏伟目标：在国有大企业生产的汽车上，安装了乡办小厂研制的暖风机。杨印环甘当配角唱大戏，汽车暖风机产量位居全国同行业榜首。

杨印环在生产汽车暖风机取得很大成功和荣誉的时候，头脑始终保持清醒，新的危机感也越来越强烈。他明白，暖风机只能在寒冬腊月里让乘客温暖，却不能在酷暑炎热中让乘客凉爽，而汽车空调却能让乘客既温暖又凉爽。因此，汽车暖风机的红火只能是一种暂时现象，空调终将替代暖风机。1987年，杨印环当机立断，研制汽车空调器，攀登新的高峰，开辟更广阔的市场。可比起暖风机来，研制汽车空调器的难题更多，难度更大：上项目要经过一百多个部门审查批准，手续复杂，竞争激烈；汽车空调器属于高科技、高精密度产品，研制就需要大笔资金。在批准立项、获得投资以后，杨印环带领职工展开了一场研制攻坚战，吃尽千辛万苦，终于搞出一台89型切诺基吉普车空调器，随后又相继制成BK—Ⅰ44型、BK—Ⅱ44型和BK—Ⅱ44A型汽车空调器。在北京市科委组织的鉴定会上，专家们的评价是：该空调器的研制成功并投产"在国内领先，并填补了这类多功能汽车空调器的空白"。

杨印环的事业日益辉煌，企业已经发展为暖风集团公司，1993年8月被北京市政府授予"经济百强"称号；杨印环继1987年被评选为全国优秀农民企业家以后，1991年又获得全国乡镇企业家的荣誉，并先后多次被评为市优秀厂长、市劳动模范和市优秀共产党员。

〔杨仲义·雁剧(北路梆子)演员·获第十届中国戏剧梅花奖〕　1993年，被称为"全才须生"的忻州地区北路梆子青年演员杨仲义以高票摘取了梅花奖，为忻州地区和山西父老争得了殊荣。

北路梆子今称雁剧，流布于晋北、内蒙古、张家口、蔚县等地，剧目以反映历史题材为主，表演艺术讲究严格程式化与生活气息相结合、豪迈壮烈与细致入微相结合。杨仲义继承前辈艺术家的表演特色，唱念做打均有较高造诣，尤以优美刚劲的身段、功架著称。他主演的《杀庙》被誉为"天下第一杀"。《杀庙》是《铡美案》中韩琪追杀秦香莲一折戏，短短十几分钟，杨仲义塑造了有血有肉、有相当思想深度的韩琪的艺术形象。韩琪先是"知遇之恩"甘为陈士美做杀手，杨仲义以刚劲的"垛泥"持刀亮相，警觉、搜索的眼神，破门入庙，杀气腾腾抡刀就杀，杀得凶悍、杀得迅猛。当听到秦香莲血泪控诉后，始知是陈士美杀妻灭口，眼神渐渐茫然，双手抖颤，两腿晃悠不支，显出灵魂受到震颤以及欲杀不忍之状，但不杀又不行，急促的搓步，配合髯口的抖动、钢刀的震颤，展示内心矛盾。转而下决心杀身成仁，手起刀落来了个三百六十度凌空旋转"僵尸"倒地。杨仲义的这组追杀动作，层次分明，三次不同的用刀：凶猛利落到犹豫彷徨到欲杀又落终于屠刀落地，生动地将韩琪思想矛盾外化于刚劲优美的戏剧动作之中，使人看了既赏心悦目，又为主人公的命运而动情。

他主演的另一折戏《逃国》是写伍子胥举家被楚平王所害只身脱逃的故事。剧情简单，唱词也只有两段，而杨仲义演得斑斓多姿，满台生辉，原因是他抓住"国仇家恨、良将宝马、星夜出逃、跨山越岭"这一特定环境和心情进行创造。大幕拉开，四野月黑风高，只见伍子胥白衣白帽，腰悬宝剑，背插钢鞭，驰马而上亮相，犹如一尊耸立的雕塑，一下赢得碰头采。接着催马奔驰，马鞭如粘手上，抻、旋、甩、绕随心所欲，再配合叉腿、旁腿、偏腿、推髯亮相一系列组和动作，表现了他深夜长途跋涉之艰辛。当战马失途误入竹林时，他"探海"勒马，"朝天蹬"、"劈叉"勒马不起又腾跃向前，牵马过孤桥时，运用捎子正甩、剑穗反甩、单腿拧云步的特技表演，将人物牵马艰难过桥的心态、神态活现于舞台。此时采声又起。此次杨仲义进京献艺，扮演了韩琪、伍子胥、朱买臣，杨四郎等几个不同人物，演唱高昂挺拔、委婉抒情，表演精雕细刻不露刀斧痕，纵横恣肆不失规范，力争达到美学境界。首都观众评价他不愧为"全才须生"！

杨仲义，山西省保德县人，1961年生，国家一级演员，1979年毕业于山西省戏曲学校忻州分校。先后在山西北路梆子剧团、雁剧青年团任主演，师承北路梆子名艺人高玉贵(九岁红)、董福(狮子黑)等，曾六次获省级以上表演一等奖和最高奖。

〔杨汝岱·当选第八届全国政协副主席〕
1993年3月26日，在政协第八届全国委员会第一次会议上，杨汝岱当选为全国政协副主席。

杨汝岱，1926年12月生，四川仁寿县人，1952年8月加入中国共产党。1950年参加工作，任四川省仁寿县富家区工作员，县土改工作队组织干事、副组长、组长、队长，方家区副区长、区委副书记，县委组织部副部长、县委副书记、书记，县革委会副主任。1977 至 1978 年任四川省乐山地委书记、地革委会副主任。1978 年至 1983 年任四川省革委会副主任、副省长、省委常委、省委常务书记。1983 年以后任四川省委书记。他是第四届全国人大代表。中共第十二、十三届中央委员，第十三届中央政治局委员。

〔杨丽华（女）· 中国国际航空公司乘务部经理 · 获全国优秀经营管理者称号〕 几年来，杨丽华领导中国国际航空公司乘务部千余人，以优质一流的服务，博得了中外宾客和国家领导人的赞扬，1993 年 5 月，被评为中国民航总局劳动模范，并获全国优秀经营管理者称号和全国“五一”劳动奖章。

1973 年，18 岁的杨丽华成为中国民航的新一代空姐。她以热情周到、细致耐心的服务态度与娴熟高超的服务技能，受到江泽民、李鹏等党和国家领导人及许多中外宾客的赞扬，多次被评为学雷锋标兵及先进生产者。

1988 年 10 月，杨丽华就任中国国际航空公司乘务部经理以后，对自己约法三章：一、严格要求，率先垂范；二、尽职尽责，不争名利；三、不搞特殊，不以权谋私。作为经理，在生产派遣上大权在握，国际、国内 60 多条航线，想去哪里都有条件，但她决不利用职权搞特殊。她丈夫在伦敦工作，和其他乘务员一样按规定的次数探亲。担任经理工作后，飞行少，每月收入只相当乘务员的一半，但她从不计较，还主动放弃许多“实惠”、“挣钱”的机会。有少数乘务员参加走私活动被揭发后，杨丽华不怕得罪人，严肃处理，并耐心做好细致的思想工作，使群众心服口服。乘务部担负着 32 条国际和 37 条国内航线及各类专包机任务，每天有 300 多人在天上飞，300 多人分住在世界各地，作为经理，大到国家领导人的服务，小到乘务员的日常生活都得过问，工作量大而烦琐。杨丽华为了全心扑到工作上，把刚出生的孩子送到姥姥家，一放就是 10 年。她以队为家，早出晚归，没有节假日，还常带病坚持工作，孩子病了也无暇探望。但对下属的事，对关系群众切身利益的住房、福利、保健等问题，她却关心备至，努力帮助。在生死攸关的时刻，她总是站在第一线，临危不惧，沉着冷静。1990 年 6 月 8 日，杨丽华随乘的飞机在洛杉矶起飞前，接到警方通知，说有人报告机上放有炸弹。旅客和机组人员撤离后，杨丽华毅然决定和乘务长留在机上协助警方共同检查，为了飞行安全置生死于度外，深受群众的敬佩。

作为一名经理，杨丽华不断探索，勇于创新。她坚持不断学习前人的管理经验，借鉴国外先进的管理技术，总结制定了一套适合乘务部特点的生产调配、组织管理措施，如《关于乘务员飞行小时定额制》、《生产派遣规定》、《业务管理条例》、《行政管理细则》等，使乘务部工作、生活紧张有序，忙而不乱，有条不紊地运转。几年来，除完成上级下达的生产计划任务外，还出色地完成亚运会承运、接运海湾战争撤离 5000 多名援外人员临时紧急的重要任务，受到领导和旅客的称赞。

杨丽华，浙江宁波人，1955 年 11 月生于上海，1973 年 4 月参加工作，中国共产党党员，曾先后在中国民航天津机务专科学校和北京语言学院学习英语、法语，1985 年 10 月，赴日本航空公司学习管理一年。历任中国民航和中国国际航空公司乘务员、乘务大队副大队长、乘务部经理等职。

〔杨秀华（女）· 营业员 · 被评为全国十佳青年服务明星之一〕 1993 年 10 月，历时两年多的全国商业系统“文明经营、优质服务、争创效益”活动落下帷幕。在这次活动中产生的“全国十佳青年服务明星”，10 月 12 日在北京披红戴花，接受授予他们的荣誉称号。云南省昆明市副食品大楼营业员杨秀华榜上有名。同时，共青团中央和国内贸易部还分别授予她“全国新长征突击手”和“全国商业劳动模范”称号。

杨秀华是云南省昆明市人，出生于 1963 年 2 月，高中文化程度，共青团员，1978 年中学毕业后回乡务农，1981 年后顶替退休的父亲进入昆明市副食品大楼工作。

10 多年来，杨秀华坚持刻苦学习业务知识和服务技能。她读了许多介绍业务知识和业务技能的书籍，自费到商业夜校读书，近年来又自学了心理学、经济知识及财会业务，学会了普通话。对商店经销的主要商品的产地、性能、保管措施等，都能完整流利地介绍清楚。

她先后到过 3 个柜组，无论在哪里工作都很出色。调到瓶酒柜台后，她刻苦练习商品的包装捆扎技能，下班后还把罐头、瓶酒和绳子带回家中，让爱人卡着表练速度，经常练到深夜。手被尼龙绳勒开了血口，仍坚持继续练，后来还关上灯在黑暗中练，或者把双眼蒙上练，达到了纯熟的程度。1992 年 9 月，在昆明市第四届职工技术练兵赛中，她夺得全市罐头、瓶酒捆扎第一名。后来她在赴广西等省区的比赛中，又获得捆扎第一名，誉为“捆扎状元”。

在平日工作中，杨秀华以高尚的职业道德和优质的服务水平闻名于全行业系统。在柜台上，她主动为顾客介绍商品，百问不厌，百拿不烦，而且总是细心地照顾每一位顾客的特殊需要。作为柜长，她所在的瓶酒柜多年来始终无差错，无责任事故。在业余时间，她带领店里的团员青年走出商店，为附近的厂矿、学校开展摆摊服务，为商店附近的五保户、军烈属定期送货上门，还经常帮助孤寡老人买米买煤，洗衣做饭，受到人们的普遍赞誉。

〔杨启泉·民警·被追授全国公安战线一级英模称号〕　1993 年 2 月 6 日，公安部发布命令，追授广东省佛山市城区公安分局永安派出所原副所长杨启泉"全国公安战线一级英雄模范"称号。

1992 年 12 月 7 日傍晚，杨启泉下班回家路经天成街时，发现一手提公文包和尼龙袋的青年行动诡秘，便上前盘问。当杨启泉检查公文包时，青年拔腿就跑。杨启泉紧追几步将他抓住，那青年竟拔出藏在身上的手枪，向杨启泉连开两枪。杨启泉头部中枪鲜血喷涌，却以超乎常人的毅力用手捂住伤口，并将歹徒紧紧抓住。歹徒又向杨启泉连开 6 枪，杨启泉头部、胸部等 3 处受了致命伤，全身被鲜血染得通红。歹徒再次挣脱后，杨启泉又追了 30 多米，第三次将其抓住，相互扭打成一团。歹徒又挣脱，杨启泉又第四次将他抓住，因伤势过重，流血过多，再也没能站起来。他赤手空拳同持枪歹徒搏斗了 4 个回合，来回近 50 米，街上留下 35 米长的殷红血迹。

杨启泉，1956 年 6 月生于一个农民家庭。19 岁时加入中国共产党，并应征入伍。在部队的 10 年中，曾 5 次受嘉奖。1985 年 2 月转业到佛山市永安派出所，担任红强居民区户籍管段民警。几年来，因他的辛勤工作，这个集城市居民、水上居民和农村居民于一体的复杂地段，社会治安状况大大好转，杜绝了重大案件。1991 年底，杨启泉接群众举报，某大酒店卖淫嫖娼活动十分猖獗，因酒店一些保安人员与卖淫嫖娼者串通一气，精心布置了一个防警网络，多次组织力量扫荡都无结果。分局领导派杨启泉去单独侦察，经过明察暗访，获得了很多重要情况。后来分局再次组织力量扫荡，一举抓获这家大酒店的总经理和保安部长等违法人员，捣毁了这个大淫窝。1992 年 8 月，杨启泉被广东省公安厅评为除"七害"先进个人。

永安派出所辖区内有 500 多家企业，外来民工有 4000 多人。杨启泉主动到企业联系，加强对民工的管理，帮助企业保卫部门进行安全检查，对民工进行法纪教育，防止了问题的发生。1992 年 9 月，某印染厂一名临时工与厂外勾结，盗窃了 50 多卷化纤布。杨启泉接到报案后，带病几次往返清远和广州跟踪侦查，在当地公安机关配合下，抓获 8 名案犯，为该厂挽回数万元经济损失。

杨启泉连年被评为先进工作者、好党员。他牺牲后，广东省人民政府批准他为革命烈士，佛山市人民政府追授他"人民卫士"称号。

〔杨虎城·已故著名爱国将领·百年诞辰〕
1993 年是著名爱国将领杨虎城将军诞生 100 周年，北京、西安等地隆重推出《杨虎城》、《千古功臣杨虎城》、《杨虎城将军诗作名家墨迹》等纪念书籍。

天津文联著名作家周骥良花费 10 余年心血撰写的长篇传记《杨虎城》，由红旗出版社分上、下册出版，全书共 80 万字，具体地、全景式地再现了杨虎城将军的一生。中国文史出版社出版的《千古功臣杨虎城》一书，主要取材于近年征集的文档资料和口述资料，记述了杨虎城从"刀客"首领到民族英雄的经历及其刀枪血火的战斗生活。陕西人民美术出版社出版了《杨虎城将军诗作名家墨迹》一书。该书收录了杨虎城将军的 20 首诗作，由蜚声海内外的书法大师赵朴初、楚图南、启功等书写；陕西著名文史专家刘永端先生对全部诗作作了比较详细的注释，使本书具有很高的史料和收藏价值。

1993 年 11 月 25 日，张学良先生致电全国政协常委、杨虎城之子杨拯民，电文为："敬念杨虎城先生百岁诞辰"。

11 月 26 日，陕西省纪念杨虎城将军诞生 100 周年活动在西安隆重举行。全国政协副主席杨汝岱，原全国政协副主席吕正操、马文瑞、汪锋，陕西省及西安市负责人张勃兴等，有关方面人士阎揆要等，杨虎城将军的子女杨拯民、周盼、杨拯美、杨拯英等 500 多人参加了纪念活动。并于当天在西安市革命公园举行杨虎城铜像揭幕仪式。

杨虎城，陕西蒲城人，1893 年生。曾参加辛亥革命。1917 年底任陕西靖国军左翼军第五游击支队司令。1924 年 1 月加入国民党。同年任国民军第三军第三师师长。1927 年参加国民革命军。后去日本"休养"。同年 11 月回国，任国民革命军第二十一师师长。1930 年任国民党第十七路军总指挥，不久兼任陕西省政府主席。1935 年任陕西绥靖公署主任。奉命阻击红军北上，损失惨重。1936 年 12 月，在中国共产党影响下，和张学良一起发动西安事变，扣押蒋介石，逼蒋接受停止内战一致抗日主张。西安事变和平解决后，被蒋逼令离军出国。抗战爆发后，要求回国抗日，1937 年 11 月从法国经香港回国，在南昌被国民党特务软禁。后被蒋介石长期监禁。1949 年 9 月 17 日重庆解放前夕，被蒋介石指使特务杀害。

〔**杨尚昆·国家主席·卸职**〕　1993年3月27日，第八届全国人民代表大会第一次会议选举江泽民为中华人民共和国主席。选举结果公布后，新当选的国家主席江泽民和原任国家主席杨尚昆同时站起身来，走到一起热烈握手、拥抱。至此，杨尚昆卸去国家主席职务。3月31日，江泽民主席在八届全国人大一次会议上讲话时称："杨尚昆同志担任国家主席期间，坚定不移地坚持建设有中国特色社会主义的理论和党的基本路线，致力于国家的建设和改革，以其卓有成效的工作，赢得了全国人民的尊敬和国际上的赞誉。我们衷心地向杨尚昆同志表示感谢和敬意！"

1月24日至2月27日，国家主席杨尚昆在广东休息和考察工作。2月9日上午出席了广州市授予李嘉诚、马万祺等49位知名人士为广州市荣誉市民大会，向到会的荣誉市民表示祝贺。2月6日，出席了白天鹅宾馆开业10周年庆典活动，为元宵晚会点灯揭幕。杨尚昆还先后到了南海、番禺、中山、佛山市，视察了番禺南沙港，听取了番禺经济开发建设的情况介绍，视察了珠海市巨人集团公司、南方航空训练中心，参观了珠海市体育、文化、科技医疗中心和北岭农民文化中心。2月21日，出席了西藏自治区负责人在珠海宾馆主持的庆祝藏历水鸡新年联欢晚会。杨尚昆在广东期间还会见了港澳和海外一些知名人士。

3月8日，杨尚昆在人民大会堂会见了前来中国进行正式访问的塔吉克斯坦共和国最高苏维埃主席埃莫马利·拉赫莫诺夫一行。

3月22日，会见了来华进行工作访问的瓦努阿图共和国总理卡洛特·科尔曼一行。

4月30日晚，杨尚昆出席了河北省省会石家庄的庆"五一"联欢会。会前，与河北省党、政、军领导干部和部分老同志亲切交谈。

9月30日晚，杨尚昆在成都锦城艺术宫参加了四川省暨成都市庆祝中华人民共和国成立44周年大会，与当地党政军领导、台港澳人士及各条战线的代表共1500人一起观赏了20世纪华人音乐经典系列演出开幕式《综合音乐会》。

杨尚昆，四川潼南县人，1907年生，1925年加入共青团，次年转为中共党员，1927年到苏联学习。1931年后，任全国总工会宣传部长、党团书记，中共中央宣传部长等职，后到江西中央革命根据地，任第一方面军政治部主任、红军总政治部副主任、红三军团政委等职，参加了长征。1937年任中共中央北方局书记，1945年任中共中央军委秘书长。建国后，任中共中央办公厅主任，中共中央副秘书长，书记处候补书记，中共广东省委书记处书记，省委第二书记，省革委会副主任，副省长，中共广州市委第一书记，市革委会主任，全国人大常委会副委员长兼秘书长，中共中央军委常委、秘书长，1982年起任中央军委常务副主席。1988年当选为中华人民共和国主席。是中共第八、十一、十二、十三届中央委员，1982年当选为中央政治局委员。

〔**杨建设·铁路巡道工·为抢救落水儿童献身**〕

1993年7月7日，铁路巡道工杨建设，为抢救落水儿童李郭霞献出了年轻的生命。他舍身救人的事迹使人们深为感动，凡是认识他的人都称赞这位一贯埋头工作、默默无闻的年轻巡道工"心里装工作多，装别人多，唯独想自己少。"

1993年7月7日下午，侯马市平阳小学11岁的女学生李郭霞和3个小朋友在鱼塘里戏水玩耍。突然李郭霞从所坐的汽车内胎上翻落入水，拼命挣扎，另外3个小朋友高声呼救。下班的杨建设路过此地，听到呼叫声，飞快跑过去，来不及脱掉外衣就跃身跳入水中抢救。由于李郭霞落水地点恰在鱼池中央，杨建设奋力游到李郭霞身边时，已力不从心，但仍挣扎着将李郭霞托出水面。这时，鱼塘主人王来嘉闻声赶到，急忙将李郭霞救护上岸。但杨建设却因体力不支，再也没能冒出水面，英勇献身。

杨建设，河南泌阳县崇义村人，1955年2月生。初中毕业后曾到农村插队。1976年6月分配到临汾铁路分局运城工务段侯马养路工区当了一名巡道工。参加工作以来，始终以雷锋为榜样，以甘当枕木自勉。他说：枕木一条，虽然渺小，但它和千万个伙伴一道，却是那么有力、自豪。他对工作一丝不苟，非常认真。巡道时，不论白天黑夜，赤暑严寒，他总是坚持细走慢看，按图巡回。17年累计巡道6万多公里，排除隐患十多次，没有发生过一次违章犯纪问题，保证线路安全畅通。1988年他在站内巡道，发现一辆拖拉机在道口熄火，眼看589次列车就要进站，他当机立断，手拿信号旗立即向列车奔去，终于将列车拦在站外，防止了一次机毁人亡的重大事故，被上级评为春运安全先进个人，并记功一次。

杨建设关心群众，乐于助人，受到群众的热情赞扬。邻居老两口患病，他像照料亲人那样义务照看5年，连后事都是他一手操办的。在危急关头，他曾5次冒险救人。有位患精神分裂症的妇女发病后，满街乱跑。有一次杨建设下班看见她突然向一辆飞驰而来的汽车底下钻，便急忙扔下自行车，箭步冲上去抱住她向路旁滚下，杨建设虽被擦伤破皮，却避免了一场车祸。

〔**杨宪益·与妻子戴乃迭合作·将中国名著二百余部译成英文出版被誉为译坛双泰斗**〕 杨宪益和他的英国妻子戴乃迭合作,笔耕半个世纪的时光, 将二百余部中国名著译成英文出版。包括古文学:诗经、楚辞、史记、唐宋诗词、唐代传奇、资治通鉴、儒林外史、聊斋志异、老残游记……;现代文学:鲁迅、巴金、沈从文、丁玲、赵树理、王蒙、张洁、谌容等作家的作品。他们还把外国名著译成中文,供国人欣赏。人们称誉这一对夫妻为中西合璧译坛双泰斗。1993 年 8 月 29 日,《北京日报》发表石梅撰写的长篇通讯,介绍了他们的事迹。

杨宪益,1915 年生于天津的一个书香门第,祖父为清朝翰林。1934 年杨宪益中学毕业后赴英国牛津大学读书。就在此时与英国女大学生戴乃迭相识。戴乃迭的父亲早年来中国,在燕京大学教经济学。戴乃迭 1919 年生于协合医院,4 岁时随父回英国读书,后入牛津大学,始习法文,后改学中文。当时杨任中国学生会主席,戴任秘书。两人从此奠定了天长地久之情。1940 年他们一道回中国,1941 年结婚。先在成都、重庆教书,后于金陵大学等校执教。由于二人都酷爱中国文学,于是教学之余,把中国文学的经典著作译成英文。夫妻合作的时候比较多,先由杨译成初稿,戴再以英国人的眼光修改英文稿,双双合力,比翼齐飞。英文译稿不断在国外出版,更加激发了他们的热情,于是走上了翻译的专业道路,而这一走就是半个世纪。谈起往事,杨老说:年经时,一天能翻译十几个钟头,除了吃饭都"掉"进去了。说及文学翻译也是创造性的劳动,戴说:"翻译起来,'掉'到作品中,很有乐趣。"翻译文学作品,二老有自己的准则,杨老言:"忠实原著。"戴曰:"还是那个老话:信、达、雅。"

五十多年,日月如梭,他们的笔下溢出成千上万字的译著。这一对沟通中西文化的民间使者,一直为传播人类的文明铺架"智慧之桥"。坚韧、专注,促成了他们中国文学翻译界的泰斗地位。

英国汉学学会、意大利但丁学会、香港翻译学会等学术权威机构先后授予杨宪益荣誉会员与院士称号。

〔**杨祖陶·哲学家·新著《德国古典哲学逻辑进程》出版**〕 武汉大学哲学系教授杨祖陶的新著《德国古典哲学逻辑进程》一书,1993 年由武汉大学出版社出版。这部专著以主观能动性和客观制约性的矛盾为纲,深入分析了德国古典哲学从康德到费尔巴哈的逻辑进程及其向马克思的辩证唯物论发展的内在必然性。

杨祖陶,1927 年生,四川大竹人。曾就读于西南联大和北京大学,师从贺麟、金岳霖、汤用彤、郑昕、洪谦等著名哲学家。从 1950 年起,先后在北京大学和武汉大学哲学系任教。1979 年任副教授,1982 年升为教授。历任武汉大学哲学系外国哲学教研室主任、西方哲学博士生导师、《德国哲学》杂志副主编和湖北省哲学史学会副会长等职。

杨祖陶长期从事西方哲学史的教学与研究工作,专攻德国古典哲学特别是康德与黑格尔哲学,著述甚丰。《德国古典哲学逻辑进程》一书,比较集中地体现了他多年研究的成果。他认为,30 年来我国哲学领域的一些重大争论,特别是近 10 年来围绕着主体性问题进行的争论表明:深入、全面、科学地认识和把握主观能动性和客观制约性的对立统一关系,仍然是一个关键问题。为了解决这个问题,熟悉和了解哲学史上围绕这个问题而产生的理论、学说和争论,了解它们之间的辩证关系及其思维教训,则是极为重要的一环。《德国古典哲学逻辑进程》一书,正是以德国古典哲学这一断代哲学史为例,力图揭示人类思维自身的矛盾进展所具有的内在的逻辑必然性。

他指出,康德率先提出了主体的统觉的能动性,以达到主客观的统一,但他只达到主体和作为现象的对象之间的统一,真正的客体即自在之物却被排除在外。费希特发展了由自我树立对立面(非我)又回复到自我的能动的辩证关系的体系,但这种统一只是在主体、自我意识内部的统一。谢林的"绝对同一"哲学正是在此基础上,把主客体统一的方式,从客体统一在主体之中颠倒为主体统一在客体之中,但谢林的客体仍是一种客观的主体、客观精神。黑格尔的主体和客体的同一,是一个由于内在差异和矛盾而自身不断向前发展的合理的过程,各种不同层次上的主客体关系不过是这一总体过程中的各个发展阶段。但黑格尔的"绝对精神",其实只不过是他头脑中主观抽象的有限精神。费尔巴哈对唯心主义的批判解除了思辨的魔法,把精神看作是以自然界为基础的人的宾词。但在他那里,主观能动性没有被引入到唯物主义理解的主客体关系之中,因而也就不可能真正解决主客体的对立统一关系,结果必然导致一种以本身即是主观能动性和客观制约性的辩证统一的人的实践活动为出发点的全新哲学,即马克思所创造的辩证唯物主义的诞生。

杨祖陶的其他著作还有《德国古典哲学的阶级基础》、《欧洲哲学史稿》、《从法国唯物主义到德国唯心主义》、《康德范畴先验演绎构成初探》、《黑格尔建立逻辑学体系的方法论原则》、《黑格尔逻辑学中的主体性》等。

〔杨桂樨·高级工程师·主持设计天津新港四港池集装箱码头工程被评为全国十大水运工程之一〕　由交通部组织评选的"全国十大水运工程和十大公路工程"命名大会于1993年9月24日在北京举行。天津新港四港池集装箱码头工程被评为"全国十大水运工程"之一。主持这项工程设计的项目综合负责人是交通部第一航务工程勘察设计院院长杨桂樨。

天津新港四港池集装箱码头，设计岸线长895米，深水泊位3个，各种建筑面积7.5万平方米。码头及后方陆域均为吹填而成，采用一系列新的软基处理技术，总面积达92万平方米，这在全国港口建设史上是罕见的。该工程于1976年设计，1979年8月正式开工，1985年12月建成投产。经国家验收委员会验收鉴定通过，认为工程总平面设计合理，分区功能明显，建设内容齐备，装卸工艺先进，已形成综合生产能力。天津港集装箱公司8年营运证明，该码头适应不同船型组合靠泊，装卸作业效率高，管理方便，使用安全。据天津港统计，集装箱码头年吞吐量已由1985年建成初期的14.78万TEU提高到1992年的37万TEU。1993年预计可过到45万TEU，超设计40万TEU的年吞吐能力，社会、经济效益很好。

杨桂樨系河北省新城县人，中国共产党党员。1941年9月生，1966年9月于天津大学水利系毕业后分配到交通部第一航务工程勘察设计院工作至今，历任技术员、工程师、设计室主任等职，1984年5月任副院长，1987年晋升为高级工程师，1991年6月任院长。从事港口设计27年，工作勤奋，业绩显著，曾参加和主持大、中型工程设计30余项。其中，他参加设计的山海关船厂1、2号船坞工程于1984年获交通部优秀设计奖；天津新港三港池集装箱泊位也于1984年获国家级优秀设计金质奖。他曾数次考察西欧、日本、美国多个港口集装箱码头的设计与营运情况，积累了丰富的经验，并运用于天津新港四港池集装箱码头的设计中，使该工程设计达到了国际先进水平。

杨桂樨具有港口地质、水工及平面设计、工程项目经理及技术管理等多方面的实践经验，又有扎实的理论知识和较高的专业技术水平，曾先后发表港口集装箱码头及有关港口航道设计的论文多篇。参加了《海港总体及工艺设计规范》的编写，获得交通部科技进步二等奖。1993年被批准为国家级有突出贡献的中青年专家称号。

杨桂樨领导的交通部第一航务工程勘察设计院适应市场经济的发展，深化内部改革，起用一批有开拓精神的中青年技术骨干，同时，组织开发新技术、新工艺，取得了显著的效益。全国十大水运工程有3项是由该院设计的。1990～1993年，该院勘察设计及科研成果获得国家级优秀设计金质奖2项、优秀勘察银质奖1项、质量银质奖1项、优秀计算机软件奖2项和交通部优秀设计奖2项、科技进步奖2项，经国家建设部等部门评选为"中国勘察设计单位综合实力百强"之一，并经国家建设部批准为"甲级工程总承包资格证书单位"。

〔杨烈宇·中国农工民主党副主席·在大连逝世〕　1993年11月10日，一级教授、农工民主党中央副主席、全国人大常委杨烈宇在视察工作后突发心脏病，经抢救医治无效在大连逝世，享年75岁。

杨烈宇，1918年生，四川铜梁人。早年毕业于武汉大学。曾任四川乐山铁厂、成都运输管理段、重庆兴国工矿公司技术员、工程师、技术厂长。1946年加入农工民主党。1951年后，历任大连京华公司、大连钢厂工程师，大连海运学院副教授、教授、博士生导师、船舶金属研究所所长，国务院学位委员会第一、二届工学学科评审组博士生导师评审成员，交通部高等学校教师职务评审委员会副主任兼机电学科组长，中国离子热处理委员会委员，全国维修研究会顾问。1981年以来共获国家和部、省级发明及科技进步奖11项、计划单列市重大科技成果奖5项、国家发明专利3项。他发明的N—C—Ti三元共渗及其它多项离子轰击渗扩工艺被国际科技界命名为"IB"技术，可突出地对用铸铁、碳钢、合金钢、不锈钢、耐热钢等制造的船机零件或其它机件进行表面强化，可大大提高耐磨、耐蚀、耐疲劳和抗氧化的突出效果。曾获全国"五一"劳动奖章。1988年被载入《中国当代发明家辞典》，1991年被载入《中国当代名人录》，1991至1993年连续3年被载入美国传记研究中心出版的《世界杰出名人录》。是第七、八届全国人大常委，第六届全国政协委员，农工民主党第九、十、十一届中央副主席。

〔杨恩寰·哲学家·主编《美学引论》一书受到好评〕　辽宁大学哲学系教授杨恩寰主编的《美学引论》，作为一部美学学科总论，对美学的研究对象、理论体系的框架结构、学种的性质与研究方法，都作了令人耳目一新的界定和处理。1993年11月1日的《人民日报》(海外版)发表了介绍这部专著的书评,认为这部著作的出版,是中国当代美学取得重大进展的标志。

杨恩寰,1928年生,辽宁沈阳人,满族。1958年毕业于北京大学哲学系,曾在山东聊城师范学院、山东大学任教,1978年起在辽宁大学哲学系任教,历任讲师、副教授、教授和硕士生导师。他还担任中华美学学会理事、全国高校美学研究会副会长、辽宁省美学学会副会长、辽宁省社会学学会常务理事等。

杨恩寰从多学科教学与研究起步,走上了以美学为中心的跨学科研究的道路。多年来撰写美学、心理学、哲学等方面的论文60余篇,著作13部。他的主要著作有《西方美学思想史》、《审美心理学》、《弗洛伊德——一个神秘的人物》、《美学教程》、《审美教育学》等。他还参加了《中国大百科全书·哲学》卷和《美学百科全书》中部分美学条目的撰写工作。

在杨恩寰的论著中,包含了他一些独到的学术观点。例如,在理论美学方面,他提出美学应以审美现象为研究对象,采取一元方法论与多元方法论相结合的研究方式,依据唯物史观对"美的规律"做出阐释,把它看做人类物质生产的造形规律,把美规定为人类物质生产的造形活动的自由形式。他提出理论美学体系的新框架,即以审美经验为起点,向主客体延伸,求得审美的终极解答。在审美心理学方面,他提出动力学的审美机制模式,即由审美需要(动力)、审美能力(机能)、审美观念(调控)三个层面组合而成的动力结构。在审美教育学方面,他认为审美教育是一种性情教育,审美教育效应应落实在审美人生的培育上。在西方美学史方面,他着重从哲学和心理学方面探索审美理论形态的演变历程。

他的论著和学术观点引起海内外学术界的关注。台湾两家出版社分别出版了他的《审美心理学》和《美学教程》;他的学术观点被收入张岱年主编的《二十世纪中国哲学》;《西方美学思想史》一书的基本观点,被收入北京大学出版社出版的《中国二十世纪文学研究论著提要》。他的小传被收入《中外名人志》、《当代中国美学名人志》、《民族大辞典》、《满族大辞典》和英国剑桥国际名人传记中心。

〔杨盛福·担任京津塘高速公路总监理工程师·工程质量达世界一流水平〕 京津塘高速公路经过6年建设,于国庆44周年前夕全线建成。标志着我国公路建设的技术和管理水平跨入了世界先进行列。1993年9月21日,该工程项目被交通部命名为"全国十大公路工程"之一。这个项目的总监理工程师是交通部工程管理司司长杨盛福。

京津塘高速公路被誉为我国改革开放政策的典型示范工程,它成功的一条重要经验就是在工程建设中,引进、推行了国际土木工程管理的通用合同条款,即菲迪克(FIDIC)条款。该条款规定业主、承包商和监理工程师"三足鼎立",各负其责;明确了监理工程师是项目管理的核心,负有监督协调和管理业主与承包商行为的权力;运用技术、经济和法律为综合手段对工程项目实施具体管理。菲迪克条款被认为是目前国际土木工程管理中最具权威的、科学合理的项目管理制度,因而被世界各国广泛采用。为改变我国公路建设长期存在的效益低、质量差的落后状况,逐步推行科学、法制、专家负责的现代化管理模式,交通部决定,以京津塘高速公路建设为突破口,在工程管理体制上引发一场革命。为保证这一管理体制改革和工程建设的有效实施,任命当时任交通部公路局局长的杨盛福为项目总监理工程师,负责组织领导全线的监理工作,对工程质量、进度与造价进行监督和管理。工程开始后,曾遇到各种旧习惯势力和传统观念的阻挠,一度严重影响工程的进度和质量。但他迎着困难,耐心细致地协调各方面的关系,组织全线的监理工程师严格管理,向国际标准看齐,坚定不移地推行科学的工程管理机制,受到了国务院领导的支持,终于使菲迪克条款首次在我国公路建设中成功地发挥作用。在引进先进技术和管理经验中,杨盛福认为不能食洋不化、完全照抄,而应适合中国国情。为了掌握工程进展,他深入现场,调查研究,协调与业主和承包商的关系,及时解决出现的问题,保证了工程的质量和进度。京津塘高速公路严格按照合同工期和技术规范的要求顺利建成,造价得到了有效的控制,为国家节约了数千万元建设资金。杨盛福组织制订的百万余字的监理文件,在工程建设实践中得到了检验,为我国工程监理制度的建立和完善,积累了十分有益的经验。同时,也培养了一批能够承担国际工程项目管理的监理工程师队伍。

杨盛福现任交通部工程管理司司长,中国共产党党员,高级工程师,四川奉节人,1937年2月生,1959年在成都工学院毕业后,分配到中国科学院综合运输研究所从事研究工作,1972年调交通部公路局从事公路建设和运输管理工作,历任技术员、工程师、副处长、副局长、局长等职,对公路建设和运输管理有较高的理论造诣和丰富的实践经验,曾发表论文多篇,其中由他主持的中德合作研究的《2000年中国公路运输发展战略》课题,获1991年国家计委颁发的科技进步奖。

〔杨银声·原炮兵副政委兼政治部主任·在北京逝世〕 1993年1月28日，杨银声因病在北京逝世，终年75岁。

杨银声，1918年生，安徽寿县人。1932年加入中国共产主义青年团，同年转入中国共产党。1933年参加中国工农红军。曾任皖西北游击大队宣传员，皖西北游击师连指导员，中共皖西北特委青年部部长。参加了鄂豫皖革命根据地反“围剿”和三年游击战争。1937年入延安抗大学习。抗日战争时期，任晋察冀军区政治部组织干事，第三军分区二十团总支书记、第三军分区十区队政委，雁北军分区支队副政委，第五军分区三十五团政委。参加过百团大战。解放战争时期，任晋察冀军区第三纵队九旅二十七团政委，华北野战军独立一旅副政委，第十九兵团六十五军一九五师政委。先后参加清风店、正太、石家庄、平津、太原、兰州、宁夏等战役。中华人民共和国成立后，任师政委。1951年参加抗美援朝，回国后任副军长兼参谋长。1960年毕业于高等军事学院。后历任军政委、北京军区政治部主任、总参谋部二部政委、解放军炮兵副政委兼政治部主任。1955年被授予少将军衔和三级八一勋章、二级独立自由勋章、二级解放勋章。1988年获一级红星功勋荣誉章。

〔杨静仁·当选第八届全国政协副主席〕 1993年3月26日在政协第八届全国委员会第一次会议上，杨静仁再次当选为全国政协副主席。

杨静仁，1918年9月生，甘肃兰州人，回族，1937年加入中国共产党。在兰州中学读书时就参加抗日救亡运动。1938年至1949年，在甘肃、宁夏、陕北等地从事党的民族工作，曾任陕甘宁边区回民骑兵团政治委员，西北局统战部民族科科长，陕甘宁边区政府民委委员。1949年后，任全国政协第一届委员会委员，中央统战部四处处长，国家民委委员、办公厅主任，国家民委副主任，宁夏回族自治区党委第一书记、自治区人民委员会主席、宁夏军区政委，西北局书记处书记。1977年后任宁夏回族自治区党委书记、自治区革委会副主任、自治区政协主席，国家民委主任、党组书记，中央统战部副部长、部长，国务院副总理。他是第一届全国政协会议代表，第五、六、七届全国政协副主席。第一、二、三、五、六届全国人大代表。中共十一、十二、十三届中央委员。

〔李达·原中顾委委员、中央军委顾问·在北京逝世〕 1993年7月12日，李达因病在北京逝世，终年89岁。

李达，1905年4月生，陕西眉县人。1926年考入冯玉祥创办的西北军第二军官学校。毕业后任排长、连长。1931年12月参加宁都起义。1932年9月加入中国共产党。曾任中国工农红军第五军团连长、湘赣边独立一师参谋长、第十七师参谋长兼团长、红六军团参谋长。参加了湘赣革命根据地第四、五次反“围剿”，曾获二等红星奖章。1934年红六军团实行战略转移，与红二军团会合后，调任红二军团参谋长，参加指挥了龙家寨、梧溪河、忠堡、龙山、板栗园等战斗，参与创建湘鄂川黔革命根据地的斗争。长征中先后担任红二军团、红二方面军参谋长。1937年秋任援西军参谋长。抗日战争爆发后任八路军第一二九师参谋长，后兼太行军区司令员。率部参加了长生口、七亘村等战斗。随后参与指挥了晋东南反“九路围攻”、白晋战役、百团大战、沁源围困战等战役战斗。解放战争时期，任晋冀鲁豫军区参谋长、中原军区参谋长、第二野战军参谋长兼特种兵纵队司令员和政委。先后参与指挥了上党、邯郸、陇海、定陶、鄄城、滑县、距(野)金(乡)鱼(台)和豫皖边等战役。1947年6月协助刘、邓发起鲁西南、进军大别山等战役。后参加了淮海、渡江和西南等战役。中华人民共和国成立后，任西南军区副司令员兼参谋长，后兼云南军区司令员。1953年参加抗美援朝，任中国人民志愿军参谋长，参与指挥了夏季反击作战。回国后，任中国人民解放军训练总监部副部长兼计划和监察部部长，国防部副部长兼国家体委副主任。1972年任中国人民解放军副总参谋长。1980年任中央军委顾问。1955年被授予上将军衔和一级八一勋章、一级独立自由勋章。一级解放勋章。是第一、二、三届国防委员会委员，中共第十、十一届中央委员，中顾委委员，第二、四届全国人大代表，第三届全国人大常委会委员。1988年获一级红星功勋荣誉章。

〔李伟·总政治部文化部原顾问·获全军先进离休干部称号〕 1993年9月，在人民解放军总政治部召开的全军老干部工作先进表彰会议上，李伟被授予全军先进离休干部称号。

李伟，1914年10月生于河北沧州，1936年2月参加革命，1938年1月参加中国人民解放军，1938年9月加入中国共产党。曾任宣传股长、科长、总政文化部副部长、总政办公厅副秘书长、总政宣传部部长、总政文化部顾问等职。

1985年李伟从工作岗位退下来时，已是71岁，曾写诗一首：“革命贵坚持，神州舞醒狮；鲜花铺沃野，老干发新枝；晚节流香处，青山夕照时；年高热未竭，奋力吐蚕丝”，以提醒和激励自己向党交一份合格的答卷。他虽然离休了，但并没有终止在文化事业上的追求。他爱好音乐，以往多年中曾利用业余时间创作了700多首歌曲。离休8年来，他怀着把时代的精神风貌展示出来，把值得颂扬的事物写成词、谱成曲奉献给部队和社会的愿望，又作了新歌90首，有的在全军、北京市的比赛中获奖；还撰写了不少音乐论文，出版了《李伟歌曲选——附音乐论文》；并先后为装甲兵工程学院、清华大学土木环保系、北京青年湖蓓蕾艺术学校等7个单位谱写了校歌、系歌；他谱曲的《毛泽东诗词歌曲集》也将出版。他还担任了全国音协常务理事兼理论委员会副主任、中国少年儿童基金会理事、北京市青年湖蓓蕾艺术学校校长以及几个文艺团体的顾问，为社会主义文化教育事业做出了积极贡献。

李伟离休后不久，即被聘担任总政老干部学院院长。他克服种种困难，创造条件办学，精心设置教学内容，着力提高教学质量。学院成立7年多来，从初期5个分院、200多学员，发展到7个分院、500多学员。学员的文化知识水平和专业技能有了很大提高，有的学员的书画作品参加了全国、全军展览并获奖，有的作品被国家收藏或走出国门。老同志普遍反映，学院丰富了他们的精神生活，是他们最欢迎、最喜爱的学习和活动场所，引导他们步入了人生的"第二个春天"。

李伟离休后，严于律己，坚持做到"四个不变"。一是对共产主义和中国共产党的信念不变，坚持读书学习，关心国内外大事。二是节俭自律的家风不变。配给他的专车，子女除急病送医院外，其他情况不得动用。他到较近的地方办事，都是骑自行车。四个孩子结婚，都只送一套餐具、两床被子、500元安家费，让他们搬出单过。三是关心社会、关心他人的习惯不变。这几年从工资省下的钱中，先后向灾区人员、十一届亚运会和全国少年儿童基金会捐款五千多元，多次向遇到困难的同志赠款援助。四是廉洁朴素的作风不变，多次谢绝托他办事的同志给他送礼。李伟离休后，曾被授予全国老有所为精英奖章，被评为总政优秀党员。

〔李华·工程师·关于水泥路面发展对策及修筑技术研究成果获奖〕　由李华等人主持的《水泥路面发展对策及修筑技术研究》科研成果，在全国示范推广后，取得了显著的社会、经济效益，1993年7月，被交通部评为科技进步一等奖。

从建国到1988年，全国修筑的8264公里公路，二级以上的仅占5%，且大多是六、七十年代修筑的渣油或沥青表面处治路面，大部已超过设计交通量和使用年限，路面状况恶化，通行能力降低，严重影响公路运输效益。为改变我国公路交通落后状况，李华等人主持的科研小组经过3年的调查研究，提出了《水泥路面的发展对策及修筑技术研究》报告，对水泥混凝土路面的结构设计、材料组成、施工工艺，检测试验标准、方法和仪器的研制以及维修养护等方面进行了系统的研究，既有独立性，又互有联系、互为补充，是一个多项成套的实用技术，经交通部组织的专家鉴定委员会审定，认为该项成果达到了国内领先水平，其中项目内容规定的多项成果达到国际领先水平，被交通部列为1989～1995年科技重点推广项目。经4年的实践，提高了施工质量，加快了施工速度，充分显示了该项目社会经济效益好、见效快等特点。该项目推广后，全国修筑公路里程从1988年的8264公里上升到1992年的21321公里，是建国39年的1.58倍，年平均修筑里程是1988年前的15倍，并节约了大量修路、养路费，对加快我国公路建设发挥了重要作用。

李华，交通部公路管理司工程师，中国共产党党员，陕西人，1954年1月生，1977年12月毕业于西安公路学院公路工程专业，曾在交通部公路规划设计院任职，1991年调交通部工作。主要从事道路工程的专业技术工作，先后参加、组织过"京津塘高速公路"等重点工程的野外戡测、设计与水泥路面的研究等工作，特别是对我国发展水泥混凝土路面的研究与示范推广工作有积极贡献。他热爱事业，刻苦钻研，曾获国家教委、交通部颁发的科技进步二等奖1次，三等奖2次，先后发表科研论文25篇(册)。

参加这一获奖项目的还有：顾敏浩、姚祖康、黄熙、蔡正泳、戴经梁、祝心树，夏蔚西、张圣城、陈荣生、刘效尧、汪银华、张元方、石小平、汪亚干。

〔李兆·北京市人民检察院检察员·被评为中国十大杰出检察官之一〕　1993年9月20日，由《人民日报》、新华社、《法制日报》等13家新闻单位和中宣部新闻局联合主办的建国以来首次评选"中国十大杰出检察官"活动在京揭晓，并在人民大会堂举行颁奖大会。北京市人民检察院反贪污贿赂三处副处级检察员李兆榜上有名。

李兆，山西省盂县人，1960年11月12日生，大专文化程度，1976年11月入伍，1979年12月加入中国共产党，1982年4月退伍后在北京市检察分院三处历任书记员、助理检察员、办案组组长等职，1990年调任现职，为办案组组长。

从1986年起，李兆就一直战斗在反贪污贿赂斗争第一线。1990至1992年，他3年办了3件有全国影响的经济大案。1990年领衔侦破了李文华特大贪污案。该案是当年北京市立案侦查的8个百万元经济大案之一，影响很大。李文华是北京市城区第五建筑股份有限公司经理，因有将工程款300万元港币转移到香港个人名下并欲携女秘书刘丽洁外逃之重大犯罪嫌疑，被北京市公安局收容审查。由于作案隐蔽，30余次审讯未能突破口供。李兆接案后冷静分析案情，采取迂回渐进的办法找到了突破口。率领办案组排除了串供、转移赃款、隐匿账本等反侦查的人为干扰，展开了一系列侦查。经审查8个单位有关账目，询问证人及有关当事人90余人次，讯问被告上百人次，到天津、河南、广州、深圳、珠海外调行程7000余公里，收集各种证据上千份，查清了李文华采取各种手段侵吞公款人民币33万元、港币29.5万元、美元1.5万元及行贿人民币4.6万元的犯罪事实，收缴赃款40余万元和大批赃物。同时还查出同案犯8人及有其他经济问题够刑事处分的25人，追缴赃款30余万元。1991年，北京"卫益行"诈骗7900万元巨额贷款犯罪因主犯丛松波被杀而案发，曾轰动一时。在这起犯罪中，北京12家银行、信用社和投资公司，在9个月内被骗走贷款7900万元。李兆作为专案组组长，带领9名组员，外调取证400多份，提询案犯和询问证人100多次，查清了北京建设银行朝阳支行行长王启升等11人接受"卫益行"骗子贿赂20余万元，将7900万元贷款拱手相送的全部犯罪事实。在被查获的11名案犯中，局级干部1人、处级干部5人。他还冒着酷暑两下海南，几经周折，为银行追回贷款2000万元。1992年，李兆从一个索贿5万元的线索中，发现了某基金会项目办副主任易晓贪污巨额公款的重大犯罪线索。通过到四川、深圳、珠海、海南等地调查取证，查明了易晓在负责办理某引进项目中，采取欺骗手段，将基金会的200万元公款据为已有的全部犯罪事实，同时不仅收缴了易晓用赃款购买的29英寸彩色监视器2台、照像机18个、SONY微型录音机17个等大量赃物，而且追回被易晓转移到四川的赃款及非法所得人民币190多万元。

李兆曾荣立三等功、二等功各一次，两次被评为北京市检察系统先进工作者，1991年被评为北京市检察系统"十佳"优秀检察员、优秀青年知识分子，1992年被最高人民检察院授予"全国检察系统先进工作者"称号。

〔李安·台湾电影导演·执导的影片《喜宴》获第三十届台湾电影金马奖最佳导演奖〕　1993年12月，在第30届台湾电影金马奖的评选中，台湾青年导演李安因成功地执导了《喜宴》一片，而夺得最佳导演奖。这是他继1992年拍出表现中西文化冲突的《推手》(曾作为参展片在首届中国金鸡百花电影节上展映)受到广泛重视和欢迎后，又推出的一部令人瞩目的影片。该片还在柏林国际电影节上夺得本年度最佳故事片大奖金熊奖。

《喜宴》讲的是一个反传统的故事：从台湾来美国从事房地产投资的青年高伟同为了应付父母"男大当婚"的催促，迫不得已和大陆来的房客威威假结婚，结果在合家欢庆的"喜宴"之后生出不少意外波折。结局是，父母无可奈何，高的情人赛得和威威也都只好面对现实。而李安1992年拍的《推手》则是一部表现传统文化力量的影片。港台影评因此认为，《推手》格局虽不大，故事也相当通俗，却充满感情，流露出浓郁的中国伦理亲情，从头到尾始终让人感受到一股化不去的无奈和悲凉，而《喜宴》则以轻喜剧的手法铺陈，尤其前半部流泄出难得的幽默喜感、后半部又逐渐融入中国人的亲情抒写，让观者的情绪随之笑、随之哭，是一部掌握适度，又能引起观众共鸣的"悲喜剧"。并认为李安的电影最大的特点，在于他能在通俗的故事中呈现属于中国人的伦理情感，能适合时代脉搏，不致和现代生活脱节，可以说兼具商业性和艺术性。也许正因为有如此突出的特点，柏林电影节才不忍割爱，破例将金熊奖同时授予了大陆的《香魂女》和台湾的《喜宴》，从而令海峡两岸的中国人感到兴奋、骄傲。

李安，1954年生于台湾屏东，原籍江西。1972年毕业于台南一中。后考入国立艺专影剧科主攻话剧。曾获大专联台公演的最佳男演员金鼎奖。1978年赴美国就读于伊利诺斯大学戏剧系导演组。1980年又考入纽约大学电影制作系，四年后毕业，取得硕士学位。在校期间的学生影片《荫凉湖畔》获台湾金穗奖，其毕业作品《分界线》则获1985年纽约大学影展最佳影片、最佳导演奖。李安喜好文学，擅长写剧本，并曾多次获奖。

〔李忠·解放军某部排长·运动健将·获"军体尖兵"称号〕　1993年2月12日，沈阳军区发布命令，授予李忠"军体尖兵"荣誉称号。

李忠，黑龙江省绥棱县人，1969年5月出生，1987年12月入伍，1988年9月加入中国共产党，中尉军衔。李忠入伍后，牢固树立了爱军习武的思想，为了练就一身过硬本领报效祖国，自觉从难、从严苦练军事技术，很快成为部队军事训练尖子，被选送到解放军军事五项队。进入五项队后，他如鱼得水，决心在国际军体运动比赛中创造好成绩，为祖国和军队争光，更加自觉地刻苦训练。他不叫苦，不叫累，不怕伤，不怕痛，身上常常是旧疤未愈，又添新伤。1990年初，他双腿患了疲劳性骨膜炎，医生劝他停止训练，他一边配合医生治疗，一边把腿打上厚厚的绷带，咬紧牙关，坚持训练。他的成绩不断进步，终于使军事五项个人总评成绩在全队名列第一。1991年7月，他首次出国到挪威参加比赛，由于水土不适，吃不惯西餐，一直胃痛，但为了防止药检出问题，硬是挺着不吃药，夺得了个人全能亚军，创造了历次所有参赛国初次参赛运动员的最好成绩。回国后，他不骄不躁，埋头苦练，憋足了劲要再创好成绩。1992年，在第40届国际军体五项射击比赛场上，他的靶位紧靠上届世界个人全能冠军、巴西老将班德拉。他沉着冷静，机智果断，根据大口径步枪震动大、声音响的特点，凭着熟练高超的技术，枪枪都抢在班德拉前面击发，终于以192环的成绩战胜班德拉。在500米障碍跑过涵洞时，他的膝、肘和背部被擦掉了几块皮，流出鲜血，他全然不顾，冲向终点，力克群雄，夺得了本届比赛的个人全能冠军，为祖国、为中国军人赢得了荣誉，被国际军体理事会誉为“天下第一兵”。他还同队友一起为祖国捧回了“戴布鲁斯”团体金杯。李忠入伍以来，先后7次立功，其中一等功、二等功各一次，并被评为国家级运动健将。

〔李玲（女）、单瑾（女）·杂技演员·主演《转碟》获中国吴桥国际杂技节金狮奖〕　1993年11月，在石家庄市举行的第四届中国吴桥国际杂技节上，南京杂技团演员李玲、单瑾主演《转碟》，以优美动人的“梁祝化蝶”意境，高难惊奇的技巧，夺得金狮奖第三名。

李玲，1974年7月生，南京市人。单瑾，1976年5月生，南京市人。她们均于1988年参加南京市杂技团，经过严格训练，很快成长为能够把技巧与艺术较好结合起来的演员。她们在教师吕小珠的教练、指导下排演《转碟》，作出了艰苦努力，李玲担任“底座”，以惊人的功底和毅力，头上顶起四个“尖子”演员；单瑾在“三人组合脚蹬飞盘”、“四人三层叼花”等创新的技巧中有出色的表演，她们同傅丽泉等10名女演员合作，成功地完成了《转碟》的再创造，使这个节目保持和发展了独特的艺术表现力。《转碟》还曾参加1992年举行的第三届全国杂技比赛，获“银狮奖”。

〔李烈（女）·高级教师·获全国小学数学评优课一等奖第一名〕　北京第二实验小学高级教师、全国教育系统劳动模范、人民教师奖章获得者李烈，在1993年全国小学数学评优课比赛中，获全国一等奖第一名。同年她还获北京市政府颁发的“北京市十杰教师”提名奖。

李烈，1954年3月出生于辽宁省黑山县，1962年进入北京铁路第三小学读书，1969年升入北京师大附中，1971年考入西城师范学校，1974年被分配到西城区青龙桥小学任教，1977年后在北京第二实验小学任教。

李烈热爱学生、热爱教育事业。在长期的教学实践中，她探索和总结出一套教学方法。并写出论文在《中国教育报》、《光明日报》等报刊上发表，分别获区、市、全国奖。她出版了《小学数学教学》等7本书，多次在中央电视台、中国教育电视台进行学生辅导和教师培训授课。并应邀赴全国18个省、市、自治区介绍教学经验。

1986年李烈获“全国教育系统劳动模范”称号和国家教委颁发的人民教师奖章，北京市“五一”劳动奖章。1992年被北京市教育局破格评为中学高级教师。她是北京市政协委员，北京市教育学会常务理事。

〔李凌·音乐评论家·其音乐思想学术讨论会在北京举行〕　李凌是我国著名音乐评论家、社会活动家和音乐教育家。近60年来，他的音乐思想曾对现代中国音乐事业产生过重要影响；他的工作实践，为我国的音乐建设做出了重要贡献。为研究李凌音乐思想，推动我国社会音乐生活和音乐评论事业的健康发展，中国文学艺术界联合会、中国音乐家协会、中央乐团、中央音乐学院、中国音乐学院、中国函授音乐学院、中央乐团社会音乐学院、音乐周报八单位，于1993年12月28日、29日在京举行了“李凌同志音乐思想学术讨论会”。28日上午在中央乐团举行了开幕式暨李凌80华诞庆祝会。在中央音乐学院举办的学术讨论会上，与会者提交或宣读论文20余篇。

李凌，原名李树连，广东省台山县人。1913年12月28日生。1935年在台山任远中学教唱歌、图画课。1937年到上海，进新华艺术专科学校。抗日战争爆发后回台山，从事抗日救亡活动。1938年赴延安，在鲁迅艺术学院音乐系学习，毕业后留校工作。1939年11月去重庆，主编《新音乐》月刊。国统区的许多优秀歌曲如《你这个坏东西》、《茶馆小调》、《跌倒算什么》等，就是通过《新音乐》得到推广。陕甘宁边区的新作如《延安颂》（以《古城颂》的歌名发表）、《黄河大合唱》、《兄妹开荒》，通过该刊也被介绍给国统区人民。该刊发表的关于音乐与抗战、新音乐与新音乐运动、音乐的民族形式与大众化等文章，《解放区的音乐》、《绥远民歌》等理论文章，都给国统区的音乐界以有益启示。同时，李凌还与赵沨等人共同主持新音乐社，在全国各地开展活动。1946年后去上海、香港等地，主编出版《新音乐》，并创建了上海中华星期音乐学院、香港中华音乐学院。中华人民共和国成立后，他参与了中央音乐学院的筹建工作，以后又历任中央歌舞团、中央乐团、中国音乐学院、中国文联、中国音协等单位的领导职务；在这些岗位上，他都有不同的建树。

李凌对音乐的重要贡献是在音乐评论方面。他所写的评论，范围广泛，涉及到音乐生活的各个方面。特别是在新中国建立后，他笔耕勤奋，著述甚丰，发表有关音乐的评论、杂谈、随笔近700篇。这些文章就社会主义音乐的建设、社会音乐生活中的各种现象、音乐理论的发展与提高、音乐创作的民族化与大众化、音乐表演艺术的健康发展等各方面，都发表过见解。他主张音乐评论应有导向性，因之，对于是非问题他的态度鲜明。他是我国当代有影响的音乐评论家之一。出版的著作有：《自修音乐课本》、《新音乐论集》、《新音乐教程》、《指挥法》、《广东音乐》、《音乐杂谈》(1～4集)、《音乐漫谈》、《歌唱艺术漫谈》、《乐话》、《音乐艺术随谈》等，译有《声乐知识》、《自修和声学》等。

〔李博·植物生态学家·当选中国科学院学部委员〕　内蒙古大学教授兼中国农科院草原研究所所长李博，1993年12月当选为中科院生物学部学部委员。

李博，1929年4月15日生，山东省夏津县人。1953年毕业于北京农业大学农学系。历任北京大学生物系助教，内蒙古大学讲师、副教授。现任内蒙古大学教授，兼中国农业科学院草原研究所所长、中国草原学会副理事长、中国生态学会副理事长、《中国草地》主编等职。

李博长期从事沙漠地区及草原区植被研究。他阐明了我国草原区及沙漠地区植被的主要类型及分布规律，从植被区系、生态环境及古地理等角度总结了内蒙植被的垂直分布与水平分布规律；开展了草原植被水份生态研究，对草原第一性力产力与降水的关系进行了定量阐述，在《中国植被》一书的“中国植被分类的原则、单位与系统”一章中，提出了具有中国特色的全国植被分类系统，该书获1988年国家自然科学二等奖。他利用植被做指标评价土地资源与环境，编制了草原区人为干扰程度图(自然度地图)，开辟了环境评价的新途径；八十年代初，他把遥感与计算机技术用于草原植被研究与资源管理，完成了内蒙118万平方公里草场资源系列地图(1:150万)的编制与资源评价，并通过多元分析确定了不同植被地带与气候、海拔等因子的定量关系；并利用航天遥感信息与地理信息系统成功地进行了中国北方草地估产、草畜平衡预报、草地退化与灾害评估等草原动态监测研究，建立了我国北方草地资源动态监测的技术系统，使我国草地信息管理进入国际现代管理的行列。1993年8月该项目通过农业部主持的鉴定，与会专家认为该监测技术系统已达到国际先进水平。

李博是内蒙古治沙事业拓荒者之一。早在五十年代，他就考察了巴丹吉林大沙漠的腹地——阿拉善荒漠，撰写了论文《内蒙古荒漠地区植被考察初报》，首次揭开了阿拉善荒漠的真实面貌。并于六十年代初提出内蒙古植被地带划分、森林草甸地带、草原化荒漠地带以及库布齐河地的东西分异等观点，均为以后工作所证实。1978年获全国科学大会表彰奖。

七十年代，他在内蒙古大学率先主持建立起我国第一个植物生态专业，又创办了内蒙古自然资源研究所，亲自编写了《植物生态学实验》、《普通生态学》等教材，并在内蒙古大学建立了硕士与博士点，先后培养出9届大学毕业生和近20名硕士生、5名博士生。1986年被内蒙古自治区评为“特等劳动模范”。

八十年代，李博以访问教授身份赴美爱达荷大学讲学，并考察学习了美国的草地管理经验用于中国的草场管理。1983年他主持草原遥感应用研究，撰写近百篇论文，编制出内蒙古及各盟市草场资源系列地图(包括草场类型图，土地利用图，地貌图，土壤图、植被图，气候类型图，水资源图，生态分区图等)，由科学出版社正式出版。这使我国草场资源的调查、评价与制图达到国内领先水平，荣获内蒙古自治区科技进步一等奖、国家科技进步二等奖。

李博于1988年4月兼任中国农科院草原研究所所长后，调整和配套了学科设置，改善了科研设备与野外试验基地，进行国家及部级重点课题研究10多项，1992年获农业部全国农业综合科研能力评估先进单位称号和奖杯；他领导的实验室于1993年为农业部重点开放性实验室。他兼任《中国草地》主编，曾多次获奖，该杂志1992年在我国牧羊学核心期刊分析中名列榜首，同年又获“全区(内蒙古)首届优秀科技期刊”光荣称号。

〔李鹏·中共中央政治局常委·连任国务院总理·作政府工作报告〕　1993年3月28日，第八届全国人民代表大会第一次会议经过投票表决，决定李鹏为中华人民共和国国务院总理。这是他在1988年4月经七届全国人大决定担任政府首脑后，再次连任这一职务。

3月29日，八届全国人大批准了李鹏提名的国务院组成人员人选。新一届内阁46名成员，年龄最大的66岁，最小的47岁，平均年龄比上一届有所下降。其中受过高等教育的42人。有高级职称的24人，占总数一半以上。13名副总理、国务委员中，8人曾在国外留学，这是历届政府中未曾有过的。内阁成员中绝大多数是专业化高级管理人才。人们称，政府班子年轻化，文化程度明显提高，专业人才众多，是李鹏新内阁的三个特点，被认为是务实懂行的内阁。4月10日，李鹏主持新一届国务院成员第一次全体会议。会议通过了国务院直属机构、办事机构及其他机构设置，国务院总理、副总理、国务委员的工作分工，国务院工作规则和国务院组成人员内外事活动等有关制度。

在八届全国人大一次会议上，李鹏代表国务院作政府工作报告。报告共分七部分：一、改革开放和现代化建设取得伟大成就的五年；二、争取国民经济再上一个新台阶；三、加快建立社会主义市场经济体制的改革步伐；四、认真进行行政管理体制和政府机构改革；五、以经济建设为中心促进社会全面进步；六、积极推进祖国和平统一大业；七、关于我国的外交工作。他在报告中强调，今后五年是实现我国现代化建设第二步战略目标的关键性五年。经济建设方面的基本任务是：全面贯彻党的十四大精神，抓住机遇，加快改革开放和现代化建设步伐，依靠优化结构、技术进步和改善管理，提高经济效益，努力保持社会供求总量基本平衡，使国民经济再上一个新的台阶。

作为负责国家经济建设的政府首脑，李鹏特别重视农业，注意及时解决农业生产中出现的问题。针对一段时期以来粮食产销方面出现的问题，李鹏于2月25日在同出席全国粮食产销政策发布及定货会议代表座谈时强调，中央和地方一定要下决心把这次会议发布的支持粮食产销的几项政策逐项落实。该中央拿的钱中央拿，该地方出的地方出，财政再困难也不要愧对农民。他明确提出，现阶段仍要坚持购粮合同制。这是稳定市场，保证供应，保护农业生产与农民利益的重要手段。4月20日，他在接见出席农村奔小康经验研讨会代表时再次强调，农业和农村工作是关系治国兴邦的大问题，农业上不去，整个国民经济就上不去；农村不安定，整个社会就不安定；农村经济得不到发展，整个国民经济就不可能快速增长；农业和农村经济上不了新台阶，整个国民经济就不可能上新台阶；而没有九亿农民的小康，就谈不上全国的小康。因此，任何时候、任何情况下，都不能忽视农业。10月21日，李鹏在中共中央召开的农村工作会议闭幕会上作总结讲话时指出，在市场经济发展的过程中，不少地方领导干部不同程度地忽视和放松了对农业的领导。这就为我们提出了这样一个尖锐的问题：在市场经济条件下，农业还是不是国民经济的基础？快速发展的国民经济还要不要依靠农业来支撑？回答当然是肯定的。各级党委和政府一定要牢固树立以农业为基础的思想，经济越发展，越要加强农业。解决农业和农村经济存在的问题，要以农业生产是否发展、农产品市场是否繁荣、农民收入是否增加为目标。

4月2日，国务院三峡工程建设委员会成立，李鹏任主任委员，并主持了第一次会议。11月22日，李鹏召开座谈会，听取各民主党派、全国工商联负责人和无党派人士考察三峡工程的意见。12月，李鹏来到三峡工程坝址三斗坪、移民安置点朱家湾和三峡工程库区，察看了三峡工程的施工准备和坝区移民安置情况。在宜昌市期间，李鹏和随同考察的国务院一些部委的领导，就三峡工程的建设、移民开发工作、资金筹措、工程设备等重大问题，与有关方面的负责人、专家举行了六次座谈，进行了深入的研讨。他强调，搞好三峡工程建设，最关键的是得到人民的理解和支持。三峡工程建设要运用社会主义市场经济的办法，引入竞争机制，采用招标办法进行；要加强施工的现代化管理，组织精兵强将到施工现场，把这个举世瞩目的工程建设好。

12月1日，国务院召开全国经济工作会议，李鹏就做好1994年经济工作讲话。他指出，1994年全国经济工作的中心任务是：加快建立社会主义市场经济体制的改革步伐，保持国民经济持续、快速、健康发展。他强调要稳定农村工作的基本政策，深化农村改革，促进农村经济全面发展，力争明年农业有一个好收成，使农民人均收入有较多的增加；要积极推进企业改革，切实抓好工交生产；要保持合理的投资规模，优化投资结构；要认真落实财税改革方案，在财税体制改革方面迈出重大步伐；要继续积极稳妥地推进价格改革，安排好人民生活。

李鹏对政府机关开展反腐败斗争极为关注，于9月17日主持国务院第三次全体会议专题研究部署。他要求国务院各部门、各级政府和各级领导要坚决贯彻执行党中央反腐败斗争的决定，使反腐败斗争务必在年内取得明显成效。李鹏说，国务院各部门在反腐败斗争中的地位极其重要，责任极其重大。国务院和各部委、各直属单位的领导同志，一定要作遵纪守法、廉洁奉公的模范，以坚决的态度，迅速的行动，使反腐败斗争取得明显成效，保证中央部署的贯彻落实。11 月 25 日，国务院召开反腐败工作座谈会，检查前一段各部门反腐败斗争的工作。李鹏在会上提出了下一阶段工作的几点要求：进一步统一思想，提高认识，增强抓好近期反腐败斗争的决心和信心；精心指导，集中力量抓落实，绝不允许任何一个部门或单位走过场；把反腐败斗争和廉政建设结合起来。

李鹏在 1993 年先后到上海浦东、天津等地考察工作。与前来我国访问的许多外国国家元首、政府总理举行了会见和会谈，接见了许多外国来宾。

李鹏，生于 1928 年 10 月，四川成都人，1945 年 11 月加入中国共产党，1941 年 3 月参加工作，苏联莫斯科动力学院毕业，高级工程师。1941～46 年，在延安自然科学院、延安中学、张家口工业专门学校学习。1946～48 年，任晋察冀电业公司技术员，哈尔滨油脂公司协理、党支部书记。1948～55 年，赴苏联莫斯科动力学院水力发电系学习并担任中国留苏学生总会主席。1955～66 年，任丰满发电厂副厂长、总工程师，东北电业管理局副总工程师、调度局局长，阜新发电厂党委副书记、厂长。1966～79 年，任北京供电局党委代理书记、革委会主任，北京电业管理局党委副书记、副局长、局长、党组书记。1979～83 年，任电力工业部副部长、党组成员兼华北电业管理局党组书记，电力工业部部长、党组书记，水利电力部第一副部长、党组副书记。1983～87 年，任国务院副总理兼国家教育委员会主任，中央政治局委员、中央书记处书记。1987 年起，任中央政治局委员、常委，国务院代总理、总理，1988～90 年兼国家经济体制改革委员会主任。

是中共第十二届、十三届中央委员，十二届五中全会增选为中央政治局委员、中央书记处书记，十三届中央政治局委员、常委，十四届中央政治局委员、常委。

〔李久成·高级工程师·获中国爱迪生发明杯金奖〕　广东省地质局 756 地质队退休高级工程师李久成的科研成果《活化矿质保健食品增矿剂的生产技术》，经申报国家专利后开发制成具有良好水溶性的食用钙，解决了世界医学界、营养学界普遍关注的“钙饥饿”问题。该项技术获 1993 年中国爱迪生发明杯金奖。

李久成在科研中发现，地球上各种矿物元素构成的比例顺序与人体所需的种种矿物质元素的位置排列，有惊人的相似之处：钙在其中均居第 5 位。但由于饮食等方面的种种原因，人体所需钙质得不到应有补充，因而严重危害人类健康。目前，已有的含钙药品、食品对人体补钙固然起到良好作用，但这些补钙食品多数水溶性差，难于被肠道吸收，补钙效果欠佳。他分析这种状况后，决心研制出一种效果更好的钙保健品。经过反复试验，一种以冰洲石、方解石为原料，与食用醋酸起化学作用后制成的食用醋酸钙问世。这种新型食用钙每 100 毫升水可溶 40 克，比活性钙高出 450 倍，它呈离子状利于肠道直接吸收，其中还含 27 种人体必需的常量及微量矿物质元素。这种产品经卫生部门鉴定后，已列入国家星火计划项目。连平县成立盖世宝有限公司专门开发生产这种新型食用钙及其系列产品。这个贫困县开发这种产品，起到了科技扶贫的作用。

李久成，陕西宁强县人，1929 年 11 月生，1953 年毕业于南京大学，近 40 年一直在地矿系统从事地质勘探和科研工作。曾主持 6 个大中型矿床地质勘探及广东省离子吸附型稀土矿资源远景调查，并主编了地质调查报告。曾发现广东和平县的沸石、珍珠岩、膨润土及吸附型稀土矿、河源市硅石矿、佛岗县饰面板材矿、雷州半岛的新类型铁蒙脱石粘土矿及吸附型钪矿等。业余从事科研曾获得 6 项国家专利，并发表学术论文 10 余篇。曾任广东地质学会第四届理事。现为广东盖世宝有限公司董事兼副总经理。

〔李广岭·奇石收藏家·收集恐龙蛋化石两千多枚二十多个品种为世界之最〕　1993 年 5 月，郑州市“奇石王国”收藏馆馆长李广岭了解到豫西一些地区的恐龙蛋化石被急于致富的农民野蛮性发掘，不仅造成了大量的蛋化石流失，而且破坏了极有价值的“蛋窝”地貌，损失极为严重。有些珍品甚至被走私出境。出于报国之心，这位靠加工宝玉石而致富的职业收藏家出资 20 余万元为国家进行保护性收购，硬是从二道贩子手中买回将要流失的恐龙蛋 2000 余枚，共 20 多个品种。中国自然博物馆专家认为，李广岭收集的恐龙蛋，无论数量、品种均属世界之最。

李广岭，生于 1941 年 11 月，河南郑州人，自幼丧父，他从小卖过水果冰糕，爆过玉米花，当过锅炉工，又在眼镜厂当过临时工。是党的十一届三中全会的好政策，使他结束了奔波苦熬的生涯，走上了自我经营的新路子，做起了水晶石眼镜的生意。他赚了钱，日子渐渐好起来。一个偶然的机会，他对收集奇石产生了兴趣。从此毅然放弃了原来的老行当，和收集石头结了缘。采集、收寻石头需要不停的奔波，有时甚至要冒着生命危险。但李广岭矢志不渝。他足迹遍布除台湾、西藏外的全国28个省、市、区，爬高山、过沙漠、涉冰河，饿了啃干粮，渴了喝凉水，风餐露宿，饱尝艰辛。经过十多年，李广岭现已收集了一百六十吨的奇形怪状、色彩斑斓的观赏奇石达一万多块。有卵石、山石、钟乳石，有化石、形石、图案石，还有药石、矿物晶体……。数量之多，品种之全不谓不奇，而更奇的是，这些石头自然形成的字，自然形成的图，自然形成的物，自然形成的景，出奇的大，惊奇的小。一块石头上清晰的标着自身的价格"一亿"，若不细细察看，会误认为历史上著名书法家颜真卿的真迹，它工工整整，苍劲有力；"笑"字石上那草体"笑"字龙飞凤舞，看了令人禁不住笑出声来；那"工"字，那"鸣"字……，都是石头上自然形成。一位身姿婀娜、满头秀发飘浮的妙龄少女，在飞翔的海鸥伴随下，踏着落日的余辉，缓缓地走在大海边的沙滩上，意似一幅精心绘制的"彩云归"图；一位年轻的少妇，双膝跪在海岸边的大石头上，两手按石，身体前倾，眺望远方，深情地等待着远航的丈夫快快归来，是一幅感人至深的"望夫归"图；贝多芬那满头卷发、高鼻梁，打着蝴蝶结领带的头像；手舞足蹈的舞女、斗牛图、山水画……只有亲眼目睹，才会相信那是石头自然形成，而不是出自名画家之妙笔。一枚重2公斤的巨大全天然夜明石，夜间熠熠生辉，光彩夺目，光下字体清楚可见。一块晶莹剔透，美奂绝伦、形体完整的石膏晶体，长3.5米，腰2.6米，重2800公斤。这些都是无价之宝。

1993年11月，李广岭在北京自然博物馆和北京地质博物馆同时展出他珍藏的奇石精品，使参观者流连忘返，叹为观止。

（附注：1994年2月，李广岭决定把收藏的二千多枚恐龙蛋化石捐献国家，并将把国家给他的奖金全部捐赠西峡等地"希望工程"。在此之前，境外不少人来信和电话向他求购恐龙蛋化石，他都一律谢绝。）

〔李习平·河南航空分公司飞行部副经理·获全国优秀经营管理者称号〕　李习平在民航飞行员岗位上，兢兢业业，一丝不苟，安全飞行20年，没有发生过一次人为事故和差错，并培养出一批机长和副驾驶员，为海南、河南省飞行队的创立和建设做出了较大贡献，1993年5月，获全国总工会授予全国优秀经营管理者称号和"五一"劳动奖章。同年，还被评为中国民航总局劳动模范。

李习平，现任中国民航南方航空公司河南分公司飞行部副经理，河南省济源县人，1952年11月生，1974年毕业于民航飞行学院，曾在民航11、16大队及海口飞行队任飞行员，度过了20年的蓝天飞行生涯。到1992年共飞行7783小时，从未出现过人为事故或差错，是公司公认的优秀驾驶员，曾多次被评为先进工作者。1991年，河南分公司组建郑州飞行队，急需教员机长，当时在海南工作的李习平，面临在海口改装757飞机和去郑州组建飞行队的两种选择。为了支援河南民航的建设，他毅然放弃了留在海口的优厚条件，来到郑州接受新的工作。他先后为海口、郑州飞行队带出16名机长、43名副驾驶员，为这两个飞行队的创立和建设做出了较大的贡献，1992年被评为南方航空公司和河南分公司的先进工作者，并获中国民航总局授予的三级安全飞行奖章一枚。

1993年初，李习平被任命为南方航空公司河南分公司飞行部副经理。他在工作上大胆管理，严格要求，狠抓飞行安全工作。凡是飞行部有飞行活动，无论节假日或刮风下雨，他都坚持值班，严格按规章制度要求机组并抓好各阶段工作的落实。遇到紧急情况，他能沉着果断，指挥得当，多次化险为夷。1992年2月，3452飞机更换发动机后试飞，突然顺浆泵不工作，螺旋浆出现自转的情况，他果断指挥机组及时采取液压顺浆措施，使机械恢复正常，确保了飞行安全。

〔李开敏（女）·扬剧演员·获金唱片奖〕
1993年5月1日，被誉为"金嗓子"的李开敏，与袁世海、关肃霜、杜近芳、王盘声等全国知名的艺术家们一起，同获声名显赫的中国唱片总公司设立的第二届金唱片奖，并接受中央人民广播电台记者的专访，为全国听众演唱。

扬剧是由扬州花鼓戏和苏北香火戏吸收扬州小调发展而成的，它流行于江苏的扬州、镇江、南京及上海等地，是我国南方的小剧种。而近几年来，扬剧演员李开敏的名字却广为人知，她的音带在江南销售上万盒。一些海外侨胞到大陆后，追踪巡回演出团寻找她，为的能亲眼看看她，亲耳听听美妙乡音。

李开敏，1939年出生于江苏省扬州市，13岁进扬剧团习艺，得经验丰富的林幼华为蒙师学花旦、青衣戏。不到三年时间，演过大小十多个剧目，在观众中渐有影响。为进一步造就人才，16岁的李开敏被送往江苏省戏曲学校深造，受教于清曲前辈王万清，并被扬剧表演艺术家高秀英收为弟子，经艺术上的严格训练，打下了唱念做诸方面的扎实功底。

毕业后，李开敏调入新成立的扬州专区扬剧团，成为该团的主演。在长期实践中，她在前辈艺术家优秀成果的基础上，借鉴京剧、越剧、黄梅戏等剧种的演唱方法，反复琢磨，逐渐形成自己的艺术风格：表演细腻，感情真实；演唱圆润，刚柔相济。如饰演秦香莲时，仅"闯宫"一场，就结合人物感情变化，巧妙地运用了扬剧曲牌中的梳桩台、汉调，面对陈世美诉说了三十年前夫妻珍重告别、公婆惨死的悲苦经历，唱腔如泣如诉，一字一泪把秦香莲屡遭不幸的凄苦愤懑心情，表达得细致入微。在扬剧传统剧目《鸿雁传书》里，她出色地演唱了"堆字大陆板"，此腔为其师高秀英所创，叠句紧扣，由慢到快，唱段又长，一般演员演唱很难达到理想效果。李开敏因经师亲传，又多方钻研，不仅唱出人物的复杂感情，且以字行腔，字领腔行，讲究每个字的发声、落韵、收音，因而吐字准，咬字狠，字音清，节奏分明，字字送听，每当演出至此，总博得观众阵阵采声。

李开敏性格文静内向，艺术上孜孜以求，四十年来，先后主演了100多出传统戏和现代戏，塑造了众多性格各异的舞台艺术形象。如《断桥》中的白素贞、《王宝钏》中的王宝钏、《秦香莲》中的秦香莲、《孟丽君》中的孟丽君以及现代戏《夺印》中的胡素芳、《杨开慧》中的杨开慧和《杜鹃山》中的柯湘等。近年来，在新编历史剧《节义锁》中又反串小生，也游刃有余。她灌制的唱片和音带有《李开敏唱腔集锦》、《玉蜻蜓》、《梁山伯与祝英台》等剧及清曲《黛玉悲秋》等十数个品种，人们称赞她的这批唱片和音带是"藉民间小调的筋骨，附之以清曲的肌肤，灌之以演唱者与乐师的心血，使许多民间小调如六月之新荷，朴实清新，倍加诱人。"现任扬州市扬剧团演出团团长，扬州市政协常委，人民代表，省戏剧家协会和省扬剧艺术研究会理事等。

〔李元簇·台湾"副总统"·当选国民党副主席〕　1993年8月18日在台北召开的国民党第十四次代表大会上，李登辉提名李元簇、郝柏村、林洋港、连战担任国民党副主席，与会代表以举手方式通过。这是国民党有史以来首次设置副主席。在此之前，在此次大会上，围绕国民党是否设置副主席，主流派与非主流派展开了激烈的斗争。主流派代表首先联署提案反对设置副主席，引起非主流派的强烈不满，会场上出现了两派争辩叫骂的混乱场面。为缓和内部矛盾，避免党内分裂，李登辉出面呼吁代表支持设副主席，问题才得到解决。国民党十四次代表大会设置四位党的副主席及李元簇等被选为副主席，是国民党派系斗争妥协的产物。

在台湾政坛上，李元簇是一位重要角色，他是"宪政改革策划小组"召集人，常被委以重任，视为有史以来"最忙碌的副总统"。他"不尚多言"，是"只求尽力的务实主义者"，坚持做一个"没有声音的人"。由于埋头实干，有"湖南骡子"之称。因宣扬台湾"总统委任直选"，1993年3月对改变了主意的李登辉不满，一度不快，更甚少抛头露面。

李元簇，字肇东，1923年生，湖南省平江县人。政治大学高等科、中央政治学校大学部法政系毕业。1958年留学德国，1963年获波恩大学法学博士学位。在大陆时，曾任《扫荡报》及《青岛日报》驻兰州记者。1948年去台后，历任"检察官"，台湾"高等法院"推事，台湾"省保安司令部"军法处副处长、处长，《中央日报》主笔，"国防部顾问兼法规司司长"，政治大学教授兼法律研究所所长，政治大学校长，"行政院"顾问兼"法规委员会"主任委员。1977年任"教育部长"兼"中国青年反共救国团"主任。1978年任"司法行政部长"。1980年任"法务部长"。1984年卸职任政治大学教授，被聘为"总统府"国策顾问。1988年10月任"总统府"秘书长。1990年3月当选为台湾第八任"副总统"。1990年10月任"国家统一委员会"副主任委员。是国民党第十一、十二届中央委员，十三届中央评议委员。

留学德国期间，受蒋经国委托，曾照顾在慕尼黑大学政治学院读书的蒋孝武。与李登辉关系密切。

著有《比较刑法》等。

〔李月生·农民·三十年如一日义务赡养十九位孤寡老人〕　59岁的共产党员李月生，三十年如一日，赡养当地十九位孤寡老人，受到人们称赞。新华社于1993年7月20日播发消息，介绍了他的事迹。

李月生，山西省方山县石湾村人，1934年出生。曾在家乡担任过村会计、乡会计、村党支部书记、乡企业管理员。他对乡亲们一贯热诚爱护，特别是对孤寡老人更是尽心照顾。1968年春节，李月生路过阎其善老汉家门，发现老人在院子里哭泣。李月生急忙询问，原来老人看到人家过年热热闹闹，自己却孤身一人，触景生情，难过得哭了起来。李月生说："别难过，我就是您的儿子，到我家过年去吧！"马上把老人扶回自己家里。从此，他就把阎其善当作自己的父亲一样对待，直至老人78岁逝世。1976年，李月生担任麻地会乡农机站长。有一次，他下乡到冯家庄村，从陕西逃荒来此定居的任思富老人找他给老家写信，让侄儿照料他晚年生活。一个月后，李月生又去冯家庄村，遇到任老汉，任老汉流泪诉说侄儿不愿照料他的情况。李月生安慰老人说："他不管我管！"从此，李月生隔三天五天便去看望任思富，每次去他都把老人生活必需的柴、水、面备足才走。1985年秋，任思富病了，李月生每天晚上跑去伺候。老人病了五个月，李月生就照料了他五个月，一直把老人送终才回到家里。

像赡养阎其善老汉那样，李月生先后共赡养过七个村里的十九个老人。这些老人经他手送终的已有十一位，如今他还照料着八位老人的生活。三十年来，他为这些老人买面买盐、请医看病，到底花去多少钱，谁也说不清。

李月生如今是乡村干部，他的工资、津贴加上家里承包的土地年收入三千元以上，但在农村大部分农民都盖了新瓦房时，李月生家里生活仍很清贫。全家七口人还挤在两孔旧窑洞里。

〔李凤恩·全国著名劳动模范·在武汉逝世〕
当年与孟泰、王崇伦齐名的新中国首批全国劳动模范之一李凤恩，1993年12月16日在武汉逝世，享年76岁。

1917年11月，李凤恩出生在辽宁省海城县英守沟村的一个雇农家里。8岁给地主放牛，受尽折磨。17岁那年他跟父亲进了鞍山制铁所当临时工，尝尽了被奴役的屈辱和痛苦。1948年鞍山解放了，他成了工厂的主人。日本炼钢专家在撤离前夕曾扬言："我们走后，这里只能种高粱。"李凤恩不信这个邪，他和炉前技术员周传典一起，带领工人用锄头铲去了炉前齐腰深的野草，用锤声惊走了正在炉顶做窝的小鸟，用氧枪切去了凝在炉膛内的铁块。在尘封灰埋的管网中，他们爬上爬下，绘出了管网运行图。为了使鞍钢尽快恢复生产，多少个日日夜夜，他吃在炉台，睡在炉台，有时十天半月不回家。半年之内，鞍钢的高炉流出了第一炉铁水。日本专家的预言破产了。

1949年11月，李凤恩加入了中国共产党。1952年成为新中国第一批劳动模范之一。他深知没有文化，没有科学知识，就不能建好鞍钢。在紧张和繁忙的工作中，他挤出时间，拚命学习文化知识，又经过两年夜校培养，只有小学二年文化水平的李凤恩，不仅学完了中学课程，而且在《炼铁技术》、《高炉球团》等多门专业课程上也取得了优异成绩。成为新中国第一位工人出身的炼铁技术员、炉前总技师。

1957年夏，李凤恩调武汉钢铁公司。在武钢建设中，他曾同工友创造3个半小时安装1500根枕木的全国新纪录。1959年5月，他改进了铁口炮泥的配料比和开铁口的操作方法，使顶压力达到当时的世界先进水平，他先后8次受到毛泽东主席的接见。1952年他曾代表中国工人阶级出席了在维也纳召开的世界和平大会，并在会上发言。

李凤恩先后被选为第一、第二、第三届全国人大代表，第四、第五届全国政协委员、全国总工会第九届执委。他历任武钢炼铁厂炉前总技师、副厂长、党委副书记和湖北省总工会副主席。

〔李方华（女）·物理学家·当选中国科学院学部委员〕　中国科学院物理研究所研究员李方华1993年12月当选为中国科学院数学物理学部学部委员。

李方华，1932年1月6日生，广东省德庆县人。1956年毕业于苏联列宁格勒大学物理系，被聘入中科院物理所工作至今。现任该所研究员，中国电子显微学会副理事长，中国高等科学技术中心特别成员。

李方华在电子衍射等方面做出了占有重要国际地位的工作：六十年代初期即研究提出在动力学效应作用下电子衍射强度和结构因素模量之间的经验关系式，至今仍被国外文献引用；七十年代起与合作者逐步建立了一套体系完整的高分辨电子显微图像处理理论和实用算法，发展了一种测定微小晶体结构的新方法，既简化了衍射分析中的相应问题，又成倍地提高了电子显微像的分辨率，使高分辨电子显微学的晶体结构测定工作摆脱了传统的尝试法的束缚而进入一个新的阶段，在实际应用中取得了国际同类工作的最佳结果；七十年代以来针对半导体、合金等材料解决了一系列原子尺寸的晶体结构和缺陷问题，特别是早期高温超导体中的结构问题，在国际上最早发现了高温超导体中的无公度调制结构；八十年代根据实验规律提出了一个新的高分辨电子显微像衬度理论，首次阐明了像强度与晶体厚度以及与晶体组成原子重量之间的关系，并首次在国际上观察到轻如锂的原子；在国际上最早发现并报道了准晶体与晶体之间存在着中间状态的概念并作了理论解释，提出了一种测定准晶体结构的新方法并付诸实际应用。

〔李心草·中央音乐学院学生·获首届全国指挥比赛第一名〕　由文化部、广东省羊城音乐花会联合主办、广州乐团承办的"首届全国指挥比赛"，1993年11月14日在广州友谊剧院举行大赛颁奖式。中央音乐学院指挥系五年级学生李心草以其干净、准确、充满内在情感的指挥，在高手云集的激烈角逐中荣获第一名；第二至第六名分别由俞峰（中央音乐学院指挥系青年教师）、傅人长（上海音乐学院五年级学生）、呼德（内蒙古歌舞团）、廖原（广州乐团）和阿不都·热合曼·阿尤布（新疆歌舞团）获得；

海政歌舞团雷雩获得了中国作品指挥奖。本届比赛共有33名选手报名,22名选手进入复赛,6名选手进行决赛。李德伦任评委会主席的本届评委会,由卞祖善、徐新、姚关荣、陈传熙、袁方、黄晓同、曹鹏、郑小瑛、韩中杰(按姓氏笔划)组成。此次比赛参照国际指挥比赛规则,选手除指挥乐队外,要参加书面专业答题和听力测验两项考试,以考察全面素质。评委们认为,首届大赛水平之高令人欣喜,大部分选手在音乐感、驾驭乐队能力与掌握指挥法等方面表现出才能与实力。颁奖会后举行了获奖选手音乐会。音乐会由李心草、俞峰、傅人长、雷雩指挥演出。

李心草,1971年5月3日生于河北保定。其母李吟梅善长小提琴演奏和歌唱,在昆明职业高中教授音乐。受家庭环境的熏陶,李心草自幼喜爱音乐。1983年9月,他考入云南省文艺学校,师从彭家维学习长笛。5年系统和严格的训练,使李心草掌握了坚实的长笛演奏技巧和音乐基础知识,更培养出他良好的乐感。1988年省艺校毕业后,他同时报考了中央音乐学院管弦系和指挥系,发榜时为前者录取。但由于在艺校就已萌发的对指挥专业的痴情和向往,使他果断决定:放弃入学,来年报考指挥系。他又如1987年夏那样,自费来京,求得中央音乐学院指挥系主任徐新为他无偿补课,他白天在地铁站看书、背谱,夜晚在北京火车站候车室借宿,直到找到考取了中国广播交响乐团临时长笛演奏员这个边打工边学习的机会。功夫不负有心人。1989年,李心草终于考入中央音乐学院指挥系,师从徐新、郑小瑛,终于实现了自己的夙愿。1986年冬他曾在老山前线生活4月有余。或许这些生活体验,使他更加珍惜来之不易的学习机会。徐新教授评说:“他学习很用功。他读谱认真,不靠听音响,对每首要指挥乐曲的案头工作准备得很细,以内心感觉与体验将音符变成音乐……”

李心草曾两次荣获“傅成贤纪念奖学金”。近年来,他多次与中央乐团、上海交响乐团合作,近期他又成功地指挥了中央芭蕾舞团演出芭蕾舞剧《吉赛尔》。

〔李书茂·兰州军区原副司令员·在兰州逝世〕

1993年1月17日,李书茂因病在兰州逝世,终年79岁。

李书茂,1914年生,湖北沔阳(今仙桃市)人。1930年加入中国共产主义青年团。1931年参加中国工农红军。1932年转入中国共产党。曾任中共湘鄂省保卫局特务连分队长,红三军第三支队分队长、司令部副官,红二方面军司令部参谋,补充团营长。参加了湘鄂西、湘鄂川黔革命根据地反“围剿”和长征。抗日战争爆发后,任八路军第一二〇师三五八旅七一六团参谋、团参谋长。先后参加雁门关、齐会、黑马张庄等战斗。解放战争时期,任晋绥军区独立第一旅参谋长,第一野战军一军二师副参谋长、第三师副师长,参加了转战陕北、宜川、扶眉、陇东、河西等战役。中华人民共和国成立后,任青海军区副司令员,兰州军区参谋长、副司令员兼参谋长、副司令员。是中共第九届中央委员。1955年被授予少将军衔和二级八一勋章、二级独立自由勋章、二级解放勋章。1988年获一级红星功勋荣誉章。

〔李正中·古瓷专家·主持编撰《陶瓷研究·鉴赏丛书》参加国际书展受赞誉〕　天津社会科学院中国文化研究中心主任、研究员李正中对中国古瓷文化进行了开拓性研究,由他主持并和古文物学家朱裕平合作撰写的七卷本《陶瓷研究·鉴赏丛书》已出版三卷:《中国古瓷铭文》、《中国古瓷汇考》、《中国青花瓷》。后两卷书分别参加1993年“法兰克福国际书展”、“香港国际书展”受到广泛赞誉。第一卷《中国古瓷铭文》被我国著名学者周谷城誉为:“在中国文化史上,第一次系统地对古瓷铭文作了科学的、综合的学术研究。”并亲自为该书题写书签和序言。

李正中主持编撰的《中国青花瓷》,对众说纷纭的“青花瓷起源”,作了科学的论证,提出了原始青花和成熟青花的命名,对各个时期的典型青花瓷,按胎、釉、装饰、形制、铭文等五要素进行了全面系统的分析、鉴定和介绍,被专家认定是一部知识性、学术性较强的专著和教材。该书除参加1993年香港国际书展外,还参加第45届法兰克福国际书展及美国ABA国际书展,均受到好评。李正中在古瓷研究中提出了“古瓷还原分析法”,为中国陶瓷研究建立了新的科学研究体系,受到学术界的推崇。

李正中,祖籍山东省诸城县,1930年生于吉林省长春市。长期从事文史研究与教学,历任高等院校文史系主任、教务长、教授、研究员。他重视中国文化的社会功能研究,倡导在工科院校开设中国近代史课,对学生进行爱国主义教育,并主持撰写《中国近代史资料研究与介绍》,这些著作受到高等院校师生的欢迎,并被国内外有影响的书刊转引和介绍。

〔李正海·广西第二地质队副总工程师·深山探宝二十八载英年早逝·被授予无私奉献的探宝功臣称号〕　广西第二地质队副总工程师李正海,在广西、云南、贵州三省交界地区深山中从事地质工作28年,探明了价值30亿元储量的金矿。1993年8

月1日，他在环境险恶的中缅边界找矿途中，因劳累过度，胃部再次大出血，以身殉职，年仅54岁。人们说他为了找矿，负了妻子，误了儿子，伤了身子，但成为桂西新金矿的第一个发现者，虽英年早逝，也无愧此生。中共广西区委做出决定：在全区广泛开展向李正海学习的活动。国家地矿部授予李正海“无私奉献的探宝功臣”的称号。

李正海，广东人，1939年出生。1965年从中南矿冶学院毕业后，主动要求到经济贫困条件艰苦的广西西北部从事地质工作。自那以后，他就没有离开过这片险恶的深山。28度春秋，他为国家找矿探宝，踏遍了桂西北山区的山山水水，取得了丰硕的成果：先是首次在田林县发现了微细粒型金矿石，继而在凤山县发现了具有工业价值的金矿床，接着又历尽艰辛炼出了百色老区的第一块黄金。由他主持在桂西北探明的黄金储量，比以往30年整个广西探明的黄金储量还要多，价值30亿元。这些新发现和新成果，揭开了桂西北、滇东南、黔西南三角地带黄金储量的神秘面纱，极大地推动了这些地区的黄金勘探与开发，为当地经济的发展和山区人民脱贫致富做出了突出贡献。曾获全国“五一”劳动奖章，被广西壮族自治区人民政府授予劳动模范称号。

为此，李正海付出了巨大的代价。长期在野外跋山涉水，风餐露宿，致使他身染多种疾病。但李正海依然以顽强的毅力忘我工作。在他第六次胃大出血，又因肺癌锯掉一根肋骨并切掉一大半肺叶的情况下，仍然拄杖翻山越岭去找矿。他留下两大遗憾：负了妻子，误了儿子。他结婚的头10年，与妻儿团聚的日子累计起来不足150天；为了找矿，他造成三大不幸：中年丧妻，胃大出血，肺癌缠身；但他赢得了一大欣慰：成为桂西新金矿种的第一发现者。有人统计，如按外国给发现金矿者的提成奖励，李正海可获得500公斤黄金！可成为一个巨富。但，当他的生命终结后，人们发现，他留给家里的，只有几千元的财产。

〔李可染·已故国画大师·《无限江山——李可染的艺术世界》画展在台北举行〕 1993年8月1日～9月12日，台北举办了国画大师李可染《无限江山——李可染的艺术世界》画展，同时展出了李小可、李宝林、杨淑卿等人的作品，反响强烈。

李可染，1907年生，1989年病故。江苏省徐州市人。出身清苦，自幼受民间艺术和传统书画的影响，酷爱书画。十三岁，师从画家钱食之学习山水。1923年入上海美术专科学校学习，毕业后回乡任小学图画教师。1929年考入杭州西湖艺术院研究班，师事法国名画家克罗多学习油画并得到林风眠的指导与赏识，同年参加鲁迅培育的进步青年美术团体“一八艺社”，后因该社遭禁而辍学，回徐州艺术专科学校任教。1938年到武汉，入郭沫若主持的政治部第三厅，从事抗日救亡宣传活动。1943年应邀到重庆国立艺术专科学校任教。1945年，与林风眠、丁衍墉、关良、倪贻德举行五人联展，引起文化界的瞩目。1946年，应徐悲鸿之邀到北平艺术专科学校任教，师事前辈艺术大师齐白石、黄宾虹十年之久，在笔墨传统和艺术态度方面深有所获。齐白石曾一再为他赠画题句，认为其书画“可以横行”天下。1949年后，当选为中国美术家协会理事，在中央美术学院任教授。1954～1956年，先后十次到祖国各地进行实地写生，从此画风大变，形成了自己独特的风格。1959年，在北京举办山水写生画展，后又到上海、广州等八大城市巡回展出。出版了大型画册《李可染水墨山水写生画集》。1960～1963年间，多次到桂林、罗浮、惠州、从化等地写生作画，代表作有《杏花春雨江南》、《绍兴城》、《谐趣园》、《漓江胜览》、《荷塘消夏》等。1972年后重新操笔，至1977年先后创作巨幅山水画《漓江》、《漓江胜境》等。七十岁时登井冈山、庐山，作《井冈山》、《漓江雨》等著名作品。1978年再次登黄山、九华山，作《黄山人字瀑》、《枫林暮归》。当年被选为第五届全国政协委员，后又当选为中国美术家协会副主席、中国文联委员，并被任命为中国画研究院院长。1983年美术教育片《李可染的山水艺术》、欣赏片《为祖国山河立传》、《李可染画牛》摄成。1986年，在中国美术馆举办回顾性的李可染中国画展，展出了他各个时期的作品二百余幅。

李可染的山水画，重视意象的凝聚。他强调作山水画要从无到有，从有到无，即从单纯到丰富，再由丰富归之于单纯。他在四十年代创作的山水作品，主要是线性笔墨结构，清疏简淡，留有朱耷、董其昌的影响痕迹。五十年代以后的作品，借助于写生塑造新的山水意象，由线性笔墨结构变为团块性笔墨结构，以墨为主，整体单纯而内中丰富。他的作品多取材于江南与名山大川，因而融铸了幽深秀美、朴茂雄沉的艺术风格。他将光引入画面，尤其善于表现山林晨夕间的逆光效果，使作品具有一种朦胧迷茫、流光徘徊的艺术特色。

李可染对写意人物画下过很多功夫，各种劳动者，士大夫、锺馗、仕女、牧童等都是他笔下的人物。形象夸张，神态微妙，性格鲜明，极富生活情趣，齐白石曾给予很高的评价。李可染还是画牛的高手。他喜欢牛的强劲、勤劳和埋头苦干，创作了大量的牧牛图，其画室亦取名为“师牛堂”。李可染善书法，他的书法得益于黄道周，亦得益于他的绘画修养。重结体的建筑性与神韵，刚劲、苍秀而多姿致，极具妙趣。

〔**李龙云·剧作家·创作话剧《小井胡同》、《荒原与人》连续在首都上演**〕　从1992年秋到1993年春，中央电视台先后五次播放李龙云写的短剧《执法如山》。与此同时，北京人民艺术剧院为庆祝建院40周年，第三次上演他写的五幕话剧《小井胡同》；中央戏剧学院第二次排练并演出他写的大型话剧《洒满月光的荒原》（又名《荒原与人》）。两个国内话剧的最高艺术殿堂几乎同时上演一位作家的两部大戏，这在新中国建立以来还是不多见的。于是人们说，1993年的话剧界是李龙云年。

李龙云，1949年生于北京。曾在黑龙江生产建设兵团任创作员。1974年冬，入黑龙江大学中文系。这年冬天李龙云开始了《有这样一个小院》的创作。这是一部揭示天安门事件爆发的历史根源和社会根源，揭示劳动人民在苦难中灵魂美好与善良的戏，也是一部以他母亲和胡同里的小伙伴为原型的戏。1979年3月，中国儿童艺术剧院的艺术家们将《小院》扶上了北京的舞台。后来， 南京大学陈白尘教授破例录取李龙云为研究生，李龙云以《小井胡同》为毕业作品告别了陈白尘，分到北京人艺，成为专职作家。

《小井》是李龙云横剖了解放前夕、“大跃进”、“文革”初期、天安门事件、三中全会后五个时期的断面，创作了反映北京南城小井胡同中几十个老百姓在这五个历史时期命运变迁的一部力作。1982年，在于是之、刁光覃等艺术家的推动下，《小井》在人艺开排。但到了上演的时候，却遇到诸多阻力。1983年7月，《小井》虽然勉强上演了，但只准在内部演三场。《小井》的厄运，在戏剧界再次激起风波。陈白尘认为：“观众才是真正的裁判者！……它不会被人忘记。它的生命，是扼杀不了的！”老艺术家夏衍在谌容的推荐下，不顾年迈目衰，一口气读完剧本，认为：“真是一个近年来难得看到的好剧本！”在一大批艺术家的支持下，《小井》终于重见天日，它赢得了北京人民的厚爱，获得了北京市政府颁发的“演出百场奖”；同时，香港话剧团用粤语在港三度公演。前苏联也将此剧译成俄文，收入《中国当代话剧选》。十多年后，《小井》在京城连演依然场场爆满。

1985年，李龙云写出了《洒满月光的荒原》。此剧他以写知青生活为载体，去写人类自身无法解决的一些问题：人在命运面前的倔强与悲壮，人在大自然面前的自尊与自卑，人与自身与生俱来的弱点的对抗与妥协，人在重建理想过程中的顽强与苍凉，人在寻找归属时的固执与茫然无措……1988年，著名导演王贵应辽宁人艺之邀，在沈阳把《荒原与人》这部沉甸甸的悲剧搬上了舞台，随即在东北大地和戏剧界引起了震动。前苏联文化代表团看后，认为编导演“都是国际一流的”，邀请当年赴苏访问。4年之后的1992年，北京中央戏剧学院院长徐晓钟又几经波折终于把《荒原》呈现给了首都观众。

李龙云曾先后当选为中国戏剧家协会的常务理事、北京分会会长；北京市政协委员，还被美国戏剧家奥尼尔的故乡沃特福市授予“荣誉市民”称号。他的作品四获国家戏剧奖金，三获北京市戏剧奖金，他还被中国话剧艺术研究会和文化部评为“中国当代十名优秀剧作家”之一。

〔**李尔重·前中共河北省委书记、省长·巨著《新战争与和平》获屈原文艺创作奖**〕　李尔重自1983年以来，走下政坛步入文坛，辛勤笔耕10年，创作的长篇小说《新战争与和平》获得湖北省第二届“屈原文艺创作特别奖”。

李尔重爱好文艺创作，1952年就被中国作家协会吸收为正式会员。著有长篇小说《长白山上的自卫队》、《战洪水》等。1983年从第一线退下后，到湖北任中共湖北省顾委副主任，有更多的时间潜心文学创作。其获奖的长篇小说《新战争与和平》，全书400多万字，反映了从1931年“九一八”事变至1945年“八一五”抗战胜利15年的抗战生活，概括了第二次世界大战的全过程，描绘中国抗战在世界战场上所起的巨大作用，并塑造了一系列性格鲜明的历史人物，洋溢着强烈的爱国主义和革命英雄主义精神。

李尔重，1914年生，河北丰润人。北京大学肄业。1929年加入中国共产主义青年团，1932年加入中国共产党。参加了“一二九”运动。后留学日本。抗日战争爆发后回国参加八路军，历任冀南军区政治部宣传部部长、中共冀南五地委书记兼军分区政委、中共牡丹江省委民运部部长、铁道兵团政治部宣传部部长等职。新中国成立后，曾任中共武汉市委宣传部部长、市委第二书记，中共中央中南局常委、宣传部部长，中共陕西省委常务书记，中共河北省委书记兼河北省省长，中共湖北省顾问委员会副主任。

〔**李兰英（女）·摄影艺术家·从事舞台摄影40年**〕　1993年2月10日，《北京日报》专版介绍了摄影艺术家、原《中国画报》资深摄影记者李兰英，从事舞台摄影40年所拍摄的部分代表作，称赞她是一位深谙舞台艺术特点，善于发现和恰到好处地捕捉优美瞬间造型与浓郁氛围情调的高手。

李兰英，1930年4月11日生于北京。1949年于中国大学经济系肄业，随华北大学南下工作团南下。1950年调至国际新闻局工作。1952年到《中国画报》社任摄影记者。从事摄影以来，作品颇丰且题材广泛，近万幅摄影作品、专题报道涉及文教卫生、妇女儿童、文艺科技等各个领域，被刊登在国内外各大报刊上，有数百幅作品入选国际、国内各种影展。她早期作品《第一次处方》、《等一会儿，我就来》等，均以表现主题朴实细腻，富有浓厚的生活气息，而被选入第一届全国摄影展并颇获好评。后由于个人爱好结合工作所需，侧重于拍摄舞台艺术作品。她锲而不舍地探求、开拓舞台摄影的艺术天地，获得了引人注目的成就。其作品多次在国际、国内大型影赛、影展中获奖。其中构思新颖的《画家入画》获联合国教科文组织亚洲、大洋洲摄影竞赛奖，《颐园烟雨》获首届中日摄影家友好摄影比赛二等奖，《旋律》、《青春》和《天鹅湖畔》获国内影赛一、二等奖。近些年来随着摄影器材的发展与改进，李兰英运用这些新的手段和方法，创造了一些更具摄影艺术魅力的作品，如《蜡烛舞》，她加用星光镜将一个个蜡烛变成光芒四射的星辰，与地面倒影交相辉映，并消失在迷茫深处所展现的"人所不见的奇境"；再如《纱巾舞》，她加用多棱镜把同一形象变幻成多组形象叠映在画面上，那由近而远舞动的人体、由低而高腾飞的纱巾，与拾级而上的地面反光线构成一幅变化有致的特别画面，它们均具有独特的审美价值。李兰英曾应邀赴德、日、瑞士、荷兰等国访问、交流。1991年在日本大阪举办了《李兰英舞台艺术摄影展》。1992年参加了北京举办的《名家乐凯十人联展》，同年在深圳举办了《舞蹈艺术摄影展》。1988年李兰英被香港国际幻影会授予荣誉高级会士衔。著有《舞台摄影》、《舞蹈摄影构图》等。前者已被有关方面列为摄影教材。

〔李成蹊·书画家·李白专题诗意书画展在南京举行〕 1993年9月，李成蹊"李白专题诗意书画展"在南京举行，共展出200余幅作品。这些作品都是作者根据李白诗意创作的，有表现"大鹏一日同风起，扶摇直上九万里"的《鲲鹏赋》，有"举杯邀明月，对影成三人"的《李白邀月图》等等，举凡人物、花鸟、思乡、咏景，概以画或书法艺术表现，自成一家风格。这次展览，展示宣扬了李白精神，弘扬中华民族传统文化。同年，《人民日报》(海外版)、《光明日报》及《艺术界》杂志等，先后发表文章，介绍李成蹊与《李白墨迹选》。

李成蹊，笔名李子，1934年9月生于安徽和县。和县古称历阳，据《历阳李氏宗谱》记载，李成蹊的家族为李白后裔。李氏宗族自明代中叶迁居于此，已历时五百多年。李成蹊自幼启蒙受教，就是在李氏宗祠的"青莲堂"里，他从启蒙老师、伯父李天枢那里得知，李白就是自己的祖先。解放后就读于芜湖四中，1957年考入北大物理系，毕业后从事国防科学研究，现为解放军电子工程学院教授，业余时间潜心书画。1960年北京中国历史博物馆举办过一次"人类社会进步展览"，时在北大读书的李成蹊前往参观，他被故宫博物院收藏的李白手迹《上阳台帖》所吸引，草书写在白麻纸上，文为："山高水长，物象万千，非有老笔，清壮何穷。十八日上阳台书，太白。"帖上有宋徽宗题跋，有清乾隆"古希天子"收藏印记。从那时起，李成蹊就埋下一个心愿，要把李白传世墨迹，一件一件地搜寻。李白墨迹，见于古代著录的不少，历代书家和收藏家给予很高的评价。但历经桑沧，流传至今的已不多见。从1980年开始，李成蹊为编纂《李白墨迹选》搜罗善本，探求真迹，走南闯北，不辞辛苦，经十余个春秋，访寻考订，一本内容丰实，印刷精美的《李白墨迹选》于1992年由黄山出版社出版。这本《李白墨迹选》收有《上阳台帖》、《送贺八归越帖》、《天若不爱酒帖》、《处事若大梦帖》、《清平调帖》、《访戴天山道士不遇帖》以及摩崖石刻拓片和岳阳楼条幅等九件，另有手迹单字223个，为目前研究李白书法不可多得的宝贵资料。有关专家认为，《李白墨迹选》，编辑严谨，复印传真，保持真迹，体势肥瘦，笔意钩连，符合科学精神及传统特色。人们目睹李白的书法，亦如其诗，放逸不羁，聚雨旋风，奔蛇走虬。

〔李廷栋·区域地质及地质编图专家·当选中国科学院学部委员〕 地质矿产部研究员李廷栋，于1993年12月当选为中国科学院地学部学部委员。

李廷栋，1930年10月7日生，河北省栾城县人。1953年毕业于北京地质学院。现为地质矿产部研究员，地矿部科技高级咨询中心顾问，中国南极研究学术委员会副主任，国际岩石圈喜马拉雅协调委员会委员。

李廷栋长期从事区域地质研究和地质编图，主持或参加了大兴安岭、四川西部、喜马拉雅、青藏高原区域地质调查研究和中国、亚洲地质图件编制。系统研究了中国及亚洲区域地质特征，把中国大陆划分为地台区、陆间增生褶皱区、陆缘增生褶皱区等三类构造地质区。厘定了中国构造运动期序，把中国地质演化分为五大阶段。把亚洲划分为6个构造岩浆域，提出亚洲岩浆活动的阶段性、继承性、分异性、分带性及迁移性演化规律。论证了高原是一个由若干陆块拼贴、受刚性地块围限的独立的构造系统，提出高原板块构造演化模式，划分了构造地层区，区分出扬子、华夏、冈瓦纳三种类型基底，提出“陆内汇聚——分层加厚——均衡调整”的高原隆升模式，以充分证据论证了高原大幅度快速隆升始于第四纪。他在大兴安岭北部及四川西部地质调查研究中发现前寒武系、热河动物群和得尔布干大断裂，建立了地层系统和构造格架，提出构造的多旋回发展程式和继承性、新生性、迁移性演化规律；在四川西部首次发现早泥盆世布拉格期单笔石，重新厘定了地层层序、侵入岩期次和“宝兴杂岩”7 亿年数据，修订了川西扬子地台西界；详细研究了三叠系沉积组合，划分出 5 个构造—沉积相区，为研究泥盆纪古地理和志留—泥盆系界线提供了重要依据。

〔李华锦·书画家·出版发行五本不同字体的《毛泽东诗词字帖》〕　1993 年，在纪念毛泽东诞辰 100 周年之际，李华锦有五种不同书体的《毛泽东诗词字帖》，分别由青岛出版社、辽宁大学出版社、重庆出版社、江苏美术出版社出版发行。截止 1993 年底，全国几十家出版社出版了李华锦 20 种字帖，总发行量达 120 万册，成为中国大陆出版字帖最多的人之一。

李华锦，1941 年 5 月生，江苏镇江人。1965 年毕业于北京电影学院美术系，现为北京旅游学院教授。多年来，他融中西画与书法为一体，创研了群众喜闻乐见的具有浓郁时代精神的新书体。作品先后在日本、美国、法国、加拿大和东南亚等国家和地区展出，受到好评。他为大型文学刊物《十月》题写的刊名，被采用至今，他书写的“龙腾”二字，被日本皇宫收藏，受到日本已故天皇裕仁的青睐。著名美学家朱光潜教授生前看了李华锦的书作说：“他的字，很有艺术感染力。从美学角度看秀丽而不俗，优美而刚健，稳妥而洒脱，古朴中见神采。有晋人之韵，唐人之法，宋人之意。可谓既有古人之韵美，又有今人奔放时代之风貌。”赵朴初也称李华锦的字“很有生气”。朱光潜、王朝闻、娄师白等，先后为他的字帖作序。台湾国民党元老陈立夫看到李华锦写的大幅中堂“博达”和对联“东方腾紫气，北国驾祥云”，苍劲有力，气势磅礴，不禁感叹道：“只有大陆的书家，才能写出这样非凡的字。”1993 年 9 月，陈立夫在台北写了“至诚无息，不息则久，久则寿”的条幅，赠给李华锦。

李华锦满腔热情为社会服务，为人民服务。1977 年参加组织《天安门诗抄书展》，1978 年帮助成立北京书法学会，1979 年参加并领导北京的书法普及工作。1980 年组织全国第一届书展，向中央建议成立中国书法协会并得到批准，继而参加全国书协的筹备工作，又成立中国书法学校并参加教学，任书校常务副校长，培养学生三千余人。1981 年开始写帖在全国发行。1982 年他出版《雷锋日记楷书字帖》，1984 年写了一本《张海迪日记中楷字帖》。古人云：“书品即人品”。李华锦一向淡泊名利，他说：“作为艺术家，创造了美，就应该把美献给人民。金钱是财富，精神丰收也是财富，这种财富更珍贵。”1993 年 7 月，他应中央党校之邀作学术报告后，当场写了 10 幅字，分文不取。为祝贺革命老大姐帅孟奇 96 寿辰，李华锦写了“高风亮节”四字相赠。李华锦的国画艺术造诣也很深。50 年代初，他读小学五年级时，就获得世界儿童绘画比赛金质奖。先后得到傅抱石、董希文、罗工柳等艺术大师的指点。他创作了国画《少年观音》，被誉为“东方的维纳斯”，为法国卢浮宫东方艺术馆收藏。国画大师刘海粟在七十年代末看到李华锦的画后赞道：“画中有诗韵，画中有歌声，画中有感情，画中有神采。”

〔李兆基·香港恒基兆业有限公司董事长·名列世界超级富豪〕　1993 年 6 月 14 日出版的美国《财富》杂志刊出 1992 年度世界超级富豪排名中，香港恒基兆业有限公司董事长李兆基是其中的一位。被列为超级富豪者还有香港长江实业公司董事长兼总经理李嘉诚、香港新鸿基地产发展有限公司主席郭炳湘。李嘉诚并以 58 亿美元排名 16 位，成为世界华人首富。1993 年 10 月，李兆基获香港中文大学荣誉社会科学博士学位。

李兆基，1928 年生，广东顺德人。早年其家曾从事金银业，在广州开设银庄。小时他就随其父学生意。1948 年，李兆基到了香港。五十年代进军香港地产业，与著名实业家冯景禧、郭得胜等人创办永业有限公司。1963 年他们又组织创办新鸿基企业有限公司，李兆基任董事局副主席兼总经理。1973 年，李兆基自立门户，创办恒基兆业有限公司，任董事局主席兼总经理，从事房地产业。他经营有方，展其所长，不断买旧楼拆建，所建楼房多是小型住宅，且多在市区，出租销售获利甚多。八十年代初，有人形容他的资金象滚雪球般越滚越大，有“地产巨头”、“地产大王”之誉。恒基兆业有限公司被美国商业周刊列为 93 年度全球一千家最大企业之一。李兆基还历任永泰建业有限公司董事局主席、香港地产发展商会副会长、香港中华煤气有限公司董事局主席等职。

李兆基热心公益，致力于香港教育事业。1979 年创办了“李兆基奖学金”，以资助香港优秀学生就读于牛津大学。还乐意为大陆的建设教育事业贡献力量，发起筹募，于1982年成立了培华（培育中华人才）教育基金会，被推选为该会理事会主席，为大陆旅游、海上石油等业培训了很多人才。1991年10月，党和国家领导人江泽民、杨尚昆在京分别会见了由主席李兆基、监事霍英东、郑裕彤率领的香港培华教育基金会代表团。

李兆基对香港的前途满怀信心。1993年被聘为香港事务顾问。

〔李远哲·出任台湾“中央研究院”院长〕 美国加州大学柏克莱分校化学教授、诺贝尔化学奖获得者李远哲，于1993年12月17日被台湾“总统”李登辉选任为台湾“中央研究院”第七任院长，是首位台湾省籍院长，也是历任院长中最年轻的一位。原任院长吴大猷因健康原因辞职后，该院第十五届评议会临时会议于12月11日依法选出李远哲、钱煦、余英时三人为该院第七任院长候补人，其中李远哲获票最多，请李登辉遴选。12月13日李登辉分别会见“中央研究院”院士钱煦、余英时，钱余两人一致推荐李远哲是继任院长的最适当人选。李获任后表示，他未来努力让“中研院”对台湾的文化、科学、技术、教育的发展有所贡献。

李远哲，1936年生，台湾省新竹市人。其父李泽藩（已故）是著名水画家。在兄弟姐妹8人中，有4人获得博士学位。李远哲早年就对化学产生了浓厚的兴趣，非常钦佩敬仰居里夫人。1959年于台湾大学化学系毕业。后进入清华大学原子科学研究所学习，1961年获化学硕士学位。1962年赴美国加州大学柏克莱分校深造，1965年获化学博士学位。后在哈佛大学做博士后研究，参与赫希巴赫教授有关分子束的研究，设计出“分子线碰撞仪器”。他废寝忘食，刻苦从事科学研究。1968年任美国芝加哥大学化学系助理教授，1970年任副教授，1972年升任教授，又设计出“离子线与分子线交叉仪器”。1974年回加州大学柏克莱分校执教。1979年当选为美国科学院院士。1980年当选为台湾“中央研究院”院士。

1986年对李元哲来说是极不平凡的一年，3月获美国“国家科学奖章”，4月获美国化学会颁赠的“1986年德拜物理化学奖”。尤其是10月，他以“分子束仪器应用于化学反应之研究”而荣获诺贝尔化学奖。他是继李政道、杨振宁、丁肇中之后，第四位获诺贝尔奖的华人。他的此项研究方法根本上改进了所有的化学反应，开辟了化学动力学研究的新领域，使其更好地造福于人类。当时中国国家科委、中国科学院致电对李远哲表示热烈祝贺。1992年他又获英国皇家化学会法拉第奖。

李远哲是台湾“总统府国策顾问”。1990年被李登辉聘为台湾“国家统一委员会”委员。

李远哲虽长时间在海外从事教研工作，但不忘自己的祖国，频繁奔走于海峡两岸。经常返台讲学，对台湾科技、教育的发展出谋献策，并亲自协助台湾设计安装原子分子束碰撞仪器。自1978年后，多次来大陆讲学、访问，曾帮助大陆设计安装分子束激光谱仪等。党和国家领导人邓小平、江泽民曾会见过他。李远哲被上海复旦大学、中国科技大学、中国科学院化学研究所聘为名誉教授。1987年被中国科学院授予名誉博士学位。1991年被聘为中国科学院分子反应动力学国家重点实验室名誉主任。

致力于两岸科技文化交流的李远哲，为促成1992年首批大陆科学家谈家桢等人访问台湾奔走相助，并亲自写信给李登辉，说明对此事不宜以政治观点看待。他认为两岸应从学术、文化交流与经济合作上起步，互相带动，促进发展，政治问题很复杂，应先摆在一边。

〔李克瑜（女）·服装设计师·师生服装作品展示会在北京举行〕 原中央芭蕾舞团一级服装设计师李克瑜，与她的3位研究生李海、罗莹和陈野槐，于1993年7月5日在北京举行了师生服装作品展示会。她和学生的近百套作品优美新颖、典雅高贵，体现着深厚的艺术功力和善于融民族传统与国际新趋势于一体的才思。

李克瑜，原籍四川省重庆市，1929年5月15日生于上海。1954年于中央美术学院毕业后，调至北京舞蹈学校任美术教员。1958年在被称为“天鹅魔王”的苏联芭蕾专家古谢夫精心指导和严格要求下，李克瑜逐步懂得了“服装设计要在总体风格中，标新立异，显现个人风格”。于是一头钻进北京图书馆，开门就进去，闭馆才出来，吃凉馒头喝白开水，认真查找资料，积累了大量鲜见的西欧中世纪服饰装束图样。经过反复构思、精心设计，终于成功地完成了舞剧《天鹅湖》的2百多套服装设计工作。设计第二部舞剧《海侠》时，立志“不落前人窠臼”、“不踏自己走过的脚印”，终于使服装具有了舞剧的语言功能，受到专家称赞。设计第三部舞剧《鱼美人》时，她几乎进入了“自由王国”，充分发挥和展示了艺术想象和特具的审美感知力。她把东方古典美的魅力与芭蕾特殊的美学规范和谐交融：海底“鱼美人”的鳞光鱼服融于群鱼之中独具光艳；猎人的民族风韵中闪现着勃勃英气；山妖的华冠艳服中透射着青绿凶光；紫光频闪的紧身蛇服妖冶而可怖……古谢夫异常兴奋地对编导们说：你们各自把服装设计图拿回去，仔细看看，它可以启发、帮助你们编舞。30 多年来，李克瑜还先后为《巴黎圣母院》、《泪泉》、《红色娘子军》、音乐舞蹈史诗《东方红》、《中国革命之歌》，歌舞剧《仿唐乐舞》等数十部芭蕾剧和舞蹈作品进行设计。她设计的舞剧《祝福》、舞蹈《流浪者之歌》和京剧《奥赛罗》分别获文化部服装设计奖和北京市戏曲服装奖。1984 年在日本大阪国际芭蕾比赛中获唯一服装设计奖的舞蹈《泉边》，使李克瑜成为中国第一位在国际芭蕾大赛中获奖的服装设计家。她还曾为美国休士顿芭蕾舞剧团舞剧《梦竹》、《小仙女》设计服装，并应美中艺术交流中心邀请在美访问交流讲学。

生活是艺术创作的源泉。苗岭的十万大山、琼崖的万泉河边、西双版纳的原始森林、内蒙古的辽阔草原，无不留下李克瑜辛勤的足迹。她在边疆村寨，一笔笔绘下各兄弟民族服饰上千百年流传的奇异图案。平日里速写本不离身，无论何处，只要发现新颖构图色，就立即提笔，旁若无人。她那一幅幅轻逸飘洒、婀娜多姿的舞蹈速写更是为人们所深爱。1988 年李克瑜被国家纺织工业部聘为北京服装学院顾问和研究生导师。她的时装作品曾先后在北京、香港、日本东京等地和国际化纤会议上展出。她是中国美术家协会、中国舞蹈家协会理事，中国舞台美术学会副会长，中国服装设计师协会副主席。

〔李来柱·任北京军区司令员〕　1993 年 12 月，中央军委任命李来柱为北京军区司令员。

李来柱，1932 年 11 月生，山东省范县人。1944 年参加革命工作。1947 年 9 月参加中国人民解放军。1948 年加入中国共产党。曾参加淮海、渡江、西南战役。先后任副排长、排长，连副指导员、连指导员，营副教导员，团参谋长、副团长、团长，师参谋长。1976 年入解放军军政大学学习。毕业后任师长，北京军区步兵学校副校长兼训练部部长，石家庄陆军学校校长。1985 年任北京军区副司令员。1988 年 9 月被授予中将军衔。是第七届全国人大代表，中共第十四届中央委员。

〔李岚清·任国务院副总理〕　1993 年 3 月 29 日，根据第八届全国人民代表大会第一次会议决定，李岚清被任命为国务院副总理。

1993 年 9 月 10 日，在纪念邓小平“教育要面向现代化，面向世界，面向未来”题词 10 周年大会上，李岚清作了题为《认真学习邓小平教育思想，把教育改革和发展推向新阶段》的讲话。他指出，邓小平教育思想是建设有中国特色的社会主义理论的重要组成部分，“三个面向”是邓小平教育思想的精髓，是教育改革和发展的战略指导方针。他强调必须按照党中央、国务院颁发的《中国教育改革和发展纲要》规定的目标、方针和要求，加快教育的改革和发展，努力建设有中国特色的社会主义教育体系。

为加强对全国反走私斗争的领导，国务院决定将原全国打击走私协调小组改为全国打击走私领导小组，由李岚清担任组长。1993 年 7 月 21 日，他主持召开了领导小组第一次会议，强调要从反腐倡廉、加强党和政权建设的高度，来认识反走私斗争的重要性和紧迫性，加强领导，协调行动，严肃法纪，动员各方面的力量，坚决把走私猖獗势头打下去，保证中国的改革开放和现代化建设持续健康地发展。12 月 11 日又主持召开了全国打击走私领导小组第二次会议，强调继续加大力度，强化打击措施。

李岚清 10 月 16 日在会见关贸总协定中国组主席吉拉德时说，中国经过多年的努力，其外贸体制离关贸总协定的要求越来越近了。中国取消了出口补贴，几次降低了关税，经贸法律法规的清理和公布工作已经基本完成，整个国家的法律制度也在不断完善。“中国复关的时机应当说已经成熟。”他表示，中国愿意在平等的基础上与缔约国各方进行谈判。复关后，中国在享有关贸总协定各项权利的同时，也必将能够履行自己应尽的义务。

李岚清，1932 年 5 月生，江苏镇江人。1952 年 9 月加入中国共产党，1949 年在复旦大学企业管理系学习。1952 年任长春第一汽车制造厂计划科计划员、副科长、厂长秘书。1956 年在苏联莫斯科利哈乔夫汽车厂、高尔基汽车厂实习兼实习队党总支部书记、实习队队长。1957 年任长春第一汽车制造厂计划科科长兼东北人民大学经济研究所特邀研究员。1959 年任第一机械工业部秘书。1961 年任国家经委秘书、企业管理局科长。1969 年下放国家经委“五七”干校劳动。1972 年起任第二汽车制造厂计划处副处长、发动机厂党委第一书记。1978 年起任第三汽车制造厂建设指挥部副指挥长、重型汽车厂筹备处负责人。1981 年任国家进出口管理委员会政府贷款办公室负责人。1982 年任对外经济贸易部外资管理局局长。1983 年任天津市副市长兼市对外经济贸易党工委书记。1986 年任对外经济贸易部副部长。1990 年任对外经济贸易部部长兼国务院经济贸易办公室副主任。是中共第十三届中央候补委员，第十四届中央政治局委员。

〔李佑增·台湾竹雕艺术家·向湖南省博物馆无偿捐赠竹雕艺术作品〕　为弘扬中华文化，发展海峡两岸文化交流，台湾竹雕艺术家李佑增先生向湖南省博物馆无偿捐赠竹雕艺术作品六百余件。1993年7月3日在长沙举行捐赠仪式并予展示，李佑增偕夫人戴秀丽女士应邀参加了捐赠仪式。

李佑增，湖南湘乡人，1927年1月生，1944年弃学从戎参加抗日工作，后转台湾，现已退休。他从小爱竹，童年时，即精心雕刻笔筒、小品赠送亲友，一时名闻乡里。后因日寇侵犯，戎马倥偬，无暇竹艺，直至转任公职，工作安定，利用余暇，以于右任草书"风雨一杯酒；江山万里心"试雕，重新引发竹兴，遂操刀弄竹，专心磨炼。十年来，他以刀传神，把古今墨室雕琢成竹雕艺术品逾千件，完成自殷周以来历代名家的楷、行、草、棣、篆、铜鼎、甲骨等各种书体的楹联300余幅，墨迹200余家，旁及梅、兰、菊、竹、仕女、佛像等国画、笔筒小品200余件。每件作品均视竹材的大小形状与字数的多少，分别采取凹雕、凸雕、线雕、嵌雕、浮雕、穿雕等巧妙不同的刀法，饰以墨、绿、红、黄、蓝、金诸色，底面则以竹的本色或选用深咖、暗赭、浅茶、黝黑等，务求古朴高雅，美观醒目。他雕刻的孙中山墨迹"安危他日终须仗；甘苦来时要共尝"楹联，再现了原作那种坚毅厚重，立万世而不朽之神韵。其他作品亦无不重视历代书画家的风采，鬼匠神工，精妙传神。

李佑增的竹雕作品曾在台湾应邀举行个展及联展十多次，初期作品已彩印《康庐竹雕》画册，无尝邮赠海内外。日睹者无不赞其艺精技绝，意境深邃。陈立夫先生曾致函称其"内容精美"。1990年北京第11届亚运会组委会收到他寄送的竹雕艺术展选集后也致函李佑增，对其精湛技艺和弘扬中华文化，发展两岸交流给于很高评价。

李佑增浸淫竹刻，日夕痴迷，为此耗尽了全部公余的时间和精力；耗费了除生活必需费用外的全部薪资，中断了夫人安排的购屋计划，让未婚子女迁出另寻居处，对此，他无憾无悔，并自刻联语"偷闲勤刻竹，渐老懒求名，但适心中趣，浑忘世外情"以明心志。他的竹雕深负盛名，许多人高价求购，均被婉拒。但却应美、德、日、新等国内外文化机构及爱好者的请求，无偿赠送。他将六百多件竹雕精品，无偿捐赠家乡湖南省博物馆永久展藏。他说："我奉献的虽然是浩瀚文化大海中的一瓢水，却是我长久以来的宿愿，也实现了我的初衷。"

李佑增现为台湾中华诗书画家协会、大汉书艺协会、神州书画会会员，中国美术研究会监事。还被聘为陕西书画艺术研究院咸阳分院名誉院长。西安中国书法艺术博物馆、西安文苑书画学会、西安中国书画院、陕西秦岭书画院、湖南省博物馆的艺术顾问或荣誉顾问。

〔李伯勇·任劳动部部长·谈培育发展劳动力市场和劳动体制改革的新举措〕　1993年3月29日，根据第八届全国人大第一次会议的决定，李伯勇被任命为劳动部部长。

李伯勇，1932年生，天津人。中国共产党党员。1958年毕业于苏联茹科夫斯基空军军事工程学院飞机发动机系。历任航天工业部第一研究院所长、副院长、院长，航天部总工程师，劳动人事部副部长。1988年起任劳动部副部长、中共四川省委副书记。是中国宇航协会第一、二届理事。参与组织领导了多种液体火箭发动机的设计工作，突破了许多技术难关，使中国液体火箭发动机的设计达到了国际先进水平。1985年获国家科技进步奖特等奖。是中共第十四届中央委员。

1993年12月10日在全国劳动工作会议上，李伯勇说：改革开放以来，党中央第一次以决定的形式提出要大力发展劳动力市场，并且把它作为培养市场体系的重点之一，这意味着企业的劳动者在劳动关系中是平等关系，国家将成为市场运行的监督者、协调者和服务者。按照这一思路，劳动体制改革将有一些新的举措：一是加快劳动力市场的发展，促进劳动者的充分就业和合理流动。二是加强劳动监察和劳动仲裁，形成劳动关系协调机制。三是探索新的分配制度。四是建立覆盖城镇所有职工、基金统一调剂使用、社会化管理程度较高的社会保险体系。

〔李沐英（女）·大革命时期入党的老干部·在北京逝世〕　原轻工业部副部级离休干部李沐英，因病于1993年9月10日在北京逝世，享年91岁。

李沐英，1902年生，湖南省岳阳市人。早年毕业于北京女子师范大学。1926年参加革命工作，同年加入中国共产党。1928年赴苏联莫斯科入中山大学学习。1931年回国，在上海赤色总工会的交通机关工作时被捕，在狱中坚持斗争，被选为龙华监狱女牢的中共支部书记。1932年出狱后，在中共中央宣传部、中华全国总工会任秘书。1940年到延安后，任延安边区政府抗日军人家属工业合作社主任、中央农村工作委员会副秘书长、延安南昌公司织布厂厂长。解放战争时期曾在大连任中苏远东电业公司党委书记。建国后，任大连市工业厅副厅长、市监察委员会副主任，中南监察部第一司司长。后调原轻工业部工作。

〔李沛瑶·民革中央主席·当选第八届全国人

大常委会副委员长〕 中国国民党革命委员会中央主席李沛瑶于1993年3月27日在第八届全国人民代表大会第一次会议上当选为全国人大常委会副委员长。

李沛瑶，1933年6月生于香港，祖籍广西苍梧。其父李济深是著名民主革命家、军事家和政治家，孙中山很器重的黄埔军校副校长、国民党一级上将。1952年，李沛瑶考入清华大学航空系(后改为北京航空学院飞机制造系)学习5年毕业。1957年到南昌航空学校任教师。1958年起，历任南昌飞机制造公司技术员、工程师、主任工程师、高级工程师，一干就是30年，把自己的青春年华都奉献给了新中国的飞机制造事业。他长年在生产第一线同工人打成一片，在生产实践中掌握了车间各个环节的技术，摸清了许多技术难题，潜心钻研，进行了技术改造和技术革新，编著了一些有关的专业书籍。对安全生产问题和社会保障问题也很有研究，并设想了许多方案。生产第一线的实践，为他后来走上劳动部、全国总工会的领导岗位，并卓有成效地开展工作奠定了基础。

李沛瑶于1989年3月被任命为国家劳动部副部长，是当时政府中仅有的3名非中共党员副部长之一。他在就职演说中有一句话，就是实实在在地为群众办几件事。他看到进城打工的农民盲目性很大，是一个亟待解决的社会问题，便组织了一个调查组，亲自率领到四川成都调查，走访了6个县及所属几十个农村，了解到土地承包后农村出现劳动力过剩的情况，写出了《农村劳动力开发就业》的调查报告。对怎样顺应中国国情，开发劳动力，使农民离土不离乡的问题，他们提出的方案是发展农村乡镇企业，使其向深度和广度进军；实行宏观调控，城乡联合，有计划有组织地进行劳动力输出。为了给农民创造条件，他们倡议组织培训班，制定用人制度，进行身体检查等。劳动部以前只管城市劳动力，此后他们与农业部、国务院发展研究中心联合进行劳动力开发，并在10个县搞起试点，逐渐形成农村劳动力社会化服务体系，取得了许多成功的经验。

李沛瑶于1986年参加民革后，任民革江西省委员会副主任委员。1987年当选为民革第六届中央委员，增补为全国政协委员。1988年当选为江西省政协副主席，民革江西省委员会副主任委员兼秘书长，中华全国总工会第十一届执委会副主席、书记处书记。1992年在民革第八届一中全会上当选为民革中央主席。

李沛瑶与夫人许克坤有一个女儿。

〔李其炎·当选北京市市长〕 在1993年2月5日举行的北京市十届人大一次会议上，李其炎当选为北京市市长。

李其炎，1938年生，山东齐河人。1961年加入中国共产党。1963年毕业于北京师范学院历史系。历任共青团北京师范学院委员会宣传部副部长，中共北京市委农村工作部处长，中共平谷县委书记，中共北京市委常委、组织部部长，中共北京市委副书记。是中共第十四届中央委员。

〔李苦禅·已故著名国画大师·逝世十周年纪念展在北京举行〕 1993年6月3日至13日，中国美协、中央美院、中国美术馆、中国画研究院与李苦禅纪念馆在中国美术馆联合举办了“李苦禅艺术展”，以纪念这位画坛巨擘逝世十周年。国内外观众一千多人参加了隆重的开幕式。

此次画展除了展出苦禅大师各时期120余件书画作品外，还有他对国学其他方面研究的珍贵手迹与文物收藏，并通过多幅照片展现了这位爱国艺术家的人生与艺术历程。艺展期间，举行了“李苦禅艺术展研讨会”。50余位美术界知名人士与理论家各抒已见，在充分肯定了这位大师在艺术上取得的卓越成就及其高尚人品与爱国节操的同时，强调了“重新评价苦禅先生”与“在美术史上给苦禅先生以应有的地位”。

李苦禅(1899～1983)原名英杰，改名英，字励公，号苦禅，山东省高唐县人。自幼爱好绘画，早年就读于山东聊城中学。1919年来到北京，最初在北京大学附设的勤工俭学会半工半读，并在该校画法研究会学素描。1922年考入北平艺术专科学校西画系，以拉人力车维持生活。翌年拜齐白石为师。1925年毕业，第二年起任北京师范学校及河北省立师范学校美术教师。1930年被聘为杭州艺术专科学校教授。抗日战争期间，辞去教职，清贫自守，不与侵略者合作。1940年，因抗日爱国，被捕入狱，坚贞不屈。抗战胜利后，任北平艺术专科学校教授。新中国成立后，任中央美术学院教授，全国政协委员，中国美术家协会理事，中国画研究院院委。

李苦禅擅长大写意花鸟画。早期作品洒脱放逸，蜚声画坛，曾深得齐白石的嘉许。六十年代起，绘画进入成熟期，形成了醇厚凝练的个人风格。这一时期的代表作有《秋阿之声》、《芭蕉禽戏》、《松风兰气》等。

“文化大革命”期间，因精神受挫，曾一度辍笔。1977年起，恢复元气，重操画笔。晚年的作品用笔更加苍劲浑厚，气势恢宏博大，豪气横溢。通过墨与色彩的交相辉映，增强了艺术的感染力。代表作如《怒放图》、《晴雪》、《兰竹》等寓有幸逢盛世，艺术再生的喜悦之情。李苦禅既有深厚的传统功力，又主张个人创造，其画作在总体上呈现雄浑、朴厚、豪放的艺术特色，所绘禽鸟，又多为鹰、鹫、鹭鸶等大鸟，意在塑造出一种勇猛矫健的象征性形象，在笔墨技巧上，重用笔，以笔主筋骨。其画以水墨为主，间作重彩写意，凝厚的笔墨与夺目的色彩相映衬而别具一格。1979年曾作大幅《盛夏图》，1981年又以同题作四张丈二纸通屏巨幅大构，通过满塘红荷与婷婷玉立的鹭鸶等艺术形象，构成了朝气盈溢，博大精深的艺术境界。李苦禅堪称是一位继承了文人画传统，又为之注入了新的时代气息的个性鲜明的大写意花鸟画家。

1986年李苦禅纪念馆在山东省济南市建成，内藏大师各个时期的作品400余件。

〔李国鼎·台湾经济界名人·到大陆出席宏观经济管理国际研讨会〕　应世界银行邀请，台湾经济界名人李国鼎，时隔45年之后，于1993年6月来大陆，参加由世界银行和中国国家体改委、财政部在大连共同举办的宏观经济管理国际研讨会。李国鼎就发展台湾经济的问题作了专题演讲。会议结束后到达北京，中共中央总书记江泽民会见了他。在京期间，分别与国家教委、国家科委、财政部和中国科学院等单位负责人进行了会晤，参观了北京大学、故宫博物院等。后回故里，与亲朋相聚，祭扫祖墓，并重访母校东南大学和南京大学，以偿夙愿。6月21日返回台湾。李国鼎是台湾党政重要人物，此次大陆之行，获台湾最高当局的同意。有些人虽进行阻挠，但无济于事。近年，李国鼎表示海峡两岸应加强学术交流，不应顾忌太多的政治因素，主张逐渐扩展两岸科技交流合作，培养科技人才，为中国人造福。

1993年8月，李国鼎在国民党十四次代表大会上被聘为国民党中央评议委员会委员、主席团主席。

李国鼎，1909年生，江苏省南京市人。1930年南京中央大学物理系毕业，。1934年留学英国，获剑桥大学物理研究所硕士学位。1991年获英国剑桥大学伊曼纽学院荣誉博士学位，是该校建立以来首获此荣的中国人。同年又获香港中文大学荣誉法学博士学位。曾任南京金陵女子大学文理学院教授，武汉大学物理系教授，航空委员会防空学校照测总队修理所长，经济部资源委员会资渝钢铁厂简任工程师兼工务组长，中央造船公司筹备处副主任。1948年到台湾，历任台湾造船公司总经理，台湾区生产事业管理委员会委员，"行政院"经济安定委员会工业委员会委员，美援运用委员会秘书长，国际经济合作发展委员会副主任委员兼秘书长。1965年任"经济部"部长。1969年任"财政部"部长。1977年任"行政院"政务委员。还历任国民党中央财务委员会主任委员，"行政院国家科学委员会"委员。1988年被聘为台湾"总统府"资政。是国民党第九届候补中央委员，第十至十三届中央委员、中央常务委员。

李国鼎对台湾经济、科技发展作出了贡献。1991年，台湾工商界名人高清原等人建立李国鼎科技发展基金会，李国鼎创办"群我伦理促进会"。著有《台湾快速成长的经验"等。

〔李依依（女）·冶金与金属材料专家·当选中国科学院学部委员〕　中国科学院金属研究所所长、研究员李依依，1993年12月当选为中国科学院技术科学部学部委员。

李依依，1933年10月20日生，江苏省苏州市人。1957年毕业于北京钢铁学院。历任本钢第一钢铁厂及辽宁省冶金设计院工长、技术员，中国科学院金属研究所助理研究员、副研究员、研究员、副所长。现任中国科学院金属研究所所长，中国金属学会副理事长。

李依依从六十年代开始从事Fe—Mn—Al低温钢的研究与开发，曾和合作者首次观察到Σ—马氏体形核长大遵循错层重叠及极轴机制，解决了几十年来只有理论推测而未得到证实的问题，受到美国著名金属学家M. Cohcn的赞赏；她还发现含奥氏体钢中存在着反铁磁转变点，为发展超低温高强度无磁钢提供了科学依据，受到国际同行重视。为此Fe—Mn—Al系成果获国家自然科学奖三等奖。七十年代末期至八十年代中期，她主持"抗氢压力容器"钢的攻关研究，创建了高压热充氢、高纯氢分析、测定氢的渗透率和扩散系数以及对高压氢容器中裂纹扩展等一系列新的实验系统，并取得了完整的数据，满足了武器设计的要求，提出了抗氢一、二号钢种的成分，并确定冶炼、加工、热处理工艺制度，建立氢损伤评定方法，为核武器试验创造了条件，为此获1987年国家科技进步奖二等奖、中国科学院科技进步奖一等奖。八十年代末期，她主持"抗氢三号钢"攻关研究，提出该钢种含Mn—N钢的成分，并解决了锻造、焊接及热处理工艺上出现的问题，所制作部件成功地参加重大核试验，为此1991年获国家科技进步奖二等奖、中国科学院科技进步奖一等奖。九十年代，又主持低温Al—Li合金研究，发现Se、Ag、Y、ZN等添加元素的低温反常韧效应，为此1992年获两项专利。共发表论文、研究技术报告90余篇。

〔李学刚·民警·被追授"全国公安战线一级英

模”称号〕　1993 年 12 月 15 日，公安部发布命令，追授因公牺牲的公安部刑事侦察局反盗窃处主任科员 李学刚“全国公安战线一级英雄模范”称号。

李学刚，38 岁。1976 年 1 月参加公安工作。16 年来，他始终战斗在打击刑事犯罪第一线，先后擒获犯罪分子 1500 多名，其中公安机关通缉的重大案犯和逃犯百余名，被誉为“京门神探”。自 1978 年以来，他年年获奖，先后被评为铁道部、北京铁路局和北京市总工会的先进工作者、标兵或优秀共产党员，4 次受嘉奖，荣立一、二、三等功各一次，还 3 次被北京市人民政府授予劳动模范称号。1993 年 3 月被调入公安部刑侦局，11 月 8 日在赴天津办案途中因交通事故以身殉职。

北京站是全国交通枢纽，日客流量达 20 多万人。要在茫茫人海中发现并擒获犯罪分子，犹如大海捞针。而李学刚就有这样的硬功夫。在十几年的实践中，他练就了一双识别犯罪分子的火眼金睛，曾创下一天连续抓获 6 个盗贼的纪录。他总结出盗窃分子在各种情况下的心理活动，根据特点，只要用眼光往人群中一扫，就能准确地发现罪犯，甚至辨别出初犯和惯犯，会采取什么方式作案，作案后将如何逃匿。所以他抓获千余名罪犯，没有一次错抓和漏跟。1991 年 6、7 月间，北京站旅客连续在上车检票时被掏腰包。犯罪分子专门选择早晚检票的车次，作案手法也相同。李学刚受命抓捕这个狡猾的惯盗，连续 8 个夜晚，他带领侦破小组守候在各候车室。第九天早上，李学刚在上车的旅客中发现了作案未遂的犯罪分子。为了人赃俱获，他不顾工作了一夜的困乏和饥渴，又整整一个白天跟踪犯罪分子到东单、东四、东华门、王府井等地。当晚犯罪分子返回北京站，先盗窃一个外国人的腰包未得逞，又乘检票人群拥挤盗窃了一位旅客的腰包。当他仓皇逃走时，被李学刚绊倒在地，当场擒获。罪犯落网后，从其身上和小件寄存处缴获他盗窃的腰包 17 个，现金和赃物共计 3 万多元。一次，5 名身带匕首的歹徒在售票厅盗走一旅客的皮箱，其中一人被李学刚连人带箱擒获，另 4 人见状把李学刚团团围住，为首的犯罪分子掏出一叠钱塞进李学刚的衣兜，被他挡回，镇定地说：“我知道哥儿几个不容易，可在我管的地盘出了案子，回去也没法交代。你们把箱子还给失主，咱们都一走了之。”歹徒信以为真，跟他回售票厅找失主。这时迎面走来两名民警，李学刚一脚踢翻为首的歹徒，回身抱住另一名持刀歹徒，经过一场搏斗，将 5 名罪犯制服。另一次，李学刚在 127 次列车上发现一名东北流窜的作案分子正在行窃，立即冲上去抓捕。这时突然闪出 3 名同伙将李学刚围住。他独自对付 4 名歹徒，搏斗 20 分钟，将罪犯全部擒住，自己身上已伤痕累累。

1988 年 8 月，李学刚被任命为北京站公安段刑侦队长。他利用 3 年时间坚持学完公安大学法律专业的全部课程，并把学到的知识和自己的经验写成教材发给战友们。他先后发表过《扒窃犯罪心理分析》等 5 篇学术性文章，担任了中国政法大学、北京警察学院等院校的授课任务，撰写了几十万字的讲义。他带领的北京站公安段刑侦队连年取得优异成绩，多次荣立集体功和受到集体表彰。他的事迹先后被《法制日报》、《人民公安报》、《中国青年报》、《北京日报》等 20 多家报刊作了专题报道。

〔李泽民・再次当选中共浙江省委书记〕　在 1993 年 12 月 24 日召开的中共浙江省委第九届第一次会议上，李泽民再次当选为中共浙江省委书记。

李泽民，1934 年生，四川苍溪人。1950 年参加中国人民解放军。1953 年参加抗美援朝作战，任中国人民志愿军某团政治处青年干事。1954 年加入中国共产党。1960 年毕业于中国人民大学中共党史系，留校任助教。后调任沈阳农学院马列主义教研室副主任、院党委宣传部副部长，中共沈阳市委宣传部部长，中共沈阳市委副书记，中共辽宁省委副书记，中共沈阳市委书记。1988 年调任中共浙江省委书记。在 1993 年 1 月 14 日召开的浙江省八届人大一次会议上当选为浙江省人大常委会主任。是中共第十三、十四届中央委员。

〔李宗明・消化系疾病专家・被聘为中华医学会资深会员〕　1993 年 1 月 16 日，具有 78 年历史的中华医学会，正式宣布首批聘任 41 位在医学上有重大成就、德高望重的内外科专家为中华医学会资深会员。重庆医科大学人工肝研究室主任李宗明获得这一荣誉。

李宗明，祖籍江苏武进，1918 年 8 月生于江苏常州。1943 年上海医学院毕业后，历任重庆中央医院内科住院医师，上海医学院红十字会总医院（现为华山医院）内科住院总医师，上海医学院中山医院内科主治医师、副教授，重庆医学院附属第一医院内科教研室主任、教授、副院长、医学院副院长、人工肝研究室主任。1956 年参加九三学社，1983 年参加中国共产党。

李宗明从事医学教育、临床医疗和医学科学研究 50 多年，具有丰富的临床经验和渊博的理论知识。在内科领域里，长期从事消化系统疾病的临床和研究工作，是国内腹腔镜检查的开创者，也是胃镜检查技术的开创者之一。他和同事对实验性肝静脉造影的研究等多项科研成果受到国内外重视。1979年李宗明开始了肝病与人工肝的研究，在他的领导下，在重庆医学院建立了人工肝研究室，进行了大量的科研工作。这些研究主要涉及急性肝功能衰竭、模型动物与血液灌流装置的建立、吸附剂血液灌流在模型动物中的疗效观察、新型吸附剂的研制、血液灌流中病理生理变化的探讨、肝病中的内毒素血症与网状内皮细胞系统功能变化及肝性脑病发病机制的研究等，先后发表有关论文82篇。这些研究成果为我国人工脏器的研究开创了新的局面，获1992年四川省科技进步二等奖。他先后编写著作多种，参加编写《实用内科学》、《临床胃肠病学》、《临床症状鉴别诊断学》等。担任全国高等医药院校教材《内科学》和《中国医学百科全书·消化病学》的副主编。

李宗明历任中华医学会常务理事、名誉理事，中华医学会四川分会副会长、名誉顾问，中华医学会重庆分会会长、名誉会长，中华医学会内科学会名誉顾问，四川省科技顾问团成员，重庆市科技顾问团成员，国家科委生物医学工程学科组成员，四川省生物医学工程学会副理事长，重庆市生物医学工程学会理事长，九三学社中央委员等职。

〔李经文（女）·京剧演员·获第十届中国戏剧梅花奖〕　天津京剧三团团长、国家一级（青衣）演员李经文，1993年获得第十届梅花奖，这是因为在此之前她在北京吉祥戏院主演《宇宙锋》、《断桥》、《浊世恩仇》时成功地塑造了三个不同类型的古代妇女形象，以韵味甜美的演唱及精湛的表演，征服了首都观众。

李经文，天津人，1947年生。1966年毕业于天津市戏曲学校。在校得到出身于富连成科班的苏世明、高元皋等老师的开坯启蒙，经严格训练，打下扎实功底。又得刘中石老师亲传梅派名剧《宇宙锋》，一丝不苟地学习了梅派的行腔吐字、四声五韵及梅派雍容华贵、端庄大方的表演风范。后经表演艺术家杨荣环老师从唱腔、念白、表演、身段、水袖及对人物理解等方面给予了多方指点，自己在长期实践中不断领悟，因此《宇宙锋》成为李经文的看家戏。

《宇宙锋》描写了一个叫赵艳蓉的古代女子在利禄薰心的父亲和荒淫无道的皇帝面前坚贞不屈的故事。全剧充满了凄厉压抑的情绪。梅兰芳先生在此剧中，使唱、做、舞都和剧中人物的不幸融化得浑然无间，这给后学者带来很大的难度。李经文的表演，人物性格发展层次分明，开始四句西皮原板，唱得节奏舒缓，字字饱满，具有梅派酣畅从容的特色，既表达了对父亲赵高表面上的感恩戴德；又流露了难言之隐的满腹苦衷。当知道明日早朝就要被送进宫做嫔妃而据理力争时，她的三番叫头处理得没有雷同之感，感情变化层层递进，有节奏地将戏剧冲突一步步推向高潮。但是赵高丧尽天良，赵艳蓉只得装疯。李经文是从“哈哈、哈哈、啊哈哈哈哈哈”三笑装疯起，运用眼神与内心瞬息变化的高度结合来表现赵艳蓉不疯装疯的本貌。反二黄过门刚起，只见她两眼发直的疯笑在转脸的瞬间却露出了内心的痛苦，她把人物走投无路以装疯为斗争手段的满腔委屈清晰地表现出来。李经文汲取梅派精髓，紧紧抓住人物感情线索的发展变化来塑造人物，并注意唱做舞结合。原本“疯”与“美”是对立的，李经文在唱做舞中，将两者全然统一起来，使观众既得到美的享受，同时又对人物产生深深的同情。

李经文之所以有今日成就，除了由于戏校老师对她的培养，还在于她二十年来的刻苦实践。1970年她被调进天津市京剧三团，先后恢复排演了《宇宙锋》、《玉堂春》、《大保国·探皇陵·二进宫》、《红鬃烈马》、《凤还巢》、《捧印》、《断桥》、《霸王别姬》、《贵妃醉酒》等剧目。1981年拜赵慧秋为师。赵老师研究过梅、程、荀、尚等各派艺术，李经文从他那里受到教益，拓宽戏路，融各家之长，还通过排演《清宫外史》一类戏，掌握了京白特有的韵律美和节奏美，塑造了珍妃的感人形象，给她日后演出清装戏以很好的借鉴。在此期间不时上演《拾玉镯》、《铁弓缘》、《秋江》、《春草闯堂》、《潇湘夜雨》等花旦、花衫应工戏，还演了身扎大靠的刀马旦应工戏《三休三请樊梨花》，由于广泛学习和实践，艺术上日趋成熟。1987年，她经原天津市长李瑞环的举荐，拜了著名梅派传人杜近芳为师，得杜不断点拨，学梅更上一层楼。

〔李树彤·肖像雕刻家·获世界优秀书画艺术家称号〕　1993年6月，世界艺术名人评审委员会、中国中央电视台、美国东方艺术协会、英国东方美术家协会、日本国际书画协会等十一个单位联合授予李树彤“世界优秀书画艺术家”荣誉称号，并签发了“世界艺术名人”证书。

李树彤，辽宁省海城县人，1957年5月生，毕业于沈阳鲁迅美术学院摄影系，现任辽宁省《税务》月刊美术编辑，兼任辽宁省税务学会理事，为中国摄影家协会辽宁分会会员、辽宁省技艺协会会员。自幼爱好美术，尤以篆刻、摄影见长。自1989年始，先后参加国内各种书法、篆刻大赛20余次，并获奖，有些作品被中国翰园碑林、颍州西湖碑林刻碑入石，并被编入《全国首届山水杯书画篆刻大展赛》、《全国首届现代篆刻艺术大展赛》、《国际现代书法集》、《中国书画作品集粹》、《世界当代书画名家作品集》等。在长期艺术实践中，他把篆刻和绘画结合起来，用石章刻制肖像人物。经8年苦练，颇有成就。从1986年起，在各种报刊发表精心刻制的世界各国名人肖像和文坛群星肖像印几百方，可称为"名人系列"。中国总理李鹏、英国首相梅杰、英国前首相撒切尔夫人、法国总统密特朗、新加坡总统黄金辉、日本前首相海部俊树、国际奥委会主席萨马兰奇等收到肖像印后，均回信签字表示感谢。他还为著名作家冰心、肖军，著名画家朱岂瞻、华君武等刻制肖像印。冰心老人92华诞时，李树彤用为老人刻制的肖像印组成一个"寿"字条幅登门奉送，老人非常高兴，连声说："太好了，太谢谢你了！"

李树彤刻制肖像印，着意于五官传神，先将肖像画于石章上，再用刀精心雕刻，石质坚，刀锋硬，易于板滞，故点划位置、阴阳粗细需精心安排，用刀需讲究技巧。沈阳电视台曾将其技艺录入"沈阳一绝"专题节目，在1992年元旦晚会举办的电视大赛上获一等奖。《人民日报》(海外版)、《中国青年报》、《美术大观》等都曾评介李树彤肖像雕刻艺术，他已出版《李树彤金石肖像印集》一书。

〔李树建·豫剧演员·获第十届中国戏剧梅花奖和第三届文华表演奖〕　1993年6月，三门峡市豫剧团团长李树建在福州市带着家乡七千万河南老乡的厚爱，登上梅花奖领奖台。当他手举鲜花向人们致意时，他哭了……。一个农民的儿子，在学戏短短十余年的今天，因发展豫西调的声腔艺术而同获文化部颁发的第三届文华奖和第十届中国戏剧梅花奖，这是他做梦也没想到的。

李树建，1961年生于河南汝州市寄料乡一个农民家庭，父母大字不识，却爱家乡戏，李树建小时随父看戏受薰陶，七、八岁时上山放牛，一段豫剧《红灯记》唱得山山沟沟都是回响。后跟公社、学校宣传队四处演唱，嗓子越唱越宽亮。18岁的李树建决心学戏，两次报考，终被洛阳戏校破格录取，经四年严格训练，打下表演技艺的基础。一次偶然机会，他听到电台播放已故豫西调名须生王二顺的录音，喜得心花怒放。原来过去豫剧须生分两派，一是豫东调的红脸王；一是豫西调的王二顺。王二顺唱豫西调，因大腔大口，悲壮苍凉，旋律下行，不宜表现人物高昂的情绪，六十年代后已很少有人演唱，而李树建却发现这种节奏缓慢、音调沉郁的唱腔蕴蓄着黄土高原的苍凉雄浑，他仿佛从中听到父辈们在艰难岁月中的叹息，意识到它有不同寻常的生命力。于是四方求艺，收集王二顺等人录音，先努力掌握这种下行唱法的吐字、发音、运气、行腔等技巧，后终找到突破口，结合自己宽厚的嗓音条件，大胆借鉴豫东调、祥符调以及河南省豫剧三团男声唱腔改革的经验，开拓男声豫西调，丰富其表现力，从而使自己的唱腔既不失苍凉悲壮、粗犷浑厚的特色，又有高昂激越的音律。

去年，李树建应邀进京主演了《试夫》、《清风亭》二剧。现代豫剧《试夫》反映了山区农妇独立意识的觉醒，该剧曾连演300余场，深受农民欢迎。李树建饰剧中丈夫朱二旦，演唱了豫西"二八"、"流水"、"垛子"、"紧二八"，最后以祥符调大甩腔结束的近50句的大唱段，把朱二旦失妻后的愧悔情绪表达得淋漓尽致，而且男声最佳音域得到充分发挥。首都观众听后，掌声雷动，认为他的唱腔"韵味独特，值得研究"。出生于河南洛阳的作家李准动情地说："多少年来没听过这么美的男腔了，这个演员唱得实在太好了！"

李树建之取得今天的成就，在于对艺术执著地追求。当年戏校毕业后，硬是自费在中国戏曲学院进修，并以对艺术的痴心，叩开表演艺术家马长礼的门扉，成为马长礼的八宝弟子。两年白天、晚上的苦学，开阔了眼界，增长了才智，从而才有可能另劈蹊径闯出新路。十余年来李树建已主演《卖苗郎》、《鞭打芦花》、《凄凉辽宫月》等十余出戏，从河南到山西到北京，他率领剧团走一路唱一路，剧团收入连年递增，还培养了一支艺术新军。

〔李贵鲜·连任国务委员〕　1993年3月29日，根据第八届全国人民代表大会第一次会议决定，李贵鲜被任命为国务委员兼中国人民银行行长。同年7月2日，被免去兼任中国人民银行行长职务。

李贵鲜，1937年8月生，辽宁盖县人。1962年7月加入中国共产党。1959年北京外国语学院留苏预备部、中国科学技术大学学习。1960年在苏联莫斯科门氏化工学院工程物理化学系电真空化学专业学习。1965年在公安部十二局研究所工作。1967年任国营七七七厂技术员、车间主任、副厂长、总工程师。1977年任辽宁省锦州市电子工业局副局长、总工程师。1979年任辽宁省电子工业局副局长、总工程师。1982年任辽宁省副省长兼省科学技术委员会主任。1983年任辽宁省副省长、中共辽宁省委常委。1985年任中共辽宁省委书记。1986年任中共安徽省委书记。1988年任国务委员兼中国人民银行行长。是中共第十二、十三、十四届中央委员。

〔李洪生·武警班长·为抢救遇险群众英勇献身〕　1993年4月9日，武警甘肃总队酒泉地区支队班长李洪生在危急关头舍己舍亲，为抢救素不相识的群众而壮烈牺牲。

1993年4月9日，在四川省马尔康县境内，李洪生在姐姐陪同下，乘长途公共汽车探家提前归队。途中汽车因方向盘突然失灵从悬崖上坠入湍急的大渡河支流梭磨河中。李洪生从昏晕中挣扎着站起来，他带着满脸的鲜血忍痛砸开车前的玻璃，连续救出4人，自己却由于负伤过重，加上寒冷、缺氧、呛水而晕倒，被凶猛的河水冲向下游。当他清醒过来后，又摇摇晃晃地走进河水，吃力地将一个藏族妇女和一个8岁的小女孩托上岸。可无情的漩涡却将他卷走了，他的姐姐李秀苹也因未能得到及时救助而失去了生命。“八一”前夕，武警总部党委批准李洪生为革命烈士，追认他为中国共产党正式党员。

李洪生，藏族，1973年12月出生于四川省阿坝州马尔康县脚木足乡神山村。上学时期，李洪生就品学兼优，16次被学校评为“三好学生”，1次被评为县级三好学生，他还是全校公认的“活雷锋”。仅1983年，李洪生做各种好事86件，所在学校曾开展“远学雷锋，近学李洪生，争当红花少年”的活动。上中学后，李洪生的心胸更宽了，眼界更高了。他所在的马尔康县第二中学在校学生来自13个乡，23个民族。为了搞好民族团结，作为团支书的李洪生积极配合学校进行工作，开展了“一帮一、一对红、手拉手、向前走”活动，增进了各民族同学间的友谊。曾被四川省委评为“优秀团干部”。

1991年12月，李洪生入伍，成为一名武警战士。他训练刻苦，执勤中一丝不苟，在关键时刻，不怕流血牺牲。1992年8月24日晚10时，6名手持凶器的歹徒在酒泉电机厂门口闹事，无理凶狠地朝值班员连砍6刀，值班员当场昏倒在血泊中。李洪生下哨路过门口，见此情况立即上前制止。砍红了眼的歹徒吼着逼上来，其中一个歹徒抡起大马刀向李洪生砍来。李洪生飞起一脚踢到歹徒的手腕上，刀飞出几米远，将歹徒制服。另一个手持一尺多长杀猪刀的歹徒又冲上来，李洪生手疾眼快地来了一个踢裆砍脖，将歹徒制服。入伍15个月，李洪生为中队、为战友、为驻地人民群众做好事110余件。先后6次受到嘉奖，被评为“优秀士兵”、“优秀班长”，“学雷锋标兵”。他所在的班被评为“先进班”。

〔李济国·人民日报总编室副主任·获首届韬奋新闻奖〕　由中国记协和中国韬奋基金会联合举办的首届韬奋新闻奖，于1993年12月17日在北京颁奖。这是为长年“为人作嫁”的编辑和通联工作者所设的全国性的高层次、高荣誉的奖励。《人民日报》总编室副主任、主任编辑李济国获奖。

李济国，1936年6月生，江苏省海门县人。1964年从中国人民大学新闻系毕业后到《人民日报》社，在夜班编辑岗位上持续工作迄今25年之久。他具有较强的事业心和敬业精神，有较高的识稿和组版能力。几十年来，他兢兢业业，精雕细琢，经他设计编排的版面不下4000块，制作的标题、选编的稿件数量更多，从未发生过重大新闻遗漏，也未发生大新闻小安排的事故。他长期主编一版，为《人民日报》版面，特别是新闻版面保持特色和有所创新，作出了贡献。每逢重大报道、节假日，他编排的《人民日报》头版的版面和标题制作，往往受到人们重视和好评，成为同行参照的样版。在《人民日报》夜班编辑出版工作中，他起到承上启下的作用。他尊重长者，并言传身教带出了一批后来者。

李济国精心策划制作的1981年11月9日的一版版面、1982年春节一版头条标题《座上清茶依旧，国家景象常新》、1985年一版《凡人新事》栏目、1986年10月27日一版版面，先后被全国好新闻评选委员会分别评为获奖好版面、好标题及全国好新闻作品三等奖、二等奖。

〔李济深·已故著名爱国民主人士·电视剧《李济深北行》首映〕　1993年4月11日，再现民主革命家、民革创始人李济深1948年毅然北上参加新政协筹备工作经历的4集电视连续剧《李济深北行》首映式，在北京人民大会堂举行。同年5月15日，邮电部发行了《爱国民主人士》纪念邮票一套共4枚。邮票上的四位爱国民主人士是：李济深、张澜、沈钧儒、黄炎培。

李济深，1885年生，原籍江苏，生于广西苍梧。原名济琛，字任潮。早年毕业于北京陆军大学。曾留学日本。历任粤军第一师参谋长、师长，西江善后督办、黄埔军校教练部主任。1925年任国民革命军第四军军长。1926年任国民党第二届中央执行委员、参谋总长、黄埔军校副校长。北伐战争期间，任国民革命军总司令部参谋长、广东省政府主席、国民革命军第八路总指挥，留守广州。1933年联合19路军蔡廷锴等在福建组织反蒋抗日的中华共和国人民革命政府。次年至香港主持中国国民党革命委员会，并与冯玉祥等倡组中华民族革命同盟。1935年任桂系军政府主席。1937年抗日战争爆发，积极响应中国共产党一致抗日的号召，反对国民党政府反共政策。1948年就任中国国民党革命委员会主席。1949年出席全国政协第一届全体会议。后历任中华人民共和国中央人民政府副主席、全国人民代表大会常务委员会副委员长、中国人民政治协商会议全国委员会副主席。1959年10月9日在北京病逝。

这套《爱国民主人士》邮票上的另三位人士是：

张澜（1872——1955）四川南充人。曾任中央人民政府副主席、全国人大常委会副委员长、全国政协副主席，中国民主同盟中央主席。

沈钧儒（1875——1963）浙江嘉兴人。曾任最高人民法院院长、全国人大常委会副委员长、全国政协副主席，中国民主同盟中央主席。

黄炎培（1878——1965）上海川沙人。曾任政务院副总理兼轻工业部部长、全国人大常委会副委员长、全国政协副主席，中国民主建国会主任委员。

〔李振虎·解放军第二炮兵某部器材股保管员·获“模范器材保管员”称号〕　1993年10月15日，第二炮兵发布通令，授予李振虎“模范器材保管员”荣誉称号。

李振虎，陕西省合阳县人，1963年8月出生，1981年10月入伍，1984年5月加入中国共产党，二级专业军士军衔。李振虎入伍后当过木工，养过猪、种过菜，当过器材保管员，在平凡的岗位上为部队建设做出了突出贡献。1990年初，他担任营部器材班长后，看到基层施工器材管理不善，本部队每年施工材料超支10多万元，心里十分着急。他认真分析施工材料亏损的原因，主动找部队领导，将施工材料实行“集中管理，租赁使用”的设想，被采纳后，创办了“周转材料租赁站”，由他担任站长。他带领两名战士，自己动手，改建了库房，建立了一整套租赁管理、维修、保养制度和一条龙服务业务。他们把营连库房中的施工材料集中起来统一保管，对租赁单位按租借材料时间长短收费，材料使用后收回，修复后入库备用。不仅解决了原来有的营连积压材料，有的营连急需材料供不上，材料使用一次后丢失浪费等问题，而且有效地保证了施工需要。他们又大搞“修旧利废”，自己动手建起铁工房，用施工废弃的钢筋头打制扒钉、螺杆、钎子。三年中，他和两名战士加工扒钉6万多只，打螺杆、钎子等5000多件，仅此一项就节约经费3.8万元。他们坚持到施工点打扫水泥场地，把当天施工用剩的散水泥收进袋，仅这一项三年来节约水泥近百吨，回收水泥袋10多万个。以前部队每年要购进30吨钢模，需10多万元，自租赁站成立后，他们坚持每次坑道被复后对钢模进行维修，将水泥铲掉，把边肋扳直，把板面敲平，再刷油入库，延长了钢模使用寿命，三年来部队再没进过一块新钢模，这一项为国家节约经费42万元。李振虎创办的“周转材料租赁站”三年总共为国家节约经费80多万元。他先后10次被上级树为建设社会主义精神文明先进个人、优秀团员、优秀党员、志愿兵标兵，先后荣立两次三等功、一次二等功。

〔李晓光·青年物理学家·获中国科学院青年科学家一等奖〕　中国科学院结构分析开放研究室教授李晓光于1993年12月获中国科学院青年科学家一等奖。

李晓光，1960年11月生，安徽省人。1982年毕业于安徽大学物理系。1985年在中国科学院固体物理所获硕士学位，1989年在该所获博士学位。1989年3月至1990年10月在中国科技大学做博士后，后留校工作。现为中国科学院结构分析开放研究室副主任，教授。

李晓光在高温超导体通往实用的道路上，以其创造性的判断性实验首次证实了高温超导体磁场下的电阻转变展宽主要归因于磁通运动而不是涨落，澄清了多年来国际上的两种观点的长期争执，并最先提出了磁通弯结的新的物理模型，为高温超导材料的应用在理论上排除了障碍。他在超导体混合态性质及其与微结构的关系的研究中所取得的系统认识，发展了第Ⅱ类超导物理，得到了国内外专家们的好评与肯定。和国际上同期发现高温超导体磁化强度的衰减与时间的对数偏离线性关系，并在理论上给出其偏离的关系及原因。理论上研究了不可逆线的起因，研究了MBaCuo（m＝Sm，Gd，Er，Ho，Dy）磁性与超导共存的现象，分析了高温超导体正常态的反常和磁性存在，同时还研究了Y系薄膜的结构固有特征和Bi系单晶的微结构及辐照对Bi单晶结构和物性的影响，均取得一系列有意义的结果。

李晓光在超导物理及非晶态物理这一研究领域中成绩突出。作为骨干完成的“高温超导体微结构与超导电性的基础研究”获中国科学院1993年自然科学一等奖。已在Phys. Rev. B，J. Appl. Phys.，科学通报等核心刊物上发表论文54篇，其中作第一作者的25篇。

〔李铁映·任国务委员兼国家体改委主任·阐述建立社会主义市场经济体制基本框架〕　1993年3月29日，根据第八届全国人民代表大会第一次会议决定，李铁映被任命为国务委员兼国家经济体制改革委员会主任。

李铁映1993年5月10日在部分省市体改委主任座谈会上说，目前在社会主义市场经济体制基本框架的具体描绘和质的规定方面，在加速建立新体制的重大举措和步骤方面，认识还不完全一致，需要进一步统一，但我们必须深入研究这样10个重大课题：①建立社会主义初级阶段的所有制结构。在发挥国有经济主导作用的基础上，形成以公有制为主体，个体、私营和外资经济等多种经济成分长期并存、共同发展、平等竞争的所有制结构新格局。②建立现代企业制度。明确产权关系，政企分开。国有企业作为独立的商品生产者和经营者，在市场竞争中实现自主经营、自负盈亏、自我发展、自我约束。③建立现代市场体系和价格形成机制。建立法制健全、统一开放、平等竞争的市场体系特别是生产要素市场。④建立社会主义的分配制度和社会保障制度。以按劳分配为主体，其他分配方式为补充，效率和公平相统一，实现社会全体成员共同富裕。⑤建立宏观经济间接调控体系。以经济政策和经济杠杆为主要手段，实现宏观经济总量平衡和整体结构优化。⑥建立符合国际惯例、积极参与国际竞争与合作的对外开放体制。按照关贸总协定的要求，用好汇率、关税等经济手段，参加国际分工、国际交换，实现国内外资源和生产要素双方流动，国内和国际市场双向接轨。⑦建立促进农村市场经济发展的新体制。稳定、完善以家庭联产承包责任制为主的统分结合的双层经营体制，大力发展农村社会化服务体系和乡镇企业。⑧建立社会主义市场经济的法律体系。规范政府、企业和个人经济行为，实现经济关系、经济运行与管理规范化、制度化、法制化。⑨建立规范的中央政府与地方政府管理经济的格局，划清事权和财权，调节区域经济发展。l 搞好经济体制与科技、教育等其他领域的配套改革。

李铁映强调，当前已经到了一个关键时刻，再单纯运用行政性手段不可能解决快速发展中出现的问题，唯一的出路是加快和深化改革。用经济办法调控就是改革。

对如何在新形势下提高经济效益问题，李铁映在 7 月 17 日召开的“中国经济效益纵深行——当前经济形势与经济效益问题座谈会”上说：社会主义市场经济体制的提出，使旧体制下面长期难以解决的经济效益低下问题，有了彻底解决的新的历史条件。在新形势下，对提高整体效益，也应进一步解放思想，转变观念，树立一些新的认识，即：提高效益不仅是发展问题，也是改革面临的任务；提高效益不仅是微观问题，更重要的是宏观问题；提高经济效益不仅是生产领域的问题，也是流通领域的问题；提高经济效益不要仅盯住亏损企业，更要把注意力放在优势产业、重点企业上；提高经济效益不仅要注重经济活动，也要注重提高工作效率；提高经济效益要注意摆正速度和效益的关系，不是速度越高，效益也就越高。

李铁映，1936 年 9 月生，湖南长沙人。1955 年 4 月加入中国共产党。1950 年在北京师范大学二附中、北京俄语专科学校学习。1955 年在捷克斯洛伐克卡理士大学物理系学习。1961 年任国防部十院十三所四室技术员、负责人、副主任，五室副主任(1964 年至 1965 年在上海外国语学院进修日语)。“文化大革命”开始后受到冲击。1970 年在四机部一四二四所，1972 年任该所一室主任。1978 年至 1981 年任第四机械工业部一四四七所总工程师、副所长兼辽宁省沈阳市科委副主任、省科协副主席。1981 年任中共辽宁省沈阳市委书记、市委常务书记。1983 年任中共辽宁省委书记。1985 年任电子工业部部长、党组书记。1987 年任国家经济体制改革委员会主任、党组书记，电子工业部部长、党组书记。1988 年后任国务委员兼国家教育委员会主任、党组书记。是中共第十二届中央候补委员、委员，第十三届、十四届中央政治局委员。

〔李健军·杂技演员·获中国吴桥国际杂技艺术节“金狮奖”〕　1993 年 11 月，在石家庄市举行的第四届中国吴桥国际杂技艺术节上，河北省杂技团演员李健军主演的《四人顶技》，在另外三位演员傅志强、张四清、董志萍的合作下，以一系列新颖的技巧，突出了他所担任的“底座”的功夫，获得广泛的赞扬，夺得“金狮奖”第二名。

李健军，1971 年 10 月生，河北省清苑县人。1979 年考入河北省艺术学校杂技科。1983 年毕业后分配到河北省杂技团工作。他臂力过人，基本功扎实，曾主演《木砖顶》、《晃梯》、《四人顶碗》、《狮子舞》、《集体武术》等。由他主演的《晃梯顶技》，在 1987 年第二届全国杂技比赛获《铜狮奖》，同年又在第一届中国吴桥国际杂技艺术节上获“银狮奖”。这次他在主演《四人顶技》中所表演的“双二节顶塔对传”、“晃梯三节顶塔蹦楼梯”、“二节顶塔站脚前空翻过档”、“三节顶塔抽梁换柱接”、“飞机顶”等，都是既融合传统技艺，又富于创新的高难动作，得到杂技界的好评。

〔李培林·留法博士、研究员·学成归国后深入社会调查新著连连问世〕　中国社会科学院研究员李培林，1988 年从法国留学回国五年来，每年以三分之一的时间深入城乡进行调查研究，每年都有新的著作问世。仅 1991 年至 1993 年，由他担任主笔、主编、副主编出版的著作就有七本。在社会上和学术界引起很大反响。

李培林，1962 年出生，山东人。1982 年毕业于山东大学哲学系，1983 年赴法留学，在巴黎第一大学进行社会结构和组织结构的同构性研究，1987 年获哲学博士学位，1988 年偕妻子一起回国。

李培林回国后迈出的第一步就是带领一个小组到鲁西北的陵县，进行全面的经济社会调查。这一待就是一年，真正是“沉”下去了。他下农村、到工厂、进机关、访学校，尽管作为一个在海外生活多年的学子，一下从繁华的巴黎大都会，来到贫瘠的东方小县城，如此大的反差使他在物质上、精神上有过种种不适，但站在这片根之所系血脉相连的黄土地上，他感到了从未有过的充实。一年的调查过去了，一部全面翔实的《百县市经济社会调查：陵县卷》问世。

1989 年，李培林作为主编之一，参加了第一部《中国社会发展报告》的编写工作。“社会发展”，若干年前对国人来说还是个相当陌生的概念，我国也是直到 1986 年，才第一次将社会发展列为五年计划中与经济发展并列的一个重要内容。李培林和同事们结合中国的国情，借鉴国外的做法，对我国的社会发展从总体上和涉及社会政策、社会结构等 15 个方面进行了考察。他们还应用社会发展综合指标体系，对我国的全国、各地区、地级以上市以及重点市社会发展水平进行了系统比较和评价。李培林在其执笔的报告中，第一次提出：“中国的社会发展现在正处在一个结构转型时期，即由自给半自给的自然经济向商品经济转化，由农业社会向工业社会转化，由乡村社会向城市社会转化，由封闭半封闭社会向开放社会转化。”这部宏篇巨制 1991 年发表后，国内外几十家报刊作了报道和转载。雷洁琼评价这部报告“是一项开拓性的研究”，“填补了这方面研究的一项空白”。

随着中国改革的重点由农村转向城市，而城市改革的重点又是国有企业的改革，李培林又把视角转向了国有企业。作为社会学家，李培林独辟蹊径，提出要从企业的组织结构方面进行研究。他先后赴珠江三角洲、长江三角洲、山东半岛等地，考察了三四十个不同行业、不同类型、不同效益的国有企业。经过一年的调查研究，由李培林主笔撰写的 30 多万字的《转型中的中国企业——国有企业组织创新论》面世。该书以新颖的视角，独特的立论，在众多的企业改革论著中，给人以耳目一新之感。中国社会科学院副院长、著名经济学家刘国光肯定该书的一个重要特点：“就是从经济社会学的角度对中国国有企业组织的非经济性进行了深入的分析，并对国有企业组织的行动结构、功能结构和制度化结构三者之间的相互关系作了有意义的探索，提出了国有企业组织创新和转型这个非常重要的问题。”

回国 5 年来，李培林每年都有新的著作问世。还在国内外著名学术杂志上发表了一些有影响的论文。由于他的突出成绩，继 1989 年被评为副研究员后，1992 年又被破格晋升为研究员，被授予“中青年有突出贡献专家”称号，还担任了中国社会科学院学位委员会委员。

〔**李培南·马克思主义理论教育家·在上海逝世**〕　原上海市人大常委会副主任李培南，于 1993 年 8 月 13 日在上海病逝，享年 88 岁。

李培南，1905 年生，江苏省邳县人。1927 年加入中国共产党，从事党的宣传工作，1934 年调中国工农红军总政治部工作，后任红五军团政治部宣传干事。参加了长征，途中任红四方面军红军大学政治教员。抗日战争爆发后，任抗日军政大学一分校政治部主任、政治委员等职。1945 年任鲁中军区党委第二副书记、军区副政委兼政治部主任。1948 年调任山东淄博特区党委书记兼警备司令部政委。新中国成立后，任中共温州市委、地委书记兼军分区政委。1952 年调任上海交通大学党委书记、代理校长。1956 年起当选为中共上海市委第二、三、四届委员，上海市政协第二、三届常委会委员。1958 年起任上海社会科学院党委书记兼院长，1979 年任中共上海市委纪律检查委员会筹备组副组长，同年起任上海市第七、八届人民代表大会常务委员会副主任。他为了马克思主义理论的研究作了大量的工作。

〔**李梅芳（女）·水稻细胞工程育种专家·育成多个水稻花培新品种**〕　中国农科院作物研究所研究员李梅芳育 成多个水稻花培新品种，1993 年统计，累计种植面积达 1000 多万亩，经济效益显著。1993 年 9 月 7 日《光明日报》报道了他的事迹。

李梅芳，1939 年 2 月生，江苏省如东县人。1964 年 7 月毕业于南京农业大学遗传育种专业，同年分配到中国农科院作物研究所工作至今。

李梅芳从事水稻花培育种研究十余年，先后培育出近十个优良品种，提高了水稻的质量和产量。其中 1979 年育成的中花 8 号，中花 9 号，比对照品种京越 1 号分别增产 10%以上（中花 8 号亩产 1298 斤，中花 9 号亩产 1364 斤）。1981 至 1984 年经京、津区域试验，产量居参加评比水稻良种的第一和第二名。后来在华北、辽南稻区大面积推广，一季水稻亩产量大幅度增长，从而结束了日本粳稻品种独占鳌头的时代。为此，中花 9 号 1985 年获农业部科技进步二等奖，中花 8 号获农业部优质农产品奖和 1988 年中国农科院科技进步二等奖。“七五”期间，李梅芳育出质量产量均优的籼粳杂交品种中花10号和中花11号，分别获1990年和1991年国家攻关重大成果一等奖。

1993年李梅芳进一步育出高抗瘟病、品质优良、耐盐碱的中花12号，经国家品种审定部门审定，已列为我国北方稻区推广新品种。同年她还育成品质更加优良的中花13号和中花14号。由于花培育种缩短了育种年限，提高了育种效果，克服了常规育种难以克服的亚种间杂交、远缘杂交不亲和、杂种不孕等障碍，因而她育出的良种受到农民的热烈欢迎。据1993年统计，她育成的花培品种累计种植面积达1000多万亩，年产值超过2亿元。

李梅芳还为老区特困乡农民培育出特种稻米品种，如中花紫香1号、中花紫香2号、中花谷香1号等，所产稻谷色香味俱佳，成为帮助贫困户脱贫的好品种，深受农户欢迎。她1975年被评为"作物研究所工作积极分子"，1984年被评为作物研究所先进工作者，1985年被评为"全国'三八'红旗手"，1986年国家科委授予"有突出贡献的中青年专家"等称号。她主持的课题"水稻花培育种"、"细胞工程育种"在"六五"、"七五"期间都列为国家重点攻关项目，在两个五年计划中都超额完成任务，得到三部一委的表彰并发给荣誉证书。

〔李渠塘·电子技术专家·获中国发明专利金奖〕 电子工业部石家庄第五十四研究所高级工程师李渠塘牵头完成的"一种超短波测控用多频天线"于1993年获中国发明专利金奖。

李渠塘，1937年9月11日生于山东省博兴县，1961年毕业于成都电子科技大学。曾先后在航天工业总公司、上海航天局任技术员、工程师、研究室主持副主任。获机械电子工业部有突出贡献专家称号，并多次获国家科技进步奖和部级科技进步奖。

李渠塘这次获奖的发明为社会提供了一种统一体制的测控设备的超短波测控用多频天线。这种天线可在无线电工程设备中作多功能、多点频、宽频带的测量和控制的收发天线。它把分离的遥控、遥测、测速、测距等多功能、宽频带、多频点、多种型式的天线综合在一个公共天线阵面上，只使用一个天线转台和一套伺服控制系统即可完成对空间飞行目标的全部测量和控制的任务，从而减少了操作维护人员，减少了设备量，减少了天线和控测台站，减少天线体积和降低制作成本。此项专利技术于1988年、1990年和1992年三次执行国家级大型航天试验任务，取得了圆满成功，特别是1990年和1992年两次遥感卫星回收任务，发射指令成功率均为100%，接收数据全面准确，使卫星回收最安全最准确，创造了世界卫星发展史上的新纪录。

〔李淑铮(女)·任中共中央对外联络部部长〕

据新华社北京3月25日电，中共中央决定李淑铮任中共中央对外联络部部长。

李淑铮，1929年生，安徽当涂人。1945年加入中国共产党。曾任上海民主女子中学中共支部书记、中共上海市学委女中委员会区委委员。新中国成立后，任青年团上海市区委副书记。1951年赴苏联入共青团中央团校学习，次年回国。后历任青年团中央国际部科长，共青团中央国际部副部长，共青团第九届中央常委、书记处候补书记兼少年部部长，中共中央对外联络部副局长、局长，全国妇联第四届常委、书记处书记。1981年起任中共中央对外联络部副部长。是中共第十二、十三、十四届中央候补委员。

〔李维禄·农民诗人·出版子女们的诗集《小山雀的歌》引起轰动〕 1993年底，辽宁省西丰县铁合村农民诗人李维禄变卖家产，将儿子李梦飞、女儿李戈扬、李冰雪在全国各级报刊获过奖的诗结集成《小山雀的歌》出版，引起了轰动。闻讯赶来的台湾诗人莫渝，惊喜地赞赏他们是"农民诗人家族"。

48岁的李维禄是地道的农民，没读过几年书，但却在劳动之余爱读书写作，如痴如迷。1976年，他31岁时，就因发表6000行的叙事诗《关门山之歌》出名，并成为辽宁省作家协会会员。李维禄不仅自己爱诗写诗，还用独特的方法，从孩子们识字的时候起，就把劳动和诗同时感染孩子们。一次上山砍柴，他问孩子们：能不能说天是绿的，河水是红的。开始孩子们都摇头。李维禄告诉他们，这需要细心观察和丰富的想象。他带着孩子走进森林，看到密密的树叶托着阳光，头顶上仿佛搭起绿色的顶棚；傍晚的小河里，夕阳辉映，河水被染得通红。孩子们惊喜地发现，爸爸帮助他们找到了诗的意境。为了鼓励孩子们写诗，李维禄在炕头的山墙上，贴上纸剪的一棵大树，伸出5个枝杈。父母和兄妹三个各占一枝，谁在县市报刊发表一首诗，谁的枝头就生出一片绿叶；谁在省级报刊发表一首诗，谁的枝头就绽开一朵小花；谁在国家级报刊上发表一首诗，谁的枝头就结出一个果实。在这棵大树下，家里的气氛也与一般农家不同，就连兄妹之间做游戏也有别于别家孩子：和诗，对句，猜谜。李维禄苦心的教诲，使三个孩子从小就进入了诗的园地。从八十年代初孩子们发表诗作以来，炕头山墙上的那棵树，早已叶茂，花繁，果硕，三兄妹每人都发表了200多首诗，获得了从县级到国家级

60多个奖。在历次获奖中，最难忘的是1983年，那是中央电视台等全国性新闻和文艺单位联合举办全国儿童诗歌征文，规定获一等奖者可免费到北京参加夏令营。那年梦飞14岁，戈扬12岁，冰雪10岁，都在参加之列。李维禄在家里宣布：谁只要获奖，不管是几等奖，我都带他去北京。兄妹三人将选出的诗寄给了在北京的评委会。评比结果：梦飞和戈扬均获二等奖，小妹冰雪的《种太阳》获一等奖（《种太阳》全文：我有一个美好的愿望/长大以后去播种太阳/仅种一颗就够了/会结出许多许多的太阳/一颗送给南极/一颗送给北冰洋/一个挂在冬天/一个挂在晚上/到那个时候/世界的每个角落/都会温暖、明亮）。这首诗经著名作曲家徐沛东之手，通过中央电视台儿童节目主持人鞠萍之口，传遍了全国。获奖后，李维禄卖了家里的一口猪，筹集了路费带三个孩子到北京领奖。现在，孩子们上了中专、高中，他自己也由农民变成县文化馆合同制干部。他想给孩子们出一本诗集，作为他们童年智慧的结晶。编好诗集后，他为筹集8000元出版费，变卖了家里两间房，全家5口人挤到一间房里住。他在《小山雀的歌》的序言中写道："这些文字是我和孩子们的妈妈用汗珠垒起来的，从牙缝里省下来的。在这纷繁的世界里，有这么一份薄礼献给具有父爱母爱的家长们，这也是山村农家孩子的心愿。"在李维禄看来，"钱是黄金，而诗是太阳，没有了太阳，黄金也就黯然失色。"

〔李温仁·胸心血管外科学家·被聘为中华医学会资深会员〕　1993年1月16日，具有78年历史的中华医学会，正式宣布首批聘任41位在医学上有重大成就、德高望重的内外科专家为中华医学会资深会员。福建省立医院名誉院长、福建省心血管病研究所名誉所长李温仁获得这一荣誉。

李温仁，1914年5月出生于北京，祖籍福建惠安。1941年北平协和医学院毕业后，历任北平中央医院外科医师，山东潍县惠东医院外科、乐道医院外科主治医师，青岛山东大学医学院附属医院外科副教授兼骨科主任，福州协和医院院长兼外科主任，福建医学院副院长，福建省立医院副院长、院长、名誉院长，福建省心血管病研究所所长、名誉所长等职。1954年参加中国农工民主党，1956年参加中国共产党。

李温仁医术精湛，善于独立思考，有创新精神。1946年在全国第一个施行腰交感神经切除手术，1955年又在全国首创胃切除、食管与十二指肠直接吻合术，1957年在动物实验的基础上，在全国首先成功地用横结肠代食管治疗食管癌。50年代后期，他把目标从肺、食管手术转向心脏外科。1958年他在福建省首先做了心脏二尖瓣狭窄分离术获得成功。紧接着又做了在低温下肺动脉瓣狭窄直视剪开术、心房间隔缺损和心室间隔缺损的直视修补术。为了探索延长循环阻断时间，以适应比较复杂的心内直视手术，他苦苦思索，提出：要建造一座高气压手术舱来治疗缺氧性疾病和延长循环阻断时间。随后请来了10多个单位的工程技术人员，广收博采，制定设计方案，经过日夜奋战，不断改进，终于在1964年4月首先在福建建成了我国第一座高压舱，这是世界上的第三台。经过百次动物实验，在高压氧3ATA浅低温麻醉下成功地阻断循环30分钟，87%的动物长期生存无后遗症。1964年11月高压舱开始用于临床。高压氧对一氧化碳中毒、气性坏疽有显效，对脑血栓偏瘫、脑外伤、脑水肿、大面积烧伤、大量失血、休克、下肢溃疡等缺氧性疾病有良好的疗效。李温仁曾多次受奖。他曾任中华医学会外科学会和胸心血管外科学会委员、高压氧学会主任委员，中华医学会福建分会副会长、外科学会主任委员，国际高压氧医学会基金会副主席，第五、六、七、八届全国人大代表等职。

〔李登辉·再次当选国民党主席〕　1993年8月18日在国民党十四次代表大会上，李登辉再次当选为国民党主席。8月19日中共中央总书记江泽民致电表示祝贺。

1988年李登辉继任台湾"总统"、国民党主席后，积极推行"宪政改革"，宣布终止"动员戡乱时期"，全面改选"中央民意代表"，不断改组"行政院"等政权机构，已完全掌握了国民党党政军大权。

在国家统一及台湾前途问题上，李登辉主张"不要有统，也不要有独，接受目前的状况最好"，"急统"、"急独"都不是国民党接受和追求的。他要继续维持海峡两岸分裂、分治的局面。在处理两岸关系、制定大陆政策时，强调双方为"对等的政治实体"。近年虽采取了有利于两岸发展的一些措施，但却仍然拒绝海峡两岸直接"三通"，声称"三通"不是经济问题，还含有政治意义，目前谈"三通"时机与环境均不成熟。

在国际上，李登辉主张"彻底推行务实外交"，以统一前的东西德为模式，鼓吹"双重承认"，实际上是搞"两个中国"或"一中一台"。1993年初还扬言台湾"将在二三年内重返联合国"。

李登辉，1923年生，台湾省台北县三芝乡人。祖籍福建省永定县。淡水中学、台北高等学校毕业。1946年日本京都帝国大学农业经济系肄业。1948年台湾大学农业经济系毕业。两度留学美国，1952 年获爱荷华大学经济硕士学位，1968 年获美国康乃尔大学农业经济博士学位。曾任台湾大学讲师、副教授、教授。1952 年任台湾省“农林厅”经济分析股股长，合作金库研究员。1957 年后任“中国农村复兴委员会”技佐、技正、农业经济组组长。1972 年蒋经国出任“行政院长”后，被延揽入阁，成为当时最年轻的“政务委员”。1976 年当选为国民党第十一届中央委员。1978 年任台北市“市长”。1979 年当选为国民党中央常务委员。1981 年出任台湾“省主席”。1984 年当选为台湾国民党集团第七任“副总统”。1988 年 1 月蒋经国去世后，继任“总统”、国民党中央代主席。1988 年 7 月当选为国民党中央主席，“国民大会宪政研讨委员会”主任委员，“国家安全会议”主席。1990 年 3 月，当选为台湾国民党集团第八任“总统”。1990 年 10 月“国家统一委员会”成立后任主任委员。同年 11 月兼任“中华文化复兴运动推行委员会”会长。

李登辉对台湾农业经济颇有研究，有“农业专家”之称。留美期间博士论文《台湾农工部门间之资本流通》，获 1968 年“全美最佳论文奖”。著有《台湾农业发展对经济成长之贡献》、《台湾经济发展中之国际流通资金》、《农业发展政策之初期条件》等。

〔李瑞环·中共中央政治局常委·当选第八届全国政协主席〕 1993 年 3 月 26 日，李瑞环在中国人民政治协商会议第八届全国委员会第一次会议上当选为全国政协主席，他是继毛泽东、周恩来、邓小平、邓颖超、李先念之后，我国的第六位全国政协主席。3 月 27 日，全国政协八届一次会议闭幕，新当选的全国政协主席李瑞环致闭幕词。他在回顾了人民政协走过的 44 年历程后说，中国人民政治协商会议是我国最广泛的爱国统一战线组织，是中国共产党领导中国人民长期革命斗争的胜利成果，是具有中国特色社会主义政治体制的重要组成部分。中国共产党和各民主党派、无党派民主人士共同开创的人民政协事业，是我们的传家宝，我们一定要百倍地珍惜，很好地继承和发展。

李瑞环在 1993 年先后主持了全国政协八届常委会第一、第二、第三、第四次会议。在第二次会议上，他强调中国民主政治建设要有中国特色。他说，中国是一个 11 亿人口的大国，目前尚处于社会主义初级阶段，经济和文化总的水平比较落后，各地发展也不平衡；在从高度集中的计划经济体制向社会主义市场经济体制过渡过程中，必然出现许多错综复杂的矛盾和问题。这些因素决定了中国的民主政治建设必须从中国的实际出发，符合全国人民的根本利益；必须在团结稳定的前提下进行，有利于坚持以经济建设为中心，促进经济和社会的发展。政协常委会第四次会议主要议题是学习、贯彻中共十四届三中全会精神，李瑞环在会上强调人民政协应充分发挥自身优势，积极投身到建立社会主义市场经济体制的伟大实践中去。

11 月 5 日，李瑞环在全国统战工作会议上发表讲话时指出，把一切可以团结的力量团结起来，把全民族的意志和智慧凝聚起来，建设有中国特色社会主义的宏伟事业就会获得取之不尽的力量源泉，实现中华民族的伟大复兴就会形成广泛和坚实的社会基础。他把新的历史时期主导着中国社会发展的带根本性的问题归纳成六个方面：经济建设成为党和国家的中心任务；改革开放成为不可逆转的时代潮流；建立社会主义市场经济体制成为经济改革的总体目标；社会主义精神文明成为我国现代化建设的重要特征；“一国两制”成为解决祖国和平统一问题的基本政策；邓小平同志建设有中国特色社会主义理论成为一切工作的指导思想：他说，以上问题大体构成了当今中国的时代画卷，是决定和影响我们国家总体面貌和发展趋势的本质要素，也是了解和研究当代中国问题的基本线索。统一战线工作作为事关全局的一项重要工作，必须从研究、把握这几个问题入手，找准位置，发挥优势，在推动当代中国全面进步中发挥积极作用。

在 1993 年，李瑞环先后到广西、安徽、宁夏、江西、四川成都等地考察工作。4 月在广西考察工作时希望广西既要抓住机遇加快建设，又要切实搞好扶贫工作。6 月，李瑞环在安徽考察工作时强调要努力学好建设有中国特色社会主义的理论。8 月在宁夏考察工作时强调指出，从本地实际出发，把握特点，发挥优势，加快经济发展，改善人民生活，是摆在少数民族地区面前的根本任务。9 月，到江西考察工作时指出，实现向社会主义市场经济体制的转变需要一个较长的过程。各级领导只有充分发挥人民群众的首创精神，解放思想，实事求是，大胆创新，才能解决好新旧体制转换过程中出现的各种矛盾和问题。12 月 19 日，李瑞环在结束对南亚三国的正式访问以后，飞抵成都作了短时间考察。在同四川省领导同志座谈时指出，在贯彻《中共中央关于建立社会主义市场经济体制若干问题的决定》中，要始终注意处理好改革、发展与稳定的关系。他说，必须看到，当前社会中存在着许多突出的矛盾和问题，各级领导干部对此必须有清醒的认识。他强调，处理改革、发展与稳定的关系，必须坚持实事求是，在确定改革与发展措施时，一切要从实际出发；必须坚持联系群众，时时处处倾听群众的呼声、尊重群众的首创精神、维护群众的利益；必须坚持尊重实践，用实践检验现有的经验，在实践中探索新鲜经验；必须坚持艰苦奋斗，以干部队伍的廉洁自律、克己奉公带动社会风气的好转。

李瑞环于11月25日至12月6日，应邀对尼泊尔、印度、巴基斯坦三国进行了正式访问，访问期间与三国政府和议会领导人进行了广泛的接触和会谈，并同他们就地区形势、双边关系、中国全国政协同三国议会和组织间的交流与合作问题交换了意见。此次访问达到了增进相互了解、加深友谊、扩大合作的目的。在1993年，李瑞环还先后会见了来我国访问的斐济参众两院议长、尼泊尔国王比兰德拉、巴基斯坦总理贝·布托等外国领导人，接见了许多来访的外国客人。

李瑞环，生于1934年9月，天津宝坻人，1959年9月加入中国共产党，1951年7月参加工作，北京建工业余学院毕业。1951～65年，为北京第三建筑公司工人(其间1958～63年在北京建工业余学院工业与民用建筑专业学习)。1965～66年，任北京建筑材料供应公司党委副书记兼北京建筑木材厂党总支部书记。1966～71年，在"文化大革命"中受迫害。1971～72年任北京建筑木材厂党委书记。1972～73年任北京市建筑材料工业局党委副书记。1973～79年任北京市建委副主任兼市基建指挥部指挥、市总工会副主任，五届全国人大常委会委员，全国总工会常务委员。1979～81年任共青团中央书记处书记，全国青联副主席。1981～82年任中共天津市委常委、天津市副市长，共青团中央书记处书记。1982年～84年任中共天津市委书记，天津市代理市长、市长。1984～87年任中共天津市委副书记。1987～89年任中共中央政治局委员，天津市委书记、市长。1989年起任中共中央政治局委员、常委、中央书记处书记。

〔李锡铭·当选第八届全国人大常委会副委员长〕 1993年3月27日在第八届全国人大第一次会议上，李锡铭当选为全国人大常委会副委员长。

李锡铭，1926年2月生，河北束鹿人。1948年3月加入中国共产党。1946至1949年在清华大学选修班、建筑系、土木系学习。1949年后受北京市委青委委派到石景山发电厂从事建团工作并兼石景山发电厂党总支宣传委员。1952年后任石景山发电厂党总支副书记、代理书记、厂党委书记。1970年后任石景山发电厂党委书记、革委会主任等职。1975至1981年任水利电力部副部长，电力工业部副部长。1982年后任城乡建设环境保护部部长、党组书记。1984至1992年11月任中共北京市委书记。他是中共第十二届、十三届中央委员，十三届中央政治局委员。

〔李鹏飞·出任香港自由党主席〕 1993年6月16日香港自由党筹备委员会宣布解散，正式成立政党，并选出41名首届中央委员。6月28日，李鹏飞、夏佳理分别当选为该党正、副主席。在当选的香港自由党首届中央委员会委员中，还有香港特别行政区预备委员会成员倪少杰、刘皇发。李鹏飞是香港事务顾问。李鹏飞一直关心着香港的前途，希望保持香港的繁荣稳定。为此曾访问过中国大陆和英国。1992年港督彭定康抛出香港"政改方案"后，李鹏飞批评彭定康没有履行就任时的承诺，维护中英互信及良好的合作关系。1993年初，他与香港黄匡源、周梁淑怡、何承天、刘华森、唐英年、潘国濂(现均为香港自由党中央委员)等人及香港其他知名士200多人，发表了"鉴往知来——我们对当前局势的一些看法"的一封致全港市民的公开信，批评港英当局在政制问题上背信弃诺，挑起争议，恶化中英关系，分化香港社会，呼吁全港市民敦促港府以九七年前后衔接为大前提，与中国政府重新讨论及拟定对香港有利的政制安排。

李鹏飞，1940年生于上海，山东省人。童年在上海度过。1954年经澳门去香港。中学毕业后1959年赴美国留学，获密西根大学工程数学学士学位。曾在美国一家著名飞机工程公司任工程师。1966年返回香港后，一度帮助父亲做生意，但很快加入洛歇飞机国际有限公司，任试验工程师监督，1968年升为试验工程师经理。1970年转任香港安培泛达电子厂公司后长期任该公司董事总经理、总裁。还任美维公司总裁。他是电子与电脑工业出色的工业家，对香港经济的发展做出了贡献。

在香港社会，李鹏飞是位有影响的人物，1978年被委任为立法局非官守议员，1985年被委任为行政局议员，后任立法局首席议员。还历任香港总商会电子工业委员会主席、香港生产力促进中心主席、香港总商会主席等职。1977年获香港杰出青年奖。1982年获英女皇颁O·B·E勋衔。

〔李新良·任沈阳军区政治委员〕 1993年12月，中央军委任命李新良为沈阳军区政治委员。

李新良，1935年11月生。山东省莱阳县人。1953年8月入解放军工程兵学院学习，1956年10

月加入中国共产党。曾任排长、营参谋、团作训股参谋、师司令部工兵科参谋、师司令部工兵防化科科长、团参谋长、副师长。1980 年入军事学院学习，毕业后任师长。1983 年任广西军区司令员，1988 年任广州军区副司令员。1988 年 9 月被授予少将军衔。1993 年 7 月晋升为中将军衔。

〔李福善·出任香港特别行政区筹备委员会预备工作委员会副主任〕 1993 年 7 月 2 日，第八届全国人民代表大会常务委员会通过香港特别行政区筹备委员会预备工作委员会组成名单，李福善、安子介、霍英东等人出任副主任。李福善是香港著名大法官。曾任香港特别行政区基本法起草委员会委员、咨询委员，是港事顾问。他对 1997 年后在香港实现"一国两制"很有信心，认为未来香港居民可以享受高度民主和自由，并表示为香港的繁荣积极建言是他最大的心愿。1992 年港督彭定康香港政制改革方案，完全违背了中英联合声明和香港特别行政区基本法。李福善希望港人不要幻想彭定康此举能给港人带来民主。他说，英国人在其管治殖民地的时候，从来不提什么民主不民主，总是在临退出时才来搞这一套，分化当地人，达到自己的目的。他认为 1997 年后，香港的事完全是中国的内政，中国政府坚持按照基本法办事，任何人都无权干预。

李福善，1922 年生于香港，原籍广东省鹤山。早年在英皇书院受教育。1941 年在香港大学读书。1942 年进广西大学法律系攻读。留学英国，1950 年获伦敦大学学院法律学位。翌年获执业律师资格。1953 年加入香港律政司署为检察官。1962 年晋升为高级检察官。在律政司署任职期间，曾一度出任裁判司。1966 年被委任为地方法院法官。1971 年晋升为最高法院原讼庭按察司（当时称为高等法院副按察司），1980 年出任该法院上诉庭按察司。1984 年被委任为最高法院上诉庭副庭长。1987 年退休。

李福善是出任香港上诉庭按察司的首位华人，在香港社会，尤其是法律界颇有影响，声誉甚高。他认为作为法官，脑袋应如一张白纸，要客观地聆听双方供词，不能偏私，又要有无畏精神，采取公正的态度，来判决每一件事情。这也是他从事法官生涯的体会和写照。

为人和蔼，平易近人。喜唱粤曲、旅游。

〔李静海·青年化学家·获中国科学院青年科学家一等奖〕 中国科学院化工冶金所研究员李静海于 1993 年 12 月获中国科学院青年科学家一等奖。

李静海，1956 年 10 月生，山西省静乐县人，中共党员，1982 年毕业于哈尔滨工业大学，1984 年于该校获硕士学位。1987 年于中国科学院化工冶金研究所获博士学位。1987 年 8 月至 1990 年 4 月先后于美国纽约市立大学和瑞士联邦理工学院做博士后。现为中国科学院化工冶金所多相反应开放实验室副主任、研究员。

李静海几年来致力于颗粒流体两相流型结构、反应器开发和测量技术的研究工作，建立了模拟颗粒流体系统中各种现象的统一理论，已初步形成以能量最小多尺度分析方法为核心的研究体系。在研究中发现了非均匀结构归因于悬浮输送能耗最小的规律，并提出通过系统分解将成熟的散式流态化理论应用于难以分析的聚式系统方法，形成了局部动力学的模型，并经实验证实。还发现了系统整体状态不反应满足局部稳定性条件，而且应满足整体稳定性条件的规律，从而认识了径向不均匀分布形成的机理。同时，还发现了颗粒流体两相流中存在着"颗粒控制"、"颗粒流体协调"和"流体控制"三种截然不同的相互作用机理及分别对应的稳定性条件，并在此基础上解决了两态共存和饱和夹带这一被称为"噎塞"现象的难题，建立了轴向整体动力学模型，并发现了三个操作区的规律。在以上工作基础上，形成了分析颗粒流体两相流中各种现象的统一理论和研究体系，实现了对系统随操作参数物理属性和边界条件变化而分别出现的"相"、"域"、"型"和"区"四种结构的统一模型。

1989 年以郭慕孙为首研究的"无气泡气固接触"获国家自然科学二等奖和中科院自然科学一等奖，李静海在此二项奖中为第五获奖人。他申请中国专利三项，发表学术论文 50 余篇，撰写英文专著一部，合著专著一章。1990 年被评为中国科学院有突出贡献的中青年专家，1991 年被国家教委、国务院学位委员会评为"做出突出贡献的中国博士学位获得者"。1993 年获中国科学院自然科学一等奖。

〔李燕春（女）·时装制作工人·获首届中国青年奥技赛女式服装制作第一名〕 在 1993 年首届中国青年奥林匹克技能竞赛中，年仅 17 岁的北京红都时装公司工人李燕春，以绝对的优势，摘取了女式服装制作的桂冠，获得"全国技术能手"、"全国新长征突击手"称号和全国"五一"劳动奖章。

李燕春，1976 年 8 月生于北京，1990 年考入北京二轻工业技校学习，毕业后分配到红都时装公司当工人。她想虽然进了全国有名的红都时装公司，但是要成为真正的高级服装制作师，没有虚心好学、刻苦勤奋的态度是不行的。为了迎接奥技赛，领导派培训车间组长、有经验的女式服装制作师傅精心培训李燕春等4名青工。1993年7月，李燕春等4人代表红都时装公司参加北京奥技选拔赛。李燕春获北京市第4名。但她并不满足，在后来的两个月强化训练中，她严格要求自己，每做完一件衣服，都请师傅挑毛病，不断克服缺点，活做得一件比一件好，为夺取女式服装制作桂冠打下了技术功底。

比赛结束后，面对成绩，面对荣誉，李燕春清醒地认识到，强中自有强中手，学习技术无止境，她又以新的姿态投入了工作。

〔来辉武·陕西咸阳505集团公司总裁·将百万元奖金捐献公益事业〕　发明505神功系列医药保健品、获得50多项国内外奖励的陕西咸阳保健品厂厂长来辉武，1993年又获得多项荣誉。1月，咸阳市委市政府向为振兴咸阳市经济做出突出贡献的来辉武颁发奖金100万元，来辉武当即将这笔奖金捐献给咸阳市公益事业。3月，他被中国中医研究院授予名誉研究员、被北京中医学院授予名誉教授称号。4月，获得全国五一劳动奖章，出席了在北京人民大会堂举行的五一庆祝会，受到江泽民等党和国家领导人的接见。6月，获北京大学教育贡献奖……。

来辉武不满足于已获得的荣誉，为了进一步加强企业管理，他邀请日本、台湾等地的专家来厂给职工讲课，聘请著名专家、教授、学者担任顾问，并组建505发展战略顾问团和505企业医学博士顾问团，在厂内成立企业管理委员会、标准法制委员会、科学技术委员会等机构。请陕西省科协管理专家进厂半年帮助工作，及时采纳他们提出的建议。还拿出大量资金创办现代化管理干部特训班。为了提高管理人员水平，他不拘一格广罗人才，先后八次向社会公开招聘员工，录用400余人，其中50余人分别担任厂长助理、部门负责人等重要工作。他坚持能者上、庸者下，反对滥用私人关系，他本人及厂负责人以至上级领导和省市领导的亲友、子女，都没有在财务、经营、办公室、秘书科等重要部门工作。

在来辉武领导下，1993年咸阳保健品厂被陕西省政府命名为"重合同、守信用"企业，被陕西省技术监督局推举为"名优厂家"。"中国质量万里行"系列报道西北组对该厂重视产品质量、为患者提供优良服务进行了跟踪报道。该厂1992年销售收入过亿元，1993年又比上年增长6.5%。在两年多时间内，上缴税金达2800万元。在全国百家知名企业中名列第54位，在全国医药系统占第6位。

来辉武热心赞助文化教育和社会福利事业。1993年，505集团捐资50万元设立505延安大学教育奖励基金，捐资30万元设立陕西新闻奖励基金。唐山市林西百货大楼发生火灾后，他们立即送去现金和实物共10万元；生活在延安的老红军看报不方便，他们为173位老红军每人赠订一份《人民日报》；1993年陕西给全省105位教师颁奖，他们给每位获奖者505元奖金……。

来辉武，祖籍湖北神农架，1949年5月生于陕西省周至县。曾任中学团委书记、县委秘书、行署秘书、户县县委工交部副部长、县经委党委副书记等职。他从上中学时就喜爱中医药学，热心钻研中医经典著作，广泛搜集民间验方，从八十年代初研究"内病外治"，首先研制出505神功元气袋。1989年初辞去在党政机关的职务，创办了咸阳保健品厂和抗衰老研究所，他任厂长和所长。1993年5月成立陕西咸阳505集团公司，他任总裁。

〔连战·出任台湾"行政院"院长〕　1993年2月23日，原台湾省主席连战以109票获"立法院"通过，成为国民党迁台后40多年来首位台湾省籍的"行政院"院长。在同年8月18日国民党第十四次全国代表大会上，他当选为国民党副主席。连战出身书香门弟、政治世家。祖父连横是老同盟会会员，著名的诗人和史学专家。父亲连震东(已故)，生前历任台湾"内政部"部长、"行政院"政务委员、国民党中常委等要职，对连战步入政坛是有影响的。蒋经国时代，他是重点培养的台籍接班人之一，与陈履安、钱复、宋楚瑜被称为"政坛四公子"。连战与李登辉关系密切，是其出任"行政院"院长的重要原因。李登辉赏识连战任台湾"外交部"部长时所推行的"弹性外交"、"双重承认"。在国民党的派系斗争中，连战支持李登辉，是国民党主流派的重要人物。

连战1936年生于陕西省西安市，台湾省台南市人。西安市竹秀小学、重庆市南山小学肄业。1945年随父返台，台北成功中学初中、师范大学附中高中毕业。1957年台湾大学法学院政治系毕业。1961年、1965年先后获美国芝加哥大学国际公法与外交硕士及政治学博士学位。后执教于美国威斯康辛大学和康狄格大学，教授国际政治和外交史。1968年返台后历任台湾大学政治系教授并系主任，政治研究所所长，代理法学院院长。1975年任台湾驻萨尔瓦多共和国"大使"。1976年任国民党中央委员会青年工作会主任。1978年兼任"世界青年反共联盟台湾分会首任主席"，同年7月任国民党中央委员会副秘书长，8月任"行政院"青年辅导委员会主任委员。

1981年12月任"交通部长"。1987年任"行政院副院长"。1988年7月任"行政院政务委员兼外交部部长"。1990年5月任台湾省政府主席。是国民党第十届中央委员会候补委员,第十一至十三届中央委员,十二届、十三届中央常务委员。

接任"行政院长"后,连战表示"主动而稳健地开展大陆工作","两岸的经贸关系及民间交流已趋广泛密切,有助于互信的建立"。又认为"中国统一是必须坚持的长远目标,但两岸分裂为客观既存事实",表示将继续"推展务实外交"。

〔肖扬·任司法部部长·谈我国八十年代严打刑事犯罪活动的"三个战役"〕 1993年3月29日,根据第八届全国人大第一次会议的决定,肖扬被任命为司法部部长

肖扬,1938年生,广东河源人。1962年毕业于中国人民大学法律系。1966年加入中国共产党。历任中共韶关市武江区委书记,中共清远地委副书记,广东省人民检察院副检察长。1986年起任广东省人民检察院检察长。

1993年11月15日肖扬在《人民日报》发表文章,谈学习邓小平《严厉打击刑事犯罪活动》一文的体会,其中提到八十年代的三次"严打"战役。他写道:八十年代初邓小平果断作出严厉打击刑事犯罪活动的重大决策后,从1983年8月到1987年初持续进行了三个战役的"严打",其气势、规模、效果,是继1950年至1952年镇压反革命运动之后,坚持人民民主专政的又一个具有历史意义的里程碑。仅1983年8月至年底实施的第一战役的第一仗,就摧毁犯罪团伙7万多个,逮捕流氓犯罪分子数以十万计,缴获枪支18000多支、子弹42万多发,群众检举线索150多万件,群众扭送犯罪分子47000多人,投案自首的10万多名。1984年继续开展第一战役第二仗并转入第二战役,案件继续下降,人民群众获得广泛的安全感。这一年全国刑事案件立案51万多件,其中大案63000多件。1986年,同样由于坚持了"严打"第三战役,全国刑事案件立案数为54万多件,大多数地区治安秩序较好。从而保障了国民经济的发展。

〔肖秧·当选四川省省长·对政府官员约法"三章"〕 在1993年2月9日举行的四川省第八届人大第一次会议上,肖秧当选为四川省省长。他要求政府官员当好人民公仆和勤务员,并规定了约法"三章"。

肖秧,1929年生,四川阆中人。1947年加入中国共产党。1956年在民主德国硅酸盐研究所研究生毕业。历任北京玻璃总厂党委书记、厂长,北京市工业交通办公室副主任、市经委副主任、市对外经济贸易委员会副主任。后调任中共重庆市委副书记,重庆市副市长、市长。1988年起任中共重庆市委书记、中共四川省委常委、四川省副省长。是中共第十四届中央候补委员。

在四川省八届人大一次会议的闭幕会议上,肖秧说:今天各位代表把这个权力交给了我们,我们一定要珍惜这个权力、用好这个权力。绝不容许政府中任何人利用手中权力,牟取私利,更不允许权钱交易。为此,省政府规定:一、所有政府官员一律不准搞第二职业;二、所有政府官员一律不介入股票市场;三、所有政府官员一律不得找借口向下属单位摊派各种个人支出,假公济私。

〔肖保祥·铜川市果树研究中心主任·在黄土高原培育出优质高产苹果〕 陕西省铜川市果树研究中心主任肖保祥,经过十载辛勤努力,培育出"秦冠"、"红冠"、"金冠"等优质高产苹果,使苹果亩产量由过去的几十公斤,达到1993年亩产300公斤,一级果率达到95%以上,被人们誉为"高原苹果大王"。

肖保祥,1950年出生,陕西铜川人,1974年7月以优异的成绩从西北农学院园艺系毕业,分配到渭北黄土高原南端的铜川市郊区果树场工作。这个果树场拥有700亩土地,漫山遍野都是苹果树,但由于长年经营管理不善,果树上结出的都是又苦又涩、皮厚肉粗的青苹果,亩产不过几十公斤。面对这种状况,肖保祥一心想加以改变,经过几年的努力,收效不大。1982年春,肖保祥随陕西省农民技术研修生代表团赴日本长野县学习果树栽培技术。他的老师武井齐先生是个苹果专家,经营60亩果园。肖保祥问武井齐先生一亩地能收多少公斤苹果。武井齐回答是两、三千公斤。这使肖保祥一下子惊呆了。入夜,肖保祥辗转反侧,不能入睡。他想起了在大海对岸那比武井齐先生面积大十多倍而收成小几百倍的果园,想起了那又酸又小、皮厚肉粗的青苹果。他下定决心,努力学习以报效桑梓。8个月的时间里,他克服了语言上、生活上的种种困难,以顽强的毅力,记下了厚厚的三大本笔记,亲身经历了种植世界一流苹果的一个周期,学会了栽培世界一流果树的先进技术和管理方法。

回国以后,肖保祥主动放弃了舒适的机关生活环境,自愿承包了濒临倒闭的郊区果树场。他实行果园承包责任制,砸了铁饭碗,端起泥饭碗,放弃了自

己那份虽然菲薄但却"旱涝保收"的技术员薪俸；他为那些不愿承包的职工开了绿灯，结果50名职工只剩下12名职工。紧接着，他们每人承包一片，34亩等外地划在了肖保祥的名下。在这水土流失严重、布满沟壑裸石的不毛之地上，他开始了一场全新的耕耘。他积极推广矮化栽培技术，使苹果亩产由原来的几十公斤达到250公斤，含糖量提高到16%左右。随后，他又将"疏花、疏果、套袋"等国外果树管理的成功经验运用到果园中，消灭了苹果生长的大小年；尤其是套袋技术的应用，有效地防治了食心虫害，降低了果品中的残毒，使虫果率由原来的73%降到2%以下，一级果率达到95%以上。1993年苹果亩产超过300公斤。在一次陕西省优质苹果大评比中，肖保祥培育的"秦冠"、"红冠"、"金冠"、"黄元帅"……每个都超过半市斤重，色泽鲜艳，酸甜适中，香脆可口。肖保祥一下子捧走了3项金奖、2项银奖，他成了陕西省劳动模范、陕西省有突出贡献的专家。

〔**吴仪（女）· 任对外贸易经济合作部部长**〕1993年3月29日，根据第八届全国人大第一次会议的决定，吴仪被任命为对外贸易经济合作部部长。

吴仪，1938年生，湖北武汉人。1962年加入中国共产党，同年毕业于北京石油学院石油炼制系。历任北京东方红炼油厂副总工程师、副厂长，北京燕山石油化工公司副经理、党委书记、高级工程师。1988年起任北京市副市长、对外经济贸易部副部长。是中共第十三届中央候补委员，第十四届中央委员。

〔**吴珏 · 临床麻醉和临床药理学家 · 被聘为中华医学会资深会员**〕　1993年1月16日，具有78年历史的中华医学会，正式宣布首批聘任41位在医学上有重大成就、德高望重的内外科专家为中华医学会资深会员。上海医科大学临床药理研究所所长、临床麻醉学专家委员会委员吴珏获得这一荣誉。

吴珏，1912年2月21日出生，江苏省江阴人。1938年上海医学院毕业后留校任生理学和药理学助教。1947年考取公费赴美留学，指定进修临床麻醉，先后在美国威多康兴大学医学院附属医院临床麻醉科进修，任住院医师，在美国犹德大学医学院附属医院盐湖城县医院任麻醉科主任，并参加两校药理学科的科研教学活动。1950年10月冲破重重阻力回国，任上海医学院药理学副教授兼附属中山医院和华山医院麻醉科主任，还先后任上海华东医院、上海市胸科医院、上海市第一结核病防治院、第二军医大学第一附属医院、上海市第一人民医院麻醉科顾问。从1956年以来任上海医学院药理学、麻醉学教授、临床药理学研究所名誉所长。

吴珏为我国的临床药理学，尤其是在临床麻醉方面作出很多贡献，被誉为我国临床麻醉学的奠基人。其主要贡献有：①在倡用和推广使用支气管内麻醉和硬脊膜外阻滞中有创新，尤其是技巧和适应证。②高浓度的血管收缩药注入脑脊液后，能导致脊髓内神经细胞变质退化，这在临床上有指导实践的意义。③在国内首先成立医院范围内血库，襄助上海输血事业的发展。④证实中草药羊角拗甙是一强心药，载入1954年版中国药典。⑤从实验和临床两方面，明确了速效和长效局麻药合用，亦即使用混合液的优点。⑥证实普鲁卡因和利多卡因，均能促使琥珀胆碱（肌松药）增效。⑦报道了中草药氯甲左箭毒碱的肌松作用和临床应用。⑧首倡静吸复合全麻，经济实惠，适用于剖胸手术的麻醉，符合国情，在国内推广使用均称安全。⑨研究非药物麻醉，曾广泛深入复习文献，写出总结，为针刺镇痛的临床应用创造条件。⑩推荐苯哌利定和双氢埃托啡（均为镇痛药）应用于剖心手术的静吸复合全麻。

他先后发表中文论著65篇（17篇为第一作者），英文论著11篇（7篇为第一作者），述评和评论12篇，文献综述37篇（26篇独自撰写），著有《临床麻醉学》，并参与编写麻醉学方面的专著十余本。他曾被评为先进工作者、针麻荣誉受奖人等。曾任国家科委发明评选委员会委员，中国药典委员会委员，卫生部学术委员会委员，中华医学会麻醉学会主任委员、副主任委员、顾问等职。

〔**吴畏 · 第一汽车集团公司工会主席 · 获全国优秀工会工作者称号**〕　吴畏在1988年当选为中国第一汽车集团公司工会主席后，提出了"与企业共命运，同职工心连心"的工会工作主线。他与工会干部们一道团结带领全体职工，紧紧围绕企业上"轻型轿车"第三次创业的中心，努力探索，大胆实践，为企业两个文明建设做出了积极贡献，开创了具有一汽特色的工会工作新局面，深受广大职工的爱戴和信任。在1993年10月24日至10月30日召开的中国工会第十二次代表大会上，被全国总工会授予全国优秀工会工作者称号。

随着改革的不断深入和社会主义市场经济体制的建立，企业工会工作面临许多新课题。吴畏在主持全公司工会工作中，坚持全心全意依靠职工办企业的思想，把维护企业的利益同维护职工利益结合起来，既做到与企业同呼吸、共命运，关心和推动企业的发展，同时，时刻关心职工的切身利益，为职工说话办事，反映职工群众的愿望要求，成为职工群众的代言人和知心人。他要求公司各级工会积极参与企业生产目标的制定、福利基金使用和住房分配、工资晋升、劳动保护等方面的立法建制。一汽公司工会每年都为职工解决一二个大问题：1991年提高了职工保健费标准，解决了有毒岗位职工疗养和休假问题；1992年，在全公司推广铸造厂"李放基金会"的经验，多方筹集基金，扶持困难职工脱贫；他们利用节余经费兴办了长春净月潭渡假村，解决了一线职工的短期休养问题。吴畏在对职工进行思想教育中，开展了"汽车厂好，共产党亲"等爱厂、爱党教育活动；培养树立了"模范工会干部、雷锋式好工人"李放和"铁人式的好工人"周立峰等先进典型，激发了职工爱党、爱厂的热情，在全国引起较大反响。吴畏在工作中不断创新。为解决生产建设中的"急、难、险、重、新"项目，工会开展了卓有成效的"主人翁工程"活动；为推动职工技术学习，他在全厂兴办技术运动会，探索出一条提高职工技术素质的有效途径。由于吴畏领导的公司工会在企业深化改革和生产建设中发挥了重要作用，被全国总工会授予"模范职工之家"称号。

吴畏，1948年1月出生于辽宁省沈阳市。1968年参加工作，在中国第一汽车制造厂铸造厂当工人。1971年以后，历任车间主任、党支部书记、铸造分厂副厂长、厂长兼党委书记。1985年当选为第一汽车制造厂工会主席至今。1991年兼任中国机械冶金工会副主席。

〔吴莹（女）·上海译文出版社副总编辑·获第三届韬奋出版奖〕　由中国出版工作者协会和中国韬奋基金会联合主办的第三届韬奋出版奖，于1993年5月24日在北京举行颁奖大会。上海译文出版社副总编辑吴莹在八位获奖者中，以最多票获得这项殊荣。

吴莹，1944年生，上海人，1965年毕业于上海外国语学院英语系。从1970年到1991年她全身心投入《新英汉词典》和《英汉大词典》的编写工作，由于精心钻研，已成为我国双语词典编纂方面的杰出专家。

1970年，《新英汉词典》编写组在上海成立。吴莹是参与编写、校对全过程的少数几位编者之一。《新英汉词典》修订出版多次，印数高达600多万册，在国内具有广泛影响。

《英汉大词典》编写组成立后，吴莹任副主编，她在这部高水平的词典编纂工作中起了重大作用。该词典主编陆谷孙这样评价吴莹："她在《新英汉》和《大英汉》两项重点作品的设计、构想、组织、实施、定稿、审稿等环节上的关键作用，大家都知道。值得补充的是，二十年来，吴莹是个不请假（病假或事假）的人，虽说她并不是不生病，更不是没有家累。"1991年底，正当《英汉大词典》上下卷出齐，获得上海市优秀图书特等奖时，她的24岁的儿子却因病被过早夺走了生命。她强忍丧子之痛，仍为"大词典"繁体字本奔波。

1992年底，有人参观联合国大厦回来，告诉她和她的同事说，联合国许多工作人员的书桌上放着《英汉大词典》，吴莹当时没有说一句话，只是忍不住泪如雨下。

〔吴福·澳门吴福集团有限公司董事长·为中国航天奖励基金会捐款〕　1993年2月12日，澳门吴福集团有限公司董事长吴福等港澳人士向中国航天奖励基金会捐款接收仪式在人民大会堂举行。捐款逾千万港元，其中吴福捐500万港元，中山怡华集团有限公司董事长兼香港兴通发展有限公司董事长陈健仁捐150万港元，香港兆银有限公司董事长郑道词捐150万港元。吴福等人接受记者采访时表示，为中国能拥有先进的科技航天水平感到骄傲，希望可以使那些一直默默工作，艰辛奋斗的科技工作人员得到一点鼓励。

吴福，广东番禺人。历任澳门丽都大戏院常务董事兼总经理，澳门总统酒店董事长，珠海市石景山旅游中心副董事长，澳门地产建设有限公司总经理，澳门公共汽车有限公司董事长，吴福集团有限公司董事长。他积极支持大陆建设事业，是澳门最早到珠海的投资者，在珠海投资于许多企业。1992年初，他获悉珠海市要建一规模宏大的新城区体育中心时，便资助1000万港元。曾多次资助珠海的公益福利事业。

吴福是澳门基本法咨询委员会常务委员、经济专责咨询小组成员。1992年与崔世昌常委受澳门基本法咨委会常委的委托，专程赴北京将《澳门基本法（草案）咨询意见报告书》送交澳门基本法起草委员会。是第八届全国政协委员。

〔吴于廑·著名世界史学家·在武汉逝世〕　1993年4月9日，我国世界史学科的开拓者与奠基人、著名历史学家、武汉大学教授吴于廑，在主持多卷本《世界通史》编委会时，因突发脑溢血逝世，享年80岁。

吴于廑，1913年生，安徽休宁人。1935年毕业于东吴大学历史系。1941年考取清华大学留美公费生。1944年获哈佛大学文学硕士学位，1946年获哲学博士学位。1947 年应武汉大学周鲠生校长之邀，放弃了在美国的优厚待遇回到祖国，任武汉大学历史系教授，直到逝世。新中国成立后，他曾担任武汉大学副校长，九三学社湖北省主席，湖北省政协副主席。

吴于谨学识渊博，融贯中西，思想开阔，治学严谨。他主张研究历史须眼在远处，手在近处；观察问题视野要宽广，研究问题要具体深入；既要防止就事论事，见树不见林，又要防止脱离具体史实而流于空泛。五十年代，他致力于用马克思主义观点研究世界上古史和中古史，先后发表了一系列具有独到见解的研究成果。他撰写的专著《古代希腊和罗马》以及《略论关于封建主义基本经济规律的几个问题》、《从中世纪前西欧的法律和君权说到日尔曼马克公社的残存》、《希腊城邦的形成和特点》等论文，受到史学界的高度重视。从六十年代开始，他与北京大学周一良教授共同主编了四卷本《世界通史》。这部巨著是我国第一部世界通史教材，标志着我国世界史学科的正式建立，从而结束了中国学者没有一部自己编写的大型世界通史著作的局面。此后，他又和周一良一起，相继主编了《世界通史参考资料》和《世界历史名著选》，从而建立了一套完整的世界史系列教材，为国内高等院校普遍采用。

从七十年代开始，吴于廑又把主要精力用来研究和探索我国世界史学科的独立发展道路，系统地提出了他对世界史本身和对世界史研究方法的见解，在史学界引起很大反响。他在这一时期发表的论文有：《世界历史上的游牧世界与农耕世界》、《世界历史上的农本与重商》、《历史上农耕世界对工业世界的孕育》、《亚欧大陆传统农耕世界不同国家在新兴工业世界冲击下的反应》等。

〔吴文英（女）·任中国纺织总会会长·谈纺织总会的任务和中国服装市场〕　1993 年 6 月 8 日，根据第八届全国人大第一次会议通过的国务院机构改革方案成立的中国纺织总会举行揭牌仪式，当月 21 日召开成立大会，吴文英出任中国纺织总会会长。

吴文英，1932 年生，江苏武进人。1947 年进常州大成一厂纺部当养成工。1949 年加入中国共产党。曾任中共常州市区委组织科科长、市委工业部干部科科长，常州市纺织工业局党委副书记。1963 年毕业于华东纺织工学院纺织系。后任常州市大成一厂副厂长、党委书记，常州市纺织工业局副局长，中共常州市委副书记兼组织部部长。1983 年起任纺织工业部部长、中国纺织工业技术经济和管理现代化研究会第二届理事长。是中共第十二、十三、十四届中央委员。

在中国纺织总会揭牌和成立大会上，吴文英表示，撤销纺织工业部，组建中国纺织总会，作为国务院直属的事业单位，承担部分政府的职能，负责行业管理，这是顺应社会主义市场经济规律的重要转变，探索由部门行政管理转向行业管理的新路子，要勇于实践，积极进取，为纺织工业的发展作出新贡献。日后她对记者谈及中国的服装市场时说：纺织工业自 1986 年制定以服装为龙头带动全行业的发展战略后，我国服装工业有长足进步，已成为世界第一服装生产大国。1992 年的产量由十年前的 10 亿件增加到 42 亿件，全国人民服装成衣率提高到 60%，大城市达 70% 左右，服装的年销售额约 160 亿元。现在不同层次不同类型的服装市场遍布大中城市和乡镇。她要求更新观念，重视设计，有商标意识，并通过各种手段扩大宣传，创造出在国内外市场上叫得响的名牌。

〔吴永艺·编剧·获第三届文华剧作奖〕　1993 年，35 岁的吴永艺因与陶闽榕共同创作了闽剧《丹青魂》而获文华剧作奖，吴永艺是此次获奖的少有的年轻编剧之一。

吴永艺，1958 年 6 月生，福建泉州人。他在这 35 年的岁月中，有一半在剧团度过，从 1975 年 1 月进福建省梨园戏实验剧团起，一干就是 10 年，先当演奏员，后作编剧。由于天资聪慧，喜爱编戏，1985 年考入福建艺术学校编剧大专班深造。毕业后，从 1988 年 8 月调进福州闽剧院任专职编剧，至今整 4 年。在他屈指可数的编剧生涯里，除获优秀剧本奖外，与众不同的还以其智慧荣获福建省“水仙花”戏剧知识电视竞赛一等奖。

闽剧《丹青魂》是他近期的代表作。写的是唐代画圣吴道子与民间画师皇甫轸东西壁竟画创作《地狱变》的故事。吴道子三十年画坛称圣，为宫廷作画，由于长期脱离民间生活，创作已无新意。这种危机直至他面临民间画师皇甫轸的挑战时，始才觉察。而作为前辈，他对后辈的才华，原很赏识和爱惜，但是当他发现对方可能超越自己，并且威协到自己的权威地位时，他的心态发生了变化。剧作者从吴道子慧眼识才写起，写出他真心爱才，鼎力推荐人才，转而惧怕人才、嫉才、默许陷害人才，最终猛醒挽救人才的全过程。剧本写的不只是爱护人才的问题，还触及到一个艺术权威要保住自己权威地位的独特心态，这就使剧作有了新的立意。剧本结尾是吴道子经过痛苦的炼狱的熬煎，灵魂得到升华，终于挽救了人才，完成了具有新意的千古名作《地狱变》，而年轻的民间画师皇甫轸也把经过内心搏斗，灵魂已经净化，具有崇高品格的吴道子画入《净土变》。首都评论界认为这出戏立意新，选材角度新，写了一个舞台上很少见的人物。无论就其塑造人物形象的新颖与对人物心理开掘的深度而言，还是就其所涵有的人生普遍意义与对观众心灵的冲击、启迪而言，都是近年来闽剧创作中少见的。加上演员出色的表演，导演、音乐、舞台美术的通力合作，更使该剧达到诗情画意的高度融合。不仅获第六届全国优秀剧本奖、第三届文华剧作奖、文华新剧目奖，美工人员郑志光还获文华舞台美术设计奖，主演陈乃春获文华表演奖，一个优秀剧本带出了一台好戏。

〔吴兴华·记者·获全国优秀新闻工作者称号〕

1993年4月28日在湖南庆祝"五一"节大会上，《人民日报》驻湖南记者站站长吴兴华，获全国总工会授予的1993年"五一"劳动奖章，同时获得全国优秀新闻工作者称号。湖南省政府授予他省劳动模范称号，省总工会给他记特等功一次的奖励。

吴兴华，1944年9月生，湖南湘潭人。武汉大学毕业，1981年从社科院研究生院新闻所毕业，分配到《人民日报》社，便派往湖南记者站工作，十多年间，他始终是：下基层采访从不提非分要求，碰到什么饭就吃什么，遇到什么房就住什么；从来不在采访单位购买紧俏、便宜商品，更不接受馈赠。1990年末，吴兴华到临澧县一个村采访不久，村里派人送来一捆香肠和一桶茶油。他回家知道后，立即退掉。

1993年，一个平时与他关系密切的单位举行重大庆典，给与会者每人送了一件价值数百元的礼品。吴兴华一见脸就沉下来了，直到对方收回礼品他才露出笑容。在他的带动下，好几位记者也退回礼品。一个省直部门组织记者到某县采访，吴因故没去。主办者送来一双皮凉鞋，怎么也推辞不掉，他转身到邮局按市价寄去40元钱。多年来，他退掉的礼金、礼品不计其数。仅1993年7月份，所退礼金和礼物折款千多元。

对吴兴华的严以律己、洁身自爱，有人开始不理解，谈他是在做样子，也有人叫他傻子。但是和他交往久了，可以从他的言行中，看到了一个共产党员金子般的心。

吴兴华在1981年从中国社会科学院研究生院新闻系毕业后，便分配到《人民日报》驻湖南记者站工作。当时，一些"文革"中的造反派头头制造事端，闹得地方不得安宁。吴兴华写出一篇篇彻底否定"文革"、揭露派头头的内参和报道：《不能让段远来再横行霸道》、《邵阳"文革"派头头寻衅闹事本性不改》等等，问题得到及时处理。

发现危害人民利益的事，吴兴华敢于挺身而出，仗义执言。1988年，他听说汉寿县部分干部动用防汛物资建私房，立即前往调查，并予以揭露。这对全省查处干部违法违纪建私房起了推动作用。他采写的批评稿件也触痛了某些搞违法乱纪的人，有的对他恨之入骨。面对一个个恐吓电话、一封封匿名信，他毫不退缩。湖南省人大常委会副主任、省总工会主席刘玉娥这样评价他："大胆揭露不正之风和腐败现象……用自己的笔捍卫了党的形象，从根本上维护了党的威信。"

〔吴阶平·九三学社中央主席·当选第八届全国人大副委员长·获首届"中华人口奖"〕　九三学社中央委员会主席、著名医学家吴阶平于1993年3月27日在第八届全国人民代表大会第一次会议上当选为全国人大常委会副委员长。同年9月，吴阶平获首届"中华人口奖"科学奖。此奖是我国人口方面的最高常设大奖，目前设有工作奖、科学奖和荣誉奖三项，每两年颁发一次。同年初，他还被具有78年历史的中华医学会聘为首批资深会员。

吴阶平是中国医学科学院名誉院长，学部委员、教授、中国计划生育协会副会长。他长期从事泌尿外科的临床治疗和科研工作，并在肾结核、肾上腺髓质增生等问题上有独特创见。从五十年代至七十年代，他设计出"吴氏导管"用于经膀胱前列腺增生切除手术，使手术出血量大为减少；率先利用回盲肠行膀胱扩大术治疗膀胱挛缩取得成功；首创输精管结扎术时灌注醋酸苯汞杀死精子的方法，达到立即绝育的目的。他对计划生育技术尤其是男性节育技术研究成绩卓著，是我国男性节育技术的奠基人。他热心社会事业，积极参与计划生育工作，提出实行计划生育男子负有与女子同样的责任，积极支持男性节育技术的研究，并对输精管绝育术不断提出改进意见。还积极倡导开展性教育，对此提出了一系列正确的主张。从1992年起，代表中国参加国际计划生育联合会的工作，任国际计生联副主席和国际计生联亚大地区（东亚、东南亚、大洋洲地区）主席。曾先后7次获全国性科技奖，1984年和1987年两次获巴黎红宝石荣誉奖，被选为法国第三科学院院士。

吴阶平，1917年1月生于江苏常州一个实业家家庭。1942年毕业于北平协和医学院，1946年至1947年任北平中和医院医师。他和长兄吴瑞萍、弟吴蔚然是当代泌尿外科、儿科、外科领域里的三颗璀灿明珠。另一个弟弟吴安然和姐夫陈舜名、蔡如升等，也是医学界很有成就的人物，构成当今国内罕见的一代名医之家。

吴阶平于1947年到美国芝加哥大学进修。1948年12月，他放弃了国外优厚的待遇，毅然回国为新中国服务。历任北京医学院第一附属医院院长、教授，北京第二医学院院长，中国医学科学院副院长、院长，中国协和医科大学校长、名誉校长，中华医学会会长、名誉会长、资深会员，泌尿外科学会主任委员。他亲手创办了北医泌尿外科研究所、中华泌尿外科学会、中华泌尿外科杂志，实现了“发展我国自己泌尿外科”的宿愿。还是国际外科学会、国际泌尿外科学会会员。撰写了130多篇论文，大型医学著作20多部，被选为中国科协第三届全国委员会副主席。

吴阶平于1956年加入中国共产党，是中共第九、十次代表大会代表，第五、六届全国政协委员，第七、八届全国人大代表，全国人大教育科学文化卫生委员会委员，九三学社中央副主席、主席。

〔吴孝高、刘芳（女）·高级工程师·主持设计、施工的南京港新生圩二期工程被命名为全国十大水运工程〕 为展示改革开放以来我国交通基础设施建设的新成就，由交通部组织评选的全国十大水运工程和十大公路工程命名大会于1993年9月24日在北京举行。南京港新生圩二期工程名列全国十大水运工程之中，主持这项设计和施工的是南京港口建设指挥部指挥吴孝高和副指挥、总工程师刘芳。

南京港新生圩二期工程是国家“七五”期间的重点工程项目，总投资3亿9千4百万元，1986年7月1日开工，1990年12月建成，历时4年零6个月。这项工程的建成，使该港成为我国内河第一外贸大港。

新生圩港建设过程中，工程总指挥吴孝高以开拓者的气概，在全国重点港口建设项目中，率先与交通部签订了投资包干合同，对工期、质量、投资、材料、形成生产能力实行五包，然后将各个项目分解到各有关单位、层层承包，形成了具有新生圩特点的承包保证体系。1144亩农田征地，3个月便大功告成，节省费用10%；260多万立方的江沙吹填及回填土方，也只用了一年半就完成了。他还首创由两个航务工程局联合承包施工，形成了你追我赶，互相促进的局面，加快了工程进度。对施工中遇到的困难，吴孝高果断处置，5号泊位施工刚开始，就遇到了人称“百慕大三角区”的天险地段，岸坡可能滑坡，打桩困难，一旦滑坡意味着已建成的相邻泊位都将付之东流。如果停工，将会失去一个枯水期，使工期拖延。在这严峻时期，吴孝高毅然决定继续打桩。他和总工程师刘芳等工程技术人员，一道扑进施工现场，风餐露宿，昼夜监视岸坡动态，察看有无移位现象，同时与技术人员研究改进打桩方法，防止滑坡。为了求得合理的打桩速率，总工程师刘芳白天勘察调查，晚上埋头计算，经半个多月的科学测算，她提出改顺打为跳打，并采取减载、放缓沉桩坡角等措施，使555根桩全部顺利打进江心基岩，提前一年竣工。

为使工程能尽快建成投产，指挥部确定了“早建成、早投产、早创益”和“分期建设，分批投产”的总的指导方针，力求尽早发挥营运能力，创造经济效益。在全体施工人员共同努力下，1987年，5号集装箱泊位交付使用，1988年，1、6、7、8、14、15号简易码头投产，1989年除1号码头外，其余5座码头已形成综合生产能力。5号集装箱码头和金属矿石码头到1990年9月整个工程建成前，已创经济效益2375万元。整个工程建成后经有关部门鉴定验收，工程总评优良。13座码头优良率为100%，其中三个码头被评为部优工程。

吴孝高，江苏省南京市人，1945年3月生，1968年8月毕业于河海大学港口工程专业，历任南京港务管理局技术员、工程师、工程处主任、南京港务管理局副局长等职，1985年1月调任新生圩工程指挥部副总指挥和总指挥，对港口建设有丰富的实践经验和扎实的专业理论基础。在他的主持下，该工程1989年被评为南京市改革开放十年“十大明星工程”之一，“施工网络计划图”获南京市和交通部管理成果一、二等奖。他本人两次被评为“建设新南京有功个人”。

刘芳，江苏省南京市人，1946年3月生，1968年8月毕业于华东水利学院，历任技术员、工程师、总工程师等职，1988年她主持的水工QC小组获长江航务管理局优秀QC小组称号。1989年，获南京市劳动模范称号。

〔吴沈铎·中国南方航空动力机械集团董事长·获中国军转民十佳企业家称号〕 吴沈铎担任中国南方航空动力机械公司总经理（现任董事长）十年，为南方公司实现“军转民，内转外”的战略转变，加快企业的改革和发展做出了卓越贡献。企业经济效益以每年30%速度增长，1993年实现工业总产值11.97亿元，销售收入13.99亿元，完成利税1.2亿元，走上了良性循环轨道，成为军转民企业的榜样。1993年1月20日，吴沈铎获得“中国军转民十佳企业家”称号。

南方公司是国家第一批组建的六大航空主机厂之一，成功地研制了我国第一台航空发动机，受到毛主席亲笔信嘉勉，曾一度辉煌。但到1983年吴沈铎上任时，军工企业处于军品订货陡降、断了“皇粮”、无米下“锅”、流动资金被占压一空、发工资靠贷款的严峻形势。吴沈铎提出了“高科技开发，高起点竞争，航空为本，军民结合，面向国内国际”的决策思想，冒风险贷款1.7亿元，把资金投向航空发动机、空空导弹、摩托车三大生产线的技术改造，开发高挡次支柱产品，优化企业产品结构。

吴沈铎首先瞄准航空发动机，他决心将具有世界先进水平的法国“阿赫耶”发动机，消化吸收过来，制造出中国的“涡轴八”直升飞机发动机。这是个难度和精度相当高的产品。其中一个叫火焰筒的零件，要在0.3平方米的面积上，加工出13000多个直径只有七八根头发粗的小孔。他一再鼓励职工，“我们一要把它啃下来，不能让外国人看笑话”。1984年4月，终于成功。法国专家讲：“中国是唯一在法国以外生产出符合国际标准的阿赫耶发动机的国家”。涡轴八发动机被列为免检产品，出口美、英、日等发达国家。

吴沈铎决心研制新一代空空导弹。在一无图纸，二无数据情况下，经过广大职工的四年多日以继夜的努力，1986年试制成功PL7(霹雳七)空空导弹，使我国空空导弹与世界先进水平差距缩短了15年。试靶四发四中，创造了我国导弹研制史上奇迹。不仅武装了自己，还出口国外，创汇3000多万美元。

面对国防建设和国民经济建设方针的战略调整，吴沈铎经过深思熟虑，决定上马125毫升的两轮摩托车。他们生产的125型挡次摩托车，功率适中，军、警、民都能用，有广阔市场。1987年，“南方125”成了千金难买的热门货。1988年在首次摩托车大赛上，“南方125”又囊括了团体、个人越野赛和外观质量展评三项第一。1990年，南方公司晋升为国家一级企业。

吴沈铎能屡屡成功，这和他的“太阳论”、“共振论”密切相关。他视职工为企业的太阳，致力于激发职工与企业“同频共振”，创造了以“太阳论”、“共振论”为核心的民主管理体系，成为凝聚职工群体，释放企业潜能的主体思想，产生了广泛的社会效益，受到江泽民总书记的肯定和赞扬。

吴沈铎认为，领导关心职工冷暖，群众才能自觉地关心企业的兴衰。在他的主持下，兴建了4600套职工住宅、食堂、学校、医院，唯独行政、党委办公楼，自1953年建成后，没有更新改造。

吴沈铎对自己的要求是，先企业之忧而忧；后企业之得而得。他坚持到第一线参加劳动，坚持用星期天接待群众来访，对别人送来的钱、物，分文不取，自己历年所得的2万元奖金也捐献做民主管理活动经费和子弟学校奖励经费。

吴沈铎，浙江嘉善人，1931年11月生，大学学历，1952年参加工作，中共党员，高级经济师。历任会计，股长，科长，分厂副厂长，计划处处长，副总工程师，总工程师，到总经理、董事长。1986年以来，先后荣获航空航天部劳动模范，全国劳动模范，国家“五一”劳动奖章，全国优秀企业家金球奖，全国有突出贡献的专家等荣誉称号和奖励。

〔吴良镛·中国科学院学部委员·获联合国世界人居奖〕 1993年10月4日是“世界住房日”，在联合国总部举行的大会上，中国民主同盟中央科技委员会委员、清华大学教授吴良镛主持设计的北京菊儿胡同类四合院工程，被授予联合国1992年度“世界人居奖”。

联合国“世界住房日”的新闻公报称：菊儿胡同类四合院住宅工程开创了在北京城市中心更新的一种新途径，传统的四合院住宅格局得到保留并加以改进，避免了全部拆除旧城内历史性衰败住宅。同时，这个工程还探索了一种历史城市中住宅建设集资和规划的新途径。

吴良镛从1979年开始研究北京的危旧房改造，认为北京旧城是世界上罕见的古代建筑艺术宝库，必须从整体风貌上予以保护。他提出了城市的有机更新理论，反对大拆大建。据此，他创造性地提出了类四合院住宅模式。他设计的菊儿胡同住宅中，二至三层的单元房按四合院格局围合，居民独门独户、互不影响，同时又能到围房前院落进行邻里交流；院子里金鱼缸、古树留存，旧四合院“天棚鱼缸石榴树”意境犹在；房屋的檐口和屋顶为中国式，轮廓丰富而美观，登上屋顶还可远眺鼓楼，一览旧城风采。这样的住宅，使人在都市的繁忙中感受到邻里温情，把传统民居风格与现代居住文明完美地结合了起来。

吴良镛，1922年生，江苏南京人。1944年中央大学建筑系毕业，曾任中央卫生研究院技术员、清华大学建筑系助教。1948年赴美国匡吸艺苑艺术建筑与城市设计系留学，获硕士学位，期间曾任汉纳建筑师事务所设计师。1950年回国后历任清华大学建筑系讲师、副教授、教授、系主任，兼任北京市都市计委会顾问，中国建筑协会常务理事、副秘书长、副理事长。1980年后受聘任美国加州大学勃克莱分校、西德卡塞尔大学、香港大学、保加利亚国家建筑学院客座教授。创办清华大学建筑与城市规划研究所，任所长。1981年当选中国科学院学部委员。1987年任国际建筑师协会副主席。同年当选为国际人类聚居协会副主席，1993年出任主席，并任城市规划协会理事长。其菊儿胡同类四合院工程曾获1992年亚洲建筑师协会金质奖章。主要著作有《城市规划论文集》、《中国古代城市史纲》、《广义建筑学》等。

吴良镛获奖后在大会上发表演讲说："这项大奖颁发给一个具有几千年文明史的国家，表明摆在我们面前最为迫切的任务是如何创造既能满足现代生活要求、又能与原有历史环境相结合的住宅，这项大奖将鞭策我们继续为世界作出贡献。"

〔吴杭生·物理学家·当选中国科学院学部委员〕　中国科技大学物理系教授吴杭生于1993年12月当选为中国科学院数学物理学部学部委员。

吴杭生，1932年2月19日生，安徽省桐城县人，1953年毕业于复旦大学物理系，1956年北京大学物理系研究生毕业并留校任教，1978年被聘入中国科学技术大学物理系进行教学和科学工作至今，1978年晋升为教授。

吴杭生长期从事凝聚态物理和超导电性物理研究，对我国超导研究的发展起了很大的作用。其研究成果如下：①六十年代初期，他与合作者在我国系统地开展了应用金兹堡—朗道理论来研究超导薄膜的性质的工作，开创超导电性研究，并在国际上首次提出超导薄膜的尺寸非局域化效应，指出超导唯象理论对薄膜不适合，导出非局域的GL方程，研究了超导膜的能隙与磁场和电流的关系并与实验相当符合。这一系列工作在国际上处于领先水平并较国外早发表数年。②七十年代后期，他提出强耦合超导电性的超导临界温度理论，并与他人合作导出线性化的Eliashberg方程的大λ展开严格级数解及小λ的解析TC表达式，系统分析了各类超导材料TC与各物理参量的关系，对超导临界温度理论的完善作出了重要贡献，被国际上权威性综合文章大篇幅引用。③八十年代后期，他在高温超导研究中提出将BCS理论框架中的赝势参数μ选为负数可用于理解高的临界温度。这一独特见解启发了人们思考新的电子间的相互作用的思路。同时，对同位素效应作过分析研究，发现铜氧面上的自旋涨落导致Cu—o面扭曲及LA2CuO在磁场中相变的结果，并建立了RVB巡游P空穴模型，为探索高温超导机制这一重大难题作出了重要贡献。

〔吴和光·外科学家·被聘为中华医学会资深会员〕　1993年1月16日，具有78年历史的中华医学会，正式宣布首批聘任41位在医学上有重大成就、德高望重的内外科专家为中华医学会资深会员。华西医科大学原副校长吴和光获得这一荣誉。

吴和光，1910年4月生，四川重庆人。1936年于华西协合大学医学院毕业后，任华西协合大学医院和华西、齐鲁、中央三大学联合医院外科住院医师、住院总医师、讲师、副教授、主任，兼四川省人民医院、重庆西南医院外科主任。1947～1949年先后赴加拿大多伦多大学医学院外科、美国波士顿麻省总医院外科进修。1949年回国后任华西大学医学院（后改称四川医学院，现称华西医科大学）附属医院教授、院长，大学副校长等职。1959年加入中国共产党。

吴和光是我国开展肝胆胰外科、神经外科和器官移植的先驱之一。在急性坏死性胰腺炎发病机制研究中有重要发现，提出了新的治疗措施，降低了死亡率。在肝移植保存液和排斥反应处理的实验研究中也有重要发现。主编有《现代中国医学》。

吴和光还兼任世界卫生组织专家咨询团团员，卫生部医学科学委员会委员，中华医学会理事，中国生物医学工程学会常务理事，四川生物医学工程学会理事长，中华医学会四川分会理事、外科学会主任委员，四川省科技顾问团成员等职。

〔吴学谦·当选第八届全国政协副主席·担任国际交流协会会长〕　1993年3月26日，吴学谦在第八届中国人民政治协商会议全国委员会第一次会议上当选为全国政协副主席。

同年9月10日，吴学谦在中国国际交流协会理事会第六次会议上当选为协会会长。协会选出新的副会长是：朱良、张香山、万国权、厉以宁、郁文。国际交协作为中国对外开展国际交流的重要民间团体之一，成立12年来，坚持其"促进国际间的相互了解、友好和维护世界和平"的宗旨，努力发挥对外民间团体的特点和优势，做了许多有益的工作，取得了积极的成果。协会已同五大洲80多个国家的200多个各种类型的团体、政党和研究机构建立了联系，共接待了600多批约3700多位外国友人，应邀派出的团组和人员也在50多个国家留下足迹。吴学谦在讲话中指出，民间外交活动从来是中国整个外事活动的一个重要部分，交流协会这个组织今后还可以发挥更大作用。

吴学谦，1921年12月生，上海市人，1939年5月加入中国共产党，1938年10月参加工作。1938年任上海学生界救亡协会格致公学小组负责人，上海地下党格致公学党支部书记，在上海暨南大学学习并任上海地下党中学区委委员、区委书记。1942年任华中局城工部交通站负责人、城工部干事。1944

年任上海地下党学生运动委员会委员、副书记、代理书记，上海地下党市委委员，共青团上海市工委秘书长。1949年任共青团中央驻世界青联代表，共青团中央国际部副部长、部长，共青团中央委员、常委。1958年至1966年任中央对外联络部五处处长。“文化大革命”中受迫害，下放“五七”干校劳动。1972年任中央对外联络部西亚非组组长、三局局长。1978年任中央对外联络部副部长。1982年后任外交部第一副部长、部长、国务委员，1987年后任国务院副总理。是中共第十二、十三届中央委员，在十二届五中全会上增选为中央政治局委员，第十三届中央政治局委员。

〔吴官正·再次当选江西省省长·致信全省严防其亲属违反原则〕　在1993年2月5日举行的江西省第八届人大第一次会议上，吴官正再次当选为江西省省长。

吴官正，1938年生，江西余干人。1962年加入中国共产党。1968年毕业于清华大学动力系研究生班。历任武汉葛店化工厂技术科科长，武汉市科委副主任兼工程科学技术研究中心主任，中共武汉市委常委、书记，武汉市市长。1986年起任中共江西省委副书记、江西省省长。是中共第十二届中央候补委员，第十三、十四届中央委员。

吴官正当选新一届江西省省长后，以内部通报的形式，致信全省各地市和省直各部门，要求各级领导严防其亲属利用他的影响在经济生活中做违反原则的事。信中说：“为了加强廉政建设，切实防止我的个别亲戚利用我的影响为自己捞好处，防止社会上一些不正派的人，千方百计找我的亲戚出面为其办事说情，拉关系，要照顾，也为了支持各级领导秉公办事，凡是有人带我的亲戚出面或我的亲属本人出面的，请有关方面立即同我办公室取得联系，要坚持原则，有的坚决拒绝，并批评教育，有的要说明利害关系，坚决顶回去，不要帮倒忙，更不能助长这些不正之风。”吴官正还就这封信同记者谈了他的一些难言之苦。他说：“我是江西人，当地乡亲多。过去我也曾再三讲过像这次信上的意见，可是问题依然发生，真令人恼火。我想有了这封信，可以给下面一个监督我的凭据。”

在第八届全国人大第一次会议期间，吴官正于3月30日答中外记者问，谈到决定建立“昌九工业走廊”问题。他说：这一“走廊”长一百多公里，交通方便，能源充足，通信发达，有较好的工业基础。1990年工业总产值占全省30%。沿线已建立8个开放开发区。1992年共有300多个工业项目安排建设，批准利用外资项目487个，引进外资4.8亿美元。“昌九工业走廊”的前景是好的，它的高速发展将带动江西全省经济的发展。

〔吴祖泽·细胞生物学家·当选中国科学院学部委员〕　中国军事医学科学院研究员吴祖泽于1993年12月当选为中国科学院生物学部学部委员。

吴祖泽，1935年10月19日生，浙江省镇海县人。1935年10月19日生，1957年毕业于山东大学。历任军事医学科学院放射医学研究所副研究员、研究员、所长，解放军总后勤部卫生部医学科学技术委员会委员、常委等职。

吴祖泽阐明了低剂量率r线连续照射下造血干细胞的辐射损伤与远后效应的机理；用性染色体作为细胞遗传标志，揭示了造血干细胞群的不均一性，获国家自然科学二等奖。1990年以来，再次证明了脾结节生成细胞具有重建髓系与淋巴系细胞的功能，胚胎发育肝脏造血的动态规律的研究，推进了我国造血干细胞移植的临床作用。在国际上，第一次实现了胎肝移植治疗急性重度骨髓型放射的成功病例。胎肝细胞增殖调控因子与调控机理研究取得了新进展。首次克隆并测定了中国人G—CSF的cDNA，构建了高效表达G—CSF的杂交体、天然体、突变体等多种工程菌株，在国际上首次系统分析了造血生长因子的分子进化与造血细胞发育的相关性，研究结果表明，造血生长因子在分子进化上的起源先后与其调控的髓系细胞发育阶段的先后次序恰是一致的。

〔吴泰昌·文学评论家和散文家·《吴泰昌散文》出版〕　《文艺报》副主编、编审、作家吴泰昌的散文集《吴泰昌散文》，1993年9月由安徽文艺出版社出版。这本散文集选收了作者自1978年以来15年间创作的散文作品，反映了作者在散文创作上的探索和追求。吴泰昌的散文新作《我的戒烟》，1993年获《钟山》杂志主办的全国同题散文奖。由江苏美术出版社出版、吴泰昌任主编的《李一氓藏画选》，1993年2月25日在北京人民大会堂举行首发式。与会者认为，这部首次公之于众、收集有200余幅明清藏画的画选，具有很高的艺术价值，是给李一氓诞辰90周年的一份厚礼。

吴泰昌，1937年生，安徽省当涂县人。1955年考入北京大学中国语言文学系，1964年文艺理论研究生毕业，长期从事文艺报刊编辑工作，先后就业于《文艺报》、《人民文学》、《河北文艺》。1979年加入中国作家协会。现为中国散文学会、中国纪实文学研究会、中国报告文学学会、冰心研究会副会长，广电部文化战略委员会顾问，中华文学基金会理事，皖籍专家、学者、企业家联谊会常务理事，《小说月报》、《散文选刊》顾问，《儿童文学》编委等。出版散文评论《有星和无星的夜》、《梦的记忆》等9种，其中《艺文轶话》获中国作家协会主办1976～1988年全国优秀散文集奖。编著有《阿英文集》、《李一氓题跋》、朱光潜《艺文杂谈》、孙犁《书林秋草》等。

〔吴晓梅（女）·营业员·被评为全国十佳青年服务明星之一〕　1993年10月，历时两年多的全国商业系统“文明经营、优质服务、争创效益”活动落下帷幕。在这次活动中产生的“全国十佳青年服务明星”，10月12日在北京披红戴花，接受党和人民授予他们的荣誉称号。南京市新街口百货商店股份有限公司小百货柜台营业员吴晓梅以她闻名遐迩的优质服务获此殊荣。同时，共青团中央和国内贸易部还分别授予她“全国新长征突击手”和“全国商业劳动模范”称号。

吴晓梅，江苏省江都县人，生于1962年12月，高中文化程度，1979年参加商业工作，1983年6月加入中国共产党，职称为高级营业员。

吴晓梅所在的小百货柜台，有400多个经营品种，大多数是针头线脑。10元以下的商品占80%，从儿厘钱一只的发夹到9元多一条的皮带，都是日常生活的必需品。在吴晓梅面前，经常有顾客问：哪种皮带适合我用？擦了鞋油后鞋面为什么会起一层“白霜”？夹克油怎样使用？这种花边用在我衣服上好看吗？……面对顾客的提问，吴晓梅都能一一给予满意的回答。为此，她下功夫熟记了柜台上几十种绣花线的型号和颜色；她还查资料，去工厂访问，了解鞋油生产的全过程，掌握存放使用知识；她向裁缝师傅请教服装配线、配扣及花边配色的学问；她经常摘取报纸刊物上刊登的商品知识，在体验效果后介绍给顾客；她努力学习哑语，掌握了为聋哑人服务的技能；为了在柜台缺货时帮助顾客买到急需的商品，她利用休息时间跑遍了城区的大街小巷，掌握小商品的分布情况，随时为顾客指路。一位双目失明的老大妈想买副环形针，但正巧无货，吴晓梅留下大妈的住址，下班后骑车在小商品市场寻到这种环形针，当晚送到盲人大妈家中。多年来，远在天山的新疆姑娘收到过她精心选购的连衣裙，东北大汉收到过她代购的特大号T恤衫，为给特瘦型身材的顾客提供方便，她在柜台内准备了皮带打眼机。10余年来，吴晓梅收到的顾客表扬信有3000多封。

吴晓梅刻苦钻研《商品学》、《销售艺术》、《心理学》等书籍，读完了高级营业员的全部课程，注重“艺术”地搞好有针对性的服务。她在接待每一位顾客时都注意通过加强宣传来激发周围顾客的购买欲望，既做活了生意，又扩大了商品对顾客的吸引力。她还自觉地把柜台与发展生产、引导消费连在一起，先后搜集并提供给有关厂家市场信息100多条，为企业生产适销对路产品做出了贡献。

吴晓梅多次获得各种荣誉，先后被评为省、市劳动模范，全国商业劳动模范，全国“三八”红旗手，并荣获全国“五一”劳动奖章和全国服务标兵称号，1989年被国务院授予全国劳动模范称号。

〔吴基传·任邮电部部长〕　1993年3月29日，根据第八届全国人大第一次会议的决定，吴基传被任命为邮电部部长。

吴基传，1937年生，湖南常宁人。1959年毕业于北京邮电学院有线电通信工程系。1960年加入中国共产党。历任北京邮电学院助教，邮电部物资局处长、副局长，邮电部计划局副局长，1984年任邮电部副部长。高级工程师。后曾调任中共河南省委副书记。是中共第十四届中央候补委员。

〔吴道弘·人民出版社副总编辑·获第三届韬奋出版奖〕　由中国出版工作者协会和中国韬奋基金会联合主办的第三届韬奋出版奖，于1993年5月24日举行颁奖大会，人民出版社副总编辑吴道弘获奖。

吴道弘，1929年出生于浙江嘉善，曾在上海诚明文学院肄业。1950年考入上海三联书店任校对，同年8月调北京三联书店编审部工作，次年调人民出版社，1983年起任副总编辑，1986年被评为编审。

他在编辑岗位上40年耕耘，广泛涉猎理论、历史、哲学和文学等学科，审订过门类较多的译著。50年代当过《实践论解说》和《矛盾论解说》的责任编辑。他为新版《列宁全集》、马列著作选读本的出版和当代世界政治选译，以及制定“现代思想文化译丛”等选题，付出了辛勤劳动。由他主待出版的《编辑工作二十讲》曾获首届全国编辑出版理论优秀图书奖。他与人合编的《列宁的风格》获全国首届优秀青年读物二等奖。他写过几十篇有关书评、图书宣传和编辑人才的培养、提高图书质量等问题的文章，参加了《中国大百科全书·新闻出版卷》的编辑工作，是该卷编辑学分支副主编。著作有《书评例话》、《寸心集》。

1989年起任中国图书评论学会副会长，1992

年任中国编辑学会副会长，1993年任《中国出版年鉴》副主编。

〔**吴蔚然·普通外科学家·被聘为中华医学会资深会员**〕 1993年1月16日，具有78年历史的中华医学会，正式宣布首批聘任41位在医学上有重大成就、德高望重的内外科专家为中华医学会资深会员。北京医院名誉院长吴蔚然获得这一荣誉。

吴蔚然，1920年10月生，江苏常州人。1946年毕业于成都华西大学医学院，后任北京中和医院（现北京医科大学人民医院）外科住院医师，北京协和医院外科住院医师、住院总医师、助教、讲师、教授，北京医院副院长、名誉院长。1956年加入中国共产党。

吴蔚然普通外科临床经验丰富，手术水平达到得心应手的境界，尤擅长老年外科学。治病强调充分发挥外科技术作用，康复崇尚人体自然恢复能力。参加编写《黄家驷外科学》、《现代外科基本问题》、《临床外科手册》等专著。其"人工胃肠支持"研究，曾获卫生部科技成果二等奖。

吴蔚然还兼任中华医学会常务理事、外科学会常委，中国科协委员，卫生部重大医药卫生科技成果评审委员会委员，第八届全国政协常务委员等职。

〔**吴耀宗·已故中国基督教三自爱国运动委员会主席·诞辰100周年**〕 1993年11月4日，是中国基督教三自爱国运动的倡导者、已故中国基督教三自爱国运动委员会主席吴耀宗100周年诞辰。中国基督教三自爱国运动委员会和中国基督教协会在上海召开吴耀宗先生生平与思想研讨会，纪念这位中国基督教杰出的领袖。中国基督教三自爱国运动委员会主席、中国基督教协会会长丁光训主持了研讨会，中共中央统战部常务副部长蒋民宽到会并讲话，高度评价了吴耀宗爱国爱教，几十年与中国共产党肝胆相照、荣辱与共，带领中国基督徒走爱国爱教道路的思想和品行。

吴耀宗，1893年生，广东顺德人。1913年毕业于北京税务学堂。1918年在北京基督教公理会受洗入教。1924年去美国纽约协和神学院及哥伦比亚大学攻读神学、哲学，获哲学硕士学位。1927年回国。吴耀宗是中国基督教三自爱国运动发起人。1948年4月，他发表了《基督教的时代悲剧》一文，指出："时代是要进展的，如果我们的宗教是迷信的、落后的、违反人民利益的，那么，我们的一切都将遭受历史的无情审判和清算。"1949年7月他在上海《大公报》上又发表了《基督教的改造》，尖锐地指出："中国的教会在现阶段中，虽然在名义上是独立的，但实际上还没有脱离外国教会直接间接的影响与控制。"他主张：首先，基督教必须把自己从资本主义帝国主义的系统中挣扎出来，摆脱出来。其次，中国的教会必须实行它早已提出过的自立自养自传的原则，变成一个道地的中国教会。再其次，基督教必须认识现在的时代和它过去自己的历史。最后，基督教必须投身到时代的洪流中去，与一切爱好和平民主的人士携起手来，反对帝国主义，反对一切剥削压迫民众的旧力量，在新民主主义的旗帜下，共同努力，建设新中国。1950年，他起草并与基督教其他领导人联名发表题为《中国基督教在新中国建设中努力的途径》的宣言。1954年中国基督教三自爱国运动委员会成立，直到1979年他逝世，他一直担任该会主席。

〔**邱创焕·出任台湾"考试院"院长**〕 1993年3月，邱创焕、毛高文接替孔德成、林金生分别出任台湾"考试院"正副院长。

1993年8月在国民党第十四次代表大会上，邱被李登辉指定为国民党十四届中常委。在蒋经国主政时，他与李登辉、林洋港同为台湾当局重用的"台籍政治精英"。近年在台湾政坛上一度颇不得志，但他不甘寂寞，组织了"国家发展策进会"，仍为台湾政坛上不可忽视的政治人物。民进党对邱创焕不满，1992年他因赞同台湾"总统委任直选"而被扣上"台奸"的帽子。民进党不时为其制造麻烦。曾有意竞选台湾下届"总统"的邱创焕至今持慎重态度，尚未表态。

他主张一个中国，指出"台独是一条走不通的路"。曾经提出"中台港经济圈"的构想，认为台港、大陆如能结合成"中台港经济区"，仅止于经济上的合作，也等于中国人世纪的来临。

邱创焕1925年生，台湾省彰化县人，祖籍广东饶平县。早年毕业于台中师范学校师资训练班。1956年获政治大学政治研究所硕士学位。国民党国防研究院十六期结业。曾获南朝鲜私立岭南大学名誉政治学博士学位。早年任"考试院"铨叙部专员、科长、视察、帮办。1965年任"铨叙部"第三司司长。1967年任国民党中委会第五组副主任。1969年任台湾"省政府"社会处处长。1972年任国民党中央社会工作会主任，兼任"中国青年反共救国团"副主任。1976年任"行政院"政务委员。1978年任国民党中央委员会副秘书长，"行政院内政部"部长。1981年12月任""行政院"副院长。1984年任台湾"省政府主席"。1990年6月从"省主席"职离任后，被聘为"总统府"资政。1990年底筹组"国家发展策进会"。是国民党第十一、十二、十三届中央委员，1979年12月起当选为历届中央常务委员。

著有《三民主义的社会福利思想》、《历代文官制度》、《中国社会福利思想制度概要》、《选举罢免法立法要旨与选务行政》等。

〔邱汝舜·营业员·被评为全国十佳青年服务明星之一〕　1993年10月，历时两年多的全国商业系统"文明经营、优质服务、争创效益"活动落下帷幕。在这次活动中产生的"全国十佳青年服务明星"，10月12日在北京披红戴花，接受党和人民授予他们的荣誉称号。天津市百货大楼股份有限公司钟仪商场电教一部营业员邱汝舜获此殊荣。共青团中央和国内贸易部还同时授予他"全国新长征突击手"和"全国商业劳动模范"称号。

邱汝舜，天津市人，1965年7月出生，高中文化程度，1983年5月参加工作，1990年荣获天津市"七五"立功奖章，1991、1992连续两年荣获天津市"八五"立功奖章，1992年荣获天津市劳动模范、市级优秀共青团员、天津市十大青年标兵称号，1993年再度荣膺天津市十大青年标兵称号。

为了搞好商业服务工作，邱汝舜克服自己专业底子薄、没有教师指导的困难，坚持走自学成才的路，迅速成长为一个商品知识面广、服务领域宽，操作动作快、查找故障准、业务技能精的商业服务多面手。在售货工作中，他不仅能熟练地调试、操作、安装各种家用或办公用电器，迅速地找出故障原因，而且大胆向科技禁区进军，取得了多项成功经验。多年来，国内外同行对于简捷调改日立2005型彩电，使之适应NTSC制式节目播放的可行性这一课题一直持否定意见，国内某权威专业刊物还发表过专论，判定了其不可行性。但邱汝舜经过深入钻研，找到了只需加装几只元件即可解决的妥善办法，使该型号彩电调改后不仅能够正常播放NTSC节目，而且还克服了其他类型彩电改制后无法避免的压幅现象，其独到的技术、技巧构思，受到了有关专家的赞赏。

邱汝舜还把他的服务领域由柜台扩展到全社会，为顾客提供助选、帮教、安装、维修等一系列的全方位服务，并把优质服务同搞活企业经营、扩销增利紧紧连在一起，取得了较好的经济效益。1992年底，在支援天津市电报大楼完成天津市与全国电话会议连网工程中，仅通过一项业务活动就为商场促销成功20余万元，而且还与电报大楼建立了长期业务供货关系。

邱汝舜所在商场经营商品多属精密电子器件，进销中常出现商品残损，形成库存积压。邱汝舜运用他的技术积极维修库存残机，努力为企业增收节支。近两年来，他利用业余时间先后维修彩电86台，录放相机1200余台，高档音响361台，摄像机6台，微型录音机50余台。这些复活残机经适当价格处理后投放市场，很快便销售一空，从而为商场多创销货853万元，赢利59.71万元，节约维修费用3.5万元。

〔何伟·经济学家·主办"市场经济论坛"研讨会〕　中国人民大学教授、经济学家何伟，1993年主办了"市场经济论坛"研讨会，每月在北京举行一次，对于推动经济学界市场经济理论的研究起了积极作用。

何伟，1926年11月生于河北省赵县。1944年参加八路军。1951年考入中国人民大学财政系，1953年调政治经济学研究生班学习。1956年毕业后留校从事教学和科研工作近40年。

何伟从五十年代后期就开始研究社会主义条件下的商品生产问题。中共十一届三中全会以后，研究重点转向经济体制改革。他的主要著作有《政治经济学新编》、《商品经济与经济体制改革》、《中小型工业企业租赁经营理论与实务》、《中国改革之路》、《现代企业发展战略学》、《中国经济非均衡发展》、《分配经济学》、《何伟文集》等20余种。他主编的《中国著名经济学家论改革》一书，被《经济日报》评为1992年"十佳经济读物"之一。

何伟第一次提出自然经济、商品经济、计划产品经济三阶段理论。指出社会主义公式应当是社会主义＝（公有制＋按劳分配）商品经济；而不是社会主义＝（公有制＋按劳分配）＋商品经济。就是说，商品经济的存在使社会主义所有经济关系都将发生变化，而不是在社会主义基本体制上再加上一块商品经济。他对国家所有制、社会所有制、自由人联合体三者的内涵和相互关系进行了研究，认为目前社会所有制应采取企业所有制形式，国家对企业的投资应改为信用关系，并对企业所有制的具体形式和原则作了详细的具有操作性的分析。他研究了商品经济条件下按劳分配实现形式将发生的变化、按劳分配如何与商品经济相结合，认为商品经济的存在使按劳分配转化为按劳动力价值分配，社会主义条件下的劳动力商品不体现剥削关系。

他对中共十四大提出建立社会主义市场经济作了很高的评价。认为，现代市场经济是社会化大生产的产物，是经济现代化的表现形式，是人类社会文化的结晶，社会主义应当继承和发展它。市场经济与社会主义相对接，将市场经济引入社会主义社会，是社会主义实践的又一次飞跃，使社会主义发展到一个新阶段，其意义不亚于十月社会主义革命。

何伟现任北京开达经济学家咨询中心理事长、万里纵横新技术发展公司董事长、中国市场经济研究会理事、中国私营经济研究会理事等。

〔何英·前外交部副部长、顾问·在北京逝世〕

新中国第一代外交官，前外交部副部长、顾问何英因病于1993年10月3日在北京逝世。

何英，1914年生，海南省琼海县人。出身贫苦农民家庭，13岁开始谋生，当过学徒、店员、工人。1929年加入中国共产主义青年团，1930年6月转为中国共产党党员。因积极从事革命活动，于1935年被反动当局逮捕入狱。在狱中坚贞不屈。出狱后曾一度同党组织失去联系。为寻找党组织，他不顾白色恐怖的险恶环境，从海南到广州，又从广州到上海、南京，最后在长沙与党组织接上了关系。1938年7月前往中共广州市委任特派员。同年赴延安抗日军政大学学习，同时任中共中央职工委员会研究委员会委员。后入马列主义研究室学习，并任该室主任兼党支部书记。1942年1月调任中共中央党务研究室研究员。1944年11月入中央高级党校学习。1945年10月被派往东北，先后任东北民主联军八旅政治部主任、党委副书记，第四野战军第四十一军师政治部主任、副政委。参加了解放东北的重大战役。后随部队入关，参加了解放张家口、北平等战役，旋随部队渡过长江，进军湖南、广西。新中国成立后，调入外交部历任驻印度尼西亚总领事、公使衔总领事、公使衔参赞，外交部亚洲司副司长，驻蒙古大使，外交部西亚非洲司司长，驻坦桑尼亚大使兼乌干达大使，外交部副部长、顾问。他是新中国第一代外交官，为我国外交事业作出了重要贡献。1983年起，任第六、第七届全国人大常委会委员，全国人大华侨委员会副主任委员，全国人大中国——伊朗友好小组主席。曾率团代表全国人大参加各国议会联盟大会。

〔何康·农业部前部长·获世界粮食奖〕

1993年10月14日，　世界粮食奖基金委员会在华盛顿美国记者中心俱乐部正式宣布：将1993年度世界粮食奖授予中国农业部前部长何康，以表彰他在1978年至1990年担任农业部副部长和部长期间，为中国的农业改革和促进粮食生产方面所作出的重要贡献。何康成为中国获得此项世界粮食方面最高荣誉奖的第一人，也是迄今为止获得此项奖励的七人中唯一的一位政府官员。

世界粮食奖是由总部设在美国依阿华州的世界粮食奖基金会设立的，是目前世界农业和粮食领域的最高奖。该奖每年一次，由世界各国3500个与农业有关的组织与团体提出在解决人类粮食及其他食物方面做出杰出贡献的若干名个人为候选人，最后由世界粮食奖基金会从中选定一名为获奖者，奖金20万美元。从1987年开始共有7人获奖。

在此次记者会上，播放了美国前总统卡特的录像讲话。世界粮食奖基金会主席约翰·鲁安，基金会顾问、世界银行前行长麦克纳马纳等也发表了热情洋溢的讲话。他们高度赞扬何康任农业部长期间，中国第一次成为粮食自给自足的国家，农民的生活有了改善并不断提高。麦克纳马拉说："24年前邓小平告诉我，中国农业正在推行联产承包责任制，如果这一做法再推行到工业领域，中国的国民生产总值到2000年可望翻两番。这种预言在当时是难以置信的。但现在已很明显，中国取得的成就还要超过邓小平的预言。其中，何康是为中国的经济奇迹做出重要贡献者之一。"

何康在会上感慨地说："荣获世界粮食奖不仅是我个人的荣誉，更是对中国农业发展与农村改革取得伟大成就的公认与赞许。"他表示，他是代表中国八亿农民来领奖的。回国后，将用这笔20万美元奖金设立一项基金，鼓励中国的青年一代在农林牧渔业领域的科研、教育和发展方面做出新的成绩。

此次颁奖之后，美国总统克林顿于10月15日在白宫会见了何康及其夫人。克林顿对何康表示祝贺，并表示希望加强美中两国在农业领域的互利合作和交流。

何康，福建福州人，1923年出生。1939年加入中国共产党。1946年毕业于广西大学农学院。解放前先后在广西、四川、上海等地从事党的秘密工作。建国后，历任华东军政委员会农林部副部长，林业部、农业部司长，农垦部华南热带作物科学研究院、华南热带作物学院院长，广东省农垦总局副局长，农林部副部长，国家农业委员会副主任兼农业部副部长，农牧渔业部副部长，国家计委副主任，农牧渔业部部长。1988年至1990年任农业部长，是中共第十二届、十三届中央委员，第三届全国人大代表，中国科协第三届全国委员会副主席。

〔何玉铭·邢台市实用技术开发研究所所长·被评为第四届中国十大杰出青年之一〕　由中华全国青年联合会、中国青少年发展基金会和首都十家新闻单位联合举办的第四届"中国十大杰出青年"评选活动于1993年10月5日揭晓，被誉为食品加工业革新骄子的何玉铭被评为"十杰"之一。

何玉铭，1963年出生，河北省邢台市人。1981年高中毕业后考入解放军南京外语学院英语系，1983年毕业，分配到总参驻天津某部任参谋兼翻译。1988年转业回到家乡邢台市。他毅然放弃被分配到市政府机关从事外事工作的机会，白手起家创办民办科研所。他们自订计划，自立项目，先后研制出“计划生育测试仪”、“新型倒锁螺栓”等七项技术成果，由于与市场不对路，都未能投入生产，却把一万元的血本花光了。受到挫折后，何玉铭毫不动摇，他从报纸上一篇话粥的文章受到启发，萌发了生产“快餐粥”的想法，经过市场调查和有关专家的论证评估，他们决定立项进行课题研究，“快餐粥”试制成功了。没过多久，他又研制成一吨“快餐粥”的专利机械化生产线，随后就与50多家厂家签定技术转让合同，成交额达100多万元。二万多份技术资料被索取一空，人人交口称赞这种可与方便面相媲美的新潮食品。半年以后，何玉铭又研究开发了以大米、小米、玉米、糯米等十多种粮食为原料的系列“米思奇”方便食品，很快就风靡全国25个省市自治区，六十多个企业引进了这两项技术，建成生产线八十条，年产值达二亿多元，如今，何玉铭领导的邢台市实用技术开发研究所在没花国家和地方一分钱的情况下，不断发展壮大，年盈利70万元。科研所富了，但何玉铭始终牢记自己是军人出身，处处把国家利益摆在第一位。他曾先后获得“河北省十大杰出青年”、“河北省劳动模范”、“全国优秀企业家”、“全国模范军队转业干部”等称号。

何玉铭被评为第四届中国十大杰出青年之后，在接受《人民日报》记者采访谈到自己战胜困难，取得成功的体会时说：我遭受过很多的挫折，研究出来的项目转化不成生产力，资金沉淀，债台高筑，妻子改嫁……但最终我挺住了。这可能与我穿过8年军装有关，是部队的艰苦生活使我具有坚强的毅力。当初我读军校时，遇到一个英文词组：JointVenture，我按单个词译成“联合探险”，其实应该是“合资企业”。这倒给我一个启示：办企业是要冒险的，需要有点冒险精神。战场上敌我双方明确，短兵相接；而商战场无固定目标，而且大多在“亲切友好气氛中”，“面带微笑”地进行，但残酷性是一样的。坚强的毅力加上探险精神，就是我成功的秘诀。

〔何光远·任机械工业部部长〕　1993年3月29日，根据第八届全国人大第一次会议的决定，何光远被任命为机械工业部部长。

何光远，1930年生，河北安新人。1945年加入中国共产党。曾任冀中军区兵工管理处政治处技术书记。1951年毕业于华北大学工学院。1956年毕业于苏联基铺工学院机械系，回国后历任第一汽车制造厂工艺师、铸造分厂厂长，长春拖拉机制造厂厂长、党委书记，长春市副市长，农业机械部、机械工业部副部长，国家机械工业委员会副主任。1988年起任机械电子工业部副部长、部长。是中共第十二、十三届中央候补委员，第十四届中央委员。

〔何竹康·再次当选中共吉林省委书记〕　在1993年4月29日召开的中共吉林省委第六届第一次会议上，何竹康再次当选为省委书记。

何竹康，1932年生，江苏南通人。1947年加入中国共产党。曾在苏南行署工作。1951年进入中国人民大学学习。后留学苏联。1958年毕业于莫斯科国立经济学院国民经济计划系。回国后，历任河南省计委副处长、副主任、主任，河南省副省长，中共河南省委书记、副书记，河南省省长。1988年起任中共吉林省委副书记、吉林省省长，中共吉林省委书记。1993年1月在吉林省八届人大一次会议上当选为吉林省人大常委会主任。是中共第十二、十三、十四届中央委员。

〔何宜慈·台湾电子资讯专家·被聘为厦门火炬高科技产业开发区高级顾问〕　台湾著名电子资讯专家，台湾华腾科技股份有限公司董事长何宜慈博士，于1993年11月间在厦门进行考察和学术交流，向厦门高技术产业开发区科技人员作了“高新技术产业研讨”专题报告，同时受聘担任厦门火炬高科技产业开发区高级顾问，并就该区和台湾新竹科学工业园如何建立联系与开展合作交流进行了磋商。

近年，何宜慈致力于海峡两岸的高科技交流合作。1992年8月曾率台湾高科技考察团赴大陆参观访问。他是美国逸仙科学园区公司高级顾问，将协助该公司在天津设立逸仙科学园区。

何宜慈，1919年生，福建寿宁县人。1944年厦门大学电机系毕业。曾执教于台北工专。1956年赴美入史坦福大学深造，获硕士学位。曾任西雅图城波音公司研究工程师，两年后，获该公司首创的博士学位奖学金，进史坦福大学攻读，于1961年获电子工程学博士学位。曾任美国国际商业机器公司正工程师兼经理、台湾大学远东讲座教授。

何宜慈是国际知名的电子资讯专家，尤其是对集体电路电子计算机的设计，成就不凡，曾在美国获40多种发明专利权。

1975年台湾当局物色何宜慈担任台湾“行政院国家科学委员会”副主任委员。1979年他又被任命为台湾新竹科学工业实验园区筹建处兼主任，翌年兼任台湾新竹科学工业园区管理局首任局长。后任台湾资讯工业策进会执行长、国际电机工程学会1985年至1986年亚洲暨太平洋地区分区会长。他注重培养延揽专业人才，引进外国先进的技术经验，对台湾的高科技工业的发展作出了贡献。

现还任台湾宏瞻资讯公司总经理、钰创科技公司董事。

胞兄何慈武曾任台湾“国民大会”秘书长、国民党中常委，现任台湾“总统府”资政。

〔何承天·香港建筑专家·获香港建筑师学会奖〕 1993年3月5日香港建筑师学会在香港颁发“1992年香港建筑师学会奖”等三项奖。何承天由于在立法局对香港建筑师学会的专业推介贡献甚多而荣获“1992年香港建筑师学会奖”。此奖是由香港建筑师学会主办、新鸿基地产集团赞助的。

何承天，1939年生。1963年香港大学建筑工程系毕业。后长期从事建筑业。历任香港建筑师学会会长，香港城市设计委员会成员，土地及建设咨询委员会成员，香港房屋委员会成员兼任该会建筑小组委员会主席，并历任香港立法局议员。曾是香港基本法咨询委员。1993年6月当选香港自由党中央委员。

何承天参与香港及海外的许多重大建筑的设计，其中有香港大学校舍、置富花园、喜来登酒店、愉景湾首期工程、美国希尔顿酒店等。喜来登酒店获香港建筑学会1974年度银牌奖，愉景湾工程获1983年银牌奖。

对香港城市建设总体规划经验丰富的何承天认为香港的建筑特色在于实用，指出城市规划要考虑到土地利用、交通设施配合、社会需要等诸多因素，以及符合因地制宜的原则。

何承天自幼喜爱音乐，在大学读书时经常登台演奏小提琴，曾是一位业余小提琴手。

〔何承纪·四川民族出版社社长·获第三届韬奋出版奖〕 由中国出版工作者协会和中国韬奋基金会联合主办的第三届韬奋出版奖，于1993年5月24日举行颁奖大会，四川民族出版社社长何承纪获奖。

何承纪，藏族，1936年出生于四川康定。1954年在西南民族学院毕业后，分配到四川民族出版社工作。历任编辑室副主任、总编辑、社长等职。

何承纪对我国少数民族历史和宗教的研究取得了不少成果。他与人合编的《教派源流综述》，为研究藏传佛教的历史，提供了翔实依据。他重视藏、彝文中小学教材的出版工作。这些教材印数少，亏损额连年上升，但他认为振兴少数民族地区经济文化，是民族出版社责无旁贷的使命。他还将不少汉文科技读物译成藏文出版。四川民族出版社的《彝族史稿》、《藏族史稿》、《傣族史稿》、《羌族史稿》，都是在他的支持下出版的，这些书在国内外学术界产生了很大影响。藏画历史悠久，近年来，在他的协助下，出版的一批新藏画，在藏区受到好评。

〔何善衡·香港恒生银行董事局名誉董事长.获广州荣誉市民称号〕 1993年4月，广州市九届人大常委会39次会议决定授予何善衡、利国伟、吕志和、凌达镗、姚美良、朱正贤、蒋震、廖自强、黄铁成、梁仲彭等10位港澳知名人士广州荣誉市民称号，此称号是广州市政府为表彰在该市经济、社会及对外交往中有突出贡献的港澳海外人士而设立的。被授予广州荣誉市民称号的港澳海外人士已达94人。何善衡爱国爱乡，兴学助教，热心公益事业。1982年捐资兴建了故乡的石溪医院，办劬劳小学、幼儿园、敬老院等，还向故乡捐助了耕耘机、汽车等。何善衡基金会还资助中山大学创办管理学院。他捐资2000万元兴建的中山医科大学实验大楼也已奠基开工。何善衡捐助广州市总额达一点一亿港元之多。7月8日，广州市政府在中国大酒店丽晶殿举行隆重仪式，向何善衡等10位港澳知名人士颁发了荣誉市民证书、证章。同年10月，何善衡等人还被广东番禺市人民政府授予“荣誉市民”称号，颁发了证书和金钥匙，以表彰他们对家乡建设的支持。

何善衡，1900年生于澳门，广东顺德人。14岁就在一家银行打杂，并自修苦学，后当上了司理。1933年，与林炳炎等人合资在香港创办恒生银号。1941年香港被日军侵占后，恒生银号只好把资金调去澳门，开设永华银号。战后，恒生银号在香港恢复业务，并改组为有限公司，经营商业银行。何善衡一度在广州主持业务。1949年，恒生银号创办人之一林炳炎与世长辞后，何善衡成为最高领导人。1960年恒生银号正式改名为恒生银行，并在香港设立多家分行和办事处，何善衡长期出任董事长。1983年退休后任恒生银行董事局名誉董事长。恒生银行早已成为香港著名的华资银行，员工数千人。该银行被美国商业周刊列为1993年度全球一千家最大企业之一。

何善衡热心为香港社会服务，创办有恒商学院，培养了一批懂银行商业知识的人才。还免费对赴海外留学的香港学生提供各种方便。历年来，他多次捐助香港和海外教育机构，获得人们的赞扬。先后获英、泰、日多国勋衔及香港两大学的荣誉学位。著有

《阅世浅谈》。

〔**何德庆·原后勤学院副院长·在北京逝世**〕　1993年7月7日，何德庆因病在北京逝世，终年77岁。

何德庆，1916年生，湖北黄安（今红安）人。1930年参加中国工农红军，1931年加入中国共产主义青年团，1932年转入中国共产党。曾任红四军十一师政治部宣传队队长、团政治处组织股股长、师政治部青年科科长。参加了鄂豫皖、川陕革命根据地反“围剿”和长征。抗日战争时期，任八路军一二九师三八五旅政治部宣传队队长，抗日军政大学队指导员、营教导员、大队政委，太行军区第二军分区三十团政委，豫西六支队七团政委。解放战争时期，任中原军区第一纵队三旅七团政委，晋冀鲁豫军区第三纵队七旅副旅长，第二野战军三兵团司令部军政处处长。先后参加中原突围和淮海、渡江、成都等战役。中华人民共和国成立后，任第三兵团后勤部副政委兼政治部主任，川东军区后勤部政委，云南军区后勤部部长。1952年参加抗美援朝，任中国人民志愿军后勤分部部长。回国后，任昆明军区后勤部部长，军政大学副政委兼校务部政委，后勤学院副院长兼院务部部长。1955年被授予少将军衔和二级八一勋章、二级独立自由勋章、二级解放勋章。1988年获一级红星功勋荣誉章。

〔**余沛年·农民·获全国模范人民调解员称号**〕　1993年11月11日，三十年如一日为人民调解纠纷、排忧解难的余沛年获得殊荣：司法部授予他“全国模范人民调解员”称号，发给证书和镜匾。这是一个调解员所能获得的最高荣誉。

人民调解工作是一项有中国特色的法律制度。通过调解，将发生在民间的纠纷消除在萌芽状态，把矛盾化解在基层，避免可能发生的刑事犯罪。全国有1000多万名调解员。余沛年从23岁开始从事义务调解工作，三十年内调解各类民间纠纷17800多起，平均两天三起，调解成功率达97.5%；防止民间纠纷转化为刑事案件80多起，避免因此可能造成的非正常死亡35人。

余沛年是广西平乐县人，1940年5月出生，高小文化程度。他所在的马家村有2000多户，5000多口人，家家都留下他的脚印。近年来，由于他患有慢性肝炎、风湿等疾病，做调解工作困难更大。但他没有因此停止这项工作。1992年，在调解一起重大民间纠纷时，他双腿疼得完全麻木，很难走动。但他看到双方随时可能发生械斗，便咬着牙坚持调解，直到事态平息。

1993年初，村里余某的水牛被盗。余沛年经调查发现了线索。这时他收到一封匿名信，信上写着：“余老头，如果你再多管闲事，就小心你的老命！”余沛年没有被吓住，协助公安机关查出了偷牛的人。在调解工作中，由于个别人泄私愤，他家的水田被撒了碎玻璃，无法耕种；屋上的瓦被用石头砸烂；家里新买的炊具被全部盗去……尽管如此，余沛年仍坚持在他热爱的调解工作岗位上。他30多次被自治区、地区、县评为先进个人、优秀共产党员、优秀人民调解员。

〔**余述生·成都军区原副政委·在成都逝世**〕　1993年8月9日，余述生因病在成都逝世，终年78岁。

余述生，1915年生，河南新县人。1930年参加中国工农红军，同年加入中国共产主义青年团，1933年转入中国共产党。曾任红二十五军七十三师政治部宣传队队长，红三十一军政治部组织干事，西康雅安独立团政委，红三十一军独立师政委。参加了鄂豫皖、川陕革命根据地反“围剿”和长征。抗日战争时期，任八路军一二九师三八五旅七六九团政治处组织干事、股长，第十三团政治处副主任，八路军前方指挥部供给部政治处主任，八路军一二九师供给部副政委。曾参加夜袭阳明堡战斗、百团大战。解放战争时期，任晋冀鲁豫军区供给部副政委、卫生部政委，第十八兵团政治部组织部部长。参加了上党、太原、扶眉等战役。中华人民共和国成立后，任四川军区政治部主任，成都军区政治部主任、副政委。是中共十一大代表，第四届全国人大代表。1982年被选为中纪委委员。1955年被授予少将军衔和二级八一勋章、二级独立自由勋章、一级解放勋章。1988年获一级红星功勋荣誉章。

〔**余建国·营业员·被授予全国见义勇为先进分子称号**〕　1993年8月25日，在第三次全国人民群众见义勇为与犯罪分子作斗争先进分子表彰大会上，山西省太原市五一百货大楼营业员余建国，被中共中央宣传部和公安部授予“全国见义勇为先进分子”称号。

五一百货大楼是并州古城最大的一家百货零售商店，每日客流量达30余万人次，人流中常混杂一些不法之徒。他们有时团伙出动，有时单个行窃，有枪，有刀，甚至有手榴弹，给社会治安造成很大威胁。在大楼领导的支持下，余建国到公安机关学了不少对付坏人的本领，在做好本职工作的同时，经常在商场内外巡察，坚持14年与犯罪分子作斗争。他多次临危不惧抓扒手，斗歹徒，身上经常伤痕累累。在太原影都电影院附近的水果摊上，一个扒手掏一女同志衣袋，被余建国当场抓住。扒手见他身单力薄，猛一拳打在他的脸上，顿时口鼻出血，小偷乘机逃跑，余建国紧追不舍。小偷又掏出尖刀向余建国刺来，在他身上连划数刀。余建国坚持搏斗，将扒手摔在地上，将凶器夺下，制服了罪犯。后经审查，此人是流窜作案多次的惯犯。余建国曾多次遭到坏人报复，有时被坏人拦路截住拳打脚踢，有人半夜三更用砖头砸他家玻璃，他的几辆自行车也被砸坏。还有的歹徒给他写恐吓信，扬言要用刀子捅他。尽管他被歹徒打得听力减退、鼻梁骨塌陷，头被打得脑震荡，腰椎也有伤，但都未动摇他与犯罪分子作斗争的决心。到1993年末，他已抓获扒手、流氓等各类违法犯罪分子702名，缴获各类凶器120余件，协助公安机关破获各类案件2000多起。他的事迹先后被人民日报、中央人民广播电台、山西日报、山西电视台等多家新闻单位报道。五一百货大楼为此奖励他经理级住房一套。

余建国还坚持14年助人为乐做好事。他多次帮助失散的儿童回到母亲的怀抱，主动护送遇车祸的重伤员到医院抢救治疗，他节省工资买了两个半导体收音机及学习用品送给工读学校的孩子，他还多次慷慨解囊资助危难之中的群众，共有近千人得到过他的帮助。先后收到人民群众表扬信件百余封、锦旗一面、镜框9个。

余建国是江苏常州市人，1960年6月出生，初中文化程度，中共预备党员。14年来，他出满勤，干满点，加班加点不计其数，但从来不计报酬，销售额在店里一直名列前茅。他曾多次被评为店、公司、市、省的先进工作者、优秀售货员、优秀团员，5次被评为太原市"迎春杯"优胜者；1990年在省劳模会上被记特等功，并获"为四化立功"奖章，获太原市"十大杰出青年奖"；太原市公安局和太原市见义勇为基金会还授予他一等奖、"模范会员"和"反扒能手"称号。

〔余秋里·原中顾委常委·记述他领导开发大庆的纪实文学《中国石油大会战》出版〕 记述余秋里主持中国石油会战的纪实文学著作——《中国石油大会战》于1993年8月由八一出版社出版。该书由作家陈道阔撰写，以生动朴实的文笔描绘了当年余秋里临危受命，打破外国封锁，领导石油大会战的波澜壮阔情景。1993年8月～10月这部著作在《文汇报》连载。

五十年代末，六十年代初的中国，面临外国封锁、苏联毁约、自然灾害和"左"的错误造成的严重困难。石油缺乏对中国国防和经济建设是一大威胁。当时任解放军总后勤部政委的余秋里，出任石油部长，挑起开发石油的重担。

1958年2月，余秋里到石油部上任，他提出：人造石油与天然石油两条腿走路，立足于天然石油；开发西部油田与开发东部油田并举，立足开发东部油田。他上任伊始，到松辽、四川、新疆等地深入调查，广开言路，听取各方意见。

第一个歼灭战是在松辽平原"甩开钻探"。他经过周密准备，组织32个勘探队，云集松辽平原，打好勘探歼灭战。1958年秋冬至1959年春，勘探进展神速，松辽许多油井开始喷油，经过测采，产量稳定，形势喜人。余秋里用电话向党中央、毛主席报告："大油田拿到手了！"

接着组织历史性的松辽石油大会战。余秋里周密部署，并亲临前线指挥。指挥部设在一所简陋房子里，部长们睡行军床，没有卫生间，更没有沙发之类。酷似战争年代的野战环境。当时，10多万会战大军头顶青天，脚踏草原，经费少，器材缺，设备差，粮食也紧张。余秋里认为，唯一优势就是中国人的硬骨头精神，为民族争气的拼搏精神。会战之初，安达附近40公里铁路两旁堆满物资，没汽车运，几十吨重的钻机躺在泥里，水泥和粮食混堆，铁轨被压住。余秋里举目四顾，忧心如焚。他深入调查，发现王进喜井队用人拉肩扛办法把几十吨器材运到位开工了，他大声叫好："要的就是这个精神！"命令指挥机关带头出动，全体员工日夜奋战，使所有物资迅速到位。在石油会战中涌现出许多英雄模范，余秋里选定王进喜、马德仁、段兴枝、薛国邦、朱洪昌五位英雄，大张旗鼓宣传表彰。"学习铁人精神"、"人人争做铁人"成为行动口号。后来，系统总结出"有条件要上"、"没有条件创造条件也要上"、"一专多能"等一套完整的大庆精神和优良作风，有力地推动了石油大会战的胜利进展。并在全国产生了深远的影响。

余秋里，江西吉安人，1914年生，1929年12月加入共青团，1931年5月转为中共党员。曾任红二军团团政委，参加长征。后任一二0师支队政委、三五八旅团政委、旅政治部主任、旅政委青海军区副政委，一军副政委。中华人民共和国成立后历任西南军政大学副政委、第二高级步校校长兼政委，西南军区后勤部部长兼政委、解放军总财务部部长、总后勤部政委，石油部部长，国务院副总理，国家计委主任，国务委员、解放军总政治部主任、中央军委委员、军委副秘书长，六届全国人大代表，中共九、十届中央委员、十一、十二届中央政治局委员、书记处书记，中顾委常委等。

〔**余素芹(女)·科技工作者·应邀出席走向二十一世纪世界名人大会**〕　1993年7月,贵州省农科院水稻研究所科技工作者余素芹,应邀赴美国纽约参加了"走向二十一世纪世界名人大会"。英国剑桥人物传记研究中心授予她二十世纪世界杰出成就奖,美国国际人物传记研究院授予她走向二十一世纪金钥匙特别奖。

余素芹从事植物生物工程研究取得多项成果。其中《难培养植物组织的培养方法》的研究攻克了国际学术界上一直悬而未决的难题,并已获得国家专利。在国际第16届遗传学代表大会上,她发表的论文《人类社会遗传学展望》受到重视,被认为提出了遗传学的一个新学科;在联合国教科文组织资助的第二届作物遗传操作会议上,她发表《柑桔胚胎无性系诱导及植株再生》的论文中解决了柑桔合子胚和对心胚分离及培养的国际难题。她创立的水稻花药培养的基因活化处理方法,被国际同行称为"余氏活化剂"。她将国际上籼稻花药绿苗率由1%提高到100%,对大幅度提高多种植物组织培养物的分化、繁殖的频率,具有重要作用。在国内外报刊发表学术论文10多篇,不少被收入国际会议论文集。

余素芹,湖南人,1948年12月生,1982年毕业于贵州师范大学生物系,1984～1985年在北京农业大学进修和开展科研合作,1989年入复旦大学进修遗传基因工程技术。1988～1993年先后应邀出席第二届国际作物遗传操作会议(墨西哥)、第十六、十七届国际遗传学代表大会和第十届植物育种大会,其科研成果和论文受到国际同行瞩目。1993年应聘为广东珠海农业生物工程开发研究所研究员。

〔**余德槐·眉山县新华书店经济师·获第三届韬奋出版奖**〕　由中国出版工作者协会和中国韬奋基金会联合主办的第三届韬奋出版奖于1993年5月24日召开颁奖大会,四川省眉山县新华书店经济师余德槐获此殊荣。

余德槐从1958年起从事农村图书发行工作,其间当过县新华书店副经理、经理,但从未断过往农村卖书。他骑着辆装有书箱的自行车,去过全县300多个村庄。回龙乡七年不挂果的百亩柑桔,是他带着书请上专家去帮助治理,才得树茂果丰的;眉城乡养鸡户左信志当年三次养鸡失败后,是靠余德槐送书的指引,如今才盖起新楼的;而濒临倒闭的回桥曲酒厂也是花两元多钱买他推销的《浓香型酒微生物技术》和《四川名优曲酒勾兑技术》,才起死回生的。有个农妇向他哭诉养的鱼快死了,他选售了《看图养鱼》,并告她"可能是肠炎病,最好用蒜水拌饵料喂",结果治好了鱼病。他利用农户举行婚礼机会,宣传以书作嫁,婚礼送书,在眉山成为一种新时尚。

眉山县最穷的柳圣乡,他因地制宜鼓动这个乡大搞经济林木,供应了大量的《柑桔栽培》等图书,终于把百亩荒山和大片秃岭开垦成有10万株柑桔,80万棵桑树的经济林园。在眉山县粮食创高产的关键时刻,他三上成都,请出版社赶印了一万本《杂交水稻高产栽培技术》。县委书记这样评价:这等于替我们请来一万个老师,眉山粮食产量达到近4亿公斤,余德槐同志有功劳!而这样的"老师",这些年他请来不下十多万,教会了眉山农民生产瘦肉型猪、良种广柑、网箱养鱼等。

余德槐对读者的要求"有信必复,有求必应"的事迹,在报纸上刊出后,他为吉林省长春读者从县文化馆一同志手中找到了《二胡演奏法》。北京一大学生收到他邮寄的书以后,回信说:这件事在同学中产生了强烈反响,大家说:这才是真正的共产党员!也正是靠真诚精神,使他得到广大群群众的信赖。中央农研室李千峰、四川省政协副主席李维嘉、著名作家马识途等20多位高层次读者,也不惜舍近求远地遥托他购书。

余德槐,1935年生于四川眉山县。他是新华书店系统的老先进,自1960年起4次荣获地区、省和全国三级新华书店系统先进工作者称号,1989年获四川省劳动模范称号,1991年中共乐山市委授予他优秀共产党员称号。

〔**佘雪曼·香港著名书画家·在香港逝世**〕　香港著名书画家佘雪曼,1993年11月25日在香港病逝,享年87岁。

佘雪曼,原名仁杰,字莲斋,1907年生于四川重庆。早年毕业于南京国立中央大学中国文学系。曾任国立女子师范学院、东北大学、四川大学、中山大学、南洋大学教授、系主任、院长,台湾美术研究会、香港书法协会和硬笔书法协会顾问,诺贝尔大学艺术学院名誉院长。后主持香港雪曼艺文院,出版文学丛书、美术丛书、字帖、画册近百种。

佘雪曼对于书法造诣颇深,他综合百体书法,自成一家。其字遒劲飘逸,婀娜多姿,别具一格,因其字为莲斋而世称"莲体"。其习宋徽宗瘦金书五十载,参以舞姿及音乐节奏,刚劲飞逸,虽字似画,颇多创新,人称"新瘦金书"。讲学之余,钻研晋唐名迹笔法,对点画使转、字形结构、偏旁、章法有独到之见,并加以图解及文字说明，方法新颖。1963 年曾应邀访问日本，在东京白木屋展出佘雪曼百体书法，被誉为“书王”。后曾主持日本书道技法讲座，第一集“欧阳询九成宫醴泉铭”即由其最先执笔，字形展大。以后续写“王羲之兰亭叙”、“褚遂良雁塔圣教序”，均由东京二玄社出版，风行日本，称“佘雪曼式”。1982 年在北京中国美术馆举办佘雪曼手写中国三千年百体书法展览，深受书画界及广大观众的称赞。

〔**谷书堂·经济学家·新著《中国市场经济萌发与体制转换》出版**〕 南开大学教授、经济学家谷书堂的新著《中国市场经济萌发与体制转换》一书，1993 年 12 月由天津人民出版社出版。这部专著是作者近年来对我国市场经济的理论与实践进行研究的最新成果。

谷书堂长期从事社会主义经济理论的教学和研究，在社会主义商品经济、市场经济和价值规律、经济体制改革理论、社会主义经济学体系和方法等问题的研究方面，取得了大量成果。他撰写或主编的专著和教科书有 20 多部，论文和调查报告 80 多篇。

1955 年，谷书堂与魏埙合著的《价值法则在资本主义发展各个阶段上的作用及形式》，提出了两重含义的社会必要劳动时间共同决定价值的观点，引起了经济学界六十年代和八十年代两次全国性的学术争论，对推进经济理论的研究和发展起了重要作用。他与宋则行共同主编的《政治经济学(社会主义部分)》，以社会主义物质利益为主线，较早地提出并论证了社会主义经济是商品经济的观点。该书多次再版，发行百万册，被定为高等院校文科统编教材，1987 年和 1992 年分别获国家优秀教材奖和教委优秀教材一等奖。他与别人合著的《社会主义商品经济和价值规律》一书，系统地论证了社会主义商品经济的实质及其存在的原因，并对如何适应商品经济的要求进行经济体制改革提出了重要见解。由他主编的《中国计划体制改革探讨》一书，对我国计划体制改革的理论基础、计划调节形式、组织结构以及宏观调控等问题作了深入探讨，提出了计划体制改革的原则和方向。《社会主义经济学通论》一书，系统深入地探讨了社会主义经济的本质、运行和发展，在研究对象、研究方法、体系结构诸方面都有创新，具有重要的学术价值，在学术界有很大影响。

谷书堂作为学科带头人，在培养和建设学术梯队方面也作出了重要贡献。自 1981 年以来，他已培养出硕士 13 名、博士 15 名，目前都已发挥重要作用。

谷书堂，1925 年生于山东威海市农村。1946 年考入南开大学经济学系，1950 年毕业后留校任教至今。现在是南开大学教授、博士生导师，南开大学经济学院院长、经济研究所所长。他还是中国经济学团体联合会执行主席、中国计划经济学会常务理事、天津市社会科学联合会副主席。

〔**谷正纲·国民党元老·在台北逝世**〕 台湾“总统府资政”、中国国民党元老谷正纲，1993 年 12 月 11 日在台北病逝，享年 93 岁。

谷正纲，字叔常。贵州安顺人。1924 年加入中国国民党。早年曾在德国和苏联留学。1927 年回国后，历任国民党中央委员、中央常务委员、组织部副部长，“立法委员”，“国民大会”代表暨主席团主席，国防最高委员会委员，行政院社会部部长、内政部部长等职。1949 年去台湾后，任“国大代表暨主席团主席”、“国大代表宪政研讨委员会副主任委员”、“总统府资政”、国民党中央委员、常务委员等职。

〔**邹勇·飞机维修工程师·获全国优秀业务能手称号**〕 邹勇在民航现役机型的维修工作中，解决了民航现役机型维修上的许多重大保留项目，开发了一些维修项目的新领域，并出色地完成各类译码数百起，开创了中国民航用自己的力量，全面、快速、定量分析处理飞行事故的先例，为飞行安全工作做出了突出贡献。1993 年 5 月，获全国总工会授予全国优秀业务能手称号和“五一”劳动奖章。同年 4 月 13 日还被中国民航总局授予劳动模范称号。

邹勇，现任中国民航西南航空公司维修厂工程师，四川省新都县人，1961 年 1 月生，1983 年 7 月由天津民航学院电子系毕业后分配到维修厂工作。在调厂技术科攻关组工作后，专心致志研究解决飞机维修上的一些技术难题，取得了突出成绩。他与别的技术人员一起解决了波音 737—300 机重大保留项目 11 项，开发了波音 707、737 机应急电池国产件代换原装件、波音 737 加热水箱修理和波音 707、737 机烧水杯修理等 3 个新项目，还为解决保留项目自制修理机件和设备 200 多(件)台，年年都有新的科技成果获奖。1989～1992 年，仅波音 707、737 机应急电池国内件代换原装件一项，即节约航材费 200 多万元。

邹勇在检修、改装进口译码机上取得了开拓性成果。译码机是处理黑匣子判读带的主要工具。厂里过去进口一台译码机搁置未用，为发挥其效能，决定让邹勇负责这台译码机的检查维修和使用。他过去没有搞过译码机，但他知难而进，刻苦钻研微机原理、接口设计操作和硬件维修等专业书籍，虚心向内行和外国专家请教，对这台设备进行全面检查，发现和排除故障多处使这台陈旧落后的译码机焕发了生机，在全国民航译码效能上，处于领先地位。仅此一项就节省修理费47.5万元。1992年“7.31”特大空难事故黑匣子的破译工作，就是邹勇完成的。过去发生空难事故，一般都要将黑匣子送往该机制造国破译。这次事故重大，急需判定事故原因。邹勇带病与别的同志一起利用他检修的译码机经两天的连续工作，终于准确、快速地完成50多米判读带的破译工作，为事故原因的分析判断提供了科学依据。他的开拓性工作，开创了中国民航以自己的力量，全面、快速、定量分析处理飞行事故的先例，为本公司赢得了荣誉，为中国民航争了光。

近一年来，邹勇和译码室的同志，先后完成各类译码300多起，完好率为100%；应急性重大事故及事故征候12起；还完成了西南航空公司图——154机群有关起落架的延寿等项译码，为飞机的安全运行做出了突出贡献。曾两次荣获四川省授予新长征突击手称号，多次被评为西南航空公司和维修厂的先进工作者。

〔邹竞（女）·高级工程师·获全国“五一”劳动奖章〕　中国乐凯胶片公司第一胶片厂研究所彩色室主任工程师邹竞，1960年以来一直从事感光材料的研究开发工作，为发展民族感光材料工业做出了突出的贡献。1984年以来，先后获中国感光研究会技术革新奖，“六五”国家科技攻关奖，化工部科技进步一、二等奖，国家科技一等奖。被评为省劳动模范、国家级有突出贡献的中青年专家。1993年4月29日获全国“五一”劳动奖章。

1960年，邹竞从苏联列宁格勒电影工程学院毕业回国，她毅然选择了正在摇篮中的我国感光材料工业基地——保定电影胶片厂。当时的厂区一派荒凉，没有柏油马路，只有几幢孤零零的简易楼房。10人一间的大通房，吃的是“瓜菜代”。就是这样的条件，竟留住了一个留学归来的女性，一干就是三十多年。从1988年起，邹竞负责领导了BR100彩色胶卷的开发研制任务。该项目是乐凯Ⅱ型彩卷的更新换代产品，其水平相当于国际80年代初期水平，十一届亚运会期间《人民日报》以整版篇幅刊登大型团体操盛况的彩色版，就是用BR100彩卷拍摄的。继而，BR100又在科隆第21届世界图像系统展览会、北京科学大会上亮相，受到中外专家和客商的关注和赞誉。一位德国专家惊讶的说：从邹竞这位高级工程师身上看到了中国知识分子感人的热忱和才能。的确，邹竞为研究BR100，不知熬过了多少个日日夜夜，历尽艰辛，查阅了大量文献资料，先后攻克了国际80年代感光化学中很多新技术。如：新型卤化银照明乳剂制备技术，显影抑制技术和高精度、多层、薄层挤压涂布新工艺。她废寝忘食，夜以继日，短短两年便拿出了合格样品，1990年通过了部级鉴定，同年生产400万卷，创产值3000多万元。1991年生产1400万卷，创产值1.3亿元。在短暂的二年中，她一举研制了BR100彩卷，攻克了研制ISO400高速彩卷的技术难关，填补了国内空白，掌握了80年代胶片制造的新技术，提高了乐凯产品在国内外的知名度，标志着我国民族感光材料工业已经向国际先进水平靠近，为民族争了气。

邹竞现在已经57岁了，早已过了退休年龄。然而她对感光事业充满着无止的渴望和追求。在她刚刚完成BR100彩卷开发的同时，又欣然接受了两项国家级研究课题的任务，一是国家重点开发项目“ISO100高清晰度彩色胶卷技术开发”，二是国家重点科技攻关项目“ISO1000超高速彩色胶卷组装体系研究”。这两项目标实现后，将使我国彩色胶卷完成中速、高速、超高速彩卷的系列化。

邹竞，1936年2月生，中共党员，祖籍浙江平湖。1955年北京俄语学院留苏预备班学习，1960年苏联列宁格勒电影工程学院毕业，1960年至今一直在保定电影胶片厂特种感光材料研究室工作。历任技术员、工程师、主任工程师、主任工程师教授级高工。

〔邹承鲁·生物化学家·七十周年诞辰·从事科学研究五十周年〕　1993年是著名生物化学家邹承鲁70周年诞辰、从事科学研究50周年。他在生物化学上的贡献及其自传已载入《Comprehensive Biochemistry》（综合生物化学）第37卷“生物化学史”中。

邹承鲁，江苏无锡人，1923年5月17日生于青岛。1945年西南联大化学系毕业，1951年英国剑桥大学生物化学博士。1951年回国，历任中国科学院生物化学研究所和生物物理研究所副研究员、研究员、研究室主任，生物物理研究所副所长，生物大分子国家重点实验室主任等职。1978年起担任全国政协第五至第八届委员、第八届常委。现为中国科学院学部委员、学部主席团成员、生物学部主任、生物物理研究所研究员、国家自然科学基金委员会委员、国务院学位委员会委员、第三世界科学院院士和美国生物化学与分子生物学学会荣誉会员。多年来，一直担任国内外几家重要科学期刊的副主编或编委，曾应聘担任美国哈佛大学访问教授、美国国立健康研究所研究员。

邹承鲁曾首先发现纯化后的细胞色素c与在线粒体结合时性质的差异，并证明细胞色素b与琥珀酸脱氢酶不是同一物质。与人合作纯化了琥珀酸脱氢酶并发现其辅基为与蛋白共价结合的FAD。参加发起人工合成胰岛素工作，并负责胰岛素A及B链的拆合，确定了胰岛素合成路线，为胰岛素的人工合成做出重大贡献。他所确立的蛋白质必需基团的化学修饰和活性丧失的定量关系公式，和确定必需基团数的方法已为国际上广泛接受和采用，被称为“邹氏公式”和“邹氏作图法”，收入一些教科书和专著。他提出的酶作用不可逆抑制动力学的理论和抑制反应速度常数测定的新方法，也已为国际上普遍接受并被广泛采用。他发现了甘油醛—3—磷酸脱氢酶在活性部位能形成荧光衍生物、细胞色素b的还原表现为三相动力学过程、胰岛素A及B链本身具有一定的空间结构且在溶液中能正确相互配对并含有形成天然胰岛素正确结构的信息。他还得出酶活性部位处于酶分子的局部并且柔性较高的结论，提出酶活性部位的柔性为酶充分表现其催化活性所必需、在蛋白质合成过程中分子的卷曲是与合成同时进行的看法，并逐渐为国际上所接受。

邹承鲁治学严谨，知识面广，几方面工作都有建树。共发表研究论文160余篇，曾获第三世界科学院奖、国家自然科学一等奖(2项)、陈嘉庚奖和国家自然科学二、三等奖及多项中国科学院自然科学或科技进步一、二等奖。还培养了博士后8人、博士12人、硕士17人。

〔邹树亮·琵琶演奏家·为琵琶艺术培育新苗卓有成就〕　自1987年至1993年，湖南省琵琶学会会长、著名琵琶演奏家邹树亮指导的学生，年年都有人被全国各音乐院校录取，其中许多人已成为各文艺团体优秀演奏员，有的出国演奏引起轰动。1993年8月3日，《人民日报》海外版以《为琵琶艺术育新苗》为题，介绍了邹树亮三十余年以来在演奏与育人上取得的卓越成就。

邹树亮，江西丰城人，1946年9月出生。他十二岁开始学习演奏琵琶。1961年8月毕业于长沙市艺术学校，以后即在长沙市歌舞剧院任琵琶演奏员至今。他三十余年在台上精心演奏，在台下热心育人，艺德、师德均受到人们盛赞。

1977年，从未接触过音乐的四年级小学生李慧，经邹树亮精心指教，二年后以优异成绩考入武汉音乐学院附中，以后又保送大学本科，现在是解放军前卫歌舞团主要演奏员。

范婷自小从邹树亮学艺，不满十岁即应邀出访日本表演琵琶独奏，赢得满场喝彩，1989年考入武汉音乐学院附中。

邹树亮指导的贺单意，1993年考上中国民族民间学校，入学仅半月即以娴熟演艺参加乐团对外演出，一首《彝族舞曲》使听众听得如醉如痴。

1993年，邹树亮又有四名学生：李静、杨莹畅、戚一鸣、邹般，分别考上中央音乐学院、湖南师大艺术系等院校深造。

邹树亮常说，在台上为观众演奏精彩的音乐，在台下为培育新人尽力，这就是我事业的全部。三十多年来，他夏练“三伏”，冬练“三九”。为拓宽音乐视野，丰富琵琶的演奏技巧，还先后学会并掌握了竹笛、洞箫、唢呐等多种乐器的演奏方法，能熟练自如地参加越剧、花鼓戏的伴奏。

由于广采博取，加上多年勤学苦练，邹树亮的技艺日臻精湛。他与作曲家于在熙合作，创作并演奏的我国第一部大型琵琶协奏曲《红日高照浏阳河》，1975年、1983年分别参加在北京和武汉举行的全国民族乐器独奏比赛，荣获中央文化部表演奖。近年来，湖南电视台为他录制了琵琶古曲《大浪淘沙》、《十面埋伏》、《霸王卸甲》及他自己创作的《洞庭渔歌》等，上海、武汉等全国多家电视台都予以转播。1992年10月，邹树亮应邀去日本参加长沙与鹿儿岛市缔结友好城市十周年庆祝活动。他在庆祝会上演奏《樱花》、《陈隋古音》二首琵琶独奏曲，引起轰动。

〔邹家华·任国务院副总理·在第八届全国人大第一次会议上作国民经济情况报告〕　1993年3月29日，根据第八届全国人民代表大会第一次会议决定，邹家华被任命为国务院副总理。

3月16日在八届全国人大一次会议上，邹家华作《关于1992年国民经济和社会发展情况与1993年计划草案的报告》时指出，中国改革开放和现代化建设步伐在1992年明显加快，中国经济再上新台阶有了良好开端。他说，1992年中国国民经济高速增长，生产、建设、流通和对外经济全面发展。全年国民生产总值比上年增长12.8%。其中，第一产业增长3.7%；第二产业增长20.5%；第三产业增长9.2%。

邹家华说，1992年中国的粮食产量达到4425.8亿公斤，棉花452.8万吨，林牧副渔业持续增长，农村经济全面活跃。工业生产快速增长，效益稳定回升。

据邹家华介绍，去年全社会固定资产投资达7582亿元，比上年增长37.6%。铁路、公路、港口、电力等一大批重大建设项目建成投产。邮电通信、金融保险、旅游、房地产、信息咨询等第三产业都有较快发展。但是，固定资产投资增长较猛，投资结构不够合理。有些地方在发行股票债券、兴办开发区和发展房地产业中出现某些盲目现象。交通、能源和部分原材料供应紧张，城市物价和部分生产资料价格涨幅偏高。国家财政仍比较困难，银行信贷和货币投放增长过快，通货膨胀的潜在压力增大，农业生产中潜伏着一些不稳定因素。这些虽然是前进中的问题，但又关系经济全局，需要采取有力措施，妥善解决。

关于 1994 年的经济计划工作，邹家华在 1993 年 12 月上旬召开的全国计划工作会议上指出，按照全国计划工作会议的部署，经济计划工作要把更大的精力放在加快改革上，保证中央确定的几项重大改革方案顺利实施，以适应全面加快建设社会主义市场经济的新形势。国家计委根据党中央、国务院的要求，在这次会议上提出的计划体制改革的主要任务是，转变计划管理职能，从根本上改变传统的指令性计划制度，建立适应市场经济要求的，既有利于宏观调控又有利于微观搞活的指导性计划制度；改革计划管理方式，实现由过去直接调控为主向间接调控为主的转变，主要运用经济政策、经济法规和经济杠杆调节经济运行；建立科学的计划体系，进一步改革年度计划，逐步把重点放在中长期计划上，高度重视产业政策、行业规划和专项规划的制定和实施；规范计划管理权限，正确处理中央与地方、国家与企业之间的关系，正确处理局部和全局、当前和长远、公平与效率的关系；健全新的计划方法制度和依托体系，开门订计划，提高制定计划的开放度、透明度和社会参与度，使计划工作更加民主化、科学化和法制化。

邹家华，1926 年 10 月生，上海市人。1945 年 6 月加入中国共产党。1944 年在淮南参加新四军，先在华中新四军建设大学学习，后任山东省政府实业厅建设科干事。1946 年任松江省哈东地委秘书，宾县常安区委副书记、书记。1948 年先在哈尔滨工业大学补习俄文，后在苏联莫斯科包曼高等工业学院机械制造系学习。1955 年任沈阳第二机床厂（中捷人民友谊厂）工艺科工艺师、副主任工程师、厂副总工程师、副厂长兼总工程师、代厂长、厂长。1964 年任第一机械工业部机床研究所所长兼党委书记。“文化大革命”中受冲击，下放劳动。1972 年任一机部机械研究院党委副书记、革委会副主任。1973 年任国务院国防工业办公室副主任。1982 年任国防科学技术工业委员会副主任。1985 年任兵器工业部部长。1986 年任国家机械工业委员会主任。1988 年任国务委员兼机械电子工业部部长。1989 年任国务委员兼国家计划委员会主任。1991 年任国务院副总理兼国家计划委员会主任。是中共第十一届中央候补委员，第十二、十三届中央委员，第十四届中央政治局委员。

〔应崇福·声学家·当选中国科学院学部委员〕　中国科学院声学研究所研究员应崇福于 1993 年 12 月当选为中国科学院数学物理学部学部委员。

应崇福，1918 年 6 月 15 日生，浙江省宁波市人。1940 年毕业于（武昌）华中大学物理系，1943 年获（昆明）清华大学研究生院物理学硕士学位。1948 年赴美国布朗大学研究生院物理系学习，1951 年获博士学位。回国后被聘入中国科学院应用物理研究所进行研究工作。后任中国科学院声学所研究员、超声研究室主任、副所长。现为该所研究员，同时担任中国超声检测学会理事长、《应用声学》主编等学术职务。

应崇福在固体中声波散射理论、实验及有关的声波传播和接收、发射等方面取得了系统性、创造性成果。1956 年即发表《各向同性弹性体内球形障碍物对平面纵波的散射》论文，开创了固体中声波散射的研究工作；其后又进一步发展了包括不同形状的障碍物和狭缝、薄板端面等情况的散射理论。他建立和发展了“动态光弹性法显示超声声场”的设备与技术，使固体中的声波传播成为可见、可记录的过程，从而可以验证已有的理论课题并对不易作理论处理的固体缺陷进行实验研究。他对换能器在固体中发射声波的理论作了深入的研究，发现除“表面换能”机理外还有“声电再生（应电压）”机理，发展了换能器理论；将等效电路分析换能器特性的方法发展到过渡现象，得到了超声检测中的“始脉冲”和盲区的解释，并将这种分析推广到二维问题，得到圆压电晶片厚度振动与径向振动的耦合关系。他还在组织推动超声学的研究工作和技术应用、特别是超声医学和超声探伤等方面做了大量工作，取得重要成果。

〔忻元龙·数学家·获陈省身数学奖〕　复旦大学数学研究所教授、博士生导师忻元龙于 1993 年获陈省身数学奖。

忻元龙，1943 年 2 月生，浙江省鄞县人。1965 年毕业于复旦大学数学系，留校后一直在数学研究所工作。1979 年赴美国纽约州立大学石溪分校做访问学者。1983 年后多次应邀赴法国高级科学研究所、德国马科斯·普朗克数学研究所、美国伯克莱数学科学研究所、意大利国际理论物理中心、英国里兹大学等任访问教授，进行合作研究和讲学。1987 年晋升为教授，1990 年批准为基础数学专业博士生导师。

忻元龙十几年来围绕调和映射这一中心进行了系统、深入的研究，取得了一系列优秀成果，并得到国内外同行的高度评价。1980 年他证明了从球面到任何黎曼流形的稳定调和映射一定是常值映射。这个简捷而出人意料的结果在国内外被广泛应用。它先后被 Eells，Lemaie 和 H. Urakawa 写入专著。1964 年 J. Eells 和 J. H. Sampson 用热核法建立了到非正曲率流形的调和映射的基本存在定理。它也可用变分直接法得到，其关键是广义调和映射的正则性。R. Schoen 和 K. llhlenkeck 于 1982 年证明了相当广泛的正则性定理。1984 年忻元龙利用上述正则性定理将 Eells—Sampson 定理推广到目标流形是无焦点的情形（它比非正截面曲率流形广泛，其中可能含正曲率的点）。

忻元龙提出了关于 Riemann 浸没保持纤维的等变映射概念，推广和发展了项武义——Eawson 的著名的"余齐性"方法，并据此构造了复和四元射影空间间的新的调和映射，并将它和等参调和映射联系起来，构造了球面到球面的新的调和映射。

对球面间的调和映射来说，很重要的问题是球面同伦群 $\pi m(Sm)$ 的调和代表元问题，R. T. Smith（1974 年）曾证明：$m\leqslant7$ 时，$\pi m(Sm)$ 的每一类中都有调和代表元。当 $m\geqslant8$ 时，长期来一直没有结果。丘成桐和 Eells—lemaire 都公开提出 $m\geqslant8$ 时的问题。忻元龙利用上述发展起来的方法，具体构造了一种等变映射，通过解常微分方程，证明了：在 $\pi_{2m+1}(S^{2m+1})$ 中任一奇数类一定存在调和代表元，这个结果是对高维球面同伦群调和代表元问题的重大突破。该工作得到 J. lells 等人的高度评价。

忻元龙还利用调和映射理论研究子流性的性质。Calbi—陈省身曾问 R^3 中是否存在有界完备极小曲面，陈省身在 1965 年证明了 R^n 中具常平均曲率的完备图一定是极小图。忻元龙将上述两个问题在调和映照的框架下统一化为象半径的估计问题，从而在一些附加的曲率条件限制下给出了 Calabi—陈省身问题的否定回答，同时将上述陈省身定理推广到更一般的情形。其方法和陈省身教授的方法不同，而是应用 Omori—丘成桐广义极值原理。后来，忻元龙进一步研究了这个问题，通过改进广义极值原理，进一步改进前面的结果。

忻元龙又研究了闵可夫斯基空间中的相应问题，证明了闵可夫斯基空间中完备、常平均曲率、类空超曲面，如果它的高斯象有界，一定是线性子空间。这是 Calabi—郑绍远—丘成桐在闵可夫斯基空间中著名伯恩斯坦定理的发展。

〔汪清・安徽电视台电视节目主持人・当选第八届全国人大代表〕　在 2978 名八届全国人大代表中，有两位是以普通电视记者的身份当选的。一位是中央电视台体育播音员宋世雄。另一位便是安徽电视台《社会之窗》节目主持人汪清。

汪清，1952 年出生，安徽人。1980 年进入安徽电视台后，勤奋工作，每年发稿在 300 条左右，　有一年被中央电视台选用 50 条新闻和 3 部专题节目，成为全国省级电视台名记者之一。1987 年，他开始进行新的尝试，采用采编播合一的形式主持《消费者之声》，获得广大观众赞扬。　1988 年开办社会政论性的专栏《社会之窗》成为该台收视率最高的节目之一。

1989 年 10 月，一些消费者投诉汪清，　告省内一家冰箱厂产品质量有问题，厂方拒不认错，并且到省里反告汪清。他的选择是"除非开除我！ "坚持对这一事件追踪报道，迫使厂家退换了消费者 70 多台不合格冰箱。

一次，他在灵璧县采访时，听到农民在田间大骂"官倒"。一打听，　原来县种子公司卖给农民的"良种"不发芽，烂在田里，汪清当即拍了"农民的愤恨"专题报道。农民的损失因而得到赔偿，使得坑农误农的责任者受到严厉处罚。

有人说汪清专搞"暴露新闻"。在他的报道中，的确有一半是批评性的，　但是，他认为"报道内容是揭露性的，可它扶正祛邪，效果很好，揭短有助于肃贪兴廉。"一位副省长评价说："我们当领导的也喜欢《社会之窗》"。

〔汪珍如（女）・南京大学教授・对超新星及其遗迹的研究卓有建树〕　1993 年 5 月 24 日在西安召开的第 145 次国际天文学联合会超新星和超新星遗迹的大型学术讨论会上，担任该会议科学委员会联合主席的南京大学天文系教授汪珍如提出了"历史超新星与超新星遗迹"的特邀报告，她的研究成果引起与会 20 个国家、地区 100 多位专家的广泛重视。

正常恒星经过长期复杂的演化，当它内部的核燃料相继耗尽，内部压力不足以抵挡强大的引力时，就会发生引力塌缩或爆炸性的核燃烧。恒星演化到晚期所发生的这种爆发现象称为超新星爆发。爆发的结果，核心部分塌缩或全部毁灭，外面部分急剧膨胀，并与星际介质相互作用，形成云状、环状或不规则形状的弥漫性气体，可残留几万年，形成了在无线电、光学或X射线等波段发出辐射的超新星遗迹。研究超新星和超新星遗迹及它们间的因果对应关系是当代天体物理学的前沿领域之一，它对研究恒星的起源、演化及其在特殊物理条件下的物理规律提供了现实的标本。南京大学汪珍如教授经过几十年的研究，利用美国爱因斯坦卫星获得了前所未有的发现，她根据发现的超新星遗迹发出的X射线资料，综合无线电、光学、红外线等波段的资料，在该领域作了系统的研究，对蟹状星云型超新星遗迹，发现了特征物理量之间的一个重要关系。她还提出，中国殷商时甲骨文上记录最早的一次超新星爆发，其遗迹恰是欧洲卫星发现的2CG353+16，并提出了三条重要论据，引起国际上的广泛重视。之后，汪珍如又与日本学者合作，利用日本银河X射线卫星的资料，发现超新星遗迹IC443有能量高达一万多电子伏特的硬射线辐射。这是一个崭新的发现，她综合过去对IC443大量的无线电、红外、光学和软X射线波段的观测等资料，提出IC443是公元837年我国唐代开成二年爆发的超新星遗迹。她的这一发现，不仅对IC443遗迹与唐代超新星的因果对应关系提出了崭新论点，还开阔了寻找因果关系的物理途径和因素——星际介质的不均匀性及其在超新星遗迹演化中的作用。除此之外，她对中子星也有不少研究成果，揭示了射电脉冲双星子星的物理本质，对脉冲星、中子星领域中不少新天体、新现象作出了理论解释。

汪珍如，现任南京大学天文系教授、博士生导师，广东省番禺人，1937年3月生，1957年9月从南京大学天文系毕业后留校至今，一直从事教学与科研工作。1982～1989年曾三次赴美国哈佛—史密斯天体物理中心、科罗拉多天体物理实验室任访问科学家与副研究员。1987年任中国高等科技中心天文分中心特别成员。她在高能天体物理学等方面造诣很高，成果颇丰。近10多年来，曾应邀在15个国际学术会议作报告，并多次到美、德、日、香港等国家和地区讲学。在国内外发表论文60多篇，其中《高能天体的研究》、《超新星遗迹和中子星的研究》两项科研项目曾先后获国家教委科技进步二等奖、国家自然科学三等奖。1992年被收入美国科学技术名人录。

〔汪美先·著名医学家·在西安逝世〕　第四军医大学一级教授、著名微生物学与免疫学家、医学教育家汪美先，1993年6月4日在西安逝世。

汪美先，1914年生。浙江衢州人。1936年毕业于原国立河南大学医学院，随后赴日本留学。1937年回国后先后任西北防疫处鉴定检验科科主任，江苏医学院副教授，西北医学院、南通医学院教授。解放后历任华东人民制药公司生物制品实验所主任，西北军区人民医学院、第一军医学院、第四军医大学教授、科主任，第四军医大学科学研究部部长。1961年加入中国共产党。

汪美先毕生从事微生物学与免疫学研究工作。最早在国内进行"中国人血型统计"的研究。他首次证实西北地区严重存在着流行性乙型脑炎、布氏杆菌病等疾病。建立了流行性乙型脑炎、流行性出血热、疱疹等快速检验方法。应用并改进了单克隆抗体和酶联免疫吸附试验新技术。先后获国家、军队科技进步奖7项，培养研究生53名，立二等功、三等功各两次，并多次被评为总后勤部、陕西省优秀共产党员、先进工作者及先进个人。他还曾任中国微生物学会常务理事、中国免疫学会常务理事、全军医学科学技术委员会委员，陕西省科协副主席等职。

〔汪集刚·大连水泥厂厂长兼党委书记·廉洁奉公带动企业振兴〕　1993年10月21日，人民日报以《心底无私皆坦然》为题，报道了汪集刚廉洁奉公的感人事迹，并配发短评，指出领导干部在"公"、"私"、"情"三方面能使群众口服心服，就能领导群众在改革开放的实践中奋勇拼搏，开拓进取，不断开创新局面。汪集刚1988年7月开始主持企业全面工作后，1989年该厂进入省级先进企业，1990年晋升为国家二级企业，并获得全国双文明建设先进集体，全国合理化建设和技术改进活动先进单位等称号。

汪集刚有三个信条。其一是，"当领导就是谋了份为人民服务的苦差使"。他认为走上领导岗位不是图名誉，得实惠，而是要干事业。要做到勇于吃苦，肯于吃亏，乐于奉献。大连水泥厂是个有80多年历史的老厂，实行承包后，领导班子成员都全力投入，每天工作10小时以上，从未休过一个完整的节假日，当一把手的汪集刚压力更大。一天下来，有时累得饭都不想吃。有一次他胳膊摔伤了，伤口感染，发高烧。他躺在值班室，一面输液，一面处理工作。他说：我当厂长，我不带头怎样去说别人？他的信条之二是"不能让职工戳脊梁骨"。该厂投资近3亿元的技术改造工程开工以后，一些工程队纷纷找他，提出给可观的"回扣"。有一个乡镇工程队托人塞给他5000元，被他严词回绝，把此人赶出了厂子。靠拉关系而施工质量不好的工程队，他一个也不用。在水泥紧缺时，亲朋好友找他批条子，都被一一回绝。他对职工的生活福利格外关心。他喜爱这样一句格言："善为国者，爱民;如父母之爱子,兄之爱弟;闻其饥寒为之哀,见其劳苦为之悲。”近几年,该厂缓建办公楼,省出资金新建职工宿舍24.9万平方米,为721户职工改善了住房条件,而他的住房是1992年下半年才解决的。1987年以来,他三次把晋升工资的机会让给了别人。在奖金分配上,除了规定的奖金,他从不多拿一分。“宁可得罪亲友,也不得罪全厂职工”,这是他的第三个信条。汪集刚的父亲是水泥厂的老职工。他自己是在水泥厂长大的,亲戚朋友自然不少。担任厂的领导职务不久,听说他的外甥在工作时间打朴克,车间主任还不好处理。他对车间主任说:“定下的规矩谁也不能破,不然我罚你主任。”后来他的外甥被停止工作四天作检查,扣罚两个月奖金和浮动工资共100多元。汪集刚的姐姐过去上山下乡到农村,结婚后随丈夫去了黑龙江。她听说一起下乡的都办回城了,找到当厂长的弟弟帮忙。跑了多少回,哭过多少回,但汪集刚认为不符合政策,终未帮助办理。像这样得罪亲友的事很多。他觉得得罪了一些亲友,赢得了全厂职工信赖,心里坦然。

汪集刚,大连市人,1953年9月生,1969年12月参加工作,先后在水泥厂担任设备管理员、技术员、车间党支部书记等职。1976年11月毕业于沈阳工业大学,现为高级经济师。曾先后被评为辽宁省劳动模范、优秀厂长、建材行业思想政治工作先进个人,全国建材行业劳动模范。

〔汪道涵·海峡两岸关系协会会长·与台湾海基会董事长辜振甫在新加坡举行会谈〕 海峡两岸关系协会会长汪道涵和台湾海峡交流基金会董事长辜振甫于1993年4月27日至29日在新加坡举行会谈,双方就海峡两岸经济合作、科技文化交流、海协与海基会的会务等问题交换了意见。29日,汪道涵与辜振甫共同签署了《汪辜会谈共同协议》等四份协议。至此,受到海内外广泛关注的“汪辜会谈”圆满结束。双方认为,这次会谈是两岸关系发展史上重要的一步,历史性的一步。

4月27日会谈开始时,汪道涵首先转达了江泽民、李鹏向辜振甫先生的问好。并请辜先生转达他们对李登辉先生、连战先生的问候,也向曾支持这次会谈的郝柏村先生问好。会谈中汪道涵重申了这次会谈是民间性、经济性、事务性、功能性的会谈。他表示,海峡两岸隔绝了近四十年后进行交往,有大量的问题需要解决。只要坐下来谈,一切问题都好商量。他着重说明了两岸经济交流合作的迫切性和必要性,并提出我们对两岸经济科技交流与合作的基本主张是:和衷共济、互补互利、共同繁荣、振兴中华。现阶段应当把两岸经济交流与合作放在两岸关系的首要位置上,政治上的歧异不应当妨碍经济合作。他指出,两岸经贸交流发展至今,直接三通更显得很有必要,应当摆上议事日程。从现实出发,可以考虑先从货运的海上直航谈起。汪道涵还就关于两会共同筹开民间的经济交流会议的建议,台商在大陆投资和大陆经贸界人士访台,两岸劳务合作,台湾参与开发浦东、三峡、图们江,两岸合作开发能源、资源,两岸合作开发台湾海峡和东海无争议地区的石油资源等问题发表了意见。辜振甫在会谈中谈到经济交流问题时说,我们认为,两岸交流日益密切,有必要促成开放两岸工商界人士的互访,我们也愿意同海协会共同研究筹开民间性的经济交流会议的可行性和关于共同开发能源和资源的问题,并就青少年和新闻媒体互访以及文教科技交流发表了看法。

4月29日,汪道涵和辜振甫在新加坡海皇大厦正式签署了四份协议:《两岸公证书使用查证协议》、《两岸挂号函件查询补偿事宜协议》、《两会联系与会谈制度协议》及《汪辜会谈共同协议》。签字仪式后,汪道涵和辜振甫分别举行新闻发布会。汪道涵说,今天签署的文件符合两岸人民的利益,也符合这次会谈的初衷,即两岸互补互利,共同发展。这次会谈将对推动两岸关系的发展产生重要作用。辜振甫在发言中对这次会谈的评价是,使两岸关系跨出了历史性的一步,为两岸未来的发展打下了良好基础,是两会与两岸关系在未来发展中走向秩序化的里程碑。

“汪辜会谈”结束后,全国政协副主席、中共中央台湾工作办公室主任王兆国发表谈话说,这次会谈圆满成功,意义重大,它说明具有五千年灿烂文化的中华民族,有很强的凝聚力和国家认同感,也说明海峡两岸的中国人,能够充分运用自己的智慧和创造力,处理好属于中国内部的事务,推进祖国和平统一大业的进程。台湾“行政院长”连战发表谈话说:“这可以说是一项令人满意的成就”,“两岸都应确切了解双方不可能、也不应该长期隔绝和长期对抗”。

汪道涵,现年78岁,安徽省嘉山县人,早年毕业于上海交通大学,曾长期在各种经济部门任职。新中国成立后,历任杭州市财经部长、浙江省财政厅长、商业厅长、华东工业部长。以后相继担任第一机械工业部副部长、对外经济联络委员会第一副主任、国家进出口管理委员会及外国投资管理委员会副主任。1981年4月当选为上海市市长。1983年再次连任市长至1985年。在沪期间,以其卓著的经济学学识,为发展上海国际贸易商业中心的作用,作出了重要贡献。1985年,美国塔夫茨大学授予他“公共管理名誉博士”的称号,以赞扬他在上海市长任内的卓越政绩。1991年12月，大陆海峡两岸关系协会在京成立，汪道涵被推举为会长。汪道涵嗜好读书。他有句名言是："读书就是生活。"

〔汪曾祺·现代作家·《汪曾祺文集》出版〕　1993年10月，《汪曾祺文集》由江苏文艺出版社出版。文集分小说、散文、文论、戏曲剧本4卷，共120万字。收入了汪曾祺早期小说代表作和解放后特别是近十几年来的绝大多数作品。

汪曾祺，江苏高邮人。1920年生。西南联合大学中国文学系毕业。在大学时曾从著名作家沈从文学习写作，1940年开始发表小说。曾在昆明、上海任中学教员。后在北京市文联、中国民间文艺研究会工作，编过《说说唱唱》和《民间文学》。1962年在北京京剧团任编剧，剧作有《范进中举》、《沙家浜》、《大劈棺》等。汪曾祺最喜爱也最擅长写短篇小说。出版有《汪曾祺短篇小说选》和短篇小说集《邂逅集》、《羊舍的夜晚》、《晚饭花集》等。他写了许多散文和关于文学、戏曲的评论，出版有散文集《蒲桥集》、文论集《晚翠文谈》。

汪曾祺的小说里的人，都是普通的人。他力图在普普通通的人身上发现人的诗意，人的美。他认为小说应该是平静的，娓娓而谈。不要在小说里激昂慷慨，不要各色各样的感伤主义，也不要过于严谨的结构。他的小说文理自然，姿态横生，深受读者喜爱。他的短篇小说《大淖纪事》1981年获全国优秀短篇小说奖。他有多篇小说被译成英、法、德文，台湾出版了他的作品集《茱萸集》、《寂寞与温暖》。

〔沈图·前中国民用航空总局局长·因病逝世〕　沈图于1993年1月17日在北京逝世，终年74岁。

沈图，1919年生，浙江省桐庐县人。原名申屠逸松。1936年在杭州上学期间，参加了中国共产党领导的抗日救国会和民族解放先锋队。1937年赴延安入抗日军政大学学习。同年12月加入中国共产党。曾任抗大政治教员，抗大二分校主任教员、政治处主任，冀察军区教导大队副政委，冀察军区军政干部学校政委，晋察冀野战军军政治部宣传部长，华北野战军第二十兵团政治部宣传部长。新中国成立后，历任中苏民用航空公司副总经理、总经理、党委书记，中国民用航空总局副局长、局长兼党委书记。1982年9月当选为中共第十二届中央委员。

〔沈湘·男高音歌唱家、声乐教育家·在北京逝世〕　中央音乐学院教授、著名男高音歌唱家、声乐教育家沈湘，因患大面积心肌梗塞，经多方抢救无效，1993年10月4日在北京逝世，终年72岁。

沈湘，1921年11月11日生于天津。1940年入北平燕京大学英国文学系及音乐系学习。1944年毕业于上海圣约翰大学英国文学系。其间，还在上海国立音专进修声乐，师从苏石林和拉普夫人，并开始在上海、天津、北平等地举办个人独唱音乐会。1947年在北京师范大学音乐系和北平艺术专科学校音乐系任教，1949年后在中央音乐学院声乐系任教，曾任歌剧系主任、声歌系代主任。

沈湘在教学上采取因材施教、个别对待的方法，从不急于求成，而是有计划地使学生扎扎实实地提高演唱水平。教学中，他既重声更重情，要求以完美的声音塑造动人的艺术形象，而不单纯地追求技术。在教学方法上从不保守，他注重吸收各优秀歌唱家的长处，以丰富教学。

沈湘豁达、乐观，他挚爱他的事业，他从不抱怨环境给他造成的伤害。自五十年代初期，沈湘即因莫须有的"特嫌"罪名，受长达20余年的政治审查。直到"四人帮"倒台后，才得以解放，真正开始了他成绩卓著的声乐教学事业。这是他一生中最辉煌的时期，培养出大批高水平的声乐人才，象梁宁、迪里拜尔、刘跃、范竞马、程达、黑海涛这五个声部6名学生，在国际声乐大赛中连连获奖，使外国声乐专家、评委感到惊叹不已，称赞沈湘是"世界一流的声乐教师"。40多年来，沈湘培养出郭淑珍、李晋玮、杨彼得、金铁林、孟贵彬、邓桂萍、殷秀梅等几代优秀歌唱家。

1985年起，沈湘历年被邀多次在芬兰、英国、德国、奥地利、意大利、加拿大、爱沙尼亚、瑞典等国任国际声乐比赛评委或开办声乐大师班，教学成绩斐然。

沈湘去了，但他却在他的身后留下了不可磨灭的光辉，正如悼词中所说："……沈湘的美声教学园地媲美于美声的老家意大利；沈湘的艺术精神体现了古典的高雅和现代的宽和；沈相的幽默乐观和进取意志教给我们怎样对待困难；沈湘的奉献已经给改革开放的中国带来了荣誉；沈湘的亲友、同事的弟子们已经知道怎样不辜负他了……；沈湘的一生已经圆满了。"

沈湘是第七、八届全国政协委员，中国音乐家协会第四届常务理事，曾获全国劳动模范和北京市劳动模范称号。

〔沈默·立体汉字发明者·在北京举行《沈默立体汉字艺术展》〕　1993年10月，《沈默立体汉字艺术展》在北京中国美术馆举行。《光明日报》、《科技日报》、《中国青年报》、《北京日报》等报刊，介绍了沈默的立体汉字艺术。同年，"沈默汉字立体书法国际研讨会"在北京召开，中外汉字专家对沈默的立体书法艺术的美学价值和社会经济价值给予了充分的肯定。

沈默，1952年生于艺术世家。毕业于西安美术学院。现为秦汉书画研究院名誉院长，华夏传统文化研究中心学术委员会主席、中国科技经营管理大学教授。沈默对书法有着特殊的爱好，在书法微刻艺术、书法浮雕、竹简书法及蝌蚪文方面都有独到研究。他认为，祖先在书法艺术上的造诣已达到炉火纯青的地步，如果后人只是步其后尘，实为汉字不幸。近年来，沈默致力于立体汉字研究，创造发明了立体汉字艺术，打破了汉字几千年来平面发展的传统，将其由两维空间拓展到三维空间，为汉字艺术的展现提供了新的表现形式。如他创作的"美"字，从正面看，刚劲有力的笔划与书法有异曲同工之妙，从侧面看，呈现出一个丰腴的美女形象。"爱"字的雕塑是由许多"心"字型的连接。"根"字的侧面是背靠大树的一对老翁老妪互环抱的造型，等等，使立体汉字艺术既具有书法那种笔走龙蛇、流畅飘逸的艺术魅力，又具备雕塑浑然天成、可以多角度欣赏的特殊的审美效应。立体汉字的问世，开拓了书法艺术的新天地，拓展了传统汉字的审美空间。人们称它是"艺术百花园里的一枝新秀，一朵奇葩。"立体汉字被一些专家认为是一种集书法、雕塑、造型于一体的崭新的艺术形式，是汉字艺术发展中的创新与突破。它不仅在文化传播、艺术交流等领域具有重要意义，而且在城市雕塑、建筑造型、工艺品生产等经济领域具有广阔的应用前景。北京有家公司首次拍卖沈默的"福"字楼建筑造型：数十层楼高的一座大厦，按照"福"字的横竖撇捺建造，它将把人们生在"福"中的愿望变成现实。法、德、美、日、韩等国客商纷纷前来与沈默洽谈合作开发项目。泰、日等国邀请他去建立"立体汉字雕塑文化娱乐园。"站立起来的汉字将以其最独特的形式把中华文化传播到世界各地。

〔沈为众·微雕艺术家·精刻发联在海峡两岸展出受赞誉〕　苏州工艺美术研究所微型艺术研究室主任沈为众精于微雕艺术，他创作的微雕精品发刻楹联盛传于大陆、台湾和香港。他的作品还参加1993国际丝绸旅游节展出，受到广泛赞誉。1993年8月17日《新华日报》报道了他的事迹。

沈为众，江苏苏州人，1949年6月生，高中毕业后专攻微雕艺术，1980年首创在人的头发上雕刻字画，称发刻艺术，作品先后在中国大陆、台湾、香港、日本、澳大利亚等地展出，受到海内外人士高度评价。发刻作为一种独创艺术，被载入《世界发明》和《中国之最》、《苏州手工业史》等。他创作的微雕代表作有：牙雕《指上龙舟》，被列为江苏省精微加工技术科研项目，1984年通过省级鉴定；《世界最小佛像》，为一尊深浮雕象牙小佛，体积只相当于一粒米的五分之三，佛的手指细如一根头发丝的三分之一，该作品已载入《中国之最》；发雕《八仙过海，各显神通》，在一根头发上雕刻八仙人像，头发是根空心软管，人像只能刻在头发外面那层表皮上，而不能损伤纤维组织，故工艺极为细致。发刻《吉庆》是在人的一根头发横截面上精刻的作品；《百百寿》是在米粒大的象牙片上雕刻的二百个字体不同的"寿"字，1988年参加日本"国际书展"入选，并评为优秀作品奖；米刻《山行》，获国家轻工部、商业部、国家旅游局联合颁发的"国际旅游节天马优秀奖"。

"沈为众发刻展"于1980、1981、1989年先后在香港、日本、台湾等地展出。香港多家报纸赞为"旷古奇今，惊人绝艺"。日本工艺美术界权威人士称这是"世上无与伦比的艺术"。沈为众应邀赴台湾访问，随身带发刻楹联"黑发若知勤学好，白头更觉读书甜"等珍品，台湾各报记者用200倍放大镜聚首争观，称赞这幅作品是"鬼斧神工"、"大陆雕刻大师神来之笔"，这幅楹联已由台湾一博物馆收藏。楹联专家孙皖樵写联赞曰："千里送毫毛，礼轻义重；一联连两岸，情切意浓。"沈为众撰写《论微型雕刻艺术》论文，在台湾《中国时报》等报刊发表。

〔沈冰山·盲人画家·个人书画展在上海举行〕　1993年9月8日，盲人沈冰山书画展在上海美术馆举行，在开幕式上双目失明的沈冰山当场作画，观众惊叹不止。

沈冰山，福建诏安县人，1934年生，幼年丧父，读完小学后家贫辍学，1958年因患虹膜炎致盲。失明后，致力于书画、象棋和民族音乐的学习研究。从开始用手指画、木炭画、蜡笔画，最后达到在宣纸上泼墨作画，终有成就。他请别人读讲画谱，学习名家画技，作画时请人代为铺纸、调色、观察色彩的浓淡，他靠触摸、掌握实物形象、结构、比例，以使画面真实。1988年春，在诏安县民间艺术展览会上展出他的5幅作品，知名画家观其现场作画赞叹不已。金石家林阳发制作"铁骨冰心"、"盲人沈冰山印章"相赠。1989年3月，他的《荷花图》、《葫芦》二幅画入选首届全国残疾人艺术作品展，《荷花图》为毛主席纪念堂珍藏。在北京举行的国际康复大会第十五届年会暨亚太地区第九届会议上，他先后四次应邀作现场绘画表演。已故著名画家王个簃在看他作画时赞叹道："我们明眼人要画到这个程度，花十几年时间恐怕还办不到。"北京工艺美术学院教授梁树年赋诗赞扬说："左丘失明成国语，未闻失明有画家，……前生莫非真八大，况我自明愧逊嗟。"他把沈冰山与明末清初画家八大山人朱耷相提并论，并申明自愧不如。

在民族音乐和象棋上沈冰山也颇有造就。曾获全国盲人器乐录音比赛二等奖一次、福建省盲人音乐录音比赛和残疾人艺术调演二等奖各一次。1993年5月在福建省盲人艺术节大会上，他获得扬琴独奏表演一等奖、他创作的乐曲《春到人间》获作品创作奖。他的象棋棋艺精湛，在诏安县同健全人对奕多次获冠军或亚军，《中国象棋报》、菲律宾《世界日报》、新加坡《北半棋苑》均发表过他的排局和对局，他创造的"双献美酒"一局棋，被收入人民体育出版社出版的《象棋排局百花谱》一书。

〔**沈其震·农工民主党中央咨监委员会主席·在昆明逝世**〕　1993年6月16日，中国农工民主党咨监委员会主席、全国政协委员、中科院学部委员、一级教授沈其震在昆明视察工作时突发急性肺炎和急性心衰逝世，终年88岁。沈其震骨灰安放仪式于7月10日在八宝山革命公墓举行。

沈其震，湖南长沙人。1906年2月出生于四川重庆市。早年考入上海同济大学医学院。曾参加"五卅运动"和反对军阀斗争。后转入中山大学医学院读书。1927年入东京帝国大学医学院学习，获医学博士学位。1934年到天津开设诊所，掩护中国共产党的地下工作。1937年参加新四军，1941年加入中国共产党。曾任新四军军医处长、新四军第一任卫生部长、中央军委卫生部副部长、解放区救济委员会副主任。解放前夕筹办大连医学院，后任该院院长。1952年任中央卫生研究院院长。以后历任中国医学科学院院长、副院长。曾任第一、二、三届全国人大代表，第五、六、七届全国政协常委，中国农工民主党中央副主席、咨监委员会主席。长期致力于统一战线工作，为坚持和完善中国共产党领导的多党合作和政治协商制度做了大量工作，为农工民主党的参政议政和自身建设做出了重要贡献。

〔**沈培艺（女）·青年舞蹈演员·在北京举办个人晚会**〕　1993年5月，中国舞蹈家协会、总政治部歌舞团、北京舞蹈学院为总政歌舞团一级演员、中国舞界后起之秀沈培艺举办了"舞者，沈培艺"专场晚会。在这台晚会中，既有表现浓烈的现代思绪的《太阳雨》，又有她改编、创作的表现古代女子哀怨、柔情的《丽人行》，也有表现韩国民俗舞中女性丰姿的《仨儿朴里》。沈培艺准确自如地穿梭于现代舞、古典舞、民间舞之间。她的舞姿无论从哪个角度观赏，都有一种雕塑感和玲珑美；而动作，哪怕是微细的，都使人感到那是心灵的颤抖，情感的倾诉。用心灵，给舞姿、舞步注满诗情。动作韵律，提神点睛，极有分寸，既不过也无不及描绘了一个个形象鲜明的人物，抒发了她们各自不同的情感。如她所说，我追求的舞蹈风格，就是以动作的韵律感去最大限度地体现舞蹈形象的内心情感。

沈培艺，1966年1月14日生于广州市，长于武汉市。童年的她就是个小舞迷，在武汉歌舞剧院里，趴着窗户看排练场里的情景，竟然学会了《驯马》的一段舞蹈。在文艺小学读书时，她学的是弹柳琴，至今那个当年被称为"小柳琴"的沈培艺还手不离琴呢。1978年起，先后入北京舞蹈学院中国舞系、大学部表演系。1986年于舞院毕业，在该院青年舞蹈团任演员。表演的剧目有《新婚别》、《蛇舞》、《鬼妹》、东北民间舞剧《好大的风》、舞剧《鸣凤之死》等。1989年被调入解放军总政治部歌舞团。曾获过第一届全国"桃李杯赛"三等奖、第二届全国舞蹈比赛演员一等奖、第二届全国"桃李杯赛"园丁奖、中华人民共和国文化部新人新作表演特别奖和第六届解放军文艺会演表演一等奖。先后出访过美国、前苏联、罗马尼亚、新加坡、香港、澳门等国家和地区，被国外舞蹈界人士称为"世界一流的舞蹈家"。她喜读名著，广涉诗词歌赋，还操笔习画，这些都使她的艺术创造力和想象力更为超常、广阔。发表的论文有《在这个动作的世界里》、《追求风格》等。

〔**宋健·任国务委员兼国家科委主任·在国际会议上介绍星火计划**〕　1993年3月29日，根据第八届全国人民代表大会第一次会议决定，宋健被任命为国务委员兼国家科学技术委员会主任。

1993年4月12日，在印度马德拉斯举行的国际生态环境与农村就业大会上，宋健应邀以《星火计划与农村就业》为题发表演讲。他说，中国的星火计划起步于1985年，旨在通过鼓励现代化农业、畜牧业、林业和各种实用技术与产业的协调发展，在中国广大农村建立一个大农业体系。该计划的目标有三，即：建立示范企业；为乡镇企业发展提供适用技术；训练一批新型农民和乡镇企业家带头人。宋健说，在实施星火计划时，我们把重点放在农村就业、生产力发展和生态安全上，即把生存与发展放在首位。宋健还着重介绍了星火计划对农业发展的作用。他说，这个计划实施6年来，每年有100多万科学家和技术人员被吸引到农村，向乡镇企业输送新技术。到目前为止。全国已完成3.5万个星火带头项目，使1000多万农民至少接受了一项专业训练。他说，现在中国已有1910万个乡镇企业注册，为农民创造了1亿个新的就业机会。我国乡镇企业的固定资产已达500亿元，其产值已占国民生产总值的四分之一，占国家出口总额的20%。

6月9日至21日，宋健在贵州考察时强调，科技工作要紧紧围绕经济建设这个中心，为社会主义市场经济服务。他说，当前科技工作要与市场经济接轨，必须稳住一头，放开一片，这是深化科技体制改革的指导方针。一方面要努力保障重大基础性研究、高技术研究和关系到国计民生的重大科技攻关得以持续稳定发展，为经济建设和科学技术的长运发展提供支撑、积累后劲，并为技术创新源源不断地提供新的技术思想；另一方面，使放开的一片要更快、更好地推动科技成果的商品化、产业化和国际化，为建设社会主义市场经济体系做出更大贡献。两者相辅相成，缺一不可。他强调，要大力支持民营、民办科技企业的发展。过去十年的经验证明，国有民营、集体民营、股份民营、合作民营、个体民营等民营体制具有很大的活力。多种所有制并举的民营、民办科技机构是我们今后高新技术产业和实用技术产业发展的一支生力军，将会对我国经济发展起到重大作用。他说，在放开一片的过程中可能会出现这样那样的问题，所以要治理。要逐步建立社会主义市场体系的法律规范和行为准则，但是不能动摇放开民办、民营的方针。这是我们深化科技体制改革的一个重要措施。

宋健，1931年12月生，山东荣成人。1947年6月加入中国共产党。1948年至1953年在山东胶东区党委干校、山东工业干部学校、哈尔滨工业大学、北京外语学院等学校学习。1953年赴苏联莫斯科包曼工学院学习，后攻读研究生。1960年起任国防部第五研究院二分院研究室副主任、主任，中国科学院数学研究所控制论研究室副主任。1965年起任七机部二十六所副所长、党委副书记。1970年任七机部二院生产组副组长。1978年起任七机部二院副院长，北京信息控制研究所研究员、所长，七机部总工程师，七机部副部长，航天工业部副部长。1984年任国家科技委员会党组书记。1985年任国家科技委员会主任。1986年任国务委员兼国家科技委员会主任，中国科学院学部委员。是中共第十二届中央候补委员、委员，第十三、十四届中央委员。

〔宋丰禄·村党总支书记·带领全村建设文明村成绩显著〕　1993年，桓台县起凤镇华沟村连续七年被山东省命名为省级文明村，华沟村党总支书记、全国农业劳动模范宋丰禄是一位有功之臣。

宋丰禄，1936年1月生，桓台县起凤镇人。1958年以来，他先后担任华沟村党支部书记、党总支书记和华丰集团总公司总经理。华沟村在桓台县北部的马踏湖畔，是个有7800人口的全县第一大村。宋丰禄从担任党支部书记开始，就想着尽快改变华沟村的贫困、落后面貌，但是，他的这个美好愿望直到八十年代才得以逐步实现，成为富裕、文明的社会主义新农村。1993年，全村工农业总产值达到1.5亿元，人均收入超过1900元。华沟村依靠雄厚的经济实力，建了教学楼和敬老院，分别被评为全国和省级先进；旧村进行了改造，建起别墅式二层楼房，被国家建设部列为试点村。在华沟村，已多年没有刑事犯罪，没人上访告状，经济蒸蒸日上，群众安居乐业，接连被评为淄博市"明星村"、"小康先进村"和山东省"文明村"，宋丰禄也获得了山东省优秀农民企业家和全国农业劳动模范等称号，被选为县委委员、市人大常委和省人大代表。

华沟村的成绩和荣誉，凝聚了宋丰禄的心血和汗水。中共十一届三中全会以来，宋丰禄带领全村人民，坚持两个文明一起抓，从当地实际出发，为发展华沟经济做了三方面的工作：一是大力开发湖区。马踏湖湖区有几千亩荒草地和水面，宋丰禄和党支部一班人发动群众经过几年艰苦奋斗，把荒草全部铲掉，发展藕田3500亩，苇田1200亩，养鱼800亩。同时把湖中心的古建筑"五贤祠"重新建起来，使湖区面貌一新，风景秀丽，荷花飘香，成为淄博市旅游胜地。湖区开发带动了旅游开发和第三产业的发展，每年增加收入600多万元。二是大力发展建筑业。桓台是建筑之乡，建筑业投资少，见效快。宋丰禄带领大家跑工地，办手续，招聘人才，克服重重困难，建筑公司由小到大，由弱变强，现在发展到2500人，成为华沟的龙头企业。三是积极发展村办工业，壮大集体经济实力。宋丰禄认识到这是强化服务功能，减轻群众负担，实现共同富裕的必经之路。这里尽管远离城区，比较偏僻，发展工业确实困难，但他不畏困难，不怕担风险。经过多年的奋力拼搏，先后发展起毛纺织工业公司、造纸工业公司、金工技术有限公司、运输公司、旅游公司、农业服务公司、养殖业服务公司等大小24个企业，成为华沟人民的聚宝盆，共同致富的坚强支柱。华沟事业使宋丰禄精神抖擞，老当益壮，他虽年近花甲，每天仍以战斗的姿态投入工作，为华沟更加光辉灿烂的未来而努力拚搏。

〔宋庆龄（女）·已故国家名誉主席·百年诞辰〕

1993年1月27日是宋庆龄百年诞辰。为纪念这位爱国主义、民主主义、国际主义和共产主义的伟大战士，杰出的国际社会活动家，已故中华人民共和国名誉主席，首都各界3000多人于1月20日在人民大会堂隆重举行纪念大会。江泽民、李鹏、万里、李瑞环、胡锦涛、丁关根、温家宝、王汉斌等出席大会。江泽民在会上发表讲话，高度评价宋庆龄光辉的一生，并代表中国共产党、中国政府和全国各族人民，向宋庆龄表示深切的怀念。江泽民说，宋庆龄同志一生最令人钦佩的伟大之处是她始终对中国革命事业无限忠诚和对人民群众诚挚热爱。今天我们隆重纪念宋庆龄诞辰一百周年，就是要以她执着的爱国主义热忱、以她无私无畏地为中国的独立富强和人类进步事业不懈奋斗的精神为榜样，认真学习和贯彻落实十四大精神，进一步解放思想，实事求是，把握时机，真抓实干，大胆借鉴和吸收世界各国包括资本主义发达国家所创造的一切先进文明成果，为集中精力把经济建设搞上去全面推进有中国特色的社会主义事业，为祖国的和平统一，为维护世界和平和促进人类进步，做出更大的贡献。纪念大会放映了纪录片《宋庆龄》。大会开始前，江泽民、李鹏等会见了专程来京参加纪念活动的孙中山、宋庆龄在海外的亲属、友好和海外宋庆龄基金会的代表。

1月18日，上海市纪念宋庆龄诞辰100周年大会在上海展览中心友谊会堂举行。吴邦国、黄菊、爱泼斯坦及孙中山、宋庆龄家属孙治强、孙穗英、孙穗华以及各界人士1000余人参加了大会，中共上海市委副书记陈至立在会上讲了话。她说，宋庆龄同志的一生是为新中国奋斗的一生，是革命的一生。宋庆龄为了人民的解放、民族的团结、国家的统一建立了丰功伟绩，为国际友好、世界和平、人类进步与妇女儿童福利事业作出了卓越的贡献，受到全国各族人民的爱戴，受到世界各国爱好和平人民的仰慕和崇敬，被誉为国之瑰宝，上海人民永远不会忘记她。会后，上海市领导同志及部分与会人士瞻仰了宋庆龄陵园，参观了宋庆龄生平事迹陈列室和"纪念宋庆龄诞辰100周年书画展"。在此之前，上海市于1月16日举行了"宋庆龄儿童教育思想和实践研讨会"，中国福利会儿童艺术剧院排演了大型儿童剧《少女宋庆龄》，《儿童时代》杂志社出版了大型丛书《宋庆龄故事》。

广东省各界人士1500多人于1月18日在广州市隆重集会，纪念宋庆龄诞辰100周年。大会由广东省省长朱森林主持，省人大常委会主任林若作了题为《为统一祖国、振兴中华而奋斗》的讲话。他在讲话中称，宋庆龄是中国人民包括台湾同胞和海外侨胞衷心敬爱的领导人。1月15日至17日，广州市还召开了"宋庆龄学术研讨会"，来自海内外的学者及有关方面人士80余人出席了会议。会议收到了论文40余篇。提交研讨会的论文和发言，涉及宋庆龄的历史地位和作用；宋庆龄从民主主义者到共产主义者的思想发展过程；宋庆龄与孙中山、廖仲恺、何香凝等历史人物的关系等等。

1月19日，全国妇联召开座谈会，纪念宋庆龄诞辰100周年。全国妇联副主席、书记处第一书记黄启　在座谈中回忆了宋庆龄对中国妇女运动及儿童保育事业的贡献。她说，宋庆龄是中国近代史上的伟大女性，她不仅为中国的革命和解放事业作出了杰出贡献，而且是二十世纪中国妇女运动的先驱。她与何香凝女士共同发起成立了中国妇运史上第一支"女界出征军人慰劳会"，创办了中国近代史上最早的妇女干部学校和妇女武装。新中国成立后，宋庆龄当选为全国妇联名誉主席和中国人民保卫儿童全国委员会主席，为新中国的妇女儿童事业发展倾注了心血，创立了许多实实在在的业绩。黄启　表示，我们要学习宋庆龄的革命精神，为祖国的进一步富强和妇女儿童事业作出自己的贡献。同日，中华女子学院奠基典礼在京举行。

1月初，由宋庆龄基金会和人民出版社编辑出版的《宋庆龄选集》于1月初出版发行。《选集》编录了作者1912至1981年间发表的宣言、声明、讲演稿、报告、信件等共358篇。

1月20日，邮电部发行《宋庆龄同志诞生一百周年》纪念邮票一套(2枚)。

宋庆龄，原籍广东文昌，生于上海。毕业于美国卫斯理女子大学。1913年任孙中山秘书，1915年与孙中山结婚。1925年3月，孙中山在北京逝世后，她向国内外介绍了孙中山的遗嘱，谴责国民党右派，并投身于北伐战争的准备工作。曾当选为国民党第二至第六届中央执行委员、武汉国民政府委员。抗日战争时期，先后在广州、香港组织保卫中国同盟，致力于战时医药工作和儿童保育工作。抗日战争胜利后，在上海创建中国福利基金会。解放战争时期，曾给予解放区很大的物质帮助。1948年任中国国民党革命委员会名誉主席。1949年出席中国人民政治协商会议第一届全体会议，当选为中央人民政府副主席。1954年当选为全国人民代表大会常务委员会副委员长，1959年和1965年当选为中华人民共和国副主席，1975年起任全国人民代表大会常务委员会副委员长。曾代表国家多次参加国际活动，先后被选为世界保卫和平委员会执行局委员，亚洲及太平洋区域和平联络委员会主席。三次被选为全国妇联名誉主席。从1951年起，她一直任中国人民保卫儿童全国委员会主席、中国福利会会长，并长期主持中国救济总会、中国红十字会的工作。1981年5月加入中国共产党，并被第五届全国人民代表大会常务委员会授予中华人民共和国名誉主席荣誉称号。5月29日在北京病逝。著有《为新中国奋斗》等。

〔**宋希濂·著名抗日爱国将领·骨灰安葬仪式在长沙举行**〕　著名抗日爱国将领宋希濂骨灰安葬仪式，于1993年4月11日在湖南长沙唐人永久墓地举行。

宋希濂1907年出生在湖南湘乡县(现属双峰县)，1921年就读长沙长郡中学，1924年毕业于黄埔军校第一期，参加了北伐战争，曾任国民党部队团长、旅长、师长。抗日战争爆发后任78军和71军军长，34集团军副总司令，11集团军总司令。1949年在四川峨边县被人民解放军俘获，1959年12月获特赦释放。1960年后任全国政协文史资料委员会委员，第四届全国政协委员，第五、六届全国政协常委。他居留美国多年，1993年2月14日卒于美国，享年86岁。

〔**宋树彬·中南光学仪器厂厂长·获中国军转民十佳企业家称号**〕　中南光学仪器厂厂长宋树彬，针对“三线”企业封闭的实际，积极走开发引进之路，使企业得以蓬勃发展，工业总产值和利税总额，年均分别以32.03%和67.7%速度增长。这个曾经连年亏损的“三线”企业成为船舶总公司质量效益型先进企业。1993年1月20日，他获国家计委、科委和国防科工委授予的“中国军转民十佳企业家”称号。

1983年，宋树彬在工厂生产经营不景气，连续两年亏损的情况下出任厂长。他进行了认真的调查、分析，得出结论：向开发要效益，在稳中求发展，发挥精密机械和精密光学技术的优势，推动技术进步。1983年，他们首先开发出立体电影镜头、偏光眼镜等民品获得成功，使经济效益大幅度增长，产品占领了国内市场，并远销日本、韩国等国。随后，宋树彬从市场信息中捕捉到，油田油泵防腐化是抽油设备发展的新方向，便立即带人到各大油田和石油机械研究单位去摸底。原来，全国油田机井80%使用普通抽油泵，这种泵耐腐蚀性差，不到半年就要更换，换一台泵仅作业费就耗资1.6万元，而加工这个产品需要的长轴、深孔等技术，　正是本厂生产大型光学仪器的精密机械优势。于是，他一边抓产品试制，一边寻找打入油田市场的机会。当他听说某油田抽油泵原生产厂家路远运输受阻时，立即把本厂的抽油泵送上门去，请客户帮忙搞“测试”，这一“试”就一发不可收，1985年试用8只泵，1986年跃升为320只。他们跟踪追击，开发出防砂泵、防气泵、抽稠油泵、斜井泵、水力喷射泵等系列产品；其中引进国外先进技术，按美国API标准生产的整筒泵，被国家计委确定为1989年度国家重大新产品。到1991年，全国18个油田16个用过他们的产品，总数超过7000只，抽油泵产值跃升为工厂总产值的70%。

宋树彬认为，市场是铁面无情、瞬息万变的，昨天的“热门货”，今天可能变成“滞销品”，只有不断开拓新的领域，开发新产品，才能立于不败之地。不久，他又与704所合作研制了具有80年代国际先进水平的水轮机发电机组电液调速器，先后为八盘峡、沙溪口、葛洲坝等水电站提供了设备。同水电站接触中，他发现水电站的闸门、大型液压启闭机与本厂的大口径深孔加工机械优势对路，又瞄准开发液压启闭机系列产品。他已与德国一公司洽谈合作，引进先进的关键技术，形成液压集团，为参予三峡工程液压启闭机投标打好基础。目前宋树彬又看好开发液晶显示的主要原件偏光板，决定与台湾一公司合作，在秦皇岛建分厂，生产国内尚是空白的偏光板。

宋树彬，1937年7月生，河北省易县人，大专文化水平，高级经济师。1956年入党，1957年毕业于石家庄工业学校。参加工作后，曾任工段长。1967年支援三线建设，调入中南光学仪器厂。历任副指导员、副科长、副厂长等职，1990年被中国船舶工业总公司授予有突出贡献的中青年专家，1992年被河北省政府授予省劳动模范称号。

〔**宋家树·金属物理学家·当选中国科学院学部委员**〕　中国工程物理研究院材料研究所研究员宋家树于1993年12月当选为中国科学院技术科学部学部委员。

宋家树，1932年3月21日生，安徽省舒城县人。1954年毕业于东北人民大学，1958年该校研究生毕业。历任二机部九〇三厂副总工程师、总工程师、高级工程师，中国核工业总公司军用局总工程师、研究员，现任中国核材料学会副理事长、中国工程物理研究院科技委员。

宋家树长期从事军用核材料及部件的研究及核武器研制的技术领导工作。参加组织了原子弹、氢弹核材料部件关键技术的攻关；组织完成多次核试验所需核部件的研制生产。曾对裂变材料的杂质控制原则、热核材料热压工艺、含氚材料同位素交换方法等作了开创性的研究；参加领导了九〇三厂的规划与建设。为发展我国核武器事业作出了重要贡献。曾获国家级科技进步特等奖、发明奖及部级劳动模范称号。

〔宋德福・任人事部部长・谈《国家公务员暂行条例》〕　1993年3月29日，根据第八届全国人大第一次会议的决定，宋德福被任命为人事部部长。

宋德福，1946年生，河北盐山人。1965年参加中国人民解放军。同年加入中国共产党。曾任排长，连副指导员，军政治部干事、秘书，空军政治部组织部青年科科长，解放军总政治部组织部青年处副处长，共青团中央书记处书记。1985年起任共青团中央书记处第一书记。是中共第十届中央候补委员，第十三、十四届中央委员。

1993年8月20日，宋德福在《人民日报》发表题为《勇于改革不合时宜的人事制度》的文章，纵谈《国家公务员暂行条例》。他指出：公务员制度的建立，标志着具有中国特色的国家行政机关新的人事管理制度的初步确立。公务员制度的特点：一是体现了分类管理的原则，二是具有科学的激励竞争机制，三是具有正常的新陈代谢机制，四是具有勤政廉政的约束机制，五是具有健全的法规体系。就全国范围讲，《条例》的实现大体需要三年时间，然后再逐步加以完善。

〔迟浩田・任国务委员兼国防部部长〕　1993年3月29日，根据第八届全国人民代表大会第一次会议的决议，迟浩田被任命为国务委员兼国防部部长。

迟浩田，1929年7月生，山东招远人。1944年6月入伍。1946年10月加入中国共产党。曾任文书、营部书记、干事、连指导员、营副教导员。1950年参加抗美援朝，任志愿军营教导员。1952年底回国后任团政治处副主任、主任。1960年毕业于军事学院。历任团政委、师政治部主任、师副政委、军政治部副主任、师政委、解放军报社核心领导小组成员、北京军区副政委、人民日报社第一副总编辑。1977年任解放军副总参谋长兼总参政治部主任。1985年任济南军区政委。1987年任解放军总参谋长，中央军委委员。是第二、三、七届全国人大代表，中共第十二、十三、十四届中央委员。1988年9月被授予上将军衔。

〔张山（女）・射击运动员・被评为第四届中国十大杰出青年之一〕　由中华全国青年联合会、中国青少年发展基金会与《人民日报》等首都十家新闻单位联合主办的第四届"中国十大杰出青年"评选，1993年10月5日在北京揭晓。曾获得过亚洲冠军、世界冠军和奥运会冠军的射击运动员张山，被评为"中国十大杰出青年"之一。

张山，1968年3月生，四川省南充市人。她原是四川省射击运动员，1989年调入国家体委射击集训队。同年，她在全国射击冠军赛中第一次获全国冠军；在世界飞碟射击锦标赛中获世界冠军，并创世界纪录。1990年获第十一届亚运会冠军，同年5月又破世界纪录。1992年在第25届奥运会上获男女混合项目世界冠军，因女选手战胜男选手而震惊国际射坛。

张山热爱祖国，在多次出国比赛和友好访问中，都能模范地遵守出国纪律，自觉地执行代表团制定的各项有关规定，尊重领导，服从指挥。她聪明好学，训练中善于用脑刻苦钻研，对教练、心理学专家和领导讲的有关知识，理解快、接受快，并能结合本人的实际情况进行创造性的运用。由于训练认真，她体质健康，心理素质好，协调性灵敏度也很强。人们说她具有男孩般的宽大胸怀，遇事拿得起放得下。

〔张平・青年作家・发表长篇纪实文学《天网》引起反响〕　1993年《啄木鸟》第一、二期连载张平的长篇纪实小说《天网》，在读者中引起强烈反响。作品问世不久，刊登这部作品的《啄木鸟》就销售一空。许多读者给作者、编者去信，表达他们阅后的激动之情。1993年7月17日，群众出版社与《啄木鸟》杂志社在北京共同举行了《天网》作品研讨会。与会者对《天网》这部震撼人心的作品给予了高度评价，称赞它是一部优秀的当代文学作品，给文学带来了荣誉；同时也由衷地赞扬了作者敢于直面现实直面人生的勇气与胆识。与会者认为，当前形形色色的腐败行为和腐败现象，已成为改革开放和社会主义现代化建设的挡路虎。在这种情况下，《天网》的出现，有着重要的现实意义。它不是表面化地展览腐败现象，而是深入挖掘腐败的社会根源和历史根源，读之使人警醒。

《天网》描绘了八十年代末在晋西山区发生的一桩貌似平凡、实则惊心动魄的故事：县委书记刘郁瑞上任后，深入调查研究、扶正祛邪、平反冤假错案，在巩固基层政权的基础上，带领群众走向脱贫致富的道路。作品深入揭示了农村的矛盾冲突，在错综复杂的生活背景上，塑造了刘郁瑞、尹远、许克俭等一批充满正气的共产党人形象。

张平，1954年生，山西新绛人。山西师范大学中文系毕业。历任临汾地区文联干部，《火花》副主编，山西省文联专业作家、创作委员会副主任。现为作协山西分会理事。1981年开始发表作品。他的短篇小说《姐姐》曾获1985年全国优秀短篇小说奖。他还著有小说集《祭妻》、《夜朦胧》、《刘郁瑞办案记》。他曾追踪刘郁瑞，写出《法撼汾西》一书，引起读者的浓厚兴趣。《天网》是《法撼汾西》的姐妹篇。

〔张权（女）·女高音歌唱家、声乐教育家·在北京逝世〕　中国音乐学院原副院长、著名声乐艺术家和教育家张权，1993年6月16日在北京逝世，终年74岁。

张权，江苏省宜兴市人。1919年4月12日生。1942年毕业于重庆国立音乐院。1951年毕业于美国依斯曼音乐研究院并获硕士学位。同年回国，任中央歌剧舞剧院独唱演员、教员，以其才华横溢的演唱，在歌剧舞台上大展风采。1957年，张权夫妇均被错划为右派，下放北大荒，她年轻的丈夫病逝在那里。1961年张权虽被撤掉"右派"帽子，但"文革"期间再次历经磨难。坎坎坷坷、风风雨雨几十年她没有垂头丧气，却更加坚强。"文革"后，张权退出了声乐舞台，专门从事教学工作。她在教学岗位上仍然一贯明确地坚持走富有中国特色的声乐艺术道路。她反对把参赛作为声乐专业学生的主攻方向，主张要把眼光投向中国的现实。她说："我们的学生毕业后是要为广大的中国听众服务的，这是一个涉及培养目标的方向性问题"。"我们主张'借鉴'，但不能成为'洋人'；我们主张'继承'，但不能成为'古人'。学习西欧传统歌唱方法和演唱他们的优秀歌曲，主要是为了学他人之长，以补己之不足，更动听、自如地演唱好中国歌曲，更好地发挥中国声乐艺术的民族特点，发展我国声乐艺术事业。"她憧憬着："只有看到了那一天，由我们国家主持世界声乐比赛，各国选手除演唱了传统曲目外，还纷纷演唱我们民族的声乐作品。同时，我们也在学习美声唱法之后，结合我国声乐传统和民族特点而形成的演唱方法和经验，广泛地向各国声乐界的朋友介绍，使他们认识、理解和喜爱，这时，才可以说，我们的声乐艺术走向了世界"。多年来，她克服重病缠绕，就是为了实现这样一个崇高目标，忘我地奔波、忙碌着。

张权是第二、五届全国政协委员，第六、七、八届全国政协常委，中国民主促进会第九届中央常务委员，中国文学艺术界联合会委员，中国音乐家协会第四届常务理事。

〔张威·水下考古工作者·主持中国首次独立水下考古调查获重要成果〕　由中国历史博物馆水下考古学研究室组织的中国水下考古队，于1992年6月和1993年6月对辽宁省绥中县三道岗海域一艘元代沉船进行了两次水下勘察，取得了重要成果。这是中国水下考古队首次独立进行具有一定规模的调查发掘工作。主持这项调查发掘工作的是中国历史博物馆馆员、水下考古学研究室主任张威。

绥中县元代沉船发现于1991年。当绥中县文物管理所征集到从海底打捞出的元代瓷器500余件后，张威率研究人员即奔赴绥中县实地了解，研究了征集到的文物，并在原打捞地三道岗海域潜水探摸出数件瓷器和一块船板。经碳14测定，证实船板年代为距今740±80年，与打捞出的瓷器年代相符。基本探明沉船位置后，张威便组织起一个由广东省文物考古研究所等单位的14名水下考古专业人员参加的绥中水下考古工作队，于1992年6～7月，对这艘沉船进行全面调查和发掘。他们使用旁侧声纳、高精度测深仪、磁力仪和浅地层剖面仪对沉船进行遥感探测和高精度定位，然后由水下考古队员对沉船遗址进行水下测量、摄影和表面采集，探明沉船沉没在水下14米两道沙岗间的平地上，船长约21米，宽约7米，整个船体被一层厚厚的海洋沉积物覆盖；用水下摄影、摄像机拍摄了大量水下遗址的素材和资料，并在沉船周围和表面采集了瓷器47件，为进一步研究沉船遗址的情况起到非常重要的作用。

1993年6～7月，张威率领的绥中水下考古工作队，继续对沉船遗址作发掘前测量与试掘工作。他们使用浅地震剖面仪，扫测了遗址剖面及海底地表下埋藏的情况，探明沉积物的厚度为1.1～3.6米，高于海底0.5～1.5米。用福康484定位仪定位抛标后，队员们对遗址进行平、剖面精心测量，绘制了完整的平面图和以基线为剖线的剖面图，最后进行了遗址表面的清理和边缘部位的试掘，出水遗物70件。

由张威主持的这项首次独立的水下考古调查，经过三年的工作，取得了丰硕的成果：1，确定了绥中三道岗沉船遗址的性质和年代，是一艘满载瓷器等货物的元代商船；2，基本掌握了遗址表面的情况，大部分遗物被海洋沉积物所包裹、覆盖；3，沉船方位角为10度；4，出水了一批几乎全部是完整的磁州窑瓷器，为下一步正式发掘作了比较充分的准备。国家文物鉴定委员会等单位的专家学者，对出水文物进行了鉴定，并对水下考古队近年来的工作成绩给予很大的鼓励和肯定。

张威，北京人，1955年3月生，1974年4月参加工作，1982年于北京大学毕业后，分配到中国历史博物馆，后从事水下考古研究与业务工作，曾赴荷兰、美国、澳大利亚参加水下考古发掘与进修，在著名考古学家、中国历史博物馆馆长俞伟超的领导下，刻苦钻研，勇于实践，取得了可喜的成绩。1989 年协助俞伟超馆长和澳大利亚水下考古专家，主持培训了我国第一批水下考古专业人员。1990 年以后，曾 4 次主持山东长岛、辽宁绥中等地的水下考古调查与发掘工作。

〔张智·晋剧演员·获第三届文华表演奖〕

1993 年，张智因演《桐叶记》、《富贵图》等晋剧成功获第三届文华表演奖，从而成为该剧种小生行当里第一位获此殊荣的男演员。

张智，山西省怀仁县人，生于 1964 年 2 月。14 岁时以相貌俊秀、聪颖敏悟考进了山西省戏曲学校表演科，专攻文武小生。入学后，得晋剧表演艺术家郭凤英赏识，被收为入室弟子。经老师亲传技艺，不到五年时间，学会了《小宴》、《打金枝》、《蝴蝶杯》等一批郭派名剧，打下了唱念做打扎实功底。嗣后，又以《小宴》的出色表演获全省教学剧目汇报演出表演一等奖，从此崭露头角。

晋剧是我国北方的古老剧种，生旦净丑行当齐全，但由于种种历史原因，小生行当一直为女演员所垄断，因而作为男小生的张智倍受老师们的重视，毕业后即被调进山西省晋剧院青年团。入团后，连续主演了《林冲夜奔》、《白水滩》、《杀四门》、《钟馗嫁妹》等繁难吃重的武生应工剧目，显示了他漂亮的武打技艺；同时还在《崔秀英》、《富贵图》、《桐叶记》、《打金枝》、《小宴》、《蝴蝶杯》等剧里相继塑造了儒弱正直的倪俊、不谙世故的李桐、文武双全的晋王叔虞、年轻气盛的驸马郭暖、骄纵好色的大将吕布，见义勇为的县衙之子田玉川等身份有别、性格迥异的人物形象。如他主演的载歌载舞的《小宴》，眉宇传情、频戏双翎，抖、绕、颤、立，舞出种种姿态，将吕布轻佻癫狂的心态渲染得淋漓尽致；在《打金技》里则唱做融为一体，将一位将门虎子遭到公主蔑视后的凛然盛怒和官升三级后的惊喜自得及夫妻和好后的恩爱调笑，演得活灵活现。为此他曾获得全省青年团调演主角金牌奖。十余年来，张智在郭凤英等老一辈艺术家的提携下，刻苦实践，逐步形成了表演洒脱飘逸，唱腔声情饱满、扮相英武秀丽及文武皆备的艺术特色。1989 年，随青年团赴香港演出，他出色的唱做使香港观众倾倒，得多家报刊撰文赞誉，亚洲电视台还特为他作了专题采访。近两年来，连续赴京演出，《桐叶记》是主要剧目。他在剧中精心塑造了一个青年有为、胸怀韬略、英勇善战的晋王的英武形象。该剧需要文武并举、翻打跌扑、演唱高低跌宕，难度极大，他演得得心应手。在《富贵图》中，他巧妙地表达了谨遵母训的倪俊的那种想爱不敢爱，欲罢又不能的矛盾心情。首都专家们认为他“表演自然贴切，富有阳刚之美”，说明了他艺术上的飞跃。1989 年他被山西省委命名为“八十年代山西青年精英”，在山西省第二届艺术节上获表演金牌奖。

〔张震·任中华人民共和国中央军委副主席〕

1993 年 3 月 28 日，第八届全国人民代表大会第一次会议决定，张震为中华人民共和国中央军事委员会副主席。

张震，1914 年 10 月生，湖南省平江县人。1928 年参加平江县青年反帝大同盟，1930 年加入中国共产主义青年团，同年参加中国工农红军并转入中国共产党。曾任红五军二纵队宣传员、团宣传队长、连政委、营长、团参谋长，参加了中央革命根据地反“围剿”、长征和直罗镇、山城堡战役。1936 年入陕北红军大学学习。抗日战争爆发后，任八路军驻晋办事处参谋、科长、新四军第六支队参谋长，中共河南省委军事部参谋长，豫皖苏边区保安司令部司令员，八路军第四纵队参谋长，新四军四师参谋长兼淮北军区参谋长，第十一旅旅长兼淮北路西军分区司令员等职，参与开辟豫皖苏抗日根据地。解放战争时期，任华中野战军九纵队司令员兼政委，华东野战军二纵队副司令员、西线兵团参谋长，第三野战军参谋长。参与指挥了睢杞、淮海、渡江、上海等战役。中华人民共和国成立后，任华东军区兼第三野战军参谋长，总参谋部作战部部长。1953 年参加抗美援朝，任中国人民志愿军第二十四军代军长兼政委，率部参加金城进攻战役。1955 年 10 月回国。1957 年毕业于南京军事学院。后历任南京军事学院副院长、院长，武汉军区副司令员，解放军总后勤部副部长、部长，解放军副总参谋长，国防大学校长、校长兼政委。1992 年 10 月起任中共中央军委副主席。是中共十一届中央候补委员、十二届中央委员、中顾委委员，中共十四届中央委员，1955 年被授予中将军衔，获二级八一勋章、一级独立自由勋章、一级解放勋章。1988 年被授予上将军衔。

1993 年 2 月至 9 月间，张震先后到福建、海南、广西、广东、云南、四川等地区的陆海空三军部队视察时，反复强调了以下几个问题：一是要认真贯彻中共十四大精神和邓小平同志新时期军队建设的思想，按照江泽民主席提出的“政治合格，军事过硬，作风优良，纪律严明，保障有力”的总要求，牢固树立战斗队的思想，坚持以军事训练为中心，抓好训练改革，从难从严从实际需要出发训练部队，进一步搞好新时期军队建设;二是要重视各级领导班子建设,注意树立良好的自身形象,突出抓好领导班子成员的团结问题和廉洁问题,要公道正派地使用干部,严格按照程序办事,坚持任人唯贤;三是各级干部要努力学习现代军事理论和现代科学知识,全面提高自身素质。特别是高级干部要适应新的形势和任务,提高战略意识和决策能力,带头发扬艰苦创业精神、一心一意抓好部队建设。四是各部队要加强军政军民团结,继续大力开展"双拥"工作,特别要注意搞好民族团结,经常对官兵进行党的民族政策教育,多做巩固和发展民族团结的工作;五是要充分认识选拔年轻干部是一项战略任务,要大胆地把那些听党的话,德才兼备,作风好,又比较年轻的优秀干部选拔到领导岗位上来。

张震在1993年还出席了军队的一些重要会议,并发表了讲话。10月30日,他在国防大学进修系学员座谈会上强调,邓小平同志建设有中国特色社会主义的理论,是毛泽东思想的继承和发展,全军要在以江泽民同志为核心的党中央、中央军委的领导下,用这一理论武器来指导军队的现代化建设。11月1日,他在《贺龙传》出版发行暨纪念贺龙诞辰97周年座谈会上讲话,对贺龙的光辉战斗一生作了全面介绍并给予了高度评价。11月8日在全军生产经营工作会议上,张震针对当前部队建设情况,提出了军队生产经营工作的指导思想、任务和原则。11月10日,他在全军宣传理论干部学习《邓选》第三卷轮训班开学典礼上强调,在新的历史条件下,我们军队各级干部要想不负人民重托,保证党对军队的绝对领导,保证军队坚持党的基本路线一百年不动摇,保证人民军队的性质,保证军队各项建设和改革的顺利进行,更好地履行我军的根本职能,最根本的是坚持不懈地用邓小平同志建设有中国特色社会主义的理论武装头脑。12月11日,张震在《朱德传》出版发行暨纪念朱德诞震107周年座谈会上讲话,对朱德波澜壮阔的一生作了全面介绍并给予了高度评价。

1993年,张震在北京先后会见了俄国国防部长格拉乔夫、乌干达国防国务部长蒙巴巴齐等。

〔张二苗·画家·设计制作甲戌年生肖邮票获选〕 一年一度的生肖邮票由邮电部、中国邮票总公司在全国范围内公开征稿,竞争十分剧烈。狗年生肖邮票共有200多套稿件应征,经严格登记后,不著姓名,只写编号,接受中央美术学院、工艺美术学院的教授、社会名流、印刷专家、邮政官员一轮又一轮的严格评判。1993年10月20日中国邮票总公司和评判委员会宣布,画家张二苗设计绘制的二幅狗票入选。

张二苗,北京市人,1959年1月生,自幼喜爱画画,初中毕业后跟人拍电影学做美工,跟曲艺团学舞台美术,后又从事邮递员工作,曾在中央工艺美术学院进修,学过装璜专业,又学过国画、西画。他特别喜爱民间艺术,常到农村收集剪纸、泥塑、刺绣、蜡染土布等。为攻下甲戌年生肖票的设计,他收集了各式各样的玩具狗、画片狗、陶器狗、泥塑狗,把行李搬到设计室埋头搞甲戌年邮票设计。他一连画了几十张草图,经过选择,集中在三种方案:民间剪纸、装饰图案和民间玩具狗。最后保留9套自认为最佳的方案。他的作品上送后,一幅河北民间泥塑玩具狗和一幅以狗为图案的剪纸窗花一举夺魁。玩具狗形象拙朴,线条洗练,神情憨态可掬,具有浓厚的民间装饰特色。剪纸窗花图案是两只哈巴狗模样的看家狗,拱卫着人们居住的房屋,寓意狗是人类的忠实朋友。连绵的花枝,象征着春的萌动,寓意狗年如花似锦,生机勃勃。中间的篆书"狗"字,和猴年生肖票中的篆书"猴"字,鸡年生肖票中的篆书"鸡"字,一脉相成,形成了系列。

张二苗现任北京市邮票公司美术设计师、中国民间美术家学会会员。作品曾多次在国内外展出和专题介绍,并被中国美术馆、民间馆和国外美术馆、博物馆收藏。1991年6月曾在当代美术馆举办个人画展;在狗票发行的当天于国际艺苑举办了他第二次个人画展。中央电视台《东方时空》节目"东方之子"栏目专题介绍了张二苗艺术道路。张二苗心向祖国,他决定将狗票设计稿费和特制的纯羊毛狗票图案壁挂拍卖所得,捐献给"希望工程"。

〔张丁华·当选中华全国总工会副主席、书记处第一书记〕 中国工会第十二次全国代表大会于1993年10月24日至10月30日在北京召开。张丁华在这次大会上当选为中华全国总工会副主席、书记处第一书记。

张丁华在中国工会第十二次全国代表大会上作了题为《团结动员全国职工发挥主力军作用为夺取有中国特色社会主义事业的更大胜利而奋斗》的工作报告。在报告中,他提出今后一个时期中国工会的工作方针是:坚定不移地贯彻执行党的基本路线,在维护全国人民总体利益的同时,更好地表达和维护职工群众的具体利益,全面履行各项社会职能,充分发挥民主渠道和社会调节作用,团结和动员全国职工,巩固和发展安定团结的政治局面,为把我国建设成为富强、民主、文明的社会主义现代化国家而奋斗。工作报告还提出了今后一个时期各级工会必须努力实现的八个方面的主要任务：动员职工发扬艰苦创业精神，为国民经济上新台阶建功立业；依靠职工深化改革，努力推进国有企业特别是国有大中型企业转换经营机制；进一步扩大工会工作领域，促进乡镇、外商投资和私营企业的健康发展；加强立法参与和决策参与，依法维护职工权益；加强职工队伍建设，全面提高职工素质；统筹规划，积极稳妥的发展工会企事业；大力支援农业，进一步巩固新时期工农联盟；加强工会国际工作和发展同港澳台地区工会的合作与交流。张丁华提出，为适应新的形势任务要求，必须加强工会自身的改革和建设，把我国工会建成为中国共产党领导的，独立自主、民主团结、职工信赖的工人阶级群众组织。实现这一目标，需要经过长期不懈地努力。当前，工会改革的中心环节是增强基层工会活力，关键是转变各级工会领导机关的运行机制和活动方式，加快工会的群众化、民主化进程。

张丁华，1933年6月生，河南省陕县人。1953年1月参加工作，1956年3月加入中国共产党，大学文化程度。曾在燃料部、石油部任翻译；1955年到1956年在北京石油学院进修。后任青海石油勘探局专家工作室副主任、采油大队副大队长、冷湖油矿地质室主任，山东胜利油田勘探报社副社长、采油指挥部副政委、油田会战指挥部政治部副主任、义和庄会战指挥部指挥，大港油田指挥部副指挥、大港石油管理局党委书记，中共天津市委宣传部部长、市纪委书记，中共内蒙古自治区党委副书记。在中共十三大当选为中共中央纪律检查委员会委员，是中共第十四届中央委员。

〔张力维（女）·电影演员·获第十三届金鸡奖最佳女配角奖〕 北京电影制片厂演员张力维1993年在郑洞天执导的儿童片《人之初》中扮演聂耳的母亲，将一位贤淑、坚毅、无私、乐于助人的母亲细腻、生动地展现出来，得到了观众的喜爱，专家的认可，获得第13届中国电影金鸡奖最佳女配角奖。

张力维，1954年11月出生于北京一个知识分子家庭。1970年初中毕业后到大栅栏副食商店当售货员，接待了各式各样的顾客，为后来的表演艺术积累了生活素材。后参加区文艺宣传队的演出被北影导演选中，在影片《海霞》中扮演女民兵彩珠。张力维比较准确地刻画了这个文弱胆怯的少女成长为一个优秀民兵的过程，影片放映后她被正式调入北京电影制片厂，成为一名专业电影演员。之后，她在《雁鸣湖畔》、《南疆春早》中扮演主角。1977年北京电影学院恢复招生以后，张力维立即报名到电影学院表演系进修，努力提高自己的表演技巧。假期中也不放过实践的体会，在影片《猎字99》、《儿子、孙子和种子》中担任角色。更引起人们对张力维重视的是她在珠江电影制片厂拍摄的《春雨潇潇》中的表演。她在片中扮演一位公安人员的妻子，贤慧温柔，而又坚持正义。当她深爱的丈夫不肯听从自己的劝告放走手中的囚犯——为真理而战斗的英雄时，张力维的表演细腻而有层次，将人物丰富的内心世界合乎逻辑地逐步展现。表演不温不火，深沉含蓄。

接着，张力维又在《不该调谢的玫瑰》、《R4之谜》、《东方剑》、《砂砾》、《绿荫》、《嗨，姐们儿》等影片及《路要重新走》、《漂亮的队》、《情到深处》、《我随长鞭而去》、《丹妹》等电视片中扮演角色。

1993年张力维在《人之初》中扮演的母亲获得电影界同行一致肯定。她以她惯有的沉稳、婉约、朴实、细腻把聂耳的母亲刻画得十分可信。她语言不多，但人物的总体气质、基调把握准确，语言的声调、口气都符合人物身份，情境，温和亲切的眼神，生动地传递出对孩子的关怀和爱。金鸡奖评委们认为《人之初》中最为出色的是"母亲"的表演，她的身上集中了中华民族的传统美德。

〔张万年·解放军总参谋长·晋升上将军衔〕 1993年6月7日，中央军委命令，张万年晋升为上将军衔。

张万年，1928年6月生，山东省黄县(龙口)人。1944年参加八路军。1945年加入中国共产党。曾任东北民主联军排长、连副指导员，东北野战军通讯股股长。参加了新开岭等战役。1948年在塔山阻击战中立大功。后参加了平津、衡宝、广西战役。1950年后，任团作战股股长，军作战参谋，副团长兼参谋长。1961年军事学院毕业。后历任团长、广州军区司令部作战部副部长、师长、副军长兼师长、军长，武汉军区副司令员，广州军区副司令员、司令员。1990年任济南军区司令员。1992年10月起任解放军总参谋长、中共中央军委委员。1993年3月任中华人民共和国中央军委委员。是中共第十二届、十三届中央候补委员，第十四届中央委员。1988年被授予中将军衔。

1993年12月2日，张万年接受记者采访时指出，今年全军的军事训练工作，在新的一届中央军委的关怀下，出现了一派新气象。概括起来主要有五点：一是全军部队贯彻邓小平同志新时期军队建设思想，军事训练的方向更加明确了，针对性更加强了。各部队注意质量建设，在精兵之路上迈出了新的步伐；二是训练改革进一步深化，对现代战争要求的作战本领和组织指挥能力的探索，对各项训练法规的发展和完善，以及训练内容的改革等有了实质性的进展；三是高级干部和高级指挥机关带头学习高技术知识，带动部队掀起学科技、用科技的热潮，加快了我军现代化的进程；四是突出了复杂条件下的训练，各部队从难从严练兵，加强了实弹实爆实投训练、夜间训练、野营训练、三军协同训练，朝着精兵、合成、高效目标前进了一大步；五是加强了训练中的思想政治工作和后勤、技术保障工作，为军事训练提供了强有力的精神动力和物质保障。

1993年，张万年在北京先后与来访的俄罗斯海军第一副总司令、海军上将卡萨托诺夫、马里国防部长迪翁库思达·特拉、土尔其海军司令乌拉尔·巴雅泽特上将、朝鲜人民军友好参观团团长玉凤麟中将进行了会谈。这一年，他还出访了俄罗斯、芬兰、孟加拉、巴基斯坦等国家。巴基斯坦总统授予张万年一枚军事勋章，以表彰他为发展巴中友谊所作的贡献。

〔张之亮·香港电影导演·执导的影片《笼民》获第十二届香港电影金像奖〕　1993年4月在第12届香港电影金像奖的颁奖典礼上，由张之亮导演的影片《笼民》一举获得最佳影片奖、最佳导演奖、最佳编剧奖、最佳男配角奖和十大华语片奖等5个奖项。张之亮一时成为新闻人物。

香港地小人多，社会生活两极分化。居住于人口密度极大的旧楼床位，各以铁丝网围住者俗称“笼民”。《笼民》的故事围绕着一宗“笼屋”居民被迫搬迁的事件展开，既写了一群生活在社会底层的小人物的悲欢喜乐，和他的恨笼屋又爱笼屋的独特的矛盾心理，也写了以议员、房产发展商、律师、警察等为代表的社会对立层的不公和欺压。影片很好地展现了在香港社会发展和时代变迁中，小人物们作出的巨大牺牲。提出探讨了社会发展如何关心人们的生存境况的问题。影片以轻喜剧的形式包装故事、对人性的情感、心理的刻划揭示相当成熟有力。

张之亮，1959年生于香港，自小家境贫寒。中学毕业后考入香港无线电视台第10期艺员培训班。后改导演并亲自编剧。张之亮参与策划和执导的影片有《少爷威威》、《上天救命》、《僵部先生》、《最后一箭》和《中国最后一个太监》、《飞越黄昏》、《特技人小传》、《婚姻物语》、《誓不忘情》等，并多次夺得香港电影金像奖，是香港影坛的后起之秀。张之亮的电影观是：电影应是一种平民艺术，而不是学者艺术。他认为任何题材都可以拍成艺术片，却不一定能拍得成老少咸宜的高层次的娱乐片。他说，许多观众不可能具有很高的文学修养和很强的理性思维。因此当导演的必须找到一种与大多数观众能沟通的电影语言。这就需要用娱乐的形式包装理念。而《笼民》正是这样一部典型的影片，张之亮探访香港“笼屋”，那极为恶劣的生存环境，使他震惊，促使他思考。然而他却采取了喜剧方式。拿他自己的话讲，所取的是“黑色幽默”风格的喜剧样式。不想居高临下对现实进行评论，而希望人们自己面对现实去思索和判断。

〔张子华·中共联络工作领导者·《国共秘使张子华》出版〕　1993年9月，宁夏人民出版社出版了《国共秘使张子华》一书。该书记述了张子华革命的一生，披露了抗日战争之前，张子华肩负统战使命，穿梭于国共两党之间的鲜为人知的史实。书中还附录了1936年周恩来派张子华带给陈果夫、陈立夫的信，和毛泽东、周恩来给张子华的指示信。

张子华，原名王绪祥。1914年4月生，宁夏中宁人。1926年在恩和小学读书时，受到共产党人的革命启蒙教育。1928年入兰州市第二中学。1930年8月赴北平入汇文中学。同年11月加入中国共产党，曾在中华全国总工会华北办事处任秘书。1932年春参加北平反帝大同盟地下组织，同年任中华全国总工会华北办事处代理党团书记。1933年2月被党组织派往察哈尔，进行组织抗日同盟军的联络工作。1934年5月被捕，经党组织营救出狱。9月受中共驻北方代表陈铁铮派遣，赴陕北苏区巡视工作。根据北方代表指示致信刘志丹，要求将陕甘边与陕北两块根据地、红26军与红27军两支部队联合起来，共同对敌。1935年初随陈铁铮前往中共上海临时中央局工作，任组织部秘书（组织部负责人）。5月任豫鄂陕边特派员，曾到河南、湖北、陕西从事地下工作。同年12月，奉命以“长江局”代表名义，同南京国民党政府交通部次长曾养甫、劳工科科长谌小岑接触，谈判国共两党联合抗日问题。1936年1月3日、4日，与谌小岑在上海进行会谈。2月27日与董健吾同到陕北瓦窑堡，向中共中央汇报国民党要求谈判的意向。3月中旬携带中共中央提出的四项条件返回南京。5月中旬携陈立夫口授的四项条件再往陕北，向周恩来等领导同志汇报，后带周恩来致陈果夫、陈立夫函回南京。8月下旬携带曾养甫交给的联络电台密码，第三次到陕北。10月25日第四次由南京到西安，向叶剑英汇报南京方面要求周恩来到广州或香港会谈。后由于蒋介石解决两广事件后已部署围剿陕北红军，周恩来未成行。11月中旬张子华回到保安，任中共中央统战部联络局副局长（局长李克农）。西安事变后，以周恩来秘书和红军总部参谋身份到西安做统战工作。1937年秋奉命以八路军代表身份到银川，与马鸿逵谈判建立统一战线、释放红军被俘人员问题。1938 年 1 月到武汉任中共代表团民政部文化组主任。2 月回延安，4 月任抗日军政大学政治教员。1939 年 9 月因政治嫌疑被隔离审查。1942 年在隔离审查期间染上肺病含冤去世。四十年后，1983 年中共中央组织部为张子华作出正确结论："三十年代，他在党的工人运动、地下工作和统一战线、团结抗日等方面，做了许多工作，对党的事业是有贡献的。在被审查期间，他坚持实事求是，对党忠诚，表现是好的。现决定解除对他的'政治嫌疑'，恢复名誉，承认其党籍，并通知有关地区、单位做好善后工作。"

〔张丰毅·影视演员·被评为首届十大影视明星之一〕　1993 年 11 月，中国青年艺术剧院演员张丰毅，在中国电影家协会《电影艺术》杂志社、广东银海集团股份有限公司、长剑汽车集团公司联合举办的"首届十大影视明星"评选活动中，获"十大影视明星"称号；他主演的影片《霸王别姬》获 1993 年法国第 46 届戛纳国际电影节"金棕榈最佳影片奖"。

"首届十大影视明星"评选活动，旨在繁荣影视艺术创作和表演艺术的发展，肯定和表彰新时期以来成长起来的艺术上有一定成就、深受观众喜爱的青年演员，促进影视体制改革。张丰毅已经拍摄了 20 多部电影、几十集电视剧，他的朴实无华、真切自然、幽默热情的表演，深得影视界专家的肯定和广大观众的喜爱。

《霸王别姬》写的是两位京剧演员段小楼与程蝶衣之间历经半个多世纪的坎坷遭遇和多舛的命运。张丰毅扮演的段小楼，是他从影以来最富挑战性的角色，不仅时间跨度大，而且人物感情生活复杂，但他演得憨厚，潇洒，威武，豁达，有血有肉，演员与角色的气质糅和得恰到好处，为影片的成功增色不少。

张丰毅，1956 年 9 月生于湖南，不久随家迁居云南东川市，14 岁时考入东川市文工团，1978 年考入北京电影学院表演系，1982 年毕业后分配到峨眉电影制片厂，后调入上海电影制片厂，现为中国青年艺术剧院演员。

1980 年，张丰毅在电影《塞外夺宝》中初露头角。1981 年，在影片《骆驼祥子》中，又塑造了一个憨厚朴实的老北平人力车夫祥子的形象，一举成名。随后十多年，他先后在《城南旧事》、《路》、《碰海人》、《神奇的土地》、《夜行货车》、《京都球侠》、《鸽子迷奇遇》、《血魂》、《荒火》、《商界》、《龙年警官》、《风雨归途》、《南行记》、《青春无悔》、《曼荼罗》、《私人保镖》、《霸王别姬》、《诱僧》、《报仇》、《刺客新传之杀人者唐斩》等电影和《新闻启示录》、《淮阴侯韩信》、《未有终点的跑道》等电视剧中担任男主角，所扮演的小偷、待业青年、渔民、司机、工人、清末举子、当代商人、刑警、流浪汉、黑道人物、京剧演员、刺客、记者、大将军、田径教练等不同职业、不同地位的各种角色，给中国银屏留下了绚丽多彩的艺术形象。其中《鸽子迷奇遇》使他获得首届中国电影表演艺术学会"学会奖"和中国儿童少年电影学会"童牛奖"优秀成年演员奖。他在《龙年警官》中的真实、自然、生动、幽默的表演，成功地迈上一个新台阶，受到观众和专家的一致好评，获 1991 年第 11 届中国电影金鸡奖最佳男主奖提名和第 3 届中国电影表演艺术学会"学会奖"。1991 年，他在电视连续剧《淮阴侯韩信》中，将一代名将韩信的悲剧性格和悲剧结局淋漓尽致呈现给观众，深受人们的喜爱。1992 年在哈尔滨冰雪节上，他获得了观众评选的"我最喜爱的青年明星"称号。

〔张云溪·京剧表演艺术家·连任 梅兰芳金奖大赛 艺术评审委员〕　中央电视台、中央人民广播电台、中国京剧艺术基金会于 1992～1993 年联合主办"梅兰芳金奖大赛"，张云溪连续被聘为艺术评审委员，为大赛的顺利进行付出了心血。

张云溪，祖籍河北，1919 年生于上海。其父张德俊和叔父张德武都是著名武生演员。6 岁随父辈学艺，7 岁登台，8 岁便成为颇受观众喜爱的童龄艺人。12 岁北上深造，拜陈秀华、鲍吉祥、丁永利、李兰亭等为师，并得盖叫天传授，习老生和武生戏。14 岁因长靠功夫过硬，武打利索火炽，得尚小云赏识，以三牌武生应工加入尚的"重庆社"，演遍京、津、沪、汉。19 岁随言菊明赴东北演出，一跃而为最叫座的头牌武生挑梁主演。六年中演练结合，编排了《林冲夜奔·火并王伦》，全部《武松》、《马超》及《收大鹏》、《斗悟空》等新剧目，艺术上扬长避短，不断创新，博采南、北及关东各家武戏之长，放手开创自己的流派之路。25 岁返回关内，形成以南技北艺、融汇自如、清新秀美、贵在传神的艺术风貌，再次遍演京、津、沪、汉等地，为公认的一流武生名家。1948 年和张春华合组"云华社"，以武戏稳扎京都。

1949 年底新中国刚成立，便主动参加国家剧院，演出新编历史剧《三打祝家庄》，在戏曲界引起强烈反响。从此旺盛的创造能力得以充分发展，艺术造诣也不断加深。他和张春华等合作，对传统剧目进行推陈出新，改编了《三岔口》、《武松打虎》等戏。1951 年携两剧赴柏林参加第三届世界青年联欢节舞蹈竞赛，获集体一等奖；转年又以《三岔口》获第一届全国戏曲观摩大会演员一等奖。1953 年赴朝鲜前线演出受欢迎。1955年、1956年赴西欧、南美十几个国家演出，喜剧大师卓别林在巴黎看后说，二十年代在上海看京剧，那是粪土与珠宝混杂在一起的京剧；今天看到新中国的京剧，是扬弃了粪土使珠宝更加光彩夺目的京剧。他们用京剧艺术的魅力扩大了新中国的国际影响，《三岔口》也成为享誉中外的优秀保留剧目。在此期间，他曾得武术名师王子平、杨禹廷真传亲授，并和李和曾、云燕铭、张春华等合作，创演了《江汉渔歌》、《猎虎记》、《三盗令》、《高亮赶水》等新编剧目和一些现代戏。在这些戏里，他创造的人物有些虽同属短打武生，但人物性格各有不同，演燕青则潇洒英武，演石秀则机警勇武，演武松则刚毅雄武。在武打的编排上，绝不雷同，并创造出多种多样的武打形式：慢速武打造型优美，如诗如画，极富韵味；快速武打紧凑激烈，如火如荼，引人入胜；有时忽快忽慢，跌宕起伏，别具情趣，而且能打出人物间的相互关系，打出对手间的本领高低，即使在急风暴雨般的武打中也依然如此。他总结自己的身段特点为：形神皆备，连贯流畅；刚柔相济，圆中有方；寓动于静，快而不慌；善用腰轴，惜步如金；多变自如，厌俗求新；稳准帅狠，美是核心；不同人物，各有分寸；演人演情，独树一帜。进入老年后，举手投足无不韵味浓郁，达到炉火纯青的境界。1980年赴香港及1982年上海告别舞台演出，其盛况均不亚于当年。近年来正收徒传艺，为京剧事业培养新一代接班人。

〔张玉龙·作曲家·为歌剧《张骞》谱曲获文华音乐创作奖〕　我国舞台艺术领域最具权威性的国家部颁大奖——“文华奖”，评奖结果1993年4月15日在北京揭晓。由陕西省歌舞剧院歌剧团演出、陈坪导演、张玉龙作曲、米东风和安金玉主演的歌剧《张骞》，获本届文华大奖，文华单项奖中的“文华导演奖”、“文华音乐创作奖”和“文华表演奖”。第三届“文华奖”的获奖剧目，是从1992年在北京及文化部在各地举行的各项专业艺术活动中上演的216个新剧、节目中评选出来的。1993年11月20日，第三届文华奖颁奖大会在北京人民大会堂隆重举行。

《张骞》是部历史题材的戏。它描叙了在二千多年前的西汉汉武帝为了巩固西北边陲不受匈奴的侵犯和骚扰，启用郎官张骞出使西域，广交友好，从而奏响了中西文化交流的第一乐章。张骞不负圣命，13年间两次出使西域，足迹遍及西域36国。13年中他历尽坎坷，曾身陷匈奴图圄，经历了妻离子亡的种种悲欢离合，但矢志不渝，终于开拓了欧亚陆上彩虹——“丝绸之路”，加强了中原和西域少数民族的联系，进一步发展了汉朝与中亚各地人民的友好联系，促进了经济文化的交流和发展。张骞成为“凿空西域第一人”而名垂青史。

该剧音乐以汉王朝的国都长安所在地陕西的音乐为基本素材，大量吸收甘肃、新疆一带的民间音乐、民歌，确立了恢宏舒朗、热烈豪放、情意兼重的民族化的音乐构想，在注意吸收中国歌剧成功经验的同时，又吸收借鉴西洋歌剧的优点，情景交融地表现人物，描绘那特定的、具有异国风情和地域生活特色的历史。该剧在各地演出时，观众情绪反映热烈，得到社会各界广泛的欢迎，实为歌剧界多年来所罕见。

张玉龙，陕西省西安市人。1941年3月7日生。六十年代，就读于中国音乐学院作曲系，师从作曲家、音乐理论家马可、赵行道。毕业后分配到中国京剧院工作，并从当代中国京剧名家张君秋、李少春、叶盛兰先生处，悟到了中国古典戏曲的真蒂。在以后的几十年里曾涉足过电影、电视，并为陕西地方戏曲，如秦腔、眉户、碗碗腔三大剧种的音乐配器。曾为《洪宣娇》、《秦俑畅想曲》等多部歌剧作曲，为歌舞剧《广阔天地》作曲，还写有众多的合唱、歌曲和器乐小品等。

现任陕西省歌舞剧院歌剧团团长。是中国音乐家协会会员，中国歌剧研究会会员，中国音协陕西分会理事。

〔张玉海·北京友谊医院泌尿科主任·在肾移植突破1000例次总结表彰会上受奖〕　1993年11月24日下午，北京友谊医院举行该院肾移植突破1000例次总结表彰会，会上宣布截至11月3日，该院泌尿科已经完成肾移植手术1000例次，这是我国首家突破1000例次的单位。张玉海教授代表该院泌尿科接受了友谊医院和北京市卫生局颁发的奖状和奖金。

张玉海，1941年12月出生，河北保定人。1965年毕业于北京第二医学院（现改称首都医科大学）后，到北京友谊医院外科工作，1969年下放广西壮族自治区桂林市南溪山医院工作近8年后，回北京友谊医院泌尿科任主治医师、副主任医师、科副主任、科主任，兼首都医科大学教授。1985年加入中国共产党。

北京友谊医院泌尿科，是1964年在我国著名泌尿科专家吴阶平教授的倡导下创建的。在已故原科主任于惠元教授的领导下，经过短短5年的建设，泌尿专科飞速发展，跃居成为我国一流的专业科室。经过30年的发展，已成为技术先进、拥有病床数居全国最多、设备齐全、医教研全面发展的泌尿专科，并成为我国专业人才培训基地之一。为了填补我国肾脏移植的空白，于惠元教授和侯宗昌教授等于 60 年代末期，在泌尿科内组建了肾移植研究室，开始了肾移植的研究工作。从肾移植的组织配型的各项工作，肾脏灌洗液配方设计，肾脏的保存方法，肾脏的摘取及肾脏的移植手术操作，到术后免疫抑制剂的应用，都制定了方案，为肾脏移植奠定了基础。1972 年与广州中山医学院附属医院梅骅教授合作，成功地完成了我国第一例异体肾移植手术，开创了我国肾脏移植的新纪元。从此该科肾移植工作逐渐开展起来。1981 年他的尸体肾移植研究获得北京市科技进步二等奖。近十年来，该科先后发表论文 130 篇，获奖 28 项，参加著书 4 部。张玉海带领全科 70 名人员，至 1993 年 11 月 3 日完成肾移植 1001 例次。近四年平均每年 110 例次，一年人肾成活率达 90%。

张玉海本人发表学术论文 20 余篇，获市、局级技术进步成果奖 5 项。1983 年发表"应用光敏反应治疗膀胱肿瘤的初步探讨"的文章，是我国首先应用激光技术治疗泌尿科肿瘤。1987 年及 1989 年分别在国内及美国泌尿科杂志发表关于以腹直肌转位术治疗神经膀胱的文章。

〔张正德·前中共辽宁省委书记·在沈阳逝世〕 前中共辽宁省委书记、辽宁省第六届人大常委会主任张正德于 1993 年 4 月 20 日因病在沈阳逝世，终年 75 岁。

张正德，1918 年生，安徽省寿县人。1933 年在寿县中学读书时参加反帝大同盟，从事革命活动。1937 年赴延安，次年入吴青训练班学习。1940 年加入中国共产党。1944 年入延安中央党校学习。后任乌丹县县长、热中专署副专员、辽西省民政厅厅长。新中国成立后，历任热河省民政厅厅长、副省长，中共锦州地委第一书记，辽宁省副省长，中共阜新市委副书记，中共朝阳地委书记，中共辽宁省委书记，辽宁省第六届人大常委会主任。是中共第八次全国代表大会代表，第五、六届全国人大代表。

〔张卯均·选矿专家·从事矿冶事业五十五周年〕 1993 年 10 月 26 日是著名选矿专家张卯均教授从事矿冶事业 55 周年，北京矿冶研究总院为此召开广祝会和选矿学术会议。

张卯均，1915 年 3 月 25 日生于上海市清浦县。1938 年毕业于焦作工学院采矿冶金专业，后留校任助教。1940 年到重庆经济部矿冶研究所工作。先后对四川、陕西、湖南等地的煤、铁资源及冶铁事业提出开发建议并对贵州威宁老珊层铜矿进行浮游选矿试验。1945 年赴美进修，回国后任矿冶所技正兼选矿室主任。曾对龙烟贫铁矿提出应用重选法富集粗粒矿砂、细粒矿砂采用还原焙烧磁选法处理的试验方案。1950 年参加了重工业部组织的东川铜矿资源开发小组。1954 年担任云南锡业公司新冠选矿厂的工程设计总负责人。设计中，首次采用水力旋流器进行分级脱泥，采用五层自动翻床代替放槽砖槽，改变了砂锡矿泥的处理方法，实现了全流程机械化作业，使选矿厂的生产技术达到当时的国际先进水平。1957 年参加了在瑞典召开的第四届国际选矿会议，会后到原苏联米哈诺布尔选矿设计院进修。1958 年回国后，任选矿研究院选矿研究室副主任，在第二个五年计划期间，为全国大型选矿厂的设计和建设，主持进行了大量试验研究工作。同时对选矿室的科研管理制度的建立，做了很多基础性工作。通过实践还培养和带出了一批年轻的选矿科技人员。1963 年在红铁矿选矿攻关过程中，张卯均提议采用云锡公司研制的离心选矿机回收磁选尾矿中的红铁矿，为发展磁重选矿联合流程、提高红铁矿的选矿指标指明了方向。

1964 年，张卯均任北京矿冶研究院副院长。同年当选为第三届全国人民代表大会代表，并作为中国科学家代表团的成员去非洲八国访问。1972 年被派往甘肃白银，组建西北矿冶研究所，任党委副书记。1977 年调回，任总工程师。同年赴美国考察了红铁矿的选矿技术。他还参与和组织领导了包头、攀枝花和金川三大资源综合利用的国家重点攻关项目。其中，包头资源综合利用采用了独特的选择性絮凝浮选脱泥方法，大幅度提高了铁和稀土精矿品位及回收率。该成果获国家发明一等奖。

从 1978 年开始，张卯均先后当选为中国金属学会常务理事、选矿学术委员会主任委员，中国有色金属学会常务理事、选矿学术委员会主任委员和名誉主任委员，中国选矿科技情报网理事长，国家科委有色冶金专业委员会委员，国家科委发明创造评审委员会地采组委员，中国矿协选矿委员会主任委员等。参与审定了国家一些重要的科研规划，组织和领导了众多的学术交流活动，主编了《新中国有色金属工业丛书》(选矿工业)和《选矿手册》。

〔张立昌·当选天津市市长〕 在 1993 年 6 月 19 日举行的天津市第十二届人大第一次会议上，张立昌当选为天津市市长。

张立昌，1939 年生，河北南皮人。1966 年加入中国共产党。历任天津无缝钢管厂车间主任、副厂长、厂长，天津市冶金工业局副局长、局长，天津市经委副主任、主任。1985 年起任天津市副市长、中共天津市委副书记。是中共第十二、十三届中央候补委员，第十四届中央委员。

〔**张永江·环卫工人·被评为北京市共产党员十杰之一**〕　北京市东城区环卫二队班长张永江，从事环卫工作19年，为改进环卫设施，有22项成果问世，3项获国家专利，创造经济效益81万元，被人们誉为环卫战线上的科技新星。1993年被评为北京市共产党员“十杰”之一；6月25日在纪念中国共产党成立72周年座谈会上，江泽民总书记赞扬道：“张永江同志不简单！只有小学6年级的文化水平，却搞出了这么多项实用的技术革新和发明。”

张永江1974年当上了一名环卫工人。那时他就认识到，落后的垃圾收运方式与迅猛发展的城市建设不相适应。于是，他就暗暗下决心，要为实现垃圾收运机械化管理走出一条新路子。他凭着坚强的毅力，自学掌握了机械原理、识图、制图以及车、钳、焊等技术知识。从此，他就一头扎进环卫设备的革新和发明中，十几年痴心不改，先后设计制造出“垃圾桶除锈机”、“垃圾桶自动喷漆机”、“报废垃圾桶压缩机”、“垃圾桶流水线”等设备，使工人们从繁重的体力劳动中解放出来。

近两年来，城区开始推广使用密闭式清洁垃圾站，许多厂家都为解决不好清洁站内起重设备的平衡问题而大伤脑筋。张永江根据升降台折叠支杆原理，研制出了W－A型起重平衡定向装置、WSO型慢行起重设备平衡装置等。1992年被认定为北京市专向垃圾收运形式的定向产品。

随着环卫事业的发展，张永江不断拓展自己搞技术革新的思路。1993年上半年，他又研制成功了“厕所自动冲水装置”；属不需用人操作的“无意识冲水装置”，获得了国家专利。同年4月，他又承包办起了星火环卫设备厂。有人想高薪聘请他，他也不为所动。他说：“我要用环卫工人的双手，制造出自己的产品；环卫工人的社会形象，到我们这一代该改变了。”

张永江，1956年1月生于北京。1974年参加工作，1987年加入中国共产党。曾先后被评为北京市新长征突击手、首都劳动奖章获得者、北京市优秀共产党员，1992年被全国总工会授予全国“五一”劳动奖章。

〔**张发奎·原国民党陆军司令·骨灰运回大陆安葬**〕　原国民党陆军司令张发奎将军的骨灰于1993年11月迁回家乡广东始兴县安葬，实现其生前意愿。从香港护送张发奎骨灰回广东的有其夫人刘景容、儿子张威立与亲属旧部一行50余人。在广州举行了张发奎将军缅怀仪式。在始兴县举行了安葬仪式。全国政协副主席叶选平及省委、省政府、省政协领导曾会见和接待了刘景容一行。

张发奎，字向华，1896年生，1980年于香港病逝。广东始兴县人。1914年广东陆军小学毕业，后升入武昌军官第二预备学校学习。参加过讨袁、讨桂、两次东征诸役。北伐战争时，任国民革命军第十二师师长，在进攻汀泗桥、贺胜桥、克复武昌等战斗中屡建功勋，被任命为第四军军长，该军有“铁军”之称。

抗日战争时期，历任国民革命军第二方面军总指挥等职。1937年上海“八·一三”抗战爆发后，任右翼总司令兼第八集团军总司令，指挥浦东和杭州湾战线。武汉会战时，指挥了长江南岸及沿江的战斗。1939年任第四战区司令长官，曾率部在广东、广西等地与日军苦战，多次获胜。

抗日战争胜利时，张发奎被派为广州地区受降主官，接受日军投降，曾任军事委员长广州行营主任，广州“绥靖公署”主任，陆军总司令。是国民党第四、五届中央监察委员。

1949年移居香港。翌年国民党在台湾举行党员登记，张发奎接到通知，将其扔进字纸篓。在香港曾任“民主战斗同盟”军事召集人，香港崇正总会会长。周恩来总理曾托人捎信邀请张“回祖国观察一下”。1980年3月10日在香港病故后，当时全国人大常委会委员长叶剑英元帅曾致唁电。

〔**张光年·文艺评论家、作家·赴澳大利亚参加澳华艺术节**〕　中国作家协会副主席、著名作家、文艺评论家张光年应澳华艺术节组委会主席邀请，赴澳大利亚参加了于6月5日在悉尼开幕的1993年澳华艺术节。澳华艺术节旨在保护和弘扬亚洲的文化遗产，促进东西方文化的沟通。艺术节期间演出了张光年与冼星海合作的名曲《黄河大合唱》。

张光年，笔名光未然，1913年生，湖北老河口人。中共党员。武昌中华大学肄业。早年从事戏剧和文化活动。抗日战争期间，曾任中共鄂北特委委员，国民政府军事委员会政治部第三厅中共特支干事会干事。1939年率抗敌演剧队第三队赴延安，创作了组诗《黄河大合唱》。1940年后，辗转于重庆、昆明、北平等地，从事进步文化活动。曾任晋冀鲁豫边区北方大学艺术学院主任。1949年后，历任华北大学第三部副主任，文化部艺术局副局长，中国剧协秘书长，《剧本》主编，中国作协副主席、党组书记、书记处书记，《文艺报》、《人民文学》主编。他是第一、三、四届中国文联委员，第三、五届全国人大代表。30年代开始发表作品。著有诗集《五月的鲜花》、《光未然诗歌选》,论文集《戏剧的现实主义问题》、《风雨文谈》等。1993 年上海文艺出版社出版所著《惜春文谈》及《光未然研究资料》(刘可兴编)。

〔**张志东·青年材料科学家·获中国科学院青年科学家一等奖**〕　中国科学院金属研究所研究员张志东于 1993 年 12 月获中国科学院青年科学家一等奖。

张志东,1963 年 6 月生,江苏省泰县人。1983 年毕业于南京大学物理系,同年考入中国科学院金属所,先后获工学硕士、工学博士学位。1987 至 1988 年在荷兰阿姆斯特丹大学范德瓦尔斯物理实验室进修。1992 年 9 月至 12 月在荷兰阿姆斯特丹大学范德瓦尔斯——塞曼实验室工作访问。现为中国科学院金属研究所研究员,磁性和磁性材料研究室副主任。

张志东自 1983 年以来一直从事稀土过渡金属化合物的结构和磁性的研究,在该研究领域取得了大量有较高学术水平和影响力的研究成果。其中有关 R—R 交互作用对自旋再取向转变的显著影响的发现,纠正了磁学界通常对 R—R 交互作用的忽视。有关赝三元系存在非线性磁晶各项异性成分依赖关系的新现象的研究具有独创性和系统性,特别是他在单离子理论基础上建立的理论模型,成功地解释了实验结果,解决了单离子理论和实验结果之间的矛盾,发展和推广了单离子理论,引起国内外同行的重视。有关铁磁性材料的磁性磁化过程的研究首次提出存在三种磁化过程 FOMP、SOMP 和 Quasi－FOMP 的观点。研究交换作用和磁晶各向导性对双亚晶格系统的磁化过程的影响,发现了 SPD 曲线上的一个低场峰的存在,被美国应用物理杂志审稿人认为是"对以前不完善工作的明显改进"。他系统地开展新型磁性材料探索性研究。有关新型化合物 R－Fe－C 系列的研究工作引起国际同行的广泛重视,被同行在国际学术刊物上大量引用.他在有关磁处理技术的研究中,提出"磁致胶体效应"是磁防蜡、磁防垢等磁技术基本机制观点,并建立了理论模型,将世界上几十年未能解决的磁处理技术引入胶体科学的领域,现已得到我国有关方面的专家、工程技术人员的承认,被国际同行称为"绝对第一流的工作"。

张志东目前是中国科学院"八五"重点项目"新型永磁材料 SM－F－N 研究"的骨干和国家青年科学基金项目"$R_2F_e17C\chi$ 化合物的结构和磁性材料"的项目负责人,是两项国家基金项目的主要参加者,并参与中荷科技合作和欧洲共同体开发研究磁体联合行动计划。

〔**张志坚·任成都军区政治委员**〕　1993 年 12 月,中央军委任命张志坚为成都军区政治委员。

张志坚,1934 年 5 月生。山西省闻喜县人。1951 年 7 月入解放军第三十一步兵学校。1956 年 2 月加入中国共产党。1952 年参加抗美援朝,任中国人民志愿军师后勤部文化教员,参加了金城反击战的战勤工作。1954 年入志愿军参谋学校学习。1957 年回国后,任军司令部作训处参谋、副处长、处长,师参谋长,军副参谋长,师长,军长。1985 年任济南军区副司令员。1992 年任北京军区副司令员兼北京卫戍区司令员。1988 年 9 月被授予少将军衔。1990 年 7 月晋升为中将军衔。

〔**张志杰·高级工程师·主持设计建成亚洲规模最大的电脑音乐喷泉**〕　1993 年 6 月,　全国电脑音乐喷泉研讨会在秦皇岛南戴河旅游开发区中国万博文化城举行,来自全国各地的喷泉设计专家、知名音乐家、园林设计和雕塑专家及首都城市建设规划委员会的代表,对由中国人民大学音乐喷泉研究室主任、高级工程师张志杰主持设计,在这里建成的亚洲规模最大、技术最先进的电脑音乐喷泉的艺术效果,从不同角度进行了研究,给予充分的肯定。

张志杰主持设计建成的这座电脑音乐喷泉,占地 8000 平方米,营造面积 2100 平方米,每当夜幕降临,在落日余晖里,2000 多个喷头喷起似飞虹彩缎般的水柱。起伏跌宕的音乐响起,62 台水泵轮番启动,480 盏水上灯、300 盏水下灯各放异彩,60 米长、40 米宽的水池中蟠龙抱柱、旋转花篮、礼花树、海浪、摇摆、交叉、扇状各式水型交相辉映,声、色、泉珠联壁合,同步进行,淋漓酣畅地表现着各种名曲的丰富内涵,使游人如置身仙境。

张志杰,陕西人,1937 年 10 月出生,1959 年 9 月毕业于兰州大学物理系,分配到中国科技大学应用物理系工作二十年,1979 年 3 月,调中国人民大学工作。由于他从小酷爱音乐,又掌握了电脑音乐喷泉所需要的计算机、模拟电路、数字逻辑电路等基本技术,从 1984 年开始了喷泉研究,1986 年,立项进行音乐喷泉的研究。他主持设计的徽机控制电路,把音乐与水的同步误差从 1 秒缩小到 0.1 秒。在 1989 年北京圆明园喷泉游园晚会上,　在参展的 28 组喷泉中独占熬头,荣获特等奖。

进入九十年代,他开始进行一种最新控制音乐喷泉方法——全新音符控制法的研究。经过两年艰苦努力,终于使音阶、音色、音量、节奏与水形、灯光严格同步,电子计时器显示同步误差仅为 0.01 秒。

经过6个月的现场设计、施工、　整体调试，亚洲规模最大的电脑音乐喷泉于1992年夏在避暑胜地南戴河落成。高水平的硬件完成了，张志杰开始精雕细刻地制作音乐喷泉节目软件。他认为，用喷泉表现音乐，首先要深刻地理解音乐形象和音乐表现手段。如今，在他的节目单上，小提琴协奏曲《梁山伯与祝英台》，钢琴曲《命运》，唢呐独奏《篱笆墙的影子》，电视剧《红楼梦》插曲等经过他的精心制作，极为观众所喜爱。如《梁祝》中楼台会一节，原乐曲分别以大、小提琴代表梁、祝，张志杰设计，在水池中以高低两个伴泉与之对应。高点的祝泉用蓝色、绿色冷光映照，表现祝英台的压抑和沉重心情；低点的梁泉以红、黄暖光，表现梁山伯初来时的兴奋与激情。两泉轮换喷发是音乐中梁祝在问答，两泉交叉是梁祝心灵上的交融。“逼婚抗婚”一节，乐器齐鸣，泉和灯全部开启，渲染了祝英台反抗意识的迸发。如此性格鲜明的视觉和听觉形象直接作用于观众的感官，再配以文采飞扬、优美动人的解说，达到了一种非寻常音乐可比的艺术效果，观众无不在这种神奇美妙的艺术世界中陶醉倾倒。

〔张连忠·海军司令员·晋升上将军衔〕
1993年6月7日，中央军委命令，海军司令员张连忠晋升为上将军衔。

张连忠，1931年6月生，山东省胶县人。1947年参加中国人民解放军。次年加入中国共产党。曾参加胶东保卫战和济南、淮海、渡江、上海、漳厦等战役。中华人民共和国成立后，任排长、连长。1958年毕业于汉口高级步兵学校。后任营参谋长。1960年入海军潜水艇学校学习。后任海军潜艇艇长，海军潜艇支队副支队长、支队长。1980年军事学院毕业后，历任海军北海舰队副参谋长，海军基地司令员，海军副司令员、司令员。是中共第十三届中央候补委员、十四届中央委员。1988年被授予海军中将军衔。

〔张秀珍(女)·汽车售票员·获全国见义勇为先进分子称号〕　1993年8月25日，中央宣传部、公安部在北京召开的第3次全国人民群众见义勇为与犯罪分子作斗争先进分子表彰大会上，四川省眉山县第二汽车运输公司客车售票员张秀珍榜上有名。与此同时，她还被全国妇联授予“全国三八红旗手”称号。

张秀珍，四川省眉山县人，1954年12月生，1975年6月在农村插队时被眉山县第二汽车运输公司选招参加工作。1992年8月6日下午，张秀珍随公司的一辆大客车满载乘客从成都返回眉山，客车行至成都市红牌楼路段，3名歹徒在众目睽睽之下，公然调戏前排的一个姑娘，见姑娘不从，便吐秽语，大发淫威，拳打脚踢，将姑娘打得鼻青脸肿，口中流血，边打边叫嚣要把姑娘从车窗扔出去。张秀珍实在看不下去，便猛地站起来对歹徒大声吼道：哪个龟儿子敢！眉山刚枪毙了几个坏蛋，你们有几个脑袋。歹徒懵了，半天没缓过神。这时后排也有人斥责歹徒，许多乘客也纷纷向歹徒怒目而视。歹徒见众怒难犯，趁乘客下车时翻窗而下，另一歹徒刚把头伸出窗外准备跳车时，张秀珍立即冲上去抓住歹徒的皮带不放，要他向姑娘道歉、付医药费。车下歹徒见状忙递上一把刺刀狂叫“给我捅!”面对身强力壮的歹徒和寒光逼人的刺刀，张秀珍无所畏惧。歹徒威胁说：放不放？张秀珍毫无惧色的回答：不放！凶狠的歹徒在她左臂上划了一刀。她还是抓住不放，歹徒又连划两刀，刀口长达15公分，血流如注，钻心的疼痛使张秀珍几乎晕过去。歹徒趁机挣脱跳出车窗。张秀珍一边高喊：正义的人们，快抓歹徒！一边冲出车门，拦住歹徒并将其摔倒在地，但歹徒力大，翻身将张秀珍扳倒，握刀向她的胸部刺去。在这千钧一发之际，张秀珍左手抓往歹徒握刀的手，右手抓住紧靠胸口的刀刃使劲外推，同时又猛然咬住歹徒耳朵不放，歹徒痛得哇哇直叫，便用力绞动手中刺刀，张秀珍握刀刃的右手4个手指全被割伤，鲜血直流仍坚持同歹徒翻滚搏斗。10多分钟后，彭山水泥厂保卫科闻讯赶到将歹徒抓获。张秀珍手臂7处刀伤，4个手指几被割断。经县医院精心救治，仍有两个手指致残，至今无法屈伸。张秀珍面对3名穷凶极恶的持刀歹徒，挺身而出，与歹徒展开殊死搏斗，表现了一个普通公民嫉恶如仇的高尚品质与大无畏的英雄气概。

张秀珍参加眉山县第二汽车运输公司工作以来，一直认真负责，热情服务，曾先后被全国和省、市、县评为治安先进个人、先进工作者、“十优”妇女、“三八”红旗手、见义勇为标兵、全国“三八”红旗手。

〔张君秋·京剧表演艺术大师·从艺六十年〕
1993年1月12日，张君秋从艺60年，首都文化界隆重集会，中共中央政治局常委乔石、李瑞环到会祝贺，并与他坐在一起观看了薛亚萍、杨淑蕊等12位张派弟子的精采演出。

张君秋生于1920年，祖籍江苏省丹徒县。1933年拜李凌枫习青衣，1936年首次登台，先后向王瑶卿、尚小云、梅兰芳、程砚秋等众多京剧名家学习。1951年由香港回大陆，后与马连良、谭富英、裘盛戎组成北京京剧团，对剧目进行了整理革新，主演了传统剧目《玉堂春》等；新编剧目《望江亭》、《西厢记》、

《诗文会》、《状元媒》、《秦香莲》、《秋瑾》、《珍妃》等，塑造了众多古代妇女的形象，并创出了大量的新腔，充分发挥了自己嗓音"娇、媚、脆、水"的优异天赋，形成独特的华丽柔美、刚健清新的艺术风格。1990年赴美讲学，被授予荣誉博士学位，获"终身艺术成就奖"，这标志着张君秋的艺术在世界剧坛上的崇高地位。

〔张明英（女）·承德市针织一厂厂长·获全国优秀女企业家称号〕　河北省承德市针织一厂厂长张明英，在1993年"三八"国际劳动妇女节前夕，被中国企业管理协会女企业家协会、全国妇联授予"全国优秀女企业家"称号，并被全国妇联授予"全国巾帼建功标兵"称号。

张明英，1939年生，河北省承德市人。中国共产党党员，高级经济师。1957年在承德市第一师范学校任教师。1961年进承德市针织一厂，曾任秘书、财务科长、供销科长和厂长助理。1985年7月，张明英担任了这个由于设备陈旧，技术落后，产品花色单调，而几度出现亏损，有时要分5次发放工资的针织一厂的厂长。面对500多职工，她决心背水一战，借"鸡"下"蛋"改变生产面貌，负债引进。在与日商谈判前，精明的张明英便掌握了许多国家袜机的价格和性能，使日商不得不把原谈判价格降低26.5%。次年春这批电脑袜机一到，张明英立即与工人们一起，连续奋战5天使全部设备正常运转，10天便拿出样品参加全国纺织行业最大的订货会，并一炮打响，独占了该会袜子订货总数的55%。当年还清贷款，并获纯利65万元。这之后，又先后从日本、意大利5次引进具有国际先进水平的袜机，使该厂由生产单一品种的线袜、尼龙袜，变成6大类116个品种，产品畅销国内20多个省市，远销澳大利亚、香港、韩国等国家和地区；由过去的年平均创利3万元，变成每年创利税达300多万元。张明英认为，一个好的企业应该是"三分技术、七分管理"。她摸索并建立了适应本企业特点的管理模式，又配套建立了228种以技术标准为主体的标准化体系，制定了68项劳动、消耗、资金等定额，并有选择地运用了一些现代化管理方法，使该厂在管理上先后获省市级37个荣誉称号，主要经济技术指标连续4年居全国同行业之首，成为国家二级企业。张明英几次调资都以身作则，将指标让给一线工人，奖金也只拿不足职工的三分之一。在她的带动下，形成了干群之间互谦互让、爱厂如家的良好风气和"团结、务实、勤奋、创业"的企业精神。几年来，张明英先后被评为省劳动模范、十佳公仆之一、优秀共产党员、优秀企业家，全国纺织系统劳动模范，全国"三八"红旗手，并获全国"五一"劳动奖章。

〔张知远·辽宁省计划生育协会会长·获首届中华人口奖工作奖〕　首届中华人口奖颁奖大会，1993年9月11日在北京人民大会堂举行。辽宁省计划生育协会会长、原辽宁省人大常委会副主任、副省长张知远获中华人口奖工作奖。中华人口奖为我国国家级人口事业最高奖，由中宣部、国家计生委、国家科委、中国计划生育协会、中国人口福利基金会发起设立。首次获奖的有11人。

张知远，1922年3月出生，浙江省余姚县牟山乡人。1941年7月参加革命工作，同年11月加入中国共产党。解放前历任江苏东台县区委书记、浙江吴兴县吴长工委书记、山东齐河县工作队队长，1946年后调任大连市区委书记、市委宣传部部长、东北局学校教育处长、辽宁省教育局副局长，1977年后，历任辽宁省人大常委会副主任、副省长。

张知远在担任辽宁省副省长、省人大常委会副主任期间，主管计划生育工作，并兼任省计划生育协会会长，他积极探索适合我国国情的计划生育工作道路，经常深入基层，对计划生育工作进行专题调查，先后制订了《辽宁省计划生育条例》和《辽宁省防止劣生条例》，通过立法加强生育管理，维护群众利益。张知远主张对计划生育要实行全社会齐抓共管，综合治理。为此，他亲自抓落实，进一步发挥计生协会这个群众组织的作用，改进工作方法，通过依靠协会为育龄妇女和育龄夫妇开展多方面服务，特别是组织育龄妇女育龄夫妇生产致富奔小康的办法，团结了广大育龄夫妇，密切了计生干部与育龄夫妇的关系，提高了他们实行计划生育的自觉性，在计划生育工作中体现了党的为人民服务的根本宗旨，达到了既控制人口数量，提高人口素质，又密切干群关系两个主要目的，探索出一条不仅依靠行政管理和法律监督，而且更注重通过为育龄夫妇服务，从而落实计划生育政策的计划生育工作道路。辽宁省的计划生育工作在全国一直处于先进行列。

〔张征宇·四达技术开发中心总经理·获全国杰出青年企业家称号〕　四达技术开发中心总经理张征宇，把"为社会提供超群出众的产品和服务"做为企业宗旨，和他的同事们以200元起家，经过7年的艰苦拚搏，使四达发展成为今天集技、工、贸于一体的开发集团，成为全国民政系统4万家企业中最大的高科技企业。拥有21个直属分公司、7个中外合资企业、17个外省分公司、3个国外分公司、4

个科研开发部。四达的资金积累也逐年翻番，1992年比1991年增长268.5%，1992年的销售额是2亿元。1993年产值、销售、利润额，又分别比1992年增长93.5%、164.9%、6.6%。1993年11月在第三届"全国优秀青年企业家"评选中，张征宇被评为"全国杰出青年企业家"。

1987年11月，张征宇获得博士学位后，谢绝了国外大公司的高薪聘请，毅然选择了创办发展国内高科技实业的道路。在他主持和参与下，四达顺利完成了国家交给的863高科技计划中的重要课题"语言汉字系统"，使计算机有了识别人类语言的功能。就在澳星发射的成功里，也有张征宇所研制的专利产品。四达多项成果获大奖，其中普里奇声像学习系统是中国教育类科技产品第一次荣获尤里卡国际发明金奖，汉字语音输入系统，普里奇声像学习系统、电脑喊话器、即时氧获国际科学与和平周、中国科技之光成果展览会金奖和优秀奖，四达—863A汉字语音系统获民政部科学进步一等奖。

张征宇的管理思想颇有独到之处，他既没有生搬硬套西方的管理模式，也没步国内企业管理的后尘，而是提出无序和有序相结合的管理原则，即从宏观上实行宽容管理，在微观上强调从严治理，为职工在创造力的发挥上留有空间。因此，在他身边集结了一大批人才，其中博士(包括博士后)13人，硕士106人，80%以上的职工都具有大专以上学历。他还注重发挥集体领导的作用，以"总经理办公会议"做为企业的最高决策机构，企业的每项重大举措都要充分征求来自党、团、职工方面的各种意见，以增加决策的民主性和透明度。

张征宇在倡导企业文化时，不断强化"实力"二字。他认为知识分子、科技人员在今天，必须依靠自己的实力进入到经济主战场上来，并且在这个主战场上一显自己身手。作为企业，也必须在实干中形成社会主义的企业集团实力，而最终实现实力的突破，将为国家的综合国力增长服务。1993年1月，张征宇提出"再塑四达"，使四达向产业化、国际化、股份化方向迈进。

张征宇，1958年1月2日生，浙江杭州人。1988年在北京航空航天大学获博士学位，先后在国内外刊物上发表论文37篇，获部级以上奖励十多项，被国家教委、国务院学位委员会评为"做出突出贡献的中国博士学位获得者"，被人事部命名为国家级"有突出贡献的中青年专家"，还被联合国国际与和平周中国组委会授予"国际科学与和平贡献奖"，被中央国家直属机关党委、团委授予"中央国家直属机关十大杰出青年"称号。

〔张金哲·我国小儿外科创始人之一·被聘为中华医学会资深会员〕 1993年1月16日，具有78年历史的中华医学会，正式宣布首批聘任41位在医学上有重大成就、德高望重的内外科专家为中华医学会资深会员。北京儿童医院原副院长、首都医学院(现首都医科大学)小儿外科教授张金哲获得这一荣誉。

张金哲，1920年9月出生于天津宁河县，1938年起先后在燕京大学、协和医学院、上海圣约翰大学等校学医，最后毕业于上海医学院。1945年起历任北平中央医院(现北京医科大学附属人民医院)外科住院医师，北京大学医学院(后改北京医学院)附属医院外科总住院医师、助教、主治医师、小儿外科讲师、副教授，北京市儿童医院外科主任、主任医师、副院长、技术顾问，北京市儿科研究所外科研究室主任。首都医学院小儿外科教授。1956年加入中国共产党。

张金哲，早年致力于外科麻醉学，五十年代初写出第一本中国麻醉学——《实用麻醉学》。1950年开始主攻小儿外科，为我国小儿外科创始人之一。他对小儿胆道及肛门手术有创造性发展，重点进行了急腹症的病理研究和阑尾炎的病理分型，改进了治疗方法；在肠梗阻的病理发展与临床的研究中，改进手术技术。对肠套叠气灌肠治疗，他研究了穿孔的病理，设计了灌肠器水银调压装置，并与放射科医师不断改进，使复位率提高到90%以上。七十年代末他在胆总管囊肿的切除、空肠间置代胆道手术中，为了防止逆流引起胆道感染，设计了矩形瓣防逆流手术，属于创新技术，被国内外引用；环钳斜吻合治疗先天性巨结肠系对国外Duhemel手术重要的改良，近期、远期效果均甚满意；对后天性女婴直肠前造瘘的理论，纠正了国外多年来误认为先天性畸形的错误，设计"H"型修补术，经临床实践获得成功。八十年代他改进了"尾路横口肛门成型手术"，发现了"直肠纤维膜"，切断此膜后可以延长直肠残端一倍，避免了某些患儿的开腹手术。1988年传入瑞士苏黎士小儿外科中心，被称为"张氏膜"。1991年指导研究生系统研究此膜，发表了《直肠纤维膜的解剖与生理》的论文，对肛门手术及排便功能保留有重要的改进，获北京市科技进步二等奖，卫生部科技进步三等奖。1992年领导外科研究室开展胎儿外科研究，发表了胎羊小肠闭锁的模型与胎内手术治疗的论文，1993年指导研究生应用Ilizarov张力应力促进胎儿组织生长的理论进行了肛门括约肌再生的研究，均获北京市及卫生部科技进步二等奖及三等奖。40多年来他先后发表论文159篇，主编或参与编写专著15部。

张金哲历任中华医学会小儿外科学会主委及《中华小儿外科杂志》副总编辑，中华医学会儿科学会常委、外科学会常委兼秘书长，亚洲小儿外科学会第九届理事会执行理事，太平洋小儿外科学会荣誉会员；1982年被聘为《美国国际小儿外科杂志》编辑顾问。

〔**张宝彤·青年书法家·在国际华人硬笔艺术大展中获特等奖**〕　1993年10月，由中国书协、美协等10余家单位在中国革命历史博物馆举办的国际中国书画博览会上，张宝彤一人3幅作品《苏轼念奴娇赤壁怀古》(行草)、《王勃滕王阁序》(扇面小楷)、《毛泽东词沁园春二首》(章草)入选，分别在“知名书画家”、“硬笔书法名家”、“书画大奖赛”展厅展出，受到观众好评。同年，他在20多个国家和地区5.4万人参赛的国际华人硬笔艺术大展中，夺得特等奖；在解放军总政治部和中国书协主办的全军书法大赛中，他又以全票摘取毛笔书法一等奖。

张宝彤，1956年4月生，河南项城人。1974年入伍，毕业于军事教育学院，就职于总参京西宾馆。他是全国青联委员，中国书法家协会会员，中国书协培训中心副教授，中国当代硬笔书协秘书长。他擅行草，兼长隶、篆、楷书。调京西宾馆工作后，与艺术界前辈交往日甚，启功、何海霞、沈鹏、刘炳森、欧阳中石等都曾悉心为他指点书艺，使其书艺大进。作品参加多届全军书法展，全国第四、第五届中青年和全国第五届书法展、全日本书道联盟、国际赛克勒杯等大型展赛，先后18次获特等奖、一等奖和金奖；被中国美术馆、人民大会堂、毛主席、周恩来纪念馆及日、美、韩、加拿大等国领导人、使节收藏，被黄河碑林、神墨碑林、由园碑林、火神碑林等刻碑。1991年在海南举办个人书法展。人们从张宝彤的书作中，看出他的才气。他为黄河碑林撰联：“大禹山下，碑廊碑墙碑亭碑洞，丰碑千秋林立，神州翰苑续华章；黄河岸边，卫河颖河洪河淮河，河流万古不息，华夏文明添锦绣”；“悠悠然华夏摇篮育杜甫许慎韩愈文豪竞秀，各领风骚数百年；伟伟乎中原大地哺张良孔明岳飞英雄辈出，自当忠烈万古传”。他把黄河文化发祥、中原风土掌故融为一体，令行家拍案叫绝。

张宝彤在书法艺术活动中，显示了出色的组织才能。他先后组织了建党70周年、纪念毛泽东百年诞辰、国际书画博览会等16次大型书画展赛。他组织的“全国硬笔书法巡回展”拓荒义展三万里，被誉为书法史上的“长征”。主编书写了《中国硬笔书法家鉴赏辞典》、《华夏百咏》、《世界国名国都书法篆刻集》等多部集著、字帖；艺术大师刘开渠等曾撰文介绍其书法艺术，中央电视台、《人民日报》和日本的《朝日新闻》等20余家中外新闻单位作过专题报道。他被团中央及15家新闻单位评为“全国自学成才优秀人物”。

〔**张宗启·乡镇企业家·获全国科技星火带头人称号**〕　1993年7月，张宗启任总经理的天津市利达实业公司生产的“健肤生命液”和“发毛冲剂”，获得美国高科技博览会“金杯奖”。载誉归来的张宗启获得了团中央授予的“全国科技星火带头人”荣誉称号。

天津市利达实业公司的前身是天津市武清县石各庄乡办津武钢珠厂。1988年，家住天津市北郊区，曾当过包工头、乡汽车队长、28岁的张宗启，带着4万元风险抵押金，毛遂自荐，来承包已是颓垣断壁的钢珠厂。为了走出困境，他带动全厂职工广泛集资，对企业实行层层承包，定额管理，分别考核，综合计酬，调动了各方面的积极性。经过几个月的奋战，使破烂不堪、濒临倒闭的钢珠厂面貌焕然一新，产品出来后，张宗启亲自率领业务员走南闯北去推销。他们以优质廉价的产品、真诚的三包服务，迅速得到了客户的理解和信赖，当年创利168万多元。全厂职工精神振奋，信心倍增。

张宗启一方面大力提高钢珠产品知名度和市场占有率，使钢珠等产品销往全国26个省市；另一方面，陆续兴建了自行车配件厂、胶水厂、机修厂、自然保健厂和跨地区跨行业的中医药制剂室。为了提高产品的质量和竞争力，他们引进了国内外高科技技术设备，重金聘请37名专家、学者、医师等技术人员，并与大专院校挂勾，每年培训一批企业领导干部，严格产品质量检查，使“自然保健厂”生产的“健肤生命液”和“中药制剂室”生产的“发毛冲剂”获得美国高科技博览会“金杯奖”。1993年5月，国家经贸委组织96名科技、外经、外贸界知名人士，赴美参加高科技博览会。代表团成员中只有天津利达实业公司总经理张宗启一个人是“老乡”，而“老乡”的产品却获得两个“金杯奖”。利达实业公司连续两年获得全国市场先进企业称号，张宗启连续三年获得天津市新长征突击手称号。

〔**张建亚·电影导演·执导《三毛从军记》获金鸡奖最佳儿童片奖**〕　上海电影制片厂青年导演张建亚根据张乐平漫画《三毛从军记》改编拍摄的同名影片，受到电影同行的喝彩，得到广大观众的喜爱，一举夺得1993年金鸡奖最佳儿童片奖、最佳导演奖提名、大学生电影节最佳影片、最佳导演、最佳创新片奖。

张建亚，1951年出生，福建人。他自幼酷爱电影，当年还在房管所当木匠时就梦想当电影导演。1978年考入电影学院以后，勤奋好学，博览群书，对刚开放的中外名片更是从不放过、再加他才智过人，成为班上优秀的高材生。1982年毕业后分到上海电影制片厂任导演。先后拍了影片《红象》、《冰河死亡线》、《少爷的磨难》、《绑架卡拉扬》、《挑战》、《义胆忠魂》和多部电视剧。他一直认为电影固然应有创作者的风格，但同样要注意观众的审美习惯、情趣。因此，每次创作之初，他都要认真选择，从不忽略观众的喜好。但前几部影片他都不太满意，认为没有达到与观众沟通的目的。他立志要把《三毛从军记》拍得引人入胜。《三毛从军记》是我国著名漫画家张乐平(1910～1992)于1946年所创作的连环漫画，因所塑造的三毛的艺术形象，极受人们喜爱，产生了广泛而深刻的社会影响。张建亚据此改编拍成的影片《三毛从军记》做为一部儿童喜剧片是成功的。他调动多种手段，运用不同的样式，以丰富奇特的想象，将喜剧、漫画、荒诞、滑稽、闹剧融为一体，资料片、做旧片、正常片合谐的糅合，使观众在轻松愉快的笑声中，实实在在地产生联想，受到启迪。既滑稽又深刻，令人耳目一新。可以说是当前一部难得的优秀喜剧片，对我国今后的喜剧片创作提供了有益的经验。1993年下半年，张建亚又拍摄了一部根据漫画改编的幽默喜剧影片——《王先生之欲火焚身》，很受观众欢迎。

〔张春发·生物技术专家·获全国科技明星奖〕

辽宁省农科院大连生物技术研究所副所长、研究员张春发研究成功世界先进水平的柞蚕NPV载体表达系统，于1993年获全国科技明星奖。

张春发，1953年7月11日生，辽宁省铁岭市人。1977年9月毕业于丹东共大蚕学系。后在辽宁省蚕业所工作，任副研究员、新技术研究室主任。1989年10月至今在辽宁省农科院大连生物技术所任副所长，1993年破格晋升为研究员，并任国际野蚕研究中心秘书长。

张春发原来只有中专水平，经勤奋学习，刻苦钻研，已成为学科带头人。1993年由他主持的“柞蚕NPV载体基因工程研究及应用”课题，取得重大突破，建成了柞蚕NPV载体表达系统，使我国成为世界上第三个具有昆虫NPV载体表达系统的国家。他于1986年在日本东京大学药学部进修期间，曾解决了昆虫体内抗病物质的提取及药用问题。这一成功使他认识到我国利用生物工程技术提取昆虫体内抗病物质的潜力很大，意义重大。1988年回国后，即主持“柞蚕NPV载体基因工程研究及应用”课题。1988～1989年又赴加拿大卡尔加里大学，用4个月时间组建成需用两年才能组建的“柞蚕核型多角体病毒载体”，初步解决了柞蚕NPV载体的建立问题。次年以高级访问学者身份到美国国家卫生院进行合作研究。他用ACNPV载体系统建立了日本脑炎、森林脑炎等12个基因工程“革登热”病毒基因E蛋白，并做为亚单位疫苗进行动物实验，肯定效果后进行了临床试验。他运用新组建的4个柞蚕NPV载体在5Fg细胞中表达了DE和细胞介素一个基因，用独特的方法使柞蚕NPVDNA在柞蚕蛹体内转染成功，并在蚕蛹中成功地表达了DE蛋白和B半乳糖苷酶基因，因而建成了柞蚕NPV表达系统，填补了我国在这方面的空白。他还用柞蚕NPV重组表达了SOD、IL—2、IL—4、IFN、GMCSF和TNF基因。这是中国继美、日之后在世界上建成的第三个昆虫NPV载体表达系统。由于我国柞蚕蛹的资源十分丰富，故该系统的成本低于美、日的同类系统。

张春发的科研成果曾多次获奖：作为“柞蚕空胴病的研究”的参加人，获1980年国家发明奖三等奖；作为“柞蚕核形多角体病的防治与研究”的参加人，获1985年农业部科技进步二等奖；他本人获1990年第二届全国青年科技先锋奖，1993年辽宁省青年科技拔尖人才奖和辽宁省首届青年科技先锋奖。

〔张勃兴·再次当选中共陕西省委书记〕 在1993年5月17日召开的中共陕西省委第八届一次会议上，张勃兴再次当选为省委书记。

张勃兴，1930年生，河北霸县人。1947年加入民主青年同盟。1950年加入中国共产党。历任陕西省国防工委副处长，商洛地区工业局局长，陕西省石油化学工业局副局长，中共陕西省委组织部副部长、部长，陕西省副省长，中共陕西省委副书记，陕西省省长。1987年起任中共陕西省委书记。在1993年4月20日召开的陕西省第八届人大一次会议上当选为陕西省人大常委会主任。是中共第十三、十四届中央委员。

〔张奎良·哲学家·新著《马克思的哲学历程》出版〕 黑龙江大学哲学系教授张奎良的新著《马克思的哲学历程》，1993年由上海人民出版社出版。这是一部以全新的视角探索马克思哲学思想形成和发展的线索、机制与规律的学术著作，是作者多年从事马克思主义哲学史教学和研究的结晶。

《马克思的哲学历程》一书，以马克思的实践哲学为中心，重新划分了马克思哲学思想发展的几个阶段，用孕育、确立、扩展和升华四个时期，涵盖了马克思一生的哲学生涯。作者认为，贯穿这四个时期的哲学主线是马克思基于人的社会实践而对历史发展的科学理解；创立、拓展和不断完善唯物史观是马克思一生的哲学追求。本书还以较大篇幅阐述了马克思对19世纪五六十年代欧亚大陆发生的一系列重大历史事件的哲学分析，这是作者从浩如烟海的哲学和历史资料中提炼和概括出来的。作者在本书中还以研究马克思的晚年思想为重点，着力从马克思晚年的人类学笔记中阐发他的哲学思想的升华。作者指出，马克思晚年对历史发展的多样性与一致性相统一的问题，进行了深入的理论探索，特别是他的东方社会理论以其跳越资本主义卡夫丁峡谷的设想而熠熠生辉。作者将马克思晚年的探索同邓小平的理论贡献相衔接，认为马克思晚年提出的跳越卡夫丁峡谷的设想，实际上开社会主义初级阶段理论之先河，为当代邓小平提出的建设有中国特色的社会主义的理论提供了理论支持和历史佐证。

张奎良，1937年生，辽宁新民市人。毕业于中国人民大学国际政治系，一直在黑龙江大学任教，1986年晋升为教授，1988年被评为国家有突出贡献的专家。现任中国马克思主义哲学史学会常务理事、东北地区马克思主义哲学史研究会会长、黑龙江省哲学学会副会长兼秘书长、黑龙江省经济体制改革研究会常务理事。他的主要著作还有《张奎良集》、《马列经典著作选读释义》、《新编哲学大辞典》、《马克思主义哲学史》等。

〔张思民·深圳海王集团公司董事长兼总裁·获全国杰出青年企业家称号〕 广东深圳海王集团股份有限公司董事长兼总裁张思民，坚持走高科技兴实业的道路，带领全体职工克服重重困难，1989年7月，从开发高科技项目"金牡蛎"起步，经过短短4年多时间，已发展成为制药、食品、房地产业和文化事业为核心，兼及机电、旅游、服务、贸易等近10个领域的企业集团。麾下机构30余家，其中实业公司近20家，并逐渐向东南亚等海外市场进军。资产从几百万增到4亿元。1992至1993年上半年，公司完成产值2.45亿元。实现利税6895万元。1993年11月，在第三届全国优秀青年企业家评选中，张思民被评为全国杰出青年企业家。

1989年夏，27岁的张思民怀着"实业报国"的理想来到深圳。他深知：大到一个国家，小到一个企业，只有兴办实业才是稳固发展的基础，尤其是在高新技术产业领域，这是衡量一个国家、一个企业实力的最主要的依据。海王企业一创办，他就选择了在海洋药物开发和生产领域兴办实业项目，这是近年来国际上公认的高新技术课题，国内尚无可资借鉴的经验。要把科学研究成果转化为具体产品，进行工业化大生产，需要解决生产工艺流程等一系列难题。他多方奔走，联络国内有关专家，寻找有实力的外商，终于在1989年12月成立了"深圳海王药业有限公司"，积极开发"金牡蛎"项目，经过半年的反复试验，成功地生产出了第一批合格的"金牡蛎"，填补了国内空白。1991年11月，在"七五"全国星火计划成果博览会上，"金牡蛎"荣获金奖，受到国内外消费者的青睐。

"创业没有尽头，不进则退"。接着张思民凭借必胜的信心和气势，兴建了国内首屈一指的现代化制药基地——海王工业城，盖起了南山区最具特色的综合楼宇——海王大厦；为弘扬中华文化、增强中华民族凝聚力，他又创办了大型旅游工程。他说："企业的发展离不开社会的支持，离不开消费者的支持。"因此在企业力所能及的情况下，他积极支持国内的文、卫、体等事业，先后赞助了解放军速滑队、澳星发射有功科技人员、长春市教育国际基金会、八一射击队等。

海王事业的发展，依靠的是一批高素质、高觉悟的员工。对人才的渴求是张思民的最大心愿。他认为作为一名企业家要善于用人，调动所有人的积极性，事业才能成功。他说，用人首先是用人唯贤，但贤者并不是十全十美，关键是激发其优势，弥补其不足。张思民严于律己宽厚待人。他有一个重要思想就是允许犯错误，但不允许犯同样的错误。他认为年轻人有热情，勇于实践，敢于冒风险，应当鼓励，犯有错误可以认真总结避免更大的失误。在管理上，他坚持"以理服人，以情动人"。他常说：我的意见你们认为不对可以推翻，你们可以说服我。但是，一旦形成公司决议，必须不折不扣地贯彻执行。因而，海王员工觉得他可亲可敬，愿意跟他工作。

张思民，回族，吉林省人，1962年生，共产党员，1983年毕业于哈尔滨工业大学，分配到航天部207所工作，后调中国国际信托投资公司。1989年7月筹办海王企业公司。1992年被深圳市评为"深圳市十大杰出青年"之一，1993年被授予"深圳市劳动模范"称号，同年被广东省评为"广东省十大杰出青年"之一，被授予"广东省优秀青年"称号。

〔张思卿·当选最高人民检察院检察长·强调严惩贪污贿赂犯罪〕 第八届全国人民代表大会

第一次会议于 1993 年 3 月 28 日选举张思卿为最高人民检察院检察长。

同年 7 月在中共中央宣传部等单位举行的一次经济形势报告会上，张思卿指出，当前廉政建设基本状况是：党和政府是廉洁的，党和国家工作人员的大多数是廉洁自律、勤政为民的；在党和政府内确实存在腐败现象，党和国家工作人员中确有少数腐败分子，贪污贿赂等经济犯罪确实相当严重，而且正在发展蔓延；反对腐败，防止和惩治贪污贿赂等经济犯罪是党的一贯主张，党和国家是有决心有能力根除腐败现象的。

张思卿分析当前贪污贿赂等经济犯罪严重情况的主要表现是：卷进经济犯罪的党政机关工作人员不断增多，其中包括一些高级干部；司法机关和行政执法机关工作人员敲诈勒索、索贿受贿、贪赃枉法、徇私舞弊犯罪问题严重；犯罪带有明显的行业特点，犯罪多发部位有所转移；犯罪由个人作案发展到团伙作案，一案多罪的情况越来越多；犯罪数额越来越大，携款潜逃情况突出；内外勾结共同作案和跨地区、跨省甚至跨国犯罪的情况突出；新的犯罪形式和犯罪手段不断出现；偷税、抗税、骗取国家出口退税犯罪较大幅度上升；假冒商标生产、销售伪劣商品的犯罪活动严重；走私犯罪特别是单位走私在一些地区相当严重。他分析了贪污贿赂等经济犯罪滋长蔓延的主要原因是：剥削阶级思想意识的侵蚀；体制不够完善；缺乏有效的监督制约机制；个别地区基层党组织瘫痪，思想政治工作薄弱；党政机关经商，政、商不分，权力与经商互相交织在一起，容易使贪污贿赂等腐败现象蔓延。它的严重危害性主要是：危害党风、社会风气，直至使整个民族道德沦丧；危害经济建设；使党和政府丧失民心，危及政权的稳定。

张思卿强调，惩治腐败的任务，已经是现实地、非常尖锐地摆到全党同志的面前，每一个共产党员，特别是党的领导干部，都要增强反腐败的紧迫感、危机感和使命感。

张思卿，1932 年 8 月生，河南洛阳人。1952 年 10 月加入中国共产党。1949 年至 1952 年任河南省新郑县支前司令部供应站工作员，华中支前司令部供应站工作员，最高人民检察署中南分署收发员，中南土改工作队广西平乐县工作队分队副队长、工作组组长。1952 年任最高人民检察署中南分署科员、调查员。1954 年任最高人民检察署东北工作团副组长、助审员。1955 至 1969 年任长江水上运输检察院检察员，湖北省人民检察院检察员、党组秘书、科长。1969 年在湖北省公安机关军管会审批组工作。1973 年任湖北省高级人民法院办公室副主任。1974 年任湖北省高级人民法院副院长。1983 年起任湖北省高级人民法院院长，省公安厅厅长兼武警湖北省总队第一政委，省委常委兼省委政法委员会书记。1985 年起任最高人民检察院副检察长。是中共第十三届中央候补委员，第十四届中央委员。

〔张修基·龙口丛林集团公司总经理·所领导的企业经济效益居全国同类企业之冠〕 优秀乡镇企业家张修基，带领跨行业的大型企业集团——山东龙口丛林集团，创出 2.2 亿元固定资产、6000 万元流动资金，年销售收入 1.8 亿元，利税 3866 万元，创汇 1540 万元的好成绩。至 1993 年，他领导的企业的水泥产量、质量和出口量已连续四年居全国立窑水泥企业之首。

1982 年诸由水泥厂在张修基的带领下，提前一年，节约银行贷款 190 万，建成投产。1989 年受压缩基建规模的影响，不少水泥厂停产或转产。诸由水泥厂也出现了建厂以来第一次货满仓房的景象。就在这时张修基却拿出企业积累的 3000 元万，建设 3 条 8.8 万吨水泥生产线。 他的决策思路是：建材行业是国民经济的排头兵，水泥“低谷阶段”不会持久。3 条水泥生产线仅用 12 个月就建成投产。全厂水泥年生产能力一下子提高到 60 万吨。自 1990 年下半年起水泥市场转旺，出口量剧增。诸由水泥厂在竞争中抢得先机。张修基仅凭 210 万元的银行贷款，在建成水泥厂的基础上，又利用企业自有资金先后兴建了年产 550 万平方米的塑料胶带厂、5000 吨的铝型材厂、230 万长米的液压胶管厂、装机容量达 1.2 万千瓦的热电厂、车队、建筑公司、包装厂等八处企业。

张修基还特别重视质量，几年间，水泥厂投资数十万元，添置了具有国际先进水平的流动注射法测定生料四元素分析仪、分析天平等，实现了生产过程微机自动化控制与管理。他们的质量监测频次比国家规定标准增加 11 倍。建厂至今，“丛林河”水泥在由国内外有关机构组织的每年上百次的质量检查中，始终保持出厂水泥合格率、富余强度合格率、袋重合格率、均匀性实验合格率全都达到 100%。目前，丛林集团所有的水泥、塑料、铝型材产品都严格执行最先进的国际标准。产品先后获得一个国优、四个部优、四个省优，1989 年企业晋升为国家二级企业、一级节能企业。

张修基，山东省龙口市诸由观镇西河阳村人，生于 1934 年 10 月。1959 年参加工作，1983 年加入共产党，高级经济师。1959 年～1978 年在黄县建筑公司工作，1978 年～1981 年在诸由纺织厂任厂长、书记，1982 年～1992 年在龙口市诸由水泥厂任厂长、书记，1992年至今任中国山东龙口丛林集团公司总经理、党总支书记。1990年山东省人民政府授予他省劳动模范称号，1991年被评为全国乡镇企业家。

〔张艳梅（女）·女子短跑道速滑选手·获女子五百米金牌并破世界纪录〕　1993年3月27日，张艳梅在北京举行的世界短跑道速滑锦标赛上，刮起一股破纪录的旋风，并夺得女子500米金牌。

在短道速滑女子500米的四分之一决赛中，张艳梅率先滑出46秒09的成绩，打破了加拿大选手苏微·戴格尔在1991年创造的46秒72的世界纪录。

但是这个纪录仅仅保持了2分钟，就被另一名中国选手王秀兰以46秒06取代。

半决赛中，与王秀兰分在一组的张艳梅再次一马当先，冲开了46秒大关，将这个项目的世界纪录提高到45秒60。

张艳梅，1971年生于吉林省吉林市，自幼喜爱滑冰，1987年入选国家队。自从1990年在第2届冬季亚运会上夺得两枚金牌后，她羽翼渐丰，1991年又在澳大利亚举行的世界短道速滑锦标赛上，首获女子500米冠军并创世界纪录，成为世界冰坛上年轻的实力派人物。

但是，正当人们对张艳梅寄予厚望的时候，她却在1992年举行的第16届冬奥会上连摔两跤，不仅失去了争夺女子500米奖牌的机会，而且也断送了实力雄厚的中国队在女子3000米接力赛中夺魁的希望。

意外的打击并没有摧毁张艳梅的意志，相反倒激励着她在痛苦中奋起。仅仅过了一年，她便走出阴影，重展英姿，夺回了世界冠军，改写了世界纪录。

［附记：1994年2月24日，张艳梅在挪威哈马尔举行的第17届冬奥会短跑道速滑女子500米决赛中，连闯数关，最后以46秒44的成绩夺得银牌。

本来，张艳梅是这个项目的最有希望的金牌争夺者。但是在决赛中，一名美国选手用不太光彩的小动作超越了一路领先的张艳梅，而裁判又没有判她犯规，致使张艳梅夺魁梦灭。

尽管如此，舆论仍对张艳梅表示同情。一位日本记者说："张艳梅是最出色的。冠军应该属于她。"张艳梅在回答记者提问时也坚定表示要继续练，她说："我一定要得到冠军。"］

〔张桂敏、张桂兰·挡车工、汽车售票员·姐妹双双获天津市特等劳动模范称号〕　一对同胞姐妹，两名特等劳模。　1993年4月28日，天津市人民政府举行颁奖大会，张桂敏、张桂兰姐妹贡献突出，双双荣获天津市特等劳动模范称号，并获全国"五一"劳动奖章。她们的母亲71岁的任玉芳也因教女有方，被市政府授予"模范家属"荣誉证书。这是继1990年两姐妹同获市劳动模范之后，又一次获此殊荣。

姐姐张桂敏，天津市仁立毛纺织厂挡车工，山东省平阴县人，1959年11月生于天津，1979年参加工作。中国共产党党员。工作14年来，年年超产，曾在京津沪三市组织的纺织系统青工操作技术比赛中获得全能冠军，在6省市的比赛又荣获质量全优单项第2名。她善于总结经验。所创造"快捷、质量全优操作法"，从原来只看一台车（400锭）提高到能看两台（800锭），成为天津市纺织行业中超产最多、质量最好的挡车工。

张桂敏注意带头提高车间工人的整体素质，争创更大效益。她毫无保留的给合同工传授先进技术，在她和其他师傅的努力下，整个车间挡车工的整体水平普遍提高，优一级手率由原来71.4%上升到90%。　1992年全厂争创10面红旗竞赛中，她们车间夺得7面。她曾4次获得天津市颁发的"七五"立功奖章、"八五"立功奖章，并获天津市"三八红旗手"、"新长征突击手"、"市劳动模范"等称号。

妹妹张桂兰，天津市公共交通公司二厂48路车队的乘务员，祖籍山东省平阴县，1967年12月出生，1986年6月参加工作，中国共产党党员。她工龄不长，却是个"老模范"。6年多来，曾连续5年被评为市、公用局先进生产者，曾先后获"七五"立功奖章、"八五"立功奖章、天津市劳动模范、"三八红旗手"、优秀共产党员以及全国城建系统优秀乘务员等十多项奖励和荣誉称号。

张桂兰热爱本职工作，她"把人间温暖奉献给乘客"作为自己追求的人生目标。一次，一位妇女面色苍白，表情痛苦，她马上走过去叫声："大姐，我是本车乘务员，有什么难处给我说。"说着就扶她坐下。不一会，这位妇女冒汗、抽搐，处于休克状态。张桂兰见病情危急，立即告诉司机送病人入院，同时，请乘客协助改乘下趟车。病人被很快送进医院，张桂兰为病人抹汗、擦呕吐物、取大便、跑化验，还自己掏钱为病人挂号取药。由于护送及时，使病人转危为安。病人家属和单位给她们送来"雷锋精神永放光芒"的锦旗，表示感谢。张桂兰还自费购置急救包、晕车宁、速效救心丸、创可贴等常用药以应急需。一位老人患心脏病，因赶车快跑十多步，胸闷气短冒虚汗，她立即给老人服了几粒速效救心丸，使老人病情平稳，安全到站。有的乘务员，厌烦带大包小包的外地乘客，嫌他们碍事。张桂兰却把他们看成是天津最好的宣传员。每当人地两生的外地人乘车时，张桂兰总是当好向导、画个地图、写个条、找个同路人，提醒下车站等，尽最大努力帮助旅客解决"出门难"的问题。由于张桂兰热情的服务，她和乘客间建立了一种新型的人际关系。许多不知名的乘客，都非常关心、帮助她。她嗓子哑了，有位老大娘等了两个小时，透过车窗，送她一包胖大海。她感冒了，一个儿童在她售票桌上放了个大苹果。张桂兰常说，车厢虽小，却是个社会的缩影。我们乘务员既是社会财富的创造者，又是精神文明的建设者。我们要把小小的车厢建设成为社会主义精神文明的阵地，用自身的言行去诱导感化、影响启发每位乘客。她是这么说的，也是这么做的。

〔张桂琴(女)·沈阳木兰集团公司董事长、总经理·再次获全国优秀女企业家称号〕　为妇联系统创办第三产业勇开先河的实干家、沈阳市木兰集团董事长兼总经理张桂琴，在1993年"三八"国际劳动妇女节前夕，被中国企业管理协会女企业家协会、全国妇联授予"全国优秀女企业家"称号。并被全国妇联授予"全国巾帼建功标兵"和全国"三八"红旗手称号。她还被选入由全国妇联、中共中央宣传部、中直机关工委和国家机关工委共同组织的"巾帼建功"演讲团，于"三八"节期间，随团在北京进行巡回演讲。

张桂琴，1940年1月出生于辽宁省凤城县。1953年起，先后在中共牡丹江地委、中国人民解放军第六十一速成中学和沈阳市建新工厂分别任打字员、广播员。1962年随丈夫下放到农村，以自己的勤劳成为干农活的能手，先后获得辽宁省劳动模范标兵、沈阳市劳动模范和全国"三八"红旗手称号。1981年调任沈阳市苏家屯区城郊乡副乡长，1984年任市妇联组织部副部长，并接受创办经济实体木兰公司的任务。创业起始，张桂琴面对无资金、厂房、设备和人力的窘状，立下军令状，把市妇联原已停产的艺品厂留下的13.8万元资金只用来注册，然后封存。新挣的钱，挣一元算贡献，赔一元算她自己的。一切从零开始。为筹措起动资金，张桂琴廉价卖掉自己仅有的四间砖瓦房，全家七口挤在一间月租120元的房中。公司办公的3间小房原是做煤球的。创办的第一年公司竟搬了11个地方。面对一些人的轻蔑和歧视，她憋着为市妇联、妇女争口气的一股劲，顶着压力，战胜艰难困苦，终将木兰一年推向一个新台阶。当年实现产值55万，利税27万。以后每年产值利润都以100%至200%的速度递增。一万元起家的木兰公司，至今已发展成拥有2.2亿元固定资产，40多家二级法人、100多家三级法人的沈阳木兰集团。几年来，为妇女、儿童福利事业捐款120万元。张桂琴身边既不带保镖，也不配秘书。她从不利用权力在下属商场买一分钱便宜货。8年来，本应得的100多万元奖金，分文不取，每月只领270元的工资，120元的补助。她虽是一位大企业家，但仍是一位称职的贤妻良母，两种角色她都扮演得很成功。张桂琴多次被评为市劳模、优秀共产党员，市和省"三八"红旗手，两次被评为全国优秀女企业家，三次获全国"三八"红旗手称号。1993年任沈阳市妇联副主席。

〔张晓忠·农民·被授予全国见义勇为先进分子称号〕　1993年8月25日，在第三次全国人民群众见义勇为与犯罪分子作斗争先进分子表彰大会上，河北省蠡县留史镇南白楼村农民张晓忠，被中共中央宣传部和公安部授予"全国见义勇为先进分子"称号。他作为119名"全国见义勇为先进分子"中的优秀代表，在大会上介绍了他的事迹。

张晓忠，河北省蠡县人，1949年生，初中文化，1962年小学毕业后一直从事农业生产劳动，是副村长兼公安、治保副主任。

张晓忠的家乡留史镇，是闻名全国的皮毛集散地，每逢集日，人流如潮，热闹非凡。1992年7月8日，适逢留史大集。上午10点，张晓忠正在皮毛市场买东西，突然市场东南方向喊声骤起，商贩们丢下自己的摊位四处奔跑。"杀人啦……"喊声震动了集市上的人们。张晓忠下意识地向市场东南方向赶去。在离他仅有十几米处，一名彪形大汉手持菜刀在追杀行人。刀光闪过，无辜群众刘晓君惨叫着死在犯罪分子刀下，接着又有4名女青年被砍成重伤倒在血泊之中。目睹此景的张晓忠怒不可遏，顺手抄起路边一个长条板凳，奋不顾身向歹徒冲去。犯罪分子看见他，挥刀向他的头部砍来，张晓忠敏捷地一歪头躲过，抡起板凳奋力向歹徒砸去。可是由于用力过猛，不但没打到歹徒，两条板凳腿却就地折断。这时，气急败坏的歹徒又一次举刀砍过来。张晓忠一边喝令其放下屠刀，一边用板凳挡过了第二刀。

目睹这样的场面，周围群众都惊呆了。犯罪分子叫李春付，30岁左右，是安徽六合县人，身体强壮，有一身武功，是一个犯罪团伙的主犯。事情发生前被留史派出所传唤，自知罪责难逃，趁机逃脱后，在留史市场卖肉摊位夺过一把锋利的菜刀，丧心病狂地杀害无辜群众。张晓忠面对这凶恶的歹徒，毫不胆怯，越战越勇。歹徒见不能马上得逞，虚晃一招，掉头向市场北面跑去。张晓忠拿起板凳紧追不舍。眼看犯罪分子就要逃掉，张晓忠拣起一块砖头，用力打在歹徒背部。当歹徒返身再次袭击他时，公安干警赶来，很快制服了凶犯。

1993年1月17日，河北省蠡县政法委员会、县综合治理委员会、公安局、留史镇党委、镇政府联合召开表彰大会，授予张晓忠"勇斗暴徒的人民卫士"称号，向他颁发了奖状和奖金。

〔张海迪（女）·青年楷模·获硕士学位〕 济南市文联创作员、青年楷模张海迪，自1992年9月正式向吉林大学申请硕士学位以来，经过艰苦努力，最终通过了吉大向她提出的6门需要完成的本科生及研究生所有必修课的考试，并在1993年4月2日，出色地通过了题为《文化哲学视野里的残疾人问题》的硕士论文答辩。次日下午，在座无虚席的吉林大学礼堂里，人们以热烈的掌声和敬佩的目光，向佩带吉林大学校徽的、中国第一位坐在轮椅上获得硕士学位的张海迪表示祝贺。张海迪望着自己身穿硕士服的照片，流着眼泪说，这是我一生最难忘的日子，感谢我的导师，感谢我的母校吉林大学……。她说，我照过许多照片，但这张是我最喜欢的。我希望有一天我不在了，遗像就用这张照片，因为我想让大家知道：海迪是一个热爱生活，热爱生命的人。

张海迪，1955年生，山东省文登县人。5岁时因患脊髓血管瘤高位截瘫。她以坚强意志克服各种困难，自学小学、中学基础课。自学医学知识和针灸技术为群众治病万余人次。自修英、日、德语和世界语，先后创作和翻译出版了《小米勒旅行记》、《轮椅上的梦》等多部文艺作品，发表译文、诗歌、散文、小说等约100余万字作品。1982年加入中国共产党，1983年被山东省政府授予劳动模范称号，同年共青团中央授予她优秀共青团员称号并作出"向张海迪学习"的决定，中共中央批转了共青团中央的报告，号召全国人民特别是青少年向张海迪学习。1993年"三八"国际劳动妇女节前夕，全国妇联授予张海迪"巾帼建功"标兵称号。

〔张涤生·我国整复外科和显微外科的先驱者之一·被聘为中华医学会资深会员〕 1993年1月16日，具有78年历史的中华医学会，正式宣布首批聘任41位在医学上有重大成就、德高望重的内外科专家为中华医学会资深会员。上海市整复外科研究所所长张涤生获得这一荣誉。

张涤生，1916年6月12日生于江苏无锡。1941年以优异的成绩毕业于中央大学医学院口腔系。毕业后在贵州图云关中央医院学习基本外科，参加中国红十字会救护队，从事医治抗日伤员的工作。1943年抵印缅抗日前线医治伤病员。1947年前往美国宾夕凡利亚大学研究院，在著名教授艾薇门下学习整形外科及颌面外科。1948年回国先后在国防医学院、上海同济大学医学院任副教授。1950年，他率领手术队参加抗美援朝，在长春建立了战伤畸形医疗中心，并立三等功。1954年起任同济大学医学院教授，上海第二医学院附属瑞金医院口腔系主任、整形外科主任，上海第二医学院第九人民医院整形外科主任、外科教研组主任、院长、顾问等职。1980年加入中国共产党。

张涤生1958年参加严重的灼伤病员邱财康的抢救，创造了大面积烧伤抢救成功的世界记录，获得卫生部二等奖，并开创了"手三度烧伤早期修复"的新经验。1963年他与助手从事显微外科游离皮瓣再植及移植的实验性研究，取得成功。1966年与陈中伟合作，进行了第一例断指再植，取得成功。1974年他发明"眼睑睑板缺损整形"的新方法，《国际眼科杂志》曾予以推荐。1976年他与助手们应用显微外科技术从事空肠游离移植的实验性研究，于1977年用于临床，获卫生部科技成果甲级奖。有关论文被《美国显微外科杂志》及《美国整形外科年鉴》录用。1976年在显微外科足趾移植再造拇指的基础上，创造了延展第二趾移植（第二足趾连同足背皮瓣及第二骨一并移植），使拇指或手指缺损伴有手掌缺损的病例，能一次修复重建手缺失的功能。1979年获卫生部医药卫生科技成果乙级奖。1977年在人体上应用大网膜游离移植加植皮，修复广范围的头皮缺损，获卫生部科技成果乙级奖。1980年他与助手应用前臂皮瓣游离移植一期再造阴茎成功，成为当今世界上最优良的阴茎再造方法，获上海市重大科技成果三等奖。1980年采用的尿道海绵体延伸法二期治疗尿道下裂，被国外专家誉为"是一项天才的创造性手术"，获上海市重大科技成果三等奖。1983年他与助手们一起设计了跖趾关节游离移植，修复颞颌关节强直，获1985年卫生部医药卫生科技成果乙等奖。从1964年到1985年应用烘绑疗法医治肢体淋巴水肿，取得了突破性的疗效，获意大利波来希市荣誉市徽，上海市重大科技成果奖。他在国内外杂志上发表论文80余篇。主编了《唇裂与腭裂的整复》、《整复外科学》、《显微外科学》、《显微修复外科学》等书。合编有《外科学》、《小儿外科学》等10余部书。

张涤生历任中华医学会外科学会委员、整形外科学会副主任委员、显微外科学会顾问，中国残疾人福利基金康复协会顾问，中国修复重建外科委员会主任委员，国际显微外科学会理事，《欧洲整形外科杂志》编委，《美国整形外科学报》特邀主编，第五届全国政协委员等职。曾获上海市劳动模范和全国高等学校科技先进工作者等称号。

〔张继仁、何建华·高级工程师·主持设计、建设的西江航道广东段整治工程被命名为全国十大水运工程之一〕　由交通部组织评选的全国十大水运工程和十大公路工程命名大会于1993年9月24日在北京举行。西江航道广东段整治工程名列全国十大水运工程之中。1993年7月，该工程的设计还荣获交通部科技进步一等奖。主持这项工程设计和建设的是广东航道局副总工程师张继仁和珠江航务管理局高级工程师何建华。

西江航道广东段整治工程是国家“七五”期间确定的重点建设项目，自界首至广州港全长287公里。这段航道有的航段狭窄，水浅弯多，海事频发，严重影响航道通行。1983年经国家计委、交通部批准，投资5300万元对航道进行整治。1985年1月正式开工，1990年12月竣工，已完成287公里航道的整治，经国家验收委员会验收通过，并经建设期先后6年多的观察与航运检验，认为该工程航槽稳定，航行安全畅通，各项工程技术指标符合规范要求，工程质量总评优良，是长河段系统整治工程的成功范例。

张继仁，广东省航道局副总工程师，湖南长沙人，1930年2月生，1953年9月从武汉大学河港系毕业后，分配到交通部水运规划设计院工作，1958年调广东航道局工作，先后主持过珠江三角洲航道规划、湘桂运河规划、连江渠化工程、东江枕头寨航运梯级工程、海口市新港航道、汕尾港、深圳港航运码头等几十项重要工程的设计和建设工作，都取得了优良工程的好成绩。他还曾作为援外专家赴越南负责宫门渔港码头的设计。1981年以后，主管西江航道建设，从初期的勘察调查、设计规划至工程竣工，主持了全过程的设计与建设，对该工程建设起到了重要的组织领导作用。他40年来从事水运工程的设计、施工，经验丰富，造诣较深，先后获省部级优秀设计、优良工程及科技进步一等奖4次、二等奖2次，并多次被评为工程建设的标兵和先进工作者，曾发表论文多篇。

何建华，交通部珠江航务管理局处长，高级工程师，江苏常州人。1936年1月生，1960年从河海大学毕业后，曾在广东航道局任工程师、室主任，珠江航务管理局副处长、处长等职。1979～1986年，负责西江航道工程设计研究工作。他通过4年的勘测、调查和综合分析计算，确定造流为航道整治的造床动力。对浅滩、弯道提出了具体的整治原则，特别是分汊浅滩整治提出分流比不变的假设，实践证明完全正确。他提出的混合型丁坝结构可节省33%的工程量，经济效益显著。他对洪水水面线的研究是航道整治工程的一项重大技术成果，基本解决了多年来在洪水壅高问题上的分歧，也为部“七五”攻关课题提供了重要资料。他主持的西江航运工程广东段设计曾获广东省优秀设计一等奖。曾发表学术论文多篇。

〔张淑云(女)·郑州华联商厦总经理·获全国优秀女企业家称号〕　1993年“三八”国际劳动妇女节前夕，郑州市纺织品公司、郑州华联商厦总经理张淑云，被中国企业管理协会女企业家协会、全国妇联授予“全国优秀女企业家”称号。

张淑云，1950年1月生，河南省滑县人。中国共产党党员。1968年入郑州絮棉厂当办事员，1974年该厂解散，到二七塔纺织品商店当营业员。因业务不熟，而受冷遇。她默默憋着一口气，白天坚守柜台，晚间便一头扎在书堆里，钻研与营业员有关的业务知识。功夫不负有心人，就在当年，她以营业技术、商品知识超过同行的业绩获得了河南省高级营业员的称号，此后还当过业务采购员和部主任。1981年起，在她任二七塔商店副经理主持业务工作的两年多当中，该商店的各项经济指标都有明显的增长，并于1983年被评为“省经济效益最佳单位”。1984年起张淑云被任命为郑州市纺织品公司副经理、总经理。1986年她主持公司全面工作，由于在企业内部推行了一系列改革措施，充分发挥了广大干部职工的积极性，使本公司于全国纺织品行业出现不景气的状况下，在毛利率、资金周转等指标方面跃居全国纺织行业第一位，人均劳动效率、利润率、费用率也处于全国领先地位。在筹建郑州华联商厦的3年中，张淑云几乎没有星期天和节假日，每天午夜前很少回家，长年累月无规律的生活，致使她患上胃溃疡、慢性肠炎等症。为筹措资金，她曾拖着病体远到西藏而休克三次。1990年9月这座耗资近4千万元，总建筑面积达25600平方米的现代化华联商厦，终于开业以后，她与华联领导班子一起，制定了“顾客第一、服务第一、信誉第一”的服务宗旨，培育了“至诚服务、奋发创新”的企业精神和“团结、进取、严谨、效率”的店风，华联以“货真价实”和较好的售后服务，赢得顾客的赞扬和信任。1991年华联即位居省国营商业零售企业综合效益第二位。1992年则取得销售额突破2亿、利税1亿以上的业绩。张淑云先后获市“三八”红旗手称号和市、省“五一”劳动奖章。在中央电视台摄制播出的系列专题片《商战》中，张淑云作为郑州商战六强中唯一的女总经理而名震中原。

〔张淮三·前中共天津市委书记·在天津逝世〕

1993 年 1 月 31 日，前中共天津市委书记张淮三因病在天津逝世，终年 75 岁。

张淮三，原名张叔康，1918 年生，天津市人。1936 年加入中国共产党，从事党的市委、区委秘密交通工作。1937 年抗日战争爆发后，赴延安入中共中央党校学习，后转入马列学院学习。曾任中共晋察冀二地委城市工作部部长、中共天津工委学委书记，组织开展地下革命工作。新中国成立后，任天津市青年工委书记、天津市公用局和地方工业局局长、市计划委员会副主任。1954 年至 1958 年任中共天津市委常委、市委组织部部长、市委书记处书记。1978 年任中共天津市委书记，1983 年任中共天津市顾问委员会主任。是中共第八、第十二次全国代表大会代表。

〔张维桢·中华全国总工会顾问·在北京逝世〕

杰出的工人运动领导人之一、中华全国总工会顾问张维桢，于 1993 年 3 月 31 日在北京逝世，享年 92 岁。

张维桢 1901 年出生在湖南省华容县一个贫农家庭，1921 年进入长沙市湖南第一纱厂做工，1923 年加入社会主义青年团，1925 年转为中国共产党党员。同年由长沙到上海，在任弼时、李立三、陈云、刘少奇等的领导下，从事工人运动和革命活动，参加了“五卅”运动。1927 年，担任上海总工会干部训练班主任、上海纺织业总工会委员长兼党团书记，在周恩来等领导下，组织纺织工人参加上海工人三次革命武装起义。1927 年“四·一二”事变以后，先后任中共上海南市部委书记、上海总工会沪东区特派员、中共江苏省委常委，在白色恐怖下带领群众坚持地下革命斗争。

1928 年 2 月因叛徒出卖，张维桢被捕入狱。1933 年 12 月出狱后，再次投入上海的工人运动。1938 年，中央派张维桢赴河南省从事党的秘密工作，先后任中共郑州中心县委书记、襄城县委书记、豫中地委书记和代理河南省委书记等职。1945 年 11 月，张维桢被派往东北工作，先后任辽吉省委职工运动委员会秘书长、辽吉省委副秘书长兼民运部长、哈尔滨市总工会主席、党组书记，东北总工会副主席、主席，中共东北局委员、东北人民政府委员兼劳动部长、全国总工会常委兼全总私营企业工作委员会主任等。

1954 年后，张维桢先后任中国轻工业工会主席、中华全国总工会党组成员、书记处书记、全国总工会顾问，是第一、二、三届全国人大代表、第五届全国政协常委、中顾委委员。

〔张皓若·任国内贸易部部长·谈关于深化流通体制改革的构想〕　1993 年 3 月 29 日，根据第八届全国人大第一次会议的决定，张皓若被任命为国内贸易部部长。

张皓若，1932 年生，河南巩县人。1950 年加入中国共产党。1952 年毕业于清华大学化工系。1954 年赴苏联进修。回国后历任兰州炼油厂分厂厂长、炼油厂副总工程师，石油工业部生产技术司处长，石油化学工业部炼油化工组副组长，化学工业部计划司司长，国家能源委员会科技局局长，中国石油化工总公司副总经理，中国石油学会副理事长，对外经济贸易部副部长。1988 年起任四川省省长、中共四川省委副书记。

1993 年 8 月 2 日《人民日报》刊登张皓若接受记者采访的谈话，谈国内贸易部关于深化流通体制改革的构想。他说：要以成立国内贸易部为契机，加快流通体制改革，建设大市场，发展大贸易，搞好大流通，更好地为经济建设和人民生活服务。关于加快流通体制改革，一是继续打破商品流通条块分割，实现生产资料与消费资料贸易相结合，形成以国家流通企业为主导的多元结构和城乡一体的流通发展大格局；二是在国家逐步减少指令性计划分配品种和数量的情况下，搞好国家订货，形成国家订货制度；三是深化工业消费品与农副产品购销体制改革，特别是要针对工业消费品批发体制进行改革，消除旧体制的弊端，摆脱困境。他说，商品市场体系建设的目标，是建成以全国性和跨区域性的批发市场和期货市场为枢纽，以区域性的批发市场与连锁集团为骨干，以发达的市场经营网点为基础，与国际市场相连结的多层次、多功能、高效、通畅、可调控的商品市场体系。

〔张腊梅（女）·中国第一个驾驶特大卡车女司机·被评为先进女职工代表〕　山西平朔安太堡露天煤矿生产部 170D 卡车司机张腊梅，凭着顽强的意志，克服常人难以想象的困难，从 1986 年 7 月以来，开着 170D 卡车这个庞然大物累计行车 208057 公里，总运量达 4371 多万吨，连续七年多做到安全行车无事故。1993 年被全总女职工委员会评为“先进女职工代表”后，又获全国“五一”劳动奖章。

170D 卡车身高 6.37 米，比两层楼房还高。轮胎直径 3.2 米，载重 154 吨。1986 年，张腊梅看到这种特大卡车后，就拿定主意要降服这个庞然大物，做中国第一个特大卡车女司机。经过紧张刻苦训练，美国专家的严格考核后，获得了驾驶合格证，成为中国仅有，世界少有的170D女卡车司机。开170D卡车，责任重大，劳累困乏，男司机都吃不消；矿坑地形复杂，道路崎岖，稍不留心就会发生"尾追"和颠覆事故；酷热难熬；野外行车，担惊受怕；还得忍受在男人群中工作的女性的种种不便；个人的恋爱婚姻因一心开车，多次受挫……，但她一心扑在汽车上，不怕苦累，使一些男子汉都自愧不如。现在她又开上了载重量更大，车体更高，当今世界上最大的190型卡车，向更高的高峰攀登。

张腊梅，1962年12月出生于山西省怀仁县，曾插过队，下过乡。1980年参加工作，1992年山西省妇联授予她"巾帼建功"先进个人称号，1993年被评为朔州市特等劳动模范，是1993年山西省"十大杰出青年"之一。

〔张道德·解放军某部后勤处副处长·获"艰苦创业模范"称号〕　1993年2月12日，沈阳军区发布命令，授予张道德"艰苦创业模范"荣誉称号。

张道德，安徽省宿县人，1954年1月出生，1972年12月入伍，1974年1月加入中国共产党，少校军衔。入伍20年来，无论当战士、志愿兵，还是当干部，他都尽心尽力做好本职工作，满腔热忱为部队官兵服务。1983年4月他调到团服务中心工作，当时服务中心只有7间瓦房、6头猪，欠债2.5万元。他带领战士艰苦创业，当年养猪54头，酿酒6万斤，盈利3.75万元，还清债务，添置了面条机、绞肉机、饲料粉碎机和电烤箱，扩建了厂房。到1989年，他们靠拣废旧材料和部分投资，建起了17间厂房、11间牛棚、7栋猪圈和温室，总面积63万平方米，固定资产达59万元，免费为部队服务折款29.6万元。服务中心越办越红火，现已养猪756头，奶牛、肉牛25头，羊121只。现有固定资产250万元，流动资金15万元。每年春季，他们都把精心育好的菜苗免费送到连队，为每个连队免费提供5－6头仔猪；夏季派人到各连菜地打药除虫，指导连队搞好田间管理；秋天出动车辆和机械帮各连收菜、打垅耙地；入冬前，举办冬储冬藏培训班，指导连队搞好冬菜的贮藏管理和腌制咸菜，还先后为8个连队、3个营部修建了525平方米的保温猪舍。连队训练时，他们无偿提供白糖、茶叶，煮好绿豆汤送到训练场。为了方便基层官兵，还专门做了两台流动服务车，把各种小食品送到各连队门前，让战士任意选购。10年来他们无偿为连队提供种植、养殖、主副食品折合人民币48万元。为使服务中心的战士提高技能，这几年他们投资近万元，送骨干到农学院和科研单位学习进修。张道德办服务中心有了名气，不少单位以各种优厚条件聘请他，劝他脱军装到地方赚钱，都被他谢绝。他在平凡的岗位上，为部队建设做出了不平凡的贡献，先后8次被上级树为"学雷锋标兵"、"优秀志愿兵"，先后10次立功，其中一等功1次，二等功3次。1990年被沈阳军区树为"学雷锋标兵"，荣获金质"学雷锋荣誉章"。

〔张瑞芳(女)·电影艺术家·获老一辈电影艺术家荣誉奖〕　1993年11月，在广州举行金鸡、百花双奖电影节期间，广州市对外文化交流协会向广州观众推选出的十名老一辈电影艺术家，颁发了"广州人最喜爱的老一辈电影艺术家"荣誉奖状。张瑞芳在半个世纪的表演艺术实践中，在舞台和银幕上，塑造了众多真实感人的艺术形象。受到广大观众的欢迎，因而获得这一荣誉。

张瑞芳，1918年出生于河北保定。母亲是一位较早接受五四新文化熏陶的共产党员，在其影响下，张瑞芳从少年时代就走上革命道路，1935年她在北平国立艺术专科学校西洋画系念书时就积极参加进步话剧演出，参加爱国学生的抗日救亡运动。1937年她在国民党军警层层包围下与崔嵬一道冒着生命危险向几千名学生演出了街头剧《放下你的鞭子》，受到青年学生的热情欢迎，张瑞芳自己也从中感受到革命戏剧强烈的艺术感染力。从此全力投入中共领导的北平学生战地移动剧团的演出，与荣高棠、杨易辰，陈荒煤等一起演出了《七·二八之夜》、《打鬼子去》、《林中口哨》等。这时日寇侵略日益猖獗，华北地区相继沦陷，张瑞芳目睹民族危亡，国民党软弱无能，便将自己的全副热情投入抗日救亡运动，开始在革命现实主义的戏剧创作道路上迈出了坚实的步伐。1938年加入中国共产党后的张瑞芳，在重庆参加了进步戏剧运动。在周恩来为首的八路军办事处的领导下，与许多艺术家、文学家一道，演出了《全民总动员》、《国家至上》、《棠棣之花》、《屈原》、《家》、《北京人》、《大雷雨》等。成为轰动山城的四大名旦之一。她演的《棠棣之花》(郭沫若编剧)借古喻今，呼吁中国联合起来抗击侵略。张瑞芳饰演的酒家女春姑纯真质朴，清新感人，显示出真实和诗情结合的艺术魅力。在《屈原》中，她扮演的婵娟，忧国忧民，热情正直，皎洁如月，深得郭沫若赞赏，曾赋诗赠她："凭空降谪一婵娟，笑貌声容栩栩传。赢得万千儿女泪，如君合在月中眠。"她在《北京人》中扮演的愫芳又别具一格，深入、形象地展示了这一在封建桎梏下苦闷孤独的女性内心世界。《家》中的瑞珏也让我们看到张瑞芳刻画女性的多方面才能。在这一时期的演出活动中，周恩来对进步戏剧的热情支持，对艺术家的无微不至的关怀，深深地激励着张瑞芳，她把周恩来的关心做为激励自己一生创作的力量。

1949 年张瑞芳拍了她的第一部影片《松花江上》。1949 年新中国成立，她饱含激情，决心熟悉新时代，创造新人物。在上海电影制片厂的三十多年中，她专心致志，刻苦钻研，先后主演了《南征北战》、《母亲》、《三年》、《家》、《凤凰之歌》、《三八河边》、《聂耳》、《李双双》、《大河奔流》、《泉水叮咚》等，在塑造社会主义新人方面取得了突出的成就。其中尤以李双双的刻画尤为成功。张端芳在扮演心直口快、大公无私的农村妇女李双双时，没有简单地强调这一形象的外部特征而是真实地深入地发掘她的内心世界，"形于内而动于外"，使内心活动和鲜明的外部动作和谐自然地统一，从而展现出人物丰富独特的性格色彩。在表现李双双与丈夫的三次冲突时，张瑞芳的表演层次清晰，感情和动作的发展流畅生动，色调变化自然可信，细腻地展现了人物在不同情境下的心理反映，使李双双这一银幕形象至今仍具强烈的艺术感染力。张瑞芳也因为这一形象的塑造获得第二届百花奖最佳女主角奖。

〔张瑞敏·青岛琴岛海尔集团总经理·应全国总工会邀请赴京作报告〕　山东青岛琴岛海尔集团总经理张瑞敏，把企业管理的重心放在开发人才上，在短短 9 年时间，把一个濒临倒闭的小厂发展成为初具经济规模、进入国际市场的企业集团。生产的"琴岛海尔"冰箱名扬海内外。1993 年"五一"国际劳动节，张瑞敏应全国总工会的邀请到北京参加庆祝活动并作模范事迹报告。

张瑞敏有句名言："人人是人才"。他认为："你可以不知道下属的短处，却不能不知道他们的长处。用人之长，即你能翻多大的跟头，企业就给你搭多大的舞台"。但是，人人是人才不是一句空话，要有机制作保障。从 1986 年建厂开始，张瑞敏不断在分配、用工、人事制度上进行改革和探索，逐步形成了自己独特的内部机制。现在，从业务员到中层干部，都采用公开招聘、公开考核的办法录用，形成了一个保障人才脱颖而出的公平竞争机制。

冰箱二厂 21 岁的青年女工杨晓玲，针对温控器上的化霜按钮容易脱落的问题，制作出化霜按钮扳手，使按钮的安装合格率由原来的 70%提高到 100%，被厂里命名为"晓玲扳手"。总装工段长李启明，对影响产品合格率的焊枪进行了改造，命名为"启明焊枪"。这使工人从中看到了自己在企业中的主人翁地位和重大作用，激发、调动了职工参与企业管理的积极性，让职工主动地、创造性地工作。

1984 年张瑞敏上任时，冰箱厂是个亏损 147 万元，人心思散的企业。经过他调查分析，认为企业要后来居上，关键要创出质量过硬的名牌冰箱，但一流的产品应该是第一流的人干出来的。在张瑞敏的倡议下，76 台不合格"瑞雪"冰箱，由生产这些劣质冰箱的责任者亲手砸毁它。这一举动惊醒了广大职工的质量意识，工人们主动提出："谁砸冰箱的牌子，就砸谁的饭碗！"的口号。全厂上下形成了一种全新的价值观：职工实现主人翁价值的标志便是向社会奉献完美的产品。一支高素质的职工队伍在严格的质量管理中逐步形成了，创一流的产品，创世界名牌，已不是张瑞敏个人信念，而是全体员工共同的追求。从 1987 年开始，他们的产品连续取得省优、部优称号；在同行业中第一个跻身于国家一级企业，连续在国际招标中独占鳌头。1988 年，他们的产品获得中国冰箱史上第一块金牌。

良好的效益，公平竞争的机制，是企业凝聚力的所在。但张瑞敏认为，人与人之间的亲情、关怀，在企业管理中同样重要。他坚持在职工福利上第一个考虑的就是工人。1990 年在东京举行的第 6 次中日企业管理经验交流会上，他的关于管理的一些突破性理论与实践，使日本同行们耳目一新。

今天的琴岛海尔，已经是一个拥有 5000 多名职工、10 亿元销售收入，年税利达 1.5 亿元的大型企业集团。主导产品电冰箱已在亚洲冰箱行业第一个取得了 ISO9001 国际认证——国际质量管理体系的最高标准，成为当之无愧的国际一流经销商。产品畅通无阻地进入了工业水平先进的欧美国家。1993 年，张瑞敏在青岛又建立了"琴岛海尔工业园"，以此为基础，实现他的把琴岛海尔集团建成实力雄厚的、有一定规模的跨国公司的理想，建成中国的"松下"。

张瑞敏，山东莱州人，1949 年生，高级经济师，中共党员，1989 年被授予全国劳动模范称号。

〔张鉴泉·香港工业总会主席·病逝香港〕
1993 年 5 月 17 日，香港著名工商企业家、香港工业总会主席、港事顾问张鉴泉，当晚出席香港记者协会筹款活动，并登台高歌。不幸会后心脏病突发，经送医院抢救无效，于次日上午逝世。噩耗传来，前国务院港澳办公室主任姬鹏飞、现主任鲁平及有关单位电唁其亲属，深表哀悼，并赞扬张鉴泉爱国爱港，真诚挚着为"一国两制"大业和香港社会福祉尽心奔走，为维护香港繁荣、平稳过渡贡献良多，长期致力于香港工业发展成绩斐然。丧礼于 1993 年 5 月 25 日在香港殡仪馆举行，港事顾问、治丧委员会副主任李鹏飞致悼词说，张鉴泉乃香港工、商、政界知名人士，一向热爱香港，关心社会，积极参与香港公共事务，支持内地经济改革开放，为香港及内地的建设作出了重大的贡献。当日清晨，前去吊唁者有香港各界人士及亲朋好友1600多人，代表各界的公祭团体有61个，都认为张鉴泉英年早逝是香港社会的一大损失。

张鉴泉，1941年生。1965年从英国留学返港后，从事纺织制衣业，任香港利华布厂有限公司董事兼总经理，是香港工商业界的后起之秀。1985年当选为港府立法局议员，并历任港府职业训练局主席，工业村公司董事局主席，大学及理工教育资助委员会主席，香港工商总会副主席、主席。1985年曾获O·B·E·勋衔。他是香港社会有影响的人物，是香港特别行政区基本法咨询委员会执行委员、港事顾问。

1991年10月，以张鉴泉为团长的香港工业总会组织的上海浦东考察团一行29人抵达上海进行考察。张鉴泉认为上海浦东的开放和开发，势必带动整个长江流域经济更快发展。

〔张锦秋（女）·中国工程建设设计大师·获建设部优秀设计奖〕 我国首批建筑大师名单公布时，其中唯一的一位女性就是西北建筑设计研究院总建筑师张锦秋。她主持或参与的建筑设计连续多年获奖。1993年她主持设计的陕西历史博物馆获建设部优秀设计奖、中国建筑学会首届建筑创作奖。同年，她的建筑设计论文集《从传统走向未来》面世，受到建筑学界的重视。

张锦秋曾参加全国许多重大工程设计。五十至七十年代，先后参加了中国革命历史博物馆、中国军事博物馆学习馆、喀麦隆文化宫、北京图书馆、毛主席纪念堂等建筑设计。八十年代至九十年代初，她主持设计的西安大雁塔旅游风景区的唐华宾馆、唐歌舞餐厅和唐艺术陈列馆（即中日合作项目“三唐”工程），正确处理了新建旅游开发工程和文物古迹环境保护的关系，既体现唐代传统风貌，又融进现代设计思想，该项设计获中建总公司优秀设计一等奖，建设部优秀设计二等奖。以她为 总设计师的陕西历史博物馆，不仅在技术上、现代化程度上达到国际水平，而且在建筑艺术上体现了陕西悠久历史和灿烂文化的特色。她主持设计的其他工程，如法门寺、阿倍仲麻吕纪念碑、华清池御汤遗址博物馆、青龙寺空海纪念碑院等，都具有浓厚的民族特色，并获得国家级、省部级优秀设计奖。近十年来发表论文30余篇，曾赴泰国、日本和台湾参加学术交流会议宣读论文。

张锦秋，原籍四川荣县，1936年10月出生于成都市，1960年毕业于清华大学建筑系，1961年至1966年为清华大学建筑系建筑历史及理论教研组研究生，并曾在本系美术教研组任教。后分配至西北建筑设计院，历任技术员、建筑师、主任建筑师，现任院总建筑师，职称为教授级高级建筑师，1991年被授予中国工程建设设计大师称号，1993年当选第八届全国政协委员。并任中国科学技术协会委员、陕西省科协副主席、中国建筑学会理事、中国建筑师学会理事、陕西省建筑师学会会长、中国传统建筑园林研究会常务理事等职。并担任清华大学建筑学院兼职教授。

〔张毅刚·青年地球化学家·获中国科学院青年科学家一等奖〕 中国科学院地质研究所研究员张毅刚于1993年12月获中国科学院青年科学家一等奖。

张毅刚，1962年10月生，辽宁省兴城县人。1983年毕业于北京大学地质系。1984至1988年赴法国南锡洛林高等理工学院及法国国家科研中心岩石地球化学中心学习，先后获硕士和博士学位。1988年6月至1989年5月在美国华盛顿卡内基地球物理实验室做博士后研究。1989年回国工作，现是中国科学院地质研究所研究员。

张毅刚从事实验地球化学研究，在研究地质过程中流体在高温高压下的物理化学性质、流体与岩石相互作用、以及进行这些研究的实验方法等方面取得了突出的成果。他已成为地质所在地质过程中流体热力学研究方面年轻的学术带头人。他通过流体在高温高压下的实验研究，建立了新的状态方程，在国际上被称为“张氏方程”而获得广泛引用，并作为标准状态方程收录在FL——INCOR国际软件中。他在国际上首次开展了不混溶流体与岩石的相互作用的研究，为实验岩石学开辟了新的研究方向。他建立了一种新的实验方法，解决了实验岩石学中气体定量化的一大难题，使得精确研究气体及其与岩石的相互作用成为可能。

张毅刚1992年获中国矿物岩石地球化学学会侯德封奖。发表论文20篇。

〔陆小娅（女）·中国青年报编辑·获首届韬奋新闻奖〕 中国记协和中国韬奋基金会联合举办的首届韬奋新闻奖，于1993年12月17日在北京颁奖。《中国青年报》“生活周刊”主编陆小娅获奖。

陆小娅，1953年7月生，四川人。1975年北京师范学院中文系毕业，当过中学教师，1981年通过社会公开招考进入《中国青年报》社，先后在文化生活部、青年参考、科学部、学校教育部、生活周刊等部门工作。12年来，她一直热心群众工作，坚持给作者、读者及不相识的青年朋友复信，被誉为“善解人意的编辑”。

3年前，为使报纸适应新时期青年读者的需求，更好地了解青年并为之服务，在报社领导及同志们的帮助下，她发起创办了“青春热线”。她是最早将电话心理咨询与新闻结合起来的探索者之一。几年来，“热线”共接受7000多人次的咨询，充满爱心地为诸如早恋、失恋、离异、求职、人际关系、考试压力等心理疾患者排忧解难，尤其是为一些欲寻短见者打开心扉、解开心结，受到各界热烈赞扬。

一个严冬的早晨，上班时间未到，一个男青年来到报社，热泪滚滚地写了封给“青春热线”主持人的信就走了。陆小娅看到信里写着：“在我生命即将结束的这个时刻，我有一个请求，希望通过贵报向社会呼吁……”原来，他是江西籍复转军人，因不满家长包办婚姻而陷入绝境，陆小娅通过“热线”电话设法找到其人，耐心劝导，并争取到他的女友配合，问题终于得到妥善解决。

她在《中国青年报》上开设了“咨询实录”、“咨询员手记”等栏目，陆续刊出大量的案例分析性文章，深受青年读者的欢迎。

〔陆俨少·著名画家·在上海逝世〕　著名中国画画家、艺术教育家、浙江美术学院教授、浙江画院院长、上海中国画院画师陆俨少1993年10月23日在上海逝世。

陆俨少，原名冈祖，又名砥，字宛若，1909年生于上海。自幼喜好绘画，1927年考入无锡美术专门学校，不久退学返乡，拜画家冯超然为师，通过临摹名人画作，打下了较坚实的基础。抗战初期辗转内地，曾在重庆、成都等城市举办个人画展。1946年回归故里，1956年受聘为上海中国画院画师。1962年起在浙江美术学院兼课。1979年调浙江美术学院任教授，并赴日本访问。1980年，出版《山水画刍议》、《陆俨少画辑》、《陆俨少画集》，并在杭州、北京相继举办个人画展。1981年在香港举办个人画展。

陆俨少善山水，兼作人物、花鸟。其山水注重用笔，善以笔尖、笔肚、笔根等部位的不同运用，来表现自然山川的不同变化，线条深厚有力，富有变化。他师承宋、元，学古而不泥古，注重线条，取法自然，创有“留白”、“墨块”、“钩云”三种山水画法，为传统所未有。代表作品有《峡江图卷》、《烟江叠嶂图卷》、《祖国名山图十六幅册》、《井冈山黄洋界》及《杜甫诗意一百幅册》等。作品质朴清新，风格自立，充满诗情画意，为许多画家和读者所称道。

陆俨少是第六、七届全国人大代表，中国美术家协会理事。

〔陆裕朴·著名外科学家·在西安逝世〕　第四军医大学原副校长、一级教授、著名矫形外科专家和医学教育家陆裕朴，1993年3月29日在西安逝世。

陆裕朴，1917年生，江苏宿迁人。1942年毕业于原国立中央大学医学院，后任该校讲师。1949年赴美留学，后从医执教，先后任衣阿华州立大学骨科医师、旧金山凯泽基金会医院骨科主治医师。1955年回国，历任第四军医大学副教授、教授、附属医院骨科主任、副院长、副校长，总后勤部卫生部专家组成员。兼任全军医学科学技术委员会副主任、全军骨科专业组顾问、中华医学会外科学会委员、中华骨科学会常委、全国小儿麻痹学会名誉会长、《中华骨科杂志》副主编等职。1978年5月加入中国共产党。

陆裕朴从事矫形外科治疗研究和教学50年，造诣精深，成果丰硕。50年代先后用螺旋撑开器矫正小儿膝内外翻畸形，用早期建立肌力平衡的方法治疗婴幼先天性马蹄内翻足，用刮除病灶、50%氯化锌烧灼骨壁加自体或异体骨填充的方法治疗巨骨细胞瘤，均获成功。1963年施行吻合神经、皮管包埋再造拇指成功。1976年将离体18小时，冰水浸泡13小时的断手再植成功。1986年指导完全离断的十指再植全部存活，为世界第一例。合著有《骨科手术学》等。

1978年以来，陆裕朴培养研究生50余名，其中12人为博士研究生。先后获国家级、军队级科技成果奖41项，两次立二等功、两次立三等功。曾被总后勤部授予“模范医务工作者”称号。1989年被评为全国“侨界十佳”之一。

〔阿沛·阿旺晋美·当选第八届全国政协副主席〕　1993年3月26日，在政协第八届全国委员会第一次会议上，阿沛·阿旺晋美当选为全国政协副主席。4月21日，由阿沛·阿旺晋美担任名誉会长的中华名人协会在北京正式成立。

6月8日，《光明日报》刊登了“阿沛·阿旺晋美谈蒙藏文化研究”的谈话录。他说，如果不懂得蒙藏关系史，就无法了解西藏是如何统一到中国来的过程。西藏成为中国不可分割的一部分，蒙古族起了重要作用。蒙藏文化关系是从13世纪30年代萨迦班智达开始的，后来八思巴继承这个事业，将西藏在政治上统一于元朝蒙古王室之下，他利用自己的宗教声望，主持规划和建立元朝西藏的各级行政机构，同时带动西藏佛教各教派的上层人物与元朝建立关系。他与元世祖忽必烈作为藏族和蒙古族的领袖人物，促进了西藏在政治上统一于祖国事业做出了贡献。他还受忽必烈委托，创造了蒙文字母。阿沛·阿旺晋美认为，蒙藏文化与宗教是分不开的。蒙藏文化是一个跨学科、跨地区、跨民族的文化宝库。两个民族的学者应当加强合作，共同开展研究。

阿沛·阿旺晋美，1911年生，西藏拉萨人，藏族。1936年后任西藏地方政府昌都粮官、民事法官、孜本（审计官），噶伦、昌都总管。1951年任西藏地方政府赴北京谈判的首席代表，同中央人民政府签订了关于和平解放西藏办法的协议。1952年后任西藏军区副司令员，西藏自治区筹委会秘书长、副主任，西藏自治区人民委员会主席、革委会副主任，西藏自治区人大常委会主任、自治区人民政府主席。是第一届全国政协委员，第三届全国政协副主席。第一至七届全国人大代表，第三至七届全国人大常委会副委员长，第五至七届全国人大民族委员会主任委员。

〔陈刚·青年发明家·无偿献给革命老区和贫困地区九项专利技术〕　1993年11月30日，保定市第一医院技师陈刚将自己价值达41.5万元、年可实现利润381.2万元的9项专利技术交给了河北、江西、山西、陕西的省长、副省长及有关领导，无偿地献给革命老区和贫困地区。

近年来，陈刚在化学、电子、卫生保健、食品机械、物理学等领域共完成科技发明成果70余项，其中25项曾分别获法国巴黎发明博览会"特别奖"及国际、国家和省级的各种大奖。他的全部科研成果均已实施，转让率高达100%。其中20余家企业，实施了他30余项发明成果，获利上千万元。

陈刚对发明的偏爱，可溯源到童年时代。他从小就有一种强烈的好奇心，对什么都想探个究竟。在上小学时就试着做了多种教具，还造了一架简易幻灯机。参加工作后，他看到汽车司机擦车很麻烦，于是突发奇想，要发明一种集洗、擦、上光打蜡为一体的用品，以减轻工人的劳动。经过300多个令人心焦的日日夜夜，他终于完成了第一项发明："清洁上光增亮纸巾"，在河北省第三届科技发明展览会一展出，便获得金奖。1988年又在法国巴黎举行的世界发明博览会上获得了特别荣誉奖，并被国内外人士誉为"东方魔纸"。

陈刚原只有高中文化程度，越钻研发明，越感到自己知识的贫乏。于是他自修了大学基础课程，并刻苦学习了多学科的专业理论知识，翻阅了《实用化学》、《纸浆与制作》、《电子学》、《无线电原理及其应用》等许多涉及化学、物理、电子、人体生物等领域的专业书籍，写下了近50万字的读书笔记。1992年3月，他在好友陈晓庆的协助下，自行投资七八万元，建起了一个相当中等水平的化学实验室，为深层次的发明创造提供了可靠条件。

陈刚搞发明创造，总是把眼睛紧紧地盯住市场，市场需要什么，他就研究什么。"清洁上光增亮纸巾"上市受到欢迎后，他又搞出了餐具洗洁纸巾、洗手润肤纸巾等系列。他发现市场上很需要洗衣时不串色的洗涤剂，于是发明了无磷防串色洗涤剂，这种产品可使易掉色的各种衣物在一起洗时只去污而不串色。

陈刚1961年3月18日生于河北省保定市，1977年参加工作，1978年应征入伍，被分配在空军114医院，1982年复员后到保定市第一医院工作。1985年起从事业余发明创造活动，1990年被'先锋公司'聘为科技顾问。1993年获河北省重大贡献发明家、"十大科技实业家"称号，被团中央授予"青春杯"奖。

〔陈华·湖北广播电台记者·获全国见义勇为先进分子称号〕　1993年8月25日，中共中央宣传部和公安部在第三次全国人民群众同犯罪分子作斗争见义勇为表彰会上，授予湖北人民广播电台记者陈华以"全国见义勇为先进分子"称号，他是此次受表彰的119名先进分子中唯一的一位新闻记者。

1992年10月7日，陈华采访归来，在公共汽车上遇到四名歹徒，他们先辱骂售票员，后对一位农村妇女拳打脚踢。陈华挺身阻拦，只身与歹徒展开搏斗，直到被警察发现他才得以脱险。虽然他多处受伤，仍坚持返回电台，写完新闻稿才被送进医院。

陈华，湖北蕲春人，1958年2月生。1976年任兰州军区新闻干事，报道组长。从部队转业到湖北电台的六年中，几乎没有休息过节假日，六个春节有五个是在岗位上度过的。在从事政法报道工作中，他兢兢业业，深入基层，采写了一系列重大社会治安新闻，为促进社会治安好转作出了贡献。

〔陈杰·北京牡丹电子集团公司总经理·获全国"五一"劳动奖章〕　陈杰从1990年担任北京牡丹电子集团公司总经理之后，注重抓企业的科学管理，着眼于企业的发展，通过外引内联，转换机制，使北京牡丹电子集团公司发展成为跨行业、跨地区的、由30多家企业组成的大型企业集团。1993年生产彩电70万台，与1992年相比，产值增长4.5%，销售收入增长20%，利税增长34.9%，该企业被评为全国电子工业十强企业之一，陈杰被北京市政府授予优秀厂长称号，并获得全国"五一"劳动奖章。

陈杰，山东省烟台市人，1938年5月生。1958年毕业于华东师范大学。先在上海航校任教员。后调至北京无线电联合厂任科长，1980年出任北京电视工业公司副经理，1983年11月任北京广播电视工业总公司外经处处长，1984年3月又调回北京电视机厂工作，历任党委书记、厂长，北京牡丹电子集团公司总经理。

陈杰具有管理电子工业的丰富经验。他管理企业首先抓落实经济责任制，推行工作量、质量、管理三者相结合的考核办法，坚持质量的否决权，把质量与职工的经济收入捆在一起。同时他指出，不能单纯依靠奖罚，还应当重视做职工的思想政治工作，搞精神文明建设，培养职工树立"在竞争中以优质求生存"的观念，使职工的质量意识大大增强，牡丹电视的质量有了长足的发展，从而增强了企业的竞争力。陈杰抓企业管理的另一招是实行厂长负责制，改革企业的决策体系。新的决策体系包含最高决策层、专业决策层和执行管理层三个层次，各有其责权范围，因而保证了决策的科学性、民主性，使企业的各项工作协调运转，改变了过去那种管理渠道交叉，"慢动作，踢皮球"的现象大为减少。改革企业内部的分配制度和干部管理制度是陈杰管理企业的第三招。过去，企业内各部门搞一条龙承包，什么人都算龙体的组成部分，结果还是吃大锅饭。陈杰主张搞单项承包，把任务包给个人，这样调动了职工的积极性。在干部管理上实行聘任制，聘期二年，坚决把那些占着岗位不干事的人换下来，激发了广大干部奋发向上的竞争精神。严格的企业管理，促进了企业经济效益和社会效益的提高。1993年北京牡丹电子集团公司被评为全国用户信得过的企业，牡丹彩色电视机被中国质量协会评为用户信得过的产品。

〔陈国·羊城晚报摄影记者·获第十三届中国优秀新闻摄影作品评选金牌奖〕 羊城晚报摄影记者陈国拍摄的《1993.12.26——韶山冲》彩色组照夺得第十三届（1993年度）中国优秀新闻摄影评选金牌奖。这组彩照共计五幅，以故乡人民纪念毛泽东诞辰一百周年为主题，包括毛泽东故居、毛泽东铜像揭幕仪式、毛泽东六位烈士亲属雕像及毛泽东诗词碑林，生动而形象地反映了中国人民对这位伟人的深深怀念。

陈国，广东省遂溪县人。1949年出生于一个农民家庭。1969年参加中国人民解放军。毕业于华南师范大学干部学院。

陈国从1970年即从事新闻摄影工作，在部队任摄影员、摄影干事，七十年代有《铁道卫士》等作品入选全军影展和全国影展。1983年转业到《羊城晚报》任摄影记者，参加过唐山地震重建十周年纪念、第六届全运会、第十一届亚运会、西藏和平解放四十周年纪念、《上海一日》等摄影采访活动。作品《'婴婴'案始末》获1986年广东省新闻影展一等奖；《打破世界纪录的时刻》入选1987年"中国摄影50年"赴荷兰影展，同年入选荷兰世界新闻影赛。

作为在全国有影响的一张大报《羊城晚报》的摄影记者，压力驱使陈国在岗位上玩命。寒来暑往，白天黑夜连轴转，干今天、想明天，发稿！发稿！发急稿！！工作正未有穷期。在军队工作时练就的文字报道、摄影报道两般武艺使他在摄影生涯中得心应手。

〔陈征·经济学家·发表《论社会主义城市绝对地租》一文〕 福建师范大学教授、经济学家陈征的重要论文《论社会主义城市绝对地租》，在1993年第1期《中国社会科学》杂志上发表。这篇文章论证了社会主义城市绝对地租的必然性、来源及量的计算，是对马克思地租理论的应用和发展。

陈征，1928年生，江苏泰县人。无锡中国文学院毕业。从1949年起从事《资本论》和政治经济学的教学与研究，是我国著名的《资本论》研究专家。他的代表作、长达144万字的《〈资本论〉解说》，是一部全面系统解说《资本论》的专著，1988年获国家级全国高等院校优秀教材奖、福建省"六五"重点科研项目优秀专著奖，1991年获光明杯全国哲学社会科学优秀学术著作二等奖。他还与人合著《对〈资本论〉若干争论问题的看法》〈上下册〉、《评介国外部分学者对<资本论>的研究》、《〈资本论〉引读》等专著7部；主编《〈资本论〉创作史研究》、《〈资本论〉一二三卷研究》、《简明资本论辞典》及全国高等师范院校政治经济学教材等14部；在《中国社会科学》、《经济研究》等刊物发表论文60余篇。其中《资本论和社会主义经济》一文，美国《国际社会经济杂志》已译成英文转载。

陈征在1980年发表了《创造商品价值的劳动包括脑力劳动》、《资本论与技术革命》等系列论文，指出了脑力劳动创造价值的重要意义、生产劳动概念必须扩大、科学技术对生产力发展的重要影响等。针对七十年代后期学术界出现的马克思绝对地租理论过时的思潮，1982年他首先提出了《要区分两种不同意义上的绝对地租》，对于马克思的地租理论提出了新的见解。

陈征曾任福建师范大学校长、系主任。现任教授、博士生导师,中国《资本论》研究会副会长,中国人民政治协商会议第六、七、八届委员。1982年和1986年两次被评为福建省劳动模范;1985年被评为"全国优秀教育工作者",获全国"五一"劳动奖章;1987年和1992年两次被评为有突出贡献的专家。他的传记曾刊载于英国剑桥国际传记中心,美国传记学会出版的《世界名人录》和《国际知识分子名人录》。

〔陈强·电影艺术家·获老一辈电影艺术家荣誉奖〕 1993年11月,在广州举行金鸡、百花双奖电影节期间,广州市对外文化交流协会,向广州观众推选出的10名老一辈电影艺术家,颁发了"广州人最喜爱的老一辈电影艺术家"荣誉奖状。

陈强自1947年加入东北电影制片厂任演员以来,先后在《桥》、《画中人》、《三年早知道》等众多影片中担任重要角色,其中尤以《白毛女》中的黄世仁,《红色娘子军》中的南霸天表演准确、深刻,获得广大观众认可。近年来陈强又与其子陈佩斯合作,拍摄了系列喜剧片,受到大家的欢迎,因而获得了"广州人最喜爱的老一辈电影艺术家"荣誉奖状。

陈强,原名陈庆三,1918年生于河北省宁晋县。1936年在太原念中学时受进步同学影响参加一些进步文艺活动。1937年随战地动员宣传团到晋西北演出《放下你的鞭子》、《三江好》等宣传抗日救亡的节目。1938年到延安,在鲁艺戏剧系学习,毕业后,参加华北联大文工团。在延安期间,他参与了不少秧歌、戏剧演出,最成功的是他在大型歌剧《白毛女》中扮演的黄世仁。陈强以精湛的演技,生动形象地勾勒了恶霸地主黄世仁的阴险狡诈、凶残丑恶的面目和灵魂,激发了广大观众对地主阶级的愤恨以至于在演出时不少观众往台上的"黄世仁"扔砖头石块,陈强的右眼因此受伤。在冀中河间演出时,有个战士举枪推弹入膛准备向"黄世仁"射击,幸得旁座眼快制止。后来部队规定凡演《白毛女》时,战士不许带枪。由此可见陈强扮演恶霸黄世仁的确达到逼真的地步。解放后拍摄电影《白毛女》时陈强成了当然的"黄世仁"扮演人选。《白毛女》在全国上映以后,黄世仁成了陈强的代名词。他接着在影片《红色娘子军》中扮演"南霸天",并因此获亚非电影节最佳男演员奖和第一届电影百花奖最佳男配角奖。

陈强扮演的反派角色之所以取得成功,主要之点在于他不是把反派角色做为一个符号,而是当做真实的人。他从生活出发,探索反面人物的内心世界、心理活动、行为逻辑、喜怒哀乐、独特个性,再调动自己的生活积累,从丰富多面的角度,深刻地揭露他们的本质。如黄世仁对喜儿凌辱欺压而对其母则孝敬温顺,都没有简单化地处理。对南霸天的掌握不温不火,老练深刻,把这个恶霸目空一切而又外强中干的冷酷、狡滑、诡计多端的特性活画出来,将南北两地主的共性与个性刻画得十分准确。

陈强还是难得的喜剧人才。他节奏感强,形体控制能力强,想象力丰富,还具备难得的幽默感。他塑造喜剧人物坚持从生活出发,抓住人物特点,不单纯从夸张手法上找笑料,让观众看到人物的遭遇是意料之外,又在情理之中,因此受到观众欢迎。

现在陈强已是75岁高龄的老人了,可他仍然精神抖擞地活跃在银幕上,为繁荣我国的电影事业勤奋工作着。

〔陈颙·地球物理学家·当选为中国科学院学部委员〕 国家地震局研究员陈颙于1993年12月当选为中国科学院地学部学部委员。

陈颙,1942年12月31日生,江苏省宿迁县人。1965年毕业于中国科学技术大学地球物理系。现为国家地震局研究员、副局长。曾在美国加州大学柏克莱分校、美国原子能委员会劳伦斯实验室任访问研究员,英国伦敦帝国大学和爱丁堡大学任讲学研究员。是中国地球物理学会副理事长,中国地震学会副理事长,并任中国地震季刊英文版主编,国际地震中心(ISC,伦敦)执行委员,世界数据中心中国分中心(WDC—D)副主席。

陈颙在我国实验地球物理领域内开拓并最早发展了岩石破裂物理实验学科,创建岩石破裂实验室,建立了全场精密变形测量的脉冲激光全息装置,计算机伺服控制的声学测量系统,开展了对岩石中纵、横波和横波分裂的传播等研究工作。在国际上首次指出应力对岩石强度、破坏性前兆有重要影响,而关于受热开裂的研究,已被国际上用来研究核废料处理的热应力问题。通过岩石破裂实验,模拟地震过程,提出用震源机制一致性作为描述地震活动性的新参数,并以降维模式作为地震前兆的普遍性模式。他提出"图象动力学"作为研究地震过程的新方向,通过分形几何学对地震活动性作图象定量分析,用浑沌动力学建立多维离散模型,并进行地震预测。这个方向代表了当前国际的前沿动态,从而被选为世界地震和地球内部物理学会(IASPEI)地震预报委员会副主席,国际科联(ICSU)中期地震预报国际研究计划执行委员和东南亚区域中心主席,IASPEI全球地震经济损失研究计划的总协调人。

〔**陈露(女)·女子花样滑冰选手·获世界锦标赛铜牌**〕　陈露夺得1993年世界花样滑冰锦标赛铜牌的消息,是和春风一起吹回祖国内的。尽管一年前,她也得到过这一殊荣,但是这次的蝉联,却进一步巩固了她在世界冰坛的强手地位。

陈露,1977年生于吉林省长春市。4岁的时候,双职工的父母上班时,总要把她锁在家里。她家楼后有个冰场,无所事事的小陈露只好趴在窗台上看外面的大人们在冰面上翩翩起舞。看着看着,她入迷了。有一天,爸爸把她领到冰面上,她穿上小冰鞋试着滑起来,奇迹出现了,她不像别的孩子那样被摔得前仰后合,不敢挪步,而是大胆向前滑去,不摔不倒,冰感极好。

但是后来,她却没有少摔跟头。她的教练李明珠事业心极强。从陈露的天赋中,她看到了中国花样滑冰走向世界的希望。同时她也知道,中国选手的艺术表现力往往不如欧美选手,要想闯上世界冰坛,只有上难度,以难取胜。

从7岁开始,李明珠便试着让陈露学习跳旋转。一周,两周,三周,才12岁她就掌握了全部5种3周跳的高难动作,这在世界上也是绝无仅有的。此后,她参加了一系列国际比赛,从前苏联"新闻杯"的金娃娃奖,到世界少年锦标赛第3名;从第16届冬奥会第6名,到世界锦标赛第3名,五星红旗不止一次地在世界赛场上升起。

据行家评论,我国花样滑冰在1985年以后,一直处于停滞不前的徘徊状态。陈露的出现,打破了这种僵局。

〔附记:1994年2月25日,17岁的陈露在挪威哈马尔北极光滑冰馆里把中国冰上界几代人的梦想变成了现实。当她以第三名的身份欢笑着登上第17届冬奥会花样滑冰女子单人滑的领奖台时,中国花样滑冰的历史翻开了崭新的一页。

当时,对于胸挂铜牌站在领奖台上的这个东方姑娘,许多观众感到格外新奇。因为在他们看来,中国人玩花样滑冰就像外国人玩武术一样不可思议。

然而事实却是,在各国佳丽、几届冠军荟萃的冬奥会上,陈露像一朵婷婷玉立的小花,把中国女孩清纯、活泼、含蓄、典雅的东方美淋漓尽至地展现给世界。

陈露说:"今天,我能为我的祖国在这个项目上获得一枚奥运铜牌感到特别兴奋,特别自豪!"〕

〔**陈乃春·闽剧演员·获第三届文华表演奖、第十届梅花奖**〕　1993年,陈乃春获文化部颁发的第三届文华表演奖和中国戏剧第十届梅花奖,成为唯一一位摘取"双奖"桂冠的闽剧演员,这是因为他在闽剧《丹青魂》中出色地塑造了画圣吴道子的鲜明形象。

《丹青魂》是写吴道子与青年画师皇甫轸东西壁竞画,创作《地狱魂》的故事。该剧着重刻画吴道子对青年画师皇甫轸由识才、爱才,到嫉才、害才,最后沉痛自责的"心理裂变"过程,表现了一种学术权威的独特心态。这个人物是戏曲画廊里很少见的,陈乃春仔细剖析人物心理,认为要表现狭隘的嫉才,先要演好所谓爱才。初见青年画师皇甫轸,以喜悦的心情唱出:"我为君王荐大贤",似一片真诚,而当皇甫轸对他的画提出异议时,虽有改容,仍不作计较,不失画圣风度。后来,自己作不出画,而皇甫轸却画思泉涌,心生妒嫉,从牙缝中道出"水高淹了船"。陈乃春以斜视的眼神,流露出吴道子嫉妒贤才的复杂心理。剧中穿插了吴道子回忆自己年轻风华正茂时的情景,陈乃春运用昆曲小生的科步,展示了人物当年才华横溢的风采;还在追赶皇甫轸时,吸收麒派京剧《跑城》中老生的抖须、甩袖和科步,不但舞姿优美,变化多端,而且处处体现了吴道子此时善性又占上风,一种人格的失落又迫使他积极寻找实现道德完善的途径。人们看到吴道子追回的既是皇甫轸本人,也是吴道子人格失落的部分。陈乃春这组"追"的表演,令人可信,"追"得满台生辉。戏进入高潮,吴道子默许爱徒栽赃皇甫轸盗画,被女儿斥为"假伯乐"后,良心受到谴责,幻觉中来到阴曹地府,陈乃春运用"抢背"、"僵尸"等许多闽剧传统技巧,惊心动魄地表现了吴道子的灵魂裂变和重塑。他的表演赢得广泛的赞誉,并荣获了1993年我国戏剧最高奖——文华表演奖和梅花奖。

陈乃春,福建省长乐县人,1952年11月出生于梨园世家,其父陈妙轩是著名闽剧小生。自幼受父熏陶学艺,11岁得师赵长顺指导,苦练幼功。"文革"去生产建设兵团9年,体验了人生的艰辛,积蓄了创作素材,并有机缘受到几位高甲、梨园戏艺人的赏识,进了业余宣传队,主演过郭建光、李玉和等,受到山区人民的欢迎,从此更爱戏曲艺术。后考入福州市闽剧院,得名家詹剑峰、江东生等老师的教诲,每天清晨吊嗓练功,四季风雨无阻,默默苦练。"功夫不负有心人",1983年在闽剧《林则徐充军》中饰林则徐,成功地塑造了一个忍辱负重、为民解忧的林则徐的光辉形象,获福建省戏剧会演演员奖,此剧从福建演到北京、演到新加坡,被誉为"闽剧青年表演艺术家"。随后在《梨花狱》中饰狄仁杰,以唱做双佳捧走了电视大赛一等奖,轰动了闽剧界。紧接在《梁天来》中饰施智伯。一曲〔叠牌〕唱得高遏行云、低沉峡谷。那多达几百字的状词，他用“连珠白”从缓、轻、低到急、重、高，一气呵成，成功地塑造了一个正直、倔强，富有正义感的古代知识分子的艺术形象，一举夺得第二届福建省优秀中青年演员比赛的金牌奖。

〔陈三军·武警战士·见义勇为斗歹徒荣立一等功〕　1993年1月30日至2月1日，中央人民广播电台、中央电视台和《人民日报》分别报道了武警战士陈三军见义勇为斗歹徒的事迹。2月22日，武警总部决定给陈三军记一等功一次，同时由下士晋升为中士警衔。

1993年1月28日两点多钟，探家归队的陈三军乘襄樊至柳州的173次列车到达怀化车站。3时20分，他在售票厅里听到叫嚷声，只见一个手持匕首的剽悍男人向一女旅客追去，并用匕首刺中女旅客的背部。陈三军大喝一声“住手”，边解背囊边向那男子跑去，未等站稳，被那人刺中左肩部两刀。搏斗中，陈三军脱大衣时又被刺了两刀。他毫无畏惧，忍痛继续搏斗。这时，一位旅客从售票厅二楼扔下一把拖把。陈三军顺势去接时，凶犯又向其胸部连刺3刀(其中有2刀刺透衣服未伤皮肤)。陈三军用拖把柄击中凶犯头部。凶犯后退几米，又扑了上来。陈三军拣起一根约50厘米长、4厘米粗的木棒，向凶犯打去。凶犯见状又去追杀其他旅客。陈三军在5处负伤的情况下，为避免误伤旅客，又配合闻讯赶来的民警，将凶犯引至售票厅外的广场上击毙。事后查明，在陈三军发现凶犯并与其搏斗前，凶犯已持刀杀死2人，杀伤3人。

陈三军，武警贵州省总队一支队三中队战士，1971年生，湖北省枝城市人，1990年12月入伍，初中文化程度。1993年2月3日，贵州省省长陈士能，省委副书记王思齐等到总队医院看望慰问了陈三军，并高度赞扬了他的英勇行为。

〔陈士能·当选贵州省省长〕　在1993年1月间召开的贵州省八届人大一次会议上，陈士能当选为贵州省省长。

陈士能，1938年生，浙江嘉兴人。1962年加入中国共产党。1964年毕业于清华大学工业化学系。历任上海合成橡胶研究所技术员，西安市塑料制品厂党委副书记，上海市塑料制品公司技术科科长，上海市手工业管理局副局长。1984年任轻工业部副部长。

〔陈大凡·前黑龙江省政府主席·在北京逝世〕

1993年1月15日，前黑龙江省政府主席陈大凡因病在北京逝世。

陈大凡，1905年生，辽宁省北镇县人。1931年九一八事变后参加抗日斗争，组织并领导了绥滨县和黑龙江省抗日人民自卫武装。后参加由宋庆龄组织的反帝大同盟、抗日大同盟及国内和平促进会等组织，参与组建了东北人民抗敌会，积极开展抗日救亡和抗日统一战线工作。曾参与中国共产党领导的平西游击队的组建。抗日战争和解放战争期间，历任晋察冀军区六分区军事代表兼军政分校校长，军区独立一旅一团政委、旅政治部主任，军区政治部民运部部长，晋察冀边区政府粮食局局长、工商局局长。后进入东北地区，任黑龙江省政府主席、中共黑龙江省委常委、北满铁路局局长。曾调任济南铁路局局长。1953年任铁道部行车安全监察室主任。

〔陈小艺(女)·青年影视剧演员·获电影百花奖最佳女配角奖〕　北京人民艺术剧院演员陈小艺，1993年因在王好为执导的影片《离婚》中成功地扮演了“马少奶奶”，获得电影百花奖最佳女配角奖。

陈小艺，四川乐山人，1968年出生。由于父母均从事川剧工作，受其薰陶，酷爱表演艺术，很小就进入乐山川剧戏曲班学习。1980年北京电影制片厂在乐山拍摄影片《乐山大佛》对，因她外貌颇似扮演梦婕的刘晓庆，而邀她在影片中扮演小梦婕，初次涉足影坛。小梦婕的戏虽不多，但却给陈小艺留下难忘的印象，她立志要当个出色的电影演员。1987年陈小艺只身一人到北京投考了中央戏剧学院表演系，接受了正规的表演训练。毕业后分配到北京人民艺术剧院任演员，除少量舞台演出外，她大量的演出是在屏幕银幕。短短两三年中，她在《武生泰斗》、《血泪情仇》、《江湖八面风》、《外来妹》、《海马歌舞厅》、《离婚》等多部影视片中扮演重要角色。其中尤以《外来妹》中的外来妹赵小云使陈小艺扬名全国。陈小艺在这部连续剧中把聪慧朴实、倔强的外来妹在特区的遭遇，内心的复杂反映，刻画得体，感情处理细腻而有层次，令观众信服。一时之间“外来妹”成了陈小艺的别名。

《离婚》是根据老舍先生原著改编的电影。陈小艺在片中扮演俊美、文静的马少奶奶。这是一个颇有悲剧色彩的人物，她结婚不久便遭丈夫冷落，心中百般苦闷，寂寥无奈中与房客老李间产生了一种难言的情怀。老李也视她为心中的诗，在她身上编织着浪漫的梦。然而，当马少爷带回的情妇被婆婆赶走后，她又毫无怨言地与少爷言归于好，相安无事。这个人物在片中话不多，戏很少，她与老李、与剧中情节似乎都若即若离，总是淡淡地、默默地停立在远处，陈小艺把握住人物特色，以朴实的手法，细微的动作，传达出主人公在特定环境下的心境，刻画出一个身袭传统、逆来顺受、懦弱善良的旧式妇女。

从陈小艺扮演的几个身份性格迥异的角色来看，她是一个很有潜力的年轻演员。

〔陈子升·重庆建设机床厂厂长·获中国军转民十佳企业家称号〕　重庆建设机床厂厂长、建设工业(集团)公司董事长兼总经理陈子升，坚持技术进步，狠抓科技投入，使企业由亏损大户成为利税大户，利税雄踞全国机械、兵器、摩托车行业首位。1993年1月20日，获国家计委、国家科委、国防科工委授予的"中国军转民十佳企业家"称号。

重庆建设机床厂是国家大型兵工骨干企业和摩托车主要定点厂。1985年4月，年仅44岁的陈子升被任命为厂长，上任不久，工厂便面临困境，军品订货锐减，市场滑坡，企业一头栽进谷底。1986年、1987年连续两年成为全国兵器行业第一亏损大户。

为扭转亏损，陈子升进行了大量市场调研，提出了"大上摩托，振兴建设"的总战略，制定了"上品种、上质量、上批量、上管理、上服务，提高经济效益""五上一提高"的经营方针，推行承包经营，深化企业内部改革。1988年产销摩托车20.51万辆，创利税近6000万元，一举扭转亏损局面。

陈子升坚持技术进步，狠抓科技投入，加快企业结构调整和新产品开发。近几年，工厂靠积累自筹，先后投资近7亿元，新建厂房8.8万平方米，　建成了多车型发动机总装、车架、冲压、焊接、钢件喷漆、成车总装等10多条生产线，使摩托车突破年产50万辆。1992年又组建 以建设厂为核心有300多家企事业单位组成的建设工业集团，并与日本雅马哈公司联手创办了兵器行业最大的合资企业，总投资79亿日元，年产150、110型摩托车20万辆。先后开发出四大类共数十种新产品，使工厂形成"生产一代、试制一代、预研一代、构思一代"的开发格局，从而掌握了市场经营的主动权。

陈子升任厂长8年，全厂固定资产净值增长1.5倍，总产值增长7.6倍，利税增长32.7倍，职工收入翻一番半，先后有3种产品共6次获国家金质奖、6种产品获国家优秀新产品奖，摩托车1992年、1993年获最畅销国产商品金桥奖，工厂获全国"五一"劳动奖状、全国质量效益型先进企业。1993年，实现销售收入22.49亿元，创利税4.56亿元，产品出口创汇2400万美元，分别比上年增长92.13%、85.36%和2.60%。

陈子升1940年10月出生于四川省达县市，1960年毕业于重庆机械学院电机系，先后担任过技术员、项目主任设计师，1982年任副总工程师兼生产科科长，1983年任生产副厂长，1985年担任厂长，1993年10月被兵器工业总公司党组任命为厂党委书记。同年12月被兵器工业总公司任命为建设工业(集团)公司董事长兼总经理。1985年获国家科技进步三等奖，曾多次获兵器工业总公司、四川省劳动模范和省优秀企业家称号，1992年获全国总工会授予的全国优秀经营管理者称号和"五一"劳动奖章。

〔陈子钊·青年剧作家·电视连续剧《范仲淹》文学剧本出版并摄制完成〕　1993年底，陈子钊创作的16集电视连续剧《范仲淹》文学剧本，由台湾碧山岩出版公司出版发行。由中国人物传记电视系列片艺术委员会等单位联合录制的电视连续剧《范仲淹》也已拍摄完成。这部电视连续剧得到了专家、学者的好评，他们认为，创作者忠于史实，又调动了合于情理的想象虚构，在人物生平事迹的描述中，突出了富有情感性并最见人物精神光彩的段落，较好地实现了历史与艺术的统一。同时，创作者非常重视作品的"当代性"，以及与今天观众的情绪共鸣。

近两年，陈子钊对中国历史文化名人情有独钟，连续创作了长篇电视连续剧《孔子》和《范仲淹》，受到专家和观众的好评，接下来又有一批历史文化名人列入他的创作计划，如林则徐、严复等。

陈子钊，1949年生于福州。中学毕业后曾赴闽北武夷山，任民办教师、演员、工人等。后入南京大学中文系学习。现为江苏人民艺术剧院专职编剧。1992年5月，应聘任中国人物传记电视系列片艺术委员会常务副主任、总编导、总制片人。主要剧作有《孔子》、《范仲淹》、《朱熹》、《陈宝琛》、《陈绍宽》、《冯梦龙》、《陈璧》、《妈祖》等。其中电视连续剧《孔子》获得第十二届电视剧飞天奖特别奖。

〔陈元方·前中共陕西省委书记·在西安逝世〕

前中共陕西省委书记陈元方于1993年5月16日因病在西安逝世。

陈元方，生于1915年，陕西省乾县人。1935年"一二·九"运动后，积极参加和领导西安早期学生运动。1936年2月加入中国共产党。曾任中共汉中特委宣传部部长、三原县工委书记、关中地委组织部副部长。新中国成立后，历任中共西安市委秘书长、财经委副主任、市委书记处书记，西安市副市长，中共陕西省委秘书长。曾调任中共中央党校党史教研室主任。后又返陕西任中共陕西省委书记兼西安市委第一书记、西安市革委会主任、西安市人大常委会主任、西安警备区第一政委，中共陕西省顾问委员会副主任，中国地方志指导小组成员兼陕西省地方志编委会主任等职。

〔陈云华·四川省青神县中岩竹编工艺厂厂长·精心研制立体竹编运销国外〕 “竹编之乡”四川省青神县南城乡，有个人称“竹编怪杰”的工艺师陈云华，曾以竹编《中国百帝图》征服了国内外客商。1993年又精心研制立体竹编，开发新产品50多个远销国外。

八十年代初还是民办教师的陈云华，仅凭自己编“笆笆扇”的功底，办起了全县第一个乡级校办竹编工艺厂——青神中岩竹编工艺厂。经过几年的潜心钻研，他制做出《中国百帝图》竹编画屏，这幅80厘米×20厘米的工艺精品，有十多万根细如头发的竹丝，每厘米密度高达48丝。画面上，从尧舜到溥仪，中国历史上赫赫有名的一百个皇帝栩栩如生，就连睫毛也清晰可数，精美之极。1989年赴京展销，引起轰动。1990年4月在香港、澳门展出时，一台商以4万元人民币购走，同年赴日展出，一日商愿以8万元人民币购买专利，被婉拒。

从平面竹编到立体竹编，创造全方位的“竹文化”，这是陈云华的绝招。在平面竹编销售看涨的情况下，抢先一步占领市场，每年开发新产品五十多个，目前，全厂已有竹制工艺品6大类548个，长年销往台、港、澳和日、美等国家。

陈云华，四川青神人，1948年11月生，1975年7月参加工作。1961年～1963年，在青神中学上学，1964年以后在家乡务农，曾任团支书、民兵连长、生产队长等基层职务，1975年～1984年，先后担任成人教育专业干部、初中教师、高小教师，1984年兴办“竹编工艺美术培训班”，建成“四川青神中岩竹编工艺制品厂”，其后筹资兴建了“中国竹艺城”、“中国竹艺博物馆”。1992年被评为优秀农民企业家，荣获“中国竹编大师”的称号。

〔陈少丰·美术史论家·所著《中国雕塑史》出版〕 美术史论家陈少丰所著《中国雕塑史》1993年由岭南美术出版社出版，这是他多年来在这一领域潜心研究结出的硕果，人们称赞这一专著填补了我国在这一方面的空白。

陈少丰长期从事中国美术史的教学和研究工作。早在1956年，他就跟随导师王逊先生参观、考察了东南各地的古代美术遗存和博物馆，后又先后在中原和西北地区进行了美术考古的调查、考察。这一时期的考察和学习，为他日后中国雕塑史的研究打下了坚实的基础。

陈少丰，1923年10月生于河南省南召县一个世代务农的家庭。儿时读过私塾，十岁时入小学，后考入南召简易乡村师范学校。1943年到鲁山河南艺术师范学校学习绘画，后回南召县立中学执教美术。1948年底，陈少丰进入中原大学学习美术。两年后被分配到该校美术系美术工作队为队员，其后一直从事美术教学工作。1956年，由学校选派到中央美术学院跟随王逊(1956～1969)学习中国美术史，成为他学术生涯中的转折点，从此，他与中国美术史教学和研究结下了不解之缘。1958年，他所在的学校迁往广州，改名为“广州美术学院”，他一直在该院从事中国美术史的教学和研究工作。1983年，他招收了第一批中国美术史硕士研究生，为这一领域培养了一批专门人才。陈少丰对于他的导师王逊一直奉为楷模。在王逊过早辞世后，他毅然以传播老师的学问成果为己任。先是在80年代初期，校订整理出王逊的“中国书画理论”笔记。其后又于1989年，同薄松年认真校定了王逊的《中国美术史讲义》，补写了第六章“明清美术”中所缺的各节，选配插图，由上海人民美术出版社出版。

陈少丰除了对中国雕塑史研究有成外，对于壁画艺术、画家研究也有不少成果。1977年，他与宫大中联名发表的《洛阳西汉卜千秋墓壁画艺术》，1979年与薄松年联名发表的《读<林泉高致·画记>札记》两文，均为其力作，曾引起美术界同行的关注和赞赏。

〔陈正湘·北京军区原副司令员·在北京逝世〕 1993年12月2日，陈正湘因病在北京逝世，终年82岁。

陈正湘，1911年生，湖南新化人。1926年参加北伐战争。1930年参加中国工农红军，1931年加入中国共产党。曾任红一军团一师一团二营连长、营长，红一军团二师五团代理团长，第十五师四十五团团长，第二师四团团长，第一师一团团长。参加了中央革命根据地历次反“围剿”和长征、直罗镇、山城堡等战役。曾获三等红星奖章。抗日战争爆发后，任八路军一一五师三四三旅六八五团副团长，晋察冀军区一团团长、第一支队司令员、第四和十一军分区司令员。参加了平型关、黄土岭等战斗。抗日战争胜利后，任冀晋军区副司令员，晋察冀军区第四纵队司令员、第二纵队司令员。参加了平绥路、绥南、绥东等战役。在清风店战役中，指挥了保北阻击战。中华人民共和国成立后，任铁道兵团第一副司令员，华北军区副参谋长，北京军区副司令员。是第四届全国人大代表，第三、四届全国政协委员，第五届全国政协常委。1955年被授予中将军衔和二级八一勋章、一级独立自由勋章、一级解放勋章。1988年获一级红星功勋荣誉章。

〔陈礼章·天津今晚报副总编辑·获首届韬奋新闻奖〕 中国记协和中国韬奋基金会联合举办的首届韬奋新闻奖，于1993年12月17日在北京颁奖。《今晚报》副总编辑、高级编辑陈礼章获奖。

陈礼章，1934年6月生，浙江宁波人。16岁进工厂学徒时，只有初中学历。1956年，天津《青年报》根据他在工厂壁报上的文章和报纸上的通讯稿，被调去当记者，先后在《天津晚报》、《天津日报》、《今晚报》工作37年。

他热爱编辑工作，熟练并精深地掌握了编辑业务，具有较高的综合业务水平。在选稿、改稿、标题、安排版面等方面都形成自己的风格。1984年创办《今晚报》时，他提出要有"四梁八柱"。"四梁"即在抓好大事报道的前提下，突出四大特色报道：社会新闻、文化、体育、副刊。"八柱"是每块版至少有两个有特色的专栏。这个设想全部被采纳。扩版后一直保持这个特色，其风格沿延至今。他提出设立的《夜间记者站》专栏，为全国许多报纸仿效。

他经常为记者出点子、抓"活鱼"，使报道具有更强的针对性。1990年初，社会上流传有关战斗英雄徐良的传言，陈礼章及时布置采写徐良近况的报道，廓清了迷雾，起到正确的舆论导向作用。不久，《人民日报》也在一版报道了徐良的近况，并配发短评，对谣言制造者给以批评。

为了避免重大新闻与日报重复，他提出"你简我繁，你繁我简，实在没路，标题想辙"的办法。1991年6月5日，日报刊登了新华社的通稿《江青自杀身亡》，陈礼章鉴于有人议论看管太不严了，在标题上加强了针对性，制作了双行主题《保外就医七年之后，江青在居住地自杀》，从而告给读者，有关部门没有责任，完全由她自己负责。1993年，禹作敏被判刑的一组报道，为了不与日报雷同，转载人民日报社论《前车之鉴》一文时，他采用了消息标题结构：《对大邱庄和禹作敏问题应该怎样认识？做到两个分开，接受四点教训，人民日报发表社论要求牢牢记住"前车之覆，后车之鉴"古训》，文内插了六个小标题，使读者一目了然。

陈礼章注意联系实际，研究新闻理论，著有《实用新闻写作经》一书，颇受欢迎。他还在报刊发表过多篇有关编辑业务和采访写作的文章。

〔陈邦柱·再次当选湖南省省长〕 在1993年1月15日举行的湖南省八届人大一次会议上，陈邦柱再次当选为湖南省省长。

陈邦柱，1934年生，江西九江人。1954年毕业于重庆建筑工程学院土木系。1975年加入中国共产党。历任吉林化工区建设公司工程师，化学工业部第九化工建设公司总工程师、副经理，湖南省岳阳市市长，中共岳阳市委副书记，湖南省对外经济委员会主任。1984年起任中共湖南省委常委、湖南省副省长，中共湖南省委副书记、湖南省省长。是中共第十四届中央委员。

〔陈再道·原中顾委委员、中央军委顾问·在北京逝世〕 1993年4月6日，陈再道因病在北京逝世，终年84岁。

陈再道，1909年1月生，湖北麻城人。1926年冬起先后参加农民协会和农民自卫军。1927年在大别山南麓参加秋收暴动后，参加黄麻起义，随农民自卫军编入工农革命军鄂东军。后随部队到黄陂木兰山地区坚持游击斗争。1928年加入中国共产党。同年夏起任中国工农红军第十一军排长、连长，第四军营长。参加了鄂豫皖革命根据地反"围剿"。1932年冬红四方面军主力向川陕转移途中，总指挥部于陕南彷徨附近遭国民党军堵截，他率全营急速回援，与兄弟部队掩护总指挥部安全转移。1932年底起任红十一师三十一团团长、师长，参加川陕革命根据地反"三路围攻"和反"六路围攻"等战役战斗。长征中任红四军副军长。到达陕北后任军长。抗日战争爆发后，任八路军一二九师三八六旅副旅长，参与指挥七亘村、长生口等战斗。1938年1月任八路军东进纵队司令员，率部越过平汉线，挺进冀南，扩大抗日武装。1940年任冀南军区司令员，参加领导巩固和发展冀南抗日根据地。1943年到延安，入中共中央党校学习。抗日战争胜利后，任晋冀鲁豫野战军第二纵队司令员兼冀南军区司令员，率部参加上党、邯郸、出击陇海路等战役。在鲁西南战役中，曾统一指挥七个旅，于羊山集地区歼灭国民党军整编第六十六师。继率部进军大别山，参加宛西、宛东及淮海战役。1949年2月任河南军区司令员。中华人民共和国成立后，任中南军区副司令员兼河南军区司令员、人民解放武装力量监察部副部长兼武汉军区司令员。1972年起任福州军区副司令员，中共中央军委顾问，铁道兵司令员，中共中央军委委员。是第一至三届国防委员会委员，中共第十一届中央委员，第五届全国人大常委会委员，第六届全国政协副主席。1982

年被选为中共中央顾问委员会委员。1955 年被授予上将军衔和一级八一勋章、一级独立自由勋章、一级解放勋章。1988 年获一级红星功勋荣誉章。

〔陈光毅·中共福建省委书记·调任中国民用航空总局局长〕 1993 年 12 月 21 日国务院任命陈光毅为民航总局局长，并决定将中国民用航空总局定为正部级机构。

陈光毅，1933 年生，福建莆田人。1953 年毕业于东北工学院机电系。1959 年加入中国共产党。历任甘肃省重工业厅副处长，西北有色冶金设计院生产办公室主任，甘肃省冶金局处长，甘肃省计委副主任，中共甘肃省委副书记，甘肃省省长。1986 年起任中共福建省委书记、福建省第六届政协主席、福建省第八届人大常委会主任。是中共第十二、十三、十四届中央委员。

〔陈庆云·有机化学家·当选中国科学院学部委员〕 中国科学院上海有机化学研究所研究员陈庆云于 1993 年 12 月当选为中国科学院化学部学部委员。

陈庆云，1929 年 1 月 25 日生，湖南省湘乡县人。1952 年毕业于北京大学化学系，1959 年获苏联科学院元素有机化学研究所副博士学位。

陈庆云是国际知名的氟有机化学家，在全氟烷基碘的单电子转移反应和全氟磺酸及其衍生物的亲核取代反应以及二氟卡宾化学等方面进行了系统的研究。首次合成了含氟双酚 A，获得苏联专利。采用四氟乙烯高温裂解制备重要含氟单体六氟丙烯的方法，获得成功。合成了多种全氟磺酸及其衍生物，阐明了全氟型磺酸酯的 S—O 键断裂特性，首次提出氟原子屏吸效应的解释，通过 RFSO3C6H6 将 Heck 反应扩展到芳基 SP2 碳，使酚类羟基化脱羟成为普遍方法。参加我国首创的含氟表面活性剂、抑铬雾剂 F—53 的研制和生产。利用生产 F—53 的副产物和由 CFC—113 为原料成功制备了新型致冷剂 R—502 的成份之一——CFC—115 的合成。发现一系列二氟甲基磺酸衍生物可以作为新的二氟卡宾前体，基中一些前体可以在温和中性条件下产生二氟卡宾，并首次发表了在强酸条件下产生 CF2 的方法。发现新的三氟甲基化试剂，来源方便，反应产率高。发现氟砜基二氟乙酸甲酯在 DMF 中经 CuI 催化能对卤代苯、卤代烷等实现三氟甲基化，用同一酯，在铜催化下，对卤代苯　同样可实现三氟甲基化，这是含氟酯作为电子受体进行单电子转移的第一个例子，以上工作丰富了卡宾化学的内容。曾获国家自然科学奖、国家发明奖、中国科学院科学技术进步奖多项，发表论文 110 多篇。

〔陈守云（女）·总经理、高级经济师·被全国妇联评为“巾帼建功”十杰标兵之一〕 曾获得全国“五一”劳动奖章、全国“三八”红旗手等荣誉的福建省保险公司总经理陈守云，1993 年以其卓越的工作成绩，被全国妇联评为“巾帼建功”十杰标兵之一。

陈守云从 1981 年起开始从事人民保险业，她所在的福建省是我国最早实行改革开放的省份之一，当时，一些外商想来投资办厂，可又担心我国的政策变化，影响投资利益。陈守云看出了他们的心思，也看准了形势，提出开办投资风险保险。一些人劝她：“这可是政治问题，风险太大，不能办！”陈守云解释说：“改革开放是党的大政策，不会变，咱们冒点风险怕什么！”她一方面组织人参照国际惯例拟定条款，一方面向保险总公司汇报。不久，福建在全国率先推出了投资风险保险业务，此后，外商在福建的投资大大增加。

有一次，陈守云从广播中听到一条消息：辽宁省一位优秀企业家因为坚持改革，在工作岗位上被杀害。她在震惊之余，又在全国率先推出了厂长（经理）人身意外伤害保险。她说：“保险就是要为改革开放撑腰壮胆，改革开放需要什么，我们就办什么。”后来，她又把这项保险的对象扩大到工商税务、公安保卫、计划生育人员和新闻记者。目前，福建省保险公司开办的险种多达 370 多种，其中不少已经在全国推广。险种的增加，使保险业务不断扩大。1987 年她刚刚到任时，全省保险费收入只有 1 亿多元，居全国第 22 位，而 6 年后的 1993 年，已达 20 亿，在全国名列前茅。

福建省自然灾害频繁，每当遇到灾情，陈守云都要深入现场，察勘灾情，核算损失，落实赔款。有一年夏季，闽北地区遭到百年不遇的特大洪灾，农田被淹，房屋倒塌，桥梁被毁，交通受阻。陈守云得知，立即催司机上路。由于不少路段被山体滑坡滚下的石头堵塞，他们只好一路走，一路搬石头。到了灾区，陈守云连续七天七夜察看了五个县的 20 多个乡，并根据灾情向灾民发放了 1000 多万元赔款。

陈守云，1933 年 11 月生，江苏人。1949 年 6 月参加南下服务团。1981 年任厦门市保险支公司副经理，1985 年任经理。1987 年原任福建省保险公司副总经理、总经理。1986 年评为全国金融系统劳动模范；1987 年评为福建省保险系统先进工作者；1988 年评为全国金融系统文明优质服务标兵；1990 年获全国“五一”劳动奖章；1991 年成为全国金融系统

"百朵金花"之一;1992年评为全国"三八"红旗手、全国"优秀女企业家"。

〔陈孝正·根艺奇石艺术家·获中国奇石艺术贡献奖〕 1993年4月在中国根艺研究会、中国奇石艺术委员会联合举办的根雕、奇石宏远杯大赛会上,陈孝正创作的中国鸡鸣奇石《高山林海映湖泊》,获首届中国奇石大赛最佳奖,他个人获中国奇石艺术贡献奖。

陈孝正,河北省怀来县人,1951年12月生,自幼喜爱民间艺术,自1979年起,开始研究奇石与根雕艺术,现为中国奇石艺术委员会副秘书长、常务理事、组织部长,中国根艺研究会会员,中国民间文艺家协会会员。他创造的中国奇石、根雕艺术的特色是,围绕民间故事、神话故事、各类民间艺术品的来历,表达作品的内涵与意境,赞美大自然,又回归大自然。其作品有些被评选为中国民间艺术精品,曾10多次在国内外展览或比赛中获奖,在报刊上发表论根雕、奇石艺术文章多篇,并到北京师范大学、中央民族学院等高校作过表演。其代表作:中国鸡鸣奇石《高山林海映湖泊》,系采取山区的的植物化石雕磨而成,纹理清晰,晶莹而有光泽,显示的图纹形象有如高山湖泊一样壮观。其根雕艺术作品《合欢》、《双鹰战犀鸟》、《壁挂》、《盼》、《连》等分别参加了中国优秀根艺作品第一、二、三、四届全国展,获得两次优秀奖、两次铜奖。1990年,他的根雕作品在新加坡举办的中国民间艺术节参展,同年参加了第十一届亚运会民间艺术展览和国际民间艺术节,他向亚运会组委会捐赠根艺精品一件。这年还参加了首届名人书画、根雕展,其根艺作品《母与子》获得赞誉。1992年2月,应邀参加了中华百绝博览会,展示其奇石、根艺作品。1994年4月他将随北京市政府代表团赴加拿大举办个人奇石、根雕展,以促进中加两国民间文艺交流。

〔陈孝明·税务专管员·被追授模范税务工作者称号〕 1993年4月,国家税务总局追授湖北省宜昌市兴山县高桥税务所专管员陈孝明"模范税务工作者"称号,并号召全国广大税务干部向陈孝明学习。

陈孝明是湖北省宜昌市兴山县高桥乡人。他1981年10月应征入伍,1985年8月加入中国共产党,1987年1月退伍还乡,同年5月到高桥税务所工作,1992年11月7日在外出途中不幸遇车祸,因公殉职,年仅29岁。

陈孝明的家乡高桥,是宜昌市18个贫困乡之一,大山阻隔了与外界的交往,到1986年全乡农民人均收入只有200余元。陈孝明结合收税,决心帮助山区人民尽快脱贫致富。他把促产增收作为税务工作的重点,向群众广泛宣传促产增收的意义,帮助群众发展烤烟酿酒生产,还挤出时间下田干活,全乡21个村都留下了他的足迹。几年中,高桥乡的经济有了长足发展,全乡税收收入随之不断增加。1986年全乡税收16.8万元,1992年上升到74万元,6年中翻了两倍多,平均年递增28%。

为了发展烤烟生产,陈孝明拿出600多元工资,借给农民买肥料化肥。在他的帮助下,天池村农民进行烤烟生产试点,收入两年翻了一倍。1991年全村发展烤烟326亩,收入8.76万元;1992年种烟504亩,收入16.77万元,全村农民人均纯收入由275元上升到506元;全村农民累计贷款9万元,两年归还8万元;电视机由1990年的两台增加到103台;过去每年只提供1600元屠宰税的村,1991至1992年两年向国家提供税收10.44万元。

陈孝明刻苦钻研业务,对工作精益求精,1987年以来,他先后开出三万多张税票,税款金额达12万元,从未发生任何差错。陈孝明以他的模范行动在群众中树立了共产党员的崇高形象,树立了良好的威信。他牺牲的当天,有1500多名群众冒着大雨自发地聚集到高桥税务所门前,向这位人民的好儿子致哀。

陈孝明在部队曾6次受嘉奖。在税务战线上,先后3次被评为县税务系统先进工作者。

〔陈希同·中共中央政治局委员·阐述我国人权政策〕 中共北京市委书记、北京奥申委主席陈希同,为北京申办2000年奥运会,1993年9月18日率代表团赴摩纳哥蒙特卡洛,参加奥委会会议。24日,陈希同在蒙特卡洛会见了国际人权联合会主席丹尼尔·雅可比、副主席杜布伊夫人。双方在友好、坦率的气氛中就人权问题进行了交谈。

陈希同说,对于中国来说,人权首先是生存权。旧中国民不聊生,人民连起码的权利——生存权都没有。新中国成立以来,努力改变这种状况。到2000年,中国人口将达到12亿5000万人,现在一年就净增1500万人,试问,还有什么人权问题比让这么多人能够生存下去、过得更好更为重要?试问,解决这个问题,有哪个国家能够为我们分担?归根结底只有靠中国自己。这本身就是对世界和平、对人类的伟大贡献。他说,中国人民是热爱和平、维护和平的,因为我们从事的这项伟大事业,需要有国内安定的环境和国际和平的环境,因为11亿多人民如果连吃饭、穿衣等生存权都没有，那就不仅是中国不能安定，大批人跑到境外，世界也不得安宁。

陈希同说，中国是发展中国家，人民生活还远不如发达国家。我们一直在努力改善人民生活，特别是近十多年来，在邓小平建设有中国特色社会主义理论指导下，解决了温饱问题，正在奔向小康，进入21世纪后，还要用相当长的时间达到中等发达国家的水平。中国共产党、中国政府致力于谱写的这三部曲，得到了人民的普遍支持和由衷的拥护。

他说，现在中国坚持对外开放，今后还将更加开放，以更多地了解世界，世界也会更多地了解中国。中国同世界各国的经济贸易等合作必将进一步加强，经济会更好更快地发展，从而更好地解决生存权，并相应地进一步扩大民主等权利，发展社会主义民主。同时，中国是一个巨大的市场，一些国家通过同中国的经济合作，也有利于缓解它们的劳动者失业问题。我们希望世界上某些人不要阻碍我们开放，不要对中国的开放设置种种障碍。

陈希同指出，各国都有人权问题。有的国家闭口不谈本国的人权问题，却以人权为借口，对其它国家进行无理的粗暴干涉，搞双重标准，这是人所共知的。把人权当作棍子，到处打人，欺负人，有什么公正可言？国际人权联合会愿同我们接触，这是好事，可以通过正常途径，在平等的基础上进行接触，增进相互了解。百闻不如一见，欢迎雅可比先生、杜布伊夫人到中国来亲眼看一看我们为实现人权作出的巨大努力。

1993年6月17日，以胡安·卡洛斯国王担任主席的西班牙“高级领导人物论坛”基金会授予北京2000年奥申委主席陈希同“名人金奖”。该基金会在授奖决定中说，陈希同“作为北京市的卓越领导人为该市的繁荣与发展，成功地主办第十一届亚运会和积极申办2000年奥运会、促进中西两国人民的友谊作出了不懈努力并取得优异成就”。

陈希同，1930年6月生，四川安岳人。1949年12月加入中国共产党。1948年10月参加工作，曾任北京市公安局内二分局十二派出所副所长，内二分局人事股副股长、文书股股长秘书，北京市第二书记刘仁的秘书，第一机床厂车间党支部副书记，昌平县委副书记，十三陵公社（农场）革委会副主任，马池口公社党委书记，昌平县委书记，县革委会主任。1979年后任北京市副市长。1981年后任北京市委书记、副市长。1988年起任北京市委副书记、市长、国务委员。1992年任北京市委书记、国务委员。是中共第十二、十三、十四届中央委员，十四届中央政治局委员。

〔陈述彭·地理学家、遥感应用专家·获首届中华绿色科技奖特别金奖〕 由林业部、国家环保局、《科技日报》共同组织设立的中华绿色科技奖特别奖颁奖仪式，于1993年8月5日在北京举行。中国科学院学部委员、我国著名地理学家、地图学家、遥感应用专家陈述彭，由于倡导开拓了环境制图、环境遥感，领导建立了资源与环境信息系统及洪涝灾情监测、评价信息系统，产生显著的社会和生态效益，获首届中华绿色科技奖特别金奖。

陈述彭，江西萍乡人，1920年2月出生。1941年毕业于浙江大学史地系，1944年至1947年在浙大读研究生毕业后在浙大任教，同时从事自然地理和地貌学的研究工作，曾发表《河流与湖泊》、《我国西南的喀斯特地貌》、《华北地貌区划》等论著，受到国内外学者的重视。五十年代后主要从事地图学的研究和地图的编制工作。他负责编制的《黄河中下游地形图》、《黄淮海平原的地貌制图与地图分析》，均为黄淮海流域规划和水利工程提供了急需的图件，曾获中国科学院二等奖。他参加设计和编制的《中华人民共和国自然地图集》，曾获1978年全国科技大会重大科研项目奖。1969年后，侧重于制图自动化和遥感应用的研究，为制定制图自动化系列装备技术方案，发展我国遥感技术作出了重要贡献。七十年代以来，他领导建立了我国资源与环境信息系统，并将遥感技术应用于洪涝灾情的监测和评价，对我国资源的开发与利用及防灾减灾发挥了重要作用。在此基础上，发表了有关遥感在水文地质学、地貌学、富铁找矿和农林方面等论文十多篇。八十年代，主编了《腾冲试验区航空遥感图集》。

陈述彭现为中科院遥感应用研究所研究员、航空摄影测量与遥感专业委员会副主任委员。

〔陈国忠·镇江军分区第一干休所所长·获全军先进老干部工作者称号〕 1993年9月，在人民解放军总政治部召开的全军老干部工作先进表彰会议上，陈国忠被授予全军先进老干部工作者称号。

陈国忠，1947年9月生，江苏省海门县人。1968年3月入伍，同年11月加入中国共产党，历任战士、文书、班长、管理员、参谋、干休所副所长等职。自1971年调到干休所工作的二十多年来，在为老干部服务的岗位上做出了出色的成绩。为解决干休所没有水电工，水管、电路出故障就得到处求人的问题，他买了《电工基础》、《水电安装及修理》等专业书籍，经反复钻研掌握了一些技术，自己动手排除故障。有一次洪水袭来，住在低洼处的老干部家进了水，他借来抽水机，挨家挨户排除积水。干休所地势高，自来水压不上去，他和一些同志昼夜奋战一星期，打了一口深井，装上水泵，建起蓄水池，解决了老干部为吃水发愁的问题。为改善老干部的福利，在党委和管委会的支持下，他率领全所工作人员经过四个月艰苦努力，克服困难办起了建筑工程队。他自己自学了《建筑材料》、《建筑设计》等书，又系统地学习了吉林工程学院函授建工专业，并拜师实践，获得了工程师职称，工程队也升格为工程处，经济效益明显增加。所里用赢利的50万元，为每户老干部安装了吊扇、排气扇、煤气灶，改造了营院，翻修了全部车辆、缓解了用车难的问题，老干部很高兴。为解决老干部住房严重返潮这个难题，他用了半年时间观测水分渗透在墙壁上的变化情况，又带着问题到上海、南京等地请教军内外建筑专家，查阅资料，经过不间断试验，终于找到了"交叉布孔"的办法。这项成果不仅解决了困扰老同志的一大难题，也填补了建筑学上的一项技术空白。对此，《人民日报》、《解放军报》、《建筑知识》等报刊分别作了报道，引起了建筑同行的关注。随后，他又研究出实用型"建筑物吸湿器"和"节能防湿建筑保温块"，获国家发明专利。其中"建筑物自排湿防护的发明和应用研究"获全军科技进步二等奖。1991年，他又研制出"特密斯(TMS)复合高效抗渗防水剂"，经国家建材局等部门检测，对砂浆和混凝土的抗渗标号可分别提高800%和500%以上，获"92北京国际发明展览会"铜奖，这是在二十多个国家和地区选展的同类产品中唯一获奖的。1993年3月，联合国技术信息促进系统给他颁发了"科技之星"奖。他所在的干休所已创办了"特密斯实业总公司"，下设6个子公司，预计1994年可产2万吨，产值4千万元，利税1千万元左右。全国先后有130多个厂家和单位，或索要技术资料，或高薪聘请陈国忠去当技术指导，要他转让专利的就有30多家。南方一家实业总公司一年愿出60～80万元薪金请他去办厂；上海浦东一家企业提出给他盖一幢高级别墅，月薪5000元，让他全家去上海落户，他都一一谢绝了，决心为老干部奉献自己的一切。

〔陈昌浩·中国工农红军高级指挥员·《陈昌浩传》出版〕　由范青撰写的《陈昌浩传》，1993年由中共党史出版社出版。这部25万字的传记，记载了鄂豫皖革命根据地创建人之一、红四方面军总政委陈昌浩四十多年的斗争历程。全国政协副主席洪学智为该书题写了书名。

陈昌浩，1906年1月生，湖北汉阳人。1926年加入中国共产主义青年团。1927年赴苏联入莫斯科中山大学学习。1930年11月回国后转入中国共产党。1931年4月被派往鄂豫皖革命根据地，任中共鄂豫皖中央分局委员兼共青团鄂豫皖中央分局书记。同年9月任中国工农红军第四军政委。11月任第四方面军政委。曾与徐向前组织黄安、商潢、苏家埠、潢光等战役。1932年10月参与指挥方面军主力由鄂豫皖根据地向西转移。后任西北革命军事委员会副主席、四方面军(兼西北军区)政委兼政治部主任，参与创建川陕革命根据地，同徐向前等指挥反国民党军"三路围攻"、"六路围攻"。1934年1月在中共六届五中全会上增选为候补中央委员，同年被选为中华苏维埃共和国中央执行委员。1935年5月参加长征。第一方面军与第四方面军会师后，兼任红军前敌总指挥部政委。曾获金质红星奖章。1936年11月任西路军军政委员会主席。同年12月为中央革命军事委员会委员。1937年3月西路军失败后，转赴延安。1939年8月去苏联。1952年回国后，任中共中央马克思、恩格斯、列宁、斯大林著作编译局副局长等职。"文化大革命"中遭受严重迫害，1967年7月30日在北京逝世。

〔陈明斋·外科学家·被聘为中华医学会资深会员〕　1993年1月16日，具有78年历史的中华医学会，正式宣布首批聘任41位在医学上有重大成就、德高望重的内外科专家为中华医学会资深会员。苏州医学院附属第一、二医院技术顾问陈明斋获得这一荣誉。

陈明斋，1911年10月出生，江苏苏州人。1939年于北平协和医学院毕业后，先后任北平协和医院外科住院医师，苏州博习医院外科住院总医师、主治医师。1948年赴美在东岸德拉威州威明顿市立医院外科进修，1950年回国，历任苏州市第一人民医院(前身为博习医院)外科主任医师，苏州医学院教授，附属第一医院(前身为博习医院)副院长、技术顾问，附属第二医院院长、技术顾问。1956年加入九三学社。

陈明斋一直从事普通外科的医疗、教学、科研工作，对血吸虫病结肠梗阻，结直肠血吸虫病并发癌的临床与组织发生，血吸虫病性大肠肉芽肿的临床与病理的关系，进行了深入研究。还应用先进的免疫组化方法观察，血吸虫病性大肠肉芽肿间变导致癌变问题，发现存在突变体ras和p53基因，受到国内外学者的重视，认为血吸虫病性大肠癌所见的P53密码子是常染色体17短臂上的新发现，与溃疡性结肠炎的间变与癌变相似，并认为已把大肠癌的病因探讨推进到分子生物学水平。1989～1991年对胰腺炎饥饿和暴饮暴食病因进行了观察探讨。他先后发表论文 60 余篇，编译专集 6 部。

陈明斋历任《中华外科杂志》编委会委员，《普外临床》杂志顾问，中华医学会江苏分会外科学会主任委员，中华医学会苏州分会副会长、名誉会长等职。

〔陈凯歌·电影导演·执导影片《霸王别姬》获戛纳电影节金棕榈大奖〕　1993 年戛纳国际电影节金棕榈大奖被陈凯歌执导的新片《霸王别姬》夺得，同时《霸王别姬》还获得英国金球奖最佳外语片奖。

陈凯歌曾用名陈凯鸽，北京电影制片厂导演。1952 年 8 月出生，福建长乐人。在"文革"及插队生活中有不平凡的经历，而后入伍赴云南，复员后回北京，自幼酷爱文学，高考时报考了中文系，不幸落榜。次年考入北京影学院导演系。在校学习期间，刻苦研修了电影文学，表演，电影造型及电影声音等多门电影艺术及技术课程，阅读了大量文学作品及电影作品，吸收和掌握了丰富的文艺理论和电影专业知识。1982 年毕业分配到中国儿童电影制片厂，在此间与他人合作执导了电视剧《向昨天告别》、独立执导了电视剧《强行起飞》，该剧获电视剧飞天奖二等奖。他在王君正的《应声阿哥》及黄建中的《叶小舟》中担任过副导演。他的电影处女作《黄土地》获瑞士洛迦诺电影节银钓奖、美国夏威夷电影节"东西文化交流"奖，1986 年列居香港十佳名片之首、文汇报新时期电影评奖最佳处女作奖等；第二部电影作品《大阅兵》获加拿大蒙特利尔电影节评委奖、意大利都灵电影节大奖；《孩子王》被选送参加 1988 年第 41 届戛纳国际电影节。

陈凯歌不属于多产导演，他每一部影片都经过深思熟虑、反复推敲，因此，他的影片一出来就总是引起国内外影坛的关注，1988 年鹿特丹电影节上 100 多位影评人曾以通讯的方式推选出 20 位"属于未来的导演"，陈凯歌荣居第六、位于国际公认的电影大师戈达尔之上。他的作品大都蕴含着导演对传统文化、人们的生存状态、命运的深切关怀，既闪烁着怀疑与批判的理性，也表现了对未来的理想。他前期的作品较多对理念和造型的迷恋，自《霸王别姬》开始注重人物、情节、故事的刻画、叙述，因而使他的影片较之以往更趋于通俗化和更富于可视性。

〔陈知国、余仕利·人民解放军战士·在柬埔寨参加维持和平行动中壮烈牺牲〕　1993 年 5 月 22 日 22 时 40 分，驻扎在柬埔寨磅湛省斯昆镇， 执行联合国维持和平任务的中国"UN"部队部分官兵遭炮击，战士陈知国、余仕利牺牲，数名战士受伤。1993 年 6 月 7 日，在柬埔寨参加维持和平行动中壮烈牺牲的陈知国、余仕利两位烈士的追悼会，在北京八宝山革命公墓礼堂隆重举行。

副总参谋长李景，外交部、民政部、总参有关领导，以及烈士生前所在部队战友、烈士亲属和烈士家乡民政部门的同志等约 300 余人参加了追悼会。

在哀乐声中，总参兵种部部长陈本梃致悼词。悼词说，陈知国、余仕利两位同志为人类崇高的理想而献身，为正义与和平伟业捐躯，以实际行动在柬埔寨实践了国际主义精神。为褒奖他们的献身精神，实现其生前夙愿，党组织决定批准陈知国、余仕利两位同志为革命烈士，追认他们为中共正式党员。

专程护送烈士遗体回国的赴柬工程兵大队的两位少校军官，代表赴柬部队官兵向烈士默哀告别，表示一定要化悲痛为力量，圆满完成维持和平行动，为祖国争光，为军旗增辉。

两位烈士牺牲后，联合国秘书长加利，联柬机构主席明石康，柬国家元首、柬最高委员会主席西哈努克亲王等先后致唁函或题词，联柬部队司令桑德森中将给烈士亲属发了慰问电。一些香港同胞和国内一些群众，向烈士家属捐款或赠物表示慰问。

22 岁的陈知国出生在四川省万县，1990 年 12 月应征入伍，生前为某建筑营六连副班长。21 岁的余仕利出生在四川省三台县，1991 年 12 月应征入伍，生前为某建筑营六连战士。这是一对并肩战斗的战友。无论是在国内承担国防工程施工中，还是赴柬执行维持和平任务，他俩都冲锋在前，不甘落后，面对困苦和危险从不畏惧，忘我工作。生前，他们热爱人民，关心帮助同志，受到大家的称赞。1991 年南方发生水灾，陈知国把自已积攒下来准备买手表的钱寄到了灾区。就在牺牲前几天，他还给一位家庭生活困难的战友家中寄过钱。追悼会后，两位烈士的骨灰由亲属和地方政府人员护送回家乡安放。

〔陈佳洱·核物理学家·当选中国科学院学部委员〕　北京大学副校长兼重离子物理研究所所长、国家自然科学基金委员会副主任陈佳洱于 1993 年当选为中国科学院数学物理部学部委员。

陈佳洱，1934 年 10 月 1 日生，上海市人。1954 年毕业于吉林大学物理系，被聘入北京大学技术物理系任教，曾任教研室主任、副系主任。1963 年～1966 年在英国牛津大学核物理系和卢瑟福高能研究所访问进修。回国后曾在北京大学汉中分校和北京大学技术物理系工作，任教研室主任，1984 年被提升为教授。1982 年～1984 年曾赴美国任访问科学家。

陈佳洱长期致力于粒子加速器方面的研究与教学工作，在加速器物理及工程领域取得了系统、重大而有独创性的科学成果。在十分艰难的条件下完成了4.5兆伏静电加速器的设计与建造和2×6兆电子伏串列静电加速器的改建与提高，其性能优于国外同类加速器的运转指标。这两台加速器为填补国内单色中子能区空白和拓展重离子束核分析技术作出了重要贡献；同时在2×6串列静电加速器上建成了投资少、进度快、性能达到80年代中期国际先进水平的静电加速器质谱仪，在国内首次实现^{14}C、^{10}B—、^{26}Al同位素的超灵敏（$\sim10^{-14}$）检测。

他对束流物理作了深入研究，在回旋加速器中心区物理和束流脉冲化技术方面取得多项创造性成果，较大地提高了束流输运和利用效率。在加速结构方面，他对适用于重离子加速的RFQ加速结构这一前沿领域进行了系统的动力学理论和实验研究，主持了新型重离子RFQ加速结构和射频超导加速腔的实验研究与设计。

〔陈建功·现代作家·获第6届庄重文文学奖〕

1993年12月13日，由庄重文出资设立、中国作家协会中华文学基金会主办的"庄重文文学奖"1993年度颁奖大会在北京人民大会堂举行。华北和东北地区的青年作家陈建功等31人获奖。这项青年文学大奖是1988年设立的，1993年是第6届。

1993年，陈建功相继出版了随笔集《从实招来》、中篇小说集《前科》。日本早稻田出版社出版了他的中短篇小说自选集，韩国东亚出版社出版了他与赵大年合作的长篇小说《黄城根》。根据他的中篇小说改编的电影《找乐》，1993年获得五项国际大奖：柏林国际电影节国际影评人奖、东京国际电影节金樱花奖、西班牙圣塞巴斯蒂安国际电影节最佳影片奖、法国南特电影节金球奖、希腊国际电影节最佳影片奖。

陈建功，1949年11月24日生于广西北海市一个知识分子家庭。1957年随父母到北京，在中国人民大学附小和附中学习。1968年高中毕业后，被分配到京西山区木城涧煤矿当采掘工人达十年。1973年开始在《北京文艺》、《人民文学》等刊物上发表小说、诗歌和散文。1977年考入北京大学中文系。1979年以后发表作品渐多，引起文坛注目。他的短篇小说《丹凤眼》、《飘逝的花头巾》，先后获1980年和1981年全国优秀短篇小说奖。1981年加入中国作家协会北京分会并当选为理事。1982年加入中国作家协会，同年大学毕业后到北京市作家协会从事专业创作。1985年当选为中国作协理事。出版有《陈建功小说选》、短篇小说集《迷乱的星空》，中篇小说有《太阳石》、《卷毛》等。

〔陈建军·工人·为救落水少年英勇献身〕

1993年7月27日上午，　河北省石家庄地区第一胶鞋厂青年工人陈建军为抢救落水少年陈国敬，英勇献身。

1993年7月27日上午10时，17岁的陈建军骑车下班回家，路经赞皇县清河乡永丰村口时，忽然听到一个小孩的呼救声："快救人啊，有人落水啦！"陈建军猛地用力刹住自行车，急切地问："在哪儿？"小孩指着北边的方向说："在那边！"陈建军二话没说，立刻调转车头，翻身上车，沿着小孩所指的方向拚命驶去。他发现一个直径20米的巨大蓄水池中，一个少年正在池中间挣扎，浮上沉下。陈建军把车一扔，飞跑过去，奋不顾身扑入水中。他本来水性很差，只是靠一股冲力一下扑到池中央正在挣扎的少年身边，几次努力想把少年拖上岸都未成功，而他自己却被灌进了好几口水，身子直往下沉。情急之下陈建军屏住呼吸，拚尽全身力气，用手推，用头拱，将孩子推到了浅水区。14岁的少年陈国敬得救了！而陈建军却由于连续呛水，两只手无力划动没入8米深的水中，因溺水时间过久抢救无效光荣牺牲。7月29日河北省赞皇县举行了该县有史以来最隆重的葬礼。数万名干部、工人和从乡下赶来的农民为陈建军送灵，自发形成的送葬队伍长达5公里。

陈建军从小就崇尚英雄人物。上学时，书包里经常装着战斗英雄雷锋、王杰、赖宁等英雄人物的故事书或连环画。同学受伤了，他主动送医院治疗，然后再送回家。放学后，他帮助村里的烈军属、孤寡老人打水、脱煤球、干农活。他当了工人后，脏活重活抢着干，困难危险冲在前，深受全厂干部职工的赞誉。1993年参加工作，仅过了4个月就被评为厂先进工作者。

根据陈建军生前的表现，河北省人民政府追认陈建军为革命烈士，共青团河北省委追认他为共青团员及"新长征突击手"。

〔陈奎元·任中共西藏自治区委员会书记〕

1992年11月，中共中央决定陈奎元任中共西藏自治区委员会书记。

陈奎元，1941年生，辽宁康平人。1964年毕业于内蒙古师范学院政教系。1965年5月加入中国共产党。在内蒙古呼伦贝尔盟工作多年，先后任盟委宣传科长，盟委党校副校长，盟委副秘书长、秘书长、常委，盟委副书记、书记等职。1989至1991年，任内蒙古自治区人民政府副主席。1992 年 1 月调西藏自治区，任自治区党委副书记。是中共第十四届中央委员。

〔陈俊生·连任国务委员〕　1993 年 3 月 29 日，根据第八届全国人民代表大会第一次会议决定，陈俊生被任命为国务委员。

陈俊生，1927 年 6 月生，黑龙江桦南县人。1947 年 4 月加入中国共产党。1948 年前任依东县二区区委组织委员。1948～1949 年任合江省桦南县五道岗区委副书记、区委书记，桦南县委宣传部副部长，合江省委组织部、宣传部干事。1949～1950 年任中共黑龙江省委书记秘书。1950～1957 年任黑龙江省绥化县委常委、宣传部部长，富裕县委代理书记，克山县委书记。1957～1973 年任黑龙江省委第一书记秘书兼克山县委书记，省委宣传部副部长、省委常委、省委副秘书长。1973～1981 年任黑龙江省委政策研究室副主任，省委办公室副主任、主任，省委常委、秘书长兼齐齐哈尔市委书记。1981～1984 年任黑龙江省委书记、省委副书记。1984～1985 年任中华全国总工会副主席、书记处书记、党组副书记，中央书记处农村政策研究室副主任。1985～1988 年任国务院秘书长、国务院机关党组书记，中央国家机关党委书记。1988 年后任国务委员。是中共第十三、十四届中央委员。

〔陈剑影（女）、陈燕芸（女）·杂技演员·获“巴黎世界‘未来’杂技节”金奖〕　1993 年 1 月，福建省杂技团演员陈剑影、陈燕芸表演的《对手滚杯》，在第 7 届“巴黎世界‘未来’杂技节”的比赛中，荣获唯一的金奖——“巴黎市奖”。

《对手滚杯》是福建省杂技团在原有的《滚杯》节目基础上发展创造的一个新节目，许多高难度的技巧动作贯串其中。“底座”演员陈剑影，一面用自己的额头和口中托儿各顶起一座三层玻璃酒杯摞起的塔，一面用两足轮番托举着“尖子”演员陈燕芸。而陈燕芸不仅在额头和口中托儿上也顶着同样的玻璃酒杯塔，而且在左脚上也托着这样的玻璃酒杯塔。两个演员，一上一下，共托着五座“塔”，同时翻滚动作，表演各种造型，真是诗一般的画面，梦一般的幻景，把《滚杯》升华到了不可思议的优美意境。她们以超人的技艺，在与俄罗斯、巴西、加纳等国家的杂技强手角逐中，一举夺魁，受到热烈的欢迎和广泛的赞扬。

陈剑影，1976 年 7 月生，福建省福州市人。1987 年考入福建省艺术学校杂技班。她生性好强，练功刻苦，杂技基本功全面，尤其擅长“软功”。陈燕芸，1983 年 10 月生，福建省漳州市人。1990 年考入福建省艺术学校杂技班学习。她体态小巧，功底扎实，是陈剑影的好配手，两人配合默契，相得益彰。

〔陈桂林·北京宣武区人民法院院长·被授予全国法院模范称号〕　1993 年 4 月 20 日，最高人民法院授予北京市宣武区人民法院院长陈桂林“全国法院模范”称号。他的事迹被多家新闻媒介广泛宣传。

陈桂林，上海市人，1933 年 6 月生，大学本科文化程度，1949 年 10 月参加工作，1956 年加入中国共产党，1958 年毕业于北京政法学院，分配到北京市中级人民法院工作，1980 年调宣武区人民法院任副院长，1984 年当选为宣武区人民法院院长，任党组书记。后连续两届当选为宣武区人民法院院长至今。

陈桂林带领党组“一班人”，经过几年努力，使法院在各方面都取得了显著的成绩。全院培养出大专以上学历毕业生 90 余人，占干警总数 70％以上。人员整体素质的提高，带动了办案效率和质量逐年提高。6 年来全院每年结案都在 3000 件以上，1992 年达 3951 件，结案率 95.7％。其中刑事审判实现“三无”：无一超审限，无一发回重审，无一未结案。其他各项审判工作也创历史最好水平。他从多方入手，强化法院内部管理，还倡导举办多种竞赛活动，培养锻炼了干部，涌现了大批办案能手，几年中全院干警无一人违纪。

陈桂林秉公执法，不为人情所累。宣武区服装公司租用某居民私房，却又未按协议办，改变了房屋的用途，居民要求收回房子，赔偿损失。区领导从区里经济利益出发，希望法院不要支持居民的诉讼请求。陈桂林严格依法办事，指示民庭：法人与公民利益平等，该怎么办就怎么办。结果服装公司败诉。因为办案公正，区领导不但没怪罪，还要求各单位租用民房都要依法办事。

幸福公司欠海军航校 35 万元货款，迟迟不还，航校为此诉至法院。当时幸福公司已撤销，按有关规定，应由上级单位承担债权债务的清偿责任。承办人正欲追加该上级单位为被告时却难住了。原来这个单位的副局长正是陈桂林的妻子，而陈桂林又直接主管经济审判工作。陈桂林听取汇报后明确指示依法办案。接到法院传票，那个单位给陈桂林妻子很大压力，她不久就病倒了。同事来家探望，陈桂林才知原委。妻子含泪向他请求照顾，他坚定地摇了头。最后法院判决该单位付给航校全部欠款。

北京西厢工程涉及被拆迁单位 300 个（职工 3 万人），搬迁居民 3000 户，外迁人员 1 万人，其中宣武区的拆迁量占80%以上。为保工期，法院派出年富力强的审判人员，提前介入拆迁，开展诉前服务，提供法律咨询，协助解决疑难问题，结果使拆迁工作进行得合情、合理、合法，无一纠纷诉至法院，深得各方好评。陈桂林先后被评为北京市司法系统先进工作者，北京市综合治理先进个人。获区精神文明奖章、区优秀共产党员称号，并当选为市人大代表。

〔陈悦书·血液学家·被聘为中华医学会资深会员〕　1993年1月16日，具有78年历史的中华医学会，正式宣布首批聘任41位在医学上有重大成就、德高望重的内外科专家为中华医学会资深会员。江苏省血液研究所名誉所长、教授陈悦书获得这一荣誉。

陈悦书，1918年1月生，福建福州人。1942年于上海医学院毕业后，历任上海红十字会医院（上海医学院附属华山医院前身）病理、内科住院医师、主治医师，上海医学院附属中山医院内科基础教研组主任、副教授，苏州医学院附属第一医院内科教研组主任、教授、血液研究室主任，江苏省血液研究所名誉所长。

陈悦书依靠顽强的努力，逐步走上了探索人类造血系统奥秘的征途，他在国内首次报道了痛风、皮肌炎、婴儿巨幼红细胞性贫血，引起国内医学界的注意。1954年在进行大量骨髓穿刺和某些印片的基础上，他在国内首次发表了涂片和印片对诊断血液病和肿瘤的价值，该法简便准确。他独自编著出版了国内第一本血液学专著《临床血液学》。1956年他在中山医院创立了血液学研究室。在广泛研究和治疗各种血液病的基础上，他把注意力集中到白血病上，成了他毕生为之奋斗的目标，1958年调苏州医学院后，他组织血液研究室人员做了大量工作。例如对急性白血病幼稚细胞PAS反应和其他组织化学研究，对白血病患者尿17－酮类固醇、17－羟皮质类固醇和促肾上腺皮质刺激机能的研究，恶性网状细胞增生病和有特殊表现的淋巴瘤的研究等。1973年他与同事首先证明早幼粒白血病易并发播散性血管内凝血而致颅内出血死亡，引起国内重视。1976年他在全国白血病学术会议上，提出急性早幼粒白血病具有“细颗粒型”的见解。以后又用非特异性酯酶加氯化钠抑制试验和氯醋酸酯酶染色来证实自己的论断。1978年获全国科学大会奖。自1956年起，他陆续观察了氮芥、马利兰、六羟基嘌呤、L－门冬酰胺酶等药物治疗白血病的疗效。1977年他和同事们首先设计应用中西医结合高三尖杉酯碱、长春新碱、阿糖胞苷、强地松等，治疗急性非淋巴细胞白血病取得82%的完全缓解率，达到国际先进水平。近年他带领研究生和年轻医师除继续开展白血病新治疗的研究外，从超微结构、细胞遗传、免疫、造血祖细胞培养和细胞生物学等多学科多层次，对白血病进行更深入的基础研究。他先后主持过7期全国血液学进修班，他积极参加编写教材，著书立说，出版书籍计12种，发表论文100余篇。1990年获国家教委从事高等院校科技工作40年成绩显著荣誉证书。

他历任卫生部医学科学委员会内科学和输血及血液学专题委员会委员，全国白血病防治研究协作组副组长，《中华血液学杂志》副总编辑等职。

〔陈梧桐·历史学家·新著《洪武皇帝大传》出版〕　中央民族学院历史系教授陈梧桐撰写的《洪武皇帝大传》1993年6月由河南人民出版社出版。这部50余万字的专著，以流畅的文笔，具体生动地记述了朱元璋从贫苦出身的小行童到元末农民起义领袖再到明朝开国皇帝的曲折经历，介绍了元末明初的政治、军事、经济、文化与朱元璋个人的生活、思想和性格，对他的是非功过作了实事求是的评价。

陈梧桐，1935年生，福建安溪人。1958年7月毕业于厦门大学历史系。历任高等教育出版社与人民教育出版社编辑，广西大学中文系教师。现任中央民族学院历史系教授，中国明史学会、中国农民战争史研究会和北京市历史学会理事。

陈梧桐主要从事明史与中国民族史的研究，先后发表论文数十篇。他撰写的《论朱元璋的治国思想》一文，具体论述了朱元璋“躬览庶政”、“安民为本”、“进贤纳谏”、“明礼定律”、“居安虑危”的治国思想，认为其实践结果，促成了“洪武之治”的实现，这是应予肯定的；但它又导致了桎梏新的生产力与新的生产关系的滋生成长，阻碍封建社会的瓦解，其消极作用也不可低估。《永乐至宣德的政策失误与“土木之变”》一文，在具体论述永乐至宣德年间明王朝的政策失误后指出，明英宗与王振的昏庸腐败和无能是直接造成土木之败的近因，而永乐至宣德的政策失误则是酿成土木之败的远因。《明代宦官势力干预北部边防的严重后果》一文，具体论述了明代宦官干预北部边防的途径及其恶果，认为它最终是激化北部边疆的民族矛盾与阶级矛盾，导致边陲社会的动荡不安，并严重削弱了明朝的国防力量，从而加速了明王朝的崩溃。《正确对待我国历史上的少数民族及其与汉族王朝的战争》一文强调，处理历史上的民族关系，应该认真贯彻民族平等的原则，平等地对待中国历史上的各个民族，一视同仁地肯定他们都是中国历史的主人。历史上我国内部各民族之间的战争都是中国内部的战争，尽官有是非之分，却不带有侵略与反侵略的性质。此外，陈梧桐还主编了《中国历代名将》，并参加了《中外治政纲鉴》、《中国军事史略》等多部著作的撰写。

〔陈敏章·连任卫生部部长〕　1993年3月29日，根据第八届全国人大第一次会议的决定，陈敏章被任命为卫生部部长。

陈敏章，1931年生，浙江杭州人。1954年加入中国共产党。1955年毕业于上海第二医学院医疗系。历任上海第二医学院附属广慈医院内科住院医师，北京协和医院内科副主任、研究员，中国协和医科大学副校长，协和医院院长，中华医学会第19届副会长，卫生部副部长。1987年起任卫生部部长。专长内科和消化系统疾病的内窥镜诊断和治疗。主编有《临床水与电解质平衡》，合编有《临床胃肠病学》等。是中共第十三届中央候补委员，第十四届中央委员。

〔陈焕友·再次当选江苏省省长·任中共江苏省委书记〕　在1993年4月间召开的江苏省八届人大一次会议上，陈焕友再次当选为江苏省省长。又据《人民日报》9月30日报道，中共中央决定陈焕友任中共江苏省委书记。

陈焕友，1934年生，江苏南通人。1954年加入中国共产党。1955年毕业于中国人民大学工业经济系。曾任长春汽车拖拉机学院教员、吉林工业大学教员。后调任无锡柴油机厂党委书记、江苏省经委副主任。1983年起任江苏省副省长、省长。是中共第十三、十四届中央委员。

〔陈维昭·新任台湾大学校长〕　1993年2月台湾大学校长孙震出任台湾"国防部"部长之后，其遗缺经过多人激烈的角逐竞选，台湾大学医学院院长陈维昭脱颖而出。6月12日，台湾"行政院"核定陈维昭为台湾大学新任校长。60多年来台湾大学一直由官方任命，此次则打破惯例，由选举产生。陈维昭是台湾大学第一位"民选校长"，也是第一位台湾省籍校长。他获任后表示，自信以其在医学院所建立的"人和基础"，必将治校理念成功地推展于台大其他7个学院中，并强调使台湾大学能在国际学术界占一席之地。对治校过程中遇到的问题，他主张各方多协调、多沟通。

陈维昭，1939年生，台湾省台中县人，出身医师之家。1965年台湾大学医学院医科毕业。后任台大医院外科住院医师、总住院医师、外科主治医师。1971年台湾公务员高等考试及格。1972年经台湾"教育部"考试及格，赴日本东北大学研究小儿外科学，获医学博士学位。其论文《小儿静脉高营养输液下氨基酸及葡萄糖之代谢动态》，于1976年获日本东北大学"桂赏"奖（最佳论文奖）。曾赴美国深造，获约翰霍浦金斯大学卫生与行政管理硕士学位。返台后历任台大医院外科主治医师。台大医学院外科讲师、副教授、教授兼附设医院副院长。1991年经选举出任台大医学院院长，是该院首位"民选院长"，也是最年轻的一位院长。

学有所长的陈维昭专攻"静脉营养学"，这是外科尖端研究之一，经其实验，撰文阐明"蛋白的利用是和它热量成正比，要使一克蛋白的氮获至最高效用，要450卡路里"。此文刊于美国《新陈代谢》杂志，一时轰动外科医学界。他也是一位小儿外科著名专家，1979年亲自主持，成功地为连体婴张忠仁、张忠义兄弟动了分割手术，因而名声大震。后又多次主持连体婴分割手术，均获成功，在台湾有"连体婴分割之父"的美誉。

曾获台湾十大杰出青年称号，台湾"行政院"杰出科技荣誉奖、三等功绩奖，"国科会"优等研究奖。发表于岛内外医学杂志论文有70余篇。

〔陈朝新·解放军第一七五医院专业军士·获勇攀科技高峰的坚强战士称号〕　1993年12月11日，南京军区发布命令，授予陈朝新"勇攀科技高峰的坚强战士"荣誉称号。

陈朝新，福建省福清县人，1952年9月出生，1970年12月入伍，1988年11月加入中国共产党，专业军士军衔。陈朝新入伍3个月后，因患"糖尿病伴酸中毒"，体内胰岛功能全部丧失，每天必须定量注射胰岛素才能维持生命。在与疾病斗争中，他知道自己再也不能象战友们那样上训练场了，决心尽自己所能为军队作贡献，报效祖国。住院期间，他看到医院维修医疗设备有困难，决心学习掌握这门技术。入伍前他只读过初中，而维修现代医疗仪器需要具备多方面知识。他不顾疾病的折磨，报名参加了漳州市电大微电脑知识学习班，并经常到无线电厂、厦门大学求教，经过一年的拼搏，以总分第一的优异成绩毕业。此后又刻苦自学了机械学、无线电、英语等多方面知识和技术，成为掌握电子医疗仪器维修技术的专门人才。1983年春，医院一台价值20多万元的进口B超机发生故障，他查出是因集成块质量造成的，更换集成块后重新组装，恢复了该机功能，受到不久后来医院检查仪器的日本工程师的赞扬。这种B超机拍出的片子没有定位标志，给病案的图象分析带来不便，陈朝新经过200多个日日夜夜的刻苦攻关，成功地发明了“B 超探头标志发生器”，拓宽了原机的技术功能，超声图象处理技术有独到创新，获军队科技进步成果四等奖。他发现医院 CT 机的计算机内存板故障率高，主动研究改进，研制出了“CT 计算机新型内存板”。这种内存板只用 40 多个元器件就替代了进口原机 2000 多个元器件，而且价格低廉，维修方便，图象重建速度加快，提高了机器的整体性能。经过改造后的机器，在减少故障和缩短病人检查时间等方面超过了原进口机型的技术水平，被全国 10 多家医院推广使用，获得军队科技进步三等奖。多年来，陈朝新为医院设计安装了电源仪、恒温器、血流计数仪、自动灌装机等，修复了 A 超、B 超、心电图机、脑电图机、体外反搏器和血透、血气分析仪、同位素扫描仪等国内外较先进的各种医疗设备，节约维修经费和为医院创收 200 多万元。他多次谢绝地方人员的高薪聘请，坚持在军营默默奉献，先后三次立功，两次被国家民政部和解放军总政治部评为“全国军地两用人才先进个人”。

〔陈惠勇·农民·获联合国教科文组织颁发的“行动中的青年”奖〕 联合国教科文组织总干事马约尔于 1993 年 6 月 16 日向中国农民陈惠勇颁发了“行动中的青年”奖状和奖章，以表彰他在植树造林、保护自然环境方面所取得的成就。

陈惠勇，1968 年出生于浙江省宁海县城关镇。1984 年高中毕业后回乡务农，看到山清水秀的家乡由于树林被破坏，水土流失，河床增高，常遭洪水侵害，他立志绿化荒山，改善自然环境。从 1985 年起开山造林，先后种植了果树、茶树、毛竹、杉树和松树共 400 多亩，累计投资 10 万元人民币。陈惠勇的辛勤劳动使家乡的荒山披上了绿装，目前果树和茶树都已进入了盛产期。

作为中华全国青年联合会推荐的代表，他参加了联合国教科文组织于 6 月 15 日至 25 日在巴黎举办的“93 行动中的青年”聚会，与来自世界其它国家的青年交流了工作经验，并受到好评。“行动中的青年”是教科文组织发起的全球性活动，它旨在通过评选在基层工作的有突出贡献的青年，鼓励青年为人类创造更加美好的明天而努力工作。参加今年评选并获奖的还有来自菲律宾、巴基斯坦、坦桑尼亚、肯尼亚、津巴布韦、巴西、黎巴嫩、爱尔兰和挪威的 10 名青年。

〔陈鉴远·化学工程学家·当选中国科学院学部委员〕 化学工业部教授级高级工程师陈鉴远，于 1993 年 12 月当选为中国科学院化学部学部委员。

陈鉴远，1916 年 6 月生，江苏省淮安县人。1940 年毕业于重庆中央大学化学系，1950 年获美国叙拉古大学化学工程系博士学位。曾任化工部第六设计院院长，北京化工学院院长。现为化学工业部技术委员会副主任。

陈鉴远从五十年代起一直从事国防化工产品的技术开发和工程设计工作。在他的主持和参与下，开发成功水电解交换法、硫化氢一水双温交换法、液氨精馏法、液氢精馏法等四种生产重水的工业技术，设计建成了十个重水工程，解决了很多技术难点，使我国重水工业有重大突破，技术上接近国外先进水平。开发成功液相氯胺法偏二甲肼和液氢的技术，设计建成了四个偏二甲肼装置和二个液体仲氢装置，为我国东风系列导弹、长征系列火箭的发射提供了充足燃料。产品曾销往法国，比美国开发氯胺法偏二甲肼技术早 10 年。超氧化钾(钠)作为产氧剂用于潜艇，六十年代中，在时间十分紧迫的情况下，开展研究、开发和设计工作，开发成功了超氧化钾(钠)及配套金属钾(钠的生产技术，设计建设了两个超氧化物装置，为国防化工事业的建立，满足我国“两弹”和其它武器装备的需要做出了重大贡献。1990 年获国家设计大师称号。

〔陈锦华·任国家计划委员会主任·阐述 1993 年中国经济运行情况的四个显著特点〕 1993 年 3 月 29 日，根据第八届全国人大第一次会议的决定，陈锦华被任命为国家计划委员会主任。

陈锦华，1929 年生，安徽青阳人。1949 年加入中国共产党。1955 年毕业于中国人民大学工业经济系函授专修科。1965 年毕业于北京电视大学中文系。历任纺织工业部政策研究室主任、轻工业部计划组负责人、中共上海市委副书记、上海市副市长兼上海石油化工总厂工程建设领导小组组长、宝山钢铁总厂党委书记、中国石油化工总公司总经理。是中共第十四届中央委员。

在 1993 年 12 月 5 日召开的全国计划会议上，陈锦华对当年中国经济运行情况概括为四个显著特点：一，国民经济在去年高速增长的基础上持续快速增长，综合国力进一步增强，经济社会协调发展。预计全年国民生产总值将突破 3 万亿元，按可比价格计算，比上年增长 13%，其中第一产业增长 3.1%，第二产业增长 21%，第三产业增长 9.7%。二，围绕建立社会主义市场经济体制的各项改革迈出新步伐。许多重大改革举措相继出台。首先是金融体制改革，促进了金融秩序和经济秩序的稳定。整个经济的市场化程度继续提高。运用经济手段实行宏观调控取得了重要经验。三，对外开放继续向深层次、多领域、全方位扩展。预计全年利用国外贷款比上年增长20亿美元。实际吸收外商直接投资比上年增长约60%。四，实施加强和改善宏观调控措施取得了积极成效，为进一步加快改革开放和经济发展创造了较好的条件。

〔陈锦钊·话务维护组长·获全国"五一"劳动奖章〕　陈锦钊在平凡的话务维护工作中，刻苦钻研，默默奉献20多年，以优质服务，博得广大用户的赞扬。1993年5月获全国"五一"劳动奖章。

陈锦钊，1953年11月生于广东省顺德市，1970年11月参加工作，中国共产党党员。参加工作以来，以高度的责任心和使命感，在本职工作中做出了突出贡献。他工作勤奋，以身作则，团结带领全组完成2万多电话用户的装拆迁移改维护工作。仅1992年他就带领小组安装电话4254门，迁移电话1323门，割接新架用户5892家，安装小总机1990门，移改线路602公里，迁改杆路300条，管道工程38公里的任务。陈锦钊对工作一丝不苟，多次利用节假日和休息时间加班加点。去年10月，他利用国庆节休息日为鸿图新村完成一项电缆工程时，周密调查精确计算，节约电缆1.2公里，电杆300条，新装机400部，节约与回收资金100多万元，创造了优异的成绩。在维护大良凤华街地下管道工程时，他不怕脏，不怕累，一马当先，连续奋战三昼夜，确保工程迅速、准确、及时完成，保证线路畅通，受到用户和上级的赞扬。话务维护非常繁琐，没有固定时间和固定地点，陈锦钊始终以"用户第一"为目标，不管节假日或白天黑夜，随叫随到，从不耽误，而且维护质量优良，极少返修。他时刻以党员标准要求自己，从不接受用户任何物质上的感谢。在他的言传身教下，全组团结一致，成为一个业务精、作风好的集体，多次受到上级的表彰。1989年以来，陈锦钊曾被评为优秀党员和先进生产者。1990年被评为全国邮电系统话务标兵。

〔陈慕华(女)·当选第八届全国人大常委会副委员长〕　1993年3月27日，在第八届全国人民代表大会第一次会议上，陈慕华再次当选为全国人大副委员长。

12月26日，陈慕华以全国人大副委员长、全国妇联主席的身份会见了联合国秘书长加利，双方就1995年将在北京召开的第四次世界妇女大会的筹备工作交换了意见。陈慕华说，在联合国的关怀下，通过与有关各方深入广泛地交换意见，协调立场，中国一定为大会顺利召开，为更好地执行内罗毕战略，提高妇女地位作出贡献。

陈慕华，1921年6月生，浙江青田人。1938年6月加入中国共产党。1938年3月到延安抗大学习，后任三分校训练部军事佐理员，延安留守兵团警卫五团参谋、兵团司令部教育科参谋、军事研究室研究员，延安联防司令部后勤部家属招待所指导员、经建处秘书。1945年后任热河军区司令部一科参谋，东北铁路总局机关政治协理员，穆棱煤矿工会特派员，东北铁路保育院院长，中长铁路中央医院副院长。1950年后任东北铁路政治部宣传组(处)组长，铁道部政治部宣传部宣传组(处)副组长，国家计委交通局副处长、处长，对外经济联络总局成套设备局副局长，对外经济联络委员会三局副局长。1971年后任对外经济联络部副部长、部长，国务院副总理，国家计划生育委员会主任，中央爱国卫生运动委员会主任，对外经济贸易部部长，国务委员，中国人民银行行长、理事会理事长，中国银行董事会名誉董事长，中央财经领导小组成员。1988年后任中华全国妇女联合会主席，中国银行董事会名誉董事长。是第五、七届全国人大代表，第七届全国人大常委会副委员长、全国人大财政经济委员会主任委员。中共第十、十一、十二、十三、十四届中央委员，第十一、十二届中央政治局候补委员。

〔陈肇雄·青年计算机专家·获中国科学院青年科学家一等奖〕　中国科学院计算技术研究所研究员陈肇雄于1993年12月获中国科学院青年科学家一等奖。

陈肇雄，1961年9月生，福建省莆田县人。1982年毕业于华东工学院，同年考入中国科学院计算技术研究所读研究生课程，先后获硕士、博士学位。现为中国科学院计算技术研究所研究员，机译中心主任。

陈肇雄多年来一直致力于智能机器翻译这一世界高科技的研究与开发工作，在创立智能机译理论体系和开发智能机译系统方面达到国际领先水平。在机译成果产业化方面智能机译理论体系和开发智能机译系统方面达到国际领先水平。在机译成果产业化方面获得了重要进展。他在机器翻译的研究中，吸取了已有的语法型、语义型、知识型机译系统各自的优点，创造性地提出了"智能型机器翻译理论体系"，提出"SC文法"、"基于不完备知识的机译分析"和"与SC文法相适应的层次词典结构"等一系列创新思想，突破了机器翻译界长期来难以解决的复杂多义区分、上下文相关处理、多种知识的一体化分析等方面的一系列国际性难题，为机译研究开辟了一个新的研究方向。由他负责组织协调和总体设计的国家863计划重点项目，成功地开发出智能型英汉机译系统IMT/EC－863，该系统在理论基础、总体设计、系统实现和应用效果等方面，超过国内外同类系统，达到国际领先水平。该成果获1993年中科院技术进步一等奖，他本人也荣获863计划先进个人奖。他提出了一套适用于袖珍机的机译实现技术，成功地开发出世界上第一部人工智能袖珍电子翻译机——快译通EC/863A，创造性地解决了机译系统长期来未能在袖珍机上实现实时翻译的技术难题，为我国的机译技术打入国际市场开辟了一条广阔的道路。

陈肇雄几年来在国内外学术刊物上发表论文47篇，指导了6名硕士生和协助指导2名博士生。

〔陈德刚·解放军某部连队政治指导员·获“模范指导员”称号〕　1993年4月9日，济南军区发布命令，授予陈德刚“模范指导员”荣誉称号。

陈德刚，江苏省盐城市人，1957年8月出生，1976年12月入伍，1979年1月加入中国共产党，1988年2月任排长，同年5月任政治指导员，上尉军衔。陈德刚勤奋好学，当战士时，在做好本职工作的同时，刻苦钻研书法艺术，作品多次在国内外书法展览中获奖，担任了潍坊市青年书法家协会副主席、山东省青年书法家协会常务理事、中国书法家协会会员。任连队政治指导员后，为了全身心地做好工作，多次放弃国内外书法交流活动的机会，潜心钻研基层思想政治工作，撰写整理了70多万字读书笔记和工作资料。他把发扬我军政治工作优良传统与研究新情况、解决新问题统一起来，摸索总结了“兵之初”三字经等带兵育人方法，先后被军区推广。他千方百计改进思想教育工作，制订“连队、家长、战士”三方共教共育公约，先后给战士家长写信800余封，了解战士家庭情况，向家长汇报战士的成长进步，征求家长的意见，收到战士家长回信500余封，通过共教共育，收到明显效果。连队战士4年来无1人违反纪律。为了帮助战士成才，连队开办了“育才室”，陈德刚利用自己的书法特长，办起了毛笔书法和钢笔书法培训班，参加学习的战士复员后已有16人被县、乡文化馆录用。他还根据战士成才的要求，收集了65种函授信息，帮助每个战士选学一门，已有37个获函授结业证书。全连多数战士掌握了一至两门民用技术。他满腔热忱地关心爱护战士，先后帮助19名战士解决了家庭纠纷、婚恋受挫等问题，被战士们称为“好兄长”、“父母官”。在他和全连官兵的共同努力下，连队连续四年被上级评为“军事训练先进连”、“达标先进连队”、“先进党支部”，荣立集体三等功4次、集体二等功1次。他本人多次被上级评为“优秀共产党员”、“优秀党支部书记”、“优秀指导员”、“基层建设标兵”、“全军优秀政治教员”。

〔陈履安·出任台湾“监察院”院长〕　1993年1月15日，经台湾“第二届国民党大会临时会同意，由陈履安，郑水枝分任台湾第二届“监察院”正、副院长。陈履安由“国防部”部长改任“监察院”院长，虽官大位高，但并无多少实权。

陈履安，浙江青田人，1937年6月22日生于江西庐山。原取名履庐，因其父陈诚曾在西安事变中平安脱险，为表庆幸，后便将其名改为履安。举家迁居台湾后，就读于台湾师大实验中学，即后来的师大附中。1955年中学毕业后，负笈美国。1960年获麻省理工学院电机工程学士学位。不久，进入美国亨奈威尔公司，任工程师。六十年代初，进纽约大学数学研究所，专攻应用数学，先后获数学硕士、博士学位。后任纽约市立大学副教授、教授。1970年返回台湾，为著名企业家王永庆所赏识，邀其担任他所创办的明志工业专科学校校长，是当时台湾大专院校校长中最年轻的一位。在任期内，他使该校成为五年制工专的模范学校。两年后出任台湾“教育部技术及职业教育司”司长，又是台湾政坛上最年轻的司长之一。对此，有人羡慕，也有人嫉妒，工作中碰到了不少棘手的问题。但他大刀阔斧，敢做敢为，使该司的工作效率大为提高。1974年，他获得艾森豪威尔奖学金，赴美国对职业技术教育进行短期考察研究。同年调任台湾工业技术学院院长。由于他从事教育有成绩，于1977年被提升为台湾“教育部”常务次长，翌年跃为政务次长。

七十年代末，陈履安从教育界转入党政界，先后任国民党中央组织工作会主任、中央委员会副秘书长。1984年任台湾“行政院国家科学委员会”主任委员。1988年7月任“行政院政务委员”、“经济部”部长。1990年5月任“行政院政务委员”、“国防部”部长。

是国民党十一至十三届中央委员，十二、十三届中央常务委员。

〔陈翰馥·自动控制理论专家·当选中国科学院学部委员〕　中国科学院系统科学研究所研究员陈翰馥于1993年12月当选为中国科学院技术科学部学部委员。

陈翰馥，1937年2月10日生，浙江省绍兴市人。1961年毕业于苏联列宁格勒大学。历任中国科学院数学研究所副研究员、系统科学研究所副所长。现为中国科学院系统科学研究所研究员、博士生导师。

陈翰馥六十～七十年代从事现代控制理论在国防技术中的应用研究，部分成果和合作者一起获全国科学大会奖；三次国防科工委奖，一次国防工办奖。七十年代他提出随机能观性的新概念，第一次统一了随机系统和确定性系统的能观属性。1985年获中国科学院科技成果二等奖。八十年代初提出了一套分析收敛性的条件，国外称为"陈氏条件"。率先解决了随机反馈控制系统的阶和时滞估计，并提出"变界截尾"随机逼近算法，在自适应控制中得到成功的应用。上述研究成果"动态系统的辨识和适应控制"获1987年国家自然科学奖三等奖。在自适应控制领域，提出"衰减激励"方法，结束了控制的最优性和估计的一致性不能同时兼顾的历史。他和他的学生对自校正调节器算法的收敛性和最优性的证明，解决了二十多年来国际上悬而未决的问题。他多次应邀到美国、加拿大、日本、澳大利亚、法国、奥地利、苏联等国二十余所大学讲学，多次在国际学术会议做特邀报告，并与上述国家各大学进行合作研究。先后发表论文、研究技术报告115篇，著作5本。

〔邵奇惠·再次当选黑龙江省省长·谈黑龙江边贸战略升级的内容〕　在1993年1月16日举行的黑龙江省八届人大一次会议上，邵奇惠再次当选为黑龙江省省长。

邵奇惠，1934年生，江苏宜兴人。1953年加入中国共产党。历任共青团杭州市委办公室副主任、学校部副部长，哈尔滨林业机械厂厂长、总工程师、高级工程师，中共哈尔滨市委副书记，中共齐齐哈尔市委书记。1988年起任黑龙江省副省长、中共黑龙江省委副书记、黑龙江省省长。是中共第十四届中央委员。

1993年3月29日，在第八届全国人大第一次会议期间，邵奇惠答中外记者问，谈黑龙江提出的边贸战略升级的内容是：在中俄之间由计划经济下的互补上升到跨国跨地区合作；建设以哈尔滨市为中心的国际贸易大通道，把目前的贸易为主变成既有贸易又有经济合作，积极发展跨地区、对应地区的长期友好合作关系；进一步扩展南联北开，用重化工业和资源优势吸引国外和南方的资金技术，发展轻纺工业，积极参与东北区国际合作。

［附注：1994年5月21日，黑龙江省八届人大常委会第九次会议，任命田凤山为副省长、代省长，批准邵奇惠辞去省长职务。］

〔邵渭敏·苏州阀门厂厂长·被评为首届"军转民十佳企业家"之一〕　苏州阀门厂厂长邵渭敏，在改革开放大潮和社会主义市场经济激烈竞争中，以企业家的魄力，带领职工冲出国门，企业跻身于国际市场。1993年出口创汇超过1100万美元，产品出口到世界十几个国家和地区，工厂以"阀门百科全书"的称号享誉海外。邵渭敏于1993年1月被评为首届军转民十佳企业家之一。

1979年开始军转民的核工业总公司苏州阀门厂，选择了品种杂、规格多、批量小的石化阀门，经过近十年的苦心探索，创制出在国内用户中享有很高声誉的"H"牌阀门，给困惑于转民低谷中的企业带来了转机。但邵渭敏并没有安于现状，他清楚地认识到仅靠国内一块市场很难保持工厂持续稳定的发展，必须开拓新市场。参与国际经济大循环。为此，邵渭敏提出了"以内养外，以外促内"的方针和渗透市场战略，以低价吸引国外客户，企业迅速地在国际市场上取得了应有的位置。

邵渭敏认为：质量是产品进入国际市场的"护照"，长期以来，国内市场不注重表面质量使中国产品成了"乡下大姑娘"。为改变这一状态，他们从生产工艺和生产设备上下功夫，引进先进设备，改进了工艺，生产出满足国际市场需要的高质量产品。苏阀厂在1988年率先在国内阀门行业取得了美国API证书。既要进入国际市场，就要和国际接轨，跟踪国际标准。他带领企业在1991年通过了ISO9002(国际标准化组织)的认证，1993年6月又通过了ISO9001的认证，成为国内率先取得该体系认证的军工企业之一。

如何使国际市场不断扩大，出口创汇额稳步提高，邵渭敏又提出了对内开发产品，对外开发市场的第二步战略。在短短几年里，他们开发出5000多种阀门产品。销售方式由过去的一般贸易成交，发展到现在的工程投标、定牌生产等多种贸易方式；使工厂出口产值连年大幅度增长，即使在1992年和1993年世界经济严重不景气的情况下，苏阀厂的出口创汇仍保持20～30%的增幅，使苏阀产品在国际市场上占有不容忽视的一席之地。

邵渭敏，1944年5月生于江苏省苏州市。大专学历，1964年8月参加工作，1972年加入中国共产党，高级工程师，曾任厂车间技术员、工程师、厂党委副书记；1983年至今任苏阀厂厂长。

〔纳忠·北京外国语学院教授·获中国阿拉伯语教学贡献奖〕 83岁高龄的北京外国语学院教授纳忠，1993年12月获中国阿拉伯语教学杰出贡献奖，奖金一万元。这是中国首次颁发的外语教学杰出贡献奖。与纳忠同时获得这一奖励的还有77岁高龄的北京大学教授刘麟瑞。

纳忠，1910年生于云南省通海县，回族。1936年在埃及开罗艾资哈尔大学获"学者"学位。1943年起，历任南京中央大学、云南大学、外交学院、北京外国语学院教授、系主任。系统地讲授过世界通史，阿拉伯中古、近代、现代史。是博士生导师。被誉为中国阿拉伯语学界的泰斗。半个世纪以来，他默默奉献，辛勤耕耘，淡泊名利，安于清贫，笔耕不辍，著作等身，师德人品，皆为楷模。讲坛耕耘50载，育得桃李满天下。为开创阿拉伯历史的研究与教学，为促进中国与阿拉伯文化的交流和中阿友好关系的发展，发挥了重要作用。他有专著和译著13部，任主编和主要撰稿人的著作多部。曾任社会科学院世界史研究所和西亚、非洲研究所学术委员，《中国大百科全书——外国史卷》编委兼西亚史编写组组长。他是第六届全国政协委员、中国伊斯兰教协会常委。曾被选为大马士革阿拉伯学会通讯理事，巴基斯坦"希志来奖金提名委员"等。1960年被选为首都文教界先进工作者，1991年被评为北京市优秀教师。1990年获国务院颁发的"有突出贡献的专家"证书。

〔苗力田·中国人民大学教授·主持翻译希腊古典哲学巨著《亚里士多德全集》陆续出版〕 现年76岁的中国人民大学哲学系教授苗力田与其学生经过7年的共同努力，翻译《亚里士多德全集》，至1993年底，已先后出版第一、二、三、七、八卷，第九卷脱稿待印，第六卷年内完稿。其余三卷将在1995年前编译完成。

苗力田祖籍山东，1917年生于哈尔滨。"9·18"事变后流亡入关在北平读中学。1939年考入重庆中央大学，师从陈康先生专攻古希腊学。研究生毕业后，先后在重庆中央大学、北京大学、中国人民大学任教，在新中国首次开讲外国哲学史课程。他在我国古希腊哲学、德国古典哲学、俄国19世纪民主主义哲学教学和研究方面是名副其实的拓荒者。

亚里士多德是古希腊哲学的集大成者，恩格斯称亚里士多德为古希腊哲学家中"最博学的人物"。世界上一些国家的哲学家们把翻译出版《亚里士多德全集》视为文化发展水平的标志，目前刊行于世的《全集》已有英、法、德、日等多种文本。令苗力田及同辈学者感慨的是：新中国成立这么多年了，我们连《亚里士多德全集》都还没有翻译过来，岂不愧对后人！苗力田说："翻译国外古典哲学著作，是一个民族意欲开拓自己的文化前途，丰富自己的精神营养所不可缺少的。我们这一代人责无旁贷！"

于是，苗力田教授在与他的学生共同编写完成高校文科教材《古希腊哲学》这部练兵之作后，经过反复思考和多方论证，毅然决定编译《全集》。他领导的这个编译组其他8位成员，3名博士，5名硕士，都是苗力田的学生。作为一位老教育工作者，苗力田还另有一番良苦用心：翻译几十万字、上百万字的文稿，巩固语言学习成果，为国家培养一批既懂古希腊哲学专业、又懂古希腊语的高级专门人才。从此，苗力田全身心地投入到《全集》的编译中。亲自承担了《形而上学》、《尼各马科伦理学》等重要篇章的翻译，撰写序言和分卷后记。对别人的译稿，他每一篇都要审一遍、校一遍。翻译前几篇著作时，每篇都要逐字逐句地核对。后来大家的翻译水平趋于纯熟了，译文趋于统一了，他仍然坚持认真审校。他生病住院治疗或外出参加学术会议，也总是随身携带文稿。人们说，苗力田是当今最负责的主编之一。

苗力田的工作得到了国际学术界的广泛关注。1989年在意大利佩鲁吉亚第二届国际柏拉图讨论会上，外国学者称他为中国的罗斯(英文版《亚里士多德全集》的主编人)。英、美、意、日的同行与他建立了联系。在国内，翻译《全集》的工作先后被列为学校、教委、国家"七五"社科重点项目。《全集》中文版第一卷出版后，获国家教委优秀学术专著1992年特等奖。

〔苗建寅·陕西师大副教授·出版《从毛泽东思想到邓小平理论》等著作受赞誉〕 陕西师范大学副教授苗建寅在辛勤教学之余，从事社科理论研究和著作，撰写专著、主编和参与编写书籍20多种，约1000多万字。其中《从毛泽东思想到邓小平理论》、《中国国民党史》两部著作影响较大，受到国内和海外的赞誉。1993年9月10日《陕西日报》对此作了报道。

《从毛泽东思想到邓小平理论》这部50多万字的著作，论述了毛泽东思想产生、发展和成熟的历史过程，全面介绍了毛泽东对马列主义理论的杰出贡献；同时论述了邓小平建设有中国特色社会主义理论的形成过程和丰富内容及其对马列主义、毛泽东思想的继承与发展。《光明日报》、《人民教育报》、《团结报》、《陕西日报》等对该书进行了评介。他主编的《中国国民党史》，由屈武题写书名，朱学范作序言，《瞭望》杂志海外版、《人民政协报》、《团结报》均发表书评和报道，法国巴黎出版的《欧洲时报》以“大陆出版首部中国国民党史”为题进行了评介。该书在北京举办的国际图书博览会参展时，台湾、韩国图书商索取了样书，并签订了合同。目前该书已印刷了2次，发行2万多册。

苗建寅还主编了《中国革命史略》、《社会主义建设新编》、《延安精神纵横谈》、《中国国民党史研究》、《国共关系研究》、《鸦片战争史话》、《光辉的历程》、《有中国特色的社会主义理论学习纲要》等十余部著作；参加编写的有《毛泽东思想与当代中国》、《坚持和发展毛泽东思想》、《土地革命时期革命根据地研究》、《陕甘宁边区简史》、《国共关系史论》、《风波启示录》、《邓小平与当代中国》等十部著作。

苗建寅，陕西长安人，1935年7月生，1955年毕业于陕西师范学院历史专业，现任陕西师大国民党史和台湾研究室主任，为全国台湾研究会会员、西安事变研究会理事、陕西省毛泽东思想研究会理事。多次被评为优秀教师和先进教育工作者。

〔英若诚·话剧表演艺术家·赴台湾进行学术交流并为父扫墓〕　1993年，英若诚作为北京人民艺术剧院的顾问出访台湾，访台期间拜会了著名爱国将领张学良等台湾名人，进行了文化学术交流，并专程祭扫了其父英千里之墓。

英若诚，满族，1929年出生于北京。17岁考入清华大学外语系。解放后与夫人吴士良双双考入北京人民艺术剧院。数十年来，英若诚一直思念父亲英千里，直到1979年才得知父亲已于1969年因肝癌病逝于台北。英千里于1924年由英国伦敦大学毕业，回国后协助其父英敛之筹办辅仁大学。终生致力于哲学、逻辑学的研究，精通英、法、西班牙、拉丁文四种文字。赴台后将全部心血投入教学中，除担任台大外文系主任外，还在多所院校任教。并编写了台湾省从初中到大学的英语教科书。英千里学识渊博，讲课深入浅出，幽默诙谐，深得学生敬重，他的学生遍及海峡两岸，可谓“桃李满天下”。他临终前将公教保险费新台币13.8万元全部捐赠给“英氏奖学金基金会”，以作培养优秀青年之用。

英若诚之祖父英敛之出生于1866年，北京旗人，是辅仁大学创办人之一。早年痛感国家不振，希望改革维新，与友人于天津集资筹办《大公报》，曾著文抨击慈禧太后、袁世凯，主张报纸要“替穷苦大众说话”。晚年辞职回乡，热心于教育和慈善事业，在香山建起了慈幼院男女两校，入冬开办粥厂以赈济贫民。1926年病故后，留有遗著《万松野人言善录》、《也是集》等。1993年10月10日，北京日报曾将英敛之、英千里、英若诚并称“京城英氏三杰”，并以此标题发表了文章。

现年65岁的英若诚是北京人熟悉的表演艺术家。人们曾用“大雅、大俗、大洋、大土”八个字总结过他的表演特色。他善于把握角色个性，以鲜明、深刻、含蓄的风格加以创造，使观众回味无穷。如他塑造的老掌柜(《龙须沟》)、刘四爷(《骆驼祥子》)、两代刘麻子(《茶馆》)等，均给观众留下深刻印象。特别是1988年主演美国名剧《推销员之死》，在北京、上海、香港、新加坡公演上百场，得到海内外戏剧界人士的高度赞誉。另外，在电影《白求恩》中饰演的童翻译，亦栩栩如生；在《知音》饰袁世凯，形似神似；在中意合拍的《马可波罗》中成功地塑造了武功盖世的蒙古大汗忽必烈，被意大利艺术家们推选为全年最佳演员，获“银猫奖”；后又赴美讲学并排演了《家》，美国堪萨斯城为此授予他该市“荣誉公民”称号。

“学者演员”是英若诚获得的又一美誉。他的英语水平众所周知。1979年秋，美国著名艺术家鲍勃·霍普来华演出幽默喜剧，由英若诚现场翻译，引起全场欢声。霍普激动地说：“伟大中国有人才。”英若诚先后翻译了二十余部外国戏剧名著，并将中国的优秀剧作《茶馆》、《王昭君》、《家》等译为英文。1986～1989年英若诚曾任文化部副部长。

英若诚的夫人吴士良，已去世。他的儿子英达、儿媳宋丹丹，都是名演员。

〔范春梅(女)·青年歌手·在国际流行歌曲比赛中夺魁〕　1993年7月25日，在哈萨克斯坦国阿拉木图举办的“第四届‘亚洲之声’国际流行歌曲”大奖赛中，空军政治部文工团青年歌手范春梅，在有25个国家的众多歌手激烈的角逐中，凭借自己的实力，发挥出最佳状态，夺得此次比赛的第一名。她在三轮比赛演唱的歌曲分别是：《黄河源头》、《这样的故事》、《黑头发飘起来》。

范春梅，河北唐山人。1971年12月24日生。1982年进河北省戏校唐山分校，学习唐剧表演专业。1987年毕业，在唐山歌舞团工作。1990年7月考入国防科工委演出队。1991年4月，调入中国人民解放军空军政治部文工团，任独唱演员。1992年，在中央电视台主办的“第五届全国青年歌手电视大奖赛”专业组通俗唱法的比赛中，荣获二等奖。近年，先后参加了由中央统战部、总政治部、国家民委等单位组织的“心连心艺术团”赴广西慰问演出，台湾滚石唱片公司在首都体育馆举办的“今宵相聚”晚会和1993年中日友好演唱会等重要演唱活动。曾为《青春的冲动》、《车站》等影视片演唱主题歌。1992年、

1993 年荣立三等功和二等功各一次。

〔**范润华·书法家·在京举办狂草书法展**〕
1993 年，天津人民美术出版社出版《范润华狂草作品集》。出版界评论该书是“中国第一部狂草专集，也是第一部豪华书法作品集”。8 月，《范润华狂草书法展》在首都中国美术馆举行。展出的 168 件作品书体单一、面貌各异，有关专家称以单一狂草书法的形式展览，这在中国书法史上属首次。

范润华，字书林，号子苏，别署书狂、颠狂门下，斋号醉墨草堂。1939 年生，河北吴桥人，中国民主同盟盟员。现为天津财经学院副教授，中国书法家协会会员、天津市书法家协会理事、天津高教书法研究会常务理事。他自五十年代起自学晋唐书法，后从师沽上名家胡定九、冯谦谦、龚望诸先生，攻读文史并学习历代碑版多种，潜心研习颠狂草书，遍临旭素真迹与墨拓。八十年代前期对东汉至民国草书又进行了系统的研究和广泛而深入的学习；后期开始创新实践活动，对楷书与狂草这两个极具个性的书体均有突破。他的楷书端庄雄健、拙中见巧、隽逸灵透、神合自然；狂草气势恢宏、圆劲豪放、变幻诡奇、寓情于书，均见自家风范。其书作屡见刊载或收人“作品集”，多次入选国内外大展，多被国内外领导人及博物馆、高等学府收藏。出版有《书法知识概要》、《范润华狂草丛帖》等。

近年，范润华以让狂草这一自明以下衰微的书体得到振兴与弘扬的怀抱专攻狂草研究与创作，以其丰富的美学思想、强烈的创作意识与精熟的应变技巧创作出许多个性突出的佳作。他的狂草作品有别于颠张狂素，另有新意。其特色是豪迈狂放，浪漫呈画意，潇洒见功力。以强烈的时代气息反映了当代人们的审美心理，1991 年至 1992 年，先后在天津、山东、河北艺术博物馆、美术馆、博物馆举办“范润华狂草书法展”，产生轰动效应。文学界、艺术界评价范润华的狂草书艺显示了坚实的根底，卓越的才华，过人的胆略。他的狂草在中国美术馆展出后，全国近 30 家新闻单位作了报道，并发表评论文章，选登其作品。香港《文汇报》评“在现代书坛上，以一种书体搞公开个展的凤毛麟角，而以单一狂草搞个展，更是绝无仅有。”

1993 年 11 月，《邓小平文选》第三卷出版发行后，范润华精心创作《敬录小平同志南巡谈话要点》敬献给邓小平同志。此作为 2.5 米精裱 12 条屏，上端为团扇形一个楷书大字，12 条连起来为作品的题目；下面为长形条屏，完全用小字狂草书写，字体豪放刚健、隽逸流美、笔意贯通、神采飞动。整件作品充分体现了内容与形式的完美统一。同年 12 月，天津财经学院为范润华举办了“纪念毛泽东同志百年诞辰狂草专展”。在由天津市文联、天津市书协联合举办的“天津市纪念毛主席诞辰一百周年金石书法展”中，范润华的狂草巨作毛泽东词《沁园春·雪》被视为最具气魄、品位最高的创作，特邀参加主会场的展出。展后，此作送往北京被中国美术馆收藏。天津电视台和河北电视台已联合录制“范润华的狂草艺术”专题片，该片较为翔实地介绍了范润华的艺术追求、创作思想及近年的狂草艺术成就。

〔**范淑娟（女）·高级教师·入疆义务讲学受好评**〕　北京 80 中学语文高级教师范淑娟，不远万里，自费深入新疆贫困地区义务讲学，受到当地各族师生和广大群众赞扬。

1993 年 9 月，范淑娟应新疆南疆喀什、巴楚等地教育部门的邀请前去讲学，两个月内，她走遍塔克拉玛干沙漠边缘的生产建设兵团农三师 12 个团场及附近喀什、岳普湖等县乡的数十个学校，义务讲学 40 余场，听众近万人，日均讲课 8 小时以上。她还指导当地师生规范升旗仪式，布置教室等。她严于律己，不讲条件，不计报酬，被当地群众誉为“京华园丁、垂范塞外”。近五年来她还在北京郊区、天津、河南等地讲学近百场，也受到热烈欢迎和好评。

范淑娟，1938 年 4 月生于新疆乌鲁木齐市。1962 年毕业于北京师范学院中文系，后到北京市门头沟区大峪中学任教，1981 年调到北京市 80 中学。她从教 30 多年来，特别注意对学生进行日常行为规范、品德和个性品性的教育和培养，提高学生分辨是非能力，树立共产主义信念和理想，并注意对学生进行学习习惯、学习方法、自学能力的教育和培养。范淑娟写的有关教学科研论文 9 次获北京市教育论文一等奖。1987 年获“北京市教书育人先进工作者”称号，1988 年获“北京市紫禁杯优秀班主任”称号，1990 年获“北京市德育先进工作者”称号，1991 年获“北京市优秀教师”和“北京市模范班主任”称号。

〔**林彬·大连万德厚船舶工程公司董事长·入选国际当代杰出成就名人录**〕　我国著名低速船用柴油机专家、大连万德厚船舶工程公司董事长兼总裁林彬，在船用柴油机制造和船舶工业建设方面取得显著成就，1993 年入选英国国际名人传记中心出版的《国际当代杰出成就名人录》，并被剑桥名人传记中心吸收为终身会员。同时，被美国 ABI 世界名人研究中心选入《国际名人传》。

林彬，福建省闽清县人，1930 年 5 月生，1952 年毕业于上海交通大学造船系，同年分配到大连造船厂工作，历任工程师、副总工程师兼总造机师、大连船用柴油机厂厂长兼总工程师等职，职称为教授级高级工程师。他曾参与领导我国首台大功率低速柴油机及其自动遥控系统的设计与建造，六十年代末开发出新型58/100柴油机，为当时最佳机型之一。曾参加大量军队及民造船舶轮机设计工作。1978年引进丹麦、瑞士的先进机型，致力于吸收消化国外先进技术自成一家的工作。1984年创建大连船用柴油机厂任厂长兼总工程师后，抓生产经营的同时，下大力抓新技术开发。7年内产品更新8代，推出18种新产品，其中2种获国家质量金质奖。1989年他所领导的工厂进入国家一级企业行列，产值、利税连年翻番。7年间先后为78艘2万吨至15万吨远洋巨轮配备主机，其中一半随船外销出口外，另有3台低速柴油机直接出口德国、巴西为国外船厂提供主机。机型设计能力上，在国内首选逾越100万马力大关。曾撰写多篇学术论文在报刊发表。翻译出版船用轮机专业书籍5种，有的被选作高校专业教科书。1984年获全国优秀质量管理工作者称号，1985年获国家科技进步特等奖，多次被评为省、市劳动模范、优秀企业家，并荣获全国“五一”劳动奖章。

〔林群·数学家·当选中国科学院学部委员〕　中国科学院系统科学研究所研究员林群于1993年12月当选为中国科学院数学物理学部学部委员。

林群，1935年7月15日生，福建省连江县人。1956年毕业于厦门大学数学系并被聘入中国科学院数学研究所进行研究工作。1980年被聘入中国科学院系统科学研究所进行科学研究，1983年被提升为研究员，1991年5月起任该所副所长。

林群在计算数学方面进行了长期深入研究并取得突出成果，形成了独特的理论体系。在有限元计算中，首次揭示了随意的“剖分”和通常的“形函数”表示会给计算结果造成数量级的差异的现象，提出了使用“最优剖分”和“最优形函数表示”的原则，对计算科学工作者具有重要的指导意义。在工程计算中发现了“超收敛”不是个别点的现象，而是一个整体现象，从而使人们摆脱了以往长期单个研究“超收敛点”的状况，大大推进了工程计算的理论研究；同时，他提出的“最优分析”概念，证明了在流体计算中也有“超收敛”现象。林群及其研究集体建立了包括算子迭代、校正和外推在内的高精度算法的系统理论，一改过去以复杂的算法换取高精度的技术路线，提出了既可保证算法的高精度又无需引进复杂算法的新的技术路线，对计算数学作出了重要发展。上述研究工作在国际上引起了许多后继发展，得到国际同行们的高度评价，被确认“开创性的工作主要是林群及其合作者做的”，将其算法称为“林群迭代”、“林方法”并被广泛引用。其“有限元外推技术”曾获1989年中国科学院自然科学奖一等奖。

〔林中英·澳门女作家·散文集《人生大笑能几回》出版〕　澳门女作家林中英的散文集《人生大笑能几回》1993年由澳门星光出版社出版。散文集收入了她1988年以来创作的部分作品，共分五辑。第一、二辑主要是反映社会现实的散文，第三辑是旅游小品，第四辑则生活抒情性较强烈，第五辑是有关文艺问题的。澳门著名老作家李鹏翥认为，在林中英文学创作中，以她的散文最成熟，在生活里发掘出许多有意义的题材，写来却似是妙手偶得，脉脉含情，绵密细腻，收纵自如，散发着哲理的光芒。

林中英，原名汤梅笑，现为《澳门日报》副刊课主任。曾著有儿童故事集《爱心树》、中短篇小说集《云和月》、散文合集《七星篇》。

〔林芳兵（女）·影视演员·获第十一届金鹰奖最佳女主角奖〕　1993年10月16日，第11届全国电视剧“金鹰奖”评选结果在天津市人民体育馆揭晓，林芳兵因在电视连续剧《唐明皇》中饰演杨贵妃获最佳女主角奖。

林芳兵，江苏省扬州市人，一个偶然的机会走上影视界。16岁那年，长影一部叫《幽谷恋歌》的影片急着要找位纯情少女扮演女主人公。正在导演犯愁之时，偶然发现了南京一家照像馆橱窗里林芳兵的照片。于是，林芳兵便成了《幽谷恋歌》中的女主人公——壮族少女达丽。正是达丽，使林芳兵开始了绚丽多彩的演艺生涯。紧接着林芳兵又被召进影片《玉碎宫倾》剧组，而且一下子成了挑大梁的演员，在这部描写蒙族公主与一位贫穷、勇敢的青年猎手相恋的悲剧影片中，饰演公主塔娜。这之后，林芳兵便迷上了电影，并且顺利地考进北京电影学院，又相继参加和主演了《我们的田野》、《一个女演员的梦》、《夜行货车》、《一个死者对生者的访问》等十余部影视片。

1990年，中国电视剧制作中心要拍摄长篇连续剧《唐明皇》，由影视界名气不小的陈家林挂帅执导，许多年轻漂亮的女演员闻风而至，要在女主角杨贵妃这一角色上一比高低。要知道，对于一位女演员来说，能够在这么一部大戏上扮演杨贵妃确实是一个难得的机遇，然而“选妃”的结果却大出人们所料：身高1.70米、 体重只有52公斤的林芳兵被赐为“杨贵妃”。为了演好这位体态丰盈的皇妃，林芳兵经过多方摸索出一套增肥法：把精面粉炒熟，植物油熬熟，再将芝麻、核桃仁炒熟压碎，拌成糊状，除了一日三餐外，没时没晌地吃，林芳兵果然像打了气般胖了起来，体重达到67公斤。为了增加拍摄的真实性，从没专门学过舞蹈的林芳兵愣是不用替身，花了一个月的时间学会了"霓裳羽衣舞"、"清平三调舞"等七段唐舞；为了保持体重，一两一个的肉包子她硬是一顿饭吃14个，把同剧组的男演员们惊得目瞪口呆；完成《唐明皇》中的杨贵妃后，她应台湾永真公司之邀，主演40集连续剧《情定少林寺》中的侠女蓝小兰，她又奇迹般地用三个月时间减掉15公斤体重，学会了一套少林功，为拍这部功夫片，如今她手背上还残留着两处刀、剑砍的疤痕……林芳兵不仅在国内赢得一批忠实的影迷，而且应邀在泰国参加《唐明皇》首映式时不少观众请她签名、合影留念。

林芳兵爱好广泛，她会拉小提琴，而且还擅长写诗作画，她的诗曾发表在《大众电影》杂志上，她的画更以其"随心所欲"的奇巧构思而别具一格，不仅见诸于报刊，还夺得过秦俑杯国际书画大奖赛金杯奖一等奖。

〔林励吾·物理化学家·当选中国科学院学部委员〕　中国科学院大连化学物理研究所研究员林励吾于1993年12月当选为中国科学院化学部学部委员。

林励吾，1929年10月14日生，广东省汕头市人。1952年毕业于浙江大学化学系。

林励吾从事催化研究40年。六十年代初期结合大庆油含蜡高的特点，首次研制煤油馏份临氢异构化制取航空煤油取得成功。他打破了前人关于金属一酸性形成分立活性中心的传统观点，提出电子(金属组份)一酸性(担体)杂交的相互作用理论概念，即：金属和担体相互作用形成复合中心。原金属的加氢性越强，相互作用后越有利于异构化选择性，原担体的酸性越强，则相互作用后越有利于裂解反应。这种概念的提出将双重性催化剂的活性理论推进了一步，文章发表后受到同行重视。研制出新型加氢裂化催化剂，在中试及30万吨规模的工业生产中取得成功。七十年代，开发研制成功我国第一代Pt—Ir—Ce/Al2　O3多金属重整催化剂用于工业生产装置。研究多金属脱氢催化剂用于长链烷烃脱氢，以取代从美国uop公司进口的Pt—Sn/Al2—O3—催化剂，并提出了络合制备铂锡催化剂的新方法，制备了性能良好的NDC—2催化剂，不但性能优于当时引进美国uop公司的DEH—5催化剂，并可取代1986年发展的新一代DEH—7催化剂。曾获国家级发明奖及成果奖5次，部院级成果奖6次。发表论文160多篇。

〔林怀民·台湾"云门舞集"创办人.率团赴大陆演出〕　台湾"云门舞集"创办人、著名舞蹈家林怀民，于1993年10月22日开始在北京、上海、深圳进行六场巡回演出和为期半月的多项舞蹈交流活动。"云门舞集"舞蹈团在大陆演出的《薪传》受到观众的热烈欢迎和高度评价。《薪传》是薪火相传之意，它以三百年前台湾先辈飘洋过海，从大陆到台湾，披荆斩棘，拓荒垦殖，艰苦创业为内容，共有"序幕"、"唐山"、"渡海"、"拓荒"、"野地的祝福"、"死亡与新生"、"耕种"、"节庆"等八段。舞蹈精彩感人。在北京首次演出时，一千多观众掌声如潮，台湾"云门舞集"的舞者汗流浃背地出场谢幕六次。在上海演出时，报纸盛赞《薪传》表现出"雄浑的民族精神"。该部史诗般的舞剧，在东南亚、欧美、澳大利亚等地上演时，屡屡造成轰动，博得国际舞蹈名家的赞许，为"中国题材中堪与欧美现代舞作争辉"者。

"云门舞集"现代舞蹈团20多年来足迹世界10多个国家和地区，其中众多舞蹈节目如《白蛇传》、《小鼓手》、《梦土》、《射日》、《挽歌》等等，均受到岛内外观众的热烈欢迎称赞。有人认为"云门舞集"在台湾现代艺术史上占有不朽的一页，是表演艺术的里程碑，对台湾艺术的发展有不可估量的影响，而创办人林怀民功不可没。

林怀民生于1946年，台湾省嘉义县人。先后在台湾大学法律系、新闻系就读。毕业后曾当过记者。1969年负芨美国，进密苏里大学新闻研究所攻读。不久转到爱荷华大学现代文学研究所深造，获艺术硕士学位。1972年5月，到纽约玛莎·葛兰姆现代舞蹈学校接受短期舞蹈训练。同年返回台湾，执教政治大学新闻系、西语系，中国文化学院舞蹈科。1973年创办台湾"云门舞集"，历任"云门舞集"团长、编剧、艺术指导，"云门舞集"研究会理事长，台湾艺术学院舞蹈系主任、、研究所所长。

林怀民对事业的选择曾令人不可思议，其父林金生曾任国民党中常委，"内政部"、"交通部"部长，"考试院"副院长。他本可步入仕途，如其他高官权贵之子步步青云，但他无意于此。六十年代他是一位有才华的小说家，出版有短篇小说集《蝉》、《变形虹》，但他并没有沿着文学创作的道路走下去，而选择了舞蹈事业。他创办的""云门舞集"几度因经济困难濒临解散的厄命，但都以顽强的毅力坚持下来。并亲自创作了《薪传》、《廖添丁》等众多舞蹈，还亲自参加演出。

艺术应到民间去，是林怀民一贯的主张。云门舞集”的宗旨就是“中国人作曲，中国人作舞，中国人跳给中国人看”。他曾说过，如果有一天能够到陕北演出，那就更好了！

林怀民获得过多种荣誉奖励，如获台湾“文艺奖”，被评为台湾“十大杰出青年”、”世界十大杰出青年”，获美国纽约林肯艺术中心“亚洲杰出艺人奖”。

〔林尚安·高分子化学家·当选中国科学院学部委员〕 中山大学高分子研究所林尚安教授于1993年2月当选为中国科学院化学部学部委员。

林尚安，1924年6月8日生，福建省永定县人。1946年毕业于厦门大学化学系，1950年于岭南大学化学系研究生毕业，获硕士学位。

五十～六十年代，林尚安从事有机硅高分子缩聚的研究，研制出新型低温固化硅漆、硅树脂，成功地应用于国防装置和尖端电子设备上。七十年代以后，他对烯烃高效催化聚合、共聚合与聚合理论及各种聚烯烃合成进行了系统的研究，探明了各种烯烃催化聚合反应规律和最佳聚合条件，理论分析了各种影响的因素；并对聚合反应动力学的级数及数学模式，聚合反应单元微观历程及机理，催化剂活性中心结构及浓度的定量测定，反应动力学参数的定量测定与计算，新型高效催化剂的组份等进行了研究，研制成功多种新型高效催化剂，用于合成超高分子量聚乙烯、高中低密度聚乙烯、等规聚丙烯、等规聚丁烯及几种烯烃共聚物；进而研究乙烯气相聚合、聚烯烃结构调节与功能化，均取得很好的研究成果。从而研制成功超高分子量聚乙烯工程塑料和乙烯/苯乙烯共聚物聚烯烃合金工程塑料，获得发明专利。他还对聚烯烃的化学改性、合成功能高分子膜材料做了研究并取得研究成果。

林尚安曾获国家自然科学奖一项，教委科技进步奖三项，发表论文八十余篇，主编专著四本。

〔林洋港·台湾“司法院院长”·当选国民党副主席〕 1993年8月18日在台北市召开的国民党第十四次代表大会上，李登辉提名李元簇，郝柏村、林洋港、连战担任国民党副主席，与会代表以举手方式通过。这是国民党有史以来首次设置副主席。在此之前，在此次代表大会上，围绕国民党是否设置副主席，主流派与非主流派展开了激烈的斗争。主流派代表首先联署提案反对设置副主席，引起了非主流派的强烈不满，会场上出现了两派争辩叫骂的混乱场面。为缓和内部矛盾，避免党内分裂，李登辉出面呼吁代表支持设副主席，问题才得到解决。国民党十四次代表大会设置四位党副主席及林洋港等被选为副主席，是国民党派系斗争妥协的产物。

在台湾政坛上，林洋港是位有影响有实力的人物。八十年代初，就曾被视为台湾“总统”接班人选之一。1993年7月11日，属国民党非主流派的“新同盟会”有意在下月召开的国民党第十四次代表大会上，推荐林洋港、陈履安分别竞选第九任“总统”、“副总统”。当时林洋港表示郑重考虑竞选下届“总统”，后又多次表态。国民党内部、朝野之间围绕下届“总统”竞选的斗争已逐步展开。林洋港此举对台湾政局颇有影响。台湾岛内的政情云谲波诡，变化多端，届时林洋港能否出马竞选，是否获得成功，现在还很难预料。

林洋港，1927年生，台湾省南投县人。日本东京昌平中学毕业。当过教员。1945年以半工半读方式就读于台湾大学法学院政治系，1951年毕业。曾任台南县“税捐处”税务员、课员、课长，南投“县政府”秘书。1964年任台湾“省政府”秘书处秘书。后任国民党云林县党部主任委员。1967年当选南投县“县长”，并兼任“中国青年反共救国团”南投县指导委员会主任委员，同年当选台湾首届“十大杰出青年”。1972年任台湾省“建设厅”厅长。1976年任台北市“市长”。1978年任台湾“省政府主席”。1981年任“行政院”政务委员兼“内政部”部长。1984年任“行政院副院长、“行政院”香港小组召集人。1987年4月任“司法院”院长迄今。1990年10月，“国家统一委员会”成立后，被聘为“国统会”委员。是国民党第十一届至十三届中央委员、中央常务委员。

曾受蒋介石、蒋经国父子重用，在台湾政界有一定的实力和影响。在南投任职期间，曾多次当选“特保最优人员”，被台湾省政府“记功”20多次。

林洋港认为台湾未来的走向“不可独，不急统”。主张两岸提早进行“三通”，表示这完全是经济、电信、交通方面的往来，不是政治意义非常高的问题，对双方是互惠互利的。还认为台湾当局的“三不政策”与实际情况有偏差。

〔林祥雄·书画家·叙述其爱国事迹的《神州回响——林祥雄在中国》一书出版〕 侨居新加坡的中国书画艺术家林祥雄热爱祖国，曾应国家文化部邀请在北京、太原、西安等城市举办个人画展，积极支持第十一届亚运会，1991年华东大水灾时他在新加坡举办义展筹款赈灾，他侨居海外30多年至今保留中国国籍。他的爱国活动曾被十几家报刊报道，现已编撰成书——《神州回响——林祥雄在中国》，1993年8月在北京出版。

被中国传媒誉为“民族之子”的林祥雄，1945年2月出生于广东省潮安县，家境贫寒，历经磨难。1956年侨居新加坡接受美术训练，1965年入新加坡艺术学院，毕业后到法国巴黎习画，1975年至1985年往返于西欧各国，曾参加意大利陶瓷厂的美术设计和其他国际艺术活动。

林祥雄重视弘扬民族艺术，同时融进西方艺术的精华。他强调国画艺术表现时代精神，反映客观现实，坚持“中为本，西为用”，“中西结合，西为中用”。他在新加坡和泰国曼谷等地先后举办十多次画展，在中国国内也举办了巡回画展。他出版了多种画集，发表的艺术评论有：《本地画坛的剖析与创作路线的探讨》、《刘海粟在新加坡》、《艺术与我》等，还撰写出版了三本散文集。山西省电视台以林祥雄的爱国事迹为题材拍摄了艺术专题片《民族之子》，中央电视台和许多省、市电视台都作了转播。山西作家张锐锋以林祥雄的经历为原型创作了长篇小说《火焰》已经出版，山西诗人张不代还创作了长诗《风流的浪唱——林祥雄诗传》和专题评论集《民族之子——林祥雄》在国内发表，向全国人民荐介这位充满爱国热忱的艺术家。

〔郁知非·血液学家·被聘为中华医学会资深会员〕　1993年1月16日，具有78年历史的中华医学会，正式宣布首批聘任41位在医学上有重大成就、德高望重的内外科专家为中华医学会资深会员。暨南大学医学院附属医院顾问郁知非获得这一荣誉。

郁知非，1916年生于上海。1940年于北平协和医学院毕业并获医学博士学位后，历任北平协和医院内科住院医师，上海同德医学院教授。1949年赴美，在纽约市著名的西奈山医院血液学科进修期间，成功地以放射性磷准确测定全身红细胞量和血总量。1950年10月回国，先后任浙江大学医学院（1952年改为浙江医科大学）内科教授、内科主任、内科教研组主任、血液病研究室主任、附属第一医院院长、医科大学医学系主任，暨南大学医学院内科教授、附属医院顾问。1952年加入中国民主同盟，1987年加入中国共产党。

郁知非以个人或集体名义在国内外医学杂志上发表的科研论文有127篇。他在国内首先对骨髓涂片的铁染色及骨髓铁与血清铁的关系进行了深入研究，使缺铁与非缺铁性贫血能迅速、可靠而简便地作出鉴别诊断。从1955年他开始进行恶性组织细胞病的研究，经过临床和血液学观察及死后病理学检查验证，指出患者生前可用骨髓检查作出诊断，得到治疗机会，使部分病人病情得到缓解。海洋性贫血早年被认为在我国只发生于广东。六十年代初他及其同事们用现代的诊断手段首先发现世居浙江的人群或贵州、广西的少数民族和来自新疆的回民中均有患此类海洋性贫血者，并在国内首先发现血红蛋白H和血红蛋白Bart's（X海洋性贫血）。不久在长江流域及其以南的某些省市均发现有数量较多的病例，其后在华中地区（宜昌）也发现了血红蛋白E。该发现为我国海洋性贫血和异常血红蛋白的研究开创了道路。1991年起，采用联合化疗和自动免疫，使急性白血病的完全缓解率增到50%～60%（急粒）和80%以上（急淋）。近10年来，他用血浆交换方法治疗一些免疫性疾病，获得显著疗效。他还改进了血浆交换治疗的技术操作，使血浆置换量的计算更加科学合理，操作更加安全，节约了器材和费用。指导博士研究生联合应用单克隆抗体净化骨髓白血病细胞以防止白血病自体骨髓移植后的复发；在人类白血病抗癌基因的研究中，观察了人类抗白血病基因突变。他先后编著、合著、主编和参加编写专著10余册。曾获1978年全国科学大会奖等十多项奖励。

郁知非历任卫生部输血及血液学专题委员会委员，中华医学会血液学学会副主任委员，《中华血液学杂志》副总编辑，中华医学会浙江分会副会长、内科学会主任委员、血液学学会主任委员，第五、六、七届全国政协委员。

〔欧名宇·广东省人民检察院副处长·被评为中国十大杰出检察官之一〕　1993年，原深圳工程咨询公司副总经理曾利华受贿700多万元一案，曾轰动全国，是迄今侦破的全国最大一起受贿犯罪案。负责侦破此案的年轻检察官欧名宇成为受人瞩目的新闻人物。1993年9月20日，在由《人民日报》、新华社、《法制日报》等13家新闻单位和中宣部新闻局联合主办的建国以来首次评选“中国十大杰出检察官”活动中，欧名宇光荣当选。

欧名宇现任广东省人民检察院反贪局侦查处副处长，湖南省人，31岁。他1983年7月从北京大学法律系毕业后就当了检察官。近年来他经办了不少著名的大案：名噪一时的原东方宾馆总经理杨献庭受贿案，与黑社会相勾结的原广州海关货管科副科长姜亦新受贿案，原经贸部驻广州办事处副处长沈德云受贿案等等。其中曾利华案的侦破，在海内外产生了巨大影响。10多年来，欧名宇一直战斗在反贪污贿赂斗争的第一线，办案60余件，使100多名犯罪分子受到法律制裁，为国家挽回经济损失2000余万元。在他查办的60多宗案件中，没有一宗错案，所有案犯都经法院作了有罪判决。

1993年3月，欧名宇接办曾利华一案时，困难重重。曾利华工于心计，设置了种种对付侦查的手段，使审讯和搜查一无所获。随着羁押期限的临近，侦查如无重大突破，工作将更加被动。欧名宇经深入调查，很快发现曾的一个秘密住处，随之又对曾身藏的一把特别的钥匙引起警觉。后来的侦破结果完全证实了欧名宇判断的准确性：这是一把境外保险柜的钥匙，也是曾案的要害所在。按照欧名宇提出的方法，有关人员很快找到了曾利华藏匿赃款的准确地点，并获取了一把同样型号的钥匙。当两把同样的钥匙一起摆在曾利华的面前时，她顿时容颜失色，初步交代了犯罪事实。从抓获曾利华到案件的全部突破，仅用了一个星期时间。

从参加工作到现在，欧名宇一直都在超负荷地运转。没有人能统计他到底加了多少班，牺牲了多少假日。在1989年4月到12月的8个月内，他共主办和参与办理了18起贪污贿赂犯罪案件，其中有3起是10万元以上的特大案件。在办理原广东省轻工业产品进出公司业务员刘辉案中，他接到举报后连夜赶到韶关，只用两天就完成了向4个证人取证和查阅账目工作。为了尽快结案，在把刘犯押进看守所的同时，他也住进条件很差的看守所。在强大攻势下，被告交代了贪污10.9万元的犯罪事实。接着欧名宇又立即赶到顺德等地，仅一周就完成了向十几个人的调查取证工作。前后十几天，就办结了刘辉贪污受贿12.5万元的特大案。在办理沈德云受贿案时，开始掌握的线索只有几千元，欧名宇顺藤摸瓜，采取巧妙的审讯策略制服了老奸巨猾的沈犯，使他供出将赃款20万元用假名分散存入广州十几家储蓄所、将200多张存单转交他人窝藏的犯罪事实。

欧名宇曾荣立二等功，被最高人民检察院授予全国模范检察干部称号，还被省直机关评为优秀党员，被团省委评为“广东百名杰出青年”之一。

〔欧卓奇·黎塘水泥厂厂长·获全国优秀经营管理者称号〕 广西黎塘水泥厂厂长欧卓奇注意运用经营管理手段，调动一切积极因素，企业经济效益四年迈出四大步。欧卓奇上任的第一年(1989年)，水泥产量增长46%。第二年(1990年)比上年度又增长37%，第三年(1991年)实现工业总产值9277万元，出口创汇449.98万元，实现利税2052万元，分别比上年增长4.39%、29.05%、43.55%，1992年实现利税2694万元，1993年生产飞速上升，1至10月实现利税7000余万元，达到前三年的总和。1993年“五一”前夕，欧卓奇被全国总工会授予“全国优秀经营管理者”称号，获全国“五一”劳动奖章，并应邀到北京参加“五一”庆祝活动。

欧卓奇从1974年进黎塘水泥厂工作以来，当过财务会计、财务科长、扩建办主任、总会计师、副厂长。他善于运用经济管理法管理企业，注意把劳动者、劳动对象和劳动资料科学地组织起来，达到投入少、产出多，消耗低、效益高的目的。1993年转换企业经营机制中，他决定以工资制度改革为突破口，推行工资划岗归级。由于坚持向苦、脏、累、险和关键岗位、特殊岗位倾斜，拉开了收益分配，人人争相返回一线岗位，克服了过去那种一线紧、二线松、三线肿的不良现象，职工生产积极性空前高涨。

欧卓奇坚持依靠科学进步，挖掘企业内部潜力。4年来，投资4300多万元，完成设备更新改造项目7个，水泥产量由1988年26万吨，提高到1992年的58万多吨。在把企业推向市场时，欧卓奇又狠抓提高产品质量这张“王牌”。“红水河”牌水泥顿时成为两广、海南及港澳、东南亚等地的抢手货。

欧卓奇严格按照国营工业企业三个工作条例开展工作，摆正党、政、工的位置，处理问题积极主动征求党政一班人的意见，重大问题提交职代会讨论决定。如年度工厂方针、各项专用资金分配使用、职工福利等均交职代会讨论通过。

欧卓奇，1944年7月生，大专文化，中国共产党员，1967年参加工作，1974年调入黎塘水泥厂至今。

〔卓玛(女)·青年民族舞蹈演员·在北京举办独舞晚会〕 中央民族学院藏族青年演员、教师卓玛，于1993年11月，在北京举行了独舞晚会。她质朴的舞风，飒爽的英姿，炽热的情感，流畅洒脱、纯熟的身段和舞技，打动了全场观众。在晚会中，卓玛不仅表演了本民族——藏族的舞蹈、还表演了朝鲜族、蒙古族、土家族的舞蹈。展示了她很高的艺术悟性、灵性和素质。

卓玛，藏族，汉名唐泽英，1965年7月17日生于西藏山南的泽当。1978年考入中央民族学院舞蹈中专班，经过严格系统的训练和自身的勤奋努力，获得文化课和专业课双优的成绩，于1982年回到西藏，成为自治区歌舞团的舞蹈演员，曾主演大型舞剧《热巴情》。为了提高、深造，1986年她又考入中央民族学院表演大专班。1989年毕业后留校任教。为了攀登艺术高峰，她日复一日地将汗水洒在空荡荡的排练厅中。其后她曾获第二届全国“桃李杯”赛民间舞“十佳演员”、全国少数民族第一届单、双、三人舞蹈比赛单人舞二等奖和中华人民共和国文化部颁发的“珠穆朗玛”优秀演员奖等。她曾出访过法、德和港澳等国家和地区，她那独具魅力的舞蹈语汇，给异国观众留下了深刻的印象。她用形体动作、眼睛和丰富的舞蹈语汇，出色地表现了自己心灵的情感。在一个小小的舞台上，刻画了一个民族，展现了一种精神，人们通过她的表演，看到了西藏人民的文化和历史……。人称卓玛（藏语为“神女”之意）是一位从雪山中走出的舞仙。她创作和参与创作的舞蹈有《珠穆朗玛》、《雅鲁藏布江》和《晨曲》等。

〔国敏元（女）·教授·发明特效减肥食品“国氏全营养素”开创补法减肥新路〕　北京营养研究所国敏元教授，在减肥领域潜心钻研多年，终于打破国内外传统的减肥理论，提出全营养补法减肥的新概念，研制出“国氏全营养素”于1993年春推向市场后，以其神奇安全减肥的效果，几个月时间便占领北京市场并迅速向全国和国外辐射。

传统的减肥理论认定，人类的肥胖是由于营养过剩，因此减肥就是要减体重去脂肪。国敏元从1985年开始经过长期研究，得出了“肥胖并不是营养过剩，而恰恰是严重的营养不良”的结论。她发现人们所以发胖，最根本的原因是由于人体内分泌代谢发生严重障碍，导致营养吸收失去平衡，该吸收的排斥在外，不该吸收的却大量摄入，造成肥胖人饭前饭后血糖不稳，吃得多、饿得早，而堆积大量脂肪不能像正常人一样释放，以致营养不良导致肥胖，而肥胖又诱发多种疾病。因此，要打破这种恶性循环，最好的选择就是按照中医扶正祛邪的辨证原理，以补虚来治本。从这种新概念出发，国敏元经过四年多的时间，从多如繁星的医食兼用的物品中，筛选出含有丰富营养成份，能调节人体内分泌机能，改变脂肪代谢途径的纯天然物品，研制成功“国氏全营养素”，经测定，每日服用“国氏全营养素”90克，蛋白质含量相当于7个鸡蛋或1公斤牛奶，钙的含量相当于8公斤牛肉，维生素A超过4·5公斤胡萝卜，并含有人体所需的各种微量元素。“国氏全营养素”经服用者验证具有减肥特效。北京一位年逾六旬的骨科主任，几年前因患癌症手术后，体重迅速增至230斤，几乎是一步一喘，市场上多种减肥物品均对其无效，服用“国氏全营养素”后产生奇效：每天减重0·5公斤，连服三盒，减了10公斤，且浮肿消失，血压降为正常，现在已能骑车往返30公里去医院上班，并重新走进手术室主刀而毫无倦意。他以一位老专家的身份向人们宣称：“国氏全营养素”理论正确，确实是最好的减肥食品。

国敏元，1938年秋出生于北京，从小受母亲的熏陶，对中医养生之学领会较深。但五十年代中期她从北京女十二中毕业后，却阴差阳错地考进了北京农业大学园艺系，毕业后当了一保农科技术员。直到1982年，国敏元以其专长被调入北京营养研究所，她主持开发的银耳和金针菇，在“北京科委食用菌科技成果展览”会上引起轰动。以后，国敏元被接进中南海担任高级营养顾问，负责为中央领导同志的饮食提供配餐，进行营养咨询。不久，她又受聘担任人民大会堂营养师，指导国宴的面包、点心和中式菜肴的营养搭配，成为红墙里响当当的一流营养保健专家。在历经一千五百多个白天黑夜的攻关和拼搏之后，又在减肥理论和实践上取得了今天的成功。尤其值得一提的是，当她的事业刚有所成的时候，“国氏”就拨款十万元设立中国博士后奖励基金，每年奖励十名中国的时代精英。1993年6月27日，中国博士后首届学术大会在北京科学会堂举行，国敏元与国家人事部联合为优秀论文作者颁发了奖金和证书。

〔呷里让租·解放军昆明陆军学院学员·获“模范藏族学员”称号〕　1993年10月26日，成都军区发布命令，授予在大雪围困中为救助地方藏族青年而光荣牺牲的呷里让租“模范藏族学员”荣誉称号。

呷里让租，四川省木里藏族自治县人，藏族，1972年2月出生，1990年3月入伍，1992年4月加入中国共产党，历任战士、班长，1992年8月考入昆明陆军学院。1993年1月学院放寒假，呷里让租入伍三年来第一次回老家探亲，1月15日到达木里县瓦厂区，这里离他家依吉乡蚕多村还要走4天的路程。当时，罕见的大雪已下了3天3夜，山上积雪达1米多厚。7名在外地工作、读书的地方藏族青年先后到达瓦厂，其中5人已被大雪围困了3天。天寒地冻，缺衣少粮，大家心情十分焦急。呷里让租的到来使他们看到了希望，出于对军人的信任，一致请求呷里让租带领他们翻越雪山。1月16日，雪停天晴。早上8点，呷里让租带领7名青年上路。在雪山上行进十分艰难，走错一步就有危险，为了7个地方青年的安全，呷里让租一直在最前边，探路开道，身上还帮助同伴背了4个学生的行李包。傍晚19点30分，当爬到海拔4800米的降连山山口时，几位藏族青年实在走不动了，请求休息。呷里让租根据地形，选了一个避风的地方，扒开积雪，垒起雪窝，架锅烧茶。当大家围着喝茶吃糌粑时，他顾不上吃东西，说：“我去探一下明天的路，顺便找点喂马的草料。”同伴们劝他等明天再说，但在西藏高原雪域生活的经验告诉他，在雪窝呆的时间越长，危险越大。他不顾一天的疲劳，简单交待了一下，把大衣脱给拉初姑娘穿上后，只身走出雪窝。当他砍喂马的箭竹时，突然发生雪崩，上千立方米的积雪淹没了呷里让租。当地政府得知后，全力组织救援，调集7辆卡车、一台推土机、78名民工，于18日早上挖到呷里让租的遗体。呷里让租生前热爱祖国、热爱军队，在连队时，各项训练成绩优秀。考入军校后，开始由于汉语和文化基础较差，在全中队复试成绩居后，他以顽强的毅力发奋学习，年终考核各门成绩全优，总分跃到全中队前二名，受到嘉奖。他关心同志，乐于助人。战友生病，他不但买来奶粉、白糖为战友补充营养，还日夜在战友身边看护照料；战友家中生活出现困难，他解囊相助；他用自己获奖的120元钱，为全连战友买牙膏、牙刷；为了搞好连队副业生产，他用自己平日节省下来的津贴费为连队买回两头小猪。

〔罗干·任国务委员兼国务院秘书长〕　1993年3月29日，根据中华人民共和国第八届全国人民代表大会第一次会议决定，罗干被任命为国务委员兼国务院秘书长。

罗干，1935年7月生，山东济南人。1960年6月加入中国共产党。1953年在北京钢铁学院压力加工系学习。1954年在民主德国莱比锡卡尔·马克思大学学习德语。1955年在民主德国莱比锡钢铁厂、金属铸造厂实习。1956年在民主德国富莱堡矿冶学院机械铸造专业学习。1962年任第一机械工业部机械科学研究院课题组组长、技术员。1970年任一机部机械研究院漯河筹备处室主任，一机部郑州机械研究所副所长。1980年任河南进出口委员会副主任、省科学技术委员会主任。1981年任河南省副省长、省委书记。1983年任中华全国总工会副主席，书记处书记，劳动部部长。1988年12月后任国务院秘书长、国务院机关党组书记、中央国家机关工委书记。是中共第十二届中央候补委员，第十三、十四届中央委员。

〔罗建平·新乡机床厂厂长兼党委书记·获全国杰出青年企业家称号〕　被机电工业部"哺乳"了28年尚不能自立的新乡机床厂，在断奶之后，从奄奄一息的关头突然腾飞，三年迈出三大步。1989年以前这个厂总产值一直徘徊在1000万元左右，1990年完成总产值1500万元，净增利润255万元。以后逐年递增，1993年截止11月底已实现产值5740万元，利税986万元。从闻名全市的亏损大户，变成了利税大户。从全省机电行业倒数第一，一跃而位居榜首。这一切变化，起源于厂长罗建平上任后更新观念，大胆改革。1993年11月26日，罗建平获共青团中央、中国青年企业家协会授予的"全国杰出青年企业家"称号。

1990年2月，而立之年的罗建平接任新乡机床厂厂长，摆在他面前的是企业亏损100多万元，国家投入的两千多万固定资产，只剩下900多万，工厂没钱发工资，2400名职工在等待徘徊。经过半个多月调查研究后，他郑重地向全厂职工宣布：解放思想，更新观念是企业翻身腾飞之路。随即连连推出几个新招：一、走向市场，请教用户。根据市场需要，制定出工厂的发展战略，瞄准生产多种轴承专用机床，一投放市场，就成为抢手货。二、破除分配上平均主义，创立了一项行之有效的"全员贡献达标进档法"激励工程。试行一年创效益106万元，获河南省管理成果一等奖。三、把科研人员推向市场，实行开发、研制、销售、售后服务一条龙承包，责权利挂钩，极大地缩短了科研开发时间。四、走出国门，从香港、日本、新加坡引进外资数百万美元，兴建了河南飞龙精细化学制品有限公司、泰新食品机械制造有限公司等9个中外合资企业。五、全方位开发，主体式发展。他们一面积极开发适销对路的机床产品，一面大搞多种经营，先后建立了玻璃器皿厂、方便食品厂等19个"卫星"企业。六、解除企业办社会的沉重包袱。采取先输血，投入部分资金，帮助厂办医院、学校、技校办工厂、建实体、搞开发，培养自身的造血功能，找到创收门路后，再"断奶"，让其面向社会，自负盈亏，独立生存。

新乡机床厂在罗建平厂长的领导下，1990年被评为省机电厅开拓性经营先进企业，市重工系统十佳企业。罗建平本人1987年以来，先后被评为省"优秀青年厂长"、"中州改革精英"、省"机电行业优秀厂长"，并破格晋升为高级经济师。

罗建平，1960年出生于山西长治，1985年加入中国共产党，1981年8月参加工作，中国人民大学博士研究生。曾在新乡地区轻工局、地委政研室工作过，1987年2月任新乡石油化工机械厂厂长，1990年至今任新乡机床厂厂长兼党委书记。

〔罗海波·东风汽车公司通用铸锻厂工人·获首届中国青奥赛木模工第一名〕　东风汽车公司通用铸锻厂木模车间工人罗海波，在1993年9月1日至6日举行的首届中国青年奥林匹克技能竞赛机械行业决赛中，获得了木模工种第一名，被机械工业部授予"全国机械行业技术能手"、共青团中央授予"新长征突击手"称号，并获全国"五一"劳动奖章。东风汽车公司破格晋升他为高级技工。

罗海波，1972年11月生于湖北省十堰市。1987

年9月考入河北省东风汽车公司通用铸锻厂技术学校。在技校的三年中，他认真学习基础理论知识，苦练操作本领，特别迷上了木模工这一行。为了准确计算一个模具尺寸，他废寝忘食，一遍一遍地演算，直到精确为止。1990年10月，他从技校毕业后分配到东风汽车公司通用铸锻厂木模车间工作。罗海波看到自己周围的老师傅虽然文化程度不高，但技艺精湛，于是暗下决心，一定虚心、诚恳地向老师傅学习，练就一身过硬本领。平时，他看到哪位老师傅手里的活难干，他就凑上去学、去问。功夫不负有心人，两年多的时间里，罗海波的技术在年轻人中冒了尖。1993年3月，东风汽车公司为参加首届中国青年奥林匹克技能竞赛活动组织集训队，罗海波经过激烈角逐，以第二名的成绩和另外六名选手进入了木模工种集训队，开始了强化训练。在教练的精心指导下，他在提高制作工件的精度上下苦功夫。又针对自己制作工件速度慢的弱点，认真分析每一道工序，反复琢磨，反复训练，使自己能用最短的时间干出最好的活。在1993年9月2日进行的中奥技能竞赛应会考试中，罗海波仅用30分钟就计算完别人要用2个小时才能计算完的工件图纸上所有的未知数，是全考场考生中第一个完成考试的。9月3日他又顺利通过了应知考试，罗海波终于以总分87分的好成绩，摘取了首届中国青年奥林匹克技能竞赛木模工比赛的桂冠。

〔罗康瑞·香港青年工商企业家·率团访问大陆〕 香港著名青年工商企业家、工商专业联会主席、港事顾问罗康瑞，于1993年4月率香港工商专业联会访问北京，中共中央总书记、国家主席江泽民会见了罗康瑞一行。1989年罗康瑞等8位香港青年工商企业家曾应中共中央政治局常委李瑞环之邀访问过大陆。罗康瑞对香港的前途充满信心，1991年曾提出推动“南中国经济区域”的构想，即以台湾、香港的财力与技术，共同利用澳门、广西、广东、福建的各项有利条件，带动整个南中国区的共同繁荣。1993年7月出任香港特别行政区筹备委员会预备工作委员会委员。

罗康瑞原籍广东普宁，15岁只身赴澳大利亚留学，进新南威尔斯大学攻读经济。1969年返回香港。其父罗鹰石是鹰君公司董事长，但罗康瑞对华资企业传统的世袭制度不以为然，决心自己创业。1971年创办瑞安建筑公司，以建筑业起家。后又创办石矿公司，且生产混凝土，实现建筑材料自给自足。又发展房地产业，相继创办多家公司，形成香港颇有名气的瑞安集团，其经营范围涉及建筑、房地产、建筑材料、贸易、酒店娱乐、饮食等。历任鹰君有限公司董事、香港总商会第一副主席、香港地产建设商会会董等职。是香港瑞安集团创办人、主席。

事业有成的罗康瑞经营企业的哲学是制定一套简明的行之有效的管理制度，如强调瑞安的员工是集团的重要资产，共同协商和参与管理，优越的表现将获得优越的酬报，顾客永远第一等等。还将美国小说《天地一沙鸥》中那奋斗不懈的海鸥作为瑞安公司的标志，其中的名句“人生最重要的事情，乃是追寻至善和至美”则成为公司的格言。罗康瑞曾在职员内部发行“集团经营要旨”，以形成“瑞安精神”。

〔帕巴拉·格列朗杰·全国政协副主席·当选第八届全国人大常委会副委员长〕 第七届中国人民政治协商会议全国委员会副主席、西藏自治区政协主席帕巴拉·格列朗杰，于1993年3月27日在第八届全国人民代表大会第一次会议上当选为全国人大常委会副委员长。

帕巴拉·格列朗杰，1940年生，西康理化（今四川理塘）人，藏族。第十一世帕巴拉·呼图克图。1950年昌都解放后，任昌都地区人民解放委员会第一副主任。1952年入色拉寺学经。1956年后，历任西藏自治区筹备委员会常委、宗教事务委员会主任，西藏自治区筹备委员会副主任兼昌都专署专员，西藏自治区人民委员会副主席，西藏自治区第三、四届政协副主席，西藏自治区人民政府副主席，自治区第四届人大常委会副主任，第三至六届全国政协副主席，中国佛教协会副会长、西藏分会名誉会长。1988年先后当选为第七届全国政协副主席，西藏自治区第五届人大常委会副主任、第五届政协副主席。是第二至五届全国人大代表。

〔和志强·再次当选云南省省长〕 在1993年5月7日举行的云南省八届人大一次会议上，和志强再次当选为云南省省长。

和志强，1934年生，云南丽江人。纳西族。1956年毕业于重庆大学地质系。同年加入中国共产党。历任云南省地质局副总工程师、副局长，云南省副省长。1985年起任中共云南省委副书记、云南省省长。是中共第十三届中央候补委员、第十四中央委员。

〔岳岐峰·再次当选辽宁省省长·谈辽宁提出的“第二次创业”〕 在1993年3月4日举行的辽宁省八届人大一次会议上，岳岐峰再次当选为辽宁省省长。

岳岐峰，1931年生，河北大名人。1945年加入中国共产党。曾任中共邯郸市委组织部干事。新中国成立后，历任中共邯郸市委办公室主任、副秘书长，邯郸钢铁总厂党委书记，中共邯郸市委书记，中共唐山市委书记。1986 年任中共河北省委副书记。1988 年任河北省省长。后调任辽宁省代省长、中共辽宁省委副书记、辽宁省省长。是中共第十四届中央委员。

1993 年 3 月 24 日，岳岐峰在第八届全国人大第一次会议期间答中外记者时说：五十年代建设起工业基地，是辽宁的第一次创业；目前搞活国营大中型企业，是辽宁的第二次创业。这次创业要完成的任务是：实现从计划经济向市场经济的转变；对国营大中型企业实行“放水养鱼”、休养生息政策；调整搞活，完成改造；发展培育新的经济增长点，包括发展乡镇企业、个体私营经济、第三产业等，改变辽宁高投入、低产出，出大力、赚小钱，捧着金饭碗要饭吃的状况。

［附注：1994 年 4 月，岳岐峰调任黑龙江省委书记。5 月，闻世震任辽宁省代省长。］

〔岳喜翠（女）·特级飞行员·被评为全国“三八红旗手”〕　中国人民解放军 39287 部队政治部副主任、空军特级飞行员和功勋飞行员岳喜翠，1993 年被全国妇联评为“三八红旗手”。

岳喜翠，山东省泰安人，1948 年 12 月生。1965 年入空军二航校学习，1967 年任空军航空兵某师飞行员，1992 年 1 月任空军航空兵某部政治部副主任。岳喜翠是新中国第三代女飞行员，她博击长空 28 载，先后飞过 5 种机型的飞机，安全飞行 5000 多小时，多次出色完成合成训练演习、科学试验、人工降水、抢险救灾等艰巨任务，先后荣立一等功、二等功各一次，三等功五次，被评为空军特级飞行员和功勋飞行员。有一年冬天，新疆地区旱情十分严重，几百万亩小麦无法过冬，几百万头牲畜饮水困难，岳喜翠率领机组奉命从内地连续飞行 9 个多小时，来到乌鲁木齐，执行大面积人工降雪任务。这是在新疆首次实施人工降雪，难度很大。人工降雪这天，几千米厚的层积云把天山盖得严严实实，在这样恶劣的气候中起飞，有很大的危险性，但这是实施人工降雪的好机会。岳喜翠为了不失时机，毅然起飞。当飞机升至 6000 米高空时，云层突然连成一片，向飞机猛压过来，顿时飞机象断了缆绳的轻舟，左右摇晃，机身咔咔作响。岳喜翠强压住就要涌上咽喉的酸水，紧紧把住方向舵，眼盯仪表，同机组密切配合，奋战 7 个多小时，终于撒完了全部催化剂。顷刻间，满天雪花，纷纷扬扬，为新疆 200 万亩小麦盖上了被子，使 400 多万头牲畜有了水源。还有一次，岳喜翠驾机和另外两架飞机前往某地执行紧急任务，途中突遇电闪雷鸣瓢泼大雨。前面一架飞机因装有气象雷达，避开云雨飞了过去，后面一架被迫返航，只有岳喜翠陷入乌云包围之中，情况万分危急。岳喜翠沉着果断，趁左侧两块云团还没有完全合拢，抓住时机从云缝中串过去，绕飞 200 多公里，胜利完成了任务。

〔佫树旺·著名杂技演员·在北京逝世〕　著名杂技演员佫树旺于 1993 年 7 月 28 日在北京逝世。终年 78 岁。

佫树旺，1915 年生，河北省坝县人。他出生于杂技世家，祖祖辈辈精于耍花坛。他自幼时起农闲时随父练耍坛，农忙时务农。21 岁到天津登台献艺。1939 年参加了一个日本马戏班，由东北经朝鲜一直演到日本，他的表演引起轰动，每到一处，都贴出以他顶坛动作为画面的海报。一年后回国，仍在天津的杂耍园子演出。后一度与陈亚南、常宝堃等组织兄弟话剧团，前半场演文明戏，后半场演杂技，流动演出于华北各地。1950 年 10 月，参加中华杂技团（中国杂技团的前身），曾随团去前苏联演出。六十年代因患腰疾退休。他是北京市东城区人大代表。

佫树旺的耍坛，动作准确，表演朴实轻松，舒展大方，是北方耍坛技艺的代表。曾与周金荣共同创作演出了《对传花坛》，将一人表演的技艺发展为两人的对手表演，实现了《耍坛》表演中的重大突破。

〔金武·武警战士·被追授护林灭火英雄称号〕

1993 年 12 月 28 日，武警总部发布命令，追授金武“护林灭火英雄”称号。在此之前的 7 月 28 日，武警总部政治部批准金武为革命烈士，并追认为中共党员。

金武，武警云南省总队大理州支队祥云县中队战士，1973 年 8 月生，云南省红河州元阳县人，1992 年 12 月入伍。

1993 年 3 月 30 日中午，云南省大理州祥云县马军村杨家箐发生特大山林火灾，8000 多亩森林资源及附近村庄 570 名群众的生命财产受到严重威胁。金武和中队官兵迅速赶赴火灾现场，担负堵截火势蔓延的任务。他头发烧焦了，眉毛烤糊了，手上、脚上烫起燎泡，几次因烟火熏烧得窒息过去，被救醒后又从战友手中抢过风力灭火机，继续与烈火搏斗。经过一个多小时扑打，火势得到控制，但草木茂密的猴子山丫口又出现险情。金武和战友们按照县防火指挥部的命令，又冲向新的火场。本来，班长唐德洪让金武断后，但金武仍抱着灭火机冲在最前面。突然，火场产生的强烈气流改变了方向，强大的旋风卷着

10多米高的烈火从他们身后袭来。金武见状，大喊一声："班长，快跑！"奋力将唐德洪和新战士侯建军推出火海，自己却被烈火吞没。

医院诊断，金武全身烧伤面积达86%，其中大部分是3度烧伤。经全力抢救无效，于4月5日凌晨光荣牺牲。弥留之际，他向支队领导提出三点要求：一是请党组织审查他的表现，如够格就批准他为共产党员；二是他还没尽完3年的服役义务，把他葬在祥云县，算作继续服役；三是告诉他的父母，他没有给家里人丢脸。

4月7日，祥云县党政领导成员为金武送葬，举行了隆重的葬礼。近千名各族群众自发地赶去为金武送葬。

〔金星·青年现代舞蹈家·在北京举办"金星现代舞作品晚会"〕　解放军艺术学院和中国舞蹈家协会于1993年11月为赴美五年专修现代舞有成回国的青年舞蹈家金星，举办了"半梦——金星现代舞作品展示会"。

26岁的金星，朝鲜族，辽宁沈阳人，原是中国舞坛一个优秀的男子舞蹈演员。他10岁考入沈阳军区前进歌舞团学员队，后转入解放军艺术学院舞蹈系深造。1984年毕业后不久，便在首届全国"桃李杯赛"中，获男子少年组第一名，他优美轻盈、张力无穷的跳跃，调控自如完美的造型，急骤如轮的旋转和对音乐、舞蹈作品含情蕴意的准确理解，表现均令人赞叹不已。接着又在第二届全国舞蹈比赛中，获领舞特别奖。1988年金星在广东省舞蹈学校现代舞实验班学习成绩突出，获美国亚洲文化协会、美国舞蹈节全额奖学金赴美学习现代舞。在美期间，曾亲受玛莎·格雷姆、莫尔斯·坎宁汉等诸多美国现代舞大师的真传。这位辛勤、悟性高的东方学子，格外受到大师们的青睐。美国的马瑞·路易斯大师不仅将其从不传授于人的《颤抖》教给了他，甚至还将舞蹈的版权也授给了他。从1989年起，他连续3年被美国国际舞蹈节聘为编舞小组成员(1991年居于首席编舞的位置)。此间，他以中国小提琴协奏曲《梁山伯与祝英台》创作的舞蹈《半梦》，获"最佳编舞家"的称号。金星曾应邀赴韩国汉城举行个人作品晚会，也曾担任意大利国家电视一台驻台编导、罗马舞蹈中心现代舞教师和比利时皇家舞蹈学校现代舞教授。

为发展中国的现代舞，金星于今年春回到祖国。他已在大庆(北方片)、福州(南方片)的全国舞蹈编导集训班和北京现代舞训练班，分别传授现代舞编舞技法和基本训练方法。他带回的这台晚会是以洁白透明的《脚步》、朦胧追寻的《半梦》、疲惫狂奔的《午夜狂人》及五彩斑烂的《色彩感觉》等8个作品组成，它给人一种高雅、向上的审美感受。有人说：金星跳舞如他的名字一样富有光彩。一位德国舞蹈家对金星在美学舞多年，却仍然是一位中国的现代舞蹈家而颇为赞赏。

〔金隄·天津外国语学院教授·首次中文全译世界名著《尤利西斯》出版〕　天津外国语学院教授、旅美学者金隄付出十余年心血翻译的世界名著《尤利西斯》(上卷)，于1993年10月由台湾九歌出版公司出版。世界第一部中文译本《尤》书终于问世，引起台湾文学界、学术界的轰动，各报刊纷纷发表新闻、评论，认为金隄译文为"丰满道地的中文"，"以所下工夫之深，确实足以列入近代译史上上乘的译笔之林"，被誉为自梁实秋所译的莎士比亚全集出版之后在台湾刮起的第二次台风。此译本还将由北京人民文学出版社出版。

《尤利西斯》为爱尔兰作家詹姆斯·乔伊斯(1882—1941)所著，1922年首次在巴黎出版，是七十年来世界文坛争议最多的一部书。西方文学界广泛赞为"二十世纪最伟大的英语文学著作"，但也曾被英、美等国视为"晦涩"、"色情"的禁书。这本奇书用18章篇幅，描写1904年6月16日早上八点到夜里两点之间，中年人布卢姆夫妇和青年知识分子斯蒂汾的身心活动。由于原作以意识流技巧，大量运用典故，不断变换文体，因而一向以艰涩难解、无从捉摸闻名于世。批评家曾说："在有趣的小说中，它是最难懂的；在难懂的小说中，它是最有趣的。"因此，尽管世界上已有各国多种译文，中文全译本却始终阙如。1945年金隄第一次读到此书，当时他唯一的心得是"不知所云"，印象最深的是这本800页巨著最后40页竟完全没有标点符号。1979年中国社会科学院计划出版"外国现代作品选"四卷时，在天津外国语学院任教的金隄选译《尤》书中的一章，金隄在毫无资料可查的情况下，凭借深厚的学识根底，译出书中最短的第二章，发表在《西方现代派文学作品选》内。1986年又在《北京文学》发表四章译文和专论，该论文获天津社会科学院1987年社会科学研究优秀成果一等奖。1987年，金隄应邀赴美讲学后即全力研究《尤利西斯》。他多次参加"乔学"大会，发表和出版论文多篇，并被吸收为国际乔伊斯学会会员。金隄深入细致研究原著，经过夜以继日的艰苦工作，终于完成《尤》书中译全文。除精确地译出原文外，还引经据典地加了相当于原文四分之一篇幅的注释，深入探索作者原意，使中文读者易读易懂，并增加多方面的知识。

全译本《尤》书发行之初，金隄应邀赴台参加首发式，并在一些大学作学术报告，与学者座谈。《尤》书中译本第一版五千册在一个多月内全部销售一空。九歌出版公司不得不加班加点，赶制第二版。

金隄，1921 年出生于浙江省吴兴县南浔镇。1945 年毕业于昆明西南联大外文系。1945 年至 1946 年，任昆明美国新闻处翻译，西南联大外文系助教。1946 至 1949 年入北京大学文科研究所作研究生并兼西语系助教。1949 至 1955 年参加人民解放军。1955 至 1957 年任北京《中国建设》杂志社记者、编辑。1957 年起任天津南开大学外文系讲师。1970 年下放天津西郊插队落户。1976 年后任天津外国语学院讲师、副教授、教授。1982 至 1983 年在美国耶鲁大学、英国牛津大学做访问研究员。1987 年以后，应邀先后在美国圣母大学、耶鲁大学、弗吉尼亚大学、全美人文学科研究中心任研究员。是中国翻译工作者协会理事，天津翻译工作者协会顾问。主要译著有《尤利西斯》、《赫胥黎小说集》、《沈从文小说集》(中译英)等，并有《论翻译》、《等效翻译探索》等中英文论著十余部。业余爱打网球。夫人朱玉若，生有一子二女。

〔附注：金隄译的《尤利西斯》简体汉字本，1994 年 4 月已由北京人民文学出版社出版。〕

〔金式如·高级教师·获全国优秀中小学校长称号〕　广东省深圳市深圳实验学校校长、中学高级教师金式如，因在学校管理和建设中做出突出成绩，1993 年被国家教委授予“全国优秀中小学校长”称号。

金式如 1985 年来到深圳实验学校，当时学校的教学大楼已经建成，但面临着添置教学设备和提高教师生活待遇的双重压力。这时有一家外资企业愿以每年 38 万元租用学校几间教室，金式如一口拒绝，他认为这样做侵犯了学生的利益。此后，他为筹资金、买设备，每天工作十几个小时。经过 8 年努力，深圳实验学校成为实行中学、小学、幼儿三个学段相互衔接、一体化管理，全国普教系统唯一的“一条龙”体制学校。学校环境优雅，设备完善，有电脑室、生物实验室、化学实验室、光学演示室、小礼堂、图书馆、游泳池。电视机、录像机、幻灯机、录音机正走进每一间教室。小学部有了闭路电视，学生电视台取代了校广播站。该校设施达到并超过国家教委一类学校标准。这所学校 92% 的高考升学率和实施全面素质教育获得的成就，使它成为全国 300 所名牌中学中最年轻的一所。

金式如大胆进行学校管理的整体改革，制订了《基本工作要求》、《基本职业要求》、《基本职业道德要求》作为对教职工的职业规范要求和考核标准，制定了《教职工聘任制度》、《教职工服务工资制度》、《教职工岗位工资制度》等作为健全教职工队伍管理的基本措施。1992 年又推出“校内职称双轨制”，打破传统的资历学历束缚，提供了公平合理的竞争环境。全校 300 名教职员工，工作积极，心情舒畅。

在学校教育中，金式如强调对学生进行全面素质教育，以适应时代的要求。学校每年有 4 大常规活动——科技节、合唱节、艺术节和校运会，组织课外活动小组 60 多个，让学生根据自己的喜爱和特长全面发展，仅 1992 年全校就有 144 人在国际、国内和省市的有关比赛中获奖。

金式如，浙江镇海人。1943 年 1 月 22 日生。1954 年入上海市敬业中学，1960 年入上海师范学院物理系。1964 年毕业后到彭浦中学任教。1980 年入上海教育行政干部学院学习。1981 年至 1984 年在上海市第六中学任副校长，1984 年到深圳教育科学研究所，1985 年到深圳实验学校。1991 年被评为全国教育系统劳动模范，1992 年获深圳市有突出贡献教师称号，受重奖。主要论文有《校长负责制与学校管理》、《深圳实验学校整体改革的实验与研究》。

〔金兆贵·北京牡丹电子集团公司工会主席·被授予全国优秀工会工作者称号〕　在 1993 年 10 月 24 日召开的中国工会第十二次代表大会上，北京牡丹电子集团公司工会主席金兆贵，被授予全国优秀工会工作者称号。

金兆贵带领工会干部紧紧围绕企业生产经营的中心工作发挥作用，重视调动经营管理者和广大工人的积极性。他倡导并坚持在企业内部实行《互保协议书》制度，用契约的形式规定企业生产经营的目标和任务及为职工办的实事，规定经营管理者、工会和职工的责、权、利及各方违约的责任，使企业经营管理者和职工与企业同呼吸共命运，同担企业责任风险，共享荣誉利益。这一举措增强了企业的凝聚力，推动了企业发展。公司领导常讲，在企业首批晋升为国家二级企业、成为全国同行业十强企业中，金兆贵和他领导的工会功不可没。

金兆贵十分重视工会的自身改革和建设，坚持培训各级工会干部，广泛开展层层“建家”活动，依靠广大积极分子办工会，重视工会自身的思想作风建设、组织工作建设和业务制度建设，工作实现目标化、程序化和制度化，提高了工会工作的整体水平。1988 年他领导的工会被北京市总工会授予“模范职工之家”称号，他本人被评为北京市优秀工会干部。

1993 年北京牡丹电子集团公司工会又被全国总工会授予“模范职工之家”称号。

金兆贵生于 1944 年 8 月，北京市人，大专学历，1968 年 7 月毕业于北京电机学校。先在北京无线电厂工作，后调到北京电视机厂，历任党支部书记、宣传科长、车间主任、厂办公室主任，质量科长，副厂长，1990 年 6 月至今，任北京牡丹电子集团公司工会主席。

〔金松寿·化学家·首创“控制论化学”并发表英文专著受到国际学术界赞誉〕　杭州大学化学系教授、催化研究所所长金松寿把控制论观点和方法引入化学领域，在国际上首创“控制论化学”，并于 1993 年出版了《选择性分子间引力和集团结构适应性》英文专著，受到世界最有权威的物理化学家、两次诺贝尔奖金获得者美国鲍林教授等专家的赞誉。同年，金教授和学生一起发现了“超强酸”的化学本质，亦受到国内外学术界的重视。

金松寿，浙江义乌人，1920 年 3 月生，1943 年毕业于浙江大学化工系，长期从事应用化学的教学与科研，历任大学助教、讲师、副教授、教授等职。1954 年，他出版了我国第一部量子化学专著——《量子化学应用简程》宣告了选择性分子间引力首先由中国人发现。随后，撰写出版了《化学热力学》、《化学动力学》等专著。近 10 年来主要从事催化研究，提出了催化剂集团结构适应理论，1986 年出版了《有机催化》专著，并主持研制成功具有世界先进水平的近 10 种工业催化剂，有的出口日本。他研制的“NZP 型有机废气焚烧催化剂”，投入应用后为国家创收节支 4000 多万元。此项发明于 1986 年获国际尤里卡发明奖。1989 年出版了《控制论化学》专著，并获浙江省科技进步一等奖。由于在化学科研上获得成就，1978 年曾获全国科学大会先进项目奖。1990 年 12 月被瑞典诺贝尔奖委员会定为诺贝尔奖提名候选人的合格推荐者，参加了诺贝化学奖提名。其事迹先后被收入英国剑桥国际传记中心和美国国际传记协会以及荷兰等国家出版的“世界名人录”，被称为国际“五百个有影响的先导者”之一，并授予“国际功勋勋章”。

〔金意庵·书画家·其诗书画印展在北京展出〕

1993 年 11 月 12 日，金意庵诗书画印展在北京中国美术馆隆重开幕，共展出他几十年来辛勤耕耘的精品，受到国内外观众好评。中国书法家协会名誉主席启功在展出前言中写道：“金意庵先生夙耽书画兼长铁笔，数十年无一日不亲翰墨。……诚由学养深醇，诗文杰出，于书画金石遂能不染俗格。”

金意庵，原名启族，1915 年出生于北京，系清高宗乾隆之后裔。他自幼着力于民族文化艺术的全面修养，在继承传统的基础上富有创造精神。书艺是意庵先生成就最著、着力最多者，真草隶篆行，无一不工。其大篆古拙朴茂，融甲骨钟鼎散盘诏版于腕下，风骨内敛，精神外拓。隶书，荟萃礼器、史晨、乙英、张迁石门之精华，写来若清风丽水，漪澜成文。真书结体雍容端庄，出颜柳携欧褚，清研雅俊，行书，他钟法二王，笔用魏晋，意取明清，化古为今，浑融大象，行笔玄妙，气韵不凡。草书亦不失安雅情态，郁若霄雾朝升，游烟连云。国内许多名胜古迹，均有金意庵的墨迹，或立石刻碑，或雕竹镂木，放眼细观，颇以其远祖写遍大江南北。书如其人，如其学，如其才，如其志，在丰富而抽象的点线宝藏之中，他孜孜不倦地寻求、开发、铸造，为的是在人类积聚的情感形式中，注入新的灵性、妙悟，塑造自身，完善人格。为的是畅其神，达其意，表现其审美理想、气质和心灵。

金意庵又是著名金石篆刻家，初受北京寿玺名家指授，后挥毫奏刀，垂老不辍，至今为西冷印社待为上宾。他还善诗文，有《意庵诗草》等卷，朴素深醇，质而实绮，癯而实腴，与其书画同臻妙境。“九畹灵根笔底来，美人香草远尘埃。幽芳有意答君子，不待春风次第开。”清芬洋溢，韵味无穷。金意庵是著名的吉林四老之一，学识渊博，大器晚成，虽桑榆暮景，犹红霞满天。

〔金福安·解放日报副总编辑·获首届韬奋新闻奖〕　由中华全国新闻工作者协会和中国韬奋基金会联合举办的首届韬奋新闻奖，于 1993 年 12 月 17 日在北京颁奖。《解放日报》(上海)副总编辑金福安获奖。

金福安，1944 年 3 月生，上海人。复旦大学中文系毕业，1967 年进《解放日报》，从事夜班编辑工作已经 25 年，是该报社现职夜班编辑中任职时间最长的一位。他先后担任一版责任编辑、夜班编辑部主任、编委、总编辑助理。1993 年被任命为副总编辑，协助报社领导主管夜班编辑部工作。

金福安具有较高的事业心、责任心。他努力认真宣传邓小平建设有中国特色社会主义的理论和党的各项方针政策，在出报的最后一道环节上，尽心尽责地把好关。平时，他对各新闻版上的报道，从内容到形式，从标题到文字都精编精改，注意宣传报道的社会效果，有时还亲自检查稿件，避免发生差错。

金福安对于编辑业务精益求精。在长期夜班工作中，他一方面注意学习、吸收前辈的经验、学识和专长；另一方面又在实践中积极探索、创新，形成了自己的个性风格。归纳起来，有三个方面特色：一是大胆拓宽要闻版报道面，以增加信息容量，并注意将重大国际新闻放在头版重要位置；二是重视新闻图片的运用，为图片和文字新闻"两翼齐飞"作不懈的努力；三是支持编辑的创新精神，因而使各个版面形成既统一又各有特点的风格。

1983年以来，他连续4次获《解放日报》社先进工作者称号；1991年被评为上海市优秀新闻工作者；1992年被评为上海市劳动模范。

〔尚明轩·历史学家·新著《何香凝传》出版〕 中国社会科学院近代史所研究员、尚明轩的新著《何香凝传》，1993年11月由北京出版社出版。邓颖超生前为此书题写了书名。这本专著汇集了作者多年研究的心得，对一些过去不甚了然或有所争论的问题，进行了认真的考证和探索，有一些新的突破。

尚明轩，河南许昌人，1925年生。1948年毕业于北京师范大学历史系，1953年毕业于中国人民大学中国革命史研究生班。新中国成立前后，他曾从事过组织、宣传和秘书等工作，并在中央财经学院等高等院校讲授中国革命史课程。1956年调中国科学院近代史所从事研究工作。

30多年来，尚明轩一直致力于中国近代史的研究，尤其侧重于中华民国史和以孙中山为首的中国资产阶级民主派人物的研究。先后出版过《孙中山传》（有日、蒙、藏、维吾尔、哈萨克等文译本）、《宋庆龄传》（合著）、《孙中山与国民党左派研究》、《廖仲恺传》等专著，还主持编纂了《孙中山全集》第二、三、四卷，《双清文集》（上、下），《宋庆龄年谱》，《孙中山生平事业追忆录》等书，发表史学论文80多篇。其中《孙中山传》一书，运用历史唯物主义观点，将孙中山的思想和实践置于特定的社会历史环境中进行考察，将他的革命活动同民族斗争与阶级斗争密切结合，并注意处理好个人、政党、阶级和群众的关系，对孙中山一生作了客观、全面的评述，受到广大读者和学术界的关注与好评，曾四次印刷出版。另一部著作《孙中山与国民党左派研究》，侧重论述资产阶级民主派几个主要代表人物的思想和业绩，旨在填补目前我国在这一课题研究上的一些空白，开拓孙中山研究的新领域，是国内第一部集中探讨国民党左派的专著。

尚明轩的著作《孙中山传》、《宋庆龄传》和若干篇论文，曾获中国图书奖、全国图书金钥匙奖、孙中山研究成果奖等多次图书或论文奖。

尚明轩正继续对孙中山及中国资产阶级民主派的有关问题进行再研究，准备更加系统地研究孙中山的晚年和国民党左派的产生和发展史，并准备将《孙中山传》进行一次较大的增补和修订，以求进一步充实和完备。

尚明轩兼任河南大学的名誉教授，还担任中国南社与柳亚子研究会理事、孙中山研究丛书编委。

〔周恒·流体力学家·当选中国科学院学部委员〕 天津大学力学系主任、研究生院院长周恒教授于1993年当选为中国科学院数学物理部学部委员。

周恒，1929年11月21日生，福建省浦城县人。1950年毕业于北洋大学（今天津大学）水利系并留校任教。1979年被聘为天津大学教授，1983年起先后被聘为该校力学系主任、研究生院院长，同时担任亚洲流体力学委员会副主席，中国力学会副理事长，国家自然科学基金力学学科评审组副组长，国务院学位委员会力学学科评审组召集人之一，国家教委工程力学专业教学指导委员会副主任委员，中国科学院非线性连续介质力学开放研究实验室副主任等学术职务。

周恒对流体力学作了许多深入研究并取得突出成果。他发展了流动稳定性理论，将非线性振动中的K—B方法推广到流体稳定性研究中，提出了线性化问题非中性情况的非线性理论新方法，推广了共振三波概念；同时将流动稳定性理论用于湍流相干结构、柔性壁边界层稳定性等重要问题的研究方面并取得重要成果，曾获1985年国家教委科技进步奖一等奖及1987年国家自然科学奖二等奖。近三年来，他对已经流行30多年的流动稳定性弱非线性理论作了根本性改进，提出了新的途径，提出传统理论不仅收敛性差而且实际上难于反映流态演化，若以此为基础研究混沌等问题，可能会引入歧途。国外不少同行对此见解给予充分注意和肯定。在陀螺仪的研制中，他发展了分析其稳定性的方法及相关的带螺旋槽气体动压轴承的计算方法，从理论和实践上解决了这类陀螺仪的自激振荡问题，并提出了新的设计方法。

〔周桓·人民解放军高级将领·在北京逝世〕 沈阳军区原政治委员周桓，1993年10月27日在北京逝世，终年84岁。

周桓，1909年2月22日生，辽宁省人。1930年参加中国工农红军，同年加入中国共产党。土地革命战争时期，历任红三军团政治部秘书处处长，红一方面军总政治部地方工作部部长、秘书长兼敌工部部长、统战部部长等职，参加了中央革命根据地五次反“围剿”和长征。抗日战争时期，任八路军野战政治部敌工部部长、组织部部长兼军法处处长等职。参加了太行区反“扫荡”和百团大战。解放战争时期，历任东北军政学校政委、东北民主联军政治部副主任兼联络部部长、东北人民解放军政治部副主任兼后勤部政委、东北军区政治部主任等职。参加了辽沈战役。1950 年起任东北军区副政委，沈阳军区政委。1955 年被授予上将军衔。1959 年调任中共辽宁省委书记处书记。1979 年任文化部顾问。他是中共第八届候补中央委员，第一届全国政协代表，第五届全国政协委员，第一届全国人大代表。

〔周洁（女）·影视舞三栖演员·主演电影《杨贵妃》获百花奖最佳影片奖〕　周洁主演的电影《杨贵妃》于 1993 年获第十六届《大众电影》百花奖最佳影片奖，周洁因表演出色获最佳女主角提名。

《杨贵妃》中的杨玉环，是一个善歌舞、晓音律，向往真挚爱情，命运大起大落的人物。为塑造好这一形象，周洁认真揣摩、体验，全身心地投入到角色的创作中。在“长生殿盟誓”一场戏中，周洁将杨贵妃喜好荣华富贵，渴望“牛郎织女”般永恒爱情的心态表演得十分准确传神。在影片中她表演的《霓裳羽衣舞》、《胡旋舞》等几段具有盛唐色彩的舞蹈，轻盈飘逸，舞姿优美，展示了她的舞蹈才华。她的扮相，给人天生丽质的感觉，可以说她把一个天真无邪的小女子活脱脱地呈现在银幕上。电影界同仁都赞叹她又跨上了一个新台阶。在 1992 年大学生电影节上，周洁被推上影后宝座。

周洁，1961 年 12 月出生于上海市郊区奉贤。1974 年考入上海歌剧舞剧院，先后在小舞剧《军民鱼水情》中饰演老太婆，《小刀会》中演周秀英，《战旗红》中演春妹子。1978 年，在大型民间舞剧《半屏山》中扮演美丽善良的石屏姑娘，那舒展自如的舞姿，袅娜秀美的身段，高超娴熟的技艺使观众折服。她在《凤鸣岐山》中饰演狐狸精变成的美女妲己，在北京引起轰动。1982 年，周洁又随上海歌舞剧院到香港艺术节献演《半屏山》、《凤鸡岐山》，令香港观众耳目一新。从此周洁的名字蜚声海内外。此后她又在《木兰飘香》中饰花木兰、《十面埋伏》中饰虞姬。

1983 年周洁又闯入电影界，在电影《火烧圆明园》、《垂帘听政》中饰演受到咸丰皇帝宠爱的丽妃，在《奇迹的再现》里饰舞蹈演员夏颖，《苏禄国王和中国皇帝》里饰明代永乐年间的美女张陆兰，《敦煌夜谭》里饰大唐年间艳丽的女鬼燕儿，均受好评。

1989 年，周洁出演四集电视剧《杨贵妃外传》中的杨贵妃，主演了七集电视剧《海外遗恨》，饰女间谍梦娇。周洁把纯情、善良，受过良好教育，人物性格复杂，内心矛盾冲突激烈的梦娇，演得生动，可信，受到观众和专家的一致赞扬。周洁因此荣获第八届大众电视金鹰奖最佳女主角奖。此后，周洁又在《乱世丽人》、《联林珍奇》、《唐明皇》、《这世界不会寂寞》等电视剧中出演角色。

电影《杨贵妃》的轰动，为周洁“下海”经商创造了一个非常好的契机。如今，“周洁实业发展公司”董事长周洁，已引进 5500 万美元改造上海危房，建设“贵妃花园”，奉贤与市区之间的黄浦江大桥“贵妃大桥”也即将动工。

〔周子玉·任解放军总政治部副主任〕　1993 年 5 月，中央军委任命周子玉为中国人民解放军总政治部副主任。

周子玉，1935 年 11 月生，山东省武城县人。1951 年 7 月参加中国人民解放军。1955 年 6 月加入中国共产党。曾在空军第五航空学校任统计助理员、连指导员、大队政委、团政委。1977 年 10 月起任兰州军区空军政治部组织部副部长、部长，空军航空兵师政委。1981 年入空军学院学习。后任空军第十六航空学校政委，空军地空导弹学院政治部主任，空军军政委，广州军区空军副政委，空军指挥学院政委。1992 年 11 月任解放军总政治部主任助理。1993 年 5 月起任解放军总政治部副主任兼中共中央军委纪律检查委员会书记。1988 年 9 月被授予少将军衔。1993 年 7 月晋升为中将军衔。

〔周云娟（女）·越剧演员·获第三届文华表演奖〕　1993 年，周云娟可谓双喜临门，在不到一个月的时间里，先后接到两份喜报：一是文化部恭贺她获得第三届文华奖；二是全国剧协恭贺她获得第十届梅花奖。周云娟终于成为长达 8 年之后越剧界的第二朵“梅花”。

周云娟，艺名小飞娥，浙江省杭州市人，生于 1952 年，国家一级演员，她 7 岁入杭州越剧团小科班习艺，16 岁进入浙江省越剧团，主攻花旦。30 多年的舞台锤炼，使她在艺术上形成了自身特有的风格，在唱腔上兼收并蓄，既有王（文娟）派的质朴含蓄、傅（全香）派的华采俏丽，又有张（云霞）派的活泼娇媚。她以一条得天独厚的好嗓音，恰当地运用不同的声腔，塑造了众多不同类型的古代妇女的音乐形象，如《古墓香魂》中善良柔顺的冯香罗、《天之娇女》中任性娇横的高阳公主、《柳玉娘》中有胆有识的柳玉娘，《陈三两》中刚烈正义的陈三两。周云娟还擅演现代戏，近年，因成功地主演现代越剧《巧凤》而同获文华奖和梅花奖，该剧连演500场不衰，其盛况空前。

越剧《巧凤》是著名剧作家魏峨最新力作。取材于江苏民办教师欣巧凤克服重重困难，收养一个流浪儿并把他培养成大学生的动人事迹。周云娟在剧中饰巧凤，她研究剧本发现，巧凤与流浪儿菊花非亲非故，而能百折不挠，倍尝艰辛，甚至不惜丢失工作，家庭破裂，也要将弃儿培养成栋梁之材，这完全出自一位人民教师的责任感和使命感。周云娟深深被人物的崇高行为所感染。她天天寻找"感觉"，用心灵去体验，特别是在知道生活原型欣巧凤的许多生动事迹并亲眼看到她和她接触后，更感到要把巧凤演成一个普通的人。周云娟要求自己的表演达到"返朴归真"的境界，她不事先设计外部动作，而是在规定情景中去行动，去真听、真想、真喜、真悲。经反复排演，抓住角色进入真实感情时的形体感觉，而后再去修饰、调整它，正如她自己所说，达到那种"不是表演的表演，没有修饰的修饰"。果然，在舞台上人们看到她给流浪儿背书、洗头……那样子像教师、像大姐、又像母亲，一片母性的爱心；而在丈夫面前则是一个温柔又略带调皮的妻子劝丈夫注意身体，顺手整整丈夫的衣领，疼爱之心存心里，演得质朴、自然。尤其是当巧凤被诬流浪儿是她的私生子而被丈夫误解时，为了供孩子求学，巧凤撑着病躯在风雪中拉大板车以及黄夜寻儿几场戏，周云娟塑造的这个平凡的英雄人物，达到栩栩如生、深沉感人的化境。该剧先于1991年全国现代戏调演时获剧本、演员音乐、导演、舞台美术等多项奖，1993年又获文华新剧目奖、剧作奖等。

周云娟，不仅多次得省级、国家级表演一等奖，还曾荣获过杭州市民歌大赛一等奖。

〔周兴铭·计算机组织与系统结构专家·当选中国科学院学部委员〕　长沙国防科技大学教授、博士生导师、计算机研究所总工程师周兴铭1993年当选为中国科学院技术科学部学部委员。

周兴铭，1938年12月4日生，浙江省余姚县人。1962年毕业于军事工程学院。历任军事工程学院、长沙工学院助教，国防科技大学讲师、副教授、计算机研究所副总工程师等职。周兴铭六十年代初，负责晶体管计算机研制工作中数字电路设计、系统逻辑设计和系统调试，解决了电路抗干扰、抗高温的技术难关。该机是我国最早的晶体管计算机之一，已批量生产装备部队。六十年代中期，他从事潜艇射击指挥仪用计算机的研制工作，提出了该机的总体方案，并设计定型集成电路。六十年代末期至七十年代后期，他参与百万次集成电路通用计算机的研制工作，任运控分系统负责人，为该机设计了集成电路，解决了逻辑设计及信号传输等方面的一些技术问题，提高了计算机的主频和速度。七十年代后期至八十年代初期，他参与我国第一台巨型计算机银河—Ⅰ的研制工作，任总体组负责人及主机负责人，提出了主机系统总体方案，指导、审核主机系统的设计，主持主机系统调试，并解决了许多关键技术问题。银河——Ⅰ巨型计算机获中央军委科技成果特等奖，周兴铭为主要完成者。1982～1985年，作为总负责人，他主持银河—Ⅰ全数字仿真计算机的研制工作，解决了该系统核心部分——主控部件和接口等关键技术，为我国仿真技术发展作出了重要贡献。该机获国家科技进步奖一等奖，周兴铭为第一完成者。1986～1992年又主持银河—Ⅱ并行巨型机的研制工作，任总设计师兼工程指挥。他提出4CPU多机总体方案，Ⅰ/0子系统方案及RAS技术方案等(该机正申报国家科技进步特等奖。

共发表论文、研究技术报告十多篇，专著一本。

〔周孝信·电力系统专家·当选中国科学院学部委员〕　电力工业部电力科学研究院系统研究所高级工程师周孝信于1993年12月当选为中国科学院技术科学部学部委员。

周孝信，1940年4月7日生，山东省蓬莱县人，1965年毕业于清华大学。1979～1980年赴加拿大魁北克省水电局研究所进修。历任水电部电力科学研究院系统研究所技术员、工程师、副所长。现任电力科学研究院总工程师，系统研究所所长，博士生导师。

周孝信七十年代开始研究现代电力系统分析的数学模型和计算方法，先后在国内首次提出电力系统稳态和暂态分析的各种数学模型和建模方法。可计算任意复故障的数学模型，突破原有计算对故障类型和同时故障重数限制，使我国在这方面具有自己的特色。创造性地提出并建立了电力系统分析软件的用户自定义建模方法，比国外已有方法更实用、方便，更受用户欢迎。主持开发了我国第一套"电力系统分析综合程序"大型软件，已在我国大陆除西藏外的各省广泛应用并输出国外。1985年获国家科技进步奖一等奖。他参加编著的《电力系统计算》一书，获1981年国家优秀科技图书二等奖。他主持并参加了我国超高压输电系统工程关键技术的研究工作，提出潜供电流新算法并被采用，作为技术总负责人，在我国第一条士500千伏葛洲坝到上海直流输电工程研究和调试中，提出了计入控制系统作用的分析方法。主持完成了“2020～2050年中国电网远景规划”。提出了未来三十年我国电力工业发展趋势，对我国电力工业发展决策有重要参考价值。主持建立了我国电力工业发展仿真模型和软件，对电力工业发展重大问题提供了科学宏观决策的一种依据。发表论文、研究技术报告40余篇，专著一本。

〔周坤仁·任海军政治委员〕　1993年12月，中央军委任命周坤仁为海军政治委员。

周坤仁，1937年9月生，江苏省丹阳县人。1956年3月参加中国人民解放军。曾任东海舰队护卫支队“开封”舰艇军医、副政委，“洛阳”舰艇政委，护卫舰大队副政委、政委，东海舰队政治部干部部副部长。1980年毕业于解放军政治学院。后任海军登陆舰支队副政委、潜艇支队政委，东海舰队政治部副主任、主任，海军政治部副主任。1990年入国防大学学习。后任南海舰队政委。1992年任海军副政委。1988年9月被授予海军少将军衔。1993年7月晋升为海军中将军衔。

〔周明陶·科技企业家·所领导的希望电脑公司被评为执行火炬计划先进高技术企业〕　优秀科技企业家、高级工程师周明陶所领导的北京希望电脑公司近年来获得迅速发展，1993年被评选为国家科委执行火炬计划先进高级技术企业，《光明日报》、《每日电讯》等报刊先后报道了周明陶及希望电脑公司的事迹。

周明陶，1944年10月生，浙江省车阳县人。1967年毕业于哈尔滨工业大学，在农场煅炼两年后，1971年在黑龙江省巴彦电子仪器厂任技术员，1974年在机械委第一设计院任助理工程师，1978年考入中国科学院研究生院读硕士研究生，1981年毕业后在中国科学院计算所任助理研究员。1985年1月创建希望电脑公司，并一直担任公司总裁，1993年起兼任中科实业集团公司常务副总裁。

1985年1月，以周明陶为首的18名研究生，为了探索一条科技体制改革的新路，走出实验室，创办了北京希望电脑公司。9年来，在周明陶的领导下，希望公司始终以建立新型高技术产业为奋斗目标，坚持以市场为导向，加强技术开发和技术产品的商品化，走出了技工贸一体化的新路。他们在计算机辅助设计、办公自动化、中文信息处理等方面取得了80多项成果，其中十余项获国家和省部级奖。他们研制生产的微机CAD系列产品始终在国内领先，为微机CAD在我国的普及做出了贡献。净化式不间断电源目前只有少数几个发达国家有能力开发，希望公司研制的“宝合”UPS净化式不间断电源通过了国家技术标准认证和德国安全标准认证，被评为1991年国家级重点新产品。希望公司还是我国计算机资料的最大销售商。在发展软件产业方面希望公司也取得多项成果，并与美国微软公司等著名软件公司签署了一系列合作协议，为软件产品参与国际竞争打下了基础。希望公司的年营业额已从1985年初建时的26万元增长到1993年的2.8亿元，历年人均产值超过50万元。自1988年以来，希望公司一直在北京新技术产业开发试验区名列前十名，1988～1992年连续四年被评为北京市新技术开发区优秀企业，1990年被评为中国科学院科技开发综合经济效益先进企业，1992年获中国民办科技实业优秀单位称号。目前，希望电脑公司在全国有4个分公司，100多个分销点，正向规模化、产业化、国际化迈进。

周明陶1988年获首届科技实业家创业奖银奖，1990年被评为中国科学院有突出贡献的优秀中青年专家，1991年获中国科学院科技开发高技术企业优秀企业家称号，1992年被评为中国优秀民办科技实业家。

〔周金碧（女）·高级教师·被授予全国优秀校长称号〕　云南省昆明市五华区春城小学校长，高级教师周金碧，因在学校管理和教学中成绩突出，被国家教委授予中小学优秀校长称号。

周金碧在教育战线辛勤耕耘30多年。1984年她在春城小学开始了以培养人才素质为核心的多项教育改革。通过改革，使这所位于城乡交界的原民办小学，成为云南省的优级学校、文明单位，成为全国少年工作的先进单位。近几年来，全校2600多名学生，没有一个留级生，升学率几乎百分之百。这所学校不仅为弱智学生开设了特教班，还为资质突出的学生开设了提高班，为有特长的学生开设了特色班和科技发明学校等。周金碧用爱心和智慧为每一个孩子铺设着成才之路。

周金碧，云南省昆明市人，1939年12月生。1959年毕业于昆明第一女中，1960年在昆明八中任教。1964年起任五华区春城小学教师、总辅导员、教导主任、校长等职。她先后被授予昆明市优秀校长、云南省优秀校长、昆明市特级劳模、云南省劳动模范、云南省有突出贡献的科技人才称号、全国教育系统劳动模范，并两次获全国先进教师和教育工作者称号。周金碧还兼任中国中小学幼儿教师奖励基金会理事，中国教育学会教育管理研究会小学管理专业委员会副主任，中国教育学会中小学整体改革专业委员会常委，云南省科协常委，云南省学校管理研究会副会长等职。周金碧在各类报刊上发表的文章约10万字，他的《从"整体综合改革实验"来谈管理》一文获云南省社科院1983～1991年社科论文二等奖。周金碧于1986年作为中国初等教育代表团成员曾到美国考察。1993年作为云南省妇女代表团成员去泰国考察。

〔**周音喜（女）·台湾中兴纺织厂股份有限公司董事长·参加在北京举办的两岸经贸恳谈会**〕台湾著名女企业家、台湾中兴纺织厂股份有限公司董事长周音喜，1993年6月9日参加了在北京举办的第十届泛太平洋经济技术合作与发展大会一系列活动之一的93海峡两岸投资与经贸合作发展恳谈会。周音喜对两岸交流合作前景表现出浓厚的兴趣，她说，两岸企业家在一起见面，像是"相亲"，一定会有一批企业家情投意合，由"恋爱"而"结婚"，取得丰硕的合作成果。近年她积极向大陆投资，1990年她就认为大陆是理想的市场，当时中纺公司是首家公开申请赴大陆投资设厂的厂家。由周音喜所主持的中纺集团专门设立了大陆投资部，已在大陆的上海、江西、杭州、成都、苏州等地投资设厂10多家。还通过了总计10亿元台币的大陆投资案。

周音喜，1939年生，台湾省台北市人。中学毕业。是台湾中兴纺织关系企业集团核心人物。该集团原名鲍氏集团，是由江苏籍资本家鲍朝橒（周音喜之夫）在上海的运输公司及纺织厂迁台后逐渐发展起来的，属大型企业集团，以经营纺织业为主，并涉及百货、电子等业，从事多种经营。中兴纺织厂有限公司为其核心企业，资本额61·25亿元新台币，1991年营业额130·7亿元新台币，员工5846人，名列台湾成衣界前茅。1989年鲍朝橒去世后，中兴纺织关系企业集团即由周音喜主持。她历任扬捷电子公司、中兴百货业公司董事长，高兴纺织公司、喜顺纺织公司董事长兼总经理。中兴纺织关系企业集团一度经营状况不佳，但周音喜接掌后，由于经营有方，富有开拓精神，情况已大为好转。她在台湾企业界被视为"最具开创性的女企业家"，曾被美国《富比士》杂志评为"东南亚地区杰出女性华人企业家"。

根据鲍朝橒生前的意愿，周音喜最近致函江苏省高邮市中学，表示今后每年将提供5万元新台币为该校设立"鲍朝橒奖学金"，以鼓励品学兼优的学生。鲍朝橒基金会还于1991向遭洪涝灾害的家乡捐赠三集装箱救灾成衣，1992年又提供5·3万美元帮助建立高邮博物馆。

〔**周恩来·九十五周年诞辰**〕　1993年3月5日，是周恩来九十五周年诞辰，全国许多地区举行纪念活动，深切怀念这位中国人民的伟大儿子，人民的好总理。

浙江绍兴是周恩来的故乡。2月26日，中共浙江省委和中央文献研究室在绍兴隆重举行集会，纪念周恩来95诞辰。全国人大常委、中央文献研究室顾问李琦和中共浙江省委副书记刘枫先后讲话。他们在缅怀周恩来对中国革命和建设的丰功伟绩后提出，"学习周恩来，研究周恩来"是历史赋予我们的光荣任务，这对于深入了解中国国情和中国共产党历史，在邓小平建设有中国特色社会主义理论指导下夺取新的更大胜利具有重要意义。绍兴市委书记陈礼安在纪念会上说，周总理对故乡的期望正在成为现实。特别是党的十一届三中全会以来，绍兴古城改革开放生机勃勃，经济建设和精神文明建设蒸蒸日上。1992年全市国民生产总值达118亿元，工农业总产值达380亿元，成为浙江省经济发展最快最活跃的城市之一。作为纪念活动的重要内容，为期两天的纪念周恩来诞辰95周年学术讨论会同时在绍兴举行。来自全国各地的100多位学者、专家和周恩来研究者出席，会议收到58篇论文，题目涉及政治、军事、经济、科技、文化、统战和知识分子问题等诸多方面，体现了近年来周恩来研究学术成果的新水平。

3月5日，中共江苏省委、中央文献研究室联合在周恩来生前战斗和生活过的南京梅园新村举办纪念周恩来诞辰95周年学术讨论会。江苏省、南京市党政负责人，全国人大、全国政协有关负责人以及周恩来生前身边工作人员，研究周恩来的专家、学者、周恩来的亲属，驻宁陆海空军代表等300多人出席了开幕式。这次学术讨论会共举行5天，54篇论文在会上作了交流。江苏淮安是周恩来出生地，在周恩来诞辰95周年前后，每天前往淮安市周恩来故居参观的中外各界人士多达万人。故居自1979年开放至1993年2月，已接待中外参观者470万人，其中港澳台同胞和外国朋友八千余人。

周恩来的革命生涯是从天津开始的。周恩来称天津是他的"第二故乡"。3月3日，天津各界代表聚会周恩来母校南开中学，纪念周恩来诞辰95周年。在纪念会上，周恩来研究专家廖永武等先后发言，回忆一代伟人的高风亮节，缅怀人民总理的丰功伟绩。周恩来早年同窗赵光宸先生的女儿赵忠绮女士，专程从安徽马鞍山市赶来，把胞弟赵忠经由台湾带回的周恩来旅欧期间寄给她父亲的一枚明信片，捐献给周恩来青年时代在津革命活动纪念馆。这枚由赵家两代人珍藏了70年的明信片，为研究周恩来旅欧时期革命活动提供了重要史料。

在周恩来95周年诞辰前夕,中共中央文献研究室编辑的《周恩来经济文选》、中共中央文献研究室和新华通讯社合编的大型画册《周恩来》由中央文献出版社出版在全国发行。《周恩来经济文选》收入周恩来1948年至1975年有关经济方面的文稿108篇,共37万字,集中反映了周恩来的经济思想和实践。大型画册《周恩来》共选入500多幅照片和几十帧历史文献影印件,并有4万字的文字说明和大事年表,具有较高的史料价值和珍藏价值。

周恩来,原籍浙江绍兴,1898年3月5日生于江苏淮安。1917年在天津南开学校毕业后赴日本求学。1919年回国入南开大学,在五四运动中成为天津学生界的领导人,并与运动中的其他活动分子共同组织进步团体觉悟社。1920年去法国勤工俭学。1921年加入中国共产党。1922年和赵世炎等组织旅欧中国少年共产党(翌年改为中国社会主义青年团旅欧支部),后任中国社会主义青年团旅欧支部书记、中共旅欧支部领导人。1934年秋回国,正值国共合作,在这一期间曾任广东黄埔军校政治部主任,国民革命军第一军政治部主任、第一军副党代表等职,并先后任中共广东区委员会委员长、常委兼军事部长。1927年3月在北伐国民革命军临近上海的情况下,领导上海工人第三次武装起义。同年5月在中共第五次全国代表大会上当选为中央委员,在五届一中全会上当选为中央政治局委员。同年7月12日中共中央改组,周恩来任中共中央政治局临时常务委员会委员(共五人)。国共全面分裂后,他同贺龙、叶挺、朱德、刘伯承等一起于8月1日在江西南昌领导武装起义,任中共前敌委员会书记。1928年在中共六届一中全会上当选为中央政治局常委。后任中共中央组织部部长,中央军委书记。

1931年12月,周恩来离开上海到位于江西省南部和福建省西部的中央革命根据地,先后任中共苏区中央局书记、中国工农红军总政治委员兼第一方面军总政治委员,中央革命军事委员会副主席。1933年春和朱德一起领导和指挥红军战胜了国民党军队对中央革命根据地的第四次"围剿"。1934年10月参加长征。1935年1月在遵义会议上继续被选为中央主要军事领导人之一。

抗日战争期间,周恩来代表中共长期在重庆及国民党控制的其他地区做统一战线工作,并先后领导中共中央长江局、南方局的工作。在1945年的中共七届一中全会上当选为中央政治局委员、书记处书记。1946年夏全面内战爆发。此后他任中央军委副主席兼代总参谋长,协助毛泽东组织和指挥解放战争,同时指导国民党统治区的革命运动。

1949年中华人民共和国成立后,周恩来一直任政府总理,曾兼任外交部长,并任中国人民政治协商会议全国委员会副主席、主席,中共中央副主席,中央军委副主席等职。1976年1月8日在北京逝世。

〔周海珍(女)·江苏省计划生育委员会主任·获首届中华人口奖工作奖〕 由中宣部、国家计划生育委员会、国家科委、中国计划生育协会、中国人口福利基金会等单位发起设立的首届中华人口奖颁奖大会,1993年9月11日在北京人民大会堂举行,江苏省计划生育委员会主任周海珍获得中华人口奖工作奖。中华人口奖是我国人口方面的常设大奖,每两年颁发一次。此次获奖的共11人,其中7人获工作奖。

周海珍,江苏省丹徒县人,1934年8月出生。1957年毕业于南京医学院后留校任教师、系主任,1983年被评为学院优秀共产党员和优秀教师。1984年3月调任江苏省计划生育委员会副主任,1988年12月任主任。在担任省计生委主要负责人期间,她努力当好省委、省政府的参谋,采取各种措施争取省委、省政府对计划生育工作的领导。1992年,根据中央领导指示,提出了江苏省党政一把手亲自抓计划生育工作的六条要求,使全省计划生育工作责任明确,领导有力,收到明显效果,受到国家计生委的好评。周海珍精通业务,工作深入,经常到农村农户进行调查研究。经过全面调查,深感作好苏北农村的计生工作,努力降低农村人口出生率是全省计生工作的关键。她提出对全省实行分类指导,针对苏北实际,提议并主持制订了抓苏北后进转化的四项工作目标和摘计生工作后进地区帽子的四条标准,以省委文件下发执行。随后,她又亲自领导和组织了两次规模较大的抽样调查,针对发现的问题、进一步采取得力措施,使苏北农村人口出生率逐步降低。她十分重视依靠科技进步,抓好孕前管理与服务,使全省综合避孕率跃居全国先进行列。在她主持计生工作期间,全省33个计生工作后进县已有23个改变了后进面貌,苏中、苏南工作稳中有进。1992年全省人口自然增长率已降至8.95‰。

〔周培源·全国政协副主席·在北京逝世〕 中国人民政治协商会议第八届全国委员会副主席、九三学社中央委员会名誉主席、中国科学技术协会名誉主席,著名科学家、教育家、社会活动家,坚定的爱国者和忠诚的共产主义战士周培源于1993年11月24日在北京逝世。

周培源，生于1902年8月28日，江苏宜兴人。1924年毕业于清华学校(今清华大学)。1926年在美国留学，获芝加哥大学学士和硕士学位，加利福尼亚理工学院博士学位和最高荣誉奖。1928年在德国莱比锡大学和瑞士苏黎世高等工业学校从事研究工作。1929年归国后，历任清华大学、西南联合大学教授。1936年至1937年在美国普林斯顿高等学术研究院，在物理大师爱因斯坦指导下从事广义相对论引力论和宇宙论的研究。1943年至1946年在美国从事流体力学湍流理论的研究及战时科学研究。其间被选为国际理论与应用力学协会理事。

1947年回国，继续在清华大学任教。1949年北京解放后，相继担任清华大学教务长、校务委员会副主任，北京大学教授、教务长、副校长、校长，中国科学院副院长、主席团成员、学部委员，中国科协书记处书记、副主席、代主席、主席，世界科学技术工作者协会副主席，中国物理学会理事长、名誉理事长，中国力学学会名誉理事长，中国国际科技促进会会长。并历任中国人民外交学会副会长，中波友好协会会长，中国人民争取和平与裁军协会会长，九三学社中央副主席、主席，第一至四届全国人大代表，第五届全国人大常务委员会委员，第三、四届全国政协常务委员会委员，第五、六、七届全国政协副主席。1959年2月5日加入中国共产党。1982年获国家自然科学奖，1980年获美国普林斯顿大学名誉法学博士学位，1980年和1985年两次获美国加利福尼亚理工学院“具有卓越贡献的校友”奖。

周培源是享誉中外的科学家，我国理论物理与力学的重要创始人之一。从本世纪二十年代开始，他一直从事物理学基础理论中难度最大的两个方面——爱因斯坦广义相对论引力论和流体力学中的湍流理论的科学研究，取得了举世瞩目的成就。在广义相对论方面，他在引入各向同性的条件下，求得静止场的不同类型的严格解，充实了爱因斯坦的引力论；他还证实，在一定条件下，引力场方程本身即可给出宇宙的各向同性(或均匀性)和“弗里德曼”宇宙的度规张量，使该宇宙的度规表达式求解大大简化，将广义相对论宇宙论的研究向前推进了一步。近年来，他根据长期对求解引力方程方法的思考，又提出谐和条件应作为一个严格的物理条件，来补充独立引力方程个数不足的困难。他亲自设计的测量光速的实验，证实了他的预测。这在对爱因斯坦引力论的理解上又取得了具有重要意义的进展。在湍流理论方面，他早在三四十年代就第一个推导出湍流脉动方程，并提出以逐级逼近法求解，引起广泛重视，湍流模式理论由此得以很快发展。七十年代，他以准相似条件的引入，对湍流理论作出又一重大贡献。八十年代，又提出求解脉动方程的逐级迭代法代替逐级逼近法，从他1945年提出的湍流平均运动方程与脉动方程须联立求解的设想得以实现，彻底解决了湍流求解问题。周培源40多年的辛勤耕耘，终于建立了我国独特的湍流理论体系，被世界公认为湍流模式理论的奠基人。

周培源是我国科技界最受尊敬的领导人之一。他在担任中国科协领导职务35年和中国科学院领导期间，为促进科学技术的繁荣和发展、普及和推广，科技人才的成长，科学院的建设和发展，拓展国际科学合作与交流，以及在组织领导和促进国家科学文化事业等方面，作出了重大贡献。他积极倡议设立国家自然科学基金会，重视将科技成果转化为生产力的工作，建议并领导成立了中国国际科技促进会，提出了实现“科技产业化、产业科技化”的思想。

周培源是杰出的教育家。数十年来，呕心沥血，为发展我国的教育事业，为培养几代科学人才作出了卓越贡献，桃李满天下。“文化大革命”中，他不顾个人安危，为维护科学真理，捍卫人民教育事业，坚决抵制对相对论的批判，反对所谓教育战线的“两个估计”，呼吁加强理科教育和基础理论的研究，并上书周恩来总理，受到周总理的充分肯定和高度重视。1972年10月6日，他在《光明日报》发表《对综合大学理科教育革命的一些看法》，对于抵制当时教育界泛滥的极左思潮起了重要作用。1980年，他“怀着对中国教育问题的思考”在国外考察了5个月，回国后写成《访美有感—关于高等教育改革》一文，提出了具有战略意义的意见。

周培源是著名的社会活动家。1958年担任九三学社领导职务以来，30多年为九三学社的建设、进步和发展作出了重大贡献。他热心致力于和平外交事业和国际科技交流活动，数十次以中国代表团团长或首席代表身份，出席世界科协大会、世界“和大”理事会等重要会议，是世界著名的世界科学与和平事务会议即帕格沃什会议的创办人之一。还出访欧、美、亚许多国家。1978年率中国教育代表团赴美，与美国签定中国访问学者赴美的协议，从而开放了中美科学家之间关闭30年的大门。

周培源是坚定的爱国者。青年时代在上海圣约翰大学附中读书时，因参加“五四”运动被学校开除。1927年“四·一二”事变时，他正在美国做研究生，毅然反对国民党蒋介石叛变革命和屠杀共产党人。第二次世界大战结束后，他放弃优厚的待遇，拒绝加入美国籍，率全家返回祖国。新中国成立后，他深切感受到，只有共产党才能领导中国走向繁荣富强。十分关心社会的科学文化事业，1987 年将自己家乡的一所 600 多平方米的住宅捐献给宜兴市科学技术协会作为科普文化活动站；1989 年又同夫人王嵩澂女士一起，把收藏多年的 145 幅古字画珍品赠送给无锡市博物馆，并把该馆回赠的奖金全部送给他工作过的单位和家乡小学作为科研基金和奖学金。

〔周维四·总工程师·运用油藏模拟技术为开发胜利油田作出突出贡献〕　胜利油田地质科学研究院总工程师周维四，三十年来潜心钻研油藏数值模拟技术，成为这门学科的带头人，为科学开发油田作出了突出贡献。1993 年 5 月 1 日《大众日报》作了专题报道。

周维四原来学的是数学力学专业。从事油藏数值模似技术研究很难，研制软件、推广应用就更难，但他认准只要是油田开发需要、生产实际需要，再难也要上。于是刻苦钻研油田开发知识，广泛调研国内外有关油藏数值模拟的信息动态；投身生产第一线，不分严冬酷暑，和石油工人一起模爬滚打，拜群众为师，在实践中增长知识。1986 年在国外考察期间，带着课题任务争分夺秒地学习，半年内没进过影剧院，顾不上观尝异国风光，整天不是泡在图书馆，就是和同行讨论交流，回国时带的全是沉甸甸的资料。功夫不负有心人，他终于把数值模拟技术从教科书引到生产实践，使科技知识变成经济效益，硕果累累。

周维四完成的“天然裂缝油藏压力恢复曲线研究与应用”，具有较高理论和实用价值，属国内首创；他承担的国家重点攻关项目“数值模拟软件研制与应用”，为解决高含水油田的开采方式提供了有效手段；“微机黑油模型软件研制”达到了八十年代国际先进水平。先后发表《驱替特征曲线在油田开发分析中的应用》、《垂直管中多项流动统计研究》、《油藏模拟中交替对角线排列的迭代方法》等十多篇论文。他的科研成果曾获国家科技进步二等奖一次，山东省科技进步二等奖二次，总公司科技进步一等奖一次，本人被石油部授予国家“六五”科技攻关先进个人。

周维四，安徽桐城县人，1941 年 1 月生。1981 年 1 月加入中国共产党。1963 年 9 月毕业于安徽大学数学系，分配在大庆油田。1964 年 8 月调胜利油田地质科学研究院，先后任技术员、工程师、开发二室副主任、副总工程师、总工程师等职。曾四次被评为先进工作者，被山东省石油学会授予积极分子称号，立二等功一次。

〔周巢尘·计算机科学家·当选中国科学院学部委员〕　中国科学院软件研究所研究员周巢尘于 1993 年 12 月当选为中国科学院技术科学部学部委员。

周巢尘，1937 年 11 月 1 日生，上海市南汇县人。1958 年毕业于北京大学。1967 年中国科学院计算技术研究所研究生毕业。历任北京大学助教，中国科学院计算技术研究所、软件研究所副研究员、研究员、博士生导师。1989～1992 年曾作为英国、丹麦的访问教授。1992 年起兼任澳门联合国国际软件技术研究所首席研究员。

1981 年周巢尘与英国牛津大学 C. A. R. Hoare 教授合作，首次发现了分布式程序设计组合原理，深刻揭示了分布软件系统的内在结构。现已发展为软件理论和技术的重要研究领域。他根据组合原理所发展的最弱环境演算，将知名的顺序式软件的最弱前提演算推广到分布式软件，并以此为基础，提出了计算机网络协议的一种崭新的设计方法，受到国际同行的广泛重视。以上研究工作，获 1987 年国家自然科学奖二等奖。1990 年以来，开始数字与连续量混合系统的描述与验证研究领域中关于实时性问题的研究，首创区段演算的概念，将逻辑正确性与时间区段上积分概念联系起来，并取得了一系列理论成果，为国际著名计算机科学理论家大量引用，已形成了混合系统理论领域中一个新兴的研究方向，周巢尘为代表人物之一。他在我国第一次开设了程序设计语言“形式语言学”课程，所著的《形式语义学引论》一书，对我国各大学先后开设这一研究生课程起了很大的作用。曾多次应邀到国外工作和讲学，并应聘为《理论计算机科学》等三个国际学术刊物的编辑。发表主要论文、研究技术报告 24 篇。

〔周鹏飞·解放军战士·举办仿毛泽东书体展〕

1993 年 12 月，在纪念毛泽东诞辰 100 周年之际，《周鹏飞仿毛泽东主席书体展》在济南举行。展出的 100 多幅作品，酷似毛泽东手迹的书法作品。同月，《周鹏飞毛泽东主席书体作品集》出版，中央电视台介绍了周鹏飞研习毛泽东书法的事迹。

周鹏飞，1970 年生于山东省莱西市一个农民家庭。现为青岛警备区某部战士。6 岁时，在祖父的指导下开始练字。一个偶然的机会，一幅毛泽东的书法作品引起了他的极大兴趣，他便找来有关毛泽东手迹开始刻苦的研读。1991 年春节刚过，周鹏飞携带 40 多幅仿毛体书作，只身进京求师，得到书法前辈们的称赞，不仅给予了宝贵的指点，并举荐他进入了北大书法研究生班进修。学习期间，周鹏飞系统地研究了毛泽东的文学作品和哲学思想，对毛体书法的精髓心领神会。结业时，他在北京中国画研究院首次举办了个人仿毛体书法展，毛泽东生前好友及亲属给予热情赞誉和鼓励，杨成武、李德生等老将军也亲笔题词勉励，赞扬他为“中国仿毛体书法第一人”。几年来，周鹏飞先后在北京、上海、广州等地举办了个人书法展，其作品亦被毛主席纪念堂、韶山毛主席纪念馆及各地博物馆等单位和海内外人士收藏。

〔**周殿武·青年书法家·应邀在香港、台湾举办个人书法展**〕　1993 年，周殿武应邀分别在香港、台湾举办个人书法展。他创作的《孔子世家百米书法手卷》，引起海内外关注，誉为“神州第一卷”。

周殿武，1958 年 5 月生于江苏赣榆。现任江苏省连云港市工人文化宫美术助理馆员。近年来，他的美术、书法作品先后参加首届国际神龙杯、全国中华杯等比赛，12 次获金、银奖和优秀作品奖，并编入《书法作品集》。1990 年《岳阳楼记》隶书中堂作品，参加了“纪念范仲淹诞辰一千周年”全国书法展后，为范仲淹纪念馆珍藏。

周殿武在书画创作中，力求老人的无欲，玩童的无俗，直朴烂漫。主张继承传统，追随时代，推求个性，涉及边缘的艺术创作观点，提倡用“心”去写字。他的隶书取《张迁碑》的拙朴、《礼器碑》的劲挺，同时渗进汉简《甲渠候粟君所责寇恩事》的草飘，深藏白石老人篆书厚重之笔趣。结体布局依乎天理，顺乎自然。在造型、韵律、情趣、笔势的混合中，可谓进入了转为自由的天地，形成了自己的风格。江苏徐静渔老人赞曰：“殿武书法朴率儒雅，笔势自然活泼。”安徽顾祖英先生评曰：“运笔大刀阔斧，结体玩味无穷。”

周殿武从 1990 年初开始着手创作百米书法手卷，内容选自《史记》第 47 卷《孔子世家》，第 67 卷《仲尼弟子列传》。每篇古文之后附有台湾文化大学古文教授张子良的白话全文。全部作品 9300 余字，于 1992 年创作完成。手卷采用仿古宣纸书写，蝇头汉隶入卷，长 105 米(尾部留 5 米空白)，高 0.35 米。比著名的《清明上河图》手卷长 20 倍。字与字之间从草飘贯气、拙朴陆离入手，行与行之间从汉印的章法布局，疏密相间，虚实顾盼。通幅作品纵横多端，错落有致。在落笔时利用轻重、间架、造型来表现孔子的家族和孔子的一生。在百米长卷中，孔子两个字不时出现，但他都作了高质量的艺术处理，寄情于字。例如，写到孔子出生时，“孔子”的童趣、天真跃然纸上，青年时期的“孔子”则倜傥、气盛；而到晚年时的“孔子”二字运笔枯竭，穷困潦倒。整个长卷统一贯气，形神兼备，有一种独特的视觉美。

“欲书之先，乃成于心。”周殿武在创作百米书法手卷《孔子世家》时，每天坚持阅读原文，时刻让自己沉浸在激动和亢奋之中，经常夜不能寐，两三点钟就打开《史记》，以达到充分“入境”之目的。《孔子世家百米手卷》由南京博物院精裱。运用交错硬接新工艺，选用绫、罗、绸、缎、绢、骨头、玉石等上乘原料进行仿古装裱。南京博物院院长称：“这是我国书画装裱史上也是罕见的一部作品。”1992 年 6 月 13 日，全国政协副主席、中国国民党革命委员会名誉主席屈武在逝世的前两天，题写了“周殿武《孔子世家》百米书法手卷展览”。同年 11 月 30 日，中央电视台播放了为其拍摄的专题片《神州第一卷》。

〔**周毓麟·数学家·七十寿辰·从事数学研究五十年成就斐然**〕　1993 年 2 月 12 日，是在数学殿堂信步半个世纪的著名数学家、中科院学部委员周毓麟 70 岁生日。科学界的朋友们，应用物理与计算数学研究所的同事们，以及他众多的学生们陆续前来为他祝寿。

周毓麟是浙江省镇海人，1923 年生于上海市。中学时代就酷爱数学，尤其是平面几何。他发现了联环定理，其最简单情形后来发表在《数学通报》上，初步显示了他的数学才华。1941 年，因为对数学的执著追求，他在报考大学的志愿表上只填了数学。他如愿以偿地考入上海大同大学数学系。1945 年大学毕业，周毓麟进入当时在上海后来又迁往南京的中央研究院，师从著名数学家陈省身教授，从事拓扑学的研究。解放后，周毓麟在清华、北大执教期间，继续拓扑学的研究，取得了很多成果，发表了多篇论文。

1954 年，周毓麟被派往原苏联留学。在完成俄语的学习之后，他考虑到社会主义建设的需要，毅然放弃了从事多年的拓扑学研究，而选择了数学中更具实用价值的偏微分方程，师从苏联数学界女强人奥涅尼克教授。1957 年，周毓麟以优异成绩获得了苏联物理数学副博士学位。学习期间他发表的论文受到国际数学界的高度重视和评价。其中与导师合作的关于“渗流方程”的论文，被公认为是具有开创性的科研成果，至今国际上有关地下水和石油矿藏的研究和实践工作，仍然按照此篇论文的理论框架进行。

1960 年初，周毓麟奉命到青海某个基地从事保密研究工作，又一次改变了他的研究方向。他主持核武器理论研究中的大规模科学计算。如果说核武器理论研究中，理论物理是灵魂，那么繁冗、庞杂的计算则是血肉和骨骼。周毓麟在这方面的工作极为出色。他和同事们不仅掌握了计算的方法和规律，取得了惊人的成果，并且推陈出新，为我国氢弹原理的突破和战略武器的理论设计做出了重大贡献。由于历史的原因，他们的功绩至今鲜为外界所知。长期的大规模计算，也使周毓麟对我国计算机研制的某些关键的、具体的问题做出了深刻的理论分析，影响深远。著名数学家华罗庚听完这一时期的总结报告后，击节而赞："此乃集数学之大成！"

周毓麟在数学殿堂已信步50年。他在中外杂志上共发表了八十多篇论文，并出版了三部专著。他的数学之树硕果累累。更令人钦佩的是他不忘提携后进，如今，他的许多门生已成为我国数学界的中坚。

〔庞如宝·武警中尉·被追授捕歼英雄称号〕 1993年刚刚来临之际，《解放军报》、《人民武警报》等新闻单位大力宣扬了武警云南省总队在平远地区"严打"战斗中涌现出来的战功显赫的单位和个人。庞如宝是其中之一，被武警总部追授"捕歼英雄"称号。

庞如宝，1965年8月出生，河南省开封人，高中文化程度，1984年10月入伍，生前为武警云南省总队三支队二中队副中队长。

1992年8月末，庞如宝和战友们奉命组成10支抓捕分队，负责抓捕马慈林、马明等10名罪大恶极的枪贩毒枭，摧毁带黑社会性质的犯罪团伙。8月31日7时整，庞如宝带领小分队以迅雷不及掩耳之势包围了马慈林的住宅，用匕首拨开大门，自己带头冲进院内搜捕。这时，躲在一楼的马慈林射出一梭子弹，公安干警董云高应声倒下，身负重伤，干警苏太德当场牺牲。庞如宝立即用火力压制罪犯，掩护两名班长抢救受伤的干警。接着一个箭步冲出厨房，用冲锋枪将躲在暗处的马犯打得退到前院耳房，又逼进厨房，再赶到主楼，接着追打到后院。因马犯躲在暗处，熟悉院内地形，庞如宝一直未能击中，便向楼里投了一颗手榴弹。跟随的公安干警高文亮以为炸着了，喊了一声，谁知让马犯发现，被击中头部牺牲。庞如宝与马犯展开了激烈的近距离对射，终将马犯击伤，而他的右臂也中了一弹。正当他拉开手榴弹盖准备投掷时，马犯的一颗穿甲弹打穿了他的头盔，英勇牺牲。受伤的马犯企图越墙逃跑时，被守在院外的官兵击毙。

庞如宝入伍8年来，先后4次荣立三等功，8次受到总队、支队嘉奖，还夺得过云南省首届散打擂台赛60公斤级冠军。1992年12月31日，云南省委、省政府隆重集会，表彰庞如宝等有功人员和单位。

〔郑天一·昆明卷烟厂第一副厂长·被评为第四届中国十大杰出青年之一〕 由中华全国青年联合会、中国青少年发展基金会与《人民日报》等首都十家新闻单位联合主办的第四届"中国十大杰出青年"评选，1993年10月5日在北京揭晓。云南昆明卷烟厂第一副厂长、烟草公司第一副经理郑天一，被评为"中国十大杰出青年"之一。

郑天一，1956年7月生。他从一个学徒工，到值班长、车间主任、财务科长，27岁时成为昆明卷烟厂副厂长，并获得经济师职称。人们对这位年轻人充满希望但又有些疑惑：学徒工，好样的！他到底能干成啥样？郑天一的准则是："我们的工作和经营之道应该是脚跟站稳市场上，眼睛盯在产品上，功夫下在管理上，主意打在用人上，职工生活挂心上。"

作为昆烟的第一副厂长，郑天一主管着劳动人事、工资、职工教育、职称评定、安全生产、保卫消防、供销运输、宣传广告、市场开拓、机构改革等方面的工作，同时还要主持其他领导不在时的日常工作。他积极协助厂长和党委书记，保证了企业生产的顺利进行。他提出许多改革建议，率先主持制定并实施厂人事制度、劳动工资、原料基地建设、计算机联网管理等多项改革措施。在学术上，他有多篇论文受到国内外专家学者的高度评价，并有一定的社会应用价值。1992年，昆明卷烟厂利税达22.6亿元。

郑天一的座佑铭是："认真做事，老实做人。"他最得意的一件事就是用新的观念和新的方法控制企业全生产过程的资金运行，在扩大生产和经营的同时，减少了材料和资金的消耗，降低了生产成本。

〔郑天佐·台湾"中央研究院"物理研究所所长·钻研原子探针显微学成绩斐然〕 据台报报道，国际知名物理杂志《今日物理(PhysicsToday)》1993年5月封面照片是一张如万花筒图形般，具对称之美的照片。此张照片代表台湾"中央研究院"物理研究所所长郑天佐30年来在原子探针显微学上独步全球的成绩。郑天佐利用自行设计的全球唯一的一部雷射原子探针显微镜，除发现原子的运动模式外，还可以操纵单一原子的运动，精确控制单一原子兆分之一秒超短频率的能量释放。自1992年以来，原子操纵技术已被视为物理、化学、材料科学未来的主流研究项目。对此，诺贝尔物理奖获得者、世界著名物理学家杨振宁给予郑天佐很高的评价，认为其研究成果确领先于世界同行，在物理、化学或技术领域都占有不可忽视的一席之地。郑天佐长于物理学，致力于表面原子动态、各种表面原子程序机制及所需能量测量的研究，尤其对场发射显微学的研究成就卓著。

郑天佐，1933年生，台湾省台中县人。台湾师范大学化学系毕业。留学美国，获美国宾州大学博士学位，后在美从事科研工作。九十年代初，郑天佐返台在清华大学演讲，被当时“中央研究院”院长物色为该院物理研究所代所长，两年后正式出任所长。也是“中央研究院”研究员，1992 年 7 月 10 日当选为该院第十九届数理组院士。

主张从事具有前瞻性的科学研究。赞同海峡两岸学术交流。

〔**郑邦玉·话剧演员·获第三届中国戏剧节优秀演员奖**〕　在 1993 年第三届中国戏剧节上，曾以演电视连续剧《四世同堂》的祁家大少爷而名声大噪的郑邦玉，再度辉煌，他带领总政话剧团演出的纪实性近代历史话剧《李大钊》，一举夺得 7 项奖。他本人因成功地饰演了李大钊，而荣获优秀演员奖。

郑邦玉接受角色后，反复阅读了长篇传记文学《李大钊》，又潜心查阅史料，并与传记文学作者和剧作者、导演等反复切磋，探求人物的心理轨迹，直到李大钊的形象在脑海中浮动欲出，才进入表演艺术的创造。一年多来，他在导演总体构思下，苦心琢磨，在这部时间跨度长达 12 年的历史剧中，塑造了东渡求学时代谦虚好学、坚持真理的李大钊；回国后宣传共产主义时的容人并存和独钟操守的李大钊；最终为主义而献身并惊呼：“新华，我爱你”的李大钊……这不同时期的李大钊既有明显的性格差异，又有内在的神韵联系，这便是郑邦玉表演的成功之处。特别打动观众的，是郑邦玉设计的一些细致入微、出神入化的动作细节，从“大义凛然”和“柔情似水”两个方面展示主人公的光华。如：把吃过的粽子皮贴在戈登铜像上，既表现人物对洋人横行的愤懑，也展示了青年李大钊的青春朝气；又如李大钊对比他大 6 岁又是包办婚姻的妻子做“拔指上攀”的儿时游戏，温馨地揭示了这一对夫妻的特定情感方式的同时，又显示了李大钊的忠厚性格和其所恪守的传统道德；再如李大钊与多年好友白坚武因政治观点不同产生分歧乃至分道扬镳，由心灵深处迸发出的深切的痛哭，这表明对于感情丰富、忠实友情的李大钊来说，是怎样的矛盾和痛苦。这个没有设计的自然迸发的痛哭，充分证实了郑邦玉对自己表演艺术的总结：“我过去总摆脱不了在舞台演戏的感觉，而在《李大钊》里较多时间是在真实的生活情境之中。”正因如此，郑邦玉使这位有着非凡道德人格魅力的革命领袖栩栩如生，从而使观众崇敬他，信任他，看他被处以极刑时，不禁热泪夺眶而出……作为演员，郑邦玉不仅有俊秀、儒雅的外貌，而且台词很见功力，他嗓音明亮、音质纯正，大段政论性的念白，念来时而慷慨激越如闪电雷鸣，时而低低絮絮如涓涓小溪，语言之轻重快慢，停顿空隙之长短，把握得恰到好处，给看似枯燥的言论，赋予了引人入胜的魅力。

郑邦玉，1945 年 9 月生于天津市，15 岁考入解放军艺术学院戏剧系，毕业后调入总政话剧团，现任总政话剧团团长。三十年来，先后在《万水千山》、《霓虹灯下的哨兵》、《蓝天飘来一朵白云》等大型话剧里任主要角色。还参加编剧并主演了《原子与爱情》、《解放之路》、《头戴铝盔走天下》等话剧。并在《一代英豪》、《转战陕北》、《决战淮海》、《中国·1949》四部话剧中饰演周恩来。与人合作导演的话剧《中国·1949》获庆祝建国四十周年全军文艺调演导演一等奖。特别是被邀请参加拍摄电视连续剧《四世同堂》、《子规啼血》、《古城里的故事》、《九马疑踪》后，积累了编导演等诸多方面的知识。在他担任总政话剧团团长的 6 年里，先后推出 5 部优秀话剧，其中 4 部获国家级奖，1 部获全军戏剧奖。现为中国戏剧家协会理事，第八届全国人大代表。中共党员。

〔**郑芝田·我国消化系内镜学奠基人之一·被聘为中华医学会资深会员**〕　1993 年 1 月 16 日，具有 78 年历史的中华医学会，正式宣布首批聘任 41 位在医学上有重大成就、德高望重的内外科专家为中华医学会资深会员。我国消化系内镜学奠基人之一、北京医科大学第三医院消化科教授郑芝田获得这一荣誉。

郑芝田，1914 年 6 月 3 日生，河北丰南人。1942 年毕业于北京大学医学院。历任北京大学医学院（后改称北京医学院）附属医院内科住院医师、住院总医师、主治医师、讲师、副教授，北京医学院（现北京医科大学）第三医院内科教研组主任。1953 年加入九三学社。

郑芝田原从事内科医疗、教学、科研工作，从 1947 年起侧重研究消化系统疾病，在国内较早开展腹腔镜、肝穿刺、胃镜检查和胃粘膜活检，对胃炎的诊断、分类提供了必要依据。主持研究并提出消化性溃疡与中枢神经及外周神经递质多巴胺的含量关系密切的结论，受到国内外同行的好评，获 1986 年北京市和卫生部科技进步奖。发表学术论文近 100 篇。主编有《胃肠病学》（1986 年出版、1993 年再版）等。郑芝田兼任中华医学会北京分会内科学会主任委员，中华医学会内科学会常务委员，中华医学会消化学会副主任委员、主任委员、名誉主任委员，《中华内科杂志》副总编辑等职。

〔**郑冰薇（女）·少儿舞蹈工作者·在广州举行儿童舞蹈作品晚会**〕　1993 年 6 月在广州市第五

届少儿舞蹈节期间，广州市教育局、广东省舞蹈家协会等单位在广州市少年宫联合举办了“郑冰薇儿童舞蹈作品晚会”。

这场晚会共演出郑冰薇的16个舞蹈作品，其中有为教师节、“学雷锋、学英雄”等活动编排创作的《草原英雄小姐妹》、《吉它少年》、《我为老师刷新房》、《课间》等熏陶少儿品格的专题舞蹈；又有使人开心、令人陶醉的《乡间小趣》、《布袋娃娃》、《男孩的游戏》等节奏欢快、妙趣横生的谐趣舞蹈；还有根据孩子们喜闻乐见的童话寓言故事编排的、给人以耳目一新之感的《皇帝的新衣》、《农夫与蛇》、《三只小猪》等寓意深刻、形象生动的小作品。透过小演员们恰到好处的表现，使人们体会到郑冰薇多年付出的辛劳和全心献身少儿舞蹈事业的精神。

郑冰薇，1948年3月3日生，广东省中山市人。1960年入广东省舞蹈学校学习，1966年于该校毕业后，到广州军区战士歌舞团任演员、编导。其代表作小舞剧《金凤花开》，曾在国内外获得好评并广为流传。1985年加入中国共产党。同年转至广州市少年宫从事少儿舞蹈教育事业。她苦心钻研少儿心理学、教育法，不为商潮所动，默默在少儿舞蹈艺术园地里辛勤耕耘，用自己的爱心、耐心，培育一批批小舞蹈骨干。经她辅导的优秀学员，还参加了赴日本、香港、澳门的访问演出。8年来，集编导、教练、保姆、舞台监督、服装、化妆、道具于一身的郑冰薇没有节假日和星期天。除在少年宫执教5个舞蹈班从4岁半到14岁的150个孩子，还热心辅导少年宫外青少年业余舞蹈爱好者和大学里的外国留学生。8年里，她共创作了50多个少儿舞蹈，其中47个被中央、省、市电视台分别播放，多个节目在省、市儿童舞蹈比赛中获一等奖、优秀创作奖、优秀演出奖和优秀演员奖。此外，她创作的《青蛙卫队》和《三只小猪》还分别获得1992年、1993年澳门校际舞蹈比赛优异奖。她是少年宫一级舞蹈教师、中国舞蹈家协会会员。

〔郑作新·动物生理学家·获保护野生动物终身荣誉奖〕　1993年12月18日，中国野生动物保护协会在北京举行集会，纪念《野生动物保护法》颁布5周年和中国野生动物保护协会成立10周年，会上表彰了为野生动物保护事业作出突出贡献的先进集体和个人。中国科学院学部委员、中科院动物研究所研究员郑作新教授获保护野生动物终身荣誉奖。

郑作新，1906年11月出生，福建省福州市人。1925年毕业于福建协和大学生物系，1927年赴美国留学，1930年在美国密执根大学获科学博士学位，并获得美国米西干大学研究院颁发的美国科学荣誉学会奖章，同年回国。曾任中国科学院动物研究所研究员兼室主任，是美国科学荣誉学会会员，日本、德国、英国、美国鸟类学会名誉通讯会员，英国国际雉类学会副会长。

自1930年以来，郑作新一直从事鸟类分化、生态和分类研究工作，迄今已发表14部研究专著、130多篇论文、30多册专业书籍、250多篇科普作品。他先后发现中国鸟类新亚种16个。在动物地理区划研究工作中，提出我国的区划原则和方法有新的论点，已被动物学界采纳和推广。所从事的《中国动物地理区划》、《中国鸟类志》、《中国经济动物志》三项研究工作获1978年全国科学大会奖。他提出的关于种的起源地的探讨，亲缘种平行分化及其他理论见解，多次获得国家重大科学成果奖、科技进步奖。在研究工作中还纠正了中国鸟的祖先不在中国的错误观点。1988年，美国国家动物联合会授予他“国际特殊科学贡献奖”。

〔郑绍文·原最高人民法院副院长·在北京逝世〕　原最高人民法院副院长、党组成员郑绍文，于1993年10月8日在北京逝世，终年88岁。

郑绍文是四川省潼南县人，1905年生，早年求学于北京农业大学，1927年加入中国共产党。从1927年到1933年，他因三次组织指挥游行和被叛徒出卖，先后四次在北京、上海被捕入狱。他不但在狱中继续开展斗争，每次出狱后都更加积极地为党工作，先后担任过中共河南新乡县委书记、上海法南区委委员、红军团政治处主任、军组织部科长、师代政委。抗日战争爆发后，郑绍文赴延安党校学习；后被派往汉口八路军办事处从事抗日民族统一战线工作。1939年后，他先后任新四军豫鄂挺进纵队参谋长、纵队第六团政委、边区抗日保安司令部司令员、鄂中军分区司令员、中共襄北地委书记兼军分区政委等职。1946后国共开始和谈，他任中原军区驻汉办事处少将处长、中原军区驻汉代表，奉命到武汉同国民党进行谈判，同国民党谈判代表和国民党特务进行面对面的斗争，对保证中原部队顺利突围起了重要作用，多次受到周恩来同志的称赞。中原突围后，他到延安，后任中共中央中原局秘书长。

新中国成立后，郑绍文历任中南行政委员会副秘书长、最高人民法院中南分院院长、司法部副部长、党组书记。1979年调任最高人民法院副院长、党组成员。他是第一届全国政协委员、全国人大代表，第五、六届全国政协常委。

〔单国丰·潞安矿务局工会主席·被授予全国优秀工会工作者称号〕　山西省潞安矿务局工会主席单国丰，在1993年“五一”国际劳动节前夕，获得全国总工会颁发的“五一”劳动奖章，10月，被全国总工会授予“全国优秀工会工作者”称号。

1985年3月，单国丰离开了工作30年的煤炭生产管理岗位，担任了潞安矿务局党委常委、矿务局工会主席。在潞安矿务局建设现代化矿井过程中，单国丰紧紧围绕局的这一中心工作，和有关部门制定了劳动竞赛方案，开展了形式多样的劳动竞赛活动。在企业转换经营机制中，他又提出了把竞赛重点放在赛产品质量、赛销售、赛效益上来。同时，在群众中开展了提合理化建议活动。这些活动的开展，极大地调动了职工的劳动热情，1992年出现了两个年产百万吨的综采队，使潞安矿务局第一个被煤炭部命名为全国现代化矿务局，所属石圪节煤矿、王庄煤矿、漳村煤矿同时被命名为全国首批现代化矿井。

单国丰认为，职工民主管理是企业工会工作的重点。为了拓宽民主管理渠道，吸引更多的职工参加民主管理，他在局、矿推行了“双老顾问团”、“青年参政会”、“民主接待会”、“局、矿长信箱”、“工会主席信箱”、“女职工参政会”、“批评建议奖”等10种民主管理形式。

安全在煤矿具有特殊重要的地位。单国丰把群众安全生产作为职工的最大福利来维护，他带领工会干部经常组织职工开展“安全在我心中”演讲活动和安全案例展览，并发动职工家属开展安全帮教和送温暖活动，促使全局安全生产实现根本好转。

潞安矿务局工会在单国丰的领导下，几年来，先后被长治市总工会、省煤炭工会和省总工会分别授予“先进职工之家”和“模范职工之家”称号，1991年8月被全国总工会授予全国“模范职工之家”称号。单国丰本人曾先后被山西省煤矿工会授予“模范职工之友”称号，被山西省总工会授予“模范工会工作者”称号。在中国工会十一大会议上，被全总授予“全国优秀工会工作者”称号。

单国丰，1934年1月出生，辽宁省黑山县人。1955年8月在辽宁省抚顺煤校毕业后，分配到山西省潞安矿务局五阳煤矿任技术员、副科长、采煤队长、工程师室副主任。1966年以后，历任潞安矿务局王庄煤矿副矿长兼总工程师，潞安矿务局生产技术处处长、副局长。1985年3月至今，任潞安矿务局工会主席、局党委常委。

〔郎志丽（女）·中国传统工艺“面人郎”的传人·为国际奥委会委员现场表演“面塑”〕　1993年9月中旬，北京市工艺美术厂退休老艺人郎志丽随同北京申办奥运代表团，到摩纳哥为国际奥委会委员现场表演捏制“面塑”，受到各国朋友赞誉。

郎志丽，北京市人。现年52岁。她的父亲郎绍安是京城著名的老艺人，号称“面人郎”。郎志丽从小跟着父亲学捏面人，整整捏了36个春秋，练就了一手捏制“面塑”的绝技，1991年她年满50岁从北京市工艺美术厂退休。1993年8月，郎志丽接到通知，请她跟随北京申办奥运代表团赴摩纳哥为国际奥委会委员作现场表演。9月16日，代表团到达蒙特卡洛。为了保证捏出的面人牢固，郎志丽不顾旅途疲劳，当天就找到当地一家“中国城”饭店蒸面。第二天，她就在国际奥委会官员们下榻的巴黎饭店开始“搭台唱戏”。此后，她每天从上午9点工作到晚上10点，共为近三十位奥委会委员及家人捏制了34件作品。在她的手下，刀剪、竹签、镊子、拨棍等工具上下翻飞，一块块面团像变戏法似的当面变成了翩翩起飞的和平鸽，俏皮可爱的小白兔，抱着足球立志振飞的中国小娃娃……面对这些三四厘米的精美的面塑，各国朋友无不翘起大姆指赞不绝口。一天，美国亚特兰大市市长秘书找到郎志丽，拿出一枚1996年奥运会吉祥物纪念章，问她是否能捏一个。郎志丽看后满口答应下来。她配齐原样上的白、蓝、紫、红、绿、黄、黑等七八种颜色，精心捏制，一个半立体的面塑制成了。那天，亚特兰大市市长梅·杰克逊来到北京接待室，郎志丽亲自把这个面塑送给他：“祝你们承办的下一届奥运会成功！”杰克逊看后连声说：“非常像、非常美，这是真正的艺术！”有位欧洲的国际奥委会女委员带着女儿找到郎志丽，拿出两张狗的照片，画面比较模糊，但她还是答应下来。母女二人离开后，郎志丽认真观察狗的形态、特征，捏制时连狗眼旁的一个小黑点也没遗漏。当天下午，这母女俩迫不及待地来了，发现捏的小狗与原狗一模一样，栩栩如生，十分激动。那位母亲对郎志丽说，照片上的小狗是女儿从小养的，后来丢失了，十分怀念。如今有了这只面狗，女儿可以称心，做母亲的也了却了一份心愿。

从摩纳哥回国后，郎志丽感慨万千。她说：“尽管此次北京申办没成功，但我尽力宣传了中国的民间传统工艺，为增进中外友谊尽了一份力，感到万分欣慰。”

〔屈君邦·粮管所所长·被评为全国十佳青年服务明星之一〕　1993年10月，历时两年多的全国商业系统“文明经营、优质服务、争创效益”活动落下帷幕。在这次活动中产生的“全国十佳青年服务明星”，10月12日在北京披红戴花，接受党和人民授予他们的荣誉称号。河南省渑池县粮食局英豪粮管所所长屈君邦榜上有名。共青团中央和国内贸易部还同时授予他“全国新长征突击手”和“全国商业劳动模范”称号。

屈君邦，河南省渑池县人，生于1950年10月，中专文化程度，中共党员，1970年9月参加工作，1988年任英豪粮管所所长兼党支部书记，职称为政工师。

屈君邦所在的英豪粮管所，位于渑池县西部丘陵山区，全所干部职工26人，担负着英豪全镇和英豪煤矿近4万人口的粮油供应和全县三分之一的粮油保管任务。近年来，屈君邦在工作中积极倡导“团结奋进，无私奉献”的企业精神，取得了经济效益和社会效益的双丰收。1992年，在全面放开粮油购销价格的形势下，他们克服重重困难，实现利润30.3万元，人均11653.8元，创历史最高水平，被共青团中央、原商业部授予“全国文明经营示范单位”称号。他本人也连续4年被评为市、县粮食系统先进工作者和省粮食厅“质量、品种、效益年活动”先进个人。

从1988到1993年的5年中，他带领全所职工，在不景气的小镇上，先后办起了面粉加工厂、饲料加工厂、养猪场、食品糕店厂、食堂、旅社、面条兑换、蒸馍、百货门市、磨碳拉丝车间和汽车运输等11种多种经营项目，使全所经营年年都有新气象，效益一年上一个台阶。5年中，多种经营共实现利润116.5万元，人均44807.69元。他们从这些收入中，先后拿出16万元用于发展再生产，建职工宿舍和改建基础设施，使职工生活福利待遇有了较大提高，也为粮改工作闯出了一条新路。

屈君邦积极推行规范化管理，建立健全各项管理制度9章51条，逐步建立了党团员之家，职工活动室，并在全县粮食企业中首先推行风险抵押制和优化劳动组合，促进了企业经营机制的转变。在粮食企业走向大市场、参与大流通的新形势下，他组织团员和青年开展“义务送粮和下乡收粮”竞赛活动，仅1992年就送粮125人次，69万余公斤，下乡收粮35万余公斤。

屈君邦自1970年参加粮食工作以来，先后当过保管员、业务员、团支部书记、工会主席直到副所长、所长、党支部书记，无论干什么工作，他都热爱本职，尽心尽责。当了领导，他更是精心管理。为了促进企业向更高层次发展，他筹资63.7万元，在英豪工贸区建起了集高级餐厅、高档宾馆、汽车修理、粮油批发市场为一体的综合服务经营楼。仅此一项，1993年即创利润15万元。

〔孟其凡·解放军某部筑城连战士·获“舍身救战友的优秀战士”称号〕　1993年5月7日，兰州军区发布命令，授予在执行筑路任务中为救护战友英勇献身的孟其凡烈士“舍身救战友的优秀战士”荣誉称号。

孟其凡，河南省泌阳县，1972年6月出生，1987年8月入团，1990年12月入伍，1991年12月被追认为中共正式党员、革命烈士。

1991年12月初，孟其凡所在连队奉命开赴新疆鄯善县吐峪沟乡执行修筑“连心路”任务。在艰苦施工中，孟其凡不避艰险，埋头苦干。12月24日，连队施工进入攻坚地段，二排长带领两个作业组开机打钻，三班长朱永文抱着风钻打炮眼，孟其凡在他的左侧扶钻，开钻10分钟，安全员突然发现险情，大声喊“掉石头了!”随后一块大岩石从7米高处直向朱永文砸来。在这千钧一发之际，孟其凡猛地一把将朱永文推开，使他脱险，自己却被石头击中，跌下200米深的悬崖。因伤势过重，经医院抢救无效，于当天下午17时20分牺牲。

孟其凡高中毕业后，两次放弃上技术学校和招工的机会，毅然报名参军。入伍后，他阅读了大量的政治理论和青年思想修养的书籍，写下了26000多字的学习笔记。他忠于职守，勤奋工作，在部队367天，5次受嘉奖，1次被评为优秀共青团员。参加13个课目的军政训练考核，获得9个优秀、4个良好。他处处以雷锋为榜样，热心助人。入伍一年的408元津贴费，自己仅花了36元，其余全部资助了灾区和有困难的战友。在人民群众生命财产遭受威胁的时候，他挺身而出，舍己救人，曾冲入火海抢救群众财产，先后两次见义勇为，勇斗歹徒。他英勇献身后，驻地各族干部、群众3000多人次来到连队悼念，鄯善县委、县政府在他牺牲的地方为他立碑、塑像，永志纪念。1992年10月，新疆维吾尔自治区团委授予他“优秀共青团员”称号。

〔孟宪民·我国肝脏外科奠基人和开拓者之一·被聘为中华医学会资深会员〕　1993年1月16日，具有78年历史的中华医学会，正式宣布首批聘任41位在医学上有重大成就、德高望重的内外科专家为中华医学会资深会员。白求恩医科大学第三临床学院教授孟宪民获得这一荣誉。

孟宪民，1919年4月20日生，吉林永吉人。1939年在长春新京医科大学医学部毕业后，历任吉林省医院外科住院医师、主治医师、主任医师，长春大学医学院普通外科讲师，第一军医大学(后改为吉林医科大学、白求恩医科大学)第三临床学院普通外科主任、副教授、主任医师、教授等职务。1948 年加入中国共产党。

孟宪民五十年代在国际上率先从事肝脏解剖和肝叶切除的研究，开展了肝叶切除、半肝切除，并于 1957 年在我国首先开展了肝极量(三叶肝)切除术，成为国内第一个切除三叶肝脏的外科医师，成为我国肝脏外科的奠基人和开拓者之一。1964 年他主编的《肝叶切除术》一书，是我国第一部肝脏外科专著。1979 年开展肝脏移植的研究，并于 1981 年开展同种原位人体肝脏移植获得成功。此外，在门脉高压症、胆道系统疾病的研究方面也卓有成就。他指导的研究小组，经过近三年多的工作，研制成功四通道微机生理测压仪并应用于门脉高压症血流动力学的研究，对门静脉系统完成了多点同时测压和动态观察，进一步证实门脉系统功能屏障的存在。进一步提出了在门脉高压症外科治疗中，尤其选择性分流术时，应进一步增强大内脏循环与胃脾区的功能屏障作用，以便提高选择性分流术的效果。此项成果已通过吉林省级鉴定，获取该测压仪专利权，已开始批量生产推广应用。他先后在全国性杂志上发表论文 60 余篇。

孟宪民历任中华医学会吉林分会常务理事、外科学会主任委员，《中华外科杂志》编委，中华医学会长春分会副会长、外科学会主任委员等职。

〔经叔平·著名经济学家·当选为全国工商联第七届执委会主席〕　1993 年 10 月，在中华全国工商业联合会第七届会员代表大会上，经叔平当选为全国工商联主席。他在大会闭幕词中指出，作为中国人民政治协商会议的组成单位之一和我国爱国统一战线的重要组成部分，全国工商联与中国共产党有着长期合作，风雨同舟的历史。现在新的历史机遇和改革奋进的道路就在我们的面前，工商联的事业任重道远，大有可为。我们要在中国共产党的领导下，以邓小平同志建设有中国特色社会主义的理论为指导，切实发挥工商联作为统一战线性质的人民团体和民间商会的职能作用，努力开拓工作新局面，为社会主义祖国的繁荣昌盛和兴旺发达而努力工作。

经叔平，1918 年生，上海市人。1939 年圣约翰大学新闻系毕业，时值抗日战争，遂弃文经商，实业报国。初在一家化工厂任职，后被聘为上海华明烟草公司副经理。1953～1956 年，被选任上海卷烟工业同业公会主任委员。1956 年任全国工商联副秘书长。1979 年协助创办中国国际信托投资公司，任"中信"董事会董事、房地产部总经理、公司副总经理。曾广泛接触并走访了许多国家，向国际经济界介绍中国的改革开放政策及取得的辉煌业绩，被誉为中国大陆的"经济大使"。现任香港特别行政区筹备会预备工作委员会委员、澳门基本法起草委员会委员，并兼任海峡两岸关系协会副会长、台湾研究会副会长、中国太平洋经济合作委员会副会长、证券交易研究设计中心理事长、和平统一祖国促进会常务理事。是第二、三、四、五届全国政协委员，第六、七届全国政协常委。

〔赵青·摄影记者·获第十三届全国优秀新闻摄影评选金牌奖〕　1993 年 8 月 5 日，深圳市清水河仓库发生重大爆炸事件，《深圳商报》摄影记者赵青在采访中被炸成重伤。他用鲜血换来的作品《深圳"8·5"大爆炸纪实》获得第十三届(1993 年度)中国优秀新闻摄影作品评选金牌奖。

深圳 1993 年 8 月 5 日大爆炸事件发生后，赵青在第一次爆炸后 19 分钟就赶到了现场，冲在最前面，摄下了深圳军民在特大灾难面前奋勇抗灾的真实场面。在第二次大爆炸中，赵青被炸起几米高又重重地摔下来，石块、钢筋骤下……他的腰大肌被切断，左脚开放性骨折，全身 26 处负伤，三台相机全部炸坏。经过治疗，他已伤愈，但左脚落下残疾。赵青经常回忆当时军民奋勇救灾的壮烈情景，感到为摄下这种真实场面，值得！令人欣慰的是，8 月 12 日，赵青火海余生中抢出的照片以专版的形式面世，取得了轰动全国的社会效果。赵青，这位勇士的名字载入了中国新闻摄影的史册。《深圳商报》把建社以来的最高荣誉"特等金笔奖"授于赵青。

赵青，湖北人，1963 年生。1980 年在东风汽车公司当工人。1983 年初涉摄影。1988 年考入武汉大学新闻系摄影专业。在校期间曾和四位同学一起组成摄影考察团对祖国西北、西南 11 省区进行摄影采风，行程 25000 公里。毕业后南下深圳特区闯世界，在《深圳商报》找到了自己的位置，干起了摄影记者。

赵青的摄影作品曾获得过湖北省摄影艺术展银牌奖和铜牌奖，入选过全国影展和国际影展。1993 年首届中国摄影记者"金眼奖"他获提名奖。《深圳 8·5 大爆炸纪实》还获得广东省新闻摄影比赛一等奖。

赵青现为中国新闻摄影学会会员。

〔赵子岳·电影艺术家·获老一辈电影艺术家荣誉奖〕　1993 年 11 月，在广州举行金鸡、百花双奖电影节期间，广州市对外文化交流协会向广州观众推选出的十名老一辈电影艺术家，颁发了"广州人最喜爱的老一辈电影艺术家”荣誉奖状，赵子岳因几十年来在三十多部影片中塑造了一系列生动感人的银幕形象而获得这一荣誉。

赵子岳，山西古县人。1909年出生。他自幼由祖父母养大。在当画匠的祖父影响下，赵子岳自幼喜爱绘画、音乐及民间演唱活动。1925年“五卅惨案”发生，就读于山西第一师范的赵子岳参加游行，结识了不少进步同学，1926年加入共青团，四・一二反革命政变发生后离校。再后，就读于杭州艺专。毕业即在石家庄、太原等地任音乐教员。其间，他常到军队、到街头教士兵、工人、民众唱抗日歌曲。1936年加入中国共产党。七七事变后与地下党同志一道上太行山，任太行区党委宣传部长，发挥自己的绘画特长，进行丰富多采的宣传活动。1940年被调至太行山剧团任艺术指导，一边编写民间小调，一边参加了《韩玉娘》、《打渔杀家》的演出，多扮演丑角。

新中国成立，赵子岳担任山西省剧协副主任。这时恰逢北京电影制片厂《吕梁英雄传》在山西拍外影，借赵子岳演农民康天成。赵子岳以朴实，自然、恢谐的表演获得好评，从此步人影坛，放弃了在山西的“官职”，甘心到北影当一个普通演员，并认真地孜孜不倦地钻研电影表演艺术。从1949年到1966年，他先后在25部影片中担任角色，如《新儿女英雄传》中的游击队长黑老蔡、《英雄司机》中的老司机、《国庆十点钟》的办公室主任、《林家铺子》中的老通宝、《水上春秋》中的车间主任、《红旗谱》中的地主管家李德才、《青春之歌》中的老地主、《锦上添花》中的“老解决”、《停战以后》中的班县长，《小二黑结婚》中的二诸葛等，这些身份不同、情格各异的人物形象却给观众留下深刻的印象。“文革”以后又参加了《拔哥的故事》、《戴手铐的旅客》、《柳岸花明》、《牧马人》、《如意》、《骆驼祥子》等影片的演出。在这三十多部影片中，除《锦上添花》外，他几乎全演配角。可是赵子岳不论戏多戏少，正面反面、甚至几句台词几个镜头，他都严肃对待，力求把人物表现得性格鲜明、形象生动。他认为，只要是影片出现的人物，无论主次，都应该是一个完整的艺术形象，作为演员只能精心去钻研刻画。因此，赵子岳的演出有时仅一句话、一个动作，就赋予了角色个性光彩，如《暴风骤雨》中的赶车老头，《停战以后》的班县长，都演得入木三分。

赵子岳的表演“土味”浓，朴实自然，真实可信，尤善于通过富于特征的细节及细腻表情刻画人物。

赵子岳现已八十多岁，可仍然兢兢业业地从事着电影表演创作，艺术上精益求精，而个人生活始终保持着艰苦朴素的优良作风。1981年他把自己多年储蓄的一万元捐献出来，作为“北影厂青年演员进步奖”的基金，以培养和鼓励青年演员。

赵子岳的人品艺品高尚，令人钦佩。至今，电影界无论老小，大家都尊敬地、亲切地称他为“赵老师”，他无愧于影界后辈的好老师。

〔赵少康・台湾“立法委员”。出任新党召集人〕

1993年8月10日，属国民党非主流派的新国民党联线在台北正式宣布退出国民党，组建新党，并于8月22日正式成立。台湾“立法委员”赵少康积极参与筹组新党，被视为该党的“灵魂人物”，新党成立后，被推举为该党召集人、“全国竞选与发展委员会”召集人。新党以“让人民有好日子过”为宗旨，自称是小老百姓的代言人，真正的民主政党，认同“国父”孙中山先生的理想，主张革新政治，安定政局，制衡两党，并提出包括大陆政策在内的八大政治主张。新党虽然刚刚成立，但在台湾是有影响的第三政党。赵少康主张发展两岸关系，他认为“应采取务实态度，将意识形态摆在一边，以互惠互利的立场，处理台海两岸问题。赞同国民党、民进党、新党合作“积极与中共开展谈判”。

赵少康在台湾政坛是位有影响的人物，被称为“政治金童”，有一定的民意基础。1991年底他辞去“行政院环保署长”之职，竞选台湾第二届“立法委员”，独获23万张选票，为全台湾之冠，被台报称之为睥睨群雄、横扫千军，锐不可当。民意调查显示，他将是民众理想中的台北市长人选。

赵少康，1950年生，河北省涉县人。1972年台湾大学农业工程学系毕业。留学美国，1975年获美国南卡罗来纳州立克雷蒙逊大学机械工程研究所硕士学位。美国管理学会高级管理研究班结业。1976年任台湾“经济部国际贸易局”专员，兼任台湾大学农业机械工程系副教授。1981年当选台北市“议员”。1986年、1989年高票当选台湾增额“立法委员”。1989年任国民党文化工作会副主任，同年6月辞职，8月参与组织“立法院”问政团体“新国民党连线”，是该组织的核心人物。1991年5月任“行政院环保署”署长。曾任财团法人环境品质文教基金会董事长、财团法人民意调查文教基金会董事、财团法人“消费者文教基金会”环境委员、“中国机械工程学会”理事长。在美留学期间，曾参加““反共爱国联盟”，任克雷蒙逊大学同学会会长。

〔赵玉芬（女）・清华大学教授・获首届中国青年科学家奖〕　1993年2月25日，由共青团中央、全国青联、中国青少年发展基金会共同设立的中国青年科学家奖，在北京举行首次颁奖仪式。清华大学化学系教授、中国科学院最年轻的学部委员赵玉芬，因在有机磷及生物有机化学研究中作出巨大贡献，与其他5名科学家一起，被授予中国青年科学家奖。

中国青年科学家奖，是为激励广大青年科技工作者跟踪和超越世界科技先进水平，造就一支跨世纪的优秀科技人才队伍而设立的。

赵玉芬主要从事有机磷及生物有机化学研究。她首次用磷酰基作为氨基保护基，在路易斯酸的催化下，成功地完成了分子内的付氏反应。她发现并证明了碘与双键加成的中间体，检测到了磷正离子中间体。证实了磷酰基上的电荷密度是关环的重要因素，磷酰基是一个很好的正碳离子稳定基。创立了氨基酸、小肽的直接磷酰化方法。发现了这些N—磷酰化氨基酸及小肽特有的自身活化现象—自身成肽、成酯、磷上酯交换、磷酰基的N→O迁移反应以及磷酰基存在对氨基酸细微结构所体现的显著化学放大效应，揭示了磷的生命化学本质是磷酰基的主动参与以及其它官能团精密调控的协调过程，提出了"磷是生命化学过程的调控中心"的崭新学术观点。

赵玉芬创立的方法已被国内外许多学者采用，有关论文在国际第三届杂原子会议上被评为优秀论文，有关成果获中国科学院科技进步二等奖、自然科学三等奖。发表学术论文150多篇，大多刊登在国际著名学术刊物上。作为博士生导师，她已培养了6位博士后，12位博士、10位硕士。

赵玉芬，祖籍河南淇县，1948年12月生。1971年毕业于台湾新竹清华大学，后留学美国纽约州立大学石溪分校攻读博士学位。1975年获有机博士学位。1977年进入美国NYU大学从事核酸方面的博士后工作。1979年10月回国，在中国科学院化学所任副研究员、研究员。1988年至今在清华大学化学系任教授。1991年12月当选为中国科学院学部委员。

〔赵朴初・当选第八届全国政协副主席〕 1993年3月26日，在政协第八届全国委员会第一次会议上，赵朴初再次当选为全国政协副主席。

赵朴初，1907年生，安徽太湖人。早年从事佛教和社会救济工作。1936年后参加抗日救亡活动，曾负责上海战区难民收容工作，动员、组织青壮年参加抗战。1939年参加宪政促进运动。1945年参与发起组织中国民主促进会。1949年后任华东军政委员会民政部副部长，华东生产救灾委员会副主任，中国作家协会理事，中国书法家协会副主任，中日友好协会副会长、顾问，中国佛教协会副会长、会长，中国红十字会名誉会长，中国人民争取和平与裁军协会副会长，民进中央常务理事、常委、副主席、名誉主席、参议委员会委员。是第一届政协全体会议代表，第二、三届全国政协委员，第四、五届全国政协常务委员、第六、七届全国政协副主席。第一至五届全国人大代表。

1993年4月26日，《光明日报》发表了署名"妙华"的佛门弟子赞颂赵朴初的文章《朴老》。文章说，朴老是他三十几岁时便有了的绰号。这和他的少年老成思想早熟有关。随着岁月的流逝、年龄和资历的增长，绰号渐渐成为一种雅号。周总理在一次会议间隙的笑谈中，风趣地问："朴老，你年龄不大，怎么会成为朴老？"这个雅号便不径而走，也得到了同仁们的默认。和朴老接触过的人，无不心悦诚服地认可，朴老这个称呼准确地表达了这位老人的学问、修养和道德。"妙华"的《朴老》全文表达了作者对朴老的敬仰和朴老对佛教事业的菩萨行愿的纯真感情。

1993年10月21日至23日，"西泠印社建社90周年学术交流会"和西泠印社第九次社员大会在杭州举行，选举了第五届理事会和印社领导人。赵朴初当选为第五任社长。在此之前的四任社长是吴昌硕、马衡、张宗祥、沙孟海。

〔赵志浩・再次当选山东省省长・获首届中华人口奖〕 在1993年4月25日举行的山东省八届人大一次会议上，赵志浩再次当选为山东省省长。同年8月19日，由中共中央宣传部、国家计划生育委员会、国家科委、中国计划生育协会、中国人口福利基金会等发起的首届中华人口奖评选揭晓。9月11日，在北京人民大会堂召开了颁奖大会，赵志浩因在领导山东省人口与计划生育工作中做出重要贡献，获得首届中华人口奖工作奖。

赵志浩，1931年生，山东黄县(今龙口)人。1947年加入中国共产党。历任中共滕县、汶上县委书记，曲阜师范学院党委书记，中共山东省委副秘书长兼办公厅主任，中共淄博市委书记。1988年起任中共山东省委副书记、山东省副省长、山东省省长。是中共第十四届中央委员。

〔赵苍璧・前公安部部长・在北京逝世〕 赵苍璧于1993年5月11日因病在北京逝世，享年77岁。

赵苍璧，生于1916年。陕西省清涧县人。1934年1月参加革命，同年11月加入中国共产党。曾任区苏维埃政府主席。后入设于瓦窑堡的西北保卫局训练班学习。曾任西北保卫局巡视员、陕甘宁边区保安处巡视团主任、三边专区保安司令部副司令员、陇东专区保安处处长、陕甘宁边区保安处副处长、中共中央西北局监委委员等职。1948年调中央社会部工作。1949年后，任北平市公安局三处处长、南京市公安局副局长。新中国成立后，任西南军政委员会公安部副部长、西南行政委员会公安局副局长、四川省公安厅厅长、中央四川省委常委、四川省常务副省长。“文化大革命”中，遭受林彪“四人帮”反革命集团的严重迫害。1974年重新走上工作岗位，先后任四川省政法党组书记，中共四川省委书记处书记、省委常务书记。1977年调任公安部部长、中央政法委员会委员、中国人民武装警察部队政治委员、中央安全领导小组成员。是中共第十一、十二届中央委员，1985年至1992年为中共中央顾问委员会委员。党的十一届三中全会后，他按照中央的部署，指导全国公安机关拨乱反正，平反冤假错案，重组公安部各级领导班子，组建武装警察部队，恢复公安院校，加强公安机关的建设，大力整顿社会治安秩序，有力地打击严重刑事犯罪分子的破坏活动，领导全国公安队伍坚决实行公安工作着重点的转移，开创了公安工作的新局面，为维护安定团结、保障四化建设的顺利进行作出了重大贡献。

〔赵伯平·前陕西省省长·在北京逝世〕　第六届全国政协常委、前中共陕西省委第二书记、陕西省省长赵伯平，于1993年5月7日在北京逝世，享年91岁。

赵伯平，1902年出生于陕西省蓝田县一个农民家庭。1927年加入中国共产党。1930年夏任中共陕北特委书记，与刘志丹等组织开展游击战争，是陕北革命根据地的创始人之一，为发展陕北红军和根据地作出了重要贡献。1933年6月任中共三原中心县委书记时，因叛徒出卖被捕入狱，1936年底西安事变后才被无条件释放。抗日战争和解放战争时期，历任中共陕西省委执委、常委并先后兼任宣传部长、统战部长、组织部长，中共陕西省工作委员会书记，中共关中地委书记兼军分区政委，中共中央西北局副秘书长兼统战部副部长等职。新中国成立后，任中共西安市委书记、西安市各界人民代表会议主席、西安市总工会筹委会主任，西北军政委员会劳动部部长、监察委员会副主任，中共中央西北局常委、宣传部长兼西安市委第一书记，陕西省常务副省长、省长，中共陕西省委书记处书记、省委第二书记。后调任全国人大常委会副秘书长。“文化大革命”期间，遭到“四人帮”及康生的诬陷与迫害。是中共七大代表、八届中央候补委员、十三大与十四大特邀代表，第一、二、三届全国人大代表，第五届全国人大法制委员会委员，第五、六届全国政协常委。

〔赵国兰(女)·摄影记者·获第十三届全国优秀新闻摄影评选金牌奖〕　在第十三届(1993年夏)全国新闻优秀新闻摄影作品评选中，《江西画报》的女记者赵国兰拍摄的《“马家军”主帅——马俊仁》获得金牌奖。这幅佳作，再现了马俊仁在第七届全运会上指挥“马家军”超越女子田径世界纪录的风采。

赵国兰，1947年出生于江苏扬州，随父母调动，先后就读于南京、上海、上饶。1966年高中毕业。作为老知青，她当过农民，当过工人，1977年调入江西新闻图片社工作，1985年成为《江西画报》的摄影记者。

勤奋好学是赵国兰成功的要素之一，她曾是中国摄影函授学院的第一批学员，身为女性，人到中年，仍然拼命地搏击于摄影天地之中。她在摄影作品中善于把握人物个性，诸多新闻人物在她的作品中栩栩如生，性格各异。

赵国兰的作品《新居》曾获1987年全国第二届“庐山杯”摄影大赛三等奖；《纯》获第二届全国妇女摄影大赛银牌奖；《生育游击队》获1989年江西省好新闻一等奖。

〔赵资奎·中科院研究员·率队赴河南西峡考察恐龙蛋化石获重大发现〕　1993年6月，中国科学院古脊椎动物与古人类研究所研究员赵资奎率专家、技术人员和河南文物研究所的同志一起对西峡地区恐龙蛋化石群的踪迹进行了考察，获得大量新发现。他联合101位教授呼吁有关单位采取措施制止乱挖、乱掘、随意出售恐龙蛋化石的行为。

赵资奎等曾多次到西峡考察，他发现该地区的恐龙蛋化石群有三个特点：一是数量惊人，原始状态保存完好。在此之前，全世界仅有500余枚恐龙蛋化石，而西峡县一次出土竟有数千枚。二是品种多，有扁圆形、卵圆形、椭圆形、橄榄形，有的有鹅蛋大，有的长达40余厘米。这在世界上是罕见的。三是年代久远，目前世界上其它地方发现的恐龙蛋化石，时间一般在7千万年，而西峡的则在1亿年左右，即属于中生代白垩纪早期的恐龙蛋。赵资奎指出，这一发现对于探索恐龙繁殖行为、恐龙蛋壳的起源和发展以及对白垩纪地层的划分与对比、复原恐龙时代的生态环境等均有重要的科学价值，将对国际学术界产生重大影响。

赵资奎从事恐龙蛋化石研究已有30多年历史，他采用扫描电镜、生物化学等技术方法进行开拓性研究，范围涉及蛋壳显微结构、蛋壳生物力学以及同位素、微量元素和氨基酸定量分析等，为建立和发展这一新的研究领域作出了贡献。其主要成果有：建立恐龙蛋的双名分类系统，为国际同行认可与采用；首次提出恐龙蛋壳结构在白垩纪的演化模式及其对陆相白垩纪地层划分的意义；通过综合分析白垩纪末恐龙蛋壳中的氧、碳稳定同位素，微量元素，氨基酸组成以及蛋壳显微结构之间的关系，提出白垩纪末气候变化和微量元素污染环境导致恐龙灭绝的新解释。这一成果已引起国际同行的关注。他在国内外发表学术论文10余篇，其代表性论著如：《中国恐龙蛋——蛋壳结构和演化》（英文）、《恐龙蛋壳的结构、形成和演化趋势》（英文）等在国内外学术界有一定影响。

赵资奎，广东人，1934年12月生，1957年毕业于广州中山大学生物系，同年9月到中科院古脊椎动物与古人类研究所工作。1958年在贾兰坡教授领导下参加周口店中国猿人化石遗址发掘与研究，1959——1960年由赵领导这项工作，在1959年发现一具猿人下颌骨化石。1961年起，在吴汝康教授指导下负责筹建化石切片实验室，进行灵长类牙齿显微结构探索与研究。在此期间，还领导了广西第四纪哺乳动物及古人类化石调查、陕西蓝田地区第四纪哺乳动物及古人类化石发掘工作。1980——1981年作为访问学者赴德国波恩大学古生物研究所进修，回国后筹建扫描电镜实验室，并领导中德合作的《陆相白垩系——第三系交界全球事件》项目，为中方协调人。

〔赵鹏大·数学地质学家·当选中国科学院学部委员〕　中国地质大学（武汉）校长赵鹏大于1993年当选为中国科学院地学部学部委员。

赵鹏大，满族，1931年5月25日生，辽宁省清原县人。1952年毕业于北京大学，1958年获苏联莫斯科地质勘探学院副博士学位。现任中国地质大学（武汉）校长，国务院学位委员会委员，国际地质数据委员会亚洲地区代表，“矿产普查与勘探”重点学科带头人。

赵鹏大由于“在数学地质领域作为研究者、教育者及带头人的长期经历”和“在矿产资源定量预测方面的突出贡献”，获1992年国际数学地质协会最高奖——克伦宾奖章。他在我国率先开展并长期从事数学地质研究。系统研究矿床勘探中数学模型的应用。建立了我国独特的矿产资源定量预测理论及方法体系，包括矿产资源空间分布，地质变量构置、取值、变换和筛选，矿体空间定位，成矿远景区圈定及资源量估计，预测精度评价等模型。在对宁芜、迁安、白云鄂博、个旧、铜陵等地不同比例尺成矿定量预测方面，取得了明显的经济效益与社会效益。他首次提出并论述了“地质体数学特征”及“求异理论”的概念、内容与方法；1991年又提出“地质异常”的概念、类型、成矿意义与方法；归纳出较完整的矿床统计预测的基本理论、准则和方法，从而创立了“矿床统计预测”新学科，在新疆北部和北山的综合研究与找矿工作中取得了良好成效。1973年他在我国首次开设“数学地质”、“地质勘探中统计分析”和“矿床统计预测”等课程。

赵鹏大与他的同仁合作出版专著5本，发表论文70余篇。

〔赵增益·前中共江西省委书记、省长·在上海逝世〕　赵增益于1993年2月27日在上海逝世，终年73岁。

赵增益，1920年生，山西省平定县人，1937年5月参加山西青年抗敌决死队，同年10月加入中国共产党，历任129师10旅28团政治处副主任、太行二分区情报处副处长、太行八分区参谋长、中原军区运输司令部参谋长、二野三兵团作战处长等职。建国后，先后任中共川东区委秘书长、中共昆明市委第一书记、中共云南省委副书记、云南省常务副省长、中共江西省委书记、省长、江西省顾问委员会主任。

〔郝水·生物学家·当选中国科学院学部委员〕　东北师范大学遗传与细胞研究所所长郝水教授于1993年当选为中国科学院生物学部学部委员。

郝水，1926年10月4日生，内蒙古自治区通辽市人。1949年毕业于东北大学博物系。1959年赴苏联留学，毕业于列宁格勒大学生物系，获生物学副博士学位。历任东北师范大学生物系助教、讲师、副教授、教授、副校长、校长等职。现任东北师范大学遗传与细胞研究所教授、所长。

郝水的主要科技成就与贡献是：对七十年代以来国际上争论的染色体非组蛋白（NHP）骨架的真实性问题进行了系统的研究，用整体染色体进行原位研究，得到了支持染色体中有骨架存在的证据，用电镜细胞化学方法证明骨架中除NHP外还有RNA存在；发现非组蛋白在染色体中，不仅以纤维形式存在而且以颗粒形式存在；揭示了这类颗粒的大小变幅、数量和在染色体中的分布规律；染色体骨架由非蛋白和RNA组成，来源于核骨架，具有螺旋缠绕的主轴和许多网状和颗粒结构，对染色体的螺旋结构起支持和稳定作用；在染色体集缩过程中，证明染色体几个低层次结构也是由螺旋结构组成，为多级螺旋模型提供了有力证据。在染色体工程研究中，郝水在国际上首次利用两种不同染色体组型异源八倍体建立了两套14种小冰麦异附加系材料，除用这两套材料开展应用基础研究取得重要成果外，还发现冰草染色体上带有抗锈病基因、抗黄矮病基因和提高种籽蛋白质基因，并得到了抗锈和种子蛋白含量高的异位系。在植物细胞工程研究方面，他使15属30余种豆科植物的原生质体、单细胞培养和组织培养再生植株，并对培养条件总结出规律性意见，为豆科植物基因工程受体系统的建立提供了技术基础和重要经验。

〔郝柏村·台湾"总统府"资政·当选国民党副主席〕　1993年8月18日在台北召开的国民党第十四次代表大会上，李登辉提名李元簇、郝柏村、林洋港、连战担任国民党副主席，与会代表以举手方式通过。这是国民党有史以来首次设置副主席。在此之前，在此次大会上，围绕国民党是否设置副主席，主流派与非主流派展开了激烈的斗争。主流派代表首先联署提案反对设置副主席，引起非主流派的强烈不满，会场上出现了两派争辩叫骂的混乱场面。为缓和内部矛盾，避免党内分裂，李登辉出面呼吁代表支持设副主席，问题才得到解决。国民党十四次代表大会设置四位党的副主席及郝柏村等被选为副主席，是国民党派系斗争妥协的产物。

近年在国民党派系斗争中，郝柏村是非主流派的重要人物。因为李登辉要培植连战，于是1993年初借"内阁"改组之机，迫郝柏村辞去"行政院长"之职，由原台湾省主席连战取而代之，实现了"国民党政权台湾化"。民进党也一直反对郝柏村继续担任"行政院长"。

郝柏村1919年生，江苏省盐城县人。黄埔陆军军官学校十二期炮科、国民党陆军指挥参谋大学二十期、三军联合大学战争学院将官班毕业。曾赴美国陆军炮校高级班和美国陆军参谋大学深造。历任国民党军队排、连、营长。去台后任炮校总教官。1955年任第三军炮兵指挥官。1958年任第九师少将师长。1963年任第三军副军长，翌年升任军长。1966年任"金门防卫司令部"副司令。1967年任"总统府侍卫长。1970年任第一军团中将司令。后任"国防部作战参谋次长室"次长。1975年任"陆军副总司令"。1977年任"参谋总部"副参谋总长兼执行官，晋升为陆军二级上将。1978年任"陆军总司令"兼任"台湾射击协会"理事长。1981年任"参谋总长"，晋升一级上将。1982年任"中山科学院"院长。1989年任"国防部"部长，兼任"行政院"政务委员。1990年任"行政院"院长迄今。1990年10月，"国家统一委员会"成立后，任副主任委员。1993年2月辞去"行政院"院长职务后，被聘为"总统府"资政。是国民党第十二、十三届中央委员、中央常务委员。

郝坚持一个中国的政策，认为这是"台湾生存发展非常重要的基础"。他旗帜鲜明地反对"台独"，曾喊过"消灭台独"的口号，认为"台独是绝不能试一试的"。主张两岸为"两个对等的政治实体"。1993年4月间表示，两岸关系只要对等关系的结无法打开，要"三通"就很遥远。但主张进一步发展两岸的各种交往。

〔郝振堃·嘉陵机器厂厂长·获中国军转民十佳企业家称号〕　国营嘉陵机器厂厂长郝振堃不断深化企业内部改革，加速转换企业经营机制，促进了企业持续高速发展，成为摩托车行业的排头兵。1993年1月20日，获国家计委、国家科委、国防科工委授予的"中国军转民十佳企业家"奖杯。

在军转民的道路上，郝振堃十分重视外引内联。在同行业中，他第一个与国外建立长期的技术合作关系，迅速实现企业向军民结合的战略转变。在巩固自身发展的基础上，他又联合了一大批企业，组成庞大的专业协作网络，形成以嘉陵厂为骨干，嘉陵联合体为主体，由核心层、紧密层和松散层组成的，具有经营一体化、目标成本二次分配的利润分配中心，共同集资投资中心的企业集团。1993年7月已将嘉陵机器厂组成为中国嘉陵工业股份有限公司(集团)。企业已按照公司化管理组织和管理体制机制运作，实行生产与经营、生产与生活相对分离。目前核心层企业已达5家，半紧密层企业达16家，松散层企业近300家，嘉陵集团已成为中国摩托车行业最大的企业集团。

1993年全国摩托车市场竞争激烈，他果断决策，投入上亿元的资金，用于技术改造和基础设施建设，增强企业后劲。在建设好嘉陵大本营的前提下，积极向外发展。1993年先后创办了嘉陵——本田发动机有限公司、广东三水嘉陵摩托车有限公司和海南嘉泰摩托车有限公司，以及嘉陵摩托美洲经销公司等8家中外合资企业。摩托车生产量比1992年增长60%左右，提前一个半月完成50万辆生产计划，产值、销售收入突破20亿元，利税突破3亿元，出口创汇1千万美元。

郝振堃，1937年6月出生，北京市昌平县人，1959年7月毕业于河北省张家口市财经专科学校，被分配到嘉陵机器厂工作，历任计划员、会计员、副科长、科长、总会计师、厂长。1993年7月成为中国嘉陵工业股份有限公司(集团)总裁。1984、1985年,连续两年被评为兵器工业劳动模范;1988、1989年先后被评为四川省优秀企业劳动模范,中国机电工业优秀企业家;1990年获全国“五一”劳动奖章;1991年被评为重庆市劳动模范、兵器工业劳动模范;1993年被选为第八届全国政协委员。

〔荣毅仁·当选国家副主席〕　第七届全国人民代表大会常务委员会副委员长、中国国际信托投资公司董事长、中华全国工商联合会主席荣毅仁于1993年3月27日在第八届全国人大第一次会议上当选为中华人民共和国副主席。

在3月30日举行的中信公司第11届董事会上,荣毅仁宣布辞去董事长职务,提名魏鸣一为中国国际信托投资公司董事长,国务院于4月2日批准了这一提名。荣毅仁自1979年创建中信公司以来,在他的领导下,中信公司遵循市场经济规律和国际规范开展各项业务,大胆吸收和借鉴世界各国的先进经营方式和管理方式,发展成为集生产、技术、金融、贸易、服务等多项业务于一身的大型国际化企业集团,成为中国改革开放的一个重要窗口。目前,该公司总资产已达到507亿人民币。在中信公司创立5周年时,邓小平曾为其写下“勇于创新,多作贡献”的题词。

荣毅仁,1916年5月1日生,江苏无锡人。荣氏家族是中国民族资本家的首户,在中国现代工业发展史上有重要地位,解放前夕荣家在中国各地经营的纺织、印染、面粉和机械厂共有24家,被国际上称为中国的“面粉大王”、“棉纱大王”。1937年荣毅仁毕业于上海圣约翰大学历史系,后任无锡茂新面粉公司助理、经理,上海合丰企业公司董事,上海三新银行董事、经理。抗日战争中,日本侵略者攻占上海,荣氏企业大都被日军破坏、掠夺和强占。抗战胜利后,又遭“蒋、宋、孔、陈”四大家族的欺压排挤、巧取豪夺。1946年,荣毅仁的父亲荣德生被土匪和国民党军统特务勾结绑票,蒋介石下令破案,却又令以赎金中分出5万美元犒赏部下。荣毅仁为避风头逃往美国。1949年上海解放前夕,许多资本家出走台湾、香港,荣毅仁抱着复杂的心情留下来,他对共产党并不了解,但他认定中国人还是在中国好。

新中国成立后,1950年起,荣毅仁担任上海申新纺织印染公司总管理处总经理,华东军政委员会财经委员会委员,民主建国会中央常委。1950年6月作为特邀代表到北京参加第一届全国政协二次会议,第一次见到毛泽东主席。毛泽东对他说:你来了,很好。一个人要为人民做好事,一贯地做下去。做好事越多,越有名誉。替人民做好事越多,人民的奖励也越多。人民是不会忘记的。1955年10月29日和12月8日,毛泽东在与全国工商联代表的座谈会上讲了只要谁肯真正为人民效力,人民和人民政府是没有理由不要他,不给他以生活和效力的机会的。荣毅仁听后回到上海在市人代会上表示:“一定要把自己改造成为自食其力的劳动公民,做一个真正的同志。”1956年在私营工商业社会主义改造运动中,荣毅仁带头交出了他的所有工商企业。毛泽东称赞说:荣家现在把全部企业都拿出来和国家合营了,在国内外引起很大影响,他既爱国又有本领,堪当重任。1957年1月,荣毅仁在上海市人大二届一次会议上当选为上海市副市长。1959年奉调北京,担任中央人民政府纺织工业部副部长。

“文化大革命”中,荣毅仁夫妇被抄没家产,扫地出门,去扫大街、挑煤炭。在身处逆境时,邓颖超给他送来周恩来总理的叮嘱:“要经受得住考验。”使他感受到党中央的关怀。他说:“我跟着共产党走了这么多年,党是不会抛弃我们的。”

“文化大革命”后,邓小平找到荣毅仁等几位原工商业者,探讨中国实行对外开放的一些问题,要荣毅仁在引进外资方面多多出谋划策。邓小平对他说:“你来牵头办实体,搞对外开放窗口,人由你选,业务由你管,事情由你负责,不要搞成官僚主义企业。”1978年后,荣毅仁创办了中国国际信托投资公司,任董事长兼总经理,同时担任国家进出口管理委员会、国家外国投资管理委员会顾问。1983年后,任中国国际信托投资公司董事长,中华全国工商联主席,民建中央常委,香港特别行政区基本法起草委员会委员,暨南大学校董会董事长,宋庆龄基金会副主席。1986年,荣毅仁被美国著名的《幸福》杂志评为“世界最富魅力的50名经济人士”之一。1987年获美国“良知基金会”颁发的良知奖。1991年出任“海峡两岸关系协会”名誉会长。

荣毅仁是第一至七届全国人大代表,第四、五届全国人大常委会委员,第六、七届全国人大常委会副委员长,第二届全国政协委员。第三、四届全国政协常务委员,第五届全国政协副主席。

荣毅仁的夫人杨鉴清是全国政协委员。他们有五个孩子,各自在工业、商业、科技、工艺界工作。

〔胡英·化学工程学家·当选中国科学院学部委员〕　华东化工学院教授胡英于1993年12月当选为中国科学院化学部学部委员。

胡英,1934年6月19日生,湖北省英山县人。

1953 年毕业于上海华东化工学院化工机械系。现任华东化工学院教授。

胡英长期从事分子热力学研究。他在气体溶解度的分子热力学研究方面，从研究径向分布函数模型出发，构作了流体混合物的分子热力学模型，进一步得到气体溶解度的亨利常数模型，具有较好的关联和预测能力。他从事的缔合系统的分子热力学研究，建立了一个缔合流体混合物状态方程的普遍化分子热力学框架，可以应用于任意的缔合模型和任意的物理相互作用模型，该普遍化框架可以广泛应用于缔合流体的热力学性质和相平衡研究。该研究还采用红外光谱和核磁共振方法，系统地测定了正构醇的二缔和环状四缔的标准缔合平衡常数，将所得常数结合上述普遍化状态方程框架，应用于纯物质和混合物的汽液平衡，取得成功，这种应用直接测定的缔合常数于状态方程研究，在文献上尚属首次。他还在通过温度、压力和液相组成的测定获得完整汽液平衡数据的研究方面，在七十年代末发展成一种新的直接法，可以有效地应用于二元系，最近又发展了曲面样条函数间接法，可以顺利地进行多元系的 T、p、X 对 Y 的推算。他还对高分子溶液的分子热力学进行了研究。

其研究成果曾获国家教委科技进步奖多项。共发表论文 90 余篇。

〔胡尔钺·青海互助土族自治县法院院长·被授予“全国法院模范”称号〕　1993 年 12 月 15 日，最高人民法院授予青海省互助土族自治县人民法院院长胡尔钺“全国法院模范”称号。

胡尔钺，青海省互助县人，1934 年 12 月生，1954 年参加工作，1955 年加入中国共产党，曾当过乡文书、副乡长、乡长，1957 年调人法院工作，任助审员、审判员、副院长，“文革”中被下放到县五七干校，后又到养猪场当场长，1980 年调回县法院任副院长。

胡尔钺重返法院时正值平反冤假错案之际，申诉者接踵而至。在他的带领下，办案人员夜以继日，不到一年时间，就复查了近 2000 件遗案，纠正了 1600 多件冤假错案。1985 年，胡尔钺担任院长。事务繁多，他就加班加点，经常是第一个上班，最后一个下班，还常利用休息时间深入基层法庭，接待来访群众。

胡尔钺秉公办案、严肃执法在当地是出了名的。他对犯罪分子疾恶如仇，决不放纵，对无辜公民则决不冤屈，在法律天平上人人平等。他生长在互助，工作在互助。在父老乡亲眼皮底下做官不易，当法官更不易。他坚持过好亲情关、乡情关、人情关。他先后在法院工作了 20 多年，几乎每件案子都有人来说情，但他一件人情案也没办过。一位老同事的儿子因流氓罪被逮捕，那位老同事多次到法院求他手下留情。胡尔钺坚持原则耐心解释，依法公正审判了此案。“文革”期间，一位干部被错判，他提着礼品找胡尔钺要求复查。胡尔钺坚决把礼品退回，实事求是复查他的问题，查实确属错判，撤销了原判，宣告无罪。为了捍卫法律的尊严，胡尔钺也得罪过不少人，至今还有人恨他、骂他，但更多的是信任和理解。

为了提高法院干部的业务素质，胡尔钺狠抓业务培训。1985 年，审判人员中大专以上文化程度的仅 7 人，占 19.4%；近 10 年来，他们通过夜大、选送到外地政法院校进修培训等形式，培养法律专业干部 35 人，占现有审判人员总数的 58.3%。在胡尔钺的主持下，这个地处偏僻穷县的法院，办公、住宿、交通、通信条件都有了很大改善，保证了审判工作的顺利进行。胡尔钺曾多次被评为省、地、县法院系统先进工作者、优秀共产党员，1993 年被省高级人民法院记二等功。

〔胡问遂·著名书法家·从艺 60 年书法回顾展在沪举行〕　1993 年 10 月，胡问遂从艺 60 年书法回顾展在上海美术馆举行。这次展出作品共 120 多件，其中三分之一是他的新作。上海各界人士 200 人出席开幕式。钱君匋、韩天衡等艺术界知名人士撰文祝贺他 60 年的辛勤耕耘所取得的艺术成就。

胡问遂，1918 年生于浙江绍兴书香世家。家临三味书屋，与鲁迅家仅一墙之隔，他的母亲与周家关系甚笃，祖父、父兄一辈均与翰墨结缘，其伯父胡之光在浙东一带颇有书名。胡问遂 13 岁离开绍兴，居住贵阳，1951 年迁沪。第二年师从沈尹默为入室弟子，艺事渐臻佳境。

胡问遂的书法由颜真卿、柳公权两大家打下功底，其后受沈尹默点示，对褚河南尤为精勤，并由此上溯二王。此外，对于初唐欧虞的风范及宋四家的法书也无不融会于心，沈尹默常以米南宫“察之尚精，拟之贵似”勉之，因此他对于历代的名碑法帖，绝不浅尝辄止，而痛下临摹的功夫。4 年间，仅颜真卿《告身帖》就临习过一千余遍，他常临习的碑帖，总是备有两部，一部纵览其全篇的章法气韵，一部则作剪割，随时用以玩味，体会其细节之妙。六十年代初，上海书法篆刻研究会成立，沈尹默主持其事，在上海青年宫举办书法讲习班，胡问遂积极参与，并继沈尹默之后，应教育出版社之邀写了一册正楷字帖，25 年中，这本字帖再版了 12 次，印数达数百万册。他擅正、行、草书，所作朴厚凝重，雄浑峻快。作品多次入选国内外重大书法展览及专业报刊发表，或为博物馆、纪念馆、名胜地收藏或被碑刻。他的学生遍及美国、日本、新加坡和港澳地区。

1989年，胡问遂在香港举办首次作品展。1991年，在故乡绍兴举办了汇报展。胡问遂被誉为"沈尹默之后，影响几代上海人的大书法家。"胡问遂曾任上海美术专科学校中国画系书法教师，现为中国书法家协会理事，中国书法家协会上海分会常务理事，上海市文史研究馆研究馆员，上海中国画院一级画师。

〔胡启立·任电子工业部部长〕　1993年3月29日，根据第八届全国人大第一次会议的决定，胡启立被任命为电子工业部部长。

胡启立，1929年生，陕西榆林人。1947年参加民主青年同盟。1948年加入中国共产党。曾任北京大学工学院学生会主席。1951年毕业于北京大学。历任北京大学党委常委兼团委书记，全国学联主席，国际学联书记处书记，共青团中央书记处候补书记，全国青联第四届副主席，中共西吉县委副书记、固原地委副书记，中共宁夏回族自治区区委办公厅副主任，清华大学副校长，共青团中央书记处书记，全国青联第五届主席，中共天津市委书记，天津市市长，中共中央办公厅主任。1982年当选为中共第十二届中央书记处书记。1985年增选为中央政治局委员。1987年当选为中共第十三届中央委员、政治局委员、政治局常委、书记处书记。1989年6月在中共十三届四中全会上被免去中央政治局委员、政治局常委、书记处书记职务。1991年起任机械电子工业部副部长。是第五届全国政协常委，中共第十四届中央委员。

〔胡宝昌·养路工·被追授全国见义勇为先进个人称号〕　1993年6月8日，铁道部和陕西省人民政府在西安市隆重举行大会，表彰为保护国家财产而英勇献身的郑州铁路局西安铁路分局凤州工务段七里坪养路工区青年养路工胡宝昌和光荣负伤的王培良。8月25日，在第三次全国人民群众见义勇为与犯罪分子作斗争先进分子表彰大会上，中共中央宣传部和公安部追授胡宝昌"全国见义勇为先进分子"称号。

1993年1月19日凌晨，在位于秦岭深处的凤州工务段七里坪养路工区，青年养路工胡宝昌出门上厕所，隐约听到百米外的火车站西端传来金属撞击声，断定这是盗窃分子在偷盗铁路器材。他急忙回到屋里，叫醒了徒弟王培良，两人来到七里坪火车站西端，暗中观察动静。只见火车站与川陕公路连接的斜坡下，隐藏着一辆手扶拖拉机，两个鬼鬼祟祟的黑影正把堆放在站台上的钢轨夹板、垫板等往拖拉机上搬。"住手！"胡宝昌大喝一声，扑上前扭住一名盗窃分子，另一个家伙却乘机跳上拖拉机夺路而逃。胡宝昌把擒住的盗贼交给王培良，自己打开手电，想记下逃跑的拖拉机号。不料盗窃分子挣脱了瘦弱的王培良的手，也扒上拖拉机一起逃跑。胡宝昌与王培良跑步追了200多米，没能追上，就迅速赶回工区，骑上摩托车朝盗贼逃窜的方向果敢地追去。

七里坪位于川陕甘三省交界地带，近年来这里常有车匪路霸出没，盗窃铁路器材，抢劫旅客钱财。胡宝昌对此早就怒不可遏。一次他闻知有人盗窃铁轨防爬器上的销子时，立即撂下饭碗，和工友一气追出3公里，直到把30多个防爬器销子全部追回。这次他遥望远逃的盗窃分子，也决心一追到底。当他再次发现盗贼踪迹时，已来到30多公里外甘肃两当县境内的陕甘公路上。盗窃分子作梦都没想到，半夜三更，天寒地冻，两个工人会紧追不舍。他们气急败坏，手持木棒向胡宝昌猛力砸去。胡宝昌头部遭歹徒重击，整个颅骨从两耳间断开，因伤势过重，经多方抢救无效，于1月21日献出了31岁的生命。

胡宝昌是湖南省衡阳市人，1962年4月出生，高中文化程度，1981年4月参加工作。12年来，他扎根山区铁路，默默奉献，曾多次受到表彰。他的事迹在当地引起强烈反响。陕西省人民政府批准他为革命烈士，中华全国总工会追授他全国"五一"劳动奖章，铁道部和铁道部政治部追授他"雷锋式铁路工人"称号，全国铁路总工会追授他"火车头"奖章，共青团陕西省委和全国铁道团委分别授予胡宝昌"见义勇为的好青年""模范团员"称号。

〔胡泰松·解放军空军某部班长·获"遵纪爱民模范战士"称号〕　1993年7月26日，解放军空军发布命令，授予在暴风雪中舍己救人英勇牺牲的胡泰松"遵纪爱民模范战士"荣誉称号。

胡泰松，四川省宜宾市人，1971年5月出生，1990年12月入伍，1993年5月被追认为中共党员，生前为空军中士军衔。1993年2月19日，胡泰松回四川探亲后返回部队驻地内蒙古霍林郭勒市。为了按时赶回连队，他不顾身体有病，四处联系车辆，于21日中午搭乘一辆地方小客车。汽车开出20多公里，就遇上了暴风雪，气温下降到零下40度，风狂雪暴，汽车前进十分困难。车上有8名蒙族、汉族乘客，胡泰松把老人和妇女安顿在车内，自己带领3名男青年乘客冒着严寒、顶着风雪挖雪推车。小客车艰难地在暴风雪中又行驶了10来公里，这期间，胡泰松先后下车挖雪推车40多次。他身上仅穿着毛衣、绒裤和胶鞋，双脚都被冻麻木了。傍晚，小客车陷在没膝深的雪地里进退不得，全车人商量决定放弃车和行李，徒步返回霍林郭勒。途中，女青年郭海霞和妇女何广华走不动了，坐在雪地里绝望地哭喊。本来已经生病、又因挖雪推车冻伤了双腿的胡泰松，也已筋疲力竭，他清楚地知道，在零下40度的暴风雪中留在雪地里就意味着死亡，为了救护群众，他置个人安危于不顾，与同车一名武警战士挺身而出，帮助两位女乘客。胡泰松吃力地背着郭海霞走一段，架着她走一段，艰难跋涉了10公里。暴风雪中，每前进一步都要花费很大气力，病冷交加的胡泰松体力逐渐耗尽，仍以顽强的意志坚持着，一步一步向前挪动，直至双腿完全失去知觉，一步也走不了，摔倒在雪地上。同行的群众被他舍己救人的行为深深感动，反过来架着他走。眼看着大家都体力不支，他毅然推开搀扶他的人说："别管我了，不然谁也走不出雪地。你们先走吧，一定要活着走出去。"司机要留下来陪伴他，胡泰松说："这不行，这条路只有你熟，你得领着大伙走出去，不能只顾我一个人。"大家知道胡泰松在这种情况下做出决定是正确的，只有忍痛服从他的决定。分别时，在场的蒙族、汉族群众人人泪流满面，司机脱下自己的大衣披在他身上，何广华解下自己的围巾系在他头上。这时胡泰松对他们说："你们走出雪地后，请给我的连队打个电话，就说我按时回来了。"胡泰松为救护群众，耗尽体力，英勇献身，使郭海霞等同车群众得以脱险。胡泰松舍己救人的英雄事迹，在当地引起了强烈反响，霍林郭勒市委、市公安局闻讯后，立即组织出动了300多台次汽车、数千人次的队伍救援。霍林郭勒市委和公安局，在胡泰松牺牲的地点修建了一座纪念碑。他们在给部队为胡泰松请功的信中写道："胡泰松作为一名军人，在风雪考验面前毅然决然地将全部的爱，乃至生命奉献给了人民群众，用年轻的生命在北疆雪原上树起一座人民战士崇高的丰碑！"

〔胡富国·当选山西省省长·任中共山西省委书记·勤政廉政做表率〕 在1993年1月13日举行的山西省八届人大一次会议上，胡富国当选为山西省省长。又据新华社9月30电，中共中央决定胡富国任中共山西省委书记。

胡富国，1937年生，山西长子人。1959年加入中国共产党。1964年毕业于阜新矿业学院采矿系。历任大同矿务局永定庄矿技术员、采煤一区党总支书记，煤峪口矿党委副书记、革委会主任，山西省煤炭管理局党委副书记、副局长兼山西省西山矿务局局长、工程师、高级工程师。后调任煤炭工业部副部长。1988年任能源部副部长兼中国统配煤矿总公司总经理。1992年中共中央决定他回山西工作，任山西省代省长。是中共第十四届中央委员。

胡富国总是给人们一种勤奋务实的印象。他一到山西任职，便和原省委书记王茂林一道，研究了山西经济上台阶的一系列重大问题。提出用系统工程方法推进小康建设，这是系统工程理论和方法在农村的运用，是新时期党领导农村工作的重要方法。他还亲自接待群众上访，一天解决三个案子，件件有结果。他说：我是中央派来的，是共产党的高级干部，我干不好，老百姓不会骂我爹娘，是要骂共产党骂中央的，我必须尽心尽力为老百姓做事，以自己的行动维护党的威信。《光明日报》还以《农民的儿子人民的省长》为题，报道了胡富国廉政勤政的事迹。其中有一件事写道：1988年胡富国的二儿子考上了中国矿业大学自动化专业，胡富国坚持要儿子改学采矿专业。1992年二儿子大学毕业时，有条件在北京分个好工作，胡富国却对儿子说："爸爸搞了一辈子煤炭，知道煤矿很苦、很落后，但国家需要煤，煤矿需要人才，你不去谁去呢？"二儿子理解爸爸的心意，自愿来到山西西山矿务局地矿综采二队，每天和工友一道下矿井，被誉为"大学生矿工"。胡富国常挂嘴边的一句话："说真话，办实事，做表率"，在山西流传很广。

〔胡锦涛·中共中央政治局常委·致力于贯彻中共十四大精神加强党的建设〕 1993年，中共中央政治局常委、中央书记处书记胡锦涛致力于贯彻落实中共十四大精神，加强党的建设。

8月9日，胡锦涛在全国组织工作座谈会上讲话指出，在新的历史条件下，要按照党的十四大的要求建设好我们的党，必须坚持把领导班子建设作为加强党的建设的重点，认真抓好，特别要抓好思想作风建设这个长远起作用的根本性建设，保证中央重大决策的贯彻落实。胡锦涛回顾了十一届三中全会以来邓小平关于加强领导班子建设的一系列论述，分析了我们党面临的新的历史任务对领导班子建设提出的新要求，以及当前各级领导班子的状况。他提出，当前加强领导班子的思想作风建设，总的目标要求是，深入贯彻党的十四大精神，以邓小平建设有中国特色社会主义理论为指导，从解决当前突出问题入手，努力做到思想上政治上高度一致，组织上行动上高度统一，把各级领导班子建设成为政治坚定，勇于改革，务实创新，团结协调，廉洁勤政，同人民群众保持密切联系，全面贯彻党的基本路线的坚强集体。

在谈到当前领导班子思想作风建设要解决的主要问题时，他强调，学习和掌握建设有中国特色社会主义的理论，对于我们党领导的社会主义现代化建设，具有根本性的意义。

10月4日，中央党校举办的省部级主要领导干部理论研讨班开学，中央党校校长胡锦涛在研讨班上强调，坚持用邓小平建设有中国特色社会主义理论武装全党，是新时期加强党的建设的一项根本性工作。他指出，党的十一届三中全会以来的15年，是我们党在新的历史条件下把马克思主义基本原理同当代中国实际和时代特征相结合，开辟建设有中国特色社会主义道路并坚定地沿着这条道路大步前进的时期，也是邓小平坚持和发展马列主义毛泽东思想，在改革开放的伟大实践中不断丰富、完善、发展建设有中国特色社会主义理论的时期。15年来我们党领导全国各族人民开始了一场新的伟大革命，开创了中国历史的新篇章。各地各部门的事业都有了很大发展，在实践中创造和积累了丰富的新鲜经验，这是一笔十分宝贵的财富。以建设有中国特色社会主义理论为指导，运用理论思维认真进行总结、概括和提炼，进一步加深对科学理论的认识和理解，对于我们今后在领导工作中正确决策，改进工作，完善政策，推动事业更快更好地前进大有好处。

胡锦涛在1993年出席了许多重要会议并发表讲话。3月4日在首都纪念学雷锋活动三十周年大会上讲话中说，雷锋精神对于我们这个民族和社会过去具有、现在仍然具有重大价值和时代意义。我们今天开展学雷锋活动，要学习雷锋精神的本质，以培养有理想、有道德、有文化、有纪律的社会主义新人为目标。

5月4日，共青团第十三次全国代表大会在北京开幕。胡锦涛代表中共中央所作的题为《肩负起历史的重任》的祝词中，高度评价了改革开放15年来我国青年运动所取得的成就。他勉励当代青年成为有远大理想的一代，成为勤奋学习的一代，成为艰苦创业的一代，成为道德高尚的一代。

9月1日，在中国妇女第七次全国代表大会开幕会上，胡锦涛代表中共中央致祝词说，中国共产党领导的建设有中国特色的社会主义事业，集中代表了全国各族人民包括广大妇女群众的根本利益。动员和组织广大妇女积极投身改革开放和现代化建设，在实现经济发展和社会进步的过程中实现妇女的进一步解放，是当代中国妇女运动前进和发展的必由之路。

10月24日，胡锦涛受中共中央、国务院委托在中国工会第十二次全国代表大会上致词。他说，历史已经证明并将继续证明，我国工人阶级不愧是同社会化大生产相联系的觉悟最高、纪律性最强的阶级，不愧是国家的领导阶级，不愧是推动社会进步的中坚力量，不愧是革命和建设的主力军。党的十四大明确确定了九十年代我国改革和建设的主要任务，向全国人民展示了奔向二十一世纪的光辉前景。我国工人阶级新时期的伟大使命，就是同全国人民一道，高举建设有中国特色社会主义的旗帜，全面贯彻党的基本路线，牢牢把握经济建设这个中心，坚定不移地发展社会主义市场经济，坚定不移地发展社会主义民主政治，坚定不移地发展社会主义精神文明，为把我国建设成为富强、民主、文明的社会主义现代化国家而努力奋斗。

1993年，胡锦涛先后到江西、湖南、黑龙江、浙江、云南等地考察工作，在各地讲话时反复强调要贯彻落实好中共十四大精神，不失时机地推进改革，加快建立社会主义市场经济体制，认真扎实地加强和改进党的建设，要把领导班子思想作风建设放在突出位置切实抓好。

7月26日至30日，应朝鲜劳动党和政府的邀请，胡锦涛率领中国党政代表团对朝鲜进行了为期四天的友好访问，参加了朝鲜“祖国解放战争胜利四十周年”的庆祝活动，受到朝鲜劳动党中央总书记、国家主席金日成的接见。

这一年，胡锦涛还会见了许多来我国访问的外国政府、政党领导人，进行了频繁的外事活动。

胡锦涛，生于1942年12月，安徽绩溪人，1964年4月加入中国共产党，1965年7月参加工作，清华大学水利工程系河川枢纽电站专业毕业，工程师。1959～64年在清华大学水利工程系学习，并任政治辅导员。1965～68年在清华大学水利工程系参加科研工作，并任政治辅导员（“文化大革命”开始后终止）。1968～69年在水电部刘家峡工程局房建队劳动。1969～74年任水电部第四工程局八一三分局技术员、秘书、机关党总支副书记。1974～75年任甘肃省建委秘书。1975～80年任甘肃省建委设计管理处副处长。1980～82年任甘肃省建委副主任，共青团甘肃省委书记。1982～85年任共青团中央书记处书记，全国青联主席，共青团中央第一书记，六届全国政协常务委员。1985～88年任中共贵州省委书记。1988年起任西藏自治区党委书记。

是中共第十二届中央候补委员、委员，十三届中央委员，十四届中央委员、中央政治局委员、常委、书记处书记。

〔茹仙古丽·阿不都拉（女）·一级魔术演员。当

〔**选为第八届全国人大代表**〕　1993年2月，新疆维吾尔自治区杂技团魔术演员茹仙古丽·阿不都拉当选为第八届全国人大代表，成为我国杂技艺术界最年轻的人民代表。

茹仙古丽·阿不都拉，维吾尔族。1967年8月生。新疆塔什人。1976年考入新疆杂技团学员班学习杂技，1979年中专毕业，留团当演员。1985年加入了中国共产主义青年团。在老师羊玉山、张义凌、赵志荣的教练下，演出的主要节目有：《晃板》、《手技》、《顶技》及魔术《飞牌》等节目。魔术《飞牌》，在第三届全国杂技比赛中，获唯一的一个"金狮奖"。她是中国杂技艺术家协会会员。

〔**相炜·军事科学院原副政委·在北京逝世**〕　1993年9月2日，相炜因病在北京逝世，终年76岁。

相炜，1917年生，辽宁营口人。1937年参加中国共产党。同年任中共博兴县军事部部长，参与组织抗日游击队。后任中共广饶县委书记兼游击大队政委、渤海军区回民支队政委、东北民主联军师政治部主任、第四野战军师副政委。参加了四平攻坚战和辽沈、平津、海南岛等战役。1950年后，历任师政委，长沙政治学校校长兼政委，广州军区政治部主任，军事科学院政治部主任、副政委。1961年晋升为少将军衔。曾获二级独立自由勋章、二级解放勋章。

〔**哈树旺·解放军三五四零工厂厂长·获中国军转民十佳企业家称号**〕　"敢于到市场大潮中去冲浪"，这是3540厂厂长哈树旺办企业的格言。1990年5月，他出任三线军需服装企业3540厂厂长时，军品任务锐减到10%，工厂面临由吃皇粮到向市场找饭吃的严重情况。他不等不靠，大胆决策，转换企业经营机制，自筹资金把企业由山沟转移到沿海地区，三年上了三个新台阶，总产值由1亿元翻成2.1亿元，再增至2.4亿元，利税由960万翻成1815万元，再增至2172万元，成为军需服装行业中军品任务最少，外贸产值利税最高，三线转移最快的企业。哈树旺厂长于1993年1月20日获国家计委、科委、国防科工委授予的"中国军转民十佳企业家"奖杯，10月又获全国少数民族优秀厂长称号。

1990年7月，刚上任两个月，哈树旺口出"狂言"，"我想在合同任期内，把工厂的重点转移到沿海城市去！"顿时引起全厂震动，好是好，可风险太大，搞不好要翻船。但是，他心里比谁都清楚：闯出去，虽有风险，却有可能抓住机遇，冲上改革的潮头。经过周密的考察论证，他们将新厂址选定在地理位置优越的秦皇岛。一年后，一座拥有6条现代化服装生产线的3.5万平方米的厂房拔地而起。近千名职工在一个月时间内，有条不紊地实现了大转移。新分厂第一条毛料生产线开工不到10天，就实现日产量160套，达到军内同行业先进水平。

1991年9月，哈树旺又一次面临艰难的抉择：外商急需60万套高档毛料制服，条件苛刻惊人，要求年底之前交货。就是要4个月内干完他们过去两年多干的活，万一砸了，全厂将倾家荡产。但机不可失，哈树旺没有放过打入国际市场的机遇，咬咬牙，签定了合同。

一场惊心动魄的攻坚战开始了。哈树旺带领各处室干部、技术人员沉到16条生产线，边指挥，边与全体职工昼夜加班，人停机不停，仅3个半月时间，按质按量完成出口生产任务，产品合格率达100%。这次他们不仅创下700万美元的外汇收入，更重要的是打入了国际市场，使企业开始向外向型、效益型的现代化企业迈进。目前，他们的产品不仅畅销国内24个省市，还打入美、日、德、沙特和香港、台湾等32个国家和地区，其中珠地网眼衫等产品，覆盖了70%的日本同类产品市场。

哈树旺，回族，河北省宁河县人，1950年11月出生，1968年5月到3540厂当工人，1970年加入中国共产党，历任工人、副连长、副厂长。1982年进邢台军需工业学校学习，后任该校服装学科书记，1988年3月调回3540厂任副厂长、厂长。

〔**钟万勰·工程力学和计算力学专家·当选中国科学院学部委员**〕　大连理工大学工程力学研究所所长钟万勰教授于1993年当选为中国科学院技术科学部学部委员。

钟万勰，1934年2月24日生，浙江省德清县人。1956年毕业于同济大学。历任中国科学院力学研究所实习研究员，大连工学院讲师，上海交通大学、同济大学兼职教授。曾4次赴英、美进行高级访问及科技合作，5次任国际学术会议主席。

钟万勰长期从事工程力学与计算力学的研究。六十年代研究潜艇耐压壳的稳定性，发现锥柱结合壳的参数可以构成失稳的不利构造形式，并经理论分析与试验证实，获1982年国家自然科学奖三等奖。1963年参与提出结构塑性极限分析的一般变分原理。1983年独立提出新的上、下限定理，改进了一般变分原理。此后又提出了参变量变分原理及与其配套的参变量二次规划算法，使得一类线性和非线性力学问题有了新的数学表达形式和有效算法，获1990年国家教委科技进步奖二等奖。他主持研制了

JIGFEX/DDI 结构通用分析程序，并进而开发了一批有针对性的应用程序，获 1990 年国家教委科技进步奖二等奖，其中群论在结构分析中的应用获 1982 年自然科学奖四等奖。以序列二次规划算法为主要算法的结构优化系统 DDDU，获 1990 年国家教委科技进步奖一等奖、1991 年国家自然科学奖二等奖。他以计算力学为依托，以自主开发的程序为手段，结合我国工程实际需要，追踪先进国家的发展，计算处理了一系列重大工程项目。共发表论文 206 篇，专著 5 本。

〔钟沛璋·与九位老新闻工作者上书中央呼吁制止“有偿新闻”〕　改革开放以来，伴随新闻事业的蓬勃发展，在传播媒体上出现一种怪现象，即所谓“有偿新闻”。主要表现在两个方面：一是记者从被报道的单位拿“红包”；一是以广告冒充新闻。有偿新闻在社会上闹得沸沸扬扬，海外新闻界对此也议论纷纷。曾长期从事新闻工作的钟沛璋、戴邦、庄重、阎玉、韩荣志、李夫培、梅詹益、徐熊、周雨、施强，面对日益泛滥的“有偿新闻”深感不安和忧虑。于 1993 年 5 月 3 日上书中共中央宣传部部长丁关根，提出消除“有偿新闻”建议。

他们提出的建议内容，一是呼吁领导下决心严加制止；二是澄清新闻工作中糊涂思想，划清新闻与广告、新闻与信息等界限，加强无产阶级新闻的党性和真实性观念；三是要求明令禁止“有偿新闻”，要求党报和党员以身作则，严格执行，凡是拿“红包”的记者，应取消当记者的资格。报告原文不久即在《光明日报》、《中国老年报》等报发表，海内外许多报纸摘要发表，引起社会重视。事前，中共中央宣传部于 4 月中旬发出通知强调，不应以重奖办法吸引记者到本地或本单位进行采访和报道。新闻单位和记者个人不得接受被报道地方、单位的金钱或实物奖励。之后，由中宣部、中国记协和新闻出版署组成专访小组，到北京 11 家企业了解对新闻界的反映。在此基础上，中宣部于 6 月中旬召开新闻工作座谈会。与会者有首都 20 家主要新闻单位的负责人，以及钟沛璋、戴邦等数十位有关人士，围绕新闻队伍建设问题，对“有偿新闻”的现状作了分析，一致认为这个问题已经到了非抓不可的时候。之后，人民日报、经济日报、光明日报等中央以及地方报纸分别在各自报纸显著位置刊登启事，要求广大读者进行监督，发现有违背新闻职业道德、搞“有偿新闻”的情事及时检举。各报除加强内部管理，并纷纷发表文章，对“有偿新闻”进行揭露与批评。

钟沛璋，1924 年生，浙江镇海人。上海交通大学化工系毕业。1939 年参加中国共产党。1946 年在上海创办由地下党领导的中联广播电台，主编《青年知识》半月刊。1949 年后，历任上海《青年报》总编辑，《中国青年报》副总编辑、副社长，团中央研究室主任，中共中央宣传部新闻局局长等职。

〔钟叔河·编审·获第三届韬奋出版奖〕　由中国出版工作者协会和中国韬奋基金会联合主办的第三届韬奋出版奖颁奖大会，于 1993 年 5 月 24 日举行，湖南省新闻出版局编审钟叔河获奖。

钟叔河，1931 年生，湖南平江人。自幼随父读书。17 岁进《新湖南报》任编辑，后因错划“右派”中辍文字生涯，在体力劳动之余，开始读史，进行近代文化思想史的研究。1979 年平反后复出，调湖南人民出版社工作，以编辑《走向世界丛书》闻名出版圈及史学界。1982 年被评为编审。1984 年任岳麓书社总编辑。1989 年任湖南新闻出版局编审迄今。

《走向世界丛书》计 36 种、800 万字。他不仅写了总序，还在每种书前写了序论，介绍其书其人。丛书出版后，受到学术界广泛赞誉，并先后获得多种奖励。1979 年，他提出“湖南古代及近代历史文化典籍状况及整理出版规划草案”，受到有关方面的重视，其中关于出版曾国藩刊稿（全集）的建议，被列入国家出版规划，出版后在历史学界产生了巨大影响。此外他还编出《凤凰丛书》、《知堂书话》、《曾国藩教子书》、《知堂儿童杂事诗笺释》等不少好书。目前，他正为湖南文艺出版社编 10 卷本《知堂文化论集》。

钟叔河的学术著作有《从东方到西方》、《走向世界：近代中国知识分子考察西方的历史》，以及他写的历史学论文结集《中国本身拥有力量》等。

〔钟明善·书法家、书论家·多部书法论著和作品集出版〕　1993 年，钟明善编著的《书法欣赏导论》、《行书技法》由陕西人民美术等出版社出版。台湾出版发行《钟明善书法篆刻选集》。同年，钟明善被聘为中国书法家协会培训中心教授，任陕西省书法家协会副主席、新加坡书法促进联盟名誉会长。

钟明善，1939 年生，陕西咸阳人。幼承家教，以书画为日课，后从田登五先生学习写意花鸟画。1960 年毕业于陕西师范大学中文系。为第二届中国书法家协会理事，现为中国书协学术委员会委员、中国书协教育委员会委员、西安书学院院长、西安交通大学社科系艺术教研室教授。他为研究古代书法，多次去昭陵碑林、西安碑林等书法胜地考察、观览，奔赴洛阳龙门，观览摩崖石刻，前往甘肃博物馆研究汉简，去绍兴体味兰亭雅韵，到北京故宫观摩古人墨宝。

他遍访历代书家墨迹，残碑石刻，更加感到古代书法艺术传统之伟大神奇，进而把对古代书法研究的目光逐步移向近世书坛，特别是对近代书坛大师于右任先生的行书、草书更有深入的研究并精心临写。其书法作品以传统深厚秀雅多姿见长，五体皆能，尤以行草书为最。1987 年荣获全国教师书法展一等奖，曾参加 1981、1985、1986 年三届全国书展。书法篆刻作品曾多次在日本、南朝鲜、新加坡等地展出。先后 4 次应邀赴日讲学、举办个人书画展、鉴定古书画、进行学术交流，誉播扶桑。1989 年应邀担任新加坡全国书法比赛首席评判并讲学。新加坡《联合早报》等报刊刊登专访并介绍其书法成就。其篆刻师宗秦汉印、古玺而又能融甲骨文、陶文入印，奇崛古朴、匠心独具。著有《中国书法简史》、《汉字书法初步》、《于右任的书法艺术》、《书法入门》、《长安书法胜迹》等。编辑出版《行书临范》、《金文三种》等。中央电视台拍摄的艺术片《墨舞》及续集的解说词均出自他手。对于《中国书法简史》，沙孟海先生称其"博稽取约；为第一部书法史问世佳作"，徐邦达誉为"翰墨林中迁史笔"，新加坡中华书法顾问潘受先生称之为"穷源竞尾，提要钩玄，简而能尽，裁而有当，示前修之辙迹，为后学之津梁"。日本著名书论家今井凌雪、中村伸夫已将此书修订本译成日文连载于日本东京《书道研究》。中文版《中国书法史》也于 1990 年由河北美术出版社出版。近年来为西安书学院西安书法函授学院主编教材《学书法》、《碑林》50 多册，计 600 多万字。

〔钟秉福·高级工程师·被授予全国见义勇为先进分子称号〕　1993 年 1 月 17 日，一种混合组装电路在机电部 24 所通过部级鉴定，结论是：国内首创，可广泛用于国防工业。这一科研成果出自一个不平凡的科技工作者之手。他就是该所第三研究室主任、今年 57 岁，现只有一只右眼的高级工程师钟秉福。1993 年 8 月 25 日，在第三次全国人民群众见义勇为与犯罪分子作斗争先进分子表彰大会上，钟秉福被中宣部和公安部授予"全国见义勇为先进分子"称号。

1991 年 9 月的一个夜晚，机电部 24 所的家属大院里，一阵叫骂声伴着铁器与木器的碰撞声，撕破了一片宁静。一个名叫王国富的职工正在用菜刀猛砍 10 号楼人事处长的家门，扬言要杀人事处长。这时，钟秉福闻声走上自家凉台，面对王国富大声劝阻："有什么问题可以找领导讲，找组织反映，这样做要犯错误。"王国富破口大骂："关你屁事，再管闲事老子就杀你……"这时门被砍开一尺见方的大洞。王国富的家人分三路阻挡，下面的群众无法上楼制止。人事处长出差在外，家中只有退休的妻子和刚参加工作的孩子。事态发展下去，后果不堪设想。在紧急关头，钟秉福打开房门，站到王国富面前，义正辞严地说："放下菜刀，你这是在犯罪啊……"疯狂的王国富一见钟秉福，掉头扑向他大叫："你这个爱管闲事的东西，老子今天连你一起杀"。举起菜刀砍了过去，一刀砍在老钟的鼻子和左眼上，顿时鲜血涌出来。紧接着，歹徒又将钟秉福的妻子砍成重伤。歹徒被赶来的群众制服了，但钟秉福夫妇却倒在血泊中。经送往重庆市第二人民医院诊断，老钟左眼球破裂，眼睑裂伤，左眼巩膜穿通并色素膜嵌顿……次日，他被转到重庆市西南医院继续抢救，两个月中，左眼经过 6 次手术，终因伤势过重，无法恢复视力，医生被迫给他做了眼球摘除术。

24 所党委号召全体党员和职工向钟秉福学习。四川省永川市委、市政府作出决定开展向钟秉福学习的活动。中电总公司发电向钟秉福夫妇表示慰问。重庆市委和市科委授予钟秉福"见义勇为优秀共产党员"称号。四川省委授予他"见义勇为标兵"称号。1992 年国家人事部批准他为享受国家特殊津贴专家。

钟秉福是四川省重庆市人，1936 年 5 月生，大学本科学历，1963 年 8 月毕业于云南大学，后一直在军工企业从事半导体器件和集成电路研究工作，曾获部级科技成果一等奖 1 次，二等奖 3 次，多次被评为先进工作者、优秀共产党员。

〔钮茂生·任水利部部长〕　1993 年 3 月 29 日，根据第八届全国人大第一次会议的决定，钮茂生被任命为水利部部长。

钮茂生，1939 年生，北京人。满族。1961 年加入中国共产党。1963 年毕业于北京农业机械化学院水利系。历任北京市水利气象局副局长，中共密云县委书记，中国水利实业开发总公司副董事长兼总经理，水电部黄河水利委员会主任。1988 年起任水利部副部长、中共中央国家机关工作委员会副书记。

〔段会斌·烟台第四建筑公司抹灰工·获首届中国青奥赛抹灰工第一名〕　在 1993 年举行的首届中国青年奥林匹克技能竞赛中，烟台第四建筑公司抹灰工段会斌以其比规定时间提前 4 小时的速度，在墙面上勾抹出了标准的五环图案和"1993"字样，征服了所有的参赛者和评委，夺取了抹灰工桂冠，被国家劳动部授予"全国技术能手"称号，共青团中央授予"全国新长征突击手"称号。

4 年前，17 岁的段会斌当了一名抹灰工，运沙、和泥、抹灰，枯燥繁重的劳动并没有改变他的初衷。在师傅们吃苦耐劳、无私奉献精神的熏陶下，他深深爱上了抹灰这一行，下决心从一点一滴做起，细心观察师傅的操作，查找自己的差距，虚心向师傅请教。别人休息，他不休息；别人下工了，他仍坚持练上一两个小时。每天干十几个小时，累得腰酸臂疼，从不叫苦，也不计较待遇。功夫不负有心人，抹灰不到一年，便熟练掌握了抹灰、镶贴等基本技能，成为青工中的佼佼者。

1993 年 5 月，公司让他参加省、市青奥选拔赛，在师傅陈成刚的精心指导下，顶烈日、战酷暑，全力投入训练。衣服被汗湿透了，干脆光着膀子干；中暑感冒了，吃几片药接着干。抹了砸，砸了抹，反反复复几个月，练就了一手过硬抹灰工夫。在省、市选拔赛中，夺得泥瓦工第一名。9 月，参加全国青奥技能竞赛，他不畏强手，沉着应战。比赛第一天，右手磨破了皮，不包扎不吭声，忍着疼痛一直坚持到比赛结束，终于以 177.13 分的总成绩，夺得冠军。看了段会斌的作品，专家们赞不绝口。台湾青奥赛组委会成员黄先生说，烟台的技能水平，达到世界青奥赛技能水平。

段会斌，山东省乳山市原头圈乡林水村人，1972 年 6 月出生。初中文化水平，1988 年参加工作，先为烟台第四建筑公司壮工，后为抹灰工。

〔段苏权·原军事学院政委·在北京逝世〕 1993 年 9 月 29 日，段苏权因病在北京逝世，终年 78 岁。

段苏权，1916 年生，湖南茶陵人。1930 年加入中国共产主义青年团，同年转入中国共产党。曾任共青团茶陵县委书记，湘赣省委宣传部部长。1932 年参加中国工农红军。后任湘赣军区、红六军团宣传部部长。1934 年随部队西征到贵州后任中共黔东特委书记兼独立师政委。参加了湘赣革命根据地反"围剿"。1937 年入延安抗大学习，后任八路军总政治部教育科科长、中共平北地委书记兼军分区政委。曾率部收复张家口等城市。日本投降后，任热河军区司令员，北平军事调处执行部驻热河、承德小组中共代表，冀热察军区司令员，中共冀热察区委书记，东北野战军第八纵队司令员，东北军区副参谋长。参加了 1947 年东北冬季攻势和辽沈战役。中华人民共和国成立后，任东北军区空军司令员。1950 年入航空学校学习。次年参加抗美援朝，任中国人民志愿军空军联合司令部副司令员。回国后，任东北军区空军司令员。1960 毕业于军事学院。后历任高等军事学院副教育长兼战略教研室主任，福州军区副司令员，军政大学副校长，军事学院政委。是第四、五届全国人大代表，第六、七届全国人大常委。1955 年被授予少将军衔和二级八一勋章、一级独立自由勋章、一级解放勋章。1988 年 7 月获一级红星功勋荣誉章。

〔段国升·神经外科学家·被聘为中华医学会资深会员〕 1993 年 1 月 16 日，具有 78 年历史的中华医学会，正式宣布首批聘任 41 位在医学上有重大成就、德高望重的内外科专家为中华医学会资深会员。人民解放军总医院主任军医、军医进修学院教授段国升获得这一荣誉。

段国升，1919 年 4 月出生于沈阳市。1942 年于辽宁医学院（曾名盛京医学院）毕业后，留校任附属医院外科住院医师、住院总医师、助教、讲师。后任沈阳军区总医院外科、神经外科主治军医、主任军医，人民解放军总医院神经外科主任、军医进修学院教授。1956 年加入中国共产党。

段国升有丰富的颅脑损伤治疗经验。五十年代治疗中晚期颅脑火器伤 180 例，死亡率仅 1.7%，在国内首先应用脑电图皮层电极检查，切除癫痫灶取得较好效果。在对闭合性颅脑伤治疗中，对来院时已发生脑疝者，强调结合头部受伤的方式和部位，分析血肿可能发生的部位进行探查，减少颅内血肿的漏诊，使重型颅脑损伤的死亡率下降到 30% 左右。对双瞳孔散大和呼吸方停的伤员，在急诊室迅速穿孔，缓解病情，进行彻底手术，病人获救率达 45.5%。鉴于双瞳孔散大，病人急救的有效时机无确切的标准，经实验研究，得出有效的减压时间是 60 分钟以内，为急救手术时机提供了重要的参考数据。在国内外首先提出切除运动区矢状窦旁和大脑镰旁脑膜瘤保留中央沟静脉的方法，使许多病人避免了术后偏瘫。在国内首先报告了一组治疗困难的脊髓髓内肿瘤切除病例，使 10 多例髓内室管膜瘤病人术后获得治愈。在唐山地震后，他最早开展外伤性截瘫的前路减压术，使许多椎板切除无效或效果不好的病人，术后又获得较为明显的神经功能恢复。脊髓型颈椎病是颈椎病中的一种严重类型，是国内前路减压术开展较早的术者之一。他先后发表论文 100 余篇，主编、合编专著 8 部。他曾获全国科学大会奖二项，国家科技进步奖三等奖一项，全军科技成果奖二等奖五项、三等奖 9 项。立大功一次，三等功九次。还多次被评为先进工作者。

段国升历任总后勤部卫生部医学科学委员会常委、全军野战外科专业组副组长、全军神经外科专业组组长，《中华神经精神科杂志》常委、《中华神经外科杂志》副总编，中华医学会神经外科学会副主任委员，欧亚神经外科学会委员。

〔段滋明·书画篆刻家·获世界优秀书画艺术家称号〕　1993 年 6 月，世界艺术名人评审委员会、中国中央电视台、美国东方艺术协会、英国东方美术家协会、日本国际书画协会等十一个单位联合授予段滋明“世界优秀书画艺术家”荣誉称号，并颁发了“世界艺术名人”证书。

段滋明，山西省平遥县人，1940 年 2 月生，中学毕业后长期坚持自学，1965 年毕业于山西省教育学院中文系（函授），1988 年毕业于北京齐白石艺术学院国画系。他在书画篆刻艺术上熔古铸新，富创新意识。书、画、篆刻作品入编《世界当代书画名家作品集》、《国际现代书法集》、《20 世纪国际现代书画名家作品荟萃》、《国际现代书法篆刻大观》、《甲骨文书法艺术大观》等艺术书典数十部，数百件作品被美国、日本、新加坡、泰国、菲律宾以及香港、台湾等地学者与博物馆收藏。他多次被特邀参加国际国内书画展并获奖。1992 年，在北京举办的“国际书法大赛”中他的篆刻作品获优秀奖；在当代中外艺术家联谊会等 14 个单位举办的“世界当代书画名家作品展赛”中他的篆刻与山水画获优秀奖；在由泰国正大集团特别赞助，中、日、美、法、加、韩、菲、新、马等 11 个国家 32 个团体举办的“国际正大杯中国书法篆刻大赛”中，他的甲骨文毛笔书法作品获特别奖。纪念毛泽东同志诞辰一百周年中国书画作品精选征集工作委员会也收藏了他的作品。

段滋明又是从事教育工作 36 年的优秀教师，被教育界列为全国有突出成果的 20 名“著名教育家教师”之一。他创造的《段氏地理揉合式教学法》，曾获山西省教育学会优秀论文奖，并被《教育科研手册》等书刊作为先进教学法推广到全国。他先后在国内报刊发表教育论文 50 余篇，其中 10 篇获优秀论文奖。他带头并强调教师要恪守“四个领先”，即爱国领先，德育领先，科研领先，素质领先。他丹心育人，勤奋实践，从多角度著文立说，形成了以爱国主义为轴心，以培养自尊、自信、自强、自立、创造、开拓等非智力品格为主的独特教育思想。他主编或参加编写《高中地理练习册》、《全国中学教师优秀论文集》、《中国当代医药卫生学家词典》等书典 10 部。在语言学研究方面，有“入声字导致口吃”的重要发现，他的科研文章《矫正口吃有新法》、《骨膜炎针治》等发表于康复医学刊物，流传海内外。1993 年 8 月，山西省总工会授予他“自学成才先进个人”荣誉称号，山西省社会主义劳动竞赛委员会给他荣记一等功。

〔禹作敏·大邱庄企业集团总公司原董事长、党委书记·被判处有期徒刑二十年〕　天津市静海县蔡公庄乡大邱庄企业集团总公司原董事长、党委书记禹作敏，因犯有窝藏罪、妨害公务罪、行贿罪、非法拘禁罪、非法管制罪，于 1993 年 8 月 27 日由天津市中级人民法院一审判处有期徒刑 20 年，剥夺政治权利 2 年。

1993 年 8 月 23 日和 8 月 24 日，天津市中级人民法院依法对禹作敏和 7 名同案犯进行了公开审理。在法庭上，禹作敏和其它同案犯以及他们委托的律师分别进行了辩护。天津市各界干部群众 200 多人参加了旁听。

法庭经审理查明：1992 年 12 月 13 日，大邱庄原华大公司养殖场职工危福合被刘云章等 18 人殴打致死后，禹作敏多次指使他人窝藏并安排资助 4 名重大案犯潜逃；组织、指挥同案犯和不明真相的群众以暴力阻碍司法机关依法勘查犯罪现场、搜捕案犯，扣留执行公务的公安干警，导致公安、检查干警未能正常执行职务。为了获取国家重要机密，干扰对案件的查处，禹作敏和其子禹绍政向某机关一名干部行贿数万元。

此前，禹作敏在清理原华大集团公司经济问题时，还曾先后多次组织、指挥了对原华大公司职工田宜正、侯洪滨、宋宝等人的非法拘禁、侮辱殴打。在禹作敏的授意下，还发生了对北京某干部学校师生的非法拘禁和侮辱殴打。此外，禹作敏还指使他人对大邱庄村民刘玉田的家属非法监视，限制人身自由，进行非法管制。法庭在审理过程中，先后宣读了证人证言，出示了书证、物证。禹作敏对所犯罪行供认不讳。

根据禹作敏所犯罪行的事实和情节，天津市中级人民法院依照《刑法》和全国人大常委会的有关决定，以窝藏罪判处有期徒刑 6 年，以妨害公务罪判处有期徒刑 3 年、以行贿罪判处有期徒刑 10 年、剥夺政治权利 2 年，以非法拘禁罪判处有期徒刑 3 年，以非法管制罪判处有期徒刑 3 年。数罪并罚决定合并执行有期徒刑 20 年、剥夺政治权利 2 年。

天津市中级人民法院还对禹作敏的同案犯分别作出了判决：以行贿罪、非法拘禁罪判处大邱庄企业集团总公司原总经理禹绍政有期徒刑 10 年；以窝藏罪、非法拘禁罪判处大邱庄万全公司原代总经理刘永华有期徒刑 4 年；以妨害公务罪、非法拘禁罪判处大邱庄治保会原主任周克文有期徒刑 5 年；以窝藏罪分别判处原大邱庄职工马德水、黄乃奇、陈广洪有期徒刑 3 年、3 年、2 年；以非法拘禁罪判处大邱庄企业集团总公司原秘书长石家明有期徒刑1年。

禹作敏事迹曾刊登于1989年《中国人物年鉴》。

〔侯捷·连任建设部部长·宣布我国将实施被称为“安居工程”的城镇住宅建设计划〕　1993年3月29日，根据第八届全国人大第一次会议的决定，侯捷被任命为建设部部长。

侯捷，1931年生，河北滦县人。1948年加入中国共产党。新中国成立后，历任绥棱县县长，松花江地区水利局副局长，绥化地区副专员，中共绥化地委副书记，黑龙江省农业办公室副主任、省计委主任、副省长，中共黑龙江省委副书记。1985年起任黑龙江省省长。1988年调任水利部副部长、建设部部长。是中共第十三、十四届中央委员。

在1993年12月3日闭幕的第三次全国城镇住房建设工作会议上，侯捷宣布一项被称为“安居工程”的城镇住宅建设计划将在我国实施。他指出，这是党中央、国务院为增加住宅的有效供给，推动住房制度改革，加快住房“解危”、“解困”步伐，确保到本世纪末实现小康住房目标而采取的一项具有战略意义的重大举措。这项造福人民的工程将分期分批进行，第一期工程计划先用三年时间，即在1994年至1996年内，在全国建设一批国家工程，今后将随国家经济实力的不断增强，陆续组织项目实施。作为“安居工程”一项重要内容的解困住房建设，要以中、小套型为主，其使用功能应满足住户的基本生活需要。

〔侯丹梅（女）·京剧演员·获第十届中国戏剧梅花奖〕　1993年6月，被誉为“小关肃霜”的侯丹梅在京演出《坐宫》、《活捉三郎》、《改容战父》三折京剧，获中国戏剧第十届梅花奖。消息传开，人们赞她是“西南一株耀眼的丹梅”。

侯丹梅，1964年生，是贵州贵阳市京剧团国家一级演员。12岁入天津戏曲学校，转年考入京剧界最高学府——中国戏曲学院，攻青衣、花衫、刀马旦。经5年深造，打下能文能武的扎实功底。1984年，被京剧表演艺术家关肃霜相中收为弟子，亲授《铁弓缘》、《战洪州》、《盗库银》、《祭塔》等多出关派名剧。1987年，侯丹梅以《铁弓缘》一折参加全国青年京剧演员电视大赛，获最佳表演奖。转年进京献演全本《铁弓缘》，引起京剧界关注，“小关肃霜”美名在京城不胫而走。

《铁弓缘》是关肃霜的代表作，拍成电影后，在海内外影响极大。该剧虽然好看，而能主演全本者并不多，因为女主人公的身份几经变化，表演涉及花旦、青衣、小生、武生几个行当，主演者得能文能武，唱、做、念、打俱佳才行。侯丹梅在北京舞台一出场，那轻盈的台步，婀娜的身段，顾盼有神的眼光，都使人想起乃师关肃霜当年的神彩。“茶馆”、“待嫁”，她以花旦应工用“风卷残云”、“双抖肩”、“单抖肩”、“走花梆子”等传统程式演出了少女活泼、兴奋、情不自禁之态。“长亭送别”一折，以青衣应工演出人物的稳重、端庄，而又不失小儿女之态。那段〔二黄碰板〕嗓音明亮圆润，抒发了人物悲愤惜别之情。与后来女扮男装唱的一段娃娃调，形成鲜明对照，后者高昂激越，给人以游刃有余之感。最后是身扎大靠、头带雉翎、足登高底靴的将军，她全部继承了关派的“打出手”，靠旗接枪，靠旗不晃、旗飘带不乱，稳准无失误；而且小小年纪，演出了大将风度，打出了大将威风。赢得观众阵阵采声、掌声。

事隔几年后的今天，人们看到侯丹梅技艺更为成熟。《改容战父》是此次主演的重头戏，该剧原是宋丹菊根据其父四小名旦之一的宋德珠所演的《蝶花》改编的，当时宋德珠创造了前所未有的旦角翎子功而脍炙人口。现在其女宋旦菊重排又加工了椅子功，侯丹梅用短短不到两月的时间学了这折戏，并根据自己腰腿功好的有利条件加以丰富创造，将原来围绕座椅的身段，改为跃上高椅单腿独立，“探海”变雄鹰展翅，以及身体腾空，双腿跃人椅背空隙的一组高难技巧，既丰富了观赏性，也出色地塑造出一位暴怒的女山大王的形象。除此，在《坐宫》中的唱念及《活捉》中精采的魂步，都让人感到她善于运用各种手段，表现不同人物的心态和神态。侯丹梅现为贵阳市政协委员、剧协理事，多次获省、市表演一等奖、荣誉奖等。

〔侯宜杰·史学工作者·新著《二十世纪初中国政治改革风潮——清末立宪运动史》出版〕　1993年4月，中国社会科学院近代史所《近代史研究》杂志社编审侯宜杰撰写的《二十世纪初中国政治改革风潮——清末立宪运动史》一书，由人民出版社出版。这是国内外第一部全面系统地阐述清末宪政史的学术专著，填补了中国近代史专题研究的一项空白，开拓了新的研究领域。

侯宜杰，1938年生，江苏沛县人。1964年毕业于山东大学历史系，曾先后在马列主义研究院、山东大学、中国人民大学等单位从事研究和编辑工作。1983年调到中国社会科学院近代史所《近代史研究》杂志社工作。他在编辑工作之余辛勤笔耕，著述颇丰，主要著作有《袁世凯一生》和《袁世凯评传》。《袁世凯一生》一书寓论于史，熔学术性与可读性于一炉，文笔生动流畅，雅俗共赏，受到广泛的欢迎，已经出了两版，他又加以增订，更名为《袁世凯全传》，将由当代中国出版社出版。他还发表论文数十篇，其中影响较大的有《论康有为变法的政治纲领》、《君主立宪派反动论商榷》、《五大臣出洋考察政治的动因及其演变过程》、《论清末立宪运动的进步作用》、《论立宪派与革命派的阶级基础》、《关于立宪派在辛亥革命中的三个问题》等。

侯宜杰治学严谨，不囿成说。近年来，他的主要精力用于清末立宪史的研究上，颇有成绩。他认为，立宪派与革命派的阶级基础同为整个民族资产阶级，立宪运动与革命运动都是资产阶级的爱国民主运动，都是时代潮流的重要组成部分。立宪运动广泛深入地宣传了民主主义和爱国主义，批判了封建专制，大大提高了人民的政治觉悟，解放了人民的思想，在规模、理论、成效、影响诸方面远远超过了戊戌维新，推动了清政府预备立宪和政治制度近代化，为辛亥革命的爆发和胜利作出了重大贡献。预备立宪亦非虚伪，有其进步的一面。他的这些观点，颇为学术界重视。

〔侯镜如·民革中央名誉主席·当选第八届全国政协副主席〕　1993年3月26日，在中国人民政治协商会议第八届全国委员会第一次会议上，侯镜如当选为全国政协副主席。

侯镜如，1902年10月生，河南永城人，黄埔军校第一期毕业。1925年参加第一、二次东征。1926年参加北伐，任国民革命军第十七军第三师党代表兼政治部主任。1927年参加上海第三次武装起义，后任贺龙第二十军教导团团长，参加南昌起义。1932年后历任国民党第三十师参谋长、八十九旅旅长、九十二军二十一师师长、九十二军军长、十七兵团司令兼天津塘沽防守司令、福州绥靖公署副主任。1949年起义后历任国务院参事，国防委员会委员，北京市政协副主席，市人大常委会副主任，中国国民党革命委员会中央委员、常委，民革北京市主委，民革中央副主席、名誉主席，黄埔同学会会长，中国和平统一促进会会长。是第二、三、四届全国政协委员，第五、六届全国政协常务委员，第七届全国政协副主席。

〔俞大绂·著名科学家、教育家·在北京逝世〕

我国植物病理学和农业微生物学的奠基人之一，北京农业大学名誉校长俞大绂教授，于1993年5月15日逝世，享年92岁。

俞大绂教授原籍浙江绍兴，生于1901年。1924年毕业于南京金陵大学。1928年赴美国依阿华大学深造，1932年获博士学位。回国后，历任金陵大学、昆明清华大学农业研究所教授，北京大学农学院院长、教授，中央研究院院士、评议员。1949年北京农业大学成立后，曾任校长和名誉校长；先后任中国农学会副理事长，中国农业科学院学术委员会副主任；1955年被选为中国科学院学部委员，1956年被选为苏联农业科学院通讯院士；是第三届全国政协委员，第四、五、六届全国政协常委会委员。

〔俞大维·台湾“总统府资政”·病逝台北〕

台湾“总统府资政”，国民党元老俞大维于1993年7月8日因胰脏癌转移病逝台湾省台北市，享年97岁。“总统”李登辉获悉后，表示哀悼，对其亲属表示慰问。俞大维遗体于7月10日举行火化仪式，由前“行政院”院长郝柏村主祭，蒋彦士、陈履安等党政要人、亲朋故旧参加。俞大维长子俞扬和也由美返台参加了葬礼。俞大维于1993年2月皈依佛门，法名“净维”，其遗体火化时，骨灰中出现数十粒舍利花及一粒相当完整的舍利子，这实属罕见，令在场者啧啧称奇。俞大维关心祖国统一大业，曾在遗嘱中表示，去世后骨灰飞洒金门海面。

俞大维，1897年生，浙江省绍兴市人，曾国藩外曾孙。1918年圣约翰大学毕业。1922年获美国哈佛大学哲学博士学位，后进德国柏林大学深造。是知名的弹道学专家。曾历任国民党政府军政部少将参事，参谋本部主任秘书，驻德大使馆商务专员。1933年任军政部兵工署署长。1945年任军政部次长。1946年任交通部部长，美援运用委员会委员。1946年左右曾在蒋介石与马歇尔之间翻译联络，是三人小组成员之一，参加与中国共产党的谈判。到台湾后，1951年任“美援运用委员会”副主任委员兼“驻美大使馆”顾问。1954年任“国防部”部长。1965年专任“行政院”政务委员。1966年被聘为“总统府国策顾问”。1976年被聘为“总统府资政”。

俞大维生前主张一个中国，反对台湾独立。1992年11月间接受记者访问时表示，他深信中国一定统一，认为某些人主张“一中一台”全然是幻想，是一厢情愿的想法，是办不到的。

一生嗜书，藏书甚丰。喜欢京剧。台湾出版有《俞大维传》

〔俞兴隆·上海市市内电话局局长·被邮电部授予有突出贡献的专家称号〕　俞兴隆在任上海市市内电话局局长的六年中，坚持走设备改造和技术进步的道路，使上海市电话系统发生了巨大变化，到1993年底，市话总容量突破110万，市话用户达

79 万，创造了显著的社会经济效益。1993 年 5 月，被邮电部授予"有突出贡献的专家"称号。他领导的上海市话局 1993 年被授予全国五一劳动奖状。

俞兴隆几年来抓企业技术管理和设备改造的主要成绩是：1、实施市话网的升位改造。1983 年俞兴隆开始进行市话六位升七位的技术方案研究工作。1988 年任局长后，精心组织指挥，先后进行了 11 次联网试验，解决了一系列技术难题，使升位工程一次获得成功；2、淘汰改造了 6 万多门旋转制、步进制全部老设备，使当时程控交换设备占全网总容量的 60%左右。在老设备改造的同时，利用技术手段在不添置设备的情况下，增加了 3000 多条市话中继线和 1500 多条长话中继线，使市话和长话接通率由原来 37%和 25%分别提高到 45%和 50%左右，取得了显著的经济效益；3、大力开发计算机管理。现已投入生产的"114"大容量计算机查号系统、计算机自动计次计费系统、计算机营业管理系统以及 1240 程控集中监测中心、光缆集中监测中心等，大大提高了市话管理效率和通话质量。据市质量监督站统计，用户满意率从 1989 年的 79%上升到 1993 年的 86.65%。用户有理由申告率为 0.01‰，大大低于 0.35‰的规定指标；4、建立科学的企业管理体系。俞兴隆在企业技术改造中，已形成了一套具有独创精神的设备整治、四个超前、目标系统管理等科学的管理经验。如局房、管道、传输、配线四个超前建设的经验，为市话规模发展创造了充分的物质条件。1993 年市话装机实现了 20 万户，一年的发展占 1882 年上海有电话以来 110 余年的四分之一。

俞兴隆尊重知识，重视人才。几年来选送百余名专业技术人员到国内外进修培训，放手使用，并在工资、奖金分配和住房等方面向知识分子倾斜，大大调动了他们献身邮电事业的积极性。他注重局风建设，对以话谋私等不正之风规定了严格的纪律，并不折不扣地加以执行，并总结推广了许多便民服务措施，深受群众赞扬。

俞兴隆，高级工程师，浙江省萧山县人，1937 年 4 月生，，1955 年 9 月参加工作，历任机务员、副科长、分局长、区局长、市话局副局长等职。曾获上海市技术改造先进个人和上海市重点建设功臣等称号，他领导的市话局先后获上海市局风建设先进单位和上海市文明单位等称号。

〔俞丽拿（女）·小提琴演奏家·"俞丽拿小提琴艺术基金"设立〕　在上海市有关领导的关心下，"俞丽拿小提琴艺术基金"于 1993 年初成立。该基金隶属于上海文化发展基金会。"基金"将积极推动我国小提琴艺术的繁荣和发展，支持和资助小提琴人才的培养和在我国举行的重大小提琴艺术活动及对外文化艺术交流。1993 年 3 月 6 日，在上海兰心大戏院举行了为"俞丽拿小提琴艺术基金"筹款的专场音乐会。俞丽拿和她两个曾在国际比赛中获奖的年幼学生潘依琼、王灏分别在上海乐团管弦乐团的协奏下演出了小提琴协奏曲《梁山伯与祝英台》、布鲁赫和维奥达的小提琴协奏曲。1993 年 11 月举行"第五届全国青少年小提琴比赛"，"基金"为进入二轮以上选手的教师颁发了 4.3 万元的教师奖，向全体参赛选手及教师赠送了纪念品。

俞丽拿，上海人。1940 年 10 月 18 日生。1951 年 9 月入上海音乐学院附属中学学习小提琴。1957 年升入上海音乐学院管弦系，先后师从窦立勋教授、谭抒真教授，1959～1960 年曾在苏联小提琴家别里捷班上学习，1962 年毕业。1958 年她参加了管弦系同学组织的小提琴民族学派实验小组，试图将我国民族乐器的演奏方法应用在小提琴上。1959 年，在上海音乐学院管弦乐队协奏下，首演何占豪、陈钢作曲的小提琴协奏曲《梁山伯与祝英台》，获得极大成功。1960 年任上海音乐学院女子四重奏组第一小提琴手。曾在柏林国际舒曼弦乐四重奏比赛中获奖，并赴澳大利亚、美、加、德和香港等国家和地区演出。她的演奏音色优美，热情奔放。曾与国内众多乐队和外国来华访问的指挥合作演出。录有瞿维的《G 大调弦乐四重奏》、何占豪的《烈士日记》、舒曼的《第三弦乐四重奏》、《俞丽拿等弦乐重奏曲》等唱片、盒带。现为上海音乐学院教授，曾培养出多名在国内、国际小提琴比赛中获奖的学生。是中国音乐家协会会员。

〔俞振飞·著名京昆表演艺术家·在上海逝世〕

我国京昆艺术的一代宗师俞振飞，走完他不平凡的 92 年人生之路，于 1993 年 7 月 17 日在上海逝世。

俞振飞，号箴非。1902 年生，江苏松江（今属上海市）人。自幼从父学昆曲小生，后学京剧小生。曾在上海、北平、香港等地演出。1930 年后在上海暨南大学任教。新中国成立后，任上海戏曲学校校长，上海昆剧团团长。他从 14 岁第一次登台演出，到 90 岁最后一次亮相舞台，为中国戏曲作出了卓越的贡献。他精通诗词书法，在笛风、指法、随腔运气方面有很高的造诣。并将京昆表演艺术融于一体，形成了儒雅、秀逸、富有"书卷气"的表演风格，将戏曲小生艺术提高到一个新的高度，世称"俞派"。梅兰芳、程砚秋、荀慧生、尚小云、言慧珠等许多著名戏曲艺术家，都在舞台上与他配过戏。其代表剧目有昆剧《太白醉写》、

《游园惊梦》,京剧《周仁献嫂》等。主演的《惊梦》、《墙头马上》已拍成戏曲片。他整理并发展了昆曲曲调,著有《振飞曲谱》、《习曲要解》等。1980年文化部等单位举办了俞振飞舞台生活60年纪念活动。他90岁时,上海有关单位举办了祝贺他舞台生活70年的活动。年已九旬的他,又粉墨登场,举手投足之处,无不显露当年的风采,令戏迷迭声叫好。但就在此后,他患了结肠癌,两年中先后七次手术,顽强地与病魔斗争。

俞振飞1959年6月加入中国共产党。他曾任中国文联副主席,中国剧协常务理事、上海分会副主席,上海市文联副主席,上海京剧院名誉院长,上海昆剧团名誉团长。他是第三届至第八届全国政协委员。

〔俞惠琴(女)·主任药师·获"巾帼建功"标兵称号〕　1993年3月3日,全国妇联、中共中央宣传部、中直机关工委和国家机关工委联合举办的巾帼建功演讲团首场报告会,在北京人民大会堂举行。被评为全国"三八"红旗手和"巾帼建功"标兵的济南军区88医院药剂科主任药师、全军药学专业委员会副主任委员俞惠琴的报告,深深打动了在座的近千名听众。

俞惠琴从事药学工作43年,勤勤恳恳,精益求精,先后发表专业论文43篇,主编专著4部,研制新制剂、新剂型29种,11次获国家和军队科技成果奖,被誉为军中"女药王"。

俞惠琴,1928年11月出生于上海的一个富裕家庭,1951年7月在苏州东吴大学药学专科毕业后,拒绝父母为她安排好的舒适工作,从军报国,分配到88医院药局工作。当时,有些从前线下来的志愿军伤员伤口感染,因药物紧缺,得不到及时治疗而被迫截肢。俞惠琴看在眼里,急在心上,立志改变这种状况。没有条件就创造条件,土法上马,很快研制成六种抗菌消炎药,解决了燃眉之急,保住了数以千计的官兵的肢体。

俞惠琴从"娇千金"到"女药王",落下了一身病,做过10次手术,其中大手术6次。一次采集中药草时腰部严重扭伤,打上石膏。当时,她正在进行药物中毒快速检验方法的研究,还编写《药局技术操作规范》。她躺在床上查资料、做笔记、观察实验。实在支撑不了,就口述让丈夫帮着记。当她从床上站起来时,药物中毒快速检测的成果已用于临床,《药局技术操作规范》中十几万字的材料也已完稿。40多年来,她就是凭着这种毅力进行了上万次药品和制剂的研制试验,有10多次因药物中毒从试验室抬到急救室。特别是试制"汉肌松"新药,4次中毒,每次都是从急救室救过来,接着进入试验室工作,终于获得成功,被收入1977年《中国药典》、《中国百科全书》,并被作为发掘、提高祖国医药学典范,载入多种医药手册和植化教课书,10多个国家的有关杂志都作了介绍,获得全国科技大会成果奖。1992年,她的创新达到高峰,一年取得六项军队科技成果进步奖(主研三项),其中治疗脑心血管疾病的"舒脑心滴丸"、抗菌消炎的骨架型外用散剂——"溃疡速宁"及"耳炎宝滴丸",均为国内首创。

俞惠琴研制的新药品,随便转让一种就能挣几十万元。她却认为,知识技术是党和人民给的,应该毫不保留地奉献给国家和军队。近几年有10多家药厂高薪聘请她当顾问,都被她谢绝了。她研制的三种新药作了技术转让,90万元的转让费,全部奉献给医院。正像人们说的,有些人有钱,却失去了价值;俞惠琴没有钱,却拥有世界。

俞惠琴在88医院曾任药师、正副主任、主任药师。1979年3月加入中国共产党。从1979年开始,连续三届担任全军医学科学技术委员会委员、药学专业委员会副主任委员和全军医院药学专业组组长。先后荣立二等功2次,三等功1次,多次被评为优秀共产党员,1993年被济南军区评为优秀知识分子标兵,

〔饶宗颐·香港中文大学艺术系荣誉讲座教授·《饶宗颐文集》在广东出版〕　香港中文大学艺术系荣誉讲座教授饶宗颐是国际汉学界公认的权威学者。1993年7月10日,来自穗港澳的20多位《饶宗颐文集》顾问及编委,汇聚广州中山大学,参加由广东人民出版社编辑出版《饶宗颐文集》的首次会议。广东省原政协主席吴南生及广东新闻出版局局长周圣英出席会议。作者饶宗颐教授也专程从香港前来与会。

饶宗颐,字伯濂,号选堂,1917年生于书香之家,广东潮安(原称潮洲)人。其父饶锷是当地有名的学者。他自幼博览群书,聪颖过人,有神童之称。18岁时,继承父亲未竟的事业,补订《潮洲艺文志》。后应聘任无锡国专、广东文理学院教授,兼任南华学院(后改为南华大学)文史系主任。四十年代末移居香港,长期执教于香港中文大学,讲授《诗经》、《楚辞》、《汉魏六朝诗赋》等。1968年出任新加坡大学教授兼系主任。七十年代任美国耶鲁大学研究院客座教授、香港中文大学讲座教授兼文学系主任、法国高等研究院客座教授,日本京都大学教授等职。1978年从香港退休后,任香港中文系、艺术系荣誉讲座教授,

中国文化研究所高级研究员。这位辛勤的园丁，桃李满天下，为社会培养了大批人才。

饶宗颐研究范围甚广，涉及敦煌学、甲骨文、词学、目录学、楚辞学、考古学、金石学等。在文、史、哲、艺很多领域，都有高深造诣。专著40多种，其中主编有《潮洲志》、《潮洲先贤传》、《甲骨通检》，著有《敦煌方法丛刊》、《敦煌白画》、《敦煌本老子想尔注》、《云梦秦简日书研究》、《史林》等。书画艺术也颇有成就。

在国际汉学界，饶宗颐声誉极高。1962年获法国科学儒莲汉学奖。是印度宾达卡东方研究院院士，法国远东学术院院士，巴黎亚洲学会荣誉会员。1993年获法国索邦高等研究院首位人文科学博士荣衔、法国文化部二级文学、艺术勋章。

饶宗颐关心祖国及其家乡，毕生都在搜集汕头地区的文物历史资料。他是国务院古籍整理出版规划小组顾问。还被聘任中国语言学会理事、上海复旦大学顾问教授等职。

〔施洋·“二七”大罢工领导者之一·塑像在武昌落成〕　1993年是“二七”大罢工70周年。2月6日，中国铁路总工会在大罢工发祥地之一的北京二七机车工厂召开纪念大会。江泽民、李鹏题词祝贺。“二七”大罢工的组织领导者之一、著名律师和社会活动家施洋的塑像，日前在武昌施洋烈士陵园落成。

施洋，字伯高。1889年生，湖北竹山人。出身于家境衰落的书香家庭。1907年起先后就读于湖北郧阳农业学堂、农业中学。1911年辛亥革命爆发后回乡，创办国民学校，被乡亲们推举为本县农务会会长。1914年到武昌，先后就读于湖北警察学校和湖北私立法政专门学校，立志学法为民，并经常参加校内外的爱国宣传活动。毕业后于1917年和武汉法学界人士共同发起组织法政学会，主张律师要保护人权，伸张公理，反对谋取私利。1919年在武汉当律师。五四运动爆发后，积极参加反帝反封建的斗争，支持爱国学生运动，参与组织了湖北各界联合会，被选为副会长和赴京请愿团团长。10月初，和天津、上海等地各界代表聚集北京，向北洋政府请愿，并发表了震撼人心的演说。11月10日，全国各界联合会成立，被选为评议部部长。1920年春，与恽代英等创办《武汉星期评论》，宣传革命思想。1921年8月中国劳动组合书记部成立后不久，他参加了武汉分部的工作，积极投入中国共产党领导的武汉工人运动。12月与林育南等成功地发动了汉口租界人力车工人罢工，成立了武汉第一个现代工会组织“人力车工会”，任该会最高顾问和对外全权代表，被称为“劳动者律师”。1922年1月任京汉铁路江岸工人俱乐部法律顾问，6月加入中国共产党。9月参与领导粤汉铁路工人大罢工，10月任武汉工团联合会（后改称湖北全省工团联合会）的法律顾问。随后去上海参加全国司法会议，11月任粤汉铁路总工会法律顾问。1923年2月1日同各工会、团体代表到郑州参加京汉铁路总工会成立大会，积极领导工人同北洋军阀吴佩孚作斗争。随后返回汉口，与京汉铁路总工会江岸分会委员长、共产党员林祥谦等领导了京汉铁路工人大罢工。2月7日，吴佩孚出动军队镇压罢工的工人群众，造成了二七惨案。施洋于当晚被捕。他在狱中、在法庭上，与敌人进行了针锋相对的斗争。2月15日在武昌英勇就义。

〔施明德·出任台湾民主进步党主席〕　1993年11月台湾举行23个县市长选举，民进党主席许信良曾说，“不获半数以上席次，将辞去主席职务”。11月27日晚，设置在民进党中央党部的县市长选举开票中心，一反去年“立委”大选获胜的气息，回荡着低迷的落败情绪，民进党仅获6个县市长席位，与原来比较还失去1个县市长席位。党主席许信良与担任选战指挥中心的施明德，均宣布辞去党职。但11月28日许信良引咎辞职后，却由该党首席中常委施明德接任主席。同日该党秘书长江鹏坚也要求辞职，其他各部会主任则依惯例辞职，施明德已表示对他们将全部慰留。

施明德，别名许一文、许哲夫，1941年生，台湾省高雄市人。1962年国民党陆军二炮兵学校毕业。后任少尉炮兵军官。不久，被控以领导青年军官和学生从事“台独”活动罪，判处无期徒刑。1975年4月被减刑15年，于1977年6月16日刑满释放。后协助党外人士苏洪月娇竞选台湾省“议员”。1978年11月任“台湾党外人士助选团总联络处”执行秘书兼发言人。1979年5月任《美丽岛》杂志社总经理。同年12月10日爆发“高雄事件”，任总指挥。后化装躲藏，1980年1月8日被台湾当局逮捕，判处无期徒刑。1985年4月，为抗议台湾当局制造“江南命案”曾绝食。1990年5月21日被特赦。后任民进党顾问、民进党中常委、台湾第二届“立法委员”、民进党“立院”党团总召集人。

1978年10月与艾琳达（美国德州人，斯坦福大学人类学硕士）结婚。因受“高雄事件”牵连，艾于1979年12月15日被台湾当局驱逐出境。

施明德在台湾是有影响的人物，台报称他很可能竞选台湾下届“总统”。主张“台湾是主权独立国家”。1993年4月在新加坡“汪辜会谈”时，曾率“民进党国会反对国共统一会谈宣达团”前往，宣传其“台独”主张。又认为“两岸关系维持现状最好，“两岸领导人不可以躁进，统、独问题，这一代解决不了，可以等到下一代”。

〔施蛰存·作家·获第二届上海文学艺术杰出贡献奖〕　三十年代著名作家施蛰存，在“蛰居”20多年后，在改革开放大潮中又有十多部新作问世，再度蜚声文坛。1993年6月，获得上海市第二届文学艺术杰出贡献奖。

施蛰存是我国“五四”新文化运动中的一员勇将。几十年来涉猎文学各个领域都有所建树。二、三十年代，他致力小说创作，其代表作《上元灯》、《小珍集》、《将军的头》、《梅雨之夕》、《石秀之恋》等，开中国现代派小说之先河，曾主编《无轨列车》、《新文艺》、《现代》月刊。四十年代攻翻译文学，他精通英、德、俄语，译著有《妇女三部曲》等。五十年代，在执教之外，埋头古典诗词、金石、铭文、碑拓的考证与研究，被错误地划成“右派”后，仍执著地发掘民族文化。八十年代初，他患直肠癌动了手术，出院后继续拼搏，先后完成了《唐诗百话》、《金石百咏》、《唐碑百选》、《文艺百话》、《北山集古录》、《词学名词释义》、《花间新集》等10多部作品。上海书店编辑《中国近代文学史》，他负责翻译卷，第一个完稿。他还发表了大量散文、随笔，清新隽永，耐人寻味。他非常关切王朔、苏童等年轻有为的作家，并寄语社会文坛：“对于新出现的一些文学现象、文学形式，不要轻易地斥之为‘痞子’、‘垃圾’，不要先拒绝，要研究，善意扶持帮助。”他说：“‘五四’新文化运动不是也曾被人斥之为垃圾文学吗？每个时代总有适应那个时代的作品。”

施蛰存，浙江杭州人，1905年12月3日生，中学时代开始写作，曾向《觉悟》、《礼拜六》投稿。1922年起先后就读于杭州之江大学、上海大学、震旦大学。曾任云南大学、厦门大学副教授，暨南大学教授。1952年起任华东师范大学教授、《词学》主编。他发表出版的文学著作共30余部、译著30余部。

〔姜云·北京智凯办公自动化设备有限公司总经理·领导企业再次获得国家“百强奖”〕　北京智凯办公自动化设备有限公司总经理姜云，领导这个中外合资高新技术产业公司全体职工，在波涛汹涌的商海中搏击，使他的RICH系列平推式票据打印机堂堂正正地坐在全国各大银行、税务、铁路、邮政、商业系统及政府和军队机关的工作台上，从而打破了国外各大电子公司对中国“票打”市场的垄断与技术封锁。被国家科委作为全国打印机行业中唯一的一家，列入国家火炬计划。1993年继1992年后，该公司再次荣获国家“百强奖”。

姜云1946年出生于北京，父亲是位老红军，母亲为中学校长。他从小在北京上学，二十刚刚出头就以优异成绩毕业于哈尔滨军事工程学院计算机专业。此时，正值“文革”爆发，善良的母亲在批斗中含冤去世，父亲瘫倒在床上。姜云担起家庭生活重担，一边照顾瘫痪在床的父亲，一边拉扯着年幼的弟、妹们艰难度日。不久，他又因“家庭问题”被下放到一家山村铸造厂当了一名翻砂工。艰难困苦的经历，磨炼出他坚强的意志。

中共十一届三中全会以后，姜云被调到中国银行一家分行从事电脑应用工作，这使他有机会掌握了金融工作的诀窍，也切身感受到由于设备不配套卡住了我国计算机应用的脖子。他决心用自己的手扯断卡在中国计算机应用领域上的绳索。1987年他加入到东方电脑集团，受委派只身一人返回北京。他从为一些单位修理封存已久的计算机及其配套设备开始，一步一步积累资金，同时结识了一批志同道合的朋友。经过不懈的努力，姜云和他的战友们一道，终于从维修设备中逐步积累知识与经验，设计出一种一机兼容多种指令、在国内外处于领先水平的RICH500XT，引起国家科委的高度重视，也吸引了投资者，四家企业争相投资。他们很快注册成立了北京智凯办公自动化设备有限公司。这个集技工贸于一体的中外合资公司的诞生，给中国计算机应用及其配套领域吹进了一股强劲的东风。姜云以其干练吸引了大批用户，更引来了更多的志同道合的战友。他们以蓬勃的进取精神，携起手来在商海中破浪前进。几年时间，相继推出六大品种的打印机，年销量以每年100%的速度连续递增。

现在，北京“智凯”已积累了比较雄厚的“家业”，职员们收入年年大幅增加，许多人都安妥了自己的小家。姜云至今仍和他的妻子住在一家简陋的招待所里，他的目光已盯向了国际市场，决心在世界大市场里一展“智凯”雄风。

〔姜文·著名电影演员·被评为首届十大影视明星之一〕　1993年11月4日由中国影协《电影艺术》杂志社、广东银海集团股份有限公司、长剑汽车集团公司联合主办的“首届十大影视明星”评选揭晓。姜文因在众多影片中成功地塑造了不同身份、不同性格的人物形象而获得这一荣誉。另外，姜文1993年在首次参与主演的电视连续剧《北京人在纽约》中扮演王起明，也在观众中引起轰动、获得好评。

姜文，1963年出生于一个军人家庭。父亲是工程兵干部，母亲是小学音乐教员。姜文最早的艺术薰陶就来自母亲备课时的弹奏。1980年，姜文考上了中央戏剧学院表演系，从此走上了一条艰辛的艺术之路。在校期间，姜文以他的聪明、才气、勤奋而深得教师们的好评。尤其在学生作业《家庭大事》中扮演了62岁的老爷爷，竟连老师都认不出他来，以为是外请的演员呢！

1984年，姜文从中央戏剧学院毕业，分配到中国青年艺术剧院任演员，1985年，姜文在陈家林导演的《末代皇帝》中扮演溥仪，与当时已颇有名气的潘虹配戏，没想到他初上银幕即出手不凡，将末代皇帝特有的气质，风度展现出来。随后姜文又在著名导演谢晋的巨片《芙蓉镇》中扮演了与他年龄、经历相差甚多的"秦书田"，这一角色的成功，使姜文跨入中国优秀男演员的行列。获得当年百花奖最佳男演员奖。1987年，姜文在中法合拍的《花轿泪》中扮演一个年龄跨度很大的角色，又是一部英语片，各种困难使他受到更多更广泛的磨炼。更为充分展示姜文才华的是在张艺谋导演的《红高粱》中扮演男主角"我爷爷"，他不仅把角色刻画得神采飞扬，而且为导演出了不少好主意，受到大家赞扬的"颠轿"一场，就是姜文的建议。在谢飞的《本命年》中扮演男主角，他以极为自如的表演，细致准确地展示了人物的内心历程。谢飞曾说：《本命年》用姜文，片子就成功了一半。姜文在谢添导演的《春桃》中又成功地扮演了男主角刘向高，使他再度获得"百花奖"最佳男演员奖。

此后，姜文又一次拓宽戏路，在第五代导演田壮壮的《大太监李莲英》中扮演大太监李莲英，展现了一个"嫁进宫里的男人"特异畸型的心态；在周晓雯执导的侦破片《狭路英豪》中扮演一个正直的年轻警官，也获好评。

1993年姜文第一次涉足电视剧，在《北京人在纽约》中将男主角王起明——一个赴美谋求发展的大陆提琴手的曲折经历和复杂矛盾的心态鲜明地展现于屏幕，他始终把握住角色内心所具有的人格和民族的自尊，面对无奈现实的烦躁不安，不甘失败的雄心，爱情的失落和渴慕。可以说他把握住了一个现代中国年轻移民者特有的气质，心理。评论界认为姜文刻画的王起明比他以往的创作更深入、更接近角色，观众也给以好评。

现在姜文又对自己进行了新的挑战，他第一次独立导演影片《阳光灿烂的日子》。

〔姜凤鸣·农民·用木鱼石创造极品珍雕被誉为"中国一绝"〕　山东莱州市柞村镇北寺口村农民姜凤鸣，于1993年用我国极其罕见的木鱼石，独自创造出可以传世的极品珍雕，被国内专家和外商誉为"中国一绝"。10月，一位新加坡客商闻讯专程来北寺口村，用重金购买了一套姜凤鸣精雕的茶具，这套龙缠凤绕的茶具不仅属于木鱼石珍品，更奇的是那个茶壶为一块独石所雕，壶中注满水后那陷在里面的壶盖会神奇地自动漂浮上来。

木鱼石又称木纹玉，呈紫檀色，据地质学家考证，系古生代寒武时期形成，距今已有5亿多年的历史。李时珍在《本草纲目》中称该石"甘、平、无毒，主治咳逆上气、肢节不利，久服耐寒暑不饥，益脾，安脏气，定六腑，镇五脏"，主要分布在山东省济南市的长清县境内。现年29岁的姜凤鸣，出身于大泽山石雕世家，从小从父辈学习石雕技术，练就了一手绝活，并使他对各类石头产生了极强的鉴别能力。一个偶然的机会，他在长清看到了这种木鱼石。自感此种石头非同一般。于是试验用这种石头雕刻成一把茶壶，亲自带着这种石头进京到中国预防医学科学院，经过专家鉴定，确认这种木鱼石含有钙、锶、硒、锌、锰、镁等20多种对人体有益的矿物质和微量元素。用这种石头做成茶壶泡茶时析出的硒含量较高，具有抗衰老、降高血压等功效，其天然价值大大高于一般矿泉壶。更令人称绝的是，用这种壶泡茶，4天过后，色、香、味如初。

姜凤鸣由此萌生将木鱼石制成集实用、保健、观赏于一体的工艺珍品的奇想。他师从中央工艺美院、西北雕塑院的知名专家，用根据直角坐标系原理独创的"点线仪"加工工具，应用现代物理学原理，几经探索，终于成功地雕刻出古朴雅美的酒具、茶具、文房四宝等，有的茶壶在倒水时"龙口"还会"滋滋"作响。

姜凤鸣用木鱼石制成极品珍雕消息传出以后，日本、韩国、东南亚国家和港台地区的客商和我国建材、文物、工艺美术部门的专家，纷纷拥入北寺口小山村，有的邀他出国考察，有的要来投资办厂，更多的是要求优先定货。姜凤鸣已经建起一座珍雕厂，他立志要为弘扬中华这一工艺奇葩而献出全部智慧和青春年华。

〔姜泗长·著名耳鼻咽喉学专家·获"模范医学教授"称号〕　1993年9月10日，中华人民共和国中央军事委员会主席江泽民发布命令，授予姜泗长"模范医学教授"荣誉称号。

姜泗长，天津市人。1913年年9月出生，1938年毕业于北平大学医学院，1947年赴美国芝加哥大学医院进修。1961年12月加入中国共产党。历任南京大学附属医院、第五军医大学附属医院院长，第四军医大学第一医院、解放军总医院副院长。现任解放军总医院耳鼻咽喉研究所所长，总后卫生部专家组组长.是第四、五、六届全国人大代表。在他从事的耳鼻咽喉学领域，从临床到科研、从应用研究到基础研究、从个人的医疗技术到学科的全面发展，都取得了显著成就，在国内外同行中享有崇高声望。他敢于冲破“禁区”，首先在国内开展了治疗耳硬化症的内耳开窗术，亲自做手术治愈患者300多人。该技术在全国推广后，使成千上万的患者听到声音、开口说话。他第一个在国内开展镫骨底板切除术，第一个制作国内成人颞骨切片和死婴内耳标本，撰写了《耳鼻咽喉学》等5部专著，发表学术论文100余篇。其研究成果有29项分别获国家科技大会奖、国家科技进步奖和军队科技进步奖，有的填补了国内空白，有的达到世界先进水平，本人先后6次立功。他医德高尚，现已80岁高龄，仍坚持在临床、教学和科研第一线工作。他精心育才，培养了我国几代耳鼻咽喉学科的专业人才，在总医院第一个主动带头让贤，把科主任职务让给年轻同志担任。目前，他的学生有100多名在全国医科院校的耳鼻咽喉教研室和省、市医院以及全军各大单位总医院的耳鼻咽喉科担任主任。1978年以来，他培养硕士生24名、博士生10名。从1964年以来，他一直担任中华耳鼻咽喉学会副主任委员、主任委员，中华耳鼻咽喉学杂志副总编、总编职务。他大胆改革学会的运行机制，组织学会大力开展学术交流活动，促使学会成为培养人才、深化研究、拓宽领域的基地；积极开展与国外的学术交流，为把中华耳鼻咽喉医学事业推向世界做出了贡献。1993年9月4日江泽民同志为姜泗长题词“技术精益求精，诲人桃李天下。”

〔姜春云·中共中央政治局委员·再次当选中共山东省委书记〕　1993年11月26日，在中共山东省六届一次全委会上，姜春云再次当选为山东省委书记，赵志浩、李春亭、李文全、韩喜凯当选为副书记。

姜春云，1930年4月生，山东莱西人。1946年参加工作，1947年2月加入中国共产党。曾在莱西县任小学教员、区委文书、县委秘书、县委办公室主任。后任莱阳地委生产合作部秘书科负责人，中国土产出口公司青岛分公司副科长，山东省青岛市外贸局秘书科副科长。1960年调山东省委宣传部，先后任指导员、一级巡视员、办公室副主任。1970年起任山东省革委会办公室秘书组负责人、办公室副主任，后任山东省委副秘书长、秘书长。1983年任山东省委副书记兼秘书长。1984年任山东省委副书记兼济南市委书记。1987年起任山东省委副书记、代省长、省长。1988年起任山东省委书记。是中共第十三届中央委员，第十四届中央政治局委员。

〔姜战林·北京铁路公安局副局长·被评为第四届中国十大杰出青年之一〕　由中华全国青年联合会、中国青少年发展基金会和首都十家新闻单位联合组织的第四届“中国十大杰出青年”评选，1993年10月5日在北京揭晓，铁道部北京铁路公安局副局长姜战林，在同各种刑事犯罪斗争中特别是在打击“车匪路霸”的斗争中，领导有方，身先士卒，成绩卓著，被评为第四届“中国十大杰出青年”之一。同年10月，他还获得公安部授予的全国公安系统一级英模称号。

1988年，姜战林担任北京火车站铁路公安段段长，为维护北京站内的良好秩序，他先抓了打击“票贩子”的活动。后又组织“环京”行动，开展对“车匪路霸”的专项斗争。一次他带3名干警夜间侦察，突与7名歹徒遭遇，在左臂负伤的情况下，勇敢机智，亲手抓获一名罪犯。尔后又连续奋战3昼夜，一网打尽了从沈阳流窜来京的6个犯罪团伙38名罪犯，缴获匕首23把，赃款6万元。1989年2月，他又带领9名干警，在一个窝点内一举抓获哈尔滨籍的“刀子队”21名。这个“刀子队”春节前后在北京至石家庄的列车上作案40多起，刚到北京就被打掉了。这两次行动，抓获流窜犯60余人，打出了北京站公安段的声威，打掉了“车匪路霸”的嚣张气焰，稳定了北京站的治安形势。

1991年7月，京广、京包线列车，连续发生抢劫、盗窃事件，已经担任北京铁路公安处处长的姜战林，放弃假日休息，立即带领干警登车跟踪侦察，发现是一个号称“包头帮”的犯罪团伙作案。他经报请上级批准成立联合专案组，由姜战林负责组织侦破。经一个多月的紧张战斗，先后抓获包头籍流窜犯71名，摧毁犯罪团伙6个，破获了涉及全国37趟客车的抢劫、盗窃案136起，缴获赃款15万多元，毒品500余克。此案的破获令“车匪路霸”闻风丧胆。

1992年7月姜战林被任命为北京铁路公安局副局长，负责晋冀两省、京津两市几千公里铁路线和数百趟列车上的刑事侦察工作。上任后他提出“建立专职打流小分队，机动灵活追剿车匪路霸”的斗争对策，在京、津、石、太等6个公安处，组建了7支精干的打流小分队。在他的组织指挥下，北京铁路公安局的一支仅有13名干警的打流小分队，在4个月内开展10多次较大的行动，抓获犯罪分子194人，打掉犯罪团伙21个，摧毁窝点24处，破获各类案件172

起,收缴赃款38万余元,毒品4.5公斤。其中姜战林一人就抓获主犯、重大案犯21人。对稳定京广、京包、京山等铁路干线的治安起到重要作用,受到国务院禁毒领导小组和铁道部分安局的表彰。

姜战林平时刻苦钻研公安业务,善于摸索、总结在改革开放形势下刑事犯罪的特点与规律,善于琢磨犯罪分子心理,因而取得了一次又一次的胜利。

5年来姜战林先后组织指挥干警抓获杀人、抢劫、贩毒、盗窃等犯罪分子2100多人,打掉"车匪路霸"团伙147个,破获各类刑事案件1760起,其中重特案件410起,挽回经济损失83万余元。由他亲自抓获的重大案犯238名,被誉为"神奇的铁鹰"和"车匪路霸"的克星。

姜战林,北京人,1955年3月生,1980年11月入党,曾毕业于中央广播电视大学法律专业,1974年3月参加工作后,历任铁道部北京铁路公安局民警、秘书、乘警队长、公安段长、办公室副主任、政治处副主任、副处长、处长等职,先后荣立一等功2次,二等功2次,荣获全国铁路"见义勇为十大勇士"、北京"五四"青年奖章、北京市劳动模范、全国劳动模范等多种荣誉和奖励。

〔姜淑卿(女)·山东海阳工艺品厂厂长·获全国优秀女企业家称号〕 山东工贸联营海阳工艺品厂厂长、高级经济师姜淑卿,在1993年"三八"国际劳动妇女节前夕,被中国企业管理协会女企业家协会、全国妇联授予"全国优秀女企业家"称号。

姜淑卿,1931年2月出生,山东省海阳县人。1947年加入中国共产党。1951年在中共海阳县长沙区委任妇女干事。次年起任郭城区妇联主任、县妇联干事、县机关托儿所所长。1970年调到只有70多名职工的海阳草制工艺品厂任中共支部书记、厂长。上任后,她不断探索,瞄准国际市场,抓住设计创新、市场信息、产品质量这三个环节,为艺品厂创出一条振兴之路。她从实践中悟出,草制工艺品用的是"草",卖的是"艺",因此,必须从设计创新上下功夫。于是她每天挤出一两个小时学习,到处搜集图案资料并向专家、民间艺人请教,亲自带头搞设计。同时,还选送5人到省美术院校深造,先后又派出7人去美、日、意大利等国进行市场考察,建立了一支较强的设计队伍,使草制品由十几个花色品种增加到八大类一万多个花色品种。其中由她设计创新的二千多花色品种,成交额达二千多万元。1984年她主持设计的大平编地毯震动了广交会,仅此就被外商订货达150万元,占了全省成交额的1/5,并获全国第四届工艺美术品百花奖草编工艺品最高奖——银杯奖。为了拓宽销路,使企业立于不败之地,姜淑卿在国家外贸部门和国际市场建立起信息网络,广泛收集信息,同时,还注意在各种交易会、选样会和与外商洽谈业务中摸清各国的习惯、爱好、风格。经多年积累,基本掌握了各国在风格、造型上对草编织品款式的需求。1983年姜淑卿得知"猫头鹰"在美国是机敏、先知、吉祥的象征,她立即以此设计座垫图案,一次销往美国价值40多万元的产品。为确保产品质量,组建了县、乡、村三级验收网,赢得了外商的信誉,其草制品被定为免检商品,曾被省评为优质产品和获轻工业部优秀出口产品银质奖,并于1989年、1991年连续两届获得北京国际博览会金奖。自1987年以来,她亲自组织扩建厂房4.6万平方米。1989年她参与创建的中日合资海阳爱思箱包有限公司,3年来累计完成产值9000万元,实现利润650万元,出口创汇1800万美元,成为省十大合资企业之一。1992年又新上合资生产婚纱礼服,并与韩国成立来料加工出口领带项目。20多年来,她带领全厂职工用草制品为国家换取外汇4837万美元。为全县人民增收1.3亿元。为让更多的农民通过草编这条路富起来,她发挥本企业的龙头作用,每年无偿投入培训费、草编模型费用,并让利于民,带动了全县家庭经济的不断发展,被农民们赞誉为"咱们的活财神"。姜淑卿不仅帮助本县农民增收致富,而且对外省、县来请教者,也是有问必答,有求必应。自1982年以来,她先后获烟台地区劳动模范、省劳动模范、优秀共产党员、巾帼杯优秀女企业家标兵,全国轻工系统劳动模范等称号,并被授予全国"五一"劳动奖章等。所在企业曾被评为省、市"出口创汇大户"和"文明单位"、省先进企业,1988年晋升为国家二级企业。

〔娄正纲(女)·画家·在日本举办个人画展引起轰动〕 1993年5月12日,旅日青年女画家娄正纲在日本绘画艺术最高殿堂三越画廊举办个人画展,这是她旅日后第二次举办画展,再一次引起轰动。日本前首相中曾根康弘、当代绘画大师加山又造在贺电和题词中赞扬她"天赋超人",她的字画"具有罕见的艺术魅力"。

娄正纲,1967年生于黑龙江省鸡西市。3岁从父习字,聪明过人,受到著名艺术家吴作人、舒同、启功的赏识。林散之老人说:"娄正纲很有才气,大器可成。"

1979年,娄正纲12岁,应邀在北京荣宝斋练字,一日本书道代表团观后惊叹道:"真了不起!"一席表演改变了日本人认为中国书法后继无人的看法。当年,她以"智力超常儿童"资格,破例进入中央美术学院深造。1986 年，娄正纲东渡日本，开始了异国他乡的艺术生涯。到东京后娄正纲胸怀“求学、成才”的远大抱负，身临闹市不动心，坚持一面学习，一面创作。常常晚上 8 点开始作画，通宵达旦。饿了，吃块饼干；倦了，打开电子钢琴，听听音乐。娄正纲的座右铭是“心诚则灵”。不管作什么事，总是锲而不舍，不达目的不罢休。辛勤的创作带来了成功的喜悦。1990 年，她的作品在日本各地展出，一下子轰动了日本列岛。静岗县一位名叫山下的艺术爱好者，被她的“太阳之声”磅礴气势所“征服”，以巨额高价从展室中买走。那幅画高 2.4 米，长 3.3 米，以战国时代壁画图案作背景，烘托出两株向日葵，深绿的枝叶，鹅黄的花盘，低垂向东，生机盎然。为这幅画，山下先生不惜重新改建自己矮小的房屋，将它悬挂在门厅中央。日本报纸、杂志纷纷发表评论，称赞娄正纲是“传统和现代艺术的前卫”，她将“中国水墨画、西洋油画和石器时期的洞窟壁画熔于一炉，把绘画推向一个新的境界。”娄正纲的画凝重、深沉，自然美中寓意深邃的人生哲理。她将古代壁画、浮雕、彩陶、花纹与万紫千红的花卉交织在一起，画出悠远的民族文化和多姿多彩的大千世界。

娄正纲身在日本，心系祖国。在她的画室里，有她父亲的题词，有从北京带去的玩具，有各种各样的中国书籍，从庄子、老子到现代文艺作品。她说，“我一个人，生活他乡，思念生育、培养我的祖国、亲人和老师。从这些心爱物中，我找到了精神食粮，找到了安慰和欢乐。”娄正纲酷爱音乐。世界名家灌制的唱片，塞满一柜，摆在第一位的是中国钢琴协奏曲《黄河》，她说，“每当夜深人静，一曲《黄河》激起胸中‘万顷思乡波涛’……。她去日本后，曾两次将个人举办画展所得的部分收入捐献给国家，一次赠送给宋庆龄基金会，一次给中华全国青联。她这种成才不忘祖国的情操受到同胞们的钦佩。

娄正纲在丹青生活道路上不断探索、攀登，成绩斐然。日本人称她为“天才女画家”，前首相中曾根康弘、竹下登出面作“娄正纲后援会”的名誉顾问，支持她艺术创作活动。娄正纲说：“我还年轻，要到美国、欧洲闯闯。我要把祖国的艺术传遍世界，让世界人民都知道我的画！”

〔洪民生·中国电视艺术委员会副主任·主编《电视声画论集》出版〕　由中国电视艺术委员会副主任、高级编辑洪民生主编的《电视声画论集》于 1993 年 7 月出版，该书是中央电视台为纪念建台 35 周年编辑出版的 12 册《电视丛书》之一。

被称为电视界的多面手的洪民生，于 1962 年调入中央电视台的前身—北京电视台工作，从此一干就是三十年。在漫长岁月里，他学习、掌握了电视中编、导、摄等业务知识，涉猎过电视各个领域，包括新闻、文化生活、少儿、科技教育、电视文艺、电视剧等。他参与了中央电视台的《全国新闻联播》的创建，“全国电视大学”的筹建开播。参与策划推出了一批电视栏目，如“神州风采”、“综艺大观”、“曲艺杂谈”、“兄弟民族”、“正大综艺”等。参加了一批优秀电视剧《新岸》、《磋砣岁月》以及古典文学名著《西游记》、《红楼梦》等的改编、策划，为此，他曾在全国第二届红学学术会上作过电视剧红楼梦拍摄构想的专题发言。1983 年他和文艺部黄一鹤、邓在军导演共同策划推出的现场直播春节晚会，如今已连续创办十年，这个节目已成为全国收视率最高，发展为具有民族传统的重点节目。他提倡和创办了多种发展综合电视文艺的活动，如为发展民族文化艺术首创的各种电视竞赛：《青年歌手大奖赛》、《全国中青年京剧演员大奖赛》、《桃李杯舞蹈邀请赛》、《民族器乐大奖赛》、《全国书法篆刻大赛》、《少数民族文艺比赛》、《梅兰芳金奖京剧大赛》等。在他任中央电视台总编辑主持中央电视台编委会期间，对实现节目栏目化，努力提高电视节目质量作出了积极贡献，尤其是在如何围绕中国特色的形象来塑造和丰富屏幕，如何汇天下之精华，广泛团结电视系统和社会各界发挥电视的整体优势，弘扬民族优秀文化传统，以及提倡精品意识，提倡节目的含金量、信息量等方面所作的努力及取得的成果为人们所称道。

洪民生，1932 年生于浙江宁波洪塘乡，1948 年在上海协大祥绸布店学徒，1955 年任公私合营公方副经理，1956 年 8 月考入北京大学中文系新闻专业，1958 年院系合并到中国人民大学新闻系，1960 年毕业留校任教，1962 年 9 月到北京电视台（中央电视台前身）工作，任编辑，创办文化生活等节目，历任电教部主任，文教部主任、文艺部主任，1980 年 6 月起任副台长，1988 年后兼任总编辑。1992 年 8 月后任中国电视艺术委员会副主任兼秘书长，联合国教科文组织中国委员，中国人民大学新闻学院、北京广播学院兼职教授。洪民生还以书法著长，尤攻隶书，出版专著《隶书技法》、《隶书百花侍》、《隶书名胜楹联选》等多种，书法作品在国内外有一定知名度，为中国书法家协会理事。

〔洪学智·当选第八届全国政协副主席〕
1993 年 3 月 26 日在政协第八届全国委员会第一次会议上，洪学智再次当选为全国政协副主席。

洪学智，1913 年 2 月生，安徽金寨人。1929 年 3

月参加游击队，5月加入中国共产党。曾任红军连长，营政治委员，团政治处主任，师、军政治部主任。长征到达陕北后入红军大学学习。1938年起任抗日军政大学支队长、副大队长，团长、五分校副校长，苏北盐阜军区司令员，新四军三师参谋长、副师长。解放战争时期，任辽西军区副司令员，黑龙江军区司令员，东北野战军纵队司令员，第四野战军军长、兵团副司令员，广东军区副司令员。1950年10月参加抗美援朝，任中国人民志愿军副司令员兼后勤司令员。1954年后任解放军总后勤部副部长、部长。1977年后任国务院国防工业办公室主任，解放军总后勤部部长兼政治委员，中央军委副秘书长、军委委员，中央顾问委员会委员。1990年后任第七届全国政协副主席。1955年被授予上将军衔。1988年9月再次被授予上将军衔。是第一、五、七届全国人大代表，第五届全国人大常委会委员。中共第八届中央候补委员，第十、十二届中央委员。

〔宫学斌·农民企业家·两年办成四个中外合资企业〕　山东烟台龙大企业集团总经理宫学斌善抓机遇，勇闯国际市场，两年中，先后与日本、韩国、澳大利亚、香港合资办了四个外向型企业，四年累计创汇1991万美元，成为胶东地区的"企业明星"。连续三年被评为市"优秀乡镇企业家"。1993年6月25日《大众日报》以"农民企业家宫学斌抓机遇"为题报道了他的事迹。

宫学斌是山东莱阳市龙旺镇一个普通农民，1937年6月生，1965年8月加入中国共产党，初中文化程度。1986年春，他到广州、深圳，看到自选商场的副食品多半是从美国进口的保鲜速冻果菜，心里激起了极大的不平："我们有丰富的农副产品资源，为什么不能加工出口，赚老外的钱？"回家后，找几个同仁一商量，立即破土动工，仅用半年时间就建成了2400吨的恒温保鲜库，成立了莱阳市果蔬保鲜总公司，宫学斌任党总支书记兼总经理，当年获利近40万元。接着又建起了罐头厂、粉丝厂、纸箱厂，使企业走出一条横向联合一厂多办之路。

进入九十年代，我国改革开放的步伐加快，企业竞争更加激烈。面对严峻的形势，宫学斌抓住机遇，积极寻找一条将产品打入国际市场的渠道。他从一条信息中获悉，美国新技术贸易公司驻天津办事处想在中国找一个联合加工汤粉的厂家，就连夜直奔天津和外商进行业务洽谈，并邀请到公司考察。外商一看，很满意，当即决定合资开办了"烟台新味食品有限公司"，出口汤粉及系列产品，当年创汇33万美元。1991年初，宫学斌得知，北婆罗贸易（香港）有限公司日本籍人士大间知彻三，准备在中国办一个蔬菜加工企业，他便马上前往邀请大间知先生到公司边看边谈，很快达成了协议，双方共同投资70万美元，开办起"烟台龙大食品有限公司"，主要经营保鲜、速冻果蔬、水产品，当年创汇405万美元。1992年春，他们公司又以优良的产品质量赢得日本神荣株式会社的信赖，对方主动要求投资20万美元，合资兴办了"烟台国际种子有限公司"。1993年宫学斌领导的莱阳市果蔬保鲜总公司更名为"烟台龙大企业集团"，完成出口产品1·04万吨，实现工业总产值1·1050亿元，创汇1003万美元，利润370万元，产值、创汇、利润分别比上一年增长203%、82%、145%。

〔祝嘉菠·石雕工艺师·中国石壶艺术展在台北举行〕　1993年3月，台北绮俪艺术中心为上海友谊商店艺术创作室石雕工艺师祝嘉菠举办《中国石壶展》。台湾的一些报刊和上海《文汇报》、《解放日报》、《新民晚报》、广州《羊城晚报》及香港《文汇报》、新加坡《星岛日报》等先后对其石壶艺术作了专题报道，并选登其作品照片多幅。同年8月，上海电视台播映专题片《壶中日月长——记祝嘉菠》。著名艺术大师唐云、上海中国画院院长程十发、著名画家刘旦宅先后题词称誉："壶中日月长"，"佳菠石壶、巧夺天工"。

祝嘉菠，又名佳波，1953年8月生，江苏泰州人。自幼酷爱艺术。曾在江西农村插过队。1974年调回原籍，进一家工艺美术厂工作，使其特长得以发挥。1979年考入上海友谊商店古玩研究室，专攻各种石材的雕刻创作，主要作品有壶、砚、钮，尤以壶砚见长。他制作石砚品种繁多，诸如蘑菇砚、佛手砚、枯竹砚、兰亭砚、甜瓜砚、金龟砚、竹笋砚、荷叶九龟砚、云龙砚等，皆浑厚苍古，古朴典雅，格调清新、风格多变，刀法精湛，深获中外书画家、收藏家的好评。

石壶是壶具天地中绽开的一朵新的奇葩。数年前，佳波受茶文化的启迪，将石壶引进了壶苑，成为石壶创作的先行者之一。匠心独具地构思壶样和款式，达到形式美和造型美的统一。他还根据石材的特性，造型的规律，创作出方非一式、圆不一相的各种石壶，或圆或方，寓圆于方，寓方于圆。或对比，或重复，使外型线条变化万千，加上壶盖、壶钮、把手、注嘴的衬托，浑然一体，加强了造型的艺术效果。代表作有：东坡提梁端石壶、竹根提梁端石壶、春笋壶、荷叶青蛙壶、石榴小虫壶、佛手壶、瓜叶壶、寿桃壶等。行家评价佳波的石壶艺术，注重在"雕"字上求其美其精其妙其细，在整体造型上给人以三维空间感，雕塑的立体性特强，从各个角度去观察，发现每个角度都有内容和空间扩张感，圆浑生动，意蕴丰富。1992年4月，佳波应日本著名的SOGO公司邀请，随中国传统艺术代表团访日，作品在船桥、横滨、神户、奈良、大阪等市展出，深受称赞。1992年香港云峰画苑为其举办《巧夺天工——中国石壶展》。

〔费孝通·民盟中央主席·连任全国人大副委员长·谈农民小康之后怎么办〕　1993年3月28日，在第八届全国人民代表大会第一次会议上，中国民主同盟中央委员会主席费孝通再次当选为全国人大常委会副委员长。

1993年春暖花开时节，费孝通不顾年事已高，又开始了他的"行行重行行"。5月16日至19日，他在广东珠江三角洲的南海市了解农民温饱问题解决之后应当注意解决些什么问题。作为社会学家，费孝通首先想到的是农民们在精神文明上能不能跟上物质生活的改进？即如何创造新的社会秩序和社会风气这一类问题。他走访了南海市的"文明村"典型里水镇里水村，亲笔写一篇《南海小记》发表在《瞭望》周刊1993年第28期上，生动具体地介绍了这个村精神文明建设的经验，并谈了自己的看法。

里水村有农户420户，人口1320人。1991年工农业总产值即达440万元，人均收入3200元。近年来村民自愿筹资200多万元整治村容村貌，环村道路和村里街巷已全部是水泥路面。路的两旁绿枝成荫。村里有阅览室、娱乐厅、托儿所、幼儿园、旱冰场、无害公厕和大小花圃等公共福利设施。村长向费孝通介绍了从1990年就开展评选"文明户"活动的情况。文明户不是"终身制"，村里建立了文明户的档案资料，每季度检查一次，半年群众评选一次，年终总结。评选的标准都是经过村里群众一条条讨论认可的，大家认为这些都是一个好村民应当做到也可以做得到的事情，但不是从上而下定的法律或命令，而是群众的共识，是"村规民约"。它和法令的区别是不用权力来强制执行，也不受权力的惩罚，而是依靠社会舆论的督促使人心服口服地把它作为个人行为的规范。

费孝通认为，凡是牵涉到人们思想作风的规范，不通过个人自觉的意愿是转化不成实际行为的。这是道德伦理领域里的事。外力的压制往往会产生抗拒，不可能使人心悦诚服，抗到后来反而容易养成习惯性的两面派，表面和内心出现双重标准。任何社会固然不能没有法治秩序，但是真正要做到有法必守，还得有道德伦理的秩序打底子。道德伦理秩序是依靠社会力量来支持的，是建立在人们自觉的是非之上的。人们自觉的是非之感并非天生，而是通过生命一开始就接受到的社会教育中培育起来的。社会上众多的人的是非之感形成的社会舆论才是真正规范人行为的有效力量。

费孝通认为，南海市里水村这个"文明村"如果起到了建立农村新风尚的作用，关键也许就是在善于发挥社会自身的力量，在法治秩序之下添上一个道德伦理秩序，或者可以称之为"人伦秩序"，一个为人们共同认可的共同相处的守则。这个秩序的建立，也许正是现在普遍所说的精神文明的基础吧。

费孝通作为我国有突出贡献的社会人类学家，获得了日本设立的亚洲文化大奖。他于9月上旬赴日本福冈市接受大奖。这是日本设立这项奖目4年来，中国人第二次摘取大奖；第一次（当时称"特别奖"）的得主是巴金。

费孝通，1910年11月生，江苏吴江人。1930年至33年在燕京大学学习。1933年至35年在清华大学研究院学习。1935年至38年在英国伦敦大学学习，获博士学位。1938年至49年任云南大学、西南联合大学、清华大学教授。1949年至1958年任清华大学教授、校务委员会委员、副教务长，中央民族学院教授、副院长，中央人民政府民族事务委员会副主任，国务院专家局副局长，民盟中央常委、民盟北京市副主任。1958年后任中央民族学院教授。1978年后任中国社会科学院民族研究所副所长、所长，中国社会学会会长，国家民族事务委员会顾问，国务院学位委员会委员，民盟中央副主席、主席，香港特别行政区基本法起草委员会副主任委员，中央民族学院教授，北京大学教授。1988年获大英百科全书奖，成为第一位获得这一荣誉的中国学者。他是第一、七届全国人大代表，第七届全国人大常委会副委员长；第一届全国政协代表，第三、四届全国政协委员，第五届全国政协常务委员，第六届全国政协副主席。

〔费桂龙·农民·起草农业法初稿参与制定《中华人民共和国农业法》〕　1993年7月2日，《中华人民共和国农业法》经八届全国人大二次会议审议通过并颁布实施，来自江苏省江都县的农民费桂龙参加了《农业法》的制定，并曾献上他经过两年起草的"农业法初稿"。同年8月，费桂龙应农业部特邀来京参加中外农村市场经济法制研讨会，与会的美国农业法学家、全美农业法协会主席汉密尔顿听了费桂龙事迹介绍后，连声赞叹："中国农民，OK！"

费桂龙，江苏省江都县人，1947年10月生，中学毕业后在家乡务农。在"文化大革命"期间，他为发展生产养有上百只鸡，曾被当作反面典型批斗，那种

"割资本主义尾巴"的恶梦至今未忘。他了解农村中不少农民担心好政策会变。因此，认定当今中国唯有完善农业立法，把经过长期实践检验的正确方针政策用法律形式固定下来，才能避免左右摇摆，确保农业的基础地位，农民才能心安，农村才能富裕。他萌生了撰写一部农业法的设想，到处借阅参考书，写了30多万字心得笔记。曾自费到省内外100多个乡村调查研究，征求农民群众对立法的意见。经过两年调查和起草工作，九次增删，反复推敲，一部9章46条近5000字的农业法初稿写成了。他揣着初稿到北京找到数家大机关请教如何处理，得到答复两条：第一，起草农业法不是你个人的事；第二，本机关权力有限，不能接受初稿。费桂龙虽碰了壁，丝毫不气馁。他以苏北农民和一名共产党员的名义给江泽民总书记写了一封信，并附上那份"农业法初稿"。很快，这份初稿被批转到立法机关。与此同时，100多名全国人大代表、70多名全国政协委员汇集农民群众的意愿，纷纷提出议案和提案，呼吁尽快制定农业法。1991年12月，农业法起草机构答复，确认费桂龙所撰"农业法初稿"是"一份有意义、有价值"的文稿。1992年6月，全国农村法制建设研讨会在浙江萧山召开，教授云集，唯一特邀的农民代表就是费桂龙。他向会议报告自写"农业法"的撰稿过程和农村近况，专家教授们报以热烈掌声。1993年国家《农业法》正式审议通过后，新近出版的《农业基本法起草文件资料选编》第386至393页，全文收录了费桂龙的"农业法初稿"。费桂龙并不满足于已做的工作，他再作调查研究，将上送一份《关于深入宣传贯彻〈农业法〉、强化农业基础地位的建议》。

〔费景汉·台湾经济学家·出任台湾中华经济研究院董事长〕　1993年10月，台湾著名经济学家费景汉接替辞职的蒋硕杰，出任台湾中华经济研究院董事长。

费景汉对大陆的改革开放、经济发展颇为关注。1983年就正式在耶鲁大学教授大陆经济发展课程。他认为20世纪是中国从农业为主的传统经济走向以科技为推动发展的现代化经济发展的过渡时期，并指出台湾公营事业失败的经验应可为中国大陆的企业作借镜。近年继续对大陆的经济发展进行研究，曾访问大陆。他主张对大陆的经改制度变化做学术性的研究，对两岸目前争论不休的"一国两制"问题提出学术性的答案。

费景汉，1923年生，北京市人。1945年北京燕京大学毕业。后赴美深造，1948年获西雅图华盛顿大学硕士学位，1952年获麻省理工学院博士学位。后长期从事教学研究工作，曾任美国麻省理工学院讲师，哈佛大学经济研究计划研究员，华盛顿大学、康奈尔大学客座副教授、教授等职。曾在巴基斯坦及美国援外总署工作多年。1969年起任美国耶鲁大学经济学教授迄今。1972年当选台湾"中央研究院"院士。1980年任台湾经济发展研究所所长。1984年获选为美国乔治城大学孙中山先生讲座教授。是台湾"中央研究院"经济研究所通讯研究员。

费景汉为台湾的经济发展做出了贡献，1974年曾与著名经济学家邹至庄、顾应昌等人拟就"台湾今后财经政策的研讨报告"。

他也是国际知名的经济学家，曾长期致力于"经济发展学"的研究，成就不凡，其重要贡献是提出了"劳工剩余开放双元性经济发展理论"。所谓双元是指农业和工业。当经济是由这两个部门发展起来的时候，就叫双元性。而劳工剩余，则是指劳力很多。这套理论是说明如何以农业为基础来促进工业的发展。韩国与台湾就是属于劳工剩余开放双元性经济发展的国家和地区。

〔姚远·编剧·所编话剧《李大钊》获中国第三届戏剧节优秀编剧奖〕　中国第三届戏剧节于1993年5月23日在福州拉开了帷幕，6月2日落幕，共演出7个剧种15台戏，其中话剧《李大钊》以强烈的革命激情震憾人心，与会专家一致认为，这是话剧近年来反映重大历史题材的少有的高质量的剧目，堪称精品。为此，该剧囊括了7项奖，编剧姚远获优秀编剧奖。

大型近代纪实性话剧《李大钊》是姚远根据作家王朝柱同名传记文学改编的，如何将这部近60万字的煌煌大作浓缩于两小时内，再现出凝重的史诗风格，这确实是检验剧作家才华的艺术尺度。姚远抓住原作重笔浓彩刻画人物性格的特点，运用话剧艺术塑造典型形象特有的表现手法，以李大钊为全剧的经线，以同时代影响中国历史进程的方方面面的代表人物为纬线，巧妙地编写出这22场震慑心魂且有史、有诗的剧本，显示出大手笔的恢宏气魄。而且在写历史人物时，剧作家多注重人物的个性和情感，从生活中的平常事下笔，抓住一两个典型细节，加以点染，人物个性便跃然而出。如写李大钊求见陈独秀一段，陈拿着李的文章入厕，准备看了不如意，便用来当卫生纸，不料进去一会儿便大喊"拿手纸来"，他对李大钊文章的欣赏，谐谑中跃然而出。这个细节不但有趣，陈独秀的狂傲和爱才的个性也栩栩如生地表现了出来。其他人物如章士钊的害怕革命，杨度的随波逐浪，吴佩孚的狡诈，张作霖的暴戾，也给观众留下了深刻的印象。剧作家在写革命领袖人物的伟业时，亦注重写他们的情感，而且注意从多角度、多层面来写，以使人物血肉丰满。如剧中用不少篇幅写李大钊的没有文化的妻子和聪慧的幼女，写他们相知相爱，同生死，共患难的那一份至诚至情；也写了李大钊以自己微薄的工资接济学生，在工作和学习上帮助他们进步，带领他们走上革命道路的师生之情；还写了他与同窗好友、后为吴佩孚帐下高参的白坚武开始时互助共勉，最终分道扬镳这一过程中的思想和情感冲突。其他还写了李大钊夫人与章士钊夫人之间的交往和李大钊与一对男女学生的生离死别，使整个舞台充满了戏剧动作和冲突，从而取得了感人至深的效果。对于历史人物的评价，剧作家尊重原著，也努力做到实事求是，还历史本来面目。如对陈独秀早期的革命活动所持的肯定态度，与李大钊对军阀的反动性估计不足等，使人觉得可信。

姚远，1944 年 6 月生于四川省重庆市，自幼父母双亡，两岁时便随祖父迁居苏州。1962 年毕业于南京师范学院附中，"文革"时期在江苏高淳县插队务农，后调入县锡剧团普及样板戏，先后任乐队队员、副队长、创作组组长，1979 年考入南京大学中文系戏剧专业硕士研究生，受教于著名戏剧家陈白尘。后获硕士学位，留任学校戏剧研究室教书。1983 年，他酷爱编剧的热望得以实现，有幸被调入南京军区政治部前线话剧团，先后任创作员、编导室主任、团长。1991 年 3 月调入南京军区政治部专业文艺创作室任创作员。创作大型话剧有：《大树下》、《天堂里来的士兵》、《商鞅》、《下里巴人》、《窗口的星》、《迷人的海湾》等，其中《下里巴人》获首届江苏戏剧百花奖；《商鞅》获华东田汉戏剧奖。还创作电视剧《爱神的眼睛》、电影《1949·上海捉蒋行动》等。

〔姚文淮·淄川区人民检察院检察长·被评为中国十大杰出检察官之一〕　1993 年 9 月 20 日，由《人民日报》、新华社、《法制日报》等 13 家新闻单位和中宣部新闻局联合主办的建国以来首次评选"中国十大杰出检察官"活动在京揭晓，并在人民大会堂举行颁奖大会。山东省淄博市淄川区人民检察院检察长姚文淮名列榜首，获此殊荣。

姚文淮是山东省淄博市人，1940 年 10 月生，大专文化程度，1958 年 6 月参加工作，1973 年 6 月加入中国共产党，曾任淄川公安分局侦察股副股长、淄川区昆仑派出所所长、淄川区人民检察院经济检察科科长、副检察长等职，1990 年 3 月后任现职。

近几年来，姚文淮带领全院干警，把打击刑事犯罪同为改革开放和经济建设服务结合起来。他主持召开外贸和大中型企业、重点乡镇企业负责人座谈会，征求意见，建议党组制订了《为搞好大中型企业服务的规定》、《为提前奔小康服务的意见》等文件。在各类案件的查处中，他十分注意办案策略，力求最佳效果。寨里镇某村党支部书记董某，高薪从外地聘请来几位工程师，使创办才几年的村针织厂创产值百万余元，创利税数十万元，为该村插上腾飞的翅膀。但由于他从严治厂得罪了几名村民，那几人 3 次联名上告到区检察院，揭发董某有贪污问题。姚文淮 3 次派人到该村调查，认定董无贪污行为，3 次在全村公布调查结果。那几人仍不甘心，又到市里告几位科技人员的状，直接影响了企业生产。为制止这种歪风邪气，并为改革者撑腰壮胆，姚文淮亲自坐阵、昼夜加班，4 天内查阅了该厂建厂以来的 500 多册帐目，查明董确无问题，于是他主持召开全体村民大会，郑重宣布调查结果，同时充分肯定董某重奖有功科技人员的做法，对诬告者给予严肃批评教育，使针织厂科技人员和职工扬眉吐气，生产越发红火起来。淄川是著名的煤炭、建材之乡，但前些年事故频繁发生，影响了生产。姚文淮为此多次召开专门会议进行研究，把防事故作为为经济建设服务的重要一环来抓，全区重大事故明显减少，1990 年和 1991 年的事故发生率和死亡率分别比前两年降低了 89% 和 87.6%，直接保障和促进了煤炭和建材的生产。

姚文淮坚持执法不徇情，认法不认人。在生活待遇上，总是先人后己。前些年，一家三代挤在两间旧房里住。宿舍楼盖好了，大家提出给他分套宽敞的房子，可他坚决主张：领导班子成员暂不分房，先分给住房紧张的干警。直到两年之后，解决了干警和几位副职的住房，姚文淮才最后一个搬进新房。

姚文淮领导的检察院连续 5 年受到省检察院的表彰。他也先后荣立三等功 3 次、二等 2 次、一等功 1 次，并 3 次受晋级奖励，多次被评为模范共产党员。1990 年 6 月受最高人民检察院通令嘉奖。1992 年 5 月被最高人民检察院授予"全国模范检察长"称号。

〔姚岁寒·编审·获第三届韬奋出版奖〕　中国出版工作者协会和中国韬奋基金会联合主办的第三届韬奋出版奖颁奖大会，　1993 年 5 月 24 日在北京举行。科学出版社编审姚岁寒获此殊荣。

姚岁寒，1940 年生，江苏无锡人。1963 年毕业于南京大学地理系，随即进科学出版社从事编辑工作。1989 年被评为编审。

1991 年底，在北京召开的国际空间年中国筹备会上，　亚洲遥感协会副主席材井面对由 15 个全张印制而成的巨幅《1:150万中国卫星影像图》感慨地说:"世界第一!"地图的责任编辑就是姚岁寒。

姚岁寒多年来致力于遥感技术和专题地图集的出版,有着丰硕的成果。他组织出版的反映我国第一批遥感科研成果的三部遥感图集,被认为在我国地学领域的开拓方面作了重要工作。他组织出版的《中国自然保护图集》、《青藏高原地图集》等10多种大型专题地图集,反映了中国科学院等单位的主要成果,为我国自然资源的开发,提供了准确的科学依据。他在组织出版高质量的地理出版物方面具有开拓性,为中国遥感和地图科技成果的总结和出版作出了重要贡献。

〔姚美良·华侨青年实业家·在全国政协会上呼吁再唤侨心振兴中华〕 新当选的全国政协委员、香港南源永芳集团公司董事长姚美良,1993年3月26日在全国政协八届一次会议上发言,呼吁为振兴中华充分发挥海外华侨的作用。他说:"我们有几千万爱国同胞在海外,他们对祖国做出了很多贡献,这是中国自己独特的机遇。……当今世界掌握在华人实业家手中的游资多达数千亿美元。我们应当发挥归国华侨与海外联系密切的优势,促成中国与侨胞居住国的经济贸易合作,共谋繁荣幸福。"我国实行改革开放后,姚美良积极到大陆投资并热心捐助文化教育和社会福利事业。至1993年,永芳集团在广东、北京、汕头、上海、吉林、沈阳、山西等地投资达5亿多元。为文教福利事业捐资6000余万元。姚美良出资1000万元创建的中山大学近代中国研究中心(永芳堂),于1992年11月12日孙中山诞辰126周年和中山大学校庆68周年举行了隆重的落成典礼。姚美良出资1000万元主办的《纪念黄遵宪先生当代书画艺术国际展览》,自1990年12月在广州首展后,先后在新加坡、上海、北京、武汉、南京、杭州、梅州、香港等地巡回展出。姚美良为促进海峡两岸文化交流,1993年10月又赴台北,亲自主办这一展览。台湾知名人士谢东闵、郝伯村、林洋港、吴大猷、蒋纬国等题词、参展。这一展览将继续在美、英、法、俄、日、加等十几个国家和国内的几十个城市中巡回展出。

姚美良,1955年生于马来西亚华侨之家。其父姚永芳1911年出生于广东省大埔县,24岁时到马亚西亚谋生,从创立南源布庄,经营布疋、百货起步,1942年创制后来名扬世界的"永芳"高级化妆品,其实业迅速发展成为拥有多家工商企业的集团公司。姚永芳成为颇有名望的新马侨领,获得马来西亚元首颁赠的P.P.M勋章和苏丹殿下晋封的太平局绅勋衔。姚永芳事业有成,更加怀念祖国。1966年初,他将其二子二女送回广东读书,接受祖国培养。时年11岁的姚美良随其兄姐到广州不久,"文革"风暴即席卷大陆。姚美良在"文革"浩劫中生活了八年,1974年回到香港。姚美良事后对人说:"在大陆那八年,什么苦没有吃过?可是正是这八年风霜,使我领教了什么叫苦难,也因此体会到父辈谆谆教导的'国家兴亡,匹夫有责'的切身涵义。因此,我总想为中华民族振兴做点什么,贡献点什么,否则心里就不安宁。"1977年姚永芳去世后,姚美良继承父业,精心经营,使永芳集团日益发展壮大,其业务遍及世界各地,成为实力雄厚的跨国集团公司。

〔姚奠中·著名学者、书法家·在京举办个人书艺展〕 1993年6月11日至19日,由全国政协、九三学社中央等单位在北京中国美术馆举办了"姚奠中书艺(附画印)展",同时,中国书法家协会主持召开了"姚奠中书艺学术研讨会"。十多位全国著名书画家、篆刻家、评论家,对姚奠中的书艺以至诗、画、印,给予了高度评价,认为姚奠中的书艺展"美不胜收",是"典型的学者之书"。展出后,人民大会堂和中国美术馆分别收藏了他的行、篆作品三幅六件。中南海也收藏过他的行草巨幅。中央电视台和《书法》、《中国书法》等杂志,都介绍过他的艺术和学术研究成就。

姚奠中,原名豫太,以字行,别署丁中、刘草、樗庐。1913年5月生于山西稷山县。肄业于山西教育学院和无锡国学专修学校,曾从民主革命家、国学大师章太炎研究国学。1936年起,先后在安徽、四川、贵州、云南等高校任讲师、副教授、教授兼系主任。1951年调任山西大学教授。1974年,章太炎夫人汤国黎女士致信国务院总理周恩来,提出整理章太炎遗著的要求,并附上一份可担此任的章氏弟子名单,其中就有姚奠中。周恩来立即将信转给有关部门并亲自打听姚氏其人。当时,姚奠中尚未完全脱身于"反右"及"文革"的劫难。辗转闻知此事,百感交集。后来,他为"章太炎纪念馆"写了一幅对联:"为国为民九死一生终不悔,兴文兴教千秋绝业赖薪传。"这是对章大师一生的写照,也是姚氏的终生目标。1978年起已培养硕士研究生20人。先后被评为山西省优秀教师、全国优秀教师,发表有关文、史、哲的学术论文百余篇,出版论著(包括主编)16种。其中《中国短篇小说》、《唐宋绝句选注析》都发行25万册以上;《中国古代文学作品选》获省高教优秀教材二等奖,《元好问全集》获省科研成果二等奖、全国首届古籍整理三等奖。1988年出版《姚奠中论文集》,1992年出版大型书画册《姚奠中书艺(附画印)》,另有《南北诗词草》收诗词三百余首。

姚奠中幼承家教,从小学到中学,日课大小楷,十余年不间断。在中学,从学赵转颜,同时自学魏碑、隶、篆、鍾鼎,绘画、刻印也已入门,常应师友、社会之求挥笔奏刀。高中大学阶段,曾从书法名家常赞春教授学篆,刻印也专学汉铜。到苏州后,那里的名家多,展览多,使其眼界大开,而章太炎先生在讲学之余,曾提倡学《天发神谶》、《三体石经》、《汉碑头》与《石门颂》、《石门铭》、《郑文公碑》等碑,对姚氏有很大影响。他自己总结说:平生学字大体可分三段:初中以前,为打基础阶段;从初中到研究生,为全面提高阶段;教书以后,为追求自我阶段。中间虽有起有落,然由于积习的驱使,写字数量之多,却已无法统计。其作品参加全省、联省、全国、国际多次大型展览,皆入选、入集、以至入藏、勒碑,并被选入当代、现代、古今、中日各种名人、名家选集,不少流入东西方各国。同时也被编入不少文艺、书法辞典。1990 年全国教师节,由山西省政协、省文联、书协等单位在太原工人文化宫举办了"姚奠中书法展览"。

姚奠中是全国政协六、七届委员,山西省政协五、六届副主席,中国书协二届理事,山西省书协首届副主席、学术顾问,中华诗词学会顾问。70 岁时,曾作一首自励诗:"时代不同了,古稀今不稀。犹当争岁月,寰海共朝晖。"表达了他献身祖国文化艺术事业的情怀。

〔姚嘉文·台湾社会知名人士·率团赴大陆旅游参观〕　台湾社会知名人士姚嘉文,谢长廷、刘文庆等人于 1993 年 7 月 19 日赴大陆深圳、厦门、上海、北京等地旅游参观。他们在大陆期间,考察了台商投资情况,与大陆学者座谈了两岸交流等问题。在京期间,姚嘉文一行参观了长城、故宫等名胜古迹。7 月 26 日上午,中华全国台湾同胞联谊会会长张克辉在人民大会堂会见并宴请了姚嘉文等人,张克辉在会见时表示,希望今后经常联系,加深了解,共同努力,为促进两岸的交往交流多做有益的工作。姚嘉文一行 7 月 27 日离开北京。返台后,他们认为海峡两岸双方应降低猜忌与敌意,多加强学术、科技文化交流。谢长廷表示,这次中国大陆之行对他最重要的影响是觉得民进党反对台商至大陆投资,并主张台商应该前往东南亚投资的立场,似乎有调整的必要。因为经与大陆台商交换意见后,他发觉这种趋势不是他们的主观意愿能改变的。

姚嘉文,1938 年生,台湾省彰化县人。台湾彰化商职毕业后,曾任台湾"交通部电信局"业务员。1962 年考入台湾大学法律系。毕业后进台湾大学法律研究所深造,获硕士学位。1966 年律师高考及格。1969 年任执业律师。曾任台北律师公会理事、台北国际青商会副会长、美国律师公会荣誉会员、台北"平民法律服务中心"指导委员会主任委员。

七十年代积极参与党外反对势力的活动,曾在《台湾政论》发表文章,激烈批评台湾当局。出任党外人士郭雨新、康宁祥等人的法律顾问。1979 年任《美丽岛》杂志社发行管理人兼基金会主任委员。同年 12 月因"高雄事件"被捕入狱,判刑 12 年。1987 年 1 月 20 日假释出狱后,被聘为民进党"国大党团"顾问。同年 3 月加入民进党,补选为中常委,12 月当选民进党第二任主席。1988 年任民进党中央执行委员。1992 年底当选台湾二届"立法委员"。现还任民进党中央常委、台湾"政治受难者联谊会"会长。是民进党"福利国研究室"主要成员。主张增强在野党对国民党的抗衡力量,建立"东方瑞士台湾国"。著有《台湾七色记》等。

〔贺龙·已故中华人民共和国元帅·九十七周年诞辰·传记出版〕　1993 年 11 月 1 日,中央军委在人民大会堂举行《贺龙传》出版发行暨纪念贺龙 97 周年诞辰座谈会,缅怀这位久经考验的无产阶级革命家、军事家。

中共中央总书记、国家主席、中央军委主席江泽民在讲话中热情赞扬贺龙光辉的一生。江泽民说,贺龙同志对党和人民无限忠诚,社会主义、共产主义信念坚定不移;他长期担任一个战略区的主要领导职务和参与中央军委的领导工作,为我军的发展壮大做出了杰出的贡献;他具有坚强的党性和优良的工作作风;他具有刚直不阿、光明磊落、坦荡豁达的品格。贺龙同志德高望重,他半个多世纪的革命生涯为我们树立了一个真正共产党人的榜样。

中共中央政治局常委、中央军委副主席刘华清在讲话中说,今天我们纪念贺龙诞辰 97 周年,缅怀他的丰功伟绩,宣扬他的革命精神和优秀品德,在当前坚持改革开放,以经济建设为中心,建立社会主义市场经济体制的新形势下,有着重要的现实意义。我们要以贺龙同志为榜样,在邓小平建设有中国特色社会主义理论的指引下,在以江泽民为核心的党中央、中央军委领导下,坚定不移地贯彻党的基本路线,振奋精神,开拓进取,为建设一支强大的现代化、正规化革命军队而奋斗。中央军委副主席张震在讲话中深情地回顾和介绍了贺龙的生平业绩。他说,贺龙在大革命失败后,革命进入低潮时,抛弃高官厚禄,旗帜鲜明地站在中国共产党和劳苦大众一边,打响了武装反抗国民党反动派的第一枪，把自己的一生毫无保留地奉献给了中国人民的解放事业和伟大的共产主义事业。贺龙的一生，是为党和人民的事业奋斗的一生。他的光辉业绩，永远留在全党、全军和全国人民心中。余秋里、廖汉生、李梦华、戴学江、王光美等也在会上发言，缅怀贺龙的崇高品质。

由邓小平题写书名的《贺龙传》，已由当代中国出版社出版。"两把菜刀闹革命"的贺龙元帅，一生具有浓烈传奇色彩。这部50万字的传记，翔实记述了贺龙从一个贫苦的乡伢子、放牛娃，成为坚定的革命者、坚强的共产党人的光荣历史，生动描绘了他追求真理、百折不挠、对党忠诚、联系群众的革命情操；集中反映了他驰骋沙场、英勇顽强、多谋善断的军事生涯和高超指挥艺术；真实展示了他光明磊落、刚直不阿、顾全大局、豁达大度的高尚品格。《贺龙传》还收录了贺龙生平大事年表和图片125幅，是一部具有珍贵史料价值的读物。

贺龙，字云卿。1896年3月22日生于湖南桑植县，出身贫苦。早年参加孙中山领导的中华革命党。1916年率领农民袭击芭茅溪盐局，夺取枪支建立武装。1926年参加北伐，任国民革命军师长、军长，为当时著名左派将领。1927年大革命失败后，率部参加南昌起义，任起义军总指挥，9月加入中国共产党。后回到湘鄂西地区组织武装，创建革命根据地。历任工农红军军长，第二军团总指挥，二、六军团总指挥兼湘鄂川黔军区司令员，第二方面军总指挥。抗日战争中，历任八路军第一二0师师长、晋西北军区司令员，陕甘宁晋绥联防军司令员。解放战争时期，任晋绥军区、西北军区司令员。中华人民共和国成立后，历任西南军区司令员、人民革命军事委员会副主席、国务院副总理兼国家体育运动委员会主任、国防委员会副主席、中共中央军委副主席。1955年被授予中华人民共和国元帅军衔。是中共第七、第八届中央委员，第八届中央政治局委员。1969年6月9日被林彪、江青反革命集团迫害致死。

〔贺小汉（女）·湘剧演员·获第十届中国戏剧梅花奖〕　1993年5月，44岁的女演员贺小汉以扮演湘剧《白兔记》中的"小将军"显示了她横溢的表演才华，从而被邀请专程赴福州领取第十届梅花奖。

贺小汉，江西省莲花县人，生于1947年，12岁入湖南省戏剧学校湘剧科，主攻花旦、娃娃生，毕业后留校，1969年调入湖南省湘剧院。"文革"期间并未被人注意，直至70年代末在湘剧《唐知县审诰命》中饰书童，一炮打响。此后一戏接一戏，戏戏有创新，1992年在《白兔记》中饰"小将军"一角成功。该剧由于历代艺术家的加工创造，已成精品，其中"小将军"一角很得人喜爱。许多湘剧迷欣赏过冠绝一时的前辈名角吴绍芝式的"小将军"、获奖于全国的陈剑霞式的"小将军"、以做工见长的王灵芝式的"小将军"，可是今天湘剧舞台上的"小将军"却驰猎于冰天雪地，44岁的女演员贺小汉施展独特的舞姿，创造了一连串优美的跃马挥鞭的身段，别开生面，将当代观众引入剧情，最终接受了这个贺小汉式的"小将军"的形象。贺小汉区别于其他几位，是紧紧抓住"小"字进行塑造，听她演唱甜中带娇，孩提音声声悦耳；看她身段英武中透稚气，源于传统程式美与近于现代生活的舞蹈美，互相辉映。娇憨之态应接不暇，感情处理细腻而有分寸。如"打猎"一折，处于三军在后、贫妇在前，他不禁以小装大，着意摆出将军架子，"回书"一折处于严父、晚娘身边，流露出娇儿之态。同是一喜，在自愿捎书以慰贫妇时，矮步渐起，双手挽翎，笑得似一树绽开的红梅，喜中童心尽露；当得知晚娘愿接生母团聚时，跪步向前，依偎于岳氏怀中，娇态可爱，赤子之情表露无遗。同是一悲，她刚听贫妇哭诉，碍于三军在旁，演得欲哭还忍，忍之不住，终不顾将军身份，尽情一哭，得知贫妇即为生母，哭晕在地，方挣扎而起，又被一阵强烈的悲痛压倒，哭得如诉如泣，看出她演得悲中有疼，痛在自责……纵观全剧，贺小汉能紧紧把握"小"字的特征，组织提炼所掌握到的戏曲、歌唱、舞蹈、话剧等各种演技，把不同环境下的喜、怒、哀、乐予以娃娃化，特别加进话剧的表演手法，让当今观众有新的审美印象，乐于接受。但贺小汉并没因演娃娃生的成功而放弃艺术上多方位的追求，在《驮妻》中一人兼演哑夫与疯妻，唱做并重，花旦、武旦集于一身。在《双卖艺》中表演细腻抒情、惟妙惟肖。《拜月记》中的蒋瑞莲、《双下山》的尼姑等，都令观众久久难忘。更难得的是渴求理论上的提高，自1990年进入中国戏曲学院导演班学习，对表演艺术有了更高一层的认识，人们在等待她更新的成就。

〔贺绿汀·作曲家、音乐教育家·贺绿汀从事音乐工作七十周年庆祝会在北京举行〕　我国杰出的作曲家、音乐教育家贺绿汀90诞辰及从事音乐工作70周年庆祝会，1993年7月20日下午在北京国际艺苑艺术沙龙举行。国家主席江泽民7月15日为贺绿汀从事音乐工作70周年书写题词祝贺："谱写生活的强音，讴歌人民的事业。"首都音乐界著名人士纷纷致词祝贺。会上，表演了贺老的《牧童短笛》、《四季歌》、《嘉陵江上》等传世佳作。当场向贺老发出贺电。正在上海华东医院病房里的贺绿汀很快发电答谢。电文中说："大家都为国家改革开放深入发展、经济建设稳健增长而感到欣慰，但精神文明建设却不尽如人意。尤其是我们音乐文化事业，虽也有很大发展，但仍面临着较多困难。这要靠我们共同去努力，特别要靠年轻一代的音乐家，在党的领导下，在改革开放中去闯出一条新路，努力创作出既有民族特色，又有时代气息的优秀作品，为精神文明建设作出应有的贡献！"庆祝会结束时，全场高唱《游击队歌》。

贺绿汀，1903 年 7 月 20 日生于湖南邵阳。1926 年加入中国共产党。曾参加广州起义和海陆丰红色政权的工作。1931 年考入上海国立音专，师从黄自学习作曲。写有《牧童短笛》、《嘉陵江上》、《游击队歌》等广为流传的作品。1949 年后任上海音乐学院院长，培养出许多具有国际水平的音乐人才。现为中国音协名誉主席、中国文联副主席。

〔贺慈红（女）·泳坛新秀·破女子二百米仰泳短池世界纪录〕 在 1993 年 9 月进行的第 7 届全国运动会上，游泳池里冒出的一片"小花"使国人引为骄傲的庄泳、杨文意等泳坛"五朵金花"黯然失色。稍后，在首届世界短池游泳锦标赛上，这批中国"小花"再次大放光芒。其中，18 岁的贺慈红不仅以 2 分 06 秒 06 的成绩打破了 2 分 06 秒 62 的女子 200 米仰泳短池世界纪录，而且还和队友一起，刷新了女子 4×100 米混合泳短池世界纪录，并获得这两个项目的世界冠军。

贺慈红，1975 年 6 月生于浙江省宁波市。自幼喜水，10 岁进入市少体校，12 岁升入省少体校。但是，1989 年 11 月至 1990 年 10 月在浙江省体工队试训期间，她的成绩下降，前途难卜，被退回宁波市。

不甘心就此结束刚刚开始的泳坛生涯的贺慈红，经人介绍找到广州军区游泳队，并于同年年底正式入伍。在军队的严格管理和教练员王林的悉心指导下，贺慈红长高了，长壮了，成绩更是突飞猛进，不到一年便在全军全国游泳界崭露头角。

与此同时，围绕贺慈红归属的一场官司也在浙江省游泳队和广州军区游泳队之间展开。双方均拿出证据，声明贺慈红属于本队。国家体委在没有做出正式裁决之前，以"单位待定"的名义，解决了贺慈红参加正式比赛的资格问题，这在以往也是没有的。最后，国家体委有关部门经调查终于在七运会前夕做出裁决：类似贺慈红等有争议的选手在第 7 届全运会上的得分，争议双方各得一半；七运会后，贺慈红和另外几名选手归属广州军区游泳队。

随着归属问题的解决，贺慈红的成绩也层楼更上。1993 年，她先后在全国冠军赛、东亚运动会和七运会上 5 次刷新亚洲纪录，100 米仰泳最好成绩居当年世界第二。同时，她还在东亚运动会上被评为"九六奥运希望之星"。

〔秦怡（女）·电影艺术家·获老一辈电影艺术家荣誉奖〕 1993 年 11 月，在广州举行金鸡、百花双奖电影节期间，广州市对外文化交流协会向广州观众推选出的十名老一辈电影艺术家，颁发了"广州人最喜爱的老一辈电影艺术家"荣誉奖状。秦怡因其在半个世纪的电影艺术创作中塑造了众多生动的银幕形象，为中国电影艺术的发展贡献了毕生的精力和心血，而获得这一荣誉。

秦怡原名秦德和，1922 年出生于上海。幼时家境清苦，家中兄妹 10 人，其中 4 人被送进育婴堂，唯一的哥哥也离家出走，父亲想方设法才使 5 个女儿上了小学和中学。秦怡自幼爱文艺，富于正义感。她在上实验小学时就被顾正红烈士的事迹所感动而与小同学一道自编、自导、自演了小话剧《刑》，进上海职业中学后又参加《放下你的鞭子》的演出。1938 年满怀抗日热情的秦怡离家辗转到了重庆，住在女青年会靠刻蜡板度日，开始接触同在青年会活动的文艺界人士，被著名导演史东山、应云卫选中，进了当时中国电影制片厂当实习演员，后随导演转至"中华剧艺社"。她演的第一部戏是陈白尘创作的《大地回春》，她将剧中一个民族资产阶级女儿的凄惨命运演得生动感人，得到观众及同行认可，于是接着演了《天国春秋》、《面子问题》、《战斗的女性》、《愁城记》、《茶花女》等。一年中竟演戏 280 场之多，成为与白杨、舒绣文、张瑞芳齐名的"四大名旦"。

抗战胜利后，秦怡回到上海，在吴永刚导演的《忠义之家》中饰主角。随后又参加了电影《无名氏》、《遥远的爱》、《母亲》等片的演出，演技日益成熟，开始享誉影坛。新中国成立后。她的艺术生命焕发出新的火花。作为上海电影制片厂的演员，五六十年代她参演和主演了《农家乐》、《两家春》、《马兰花开》、《女篮五号》、《铁道游击队》、《林则徐》、《摩雅泰》、《青春之歌》、《北国江南》、《浪滔滚滚》等十余部影片，其中尤其以在《女篮五号》中扮演林洁，在《青春之歌》中扮演的林红最为人称道。八十年代后，又主演了影片《海外赤子》、《雷雨》、《苦恼人的笑》、《梦非梦》等。

秦怡的表演十分投入。演出之前她总是认真研究剧本，热情地探入生活，积累生活素材。为拍《浪滔滚滚》，她抓紧时间到水利工程体验生活，还借了不少水利建设的书籍阅读。拍《青春之歌》时，她除了研读剧本外还手不释卷地带着《革命烈士诗抄》，使自己全身心地浸透在对先烈的崇敬热爱之中。在拍林红就义一场时，她没有在外部动作上下功夫，也反对打红光、仰拍等惯用拍英雄的手法，而是十分平静地走上牢房的石阶，如去迎接胜利的曙光，展现了人物崇高的思想境界。由于她严谨认真的创作态度，使她的表演朴实细腻、丰富深沉，且富有灵感。

从黑发少女到白发老媪，秦怡为我国的电影事业做出了突出的令人景仰的贡献，至今在从事银幕创作之余，她还未忘情舞台，这些年来她还参加了舞台剧《大雷雨》、《第十二夜》等话剧的演出。

现在秦怡是中国电影家协会理事、上海影协常务理事。她还曾多次作为中国电影代表团成员出国访问，为加强中外电影艺术的交流做出贡献。

〔秦志华・青岛中药厂厂长・再次获山东省医药技术拔尖人才称号〕　1993 年 1 月，原任副厂长的秦志华，升任青岛中药厂厂长。他与原厂长、现任书记仪志坚一起，不断改善经营管理，善于在市场竞争中抓住机遇，快速开发新产品，使全厂经济效益又上一个新台阶，1993 年该厂劳动生产率人均达 23.88 万元，名列山东省同行业第一名。秦志华领导和参与研制的快胃片、环心丹、健脑丸、养心氏、深海龙，被列入卫生部首批保护的 92 种中药新产品之中。1993 年，秦志华再次被山东省医药管理局授予专业技术拔尖人才称号。

青岛中药厂原是一家仅几十人的药店加工部，一直靠移植产品过日子，始终跟在别人后头爬行，虽经历了 30 个春秋，到 1987 年产值才 870 万元。原厂长仪志坚和当时主持科研等工作的副厂长秦志华，为摆脱落后被动局面，努力研制开发新产品，仅几年功夫，就一跃成为山东省中药企业的排头兵，从“地方队”跨入“国家队”，被誉为中药行业的“马家军”。这家目前有 475 人的工厂，从 1990 年以来产值、利税连年翻番。1993 年实现工业总产值 1.065 亿元，利税 1300 万元。

秦志华把发展企业的着眼点放在速度上。他认为“商战如兵战，兵贵神速，商战亦然。”秦志华和他的伙伴们以最快的速度组建厂科研所，把厂内全部大学生调入，集中力量搞产品开发；同时投资 800 万元迅速建起中试车间，购进现代化的仪器设备，短短几年就研制开发了一批新产品，到 1992 年，已拥有批准文号的新产品 130 多个。快胃片等一系列产品研制成功，产生了巨大反响，国内外人士纷纷索取资料和样品，签订购买合同。由于抓住机遇，快速开发新产品，抢先占领市场，为企业带来巨大的经济效益，1993 年新产品产值达 8024.3 万元。

快速布防、快速出击、快速占领市场是青岛中药厂成功的绝招。他们思想跟着市场转，计划随着市场变，为巩固老市场，开拓新市场，提高市场占有率和产品覆盖率，采取大路朝天各走一边的办法，除把销售网点遍布全国各省市，还发展对台贸易、边境贸易，开拓国际市场。

与企业承包后一些企业国有资产流失形成鲜明对照的是，该厂资产三年增加了 3000 万元。答案很简单——廉政。该厂设资 1000 万元建设现代化综合制剂大楼，包工头曾给工程负责人以红包，负责人把钱如数交给了财务部。市政府奖给厂长 5 万元奖金，厂长全部奖给科研和销售人员，而自己出发有时还住在地下室，吃方便面。该厂仪志坚书记总结说：“榜样的力量是无穷的，是最有效最快捷的无声的管理”。

秦志华，1952 年 3 月出生，山东荣成人，高级工程师。1968 年 12 月参加工作，曾下乡插队，当兵，当工人和医务工作者。1978 年以优异成绩考入北京中医学院中药系，1982 年毕业后到青岛中药厂做技术工作，第二年提升为副厂长，1993 年 1 月任该厂厂长。

〔秦伯益・药理毒理学家・主持研制戒毒新药通过审评〕　军事医学科学院原院长秦伯益，主持海洛因依赖者的戒毒新药二氢埃托啡的实验及临床研究，1993 年经卫生部药品审评委员会审评通过。同年 5 月 16 日，在中国药理学会第五届全国代表大会上，秦伯益当选为该学会副理事长。

秦伯益，1932 年 11 月生于江苏省无锡市。1955 年毕业于上海第一医学院医疗系。1956 年于苏联列宁格勒小儿科医学院药理教研室攻读研究生。1959 年获苏联医学副博士学位。1960 年回国，一直在军事医学科学院工作，历任实习研究员、助理研究员、副研究员、研究员、副院长、院长。1988 年被授予少将军衔。现任该院毒物药物研究所研究员，博士生导师。1957 年加入中国共产党，曾当选为中共十二大代表及第七届全国人大代表。现兼任国务院学位委员会第三届学科评议组成员，国家发明奖医药评审组副组长，国家科技进步奖评委兼医药组副组长，卫生部药品审评委员会委员，总后勤部卫生部科学技术委员会常务委员，总后勤部卫生部药品审评委员会主任委员，北京市人民政府专业顾问等军内外 20 多项学术兼职。

秦伯益早年从事国防工业毒物火箭推进剂的毒理及实验治疗研究。七十年代参加研制真性胆碱酯酶抑制剂新药石杉碱甲，获国家发明奖二等奖。七十年代至八十年代中期主持研究完成神经性毒剂预防复方，拟订了复方组成依据及药物评选原则，达到了速效、长效、低副作用的要求，先后获国家科技进步奖二等奖、军队科技进步奖一等奖和全军科技大会一等奖。八十年代以来主持研究麻醉性高效镇痛药盐酸二氢埃托啡，先后获军队和国家科技进步奖二等奖和全国科技成果展优秀奖。盐酸二氢埃托啡是由我国研制成功并正式批准生产的第一个麻醉性高效镇痛新药。1991 年正式上市后已广泛应用于临床各科的止痛及麻醉，并取得了无痛分娩的成功。近年来盐酸二氢埃托啡又被有效地应用于海洛因依赖者戒毒，社会效益和经济效益显著。在研究中先后提出了“镇痛机制不同于成瘾机制”，“阿片类纯激动剂在缓解戒断症状方面可以互相替代，但依赖性并不叠加”等理论，对镇痛、成瘾与戒毒等研究工作有实际指导意义。该药已引起国外学术界的关注。1985 年以来他发表论文近 30 篇。1989 年主编《新药评价概论》，1991 年主编《高效镇痛药盐酸二氢埃托啡研究论文集》，1993 年主编《麻醉性高效镇痛药盐酸二氢埃托啡临床应用典型病例集》。

〔秦咏诚·作曲家·作品音乐会暨音乐创作研讨会在沈阳举行〕　由中国音乐家协会、辽宁省文联、辽宁省政协、沈阳音乐学院、东北轻工股份有限公司等单位联合主办的“秦咏诚作品音乐会暨音乐创作研讨会”，1993 年 6 月 10～11 日在辽宁省沈阳市举行。6 月 10 日在沈阳音乐学院音乐厅举行的专场音乐会，演出的 25 件作品是从秦咏诚创作的近千件作品中精选出的，有歌曲《我为祖国献石油》、《毛主席走遍祖国大地》、《我和我的祖国》、声乐协奏曲《海燕》、小提琴独奏《海滨音诗》、管弦乐《欢乐的草原》、《创业》组曲及《元帅与士兵》、《情天恨海》中的影视音乐作品，展现了作曲家 45 年来音乐创作的丰硕业绩和作者豪爽、真挚的创作风格及艺术特色；人们认为，这场音乐会“激动人心、弘扬正气，是一场高格调、高层次的音乐会”。李谷一、刘秉义、奥莉娅等中外音乐家登台献艺，联袂演出。

在 6 月 11 日举行的音乐创作研讨会上，与会者从不同的角度对秦咏诚的创作生涯、创作风格、创作思想以及在艺术创作中的探索精神和所取得的成就，进行了认真的研究、评价。大家认为，秦咏诚始终把握着民族音乐传统，勇于借鉴外来技巧，不断求新创新。他的作品给予人们的不仅仅是高尚的审美和享受，而且更是激励人们奋发向上的鼓舞力量。

秦咏诚，江苏省盖榆县人。1933 年 7 月 28 日生。1948 年 1 月参加大连旅大歌舞团工作。1950 年 6 月加入中国共产党。1952 年入东北鲁迅文艺学院音乐系学习，1954 年毕业于东北音乐专科学校作曲系（其前身为鲁艺音乐系），后在该系继续读研究生课。1956 年毕业，留校（原校改制为沈阳音乐学院）任教。1957 年在中央音乐学院苏联配器专家班学习一年。1978 年任辽宁乐团副团长。1981 年回沈阳音乐学院任作曲系主任、教授，1985 年任该院院长至今。现为中国音乐家协会理事、中国音协辽宁分会副主席，辽宁省政协委员。其主要音乐作品还有：管弦乐《欢乐的早晨》、交响乐《二小放牛郎》、小提琴曲《抒情曲》、歌曲《满怀深情望北京》、《祖国之夜》等。撰写过《歌曲创作的几个重要问题》等论文，刊于杂志。为表彰秦咏诚创作的反映石油工人的作品的突出贡献，1993 年 7 月，中国石油天然气总公司授予他“石油工人作曲家”荣誉称号，并颁发了荣誉证书。

〔秦基伟·当选第八届全国人大常委会副委员长〕　1993 年 3 月 27 日在第八届全国人大第一次会议上，秦基伟当选为全国人大常委会副委员长。

秦基伟，1914 年 11 月生，湖北黄安（现红安）人。1927 年参加黄麻起义。1929 年参加中国工农红军。1930 年加入中国共产党。曾任红四方面军总部手枪营连长，四川红江县指挥部指挥长，红四方面军总部警卫团团长。长征中任补充师师长。1937 年后任正太游击支队司令员，太行二分区司令员，晋冀鲁豫军区司令部作战科科长、参谋处处长。1940 年后任八路军一二九师新编十一旅副旅长，太行一分区司令员兼地委书记。1945 年后任太行军区司令员，晋冀鲁豫野战军纵队司令员，二野十五军军长。1951 年参加抗美援朝，在中国人民志愿军任军长。1953 年回国后任云南军区、昆明军区副司令员。1955 年被授予中将军衔。1957 年于军事学院毕业，后任昆明军区、成都军区司令员，北京军区第二、第一政委和司令员，中共中央军委委员。曾兼任中共云南省委书记处书记。1988 年任中华人民共和国中央军事委员会委员、国务委员兼国防部部长。同年 9 月被授予上将军衔。他是第二、三、四、五、七届全国人大代表。中共第十至十三届中央委员，第十二届中央政治局候补委员，第十三届中央政治局委员。

〔秦瘦鸥·著名作家·在上海逝世〕　现代著名作家秦瘦鸥，1993 年 10 月 15 日在上海逝世，终年 85 岁。

秦瘦鸥，原名秦浩，曾用笔名有白帆、刘白帆、万千、宁远、陈新等。1908 年 6 月 28 日生，上海嘉定人。早年在上海商科大学等校学习经济学，后因热爱文学转而从事文学创作、翻译及教学编辑等工作。曾任《大美晚报》、《译报》、《新闻报》记者和编辑，并任上海持志学院中文系及大夏大学文学院讲师，专授中国古典文学。后任香港《文汇报》副刊组长，集文出版社总编辑，上海文化出版社编辑室主任、上海文艺出版社编审、上海出版文献资料编辑所编辑、上海辞书出版社编辑、上海市文联委员等职。

秦瘦鸥从30年代起从事文学创作，先后写了长篇小说《秋海棠》、《危城记》等。译著《茶花女》、《御香飘渺录》、《瀛台泣血记》等。解放后的作品有中篇小说《刘瞎子开眼》(1952年上海新文化书局出版)，电影剧本《患难夫妻》、《婚姻大事》(均由上海惠昌公司电影部摄制发行)，以及《江淮稻粱肥》，读书札记《小说新话》(香港大公报社出版)、《晨读杂识》(香港上海书局出版)等。他学识渊博，文笔流畅，一生撰写文史，影剧小品较多。在文学创作方面以善于反映市民生活见长，在香港颇有影响。他的长篇小说《秋海棠》被改编成电影、话剧、越剧、沪剧、粤剧、评弹等多种艺术形式，在社会上产生过比较强烈的反响。"文革"浩劫之后，他虽身患重病，但笔耕不辍，相继创作发表了长篇小说《梅宝》、《劫后日记》和《第十六桩离婚案》等中短篇小说，以及大量散文、随笔。

〔班禅额尔德尼·却吉坚赞·灵塔祀殿落成开光〕 1993年9月4日，十世班禅大师灵塔祀殿落成开光典礼在历世班禅的驻锡地日喀则扎什伦布寺隆重举行。

十世班禅大师于1989年1月28日在日喀则他的驻锡地德庆格桑颇章圆寂。中共中央、国务院对其后事十分重视。国务院作出修建灵塔祀殿、保护法体和寻访认定班禅大师转世灵童三项决定，并拨巨款作为经费。四年来扎什伦布寺按照藏传佛教仪轨完好地保存了大师的法体，并已入塔。在灵塔祀殿落成开光典礼上，国务委员、国务院秘书长罗干发表讲话，称赞十世班禅大师继承和发扬历世班禅光荣的爱国主义传统，在新的历史条件下，建立了不可磨灭的功绩。

9月5日，西藏自治区政协副主席、日喀则扎什伦布寺民主管理委员会主任恰扎·强巴赤列活佛在日喀则举行的中外记者新闻发布会上说，十世班禅大师转世灵童的寻访工作正在有条有序地进行之中。

第十世班禅，俗名贡布慈丹，1938年2月3日生于青海省循化县一个藏族农民家庭。1941年第九世班禅圆寂后，班禅堪布会议厅选定当时3岁的贡布慈丹为九世班禅转世灵童，1944年接往青海塔尔寺供养，1949年6月3日经国民政府批准为第十世班禅。1949年10月1日，十世班禅致电毛泽东主席，朱德总司令，祝贺中华人民共和国成立，表示拥护中央人民政府，希望早日解放西藏。1951年5月23日在北京出席了中央人民政府和西藏地方政府《关于和平解放西藏办法的协议》签字仪式。1952年6月由青海经西藏拉萨返抵住锡地日喀则扎什伦布寺。后任西藏自治区筹备委员会第一副主任委员、代主任委员，中国佛教协会第一至五届名誉会长，第二、五、六、七届全国人大常委会副委员长，第二、五届全国政协副主席。1987年任中国藏语系高级佛学院院长。1956年获印度瓦然那斯梵文大学名誉佛学博士学位。1958年在西藏日喀则扎什伦布寺辩经大法会上，考取"噶钦"学位。是第一届全国人大常委会委员，第一届全国政协委员，第三、四届全国政协常务委员。1989年1月28日，班禅大师在日喀则主持重建的五世至九世班禅遗体合葬灵塔祀殿——班禅东陵札什南捷开光典礼后，因心脏病突发不幸逝世。生前著有《普提道次第广论简释》、《双身喜金刚生圆次第》等。

〔袁文殊·著名戏剧电影评论家·在北京逝世〕 新中国电影的开拓者之一，原中国文学艺术界联合会党组副书记、中国电影家协会副主席袁文殊，1993年1月27日在北京逝世，终年82岁。

袁文殊，笔名舒非，1910年10月出生于广东省兴宁县。1927年，他参与组织了"大坪革命青年会"，号召农民打土豪铲贪官，曾被捕入狱。1930年，考入广东戏剧研究所学习编剧，次年发表独幕话剧《领带》。"九·一八"事变后，参与组织了"广州前卫戏剧作者同盟"，开始从事进步戏剧活动。1932年秋，参与组织"广州文化界大同盟"，并担任"中国左翼文化总同盟广州分盟"和"左翼戏剧家联盟"的领导工作。1934年初，来到上海，任"中国左翼戏剧家联盟"执行委员，负责戏剧理论组的工作，积极宣传和推荐进步的电影和戏剧撰写评论文章，对"软性电影论"展开批判；同年10月再次被捕入狱，直到1936年夏才被释放出狱。"七·七"事变后，他立即投入轰轰烈烈的抗日救亡运动，组织率领上海救亡演剧三队到苏，扬、宁、汉等地进行抗日救亡演剧活动。1938年，出版了独幕剧集《民族公敌》。1940年在育才学校任教时，翻译了《苏联演剧体系》、《舞台艺术论》等书。

1941年10月，袁文殊由重庆来到延安，在鲁迅文学艺术学院戏剧系任教员、系主任等职，编写了《剧作教程》，撰写了《斯坦尼斯拉夫斯基体系与中国演剧》和剧本《军民一家》。1942年，加入中国共产党。抗战胜利后赴东北，任东北大学鲁迅文艺学院戏剧系主任。

1949 年冬，袁文殊调到中央文化部电影局做专职编剧，创作了电影剧本《辽远的乡村》并拍成电影。1953 年出任电影局剧本创作所所长，继续从事电影艺术理论和电影剧作创作的研究，对刚建立的新中国电影事业起到了一定的创业作用。

1956 年，他调任上海电影制片厂厂长兼党委书记。1957 年起，担任中共上海市委宣传部副部长兼上海市电影局党委书记、局长等职。任职期间，积极贯彻执行党的文艺工作方针政策，充分调动一切积极因素，为发展电影艺术创作的不同风格创造了良好条件。

1960 年，袁文殊调至中国电影工作者协会，任书记处第一书记。他认真贯彻"双百"方针，推动开展各项电影创作活动。1963 年出版了论文集《电影求索录》。粉碎"四人帮"后，他以极大的热情，开展对"四人帮"罪行的批判、组织恢复"影协"的工作，重新出版和恢复了多种期刊和一批电影书籍，逐步把"影协"的工作纳入正轨。1979 年 10 月在中国电影工作者第四次代表大会上，被选为中国电影家协会常务副主席兼书记处书记，并担任中国文联党组副书记。1983 年，出版了第二本论文集《影坛风云录》。

〔袁亚湘·青年计算数学家·获中国科学院青年科学家一等奖〕 中国科学院计算中心研究员袁亚湘于 1993 年 12 月获中国科学院青年科学家一等奖。

袁亚湘，1960 年 1 月生，湖南省资兴县人，中共党员。1982 年毕业于湖南湘潭大学，获理学学士学位。1986 年在英国剑桥大学获博士学位。此后在剑桥从事专职科研。1988 年回国，在中国科学院计算中心工作，现为研究员。1990 年 9 月至 1991 年 8 月在美国做访问教授。1992 年 7 月至 1993 年 6 月在德国受洪堡基金会资助进行合作研究。

袁亚湘在国际上最早深入研究非线性规划的信赖域方法，将信赖域方法应用于无约束规划、约束规划和非光滑优化等方面。在理论和算法上，特别是在收敛性方面取得了一系列开创性、基石性的结果。在当今寻求如何构造新的优化方法的主要途径——信赖域法的研究上处国际领先地位。在非线性规划的拟牛顿法的收敛性、收敛速度方面，取得了若干有意义的重要结果，特别是与美国 R. Byrd 教授合作证明了除 DFP 法外，Broyden 凸族的全局收敛性，这一成果被认为是八十年代非线性规划算法理论的最重要结果之一。在研究中，还提出了利用非二次模型的信息来构造二次子问题，得到了对拟牛顿法的加速技巧，根据这一思想与 Byrd 教授合作提出了非拟牛顿法，这是拟牛顿法研究中一个突破。他由于在非线性规划的信赖域法和拟牛顿法的研究处国际领先地位而成为国际著名专家。

袁亚湘自 1983 年从事非线性最优化的理论与算法研究以来，10 年间在该领域取得了突出成果，1985 年在英国获首届 L. FOX 奖二等奖，1989 年获中国科学院自然科学二等奖。发表论文 36 篇，专著一本。1990 年被人事部授予有突出贡献的中青年专家称号。

〔袁新秀（女）·曲艺演员·在全国少数民族曲艺调演中获一等奖〕 1993 年 9 月，在文化部、国家民委等单位主办的全国少数民族曲艺调演中，湖北省宜昌市歌舞团演员袁新秀领衔主演的长阳南曲《昭君别乡》，唱腔迂迴婉转，风格朴实优美，表演细腻动人，获得一等奖。

袁新秀，土家族，1942 年生于湖北长阳。1958 年参加文艺工作，师从著名南曲艺人覃秉令。多年来她身背琵琶，走村串寨，为山区群众演唱了许多传统曲目和新作，并大胆吸收湖北其他民间小调曲牌，使南曲艺术得到新的发展，更加适应了表现新内容的需要。她曾在湖北省第二、第三届百花书会中获一等奖，为土家族曲艺的发展作出了积极贡献。

〔耿飚·原中顾委常委·撰文论述毛泽东军事思想〕 曾任国务院副总理兼国防部长的耿飚，年届 85 岁高龄，仍孜孜不倦地学习研究毛泽东思想。1993 年《求是》杂志第 11 期、24 期，先后发表了耿飚《略谈毛泽东同志"出奇制胜"的军事思想》和《毛泽东的光芒照我心》两篇文章。《人民日报》1992 年 12 月 25 日还发表了他写的《学习毛泽东军事思想的几点体会》。

耿飚，原名耿在忠，1909 年 8 月 26 日生于湖南省醴陵县严家冲。青年时代曾参加农民运动，后在长宁县水口山当过矿工。1925 年加入中国共产主义青年团，1928 年转入中国共产党。曾任浏(阳)醴(陵)游击队队长。后任中国工农红军第 3 军第 9 师侦察参谋、作战参谋，干部教导队队长，师参谋长，参加了中央革命根据地历次反"围剿"及 1932 年 4 月攻克漳州之役。1993 年 3 月任第 1 军团第 2 师第 4 团团长。在长征中，率部作为该师前卫，在江界渡口突破乌江，继又参加攻占娄山关和桐梓城。到陕北保安后，曾入红军大学学习。1936 年 11 月调任第 4 方面军第 4 军参谋长。抗日战争时期任八路军 129 师

385旅副旅长兼副政委和参谋长，与王维舟一起率部驻守陇东地区，保卫陕甘宁边区。1941年入延安中央党校学习。1944年10月调任晋察冀军区副参谋长。1946年兼任北平军事调处执行部中共代表团交通处处长、副参谋长。1947年兼任晋察冀野战军参谋长。1948年任华北军区第二兵团(后改称人民解放军第19兵团)副司令员兼参谋长。

中华人民共和国成立后，先后任驻瑞典大使兼驻芬兰、丹麦公使，驻巴基斯坦、缅甸、阿尔巴尼亚大使，外交部副部长，中共中央联络部部长。"文革"中，曾与黄镇等26位大使发起写保陈毅的大字报，被"四人帮"打成"耿黄反党集团"，关进"牛棚"。1978年3月任国务院副总理。1979年1月任中共中央军委常务委员、秘书长。1981年3月兼任国防部部长。1982年5月任国务委员，曾被选为中共第九至十一届中央委员，中共第十一届中央政治局委员。1982年和1987年被选为中共中央顾问委员会常务委员。1983年任第六届全国人大常委会副委员长。1988年7月被授予一级红星功勋荣誉章。

〔耿兆麟·外科学家·被聘为中华医学会资深会员〕　1993年1月16日，具有78年历史的中华医学会，正式宣布首批聘任41位在医学上有重大成就、德高望重的内外科专家为中华医学会资深会员。安徽医科大学名誉校长耿兆麟获得这一荣誉。

耿兆麟，1915年10月1日出生，江苏省张家港人。1943年于同济医学院(今同济医科大学)毕业后，历任同济医学院外科助教、住院医师、住院总医师、主治医师、讲师，安徽医学院(今安徽医科大学)外科教授、外科主任、外科教研室主任、附属医院副院长、院长、名誉院长、医学院副院长、医科大学名誉校长。1978年加入中国共产党。

耿兆麟在从医50年中，在普通外科方面，尤其在腹部外科方面积有丰富的知识和经验，并有许多论著，曾参加编写《中国医学百科全书·外科学基础》。他对安徽医学院附属医院的建设和专业人才的培养做出较大贡献，五十、六十年代长期担任中华医学会安徽分会副理事长兼外科学会主任委员。曾任五、六、七届全国政协委员。

〔耿其昌·京剧演员·应邀赴台湾演出获成功〕

1993年7月15日至8月15日，耿其昌、李维康夫妇等五人应台湾中华文化复兴运动总会、中华戏剧研究推行委员会的邀请，赴台与大鹏国剧队联合公演，共演出六场，开海峡两岸京剧联合演出之先河。他们以优美的演唱、精湛的表演、英俊的扮相及默契的配合，赢得台湾观众的热烈赞誉。台报文章称他们"夫是生行魁首，妻是旦行翘楚"，"绝无仅有的最佳搭挡"；赞他们的演出是"双杰演艺耀宝岛"。

耿、李此次赴台演出是在中国京剧院、北京京剧院两支庞大队伍相继赴台公演仅两月之后进行的。七个戏码中既有大型的《四郎探母》、《红鬃烈马》、《龙凤阁》、《凤还巢》，又有中型的《起解会审》；既有生旦对儿戏《游龙戏凤》，又有耿其昌主演的《乌盆记》，显示了雄厚的艺术实力，演出效果极佳。《游龙戏凤》两人配合默契，挑逗雅而不俗，恰如其分，"与当年马连良、张君秋有异曲同工之妙。"《坐宫》中杨延辉的大引子念得规距稳重、苍而不拙，节奏旋律洒脱优美；大段西皮唱得有声有色、韵味十足；两人对啃快中带俏、佳腔百出；见娘时的二六以情带声、声情并茂。《二进宫》中三人对唱咬得紧、唱得稳，句句有韵，声声有味；二黄三眼唱得抑扬有致，高低分明。《武家坡》的对口快板咬得字工如扣，句句出彩，"现场就象炸了锅"。耿其昌主演的《乌盆记》更是唱做俱佳。二黄原板歌声清朗、圆润自如，唱"抓一把"时嗓音高亮、声达后座；大段反二黄以声带情，如泣如诉，刘世昌的满腹冤屈都从唱中表露无遗，"使观众陶醉"。表演做工上按余派的传统演法，比如在表现刘世昌饮了赵大的毒酒后腹痛如绞时，唱完西皮倒板后，他跳在桌上，又从桌上滚下变软抢背着地，动作干净利落，非同一般。耿、李二人高超的艺术轰动了宝岛。台湾要员及当地名流看戏次数之多、票价之昂贵均居大陆赴台演出团体之首位。93岁的张学良将军连看五场演出，并破例给他们夫妇亲笔书写了"爱人如己"的题字。海基会董事长辜振甫几乎场场必到，并与夫人设便宴款待。

耿其昌所取得的艺术成就与他从艺几十年来孜孜不倦地勤学苦练密不可分。他1947年出生于北京。12岁考入中国戏曲学校，攻老生。受到雷喜福、贯大元、茹富兰、王连平、宋继亭、陈斌雨等名师传授，以谭、余为正宗，打下坚实的基础。毕业后又得王瑞芝、王金璐、叶盛长、于世文、李世霖、刘增复等名家指教。他嗓音嘹亮、音色纯正、音域宽广、韵味醇厚；他宗法余派，又根据自身条件，兼学博采其他流派的精华，形成了婉约豪放兼而有之的演唱风格。表演上则以清新洒脱、刚柔相济引人注目。他戏路宽广，不仅能演《大保国·探皇陵·二进宫》、《失·空·斩》等唱功戏，还能演《乌龙院》、《汾河湾》等做功戏，以及《打金砖》、《定军山》等摔打戏、靠把戏；不仅唱余派戏，还唱《逍遥津》、《白帝城》等高派、奚派戏。二十多年来他演出了大量传统戏，并能在原来的基础上进一步挖掘人物之间的内在联系，进行合理的加工与修改，使之更完美更动人，既保持原汁原味又赋于新意。同时还积极参与创演了许多新编历史剧及现代戏。他还注重功夫在戏外，练习书法、阅读中外古典名著、名人传记、文艺理论，注意参观各地文化名胜，以增强文化素养和艺术修养，提高艺术创造能力。

〔**聂士兴·公安派出所所长·在与偷盗犯罪团伙斗争中壮烈牺牲**〕　1993年2月27日，山东省广饶县李鹊乡派出所所长聂士兴在与偷盗国家物资的不法犯罪团伙斗争中壮烈牺牲。

李鹊乡地处胜利油田南大门，是那些盗窃国家物资的不法分子经常出没的地方。1993年2月27日晚，聂士兴和战友驱车巡逻，发现一辆经过改装的吉普车，像是载有重物。聂士兴在夜色中辨认出它的牌号，正是他明察暗访要找的，他知道破获偷盗团伙必须从这里打开缺口。于是他们驱车追过去，罪犯加大油门狂奔起来。当车追到淄博市境内时，罪犯见警车穷追不舍，便掉头驶向路旁的一个村庄，绕着村沿兜起圈子来。不明情况的围观群众愈来愈多。聂士兴为了防止撞伤村民，在村头的路口只身下车面对急驶而来的汽车鸣枪示警。丧心病狂的歹徒向他冲来，车轮从聂士兴的胸前碾过……

聂士兴，1955年生。1978年从农校毕业后分配到陈官乡兽医站。参加工作的第一天，聂士兴就把毛泽东同志"为人民服务"的手迹，认真摹写在日记本的扉页上。从此，人民群众就在他的心中扎下根。1984年，他调动工作当了警察。他当警察9年，大大小小的好事干了9年。他曾冒着生命危险，同消防队员一起，在失火的油井现场奋力扑救；曾自己掏钱，为失窃的旅客购买车票；曾明察暗访，解救出3名被拐卖的妇女；曾把3个出生不到20天的男婴从人贩子手中救出，一米八的汉子抱着婴儿，笨拙地喂水喂奶，和战友们一起当了好几天"妈妈"……

聂士兴为警清廉，这些年他拒收现金达4000多元，拒收礼品160次。他的父母住的是百年老屋，一到雨天就漏，他宁愿自己节衣缩食，慢慢攒钱孝敬父母。一件背心，他穿了6年，背上到处是洞；一双布鞋，鞋底掌子摞掌子，他还在穿。他牺牲前的最后一顿晚饭是农村最普通的咸粥。

"七一"前夕，中共山东省委追授聂士兴为优秀共产党员；山东省政府批准聂士兴为革命烈士。

〔**格勒·我国培养的第一个藏族博士·主编国情丛书拉萨卷完成定稿**〕　1993年11月，由中国藏学研究中心社会经济所副所长格勒博士主编的《中国国情丛书——百市县经济社会调查》（拉萨卷），在拉萨市大力支持下，历时三个月完成定稿。这是这位"雪域博士"为研究我国国情作出的新奉献，也是他向自己的家乡献出的一份厚礼。

格勒，藏族，1950年5月出生在四川省甘孜藏族自治州甘孜县昔色村一个农奴家庭，全家过去毫无人身自由。他和母亲、姐姐历经风雪，相依为命，终于盼来了翻身解放。1959年民主改革后，在家乡的绒坝岔区上小学，随后被选送到县城小学念书。1961年9月考入甘孜县民族中学，后到西南民族学院藏语大专班学习。1969年9月毕业后被分配到甘孜州色达县广播站工作。1978年考上了西南民族学院中文系。不久考入中国社会科学院研究生院，攻读民族学硕士研究生。在读研究生期间，他边突击外语，边撰写史籍，完成了自己的第一部专著《甘孜藏族自治州史话》。他写的硕士论文《从游牧社会直接向社会主义过渡》，长12万字，论述了他曾工作过的色达草原历史性的跨越。1982年中山大学人类学系教授梁钊韬招收文化人类学专业博士学位研究生，这一振奋人心的消息激励了正在全国人大民委工作的格勒。他毅然报考，并一举成功。1986年7月4日，格勒在广州中山大学通过毕业论文答辩，成为我国培养的第一个藏族博士，又是我国培养的第一个文化人类学博士。他的博士学位论文以雄辩缜密的论述，广泛运用历史学、民族学、考古学、语言学、藏学、体质人类学以及古地质、古生物知识，系统地论证了青藏高原也是早期人类的故乡，澄清了藏族族源外来论的错误观点。参加评审的专家学者高度评价这篇40余万字的论文是"当今唯一以青藏高原文化为依据的人类学著作"。两年后，经过多次补充修改，专著《论藏族文化的起源、形成与周围民族的关系》正式出版，在学术界引起较大反响。该书于1991年10月被评为全国"光明杯"优秀哲学社会科学学术著作，荣获二等奖。

格勒深深地爱着他的家乡和民族。获得博士学位后，他选择了刚在北京成立不久的中国藏学研究中心，这几年先后七次进藏开展科研工作。他和刘一民、张建世、安才旦共同撰写的《藏北牧民——西藏那曲地区社会历史调查》，以40余万字的篇幅，第一次运用人类学的理论和研究方法，对藏族传统牧区社会进行了全面、系统的分析和阐述，材料和观点之新为国内外藏学人士所瞩目。1990夏天，格勒与美国加州大学人类学系教授南希合作，深入平均海拔4500米的西藏阿里地区进行调查，完成了《阿里农村的传统土地制度和社会结构》一文，在国内藏学人类学领域作了一些新的探索。随着我国在各方面扩大对外交流，格勒积极参加国际学术交流活动，他接受美国加州大学洛杉矶分校人类学系的聘任，担任该校客座教授。最近几年，先后七次出国开展学术活动，在匈牙利、瑞士、挪威等国举行的国际藏学会上，世界朋友认识了中国的藏族博士。在美国华盛顿大学、印第安纳大学，在英国牛津大学、伦敦大学，格勒频频登台讲学。1991年1月他获得了做出突出贡献的中国博士学位获得者称号。

〔贾兰坡·著名古人类学家·在北京猿人遗址采集七运会火种·八五华诞〕　1993年8月26日，全国第七届运动会采集“文明之火”火种仪式在北京房山周口店龙骨山猿人遗址一号洞内举行。国际考古学界著名学者、中科院学部委员、北京猿人遗址发掘人之一的贾兰坡，持手中的枯树枝从洞内篝火中引燃，然后点燃了第34届国际中学生奥林匹克数学竞赛第一名得主、19岁的北京少年周宏手中的火炬，七运会火炬接力活动从此拉开序幕。

六十二年前，贾兰坡在这里发掘出最完整的三块猿人头盖骨，并发现了古人类用火的痕迹，从而震动了世界。六十二年后，再返周口店点燃“文明之火”。他极为兴奋地说：从第一次骑毛驴到周口店考古，这里不知来了多少次。这里是文明的源地，我要把火种交给下一代，永远“向文明走去”。

1993年11月25日，是贾兰坡八十五岁寿辰。这一天，涂光炽、刘东生、郝治纯等60多位中科院学部委员前往祝贺，祝贾老健康长寿。

贾兰坡1908年出生在河北玉田县一个贫苦农民家庭。他13岁时随父亲来京，父亲供他读完小学和中学之后，再也无条件供他继续升学了。贾兰坡辍学后，几乎每天都风雨无阻地去蹲北京图书馆，他尤其喜爱阅读《旅行家》、《科学》等刊物。1931年，考人实业部地质调查所当练习生，并被派到周口店发掘现场去工作。这位勤勉奋发的小伙子，很快受到魏敦瑞、杨钟健以及地质调查所所长翁文灏的器重。他们送贾兰坡到北京大学地质系、协和医学院解剖系进修。1935年，贾兰坡被提升为技佐。同年，主持周口店发掘工作的裴文中赴法留学，新生代研究室负责人大胆放手地把发掘工作交给他主持。1936年11月，贾兰坡率领员工连续发现了3件完好和相当完好的“北京人”头盖骨化石。这是继裴文中1929年12月2日发现第一件“北京人”头盖骨化石之后，又一震动了国际学术界的辉煌成就。全国解放后，贾兰坡任中科院古脊椎动物和古人类研究所研究员，中国考古学会副理事长，中国太平洋历史学会副会长兼秘书长。他先后主持或指导了山西省侯度、匼河、丁村、许家窑、峙峪和陕西蓝田诸遗址的发掘工作。著名的蓝田人头骨和丁村的牙齿化石就是他担任队长期间发现的。1957年，他与王建率先提出应到更新世初期的地层寻找最古老的人类化石及文化遗物。他们的这一科学论断后来被证实，为西侯度文化和元谋人的发现奠定了基础。1972年，他又提出了细石器文化起源于华北的论证，并综合我国华北地区半个世纪已发现的旧石器时代文化材料，判断华北旧石器时代的发展至少有两个系统，即“匼河——丁村系”和“周口店第一号地点——峙峪系”，首次阐述了我国原始文化的继承关系。这个观点受到国际考古界的普遍重视。

贾兰坡在长期考古实践的基础上，在理论上作出了重要贡献，先后发表科学论著200余篇，涉及第四纪地质、古脊椎动物、古人类和考古，其中以旧石器时代的考古论著数量最多，成绩最突出。主要著作有：合著《匼河》、《中国猿人及其文化》、《陕西蓝田新生界》、《北京人》、《东西细石器起源》等。

〔贾庆林·再次当选福建省省长〕　在1993年1月12日举行的福建省第八届人大第一次会议上，贾庆林再次当选为福建省省长。

贾庆林，1940年生，河北交河（今泊头）人。1959年加入中国共产党。1962年毕业于河北工学院电力系。历任第一机械工业部技术员，中国机械设备进出口总公司总经理，太原重型机器厂厂长、党委书记，中共福建省委副书记、福建省省长。是中共第十四届中央委员。

〔贾志杰·当选湖北省省长·宣布新一届政府“约法四章”〕　在1993年5月5日举行的湖北省八届人大一次会议上，贾志杰当选为湖北省省长。

贾志杰，1935年生，吉林扶余人。1960年加入中国共产党。同年毕业于苏联莫斯科石油学院机械系。历任兰州石油化工机器厂副总工程师、厂长、高级工程师，甘肃省石油学会副会长。1983年起任中共甘肃省委副书记。1986年起任甘肃省省长。1993年2月调任湖北省代理省长。是中共第十三届中央候补委员、十四届中央委员。

新一届湖北省政府选举组成后，省长贾志杰宣布了省长、副省长和省政府其他组成人员的“约法四章”：第一，不得从事第二职业；第二，除组织安排外，不兼任企业实职或名誉职务；第三，严禁接受礼金、股票和一切有价证券，严禁买卖股票；第四，不得到基层单位报销个人开支。

〔**贾拓夫·著名经济工作领导者·《贾拓夫传》出版**〕　周维仁著《贾拓夫传》，1993年3月由中共党史出版社出版。该书记述了贾拓夫从大革命时期以来，在中国革命和建设事业中作出的杰出贡献，披露了他在新中国成立后长期领导经济工作，特别是在1958年大跃进中坚持实事求是，反对高指标、瞎指挥，因而受到错误处理，“文革”中又遭严重迫害的经历。陈云、彭真、杨尚昆等为该书题了词。

贾拓夫，原名贾耀祖。1912年出生，陕西神木人。1926年考入绥德第四师范学校，同年加入共产主义青年团，曾担任团支部书记，团县委书记等职。1928年转为中国共产党党员。同年秋任陕北团特委组织部部长、代理书记。1930年任共青团陕西省委委员、组织部长兼西安市委书记。10月一度被捕。不久被中共派往渭南工作。后任中共陕西省委委员、秘书长，负责省委组织、宣传工作。1933年10月，陕西省委遭敌人破坏，他不顾个人安危，坚守岗位，及时做好善后工作。年底他代表陕西省委到中央革命根据地向中共中央报告工作。1934年初，出席中共六届五中全会。在中华苏维埃第二次全国代表大会上，被选为苏维埃政府中央执行委员会候补委员，会后留在中央革命根据地工作。1934年10月参加长征，任红军总政治部白军工作部部长。1935年10月中央红军到达陕甘地区，他受中央委托担任与陕北党组织以及陕北红军的联络工作。后任陕甘苏区中央局白区工作部部长、陕北省委宣传部长。1936年任中央特派员、关中特委书记、三边特委书记、少数民族委员会回民部部长等职。西安事变后，任中共陕西省委书记。1939年回到延安，在张闻天、李维汉领导下，主持西北工作委员会工作。1941年任陕甘宁边区中央局统战部部长、调查研究局局长。1942年任中共中央西北局常委、秘书长、边区参议员等职。日本投降后，接替陈云主持西北财经办事处工作，任西北财政经济委员会副主任、中共中央西北局常委。1949年5月，西安解放后，任西安市军事管制委员会副主任、西安市市长、中共西安市委书记、西北军政委员会委员等职。西北全境解放后，他主持西北财经委员会工作。1952年8月，调任中央财经委员会副主任，1953年任国家计划委员会副主任，1954年任国务院第四办公室副主任、主任，并兼轻工业部部长。1955年9月，任全国手工业生产合作社监事会主任。1956年10月任国家经济委员会副主任。1958年6月为中央财经小组成员。9月任国家计划委员会副主任。他长期协助陈云、李富春工作，对国家私营工商业和手工业的社会主义改造及第一个五年经济建设计划的执行，做出了重大贡献。在中共第八次全国代表大会上，当选为中央委员。在1958年的大跃进中，他坚持财经工作要实事求是，积极稳妥，反对高指标、瞎指挥和浮夸风。1959年被错定为右倾机会主义分子，被迫调离经济计划领导岗位，到基层工作。1962年任抚顺发电厂厂长，1965年任石景山钢铁公司副经理。“文化大革命”开始后受到诬陷和迫害，于1967年5月7日含冤逝世。1979年3月31日，中共中央作出决定，为他平反昭雪，恢复名誉。

〔**贾春旺·连任国家安全部部长**〕　1993年3月29日，根据第八届全国人大第一次会议的决定，贾春旺被任命为国家安全部部长。

贾春旺，1938年生，北京人。1962年加入中国共产党。1964年毕业于清华大学工程物理系。历任清华大学团委书记，清华大学党委常委兼学生部部长，共青团北京市委书记，中共北京市委常委、海淀区委书记、市委副书记、市纪委书记。1985年起任国家安全部部长。是中共第十二、十三、十四届中央委员。

〔**夏钢·电影导演·获第十三届中国电影金鸡奖最佳导演奖**〕　以拍城市当代青年生活题材独树一帜的北京电影制片厂导演夏钢，因执导电影《大撒把》获得1993年第十三届中国电影金鸡奖最佳导演奖，该片同时获得最佳男主角奖及最佳影片、最佳编剧、最佳女主角等五项提名

电影《大撒把》是夏钢独立执导的第四部影片。它叙述了盲目的出国潮将顾颜的妻子和林周云的丈夫席卷而去，使他们各自的家庭猝然断裂。为获得些许情感寄托，林周云与顾颜由萍水相逢到坠入情网，最终又因林周云的出国而帐然分手。夏钢以其挥洒自如，含而不露的笔触，在从从容容的叙事中将观众引入人物的生活，不知不觉中使观众置身于感情的漩涡。影片风格严肃而幽默，有一种睿智的魅力，获得影圈内外很高的评价，是1993年上半年上座率最高的影片之一。

夏钢，1953年生于北京一个艺术世家，父亲是著名戏剧导演夏淳。由于家庭文化气氛的熏陶，他从小就对文艺发生了浓厚的兴趣。1970年初中毕业后分配到北京市政工程局，当马路工。1978年，考入北京电影学院导演系。在大学就读期间，夏钢在同窗中率先拍出了一部颇具艺术水平的短片《我们还年轻》，获得第十二届世界大学生电影作品竞赛优秀影片提名。1982年毕业后，在北京电影制片厂谢铁骊执导的《包氏父子》、陈怀皑执导的《双雄会》中任副导演。又在潇湘电影制片厂与蒋为和联合导演了《自信的男子汉》。

1988 年，夏钢独立执导了第一部电影《一半是火焰，一半是海水》。影片深刻揭示了当代青年身上两种价值观、道德观、生活观的矛盾与冲突，发人深思，动人心弦。不论在艺术上技术上都比较成功。影片公映后，在社会上产生了很大反响，尤其是青年人对影片中所表现的当代青年真实的心路历程反响强烈。影片至今仍在国内各大城市影院长映不衰。

1990 年，夏钢导演了一部温馨的悲剧爱情片《遭遇激情》。影片讲述了一个因患绝症、不久于人世的少女，偶然遇到一个自己生活得也不怎么如意的小伙子，于是她的生命最后一个乐章竟闪烁出点点华彩。夏钢在影片中以喜剧的眼光观照悲剧的故事，在苦难中发现温馨，在平淡中展露真情。影片在 1991 年中国电影金鸡奖评选中获得最佳编剧、最佳导演等四项提名，后又多次参加国际影展，受到国外观众和电影界人士的好评。

1991 年，夏钢拍摄了一部催人泪下的纯情故事片《我心依旧》，1992 年执导了《大撒把》和根据王朔同名小说改编的电影《无人喝彩》。《无人喝彩》通过一对夫妇和两个朋友的日常生活，刻划了改革后知识分子的困惑与追求的真实心态。影片被公认为近年来合拍片中难得的一部低成本、高质量的佳作，夏钢在艺术创作上又迈上了新的台阶。

〔夏坚白·已故著名测量学家和教育家·诞辰 90 周年纪念大会在武汉举行〕　我国当代测绘事业的开拓者和创始人之一、著名大地测量学家、天体测量学家、教育家、中国科学院学部委员夏坚白教授诞辰 90 周年纪念大会，1993 年 11 月在武汉测绘大学举行。

夏坚白，1903 年 11 月生，江苏常熟人。1929 年毕业于清华大学土木系。1934～1939 年留学英国和德国。获伦敦皇家科技学院工程师文凭、柏林工业大学特许工程师文凭和工学博士学位。1939 年回国，曾任中国地理研究所副研究员、陆地测量学校教育处处长，陆地测量局处长，同济大学教授、教务长、校长。上海解放后，任同济大学校务委员会主任。1956 年奉调去武汉筹建武汉测量制图学院（今武汉测绘大学），任教授、副院长、院长。

夏坚白毕生致力于发展我国的测绘科学教育。较早研究天文学和测量平差、误差理论及国外卫星大地测量技术，在提高天文分位角测定精度、检验与应用全能经纬仪 T4 方面作出突出贡献。著有《应用天文学》、《实用天文学》，主编《大地天文学》，合著《测量平差法》。他是中国科学院地学部委员，国家科委测量制图组副组长，中国测绘学会第二届副理事长，九三学社武汉分社第一、二届副主任，第二、三届全国人大代表。

〔原建邦·相声作家·获中国相声节金玫瑰评奖一等创作奖〕　1993 年 10 月底，由文化部艺术局、中国曲艺家协会等四单位在合肥举办的中国相声节上，进行了相声金玫瑰奖评奖活动。在参加决赛的 34 篇作品中，评选出一等创作奖两个。原建邦创作的《管子斗富》获创作一等奖。作品讽刺了某些“大款”（哈尔滨当地称管子）富了以后比阔斗富，以炫耀家财、压倒对方来掩饰自己精神世界的空虚无聊，从斗富到挥霍，出尽丑态，最后通过事实教育幡然猛省。作品中为塑造人物使用了模拟不同方言的学哏，诙谐表演的唱哏，铿锵背诵的贯口哏，很富有相声艺术的特色。

原建邦，山东掖县人，1950 年生。他自幼喜爱曲艺，十三岁登台说相声，十六岁开始学习曲艺创作。曾当过地质勘探队员和工人，熟悉基层群众，生活基础较好。1980 年调入黑龙江省曲艺团任创作员后，积极反映现实生活，努力塑造社会主义新人的形象，创作出一批脍炙人口的相声作品，其中《郝市长》获 1981 年全国曲艺调演（北方片）创作一等奖；《肝胆相照》获中央人民广播电台、中央电视台 1984 年主办的全国相声评比创作一等奖。同年在评定职称时被评为一级编剧。1987 年调至黑龙江省群众艺术馆后，创作的《叔嫂情》获 1988 年“星海杯”专业相声电视邀请赛创作二等奖；《非正常旅客》获 1991 年全国“益阳杯”业余相声邀请赛创作二等奖；《姑娘小伙别这样》获黑龙江省文艺大奖赛创作一等奖。1993 年在中国相声节金玫瑰奖评奖中，他创作的《管子斗富》获创作一等奖；《大水冲了龙王庙》获创作三等奖。

〔顾长卫·电影摄影师·所拍摄影片《霸王别姬》获戛纳国际电影节金棕榈奖〕　1993 年 5 月，由顾长卫拍摄的影片《霸王别姬》获法国第 46 届戛纳国际电影节最佳影片金棕榈奖。

影片《霸王别姬》写的是两位京剧演员与一位妓女的三角恋爱故事，时间跨度达 50 年，经历了北洋军阀、国民党、日本占领、解放后、“文革”等时期，摄影上有相当难度，但他无论是从布光位置的选择、构图还是从镜头上都给导演、演员的发挥创造了更大的空间，整个影片拍摄得自然流畅，有很凝重的历史感。

顾长卫，西安电影制片厂摄影师，1957 年 12 月出生于陕西省西安市。自幼喜爱绘画和摄影，1978

年考入北京电影学院摄影系。在校期间与同学合作拍摄了《我们的田野》、《结婚》等短片。1982 年毕业后来到西安电影制片厂从事电影摄影。1984 年他与智磊联合拍摄了探索性故事片《海滩》，1985 年独立拍摄歌舞片《大明星》，1986 年拍摄了具有民俗特点和传奇色彩的影片《神鞭》。1987 年接连拍摄了两部引起世人瞩目的影片《孩子王》和《红高粱》。在这两部风格迥异的影片中，他创造性地运用摄影造型手段展现了具有震撼力和意境深远的视觉形象，显示出卓越的艺术才华，因此获得第 8 届中国电影金鸡奖最佳摄影奖。《红高粱》还获得了金鸡奖最佳影片奖和第 11 届《大众电影》百花奖最佳影片奖、第 38 届西柏林国际电影节大奖金熊奖、第 5 届津巴布韦国际电影节最佳影片奖和故事片真实新颖奖、第 35 届悉尼国际电影节悉尼电影评论奖等。1988 年，他拍摄了惊险影片《代号"美洲豹"》；1989 年拍摄的《菊豆》获第 43 届戛纳国际电影节路易斯·布努力埃尔奖、美国第 26 届芝加哥国际电影节金雨果奖、西班牙第 35 届瓦亚多利国际电影节最佳影片金穗奖，他还获得了美国第 10 届夏威夷国际电影节伊斯曼·柯达最佳摄影奖。1991 年拍摄了《霸王别姬》，1993 年拍摄了《龙腾中国》(又名《疯狂的旅程》)。

顾长卫的摄影已不是单纯地作为造型手段，而是进入了角色创造。他的摄影与影片浑然一体，和导演水乳交融、相得益彰。导演张艺谋称顾长卫是"中国最优秀的电影摄影师"。

〔顾秀莲(女)·连任化学工业部部长〕　1993 年 3 月 29 日，根据第八届全国人大第一次会议的决定，顾秀莲被任命为化学工业部部长。

顾秀莲，1936 年生，江苏南通人。1956 年加入中国共产党。毕业于沈阳机械专科学校。历任共青团甘肃金川有色金属公司机修厂书记、纺织工业部技术员、国家计委副主任。1983 年起任中共江苏省委副书记、江苏省省长。后调任化学工业部部长。是中共第十二、十三、十四届中央委员。

〔顾金池·原中共甘肃省委书记·调任中共辽宁省委书记〕　《人民日报》1993 年 10 月 12 日报道，中共中央决定顾金池任中共辽宁省委委员、常委、书记，不再担任中共甘肃省委书记、常委、委员职务；全树仁不再担任中共辽宁省委书记、常委职务。

顾金池，1932 年生，河北雄县人。1949 年加入中国共产党。历任北京市第一机床厂党委副书记，四川省自贡市长征机床厂党委书记，中共自贡市委书记、自贡市副市长，四川省副省长。1987 年起任中共四川省委副书记，后调任中共甘肃省委书记。是中共第十三、十四届中央委员。

〔热扎克·热维都力·新疆伊拉湖乡联合煤矿矿长·获全国"五一"劳动奖章〕　热扎克·热维都力在条件十分艰苦的煤山矿井奋斗了 30 个春秋。30 年来，他如同一块煤，毫不吝惜地燃烧自己，默默地把光和热奉献给祖国和人民。1993 年获全国"五一"劳动奖章，并作为进京代表，受到江泽民等党和国家领导人的接见。

1963 年热扎克高中毕业便上了矿山，下了矿井，当上煤矿工人，和煤结下了不解之缘。在布尔碱煤矿，他做过 9 年会计、5 年矿长。1987 年，担任联合煤矿的矿长。对煤的爱恋、职工的热情，使他连续 11 年获县优秀企业家称号，8 年获地区优秀企业家称号。

为拓宽销售市场，热扎克在矿山公开招聘销售人员，实行按销售额完成量计发工资和奖金，经过努力，以王堡火车站为依托，使联合矿的煤源源不断运往南疆和乌鲁木齐及甘肃等地。在内部分配上，采取了灵活的计量工资，调动了上岗人员的积极性。全矿 400 余人，年平均工资 7300 元。从 1990 年到 1992 年底，热扎克至少把 50.19 万元的企业留利投入到管理上和生活福利上，　把职工的地窝子住处，修建成宽敞明亮的砖木结构的平房。使职工用上了自来水。每个矿井都装修为有浴池、电视机、录相机、收录机、电话、兰球场、食堂的高水准文化生活场所。从 1990 年到 1992 年底，全矿上交利润 188 万元，上交税金 75 万元，3 年共创产值 3289 万元。

热扎克·热维都力，维吾尔族，1946 年生，新疆托克逊县人，高中文化，1963 年参加煤矿工作，1978 年加入中国共产党。现任新疆伊拉湖乡联合煤矿矿长。

〔晏懋洵·北大方正集团公司总裁·以电子出版系统带动印刷业第二次革命〕　晏懋洵任总裁的北大方正集团公司生产的电子出版系统、网络传输系统、办公自动化系统等产品已被国内数万家报社、出版社、印刷厂、办公机构所使用，并已远销新加坡、韩国、澳大利亚、美国、英国和日本等发达国家，占领了海内外市场。汉字印刷业已"告别了铅与火，走向光与电"，被誉为印刷业的"第二次革命"。1993 年 5 月中共中央总书记江泽民，国务院总理李鹏视察北大方正集团公司，充分肯定他们取得的成就。

北大方正集团公司是方正集团的核心企业，创立于1986年。它的拳头产品是中科院学部委员、北京大学计算机所所长王选教授主持研制的电子出版系统。它已从一个开发、经营中文电子排版系统的专业公司发展成为多元化、产业化,国际化的大型企业集团。

晏懋洵特别强调以发展高科技为主要方向,不断推出新产品。1991年推出的中文电子出版局域网络系统,光盘检索系统,整版远程传输系统,完成了从录入、组版、发排、管理到远程传版及发排的无软盘操作,出版后的版面不仅可以从网络直接进入光盘存档,而且还可以对所需资料进行及时准确的查询。1992年元月《澳门日报》正式采用新推出的方正彩色激光照排系统,使该报成为世界第一家电脑排版的图文合一的中文彩色日报。方正彩色激光照排系统的成功,推动了彩色印刷行业的技术改造。他们开发的远程通讯传版系统传输速度比美国的传真机快25倍,一分半钟就可传完一个整版。

晏懋洵对产品质量要求极严。他认为产品质量就是企业形象。抓质量必须真抓实干。如对线路板要求合格率为100%,不允许有零点几的差错;筛选元器件制定了高于国家标准的企业标准,达不到标准统统扔掉。晏懋洵还很重视售后服务。他要求首先为用户当好少花钱,办大事的参谋;再拜用户为师,了解产品的不足和缺点,然后修改提高;还要当好用户服务员,为用户排忧解难。完善的售后服务,使用户对公司充满信任感。在晏懋洵和方正集团职工努力下,1987年销售额300万元,到1992年达到3.85亿元,1993年销售额达到8.5亿元,利税超过1亿元。晏懋洵说:"方正"代表着朴实无华的科学作风,"方正"两字见棱见角,有板有眼,搞科研,办实体,为用户服务就要方方正正,实实在在,华而不实和斜门歪道的东西我们不搞。

晏懋洵,1941年10月出生,四川省隆昌县人,1966年毕业于北京大学物理系。曾在北大汉中分校任教,后在北大物理系任教。1985～1986年在英国赫尔大学做访问学者。1988年在北大新技术公司工作,1992年7月任北大方正集团公司总经理,后任总裁。

〔钱浚·教授·发明银光膜获第二十一届日内瓦国际发明展览会金奖〕 在1993年3月26日至4月4日举行的第21届日内瓦国际发明展览会上,我国安徽大学教授钱浚发明的"可光降解银色塑料薄膜"(简称银光膜)赢得评委和观众一致赞许,荣获金奖。这是迄今为止世界上有关降解塑料发明成果所获得的唯一国际金奖。联合国环境署的官员称赞这项发明"对人类是一大贡献","将导致一次新的白色革命"。

"银光膜"所以获得如此高的评价,是由于它具有当今农用地膜所无法比拟的优良性能。目前农用地膜有提高农作物产量的效果,但地膜的残膜对土壤造成极大危害。据统计,我国每年农用薄膜的使用量高达40万吨,如塑料地膜连续使用5年,则每亩土壤中将留下32公斤的有害残膜,导致各种农作物亩产量减少25%。钱浚发明的"银光膜",集降解性、安全性、经济性和反光性于一体,经一定光照后就会自动裂解,并通过化学和生物降解而使残膜迅速消失,使得环境免除塑料垃圾的污染,因而被誉为"神奇塑料"。

钱浚研究"银光膜"获得成功花费了十几年的心血和汗水。1978年,安徽省产烟区由于大面积病毒感染,导致烤烟生产日益衰败。省领导要求合肥地区高校联袂攻克这一难题。钱浚带领几名学生来到凤阳等县。此后的10年,他每年几乎有一半的时间蹲在农村开展烟草病毒防治研究。经过反复试验论证,他从防介体入手,研制成银色塑料薄膜,在大面积推广中取得了显著防病效果,每亩纯收入可增长三倍以上。

1986年,钱浚研制的银灰色地膜,得到大面积推广,但随之出现了大量废膜残留在烟田里不能分解,造成生态环境严重污染的问题。钱浚看着那一片片、一堆堆自己亲手制造的"垃圾",就像一把刀子深深扎在他心里,决心研制出一种能自动分解不留残膜的降解薄膜。为此,他"玩命"地自学塑料化工知识,在反复研究认证的基础上提出了降解膜新的试制方法。1989年,他背着银膜降解"蓝图",两次到我国最大的烟叶产地云南进行试验。当他的成果在曲靖推广应用后,当年使25·35万亩的烟叶基地增产13·9万吨,而烟田作物覆盖银膜,60天内98%以上裂解,畦面土壤裸露,无明显塑料碎片残留。1991年,应邀参加了我国农业部组织的五国(美国、日本、加拿大、芬兰、中国)40种降解膜对比试验,他的产品显示出最佳的降解性能。

钱浚,1941年出生,安徽省巢湖人。1962年毕业于安徽农学院(今安徽农业大学),在徽州、巢湖等科研单位工作一段时间后回本校工作至今。长期以来,在植物病毒、烟草种植和降解性塑料三个不同学科领域中潜心研究,取得丰硕成果。其中"甘兰型油菜品种对病毒抗性鉴定研究"、"烟草病毒病防治研究"、"银膜农田覆盖优化栽培模式研究"、、"农用银灰色反光聚乙烯地面覆盖膜"和"一种光降解银光薄膜"等项目,曾先后八次获省级和国家级科技成果奖,二次获国际发明奖。一项获国家发明专利,并被选中为国家级科技成果重点推广项目。曾发表学术论文近40篇,译文80余篇。

〔钱伟长·民盟中央副主席·当选第八届全国政协副主席〕 著名科学家钱伟长于1993年3月26日在第八届中国人民政治协商会议全国委员会第一次会议上再次当选为全国政协副主席。

钱伟长,1912年10月生,江苏省无锡人。1935年毕业于清华大学物理系。1936年参加"中华民族解放先锋队"。1942年毕业于加拿大多伦多大学应用数学系,获博士学位。1942年任美国加州理工学院喷射推进研究所研究工程师。1946年任清华大学教授兼北京大学、燕京大学教授。1949年后任清华大学教授、副教务长、教务长、副校长,中国科学院力学研究所副所长、研究员,中国科学院自动化研究所筹备处主任,中国科学院学术秘书,国务院科学规划委员会委员,中华全国青年联合会副秘书长,民盟中央常委,中国科学院学部委员,波兰科学院院士,中国力学学会副理事长,中国科学联合会常委兼组织部部长,上海工业大学校长,上海应用数学和力学研究所所长,民盟中央副主席,香港特别行政区基本法起草委员会委员,澳门特别行政区基本法起草委员会副主任委员,中国和平统一促进会会长,中国海外交流协会会长。是第五届全国政协常务委员,第六、七届全国政协副主席;第一、四届全国人大代表。

〔钱其琛·任国务院副总理兼外交部部长、香港特别行政区筹委会预备工作委员会主任〕 1993年3月29日,根据第八届全国人民代表大会第一次会议决定,钱其琛被任命为国务院副总理兼外交部部长。同年7月2日,全国人大常委会决定,钱其琛出任香港特别行政区筹备委员会预备工作委员会主任。

钱其琛在10月2日会见中国记者谈香港平稳过渡和政权交接问题时说,英国方面如果一定要在最后几年推行自己的一套,这没有什么了不起。香港的1994年——1995年选举也好,英国方面所做的一切所谓政治体制改革也好,中国不可能认可,那么,到1997年6月30日为止就不再有效了。中国不接受与基本法不衔接的方案。12月9日,钱其琛在香港特别行政区筹委会预委会第二次全体会议上发表讲话时指出:香港的前途是同祖国的前途紧密联系在一起的。有强大的祖国作后盾,有广大香港同胞的支持,只要我们继续发扬精诚团结、密切合作的精神,预委会的工作一定能够做好。

1993年12月15日,《人民日报》发表钱其琛《1993:世界开始重新认识中国》的年终专论。钱其琛在回顾了几年来中国经受了国际风云变幻的考验,走过了不平坦的道路后指出,国泰民安、政通人和、百业俱兴、前程似锦,社会主义在中国大地上扎根、发展和繁荣,受到11.7亿中国人民的拥护。这就是当前中国的景象。

在谈到对外关系时,他说,同中国建交的国家已经达到158个。中国同周边国家的睦邻友好关系在发展中巩固,是建国以来最好时期;同广大发展中国家的团结合作在相互支持中得到增强;与西方国家的互利合作关系在平等对话中得到改善。

钱其琛指出,一个和平、安定、繁荣、发展的中国正在世界的东方崛起。这件事引起了越来越多的国家的重视。人们对中国刮目相看,重新估量它的分量。人们在议论中国将在国际上可能起到的作用。有些重要西方报刊、研究机构和国际金融机构把中国的发展称之为"奇迹"。钱其琛认为,说中国已经成为美国、日本之后的世界第三经济大国,这种估计显然不符合中国的实际情况。中国仍然是一个低收入的发展中国家,要发展成为一个中等发达的国家,还须经过几代人的不懈努力。他还指出,有些人把中国的经济发展看作是一种"威胁",声称中国经济发展了就要"扩充军备",就要"填补真空",甚至说中国在若干年后将成为西方的"主要威胁"。这种说法是荒谬的,说穿了就是要为继续推行遏制中国的政策制造舆论。中国是一个爱好和平的国家,中国人民一贯热爱和平。中国的发展需要有一个和平的国际环境。中国不搞军备竞赛,不参加军事集团,不谋求势力范围,永远不称霸,不当超级大国。中国在国外没有一兵一卒,也没有任何军事基地,对任何国家不构成威胁。将来中国强盛了,也永远是维护世界和平的力量。钱其琛说,在西方经济正陷入持续衰退的情况下,中国这个大市场的潜力正在成为现实。事实证明,中国与西方国家之间存在着广泛的共同利益。越来越多的有识之士认识到,世界的和平与发展需要中国。

钱其琛,1928年1月生,上海嘉定人。1942年10月在上海大同大学附中学习时加入中国共产党,任该校地下党党小组组长、党支部书记。1945年任上海《大公报》社职员,上海地下党中学区委委员,男中学委委员,徐汇区学生区委副书记。1949年任上海市徐汇、长宁、杨浦区委委员,共青团徐汇、长宁、杨浦区委书记。1953年任共青团中央办公厅研究员。1954年在苏联中央团校学习。1955年任驻苏联使馆二秘、留学生处副主任、研究室主任。1963年任高教部留学生司处长、对外司副司长。1966年在"文化大革命"中受冲击，下放"五七"干校劳动。1972年任驻苏联使馆参赞、驻几内亚大使，外交部新闻司司长。1982年任外交部副部长、党组成员、党委副书记。1988年后任外交部部长、党委书记，国务委员。是中共十二届中央候补委员、委员，第十三届中央委员，第十四届中央政治局委员。

〔钱学森·当选第八届全国政协副主席·谈我国资源的永续利用〕 著名科学家钱学森于1993年3月26日在第八届中国人民政治协商会议全国委员会第一次会议上再次当选为全国政协副主席。

9月5日，钱学森致函国务委员宋健，对综合利用自然资源和回收利用废旧物资提出意见。他在信中说：我多年来一直注意自然资源的综合利用与废气、废液、废渣以及垃圾的回收利用，目的是使我国有一个优良的生态环境；使我国11亿人口的大国能资源永续。他还指出，国务院已抓了农田秆秸在氨化处理后喂牛，"过腹还田"；地矿部朱训部长讲了国家的矿产资源应有偿使用；水利部钮茂生部长提出农业用水也要收费；《人民日报》9月3日报道了河南平顶山市兴起"吃"垃圾工业群；原来分管回收的商业部和物资部现已合为国内贸易部等事例，这都说明资源综合利用与再生已向好的方向发展。但整个问题的解决尚待国务院全面研究并制定方案，组织实施，因问题是跨部门的；垃圾问题又涉及城市政府。这一大问题在发达国家也未解决，但我们社会主义中国应能很好地完成这项工作，事关子孙后代！

钱学森，1911年12月生，浙江杭州人。1959年8月加入中国共产党。1929年在上海交通大学机械工程系学习，毕业后报考清华大学留美公费生，录取后在杭州笕桥飞机场实习。1935年在美国麻省理工学院航空系学习，获硕士学位。1936年在美国加州理工学院航空系学习，获博士学位，1939年任美国加州理工学院航空系研究员。1943年任加州理工学院航空系助理教授(1940年至1945年为四川成都航空研究所通信研究员)。1945年任美国加州理工学院航空系副教授。1946年任美国麻省理工学院航空系副教授，空气动力学教授。1949年任美国加州理工学院喷气推进中心主任、教授。1955年回国后历任中国科学院力学研究所所长、研究员，国防部第五研究院院长、副院长。1965年任七机部副部长。1970年任国防科委副主任，中国科学技术协会副主席。1982年后曾任国防科工委科技委副主任，中国科学技术协会主席、名誉主席。是第二届全国政协委员，第六、七届全国政协副主席；第四、五届全国人大代表；中共第九、十、十一、十二届中央候补委员。

〔钱钟书·著名作家、文学史家·被聘为中国社会科学院特邀顾问〕 原中国社会科学院副院长、著名学者和作家钱钟书，1993年被聘为中国社会科学院特邀顾问。与他一起被聘为特邀顾问的还有原中国社会科学院副院长、著名经济学家刘国光。

钱钟书，字默存，号槐聚，笔名中书君。1910年生，江苏无锡人。1933年毕业于清华大学外文系。后赴英国留学。1937年英国牛津大学英文系毕业，获副博士学位。后赴法国入巴黎大学研究院研究法国文学。1938年回国。曾任昆明西南联大外语系教授，国立师范学院英语系主任，暨南大学外语系教授，北京图书馆英文馆刊顾问，南京中央图书馆外文部总纂。1949年后，历任清华大学外文系教授，北京大学文学研究所、中国社科院文学研究所研究员，中国社科院副院长

钱钟书长期致力于中国和西方文学的研究。主张用比较文学、心理学、单位观念史学、风格学、哲理意义学等多学科方法，从多种角度理解和评价文学作品。他从1933年开始发表作品。著有散文集《写在人生边上》，短篇小说集《人兽鬼》，长篇小说《围城》，论著《十六、十七、十八世纪英国文学里的中国》、《谈艺录》、《管锥篇》、《宋诗选注》、《七缀集》，其作品有多种文字译本。

钱钟书是第五、六届全国政协委员，第七届全国政协常委。

〔钱瘦铁·已故著名金石书画家·遗作在上海展出〕 1993年8月，由上海美术家协会、上海中国画院和朵云轩联合举办的已故著名金石书画家钱瘦铁遗作展在上海朵云轩举行。展出的作品共百余幅，是从钱瘦铁近千幅遗作中精选出来的。作品分为早、中、晚三个时期，其中绝大多数为历年出版过的精品原作。上海《解放日报》等报刊报道了展览的盛况，同时刊登钱氏的书画、篆刻作品，并发表纪念文章。

钱瘦铁(1897～1967)，名厓，字叔厓，号瘦铁，斋名有瘦铁宧、梅花书屋、峰青馆、磅礴轩、契石堂、一席吾庐、煮墨斋、临江观日楼，天池龙泓砚斋等。江苏无锡人。早年家境贫寒，14岁入苏州"汉贞阁"碑帖铺为学徒，相继从郑文蝉学书法，从吴昌硕学篆刻，从俞语霜学绘画，19岁时到上海，参加吴昌硕主持的"题襟馆"书画会，1922年3月去日本，在京都举行个人书画篆刻展览，在日本时曾与名画家桥本关雪等共同组织"解衣社"书画会进行艺术交流，1924

年应聘任上海美术专门学校国画系主任，曾与孙雪泥、郑午昌等组织"蜜蜂社"、"中国画会"等美术团体，并主编《美术生活》画报。1935年携家眷侨居日本，他旅居日本期间，同郭沫若交往甚密，并支持其组织留日学生反抗日本发动的侵华战争。日方密谋逮捕郭沫若，被钱瘦铁侦知，连夜密告郭，并慷慨资助路费、衣物等，使郭沫若乘船脱险回国。而钱瘦铁却遭日警方的拘捕，身陷囹圄，以帮助被通辑的郭沫若出走等罪名，被判为四年徒刑。出狱后于1942年回国。1949年后，钱瘦铁任上海中国画院画师。书法四体皆工，篆书学石鼓、诏版参以草书笔意，拙朴潇洒，隶书学《张迁碑》、《石门颂》及汉简，萧疏奇宕，草书学孙过庭拙重凝练，篆刻则从汉印入手，早年似吴昌硕，后取周秦金石文字之神韵熔铸入印，别具一格，亦擅国画、精山水、花卉，被誉为"书、画、印三绝的艺术大师。"并誉吴苦铁、王冰铁、钱瘦铁为"江南三铁"。出版《钱瘦铁书画篆刻作品集》。

〔铁木尔·达瓦买提·当选第八届全国人大副委员长〕　1993年3月27日在第八届全国人民代表大会第一次会议上，铁木尔·达瓦买提当选为全国人大常委会副委员长。

铁木尔·达瓦买提，1927年6月生，新疆托克逊人，维吾尔族。1952年加入中国共产党。1950～1964年任新疆托克逊县二区三乡乡长、副区长、县长、县委第一书记，吐鲁番中心县委副书记。1964年后，任新疆维吾尔自治区人民委员会副主席，革委会生产指挥组副组长、革委会常委。革委会学大寨办公室主任、农牧办公室主任。1978年后，任新疆维吾尔自治区党委书记，自治区革委会副主任，自治区人大常委会主任，国家民族事务委员会副主任，自治区主任。他是第三、四、五、六、七届全国人大代表，第五届全国人大常委会委员。中共第十二、十三、十四届中央委员。

〔铁凝（女）·现代作家·获第六届庄重文文学奖〕　1993年12月13日，由香港著名爱国人士庄重文出资设立、中国作家协会中华文学基金会主办的"庄重文文学奖"1993年度颁奖大会在北京人民大会堂举行。中国作家协会理事、河北省文联副主席、女作家铁凝获奖。在1993年内，铁凝共获得七项文学奖。她的短篇小说《孕妇和牛》获《中国作家》优秀短篇小说奖、《小说月报》百花奖、河北省第五届文艺振兴奖；《马路动作》获《天津文学》优秀短篇小说奖；《河之女》获第三届全国青年文学创作奖；《峡谷歌星》获河北省"丰收杯"农村题材小说奖。

铁凝，原籍河北，1957年生于北京。1975年于保定第十一中学毕业后到农村插队落户。1978年回保定，在市文联从事专业文学创作，1979年加入中国作协河北分会，1982年加入中国作协。曾出版、发表《玫瑰门》等长、中、短篇小说和散文集16部，300余万字。《哦，香雪》、《六月的话题》、《没有钮扣的红衬衫》分别获全国优秀中、短篇小说奖；电影《红衣少女》获1985年中国电影"金鸡奖"、"百花奖"和文化部优秀故事片奖；改编成电影的《哦，香雪》获第41届柏林国际电影节儿童片最高奖。部分作品被译成英、德、法、日、俄、西班牙、奥地利、丹麦、挪威等国语种出版发行。

1993年，应春风文艺出版社之邀，铁凝与王蒙、莫言、贾平凹、马原等9位作家一起参加"布老虎"长篇系列丛书的写作，年底出版长篇小说《无雨之城》，引起读者强烈反响，连续3个月在上海、深圳等城市的畅销书中排名榜首。评论家称该书以最平凡的语言写了一个不平凡的故事，而最可贵的又在于作家在一个吸引人的故事背后所展示出的对于人类命运及生存景况的敏锐、准确而有分寸的思考。

〔侯波（女）·著名摄影记者·获全国巾帼建功标兵称号〕　1993年3月6日，全国妇联对在摄影宣传、关心教育下一代等活动中作出突出贡献的新华社高级记者侯波，授予"巾帼建功标兵"称号。

侯波于1983年离休后，便同丈夫徐肖冰一起投入了新的事业：举办摄影展览，出画册，关心教育下一代。由于事迹突出，1990年和1991年两次被新华社评为优秀共产党员。

从1986年到1993年，侯波与徐肖冰在全国各地和日本东京举办《伟大历史的记录》影展，用一幅幅照片，向广大观众形象地展示了中国人民在中国共产党领导下，推翻三座大山的历史，阐明了"没有共产党就没有新中国"这一真理。他们用生动感人的讲解，使观众为共和国的来之不易而动容。展出受到江泽民等中央领导人的好评和鼓励。到1993年，在国内一些大学、工厂、地区、县等展出40多场，为了巡展，他们几乎花尽了所有积蓄。

他们夫妇出版的大型历史文献画册《路》，获第四届中国图书奖一等奖，浙江图书出版"树人奖"和首届全国优秀美术图书奖金奖。这本画册受到老一辈无产阶级革命家的重视，邓小平为画册签名，江泽民、杨尚昆、聂荣臻、康克清等领导人写信祝贺出版。

侯波十分关心对革命接班人的培养。1989年她被北京东城区史家胡同小学聘为校外辅导员，经常用抗日战争时的艰苦斗争与建立新中国光辉征程的历史教育孩子。1988年迄今已连续五年担任北京朝阳区三里屯小学儿童摄影学校顾问，她既向孩子们传授摄影技术，又结合自己拍摄的照片，讲革命传统，做到了"教书育人"。

侯波，1924年生于山西省夏县，抗日战争爆发后，参加本县地下党领导的牺牲救国同盟会活动。1938年进入延安，曾在延安大学学习。1949年10月担任中共中央办公厅警卫局摄影科长达12年之久。1961年任新华社摄影部中央记者组副组长，摄影记者，职称为高级记者。

侯波在中南海12年摄影生涯中，拍摄了新中国建立初期许多重大政治活动。随毛泽东等中央领导人到各地视察，以及中央领导人和来华各国首脑会晤时拍摄的照片，已成为当代中国珍贵史料。

〔侯宝林·相声艺术大师·在北京逝世〕 1993年2月4日，相声艺术大师、中国广播艺术团艺术指导侯宝林在北京逝世，终年75岁。

侯宝林，满族，1917年生，北京人。自幼家境贫寒，12岁开始学艺。初学京剧，17岁改学相声，先后拜常宝臣、朱阔泉为师，在北京天桥"撂地"演出。1940年成名于天津，正式在剧场和广播电台演出。中华人民共和国成立后，立志相声革新，1950年参加北京相声改进小组，努力创作反映现实生活的作品。1955年参加中央广播说唱团，为中央人民广播电台录制了大量相声节目。1979年退出艺术舞台，专事曲艺理论研究，与其他曲艺工作者合著了《曲艺概论》、《相声艺术论集》、《相声溯源》等著作。

侯宝林走过了半个多世纪的艺术探索之路，继承了我国曲艺艺术的优良传统，为提高相声艺术格调锐意革新，始终不懈。他整理、创作和表演的《婚姻与迷信》、《戏曲与方言》、《戏剧杂谈》、《关公战秦琼》、《改行》、《夜行记》等许多作品，具有犀利的讽刺锋芒和强烈的艺术效果，为广大群众喜闻乐见。他以严肃认真的态度进行了卓越的艺术实践，为剔除旧的糟粕、纯洁相声语言，扩大相声的影响，提高相声在艺术领域的地位作出了重要贡献。他的相声风格清新、洒脱、含蓄、优美，追求寓庄于谐，意高味浓的美学境界，对建国后相声演员的培养成长有深刻的启示和影响。

侯宝林热爱共产党，热爱社会主义，为了把艺术献给人民，多次深入工厂、农村演出，他的足迹踏遍全国各地，并为中国相声艺术走向世界做出了杰出的贡献。侯宝林逝世后，国家主席、中共中央总书记江泽民打电话给他的家属表示哀悼和慰问。

为了研究和总结侯宝林的艺术成就和经验，广播电影电视部、文化部、中国文联、中国曲协于1993年2月6日在北京联合召开了侯宝林从艺65周年研讨会。中共中央政治局委员、国务委员李铁映出席会议并讲了话，高度评价了侯宝林一生献身文化事业，为发展相声艺术所作的建树和成就。

侯宝林是第四至第七届全国人民代表大会代表，他还是中国曲艺家协会顾问、北京大学兼职教授。

〔倪志福·当选第八届全国人大常委会副委员长〕 1993年3月27日，在第八届全国人大第一次会议上，倪志福再次当选为全国人大副委员长。

为纪念"二七"大罢工70周年，全国总工会主席倪志福在1993年第3期《求是》上发表了题为《当代中国工人阶级的历史责任》的文章。文章说，当代中国工人阶级的历史责任，就是在中国共产党的领导下，进一步巩固工农联盟，团结全国各族人民，坚持党的基本路线，沿着有中国特色的社会主义道路，艰苦奋斗，开拓前进，加快改革开放和现代化建设步伐，为把我国建设成为富强、民主、文明的社会主义现代化国家而奋斗。

4月3日，首都举行《工会法》颁布一周年纪念座谈会。倪志福在会上讲话，要求进一步落实《工会法》，提高工会工作整体水平。他说，我们的责任是把依法维护国家、企业的利益，同依法维护职工群众的政治权利和经济利益更好地统一起来，对严重侵犯职工合法权益的行为，工会要同党政一道依法进行坚决的斗争。10月29日，在中华全国总工会第十届执行委员会第一次会议上，从事工会工作20年、连续三届担任总工会主席的倪志福卸职；尉健行当选中华全国总工会主席。

倪志福，1933年5月生，上海市人。1958年10月加入中国共产党。1950～1965年在上海德泰模型工场学徒，上海青工政治文化学习班学习，上海第四机械制造训练班学习，国营六一八厂当钳工，厂大专班学习，六一八厂技术科工程师。1965～1977年任六一八厂副总工程师、代总工程师、总工程师，六一八厂党委书记，北京市总工会主任，中共北京市委第二书记、市革委会副主任。1977～1987年任中共上海市委第二书记、市革委会第一副主任，北京市委第二书记、市革委会副主任，中华全国总工会主席、书记处第一书记，国务院机械工业委员会副主任，天津市委书记。1988年后任中华全国总工会主席。是第五、六、七届全国人大代表，第七届全国人大常委会副委员长。中共第九届至第十四届中央委员，第十届中央政治局候补委员，第十一、十二届中央政治局委员。

〔**倪润峰·长虹电器公司董事长兼总经理·获中国军转民十佳企业家称号**〕　倪润峰被改革的浪潮推上长虹机器厂厂长位置后，便迎着风险连闯“三关”，抓住每一次机遇，经过连年艰苦奋斗，使长虹跻身于世界彩电生产大企业行列。1993年1月20日，倪润峰获国家计委、国家科委、国防科工委授予的“中国军转民十佳企业家”奖杯。

1992年彩电市场一片萧条，年底各个彩电生产厂家均对1993年彩电持悲观态度，不敢大量准备1993年生产所需彩管。彩管生产厂家大量库存积压，价格也一降再降。在此情况下，倪润峰经过对大量信息的综合分析，认定彩电不可能滞销下去。预测1993年彩电将掀起一个高潮。于是果断决策：一是开足马力大量生产，不要怕积压；二是大量订购彩管。在1992年底，一举签定1993年全部所需彩管。此举不仅降低了采购成本，解了彩管厂家的愁，而且在1993年彩电市场启动后，各个彩电厂因管源困难等米下锅时，长虹厂却产销两旺，抓往了难得的机遇，创造了良好的效益。

倪润峰十分重视科技领先。近年来，长虹机器厂先后启用自筹资金2亿多元，完成产品技术开发和技术改造项目300多项，每年的新产品研制费用近1000万元，他们两次与日本松下公司进行技术合作，建成了两条具有80年代国际先进水平的电视机生产线。随后依靠自己力量，又建成了与引进生产性能相当的4条电视机生产线，使电视机生产具有高起点、大规模的优势。

随着国内彩电市场逐步发展，消费者对彩电质量、款式、功能提出了越来越高的要求。为此，公司从14到29英寸彩电，各个机型都准备了3～4个新品种，个别机型甚至有7个品种。同时从最前端入手，各个环节严把质量关，保证商业开箱合格率为100%，从而大大提高了长虹的信誉。1993年1～10月，生产电视机1307211台，其中彩电1119889台，产值达30.34亿元，　销售收入18.05亿元，实现利税3.2亿元，比上一年同期分别增长41.9%、　49.4%、54.8%、80.2%、71.29%。彩电的销售量和实现利税总额连续4年保持全国电子行业第一名。

倪润峰1944年出生于山东省荣成县，1967年毕业于大连工学院，1971年进入国营长虹机器厂工作，历任科员、副所长、副厂长、厂长，1988年任四川长虹电器股份有限公司董事长兼总经理。曾获全国“五一”劳动奖章，获部、省、市优秀企业家称号。

〔**徐帆(女)·话剧演员·获第十三届中国电影金鸡奖最佳女主角提名**〕　北京人民艺术剧院青年演员徐帆，因主演电影《大撒把》，1993年获第十三届中国电影金鸡奖最佳女主角提名。

徐帆出生在武汉一个艺术之家，父母同为楚剧演员，家庭的熏陶，使她从小对艺术就有偏爱。12岁入湖北省戏曲学校，专攻青衣、花旦，演过《二进宫》、《宇宙锋》、《春香闹学》等多部大戏，后转入武汉话剧院。1987年考上中央戏剧学院表演系，1991年，成为北京人民艺术剧院的演员。两年多的时间里，先后主演和参演了《智者千虑必有一失》、《哈姆雷特》、《海鸥》、《舞台上的故事》、《红白喜事》、《风流的贵妇人》、《鸟人》、《阮玲玉》等中外名剧。

徐帆开始进入电影界在田壮壮执导的影片《特别手术室》中扮演一个女出租司机，因未婚先孕流产最终付出生命代价。之后在北京电影制片厂拍摄的电视连续剧《武生泰斗》里饰演小红宝，形神兼备；在电影《大太监李莲英》中饰珍妃；《人猴大裂变》中演一个民间艺人。虽然她在这些影视作品中戏不多，但演得真挚动人，获得专家好评。

在《大撒把》中，徐帆饰女主角林周云。林周云分娩在即，丈夫却忙于出国将她托付给刚刚送走妻子的顾颜。时光渐渐流逝，林周云出国与丈夫团聚的希望越来越渺茫，而对仗义照顾她的顾颜产生了感情。就在他们相互接近，感情交融时，林周云的签证到手了。她只能在矛盾、无奈中离开了顾颜。徐帆把林周云与顾颜从开始的话不投机到相互理解，相互宽慰，最后依依不舍的感情变化，演得准确细腻，层次分明，充分展示了她真实自然的表演才华，赢得专家们的肯定。

1993年，徐帆又拍了电影《棺材铺》，在片中饰二三十年代的村妇。最近，主演了话剧《阮玲玉》，在北京引起轰动。她表示，在今后的表演生涯中，将不断提高自己在各方面的修养，迎接新的考验。

〔**徐僖·高分子材料专家·获全国教育系统劳动模范称号**〕　我国塑料工业和高等院校塑料专业的创始人之一、中国科学院学部委员、高分子材料专家徐僖，献身科学和教育近50年，共发表论文180余篇，出版专著、译著4本，取得发明专利3项，带出博士生16名、硕士生80余名。1993年获国家教委、人事部授予的全国教育系统劳动模范称号。

徐僖，1921年生于南京，1944年毕业于浙江大学化工系。1948年获美国李海大学科学硕士学位。解放前夕，他怀着爱国热忱从美国辗转返回祖国，

1949 年秋在重庆大学化工系任副教授。1951 年春，他申请开发五倍子塑料得到国家支持。1952 年开发试验成功，他用土特产五倍子制得了 1、2、3、一苯三酚等制备塑料的原料。1953 年在重庆创建了完全采用国产设备和国产原料的我国西南地区第一个塑料工厂。同年，原高教部授权他在四川化工学院筹建我国高等院校第一个塑料专业。1957 年反右以后，他被当作"白专典型"受到不公正待遇，在下放劳动期间仍埋头科研，撰写出了我国高校第一本高分子化学教科书《高分子化学原理》。1964 年，他创建了我国高等院校第一个高分子研究所。"文革"期间，他被扣上"反动学术权威"帽子，一只眼因患眼疾未及时治疗而失明，后又因积劳成疾住院做了左下肺切除手术。尽管屡遭坎坷，一只眼，半边肺，但他爱国之心终不悔，科研意志比钢坚。他抱病审改完中国大百科全书高分子化学卷部分稿件。他研究高分子在应力作用下的化学反应，为高分子材料成型加工和改性提供了新途径。他指导研究生采用超声波和高速搅拌手段制成 10 余种难以用一般化学方法合成、有应用前景的新型高分子材料；他成功地采用力化学法制备低分子量聚氯乙烯的自增韧材料；通过分子复合使聚氧化乙烯/聚（甲基丙烯酸甲脂——甲基丙烯酸）体系的导电率提高 1～2 个数量级；通过高聚物的交联使聚烯烃的韧性提高 5～20 倍。

徐僖先后获高分子学科建设和高层次人才培养国家级优秀成果奖、高分子化学育才奖等国家级、部级奖励十余项。1990 年获国家教委、国家科委授予的全国高校先进科技工作者称号。他曾应邀到美、英、法、德、日本、加拿大、瑞典等国作学术报告。他是高分子材料工程国家重点实验室负责人、阻燃材料国家专业学术委员会主任、中国化工学会副理事长。

〔徐才厚·任解放军总政治部副主任〕　1993 年 12 月，中央军委任命徐才厚为中国人民解放军总政治部副主任。

徐才厚，1943 年 6 月生。辽宁省复县人。1963 年 8 月入解放军军事工程学院学习。1971 年 4 月加入中国共产党。曾任沈阳军区守备师炮兵团连副指导员，吉林省军区政治部干部处干事、副处长。1980 年入解放军政治学院学习。1982 年 8 月起任吉林省军区政治部干部处处长兼离退休干部工作办公室主任、政治部副主任，沈阳军区政治部群工部部长。1985 年 8 月起任集团军政治部主任、政委。1992 年 11 月任解放军总政治部主任助理，后兼解放军报社社长。1993 年 12 月起任解放军总政治部副主任兼解放军报社社长。1990 年 7 月被授予少将军衔。1993 年 12 月晋升为中将军衔。

〔徐无闻·书法篆刻艺术家·在重庆逝世〕
1993 年 6 月 20 日，西南师范大学中文系教授兼古典文学研究室主任、书法篆刻艺术家徐无闻，在重庆逝世，终年 62 岁。

徐无闻，名永年，字嘉龄。1931 年 11 月生，四川成都人。1954 年毕业于四川大学中文系。他秉承家学，性好艺文。其先父徐益生是书法家、篆刻家。徐无闻在其父的教导下，七八岁开始学书法，十一二岁起学篆刻。继从学于成都周菊吾先生和擅长书法、篆刻的金石学家潜江易均室先生。1963 年，徐无闻到上海，曾请教于沈尹默、潘伯鹰先生，后被方介堪正式录为门人。50 年来，他书法各体都学，于篆书用力最久。熟悉的碑帖约五六十种。篆刻则用力于秦汉印和古玺，亦泛学明清各家，对邓石如、赵之谦、黄牧父有较多体会。研究徐无闻艺术的学者称：先生作书治印，精劲有神，寓娟秀于刚劲之中，瘦而不枯，挺而不板，既凝重沉着，又透逸灵动。其篆书婉通，似李少温又参以斯相和汉碑碑额，均所出有自，所书战国铜器铭文，深见其篆书功力。其行书得力于"二王"一派，楷书从欧书入手，隶书则多自汉碑《张迁》、《礼器》、《乙瑛》、《石门颂》等出，每发新意。他不仅擅长写小字，其大字榜书，亦魄力雄强。如他题杨守敬墓碑字大径尺，深得颜鲁公法书之精髓。

近 10 年，徐无闻发表学术论文 50 余篇，诗词百余首，书法篆刻作品 200 余件。编著出版有《秦汉魏晋篆隶字形表》、《甲金篆隶大字典》、《殷墟甲骨书法选》、《东坡选集》等。徐无闻为人谦和坦诚，常教导学生：要坦坦诚诚地做人，认认真真地读书，勤勤恳恳地工作。他身体力行，严格要求自己。在 58 岁生日时，曾刻印一方，印文为："渴不饮盗泉水，热不息恶木阴"。并在边款中刻上四字"此刻自励"。

徐无闻生前为中国书法家协会理事，四川省书法家协会副主席，中国作家协会会员，西泠印社社员。

〔徐友备·电信助理工程师·获全国"爱迪生杯"、"火炬杯"两项金奖〕　新疆石河子市邮电局电信机务员徐友备研制的"特种受理电话"，1993 年 9 月在全国"火炬杯"高新技术成果洽谈会上获得金奖，10 月，该项成果又在重庆举办的全国科技成果大选中荣获"中国爱迪生杯"金奖。他本人再度被评为新疆邮电系统"十大技术标兵"之一。

徐友备，四川人，1955 年生，1969 年 10 月参加工作。10 多年前，只有小学文化程度的徐友备面对成天打交道的各种通信设备，深感自己知识贫乏。他决心勤奋学习，在短短几年里，不仅自学了初、高中的全部课程，还在业余时间取得了“电大”电子工程专业5门的合格证书和多种专业函授合格证书。从此，他开始在电话通信设备上进行技术革新。

一次，徐友备发现工作人员在检查长话业务时，需要到每个座席台前监看，工作量大而繁琐。为了减轻职工的劳动强度，他决定试一试。他从装满废旧物品的“百宝箱”中找出了一些零件，经过几天的几十次试验和改进，终于研制成一种具有监听、对讲和录音等多种功能的长话工作检查机。以后，他听说市内电话测试程序复杂，工作效率低，他又经过几十天废寝忘食的工作，对测试电路进行改革，使测试速度提高了4倍。此后，他还对长话设备、载波设备、长途交换设备以及长市接口设备等进行了20多项革新，增收节支数十万元。

随着社会经济的发展，现有电话通信设备已不能满足人们的需要。为解决装机难，通话难的问题，他不分上班、下班，泡在机房查资料、找数据、画图、拜师，熬过了不知多少个不眠之夜，终于研制出一种体积小，成本低，结构简单，安装方便，适用于普通居民安装电话的“实用新型集群电话装置”，并已获得国家专利。1992年10月，他又和别的同事一起，在新疆首次成功地将长话台脉冲拔号方式改为按键式多频呼叫发号，使人工台呼市内用户接续速度比原来提高8倍，接通一个电话只需2秒钟。由于徐友备先后在电信设备上进行了几十项革新改造，取得了明显的经济效益，先后多次被评为地区邮电技术标兵，技术革新能手，增产节约标兵，新疆邮电系统技术标兵。1988年被破格晋升为助理工程师。

〔徐文耀·中科院地球物理所研究员·出任中科院第一位聘任所长〕 1993年7月14日，中国科学院发布消息，向社会公开招聘地球物理研究所所长，这是我国迄今公开招聘的最高级别科技干部，引起了国内外学术界的强烈反响。到8月8日报名截止时间，有24个单位、12个行业共30人应聘，由院领导和专家共11人组成的招聘委员会对候选人的政治思想水平、业务工作能力、学术界影响与知名度、人际关系、组织管理能力、表达能力与口才、年龄、对地球物理所的熟悉程度等各方面进行综合考核，并充分听取了地球物理所职工的意见，最终确定聘请该所研究员、第五研究室主任徐文耀任新一届所长。10月20日，中科院领导在地球物理所将任命书交给了他。徐文耀成为中科院第一位聘任所长。

徐文耀现年49岁，1966年毕业于西安交通大学数理系力学专业，分配到兰州地震物理所工作，正赶上了“文革”十年。但他始终埋头从事地震源物理、地震预报、地磁学的研究。1978年国家刚恢复研究生制度，他便考入中科院地球物理所，成为“文革”后的第一批研究生。第二年赴美国大气研究中心高山天文台从事地磁与空间物理研究工作。短短两年多的时间里，发表了《极区地磁场太阳日变化的等效电流体系》等七篇论文。从美国回国后，继续攻读博士学位。1983年5月成为我国自己授予的首批18位博士学位获得者之一。提起当年的这些成就，徐文耀只是淡淡地说：那是因为我曾经年轻过，我不比别人聪明多少，只是多了些机遇。

中科院提出公开招聘地球物理所所长后，徐文耀开始并未想过去当所长，因为他的兴趣是搞科研。后来在周围同事和导师的鼓励开导下，到招聘报名日期即将截止时，他才递上了应聘报告。在所长招聘答辩会上，徐文耀谈了自己的办所设想，更谈自己的弱点，如十多年都在搞高空物理研究，没有管理经验等。正是由于他的坦率，给评委们留下了深刻印象。更由于他在担任第五研究室主任的几年中，善于团结众人，积极组织学术活动，大家认为他不但在专业上有较深的造诣，而且具有较强的组织能力。经过考核、审评，徐文耀成为30位应聘者中的入选人。

成为中科院第一位聘任所长，是时代又给了他一次机遇。可徐文耀更视其为挑战。在问及他受任所长的感想时，徐文耀认真地回答：“压力和焦虑绝对多于激动。”他说：“论威望、造诣，我都不如前几任所长。今后只能依靠大家，以法治所。怎样凝集全所三百多人，发挥每一个人的长处，是我正在思考的主要问题。”他在前任所长刘光鼎的启发下，提出了“小所大部”的办所方针，即集中少部分精干力量从事基础与高技术研究，大部分人投入到技术开发部门工作，使更多的科研成果迅速转入应用。这一方针得到了中科院领导和地球物理所职工的赞赏。

〔徐立德·出任台湾行政院副院长〕 1992年12月台湾第二届“立法委员”选举后，因国民党在选举中失利，负辅选之责的国民党中央委员会秘书长宋楚瑜在各方压力下被迫易职，其接替者被李登辉内定为徐立德。但在1993年初连战“组阁”时，力邀徐立德出任行政院副院长，主要是因其长于财经、积极开创，擅于协调。徐立德是台湾政坛财经界要人，政绩颇获好评。八十年代初就被视为台湾财经界的“青年才俊”，“最有前途、最具潜力的人物”。在1993年8月国民党第十四次代表大会上，徐立德被国民党中央提名为常委人选，在激烈的竞争中，徐立德以最高票当选。

徐立德，1931 年生，河南省罗山县人。台湾中兴大学公共政学系毕业。政治大学政治研究所硕士。美国哈佛大学公共行政研究所硕士。1953 年台湾公务人员高等考试普通行政人员甲等考试及格。历任台湾“经济部”人事处专门委员、帮办、处长，“国际经济合作委员会”副执行秘书。1972 年任“行政院”秘书处第五组组长。1976 年起任“财政部”常务次长、国民党中央财务委员会副主任委员、亚洲开发银行副理事等职，其间兼任台湾政治大学公共行政研究所及辅仁大学副教授、教授。1978 年任台湾省财政厅厅长。1981 年底任“财政部长”。1984 年任“经济部长”。1985 年 3 月因“十信案”引咎辞职，随即赴美国哈大学进修。1986 年 5 月返台后历任台湾联全工专董事长、环宇投资公司、中加投资公司董事长。1988 年任国民党中央财务委员会主任委员等职。1990 年任国民党中央委员会副秘书长兼中央财务委员会主任委员。是国民党十二、十三、十四届中央委员，十四届中常委。著有《人群关系及管理》。

〔徐有芳·任林业部部长〕　1993 年 3 月 29 日，根据第八届全国人大第一次会议的决定，徐有芳被任命为林业部部长。

徐有芳，1939 年生，安徽广德人。1963 年毕业于安微农学院林学专业。1973 年加入中国共产党。历任吉林省林业厅工程师、副处长，露水河林业局副局长，吉林省林业厅副厅长兼省林业工业联合公司经理，林业部林业工业局局长。1986 年起任林业部副部长。

〔徐国珍·原工程兵顾问·在兰州逝世〕
1993 年 2 月 22 日，徐国珍因病在兰州逝世，终年 81 岁。

徐国珍，1912 年生，甘肃秦州（今天水）人。1926 年入西北军。1931 年参加宁都起义，同年加入中国共产主义青年团。1932 年转入中国共产党。曾任红五军团十五军十三师三十七团连长兼指导员、第三十九团营长，中共宜川县委军事部部长，红二十九军军部作战科科长、第二五六团团长。参加了中央革命根据地反“围剿”作战和长征。抗日战争爆发后，任陕甘宁晋绥联防军警备二团营长、副团长兼参谋长，警备五团团长。解放战争时期，任甘肃军区陇东军分区副司令员、司令员，甘肃军区第一副司令员，参加了兰州等战役。中华人民共和国成立后，任兰州军区副司令员兼甘肃省军区司令员，兰州军区副司令员、顾问，解放军工程兵顾问。是第六届全国政协委员。1955 年被授予少将军衔和二级八一勋章、二级独立自由勋章、一级解放勋章。1988 年获一级红星功勋荣誉章。

〔徐性初·精密机床设计及工艺专家·当选中国科学院学部委员〕　机械工业部北京机床研究所高级工程师徐性初于 1993 年 12 月当选为中国科学院技术科学部学部委员。

徐性初，1934 年 1 月 7 日生，江西省南昌市人。1955 年毕业于大连工学院。曾任机械工业部二局设计处（后改为北京机床研究所）技术员、工程师、高级工程师。现任北京机床研究所高级工程师、副总工程师。

徐性初长期从事精密计量、精密量具制造、精密加工及超精密机床制造工作。六十年代主持研制出我国第一台一束纵动光电比长仪，用于检测我国长度传递用的基准米尺。七十年代负责研制出国内最高精度的光栅和磁栅以及一米光栅和磁栅的母机，同时还研制出两用刻划机和精密圆度仪。八十年代开始纳米加工研究，创造出能均化误差的高稳定度、高刚度的气浮技术及负压予载反馈直线移动静压系统：用多孔材料制作静压气浮，使轴承实现了各向平衡从而达到较高的旋转精度，用负压反馈系统来提高其刚度。先后用此原理制成了超精车床、超精铣床和超圆度仪，车床、铣床制作的工件的平直度和圆度都不超过 20 纳米，圆度仪精度为 20 纳米。九十年代初主持了高效率超精密机床的研制，已为天津佳能公司研制成一分钟加工一个工件的复印机感光筒的设备，达到日本标准。同时还开发大批高效加工计算机硬磁盘和录像机上磁鼓的技术，为使超精密加工技术进入我国民用生产产品和获较大经济效益作出了贡献。他曾获部级和国家科技进步奖一等奖。发表主要论文、研究技术报告 5 篇。

〔徐俊邦·汽车司机·获全国优秀驾驶员称号〕
江西省民航局司机徐俊邦在平凡的司机岗位上勤勤恳恳，默默奉献 16 年，没有发生过一次差错和交通事故，创造了优异成绩。1993 年获全国总工会授予“全国优秀驾驶员称号”和“五一”劳动奖章。此前，还被评为中国民航总局的劳动模范。

徐俊邦，中国共产党员，1955 年 3 月生于山东省平度县，1976 年 2 月参加工作，当过锅炉工、司机。1979 年，组织上调他去担任每天接送南昌向塘机场上学的学生班车司机。开学生班车很辛苦，没有“油水和好处”，以前开学生班车的司机像走马灯似的换了一个又一个。徐俊邦来了以后，就再没有替换过。14年来，他接送学生共计2万多次，行车10多万公里，从未发生过一次交通事故，14个寒来暑往，不论是数九寒冬，还是烈日炎炎，他的班车从来不耽误，即使在妻子患病卧床、住院手术达半年的情况下，他没有向组织提过一点要求，依然按时坚守岗位。徐俊邦不仅车子开得安全、准时，而且还有一颗慈爱的心。小孩子上下班车时，他象对自己的孩子一样抱上扶下，给孩子们不厌其烦地讲乘车安全和注意事项，遇上没赶上班车的孩子，他宁肯自己多跑一趟，也不让孩子们落课，深受孩子们的爱戴。家长们都认为孩子坐徐俊邦的车让他们放心、称心，解除了他们的后顾之忧。在班车等学生放学的时候，徐俊邦不是自己休息、办私事，而是主动承担一份额外的差事——每日为局旅客餐厅和部分职工采购鱼肉禽蛋和蔬菜，有时为了买到物美价廉的东西，他步行到几里之外的大菜场购买，自己却不取分文的好处。

徐俊邦爱车如命、惜油如金，对车子精心保养，使这台从接送旅客车中交换下来的破旧"老爷车"，始终处于良好的状态，很少发生半路抛锚的现象。他是司机，却从不用公车办私事、拉关系。在机场司机中，他节约用油总是名列前茅。参加工作16年来，曾14次被评为全国和华东民航、江西省民航管理局的优秀党员或先进生产者。

〔徐洪刚·解放军班长·被授予"见义勇为的英雄战士"称号〕 解放军某部通信连班长徐洪刚在探家途中为保护一青年妇女的人身安全，与四个歹徒搏斗，身负重伤。1993年12月24日，济南军区党委决定授予他"见义勇为的英雄战士"称号。

1993年8月17日，徐洪刚探家期满，乘坐云南省彝良县至四川省筠连县的公共汽车归队。上午十点钟左右，车上一歹徒突然拔出刀子，逼同车的青年妇女吴道蓉"交出钱物！"遭拒绝后，歹徒将吴的上衣和裤子撕破，恣意侮辱，并要将她推下车去。吴的丈夫紧紧抱住妻子的双腿不放，眼看要被推下车了，徐洪刚见状极为愤慨，霍地站起来大声制止。歹徒放下吴道蓉，恶狠狠地向他扑来，徐洪刚飞起一脚把歹徒踢倒。另外三个歹徒拔出尖刀围上来，徐洪刚毫无畏惧，只身同四个歹徒展开搏斗。车辆颠簸，空间狭小，两个歹徒从身后抱住徐洪刚，另一个歹徒用尖刀向他猛刺，顿时鲜血迸涌。司机急忙停车，上前阻拦。乘客们也大声疾呼："抓杀人凶手！"四歹徒见势不妙，跳车逃跑。徐洪刚忍着剧痛，用背心捂住外流的肠子，跳下车追赶，抓住一个歹徒不放。只因伤势过重，体力不支，被歹徒挣脱逃掉。就在这时，筠连县税务局副局长詹本芳一行四人乘车经过，立即停车问明原因。当时未着军服的徐洪刚吃力地出示士兵证件说："不要管我，快追歹徒"。税务局的同志把徐洪刚扶上车，疾驰追击一公里左右，发现徐洪刚昏过去了，急忙转车送医院抢救。经检查，徐洪刚被刺14刀，靠近心脏处刀伤深8厘米，生命危在旦夕。在宜宾地区第二人民医院等几个医疗单位的精心救治下，于9月底康复归队。

徐洪刚的英雄行为，在军内外引起了强烈反响。筠连县和宜宾地区的领导得知徐洪刚英勇负伤的消息后，马上赶赴医院看望，三天召开五次紧急会议，部署抢救伤员、追捕歹徒、慰问家属、开展宣传等工作。在筠连县检查工作的地区行署副专员魏在禄听汇报后，立即带慰问品到病房慰问，要求医院对抢救徐洪刚的事一路开绿灯，一切费用由行署承担。宜宾地委书记高万权，亲自召开六大有关部门会议，立军令状，保证抢救好英雄、宣传好英雄。自发往医院探望的人民群众达5600多人，自发捐款1.3万元。徐洪刚康复归队的那天， 所在部队驻地河南渑池县二万多名工人、学生和农民，自发夹道欢迎。四川省筠连县、云南省彝良县、河南省三门峡市和渑池县、共青团中央和河南省，先后授予徐洪刚"见义勇为标兵"、"爱民模范"、"人民卫士"、"见义勇为青年英雄"、"全国新长征突击手"等荣誉称号。中央和四川、云南、河南、山东等省各新闻单位，都作了广泛的报道。神州大地很快形成了学习徐洪刚热，出现了许多爱人民、为人民、斗邪恶的勇士。

徐洪刚，云南省彝良县人，1971年3月生，1990年12月入伍，1993年7月加入中国共产党，中士军衔。入伍以来爱军习武，勤学苦练，助人为乐，年年被师团评为训练标兵、优秀团员和学雷锋标兵，八次受到嘉奖。

〔附注：1994年2月5日，徐洪刚受到江泽民、李瑞环、刘华清、胡锦涛、张震等党、国家和军队领导人的亲切接见。江泽民高度评价徐洪刚见义勇为和詹本方等人见危相救的英雄行为。2月13日，总政治部、共青团中央联合发出向徐洪刚学习的通知。2月26日，中宣部、总政治部、共青团中央在北京隆重举行"徐洪刚见义勇为先进群体事迹报告会"。江泽民、李鹏、刘华清、张震先后题词，号召全国人民向徐洪刚学习。〕

〔徐莉莉(女)·海军政治学院院长·获全国巾帼建功标兵称号〕 1993年"三八"国际劳动妇女节前夕，海军政治学院院长、副教授徐莉莉，被全国妇联授予"巾帼建功标兵"和"三八"红旗手称号。她还被选入由全国妇联、中共中央宣传部、中直机关工委和国家机关工委共同组织的“巾帼建功”演讲团，于“三八”节期间，随团在北京进行巡回演讲。

徐莉莉，1952 年 4 月 20 日生，山东省济南市人。1964 年入省游泳队。1970 年入伍后，在海军南海舰队先后从事护理、打字员和新闻干事工作。1975 年任海军第 422 医院政治处副主任。1978 年入海军政治学院学习，次年以全优的成绩毕业并留校任教。不久，被送至中国人民大学经济系进修，为开夜车不影响他人，求人找了一间既无暖气又无火炉的简易房当宿舍，在寒冬之夜戴着棉帽和口罩自习。凌晨四、五点钟被冻醒就爬起背外语单词。靠“玩命”在两年中学完本科需要 4 年才能学完的全部专业课程及部分研究生课程。1981 年回海军政治学院任教经济学，在紧张备课之余，撰写了 1.2 万多字的《金钱·按劳分配·“一切向钱看”》等论文。其中于 1984 年发表的《社会主义社会发行股票利大于弊》一文，在 1992 年被评为优秀论文。1985 年徐莉莉受命撰写关于政工干部修养的书，于是她放下了熟悉的《政治经济学》，拿起有关修养方面的近 200 本参考书。每天用十五、六个小时啃书本、作调查、爬格子……经 7 个月苦战，拿出了 45 万字《政治军官修养》一书的初稿，广泛征求意见，后压缩为 32 万字，1988 年该书获全国政治理论通俗读物二等奖。创立的新学科《军人修养学》被列为全军“八五”重点科研项目。1989 年底，她作为总撰稿人参加制作的 9 集历史政论电视系列片《走向英特纳雄奈尔》，获 1991 年度全国电视片评比一等奖。在她被选为第七届全国人民代表大会代表的数年间，每次会前，徐莉莉都认真到部队调查研究，把部队建设中遇到的问题，及时整理成议案向大会反映，即使是患乳腺癌住院手术期间，也不忘抽空调查军队医院一些急待解决的问题，并以顽强的毅力研究整理成建议，向七届人大五次会议提出。兑现了她“当人民代表，为群众说话，替国家分忧”的诺言。1986 年起，先后任海军政治学院政工教研室主任、副教授、院长。曾获解放军优秀教员、辽宁省“三八”红旗手称号。

〔徐爱光（女）·浙江省计划生育委员会主任·获首届中华人口奖〕　1993 年 9 月 11 日，由中宣部、国家计生委、国家科委、中国计划生育协会，中国人口福利基金会等单位发起设立的首届中华人口奖颁奖大会在北京人民大会堂举行。浙江省计划生育委员会主任徐爱光获得首届中华人口奖工作奖。中华人口奖是我国人口方面的常设大奖，每两年颁发一次。目前设有工作奖、科学奖和荣誉奖三项。此次获奖的共 11 人，其中获工作奖者 7 人。

徐爱光，1935 年 7 月出生于浙江省东阳县，1951 年入浙江省立高级医事职业学校，1953 年毕业后分配到鄞县卫生系统工作。1973 年调省卫生厅，历任省卫生厅副厅长、省计划生育办公室主任、省计划生育委员会副主任、主任，浙江省计划生育协会常务副会长。1991 年被评为省直机关优秀党员。

徐爱光从事妇幼保健和计划生育工作已有 30 多年。从 1978 年任省卫生厅副厅长以来，始终负责计划生育工作。她积极争取省委、省政府对计生工作的重视和支持，当好参谋，创造性地贯彻中央计划生育工作政策，率先在浙江实行人口计划与生育政策的双轨控制，先后三次修订省计划生育条例，推进依法管理。她注意工作方法，采取分类指导的原则，一方面亲自狠抓浙南地区的后进转化工作，另一方面积极推进浙北地区的孕前型管理工作。经过深入调查研究，制订并实施了浙江省人口发展的中、长期规划，加强了人口的计划管理。她积极、主动地协调有关部门与单位，形成社会对计划生育齐抓共管、综合治理的良好环境。在她的努力下，得到省委、省政府的支持，浙江省的计划生育工作在全国一直处于先进行列。

〔殷之文·材料科学家·当选中国科学院学部委员〕　中国科学院上海硅酸盐研究所研究员殷之文于 1993 年 12 月当选为中国科学院化学部学部委员。

殷之文 1919 年 5 月 30 日生，江苏省吴县人。1939 年毕业于上海大同大学土木系，1942 年毕业于云南大学采矿冶金系。1948 年获美国密苏里大学冶金系硕士学位，1950 年获美国伊利诺大学陶瓷工程系硕士学位。现任中国科学院上海硅酸盐研究所研究员、学术委员会主任。

殷之文长期从事功能陶瓷特别是压电陶瓷的研究，近十年主要从事功能晶体的研究。六十年代初对压电陶瓷进行了研究，选择了锆钛酸铅(PZT)这一钙钛矿型结构的复合氧化物作为研究对象，通过系统的离子置换对结构、性能影响的深入研究，成功地制备了数以千计不同类型的换能器元件，具有高可靠性和重复性。弛豫型铁电体的相变和微结构变化研究，以锆钛酸铅镧(PLZT)透明铁电陶瓷为对象，首次观察到纳米尺度的极性微区，并可逆地形成宏畴。研究并搞清了半导体陶瓷－钛酸锶基晶界层电容器和 ZnO 压敏陶瓷的晶界效应。关于闪烁晶体锗酸铋(Bi4Ge3O12，简称 BGO)的辐照损伤机理与抗光伤晶体研究，确认辐照损伤来源于氧缺位色心，提出了添加微量变价离子以与氧缺位争夺电子减少产生色心的设想，并首创制出高抗光伤能力的掺铕BGO晶体，为欧洲核研究中心建造探测器提供了近万根无缺陷、大尺寸晶体，在实验高能物理学界深获好评。近几年从事氟化物闪烁晶体研究，获得卓有成效的进展。共获国家级和院级奖励十多项。发表论文120多篇。

〔**殷鸿福·古生物学及地层学家·当选中国科学院学部委员**〕　中国地质大学（武汉）地质系教授殷鸿福于1993年当选为中国科学院地学部学部委员。

殷鸿福，1935年3月15日生，浙江省定海县人。1961年毕业于北京地质学院。现任中国地质大学（武汉）地质系教授，中国古生物学会副理事长，国家教委地质学教学指导委员会副主任，地矿部古生物学教学指导委员会主任，《古生物学报》、《地质科学译丛》及中国大百科全书古生物学分册副主编，国际二叠——三叠界线工作组主席，国际地质对比规划395项主席。

殷鸿福长期努力推动古生物学与地质学全面结合，最早或较早地系统介绍间断平衡论、新灾变论、事件地层学；提出地质演化突变观，提出建立事件地层的国际界线层型之可能性；系统总结了中国各时代古生物区系及其对板块活动的反映，对古、中生代之间生物绝灭和事件的研究多次被SCI（国际文献索引权威）引用，产生广泛影响。后者系统总结了中国各时代古生物区系及其对板块活动的反映，完成我国第一部生态地层学专著，应用生态地层学和层序地层学方法全面恢复盆地演化。他创建了古生物地层微机室和生物成矿实验室（已定为地矿部新学科生长点），已发表双壳类、腹足类化石描述近300种，图版80多幅，在建立黔、青、甘、陕海相三叠纪海浸等方面起了主要作用。他的一些论著系统总结了中国及东亚的三叠系，首次提出克氏蛤带之下的中国三叠系最低带、二叠三叠系过渡层的新定义，以微小舟形牙形石为国际二叠——三叠系界线，界线事件的火山成因说等，在国际地质学热点—古、中生界界线及事件研究中发挥了重大影响。他多次被邀担任有关国际学术会议主席。其专著《东特提斯的二叠——三叠系事件》（英文版）已在英国剑桥大学出版。

〔**高严·再次当选吉林省省长·谈图们江下游地区的开发开放问题**〕　在1993年1月间召开的吉林省八届人大一次会议上，高严再次当选为吉林省省长。

高严，1942年生，吉林榆树人。1965年加入中国共产党。历任吉林热电厂团委书记，吉林省电力工业局副局长、局长、高级工程师。1988年起任中共吉林省委常委、吉林省副省长、吉林省省长。是中共第十四届中央委员。

1993年3月26日，在第八届全国人大第一次会议期间，高严答中外记者问，谈图们江下游地区的开发开放问题。他说：图们江下游地区的开发开放，已引起国际社会的普遍关注。联合国开发计划署将这一地区视为东北亚具有巨大工业化潜力的地区和全球贸易与物流中枢的战略位置。按开发计划，将在这一地区兴建一个面积达一万平方公里的自由贸易区，目前关于这一地区的国际开发已处于起步阶段。吉林省确定了以开发区为"龙头"，以市场经济体制为目标，以中心城市为重点，沿铁路线、边境线全方位开放的方针，外引内联，加快发展。图们江下游的珲春地区位于东北亚自由贸易区的中心部位，决心把珲春地区建成东北亚的交通枢纽，使其成为通讯、金融、贸易和经济合作的中心。

〔**高琼·青年生态学家·获中国科学院青年科学家一等奖**〕　中国科学院植物研究所研究员高琼于1993年12月获中国科学院青年科学家一等奖。

高琼，1953年11月生，湖北省新洲县人。中共党员。1976年毕业于华中农学院。1976至1982年在华中农学院任教。1982至1988年在美国康奈尔大学读研究生和工作。1984年获硕士学位，1987年获博士学位，1987年做博士后工作。1988年在加拿大约克大学做博士后。1989年至今在中国科学院植物研究所工作，现为研究员。

高琼从事数理生态学研究。在模糊数学应用程序包研究中，运用了人工智能的机器学习理论，与模湖聚类相结合，成功地解决了聚类模型的优化问题，完善和发展了模糊数学方法和聚类分析理论、梯度理论，形成了一套以模糊学为主要方法的分析程序FLZPAK，成为生态学研究的有力工具，受到国际同行的重视和好评。程序包被载入"中国科学技术成果大全"。他在生态系统动态建模研究中，以系统仿真的方法对松嫩平原碱化草地植物环境系统进行模拟，定量地解释了土壤的非毛管空隙度在土壤碱化及脱碱过程中起决定性作用，对水盐运动处理、土壤理化特性与植被的关系处理，是一般模型所没有的，具有国际先进水平。在毛乌素沙化草地植物——环境的仿真模型研究中，考虑了系统的时变的同时，也考虑了空间的异质性，模型是一组偏微分方程，对半干旱地区的沙地草地植被动态的予测和经营控制有良好的应用前景。GDMOD 通用动态建模软件受到 1991 年全国开放实验室评审会的好评，有关专家认为达到了国际先进水平。发展了最小码原理，解决了分析时自由选优的难题。

高琼先后发表论文 17 篇。1989 年获中科院开放实验室先进工作者称号，1991 年获国家自然科学基金重大项目优秀论文一等奖。

〔**高元钧·山东快书一代宗师·在北京逝世**〕 1993 年 3 月 3 日，山东快书表演艺术家、中国曲艺家协会副主席高元钧在北京逝世，终年 77 岁。

高元钧，原名高金山，1916 年生，河南省宁陵县人。幼年家贫，7 岁随兄流落江湖，11 岁开始说唱"武老二"，14 岁在南京拜"武老二"艺人戚永立为师，出师后在南京、上海及山东各地卖艺多年，颇负声誉。1946 年后重返南京、上海演出。中华人民共和国成立后演出了《小二黑结婚》、《小大姐翻身》等新书目。1950 年赴天津演出了《生产就业》、《双挂号》等反映现实生活的新曲目，被评为天津市劳动模范。1950～1953 年抗美援朝战争期间，多次去朝鲜前线慰问演出。1951 年底参加中国人民解放军，先后在总政文工团、战友文工团担任演员、艺术指导等。

高元钧熟悉多种戏曲、曲艺形式，并兼演过相声、双簧、河南坠子等。他从 1936 年起即开始对"武老二"这一民间说唱形式进行改革，对传统曲目的内容、语言进行加工整理，删除糟粕；在表演上吸取戏曲、舞蹈和其他说唱艺术的长处。五十年代初，"武老二"经他定名为"山东快书"，实现了从民间到舞台的重大转折。经他整理加工和表演的《武松打虎》、《武松赶会》、《鲁达除霸》等传统曲目，以及他参军后表演的《一车高粱米》、《侦察兵》、《长空激战》等反映现代生活的新作品，都受到广大群众的欢迎和好评。从五十年代起，他和他的学生刘鹏、刘洪滨、刘学智等一起，多次举办训练班，先后培养了山东快书的演员和作者 200 余人，使山东快书迅速成为在全国普及流传的曲种。

高元钧的表演，久经磨炼，造诣精深，在长期的艺术实践中，形成了形象鲜明、感情真挚、口风甜脆、节奏明快、夸张幽默的"高派"风格。他著有《山东快书漫谈》、《我与山东快书》以及与人合作编写的《表演山东快书的经验》、《快书快板研究》、《山东快书艺术浅论》等。中国曲艺研究会以高元钧的口述本为底本、参照另外两种口述本整理修订，于 1957 年出版的《山东快书武松传》，共 8000 余行唱词，语言生动、泼辣、朴质，有较高的文学价值。

高元钧于 1956 年加入中国共产党。他曾任中国文联委员，中国艺术研究院特约研究员。

〔**高志明、祝源钧、马烈勋·主持设计建造浮船坞"南通号"获交通部科技进步一等奖**〕 1993 年 7 月，由高志明、祝源钧、马烈勋等主持设计建造的"南通号"浮船坞工程项目获交通部科技进步一等奖。这个举力 3 万 6 千吨的"中国第一坞"建成投产，结束了我国 15 万吨级大型船舶不能在国内坞修的历史。

改革开放以后，我国远洋运输船队有较大的发展，其中 10 万吨级以上的巨轮就有十几艘，而国内检修船只的浮船坞只有 3 万吨级，4 万吨以上大型船只必须开到国外检修，仅修理费每年高达 1 亿美元。为使大型船只能在国内进坞修理，香港远洋轮船有限公司董事长高志明决定筹资在国内建造一座大型浮船坞，并物色上海船厂原副总工程师祝源钧负责浮坞的工程设计，上海东联船舶工程有限公司总经理马烈勋负责工程总承包。这一项复杂而艰巨的水上工程从 1989 年 11 月开工到 1991 年 11 月建成投产，前后只用了 25 个月，共用钢材 1.4 万吨，实际耗资 1800 万美元，比让国外建造节省 1000 多万美元。船坞总长 254 米，宽 58 米，相当于两个标准足球场那么大六层楼房高。当它"肚子"里的水箱注满水时，坞体会下沉 16.7 米，待万吨巨轮开进船坞后，它再吐出水箱里的水，靠浮力能把 15 万吨级的巨轮托出水面，以便工人检修船体。

该大坞经杨槱等一批知名专家鉴定、评审，认为达到了国际先进水平。截至 1993 年 7 月，"南通号"浮船坞投产 1 年零 9 个月以来，新增产值 11,070 万元，新增利税 1,493 万元。共修外轮 34 艘，创汇 1,072 万美元，修国内大型船舶 23 艘，为国家节省外汇 847 万美元，创造了很高的社会经济效益。

高志明，香港远洋轮船有限公司董事长，是这项工程的决策人和资金筹措者。江苏南京人，1927 年 4 月生，1943 年 10 月参加工作，曾从事抗日民运及教育工作。1949 年以后，长期在交通部从事水运工业及修造船的管理工作。七十年代，主要从事船坞建设工作，1983 年应聘任香港远洋轮船有限公司董事长兼总经理，1992 年 10 月以后任董事长。此次建坞，他决定把市场经济引进修造船行业。不用国家投资，由他在香港筹措资金，利用国内的技术和力量，自立更生把这座大坞造出来。他物色设计人和工程承包人，确定工程实施方案，在大坞建造的 2 年多时间里，40 余次往返于香港、上海之间，多次到施工现场督促检查，为"南通号"浮坞的建造起了重要的作用。

祝源钧，上海造船厂原副总工程师、教授级高级工程师，“南通号”浮船坞的设计组长，浙江省杭州市人，1924年5月生，1948年毕业于上海交通大学造船系，在上海船厂度过了整整40年，1988年退休，是国内公认的造船工艺专家。他接受设计大坞任务后，同谢鸣华、张孝镛等十多位设计工程专家一起，克服了许多困难，不到两个月，就拿出图纸。没有大的船台，他创造性地提出了化整为零、分段建造、水上合拢的方案。合拢时必须在干燥的条件下，将沉在水下的7条58米长的焊缝一次焊成。为解决这个难题，祝源钧精心发明了“合拢专用密封箱”工艺设备，顺利地解决了水上合拢的关键问题。“南通号”大型浮坞投产两年来的实践证明，祝源钧等主持的设计、工艺是先进的、完善的，为建设中国第一坞作出了卓越贡献。

马烈勋，上海东联船舶工程有限公司总经理，造船工程师，是“南通号”浮坞建造工程的组织者和施工总指挥。上海人，1930年12月生，1958年9月由上海造船专科学校毕业后分配到交通部东海船厂工作，历任工段长、主管工程师等职，1985年应聘上海东联工程公司总经理，在大坞建造过程中的几大关节，他都在现场指挥。整个大坞工程由五六家中小型船厂分工承担的，在马烈勋的精心组织下，工程进行得井井有序，质量、速度都达到了国际先进水平。

〔**高忠民·新闻记者·三个月申报二十三项发明专利**〕 江苏徐州矿工报社原政文部主任高忠民利用业余时间进行科技攻关，在1993年1至3月他已申报23项发明并获得专利局受理。1993年4月7日新华日报报道了他的事迹。

高忠民，江苏泰州人，1938年7月生，毕业于徐州师范学院中文系，自1959年起从事新闻工作已有30多年。他曾当过一年采煤工、三年电绞车司机，在此期间坚持刻苦自学，先后修完自然科学与社会科学20多门大学课程，后又熟练地掌握了电子计算机技术，步入高新尖技术领域。他具有主任编辑和高级工程师双重职称。他带领9名工程技术人员利用业余时间搞发明创造，奋战两年多攻克一批项目，已申报23项实用新型发明专利，涉及电子、机械、医疗、化工、建筑、军工、采矿等技术领域，其中两个项目(微型震波感应探头、高氏计算机101二次加密键盘)已获得专利证书它对预报地震、消除电脑病毒提供了新的手段。针对我国汽车制造和电子计算机行业面临的难题，他发明了7个与汽车制造相关的装置和4个电脑技术装置，即将获得专利。1993年9月成立了“忠民高新技术开发实业有限公司”，附设高新技术研究所和实验工厂。已有包括香港AEI电子有限公司、日本三菱重工、徐州天宝电子集团总公司在内的10多家国内外公司，将投资高忠民的“三蓝系列电子防盗保安发明项目”，与他合作办厂。其中汽车、摩托车电子防盗装置、电子预警锁、十种功能第二代应急灯、二十二种功能情侣旅游伞等发明专利项目即将投入批量生产。高忠民现任该公司董事长兼总经理。

高忠民在新闻工作岗位曾做出显著成绩。近十年内共发表新闻、文艺作品230多万字，先后有36篇作品获省部级好新闻奖，撰写和出版报告文学专集《猎火者》、长篇小说《独钟依情》，他将小说改编的36集同名电视剧也将在上海开拍。

高忠民曾获江苏省优秀新闻工作者称号。他多年热心于军民共建工作，在华东地区发生大水灾时向灾民捐款救济，并积极支持部队抗洪救灾，因而被王杰生前所在部队授予“抗洪救灾英雄周丽平烈士生前所在三连荣誉指导员”光荣称号。

〔**高学新·高级工程师·创造出热效率达世界水平的“倒山字”加热炉**〕 山东莱芜钢铁总厂特钢厂高级工程师高学新，1993年创造的“倒山字”加热炉，热效率达到世界水平。

高学新，山东省广饶县人，1940年11月生。1966年毕业于北京钢铁学院(现北京科技大学)冶金炉专业，1968年至今在山东莱芜钢铁总厂特钢厂工作。20多年来，他主持、参予了30多个技术改造项目，创效益达数千万元。

高学新于八十年代中期曾主持“倒山字”加热炉的改造工作，创造了以“上加热为主、下加热为辅，中间火道深、两侧火道浅的无水冷滑轨加热炉”，使燃耗下降25.8%，年效益40万元，1986年可比单耗为37.3Kgce，获全国节能冠军；1992年经他进一步改善的加热炉，可增钢材1.26万吨，可比单耗降为32.2Kgce，年效益1059万元，全年平均热效率达66%，其中六个月热效率达70%以上，达到了世界先进水平。同时该炉连续六年获“全国节能冠军”称号。

高学新经过刻苦钻研又于1993年初为“倒山字炉”进一步创造出新的无水冷滑轨，其寿命延长到九个月以上，可加热120—～150—×2700mm大钢坯，这是我国中型轧钢加热炉首次成功地应用了无水冷滑轨加热炉。这种加热炉年节重油1680吨，因降低烧损年增钢材405吨，仅此两项年效益达330万元。此外，节约投资13万元，工程加快月余，为连铸坯、合金坯加热开拓了新路，推广后年创效益1亿多元。这样，他进一步提高了上述加热炉的节能效益。

高学新1987年在650轧钢加热炉预热段创造了龙式炉型，变平行流动的烟气为波浪式流动，使炉尾烟温度下降200℃，年节约重油900吨。1993年这一成果在400轧钢加热炉推广，又使炉尾排烟温度下降100℃，年节约重油322吨。该成果发表后引起国内外同行的关注。此外，他还对280加热炉、300加热炉、吹氧涂管烘烤炉等进行改造设计，均获较大经济效益。

高学新1992年获莱钢有突出贡献的优秀科技工作者称号，获奖金5000元，并获山东优秀科技工作者称号。1993年由于他在技术改造中贡献突出，又获莱钢奖金3000元。他在《钢铁》、《冶金能源》等杂志及有关学术会议上发表论文15篇。

〔高宝玉·营口港钹鱼圈港埠公司原经理·获全国优秀科技工作者称号〕　高宝玉在钹鱼圈新港的建设与管理上创造了“投资最少、质量最好、速度最快、管理最好”的优异成绩，1993年5月获全国优秀科技工作者称号和“五一”劳动奖章，同年还被评为辽宁省优秀共产党员。

高宝玉，现任营口港务局副局长，工程师，1954年10月生，辽宁省台安县人。1977年四月由大连工学院水利系港口专业毕业后，被分配到营口港钹鱼圈建港指挥部工作。当时的钹鱼圈，十里黄沙，五里碱滩，满目荒凉。他和十几个工程技术人员住在简陋的木板房，作建港的可行性研究，勘测地貌，测量泥沙流速，记录潮汐冰情变化的规律，一连三载，终于将墩台山南北50多公里的海岸线情况摸得一清二楚。在这里建港，依山傍海，回填方便，水深浪小，不瘀不冻，浮冰影响小，是建港天然良址。经国家批准于1984年6月开工建港。高宝玉非常激动，决心用自己的双手把蓝图变为现实。从建港工程土建组长到工程总指挥，每一岗位上都有他独特的创造。在开挖土方时，他提出“先立体后交叉再平行”的施工方案，减少了施工队伍之间的相互干扰，加快了施工进度。在搞计划调度时，提出“三定一清”责任制，使500万吨煤炭码头的基础工程提前完工。他病倒住院后，还在病床上写了“工程进展中的经验教训50例”，指导施工工作。

高宝玉担任工程总指挥后，对资金使用严格把关，精打细算。四突堤护岸工程，原设计为“倒滤层使用覆盖”的方案，工期长，投资多。他与技术人员论证后，大胆采用“倒滤层不覆盖”的办法，保证了质量，仅此一项即节省投资330多万元。整个一期工程总投资6亿元，共建成我国第一座计算机控制的3万吨级自卸船煤炭专用码头一个，万吨级杂散货码头8个，3千吨级液化汽码头一个。港区道路、库场、供电、通讯、导航等基础设施，现已全部投产。共计节省工程费用近千万元。1991年12月，经国家验收通过，给予高度评价。

1991年8月高宝玉被任命为钹鱼圈港埠公司经理。在黄恩元局长支持下，大胆招收千余名农民合同工，使用价值数百万元的个体机械投入生产，为港口的管理和经营体制改革进行了新的尝试。同时，制定了相应的管理、分配奖励等规章制度，使港口面貌焕然一新，生产效益迅速增加。1991年在边建设边生产的情况下，年货物吞吐量182.4万吨。1992年一期工程完工后，吞吐量达280.6万吨，超过设计能力17.4%。1993年达到403万吨，比上年增加43%。现在营口港已跻身全国14大港口的行列。

高宝玉，1992年获辽宁省劳动模范和营口市十大杰出青年称号。

〔高宝莲（女）·中学校长·被授予全国教育系统巾帼建功标兵称号〕　河南省范县孟楼乡大屯中学校长高宝莲，三十年如一日，把心血倾注于教育事业，兴学育人。1993年“三八”妇女节，全国妇联、人事部、国家教委授予她全国教育系统巾帼建功标兵称号。

高宝莲，1947年生。自幼丧母，13岁时成为孤儿。在共产党的关怀下，她从小学读到高中。高考落榜后她不失志，决心把一生献给党的教育事业。1963年，她为了挽救失学儿童，做通婆母的工作，腾出两间用房作教室，摘块门扇当黑板，毛遂自荐任教师，使沉寂的农家小院里响起朗朗读书声。1968年，她不忍心孩子们在危房里上课，砍掉自家的7棵大槐树，凑齐了物料，盖起了8间新教室。1991年，村里筹资建校，她率先把2000元的执教积蓄捐献出来，带动了群众办学的积极性。

从教以来，她先后资助57名有困难的学生完成学业，花在学生身上的钱达8960多元。她曾有过多次改行进城工作的机会，但为了理想和追求，始终没有改变初衷。1965年，县里组织社教工作队，她被物色为合适人选。可她离不开讲台，离不开孩子。1979年，组织上选拔中青年干部，要她改行从政，她又舍不得亲手创办的大屯中学。1990年，组织上和她谈话，要她到一个单位任副局长，她再次陈述志向，仍然坚持在教育岗位上。高宝莲1980年加入中国共产党，多次被评为县、市“先进教育工作者”、“三八”红旗手、“优秀共产党员”。1991年被授予“河南省优秀教育工作者”称号。

〔**高振华·番茄育种专家·获国家发明二等奖**〕

中国农科院蔬菜花卉研究所副研究员高振华于1993年获国家发明二等奖。

高振华,1936年6月生,山东省潍坊市人。1960年毕业于山东农业大学园艺系。1960～1971年在北京农业大学任教。1971年至今一直在中国农科院蔬菜花卉所(原蔬菜所)工作。1980～1981年赴日本国立野菜试验场研修一年。

高振华从事番茄育种20余年,共培育出优良番茄品种5个,获科技成果奖10项。其中他育出的抗烟草花叶病毒同时耐黄瓜花叶病毒、丰产、优质的番茄品种"中蔬5号",1991年获国家计委、国家科委、财政部颁发的科技攻关重大成果奖,是全国唯一获此荣誉的番茄新品种。1992年,"中蔬5号"与他育出的另一新品种"中蔬6号"获农业部科技进步一等奖,又获1993年国家发明二等奖。

六十年代末到七十年代,我国的番茄病害日益加重,北京市番茄平均亩产由1971年的3568公斤下降到1979年的1900公斤。高振华为了改变这种状况,先后研究了50多个番茄杂交组合及其亲本材料的表现,终于从强力米寿X粉红甜肉的杂交后代分离中,选出含TM—抗烟草花叶病毒的中熟、粉色果、丰产的稳定新品种"强丰"。该品种的前期产量和总产量都超过日本著名品种"强力米寿",1982年在北京取代强力米寿成为主栽品种之一,以后在全国20多个省(市)区推广。1984年获农牧渔业部科技进步二等奖。但是"强丰"的果实皮较薄,易裂果,不耐贮运,特别是对烟草花叶病毒的抗性不稳。高振华弄清了这是由于番茄的烟草花叶病毒株系的变化造成的。在协作攻关中,他利用在日本研修期间得到的国际通用鉴别烟草花叶病毒株系分化的GCR系统,及时准确地按基因型区分出我国番茄上的烟草花叶病毒株系,明确了主导致病株系为0株系,其次是1株系,其它则为2株系和1.2株系等。据此,他先育成含TM—、对0株系和1株系高抗,而又高产、不易裂果的"中蔬4号"、"中杂4号",经北京市等21个省(市)、区试种,显示了对烟草花叶病毒的抗性、丰产性、品质等均优于"强丰"。"中蔬4号"1987年获农牧渔业部科技进步二等奖、1989年国家科技进步三等奖。尔后,他作为课题主持人从130多个品系中选育出含TM 基因的抗烟草花叶病毒0、1、2、1.2株系同时耐黄瓜花叶病毒、丰产、优质新品种"中蔬5号",1992年又育出"中蔬6号",这两个品种获农业部科技进步一等奖和1993年国家发明二等奖。

高振华育成的"强丰"、"中蔬4号"、"中蔬5号"等新品种,形成了我国含有抗烟草花叶病毒的三种不同基因的系列稳定新品种,到目前为止已累计推广500万亩以上,净增经济效益达8亿元,是八十年代全国栽培面积最大的番茄中熟系列品种,在抗病性、适应性等方面居国内领先水平。

高振华曾多次被评为先进工作者,他主持的课题组被评为中国农科院"先进课题组"。1991年他被农业部评为"全国农业教育科研系统优秀回国留学人员",1992年被授予"农业部有突出贡献中青年专家"称号。

〔**高盛林·甘肃电视机厂厂长·获全国杰出青年企业家称号**〕 高盛林在领导甘肃国营华兴机器厂由濒临倒闭,一跃而成甘肃电子系统先进企业、利税大户后,1993年2月,调入困难重重的甘肃电视机厂当厂长。经过调查研究,他提出了"春风二次创业和九三行动计划"。主要内容是:两个目标,四大行动,八件大事。两个目标是:近期目标,1993年总产值争取达1.5亿元,销售收入1.1亿元;远期目标,每年总产值递增1个亿,五年翻两番。高盛林带领全厂职工努力奋战,计划逐渐成为现实。1993年11月26日,高盛林获共青团中央、中国青年企业家协会授予的"全国杰出青年企业家"称号。

高盛林,1954年出生于兰州市,1970年参加工作,插过队,1977年毕业于西安交通大学,被分配到甘肃电视机厂工作,当过技术员,车间主任,1985年调国营兴华机器厂任副厂长,1988年任厂长。当时企业产品积压,资金紧缺,债务沉重,连职工工资都不能按时发。高盛林迎着困难顽强拚搏。他提出四条建厂方针:一、科技兴厂,开发适销对路产品;二、抓产品质量求生存;三、抓管理,完善企业经营机制;四、加快技术改造,增强企业实力。高盛林带领技术人员和销售人员先后跑了中南、华东、华北、西北地区十多个城市,摸准了市场行情,抓住大中城市洗澡难的问题,认定电热水器既能洗澡,又能烧热水,有广阔的市场前景。立即组织技术人员,从1989年年底到1990年4月,不足五个月时间,博采众长地开发出具有自己特点的"华夏"牌电热水器2、3、4、5、6型五代产品。6型产品一投放市场,就受到消费者欢迎。1990年生产7万台,销售5万台。创利税129万元。同年,"华夏"牌电热水器在轻工部举办的首届轻工产品博览会荣获银质奖,1992年获轻工部颁发的"双桥奖",获"国优精品博览会"特别金奖,获北京市商业最畅销产品"京华奖"和"金桥奖"。

"华夏"牌电热水器,在全国同类产品的激烈角逐中屡屡夺魁,除产品过硬的原因外,另一个重要原因是高盛林十分注重销售工作。他建立了一支能吃大苦耐大劳、素质好、智能高的销售队伍；实行了销售专项费用承包制度；奉行兼顾企业、商业、消费者利益的“利润三分法”原则；组成“华夏电器”自己的流通渠道，使华夏产品迅速占领各地市场。为了掌握市场的主动权，高盛林又提出“抢时间、出新品”，目前，华兴厂不仅在不断更新电热水器产品，又推出多用干洗衣机、电子打火炉盘、全自动强力机和豪华型抽油烟机等8项新产品。

1993年2月正当华兴厂事业腾飞时，高盛林又服从调动，走向困难重重的甘肃电视机厂任厂长。他上任伊始，提出“春风二次创业”方案时，就把重心放在新品研制和开发上。集全厂科技人员于一体，成立了“春风电子研究所”，研制和开发国内超一流的电视产品，目前已有四种新产品受到客商好评。其次，与香港陆氏集团合资，生产出具有九十年代国际先进水平的大屏幕、全制式、多画面、高质量的新型电视，受到消费者赞誉。高盛林还特别在促销上下功夫。以“大篷车售后服务队”、“全城特快服务”、“送货上门安装调试”、“无偿咨询服务”等形式把“用户至上、服务优先”落到实处。普遍反映“买春风电视放心，用春风电视称心”。

由于优良的产品质量和周到的服务，目前春风电视机供不应求。该厂1993年10月中旬召开的“九四”年度订货会上，订出春风电视机23万台，成交额达2.3亿元，创历史最好水平。

高盛林废寝忘食，呕心沥血地忘我工作，多次晕倒在办公室。然而他为了工厂的前途，仍然不顾个人安危地工作着。1988年以来，他荣获省“新长征突击手”、“优秀青年企业管理者”、“甘肃十大杰出青年”等荣誉称号。

〔高清波·解放军某部班长·获“献身国防的英雄战士”称号〕　1993年12月24日，济南军区发布命令，授予勇斗歹徒不幸牺牲的高清波“献身国防的英雄战士”荣誉称号。

高清波，湖北省广水市人，1972年5月出生，1990年12月入伍，1992年10月加入中国共产党，中士军衔。1993年10月10日18点30分，一名妇女突然跑到高清波所在连队，诉说附近山垭口上有3个流氓拦路调戏妇女。高清波立即带领两名战士向出事地点跑去，赶到山垭口后，他冲着正在施暴的歹徒大声喊道：“住手！不许耍流氓！”歹徒见只有3名战士，便嚣张地叫嚷：“你们当兵的少管闲事，不然，别怪咱哥们不客气！”面对歹徒的威胁，高清波和战友毫不畏惧，勇敢地扑上去制服了3名歹徒。就在他们将歹徒押送派出所途中，一名歹徒冷不防抽出三棱刮刀刺中高清波右胸肺部，高清波在身受重伤的情况下又忍痛向前追出7米。虽经医院全力抢救，终因伤势过重，英勇牺牲。

1990年10月，在家乡重点中学高三读书的高清波，以放弃考大学的机会，毅然报名入伍。他在学校学习成绩优异，参加地区中学生运动会曾获铁饼、标枪两项第一。市体校给他发了聘书，请他高中毕业后去当田径教练。入伍一年后，市体校又把聘书寄到部队，再次聘请他去任教。他在谢绝市体校聘请的回信中写道：“我爱体育，更爱部队。”入伍后，他刻苦学习钻研军事技术，先后学习了17本军事教程和专著，写下了10多万字的学习笔记。他军事素质过硬，连续两年获得本部队共同课目训练6项全优和专业训练8项全优；在参加部队军事比武中，先后夺得39项第一名，8次打破本部队纪录。为此先后4次荣立三等功。他情操高尚，乐于助人，当兵3年中，曾多次捐款支援灾区、救济有困难的战友和群众计467元，占自己津贴费的一半。他任正副班长两年来，先后帮助13名战士跨入先进行列，带出23名训练尖子；6次在危急关头挺身而出，抢救国家财产；3次抢救战友和落水儿童。1992年初，部队推荐他报考军校，他在本部队文化预考获第三名，又是训练尖子，多次立功，很有可能被录取。但当他得知考学名额有限，部队训练缺人，主动把报考机会让给了他人。

〔高德占·当选中共天津市委书记〕　在1993年5月13日召开的中共天津市委第六届第一次会议上，高德占当选为中共天津市委书记。

高德占，1932年生，山东栖霞人。1950年加入中国共产党。1954年毕业于大连工学院化工系。历任新中国制糖厂技术室主任、工程师，吉林省石油化工设计院副总工程师、副院长，吉林省石油化工局总工程师、副局长，吉林省经委主任，吉林省副省长，中共吉林省委副书记，吉林省省长。1987年起任林业部部长。是中共第十二、十三届中央候补委员，第十四届中央委员。

〔郭超·前中共福建省委书记·在北京逝世〕

郭超因病于1993年2月18日在北京逝世，终年78岁。

郭超，1914年生，山东濮县（今河南范县）人。1935年5月加入中国共产党。后历任中共濮县县委宣传部长，直南地区特委宣传部长、特委书记，冀鲁豫区五地委组织部长，冀鲁豫区二地委、八地委书记，冀鲁豫区委组织部副部长，赣东北区委组织部部长。新中国成立后，历任中共贵州省委组织部部长、中央有色金属局西南分局局长、重工业部有色金属管理局局长、冶金工业部有色金属局局长、中共西南局三线建设委员会委员兼云南省基本建设委员会主任。后任中共云南省委副书记、书记，云南省副省长，中共福建省委书记，福建省副省长，中共福建省委顾问，中国有色金属工业总公司经济顾问。

〔郭晶（女）·农民·获全国“双学双比”女能手称号〕　北京市怀柔县农家妇女郭晶，苦心经营5年，在98亩荒沙滩上建起9个鱼池、1个鸭场、1个养猪场，固定资产达到40多万元，年收入突破25万元，连续4年被评为县“双学双比”巾帼奖先进个人，连续3年被评为市级女状元，连续2年被评为市级八业标兵。1993年“三八”国际劳动妇女节前夕，她被全国妇联授予全国农村“双学双比”女能手称号。

现年58岁的郭晶，1988年在承包的荒滩上，日夜奋战了数月，建成了鱼池，并开始放苗，由于缺乏养鱼知识，竟买了7500公斤的猪饲料喂鱼，不几天死了1千多公斤鱼苗。现实使郭晶体会到光有闯劲不行，还必须有科学技术知识。她一方面购买有关养鱼的书刊、杂志，钻研业务知识，一面到其它鱼场拜师求教，请技术人员现场指导，还选定专池进行试验，边管理、边观察，探索不同鱼种的生活习性和规律。经5个月的时间就掌握了一般的养鱼知识和饲养技术。当年出售商品鱼达8000公斤，收入3万元。她善于捕捉城乡市场的各类信息和寻找销售渠道，由于对客户以诚相待，保证质量守信誉，赢得了客户的信任和好评。1991年她的鱼场总收入高达25.7万元，次年又投资10多万元建鱼池2个，1993年又同某部队共同投资104万元建彩石场一个。她致富不忘拥军，常把最好的鱼以最低的价格卖给部队，密切了军民关系。她致富不忘集体和乡亲，把自家的推土机无条件地支援给治理牛河工程使用。5年来，郭晶用自己的心血和汗水树立了敢想敢干、不屈不挠、自立自强的当代妇女形象。

〔郭雷·青年科学家·获国际“青年作者奖”·被评为第四届中国十大杰出青年之一〕　中科院系统科学研究所青年研究员郭雷以其在自动控制领域的杰出成就，被国际自动控制联合会称为“随机适应控制领域六个带头人之一”，在1993年7月23日于悉尼举行的国际自动控制联合会（简称IFAC）第12届世界大会上，获得IFAC“青年作者奖”。这是中国学者第一次在国际上荣获此项大奖。10月5日，第四届“中国十大杰出青年”评选揭晓，郭雷被评为“十杰”之一。

国际自动控制联合会世界大会每三年举行一次，是国际自动控制领域规模最大、范围最广、水平最高的学术大会。从1987年第十届大会开始设立了“青年作者奖”，用于奖励在自动控制领域做出杰出贡献的三十五岁以下的青年学者，而且每次只奖励一人。郭雷以《自校正调节器的对数律》论文申报奖励。由学术权威组成的评委会经过充分讨论、严格筛选，认为郭雷的成果“解决了最小二乘自校正调节器的收敛性与收敛速度”这个二十年悬而未决的国际难题，一致同意将1993年的大奖授予郭雷。

“自校正调节器”是1973年由瑞典著名学者奥斯托姆和威特马克提出的自适应控制中最基础的控制算法。这类调节器及其推广，已经在大型油轮自动驾驶、轧钢、造纸、选矿、冶金、热工、石化过程、聚合反应等工业过程中取得了成功的应用。从结构上讲，这类调节器是由一组高度非线性的随机差分方程耦合而成的。虽然实际中借助于计算机应用起来很方便，但从理论上给出严格的收敛性分析却相当困难，因而多年来一直吸引着各国学者的研究兴趣，成为国际上近20年来悬而未决的著名难题。我国青年学者郭雷在其以前工作的基础上独辟蹊径，引进了处理非线性闭环随机系统的一系列独到的分析方法和技巧，最终成功解决了这个难题。它不仅为实际中广泛应用的自校正调节器奠定了理论基础，而且为自适应控制理论的进一步发展提供了新的研究方法。因而在国际同行间引起强烈反响。

郭雷，山东淄博人，现年32岁。1982年从山东大学数学系毕业，同年考上中国科学院系统科学研究所的硕士研究生，从此步入了国际控制界最活跃的研究领域之一——系统辨识。1984年底获硕士学位后又继续攻读博士学位。他和导师开始在适应控制的二次型、跟踪等研究工作中，发展形成了一套“衰减激励”的方法，这一方法被国际同行称之为“使参数估计收敛和控制指数最优同时达到的有力方法”。25岁获博士学位后，到国际适应控制研究中心之一的澳大利亚国立大学系统工程系做为期二年的博士后研究，郭雷完成和攻克了多项世界级的科研难题，在鉴定报告上，系主任、英国皇家学会会员安德森教授写下了这样的评语：“郭雷的研究工作无论数量上还是质量上都是杰出的。”澳大利亚的穆尔教授说：“毫无疑问，郭博士是随机适应控制领域国际6个学术带头人之一，而且不比其他5位中任何一位逊色。”加拿大的凯恩斯教授说：“无论在当今世界的任何地方，郭博士都是随机系统领域内最有才华的研究者之一，他的工作绝对是世界级的。”1991年郭雷应邀担任国际控制理论权威学术刊物《SIAM

控制与优化》的副主编，他是该刊创立以来，第一位被聘为编委会的亚洲人。作为中国科学院最年轻的研究员之一的郭雷，已发表论文60余篇，中文专著两部，与人合作出版英文专著一部。多次应邀前往美国、前苏联、加拿大、匈牙利等国和台湾地区宣读学术报告。1990年获中国科协全国青年科技奖；1991年获中国科学院青年科学家一等奖，并被国家教委和国务院学位委员会授予“做出突出贡献的中国博士学位获得者”称号。

〔郭令智·大地构造学家·当选中国科学院学部委员〕　南京大学地质系教授郭令智于1993年12月当选为中国科学院地学部学部委员。

郭令智，湖北省安陆县人，1915年4月4日生。1938年毕业于国立中央大学地质系。1949年任台湾大学地质系副教授，台湾海洋研究所副研究员。曾任南京大学副校长、代校长。现为南京大学地质系教授。

郭令智是我国板块构造研究和地体构造研究的开拓者之一。他长期从事华南及中国东南部大地构造研究和中国板块构造、地体构造研究，系统研究了华南作为加里东褶皱区的构造属性，在华南发现8～14亿年前的板块运动和俯冲作用所形成的江南元古代岛弧和沟弧盆系，证实华南存在中、晚元古代岩石圈板块构造和运动，成为国际上比较完整地重建元古代板块聚合边界的实例，冲破了板块构造限于显生宙的观念。他根据不同类型的蛇绿岩套和花岗岩构造成因、构造应力场的演变、深部构造特征、地体拼贴和离散规律等的研究，系统地提出华南元古代至中新生代活动大陆边缘板块俯冲和碰撞的构造格局，论证了板块俯冲边界向东南跃迁的总趋势，并得出矿产和油气资源分布规律。从对华南花岗岩类的地质研究，他得出花岗岩形成的时空分布规律与板块构造关系的新认识，提出鉴别活动大陆边缘俯冲和碰撞的地质标志，并揭示了我国大陆板块“A”型俯冲及前陆盆地形成机理。

〔郭永彬·哈尔滨市邮政局长·勇于实行改革经济效益显著〕　郭永彬锐意改革，突破计划、官办和封闭的围城，使哈尔滨市邮政局经济效益显著增长，跃居全国同行业先进行列。郭永彬1993年5月获全国总工会颁发的“五一”劳动奖章。

1988年，郭永彬作为中法邮政交流的高级管理人员代表赴法国学习、考察三个月之后，震动很大。法国邮政商业化程度已经到了可以“邮人”（受托将老人或小孩安全送达指定地点）的程度。回国后，他决心主动出击，开拓业务。在深入各区搞调查研究时，他发现有些地方产品积压，又无钱做广告，便试用商业信函的方式，搞信息交流推销产品，收到了一定效果。之后，他又扩大活动半径，搞电子信函、礼仪信函、速递业务，日可达业务，定时特需业务，代发工资、请柬、会议通知，代交电话费、代办保险等，总之，用户需要什么，邮局就发展什么。为了让社会了解和运用这些新业务，提高邮局的知名度，他从1992年5月以后，策划了一系列大规模的营销辐射活动，通过报纸、电视、电台等新闻媒介，举办用邮知识大奖赛，播放专题片，设现代广告板、阅报栏，还出资举办全国职工“哈邮杯”公路越野赛，把宣传活动推向高潮，把企业的形象推向全国。同时，创办了通信发展、通讯器材、信息广告、汽车维修、室内装饰等10大公司。这样，一潭死水很快就被搞活了，经济效益，连续3年迈出3大步，业务收入从1990年的3420.6万元增长到1992年的5693.3万元，提高了60.1％。1993年达到7800万元；利润由1990年的1195万元增加到1992年的2775.6万元，提高43％。随着企业经济效益的提高，职工收入逐年增长，到1992年人均年收入已达4200无。全局通信质量、服务工作、企业发展等指标都跃居全国领先地位，被评为省、市和邮电部先进企业、全国思想政治工作先进单位。

在日益发展的市场经济条件下，郭永彬始终不忘全心全意为人民服务的宗旨。他每周坚持一天到基层邮局跟班劳动，发现问题，及时改进。坚持少说空话、多办实事。为了方便群众，全市邮政服务网点已发展到88处，填补了许多地段的空白；设立流动服务车，穿行在大街小巷，随时收办邮政业务；还开展登门服务，为用户取送汇款，到医院、残疾人工厂定期服务，深受群众赞誉。

郭永彬，高级经济师，辽宁省大连市人，1950年7月生，1969年7月参加工作，先后在上海海运学院、黑龙江大学和黑龙江社会科学院攻读经济管理专业，获硕士学位。历任哈尔滨市邮政局分拣员、国际业务员、副局长、局长等职。曾先后被黑龙江和哈尔滨市评为劳动模范、优秀质量管理工作者、民主管理优秀局长、优秀企业家、文明生产先进工作者等荣誉称号9次，记大功1次，1990年至1992年，连续三年获哈尔滨市第4、5、6届厂长（经理）开拓杯金杯奖。曾发表学术论文多篇，其中12篇获国家和省级论文奖。1991年出任中国通信协会邮政委员会副主任。

〔郭远山·中学生·获第五届国际信息学奥林匹克竞赛金牌〕　福建师范大学附属中学学生郭

远山,1993年10月在阿根廷门多萨市举行的第五届国际信息学奥林匹克竞赛中获得金牌。

参加本届比赛的选手,来自47个国家共162名。经过6天角逐,共决出13块金牌,27块银牌和42块铜牌。我国派出的4名选手全部获奖,广西南宁二中的黄天明获铜牌,北京师大附属实验中学的张辰和上海控江中学的柴晓路获得铜牌。

郭远山,福建莆田人,1975年5月11日生,1978年入福建师大幼儿园,1981年入福建师大附小学习,1987年升入福建师大附属中学,1993年入清华大学计算机科学与技术系学习。1989年加入中国共产主义青年团。1990年获全国初中数学联合竞赛二等奖,1992年获全国高中数学联合竞赛二等奖,1993年5月获第五届国际信息学奥林匹克竞赛中国队组队选拔赛一等奖,1993年8月获第十届中国信息学奥林匹克竞赛特别奖。在中学阶段,他连续六年担任班长并且是学校的三好学生。

〔郭俊卿(女)·著名战斗英雄·逝世十周年〕

1993年是女扮男装走进革命队伍的特等女战斗英雄、著名小说和电影《战火中的青春》的主人公"高山"的生活原型郭俊卿逝世十周年。1993年7月4日,《人民日报》发表了张明等的文章《当代军中花木兰》以示纪念。

郭俊卿,1930年出生在辽宁省凌源县一个贫苦农民家庭,童年生活历经艰辛磨难。7岁那年,山洪毁了他们的家园,全家逃往内蒙古巴林摹东部到地主家当佃农。14岁那年,父亲被地主所逼到山上砍柴摔断了腿,全家被赶出门,父亲气绝身亡。郭俊卿从此担起了养家糊口的重担。为了养活母亲和弟弟,她剃光了头,扮成男孩外出打工,到处流浪,吃尽了苦头。

1945年,抗战胜利了,她改名郭富,又虚报了两岁年龄,女扮男装当上了兵,在县支队当通信员。她克服了一般女孩不可想像的困难,像男同志一样,甚至比男同志更出色地完成战斗任务。1946年冬天的一个夜晚,西北风夹着大雪,郭俊卿外出执行任务,到60里外的白音木图传送命令。回来的路上,她的马死了,她背着马鞍徒步回到了驻地。为此,领导给她记了一等功。此后,她多次一人在敌人封锁线上传递情报、送达命令,每一次都出色完成了任务。1946年6月,16岁的郭俊卿光荣地加入了中国共产党。1947年,郭俊卿被调到某团步兵三连四班当班长。在平泉战斗中,她端着刺刀与敌人肉搏。评功会上,郭俊卿又荣立了战功,她所带领的四班被授予"战斗模范班"称号。此后,郭俊卿曾参加了"辽沈"等多次战役,她作战勇敢、不怕牺牲,受到战友的钦佩和上级的表扬与嘉奖。

郭俊卿对待战友如兄弟。在南下途中,担任连指导员的郭俊卿每逢部队行军中,都帮助战友扛枪、背背包、抬担架、挑油桶和行军锅。她有一个好嗓子,在行军和休息中,她常以动人的歌喉鼓舞士气,活跃大家的情绪。因作战勇敢立特等功一次,大小功七次。

1950年5月,郭俊卿病倒了,战友们热情地为她请来了医生,在无可奈何的情况下,她暴露了真实性别。从此被誉为"当代军中花木兰"。这一年,她作为第四野战军的战斗英雄代表,光荣地出席了全国战斗英雄代表会议,成为全国著名的女战斗英雄,人们称赞她为"现代花木兰"。接着,她作为中国优秀青年代表随同中国访苏青年代表团访问了苏联。

这之后,郭俊卿转业到了地方工作。为了不引起人们的注目,她又改名"郭富",以一个普通劳动者的身份开始新的人生和生活。她先后任山东历城县工业局副局长、青岛被服厂厂长、曹县民政局副局长。无论在哪里,她都像革命战争时期一样拚命工作,早出晚归,从不计较个人得失。她把调整工资级别的机会让给别人,还经常这个5元、那个10元地用自己不多的收入帮助生活困难的同志。直到离休,她每月的工资也只不过90·6元。1983年郭俊卿在常州逝世。

〔郭炳湘·香港新鸿基地产发展有限公司主席·名列世界超级富豪〕 1993年6月14日出版的美国《财富》杂志刊出1992年度世界超级富豪排名榜中,香港新鸿基地产发展有限公司主席郭炳湘兄弟是其中一位。被列为超级富豪者还有香港长江实业公司董事长兼总经理李嘉诚、恒基兆业有限公司董事长李兆基。李嘉诚并以58亿美元排名16位,成为世界华人首富。

郭炳湘关心大陆的建设事业,1992年与北京东安集团公司签约,合资改建东安市场,这是当时北京最大的商业合资项目,投资总额3亿美元,力争1995年竣工,届时新的东安市场将成为世界一流,具有民族特色,提供最佳服务,集购物、餐食、娱乐为一体的现代化大型购物中心。1993年他捐赠广州市科技进步基金会1000万港元,用以发展科技事业。他是广州市荣誉市民并被聘为港事顾问。

郭炳湘系香港已故著名工商巨子郭得胜长子,1950年生于澳门,祖籍广东中山县。留学英国。曾在胡应湘建筑事务所任设计工程师。1973年加入其父地产公司。其父郭得胜艰苦创业,早年开设"鸿昌合记"杂货店。1958年起参与创办永业有限公司、新鸿基企业有限公司。1972年郭得胜主持易名后的新鸿基地产发展有限公司，任董事局主席，他不仅致力于房地产业，还投资于观光饭店、工业大厦、戏院等。1990年郭得胜因心脏病逝世后，郭炳湘继承父业，出任新鸿基地产发展有限公司主席兼行政总裁，弟弟郭炳江、郭炳联分别出任副主席、董事总经理。

〔郭润康·集邮学家·从事邮学研究六十余年成果丰硕被誉为中国邮学研究的先驱〕　以邮学研究著称的老集邮家郭润康，60余年来发表邮学研究文章两千余篇，早年曾主编《金竹》、《黎明》、《万寿》等邮刊，被誉为我国邮学研究的先驱。1993年10月16日《人民日报》海外版介绍了他的事迹。

郭润康，现任中华全国集邮联合会理事、学术委员会委员，贵州省集邮协会副会长、贵阳市集邮协会顾问，是国家级邮展评审员，担任全国20余家地方邮协、邮刊的顾问和学术委员。1988年曾被《江城邮刊》、《青年人报》主持评选为全国十大集邮家之一。

郭润康原系贵阳中医学院副教授，江苏省丹阳人，1917年2月生。四十年代曾毕业于贵阳高级医事职业学校，后到贵阳五洲大药房任职员，1951年到贵阳市卫生局，1965年调贵阳中医学院任药房副主任、制剂及炮制教研室主任等职。1985年退休。曾任九三学社贵州支社主任委员，现任顾问。

1931年，郭润康在蚌埠五洲大药房当学徒时，开始集邮生涯。1937年抗日战争爆发，他随店迁至武汉、贵阳。其间虽几经流离颠沛，唯邮册尚存。1942年，他与邮友创办"金竹邮票会"，主编《金竹》、《黎明》、《万寿》等邮刊，传播集邮知识，在抗战后方的集邮界影响较大。1962年他发起成立"南明集邮小组"，主编《南明邮刊》。1981年，再度组织"贵阳集邮研究会"，被推为会长，对贵州开展集邮活动、传播集邮知识起了很大的推动作用。郭润康在集邮与收集集邮资料方面颇有成就。1944年，他收集到解放区最早的纪念邮票——晋察冀边区1938年9月发行的"抗战军人纪念"邮票全套一枚，此票谨使用三四个月，存世量很少，十分珍贵。当时有人说，收藏共产党的邮票有"通匪"之嫌。但郭润康冒险珍藏，直至解放。"文化大革命"开始，他几经险阻，将几十年积攒收藏的8大箱珍贵邮品及邮票保存了下来，并将其中2册孙中山邮案专集赠送给上海孙中山故居纪念馆。他邮德高尚，因见子女对集邮兴趣不浓，为后继有人，于1975年将全部收藏送给比他年轻的任尔勤，使任成为全国掌握邮学资料最全面、最丰富的两个集邮家之一。

郭润康重视集邮，尤热心传播邮识。他说：我注重邮识，邮票反在其次。60多年来他集邮的道路是"收集——研究——写作"。四十年代，著有《邮学辞林》、《集邮手册》等，是国内较早的集邮工具书。1980年，他应邮电部邮票发行局和中国集邮出版社之邀，为《集邮辞典》撰写条目400多个。1982年由他撰搞，贵州电视台拍摄的电视片《雁翎之花》，系统介绍邮(驿)政、邮票发展概况以及集邮知识等。他写的《试论集邮学定义》一文，在我国首次提出集邮学的定义，发表后引起广泛讨论。60多年来郭润康在国内外近百个集邮刊物和报刊发表文章2000多篇，内容涉及邮品评价、集邮组织、集邮修养、集邮知识等许多方面，数量之多，题材之广泛在全国邮人中首屈一指。

〔郭景哲·中国国际广播电台听众联络部主任·获首届韬奋新闻奖〕　中国记协和中国韬奋基金会联合举办的首届韬奋新闻奖，于1993年12月17日在北京颁奖。中国国际广播电台听众联络部主任、高级编辑郭景哲获奖。

郭景哲，1936年12月生，河北雄县人。中国人民大学新闻系毕业后，在中央民族学院任教两年，1963年调人国际广播电台从事采编、听众联络工作至今已经30年。前20年，从事记者、编辑工作，是一位政治理论水平较高、业务能力较强的广播新闻工作者；近10年，从事听联工作，做出了显著的工作成绩。

他担任听众联络部主任以后，以高度的责任感和热情抓好联络各国听众的工作，以改革的精神采取多项措施调动听联部同志的积极性，促使听众工作不断提高。1985年听众来信9.3万封，1986年增到14万多，1990年达到21万多，1992年32万多，1993年1至10月已收51万多封，国际台听众联络工作多次受到有关领导部门的好评和表彰。

他把听众来信视做宝贵财富，发动大家对来信进行整理、分析和总结，作为改进国际广播宣传的依据。他把来信资料汇编为《五洲四海遍知音》、《为人类的和平与进步》、《知心的朋友》三本书。他还主编了《听众工作文集》，汇集了该台历年来的听众工作的研究文章和资料，很有实用、资料价值。该书获1992年全国广播电视听众调研成果一等奖。

为了吸引更多国外听众收听中国广播，他成功地组织多次国际宣传活动，其中规模大的有《我与和平》征文、《我心目中的中国》征文、《中国旅游知识竞赛》、《中国历史文化知识竞赛》、《中国改革开放知识竞赛》等9项，受到各国听众的欢迎。

〔**席强·东风汽车公司铸造二厂车工·获首届中国青奥赛车工第一名**〕　1993 年 9 月 1 日至 9 月 6 日在东风汽车公司举行的首届中国青年奥林匹克技能竞赛机械行业决赛中，东风汽车公司铸造二厂车工席强获得车工第一名，被机械工业部授予“全国机械行业青年技术能手”、共青团中央授予“新长征突击手”称号，全国总工会授予他全国“五一”劳动奖章。东风汽车公司破格晋升他为高级技工。

席强，安徽省合肥人，1973 年 11 月生。1989 年 9 月初中毕业后考入湖北东风汽车公司专用设备厂技术学校。在三年的技术学习中，他认真钻研理论知识，勤学苦练实际操作技术，于 1992 年 7 月以名列第一的成绩从技校毕业，被分配到东风汽车公司铸造二厂工作。上班仅三个月，车间主任就安排他在模具加工的一台关键车床上担任操作工，挑起了车间生产的大梁。为了提高自己对模具图纸的识图能力，他经常利用业余时间钻研，虚心向老师傅学习技术。由于刻苦钻研，他的技术水平有了长足的进步。1993 年 3 月，东风公司各专业厂开始为青奥赛选拔推荐人才。还在跟师傅学徒的席强报了名，并且入选。在为期四个月的高强度训练中，他每天六点钟就开始练习实际操作技术、练速度、学习理论知识，模拟日本、韩国等往年的“奥赛试题”进行考试，每天深夜才休息。艰苦的训练，使他的体重减轻了 5 公斤。在五轮淘汰赛中，他过五关，斩六将，长驱直入，一举夺得参加青奥赛资格。在 1993 年 9 月 2 日举行的全国青奥决赛中，席强沉着、细心，从上午 8 时 30 分一直到晚上 8 时，经过 11 个多小时的奋战，终于以总成绩 84.3 分取得了车工第一名。面对扑面而来的鲜花、荣誉、奖金，他从内心深刻的体会到：“在我成功的背后，倾注了全公司领导和教练以及周围同志无微不至的关怀和帮助。”

〔**唐云·中国画画家·在上海逝世**〕　上海中国画院名誉院长、中国美术家协会上海分会副主席、著名中国画画家唐云，1993 年 10 月 7 日在上海逝世。

唐云，原名侠　，别号大石、药城、药翁，画室名“大石斋”。1910 年生于杭州。唐云从八岁起就开始学习绘画，初习人物，次学山水，再学花卉。十七岁前主要靠临摹古画、名画，技法上崇尚朱耷、石涛等。十九岁起，任杭州冯氏女子中学国画教员，其间曾与姜丹书、潘天寿、来楚生等画家结成莼社，探讨画艺。二十九岁举家迁入上海，先后执教于新华艺术专科学校、上海美术专科学校，并开始举办画展，声名渐起。五十年代后，走访名山大川，创作了大量作品，画艺益进。

唐云的绘画，以花鸟为最出色，其次为山水和人物。荷、竹、梅、琵杷、向日葵、鸡、鹅、鱼、山雀等是他画作中常用的题材。前期作品多借鉴华　、石涛，尤得益于前者的潇洒多姿。晚年自成一体。他用笔柔中有刚，喜用明丽的色彩。六十岁以后的作品更添一种苍劲奔放的意韵，似不经意，却在平淡自然中见新奇，如他的代表作《向日葵》。唐云晚年的小幅山水册页，多信手拈来，墨笔为主，颇具诗情。

唐云是一位注重艺术修养的画家，他除购藏书画精品外，还收藏碑贴、印章、砚、陶瓷等。此外，还喜阅读文集、画论、诗词，在画外求画。他的书法，挺劲而飘逸，风格独具，与其绘画相得益彰。

唐云在担任上海中国画院代院长期间，对青年学子不乏关怀、奖掖，并为残疾人作画百幅，以为资助。艺德文章，风范永存。唐云还是中国美术家协会理事、中国书法家协会上海分会名誉理事。

〔**唐启才·轮机长·获全国“五一”劳动奖章**〕
唐启才忘我工作，13 年来，负责管理的轮船机炉和其它机电设备安全运转 4.4 万小时，累计节油 2300 吨，1993 年 5 月，获全国总工会授予“五一”劳动奖章。

唐启才，现任重庆长江轮船公司 02036 号轮的轮机长，中国共产党党员，四川省重庆市人，1940 年 11 月生，1962 年毕业于重庆航务工程学校轮机专业，1965 年调长江航运管理局重庆分局工作，曾任加油机匠、三管轮、二管轮，1980 年 9 月起在长江 02019 轮和 02036 轮任轮机长。唐启才有很强的事业心，尤其是担任轮机长的 13 年中，时刻把关系人民生命、财产的安全工作放在首位，严格执行月度、航次预检计划。近几年船舶生产任务紧张，停靠时间少，他就利用短暂的停靠时间见缝插针进行检修，确保设备时刻处于良好的技术状态，使所在轮在他任期中从未发生过一起安全责任事故。他善于管理，一丝不苟，认真抓各项规章制度的落实，并积极组织开展船舶“五好设备”活动，调动了全体轮机人员的积极性与责任心，使 33 台主副机和机电设备全部达到了“五好设备”标准，为保证船舶的安全航行和节约能源做出了突出贡献。他领导的轮机部各项工作，一直处于公司同类船舶的前列。由于他在工作上兢兢业业，无私奉献，做出了出色成绩，曾先后 11 次被中国长江轮船总公司和分公司评为先进生产者、先进生产者标兵、优秀轮机长等，1991 年获交通部授予的“金锚奖”和“双文明建设劳动模范”称号。他领导的轮机部曾 6 次获得总公司、分公司授予的先进班组称号。

〔**唐素香(女)·园艺专家·获江西省农业科教人员突出贡献一等奖**〕　江西省农科院园艺研究所研究员唐素香选育出四个优秀猕猴桃品种并提出配套技术,为我国猕猴桃研究作出了杰出贡献,1993年获江西省农业科教人员突出贡献一等奖。

唐素香,浙江省兰溪县人,1934年9月生。1950年参军,1956年转业。1961年毕业于北京农业大学园艺系果树专业,留校任助教15年,后调至江西省农科院园艺所工作至今。

唐素香在七十年代末主持研究猕猴桃选育和栽培技术,连续5年深入山区进行野生猕猴桃资源的调查和选优株的工作。在此基础上首先在低丘红壤地区建立起优株子代研究圃,并成功地进行了人工栽培,筛选出7棵性状优良而稳定的单株。为此1984年获省科技成果三等奖,并于1986年被国家科委授予"六五"科技攻关项目"中华猕猴桃科技开发先进个人"。接着,她又选育出"FT—79—5,FY—79—1,FT—79—3"等品种并应用于生产,1987年获江西省农牧渔业技术改进成果一等奖。1992年又育出猕猴桃新品种"怡香",获江西省科技进步三等奖。1991年由于育出中华猕猴桃早、中晚熟配套良种"早鲜、魁蜜、金丰",获农业部科技进步二等奖,1992年又获国家科技进步三等奖,由于她育成的"怡香、早鲜、魁蜜、金丰"四个配套良种不但是本省主栽品种,而且有浙江、广东、安徽等20个省市(区)栽培共四万余亩,取得了显著的经济效益和社会效益,1993年获江西省科教人员突出贡献一等奖。1992年在首届中国农业博览会上,她选育出的猕猴桃新品种"魁蜜"获金牌奖,"早鲜"获银牌奖。此外她还获1991年江西省"巾帼建功"活动积极分子称号。

唐素香的工作精神十分感人。1992年秋她患了乳腺癌,手术后由于白血球不足不能施行化疗,但她在手术之后的一年间先后参加了在北京召开的"园艺作物品种改良国际学术讨论会"和"桃国际工作会议",以及在重庆召开的"第八次全国猕猴桃科研协作座谈会",并完成了"猕猴桃志"的编写任务。

唐素香在军队时也曾多次获奖和立功。1982年曾获江西省劳动模范称号。

〔**唐浩明·岳麓书社副总编辑·主编《曾国藩全集》和创作小说《曾国藩》面世**〕　由湖南省岳麓书社副总编辑唐浩明主编的《曾国藩全集》和他创作的长篇小说《曾国藩》于1993年春季同时面世,受到海内外人士的称赞。

1984年,唐浩明受命主持编辑出版《曾国藩全集》,该全集系据曾氏湘乡原籍藏件整理,属国务院批准的古籍整理规划的重点项目,全集共分30册,约1500万字,为清末刻本《曾文正公全集》的三倍。目前已陆续出版24册,尚有6册将于1995年前推出。该书出版后在海内外引起较大反响,美国《北美日报》发表社论称"是中国文化界人士的思想突破了一大禁区的标志"。

在编纂《全集》的同时,唐浩明开始构思创作历史小说《曾国藩》,历时五年,四易其稿,日夜伏案,艰辛求索,这部120万字的长篇小说终于写成,在中国大陆、台湾、香港同时出版发行,唐浩明成为海峡两岸同时以同一原稿排印长篇巨著的第一人。国内数十家报刊、电台、电视台作了报道与评价。该书获湖南省委、省政府颁发的湖南省第二届优秀图书奖。并已被改编为连环画、长篇评书和电视电影剧本。

唐浩明,湖南衡阳人,1946年10月出生,1970年毕业于华东水利学院,1970至1979年曾在江西、湖南水电部门任技术员工作,1979年10月入华东师范学院中文系读研究生,获文学硕士学位,。1982年调岳麓书社工作,致力于曾国藩手搞的编辑、出版与研究,撰写和发表论文数十篇,约十万字,对曾国藩这个有争议的历史人物提出了新的看法,他认为曾既不是圣贤完人,也不是十恶不赦的罪人,而是中国近代史上一个充满矛盾和具有悲剧性的历史人物,继完成《曾国藩》这部小说之后,他正创作另一部长篇历史小说《旷代逸才》,不久将面世。

〔**涂通今·神经外科学家·被聘为中华医学会资深会员**〕　1993年1月16日,具有78年历史的中华医学会,正式宣布首批聘任41位在医学上有重大成就、德高望重的内外科专家为中华医学会资深会员。军事医学科学院原院长、神经外科学家涂通今获得这一荣誉。

涂通今,1914年10月出生,福建长汀人。1927年参加革命,1932年参加中国工农红军,1933年加入中国共产党。同年由中国工农红军卫生学校毕业后参加部队医务工作,任医生、卫生所所长、医务主任、医务科长。1938～1942年在延安中国医科大学学习,毕业后任延安国际和平医院总院外科主治医生,松江军区卫生部部长,东北军医大学校长,东北民主联军东线卫生部部长,第四野战军卫生部部长,中南军区卫生部副部长,华中医学院院长。1951～1956年在苏联医学科学院神经外科研究所进修,获医学副博士学位。1956年回国后任第四军医大学副校长、校长、神经外科教研室主任,总后勤部卫生部副部长，军事医学科学院院长、顾问等职。

涂通今长期从事部队卫生工作的组织领导工作，中华人民共和国成立后亲自参加临床、教学和科研实践，率先开展了从小脑幕上入路切除晚期听神经瘤，以延脑三叉神经脊髓束切断术治疗三叉神经痛，用自己改进的手术入路切除第三室后部肿瘤等手术。主译有《苏联神经外科手术学》，主编和主审有《实用神经外科学》、《野战外科学》等。

涂通今还兼任陕西省科协副主席，中华医学会常务理事，中华医学会神经外科学会名誉主任委员等职。

〔谈舒萍（女）·跳水新秀·夺得世界杯跳水赛女子一米板和三米板冠军〕　1993 年 5 月谈舒萍在北京举行的第八届世界杯跳水赛上获得女子一米板和三米板两项冠军，同时与队友合作夺取了女子团体和混合团体冠军。同年 9 月，在第七届全国运动会跳水比赛中为广西赢得女子一米板和三米板两枚银牌。

1977 年，谈舒萍出生在广西省梧州市的一个知识分子家庭。7 岁起在梧州市上小学时练体操，1987 年 10 岁时被广西跳水队教练看中，选去改学跳水。那时，谈舒萍还不会游泳。她 1989 年开始参加正式比赛，在南昌举行的全国少年跳水赛上进入前二十名，作为广西跳水队的一员参加了第二届全国青运会，获一米板第十一名。

由于谈舒萍弹跳力和身体的柔韧性不错，她在 1990 年 1 月入选国家集训队，并参加了在济南举行的全国少年跳水新秀训练班。在国家队教练徐益明和吴国村的指导下，她进步很快，在 1991 年全国冠军赛上初露头角，夺得一米板亚军和三米板第三名；当年在成都第一次参加国际比赛——中国国际跳水赛，她出人意料地战胜包括奥运会冠军伏明霞在内全部对手，赢得女子三米板冠军，并被教练称为中国跳水队未来的希望。这一年，她才 14 岁。

谈舒萍 1992 年开始出国参加国际比赛，先后参加了澳大利亚、加拿大和美国的国际跳水赛以及巴塞罗那奥运会，丰富了国际比赛的经验。其中在澳大利亚的战绩最佳，包揽女子跳台、一米板和三米板全部三项冠军。

1993 年是谈舒萍获得成功和成名的一年。除在第八届世界杯跳水赛中赢得 4 项冠军外，她还获得第七届全国运动会女子一米板和三米板两枚金牌，3 月在德国国际跳水赛上又一次包揽了女子跳台、一米板和三米板全部三项冠军，4 月在全国跳水冠军赛上击败伏明霞后赢得三米板冠军。1993 年，谈舒萍在全国游泳、跳水“双十佳”评选中，名列跳水十佳榜首。这是她第一次被评选为跳水十佳。

谈舒萍进国家集训队三年，教练对她的评价是：悟性不是特高，但练得很苦。

谈舒萍的业余爱好是：喜欢看录像和电影。

〔陶元庆·中国著名画家、封面画设计家·百年诞辰〕　1993 年适值中国近代书籍装帧的创始人陶元庆诞生 100 周年，《美术》杂志 1993 年第 11 期发表了邱陵撰写的《陶元庆生平及其装帧艺术》一文，以示纪念。

陶元庆，字璇卿。1893 年生，浙江绍兴人。自幼喜爱绘画，后习水彩、油画。上海师范专科学校毕业，曾向丰子恺、陈抱一等名家学习西洋画，对中国传统绘画、东方图案画和西洋绘画有广泛的见识和修养。1928 年任杭州国立艺术院教授。他在上海报馆工作时，曾饱览了有正书局的古代名画以及日本、印度等国家的图案，这为他的封面图案设计打下了坚实的基础。

1925 年陶元庆开始了他的书籍装帧艺术活动，鲁迅翻译的日本厨川白村的《苦闷的象征》的封面画就是他的处女作。鲁迅先生认为陶元庆设计的封面“使这书披上了凄艳的新装”。1926 年陶元庆又为鲁迅的第二本短篇小说集《彷徨》设计创作封面，鲁迅阅后称赞它“实在非常有力，看了使人感动。”陶元庆还为鲁迅的《故乡》、《朝花夕拾》、《坟》等设计了封面，深得鲁迅的赞赏。1929 年他病逝后，鲁迅独出三百元购买冢地，将其葬于西湖玉泉道上。

陶元庆的封面设计还有《出了象牙之塔》、《毛线袜》、《回家》、《赵先生的烦恼》、《工人绥惠略夫》、《若有其事》、《蝴蝶》、《幻象的残象》、《唐宋传奇集》、《鼻涕阿二》、《语丝》、《无妻之累》等，受到当时画界和文艺界的普遍赞扬。邱陵将陶元庆的艺术特色归纳为以下几点：(1)博采众长，具有创新精神。能融国画、西画、图案于一炉。(2)具有民族特色，强调气韵，不仅仅追求形似。(3)有一个装饰世界，不仅仅是唐草花纹的写生变化，给与图案以新的概念。(4)注重形式美感，能分清主从。(5)二十世纪二十年代，在半封建半殖民地的中国，既不崇洋媚外，也不固步自封。艺术观念新颖可贵。他的这些成就及其艺术特色，将那个时代的装帧艺术开创了一个新局面，为二、三十年代中国的视觉艺术和书籍艺术作出了空前的贡献，在我国装帧艺术史上占有重要的地位。

〔陶寿淇·心脏内科学家·被聘为中华医学会资深会员〕　1993 年 1 月 16 日，具有 78 年历史的中华医学会,正式宣布首批聘任41位在医学上有重大成就、德高望重的内外科专家为中华医学会资深会员。中国医学科学院阜外医院名誉院长、中国协和医科大学教授陶寿淇获得这一荣誉。

陶寿淇,祖籍浙江绍兴,1918年3月31日生于上海。1940年于上海医学院毕业后,留校任住院医师。1947～1948年赴美先后在波士顿麻省总医院和密执根大学医学院分别进修心脏内科和心电图学。回国后历任上海医学院附属中山医院和华山医院主治医师、副教授、教授、内科副主任、主任,北京中国医学科学院心血管病研究所所长和阜外医院内科主任、副院长、院长、名誉院长,中国协和医科大学教授等职。1978年加入中国共产党。

陶寿淇,长期致力于心律失常临床研究,冠心病与心肌梗塞的研究,不用血管收缩药治疗肺炎休克的研究等,总结了许多宝贵经验。协助董承琅主编了我国第一部自己编著的心脏病学专著《实用心脏病学》。近10年来受卫生部委任为中美医药卫生科技协作心血管病领域联络人,从事心血管病流行病学研究,获多项成果。获卫生部科学技术进步奖二、三等奖各一次。

陶寿淇还兼任中华医学会理事、心血管病学会主任委员,《中华心血管病杂志》副总编辑、顾问,卫生部医学科学委员会委员,世界卫生组织心血管病专家顾问团成员,国际心脏病学会流行病与预防学部理事会理事等职。

〔陶驷驹・连任公安部部长・谈1992年的社会治安情况〕　1993年3月29日,根据第八届全国人大第一次会议的决定,陶驷驹被任命为公安部部长。

陶驷驹,1935年生,江苏靖江人。1949年加入中国共产党。1951年入中央公安干部学校学习。1959年毕业于外交学院英语专业。历任公安部副科长,中央军委办公厅秘书,公安部副处长。1983年起任公安部副部长、部长兼中国人民武装警察部队第一政委、总警督。是中共第十四届中央委员。

1993年4月8日在国务院新闻办公室举行的中外记者招待会上,陶驷驹介绍了1992全国社会治安情况。他说:1992年全国社会治安基本平稳。共查破各类案件360多万起,其中侦破刑事案件近108万起,经检察机关批准逮捕各类人犯48万多名。其中查获贩毒案件14000多起,缴获海洛因4489公斤;查获拐卖妇女儿童案件16000多起,查获卖淫嫖娼人员24万多名;收缴非法持有的各种枪支近20万支,其中军用枪支2291支。他说:目前国内一些地方的治安状况仍然不好,刑事案件和社会丑恶现象还没有得到有效遏制。

〔姬鹏飞・原中顾委常务委员・任中华名人协会会长〕　1993年4月21日,中华名人协会在北京正式成立。曾任全国人大常委会副委员长、国务院副总理、中共中央顾问委员会常务委员的姬鹏飞,出任中华名人协会会长。4月21日,姬鹏飞在北京举行的宣布中华名人协会成立的新闻发布会上说,中华名人协会是全国性社团组织,将促进海内外知名华人间的交往与友谊,为弘扬中华民族优秀文化,为祖国现代化建设和统一大业作出贡献。

中华名人协会的名誉会长有阿沛・阿旺晋美,副会长是荣高棠、蔡诚、崔乃夫、宋之光、曹岩华等,秘书长叶云珠。中华名人协会还聘请了45位全国著名人士为该会顾问。

姬鹏飞,又名吉洛。1910年生。山西临猗人。1931年参加宁都起义。1933年加入中国共产党。1934年参加长征。曾任中国工农红军第五军团卫生部部长,中央军委后方卫生部部长。1937年入延安中央党校、马列学院学习。1938年起任新四军后方政治部主任,苏北挺进纵队政治部主任,新四军第一师第一旅政治部主任、第三旅政委,中共苏中区第四地委书记兼苏中军区第四军分区政委,苏中军区副政委兼政治部主任。1945年起任华中野战军第七纵队司令员兼政委,华东野战军第十一纵队政委兼苏中军区政委,苏中区党委书记,华东野战军苏北兵团副政委,第三野战军第七兵团、浙江军区副政委兼政治部主任。中华人民共和国成立后任驻民主德国大使,外交部副部长、部长,第四届全国人大常委会秘书长,第五届全国人大常委会副委员长兼秘书长,国务院副总理兼秘书长,中共中央对外联络部部长,国务委员兼国务院港澳办公室主任。1982年至1992年任中共中央顾问委员会常务委员。他是中共第十、十一届中央委员。

〔桑姆(女)・西藏改则县人民医院院长・获全国巾帼建功标兵称号〕　西藏自治区改则县人民医院院长、主治医师桑姆,在1993年"三八"国际劳动妇女节前夕,被全国妇联授予"全国巾帼建功标兵"称号。

桑姆,1945年7月1日生于西藏。大专文化程度。1979年加入中国共产党。1968年被分配到西藏自治区有名的艰苦地区之一,平均海拔5000米以上,年烤火时间达11个月的改则县,在离县城90公里处的一个卫生所扎下了根。所谓卫生所,不过是一间10米左右的土窑洞，它既是门诊室、治疗室又是住房。卫生所里里外外就只桑姆一人，因此，她既是医生又是护士，靠仅有的部分常用药和几只注射器、听诊器为群众治病。她结合一些疑难病症，反复学习研究，不断提高自己的业务水平，并在两年的时间里，自学了内科、小儿科、妇产科等大学教材。无论是刮风下雨，还是满天飞雪，桑姆都照常下乡进行巡回医疗，即使怀有身孕仍骑马出诊。她曾在年三十的晚上出诊为牧民治病，一直守护到病人脱险的大年初四，才拖着疲备不堪的身体回到卫生所。25年里，她跑遍了改则县的村村户户。她担任该县人民医院院长以后，主持建立了财物管理制度，改善了医院的基础设施，增添医疗器械，并努力提高医护人员的业务能力。医院于1991年被评为“文明医院”，桑姆被评为全国卫生系统模范个人。

〔堵丁柱·中科院数学所研究员·获首届中国青年科学家奖〕　1993年2月25日，由共青团中央、全国青联、中国青少年发展基金会共同设立的中国青年科学家奖，在北京举行首次颁奖仪式。中国科学院应用数学研究所研究员堵丁柱因证明了斯坦纳比猜想，与其他5名科学家一起被授予中国青年科学家奖。

堵丁柱1990年在普林斯顿大学作访问学者期间，与贝尔实验室黄克明博士合作，证明了关于斯坦纳比猜想，在国际上引起强烈反映，美国多家新闻单位均进行了报道，并被大不列颠百科全书1992年年鉴列为该年六项数学成就之首，同年12月被评为1992年中国十大科技成就之一，

堵丁柱，浙江绍兴人，1948年5月21日生。1969年在齐齐哈尔汽车制造厂和齐齐哈尔灯泡厂当工人。1978年3月考人齐齐哈尔轻工学院，同年10月考取中国科学院研究生，1981年在中国科学院应用数学所获硕士学位并留所工作。1982年赴美留学，1985年获美国加里福尼亚大学圣巴巴拉分校博士学位，1986年在美国伯克利数学研究所作博士后，1986年至1987年在美国麻省理工学院数学系当助理教授。1987年后在中国科学院应用数学所任研究员、博士生导师。1990至1991年在美国普林斯顿大学当访问学者。1992年在美国明尼苏达大学当访问学者。1987年获中国科学院青年科学家一等奖，1990年获有突出贡献的中青年科学家称号，1992年获中国青年科学家奖。堵丁柱在最优化、计算复杂性理论、组合设计和计算机网络等方面共发表学术论文100余篇，出版专著4部。

〔黄兴·辛亥革命元勋·塑像揭幕庆典在长沙举行〕　1993年12月2日，辛亥革命著名领袖之一黄兴先生塑像揭幕和以黄兴先生名字命名的黄兴图书馆竣工庆典，在湖南长沙明德中学90周年校庆之际举行。黄兴的长孙、全国政协委员，民革湖南省委会副主委黄伟民及一批著名的辛亥革命志士后裔应邀出席。

明德中学是90年前中国近代教育家胡元　（子靖）创办的。同年黄兴先生和一批革命家来到明德任教，开创推翻帝制的革命事业，发起成立反清革命团体——华兴会。次年策划了甲辰长沙起义。

黄兴，原名轸，家克强。1874年生，湖南长沙人。早年就读于岳麓书院和武昌两湖书院。1902年赴日本东京留学，同时参加武术会习武，练就一手较高的射击技术。1903年，为表示对清廷的反叛毅然剪掉发辫。1904年2月与陈天华、宋教仁在长沙成立华兴会，任会长，为开展武装起义作准备，还卖掉了300亩田产作经费。1905年因领导长沙首义流产被迫流亡日本。在日本结识孙中山，并同孙中山共同发起成立中国同盟会。他以同盟会第二领袖的身份协助孙中山发动和领导南方数省的起义，建立了光辉的业绩。1911年4月组织并领导广州起义，激战中右手中指和食指第一节被打断，仍继续用手指第二节扣枪机射击，曾一度攻占总督衙门。广州起义虽然失败，但他英勇无畏的精神在国内外赢得了很高的赞誉。同年10月10日参与领导武昌起义，被推为革命军总司令。1912年南京临时政府成立，任陆军总长兼参谋总长。同年8月，同盟会改组为国民党，被推为理事。1913年7月，在二次革命中任讨袁军总司令，失败后流亡日本。后旅居美国，与孙中山相呼应，积极策划讨袁。1916年回国，因积劳成疾于10月31日在上海病逝，时年仅42岁。

〔黄钢·著名文学家·在北京逝世〕　著名报告文学家、政论家、剧作家、新闻工作者黄钢于1993年9月9日在北京逝世，终年76岁。

黄钢于1917年生于武汉市，是中国共产党建党初期的革命烈士黄负生的遗孤，幼年时期受到恽代英、陈潭秋、任弼时的热情关怀和教导。1938年他奔赴延安参加革命工作，历任延安鲁艺文艺研究室秘书、解放日报社记者兼采访科长，他的优秀报告文学《我看见了八路军》等，在国内外产生了广泛影响。解放战争时期，他先后任热河军区政治部新闻科长，冀察热辽群众日报副社长，出入于枪林弹雨之中，写下了大量优秀通讯报道。新中国成立后，黄钢任中央电影局艺术处副处长、中国电影协会党组成员、书记处

书记，人民日报国际评论员、特约记者，他与别人合作写出了优秀电影剧本《永不消逝的电波》等。1980年后，他先后担任国际政治学院新闻系教授、中国国际报告文学研究会常务会长、中国国际文化传播中心理事长，为传播我国革命文化，促进中外文化交流，做了大量有益的工作。

〔黄菊·再次当选上海市市长·提出上海要保持五个势头〕　在1993年2月21日举行的上海市十届人大一次会议上，黄菊再次当选为上海市市长。

黄菊，1938年生，浙江嘉善人。1963年毕业于清华大学电机系。1966年加入中国共产党。历任上海人造板机器厂技术员，中华冶金厂副厂长、工程师，上海市机电一局副局长，中共上海市委常委、市委工业工作委员会书记、市委秘书长。1985年任中共上海市委副书记。1986年起任上海市副市长、市长。是中共第十三届中央候补委员、第十四届中央委员。

1993年1月11日，黄菊在上海市政府常务(扩大)会议上说：上海1992年夺得了"一年变个样"的胜利。新的一年上海要保持五个势头：一是保持经济持续增长的势头，国民生产总值计划增长10%；二是保持城市基础设施建设全面推进的势头；三是保持深化改革领先一步的势头；四是保持浦东开发区加速启动的势头；五是保持利用外资有较大增长的势头。

〔黄翔·著名摄影家·在北京举行骨灰安放仪式〕　1993年9月25日，我国著名摄影家、原中国摄影家协会副主席黄翔骨灰安放仪式在北京八宝山革命公墓举行。首都各界近百人参加了告别仪式。黄翔于1990年1月26日赴美国探亲期间，因心脏病突发逝世，骨灰于1993年8月19日运回北京。

黄翔1905年出生，原名黄衍赞，曾用名黄强，湖北省长阳县人。1928年入黄辅军校武汉分校第七期学习。1932年考入陆军大学。1949年在平津战役中率部接受和平改编。1951年起任政务院水利部参事，同年当选为全国政协委员。1978年起任第五、六、七届全国政协常委。1979年当选为第四届全国文联委员。他还是中国国民党革命委员会常务委员。

黄翔先生热爱摄影并取得很高的成就。1949年他加入香港摄影学会；1956年加入中国摄影家协会，任理事，1979年任副主席。

他的作品《漓江渔歌》曾获1961年巴基斯坦国际影展金牌奖；生前曾十上黄山，运用摄影手法，以中国水墨画意境，形象地录下黄山奇景，其中一幅《黄山雨后》曾入选全国首届影展，并获1962年罗马尼亚国际影展金质奖。1976年粉碎"四人帮"后，他的《十月的螃蟹》名躁华夏。他的论文有《风景摄影》、《关于摄影作品的感染力》等。

1964年黄翔在北京举办了黄翔影展，1966年在香港，1983年、1984年先后在香港、日本、东京、大阪、美国阿克那何玛城举办了黄翔影展，1988年6月在新加坡举办了黄翔影展。

〔黄璜·再次当选中共宁夏回族自治区委员会书记〕　在1993年4月29日召开的中共宁夏回族自治区区委第七届第一次会议上，黄璜再次当选为中共宁夏回族自治区区委书记。

黄璜，1933年生，江苏涟水人。1946年参加中国人民解放军，1949年加入中国共产党。后历任中共安庆地委统战部干部科副科长、中共望江县委书记处书记、中共安徽省委组织部巡视员、中共无为县委副书记、中共霍丘县委第一书记、中共六安地委副书记、中共安徽省委书记。1987年任江西省副省长。后调任中共宁夏回族自治区区委书记。是中共第十二、十四届中央委员。

〔黄本立·分析化学家·当选中国科学院学部委员〕　厦门大学化学系教授黄本立于1993年当选为中国科学院化学部学部委员。

黄本立，1925年9月21日生，广东省江门市人。1945～1949年于广州岭南大学物理系学习。现任厦门大学化学系教授。

黄本立从事原子光谱分析研究四十余年。在原子发射光谱研究方面，1955年他提出"数阶法"半定量分析中的"接阶法"和"内标法"，并对之进行了理论分析，扩大了"数阶法"的单谱线测定含量范围，提高了该法的精度。1957年提出一种新型双电弧激发光源，其加热电弧激发电弧可分开控制，激发放电可由电弧性连续调至电花性，用以测定包括过去的双电弧不能测定的微量卤素在内的易挥发元素，多次得到国内外的好评。六十年代又研制成一种小型高效汞汽喷流泵和进入摄谱仪狭缝的复合光积分光强自动控制摄谱曝光量的装置。1976年以来，他一直进行新型光源ICP的研究，对ICP的各种工作参数的影响进行系统研究及优化，建立了多种环境样品分析方法。1985年他提出了一种新型雾化—氢化物发生装置，可同时测定非氢化物元素和氢化物元素。1987年研制成一种性能更佳、结构更简单的旋流雾化—氢化物发生装置。在原子吸收光谱方面，他早在1961年就建立了国内第一套原子吸收光谱装置，并进行了研究工作，1972年又建了一套钽舟无焰原子吸收光谱装置，1988年以后研究了流动注射一电化学氢化物发生一原子吸收光谱联用技术，建立了装置和方法。

黄本立发表论文逾百篇。

〔黄亚光·前中共福建省委书记处书记·在福州逝世〕 1993年4月15日，前中共福建省委书记处书记黄亚光因病在福州逝世。

黄亚光，1901年生，福建省长汀县人。1926年毕业于台湾高等农林学校。1927年参加中国工农红军，同年加入中国共产党。后任中共长汀县委宣传部部长、汀连县委书记，中华苏维埃共和国中央临时政府总务厅出版处处长、国家银行调查处处长。曾参与设计中华苏维埃共和国国家银行的纸币。1934年参加长征。到达陕北后，曾任中央财政部主任秘书，陕甘宁边区政府秘书主任、建设厅副厅长、财政厅副厅长，陕甘宁边区银行行长，西北财政经济委员会秘书长，西北农民银行行长。新中国成立后，历任中国人民银行西北区行行长、中国人民银行总行副行长、中共福建省委书记处书记、第三届福建省政协副主席、中共福建省顾问委员会筹备组成员等职。是第四届全国人大代表。

〔黄达德·泉州画院院长·所作百米长卷《百榕图》首展〕 福建泉州画院院长、画家黄达德创作的百米长卷《百榕图》于1993年2月在泉州第一届南少林武术节上举行首展。海内外几十家新闻单位同时作了报道，《文艺报》发表专文评介。新加坡国家博物院院长称赞"这是一幅博大罕见的艺术珍品"。

《百榕图》长100公尺零80公分，宽80公分，集121棵榕树于一画，为我国美术史上最长的一幅以榕树为题材的国画巨作。长卷描绘了闽粤沿海千姿百态之榕树，其中有：卧榕、石榕、塔榕、壁榕、桥榕、跨河榕、同根榕以及悬根榕等。画面的榕树，气势雄伟，植根于大地，高耸于云端，雄踞巨岩之巅，倒生垂根于故土，每棵巨榕都是一曲生命的赞歌。评论家称这幅长卷画出了闽粤英雄先辈艰苦奋战、坚韧不拔的精神风貌，赞之为"闽海之魂"。在艺术风格上，浓墨泼叶，焦墨写枝，雄浑厚重，苍劲滋润，弥漫着阳刚之气，显示出千年古榕的顽强生命力。为创作此画，黄达德以十年时间走遍闽粤沿海写生，收集素材，行程数千公里。该长卷在泉州、福州两次展出备受赞誉，轰动八闽画坛。

黄达德，1929年9月生，福建晋江人，1951年参加人民解放军从事文化工作，立三等功四次，1958年毕业于福建师范学院美术系，先后在晋江地区担任美术编辑、群众艺术馆馆长等职务，他擅长中国画，近期专攻山水。先后创作国画500余幅，作品着墨淋漓，质朴浑厚，既有南方山水之秀润，又有北方山川之雄奇。其代表作有：《闽江木筏》(1958年)参加华东地区国画展之后被选入《现代中国画选集》；《抗天图》、《风展红旗如画》(1964年)入选全国美展，后者被中国美术馆收藏；《宝石献给纪念堂》参加解放军建军50周年美展；《八月石井》(1983年)参加全国侨乡风貌画展。《闽南古榕》、《家乡古寨》、《洛阳桥头》、《云锁翠岭》、《尧阳月寨》等一批作品参加过海内外各种展览，被国内及日本、香港等地收藏。1978年曾随老画家李硕卿教授赴北京参加文化部国画创作组的创作活动，并求教于何海霞、冯建吾、彦涵、黄永玉诸位大师。1988至1990年曾三次应邀赴香港举办画展并作学术交流；1991年参与筹办《海峡两岸书画联展》；1992年应邀赴菲律宾举办画展并进行学术交流。黄达德现为中国美术家协会会员，福建美术家协会常务理事。

〔黄兆祖·江门市商标原纸厂厂长·获自学成才奖〕 广东省江门市商标原纸厂厂长黄兆祖，二十多年来，坚持勤奋自学，刻苦钻研，设计、研制出多项获奖产品。1993年6月获得全国总工会颁发的"全国职工自学成才"奖。

1966年，黄兆祖高中毕业，来到玻璃厂空气压缩机房当临时工，便结合专业自学了百万字的《世界电器大全》、《IBM微电脑之技术、安装、维修和应用》等；还自学了《陈琳英语》全本。1983年他走上了领导岗位后，面对企业管理这一新的挑战，又啃下了《工业企业管理》、《财务管理》、《市场学》等十门专业课程。

1986年黄兆祖任商标原纸厂厂长。当时企业负债200多万元，职工工资要靠银行贷款。他深知效益与科技的关系，提出引外国先进设备技术，走我国科技发展路子，创超世界水平业绩。从此，他的自学之路伸向科学技术的高层次、深领域。由他主持研制的"热熔型压敏不干胶商标原纸及其工艺技术"获国家级新产品奖，有两项工艺技术被国家专利局批准获得专利；1992年，他又主持设计试制成功了"无惰气保护紫外线固化涂膜技术"，达到国际先进水平。这项新技术的试制成功和应用，使企业取消了价值30多万元的整套制氮设备，节约了近150千瓦时的电耗，大大降低了产品成本。

黄兆祖，1949年12月生于广东省江门市，1965年9月参加工作，1984年加入中国共产党。1988年被评定为电子电器工程师，曾获广东省科学技术进步二等奖，省优秀新产品奖，省轻纺“四新”一等奖。

〔**黄志强·肝胆外科学家·被聘为中华医学会资深会员**〕 1993年1月16日，具有78年历史的中华医学会，正式宣布首批聘任41位在医学上有重大成就、德高望重的内外科专家为中华医学会资深会员。人民解放军总医院肝胆外科教授黄志强获得这一荣誉。

黄志强，1922年1月生于广东省新会县。1944年毕业于中正医学院后，历任贵州省遵义县医院医生，重庆中央医院外科住院医师，重庆大学医学院助教，人民解放军第七军医大学及第三军医大学外科助教、讲师、副教授、教授。1963年在第三军医大学西南医院创建国内第一个肝胆外科专科病室，专门从事于肝、胆、胰外科的治疗、教学与研究工作。1978年发展成为人民解放军肝胆外科中心，拥有病床80张及颇具规模的实验室。1985年起，到人民解放军总医院及军医进修学院工作。1956参加中国共产党。

黄志强，在从事临床工作的早年阶段，便对我国的胆道疾病产生浓厚兴趣，对此病在我国的特点进行了深入的调查和临床研究，首次在国内提出原发性胆管结石、肝内胆管结石、肝胆管狭窄在我国胆道疾病中的重要性。在临床病理研究的基础上，设计了一系列针对性的手术方法。由于黄志强的不懈努力，给来自国内各地的大量病人解决了痛苦，为我国胆道外科的发展起到有力的推动作用。

黄志强不仅对胆道外科有深入研究，对其他课题也有广泛的兴趣并进行了较深入的研究，如肝脏外科、门静脉高压症，胰腺外科、休克、创伤反应及器官衰竭等。黄志强在国内杂志上发表大量文章，曾主编或与人主编《胆道外科》、《肝脏外科》、《腹部外科基础》、《外科手术学》、《创伤治疗学》、《肝、胆、胰外科进展》等专著。

黄志强历任中华医学会外科学会常务委员、中华外科学会胆道外科学组主任委员。

〔**黄启璪（女）·再次当选为全国妇联副主席和书记处第一书记**〕 1993年9月5日，黄启璪、张帼英、林丽韫、赵地、聂力、阿沛·才旦卓嘎、玛依努尔·哈斯木、郝诒纯、何鲁丽、孔令仁、韦钰、王淑贤、刘海荣等在中国妇女第七次全国代表大会上，被选为全国妇联第七届副主席。次日黄启璪和赵地、王淑贤在全国妇联第七届第一次常委会议上，再次分别被推选为全国妇联书记处第一书记和书记。

黄启璪，1933年生，四川省巴县人。1951年入西南师范学院，1952年加入中国共产党，同年被选为重庆市学联副主席、市妇联执委。1954年大学毕业后，任共青团重庆市委大学部干事，团市委学校少年部部长、市委书记，重庆市文化局、教育局副局长，中共四川省委统战部部长，四川省政协副主席，四川省委秘书长等职。1988年被选为中华全国妇女联合会副主席、书记处书记、后任书记处第一书记。是中共第十四届中央委员、第七届全国人大代表。

张帼英，1935年生，广东省东莞县人。1951年加入中国共产党。曾任海南邮电局报话员、人事科科长，广东崖县、保亭县邮电局局长，中共保亭县委书记、惠阳地委副书记、广东省委候补委员。是中共第十二至第十四届中央委员，全国妇联第五、六届副主席、书记处第一书记。现任中共广东省委副书记。

林丽韫，1933年生，台湾台中市人。太平洋战争前夕，随家人由台湾赴日本神户。1952年回国，入北京大学生物系学习。后到中国人民保卫世界和平委员会、中日友好协会工作。曾任中日友协理事、中共中央对外联络部副局长、局长、部核心小组成员，中共廊房地委副书记，全国台湾联谊会会长、党组书记，全国妇联第五、六届副主席。全国人大华侨委员会副主任，中共第九至十四届中央委员，第四至八届全国人大常委会委员。

赵地，1938年生，陕西省渭南县人。1956年加入中国共产党。1962年毕业于西北工业大学。曾任国防部第五研究院三分院技术员、第七机械工业部一0一站工程组组长、开封汽车发动机厂工程师，开封市科委副主任、副市长，中共河南省委副书记兼组织部部长。是中共第十二、十三届候补中央委员，全国妇联第六届副主席、书记处书记。1992年被选为中共中央纪律检查委员会委员。

聂力，曾用名李丽、聂丽，四川省江津县人，1930年生于上海，早年曾在嘉定纺织厂当童工。1946年到晋察冀边区继续就学。1949年加入中国新民主主义青年团，1950年加入中国共产党。1955年赴苏联，入列宁格勒精密机械及光学仪器学院学习。1960年回国，在国防部某院任实习员、技术员、工程组组长。1965年起，任第七机械工业部、中央军委某办公室副主任，国防科委科技部副局长，国防科工委副主任，国防科工委科技委副主任兼秘书长。1988年被授予少将军衔，1993年晋升为中将军衔。是第六至八届全国人大代表，全国妇联第六届副主席。

阿沛·才旦卓嘎，藏族，1918年生，西藏拉萨人。1951年西藏和平解放后，曾任拉萨市爱国妇女联谊会主任、西藏地区爱国妇女联谊会副主任、西藏自治区筹委会委员，西藏自治区妇联主任、名誉主任。是第三至八届全国人大代表，第三届全国政协委员，全国妇联第四至六届副主席。

玛依努尔·哈斯木，维吾尔族，1929年生，新疆霍城人。1944年在中国共产党领导下的新疆"三区（伊犁、塔城、阿勒泰地区）人民革命运动"中，任"新疆保卫和平民主同盟"妇女工作委员会常委。1952年加入中国共产党。曾任新疆伊犁地区妇联副主任、新疆人民政府办公厅副主任、伊犁哈萨克自治州妇联主任，新疆自治区民政局副局长，自治区妇联主任、党组书记。1979年起任新疆自治区人大常委会副主任。是第二、三、七、八届人大代表，第八届人大常委会委员；第二届全国政协委员；全国妇联第四至六届副主席。

郝诒纯，1920年生，湖北省咸宁县人。1936年加入中国共产党。1943年毕业于西南联合大学。1946年毕业于清华大学地质系研究生部。曾在云南大学、北京大学任教。建国后，任北京地质学院副教授、武汉地质学院北京研究生部教授、中国古生物学会副理事长、中国微体古生物学会理事长、中国科学院地学部委员。是第七、八届全国人大常委会委员，第六届全国政协常务委员，九三学社第七至九届中央委员会副主席，全国妇联第六届执委会副主席。主编有《中国地层白垩系》等。

何鲁丽，1934年生，山东省荷泽县人。1957年于北京医学院毕业。曾任北京儿童医院医师、北京第二医院儿科副主任医师、北京市西城区副区长、民革北京市委员会副主任委员。1988年起任北京市副市长。是第七、八届全国政协常务委员，中国国民党革命委员会第七、八届中央委员会副主席。

孔令仁，1924年生，山东曲阜县人。孔子第76代后裔。1942年入昆明西南联合大学，1947年毕业于清华大学。建国后，曾任山东大学副教授、学术委员、校务委员会副主任，中国经济史学会理事、中国孔子基金会副会长，山东省第五、六届政协副主席，是第七届全国政协委员、第八届常务委员，中国民主同盟第六、七届中央委员会副主席。孔令仁是著名中国近代经济史研究专家，主要著作有《关于中国资本原始积累的几个问题》、《洋务运动浅议》等。

韦钰，1940年生，广西桂林市人。是新中国培养的第一位女博士和第一个从国外获得电子学博士学位归来的女学者。1961年毕业于南京工学院无线电工程系。1965年于南京大学研究生班毕业后，在南京工学院任教。1981年在原联邦德国亚琛工业大学获博士学位，因论文优异，获"博歇尔"奖章。同年回国后，在国外攻读微波电子学的韦钰，却选了国外也才刚刚起步的生物电子学中的分子电子学作为自己研究的课题。做前人没有做过的事，是她的性格。韦钰在东南大学创建的生命科学和医学工程系，成为中国高校第一个生物电子新型学科专业系。她创建的实验室，成为第一个生物电子学国家教委重点实验室，也是国内唯一被80高龄的美籍著名华人科学家吴健雄用自己名字命名的实验室。韦钰还创立了中国第一个生物电子学博士点，成为目前中国唯一的一位生物电子学专业博士生导师。在图象重组理论方面，韦钰的研究成果属国内领先地位，曾做出国内第一张CT超声、CT图象，首次实现了ALOK成象方法，并应用于实践中。1986年获国家"六五"科技攻关项目先进奖和个人先进奖，并获国家教委科技进步二等奖。所带领的学术队伍，已获多项成果，其中一部分获国家科技攻关先进奖和进步奖。撰写专著、教材和发表的重要论文数十篇（种）。其中《CT图象重组理论》是中国该学科中第一本专著。曾任南京工学院院长兼研究院院长、教授、博士研究生导师，中国医学影象技术研究会副理事长，全国电子学会理事，中国科学院电子研究所学术委员会委员。所主持研究的自然科学基金重大项目——分子器件的基础研究，通过了国家自然科学基金会主持的验收并获A级优秀的成绩，乃至达到世界前沿水平，而成为"国际分子电子学和生物计算系统学会"13个常务理事之一。由于她勇于建立和开拓新型学科，而被称之为第一个"吃螃蟹的人"。韦钰多次被评为江苏省、南京市劳动模范并获全国"三八"红旗手称号。是第七、八届全国人大代表、全国妇联第六届副主席。

王淑贤，1937年11月生，北京市人。1956年人北京对外贸易学院对外贸易经济系学习。1961年加入中国共产党，同年于外贸学院毕业后，在中国轻工业品进出口总公司任业务员、副处长。1979年起任中国常驻联合国日内瓦代表团二秘、一秘。1983年任中国轻工业品进出口总公司副总经理、党委副书记。同年10月起任中华全国妇女联合会书记处书记。是第八届全国人大常委会委员、中国人民外交学会理事、中国人民争取和平与裁军协会副会长。1988年被推荐为联合国提高妇女地位委员会中国委员。

刘海荣，1941年2月生，辽宁省朝阳市人。中国共产党党员。大学文化程度。1965年在辽宁省教师进修学院任教研员。1970年1月被下放到朝阳县波罗赤公社。1973年2月起任辽宁省教育学院中语室副主任、讲师。1981年11月起任沈阳市皇姑区教育局副局长，省教育厅副厅长、党组副书记兼省语言文字工作委员会副主任、省教育委员会副主任、1989年12月任省妇联主任、党组书记。是中共第十四届全国代表大会代表、全国妇联第六届执委。

〔**黄欧东·前中共辽宁省委第一书记·在沈阳逝世**〕　黄欧东于1993年11月28日在沈阳市逝世，终年88岁。

黄欧东，1905年生，江西省永丰县人。1925年加入中国共产党，1927年参加南昌起义，1930年参加中国工农红军。曾任红三军师政治部主任。参加了中央苏区反"围剿"斗争。1934年10月随部长征，曾任红一军团教导营政治指导员兼教员。到达陕北后，任抗日红军大学第3科改编的红四方面军教导师第3团政委、庆阳步兵学校步兵团副政委。抗日战争爆发后，任抗日军政大学第6大队政治处主任。后赴晋冀鲁豫抗日根据地，任八路军129师政治部宣传部部长、平汉纵队政委、抗日军政大学第6分校政委。后曾任中央军委办公厅主任。解放战争时期，任冀察热辽军区政治部主任、辽北省人民政府副主席。新中国成立后，任中共沈阳市委副书记、书记，中共辽宁省委第一书记，辽宁省省长，中共中央东北局书记处书记，辽宁省第一、四届政协主席和第五届人大常委会主任。是中共第八届中央候补委员。1977年8月被选为中共第十一届中央委员，1985年9月被选为中共中央顾问委员会委员。还是第五届全国政协委员。

〔**黄知真·前中共湖北省委书记、湖北省省长·在武汉逝世**〕　黄知真因病于1993年2月5日在武汉逝世，终年73岁。

黄知真，生于1920年，江西横峰人。1931年参加革命，1933年加入中国共产主义青年团，1935年转为中国共产党党员。土地革命战争时期，任闽北分区儿童局书记、闽北军分区政治部宣传部副部长等职，参加了反"围剿"的斗争。抗日战争时期，任中共弋横工作委员会书记、中共皖南特委青年部部长、中共乐平县委书记、浙东中共三北地委组织部部长、中共三北中心县委书记。后任新四军第一纵队政治部秘书长、组织部部长、民运部部长。解放战争时期，历任华东野战军第一纵队后勤部政委、纵队党委秘书长、纵队政治部组织部部长，华东野战军后勤政治部组织部长。新中国成立后，曾任江西上饶专署专员，江西省人民政府秘书长，中共江西省委统战部部长、省委常委、省委秘书长，江西省第三、第四届政协副主席，中共江西省委候补书记、省委书记，江西省革委会副主任。后调湖北省任中共省委书记，省革委会副主任、副省长、省长，省第六届人大常委会主任。1988年当选为湖北省第七届人大常委会主任。是第三、五、六、七届全国人大代表，中共第十、十一、十二、十三、十四届全国代表大会代表，中共第十届候补中央委员，十一、十二届中央委员。

〔**黄奕缺·木偶表演艺术家·再度赴台访问演出**〕　1993年10月，　我国木偶表演艺术家、国家一级演员黄奕缺继1991年11月访台之后，再次赴台访问演出。他在台北表演悬丝绝活《驯猴》，那木头雕刻成的猴子在他的10根手指36条线缕的操纵下，能够挤眉弄眼、弹吉他、跳迪斯科舞，还能在自行车上做高难度的杂技动作。精彩的表演和高超的线艺倾倒了台湾观众，在台湾岛内迅速刮起一股强劲的"黄奕缺旋风"，黄奕缺成为台湾各大传媒一时竞相追逐的艺术新闻和观众视线的焦点。

黄奕缺1927年出生于福建省南安县罗东山区，年幼时就喜欢木偶戏，凡有演出，每场必到。回家路上，又唱又演，见到有趣的木偶头、寺庙里的偶像，便拿段木头，用小刀刻出来，居然也七八分相像，堂叔见他有艺术天赋，便介绍他到木偶戏班学艺。是年他仅13岁。五年科班、三年拜师深造，吃尽了苦头，却技艺日精。满师不久，刚好新中国成立，艺人卑微的地位发生了根本的改变。他正当英年，又逢盛世，成为泉州木偶剧团的演员。他既能很好地继承前辈的技艺，又不墨守成规。在虚心求教、博采众长的基础上，不断创新，对木偶造型、结构、线功、表演都悉心钻研，从设计到制作表演，各道程序他都精通，并有长足进步。经过一系列的试验，终于成功地改进了木偶内部的支架结构，增加了许多线位，让线偶四肢能活动自如，嘴眼生动起来。他善于观察生活，从生活中捕捉创作的灵感，使自制和改制的木偶头像脸部能表现不同的性格特征和肖像神态。他给线偶以生命感，把泉州线偶仿真写实的传统发展到一个全新的高度，塑造了《火焰山》里神通广大的孙悟空和《水漫金山》里那个最逗观众的水沙弥等维妙维肖，栩栩如生的艺术形象。并且构想、创立了"以提线木偶表演为主、杖头木偶和掌中木偶表演为辅"的综合演出形式，丰富和提高了提线木偶的表现能力，令海内外偶戏界同仁叹为观止。

黄大师高超娴熟的表演技艺，引起了海内外偶戏界的瞩目。他被评为国家一级演员，推为中国戏剧家协会会员、中国木偶皮影艺术学会副会长、福建省木偶艺术学会常务会长、泉州市木偶剧团名誉团长、艺术指导。在1990年中央电视台的春节晚会、和《综艺大观》、《正大综艺》等节目中，多次播出了他的精彩表演。

作为木偶艺术家，黄奕缺又是一位中国传统木偶艺术的热心传播者。他先后向菲律宾国立大学木偶剧团、英国小天使木偶剧院、中央戏剧学院各国留学生以及台湾一些年轻演员，传授提线木偶的创作和表演技艺，并多次应邀参加国内外的各种木偶艺术盛会，为弘扬中华民族的优秀传统文化、增进各国木偶艺术家的交流与合作作出了贡献。台湾大学曾永义博士对他的艺术成就评价是：黄奕缺已透过人、线、偶三位一体，浑然忘了自我，进入了出神入化的艺术境界。

〔黄润秋·有机化学家·获中国发明专利金奖〕

天津南开大学元素有机化学研究所副所长黄润秋教授主持完成的“高效顺反式氯氰菊制备方法改进”，于1993年获中国发明专利金奖。

黄润秋，1939年5月生于广东省澄海县，1962年9月从北京大学化学系毕业后便在南开大学元素有机化学所工作至今。他完成的“克菌壮等有机化学农药的创制”获国家“七五”重大成果奖；“高效杀菌剂粉锈宁（中试）”获国家“六五”攻关成果奖；“硫脲类杀虫剂螟铃畏”获全国科学大会成果奖；“差向异构化制备高效氯氰菊酯”被评为中国化工学会农药学会优秀论文。

黄润秋这次发明的氯氰菊酯是一种高效广谱安全的拟除虫菊酯类杀虫剂，主要用于防治棉花、果树、蔬菜等经济作物害虫。据统计，我国为了生产氯氰菊酯每年耗资数百万美元从英、美等国进口原药，加工成10%乳剂后出售。进口的氯氰菊酯原药中，有40～45%为高杀虫活性异构体（即高效体），其余为低效体。而黄润秋的这项发明可以在20°～30℃温度下通过搅拌、过滤分离等方法，使原药中的低效体转化为高效体，使高效体达到90～95%，药效比进口原药提高一倍。田间试验表明，4.5%高效氯氰菊酯乳剂与进口原药制成的10%乳剂药效相同。专家认为，这项发明构思巧妙，工艺过程及设备简单，比较容易实现工业化生产。据统计，该发明转化为商品生产以来，已新增销售额1.2亿元，新增利润3326万元，并从1992年起开始出口。

黄润秋曾在国内外获得20项成果奖（含论文奖），并曾获全国“五一”劳动奖章等五项奖励或荣誉称号。

〔黄铭新·内科学家·被聘为中华医学会资深会员〕　1993年1月16日，具有78年历史的中华医学会，正式宣布首批聘任41位在医学上有重大成就、德高望重的内外科专家为中华医学会资深会员。上海第二医科大学仁济医院顾问、教授黄铭新获得这一荣誉。

黄铭新，1909年2月出生于广东惠阳。1934年在上海圣约翰大学医学院毕业并获医学博士学位。后留校任附属同仁医院住院医师。1936年赴美在宾夕尼亚大学医学研究院留学三年，除心血管学外，还攻读病理学、细菌学、肾脏病理生理学、生物学、药理学。在美国刊物上发表三篇有相当价值的论文，获科学博士学位。1939年回国后，历任上海圣约翰大学医学院附属医院内科教授兼细菌免疫学、临床化验学、寄生虫病学教授，医学院代理院长，附属同仁第二医院内科主任、院长，附属宏仁医院内科主任；上海第二医学院（现改称上海第二医科大学）医疗系二部主任、心血管病第二研究室主任，附属仁济医院院长、顾问兼内科主任、风湿病研究室主任、老年疾病研究室主任，上海市免疫研究所所长、名誉所长等职。1989年加入中国共产党。

黄铭新从1952年开展对15种肝功能指标的试验研究，总结出各种试验的特异性及临床应用规律。1956年在国内首先提出血吸虫病所致侏儒症经过治疗可以生长发育的论点；同年首次采用大剂量阿托品治疗锑剂中毒所致阿—斯综合征；建立链球菌抗“O”的测定。先后发表论文160多篇（内30多篇为英文论文）。1980年受我国医界前辈的推荐，主编大型内科参考书——《内科理论与实践》，受到读者的好评，在这近700万字的巨著中，人们可以见到这位驰骋医学领域50余年的巨匠之心血。由于他的贡献众多，曾受奖10余次。

黄铭新还历任全国血吸虫病研究委员会副主任委员，卫生部医学科学委员会委员，全国医学教材编审委员会副主任委员，中华医学会理事、心血管病学会常委、老年学会常委，中华医学会上海分会常务理事，《中华医学杂志》中文版及英文版编委、《中华内科杂志》副总编辑，第五、六届全国政协委员等职。

〔黄景仁·广州日报副总编辑·获首届韬奋新闻奖〕　中国记协和中国韬奋基金会联合举办的首届韬奋新闻奖，于1993年12月17日在京颁奖，广州日报副总编辑黄景仁获奖。

黄景仁，1933年12月生。广东台山人。1953年在华南人民文学艺术学院文学系毕业即参加新闻工作，先在南方日报、佛山报，1975年调广州日报工作迄今。

40年来，他一直从事夜班编辑工作，以甘当老黄牛的精神默默奉献着。他认真处理大量来稿，精心制作标题，组织版面，并撰写时事类文章数百篇。他富有创造精神，在探索新形势下加强报纸可读性的办报路子上取得成绩。他为广州日报的三次扩版设计了总体布局方案，提出了办开放型、多功能报纸的指导思想和具体办法，并在实践中取得成功，受到读者好评。

〔**黄登章·农民·致富后捐资25万元办教育**〕

江苏省金坛县直溪镇观前村农民黄登章，致富后不忘兴教助学，于1993年4月捐资25万元为邻近三个村建校，在江南百里水乡传为佳话。

黄登章现年42岁，小学毕业后在家乡参加农业劳动。中共十一届三中全会以后，在党的富民政策指引下，他组织本地青年农民成立建筑队，外出承包建筑工程。经过十余年辛勤劳动，黄登章积攒了数十万元。致富后的黄登章，始终保持着中国农民勤俭节约的美德，他规定全家七口人每天的伙食费平均不得超过10元。平时他外出办事，从来舍不得下馆子吃饭，总是自带干粮；至今仍是一副农民打扮，身上连件像样的衣服也没有。他对子女的要求也很严，从不许他们乱花一分钱。但是他对兴办学校却有一副热心肠。他家住的观前村及邻近的邓慕村、建兴村，地处比较贫穷的低山丘陵区。三个村虽有小学，但其中两个村为一至三年级的复设班，只有一位教师，教学条件很差，许多孩子被迫到远处乡镇的学校借读。镇政府一直想为这三个村合建一所完小。但直至1993年初，仍只筹集到25万元资金，仅够建校所需资金的一半。当时黄登章正在外地承包工程，闻讯后马上决定承担25万元。家里人思想不通，认为这几年全家省吃俭用才积下了这点钱，如今自己不花却捐给学校，很是不值。黄登章却说："没有党的好政策，就没有我这个泥腿子致富的今天。现在我家虽然富了，但国家还有困难；而国家要富强，教育是根本。我们拿出钱来帮助国家办教育、培养下一代，值得！"现在新建的完小建成了，学校占地8000平方米，校舍建筑面积890平方米，分设6个班级，可容纳250名学生。校内建有3000平方米的草坪，环形和直线跑道，还修建了篮球场、花坛、室外乒乓球台、假山等，教学设施齐全配套，是全县乡镇中教学条件和环境最好的小学。

1993年10月13日，《人民日报》报道了黄登章捐资办学的事迹，并发表题为《现代农民的新境界》的评论文章，文章指出：离乡不离土的农民，富裕后不搞肆意挥霍，平时省吃俭用，捐资办教育时却丝毫不吝惜，这里，有农民知恩图报的淳朴意识，更有当今新一代农民为国分忧的理性色彩，向世人表明现代中国农民的思想境界已达到了一个新的高度。"泥腿子"黄登章捐资办学的义举，比那些为富不仁的拜金主义者、享乐主义者、极端利己主义者，不知要高尚多少倍。

〔**黄镇东·任交通部部长**〕　1993年3月29日，根据第八届全国人大第一次会议的决定，黄镇东被任命为交通部部长。

黄镇东，1941年生，江苏大丰人。1962年毕业于南京航务工程专科学校数学物理专业，同年入上海海运学院财会进修班学习。历任秦皇岛港务局计划处计划员、副处长。1981年加入中国共产党。后任秦皇岛港务局副局长、局长，交通部副部长。是中共第十四届中央委员。

〔**萧殷·已故著名文艺评论家、编辑家·萧殷文艺思想研讨会召开**〕　1993年12月，广东文艺界召开了纪念著名文艺评论家萧殷逝世10周年暨萧殷文艺思想研讨会。与会者认为，萧殷为社会主义文学事业的发展，为文学青年的成长，付出了一生的心血和热诚。他在报刊编辑、文艺教学、文艺理论研究方面都卓有建树。广东省作家协会主席陈国凯把萧殷精神归纳为：忠诚于社会主义文学的精神，对庸俗社会学、对庸俗文学批评决不妥协，重视文学理论队伍的组建工作，把一生的深情厚爱奉献给文学青年。广东省委宣传部副部长刘斯奋在讲话中强调，今天纪念和研究萧殷，不仅是寄托缅怀之情，更重要的在于汲取萧殷的精神力量，繁荣广东文艺事业。与会者还就萧殷的精神及他的文艺思想和文学创作特色等方面进行了深入的探讨，这次纪念活动受到全国文艺界的热切关注，《文艺报》和马烽、王蒙等发来贺信贺电。

为了发扬萧殷的精神，发展广东的文学事业，广东省作家协会决定设立"萧殷文学基金"。这一动议得到广州天河祥发企业集团的支持，向广东省作协无偿捐资138万元。广东省作协计划用这笔"基金"设立文学评论和创作、文学编辑、文艺教育等多个奖项，立足广东，面向全国，推动文学事业的发展。

萧殷，原名郑文生，笔名萧英，1915年生，1983年逝世，广东龙川人。1938年入延安鲁艺学习。曾任《新华日报》编委，延安中央研究院研究员，石家庄日报》副总编。1949年后，历任《文艺报》副主编，《人民文学》主任、中国作协青年作家工作委员会副主任、文学讲习所副所长，暨南大学教授，中文系主任，中南局宣传部文艺处长，广东省文联副主席，作协广东分会副主席，《作品》主编。第一至三届中国作协理事。1931年开始发表作品，著有短篇小说集《月夜》，评论集《论生活、艺术和真实》、《萧殷文学评论集》、《创作随谈录》、《谈写作》，《萧殷选集》、《鳞爪集》。

〔**梅开春·武警战士·被追授守边英雄称号**〕

1993年1月5日，公安部部长陶驷驹签署命令，追授武警广东省边防总队五支队机动中队战士梅开春"守边英雄"称号和二级英模奖章。同年8月，中央电视台播出了以梅开春事迹为素材拍摄的二集电视剧。

1992年10月17日凌晨，机动中队巡逻哨兵发现战友梅开春倒在血泊中，已停止呼吸，身边还有许多港币，立即报了案。珠海市公安局分析认为，梅开春是与越境分子博斗时被枪杀的，便很快组织人员搜捕。

据被抓获的越境分子供认：17日5时许，他们一行4人——徐伟泉、徐伟忠、郑其杰、林发诚，因前一天上午持枪抢劫澳门恒生银行130万元巨款被追捕而潜越边境。当接近大陆铁丝网时，执勤哨兵发现了，鸣枪示警。他们发现仅1名哨兵，没有理睬，强行越过，并先后两次拿出2万元港币给哨兵，让他放行。哨兵拒收，命令他们排成纵队，向中队押去。走出约20米，走在最后面的林发诚突然冲上去抱住哨兵，让其他三人"往死里打"。哨兵拼命搏斗。徐伟泉掏出手枪向哨兵胸部打了一枪后，4人逃走。他们越境时共携带3支手枪、4颗菠萝状手雷和劫来的百万元巨款。

梅开春，1974年4月生，江西省彭泽县龙城镇人，1991年12月入伍，共青团员。他入伍虽然只有10个月，但已多次抓获偷渡分子。1992年5月的一天，梅开春设计，当场抓获5名偷渡者和2名"蛇头"。还有一次，一个姓卢的"蛇头"带着4人企图偷渡，被梅开春发现，予以制止。那5人仗着势众，便围上来，声言：不放走就把他丢到水塘里淹死。梅开春毫无惧色，以一对五，终以一手过硬的南拳将5人制服，送交公安机关处理。

〔**梅达君·中国民主促进会创始人之一·在上海逝世**〕　1993年12月13日，中国民主促进会创始人之一、民进中央参议委员会副主席梅达君因心脏病逝世，终年85岁。12月24日，梅达君遗体告别仪式在上海龙华殡仪馆举行。

梅达君，1908年生于江苏南京，祖籍安徽宣城。1930年毕业于东吴大学政治经济系。早年从事抗日救亡运动。1939年加入中国共产党。1945年与马叙伦、王绍鏊等发起成立中国民主促进会，长期从事爱国民主运动。1949年作为民进代表出席全国政协第一届全体会议及开国大典。新中国成立后曾任中共中央华东局和中共上海市委统战部处长，中华人民共和国驻苏联大使馆参赞，上海市民委副主任，上海财经学院副院长，华东纺织工学院顾问。是民进第一、三届中央理事会理事，第四、五、六、七届中央委员，第一、二届中央参议委员会副主席。

〔**梅嘉生·海军原副司令员·在北京逝世**〕

1993年9月4日梅嘉生因病在北京逝世，终年80岁。

梅嘉生，1913年生，江苏丹阳人。1938年参加新四军。次年加入中国共产党。曾任丹阳县游击纵队大队长，新四军挺进纵队团长，新四军第一师旅参谋长，苏中军区分区副司令员，华中野战军一师师长，华东野战军纵队参谋长，第七兵团副军长。先后参加了苏中1941年夏季反"扫荡"和苏中、孟良崮、淮海、渡江等战役。中华人民共和国成立后，任华东军政大学纵队长，海军航空兵部副司令员兼参谋长，华东军区战史编辑室主任，海军舰队副司令员。1965年参加指挥崇武以东海战。1975年后，任海军副司令员，上海市第六届政协副主席。1955年被授予少将军衔和二级独立自由勋章、一级解放勋章。

〔**梅镇彤（女）·神经生物学家·研究开发成功含M物质的特种营养品**〕　中国科学院上海生理所研究员梅镇彤教授领导的"脑与行为研究组"经六年努力，1993年在国际上首次将有助于提高记忆力的"M物质"研究开发成特种保健营养品。新华社和《光明日报》均对此作了报道。

梅镇彤，浙江省杭州市人，1928年1月生。1948年12月加入中国共产党。1949年毕业于北京大学生物系，1955年获苏联科学院副博士学位。1955年至今在上海生理所工作。1984～1988年曾任该所所长，现为该所研究员。

梅镇彤主持研究开发的含M物质的水溶液是一项独创的科技营养品。国际上已知糖脂类物质是神经细胞膜的重要组成部分，能促进神经细胞的生长发育和神经系统损伤的恢复，所以是神经科研的热点之一。但国际上只能用肌肉注射含M物质的注射液以改善大脑功能，而这种注射液十分昂贵。针对这种情况，梅镇彤决心把这一科研成果开发成为大众化的特种营善水溶液，为人类作出贡献。1992年他们与上海漕河泾新技术开发区联合化工研究所合作，首先从动物组织中提取成功这类无毒无害的M物质并制成水溶液，接着解决了含M物质水溶液口服后的有效问题和成本低廉、能大批量生产这种口服水溶液的工艺问题。几经努力，终于在1993年研制成功一整套提取M物质并制成人们可以口服的特种营养品的大生产工艺。这种水溶液先经小鼠口服试验证明无毒无害、效果显著，然后进行了二个多月的人体应用试验，其效果是：可促进成年人大脑的学习、记忆功能；可预防和改善老年性的记忆衰退；可促使儿童学习、记忆等脑功能的正常发育和促进脑组织损伤后功能的恢复。该成果于1993年取得专利，并已建厂投产。这对改善和提高人类大脑功能作出了一份贡献。

梅镇彤研究脑的高级功能40多年，是我国著名神经生物学家。她曾多次承担国防建设中涉及脑高级功能的重大项目研究，曾和有关单位协作研究并写出关于脑高级功能的大量论文，包括：从比较生理学角度系统地研究了大脑两半球对称与非对称活动；大脑皮层和基层神经节在条件性行为调控中的作用；神经递质和神经肽对学习、记忆过程的调节作用；猴前额皮层在学习记忆中的作用等等。上述研究成果曾获1978年全国科学大会重大成果奖和国防科委二等奖。她曾被评为1990年度中国科学院优秀研究生导师，并曾任国务院学位委员会学科评议组成员和长期担任中国生理学会的领导工作，还三次任全国妇联执委。现任生理学名词审定委员会主任委员。她还是《中国科学》、《科学通报》编委和上海市女科学家联谊会理事长。

〔曹岩(女)、邢军纪·青年作家·创作报告文学《商战在郑州》受到好评〕　军旅青年作家曹岩、邢军纪创作的报告文学《商战在郑州》，在1993年第一期《十月》发表后，在社会上产生较强烈的反响，被认为是中共十四大之后，关于社会主义市场经济题材的一部出色的报告文学作品。

郑州地处神州腹地，扼东西南北交通之要冲，在中国版图上占据着举足轻重的位置，商战一打，中心开花，四面辐射，具有独特的价值和不可代替的作用。作者敏捷地捕捉了这个发生在黄河古道的突然奔涌的市场经济的浪花，以雄浑激越的笔调讴歌了郑州商界的各路英雄，反映了改革开放时代，经济在走向市场化过程中人们的观念、习惯、思维方式和行为方式的一系列变化，告诉人们一个无可置疑的事实，那就是市场经济具有巨大的驱动力和吸引力，它会使一个城市发生深刻的惊人的变革。

《中华文学选刊》1993年2期转载了此文，并配发了李炳银的评介文章。4月29日，《十月》编辑部在京召开了《商战在郑州》作品讨论会。与会者一致认为这是一篇直接反映市场经济的重大题材，密切沟通着现实生活，具有丰富思想内容的优秀作品，是1993年报告文学界的一大收获。在此基础上，作者对郑州商战又进一步进行了系统深入的采访，已完成23万字的长篇报告文学《商战在郑州》，将由中华工商联出版社出版。

曹岩，笔名曹言，浅草。祖籍安徽亳州，1962年4月生于广西南宁。1976年12月参加人民解放军，历任卫生员、放映员、俱乐部主任、宣传干事等职，1989年毕业于解放军艺术学院文学系。17岁开始试笔，先后发表小说、散文、报告文学逾一百万字，出版有小说集《棕色雪天》、长篇报告文学《中国文物大走私》(与邢军纪合作)等。1992年加入中国作家协会、中国报告文学学会。现为总后勤部专业作家。

邢军纪，笔名沉钟、钟秋。祖籍河南临颍。1952年生，1969年3月入伍。历任报话员、放映员、电影组长、文化干事、宣传干事、教导员、副团职教员、正团职上校参谋等。1989年毕业于解放军艺术学院文学系，现就读于华中师大文艺批评硕士研究生班。1978年开始发表作品，先后发表诗歌、散文、小说、报告文学逾二百多万字。著有长篇报告文学《1988·明星大走穴》、《中国税收之战》、《黄河大决口》、《中国文物大走私》等。1990年加入中国作家协会。现为解放军艺术学院教务部上校参谋。

形军纪与曹岩合作的《疯狂的盗墓者》曾获中国作协1990～1991年全国优秀报告文学奖。

〔曹洪(女)·发明家·被推荐加入"世界知识产权组织"〕　"一个在职女青年，利用业余时间搞了38项发明创造，成为我国女发明人之最，这很不简单。"这是中国专利局局长、中国知识产权研究会理事长高卢麟对女发明农曹洪的评价，同时决定推荐她加入了"世界知识产权组织"。1993年3月19日《中国妇女报》就此作了报道。

曹洪，上海市人，1959年11月生，1975年参加工作，任职于山东淄博市中心医院病案室。虽只有初中文化程度，但她努力自学，刻苦钻研，自1989年起，锲而不舍地搞发明创造。先后审报38项国家专利，其中14项已获国家实用新型专利权，颁发了《中华人民共和国专利证书》，已有3项专利转让投入生产，转化为社会生产力。已获专利权有："一次性无菌压舌板"、"电子感冒治疗器"、"安全保护带"、"柔磁美容按摩器"、"无簧方便夹"、"美容嫩肤片"、"儿童安全多功能组刀剪"、"血管扩张带"、"儿童响铃高跷"、"方便洗碗器"等。她的事迹已被收入《中国现代发明家大辞典》、《中国当代技术人士荟萃》。曾在中国生物医学工程学会第四次学术会议上宣读发明论文，受到中国医学科学院院长顾方舟教授的首肯。

〔**曹鹏·音乐指挥家·发起举办全国单乐章管弦乐中国作品征集比赛**〕　为推动中国管弦乐创作，由曹鹏提议举办的全国“单乐章管弦乐中国作品征集比赛”，1993 年 6 月 19 日在上海圆满结束。评委会从来自国内外的 75 部作品中，评出 16 部获奖作品。其中一等奖缺，二等奖 3 部，三等奖 4 部，余 11 部作品分获特别荣誉奖、优秀作品表演奖和鼓励奖。同年 6 月 19 日，在上海音乐厅举行了由曹鹏、姚笛指挥上海乐团马可·勃罗交响乐团演奏的获奖作品音乐会。

为振兴中华民族的交响音乐事业，向世界介绍中国音乐文化，1993 年 3 月，任上海交响乐团艺术总监的曹鹏，和香港 HNH 国际唱片有限公司签订了为期 5 年录制以中国作品为主的交响乐作品系列激光唱盘的宏大计划，将从我国第一部大型交响乐作品、黄自的《怀旧》(1929 年作）至当代作曲家的代表作品全部录制下来，留下珍贵的音响资料。为此，上海乐团经过优化组合、双向选择、外招内聘组成“上海乐团马可·勃罗交响乐团”。9 月 16 日，曹鹏率团赴港演出。

曹鹏，江苏江阴人。1925 年 12 月 22 日生。1945 年 6 月参加革命，任新四军江南办事处政工队队长、音乐指挥。1946 年 7 月加入中国共产党。同年 11 月，入山东大学文艺系学习。新中国成立后，先后任上海、北京电影乐团负责人及音乐指挥。1955 年 9 月考入苏联莫斯科柴可夫斯基音乐学院指挥系，师从 L·金兹布尔克教授。1961 年毕业后回国，任上海交响乐团常任指挥。1988 年 9 月，任上海乐团音乐总监、首席指挥至今。他还兼任上海交响乐团音乐顾问、常任指挥，上海室内乐团团长、首席指挥，上海音乐家协会表演艺术委员会主任，同济大学教授等职。

在苏留学期间，曹鹏曾多次指挥莫斯科音乐学院歌剧馆乐团、莫斯科市交响乐团，举办过交响乐音乐会并指挥演出过歌剧《塞维尔亚理发师》，指挥苏联广播交响乐团演奏中国作品《小提琴协奏曲——梁祝》和歌剧《草原之歌》。1962 年指挥上海歌剧院演出歌剧《蝴蝶夫人》。1964 年与古巴“阿龙索”芭雷舞团合作，指挥演出《葛蓓莉亚》、《三角帽》等舞剧。1991 年，在美国指挥纽约曼尼斯音乐学院的交响乐团，举办了音乐会。七十年代和九十年代，他曾先后率上海交响乐团、上海乐团赴澳大利亚、新西兰等国和香港地区举办交响乐音乐会，在前苏联列宁格勒大音乐厅指挥演出了德国现代作曲家卡尔·奥尔夫的清唱剧《卡尔米拿·布拉拿》。

曹鹏积累了丰富的指挥经验，有广博的音乐素养。评论家称曹鹏的指挥“纤细处玲珑剔透，强烈处气势如虹”，“严谨而内在，宏伟而有魄力，具有强烈的艺术感染力”，“指挥和乐队间的合作丝丝入扣，使演出水平提高到一个新的高度”。

自八十年代始，曹鹏化大力气进行交响乐的普及工作。为表彰他为交响乐事业做出的突出贡献，先后被上海有关部门授予“优秀表演奖”、“表演艺术突出贡献奖”，1991 年获国务院颁发的“表演艺术突出贡献奖”。

〔**曹双明·解放军空军司令员·晋升上将军衔**〕

1993 年 6 月 7 日，中央军委命令，空军司令员曹双明晋升为上将军衔。

曹双明，1929 年 8 月生，河南省林县人。1946 年参加中国人民解放军。同年加入中国共产党。曾任第二野战军师教导队分队长。参加了淮海、渡江、西南等战役。1952 年毕业于空军航空学校。后任飞行员。1953 年参加抗美援朝，任中国人民志愿军空军飞行中队中队长、后任中国人民解放军空军飞行大队大队长、副团长。1958 年在福建前线击落台湾空军飞机一架，立一等功。后历任空军团长、师长、副军长，军区空军副司令员、司令员，沈阳军区副司令员兼沈阳军区空军司令员，空军司令员。是中共十二大代表，第七届全国人大代表，中共第十四届中央委员。1988 年被授予空军中将军衔。

〔**曹生吉·农民·创造新型“懒棉花”简化栽培技术推广到十一省市**〕　山西临漪县农民曹生吉创造了一种“不用中耕，不用整枝”的“懒棉花”简化栽培技术，亩产皮棉超过 100 公斤，比全国棉花平均产量高出近一倍。专家们评价说：“这是中国植棉史上一大突破”。目前，这项技术已经国家科委等有关部门推广到 11 个省、市，1993 年种植面积近百万亩。

曹生吉的家乡山西临猗县是传统的棉花主要产区。1976 年脱下军装复员的曹生吉，回到家乡积善村重新拿起了锄头。部队生活开扩了曹生吉的眼界。他懂得要改变棉田里又苦又累的活计靠老经验不行了，得掌握科学技术。他好学上进，白天在地里不管怎么忙，晚上总要学习到深夜。曹生吉懂得尊重科学。中国农业科学院棉花研究所所长汪若海认为“要调整播期”，曹生吉通过试验取得了“保证 4 月苗”的晚播数据。蒋国柱研究员提出“不要伏前桃”，曹生吉在试验中实现了“伏前花稀少，伏中满株花，立秋桃满株”……就这样，一年两年，曹生吉逐渐形成了一套棉花简化栽培技术的构想。

为了实现自己的技术构想，1983 年他向村委会申请再承包几十亩废弃的土地，经过两年的艰苦实践，这套栽培技术开始成熟了，实现了亩产 140 公斤。乡亲们用自己的语言给这种技术命名为“懒棉花”。1987 年 10 月 18 日，曹生吉在《运城报》刊登了一个广告——传授棉花不中耕、不整枝、农药化控技术，实现亩产皮棉过百公斤；如果达不到合同规定的产量，负责经济补差。好奇心驱使 7000 多位棉农跑到积善村来看个究竟。曹生吉的棉田周围被观光者踩成了光板路。来自 9 个县的棉农和曹生吉签订了第二年种植 2000 多亩“懒棉花”的合同。从此曹生吉开始了他科学使徒的艰苦行程。科学果然有灵，第二年 9 个县 2000 多亩“懒棉花”亩亩丰收，亩产皮棉超过 100 公斤，农民信服了“懒棉花”，更信服了这位“曹技术”。就这样，“懒棉花”在长足前进。1990 年种植面积为 5 万亩，1992 年 70 万亩，1993 年近百万亩。棉农们收入大大增加了，可曹生吉却由于把技术推广的风险都留给自己，只收取很少的服务费，为推广这项技术已负债 13 万元之多。有位农村秀才到他家拜访，写了一篇“陋室铭”：“风扫地，月点灯，寒风簌簌四壁空。老鼠都嫌穷，不来他家打窟窿！”他却说：“只要大家富了，我就高兴。”

“懒棉花”栽培技术广泛推开的几年，正是黄河流域各产棉区棉铃虫为害最严重的时期。曹生吉又向棉花的顽敌——棉铃虫进行挑战。他把防虫治虫措施融进栽培技术，并配制不同的复合杀虫剂，又编印了《棉铃虫防治简报》送到棉农手中，实行统一的灭虫技术，收到了良好效果。1993 年 7 月 5 日，廊坊市在固安县“懒棉花”三包田召开棉铃虫防治现场会，80 亩棉田里就是找不到棉铃虫。由于“懒棉花”省工，省力，投入少，产出高，并能有效防治虫害，1993 年 9 月 3 日，国家有关部委召开了有十一个省市六十多位专家和有关部门参加的现场会，决定大力扶植推广“懒棉花”技术。

〔曹庆泽·任监察部部长〕　1993 年 3 月 29 日，根据第八届全国人大第一次会议的决定，曹庆泽被任命为监察部部长。

曹庆泽，1932 年生，湖南澧县人。1952 年加入中国共产党。历任中共梁平县区委书记，中共四川省委农村工作部副处长，四川省人民政府农业办公室副主任，四川省人民政府副秘书长，中共四川省纪委副书记。1986 年起任中共四川省纪委书记。是中共中央纪委委员、常委。

〔曹辛之·编审·获第三届韬奋出版奖〕　由中国出版工作者协会和中国韬奋基金会联合主办的第三届韬奋出版奖，于 1993 年 5 月 24 日在北京举行颁奖大会，人民美术出版社编审曹辛之获此殊荣。

曹辛之，1917 年生，江苏宜兴人。曾在江苏省立教育学院读书，1936 年与人合办《平话》文艺刊物，宣传抗日救亡。抗战爆发后入山西民族革命大学学习。1938 年到延安，入鲁迅艺术学院学习。1939 年参加抗战建国教学团赴晋察冀边区工作。1940 年调重庆生活书店，在邹韬奋主编的《全民抗战》周刊任编辑，并开始以装帧设计为自己的专业。抗战胜利后，到上海生活书店工作，并主持与臧克家、王辛笛合办的星群出版社的编辑出版业务，还办了《诗创造》和《中国新诗》两个月刊。1948 年，诗刊被国民党当局查禁，他出走香港，参加三联书店工作。1949 年调北京三联书店总管理处。1951 年调人民美术出版社，直到 1983 年离休。

曹辛之从事书籍装帧 50 多年，设计的图书期刊有两千多种，他的作品清新淡雅、明丽挺秀，注重整体效果，善于把个人风格和原著精神融为一体。他设计的《印尼总统苏加诺藏画集》，在 1959 年莱比锡国际书籍艺术展览会上获装帧设计金质奖；他设计的《郭沫若全集》、《寥寥集》、《曹雪芹》、《新波版画集》等图书的装帧在全国书展评比中都曾获奖。他出版的作品有画册《韬奋画传》、《曹辛之装帧艺术》、诗集《最初的蜜》、《九叶集》(多人合集)、印谱《曲公印存》、专著《出版业务知识·装帧》等。

现任中国出版工作者协会装帧艺术委员会主任。

〔曹和平·长春汽车城百货公司董事长兼总经理·获全国杰出青年企业家称号〕　曹和平在短短几年时间里，将一个默默无闻的小商店，一跃变为吉林省独具特色的利税大户。1993 年 11 个月，他领导的长春汽车城股份有限公司实现销售总额 8598 万元，比 1992 年同期增长 33.7%，实现利润 1178 万元，是 1992 年同期的四倍多。1993 年 11 月 26 日，他荣获“全国杰出青年企业家”称号。

曹和平凭着一股敢吃“螃蟹”的闯劲，近几年在长春市的商业企业中开创了十个第一。第一个兼并其他企业；第一个异地搞建设，在市繁华地段兴建了 2 万平方米的欧亚商都大厦；第一个在外省市开设窗口，南有厦门的分公司，北有绥芬河的商场；第一个在境外办企业，已建立香港和俄罗斯的跨国公司；第一个实现股份制改革；第一个成为在上海市股市上市的股份制公司；第一个搞店办企业，兴办了矿泉水厂；第一个实行“百元工资含量”，在企业内部实行时间工资和效益工资；第一个实行与商校联办专业人员培训班；第一个从社会上招收学员并开办经销专业大专班……。正是由于这些“第一”的辉煌，使公司1985年以来，从200多人，年利润仅20多万元，固定资产200万元，发展成如今有职工1000人，年销售额近亿元，年利润超千万元，固定资产上亿元。这里都浸透着曹和平辛勤操劳和默默耕耘。九年来，企业荣获“全国最高信誉AAA企业”、“全国执行物价政策最佳商店”等荣誉称号近百种。

在公司里，提起曹和平，职工们都赞不绝口，称赞他严以律己，关心群众依靠群众。他说过：“依靠群众要不折不扣，大事相信职工，难事依靠群众，好事想着群众”。他家三代同室，但分宿舍楼房时，首先声明不要。上级发给他的奖金，他常常分给大家。至今他家还无彩电和电冰箱。而对职工，他关心备至。对出差在外同志，他想着送鱼；对老职工生日，他想着送蛋糕；多少次他来到职工病床前，多少次为困难户排忧解难。他实践着“嘴不馋，心不贪，身不懒”的原则，群众佩服曹和平的为人。他的行为激励着全体职工为企业奋斗不止。

曹和平，1956年1月出生在山西省平顺县，1974年9月参加工作，大学文化水平，1976年12月入党。插过队，当过营业员、干事、团支部书记、党支部书记。1985年5月开始任长春汽车城百货大楼总经理、党支部书记。1988年获长春市“劳动模范”、省“优秀青年企业家”称号，获全国“五一”劳动奖章。1993年获长春市“青年改革先锋”等荣誉称号。

〔曹钟梁·传染病学家·被聘为中华医学会资深会员〕　1993年1月16日，具有78年历史的中华医学会，正式宣布首批聘任41位在医学上有重大成就、德高望重的内外科专家为中华医学会资深会员。华西医科大学原副校长曹钟梁获得这一荣誉。

曹钟梁，1910年5月生于四川江津县。1934年毕业于成都华西协合大学医学院。后任成都仁济男医院内科助理住院医师，1935～1937年在北平协和医学院内科、儿科、传染病科进修。后任成都仁济男医院内科住院总医师，成都华西中央齐鲁三大学联合医院男医院内科、传染科主治医师、副教授、院长。1945～1947年先后赴加拿大蒙特利尔麦吉大学医学院及美国波士顿大学、约翰·霍普金斯大学医学院等进修、研究、访问。留学归国后任华西协合大学医学院内科主任教授兼医学院院长。1953年医学院改称四川医学院后任医学系主任、教务长、副院长等职。

曹钟梁一生致力于传染病的诊断、防治研究。在国内最先发表了重症肝炎临床与病理解剖的相互关系的报告。第一次在国内外系统地报告了钩端螺旋体病的无黄疸型肺弥漫性大出血的发病机制、临床发展规律与治疗抢救经验。曾获1978年全国科学大会奖等多项奖励。长期参加各种版本《传染病学》大学教科书、参考书的编写，主审《临床药物治疗学》。

曹钟梁还历任国家科委医学专业组组员，卫生部医学科学委员会内科专业组组员，中华医学会内科学会委员，中华医学会传染病学会副主任委员，《中华内科杂志》编委，《中华传染病杂志》副总编辑，《四川医学杂志》总编辑，中华医学会四川分会会长，第三、四、五届全国人大代表，第六届全国政协常委等职。

〔龚来发、孔英（女）·被分别授予“中国长寿之王”、“中国长寿王后”美称〕　中国百岁寿星座次于1993年10月22日在北京排定。131岁的老寿星龚来发被授予“中国长寿之王（颐春茶杯）金座椅”的美称；122岁的老寿星孔英被授予“中国长寿王后（仁和杯）金手杖”的美称。

此次百岁老人调查活动是由全国老龄委领导、北京天作广告公司承办的，从1993年6月开始，历时5个月，得到了各地政府尤其是县乡级政府的大力支持。最后评出100位百岁老人。“中国长寿之王”和“中国长寿王后”座次就是从这100位百岁老人中排出的。中国老龄问题全国委员会主任王照华说，中国百岁老人排座次活动，是建国以来第一次，它体现了人们对健康长寿的良好愿望，也体现了党和政府对老年人的深切关怀。

被授予“中国长寿之王”的龚来发，贵州省务川仡佬苗族自治县茅天镇人，仡佬族，生于1862年3月，目前身高1.4米，体重30多公斤。　人们都称他为“老祖祖”。据赡养他的向氏亲属介绍，龚来发出生在务川池头坝，半岁时母亲去世，父亲遗弃了他，幸好姑姑把他抱给一个叫向老二的农民收养。龚来发14岁时，向氏夫妇相继去世。他们的一个儿子向全礼还年幼，龚来发失去依靠，流落在山上过了四年野人般的原始生活。向全礼长大后，把龚来发找回家中共同生活，与他兄弟相称，并给他取名“来发”。向全礼去世时向后代交代，以后龚来发就是你们的父辈，一定要好好孝敬。从此，终身未婚的龚来发和向家生活在一起。到现在向家已有了第七代子孙，共280多人。现在赡养他的是向家第五代人。龚来发老寿星一生务农，目前精神矍铄，每天只吃两餐大米和玉米做的混合饭，从来没吃过鱼虾，四季不离蔬菜。不喝酒，不喝茶，就喝井里的凉水。他现在还能唱当地民歌《送郎歌》："送郎送到碗架边，隔夜冷饭用手拈。你要吃饭我来热，今日不比往常间。"

被授予"中国长寿王后"的孔英，广东人，生于1871年11月18日，老人从小喜爱劳动。现虽年事已高，头发银白，却依然身体健壮，还经常上山采摘松枝，帮助操持家务。

此次中国百岁老人排座次活动之后，河北肃宁县颐春茶厂和北京仁和酒厂，已决定对被授予"中国长寿之王"的龚来发和被授予"中国长寿王后"的孔英，奉送终身养老金。

〔龚岳亭·生物化学家·当选中国科学院学部委员〕 中国科学院上海生物化学研究所研究员龚岳亭，1993年12月当选为中国科学院生物学部学部委员。

龚岳亭，1928年4月15日生，上海市人。1949年毕业于上海圣约翰大学化学系。历任中国科学院上海生物化学研究所助理研究员、副研究员、研究员，现兼任上海市计划生育研究所名誉所长。

龚岳亭是我国多肽激素合成与应用、结构与功能关系研究领域的开拓者之一。在全世界第一个用人工方法合成结晶牛胰岛素的工作中，他是胰岛素B链合成的主要负责人之一。他参与胰岛素B链合成方案的制定、保护基的选择与应用；采用多种途径合成B链的部分大肽，克服和解决多肽合成中的困难和问题。胰岛素的人工合成，首次用实验的途径证明了一级结构决定高级结构的理论。这一重大成就曾获1978年全国科学大会重大成果奖与1982年国家自然科学一等奖。他开辟了合成途径研究蛋白质结构与功能关系的新领域，此后又开展了多肽激素（下丘脑、肠胃道激素）化学合成和结构功能等方面的研究，其成果被应用于临床医学、计划生育的研究以及畜牧业、渔业等方面。

龚岳亭等用液相法合成的催产素1986年移交上海生化药厂生产，成为养厂产品之一；七十年代初期将人工合成的促性腺释放素（LH—RH）及其高效类似物，在全国范围内首次成功地被应用于淡水鱼的催情产卵，促进了国内家鱼的生产，经济效益显著，获1978年全国科学大会重大成果奖。他还较早报道了两栖类和鱼类等低等脊椎动物的CnRH、哺乳动物的CnRH有种属差异，支持了鱼类可能存在和哺乳动物相似的性功能调节机制；并应用片断固相缩合法合成胰高血糖素、人胃泌素、生长激素、释放抑制素等，在方法上亦有所改进。

〔龚稼农·电影明星·在台湾逝世〕 海峡两岸仅存的中国电影界第一代男星龚稼农，1993年10月27日在台湾逝世，享年93岁。

龚稼农曾经为中国电影史留下了120余个银幕形象。不久前在北京举办的中国30年代电影纪念及展映活动中，人们刚刚重睹了《压岁钱》、《脂粉市场》等名片里的龚稼农的风采神韵。作为台湾电影的开创者，他于1949年赴台后在电影界作出了卓绝的贡献。

龚稼农原名龚家龙，1900年生，江苏省南京市人。毕业于南京钟英中学，早年曾任职于省立南京通俗教育馆并兼在省立体育场工作。学生时代，以文艺才华而知名校园，所演《终身大事》、《道义之交》、《好儿子》等"五四"名剧颇得师友好评。1925年，不顾家人劝阻，考入上海大中华百合影片公司。后来被导演卜万苍任用，在《玉洁冰清》中任男主角。卜万苍为他改取艺名"稼农"，意在勉励他像农民一样务农务实，以苦干精神自立影界。至此"龚稼农"的名字，开始为影坛注目。

拍完这部成名作后，他随卜万苍加入了中国早期最有影响的电影制作机构明星影片公司，与初登银幕的阮玲玉合演《挂名的夫妻》，再次给观众留下深刻的印象。此后在明星影片公司作为台柱常与当时最红的女明星杨耐梅、胡蝶、徐来及白杨等新秀联袂主演影片。龚的外形气质和演技风采，与好莱坞著名男星罗纳特·考尔门有异曲同工之妙，故在二十年代默片时代即被誉为"东方考尔门"。

在影坛与联华影业公司的金焰齐名的龚稼农，从二十年代便因主演上述影片及《血泪俾》、《湖边春梦》、《卫女士的职业》、《一脚踢出去》、《火烧红莲寺》等而被影界公认为"一流小生"。到了三十年代，他的演技更加成熟，所主演的《如此天堂》、《自由之花》、《歌女红牡丹》、《狂流》、《压迫》、《春蚕》、《脂粉市场》、《到西北去》、《劫后桃花》、《翡翠马》、《永远的微笑》、《社会之花》等影片均名重一时。

1937年抗战爆发后，明星影片公司被迫停业，龚稼农以高度的爱国热情参与组织了影人剧团，赴内地进行艰苦的抗日宣传活动。四十年代前后回到上海影坛，所主演的《花溅泪》（于伶编剧）以强烈的现实感和曲折的人物命运而轰动孤岛。1949年后携长子龚助由赴台湾，成为台湾影业的开创元勋之一。直到70岁前，始终未间断过银幕形象的创造。1971年他演出的最后一部影片《缇萦》（李翰祥导演），轰动台湾本土，一举囊括"金马奖"最佳影片等五项奖，并在当年十七届亚洲影展中受到好评。

龚稼农的演艺生涯几乎经历了中国电影从默片

到声片，从黑白片到彩色片的各个历史阶段。在近50年的电影表演创作中，他所主演或参演的影片达120余部。

1989年，行动不便的龚稼农曾由长子龚助由和儿媳、孙女从台北辗转回南京老家探亲。相隔40年，龚老先生终于与84岁的发妻和另外5个儿子重聚。

〔盛志勇·创伤外科烧伤专家·被聘为中华医学会资深会员〕　1993年1月16日，具有78年历史的中华医学会，正式宣布首批聘任41位在医学上有重大成就、德高望重的内外科专家为中华医学会资深会员。人民解放军第三0四医院原副院长盛志勇获得这一荣誉。

盛志勇，1920年7月出生，浙江省德清县人。1942年于上海医学院毕业后，任上海红十字会第一医院（上海医学院附属华山医院前身）外科住院医师、住院总医师、主治医师。1947年9月赴美国塔塞斯州立大学医学院外科进修。1949年2月回国，历任上海沪东医院外科主治医师，上海医学院附属中山医院外科主治医师，军事医学科学院实验外科副主任、副研究员，上海急症外科医院外科主任，第二军医大学外科教研室主任，解放军总医院创伤外科、烧伤外科主任，解放军第三0四医院副院长、专家组组长、博士研究生导师。解放军军医进修学院创伤外科中心主任、教授等职务。1962年加入中国共产党。

盛志勇，从事烧伤外科、创伤外科的临床和基础理论研究50余年。五十年代曾进行放射复合烧伤的实验研究，证明在放射病极期发生之前，若能切除深度烧伤面，予以植皮，可以大幅度地降低死亡率。六十年代初提出细菌内毒素可能是烧伤后脓毒症的原因，证实在严重烧伤（或创伤）后确有内毒素血症，继而血内肿瘤坏死因子升高。1960年后，继续进行烧伤的临床和科研工作，提高了严重烧伤的治愈率，与兄弟单位一起，获得国家科技进步一等奖。在烧伤休克的防治方面，证明了输全血有益无害；在国内首先研究烧伤后氧自由基损伤，提出在抗休克时应及早使用自由基清除药物；倡导和研究了严重烧伤时在休克期施行切痂植皮术，降低了并发症发生率，缩短了愈合时间；研究了代偿性隐性休克问题，证明了休克复苏后胃肠道血循环恢复较晚，阐明了休克后肠粘膜损伤的原因。首先成功地建了皮库，推广了深低温保存皮肤的经验，获得国家科技进步二等奖。他还深入研究了肠内细菌和内毒素移位问题，其成果获国家科技进步二等奖。八十年代初首先报道烧伤后多器官功能衰竭综合征。并在这方面进行了一系列研究，取得丰硕成果。50余年来先后在国内外杂志上发表论文150余篇，编著中英文烧伤专著3部。

盛志勇还历任中华医学会理事，中华医学会烧伤学会主任委员，中华医学会创伤外科学会常委，《中华创伤杂志》名誉总编辑，《中华整形烧伤外科杂志》副总编辑，《解放军医学杂志》主编，国际烧伤学临床检验委员会委员等职。

〔盛承发·研究员·获首届中国青年科学家奖〕

由共青团中央、　中华全国青年联合会和中国青少年发展基金会共同主办的首届中国青年科学家奖颁奖仪式，1993年2月25日在北京举行，青年科学工作者盛承发获得了“中国青年科学家奖”生命科学学科奖，并获奖金3万元。同时获奖的还有在数学、物理、化学、天文等方面有建树的15位青年科学家。

盛承发现任中国科学院动物所研究员，中国共产党员，安徽庐江县人，1950年4月生，1977年9月毕业于安徽农学院植物保护系植保专业，分配到安徽白湖农场任技术员。1978年10月入中国科学院研究生院学习昆虫生态学专业，获理学硕士学位。1982年1月到中国科学院动物所工作。1986年赴美进修，获理学博士学位。盛承发十多年来，在学术研究上不畏艰苦，独立思考，刻意创新，提出了许多新观点、新思路，为国家制定有关政策提供了科学的依据，他的科研成果在实际应用上也取得了重大的社会经济效益。主要成就是：一、确定了棉铃虫的经济阈值，提出了防治新策略，从根本上改变了过去重点防治第二代棉铃虫，相对忽视第三代的防治策略。他的论文发表后，引起美国一些生态学家的高度赞誉。

二、打破了传统的植棉“三桃”理论。传统的植棉“三桃”理论的中心，就是保伏前桃。盛承发经多年研究，认为在实际生产中，三桃难全，保伏前桃代价太高，因此在棉花前期应少施药，让第二代棉铃虫取食部分早蕾辅以人工摘蕾，让植株为伏桃、秋桃生长积蓄力量。这种防虫、增产新技术，具有省药、省工、治虫、防病、增产、优质6大效益。1989～1991年累计在232万棉田推广，直接增收1.65亿元，平均亩增效益70元，减少用药270吨，生态及社会效益显著。

三、提出了超越补偿理论，还确定了超越补偿所需的条件。有关专家认为这一研究居世界领先水平。

四、组建了棉铃虫经济阈值的模拟模型。在棉花收获模型与害虫防治关系研究中，首次指出几个外国权威作者的一大错误。其论文在美国权威学术刊物《环境昆虫学》论坛发表后，引起巨大反响。

五、对中国棉花发展战略的研究。1984年全国棉花总产达到625万吨，1985年以后连续5年下滑到379万吨。盛承发运用经济生态学理论上的整体动态分析方法，率先指出棉花生产大回升的客观条件已经具备，即将出现大回升。不是靠提价，而是靠推广应用新技术。这一建议迅即受到田纪云等领导的首肯批示。形势发展证实了他的预测。另一成果是棉粮比价问题。五十年代棉粮比价定为8:1。盛承发经过研究认为棉花增产技术比粮食发展快，建议将棉粮比价8:1调整为7:1。这一研究为粮棉稳定协调发展起到积极作用，受到国务院领导的重视。

六、率先提出棉铃虫暴发及防治失效的基本原因是农业生态系统结构和经营体制演变所致，并非棉铃虫抗药性强。解决这一问题的根本出路在于大面积统一防治。他与另外二位专家的论文，受到国务院领导重视。据此论点，他亲自组织在山东示范，取得突出成绩，为我国大面积防治棉铃虫树立了一个先进范例。

由于盛承发在生 态学领域中的突出贡献，1985年被评选为全国十大青年人物之一；1986年获全国优秀科技工作者称号及“五一”劳动奖章，并破格晋升副研究员；1988年获中科院首届青年科学家奖一等奖，破格晋升研究员；1990年获国家级有突出贡献的中青年专家称号。发表专著1本，论文50篇，其中4篇获全国和中科院科技进步奖。他还兼任安徽省政府农业技术顾问和中华全国青年联合会副主席。

〔崔金英·西藏地矿局第五地质大队总工程师·获全国优秀科技工作者称号〕　西藏地矿局第五地质大队总工程师崔金英在藏北高原从事野外地质工作26年，取得丰硕成果，为振兴西藏经济作出了重大贡献。1993年被授予“全国优秀科技工作者”称号，获全国“五一”劳动奖章。

崔金英1957年从事地质工作，1968年进藏，至今已达26年之久，虽患有高血压、高血脂、动脉硬化、脑萎缩等多种疾病，但他一心扑在事业上。1984年，面临矿产基地奇缺的严峻形势，他及时调整了地质工作的指导思想，实施综合找矿，相继发现了许多矿点，从而缓解了地矿五大队矿产基地紧缺的局面。1985年他承担了地矿部《铬铁矿地质勘探规范》和《铬铁矿资源战略分析》的主编任务。他与编写组同志密切配合，紧张工作，节假日也很少休息，提前园满完成了任务，并荣获地矿部科技进步三等奖。在详查崩纳藏布砂金矿的两年野外勘探期间，从队部到工区长达1200多公里，途中要翻越海拔5600米的唐古拉山，他仍坚持每年三四次到野外生产第一线检查指导工作。为了解决勘探中一些技术难题，1991～1992年他多次往返工区——拉萨——北京，工作忙时常常来不及做饭，就靠方便面充饥。在三个月的休假期间，经石家庄第二人民医院确诊他患脑萎缩，医生要他住院治疗。不料西藏地矿局通知他参加1992年地质工作会议，他不顾医生的一再劝告，治疗不到一个疗程便出院返队。

崔金英，1937年7月生于河北省定州。中专文化，中国共产党党员，1957年参加工作后，先在内蒙古地质局126队工作，1967年进藏以后，曾在中国援苏丹铬铁队工作6年。

〔崔培华（女）·荣成南车村党支部副书记·获首届中华人口奖〕　1993年8月19日，首届中华人口奖遴选揭晓，山东省荣成市石岛镇南车村党支部副书记崔培华，从事基层计划生育工作20多年，全村没出现一例计划外生育，获首届中华人口奖工作奖。中华人口奖是由中宣部、国家计生委、国家科委、中国计划生育协会、中国人口福利基金会发起设立的我国人口事业的国家级最高奖，崔培华是此次受奖者11人中，唯一的一位基层计划生育工作者。

崔培华，1949年11月出生，山东荣城人。中学毕业后，回村参加劳动，自1972年开始从事计划生育工作。她针对当地群众中流行的“多子多福”、“早生儿子早得福”等传统旧观念，积极向群众宣传优生优育。为了普及计划生育知识，增强全民计划生育观念，在村党支部支持下，崔培华组织建立了全市第一所基层人口学校，成立了家庭计划生育教育研究所，依靠宣传科学知识，提高育龄夫妇实行计划生育的自觉性。她刻苦钻研业务，积极探索计划生育工作的规律，为加强工作的主动性，对全村育龄妇女实行了档案化管理，并在全市率先实施目标管理责任制，将计划生育目标落实到各个行政组织，层层负责。崔培华根据多年工作的实践，深感要做好号称“天下第一难”的计划生育工作，必须做好多方面的服务工作，特别是要始终坚持做好思想工作，为此总结出了“生育政策宣传到家，思想工作深入到家，优生知识普及到家，生育指标落实到家，节育措施指导到家，围产期访视到家，手术对象慰问到家，孤寡老人照顾到家，排忧解难帮助到家，致富经验传送到家”的“十到家”工作法，为做好基层计生工作提供了宝贵经验。由于崔培华长期长年累月地做好过细的工作，南车村已连续二十多年没有发生一例计划外生育。1986年，她被国家计生委评为“全国计划生育先进个人”，1989年被国务院授予“全国劳动模范”称号，并获全国妇联授予的“全国三八红旗手”称号。

〔**崔善玉（女）·民族舞表演艺术家·献艺国际舞台引起轰动**〕　1993 年 5 月，吉林省歌舞团一级编导、被人们誉为“舞之花”的崔善玉，应亚细亚舞蹈协会主席吴和真女士邀请，随中国代表团赴韩国汉城，参加庆祝亚细亚舞蹈协会成立 10 周年活动，表演了《喜悦》、《朝鲜鼓舞》，受到观众及舞蹈界同行的热烈欢迎和赞赏。演出中，数千名观众随着鼓点拍手击节，呼声如潮，以各种方式表达对崔善玉表演的喜爱。人们称，她的表演民族特色浓、风格鲜明，很有内在的艺术魅力。

此前，吴和真女士在参加中国延边朝鲜族自治州“九·三”艺术节时，就被崔善玉的表演所吸引。吴和真说，崔善玉的舞姿潇洒、优美、动人、角度明显，线条美，具有特殊的表演风格。这也是她之所以请崔善玉来汉城的原因。演出之后，崔善玉的照片被放大登载在韩国中央级报纸和杂志上。

崔善玉，朝鲜族，1937 年 5 月 25 日生，吉林省和龙县人。16 岁考入延边歌舞团学员队。1956 年后的两年向外国专家学习古典芭蕾和朝鲜舞。1959 年在庆祝建国 10 周年文艺晚会中，作为延边歌舞团演员参加了《顶水舞》的演出。1961 年调至吉林省歌舞剧院，担任主要演员和芭蕾、民间舞教员。“文化大革命”中，被下放到吉林省怀德县农村插队。视舞蹈为生命的崔善玉，心中依然燃烧着永不熄灭的艺术之火。她背着 5 岁的孩子，挨家动员社员参加文艺宣传队，终于组成秦家屯公社有史以来第一个农民宣传队，并为社员演出《红色娘子军》中舞蹈“军民鱼水情”、《白毛女》片段，重获将艺术奉献给群众的机会。1977 年从长春市群众艺术馆调回省歌舞剧院，任编导、艺术委员会主任委员。曾在神话舞剧《金斧子银斧子》中担任主要角色。她编导的朝鲜族古典舞《勇士的欢乐》，曾作为优秀节目被选调参加由文化部、中国舞蹈家协会在南京召开的全国舞蹈创作会议中演出，受到好评。她创作了 30 余个舞蹈作品，其中《响板欢歌》获吉林省首届艺术节创作一等奖。《端午之喜》获全国首届单、双、三人舞编导二等奖、电视专题歌舞片《长春春常在》获全国电视春节晚会“星光赛”一等奖。由她任总导演的《古今中外狂欢节》歌舞晚会，在巡回演出中，受到全国各地观众的欢迎。此外，还曾为影片《黑棋特使》编排了唐代宫廷舞。她是吉林省第五、六届政协委员和第七届省政协常务委员，吉林省舞蹈家协会副主席，中国舞蹈家协会舞蹈编导学术委员会委员，全国民族舞蹈学会副会长。

〔**符永健·武警上尉·为扑灭深圳“8.5”大火作出重大贡献**〕　1993 年 12 月 11 日，武警总部发布通令，给在扑灭深圳市清水河危险品仓储区特大火灾中的“敢死队”队长符永健记一等功一次。

符永健是武警广东省总队深圳市支队一中队中队长，1957 年 6 月生，湖南省益阳人，1979 年 3 月入伍，初中文化程度。1993 年 8 月 5 日中午，符永健听到一声巨响，马上预感到有重大爆炸事件发生，便命令中队紧急集合待命，为灭火争取了时间。当他带领中队官兵到达火灾现场时，只见大型煤气站侧面山头火光冲天，瞬间就吞没了整个山头。符永健知道，如果山火不能及时扑灭，必将引起煤气站、油库爆炸，便主动请战。全中队官兵扑打 2 个多小时，终于将山火扑灭。他们刚撤下来，又接受开辟隔离带的任务。在大爆炸现场南 30 多米处，存放着 4 个大罐，内装 250 吨双氧水，还有上千吨的石油液化气。他们必须用水泥开辟一条隔离带，阻止大火蔓延到这里。符永健和指导员立即组成以干部、党员、骨干为主体的“敢死队”，他自告奋勇任队长。当时，热浪灼人，化学品气味呛得人直流眼泪，个个都感到胸闷，呼吸困难。符永健第一个扛起一包水泥往前冲，在距大火 10 米处，连续战斗了 30 分钟，大多数“敢死队”成员的皮肤都烧伤了。上级领导让他们撤下来，但符永健看到后续部队未赶到，又继续带领大家撒水泥。在之后的清理现场中，符永健不顾多处负伤，仍带领大家清理了 250 多吨有毒物品。他所带领的中队也荣立了集体一等功。

〔**庹震·记者·被评为第四届中国十大杰出青年之一**〕　由中华全国青年联合会、中国青少年发展基金会和人民日报等首都十家新闻单位联合主办的第四届“中国十大杰出青年”评选活动，于 1993 年 10 月 5 日揭晓，以妙笔耕耘促改革著称的经济日报记者部主任庹震被评为“十杰”之一。

庹震，1959 年 9 月生，河南南阳人。1982 年从武汉大学毕业分配到经济日报社任记者。次年，当得知保定一轻局分房时，一副局长一家分得四套，而年迈多病的工程师一家三代远住市郊破草屋，竟没有分到宿舍。他冲破重重阻力，写出《工程师三代破屋两间，副局长一家新房四套——市有关部门的调查结论竟是“分配基本合理”》的批评报道，受到中央纪律委员会的重视，更受到人民大众的欢迎。这条新闻被评为全国好新闻。

十年来，庹震的新闻作品达百万字，获奖近三十次。1993 年他写的长篇通讯《春天的轨迹》，被评为八届人大一次会议新闻报道一等奖。报社同事都说，庹震写起稿来是个“拼命三郎”。1993 年春，在八届全国政协一次会议召开前夕，他接受了报道政协十五年历程的任务，熬了整整一夜，一篇题为《同心共度辉煌时——人民政协十五年风雨历程回顾》的四千字长篇通讯送到了总编辑面前，文中写道："路尚远，业尚大，年年岁岁还须同心，风风雨雨还须共度。新的一程，必有新的辉煌。"此稿见报后，政协有关负责同志打电话到报社，给以很高评价。

作为一个领导该报全国各地记者的记者部主任，他出的点子也广为新闻界同行所称道：《话说正点率》、《醒来，不只是铜陵》、《"条子"现象讨论》等报道，反映了经济生活中的一些热点、难点，具有较强的建设意识，起到了积极作用。

庹震现任中华全国青年联合会委员、1984年被评为全国优秀新闻工作者。

〔康巴尔汗·艾买提（女）·著名维吾尔族舞蹈表演艺术家·在乌鲁木齐逝世〕　以《达坂城》、《阿拉木罕》等精湛的维吾尔舞蹈饮誉世界半个多世纪、被称为"中国舞台月亮"的维吾尔族舞蹈表演艺术家、教育家康巴尔汗·艾买提，1994年1月13日在新疆乌鲁木齐市病逝。

康巴尔汗，1922年生于新疆喀什噶尔一个民间歌舞艺人家庭。1927年因生活所迫举家投亲到前苏联卡孜勒宽孜城。1935年考入乌兹别克斯坦芭蕾舞学校，由于学习成绩优异，1937年后被选入塔什干红旗歌舞团任演员，曾参加三人舞和担任集体舞领舞、大型歌舞剧《安娜尔汉》中独舞《划船曲》的表演而初露才华，引起人们的注目。1939年考入莫斯科音乐舞蹈艺术学院，侧重学习乌克兰民间舞，俄罗斯古典舞、民间舞和阿塞拜疆的舞蹈。学习期间，曾在克里姆林宫与苏联著名舞蹈家乌兰诺娃等同台演出。其表演的维吾尔族独舞《林帕黛》，在国际舞台上获得声誉。1941年于艺术学院毕业后，到塔什干红旗歌舞团。1942年回国，参加了在迪化（今乌鲁木齐）举行的14个民族的歌舞比赛。康巴尔汗表演的《林帕黛》和与妹妹一起表演的《乌曼克》等舞蹈，获第一名。1947年随新疆青年歌舞团赴南京、上海、杭州、台湾等地演出，获得好评，被称为"天山之花"。中华人民共和国成立后，于1950年在北京参加了第一个国庆节的演出，受到毛泽东、朱德、周恩来等中共中央和国家领导人的接见。她表演的《打鼓舞》、《盘子舞》、《林帕黛》等舞蹈被摄入影片《各民族大团结万岁》中。自幼受维吾尔族歌舞艺术熏陶的康巴尔汉，善于从音乐中捕捉舞蹈形象。她的每一个舞姿，都是表达一种情感的语言，并具有特定的含义，其端庄高雅、潇洒飘逸、轻盈流畅的舞蹈风格，使观者感受到一种和谐的美。1951年在西安西北艺术学院首先主持开办了少数民族艺术系，并任主任，为西北各民族培养艺术人才。1954年起任新疆学院艺术系主任、新疆舞蹈戏曲学校校长等职，她将全部精力投入到维吾尔舞蹈艺术的整理研究、表演和教学中。曾主持整理编撰了维吾尔族舞蹈基本训练教材，先后培养了7届舞蹈毕业生，输送到各地文艺团体，其中有些已成为舞蹈艺术事业中的骨干。建国初期，曾在国家文化部开办的舞蹈教员训练班任教中国民间舞。在漫长的艺术生涯中，为中国舞蹈艺术事业的繁荣和发展做出了卓越的贡献。康巴尔汉是新疆维吾尔自治区政协第四至第六届委员会副主席、中国文学艺术界联合会和新疆分会副主席、中国舞蹈家协会副主席和名誉主席、中国舞协新疆分会主席。

〔康殷·古文字学家·同夫人任兆凤编纂《印典》出版〕　1993年，由古文字学家、书画篆刻艺术家康殷及夫人任兆凤历经35年呕心沥血精心编纂而成的大型古玺印工具书《印典》出版发行。《印典》共分四册，收入历代古玺印拓片五万余方，汇集古印谱一百余种，被认为是古玺印方面空前的大型工具书，为研究学习篆刻、书法及古代史所必备的工具书。

康殷，别署大康。1926年6月生于辽宁义县，祖籍河北乐亭。幼喜书法、绘画、篆刻，曾在吉林师范大学学习绘画。青年时期从事文物工作，苦心研习古金文、秦篆、绘画、雕塑等，并攻书法、篆刻。金文作品苍劲浑厚，楷书雄劲开张。1956年始，作品多次入选国内外大型书法展览并见于报刊。1987年5月在中国美术馆率弟侄四人举办"五康"书画展。一些报刊称大康"是当今中国极少有的集古文字、古玺印研究、书法、篆刻、绘画于一身的通才。"1945年，康殷19岁时结识了任兆凤女士，成为与他风雨同舟几十年的好伴侣。

大康曾任广州中山图书馆负责人，有缘结识了古文字前辈容庚与商承祚先生。大康把存于心中多年的编辑古印玺的愿望告知他们，两位先生深知此举的艰难，认为这一浩繁的工作不是一人一家所能完成的。但大康此心终未泯灭。1958年，他辞去广州中山图书馆的工作，携夫人回京在香山定居，一住就是27年。康殷靠绘画所得稿费过着清苦的生活，为的是能掌握自己的时间习字刻印，收集印拓。大康夫妇广搜博集，包罗数百年的印谱，并将印拓、印文按字典一样编排。直至1966年夏完成初稿，为16大册。"文革"中，他的一位在公安局工作的朋友冒着风险，机智地保护了《印典》初稿，使之免遭焚毁。1976年，大康家由香山搬进了城南的一套小三居。夫妇俩尽量避开诸多的社交，继续对印典原稿重新审定，做诸多增补，最后将16本皇皇巨制分为四册。当《印典》第一册付印时，大康给老妻任兆凤刻两方姓名印，以示纪念。印边款曰："内子佐予辑印典一书，先后历27年，含辛茹苦，今首卷付梓，即将面世，因以二石勒名记之——天民。"（大康常自称"天民"）。他在《大康印稿》中赋诗以自嘲，诗曰：

苦辣酸甜六十年，艺术书苑两茫然。
神游三代窥真史，梦获秋文扰圣坛。
小技不堪凭世用，微躯犹幸得天怜。
春风今日吹华发，将隐王城乐晚闲。

康殷辑有《汉隶七种选临》、《郑羲下碑》、《张猛龙碑》、《隋墓志三种》、《古图形玺印汇》及友人手拓《大康印稿》。著有《古文字形发微》、《古文字学新论》、《文字源流浅说》、《说文部首铨释》等。大康亦擅国画。现为首都师范大学研究员，中国书法家协会理事，中国美术家协会会员，秦文学会副会长。

〔**章申·化学地理学家·当选中国科学院学部委员**〕　中国科学院地理研究所研究员章申，1993年12月当选为中国科学院地学部学部委员。

章申，1933年10月24日生，江苏省常熟市人。1956年毕业于南京农学院土壤农化系，1958年南京大学化学系研究生毕业。1962年获苏联莫斯科大学生物土壤学副博士学位。现任中国科学院地理研究所研究员、学术委员会主任，中国科学院环境研究委员会副主任，中国环境学会学术委员会主任和环境地学专业委员会主任，中国地理学会环境地理和化学地理专业委员会主任，国际科联环委会成员，欧洲科学与艺术科学院成员，国际职业病与环境研究中心成员。

章申是我国微量元素化学地理和环境科学开拓者之一，首次揭示珠峰冰、雪、水中氢氧等同位素的含量和分布及分馏规律。在国内率先从生物地球化学观点，开展和推动研究环境中元素分布和阐明各类地方病的分布规律，从而为我国医学地理学的研究开创了新路。建立了严格的质控体系，全面揭示长江水系5800余个水、泥、生物样中约30种微量元素背景值、空间分布、形态分配、在湖泊沉积物中的历史演变规律，工作规模之大、综合性之强、测定元素之多，在世界同类工作中是罕见的，其成果经鉴定达到国际领先水平。在调查实践的基础上，提出了生物地球化学质量比概念，新的化学元素地球化学生态学分类，生物地球化学省的技术成因说以及我国生物地球化学省的划分方案，促进了我国化学地理学的理论研究。

〔**章翔·神经外科专家·科研成果获军队科技进步一等奖**〕　第四军医大学附属西京医院神经外科主任章翔主持完成的《创伤性脑水肿机理与救治研究》科研项目，获1993年军队科技进步一等奖。他对颅内肿瘤的基础与临床研究卓有成效，尤其是对颅内多发性、巨大脑膜瘤采取"一刀切两瘤"的新术式，获得成功，开创了世界医疗技术在神经外科领域的先例。

章翔，1951年12月生于湖南长沙。1973年毕业于湖南医科大学医疗系。1979年考入第四军医大学，攻读神经外科学硕士学位。在导师易声禹教授的指导下，他瞄准世界神经外科技术前沿，把攻克创伤性脑水肿机理和神经系统肿瘤作为重点研究课题。他的《内囊——基底节区急性脑受压实验研究》学术论文，在国内第一个提出并解决了大脑深部受压不同时期病理生理和颅内压变动科学这个基础理论难题，在中华医学杂志发表，并被选送到中国第一届神经外科学术大会和亚澳地区第六届国际外科学术大会上报告，受到国内外同行的赞扬。近年来，发表论文百余篇，参加编写《实用颅脑损伤学》等专著3部，获军队和国家科技进步二等奖5项，三等奖6项；他对脑胶质细胞瘤的研究造诣较深，获得国家2项自然科学研究基金资助。1991年至1992年，章翔作为访问学者去奥地利留学。留学期间，他在欧洲神经外科中心对脑胶质细胞瘤作了系统研究，研究论文分别在国际学术大会报告。回国后，他将研究成果和先进设备服务于广大伤病员。10多年来，他成功地完成了颅脑脊髓等疑难、复杂病症手术2000余例。目前，他承担国家和军队"八五"重点科研攻关课题5个，有的研究项目已获重大成果。

章翔是中华医学会理事、中华医学会陕西外科学会副主任委员，西北五省（区）神经外科学会秘书长，奥地利医学会会员，国际脑水肿研究会会员。1990年被破格晋升为教授，1992年被国家人事部和总政治部批准为"国家有突出贡献的优秀中青年专家"和国务院批准的"为发展我国医疗卫生事业作出突出贡献的专家"。

〔**章孝慈·台湾法学家·率团赴大陆参加学术会议**〕　蒋经国之子、台湾东吴大学校长章孝慈，应邀于1993年8月20日率台湾法学学者专家60多人赴大陆，参加由中国政法大学在京举办的《第二届海峡两岸法学学术"研讨会"。首届研讨会是1992年11月下旬在台湾省台北市举行的，当时中国政法大学校长陈光中教授等11人抵台与会。

章孝慈此次大陆之行，在岛内外格外引人瞩目，这不仅因为将有利于进一步加强海峡两岸法学的交流和繁荣，而且还因为章是台湾蒋氏家族、蒋家第三代40多年来首位重返大陆的人。

研讨会于8月25日结束，章孝慈称此次会开得成功、圆满。他认为两岸法学界的交流在目前非常重要，强调只要彼此坦诚交流，密切合作，可化解陌生，寻求一条共荣之路。并与中国政法大学等校签订学术交流计划。在京期间，中共中央总书记江泽民等人会见了他。

章孝慈与孪生哥哥章孝严(现任台湾“侨务委员会”委员长)，是章亚若与蒋经国在赣南时相爱于1942年所生。章氏兄弟出生仅半年时间，其母就猝然病故，葬于桂林市郊马鞍山凤凰岭。章孝慈兄弟从母姓，由外祖母抚养成人。八十年代初，章氏兄弟身份爆光后，他俩直言不讳，自称其父为蒋经国，祭扫生母坟墓之情日甚一日。他们寄书美国，托亲友设法与大陆联系，探寻母墓地址，并亲自为母墓设计图样、撰写碑文，汇款修葺。1989年12月修墓完工。章氏兄弟早已托人将其母坟前的黄土带到台湾，章孝慈将自己的那把土盛在小瓶中，置于母亲像前，时时祭拜。

今年9月5日，章孝慈终于如愿以偿。当日上午，他身着黑色西服，胸前戴着白花，冒着滂沱大雨，流着泪、哽咽着缓缓向墓地走去。他跪在其母墓前，再三叩首，在“恭读祭文”时泪如雨注，泣不成声：“……两家九口，独我来斯。外婆吾父，魂应相随……我悲我母，九迴断肠。我思我母，山高水长”。

章孝慈，浙江奉化人，成长于台弯新竹县。新竹中学毕业后，1961年进东吴大学中文系、法律系读书，获双学士学位。后留学美国，获南美以美大学政治学硕士学位、杜兰大学法学硕士学位，1978年获杜兰大学法学博士学位。返台后，曾任东吴大学法律系副教授、主任、法学院院长，“教育部”咨询委员，“内政部”咨询委员，“经济部”法规委员会委员，东吴大学教育长。1992年2月后出任东吴大学代理校长、教授、校长。是国民党第十三届中央委员、台湾“国大代表”。

章孝慈学有所长，喜爱读书，好学不倦，不时于电视、报刊发表时事评论，并多次参与台湾重要法律之研究起草工作。他表示将辞去台湾“国大代表”之职，不再竞选国民党十四届中央委员，以免分散精力。将专心致力于教育事业，把东吴大学办好。

〔阎海旺·当选甘肃省省长、中共甘肃省委书记〕　在1993年1月16日举行的甘肃省八届人大一次会议上，阎海旺当选为甘肃省省长。同年12月22日，中共甘肃省委八届一次全会选举阎海旺为中共甘肃省委书记。

阎海旺，1939年生，河南郑州人。1965年毕业于哈尔滨建筑工程学院建工系。1966年加入中国共产党。历任建筑工程部第三局第三公司生产办公室副主任、第一处主任，甘肃省第一建工局第二公司党委副书记、公司经理，甘肃省城乡建设厅厅长。1987年任甘肃省副省长。1988年任中共甘肃省委副书记。是中共第十四届中央候补委员。

〔梁卫·广西半宙制药集团公司董事长·被评为第四届“中国十大杰出青年”之一〕　由中华全国青年联合会、中国青少年发展基金会与《人民日报》等首都十家新闻单位联合主办的第四届“中国十大杰出青年”评选，1993年10月5日在北京揭晓。梁卫被评为“中国十大杰出青年”之一。

梁卫，1957年1月生，现任广西半宙制药集团公司董事长、总经理，兼党委书记。半宙集团的前身是广西钦州市罐头食品厂，1988年已累计亏损500多万元。梁卫中标承租该厂后，立即调整产品结构，兴办制药厂，当年投产产值即达200多万元，利税30多万元。梁卫认为，要搞好企业，科研人员是第一要素。他当初接手的罐头厂有240多名职工，只有3个中专生，很多职工没读过书。梁卫说，资金紧张只是暂时困难，关键是要提高人的素质。他第一件事就是招贤才，搞培训，现在厂里有职工751人，科技人员就达235人。经过5年奋斗，原亏损500万元的企业发展成为中外合资的集制药、食品、科研、商贸、旅游等业于一体的、颇具实力的企业集团，还开发了一批名、优、特新产品。仅制药一项开发的产品就有100多个，其中“大力神”口服液多次在国内外评比中获奖，是一个全国公认的名牌产品，他曾独立主持庆大针剂项目、综合制剂大楼项目的可行性研究和评估。

梁卫敢于打破企业内部的所有制框框，在原国营企业的基础上，和伙伴们先后创办了集体性质的分厂、中外合资公司、民办的科研机构和归属乡镇企业的工贸公司。他实施“科技兴厂，名牌当家，规模发展”的经营战略，每年都投资巨款支持科研开发新产品，不断提高全公司职工的科技含金量。1993年5月，广西“百强”工业企业评选爆出冷门：名不见经传的广西半宙制药集团公司，按利税排名，居“百强”第39位。

〔梁灿彬·教授·获曾宪梓教育基金一等奖〕

1993年12月27日，在北京人民大会堂举行的曾宪梓教育基金首次颁奖大会上，北京师范大学教授梁灿彬因其在教育实践中突出成就，获得高等师范教师一等奖(奖金8万元)。曾宪梓教育基金会是香港爱国知名人士曾宪梓先生为资助内地教育事业，于1992年捐资一亿港币与国家教委合作成立的。在第一次颁奖中，全国共有1000名师范院校优秀教师获奖，其中一等奖20名，二等奖100名，三等奖880名。

梁灿彬，广东省中山县人。1938年1月9日生，四个月后随父母迁居澳门，1952年回广州考入省立广雅中学，1955年考入北京师范大学物理系，1959年毕业后留校任教。1960年因实验课教改成功被评为学校先进工作者。1963年起正式主讲电磁学。他写成的《三相鼠笼电动机》一书出版后，倍受读者欢迎。1980年由他主编并主要执笔的《电磁学》一书，获国家教委首届优秀教材一等奖。1981～1983年在美国芝加哥大学费米研究所任访问学者，从事广义相对论研究，与国际一流学者合作和发表重要论文两篇。1987年4月，应邀到设在意大利的国际理论物理中心任访问学者。他在国际、国内重要刊物上发表论文30余篇。1986年起应邀任美国《数学评论》杂志的评论员。1987年起任中国高科技协会协联成员。由他主要执笔参与撰写的《黑洞、奇点及宇宙论》一书，1986年获国家教委科学进步一等奖。在教学方面，他除了承担本科生的教学工作外，还开设了4门研究生课，在讲授方法上形成自己独特的风格。他曾应邀在全国各类高校教师研讨班讲学20多次。1986～1988年他先后被评为优秀教师及教书育人先进个人，1989年获首届高校优秀教学成果国家级特等奖，1990年获国家级"有突出贡献的中青年专家"称号。1987～1991年任北京市海淀区政协副主席，现任北京市政协委员，北师大校务委员、物理系学术委员会副主任等职。

〔梁启超·戊戌维新运动的著名领袖·《梁启超》传记出版〕 记述我国近代著名启蒙思想家和政治家、戊戌维新运动领袖梁启超一生经历的传记著作《梁启超》，1993年由大连海运学院出版社出版。

梁启超，字卓如，号任公。1873年生，广东新会人。1887年入广州学海堂就读。1889年考中举人。1890年入京会试未中。归途于上海阅读西方书籍，开始接受西学。回广州师从康有为，对其维新思想倾慕拜倒。参与协助康有为编撰《新学伪经考》、《孔子改制考》等重要著作，是康有为弟子中最杰出的一个。1895年赴北京会试，当时甲午战争失败，随康有为等联合会试举人上书光绪皇帝，要求拒签和约。8月参加强学会、参与主办《中外纪闻》。1896年应邀到上海担任《时务报》主笔，并编辑《西政丛书》，宣传维新变法，发表《变法通议》等论文，成为维新运动中最有影响的宣传家，是康有为最得力的助手。1897年任长沙时务学堂总教习，宣传资产阶级民权学说。1898年到北京协助康有为组织保国会，同年受六品衔参与筹办京师大学堂和译书局，积极宣传推动戊戌变法运动。戊戌变法失败后逃亡日本，在横滨创办《清议报》，抨击慈禧太后，宣传改良，主张保皇。1902年2月创办《新民丛报》，介绍西方社会政治学说，鼓吹民权，批判封建专制制度，对当时国内知识界影响很大。1905年8月后，宣传保皇立宪，反对孙中山为代表的革命派主张，与中国同盟会创办的《民报》展开论战，受到革命派的批判。1907年在东京组织政闻社，企图推动清政府实行君主立宪。1911年辛亥革命后，继续宣传"虚君共和"。1913年初从日本回国到北京，加入共和党，后又加入进步党，拥护袁世凯，任北洋政府司法总长。1915年袁世凯复辟帝制后，他策动蔡锷逃离北京，潜伏云南组织护国军反袁。1916年春夏先后任两广护国军都司令部总参谋、两广都司令部参谋、南方军务院抚军兼政务委员长，不久辞职到上海。袁世凯死后，与汤化龙等组织"宪法研究会"，结成研究系，依附北洋军阀。1917年到北京任段棋瑞政府财政总长。1918～1920年赴欧洲游历参观。五四运动后，提倡民主与科学，批判封建文化，倡导"诗界革命"和"小说界革命"。著述文笔流利畅达，为学界推崇。但他反对马克思主义学说在中国的传播。1925年任北京清华研究院教授。1926年春任北平图书馆馆长。1929年1月19日因病在北平逝世。其著作编为《饮冰室合集》共148卷。

〔梁思礼·火箭控制系统专家·当选中国科学院学部委员〕 航天工业总公司科技委研究员梁思礼于1993年12月当选为中国科学院技术科学部学部委员。

梁思礼，1924年8月24日生，广东省新会市人。1945年美国普渡大学毕业，获学士学位；1947年美国辛辛那提大学硕士研究生毕业，获硕士学位；1949年获博士学位，同年回国。历任国防部第五研究院副主任，七机部一院12所副所长、所长，七机部一院副院长，航天部总工程师。现任航天工业总公司科技委副主任。

六十年代初，梁思礼担任我国第一个自行研制的中近程运载火箭控制系统主任设计师；把无线电横向控制改为惯性制导，采取仰角补位、提高鲁棒性等技术措施，为多种后续型号采用全惯性制导方案奠定了基础。并在某重要试验中解决了一些电磁兼容问题。六十年代末期起，担任运载火箭的副总设计师，大胆提出并采用了平台——计算机制导方案，还首次用箭上计算机进行地面测试。该火箭系统获1985年国家科技进步奖特等奖。七十年代末，开展并领导了捷联系统的研制并获得试验成功，八十年代推广应用于多种型号火箭。参加了发射澳星用的“长二捆”火箭的设计方案评审和故障分析，并通过地面试验，使故障问题得到了彻底解决。九十年代初，领导组织分析并解决了火箭发射试验中的精度超差问题，促进了三个型号的研制工作。1987年被选为国际宇航科学院院士。还领导、组织设计了配套的CAMAC元器件及系统，解决了火箭及卫星测试设备的模块化、标准化和通用化问题。该成果获航天部科技进步奖一等奖、国家科技进步奖二等奖。发表主要论文，研究技术报告11篇。

〔梁艳红（女）·养路工班长·获全国“五一”劳动奖章〕　素以“铁妹子”著称的湖南省安化县公路段把关坳养路工班班长梁艳红，长期扎根山区，从事砂路养护工作，艰苦奋斗，默默奉献，12年完成了29年的工作量，创造了突出成绩，1993年5月，被全国总工会授予全国“五一”劳动奖章。

梁艳红，湖南安化人，1963年11月生，1980年12月刚满17岁就报名在本地当了一名养路工。1989年12月，她自荐到工作艰苦、条件较差的后进单位——丹竹溪工班任班长，1991年2月把关坳女工班成立，她又到把关坳工班工作。这两个工班的养护路段位于五龙山区，海拔1500米以上，有一半路段是陡坡急弯，有一半是峡谷险道，原来的好路率不到50%，生活条件差，养护任务重，许多人都不安心在这里干，可梁艳红却非要在这里干出名堂不可。按规定，每个工班8个人，梁艳红在这两个工班任班长的三年中，都是4个人，却完成了8个人的生产定额——10公里砂路的养护任务。她刚任把关坳工班班长不久，安化县连下暴雨，发生特大山洪，她们养护路段，有四分之三遭受洪水破坏，塌方4200多立方米。一般予计需要3个月和上万元的经费才能修复。但梁艳红在困难面前毫不退缩，率领3名工人，吃住在工地，昼夜奋战，两次病倒，仍坚持不下工地。经10个昼夜奋战，疏通了公路，一个月恢复了路况，没有花一分钱，受到县政府的表彰。

为了提高劳动生产率，她率先在工班推行定人、定量、定质和按量按质付酬的“三定一计”劳动定额管理的制度，打破了长期存在的“大锅饭”，使劳动工效提高1.5倍。几年来，地、县组织的28次大的路况检查考核中，她所在的两个班22次夺得第一。参加工作12年来，她放弃了全部法定假日，上贡献班736个；担任义务炊事员、饲养员折合工日4380个，任班长3年中，4人完成8人的生产定额，她个人超额完成工日1095个，共计6211个劳动日。工作12年相当于完成29年的工作量。由于梁艳红工作成绩突出，先后8次被评为先进工作者、工班班长标兵、“三学”标兵，3次记大功奖励，1992年被湖南省授予“十佳养路工”称号。

〔梁振杰（女）·大连渤海大酒店大堂主任·被评为全国十佳青年服务明星之一〕　1993年10月，历时两年多的全国商业系统“文明经营、优质服务、争创效益”活动落下帷幕。在这次活动中产生的“全国十佳青年服务明星”，10月12日在北京披红戴花，接受党和人民授予他们的荣誉称号。辽宁省大连渤海饭店集团渤海大酒店前厅部副经理兼大堂主任梁振杰，继一年前荣膺“全国最佳服务员”称号之后，再度获此殊荣。同时，共青团中央和国内贸易部还分别授予她“全国新长征突击手”和“全国商业劳动模范”称号。

梁振杰，辽宁省海城县人，1966年9月出生，大专文化程度，1985年7月参加工作，当过门厅接待员、客房服务班长和大堂主任，1991年4月加入中国共产党。她参加工作仅8年，在饭店的光荣榜上，标兵像已挂了5年。她多次被评为市服务明星、市财贸系统标兵，辽宁省最佳服务员，4次被评为大连市劳模，还是省优秀团员、省学雷锋积极分子、省新长征突击手、省“三八”红旗手，获得的荣誉有40多项。

梁振杰在旅游服务岗位上，苦练基本功，不解地探索各种服务方法和技巧，逐步摸索出5个为宾客提供最佳服务的途径。

——搞好客房的“变样服务”。她要求职工勤观察客人的工作及活动规律。客人一离开房间，她就组织服务员检查房间，对客人动过、用过的设备用具按规范程序进行整理，并只在几分钟内完成。这种服务受到客人普遍欢迎。

——搞好“细微服务”。她从实际出发，根据不同情况灵活安排打扫房间卫生的时间。她极其细致，大到不同类型客人的作息习惯，小到客房针线包里针的型号、线的颜色长度，以至不同时节咖啡的理想温度，都是她研究的对象。

——搞好“超前服务”。在给客人安排房间时，根据不同客人的潜在需求搞好服务。此外还增加了代切西瓜、送水果、挂鲜花等服务项目。一位港商住后来信说:"我到过世界许多国家。你们的设备虽然是二流的,但服务却是一流的。"

——搞好"应变服务"。遇到极少数人寻衅,她都能巧妙地避开对立面,耐心引导,使其自责,最后使客人的面子和饭店的利益两全。

——搞好"重点服务"。对一些特殊的客人,她以特殊的方式提供特别服务。一位只身来到大连的孕妇,在她的帮助下顺利分娩。她还搭救过一些轻生的女子。

梁振杰转遍并熟记了全市的每一条街道,小本上满满地记载着各种地名,以及各机关、学校、工厂的位置、电话号码,还记住了车、船、飞机的路线和时刻表。由于她服务周到细致,先后收到各种感谢信、表扬信数百封。

〔梁敬魁·物理化学家·当选中国科学院学部委员〕 中国科学院物理研究所研究员梁敬魁于1993年12月当选为中国科学院化学部学部委员。

梁敬魁,1931年4月28日生,福建省福州市人。1955年毕业于厦门大学化学系。1960年于莫斯科苏联科学院冶金研究所研究生毕业,获苏联科学院技术科学副博士学位。现任中科院物理所研究员。

梁敬魁长期在晶体结构化学、材料科学和固体物理三个学科的交叉领域方面做研究工作,对无机体系功能材料的合成、相关系和晶体结构的前沿性基础课题进行系统的研究,在多晶X射线晶体结构分析和点阵常数的精确测定方面形成了自己的研究特色。主持完成属首创、目前仍然被采用的"核试验瞬时过程测温装置"的研究。提出了从第一条衍射线的d值确定超导体结构类型和原子粗略位置的简便方法。发现并从晶体结构的观点指出在铊系存在一系列不同C值的超导相,随后测定了铊系八种超导相分属两种类型的晶体结构。应用晶体点阵常数的精确测量,发现了在Cu—Au二元系中观察到一系列新的超结构现象,并从结构与组份关系和热力学的观点进行了解释,丰富了有序化超结构相的形成的实验和理论。系统地测定了大量相图,被国内外相图汇编收集,并在我国开辟了相图在单晶生长中的应用,成功地用熔盐提拉法生长偏硼酸钡低温相(BBO)单晶体,解决了BBO生长的原理和实践问题。提出从非晶态合成难以合成的物相或获得具有某种性能的亚稳相,在常压下成功地获得通常必须在高压下才能合成的r—$LIBO_2$。共发表论文170余篇。

〔梁漱溟·已故著名爱国民主人士·《梁漱溟先生纪念文集》出版〕 为纪念著名爱国民主人士、学者、社会活动家、教育家梁漱溟百年诞辰,中国工人出版社出版了《梁漱溟先生纪念文集》。文集收入了赵朴初、冯友兰、萨空了、费孝通等知名人士的纪念文章70余篇。

梁漱溟,1893年出生,广西桂林人。原名焕鼎,字寿铭。早年参加同盟会,投身辛亥革命,后潜心研究佛学。1917年后,应聘为北京大学主讲印度哲学。1924年辞去教职,到山东自办教育,从事乡村建设。曾任河南村治学院教务长,山东乡村建设研究院院长。抗日战争爆发后,任最高国防参议会参议员,国民参政会参政员,后参与发起组织"统一建国同志会",1941年改组为"中国民主政团同盟",任中央常务委员,并任其机关报《光明报》社长。1946年参加政协会议。建国后,历任全国政协委员、常务委员,中国文化书院院务委员会主席,中国孔子研究会顾问。是著名爱国民主人士、哲学家、教育家。1988年6月23日在北京病逝。著作有《东西文化及其哲学》、《印度哲学概论》、《人心与人生》及《梁漱溟教育论文集》等。

〔尉健行·中共中央纪委书记·作反腐败报告·当选全国总工会主席〕 1993年8月20日,在中共中央纪律检查委员会第二次全体会议上,中共中央政治局委员、书记处书记、中央纪委书记尉健行代表中央纪委常委会作了题为《适应新形势,深入反腐败,为全面贯彻党的基本路线服务》的报告。

尉健行在报告中提出反腐败的思路和对策包括五个方面的内容:一是反腐败要紧密结合重大改革措施和行政、经济决策的实施来进行。二是反腐败要抓好两方面的任务,一方面坚决惩处腐败分子,另一方面坚决克服各种消极腐败现象。三是反腐败必须加强法规和政策研究,及时规范行为。四是反腐败必须加强综合治理,既治标又活本。五是对广大党员、干部进行党的纲领、宗旨、理想、纪律和优良传统作风的教育,进行正确的人生观、价值观和道德观教育,增强党员、干部抵御拜金主义、享乐主义和极端个人主义等腐朽思想侵蚀的能力。

尉健行指出,当前各级党委和政府反腐败斗争要着重抓好三个方面的工作:一要加强对各级党政机关领导干部廉洁自律情况的监督检查。中央重申和提出以下要求:不准经商办企业;不准在各类经济实体中兼职;不准买卖股票;不准在公务活动中接受礼金和各种有价证券;不准用公款参与高消费的娱乐活动等。二要集中力量查办一批大案要案。重点是查办领导机关、领导干部和司法部门、行政执法部门、经济管理部门及其工作人员的违法违纪案件。三要狠刹几股群众反映强烈的不正之风。

1993 年 10 月 30 日，在中国工会第十二届一次执委会上，尉健行当选为全国总工会主席，张丁华、杨兴富、李奇生、刘珩、江家福、张国祥、方嘉德、薛昭鋆、滕一龙当选为副主席。

尉健行，1931 年 1 月生，浙江新昌人。1949 年 3 月加入中国共产党并参加工作。1949 年在大连工学院机械系学习。1952 年在东北工业部有色冶金管理局抚顺俄语训练班学习。1953 年在苏联乌拉尔卡明斯克铝加工厂学习企业管理。1955 年至 1966 年任国营东北轻合金加工厂生产计划科副科长、科长，一0 三车间主任，厂长办公室主任、厂生产总指挥、厂党委常委。1966 年"文化大革命"中受冲击，下放车间劳动。1970 年任东北轻合金加工厂生产部部长、厂革委会副主任，厂党委常委、副书记、厂长、厂党委书记。1980 年在中央党校一部中青年干部培训班学习。1981 年任中共哈尔滨市委副书记、哈尔滨市市长。1983 年任全国总工会副主席、书记处书记。1984 年任中央组织部副部长、1985 年任部长。1987 年起任监察部部长。是中共第十二、十三届中央委员，十四届中央政治局委员。

〔屠开元·骨科学家·被聘为中华医学会资深会员〕 1993 年 1 月 16 日，具有 78 年历史的中华医学会，正式宣布首批聘任 41 位在医学上有重大成就、德高望重的内外科专家为中华医学会资深会员。第二军医大学原副校长屠开元获得这一荣誉。

屠开元，祖籍浙江绍兴，1905 年 5 月出生于上海。1930 年毕业于德国柏林大学医学院，获医学博士学位。后在本校附属医院内外科各实习一年，又到奥地利维也纳大学医学院矫形外科专修四年。1937 年抗日战争爆发，他毅然回国参加抗战，任中国红十字会第三医疗队队长、中国红十字会救护总队附属医院矫形外科主任。1946 年赴美哥伦比亚大学医学院各矫形外科考察学习。次年回国，历任上海同济大学医学院矫形外科教授、附属中美医院矫形外科主任，兼任上海市第一、第六医院等单位的矫形外科顾问。1951 年参加抗美援朝医疗队顾问团工作。1955 年任第二军医大学急诊外科医院院长、第二附属医院院长、第二军医大学副校长，总后卫生部专家组成员等职。1980 年 1 月加入中国共产党。

屠开元在长期临床工作实践中，创立与形成系统的骨科伤病诊治方法。如在骨折手法整复的原则，骨折复位后用无衬垫石膏固定技术，用 Brown 氏架和 B—hler 氏架牵引，切除污染创面的清创术治疗开放性创伤等方面，都有独到之处。1948 年在国内首创"骨库"，有关论文发表于 1950 年《中华医学杂志》后，对全国开展骨科工作起到启迪和推动作用。50 年代末，经过多次治愈四肢严重创伤后，认为断肢再植有成活的可能，随即开始进行研究，于 60 年代初进行离断肢体再植术动物实验获得成功，并奠定了国内小血管吻合的基础，解决了再植肢体肿胀的难题，证实了断肢再植可以成活的科学理论，为我国创建断肢再植成功打下了理论基础，在国际上也有重要影响。解放军总后勤部曾给他记一等功。此外，他在脊柱骨折的复位外固定及脊柱骨折脱位伴脊髓损伤施行开放复位等方面，都有自己的独特建树，并取得了重要成就。

屠开元历任中华医学会理事、骨科学会委员，《中国外科年鉴》顾问，中国伤残福利基金会名誉理事，总后卫生部第五届科技委员会荣誉委员，全国矫形外科研究会顾问组名誉组长，第三、五届全国人大代表，第五届全国政协委员等职。

〔彭冲·第七届全国人大副委员长·谈过去五年人大工作重要特点〕 1993 年 3 月 20 日，在第八届全国人民代表大会第一次会议上，彭冲代表第七届全国人大常委会作工作总结报告时指出，过去 5 年中，严格按照法律规定和程序办事，是人大工作的重要特点。

彭冲说：常委会对监督工作从程序上、制度上作出了一系列规定，完善了代表工作制度。如坚持每次常委会会议围绕经济建设和人民群众关心的热点问题，听取和审议国务院和最高人民法院、最高人民检察院的工作汇报；每年第三季度听取国务院关于计划和预算执行情况的汇报。制定了代表法，对代表的地位、权利、义务作出了具体规定。继续坚持全国人大常委会同地方人大常委会共同联系全国人大代表的制度。审议和办理代表议案和建议的工作逐步制度化。七届全国人大一次会议以来，代表共提出议案 2226 件；建议、批评和意见 17693 件，都已得到答复。制定了议事规则和各项工作规则，使全国人大行使职权的民主程序更加规范化，同时也提高了全国人大的议事效率，完善了职能。

彭冲还介绍了第七届全国人大及其常委会在过去 5 年里的立法工作。共通过了宪法修正案和 59 部法律、27 个关于法律问题的决定。彭冲说，为适应改革开放和社会主义现代化建设事业的需要，第七届全国人大常委会加强了立法工作的计划性，组织了各方面力量参与法律的起草工作，借鉴了国外的立法成果和立法经验。他同时指出，“现在规范市场经济主体行为、维护市场经济秩序和完善宏观调控的一些急需的法律还没有制定出来，因此，加快立法刻不容缓。”

彭冲在谈到法律监督的情况时说，第七届全国人大常委会把法律制定后的监督检查放在了与制定法律同等重要的地位。5年来，常委会和全国人大各专门委员会先后对31部法律和6个决定的执行情况，组织了53次检查，对执法检查中发现的问题，督促有关部门加以解决。全国人大常委会工作机构受理人民来信39万多件，接待人民来访6万余人次，督促纠正冤假错案700多件，处理群众揭发的违纪案件400多件。这些工作对于维护法制的尊严和统一，保障有关法律的正确实施，起到了很好的作用。

彭冲，1915年生，福建漳州人。1933年加入中国共产主义青年团，次年转入中国共产党。曾任中共漳州地区工委组织部长，当先县委书记，新四军团政治处主任，中共泰州县委书记，华东野战军六纵队师政治部主任、副政委。新中国成立后，历任中共福建省委秘书长、统战部部长，中共中央华东局统战部副部长，中共南京市委第一书记，南京市市长，中共江苏省委书记处书记、第一书记，江苏省革命委员会主任，南京军区第二政委，中共上海市委第三书记，上海市革命委员会第二副主任，上海市第五届政协主席，中共上海市委第一书记，上海市市长，第五届全国政协副主席，第二至四届全国人大代表，第五、六届全国人大常委会副委员长，第七届全国人大副委员长兼秘书长。是中共第九、十届中央候补委员，第十一届中央政治局委员，第十二、十三届中央委员。1993年6月29日，中华见义勇为基金会在北京成立，彭冲和陈丕显、刘复之为基金会名誉会长。这个基金会是为表彰和奖励在与违法犯罪及灾害事故的斗争中涌现出的先进人物而建立的。

〔彭明治·原解放军武装力量监察部副部长·在北京逝世〕　1993年5月10日，彭明治因病在北京逝世，终年88岁。

彭明治，1905年生，湖南常宁人。1924年入黄埔军士教导队学习。次年加入中国共产党。参加了讨伐陈炯明的两次东征和北伐战争。曾任国民革命军叶挺独立团排长。1927年参加南昌起义。起义军南下广东后，在三河坝战斗中负伤，与党失去联系。1930年参加中国工农红军。次年重新加入中国共产党。先后任红三军直属队排长、连长、教导队队长，第十九、二十团副团长，第二十六团代理团长，红一军团一师参谋长。参加了中央革命根据地反“围剿”和长征。1936年入陕北红军大学学习。抗日战争时期，任八路军一一五师六八五团参谋长、团长，苏鲁豫支队司令员，新四军三师七旅旅长。参加了平型关战斗，后率部参加了曹甸、山子头、保安山、淮安等战役战斗。解放战争时期，任东北民主联军第三师七旅旅长，第二前线指挥所副司令员，第四野战军十三兵团副司令员兼参谋长，后兼南宁警备司令员。先后参加四平保卫战和辽沈、平津、衡宝、广西等战役。中华人民共和国成立后，任驻波兰大使，河北军区司令员，解放军武装力量监察部副部长。是第一、二、三届全国政协委员，第四届全国人大代表，第五届全国人大常委会委员，中共十三大、十四大特邀代表。1955年被授予中将军衔和一级八一勋章、一级独立自由勋章、一级解放勋章。1988年7月获一级红星功勋荣誉章。

〔彭宝林·民警·被追授全国公安战线一级英模称号〕　1993年8月10日，公安部发布命令，追授广东省惠阳县公安局淡水派出所民警彭宝林“全国公安战线一级英雄模范”称号。9月18日，命名表彰大会在广东省惠阳县隆重举行。

1993年5月间，在与香港隔水相望的惠阳县淡水镇，发生了一起令人震惊的警匪枪战：淡水派出所干警击毙香港警方正在追捕逃来淡水的一个黑社会头子，一举摧毁当地的黑社会团伙。公安干警彭宝林在战斗中壮烈牺牲。

为了给5月在惠阳举办的“’93经贸洽谈会”创造良好社会环境，县局对全城出租屋、旅店进行集中清查。5月14日上午，彭宝林等13名干警清查到塘边村11号出租屋。据群众反映，这里常有可疑男女进出，情况较复杂。这里的租住者就是化名藏匿的香港通缉要犯廖煌玉。当治安队员周志科进入廖犯住室核查时，廖犯突然从枕下摸出一支“五四”式手枪迅速上膛后对准周志科。正在对面房间清查的彭宝林闻声，立即掏枪上弹冲过来，见周志科已被案犯劫出大厅。他喝令案犯把枪放下，廖犯立即把周志科当人质，掉转枪口对准彭宝林。廖犯气焰十分嚣张，一再威胁彭宝林把枪放下，企图劫持周志科逃脱。当案犯扭头后顾的瞬间，彭宝林一个箭步猛然扑向案犯。廖犯疯狂地扣动扳机，子弹穿过彭宝林的腹部，他顿时血流如注，昏倒在地。这时，周志科奋不顾身将案犯扑倒在地，彭宝林奇迹般清醒过来，举枪瞄准廖犯连开数枪，分别击中廖犯头部和肩胛，廖犯当场毙命。紧接着，干警们又勇猛地擒获黑社会团伙主要成员数人。彭宝林因失血过多一直昏迷，医务人员为他输了18000毫升血，但终因伤势过重，抢救无效，停止了呼吸。

这次战斗，警方在“出租屋”缴获手枪、炸药、自制炸弹、大刀、匕首等一批武器弹药。经公安机关查明，廖犯系香港黑社会头目，曾抢劫银行，刑满后又屡屡作案，为香港警方通缉。廖犯潜回大陆后，又纠集一批亡命之徒，组织黑社会性质团伙，大量制造杀人凶器，连续作案，是公安机关正在追捕的重犯。这次战斗在香港引起强烈反应。彭宝林牺牲后，香港各新闻媒体在显要位置、以大字标题披露了这起枪战事件，高度评价了我公安机关的强大威力和公安干警的英勇壮举。

彭宝林，1968 年 2 月出生在广东惠阳县马鞍镇，1984 年高中毕业后参军，在广西武警部队服役期间多次受嘉奖，加入了中国共产党。服役期满后回到故乡惠阳，1991 年被招聘到淡水派出所当干警，多次出色完成任务，仅一年多便成了所里独挡一面的骨干。他参与办案近 150 宗，无任何差错。

彭宝林的事迹在惠州引起强烈反响。其亲属先后获得各级政府和公安机关赠送的慰问金 47 万元，并获得各界人士和人民群众捐赠的慰问金 8 万多元。彭宝林所在的淡水派出所获县政府颁发的奖金 10 万元。

〔彭珮云(女)·任国务委员兼国家计生委主任·谈计划生育是长期基本国策〕　1993 年 3 月 29 日，根据第八届全国人民代表大会第一次会议的决定，彭珮云被任命为国务委员兼国家计划生育委员会主任。

《瞭望》周刊 1993 年第 12 期发表了彭珮云关于我国计划生育工作的谈话。她说，人口多、耕地少和底子薄，是中国实现四个现代化必须看到的重要特点。人多有好的一面，也有不利的一面，在生产还不够发展的条件下，吃饭、教育和就业都成为严重的问题，我们要大力加强计划生育工作，即使若干年后人口不再增加，人口多的问题在一段时间内也依然存在。彭珮云强调说：“这就决定了中国计划生育这个基本国策也应当坚持一百年不动摇。虽然计划生育的具体政策会随着情况变化而有所调整，但在当前和今后一个相当长的时间内，我国必须实行严格的控制人口增长的政策，在人口生产上决不能放任自流。”

彭珮云还说：中国 20 年来积极推行计划生育，中国妇女的生育率已经降到了较低水平。1991 年中国妇女总和生育率为 2·2，比世界上其他不发达地区的平均水平 4·6 低得多。1992 年虽然处于建国以来第 3 次人口出生高峰的峰顶，但中国的人口出生率仍有所下降，在当前和今后一个长时间内，我国仍面临着以下几个主要的人口问题：首先是人口规模大，每年净增人口多。目前我国存在着一个庞大的育龄人群。九十年代平均每年出生人数仍将为 2300 万，平均每年净增人数仍将为 1500 万。第二、人口质量不高。据第 4 次人口普查结果，全国 15 岁以上人口中还有 1·8 亿文盲、半文盲，占人口总数的 15·88%。第三、人口结构方面也存在不少问题。1991 年末，全国 60 岁及 60 岁以上的老年人口已达 1 亿人；本世纪末将达 1·3 亿人。农村人口比重大，1990 年占总人口 73·77%。这对实现四个现代化和控制人口数量、提高人口质量都是不利因素。彭珮云最后说，我们一定要认真贯彻执行党和国家的决定，继续抓紧抓好计划生育工作。

彭珮云，1929 年 12 月生，湖南浏阳人。1946 年 5 月加入中国共产党。1945 年在西南联合大学社会系学习并参加民主青年联盟，后在南京金陵大学外文系学习。1947 年在清华大学社会系学习并任中共支部书记、总支委员。1949 年在清华大学任中共党总支部书记。1950 年任北京市委组织部学校支部工作科干事。1953 年任北京市委高等学校委员会常委、办公室主任。1959 年任北京市委大学科学工作部大学组组长、市委高等学校工作委员会委员。1964 年任北京大学党委副书记。“文化大革命”中受冲击，下放劳动。1975 年在北京大学政治部宣传组工作。1977 年任北京化工学院党委常委，革委会副主任。1978 年任国家科学技术委员会一局负责人。1979 年任教育部政策研究室主任。1982 年任教育部副部长。1985 年任国家教育委员会副主任。1987 年任国家教委副主任兼中国科学技术大学党委书记。1988 年后任国家计划生育委员会主任。1993 年兼任国务院所属议事协调机构——残疾人工作协调委员会主任，世界妇女大会筹委会主任。在中共十三大当选为中央纪律检查委员会委员，是中共第十四届中央委员。

〔彭嘉庆·广州军区原副政委·在北京逝世〕　1993 年 8 月 14 日，彭嘉庆因病在北京逝世，终年 84 岁。

彭嘉庆，1909 年生，江西吉安人。1928 年参加中国工农红军，1930 年加入中国共产党。曾任红三军九师二十五团排长、政治部宣传队队长、连长兼指导员，兴国教导二团政委，红九军团二十二师六十四团政委，红五军团直属一队党总支书记，第十三师三十七团营教导员，红五军团卫生部政委，红四方面军供给部政委，红五军供给部部长。参加了中央革命根据地反“围剿”和长征。抗日战争爆发后，任八路军一一五师卫生部政委，鲁东支队政委，鲁西军区苏鲁支队政委，第一一五师教导二旅五团政委，鲁南军区政治部主任，胶东军区政治部主任兼第五师政委。参加了平型关、广阳、白彦等战斗。抗日战争胜利后赴东北，任东北人民自治军第二纵队政委，东北民主联军第四纵队政委。1946年参与指挥新开岭战役。后任东北野战军辽吉军区副政委，辽北军区副政委兼政治部主任、司令员，辽西军区司令员，江西军区副政委兼政治部主任。参加了四保临江、辽沈等战役。中华人民共和国成立后，任炮兵副政委兼政治部主任，山东军区副政委，济南军区副政委，总后勤部副部长兼后勤学院政委，广州军区副政委、顾问。是全国政协第五届委员。1982年、1987年被选为中顾委委员。1955年被授予中将军衔和二级八一勋章、一级独立自由勋章、一级解放勋章。1988年获一级红星功勋荣誉章。

〔彭德怀·已故中华人民共和国元帅·九十五周年诞辰·传记出版〕 1993年5月6日，中央军委在人民大会堂隆重举行《彭德怀传》出版发行暨纪念彭德怀95周年诞辰座谈会，缅怀这位伟大的无产阶级革命家、政治家、军事家。

中共中央总书记、国家主席、中央军委主席江泽民和乔石、李瑞环、朱镕基、刘华清、胡锦涛，以及中央军委的领导同志出席了座谈会。江泽民在讲话中赞扬彭德怀是一位深受大家爱戴的老一辈无产阶级革命家，是我们军队德高望重的领导人之一，在几十年的革命生涯中，对党对人民对祖国赤胆忠心，坚贞不渝，一生光明磊落，襟怀坦荡，无私无畏，艰苦卓绝，体现出共产党人的崇高品德。他说，在我们党的历史上，在许多斗争的重要关头，彭德怀同志总是立场坚定，是非分明，以革命的利益为重，挺身而出，维护和支持以毛泽东同志为核心的党中央的正确领导和决策，排除“左”的或右的干扰，对推进党的事业的发展起了重要的作用。中共中央政治局常委、中央军委副主席刘华清在讲话中说，彭德怀同志是伟大的无产阶级革命家、政治家，是名震中外的军事家，是毛泽东主席、朱德总司令指挥全军的重要助手。他打过许多大仗、硬仗、恶仗，战功赫赫。建国以后，他长期主持军委日常工作，从国情和军情出发，提出和实施了一系列重大决策，为实现我军由单一陆军向合成军的转变，推进我军的现代化、正规化建设，做了大量开创性的工作。今天，我们纪念彭德怀同志，要认真贯彻邓小平同志关于新时期军队建设的思想，学习和发扬彭德怀等老一辈革命家的革命精神，继承老红军的传统，把我军建设提高到新的水平，完成党和人民赋予的神圣使命。中央军委副主席张震在纪念会上介绍了彭德怀光辉的一生。他说，彭德怀的一生，是光辉战斗的一生，是忠于党、忠于人民的一生，功勋卓著，业绩辉煌，为我们留下了非常丰富、非常珍贵的精神财富。彭德怀的光辉形象永远矗立在全党全军全国人民的心中。张爱萍、洪学智、方强也在座谈会上发了言。

全面记述彭德怀元帅76年生命历程的历史巨篇《彭德怀传》，已于5月初由当代中国出版社出版。全文50万字的《彭德怀传》以壮阔激荡的革命战争和历史场面，真实感人的人物思想和活动情节，再现了彭大将军横刀立马的英雄形象和忧时爱民的赤子心怀。

彭德怀，原名彭德华。1898年出生，湖南省湘潭县人。1916年入湘军。1922年考入湖南陆军军官讲武堂，毕业后在湘军任营长、团长。参加了北伐战争。1928年1月加入中国共产党。同年7月领导发动平江起义，任红五军军长，12月率部上井冈山。后任红三军团总指挥兼前委书记，中央革命军事委员会副主席，参与创建中央革命根据地，参加反“围剿”作战和二万五千里长征。红军到达陕北后，任陕甘支队司令员，红一方面军司令员，红军抗日先锋军司令员，参与指挥红军东征和西征。抗日战争时期，任八路军副总指挥（后改称第十八集团军，任副总司令），中共北方局代书记，中央革命军事委员会副主席兼总参谋长。解放战争时期，任西北野战军司令员，第一野战军司令员兼政治委员，中国人民解放军副总司令，中共西北局第一书记。中华人民共和国成立后，任中央人民政府革命军事委员会副主席，西北军政委员会主席，西北军区司令员，中共西北局第一书记，中国人民解放军副总司令，中国人民志愿军司令员兼政治委员，中华人民共和国国务院副总理兼国防部部长。1955年被授予元帅军衔。是第一、二届国防委员会副主席，中共第六、七、八届中央政治局委员。1959年在庐山会议上受到错误的批判和处理。1974年11月29日含冤逝世。1978年12月，中共十一届三中全会给彭德怀作了全面、公正的评价，沉冤得到昭雪。

〔斯琴高娃（女）·电影演员·主演电影《香魂女》获柏林国际电影节金熊奖〕 在1993年2月第43届柏林国际电影节上，斯琴高娃主演的《香魂女》受到评委和观众的一致好评，获得电影节最高奖——金熊奖。

斯琴高娃，蒙古族人，1950年出生于广州。三岁时，父亲因病去世，她随母亲回到家乡内蒙昭乌达盟。在母亲熏陶和影响下,斯琴高娃自幼就对艺术产生了浓厚的兴趣。十三岁时,她以自编自演的"盅碗舞"轰动学校和县城,十四岁时成为了内蒙古自治区歌舞团演员兼报幕员。

1978年,斯琴高娃初登银幕,在《归心似箭》中成功地塑造了抗日战争时期我国东北山区的一个劳动妇女齐玉贞而崭露头角,获得评论界的首肯。随后调入了八一电影制片厂,接连在电影《残雪》中饰贤惠、勤劳、深明大义的年轻妻子张秀云,《阿丽玛》中扮演大义灭亲的蒙古族妇女娜布其,《许茂和他的女儿们》中饰演泼辣、热情、正直的三姑娘。通过这几部影片的艺术实践,她的艺术思想日趋成熟,艺术技巧逐步提高。

1981年,著名导演凌子风执导根据老舍原著改编的电影《骆驼祥子》,请斯琴高娃饰演长着虎牙,举止粗俗,男人气和小市民气十足的老处女虎妞。尽管虎妞造型上又老又丑,行为举止又令人难以接受,但斯琴高娃以其虚心进取的敬业精神和精湛的演技,在银幕上成功地塑造了一个有血有肉,宛如活人的独特的艺术形象,得到观众和专家们一致好评。在1983年第三届中国电影金鸡奖和第六届大众电影百花奖的评选中,《骆驼祥子》荣获最佳影片奖。斯琴高娃则由于生动地塑造了虎妞的独特形象,显示了可喜的表演才能,获得"双奖"最佳女主角奖的殊荣。

此后,斯琴高娃又在影片《钟山风雨》、《大泽龙蛇》、《再生之地》、《高山下的花环》、《驼峰上的爱》、《成吉思汗》、《月牙儿》中出演性格迥异的各种角色。1984年,她在香港导演严浩执导的《似水流年》里饰演内地农村小学教师阿珍。影片以淡淡的抒情笔触描绘了一对好友久别重逢后的复杂而微妙的心理,歌颂了她们之间的浓厚友谊,反映了不同背景下人们的文化差异。影片获1985年第四届香港电影金像奖六项大奖,斯琴高娃获最佳女主角奖。

1986年,斯琴高娃与瑞士籍华裔指挥家陈亮生结婚后移居瑞士。1988年,她应导演丁荫楠之邀主演了影片《电影人》,同年,在香港导演关锦鹏执导的影片《人在纽约》中饰演从大陆嫁到纽约去的过埠新娘赵红。影片以其雄厚的实力获得1989年第26届"金马奖"8项奖座,斯琴高娃本来被提名为本届金马奖最佳女演员奖,但台湾当局以国籍问题为由从中作梗,取消了对她的提名。此后,斯琴高娃在港台银屏频频曝光:在《异域》中饰国民党的军官太太,《犯母案考》中扮演乡村女法官,《嫁到宫里的男人》中饰演慈禧,《岁月风云》中扮演黄金荣的姘妇桂姐,等等。

1992年,斯琴高娃在著名导演谢飞执导的电影《香魂女》中出演女主角香二嫂。香二嫂在事业上精明强干,生活上却很不如意——丈夫瘸腿、儿子半疯半痴。为了给又傻又"废"的儿子娶媳妇,竟耍手腕骗了漂亮能干的媳妇,她亲手酿制了自己也曾喝了多年的苦酒。斯琴高娃在揭示香二嫂的欢乐与痛苦相交织的内心世界上,细致委婉有层次、有厚度,给观众留下了很深刻的印象。

1993年,她在著名导演谢晋执导的影片《老人与狗》中饰演了女主角逃荒农妇女。在香港武打片《少林英雄》里饰演方世玉的母亲苗翠花。这是她开拓新戏路,饰演的第一个侠女形象。

〔葛优·影视演员·获第十三届中国电影金鸡奖最佳男主角奖·被评为首届十大影视明星之一〕

1993年11月,葛优成功地在电影《大撒把》中饰演留守男士顾颜而获第十三届中国电影金鸡奖最佳男主角奖;在《电影艺术》杂志社、广东银海集团股份有限公司、长剑汽车集团公司联合举办的"首届十大影视明星"评选中,获得"十大影视明星"荣誉;在中国电影表演艺术学会举办的第四届表演艺术学会奖评选中获奖。

影片《大撒把》是以当今的出国热为背景,描写了两个由于各自的妻子、丈夫出国而失去家庭生活的孤独留守者,从萍水相逢到感情交融的一段感情历程。葛优饰演的顾颜是我们最常见的小人物,在他那普通亲切的调侃式的言行中,透露出一种非常崇高、纯洁、真挚的情感,给人精神上以某种启迪和升华。葛优没有照搬以往的表演套路,而是力求达到一定的深度和厚度,既展示出人物玩世不恭、游戏人生的一面,又挖掘出人物富有人性、感情纯真的内心世界,因而得到观众和专家的喜爱。

葛优,1957年生于北京。1979年考入全总文工团话剧团。1984年初上银幕,在《盛夏和她的未婚夫》中饰演龙套角色。1988年,在电影《顽主》中饰三T公司业务员杨重一举成名,获第九届中国电影金鸡奖最佳男配角奖提名。1989年在电影《黄河谣》中扮演的土匪头子黑骨头,获第三届中国电影表演学会学会奖。1990年在电视连续剧《围城》里饰演的品格恶劣的教务主任李梅亭和电影《老店》中扮演的纨绔子弟季公子,得到各方面的好评。1991年在电影《过年》中扮演的两面三刀的大女婿丁图,获第十五届《大众电影》百花奖最佳男配角奖;在大型电视连续剧《编辑部的故事》中饰演的李冬宝,获第十届《大众电视》金鹰奖最佳男主角奖。1992年,他先后在六部电影中饰演主要角色:《大撒把》中的顾颜。《离婚大战》中的小号手大明,《父子婚事》中的养猪专业户大优，《上一当》中的代课教师刘杉，《消失的女人》中的刑警单立人，《霸王别姬》中的票友袁四爷，六个人物六种形象，足见其表现艺术的功力。

〔葛健·内蒙古青松制衣有限公司总经理·获全国杰出青年企业家称号〕　1989年初，葛健被任命为内蒙古青松制衣公司总经理后，深化企业内部改革，当年扭亏为盈，创汇440万美元，之后，连续三年年出口创汇超过500万美元，产品荣获商业部最畅销国产商品金桥奖、经贸部优质产品一等奖，成为全国服装行业效益最好的企业之一。1993年1至10月已超额完成年产值7000万元，利润1000万元的年度计划指标。同年11月26日，葛健被团中央和中国青年企业家协会授予"全国杰出青年企业家"称号。

葛健担任总经理后，深感青松出口服装面料50%要从国外进口，加大了成本。他立主在改造老企业的基础上创办内蒙古青鸟毛纺织有限公司，引进了目前全国毛纺行业独一无二的纱染新工艺，从而使青松出口西装所费面料的90%可由青鸟公司制造。接着葛健又知难而上，力排众议，兼并了连年亏损的、负债达3000多万元的呼和浩特西装总厂。他说："国家投资创办外向型企业其目的不仅是办好一个或几个企业，而是要把引进、消化吸收的先进技术和先进管理方法用于同行业的改造。我们也应当把西装总厂职工团结在一起，共同建设家乡。"朱镕基副总理到青松公司视察时，听了葛健的汇报，对于他这种全局观念给予了很高的评价，并语重心长的说："搞好西装总厂很重要，但更重要的是青松这块名牌不能丢。"呼和浩特西装总厂经过全面技术改造，产值已达1.2亿元。

葛健，内蒙古哲盟人，1960年6月5日生，1982年毕业于天津大学自动化控制系，被分配到内蒙古第二毛纺厂工作，后调入青松制衣有限公司。历任电脑办副主任、技术开发部部长、青松制衣有限公司副总经理、总经理，并兼任青鸟毛纺织有限公司总经理、呼和浩特西装总厂厂长等职。他先后被选为全国政协委员、全国青联委员。1985年曾获"全国新长征突击手"称号。

〔葛子平·天津立达集团公司董事长兼总经理·领导立达公司跨出国门参与商战屡战告捷〕

天津立达集团公司董事长兼总经理葛子平12年前辞官下海，　没让国家投资，艰苦创业，把一个当初仅有3人、租房7平方米、贷款500万元的小公司，发展成为拥有独资、合资企业88家的集团公司，资产16亿元，1993年总营业额达34亿元，证券交易额48亿元，创汇达4000万美元，形成了融商贸、金融、信息、投资、协调为一体的多功能的、跨国、跨省的综合性大型公司。他领导公司跨海出洋参加国际商战屡战获胜。1993年3月9日《人民日报》以"下海十年话甘苦"为题报道了他的事迹。

葛子平，河北省饶阳县人，1927年9月出生，1945年8月参加革命工作，1946年2月加入中国共产党，历任冀中印刷分局、冀中党校干部，国家三机部副处长，天津市外贸局办公室副主任，天津化工进出口公司经理，香港华润公司纺织品部副经理、中艺（香港）有限公司总经理，天津市外贸局副局长，天津市经贸委副主任等职。

1981年5月，葛子平甘冒风险，辞官下海，同另两位同志一起，创办天津立达公司。12年艰苦创业，拼搏实干，大胆吸收西方资本主义国家发展商品经济的经验，摆脱单一的经营模式，逐渐向外向型、多元化、多渠道、多种模式发展。他建立了天津市第一家信息型、外向型、生产型的国际商场，经营了天津第一家股份制金融企业——天津证券公司，在天津最先搞起了房地产，建立了天津第一家与国际贸易组织联网的信息中心。他已在国内兴建独资、合资企业28家，中外合资企业48家，在美国、日本、意大利、厄瓜多尔、俄罗斯及香港等国家和地区兴办合资海外企业12家。他领导公司不断深化内部改革，完善企业经营管理机制。在天津最早推行股份制试点，实行干部聘任制、轮岗制、亲属回避制、内部待业制、离岗审计等改革制度。创立了"爱我中华，开拓前进""理想、团结、创新、求实"的企业精神和企业文化。葛子平当选为第八届全国政协委员、全国工商联第七届执委、常委，天津市第八届政协常委，1992年被评为天津市劳动模范。他为国家和公司创造巨大财富却廉洁自律，至今只获取应得的一份工资。他说："我在事业上还算不得成功者，应给国家和人民留点什么。"

〔葛佩琦·中国人民大学教授·在北京逝世〕

中国人民大学教授葛佩琦于1993年1月13日在北京逝世，终年82岁。

葛佩琦于1911年生于山东省平度县，1935年参加革命，是"一二九"抗日救亡学生运动时期北京大学学生会领导人之一。1938年加入中国共产党。受党指派长期在国民党军政机构从事地下工作，不顾个人安危，为革命事业作出了很大贡献。自1951年起在中国人民大学任教。1957年被错划为右派并被捕入狱。虽长时间蒙受冤屈，但他襟怀坦白，心胸开阔，正确对待个人不幸遭遇，保持革命者气节。1975年获释。1980年在中共中央直接关怀下得到平反，1983年恢复了中断多年的党的组织关系。在冤案平反之后，他以新的姿态投入四化建设，抱病著述，积极参加社会活动，为人民奉献余生。

〔董友泉·绍兴县人民法院副庭长·被授予“全国法院模范”称号〕　1993年12月15日，最高人民法院授予浙江省绍兴县人民法院经济审判庭副庭长、经济纠纷调解中心主任董友泉“全国法院模范”称号。

董友泉，浙江绍兴人，1948年6月生，初中文化程度，1968年2月入伍，同年10月加入中国共产党。1979年，他怀揣三等乙级残废证转业到绍兴县人民法院工作。他先后在山区人民法庭、县法院执行庭、经济庭工作，无论在哪个岗位上，都做出了突出的成绩。在山区法庭，他把抓好基层调解组织作为工作突破口，把纠纷消灭在萌芽状态。在执行庭，他总结了一套严格依法办事与细致的思想工作相结合的执行工作经验。1989年，董友泉被调到经济审判庭当审判员，针对经济案件执行难这一突出问题，他很快摸索出一条“以审带执、审执并重”的路子。经济庭案件多，光审理都来不及，再兼顾执行，难度相当大。但他始终牢记为经济建设服务的指导思想，宁愿自己多吃苦，也决不拖延执行。3年来，他走审执结合这条路，跑了10多个省、60多个县。审、执案件379件，经市中级法院逐一检查，他办的案件事实清楚，程序合法，双方当事人满意，办案质量较高。1992年3月，他带着未愈的胸膜炎，来到经济纠纷调解中心主持工作，他着眼于“快”字，案件随到随办。由于办案速度快，许多当事人还来不及找关系，他已办理完毕。短短4个月时间里，他带领3名同志办结各类经济纠纷案件126件，解决争议标的1522万多元。

董友泉在办经济纠纷案时，坚持做到本地外地一个样，原告与被告一个样，说情与不说情一个样。他在审判和执行中多次遇到以武力甚至生命相威胁的情况；也碰到过以权压法、以势欺法、以情扰法、以钱买法的案件。无论在哪种情况下，他都刚直不阿，一次次地维护了法律的尊严。由于董友泉不徇私且办案快，所以在绍兴县，一些企业发生纠纷，总希望由他办案，有的当事人甚至在立案时指名要老董承办。近3年来，他几乎每天都加班加点，没有星期天，没看过电影，也没陪爱人逛过商店。他3年中累计外出办案276天，县内下乡251天，放弃了65个休息日，平均每年在外奔波176天。他在每年有两个月帮助县里搞中心工作的情况下，共审结经济案件379件，自己执行378件，解决争议标的1761万余元。他多次被评为法院系统先进工作者、优秀党员，县级先进工作者和优秀共产党员、县建设社会主义功臣，1990年和1991年先后立二等功和一等功各1次。

〔董明玉·河南省服装进出口公司总经理·被评为第四届“中国十大杰出青年”之一〕　由中华全国青年联合会、中国青少年发展基金会与《人民日报》等首都十家新闻单位联合主办的第四届“中国十大杰出青年”评选，1993年10月5日在北京揭晓。河南省服装进出口公司总经理董明玉，被评为“中国十大杰出青年”之一。

董明玉，1954年12月生，中共党员。他担任省服装公司总经理7年来，该公司出口创汇由开始时的不足3000万美元增长到1.6亿美元，公司内部管理、组织建设及综合运筹能力不断提高。在短短7年时间里，他带领全体职工艰苦创业，奋发图强，使该公司由一个低起点、负债经营、单一出口的外贸企业发展成为包括出口创汇、产品生产、原辅材料供应和进出口兼备的、内外贸结合的综合型、多功能、国际化的国家二级企业，拥有海外网点6家，“三沿”企业6家，自属企业6家，联营企业20余家，供货企业200余家。在全国最大的500家进出口企业中，排名第105位，被评为“河南省深化企业改革先进单位”，1992年被评为全国对外经贸企业管理先进单位。董明玉在开拓远洋市场和多元化市场，开发非配额地区业务和打破条块分割，建立“工、贸、技”联合生产、经营大型进出口企业上作出了创造性的贡献。他连年被评为省经贸委先进工作者、优秀共产党员，多次受到省经贸委、省政府、外经贸部的奖励和表彰。

〔董寅初·当选第八届全国政协副主席〕
1993年3月26日，在政协第八届全国委员会第一次会议上董寅初当选为全国政协副主席。

董寅初，1915年9月生，安徽合肥人，中国致公党主席。1938年毕业于上海交通大学。1938年至1939年在上海《大美晚报》和香港《早报》任编辑。1939年到印尼任《天声日报》社编辑，创办《朝报》任经理兼总编辑。1942年12月初被日军逮捕入狱，直至日本投降被释。后任印尼雅加达中华侨团总会总干事兼华侨治安总会主任。1947年回国到上海后任印尼建源公司上海分公司总经理，上海溶剂厂经理，上海市贸易促进会副主任，上海华建董事长兼总经理。1976年至今任上海市人大常委会委员，上海市归国华侨联合会副主席、主席，中华全国归国华侨联合会常委、顾问，致公党中央委员、上海市主任委员，致公党中央常委、副主席、常务副主席、代主席、主席，上海市政协副主席，中国和平统一促进会顾问。他是第五届全国政协委员，第六届全国政协常务委员。第七届全国人大代表、全国人大常委会委员。

〔董韫美·计算机软件专家·当选中国科学院学部委员〕　中国科学院软件研究所研究员董韫美于1993年12月当选为中国科学院技术科学部学部委员。

董韫美，1936年3月4日生，云南省昆明市人。1956年毕业于吉林大学。历任中国科学院计算技术研究所研究员，软件研究所学术委员会主任、所学位评定委员会主任，《计算机学报》常务副主编、主编。现任中国科学院软件研究所研究员、博士生导师。

六十年代初期起，董韫美主持并作为主力研制出具有当时国际水平的我国最早的实用高级程序语言BCY，并在119机、109丙机、015机等计算机上实现了相应的编译程序及其他系统软件。BCY系统在国防尖端科研事业中起了重大作用，得到了使用单位的很高评价。1978～1980年在美国斯坦福大学作访问学者期间，在国际上首先提出用计算机设计高质量汉字字形的参量图形学方法，并解决了有关的实现算法问题，建立了实验系统；1986年后发展成为汉字字形设计系统，并用它成功的设计了两套参量化汉字字形(每套6763字)，处于国内外领先地位，被认为是一项具有重要价值和开拓性的先进技术。八十年代中期以来，率先在国内开展软件复用技术研究，主持完成了“支持可理解性和可复用性的软件设计系统URS—1”，获1991年中国科学院科技进步奖一等奖，1992年国家科技进步奖二等奖。参加了1986年～2000年全国科技长远规划前期研究，集体获1988年国家科技进步奖一等奖。发表主要论文14篇。

〔蒋峰·常州市人民检察院检察长·被评为中国十大杰出检察官之一〕　1993年9月20日，由《人民日报》、新华社、《法制日报》等13家新闻单位和中宣部新闻局联合主办的建国以来首次评选“中国十大杰出检察官”活动在京揭晓，并在人民大会堂举行颁奖大会。江苏省常州市人民检察院检察长蒋峰榜上有名。

蒋峰·江苏省丹阳市人，生于1945年6月，大学本科文化程度，1963年8月考入海军工程学院，1965年5月加入中国共产党，1968年后在海军部队工作，1979年转业到武进县人民检察院，历任助理检察员、检察员、副检察长、检察长兼党组书记等职，1992年调任常州市人民检察院副检察长，1993年3月任检察长兼党组书记。

1987年9月，《人民日报》发表了蒋正国贪污129万元巨款被侦破的长篇通讯，并配发评论员文章《要从严治党》。指挥侦破此案的就是当时武进县人民检察院副检察长蒋峰。那年4月，蒋峰在外出途中遇人拦车举报：县化肥厂财务科长蒋正国有严重经济问题。蒋峰随即只身前往化肥厂调查。这时县纪委初步查出蒋正国有5000多元贪污嫌疑。而蒋峰从案情汇报中敏锐察觉此案非同一般。他当即调集精兵强将以最快的速度赶到化肥厂，果断决策：就5000元对蒋正国立案侦查，突击审讯并搜查蒋的住宅。果然，在蒋的家中搜出赃款105690元，私人存单86070元，一张汇往蒋家乡的100万元便汇存根，还有价值8万多元的物品。罪犯口吐狂言：“没有我这样的财会水平，休想查清我的账！”蒋峰根据搜查到的蒋犯私人存单分析，蒋犯在1983年以前只有少量零钱存款，而此后则出现了大笔存款。于是，他果断地把蒋的作案时间提前到1983年。从审讯和查账中还发现，罪犯作案的突出手法是利用支票。他指示办案人员对1983至1987年4月间化肥厂的财务全部重新做账，尔后与银行账逐笔对照。同时，审计人员逐笔审计，文检人员逐份鉴定。经过紧张苦战，彻底查清蒋正国作案200多笔、贪污129万元的全部犯罪事实，还查出其另外2万元的非法所得。

蒋峰在武进工作多年，亲朋多，关系广，但办案中找他说情的人不多。因为说情的人来了，情也说了，但过后却常常直呼上当。原来蒋峰注意从说情者口中寻找破案线索，有的案子就是这样给侦破的。

蒋峰曾任武进县人民检察院检察长5年。在他带领下，该院被江苏省人民检察院记集体二等功1次，被最高人民检察院评为全国检察系统先进集体，1992年受到最高人民检察院通令嘉奖。他本人先后两次荣立二等功。1993年3月，在常州市第12届人民代表大会上，本来不是检察长候选人的蒋峰，被代表们推选为常州市人民检察院检察长。

〔蒋一苇·著名经济学家·在北京逝世〕　1993年1月25日，著名经济学家蒋一苇因病在北京逝世，终年72岁。

蒋一苇对我国经济体制改革的基本理论、企业改革、企业的劳动制度和分配制度、企业管理、企业的领导制度、企业的联合和企业集团、发挥中心城市的作用、发扬社会主义经济民主、宏观管理和对外开放等方面的问题，进行广泛而深入的研究，发表了许多有重大影响的论著，其代表作是《企业本位论》、

《职工主体论》和《经济民主论》。《企业本位论》写于1979年初。蒋一苇认为，在现代社会，企业既是生产力的直接体现者，也是生产关系的直接体现者，改革应当以搞活企业为立足点，出发点和归宿点。他把这种看法称为"企业本位论"并写成文章先后在《经济管理》、《人民日报》和《中国社会科学》杂志上发表。八十年代初，蒋一苇在《经济管理体制改革的实质是实现社会主义的经济民主》和《所有职工都实行合同制不符合企业的社会主义性质》等文章中，提出了"职工主体论"和"经济民主论"的观点，后来他把这些观点进一步系统化，在1989年和1991年先后发表了《职工主体论》和《经济民主论》等专著。他指出，职工在企业处于主体地位还是客体地位，决定了企业的性质。与资本主义企业不同，在社会主义企业里，职工成了生产资料的主人，由客体变成了主体，从而可以充分发挥主动性和创造性。他认为，从经济组织的角度来看，经济体制改革的实质就是实现经济民主，把经济行为的主体，由个体转化为群体。宏观经济依靠人民民主决策，使其符合劳动者的整体利益，微观经济更是依靠劳动者的自由联合、自主经营。所以，整个社会主义特色是民主经济或者说经济民主，基础是企业为本位，职工为主体。蒋一苇的"三论"特别是"企业本位论"，在理论上独树一帜，有重大突破，产生了巨大的广泛的影响，对我国经济体制改革的开展和深入起了很大的推动作用。

1988年后，蒋一苇还对股份制、企业集团、国有资产的价值化管理等问题进行了研究，出版和发表了《股份制的理论与实践》(合作)、《论国有资产的价值化管理》、《再论国有资产的价值化管理》等有影响的论著。

蒋一苇对我国经济体制改革和经济的发展提出了不少有重大价值的建议。他和其他专家一起提出在首都钢铁公司实行上缴利润递增包干的建议，在重庆市进行中心城市综合改革试点的建议，先后被国务院采纳并付诸实施，取得了很好的成效。

蒋一苇，1920年生，福建省福州市人。广西大学数理系肄业。1945年任重庆市委地下刊物《挺进报》主编。解放后曾任科学技术出版社社长、机械工业部政策研究室副主任。1959年被错划为"漏网右派"，下放到郑州一个企业。1978年出任新成立的中国社会科学院工业经济研究所副所长、所长、博士生导师。1987年负责组建重庆市社会科学院，任院长；创办大型理论刊物《改革》，任社长兼主编。还担任过《中国经济年鉴》主编、中国企业改革与发展研究会会长、中国企业管理教育研究会理事长等

〔蒋昌建·复旦大学研究生·获新加坡"首届国际大专辩论会"最佳辩手奖〕 复旦大学国际政治系三年级硕士研究生(后为博士生研究生)蒋昌建，1993年8月29日在新加坡举行的"首届国际(华语)大专辩论会"上获"最佳辩论员"称号，并获最佳辩手奖5000元。他所在的上海复旦大学代表队在此次辩论会上获团体冠军。这次辩论会是新加坡广播局和中国中央电视台共同举办的。参加这次比赛的共有上海复旦大学队、台湾大学队、英国剑桥大学队、香港大学队、加拿大英属哥伦比亚大学队、澳大利亚悉尼大学队、马来西亚马来西亚大学队、新加坡国立大学队。台湾大学队在此次辩论会上获团体亚军。

复旦大学代表队由6名辩手组成，除蒋昌建外，还有：新闻学院91级何小兰(女)，中文系二年级硕士研究生姜丰(女)，法律系89级严嘉，管理科学系90级张谦，法律系90级季翔。他们是从复旦大学报名参赛的86名选手中，经过4轮激烈角逐后选拔出来的。季翔和严嘉1988年曾参加复旦大学代表队赴新加坡参加第二届亚洲华语大专辩论会，夺得团体冠军。此次参赛的6位选手，都经过严格的笔试和面试。由复旦大学组成的参赛领导小组对他们进行的笔试包罗各学科知识、分析选择、填空及综合分析三部分，以考察他们的知识积累及分析判断、文字能力。

代表队的教练兼领队是复旦大学哲学系教授俞吾金。他1977年入复旦大学哲学系，任教10多年来发表6部专著、100多篇论文，成为中国哲学界的后起之秀。

辩论会于1993年8月21日至8月29日在新加坡广播局演播厅举行。初赛的辩题："温饱是谈道德的必要条件"，反方复旦大学队取胜剑桥大学队；半决赛，复旦大学队与澳大利亚悉尼大学队交锋，辩题是："艾滋病是医学问题，不是社会问题"，复旦大学队再次获胜进入决赛；决赛由复旦大学队和台湾大学队交锋，辩题为"人性本善"，反方复旦大学队以"配合默契、错落有致、引经据典、妙语连珠，体现了流动的整体意识"，击败劲旅台湾大学队，荣获此次辩论会冠军。词锋锐利，反应敏捷的蒋昌建获"最佳辩论员"称号。《新加坡新闻》这样评论复旦大学的几位辩手："女将姜丰不温不火、非常亲切，季翔严肃理性，严嘉口齿伶俐，蒋昌建成熟稳重。"

蒋昌建，安徽南陵人，1965年9月生。1984年至1988年就读于安徽师范大学政教系，1988年至1990年在安徽师范大学附属中学任教，1990年考取复旦大学国际政治系硕士研究生，1993年为该校国

际政治系博士研究生。在复旦大学就读期间，曾先后获光华奖学金、笹川良一奖学金。

〔蒋硕杰·台湾经济学家·病逝美国芝加哥〕

台湾著名经济学家蒋硕杰，1993 年 10 月 23 日在美国芝加哥病逝。

蒋硕杰，1918 年生于上海，湖北省应城县人。早年肄业于上海南洋中学。1937 年日本庆应大学毕业。1941 年留学英国，1945 年获伦敦大学政经学院哲学博士学位。1975 年获伦敦大学经济学科学博士学位。1985 年获选为伦敦政经学院荣誉院士。1945 年冬，蒋硕杰返国赴东北，任东北行辕经济委员会调查研究处处长。1947 年执教于北京大学。1948 年去台湾，任台湾大学经济学教授。1949 年赴美国，任国际货币基金会研究员。

蒋硕杰对台湾的经济发展颇有贡献。1954 年应邀出任台湾“行政院”经济顾问。当时他建议提高利率，吸引资金，又提出外汇改革方案，促进了台湾的经济发展。1958 年被选为台湾“中央研究院”院士。六十年代，蒋硕杰先后任美国罗彻斯特大学、康乃尔大学教授。1971 年任菲律宾大学洛克斐勒教授。曾两度去英国牛津大学任高级访问研究员。

1970 年蒋硕杰任台湾国民党“行政院”赋税改革委员会委员。1976 年任台湾经济研究所所长。1980 年任“行政院”经济革新委员会召集委员。1990 年任台湾中华经济研究院董事长，1993 年 8 月因病请辞，获聘为名誉董事

蒋硕杰在国际上也颇负盛名，他对货币理论和总体经济方面尤有独到见解。多年来都有人推荐他为角逐诺贝尔经济奖的人选。

1992 年 5 月 4 日，蒋硕杰应北京大学校长吴树青之邀抵达北京访问。在京期间，他与北京大学、中国人民大学、中国社会科学院及国家体改委的专家学者进行了学术交流，并会见了阔别多年的亲友和学生。他认为如果两岸携手合作，今后几十年将会是两岸经济快速成长的时期。

著有《台湾经济发展的启示——稳定中的成长》等。

〔蒋筑英·已故著名光学专家·影片《蒋筑英》公映引起强烈反响〕　1993 年由长春电影制片厂拍摄的电影《蒋筑英》，获得社会各方面好评。影片以真实、细腻的手法，反映出蒋筑英真实的人生境界和价值观，塑造了一个又红又专的优秀知识分子形象。许多观众观看这部影片以后流下了热泪，人们称赞这是一部能使人精神得到升华的好影片。该片获得广播电影电视部电影“政府奖”和中共中央宣传部“五个一工程”奖。

蒋筑英，中国科学院长春光机所副研究员。1938 年出生于贵阳，1954 年毕业于北京大学物理系。大学毕业后到了光学基地长春，考取了长春光机所王大珩教授的研究生。他能熟练地运用英、俄、德、法、日五门外语；并在光学检验、颜色光学方面都有突出成绩，在他不足三十岁时，就与同事一起研制出我国第一台光学传递函数测量装置，填补了国家空白。由他编制出的彩色电视摄像机校色矩阵最优化程序，使我国第一次将色度学应用到实践中去，为了让我国光学研究走在世界前面，他埋头攻关，废寝忘食。出国进修，他省吃俭用，用节省的钱给所里买回计算器和光学器材。1982 年，他在入党志愿书里写下了这样的话：“一个人活着应该有个信仰——人的生命是有限的，党的事业是永存的。我愿为实现党提出的各项战斗任务贡献自己的一切。”

1982 年 6 月，也就是他填写完《入党志愿书》不久，突然病倒了，经医生诊断，他患有多种疾病，是长期过度疲劳所致。于住院后第二天去世，年仅四十二岁。为了表彰蒋筑英对党对人民做出的卓越贡献，中国科协和全国总工会作出决定，号召全国职工向他学习；吉林省委追认他为中国共产党党员，省政府授予他省特等劳动模范称号。1983 年，国务院授予他全国劳动模范称号。

〔蒋曦宝·常熟虞山林场党委书记·领导该场率先改革效益显著被评为全国最佳国营林场〕

虞山林场党委书记蒋曦宝从本场实际出发，提出并实施了一整套行之有效的改革措施，实行林业、工业、商业、旅游一齐上的经济战略，使全场迅速改变面貌。1993 年林场收入 2.5 亿元，出口额 3000 万元，利税 1800 万元，均比 1978 年增长近百倍，在全国 4000 多个国营林场中名列榜首，被评为全国最佳国营林场。

蒋曦宝，江苏省常熟市人，1937 年生，高中文化程度，1954 年参加工作并加入中国共产党，长期在乡、区、县工作，1978 年调虞山林场担任领导工作。

虞山林场（现为虞山国家森林公园）位于常熟市阳澄湖畔，蜿蜒十里，直入城内。过去由于传统的单一经营体制，场穷人也穷。在中共十一届三中全会改革开放路线的指引下，蒋曦宝团结干部职工，从七十年代末期，就发挥林场位于城市近郊、交通便捷、人文景观丰富等优势，向建设森林公园的方向发展。他们多方筹措资金，修建环山与上山公路，修葺了剑阁、维摩山庄等古迹名胜，新建牌坊、盆景园、艺术馆

等景点，融山、水、林、石为一体，成为具有江南特色的森林公园。近年来，接待国内外游客300多万人次，旅游服务业收入就近千万元。

在发展旅游服务的同时，林场立足于发展多种经营，他们把“学大寨”年代毁林种粮的2000亩农田退耕还林，建成茶园、果园、竹林、苗圃和盆景园，结合生产科研，选育优良品种，建设林特产品基地，使虞山的森林覆盖率高达96.6%。

蒋曦宝的第三步棋是走林场办工业的路子。利用林场优势，发展横向联系，与大企业、科研单位、大专院校合作，先后办起20多家工业企业，其中6家为中外合资企业，利用外资180多万美元。1993年，林场工业销售收入达1.65亿元，利润已占全场总利润70%以上，场办工业成为林场经济的最大支柱。

蒋曦宝领导虞山林场走过的道路，已载入了中宣部和国务院20多个部委联合组稿编写的《企事业改革家列传》。

〔韩玄真·画家·创作《五百罗汉长卷》在北京国际书画博览会展出受赞誉〕　1993年10月17日，在北京历史博物馆举办的国际书画博览会展厅内，中共中央总书记、国家主席江泽民和国务院总理李鹏参观画展时，先后驻足在青年画家韩玄真创作的《五百罗汉长卷》前连声称赞，并询问这幅画的创作过程。这幅58米长卷是韩玄真费时5年创作成功的。同一作品的另一幅被选作政府礼品，1993年6月由江泽民主席亲手送给来华访问的泰国僧王。

韩玄真，1960年出生于山东沂水县，毕业于山东省轻工业美术学校，曾在浙江美术学院进修。自幼喜爱书画，喜好山水人物，尤其爱好画罗汉。他研读中国绘画史，深知白描佛教人物画是古代画家的重要课题，吴道子、李公麟、梁楷都以这类作品传世，并开创一代新画风。自1985年起，他决心下苦功夫创作《五百罗汉长卷》，其间历经艰苦曲折，尝尽甜酸苦辣。他访问各类古刹寺庙，并寓居寺院3年，秉守黄卷青灯，伴听暮鼓晨钟，求教高僧活佛，临摹各类罗汉，虔诚学习，寒暑不辍。罗汉堂的壮观气势，宏大场面，尊尊佛像，怒笑开怀，俯仰人世，使他身临其境，心性相融，不断激发起创作灵感。他潜心研究佛家妙谛禅言，默默背诵，渗入心中，流露于笔端，从而使他描绘的人物形象显示出超脱尘世的佛家风范和韵味别致的艺术效果。他长居寺院，不畏寂寞与清苦，身不离案，手不离笔，不停地练线，反复地勾勒，用心体会，精益求精，由貌入骨，由形入神，在完成这幅长卷后，还创作了《十八罗汉》、《飘海罗汉》、《同登彼岸》等作品，大都造型古朴，线条雄健，有鲜明的艺术特色和独特的审美价值。

全国政协副主席、著名书画家赵朴初赋诗评赞韩玄真的长卷：“五百阿罗汉，一一相壮严。胜彼世间塑，离俗远市尘。气清而笔健，妙到秋毫颠。君其灵山来，嘉会结胜缘。”全国人大常委会副委员长王光英称赞这一长卷为画之瑰宝。

〔韩国磐·历史学家·新著《中国古代法制研究》出版〕　1993年11月，厦门大学教授韩国磐的新著《中国古代法制史研究》由人民出版社出版。该书广泛利用出土文物如甲骨文、金文、居延汉简、敦煌吐鲁番文书等，结合传世史籍，研究中国古代的法制，是一部具有相当水平的学术专著。

韩国磐，1919年生，江苏如皋人。1945年毕业于厦门大学历史系。新中国成立后，历任厦门大学讲师、副教授、教授，历史研究所副所长、博士生导师，同时担任中国敦煌吐鲁番学会、中国魏晋南北朝史学会、中国唐史学会顾问，福建省历史学会会长。

韩国磐专于魏晋南北朝史和隋唐五代史。1954年7月，他撰写的《隋朝史略》一书出版。这虽是一本篇幅不多的著作，却是新中国成立后出版的第一部断代史，曾被兄弟院校历史系选作教材。1957年，他应用敦煌资料写成的第一部均田制专著《隋唐的均田制度》出版，受到中外学者的重视。这一年，中国科学院历史研究所聘他为兼职教授。以后，他又相继撰写和出版了《北朝经济试探》、《南朝经济试探》和《隋唐五代史纲》等著作。

“文化大革命”一结束，韩国磐便以全部精力投入学术研究，获得丰硕的成果。1977年，《隋唐五代史纲》修订本出版，获国家教委优秀教材二等奖；1983年，他的另一本专著《魏晋南北朝史纲》出版，获福建省社会科学优秀成果一等奖。此后又相继出版了《隋唐五代史论集》、《北朝隋唐的均田制度》、《南北朝经济史略》、《敦煌吐鲁番出土经济文书研究》(主编及作者之一)等。此外，还陆续发表史学论文80多篇。目前，他虽已年过古稀，仍积极从事中国古代经济史和文化史的研究。

韩国磐是中国民主同盟盟员，1983年加入中国共产党。1985年被选为第六届全国人民代表大会代表。1989年被评为全国优秀教师和有突出贡献的专家。

〔韩杼滨·连任铁道部部长〕　1993年3月29日，江泽民主席根据第八届全国人大第一次会议的决定，任命韩杼滨为铁道部部长。

韩杼滨，1932年生，黑龙江哈尔滨人。工人出身。1946 年 4 月参加工作。1950 年 4 月加入中国共产党。长期在柳州铁路局从事共青团工作和政治思想工作。1978 年 3 月任柳州铁路局局长。1983 年 4 月任上海铁路局局长。1990 年 4 月调铁道部，任党组副书记兼政治部主任，后兼任该部纪委书记。1992 年 9 月任铁道部部长。是中共第十四届中央委员。

〔韩济生・神经生理学家・当选中国科学院学部委员〕　北京医科大学教授韩济生，1993 年 12 月当选为中国科学院生物学部学部委员。

韩济生，1928 年 7 月 12 日生，浙江省肖山县人。1952 年毕业于上海医学院医学系。历任哈尔滨医科大学助教，北京卫生干部进修学院讲师，北京医科大学讲师、教授、主任等职。

韩济生于六十年代首次提出针刺引起镇痛作用的时间、空间分布规律，并应用家兔脑室灌流法证明：针刺时脑内产生镇痛物质。1984 年首次提出强啡呔引起镇痛作用部位在脊髓而不在脑，阐明脊髓中的强啡呔在电针镇痛中起重要作用。他应用首创的中枢微量注射抗体法等多种方法证明，低频和高频电针使中枢释放不同的阿片肽而产生镇痛效应：低频电针使中枢释放内啡呔和脑啡呔，高频电针则使中枢释放强啡呔。还进一步证明，低频和高频电针镇痛有不同的神经通路，并据此理论设计出电刺激仪，在临床应用中获得显著疗效。1986 年，他第一次用神经生理学和药理学方法研究中脑边缘镇痛回路；其后用神经化学方法证明"中脑边缘镇痛回路"核团间存在正反馈联系。1979 年又首先提出长时间电针可引起针效逐渐减弱，称为"电针耐受"；此后证明这是由于中枢神经释放 CCK—8 而对抗了阿片镇痛所致。最近，又应用转基因方法将带有 CCK 基因质粒的载体转入大鼠脑内，削弱了电针镇痛效果，为今后通过基因疗法改变机体对环境的反应性创造了条件。

〔辜振甫・台湾海峡交流基金会董事长・签署《汪辜会谈共同协议》等四份协议〕　台湾财团法人海峡交流基金会董事长辜振甫，与大陆海峡两岸关系协会会长汪道涵，代表两会于 1993 年 4 月 27 日至 29 日在新加坡进行了会谈。"汪辜会谈"为民间性、经济性、事务性与功能性会谈。海协会常务副会长唐树备、副会长兼秘书长邹哲开与海基会副董事长兼秘书长邱进益等也参加会谈。4 月 29 日辜振甫与汪道涵签署了《汪辜会谈共同协议》、《两会联系与会谈制度协议》、《两岸公证书使用查证协议》、《两岸挂号函件查询、补偿事宜协议》四份协议。"汪辜会谈"举世瞩目，好评如潮，被海内外各界视为海峡两岸关系中历史性的大事，是两岸关系新的开始，将加速两岸的交流与合作，对台商投资大陆信心的建立具正面影响，有利于祖国早日实现和平统一。近年，辜振甫致力于发展两岸关系，做了很多有益的工作，尤其是促使"汪辜会谈"顺利进行并取得积极成果，功不可没。但是在台湾却受到少数人极不公平的对待，对其横加批评指责，使其心灰意冷，甚至表示辞去海基会董事长之职。1993 年 12 月继续被推举为台湾海基会董事长。

辜振甫，字公亮，1917 年生，世居台湾彰化县，祖籍福建省，出身于台湾中部望族。曾就读于台北帝国大学。1938 年大学二年级时，继承父业，在求学的同时，担任 7 家公司的董事长。1940 年留学日本，进日本帝国大学研究院攻读财经及工商管理。1943 年返台后，经营家族企业，任隆易公司、泰和兴企业公司董事长，全台官盐运输总馆理事长。1954 后历任台湾水泥公司协理、常务董事、总经理、董事长，中国信托投资公司董事长，中国合成橡胶公司董事长兼总经理，福聚公司、台湾全录公司董事长等职。是台湾和信关系企业集团核心人物。1992 年美国《幸福》杂志将其列为"世界富豪"之一。还身兼众多工商团体要职，如台湾工商协进会理事长、台湾工业总会理事长、太平洋盆地经济理事会国际理事长等职。

在台湾党政界，辜振甫是有地位影响的人。是国民党九届候补中央委员，第十至十四届中央委员，第十二至十四届中央常务委员。历任台湾"总统府国策顾问"、"总统府资政"、"国家统一委员会委员"。1990 年底出任台湾财团法人海峡交流基金会董事长。并常率工商团体，参加国际经济会议，奔波于美国、日本等地，为台湾拓展对外经贸，有"经济大使"之称。

爱好广泛，能诗会文，著有小说《浮云》等，尤其长于京剧，近年虽届高龄，仍不时粉墨登场，主演《将相和》、《空城计》、《借东风》等剧目。

〔粟承廉・中央芭蕾舞团一级编导・在北京逝世〕　原中央芭蕾舞团一级编导、著名舞蹈家粟承廉，于 1993 年 10 月 1 日在北京逝世。

粟承廉，1927 年生于北京。初入天津稽古社科班学京剧，攻武旦，后改武生，与京剧表演艺术家张春华、李元春同科学艺。出科后，与张云溪、张春华等名家合作演出。五十年代初，即与同行开始探索如何用京剧表现现代生活，曾排演了歌颂中国人民志愿军抗美援朝的剧目"三八枪"。粟承廉是中国京剧院重要的骨干力量，对该剧院的建设有突出贡献。1954 年被调到文化部开办的舞蹈教员训练班，在中国古典舞组任教并参与编选教材。从此放弃了自幼钟爱的京剧事业，而投身于国家舞蹈事业的开创工作。同年任刚创办的北京舞蹈学校中国古典舞教师。一面教学一面进行研究工作，是中国古典舞的奠基人之一。期间，曾创作了古典舞剧《东郭先生》、现实题材舞剧《少年爱国者》等。其编导的舞蹈《牧笛》、《春江花月夜》分别于1957年和1959年、1962年世界青年与学生和平友谊联欢节舞蹈比赛中获银质、金质奖章。他还先后参加了舞剧《鱼美人》、《宁死不屈》的编导工作。曾受文化部的委派到前苏联任中国舞剧编导，首次为外国舞蹈团体——新西伯利亚舞剧团，帮助排练中国题材的大型舞剧《宝莲灯》。1974年调入中央芭蕾舞团后，先后参与编导了舞剧《草原儿女》、《杜鹃山》和编导了舞蹈、舞剧《缅怀敬爱的周总理》、《骄阳》等。粟承廉珍视民族传统艺术，又善于吸收外来舞蹈文化，并加以创造性的融会贯通，因而他创作的舞蹈作品均受到群众的欢迎。作为一个共产党员，当剧团经营管理上出现困难的时候，他毅然主动承担起行政后勤的领导工作，不辞辛苦，任劳任怨，深入到锅炉房、伙房与群众一起劳动。这种严以律已、爱团如家的优秀品质，博得了广大群众的爱戴与尊敬。

〔**喻育之·辛亥革命首义志士·在武汉逝世**〕

1993年3月14日晚10时45分，参与辛亥革命武昌首义的最后一位老人喻育之先生，胸佩"天下为公"的徽章，在汉口家中无疾而终，享年104岁。

喻育之，1889年12月31日出生于湖北省黄陂县，在"武昌湖北陆军测绘学校"读书时加入反清组织"共进会"，武昌首义时参加了抢占楚望台、攻打总督府和阳夏保卫战。

喻育之以实现三民主义为自己的奋斗目标，在讨袁护法、北伐东征中都坚定地追随孙中山先生。1924年国共第一次合作时担任国民党上海执行干事，积极热忱地和共产党人合作，曾同毛泽东、恽代英、邓中夏、向警予共同工作。新中国成立后曾任中南军政委员会委员、武汉市人民政府参事室参事，以极高热情参加了新中国建设。

〔**喻树迅·棉花育种专家·获农业部科技进步一等奖**〕　中国农科院棉花研究所遗传育种室副主任、副研究员喻树迅育出"中棉16"良种，获1993年农业部科技进步一等奖。

喻树迅，1953年11月生，湖北省麻城市人。1979年毕业于华中农业大学。1980年至今一直在中国农科院棉花所工作，现为该所遗传育种室副主任、短季棉遗传育种研究课题主持人。他在培育"中棉16"的过程中，对该品种早熟不早衰的理化机制进行了深入的研究，认为：根据"中棉16"早熟不衰的特性，配用密矮早配套技术，可高产、稳产，产量接近春棉。近两年，他在河北大名、河南濮阳、山东阳谷进行大面积麦棉两熟高产示范，取得万亩平均前茬亩产小麦350～400公斤，皮棉80～100公斤的成绩。同时根据生态特点在京、津、唐特早熟亚区作晚春播，长江流域和亚区作麦后直播，均取得成功。为了推广"中棉16"，他举办培训班，讲课20多次，听课人数达5000人。"中棉16"累计推广约5000万亩，经济效益达50亿元。

1993年喻树迅还对短季棉衰老的生化机制进行了研究。他认为，短季棉早衰的主要原因之一是体内抗衰老酶类活性差，不能及时排除体内有害自由基对核酸、细胞器损害，因此影响光合作用和营养吸收及转化，影响皮棉产量和纤维品质。其研究论文《短季棉品种衰老的生化机理研究》获中国棉花学会的中青年优秀论文三等奖。

喻树迅长期从事短季棉遗传育种研究，先后培育出"中棉10"、"中棉14"、"中棉16"、"中棉18"、"中无5268"等棉花新品种，全国累计推广这些新品种的面积1亿亩，创造经济效益达100亿元。他的研究成果除"中棉16"获1993年农业部科技进步一等奖外，还曾获农业部科技进步三等奖一项，中国农科院科技进步二等奖一项，全国中青年优秀论文一等奖一项、三等奖一项，农业部青年科技奖一项。发表论文20多篇。曾被评为中国农科院先进工作者。

〔**嵇文甫·已故著名史学家、哲学家、教育家·逝世30周年**〕　1993年10月10日，是我国著名历史学家、哲学家、教育家、中国共产党早期党员嵇文甫逝世30周年。

嵇文甫，原名嵇明，河南汲县人，1895年生。1915年考入北京大学哲学系。三年的大学生活，使他不仅打下了哲学与历史研究的坚实基础，也受到了民主主义的新文化潮流的初步陶冶。1918年毕业后，曾在开封省立一师等校任教。"五四"运动期间，他积极支持青年学生的爱国运动，逐步接受了马克思主义理论。1926年加入了中国共产党，不久即被党组织派往苏联，进入莫斯科中山大学学习。1928年因患肺病回国，在当时的白色恐怖条件下，和党失掉了联系。但他并没有放弃自己的政治信仰，而是在恶劣的环境中，继续从事进步的革命活动，运用马克思主义观点进行研究和教学。先后在北京大学、燕京大学、清华大学与河南大学任教。"七七"事变后，他把全部身心投入抗日救亡运动，曾与王阑西等共同创办了《风雨》周刊，同范文澜一起组织创办了“河南大学抗敌工作训练馆”、“河南省抗敌教育工作团”。1938年河南大学迁到豫西，在嵇文甫主持下的文学院，由于地下党组织的支持，呈现一派生机，学习马克思主义、宣传抗日救国的空气十分浓厚。为此，1941年10月，国民党反动派逮捕了他，直到1942年3月，才在社会舆论的强大压力下将他释放。抗日战争胜利后，针对国民党反动派悍然发动内战、镇压民主运动的罪行，他在报刊上以“新说书”的形式，连续发表了16篇杂文，揭露国民党的法西斯独裁统治。1947年国统区掀起“反饥饿、反内战、反迫害”运动，河南大学进步师生积极响应，遭到国民党反动当局的残酷镇压，一夜之间有70多名学生被捕。嵇文甫又上了特务的黑名单。1948年6月开封第一次解放，嵇文甫带领全家，偕王毅斋、赵俪生等70多名师生奔赴豫西解放区，协助陈毅创办了中原大学。10月开封第二次解放，他奉命重建河南大学，先后任副校长，校长。1956年调新建的郑州大学任校长。他还曾当选为河南省副省长、中国科学院哲学社会科学学部委员。

嵇文甫是一位笃实的学者。自1918年发表《老子发凡》起，几十年锲而不舍，著述哲学、历史、政治理论、杂话等著作三百余篇(本)，约二百余万言。他对先秦诸子哲学、宋明理学特别是左派王学的研究有较高的造诣。他是我国最早用马克思主义唯物史观研究王船山学术思想的著名学者之一。解放前出版的主要著作有《船山哲学》、《左派王学》、《明清思想史论》、《先秦诸子与古代社会》、《民族哲学杂话》等。解放后在繁忙的教学和行政工作中，他还积极从事学术研究，坚持著书立说，先后出版了《王船山学术论丛》、《王船山史论选评》等著作。

关于如何评价历史人物，嵇文甫提出了三个标准和四个要点。三个标准是：对人民有贡献、有利；在一定历史阶段起进步作用；表现中华民族的高贵品质。符合这三个标准就是好的，反之就是不好的。四个要点是：要根据一定的具体的历史条件；要认识历史人物的多面性与复杂性；要站稳阶级立场，反对客观主义；要配合当前的政治任务。他的这些观点在全国学术界产生过很大反响。

嵇文甫在教育战线辛勤耕耘，几十年没有离开教学岗位。他在河南大学任教20多年，在师生中享有很高威信。当他被国民党反动当局释放时，河大师生连夜派出代表，跑了几十里山路出去迎接。解放后他肩负繁忙的行政工作，仍然坚持给学生讲课。他讲课深入浅出，在平易中求精深，很受学生欢迎。

由于嵇文甫一贯坚持进步，忠于党和人民的事业，在教育战线和学术研究上做出显著成绩，1959年7月1日重新加入了中国共产党。他怀着激动的心情，决心在晚年作出更多的的贡献。从1960年到1963年，四年里他撰写了76篇论文。1963年10月10日，嵇文甫不幸因病逝世，终年68岁。

〔嵇达浒、项跃英(女)·农民夫妇·培养出三个儿子两个儿媳出国留学〕　1993年初，江苏省滨海县陆集乡竹林村的嵇达浒、项跃英夫妇的二儿媳向公婆告别，去美国留学后，他们全家三个儿子两个儿媳，都成了留学生，被当地群众和各地新闻媒介传为佳话。

他们的大儿子嵇少丞在南京大学地质系毕业后，1983年由中科院选送到法国留学，28岁获博士学位，是世界闻名的“侯德封奖”获得者；大儿媳陈艳丽，原是中国科学院外语研究生，现留学加拿大。28岁的二儿子嵇少权，江苏农学院毕业，留校任教，1985年考取美国芝加哥普鲁大学，获得博士学位；二儿媳巨小娟原是清华大学留校生，1993年又留学美国。三儿子嵇少善，盐城纺织学校毕业后，自修完大学课程，获助理工程师职称，现在美国留学。

这对普通的农民夫妇，文化水平不高。项跃英只上过小学，嵇达浒更是斗大的字不识一箩筐，但他们却知道文化科学的重要，从小就重视抓好孩子们的学习。白天没空，项跃英就在吃饭时用筷子当笔蘸上咸菜卤，在饭桌上教孩子们写字；晚上睡觉前，在床上教他们算术；收玉米时让孩子数一颗颗玉米粒；喂鸡时让孩子算鸡笼里有多少鸡多少腿；看到报纸上介绍科学家的事迹，就读给孩子们听，激发他们的学习热情和求知欲望。对孩子们的提问不管自已有多忙，项跃英都耐心回答，不懂的问题就先问别人，回来再告诉孩子们。当孩子们上到小学三四年级以后，项跃英自己的学问不够用，就说：“妈妈已教不了你们，你们要大胆地去问老师，好好学习！”70年代的农村，连温饱都无法保证，一家同时供养几个孩子上学，困难大呀。可是，项跃英夫妇，再困难也坚持让孩子读书，他们夫妻俩节衣缩食，白天拚命挣工分，晚上做蒲包，千辛万苦，积累了100多元，为孩子们盖了两间用作学习的草屋，给每人做了一张简易桌子，一盏用墨水瓶做的煤油灯。当孩子们考上中学以后，家中经济更加困难，但项跃英夫妇从不在孩子们面前叹息，而是把有限的细粮省下，让孩子们带到学校去。简朴的生活锻炼了孩子们的意志，他们更加体会到父母的一片苦心，加倍珍惜时光，发愤读书，终于都以优异的成绩考上了大学。但项跃英夫妇仍不忘教育孩子们："不要光为文凭，要学真本事"。就连出生在大城市的儿媳妇，也为有这样的不知书而达理的好公婆而自豪，并表示要做家里的好儿媳，做对国家有用的人才。

〔程中利、陈南武、张玉臣·武警干部·捕歼海南特大持枪杀人抢劫犯罪团伙立一等功〕　1993年2月25日，海南省特大持枪杀人、抢劫武装犯罪团伙的首恶分子刘进荣被击毙，4名同伙被捕获，犯罪分子的嚣张气焰遭到沉重打击。武警海南省总队的程中利、陈南武、张玉臣在捕歼中贡献重大，4月29日，武警总部决定给他们分别记一等功一次。

以刘进荣为首的犯罪团伙，自1985年以来，在海南省的昌江、东方、乐东等地大肆进行杀人、抢劫、伤害、绑架等犯罪活动。据不完全统计，该团伙杀害群众13人，打伤致残38人，并有一名公安干警、一名边防战士、一名保安员在追捕中被打死。1992年10月，武警海南省总队受命捕歼这个犯罪团伙。

程中利，海南省总队三支队教导队队长，少校警衔，1959年9月出生，山东省泰安人，1979年1月入伍，中专文化程度。受领任务后，长途奔波2300公里，勘察了4个县的地形。捕歼时，身背25公斤的装具和物品，摸黑在山区跋涉近5个小时，按时到达潜伏位置。在只携带两瓶水、4块压缩饼干的情况下，连续潜伏62小时。当目标出现时，他利用立姿无依托，在距目标350米处果断射击，首先击中刘进荣的腰部和肩部，并将其手中的手枪击落，为捕歼创造了先决条件。

陈南武，海南省总队教导大队助理员，上尉警衔，1961年8月出生，广东省普宁人，1980年11月入伍，高中文化程度。他曾5次单身化装深入"虎穴"，在刘进荣及其团伙严密监视、多次"考验"的情况下，机智沉着，灵活应付，终于掌握了犯罪团伙的内部情况和活动规律，并及时设法给总队送回情报，为捕歼的胜利奠定了基础。事后，人们称他是新时代的"杨子荣"。

张玉臣，海南省总队警备处副处长，少校警衔，1959年4月生，山东省德州人，1978年3月入伍，中专文化程度。他多次组织人员勘察地形，经常不分昼夜，翻山越岭，累计行程4000多公里。根据领导意图，制定了作战方案，并亲自担任潜伏组组长，过细地做好火力配系工作。当确认目标无误时，果断指挥射手射击。当刘进荣被击伤逃跑时，他立即组织潜伏组实施围控和追捕，终于将首犯击毙。

〔程庆国·桥梁结构专家·当选中国科学院学部委员〕　铁道部科学研究院研究员程庆国，于1993年12月当选为中国科学院技术科学部学部委员。

程庆国，1927年10月11日生，浙江省桐乡县人。1950年毕业于清华大学。1956年苏联列宁格勒铁路学院研究生毕业，获副博士学位。历任北京丰台桥梁工厂主管工程师，中苏合作丰台试验基地技术负责人，铁道科学研究院、西南铁路技术委员会副研究员，铁道科学研究院研究员、副院长、院长、学位评定委员会主任。1992年当选为俄罗斯运输科学院外籍院士。现任铁道科学研究院学术委员会主任、研究员、博士生导师，国务院学位委员会委员，铁路、公路、水运学科评议组召集人，中国土木工程学会副理事长，西南交通大学、北方交通大学等校兼职教授。

程庆国主持完成了预应力系杆拱和组合桁梁装配式新型结构的试验，在大跨径预应力箱形梁的计算和测试方面做了许多工作。在成昆铁路建设中，研究了多种串联式桥梁结构和悬臂施工大跨径梁，实现了桥头铺轨前预架预应力梁的工作，获国家科技进步奖特等奖。提出并主持修建了我国第一座铁路斜拉桥，实现了悬吊结构应用于铁路桥梁的突破，该桥径居同类铁路桥梁第二位，获国家科技进步奖二等奖。根据重载、高速铁路和大跨径桥梁的需要以及铁路桥的特点，对桥梁空间结构非线性分析，车桥耦合振动以及高强混凝土材料与桥梁结构低周疲劳寿命预测等开展了理论研究。领导筹建了具有高技术水平的大型桥梁结构试验室，为我国高速和重载铁路的发展创造了必要条件。发表论文60多篇，译著10多本。

〔程国栋·冻土学家·当选国际冻土协会主席、中国科学院学部委员〕　1993年7月5日，第六届国际冻土会议在北京举行，我国著名冻土学家、中国科学院兰州冻土研究所所长、研究员程国栋经理事会选举，当选为国际冻土协会主席。国际冻土协会成立于1983年，成员包括比利时、加拿大、法国、德国、意大利、日本、俄罗斯、美国等二十多个国家，协会的宗旨是推动冻土知识的传播，促进从事冻土研究和冻土工程工作的个人、国家和国际组织的合作与交流。

年末，程国栋在两年一度的中科院学部委员增选中，当选为中国科学院地学部学部委员。

程国栋，1943年7月11日出生于上海，1961年就读于北京地质学院水文地质工程地质系。1965年毕业后分配到中科院冰川冻土研究所工作，1978年调兰州冰川冻土研究所，历任助理研究员、副研究员、室主任、研究员，1991 年任所长，1992 年任中国地理学会冰川冻土分会主任。

程国栋从事青藏高原冻土研究，探索西部高海拔地区冰川冻土世界的奥秘近 30 年。他作为工程冻土研究主要负责人之一，在国家重点建设和攻关项目“青藏铁路冻土研究”、“热水煤矿路堤研究”和“青藏公路沿线冻土研究”中作出了突出贡献。他完成了青藏铁路东线工程地质调查，特别是对冻胀丘和地下冻土的研究成果，为确定青藏铁路的走向提供了可靠依据；在热水煤矿路堤试验中，他将系统的实体工程观测与解析计算及计算机数值模拟相结合，论证了温度较高的厚层地下冰地段采用保护原则修筑路堤通过的可能性，并据此提出了相应的工程措施，按照他的构思修建的铁路至今路基稳定，较之原来设计的挖冰换填方案，节约了大量资金和人力。在青藏公路改建工程中，程国栋负责填绘长 400 余公里的大比例尺（1:2000 和 1:5000）冻土含冰量图，提出了高含冰量冻土工程分类、分布规律与识别标志，为改建工程提供了基础资料。上述三项科研成果曾获 1978 年全国科学大会重大科技成果奖和中科院重大科技成果奖。他参与申报的《青藏公路沿线冻土研究》成果，获 1984 年中科院重大科技成果一等奖；作为第二作者的《冻土路基工程》专著，获 1990 年全国优秀科技图书二等奖。

程国栋在冻土理论上造诣颇深。他创造性地提出了近地面厚层地下冰形成的重分凝机制理论，这一理论认为厚层地下冰成因不限于原先了解的正冻土的水分迁移成冰，而且肯定与已冻土和正融土水分迁移也有关。各种水分迁移成冰在方向和强度均不等，温度年变化导致多年冻土上部含冰量增加。地下冰中存在颗粒外迁的自净作用，在地表有新的堆积的条件下，这种冰能以共生生长方式不断增厚。这一理论解决了国际冻土界长期悬而未决的一个重要问题，在国际上被称为“程氏假说”。经加拿大学者在专门场地上进行三年观测试验，已证实程氏提出的地下冰的成因机制与观测结果一致，因而近年来，这一理论被不少国家冻土学者扩大引用解释寒区多种冰缘和水文现象。程国栋还提出了高海拔多年冻土分布的三向地带理论，指出了多年冻土随纬度、高度和干燥度而变动，40°N 以南多年冻土下界随降水增加而下降，而 40°N 以北冰土下界随降水增加而上升。上述学说已为美国、加拿大、阿根廷等国学者所证实并接受，应用于南北美高山冻土分布的研究中。由于程国栋的学术成就及其在国际学术交流中所显示的能力，他于 1983 年被推任国际雪冰委员会地下冰分会主席，于 1988 年当选为国际冻土协会第一副主席。

〔程育全·工艺美术师·创造仿玉雕、仿木雕系列工艺获中国专利技术博览会金奖〕　1993 年 5 月，在武汉举行的 93 中国专利技术博览会上，程育全发明的“仿玉雕、仿木雕音乐夜光工艺”获金奖。同年 11 月，他发明的含香保健功能亚玉雕，获 93 中国新科技成果、专利技术、专利产品博览会金奖。在一年多时间里，程育全先后夺得 9 次全国性大奖，《人民日报》、中央电视台、《科技日报》等全国 20 多家新闻单位作了专题报道。

程育全，1959 年 6 月生，浙江永康人。初中毕业后习艺油漆、美工雕刻。曾专程到泥人之乡无锡拜师求教。一位年近六旬的老艺人手把手地教他和泥、制坯、上色。回到永康，程育全办起了“永康方岩育全工艺厂”，创作出千姿百态的石膏塑像旅游纪念品，深受游人喜爱。成功的喜悦激发了程育全开发高档次的特色旅游工艺品的勃勃雄心。一个偶然的机会，他从莹笔书法中受到启迪，萌发了研制仿玉雕工艺品的念头，经 2000 多个日日夜夜上百次试验，他终于成功地运用高分子化工原料配方，研制出集现代化工、电子技术和传统雕刻工艺为一体的仿玉雕音乐夜光系列工艺品。《花好月圆》、《八仙过海》、《黛玉临风》、《江南春色》等一幅幅精美的仿玉雕音乐夜光犹如夜明珠般熠熠生辉。这些工艺品被指定为 1992 年中国友好观光年标志产品。程育全创办的“永康神雕专利实业有限公司”，在上海、长沙、西安设有分公司。他发明的仿玉雕工艺和仿木雕工艺，把原来人民群众一直无缘购买欣赏的木雕、玉雕工艺品，变成社会千家万户都能享受的艺术珍品，受到人们广泛欢迎。他主张在高档工艺品领域辟出新路，突出仿字号艺术特色，模仿各种造型，精雕细琢，使仿制品栩栩如生。程育全发明的含香保健多功能亚玉雕除具有真玉质感，光洁明亮，音乐夜光，形声并茂的观赏功能外，还具有散发香味，杀菌防霉，净化空气，促进人体身心健康的功能。

程育全现为浙江省发明家协会会员，永康神雕专利实业有限公司总经理，1993 年被破格评为工艺美术师。

〔程绍迴·著名兽医学家·在北京逝世〕　我国兽医事业的奠基人之一、中国农业科学院前副院长、一级研究员程绍迴，1993 年 7 月 29 日在北京逝世，终年 92 岁。

程绍迴，1901 年 6 月生于四川黔江县。1921 年从北京清华大学毕业后赴美留学，获衣阿华州农工学院兽医学博士学位和畜牧学学士，并获约翰斯·霍普金斯大学公共卫生学院科学博士学位。1930年回国后，历任东北大学农科教授，实业部上海商品检验局兽医技正兼上海兽医专科学校教授，还兼任上海复旦大学、上海中法大学药学专科教授等职。新中国成立后，历任农业部畜牧兽医局局长、副局长，中国农业科学院副院长、学术委员会副主任委员，中国农学会副理事长、名誉理事，中国畜牧兽医学会副理事长、理事长、名誉理事长等职。他是第二、三届全国人民代表大会代表，第五、六届全国政协委员，九三学社六届中央常委。1984年加入中国共产党。程绍迥是我国兽医事业的奠基人之一，长期从事兽医教育、兽医生物药品研究和技术行政领导工作，为国家培育出一批兽医专业人才，并在兽医生物药品和兽疫防治研究方面取得重要成就。他组织全国畜牧兽医技术人员共同努力，于1955年在全国范围内消灭了逞凶千百年的牛瘟。

〔程思远·第七届全国政协副主席·当选第八届全国人大常委会副委员长〕　1993年3月27日，在第八届全国人民代表大会第一次会议上，程思远当选为全国人大常委会副委员长。

程思远，1908年8月生，广西宾阳人，无党派。1930年任国民党第四集团军总司令李宗仁秘书。1934年在意大利罗马大学攻读，获政治学博士学位。1938年任国民党军事委员会副参谋总长白崇禧秘书，三青团中央团部组织处副处长，广西绥靖公署政治部主任。1942年至1946年任三青团中央干事兼服务处处长、中央常务干事，广西省政府驻渝代表，国民党第六届中央执行委员，国民党参政会参议员。1947年至1949年任国民党中央执行委员会常务委员，立法委员，国民党中央非常委员会副秘书长。1949年居住香港，曾任《正午报》专栏作家。1965年随李宗仁回北京定居。是第六届全国人大代表、全国人大常委会委员、全国人大外事委员会副主任委员；第五、六届全国政协常务委员，第七届全国政协副主席，全国政协祖国统一联谊委员会副主任，中国和平统一促进会会长。

〔程维高·任中共河北省委书记·郑重宣布不接待要官的人〕　新华社1993年1月27日报道，中共中央决定程维高任中共河北省委书记。

程维高，1933年生，江苏苏州人。1950年加入中国共产党。历任共青团常州市委部长，常州市人民政府办公室主任，常州拖拉机厂党委书记、厂长，常州上黄煤矿党委书记，常州市计委副主任、基本建设委员会主任，中共常州市委常委，常州市副市长，中共常州市委书记，中共南京市委书记，中共江苏省委常委。1987年起任中共河南省委副书记，河南省代省长、省长，河北省代省长，中共河北省委副书记、河北省省长。是中共第十三、十四届中央委员。

程维高任中共河北省委书记后，对省委会议作了一番改革：凡河北省政府提请省委讨论的问题，均由省委、省政府召开联席会议决定。这样节省了时间，避免了党政矛盾，加快了问题的解决。程维高强调，要在广大干部中倡导真抓实干、求真务实的好作风。

1993年5月，在河北省八届人大一次会议期间，程维高与代表座谈时郑重宣布：我的家里、我的办公室，过去不接待、今后也永远不接待那些来要官的人，不但不接待，还要批评。他说：建设经济强省，关键是选好用好干部，凭党性看干部，凭业绩用干部。老百姓瞪着眼睛盯着我们的干部，特别是领导干部，我们要对老百姓负责。对于那些光说不练、不干实事、上窜下跳、拉拉扯扯，找靠山跑官、要官、买官、倒官的，搞摩擦、打内耗、告歪状、闹"地震"的，要坚决从领导岗位上撤下来，对于那些不顾大局、不管老百姓冷暖、一门心思拉山头、搞派性，任人唯亲、搞裙带关系，你争我夺、明争暗斗的干部，要坚决调离。要坚决支持搞改革干实事的干部，即使他们有这样那样的缺点和不足，或者在进取中出现某些失误，也不要怕，要热情帮助他们。

〔傅雷·著名文学翻译家·《傅雷传》出版〕金梅著《傅雷传》，1993年由湖南文艺出版社出版。这本传记记述了热爱祖国、献身文艺、才华横溢、刚直不阿的文学艺术家傅雷的光辉一生。披露了"文化大革命"开始后，傅雷遭到惨绝人寰的迫害，与其贤淑的夫人朱梅馥双双饮恨而死这一曾经震惊中外文坛的史实。

傅雷，字怒安。1908年生，江苏南汇（今属上海浦东）人。少年时代就爱好文艺，十八岁开始写短篇小说。十九岁（1927年）赴法国留学，途中写了《法行通讯》14篇。在法国巴黎大学文科和巴黎卢佛美术史学校学习，同时专攻艺术批评。当时曾翻译都德和美里梅的作品。后受罗曼·罗兰影响，酷爱音乐，翻译了《贝多芬传》。1931年回国，曾在上海美术专科学校任教。1933年以后与友人合办文艺刊物，撰写文艺评论，翻译介绍外国著名作家和作品。1937年后长期从事文学翻译工作，并积极参加民主运动，是中国民主促进会最早的参加者。新中国成立后，曾任中国作家协会上海分会书记处书记，上海市政协委员。1957 年被错划为“右派分子”。“文化大革命”中遭到严重迫害，造反派在他家里摆下战场，日夜轮番批斗。1966 年 9 月 3 日，傅雷与其贤妻朱梅馥双双含冤去世。傅雷有二子：傅聪、傅敏。傅聪是著名音乐家。

傅雷，博览群书，熟悉中外文学、史地、美术、音乐，艺术造诣很深。他一生对工作严肃认真，一丝不苟。从三十年代起，主要致力于法国文学的翻译介绍工作。严格遵循“信、达、雅”的原则，译笔炉火纯青。曾被吸收为法国巴尔扎克研究协会会员。毕生翻译作品三十余部（约五百万字），巴尔扎克的名著占 14 部。有《高老头》、《欧也妮・葛朗台》、《贝姨》、《帮斯舅舅》、《夏倍上校》、《幻灭》等。还译有罗曼・罗兰的长篇巨著《约翰・克利斯朵夫》、传记《贝多芬传》、《托尔斯泰传》、《弥盖朗琪罗传》，梅里美的《嘉尔曼》、《高龙巴》，昭尔德的《老实人》、《天真汉》、《查第格》，丹纳名著《艺术哲学》等。出版有《傅雷翻译文集》（15 卷）。著有《世界美术名作二十讲》及《贝多芬的作品及其精神》、《评＜三里湾＞》、《评＜春种秋收＞》等。

〔傅文彪・上海电工机械厂厂长・获全国杰出青年企业家称号〕　傅文彪担任上海电工机械厂厂长三年，使工厂迈了三大步：一年变面貌，二年翻一番，三年上台阶。上海电工机械厂 1993 年实现的产值、销售收入、利税分别是 1990 年的四倍，职工收入是 1990 年的三倍。他锐意进取，无私奉献，成为全厂职工，特别是党员、干部学习楷摸。1993 年 11 月，团中央、中国青年企业家协会授予他“全国杰出青年企业家”称号。

傅文彪上任时，企业劳动生产率、利税等指标都处于低水平状态。傅文彪解放思想，开拓创新，大刀阔斧地调整生产组织；集中管理大型设备；组建外协科，推行销售人员一条龙包干，实行生产车间领导承包奖惩办法和破除论资排辈，起用青年人才等，三年来，每年有效工时以 25％速度递增，大型设备生产周期从一年缩短到三个月，企业的销售收入大幅度增长。傅文彪意识到，要想在市场竞争中立于不败之地，必须不断开发适销对路的机电一体化新产品。及时研制成成套市话通讯电缆专用设备。其中 φ1600 盘绞机，500 对绞机，HY——2 绝缘线芯生产线等产品荣获上海新产品奖。厂内技术进步产品产值率占总产值 70％，扩大了市场占有率，取得良好的经济效益。傅文彪不满足已取得的成就，寻找新的生产增长点，将企业推上新台阶，提出发展多种经营，创造更大经济效益。在没向国家要一分钱贷款条件下，用一年时间，建立年产 50 万对公里生产能力的话缆分厂，为企业参与市场竞争增强了实力。

傅文彪有着高贵的奉献精神。他将自己全部精力和时间都倾注在厂里，难得和家人吃一顿团圆饭。他很少关心自己，但却对别人关怀备至。他的奖金低于中层干部和职工的平均奖。他放弃晋升职称考试，去带队参加订货会。他拒绝受礼，分文不取。基建没有完成进度，主动扣自己奖金。傅文彪赤心奉献，严于律己，关心群众，使全厂职工心齐了，气顺了，干劲足了，凝聚力强了，企业的生产也得到长足地发展。

傅文彪，湖北人，1954 年 10 月生，1977 年参加工作，硕士研究生，中共党员，高级工程师。1983 年任上海继电器厂车间副主任，1984 年任上海电器塑料厂厂长，1990 年任上海电工机械厂副厂长，1991 年任厂长。1991 年以来，荣获上海市劳动模范，上海市优秀质量工作者等荣誉称号。

〔傅全有・解放军总后勤部部长・晋升上将军衔〕　1993 年 6 月 7 日，中央军委命令，傅全有晋升为上将军衔。

傅全有，1930 年生，山西省崞县（今原平县）人。1946 年参加中国人民解放军。1947 年加入中国共产党。曾任西北野战军排长、副连长。参加了汾李、党龙、延清、宣川、扶眉、兰州等战役。1950 年起任第一野战军连长、营参谋长、副营长。1953 年参加抗美援朝，任中国人民志愿军营长。参加了 1953 年夏季进攻战役。后任师教导营营长。1958 年回国。先后入南京总高级步兵学校和军事学院学习。1961 年起任团参谋长、副团长、师参谋长、副师长、师长、军参谋长。1983 年起任军长。曾参加对越自卫还击作战。1985 年任成都军区司令员。1990 年任兰州军区司令员。1992 年起任解放军总后勤部部长、中共中央军委委员。1993 年 3 月任中华人民共和国中央军委委员。是中共第十二届、十三届、十四届中央委员。1988 年被授予中将军衔。

1993 年 10 月 8 日，在全军卫生营院工程建设经验交流会上，傅全有指出，目前军队后勤工作面临着两个新的课题：一是适应现代战争的要求，努力做好现代作战条件下的后勤保障准备；二是要适应发展社会主义市场经济的需要，搞好军事经济工作。11 月 26 日，他在总后勤部生产经营工作会议上强调，总后是全军生产经营的主管部门，要带头服从大局，不折不扣地执行军委的决策和各项规定；要带头严守纪律，严格组织纪律、财经纪律、生产纪律，坚决防止出现违法乱纪行为；要带头深化改革，在整顿中提高、在改革中发展，不断提高军队企业在发展市场经济条件下的生存能力和竞争能力，努力推进生产经营向更高水平发展。12月21日，傅全有在全军后勤工作会议上提出1994年全军后勤工作的任务：一是贯彻战略方针，加强后勤战备。二是适应社会主义市场经济，深化后勤改革。三是落实军委的决定，抓好生产经营。四是坚持面向部队、搞好服务保障。五是强化后勤管理，提高保障效益。

1993年，傅全有出访了罗马尼亚、匈牙利、波兰等东欧三国。

〔傅志高·江西省新余市水泥厂厂长·被评为第四届中国十大杰出青年之一〕　1993年5月18日，由傅志高主持扩建的新余市水泥厂年产9万吨白水泥生产线竣工投产。从开工到竣工仅用8个月零3天时间，创下全国同类扩建工程的新纪录，被誉为“超深圳速度”工程。该生产线的建成，使该厂成为全国最大的白水泥生产厂家。1993年5月，傅志高荣获第四届“中国十大杰出青年”称号。

傅志高凭着对改革开放和社会主义现代化建设的坚定信念和执著追求，1988年3月放弃安稳静谧的机关生活，成为新余市委党政机关干部中第一个闯海者，通过竞选承包了当时全市最困难的企业，成为新余市水泥厂厂长。当时的水泥厂账本上欠款430万元，职工工资全部靠贷款，老生产线被拆除，新生产线未上，企业处于停产状态，职工人心思走。傅志高一上任，把行李卷往职工单身宿舍一扔，穿上工作服一头扎进了车间，在完成转产白水泥的生产工程中，他没日没夜地和工人一起安装设备，装料运输，他的行动唤醒了工人们的生产积极性。工人们发现，这位傅厂长果然与众不同。随后，傅志高对水泥厂的用人制度进行了大刀阔斧的改革，启用人才不论资排辈，大胆地把有才华、有事业心的年轻人委以重任。傅志高的第二个大动作是改革不合理的分配制度——“按贡献取酬”。在新余市水泥厂，无论是分房、加薪还是提拔，资历是次要的，只要你对工厂的发展做出了贡献，你就有资格享受厂里提供的好待遇。傅志高还下大力气改进工厂的生产条件和职工的生活条件，让工人不断地尝到改革的甜头。这几年，厂里总共投入上千万元资金进行了技术改造和设备更新，大大提高了生产效率，减轻了职工的劳动强度；添置了几部交通车，定时定点接送职工；投资数万元在市内生活区建起了108套职工公寓，解决了全厂绝大部分老工人和工程技术人员的住房问题。工厂对职工关心一分，职工对工厂回报十分，这就是傅志高所说的“反哺效应”。

傅志高在担任新余市水泥厂厂长的五年里，以科学的态度，求实的精神，先后主持完成了1.5万吨、3万吨、9万吨白水泥技术改造扩建工程，恢复了2.2万吨普硅水泥生产线和取得“以煤代油”等先进技术的研究成果。五年间该厂的产值、利税和全员劳动生产率分别年均递增66.9%、80.9%和44.6%。傅志高先后获得“中国改革功勋”奖章、江西省“技术改造优秀管理人员”、1992年新余市“十佳青年”和江西省“十大杰出青年”等称号，1993年当选为江西省八届人大代表。

傅志高生于1958年8月1日，江西新余市人。1978年12月在江西高等师范学校毕业，任教于江西新余水西泰和圩中学，1984年4月，在新余渝水区任宣传干事，后到江西行政学院学习，1987年9月调至新余市委农工部工作。1993年3月兼任新余市渝水区人民政府区长助理。

〔傅柏翠·前福建省人大常委会副主任·在福州逝世〕　傅柏翠于1993年1月30日在福州逝世，享年98岁。

傅柏翠，1896年9月生，福建省上杭县人。早年参加中华革命党。1917年毕业于日本法政大学。1926年任国民党县党部秘书。1927年9月加入中国共产党。参与领导蛟洋农民武装起义。后任闽西红军第五十九团团长，中国工农红军第四军第四纵队司令、政委。1931年脱离革命队伍。1933年参加福建事变，任第十九路军闽西善后委员会委员。后任国民党永定、宁化县县长，福建省保安第十一团团长，省参议员等职。1949年5月在龙岩率国民党地方武装起义，任解放军闽西义勇军临时行动委员会主任委员、闽粤赣边区纵队司令部高级参谋。新中国成立后，历任福建省人民法院院长、省文史研究馆馆长。是民革中央委员，民革福建省委主任委员，民革中央监察委员会常委，民革中央顾问。还是福建省第四届政协常委，第三至六届全国政协委员。1986年加入中国共产党。

〔傅恒志·冶金学家和教育家·当选国际高校科学院院士〕　1993年8月8日新华社报道，西北工业大学前任校长傅恒志教授，因在教学和科研中成就斐然，被选为国际高校科学院院士。国际高校科学院是由俄罗斯、乌克兰及部分东欧和西欧国家大学中有权威和有贡献的学者联合组成的国际性高校科学机构。傅恒志是继朱开轩之后获得这一荣誉的我国又一科学家。

傅恒志是在高温合金、凝固技术及新型功能材料领域卓有成就的冶金学家和国内外享有盛誉的教育家。他在国际上率先提出固液界面非平衡溶质分配的概念，并在多种合金系列取得证实和发展。他领导研创的“超高梯度定向凝固方法及装置”和“高温合金非平衡凝固”研究成果达到国际领先水平。他首次提出并在工程中引入超细定向柱晶的新概念，在多种合金中获得无侧向分枝，无偏析及高度细化的定向及单晶组织，力学性能有突出的改善。他将非平衡定向凝固移植于功能材料，建立了化学成分、铸造组织，易轴方向与晶体取向和磁性能之间的规律性关系，所研制的Sm—Co合金的磁能积超过目前世界所达到的最高水平。

傅恒志在40年的教学中，培养了大批本科生，20多名硕士生和近20名博士生。他的教学成果《培养高水平博士生的途径》获1991年陕西省优秀教学成果特等奖及1993年国家优秀教学成果二等奖。他在全国性报刊上发表教育研究文章十多篇，在第五届国际大学联合会上被推荐为理事会成员。傅恒志从1985年以来，先后在美国、德国、俄罗斯、乌克兰等国家的十几所大学作过学术报告，进行科研交流。数十次被国际传记中心选入各类世界名人录。1992年他被俄罗斯国立圣彼得堡技术大学选为名誉博士，同年被美国传记研究院提名为世界终身成就奖获得者。他还获得全国高校先进科技工作者、航空航天工业部有突出贡献科技专家、航空航天工业部劳动模范及有突出贡献的留学回国人员等荣誉称号。

傅恒志，河南开封人，1929年8月生。1946至1950年就学西北工学院机械系，1950年留校任教，1952年入哈尔滨工业大学攻读研究生，1955年起在西北工业大学任讲师、教研室主任，1971至1982年任副教授、教授，1982年起任博士生导师，1984年任校长。1985至1986年在美国里海大学任客座教授，1992年至今任西北工业大学学术委员会主任。他是第八届全国政协委员。先后发表论文150余篇，其中近30篇载入国际文摘和刊物。科研成果有8项分别获得省部级或国家级奖。

〔傅起凤（女）、傅腾龙·合著杂技史专著《中国艺能史》在日本翻译出版〕 1993年4月，傅起凤与傅腾龙合作撰写的《中国艺能史》一书，由日本“三一书房”出版发行。该书由日本民俗学家冈田阳一翻译，马戏研究专家越智教授注释，马戏研究家西田敬一作序。该书在日本学术界受到重视，被评为1993年日本最佳500本学术著作之一，在国际学术界也产生了很大影响。《朝日新闻》与《日本美术工艺》均发表了评论和介绍。《中国艺能史》论述了四千多年来中国政治、经济、文化对杂技发展的影响，以及中日杂技的因缘关系。全书近300页，附有珍贵的照片插图100多幅，是第一个面向国际杂技界研究中国杂技史的专著。

傅起凤与傅腾龙姊弟二人，除《中国艺能史》外，他们还合作撰写了《中国杂技》（天津科技出版社出版）、《中国杂技史》（上海人民出版社出版）。

傅氏姊弟原籍四川省长寿县，出生于杂技世家，父亲傅天正是魔术演员，抗战时期在大后方各地演出，名噪一时，被称为“四大魔王”之一。傅起凤生于1941年，自幼随父亲学习魔术并参加演出。1960年参加中国杂技团，历任演员、教员。1988年调到中国杂技艺术家协会工作，任资料研究员、《杂技与魔术》杂志编辑、副主编。她著作的《中国杂技古今谈》出版后被转译成英文，发行到英、美、日、澳等国。她还参与编写了《中国杂技艺术》、《中国杂技精粹》、《中国新文艺大系·杂技集》、《当代中国杂技》等专著。她的名字已被收入英国剑桥《世界妇女名人辞典》、《澳洲远东高成就名人辞典》、《伦敦国际名人辞典》。目前，她是中国杂技艺术家协会和中国杂协北京分会理事，是《辞天》、《中华艺术辞典》两部大型工具书中杂技学科的主编。

傅腾龙，1943年生于重庆。自幼随父学魔术，1959年高中毕业后，参加上海魔术团，曾任演员、艺术指导、副团长等职。他是一级演员、中国杂技艺术家协会及上海杂协理事、中国魔术艺术委员会副会长、上海魔术俱乐部主任。曾创作、演出许多魔术节目，其中《书画幻术》、《神秘剪影》、《仙鹤含牌》、《东方的传说》、《心灵感应》等十多种新颖别致、原理深奥、技巧高难的新节目，对魔术的创作和革新产生了积极的影响。撰写出版的专著有：《中国的魔术》、《魔术的世界》、《魔术万花筒》、《少年杂技一百例》、《少年魔术一百例》等科普读物15种；并参与了《当代中国杂技》的撰写工作。他致力于利用魔术开启少儿智能。1986年中央电视台播放他主持的科普魔术52集；1988年策划并主演科教影片《奇妙的魔术》。1988年率中国魔术小组去索菲亚参加在保加利亚举行的国际魔术节，并担任国际魔术赛场的评委。

〔傅锡寿·再次当选安徽省省长〕 在1993年2月11日举行的安徽省八届人大第一次会议上，傅锡寿再次当选为安徽省省长。

傅锡寿，1931年生，北京人。1953年毕业于清华大学土木系。1959年加入中国共产党。历任攀枝花工程设计总负责人，重庆钢铁设计研究院副总工程师、设计队副队长、副院长，马鞍山钢铁设计研究院院长，马鞍山钢铁公司党委书记、经理，中共马鞍山市委副书记。1987年起任中共安徽省委副书记。1988年起任安徽省副省长、省长。是中共第十三届中央候补委员、第十四届中央委员。

〔傅嘉良·浙江奉化滕头村党总支书记·该村被联合国评为"全球五百佳生态荣誉村"〕 浙江省奉化市滕头村党总支部书记、宁波兴奉集团公司董事长傅嘉良带领全村艰苦创业，发愤图强，把一个贫困村建设成为富裕文明的社会主义新农村，1993年6月被联合国命名为"全球500佳生态荣誉村"。江泽民总书记视察该村和联合国副秘书长伊丽莎白·多德斯韦访问该村时均给予高度评价。

傅嘉良，浙江省奉化县人，1924年10月生，高小文化程度，1955年2月加入中国共产党，长期从事农村基层工作，连续30多年担任滕头村党支部书记，曾任中共奉化县委委员、奉化市人大常委会委员。早在六十年代，他就率领群众打响了改土治水战役，苦战15个冬春，总投工43万个人日，共搬迁136座坟墓，填平29条干涸河槽，开挖河道1400米、渠道5万米，修筑公路8500米，在河堤、公路旁种桔树3000多棵。把原来1200多块坎坷不平、常年旱涝的农田改造成为200多丘经纬分明、旱涝保收的丰产田，818亩水稻由过去亩产100多公斤增长到1000多公斤。基本实现了农业机械化、农田水利化、园林化，达到了"田成方，屋成行，桔成林，葡萄满园，花草茂盛，清清渠水绕村庄"的优化环境要求。在发展农业的基础上兴办工业，现全村已拥有5家公司，18家工业企业，成立了集农工贸为一体的宁波兴奉集团公司。1993年全村工农业产值达一亿元，人均收入1992年为2103元，1993年达3000余元。该村在发展工业时注意了保护生态环境，全村建立了占地1500余亩的工业区，但对818亩水稻及300余亩果园却"秋毫无犯"。傅嘉良始终抓住农业不放，村所属农业综合开发公司下属有产品销往香港及沿海城市的良种猪场、乌骨鸡场、特种水产养殖场、80亩花卉园场、30亩果蔬场等，既能为国家创汇，又保持生态良性循环。傅嘉良多次被评为浙江省劳动模范、优秀共产党员。

〔焦志学·陕西省泾云实业开发总公司董事长兼总经理·创办全国最大的无病毒果树示范苗圃〕

1993年3月，曾获全国乡镇企业家称号的陕西省云阳造纸厂厂长焦志学，大胆决策，以云阳造纸厂为龙头，兼并三家企业，合作三家企业，又联合新建的七家企业，共十四家企业组成泾云实业开发总公司，他担任董事长兼总经理。总公司组成后，资金、人才、技术等方面的优势充分发挥，效益明显提高，全年总产值达到1.19亿元，利税2265万元，并且创办起全国最大的无病毒果树示范苗圃和西北地区最大的蔬菜生产和集散基地。

1991年，一个偶然的机会，焦志学得知联合国有无偿援助我国无病毒果树示范项目之意，他立即将目标瞄准了云阳镇园林站。这年春季，焦志学接管了园林站后，联合省果树研究所，培育了9亩无病毒果苗6万多棵，获得成功，1992年秋季，收入39万多元。经过联合国项目人员的考察、评估、论证，1993年6月8日，焦志学终于获得了联合国开发计划署的正式批准，无偿援助120万美元。陕西省人民政府拨出配套资金690万元人民币。这个全国最大的无病毒果树示范苗圃，占地1000亩，温室4000m^2，拥有从国内外引进的纯正无病毒苹果砧木，无病毒苹果良种（如富士、元帅、红星、乔纳金等系列），具有国内先进的果树病毒检测设备。目前有无病毒果树示范苗圃600亩。年产各种无病毒矮化优质果树苗木800万株。苗圃为了满足果农的需求，还培育出梨、猕猴桃等优良品种苗木，并继续开发新的果树苗木。

1993年，焦志学还在云阳镇创建陕西省最大的"菜篮子工程"，总投资2614万元。焦志学采用"公司＋农户"的模式，把分散经营的农户组织起来，将群众的土地集合到一块，由公司实行统一资金、统一技术、统一管理、统一销售。采用冬暖式大棚的反季节种植法，实行蔬菜工厂化规模化生产。群众不投一分钱，只利用农闲在蔬菜大棚内作业6个月时间，一个大棚就可得到2000多元的回报。云阳老区广大群众称颂这是挎起"菜篮子"奔小康的有效之路。整个"菜篮子工程"分为蔬菜大棚、蔬菜冷藏及蔬菜市场三部分，全部工程完成后，将形成西北地区最大的蔬菜生产基地和集散基地。

焦志学，1949年7月生于陕西省泾阳县云阳镇。1968年高中毕业，1971年起在社队企业中任采购员、供销科长。1976年参与筹建云阳造纸厂，1982年任厂长。他被评为全国乡镇企业家，被选为陕西省八届人大代表，被聘为国家农业部乡镇企业顾问。

〔舒乙·中国现代文学馆副馆长·为大型文献片《老舍传》撰写脚本和解说词〕 1993年，舒乙怀着对父亲老舍的深深怀念之情，为反映老舍一生的大型文献纪录片《老舍传》撰写了脚本和解说词，并陪同摄制组到武汉、重庆、天津等地拍摄实景。拍下了老舍所有现存的故居和到过的地方，并挖掘出80多部和老舍有关的资料片，从中撷取了许多珍贵的历史镜头。

1993 年，舒乙还主持了纪念聂甘弩 90 诞辰纪念座谈会，胡风生平和 90 诞辰纪念座谈会，胡风生平和文学创作道路大型展览开幕式，冰心文学生涯展览开幕式。主编了《当代台湾著名作家代表作大系》第一辑十卷本，编辑出版了《老舍英文书信集》(香港版)。

舒乙，1935 年 8 月 16 日生于北京，满族人。1959 年苏联列宁格勒基洛夫林业技术大学毕业。曾在中国林业科学院林产化学研究所、北京市光华木材厂从事科研工作。现任中国现代文学馆副馆长，研究馆员。1980 年开始从事文学创作。著有散文集《散记老舍》(与他人合作)、《父亲最后的两天》、《老舍的关坎和爱好》，传记《老舍》。他的散文《老舍和朋友们》获《十月》文艺奖。

〔舒师蕴(女)·湖南洞庭科技有限公司总经理获全国“三八”红旗手称号〕　舒师蕴经过十多年的艰辛劳动，办起了湖南省第一家蜂业专营企业——湖南省洞庭蜂业公司，继而又创办了拥有几百万元资产的湖南省洞庭科技有限公司。她曾被评为湖南省劳动模范，1993 年又获全国“三八”红旗手、全国“双学双比”女能手称号，并被选为中国妇女第七次全国代表大会代表。

舒师蕴，1943 年 8 月生，湖南省岳阳县人。1985 年，她独自一人从家乡走进省城长沙，创办了湖南省洞庭蜂业公司。她致富不忘国家，长期帮助贫困的乡亲们共同致富。她把自己多年养蜂经验编成 20 多万字的书籍和资料，通过广播讲座和邮寄、送书等方式免费向农民提供养蜂技术。她走遍了黑龙江、吉林、新疆、青海、甘肃等二十多个省、市、自治区，向边远贫困山区赠送养蜂工具、药品、书籍等等，并提供产后销售服务，使不少乡亲因养蜂脱贫而成为万元户。舒师蕴每年向国家交售一千多吨优质蜂蜜、蜂王浆，为国家换取数百万美元的外汇，受到了外贸部的表彰。

1990 年，舒师蕴又把目光投向了高科技领域。中国科学院简令成教授研究的植物抗寒剂，一眼就被她看中。这一科技成果，可以从根本上保证植物细胞膜系统在低温等逆境中的稳定性，提高植物对不良环境的适应和抵抗能力，避免逆境伤害，保证正常生长。经过十几个省大面积试验，证明植物抗寒剂不仅有明显的抗寒防寒作用，而且能有效地提高农作物的抗旱、抗病能力，同时还能促进根系发达，植株茁壮，提早成熟，具有抗逆与增产的双重效果。她一连到中科院十几次，最后出资 120 万元购买了这项技术，创下了全国个人投资购买高科技成果的最高纪录。

回到长沙，她立即投资一百万元租赁改建了三千多平方米的厂房，购置安装了先进的自动化生产流水线。产品出来后，开始在湖南的高寒山区进行试验，接着又到辽宁、山东等地，免费把几千瓶植物抗寒剂送给农民试用，效果很好。从买下专利到投入生产，舒师蕴仅仅用了三个月的时间，中科院的教授称她为“惊人的速度，惊人的效益”。

舒师蕴成功了。工厂刚投产 40 来天，全国各地的订单函件就纷至沓来。广西的客户干脆把大卡车开到工厂门口，来一个坐等。美国、日本、加拿大等国的客商也来了，有的要求投资入股，有的要求做外销总代理。面对成功，舒师蕴没有陶醉。刚生产出来的植物抗寒剂是瓶装水剂，既不便于运输，农民也不便于使用。她又投入大量的人力、物力、财力，将瓶装改成了袋装，接着又改成粉剂。既方便了群众，又降低了产品价格。

成果推广难，农业科技成果推广更难。舒师蕴又在长沙市望城县购了 100 亩地，由中科院植物研究所组织实施。现在，这个南方最大的农科试验场，各项试验工作正在有计划地开展。工厂生产的植物抗寒剂，已经推广应用到六百多万亩的土地上。植物抗寒剂还被列入了 1993 年湖南省农业“星火计划”、“丰收计划”。

〔舒斯云(女)·第一军医大学教授·在神经生物学领域取得四项世界最新发现〕　1993 年 2 月 12 日新华社报道，第一军医大学附属珠江医院神经生物研究室主任舒斯云和她领导的课题组，经过艰苦研究和反复实验，在神经生物学领域取得四项重要科学发现。中科院学部委员张香桐教授认为这些最新发现及其实验方法，将推动神经科学的新发展，有助于揭示人体内更多的奥秘。

这四项最新发现分别是：在鼠、猫和猴的脑纹状体内发现了一个新区域——边缘区，该区的细胞形态、神经肽的表达特点以及纤维联系均不同于其它区；在鼠脑中，发现肾豆凝集素不仅可以沿神纤维顺行运输，还可以逆行运送标记胞体和树突分枝，把神经体的形态与联系显示无遗；在大鼠脑杏仁核内发现了两种神经肽的年龄变化；在单细胞原生动物棘尾虫体内，发现一种酶、一种原癌基因和 6 种神经肽的定位表达。这些科学发现的研究，运用了舒斯云自己独创建立的增强标记酶实验方法(CDN)，有关专家认为这种实验方法对神经科学研究有重要意义。

舒斯云，江西人，1935 年 8 月生，1956 年毕业于第四军医大学五年制本科，1967 年华西医科大学研究生毕业，先后任第四军医大学解剖教研室助教、讲师、副教授，神经生物研究室教授，1990 年调任第一军医大学珠江医院神经生物学研究室主任、教授。1986～1988 年，先后兼任美国田纳西大学医学院解剖教研室副研究员、东卡罗来那大学医学院解剖及细胞生物教研室副研究员，1991～1992 年为美国宾州医学院访问教授。发表学术论文 30 余篇，六次参与军队医学科研课题研究，其中三次获军队科技二等奖，三次获军队科技三等奖。立三等功三次。

〔鲁少飞·漫画家·获中国漫画金猴奖〕 1993 年 1 月 27 日，中国美术家协会漫画艺术委员会决定，对在我国漫画事业中有突出贡献的 10 名著名老漫画家授予中国漫画金猴奖。鲁少飞名列首位。

鲁少飞，1903 年生。江苏省上海县人。父亲鲁承荣是一位民间画匠，他自幼耳濡目染受到熏陶。1920 年进商务印书馆当绘图生，同时向《申报》供稿。所画长篇连载漫画《改造博士》、《陶哥儿》深受读者喜爱。他主编的《时代漫画》于 1934 年 1 月创刊，我国著名漫画家华君武、胡考、张仃、黄苗子、廖冰兄、特伟、丁聪、陆惠龄、王乐天、张乐平、陆志庠等人，都是在这本杂志上开始迈步的。当时，鲁少飞的一幅漫画以《晏子手》为题，画了一幅讽刺国民党政府对日本执行屈膝外交的漫画作为封面，因而被上海社会局以“危害民国”罪名，多次传讯，险些陷入囹圄，后以罚款了事。在 1936 年出版的《时代漫画》第 30 期上，刊登了冯玉祥与阿比西尼亚塞拉西皇帝在泰山合影的剪贴照片《无冕之王塞拉西来华访友》。这是用挖补手法，把原来蒋介石头像，换上了塞拉西的头像。当时正值意大利墨索里尼侵略阿比西尼亚，编者同情弱小民族面临亡国的遭遇，让这位皇帝与因抗日不得志，幽居泰山的冯玉祥将军合影，作品发表后，他被扣上污辱政府和领袖的滔天大罪，刊物被勒令停刊。《时代漫画》是当年影响最大，出版时间最长的漫画刊物。

“八一三”沪战爆发，全面对日抗战开始，鲁少飞主编《救亡漫画》三日刊，直到上海沦陷才停刊。随后应黄苗子邀请，到广州编绘《国家总动员画报》，后去新疆，编绘《新疆画刊》曾遭军阀盛世才幽禁。

解放后，鲁少飞任北京人民美术出版社编辑，为扶掖新秀贡献了力量。六十年代初离职退休。1991 年，北京人民美术出版社举办了鲁少飞漫画与书法展览，以表彰这位漫坛元老的业绩。

获得此次金猴奖的其余九位老漫画家是：蔡振华、沈同衡、陈惠龄、王乐天、高马得、江有生、王宇、韦启美、洪荒。

〔鲁传领·山东济宁领带厂厂长·成立专业领带厂产品达国际一流水平畅销国内外〕 1993 年 9 月 19 日，中国北京奥申委代表团成员身着笔挺的西服，胸前柔软飘曳的真丝领带，在微风吹拂下，更显得神采非凡。这些领带出自一家只有 42 名职工的乡镇企业，它就是山东济宁领带厂。它的领头人是鲁传领。

鲁传领，1963 年 10 月生，山东济宁人。1989 年 4 月，鲁传领投标承包了丝绒厂。搞起了深加工，增加花色品种，使产品升值。他先试着让工人用丝绒做领带，每天做二、三十条，送往济宁市百货大楼，很受欢迎，做多少卖多少。1990 年，鲁传领南下广州进行市场考察，凭着他的真诚，和深圳一家领带公司建立了联系。鲁传领信心大增。回到济宁以后，立即挂牌成立了山东济宁领带厂，成为山东省第一家也是唯一的一家生产领带的专业厂家。

领带厂上马以后，鲁传领迅速扩建厂房，引进设备，聘用技术人员，提高工人素质。工厂首批生产的 2000 条领带，一炮打响，不光占领了山东省内的市场，还在湖北、湖南、北京、天津、广州、深圳等地设立了销售网点。各地的订单、合同不断地飞来。

产品开发成功了，企业也兴盛起来。这时候的鲁传领，更是全力注视市场，不断开发新产品，翻新花色，使产品达到 200 多个品种。产品也出口到美国、香港、新加坡、马来西亚等国家和地区。为了保证制作的领带质量，全部产品都是手工缝制，而且实行工序承包制，产品在那一道工序上出问题，就由谁承担经济损失。鲁传领还教育职工真正把客户视为“上帝”。只要顾客来厂，不管是否要货，要货多少，都热情接待，耐心介绍；产品售出以后，客户如果发现产品有质量问题，可直接和工厂联系，厂里除负责赔礼道歉退回货款以外，还要赠送一条领带……

1993 年 9 月初，工厂承担了为北京奥申委定制领带的任务。全厂职工心情无比激动，他们连续工作两天两夜，保质保量地完成了 400 条领带的任务，北京奥申委代表团出发之前，系上了可与国际一流领带相媲美的国产领带。鲁传领不满足于已获得的成绩，正和工厂职工一起向新的高峰攀登。

〔鲁运新·林业派出所教导员·被追授全国公安战线一级英模称号〕 1993 年 8 月 10 日，公安部发布命令，追授原湖南省临湘市公安局五尖山林业派出所教导员鲁运新“全国公安战线一级英雄模范”称号。

鲁运新，1949 年 2 月生于湖南临湘县忠防镇渔潭村，1968 年 10 月在国营白石园林场当林业工人，1975 年被调到国营五尖山林场当护林员，1987 年建立五尖山林业公安机构后，他被任命为五尖山林场派出所副所长，后任教导员，1993 年 2 月 7 日在指挥扑救一场山林大火中，为掩护群众安全转移而被大火包围壮烈献身。

1993 年 2 月 7 日凌晨，鲁运新在连续十几个小时指挥扑灭一起山火后刚回到家，消防指挥车又尾随而来，场部也打来紧急电话：由临湘市城南乡一村民元宵送坟灯引发，五尖山 15 林班发生重大森林火灾。风助火势，火借风威，烧了 1 公里的火龙爬上了五尖山，从一个山头燃向另一个山头，火线长达 3 公里。鲁运新冲上 15 班林区，指挥增援的乙炔厂 30 多名职工来灭火，用柴刀砍出一条条防火带。熊熊大火一直烧到上午 10 时，十级以上的狂风骤至，火魔猛然形成一个强大的"树冠火"，以每秒 10 米以上的速度冲上山顶。鲁运新大声呼喊着，组织人们撤离火区。救火群众大部分撤到了坡下安全区，只有鲁运新还在大火中搜寻着。忽然他发现场里一名女工还在火中急得乱转，立刻大吼一声："快滚！"女工醒悟过来，倒地就势一滚，滚下山坡，死里逃生。鲁运新在大火中又发现一名老工人，一掌将其推下了山坡。熊熊烈焰最后包围了鲁运新和一名青工，两人轰然倒下。火魔被降服后，人们在离防火线不远的过火林带找到了被烧焦的鲁运新遗体，1.75 米的身躯已面目全非，身边只留下一截残存的警用皮带和几粒警服钮扣。

鲁运新是林业公安战线上的"老先进"。他当护林员时，跋山涉水，翻越了 59 个山头、36 个护林点，走访了全场 80 多户农家，记下山形、地貌、水源、土质情况，成了大家公认的"活地图"。新建护林点时，人们都不愿上荒无人烟的龙头山，而他和妻子在龙头山一住就是 3 年。江西修水县一名杀人罪犯潜逃到五尖山，鲁运新带领 16 名干警缉查。凭着罪犯留下的蛛丝马迹，终于在海拔 1500 米的望台山头找到了逃犯。罪犯以利刃相见，鲁运新以过人的臂力和擒拿技术将罪犯生擒。自 1981 年以来，他参与办理森林盗伐案 218 起，破获团伙盗伐案 35 起，抓获盗伐犯罪分子 234 名，为国家减少经济损失 30 多万元。他曾 3 次荣获省级立功嘉奖，29 次被市、县评为劳模、先进、优秀共产党员。

〔鲁彦周·现代作家·新作《阴阳关的阴阳梦》研讨会在合肥召开〕　鲁彦周的新作《阴阳关的阴阳梦》由上海文艺出版社出版后引起文艺界的关注。安徽省文联、安徽省作协、上海文艺出版社和安徽省文艺发展基金会于 1993 年 7 月 3 日在合肥联合召开讨论会，出席会议的 40 余位作家、评论家，就这部小说的思想性、艺术性和创作手法进行了热烈的讨论。大家一致认为，鲁彦周的这部新作蕴藏的思想性是深刻的，创作手法是新颖的，具有很强的欣赏性和可读性，特别是在人物塑造上有了新的突破，环境和人物之间，群体和个体之间结合的非常和谐。小说描写的是一部悲剧，更是一部值得人们深思的悲剧。

上海文艺出版社曾两次将鲁彦周的小说《彩虹坪》、《阴阳关的阴阳梦》收入"小说界文库"。

鲁彦周，1928 年生，安徽巢县人。中国共产党党员。1950 年后，历任皖北行署文教处、皖北文联干部，安徽省文联副主席，作协安徽分会副主席，中国作协及影协理事。1954 年开始发表作品。著有长篇小说《彩虹坪》、《古塔上的风铃》，中篇小说《天云山传奇》（获全国优秀中篇小说奖），电影文学剧本《凤凰之歌》、《风雪大别山》、《廖仲恺》（获文化部优秀电影奖），话剧《归来》（获 1956 年全国汇演剧本一等奖）、《波澜》等。

〔鲁时仙（女）、祝华述等 9 人·少数民族代表·新增为全国政协委员〕　1993 年 2 月 16 日，中共中央统战部部长王兆国在第七届全国政协常委会第 22 次会议上，就第八届全国政协委员安排作说明时指出，第八届全国政协委员中少数民族委员人选为 242 名，比七届一次会议增加 20 名。民族成份由 47 个增加到 56 个。我国各个民族都有了代表人士参加全国政协。这是人民政协历史上的一次突破。新增加的九个民族的委员是：鲁时仙（女，布朗族）、祝华述（仡佬族）、曹明兴（阿昌族）、和毅繁（普米族）、甫云聪（怒族）、蒋腊摆（德昂族）、黄邦模（京族）、帕加（珞巴族）、沙东（基诺族）。这些普通的少数民族代表，在北京出席全国政协八届一次会议期间，竟成了"新闻人物"、"政协新星"，许多记者都把焦点聚在这九位少数民族政协委员身上。在全国政协八届一次会议开幕的当天，《人民日报》发表的《八届政协——56 个民族"全家福"》的文章说："事实表明，我们国家充分尊重和保障各少数民族共同管理国家事务的民主权利；也有力地表明，在党和政府以一贯之奉行的各民族平等、团结和共同繁荣的原则指引下，我国各民族实现了空前的大团结。"

鲁时仙，女，1949 年 1 月生于云南省双江县的一个布朗族农民家庭。1968 年 12 月在临沧地区师范学校毕业后，在双江县帮丙乡任小学教师。1987 年 9 月后任沙河乡土戈完小校长，双江县人大常委会委员，云南省人大代表。曾多次被评为先进教师，受到上级的表彰。

祝华述，仡佬族，1934 年 12 月生，贵州正安人，贵州省正安县农业区划委员会高级工程师、县政协副主席。大学毕业后，在湖北省区测队任技术员、工程师。为了建设家乡，放弃了在武汉的舒适生活，回到家乡工作。曾三次获省、部级科技成果奖。

曹明兴，阿昌族，1947 年生，云南腾冲人。腾冲县新华乡农民。1983 年后，他利用山区优越的自然条件，贷款 2800 元发展养猪事业，1984 年饲养生猪 13 头，到 1990 年发展到 1014 头，年纯收入 4 万多元，是边疆山区少数民族劳动致富、科技致富的带头人，被评为全国民族团结进步先进个人。

和毅繁，普米族，1960 年生，云南兰坪人。现任兰坪县人民法院副院长。他年富力强，办案认真负责，擅长处理民族杂居区的民事及经济案件。

甫云聪，怒族，1954 年生，云南福贡人。现任福贡县医院检验科主任。毕业于昆明医学院，工作踏实，刻苦钻研业务，热心为山区各族人民治病，是云南省人大代表。

蒋腊摆，德昂族，1955 年 12 月生，云南潞西人。潞西县人民医院副院长。1980 年毕业于昆明医学院。有良好的医德医风，全心全意为山区人民治病，多次被评为卫生系统先进工作者，是第七届全国人大代表。

黄邦模，京族，1934 年 9 月生，广西防城人。钦州地区农牧局高级畜牧师。其科研成果曾先后获得省部级奖励 14 次。

帕加，珞巴族，1938 年生，西藏米林人。林芝地区米林县政协副主席。解放前为奴隶。1959 年后在米林县公安局工作，1972 年任副局长，连续 26 年是县级先进和劳模。

沙东，基诺族，1934 年生，云南景洪人。1980 年后任景洪县基诺乡文化站站长。是位受人尊敬和喜爱的民间歌手。

〔童尔昌·我国小儿外科创建人之一·被聘为中华医学会资深会员〕　1993 年 1 月 16 日，具有 78 年历史的中华医学会，正式宣布首批聘任 41 位在医学上有重大成就、德高望重的内外科专家为中华医学会资深会员。我国小儿外科创建人之一、同济医科大学附属同济医院教授童尔昌获得这一荣誉。

童尔昌，1921 年 3 月 10 日出生于浙江宁波。1945 年毕业于同济大学医学院。历任上海同济大学医学院附属同济医院外科住院医师、助教、住院总医师，武汉中南同济医学院(后改称武汉医学院、同济医科大学)附属同济医院小儿外科主治医师、讲师、副教授、教授。

童尔昌是我国小儿外科创建人之一。在小儿外科领域，他重视基础理论研究，如“小儿肠梗阻的液体和电解质平衡”、“肠套叠的发病机制——解剖因素的探讨”和“新生儿直肠肛管的外科解剖”。这些研究推动了小儿外科专业的发展，并且有利于提高年轻一代小儿外科医生的素质。童尔昌在先天性巨结肠症的研究方面有颇深造诣。他领导的“中西医结合治疗先天性巨结肠症”的研究成果获卫生部乙等荣誉奖，并在国际小儿外科学术会议上进行了交流，得到学者们的一致好评。他们的“先天性巨肠症新的诊断方法”获卫生部科技进步三等奖。

童尔昌先后参加编写高等医药院校试用教材《外科学总论》、《小儿外科学与小儿矫形外科学》、《外科学》、《一般外科手术学》。在十年动乱期间，为了我国小儿外科事业的发展和青年医生的成长，他毅然主编 300 万字的大型著作——《小儿外科学》，终于在 1978 年出版。其后，他还参加了《外科学》教材、《小儿外科学》教材和《黄家驷外科学》的编写。此外，他还担任《中国医学百科全书·小儿外科学》的主编和《外科护理学》副主编和 90 万字大型参考书《小儿腹部外科学》的主编。

童尔昌还任中华医学会湖北分会理事、小儿外科学会名誉主任委员，中华医学会武汉分会副会长，中德医学会湖北分会会长，武汉市科协副主席，中医学会小儿外科学会副主任委员，《中华小儿外科杂志》总编辑，第七届全国政协委员等职。

〔曾毅·肿瘤病毒学家·当选中国科学院学部委员〕　中国预防医学科学院院长、研究员曾毅，1993 年 12 月当选为中国科学院生物学部学部委员。

曾毅，1929 年 3 月 8 日生，广东省揭西县人。1952 年毕业于上海第一医学院。历任中国医学科学院病毒学研究所研究实习员、助理研究员、副研究员、研究员、副所长、所长等职。现任中国预防医学科学院研究员、院长，中华预防医学会副会长，《病毒学报》副主编。

曾毅于五十～七十年代主要研究脊髓灰质炎病毒、肠道病毒、麻疹病毒、鸡白血病和其它肿瘤病毒。自七十年代起研究鼻咽癌病因与 EB 病毒的关系。建立了国际上第一、第二鼻咽癌细胞株，证明这些细胞株含有 EB 病毒基因和某些抗原。表明 EB 病毒确实与鼻咽癌的病因有关。通过血清普查，早期诊断率由 20——30%提高到 90%，5 年生存率提高到

67%；证明50余种中草药及某些食品中含有激活EB病毒的物质，并且阳性中草药和植物的地理分布与鼻咽癌的地理分布相似，通过家庭中复发鼻咽癌病例，证明存在与HLA连锁的鼻咽癌易感基因。通过长期的研究工作，提出遗传因素是鼻咽癌发生的基础，EB病毒与环境促癌因素起协同作用的观点。上述成果获1991年陈嘉庚医药科学奖。首次证明I型成人T细胞白血病病毒(HTLV—I)与我国的某些白血病和神经系统疾病有关；核苷酸序列分析表明我国分离的HTLV—I与日本的相似；首次在我国分离到HIV，证实艾滋病病毒(HIV)经血液制品传入我国；从血清免疫反应和病毒V—区核苷酸序列分析证明我国的HIV与美国株相近，而与非洲株及欧洲株有较大差别，并研制出一系列艾滋病诊断试剂，为我国艾滋病的诊断和控制作出了贡献。

〔曾庆红·任中共中央办公厅主任〕　新华社北京1993年3月25日报道，中共中央决定曾庆红任中共中央办公厅主任、中央直属机关工作委员会书记。

曾庆红，1939年生，江西吉安人。1960年加入中国共产党。1963年毕业于北京工业学院自动控制系。后历任国家计委办公厅秘书，国家能源委员会办公厅副处长，海洋石油总公司联络部副经理，石油工业部外事司副司长，中共上海市委组织部副部长、部长，中共上海市委常委、秘书长。1986年起任中共上海市委副书记。后调任中共中央办公厅副主任。

〔曾孝濂·昆明植物研究所高级工程师·设计《杉树》邮票被评为92全国最佳邮票〕　1992年度全国最佳邮票评选于1993年5月31日在上海揭晓。曾孝濂设计的《杉树》邮票，因获得49万选票中的42·9万多张而成为令人瞩目的'92全国最佳邮票，还获得了这次邮票评选的专家奖。

《杉树》邮票一套4枚，邮票上的4种杉树是银杉、水杉、秃杉和百山祖冷杉。怎样把高大的植物浓缩于方寸之中？曾孝濂采用了"整体与局部兼顾、远近虚实相宜"的设计方案。他考虑到球果是裸子植物的主要分类依据，因而把带球果的小枝置于画面的主要部位，准确地画出球果鳞片和枝叶的排列、结构，通过对局部的重点刻画，展现它们的主要特征。同时，辅之以树的整体形态，把挺拔的大树作为远景，衬托在球果后面，画得很虚。虚不仅是为了简要的表明植物的整体形态，更重要的是烘托气氛。这套邮票背景处理得非常巧妙。用淡淡的灰色画远树，把4枚邮票统一在相同的色调里，远近对比反差大，拉开了空间距离，使得本来很狭小拥挤的画面变得开阔。虚的远景也不是完全虚，而是虚中有实。整个画面有一种淡雅、宁静的艺术效果。

曾孝濂，1939年6月生于昆明，先后就读于昆明恩光小学、昆明第一中学。1958年始在中科院昆明植物研究所工作。现为专业植物画家、高级工程师，并兼任中国植物学会植物科学画协会主席、中国科普作家协会会员。

曾孝濂长期从事科学著作的插图工作。先后为《中国植物志》、《中国本草图鉴》、《云南山茶花》(中、英、日文版)、《中国珍稀濒危植物》等50余部著作画插图，在国内外发表的已经有2000余幅。他国画、油画、水粉画、水彩画诸技皆通，是用绘画表达科学内容的行家。他可以面对一个干枯的标本，画出一株鲜活的植物，并使之兼具科学的准确性与艺术的感染力。1979年《云南山茶花》插图选及《林海行》封面在中国科普作协和中国美协联合举办的"全国科普美展"中分别获得二等奖和三等奖；1980年《中国食用菌》等插图获中国植物学会等单位举办的"中国植物科学画展"最佳奖，该作品1981年应第十三届国际植物学会议邀请在澳大利亚展出，1982年在美国展出；1990年《山茶花》组画在中国科普作协、中国美协、中国摄影家协会联合举办的《美哉中华、爱我中华》美术摄影展览中获一等奖。1990年他被中国科普作家协会表彰为建国以来成绩突出的科普美术家。

此外，他于1991年为邮电部设计《杜鹃花》特种邮票，于1992年被评为1991年度全国最佳邮票；同年应邀为美国万国首日封公司设计首日封及邮卡。1992年应邀出访香港，并在香港中文大学"邵逸夫堂"举办个人绘画作品展。

〔曾志德·深圳市公安局笋田派出所副所长·被追授全国公安战线一级英模称号〕　1993年8月8日，公安部发布命令，追授在深圳"8.5"抢险中壮烈牺牲的深圳市公安局笋田派出所所长曾志德"全国公安战线一级英雄模范"称号，并颁发奖章、证书和奖金。

1993年8月5日中午，连续办案40多小时没有合眼的曾志德与战友从梅园仓库查案回来，午饭尚未吃完，巨大的爆炸声从清水河方向传来，强烈的震动把派出所门窗的玻璃震落在地。曾志德丢下饭碗，猛地站了起来。他让民警叶志文紧急集合全所干警和保安员，自己飞身跨上摩托车，火速向清水河爆炸现场飞驰。几分钟后，他成为第一个赶到现场的公安干警。

现场一片烈焰，飞腾的大火不断迸出爆炸声。墙体被炸塌，刺鼻的气味让人难以喘息，慌乱的人群四散在周围，情况万分危急。他立即借用手提电话向分局报告情况，随即一次次冲进浓烟笼罩的危险地带，抢救出一个又一个受伤群众。8分钟后，笋田派出所教导员带领10名干警和100名治安联防队员到达现场时，曾志德已从烈火和断壁残垣中救出了多名被炸伤的群众。战友们见他满面尘土，汗流如洗，都劝他休息片刻，他说："救人要紧！"带领战友们又继续战斗。下午1点40分左右，市局领导赶到现场，曾志德简要报告了情况后，又扑向火海。他一会儿从浓烟中背出受伤群众，一会儿给正在灭火的消防队员送去矿泉水，一会儿又出现在离火场最近的居民区，挨家挨户地疏散群众。火势越来越大，火场不时传来沉闷的爆炸声。两点25分，爆炸中心不断冒出白色的浓烟，曾志德不仅没有后退半步，反而向火源越逼越近。几分钟后，更猛烈的第二次大爆炸发生了。当干警们冒着四处迸落的碎块寻到曾志德时，他已面目全非，停止了呼吸。人们从他胸前的警号——4483398，才辨认出这位年轻的副所长。在他倒下的地方，留下了一大片血迹。

曾志德1962年9月出生在深圳市龙岗区坪山镇，高中文化程度，1979年12月入伍，1980年7月加入中国共产党，1982年1月退伍后参加公安工作。他秉公办事，为警清廉。1992年10月，笋田派出所破获一起盗窃摩托车团伙案，案犯刘某被抓获。刘某的长兄和弟弟先后找到曾志德，递上一个大信封，许诺如放人可以再给3万元。曾志德断然拒绝了。行贿者不死心，当晚又找了曾志德的高中同学来他家中当说客。曾志德说："给100万元也休想我放人。"他乐于助人，所里不管谁有困难，只要他得知，总是主动帮助解决。1993年6月，暴雨突袭深圳，辖区内许多居民住宅被洪水包围。曾志德跳进齐腰深的洪水中救出数十名老人和小孩，他的事迹在当地群众中广为传诵。参加公安工作11年来，他荣立三等功一次，受嘉奖8次。

〔曾牧野·经济学家·论述国有企业产权改革的最佳选择〕 广东省社会科学院研究员、经济学家曾牧野，1993年6月在《广州日报》上与王继康共同发表《国有企业产权改革的最佳选择》一文。文章认为，产权关系明晰化是市场经济的内在要求，国有企业游离于市场主体之外的根本原因在于产权模糊不清。股份制使国有企业资产明晰化、主体化和多元化，是符合市场经济要求的产权制度的理想选择。国有企业的资产从单一国有资本转为多元社会资本，是一种调动全社会力量发展生产力的有效办法。

曾牧野，1928年生，广东揭阳人。五十年代末到六十年代，围绕经济、社会发展与人生价值取向等问题，他曾用田牧、丘谷间等笔名撰写和发表了大量政论性杂文。七十年代末到八十年代，他主要从事社会主义商品经济理论与体制改革的研究，发表了大量论文和调查报告。1988年，他和其他几位同行一起，发起与主持由广东经济学会、广东省社会科学院、广州市经济研究中心等单位联合召开的"社会主义初级阶段市场经济系列研讨会"，并主编、出版了《社会主义初级阶段市场经济》一书。1991年又发起与组织举办大型的"社会主义市场体系理论研讨会"，会后出版了论文集。1992年再次发起组织广东经济学界对社会主义市场经济〈理论〉的讨论和探索。1993年致力于产权制度与股份制改革的研究。近年著作主要有《沿海新潮与广东改革》、《改革开放与发展社会主义商品经济》、《沿海地区经济发展战略与广东综合改革试验》等；主编《广东百科全书·经济编》、《广东社会科学四十年》、《迈向九十年代的经济特区》、《社会主义市场经济与市场体系研究》等论著。其中《沿海地区经济发展战略与广东综合改革试验》一文获国家级优秀论文奖。

曾牧野曾任广东省社会科学院副院长、党组书记。现任研究员、硕士生导师。他还是广东省经济学会会长、广东省社会科学联合会副主席、广东省政府社会经济发展研究中心特约研究员。

〔曾洋洋（女）·少年发明家·获中国国际服装服饰博览会金奖〕 北京立新小学三年级少先队员曾洋洋，因发明"邮票时装"获得1993年中国国际服装服饰博览会金奖，成为为数不多的金奖得主中的唯一的儿童。颁奖仪式后，世界著名服装设计大师皮尔·卡丹吻着她的小手说："你设计的服装真漂亮，你真了不起。"中国纺织总会会长吴文英题词称赞此设计是"当今一绝"。

曾洋洋，1984年11月生于北京。从小受父母影响，酷爱音乐、绘画、集邮。6岁那年突来灵感，将一些漂亮的邮票贴在布娃娃的纱裙上，做成"邮票时装"。当她听说中国正在申办奥运会，便一定要求爸爸将她设计的奥运邮票时装寄给国际奥委会主席萨马兰奇爷爷。从此她和萨爷爷有了一年多的通信往来。1993年5月12日，萨马兰奇率奥委会成员来北京，在欢迎的人群中，他一眼就认出了站在北京市副市长张百发身边的曾洋洋，非常高兴地伸出双臂拥抱了她，还告诉她，"邮票时装"已做为珍贵纪念品被陈列在瑞士洛桑国际奥林匹克博物馆，然后又亲自在曾洋洋穿的邮票时装上签上了自己的名字，并将一枚奥运五环手表和奥运五环金质钥匙赠送给曾洋洋做纪念。

曾洋洋品学兼优，是班级中队长。作为北京优秀儿童，她还曾受到荣毅仁、李铁映、陈希同、陈慕华等领导人的接见和赞扬。

〔曾宪泽(女)·湖南化工研究院主任工程师·获全国巾帼建功标兵称号〕　湖南化工研究院学术委员会委员、农药一室副主任、农药有机工艺主任工程师曾宪泽，于1993年"三八"国际劳动妇女节前夕，被全国妇联授予"巾帼建功标兵"称号。

曾宪泽，1938年9月生，湖北省汉川县人。1956年入天津大学化工系学习，1961年毕业到湖南化工研究院工作，1978年起，先后任工程师、副研究员。30多年来，曾宪泽怀着强烈的事业心和责任感，一心扑在化工事业上，先后参加10余个项目的科研工作，其中有7项通过省部级鉴定、两项获国家科学大会奖、两次获省科技成果二等奖。1963年参与剧毒农药甲基E605的研究中，任甲基E605—六六六混合粉剂分项负责人，在试验条件差、设备缺乏的情况下，不顾个人安危反复进行配比试验，终于找到最佳配方。1966年她代表本院参加化工部组织的"五硫化二磷法生产乙基E605"会战时，任氯化物分项负责人。所参与的项目研究，均于1978年获全国科学大会奖。1976至1980年她担任了"60吨/年甲基乙氰酸酯法合成速灭威"专题副组长，与同组人员一起，在国内首创"异酯"新路线，先后获湖南省科技成果二等奖和湖南专利"十佳"奖。1985年曾宪泽主动承包的英国专家断言中国短期内搞不出的阻燃剂的开发与研究，从小试到投产仅用了一年多时间，将科研周期缩短了三年，节省投资70多万元，而产品与瑞士产品性能一致，符合英国标准。它不仅满足了国内急需，为国家节省了大量外汇，而且填补了一项国内空白，1991年获省科技成果奖，同年参加"丁硫克百威"的研究，这一课题亦填补了国内空白。她先后在国家、省级刊物发表的论文有:《速灭威的合成研究》、《阻燃灵合成的研究》等。在被选为第七届全国人民代表大会代表后，曾就工农业生产、科研、社会生活等方面的问题单独和联合提出16项议案和建议，产生了积极的社会效益，体现了她热爱社会主义祖国的赤子之心。

〔温小钰·现代作家·在杭州逝世〕　中国作家协会理事、浙江文艺出版社总编辑、著名女作家温小钰，多年病魔缠身仍笔耕不辍，1993年8月14日在杭州逝世，终年55岁。

温小钰，1938年生，浙江杭州人。中共党员。1960年毕业于北京大学中文系，历任内蒙古大学讲师、副教授，浙江文艺出版社编审。是全国七届人大代表。温小钰一生勤奋，著译甚丰，在她55年并不漫长的身后，留下的著译总数达400万字。温小钰与汪浙成是一对著名的伉俪作家，他们共同创作的中篇小说《土壤》、《苦夏》，曾先后获全国第一、二届优秀中篇小说奖。温小钰视写作为第二生命。在她去世的前一天，她还与汪浙成讨论修改作品，并叫女儿把她的一部八千行长诗找出来修改。她已无力拿稿纸，是她让女儿把稿纸铺在地上，她默默地阅读，然后口授重要修改的地方。出版有散文集《第三碗奶酒》、《草原蜜》，中短篇小说集《别了，蒺藜》、《心的奏鸣曲》等。

〔温家宝·中共中央政治局候补委员·强调稳定农业基础地位〕　1993年，中共中央政治局候补委员、中央书记处书记温家宝多次深入农村和有关部门调查研究农村工作。7月2日至7日在山西吕梁山区考察时，他强调要坚持用邓小平建设有中国特色社会主义的理论指导农村改革和农业发展，进一步巩固和加强农业的基础地位。

7月9日至17日，温家宝先后邀请12位农业专家、10个省和10个县(市)负责农业和农村工作的同志就农业和农村工作问题进行了座谈。他说，农业稳，人心就稳，社会就稳，改革和建设就有一个稳固的基础。他指出，贯彻中央的政策措施，深化改革，加强宏观调控，一个重要的内容是调整结构，保证重点，首先是加强农业。加强农业，一是通过整顿金融秩序，制止非法集资和违章拆借，改变农业资金流向非农产业，农村资金流向城市的现象，切实保证农业所需资金。二是通过调整产业结构，压缩过大的基建规模，稳定和适当增加对农业的投入，加强农田水利设施建设，增强农业发展后劲。三是通过保护和支持农业的价格政策，逐步缩小工农产品价格"剪刀差"，提高农业生产比较效益，增加农民收入。7月20日，温家宝在中国农业科学院调查研究时指出，要坚持科教兴农，进一步稳定农业基础地位。他说，农业的出路最终靠科学技术、发展农业要坚定不移地贯彻科教兴农的战略方针。农业科技工作要面向农村，面向农民，面向农业生产;农业生产要依靠科学技术，不断提高科技在农村经济增长中的比重，提高农业劳动生产率和综合经济效益。

温家宝，1942年9月生，天津市人。1965年4月加入中国共产党，1968年2月参加工作。北京地质学院地质构造专业研究生毕业，工程师。1968年至1979年任甘肃省地质局地质力学队技术员、政治干事、队政治处负责人、队党委常委、副队长。1979年任甘肃省地质局副处长、副局长。1982年任地质矿产部政策法规研究室主任。1983年任地质矿产部副部长。1985年任中共中央办公厅副主任、主任。1987年起任中共中央书记处候补书记兼中央办公厅主任、中央直属机关委员会书记。是中共第十三届中央委员、第十四届中央政治局候补委员、中央书记处书记。

〔谢军（女）·国际象棋世界冠军·在女子国际象棋世界冠军赛中卫冕成功〕　1993年11月16日，世界冠军谢军在摩纳哥蒙特卡洛结束的女子国际象棋世界冠军赛中仅下十一盘棋，就以8·5分对2·5分战胜挑战者、格鲁吉亚的约谢里阿妮，卫冕成功。

“小时候下棋凭兴趣，现在感到是责任。”这是谢军成长的过程，也是她成熟的标志。现年23岁的谢军是从8岁开始在父亲谢云阁的影响和支持下学下中国象棋的，不到一年时间，先是获得北京市儿童组中国象棋冠军，继而又获北京市中国象棋少年亚军。结果，她被北京名手王陛钧选中，送进北京市少体校棋班，改学国际象棋。期间，她1982年暑假参加了在秦皇岛举行的青少年集训。

1983年，谢军以门门功课优异的成绩被保送进重点中学。但她毅然放弃上重点中学而致力于下棋。谢军脾气倔强，从不服输，棋艺长进很快，当年作为北京队的一员参加团体赛，一月后在天津跻身全国“八强”。

1984年和1985年，是谢军在国内成名的两年，那时她只有十四五岁。不仅连续两年夺得全国少年冠军，而且分列这两年全国国际象棋个人赛第六和第三名。

谢军1970年10月30日生于北京，1986年年底入选国家集训队，1988年开始参加国际比赛，曾获世界青年锦标赛第四名和亚洲青年锦标赛女子冠军，在第二十八届奥林匹克团体赛上打第二台，为中国女队赢得第四名作出了贡献，并成为国际大师。

1989年，谢军不仅获得全国青年锦标赛个人（男女混合）和女子双料冠军，而且首次获得全国女子冠军。

1990年战绩极佳，获得女子国际象棋世界冠军赛候选人赛冠军，打破了苏联女棋手四十多年来对世界女子前三名的垄断，不仅被国际棋联增补为国际棋联委员和女子委员会委员，而且继刘适兰和吴敏茜之后成为我国第三位女子国际特级大师。当年，她在南斯拉夫举行的第二十九届奥林匹克团体赛上，为中国女队夺得铜牌立了战功。

1991年11月，谢军作为挑战者，在菲律宾首都马尼拉结束的女子国际象棋世界冠军赛上，以8·5分对6·5分击败了保持女子世界冠军头衔达13年之久的前苏联选手玛娅·齐布尔达妮泽，成为新的世界冠军，并获得“体育运动荣誉奖章”和“新长征突击手”、“三八红旗手”称号。

谢军1993年在蒙特卡洛接受格鲁吉亚名将约谢里阿妮挑战中发挥相当出色，获得了7胜3和1负的好成绩，特别是头5盘比赛，以4胜1和保持不败。回国后，谢军再次荣获国家体委颁发的“体育运动荣誉奖章”。

〔谢晋·电影艺术家·获老一辈电影艺术家荣誉奖〕　1993年11月，在广州举行金鸡、百花双奖电影节期间，广州市对外文化交流协会向广州观众推选出的十名老一辈电影艺术家，颁发了“广州人最喜爱的老一辈电影艺术家”荣誉奖状。谢晋是十位获此称号的老艺术家中唯一的导演（其余皆是表演艺术家）。做为幕后的导演而能为广大观众熟悉、喜爱，足见他的作品影响之深远。谢晋自1948年从影以来，历经近半个世纪的辛苦耕耘，使他的影片获得了中国广大观众的喜爱，他导演的影片连续五年获得观众投票产生的百花奖最佳影片奖，并在不少国际影节上获奖。

同年10月，在中国残疾人联合会第二次代表大会上，谢晋被选为中国残疾人联合会副主席，并被推选为中国智残人亲友会主席。

谢晋，上海电影制片厂一级导演。生于1923年11月，籍贯浙江上虞。1941年就读于国立剧专，后从事话剧活动。1948年从影，先后任助理导演、副导演。其执导的电影作品有20余部，重要的有《控诉》、《一场风波》、《水乡的春天》、《女篮5号》、《黄宝妹》、《红色娘子军》、《大李、小李和老李》、《舞台姐妹》、《海港》、《春苗》、《青春》、《啊，摇篮》、《天云山传奇》、《牧马人》、《秋瑾》、《高山下的花环》、《芙蓉镇》、《最后的贵族》等。其中《女篮5号》获1957年第六届世界青年联欢节国际影片展览银质奖章，1960年墨西哥国际电影周“银帽奖”，参加亚洲电影周，意大利都灵中国电影回顾展等。《红色娘子军》获1962年第一届全国电影百花奖最佳故事片奖，最佳电影导演奖，1964年第三届亚非电影节“万隆奖”第三名，曾参加捷克卡罗维·发利国际电影节和意大利都灵中国电影回顾展。《大李、小李和老李》参加意大利都灵中国电影回顾展。《舞台姐妹》获英国第24届伦敦电影学会年度奖，葡萄牙第12届菲格腊·达·福日国际电影节评委奖，参加第一届马尼拉国际电影节，意大利都灵中国电影回顾展。《天云山传奇》获文化部1980年优秀影片奖，第一届中国电影金鸡奖最佳影片奖，最佳导演奖，第一届香港电影金像奖十大影片第四位，参加意大利都灵中国电影回顾展。《牧马人》获文化部1982年优秀影片奖，中国第六届百花奖最佳影片奖，参加第二届马尼拉国际电影节影展，参加香港电影文化中心谢晋电影选。《高山下的花环》获文化部1984年优秀故事片一等奖，中国第八届百花奖最佳影片奖。影片《芙蓉镇》获第七届金鸡奖最佳故事片奖，第十届"百花奖"最佳故事片奖，1983年获第二届金鹰荣誉奖——亚洲电影导演贡献奖，1987年获第十届百花奖大会授予"五次荣获百花奖最佳影片导演特别奖"，1986年、1987年广电部优秀影片奖，第26届卡罗维·发利国际电影大奖小晶球奖。其新作《老人与狗》又引起较大的反响。

谢晋的作品内涵丰富，风格统一，人物形象鲜明，画面构图讲究，采光色调协调，镜头组接流畅。他尤其擅长叙事和刻画女性，在他的成功之作中，几乎每一部都给观众留下一个生动、鲜明的妇女形象。而他在银幕上那层次分明、节奏得当、迭岩有致、头尾分明的"讲故事"的本领，又深受中国观众的欢迎。

谢晋现为中国文联副主席，中国影协副主席，谢晋——恒通影视有限公司副董事长，总经理，美国电影艺术与科学学院成员，美国电影导演工会会员，并曾受聘出任多个国际电影节评委。

〔谢冕·文学评论家·主编《二十世纪中国文学丛书》〕　现代文学评论家、作家和诗人、北京大学中文系教授谢冕，1993年主编了《二十世纪中国文学丛书》(10卷本)，由时代文艺出版社出版。同时，他与唐小渡合编了《当代诗歌潮流回顾丛书》(6卷本)，由北京师范大学出版社出版。他主编的《诺贝尔获奖者的青少年时代》，海峡文艺出版社已出版10卷。此外，他还主编了50万字的《徐志摩名作欣赏》，由和平出版社出版。1993年，谢冕写的关于中国新诗潮史的专著《新世纪的太阳》，已由时代文艺出版社出版，还有两本散文集《彼岸的承诺》、《彼此被照耀》，也已付梓。

谢冕，1932年生，福建福州人。福建解放后曾任人民解放军某师文艺队组长、文化教员。1960年北京大学中文系毕业。历任北京大学中文系讲师、副教授、教授。他是我国国内第一位培养中国当代文学博士研究生导师，他培养的6名博士生已获得博士学位，在学的还有三个年级的8个博士生。此外，他还负责指导来自国内外的访问学者。他是中国语言文学研究所所长，作协北京分会副主席。中国作协理事。

谢冕1948年开始发表作品，专于中国当代文学，尤长于诗歌评论。著有专著《湖岸诗评》、《共和国的星光》、《谢冕文学评论选》、《中国现代诗人论》、《诗人的创造》，主编《中国新诗萃》、《中国当代青年诗选》等。

〔谢添·电影艺术家·获老一辈电影艺术家荣誉奖〕　1993年11月，在广州举行金鸡、百花双奖电影节期间，广州市对外文化交流协会向广州观众推选出的十名老一辈电影艺术家，颁发了"广州人最喜爱的老一辈电影艺术家"荣誉奖状。谢添以他杰出的表演艺术和精湛的导演才能当之无愧地获得了这个荣誉。

谢添，原名谢洪坤，北京电影制片厂导演，祖籍广东番禺。1914年出生于天津。1933年开始舞台演出活动。1936年进入明星影片公司任演员，在影片《夜会》中出任角色，后相继参加了《马路天使》、《压岁钱》、《四千金》的演出，并且主演了《母亲的秘密》、《梦里乾坤》等著名影片。1939年，在西北影业公司参加影片《风雪太行山》的演出。1946年以后，在北平中央电影制片厂三厂任演员。在此期间，曾经主演了《圣城记》、《追》、《郎才女貌》、《十三号凶宅》、《深闺疑云》等影片。

1949年，中华人民共和国成立以后，一直在北京电影制片厂任导演、演员，曾在影片《民主青年进行曲》、《走向新中国》、《新儿女英雄传》、《六号门》、《无穷的潜力》等许多部作品中饰演主要角色或重要角色。

1955年至1957年，已是一位名演员的谢添又到北京电影学院导演专修班学习。毕业后，参加了影片《风筝》的演出、并主演了其表演艺术代表作《林家铺子》(饰林老板)。

从1958年与他人合作执导影片《探亲记》开始，谢添潜心研究电影导演艺术。并执导了《欢天喜地》、《水上春秋》、《洪湖赤卫队》(并饰张副官角色)、《花儿朵朵》、《小铃档》、《三朵小红花》、《锦上添花》、《甜蜜的事业》、《七品芝麻官》、《茶馆》等影片。其中《小铃铛》获1980年第二次全国少年儿童文艺创作奖，《甜蜜的事业》获1981年第三届"百花奖"及最佳导演奖。《七品芝麻官》获1982年"百花奖"最佳故事片奖，《茶馆》获1983年政府奖及金鸡奖特别奖。此外，他执导的电视连续剧《那五》获全国电影制片厂电视剧评奖连续剧一等奖。谢添的表演朴实自然、善于运用眼神传达人物丰富的心理活动,他的导演手法具有独特的幽默感,富有喜剧色彩。

1993年,近八十高龄的谢添主演了影片《老人与狗》,仍以其旺盛的艺术活力为中国电影事业做出贡献。

谢添现为全国政协委员,中国电影家协会理事。

〔谢世杰·当选中共四川省委书记〕 在1993年4月30日召开的中共四川省委第六届第一次会议上,谢世杰当选为中共四川省委书记。

谢世杰,1934年生,四川梁山(今梁平)人。1954年加入中国共产党。1959年毕业于西南农学院土壤肥料干部专修科。历任四川雅安农业学校办公室主任,中共荥经县委书记,中共雅安地委副书记、书记,中共四川省委常委。1986年起任四川省副省长,中共四川省委副书记。是中共第十四届中央委员。

〔谢有润·首钢总公司副总经理兼重型机电公司总经理·被授予全国优秀管理者称号〕 高级工程师谢有润自1991年出任首钢重型机电公司第一副总经理兼总工程师以来,把全部聪明才智献给改革开放事业,在发展我国冶金成套设备制造方面,创造出一个又一个奇迹。1993年被全国总工会授予"全国优秀管理者"称号,荣获全国"五一"劳动奖章,受到党和国家领导人的接见。同年,谢有润任首钢总公司副总经理兼重型机电公司总经理。

谢有润始终把制造一流的成套设备,赶超世界先进水平作为自己毕生的事业。1991年初,首钢为加快自身发展和满足北京市的煤制气供应,决定进行三焦炉改造,其中对关键设备装煤、推焦、拦焦、熄焦四大机车,采用德国奥托公司图纸进行修改转化,从方案的审定、拍板,到制造试制过程中每一个环节,每一个关键部位、每一个子项目的完成,他都严于细微处,精于小事中。四大机车按时奇迹般地制造出来,达到国际先进水平,比引进设备节约1815万元。大型热带轧机机架的整体浇铸,在我国没有先例,技术十分复杂,谢有润迎难而上。他一方面鼓励大家解放思想,大胆地闯,明确表示:"不要怕风险,出了问题我兜着。"另一方面以科学的态度严密组织,进行技术攻关。顺序凝固是保证质量的关键,他亲自组织用计算机进行凝固模拟,取得数据,确定工艺方案,并大胆改进冷铁放置方式,解决了这个难题,从而使净重190吨大机架,一次浇铸成功,质量达到国际先进水平。

首钢14年改革的风风雨雨,硕果丰盈,但对谢有润的最宝贵启示就是:"承包为本,人民为本"。他常说:"做为一名企业的党员干部,关键是带好队伍,把广大工作者的积极性和聪明才智充分发挥出来。"他按照承包制的要求,坚持报酬与贡献挂钩,贯彻按劳分配原则,从而极大地调动了广大员工的生产积极性和主人翁责任感,积极主动参予企业经营生产,仅1992年就提出合理化建议4000多条,创效益717.2万元,不断刷新生产纪录。

连年亏损的北京重型机器厂,1992年3月划归首钢,市政府要求:当年要在消化一季度亏损1184万元的基础上扭亏为盈。对此很多人怀疑,有的甚至扬言"这简直是天方夜谭"。谢有润针对这一现实,做了大量调查研究,坚持以承包为本,人民为本,转换工厂经营机制,并从思想、组织、经营方向、内部管理等各个方面制定了新的措施,从而使北重出现勃勃生机,1992年不仅弥补了一季度的亏损,还盈利100多万元。

谢有润,广东开平人,1939年9月生,1964年从北京钢铁学院毕业后进入石景山钢铁公司(首钢前身)至今,历任冶炼科技术员、副科长,副处长、副部长、副经理。1989～1990年度获"北京市优秀科技领导干部"二等奖,1991～1992年度被评为"北京市革新、献计、创效益爱国立功竞赛标兵"。

〔谢兴云、熊月华(女)·高级工程师·首创"惯性制动"技术获北京国际发明博览会金奖〕 中国科学院长沙大地构造所的高级工程师谢兴云、熊月华首创"惯性制动"技术,于1993年初获国家发明专利,并获北京国际发明博览会金奖。该发明首次应用于工业生产,变惯性为制动力,将引发机械制动的一次革命。1993年5月20日《光明日报》对此作了报道。

谢兴云,湖南长沙人,1955年7月生,1973年高中毕业后通过自学掌握了大学力学、机械制造等专业知识。先后从事机械产品设计、锅炉维修、汽车修理、建筑设计和参与大型基本建设工作。1986年起投入对惯性制动技术的研究。现任中科院制动离合技术研究中心副主任。

熊月华,湖南长沙人,1956年10月生,大学文化程度,1974年参加工作,1986年起投入"惯性制动"技术研究,曾停薪留职三年,全力投入此项工作。现任中科院制动离合技术研究中心副主任。

谢、熊二人为研究惯性制动技术,艰苦奋斗多年,省吃俭用,购买大量科研资料,四处请教机械力学专家,1989年终于制成了第一台原理样机。他们又从基础理论上加以研究,积累了大量有学术价值的理论资料。国家有关部门和中科院领导对该项技术做了考察、鉴定，认定惯性制动是一种全新的技术，突破了传统制动装置模式。该技术具有显著节能、节材特点，如首次应用惯性制动器与ZWZ等电磁铁制动器比较，节电90%。节约铜、电工钢等贵重金属材料75%以上。若在火车上采用此装置，就能把火车时速提高50%至100%。该技术能广泛应用于通用设备、有轨和无轨车辆及起重、矿山、冶金、建筑、轻工、纺织等机械，经济效益不可估量。

〔谢和平·中国矿业大学副校长·获首届中国青年科学家奖〕　1993年2月25日，由共青团中央、全国青联、中国青少年发展基金会共同设立的中国青年科学家奖，在北京举行首次颁奖仪式。中国矿业大学副校长、博士生导师谢和平教授，因在“分形岩石力学”研究中作出突出贡献，与其他5名科学家一起，被授予中国青年科学家奖。

谢和平运用全新的分形理论，成功地将损伤力学与分形几何相结合，开拓出岩石损伤断裂的分形研究新领域，形成“分形岩石力学”新学科的初步框架。他的研究成果获1990年国家教委科技进步一等奖。他先后在国内外杂志上发表论文50余篇，出版专著3部。他的60万字的英文专著——《岩石力学中分形》，是国际岩石力学协会组织编辑的《地质力学研究丛书》的一部，于1993年7月在国外出版。谢和平是作为国际知名权威被主编邀请的唯一中国作者。

谢和平，湖南省双峰人，1956年1月17日生。1978年考取中国矿业大学，1982年获工学学士学位，1985年获矿山工程力学工学硕士学位，1987年获博士学位。现任中国矿业大学教授、副校长、博士生导师，中国科学院国际材料物理中心成员，国际岩石力学计算机方法与进展协会成员。1990年他作为访问教授，应邀到美国犹他大学，为该校研究生讲授“分形岩石力学”和“损伤力学”。1992年9月至次年6月，作为英国皇家学会客座研究员在英国南安普顿大学讲学和进行合作研究。随后又赴波兰西里西亚大学、波兰科学院和德国汉诺威大学讲授“分形力学”。在国外，他不为诱人的许诺所动，毅然谢绝外国同行的挽留，按期回国。1990年谢和平被评为“煤炭系统优秀青年知识分子标兵”，1991年被国家教委授予“做出突出贡献的中国博士”称号。1992年被授予“国家级有突出贡献的中青年专家”称号，获“中国科协第三届青年科技奖”。1993年还获得“霍英东优秀教师奖”。

〔谢建昌·土壤学专家·获首届国际肥料奖〕

1993年5月，　中国科学院南京土壤研究所研究员谢建昌获国际肥料协会（IFA）颁发的首届“国际肥料奖”。该奖是本年度开始设立的，每年只限奖励一名在矿质肥料研究、推广中获得成就的科研人员，谢建昌是中国也是世界上第一位“国际肥料奖”的得主。

谢建昌，湖南宁乡人，1929年11月生，1952年毕业于广西大学农学院，先后担任中科院南京土壤研究所副所长、国际土壤学会水稻土肥力组副主席、中国土壤学会秘书长等职。长期从事土壤钾素和钾肥有效使用的研究，是中国这一领域的学术带头人。最早开展了土壤镁素的研究，并取得一定成果。他领导的钾组对中国土壤的钾素含量、状态和有效性及钾肥效用和有效条件进行了系统的研究，编制了中国土壤钾素潜力图，指明了需钾前景，为钾肥的合理分配和施用提供了科学依据；所提出的一些研究方法和设想，对中国土壤钾素的研究起了很大的推动和指导作用。

谢建昌最早在南方各省开展大面积的钾肥示范与推广工作，将合理施用钾肥技术传授给农民。曾多次向中央农业部等六部委提出大力推广与合理施用钾肥的建议。1981年由他倡议成立了南方钾肥协作组，开展了协作技术指导，推动了钾肥合理施用，为发展农业生产作出了贡献。

谢建昌先后六次主持召开国际钾素学术讨论会，在国际同行中有一定影响。他翻译和编辑出版大量科技资料；发表学术论文100余篇；主编《英汉汉英土壤学辞汇》，是《中国水稻土》、《中国土壤》的主要编撰者之一。他主持的“我国土壤的供钾潜力与需钾前景”项目，获中科院科技进步二等奖；“我国土壤的供钾潜力与需钾前景和钾肥的推广应用”获国家科技进步三等奖；“盐湖钾肥的合理使用和农业评价”获国家科技进步三等奖。

〔谢森祥·土肥专家·研究成高效益的用咸水灌溉农田的新方法〕　中国农业科学院土肥研究所谢森祥研究员研究成功咸水灌溉粮棉农田新方法，1993年取得巨大经济效益和社会效益。《光明日报》等传播媒体报道了这一成果。

谢森祥，江西省波阳县人，1929年9月生。1953年6月毕业于南昌大学农学院，后在中国科学院南京土壤研究所工作，1962年调中国农科院土壤肥料研究所工作至今。

从1991年起，谢森祥等同河北、山东、天津三省市九个县的农业科技人员合作，成功地利用含盐量

3‰到3.2‰的咸水灌溉粮棉作物取得好成绩。据对黄淮海平原和环渤海地区等咸水区5亿亩盐碱低产田的统计，1991年前，根据国内外把2.5‰以上含盐量的咸水作为农业灌溉的禁区的规定，这里成为灌溉禁区，粮棉产量很低；1991年谢森祥担任国家科委关于利用咸水灌溉农田的项目主持人以来，在河北省盐山县、山东省乐陵市以及天津市静海县等九个县的咸水区农田建立了试验区，总结出了一套选用抗盐碱的作物品种、排盐碱、巧施有机肥和磷肥、控制和改造土壤盐分等综合配套技术，试验3年，年年丰收，累计灌溉粮棉田130多万亩，共增长粮食5.13亿公斤，棉花513万公斤，获技术经济效益2.5亿多元，其中1993年的经济效益尤为明显。

谢森祥等于1993年还将过去的传统耕作制度改为粮粮轮作和粮油轮作、粮菜轮作，并用海水浇灌小麦、谷子等。其中粮菜轮作，每亩不仅比种粮食多增收3000多元，效益提高11倍，使当地农民摆脱贫困，还有效地改变了土壤的理化和生态结构。

谢森祥于1983～1988年曾被农业部派赴非洲索马里治理盐碱地。他创造性地提出了“三差理论”，使索马里的水稻每公顷收稻谷4.5吨，仅几十万亩盐碱滩，就生产出占索马里全国五分之一的稻谷。

谢森祥共发表论文30多篇，1991年出版了专著《索马里朱巴河流域土地开发利用与改良》，还参加和撰写了多部专著。

〔瑜玮（女）·舞蹈演员·在北京举办独舞晚会〕　中央歌舞团舞蹈演员瑜玮，在1993年北京金秋季节，举办了集创作、表演于一身的独舞晚会。晚会由《出水芙蓉》、《小树》、《扭扭扭》、《悲风》等9个各有独到之处寓雅于俗的精致小品组成。她那由手与脚构成的含苞待放的花蕾，那由手臂和大腿构成变幻着姿态的各种花朵，犹如一幅幅现代派摄影作品一般，恰似“出水芙蓉”；通过手腕的颤动、表现叶子在风中飘舞的“小树”；以长袖舞动表现妇女颤抖的心灵、似泪的河、刺天的剑、呼啸的风，具有悲剧色彩的《悲风》别有韵味。透过这台晚会，使人感受到一个专业条件和天资都不出众的瑜玮，却爱舞如命，坚信天资、条件是造化所为，奇迹则应由自己创造。她不计较角色大小，有舞必跳。不在意客观上冷言冷语，潜心编舞，即便演出效果不佳或根本不能上演也不灰心。一次又一次，一天又一天地磨炼终获硕果。

瑜玮，原籍河南省长葛县，1959年5月2日生于湖北省武汉市。1970年入武汉歌舞剧院舞蹈学员班，1976年起任演员。1984年开始担任《山丹丹》、《分手》、《喜相逢》、《爱之路》、《是否》等单、双人舞的演出。1986年在湖北首届专业舞蹈比赛中夺得第一名。1988年在武汉与邓成军举办独舞双人舞晚会。在剧院经济拮据、艺术生产不振的情况下，南下广州等地寻求出路。出于无奈，不得不进入歌舞厅演出她用故乡小调、世界名曲自编自演一些活泼却无损人格的舞蹈小品。1992年冬进入中央歌舞团。十多个月时间，她无节无假，在地下室潮湿的小屋里，在专家们的指导下加工提高自己的作品，终于向首都观众献上了用心血、汗水、泪水浸泡而成的这台晚会，也终于在中国舞坛上争得了自己的一席之地。

〔蓝瑚·外科学家·被聘为中华医学会资深会员〕　1993年1月16日，具有78年历史的中华医学会，正式宣布首批聘任41位在医学上有重大成就、德高望重的内外科专家为中华医学会资深会员。昆明医学院原副院长蓝瑚获得这一荣誉。

蓝瑚，1915年11月生于河北昌平。1936年毕业于北平中法大学医预科，以优良成绩获公费留学的奖励，同年赴法国里昂大学医学院学习，1942年毕业并获医学博士学位。1939年第二次世界大战爆发，还是医学院三年级学生的蓝瑚，被聘为圣埃颠市立医院外科住院医师，1945年回国，先后任天津市第三医院外科主任，云南大学医学院解剖学副教授兼附属医院外科主任。1956年昆明医学院建院后，蓝瑚任外科教研室主任、普通外科主任、教授、医学院副院长等职。1956年加中国民主同盟，1979年加入中国共产党。

蓝瑚在普通外科、基础外科、烧伤外科等方面卓有建树。长期从事外科教学工作，培养了大批外科学人才。主要著作有《局部解剖学》（第二版）、《诊疗常规·普外分册》、《手术失误与处理·外科分册》等。

蓝瑚还历任卫生部医学科学委员会委员，云南省科协副主席，中华医学会云南分会副会长、外科学会主任委员，《中华外科杂志》编委，《云南医药杂志》副总编辑，《昆明医学院学报》主编等职。

〔赖春风·广州军区原顾问·在广州逝世〕
1993年1月1日，赖春风因病在广州逝世，终年80岁。

赖春风，1913年生，江西永宁（今宁冈）人。1928年参加中国工农红军，同年加入中国共产主义青年团。1930年转入中国共产党。曾任红六军团十八师五十三团连长、营长。参加了湘赣、湘鄂川黔革命根据地反“围剿”、长征和山城堡战役。1936年入陕北红大学习。抗日战争爆发后，任八路军留守兵团教导营营长、陇东军分区参谋长、八路军南下第一支队大队参谋长。抗日战争胜利后，任中原军区独立三团团长、第一纵队副参谋长、第十四旅副旅长，冀鲁豫军区随营学校副校长，冀鲁豫军区副参谋长，平原军区副参谋长兼军政干部学校校长。参加了中原突围和淮海等战役。中华人民共和国成立后，任长春军事师范学校校长，军事学院训练部副部长，广州军区副参谋长、顾问。是第六、七届全国政协委员。1955年被授予少将军衔和二级八一勋章、二级独立自由勋章、一级解放勋章。1988年获一级红星功勋荣誉章。

〔赖星华（女）·植保专家·获全国巾帼建功标兵称号〕　广西农科院植保研究所副所长赖星华研究员在稻瘟病和抗病育种等方面的研究贡献突出，1993年被授予全国"三八"红旗手和"全国巾帼建功标兵"称号。

赖星华，1942年7月生，广东梅县人。少年时期在印尼读完高中，回国后就读于广西农学院，1964年毕业于该院植保系，后调广西农科院工作至今。七十年代初，她在研究病虫测报、化学除草中作出了成绩。1973年至今主持研究稻瘟病抗源和抗病育种等十七个科研项目，获奖十六次。其中获项目主持奖七项。她主持筛选出的稻瘟、白叶枯抗源——红脚占、砦糖等广西老品种为全国第一名和第三名抗源；与育种专家合作，解决了杂交稻抗瘟病差的问题，使杂交稻抗病系列在广西等地普遍推广，取得了显著的经济效益和社会效益。

赖星华的科研成果曾多次获奖：她参加全国协作的（她为广西主持人和主要完成者）"我国稻瘟病菌生理小种鉴别及其分布"、"我国水稻抗稻瘟抗源的筛选"分别获1980年和1981年农业部颁发的技术改进奖一等奖；她参加全国协作的（她为广西主持人和主要完成者）"国外水稻种质资源主要农艺性状和抗'三病二虫'鉴定研究和利用"，分别获农牧渔业部、国家科委1985年科技进步二等奖和三等奖；"云南稻种资源的研究、评价、利用"获1990年农业部科技进步二等奖。

赖星华1984年3月至1985年5月赴美国农业部水稻所对"抗稻瘟病性"进行合作研究，1990年又以高级访问学者身分赴澳大利亚昆士兰理工大学分子生物技术研究中心对DNA探针跟踪香蕉束项病毒进行合作研究，均园满完成任务。1979年至1993年她发表主要译文4篇（本），主要论文23篇，其中3篇获广西优秀论文奖。

改革开放以来，赖星华曾获"全国归侨先进工作者"、"全国优秀归侨知识分子"、"全国有突出贡献的回国留学人员"等13个荣誉称号。她还是全国政协第八届委员，广西植病学会第二届常务理事，广西植保学会第五、六届（现届）常务理事。1993年被聘为全国农业中等《植物保护学总论》教材主审。

〔雷在科·飞行大队管理员·获全国优秀经营管理者称号〕　雷在科多年来勤勤恳恳，任劳任怨，甘为飞行事业当好后勤，在平凡普通的工作上谱写了一曲感人肺腑的奉献之歌，1993年5月获全国总工会授予全国优秀经营管理者称号和"五一"劳动奖章。同年，他还被评为中国民航总局劳动模范。

雷在科，山西朔县人，1952年8月生，1969年11月参加工作，现任中国民航乌鲁木齐管理局第9飞行大队管理员，中国共产党党员。参加工作后当过司机、调度员、车材管理员等，1984年11月，任飞行大队管理员，负责全大队的劳保用品、煤气供应及其他物资的采购、发放等后勤保障工作。工作冗杂烦琐，又没有什么"好处"，可雷在科仍任劳任怨，一心一意投入工作。每次换煤气罐，装车、卸车，他干得最多，而且还组织其他人把赃罐、油腻罐用洗衣粉擦洗得干干净净。为方便大家换罐，他主动取消了换气的时间限制，只要用户需要，不分昼夜，随叫随到。他非常热心帮助人。飞行员谁出差，谁疗养，他都记在心里，经常主动到家里联系，煤气炉灶是否有毛病？厕所、下水道是否堵塞？只要有问题，他都马上修理，从不嫌脏叫累。9年来，他装卸煤气罐3万多个，擦洗煤气罐2万多，利用早晚、星期天、节假日为大家换煤气3000多罐，修灶具、厕所、下水道200多次。

前几年大队的司机调走，生活用车没人开，雷在科又主动要求当"兼职司机"，一个人干几个人的工作。他除了为空勤灶跑采购外，还负责回收每架飞机的供应品、接送机组人员等工作。由于新疆地处西北高原，气象复杂，航班没有准确时间，为了不耽误接送机组人员，有时就吃住在车上。不管严冬深夜，刮风下雨和节假日，每当飞机降落在机场时，他的面包车总是静静地在停机坪上等待着。几年来，接送机组人员4.5万架次，从未误过一次。

雷在科总是有干不完的工作、使不完的劲，他在八小时以内是管理员，八小时以外是兼职司机、水暖工、煤气工……。据不完全统计，他的车完好率经常保持100%，安全行车40多万公里，节油3000多公斤，利用早晚和节假日接送机组人员累计2400个工作日。他用辛劳的汗水赢得了周围群众的同声赞美，连续7次被评为管理局优秀党员和先进工作者，并获新疆维吾尔自治区颁发的开发建设新疆奖章一枚。

〔**雷廷权·哈尔滨工业大学教授·被选为国际热处理联合会副主席**〕　哈尔滨工业大学博士生导师雷廷权教授，因在钢的形变微处理、陶瓷相变与韧化、金属内耗等研究领域取得突出成就，1993 年被选为国际热处理联合会副主席，1994 年至 1995 年将担任主席。他是担任这个国际学术组织负责人的第一位中国学者。

雷廷权在钢的形变微处理，双相钢、陶瓷相变与韧化，金属内耗等方面进行过大量系统研究，在国内外发表论文 200 多篇，出版专著 8 种。先后获 1978 年全国科学大会奖，1983 年国家发明奖，航天部科技进步奖等共 12 项。1983 年被评为航天部及黑龙江省劳动模范。多次应邀到日本、美国、原苏联等国和台湾地区讲学，参加各种国际学术会议 20 多次。

雷廷权，陕西西安人，1928 年 1 月 23 日生。1949 年 5 月在西北工学院机械系毕业后，留校任教。1951 年，在哈尔滨工业大学进修、工作。1956～1960 年，在苏联莫斯科钢铁学院进修，获副博士学位。1956 年 4 月加入中国共产党。1962 年在哈工大被评为副教授，1978 年任教授，1981 年任博士生导师，并任第一至三届国务院学位委员会学科评议组成员。雷廷权为国家培养了 20 多名博士，30 多名硕士。

〔**雷洁琼（女）·当选第八届全国人大常委会副委员长**〕　1993 年 3 月 27 日在第八届全国人民代表大会第一次会议上，雷洁琼再次当选为全国人大副委员长。

3 月 13 日，中国民主促进会中央主席雷洁琼就中共中央、国务院印发《中国教育改革和发展纲要》在《光明日报》发表了题为《社会主义现代化建设事业的基础是教育》的文章。文章说，《纲要》提出了九十年代乃至下世纪初教育改革和发展的目标、方针、政策和措施。基础教育是整个教育的奠基工程，大力加强基础教育，是我国教育发展的一个重要战略思想，是提高全民族素质的根本措施。九十年代，我国教育发展的基本要求是基本普及九年义务教育，基本扫除青壮年文盲，全面贯彻教育方针，全面提高教育质量，使全民教育水平明显提高。文章指出，《纲要》提出了政府办学为主，社会各界共同办学的新体制。民进各地方组织采用多种形式办学，取得了一定成绩。民进中央要继续推进“尊师重教运动”，促进全社会树立尊师重教的风尚，“把教育摆在优先发展的战略地位”要成为全民共识。

雷洁琼，1905 年 9 月生，广东台山人，中国民主促进会中央主席。1925 年先后在美国加州大学、斯坦福大学、南加州大学留学，获硕士学位。1931 年回国后任北平燕京大学社会学讲师、副教授。1938 年后任江西省妇女生活改进会顾问，江西省伤兵管理处慰劳课上校课长，江西省妇女指导处督导室主任，江西省地方政治讲习院妇女班主任，江西省战时妇女干部训练班主任，中正大学政治系教授。1941 年后任上海东吴大学社会学教授兼任上海沪江大学、上海圣约翰大学、华东大学、上海震旦女子文理学院教授。1946 年后任北平燕京大学社会学系教授。1949 年出席第一届全国政协全体会议，后任中国新政治学会副秘书长，政务院文教委员会委员。1953 年后任北京政法学院副教务长，国务院专家局副局长。1973 年后任北京大学国际政治系教授、社会学系教授。1977 年后历任北京市政协副主席，北京市副市长，民进中央副主席、主席，民进北京市主委，国务院学位委员会第一届学科评议组成员，中华全国妇女联合会副主席，中国国际交流协会副会长，中国社会学会副会长，北京市社会学会会长，中国婚姻家庭研究会会长，北京大学教授。是一、二、三、六、七届全国人大代表，第六届全国人大常委会委员，第七、八届全国人大常委会副委员长。第一届全国政协代表，第五、六届全国政协常务委员，第六届全国政协副主席。

〔**裘法祖·医学家·当选中国科学院学部委员**〕
1993 年 12 月，同济医科大学名誉校长裘法祖教授，当选为中国科学院生物学部委员。同年初，裘法祖还被具有 78 年历史的中华医学会聘为首批资深会员。

裘法祖，1914 年 12 月 6 日生，浙江省杭州市人。1936 年在同济大学医学院毕业后赴德国，入慕尼黑大学，1939 年毕业，获医学博士学位，在慕尼黑大学附属医院任住院医师、主治医师；副主任医师。1946 年底回国，1947 年起任同济大学医学院外科主任教授。1955 年任武汉医学院外科主任教授。1981 年任武汉医学院院长。1983 年加入中国共产党。1985 年起任同济大学外科教授、名誉校长。

裘法祖是我国器官移植学主要创始人，在腹部外科和普通外科方面有突出贡献。特别在肝外科临床研究和胆道流体力学与胆结石成因的研究方面取得显著成果。在门静脉高压的临床研究中，对晚期血吸虫病引起的和肝炎后肝硬化引起的门静脉高压症的外科治疗，进行了连续深入的研究，在我国较早地开展了分流术和断流术治疗方法，并创建了“贲门周围血管离断术”，治疗门静脉高压引起食管静脉曲张破裂大出血。他在我国最早开展临床肝移植研究，曾获卫生部科技成果甲级奖，并领导筹建了我国第一所器官移植研究所，为我国培养了一批医学专门人才。

裘法祖发表学术论文180余篇，主编全国高等医药院校教材《外科学》、《黄家驷外科学》、《中国医学百科全书·外科学基础》、《中国医学百科全书·普通外科学》等。历任中华医学会常务理事、外科学会副主任委员、器官移植学会主任委员，第三届全国政协委员，第四至七届全国人大代表。曾获全国科学大会先进工作者奖。被德国总统授予大十字勋章，被德国海德堡大学授予名誉博士学衔。

〔裘宗沪·数学家·获爱尔特希国家奖〕　中国科学院系统科学所副研究员、数学家裘宗沪，因在数学奥林匹克事业中作出突出贡献，被国家数学竞赛世界联盟授予爱尔特希国家奖。这项奖励是由国家数学竞赛世界联盟于1991年以当代国际著名数学家爱尔特希的名字命名的，用于奖励各国在组织国家级数学竞赛、促进本国数学教育改革等方面做出突出贡献的数学家。裘宗沪是迄今被授予此奖的唯一的亚洲人。

裘宗沪长期致力于中小学数学竞赛活动，1978年他开始参加北京市中学生数学竞赛工作，组织了全国第一个民办初中数学竞赛。1979年选拔18个尖子学生成立了第一个辅导班，为参加国际数学奥林匹克竞赛作准备。1981年，他与同伴一起克服了种种困难，举办了第一届省、市、自治区高中数学联赛。1985年他又与湖北数学会的同志组织了第一届全国初中数学联赛。同年，他参与创办全国第一所"奥校"——北京数学奥林匹克学校。并与王寿仁教授带领两名学生参加第26届国际数学奥林匹克竞赛，使我国代表队进入了这项国际比赛的行列。1986年他带队参加第27届国际奥林匹克竞赛，任主教练。我国参赛的6名选手，获得三枚金牌、一枚银牌、一枚铜牌，总分名列第四。至1993年我国代表队参赛8次，共获金牌32枚、银牌12枚、铜牌4枚，其中4次取得总分第一、两次总分第二。1990年，我国成功地承办了第31届国际数学奥林匹克竞赛。裘宗沪是这次活动的主要组织者。1991年他又创办了全国小学数学奥林匹克竞赛。

裘宗沪，浙江宁波人。1937年8月生。1960年毕业于山东大学数学系。后到中国科学院数学研究所工作，从事运筹学和数学规划的研究。1978年任北京数学会副秘书长，负责数学竞赛工作。1980年中国数学会普及工作委员会成立，他任副主任。1985年被中科院系统所聘为副研究员。1988年被选为中国数学会理事。1992年任中国数学奥林匹克委员会副主席。主要著作有：《趣味数学三百题》、《华罗庚少年数学邀请赛》、《北大少年数学邀请赛试题及解答》等。与人合著的有《运筹学》、《线性规划与线性不等式》，主编有《高中数学联赛》、《初中数学联赛》、《奥林匹克数学》初中三册、高中三册等。

〔虞颂庭·泌尿外科学家·被聘为中华医学会资深会员〕　1993年1月16日，具有78年历史的中华医学会，正式宣布首批聘任41位在医学上有重大成就、德高望重的内外科专家为中华医学会资深会员。天津医学院附属医院原外科主任虞颂庭获得这一荣誉。

虞颂庭，1914年5月生于浙江慈溪县。1939年于北平协和医学院毕业后，留校任住院医师。1942年后，辗转于桂林、贵阳等地，后到重庆中央医院任主治医师。1947年赴美在芝加哥大学泌尿外科进修。1948年回国在天津中央医院（后改称天津总医院）任主任医师，兼北平协和医学院泌尿外科副教授。1951年以来一直任天津医学院泌尿外科教授、医疗系主任、附属医院外科主任。1956年加入中国共产党。

虞颂庭是我国著名外科学家，特别在泌尿外科方面有很深的造诣。早年着重于泌尿系统结核、感染性休克的研究及治疗。近十余年来则侧重于如何预测膀胱瘤的预后，所采用的研究技术涉及遗传学、免疫学以及细胞形态光度分析学等方法。目前正在探索癌抑制基因在膀胱肿瘤的作用。他发表或与人合作发表论文50余篇，主编、主译专著各一部。

虞颂庭还任中华医学会理事，中华医学会外科学会委员，中华医学会泌尿外科学会副主任委员、主任委员、名誉顾问，中华医学会天津分会副会长，中国生物医学工程学会常务理事及天津分会理事长，《中华外科杂志》编委，《中华泌尿外科杂志》副总编辑，《天津医药》杂志副总编辑，天津市政协副主席等职。

〔简铭山·台湾书法家·作品获中山学术文艺创作奖〕　1993年，上海《书法》杂志载文介绍简铭山的书法成就，同时刊登其小楷《陶渊明诗》，行楷有："古人身作则、君子德为舆"，隶书"片云闲假我，日日在柴扉"及汉简等不同书体的作品7幅。这是该刊首次介绍台湾书家。同时他还荣获中山学术文艺创作奖的唯一书法奖，这是台湾书法界的最高荣誉奖。

简铭山，字寿石，号简斋。1948年生，台湾南投县人，现为中国书法学会理事。他自幼嗜好翰墨丹青，日课《玄秘塔》、《多宝塔》诸碑，及长，投赵水椿先生门下，后师事著名书家陈其铨、王壮为教授，勤奋好学，始得书法真谛。其书由唐楷入手，上追二王、旁及宋元明清诸家，复兼探简帛汉隶，擅长正行草隶，尤精大字行书。大陆书法界评其作品：书风稳健雅畅，豪放洒脱，且用墨燥润自如，点画精到，气势酣畅，能寓沉着于痛快之内。所书小字，端庄流丽，温文俊秀，甚富书卷气。其书法作品，1984年至今已获各类评比大奖第一名近10次。1987年，简铭山创立中国书法学会南投县支会，任第一届理事长。曾举办全国名家春联展，并出版专集。1989年以来，简铭山4次赴大陆交流访问，遍及京、沪、江、浙、鲁、豫、鄂、陕、桂、滇等十数省市，去年又应邀赴川担任重庆首届科技杯国际书画篆刻大赛任评委，为海峡两岸书艺共同繁荣作出了贡献。他认为两岸书风有明显差异，各有所长，也存在明显不足，两岸须加强联系，提高交流层次，学术研讨交流应更趋健全。他表示，将继续为两岸书艺交流作出不懈努力。

〔解平·解放军第二炮兵某部排长·获"国防施工标兵"称号〕　1993年10月15日，第二炮兵发布通令，授予解平"国防施工标兵"荣誉称号。

解平，北京市人，1963年12月出生，1982年10月入伍，1984年6月加入中国共产党，中尉军衔。解平入伍后被分到工程部队工作，10多年来一直担负艰巨繁重的坑道施工任务。他从小在北京市长大，刚到施工连队时，面对艰苦的劳动并不适应，但经过部队教育，明白了为祖国的繁荣、军队的强大流血流汗，是有志青年的神圣职责和无上光荣，决心在与困难作斗争中百炼成钢。打风钻最苦最累，他再三请求当了风钻手，后来成为风钻班的第一主力风钻手。入伍第一年两次受嘉奖，年终被评为施工先进个人。第二年入了党，担任了副班长。1985年秋天服役期满，父亲为他在北京市联系好工作，由于连队施工任务重，自己是骨干，他主动继续留队。两年后，在京工作已24岁的女友催他回京，否则就要"吹"。这时已经深深爱上自己的事业的解平，毅然递交了留队当志愿兵的申请书。1991年4月，二炮机关发来了调他进北京工作的调令，已经钻了9年山沟、打了9年坑道的解平，看到舍不得他、离不开他的领导和战友含泪劝他回京与父母、妻子团聚的情景，再次放弃回京机会，又一次留下担任主攻任务的突击队长。当时他们打的主坑道，由于石质复杂，风钻打不进去，施工受挫。他向连队立下"军令状"，带领全排实行专业化施工，定人、定位、定时间、定标准，自己整天顶在一线，全排第一个月完成1500立方米，第二个月突破1800立方米，创造了连月单口掘进101米的二炮施工新纪录。10多年来，7次担任突击队长，带领战士战塌方排险情，多次突破泥石流等拦路虎，一次又一次攻克施工难关，每次都提前完成任务。他关心战士胜似自己的兄弟，曾多次用自己的津贴救济有困难的战友，先后帮助7名"刺头兵"转变为先进战士。为保护国家财产，多次勇斗盗窃施工材料的歹徒。入伍以来，先后三次荣立三等功，一次荣立二等功，多次被部队评为优秀党员、树为施工标兵和优秀志愿兵标兵，荣获总政、团中央、全国妇联颁发的"边陲优秀儿女"奖章。

〔解国志·青岛星远石墨乳有限公司董事长兼总经理·被授予全国模范纳税户称号〕　青岛星远石墨乳有限公司董事长兼总经理解国志致富不忘守法，8年向国家纳税150万元，1993年6月被团中央和国家税务局授予"全国模范纳税户"称号。

解国志是山东省莱西市南墅镇陶家村人，1951年10月8日生。1971年高中毕业后任本村会计。1975年1月加入中国共产党，同年任本村党支部副书记。1985年任星远石墨厂厂长。建厂初，由于产品没有销路，建厂房借贷的债务高达30多万元，不仅收入分文皆无，且债台高筑。这时有不少职工退出厂，远走高飞另谋他业。而解国志定下了与企业共存亡的决心，为了厂子的生存和发展，经过八年的苦心经营，终于使倒闭的厂子起死回生，跨入了先进私营企业的行列。厂名于1990年改为青岛星远石墨乳有限公司，解国志任总经理。1992年8月，公司与美国"罗依尔埃蒂埃特国际贸易有限公司"达成协议，双方共投资85万美元，合资兴办了"青岛星远罗依尔化工有限公司"。公司现在拥有职工140名，厂房占地面积28000平方米，固定资产共达450万元，流动资金280万元。生产三大系列21个品种的石墨乳产品，产品销往全国十九个省、市、自治区的60多个厂家。生产的化工产品有清洗、上光、保护剂等六个品种，50％销往国外。1992年公司年产值达到540万元，实现利润95万元。解国志连续多年被评为莱西市"模范共产党员"、公司也被评为青岛市先进私营企业。他计划三年内突破四个一，即是：年利润实现1000万元、固定资产累计总额突破1000万元、年付职工工资和福利100万元、年上交税金100万元。

解国志致富不忘国家，不忘党的好政策。1991年，由于市场皮软，公司萧条不景气，加上三角债，把公司压的几乎瘫痪。就是在这种情况下，公司大量压缩非生产开支，扎紧腰带过日子，全年应上缴国库的

25 万元税金，一分不少全部交齐；应交国家的 30 万元电费分文不缺；同时又挤出资金 20 万元归还贷款。他对公司的同志们说："我们困难，国家更困难，企业有了钱，应先交国库，这是大局"。就这样公司年年月月按时主动依法纳税，从不拖欠，更没偷漏一分钱的税款。

解国志致富不忘集体，不忘大家。仅 1988 年和 1989 年，他就向集体捐款 5 万元，为全村打了三眼 100 多米深的机井，同时又为家家户户安上了自来水。1992 年，他又损款 4 万元，修建中心大街。他曾先后挽救了八家濒临倒闭的生产石墨的企业。他还主动捐款 6000 元，帮助两袖清风的老村干部吕本才盖新瓦房五间。几年来，在他的扶持下，全村先后有八个特困户脱贫致富，走上了富裕之路。

〔廉振华·皮影艺术家·获世界优秀书画艺术家称号〕　1993 年 9 月，世界艺术名人评审委员会、中国中央电视台、美国东方艺术协会、英国东方艺术家协会、日本国际书法家协会等十一个单位联合授予廉振华"世界优秀书画艺术家"称号，并颁发"世界艺术名人证书"。同年，他辛勤耕耘 8 载绘制的 15 卷《中国皮影图谱》部分面世，国内外皮影艺术界给予高度评价。

廉振华，山西省侯马市人，1924 年 8 月生，1947 年参加革命工作，先后任文工团员、报社美术编辑、文化馆长、市文化局副局长等，现为山西省侯马市皮影艺术研究室主任。他长期从事书画创作和民间皮影艺术研究，成果甚丰。他的国画精于荷花，作品《墨荷》，宣扬了出污泥而不染的民族精神。他参加了迎奥运全国书画大展，获得支持北京申办奥运荣誉奖。他的作品还入选参加了在北京国际艺苑举办的"中国画精品展"。他的国画作品还远传于美国、日本和德国。1988 年，中央文化部艺术局、中国戏剧家协会等 8 个单位联名在中国美术馆举办了"廉振华收藏、整理、绘制秦晋皮影艺术展览"，轰动京城。美国、德国朋友邀请廉振华出国访问、表演，美国影艺董事会颁发给他"最高荣誉证书"。他的皮影艺术研究成果还获得山西省颁发的"特等奖"、"优秀奖"。

廉振华沤心沥血多年完成了一部 15 卷内容浩繁的《中国皮影图谱》，全书 4000 余页，绘制 8000 余幅画图，表述了中国皮影艺术各种流派的概貌和特色，填补了中国民间艺术宝库的一个空白。他还发表了《中国皮影艺术史》专著及《中国皮影艺术》、《二华皮影艺术特点》、《中国皮影戏的演变》等论文 20 多篇。他自费建造了中国第一座皮影陈列馆——振华影屋，国内外民间艺术学者、皮影爱好者来参观访问络绎不绝。中央及省、市报刊、电视台、台湾三大电视台、美国影艺界办的《悦龙新闻》，多次作了报道。廉振华兼任中国木偶皮影艺术学会常务理事、中国戏剧家协会会员、中国戏协山西分会理事、中国民间艺术学会、民间艺术委员会委员、中国美术家协会会员、山西侯马市政协委员等职。

〔蔡育民·广东惠州纺织企业集团公司总经理·被评为第四届"中国十大杰出青年"之一〕　由中华全国青年联合会、中国青少年发展基金会与《人民日报》等首都十家新闻单位联合主办的第四届"中国十大杰出青年"评选，1993 年 10 月 5 日在北京揭晓。蔡育民被评为"中国十大杰出青年"之一。

蔡育民，1960 年 12 月生。广东省惠州市纺织工业总公司、惠州市纺织企业集团公司总经理。他带领企业员工艰苦创业，白手起家，三年多时间把公司创办成拥有注册资本 6.5 亿元，资产总值 12 亿元的实力雄厚的企业集团。1992 年全市纺织行业实现产值 13.28 亿元，利税 1.2 亿元，出口创汇 1.1 亿美元，成为惠州市支柱产业。他还创办了总面积达 400 万平方米的"三湖"纺织开发区，引进外资 30 亿元，一年间连上了三个国家级核准、两个省级批准的项目，主持十多个中外合资企业的可行性论证及筹建，主持筹建目前全国规模最大的总投资 10.8 亿美元的 10 万吨已内酰胺及 5 万吨锦纶抽丝项目。

蔡育民不仅勇于开拓，而且具有优良的综合素质。他注重企业的党建工作，树立严谨的行业经营作风。他自觉地以共产党员的标准严格要求自己，任劳任怨，廉洁奉公。他还注重借鉴发达国家的先进管理经验，注重吸收和培养人才，注重自身文化和业务素质的提高。

〔蔡厚强·汽车驾驶员·获全国见义勇为先进分子称号〕　1993 年 8 月 25 日，中央宣传部、公安部在北京召开的第三次全国人民群众见义勇为与犯罪分子作斗争先进分子表彰大会上，江西省瑞金县汽车运输总公司客车驾驶员蔡厚强获全国见义勇为先进分子称号。

蔡厚强，江西南昌市人，1965 年 1 月生，1985 年 9 月由江西省交通技校毕业后分配到江西赣州地区汽车运输公司 104 车队（现为瑞金县汽车运输总公司）工作。1992 年 6 月 28 日，蔡厚强驾驶客车从瑞金前往福建省武平。上午 11 点 50 分，途经会昌县周田车站时，因当天逢圩，车站门前赶圩的人很多，客车无法靠站，只好停在离站 30 米的公路边上下旅客。蔡厚强协助周田车站验票、维持秩序，当他开好运量单出来，看见客车周围的群众纷纷散开，有的旅客正从车窗往下跳，有的大喊车子着火了！一听着火，小蔡马上转到客车的油箱处察看，未发现情况，又飞快地上车检查，只见15号座位下，一股青烟正从一只装化肥的绿色塑料袋的小孔里“嗤嗤”冒出来。蔡厚强顾不上自己有什么危险，毫不犹豫地提起塑料袋向车门外扔，只扔出离车一米多远，他又迅速下车，猛踢一脚，将冒烟的塑料袋踢到离车有4米多外的一条小水沟里。蔡厚强和旅客都以为燃烧物熄灭没事了，便招呼旅客上车准备起程。突然一声巨响，水沟里的塑料袋发生爆炸，强大的气浪掀起的泥沙向四周迸射，使蔡厚强和3名旅客及23名围观的群众被打成轻伤。由于蔡厚强临危不惧，果断处置排除险情，从而避免了炸药包在车内爆炸，保护了25名旅客生命和国家财产的安全，受到领导和群众的赞扬。

蔡厚强参加工作以来，勤勤恳恳，任劳任怨，满腔热忱，礼貌待客，曾先后被评为省地县的安全驾驶员、社会治安综合治理先进个人等，1993年被江西省政府授予有突出贡献的一线工人荣誉称号。

〔蔡振华·中国乒乓球队总教练·在中央国家机关“百优十杰”评选中名列榜首〕　率领中国男子乒乓球队打翻身仗的中国乒乓球队总教练蔡振华，1993年12月光荣入选中央国家机关“百优十杰”行列，并位居“十杰”榜首。

蔡振华，1961年生，江苏省无锡市人。从小学开始学打乒乓球，1973年入江苏省队，1978年进国家队，在第36、37届世乒赛中，为中国队连连夺冠屡建奇功。

1985年11月，退役后的蔡振华只身公派前往意大利执教。4年后，他响应祖国的招唤，放弃了国外的优厚待遇，回北京临危受命，出任中国乒乓球队男队教练，后担任主教练直至总教练。这期间，他在指导主力队员马文革时，针对当时世界强手的打法，毅然冒险让马文革改成两面反胶，不久，马文革在世界杯赛上夺得冠军，蔡振华的才干得到全队的公认。

但是，一年半后在日本千叶举行的第41届世乒赛上，中国男队无一桂冠，团体成绩跌至历史最低点第7名，全队士气也降到了“冰点”。“千叶地震”震醒了中国乒协，蔡振华出任总教练，成为中国体坛有史以来最年轻的少帅。那年他刚届而立之年。

上任不到半年，就迎来了西班牙第2届世界杯乒乓球团体赛。出征的清晨，全队50多号人马齐刷刷前来送行，那一双双沉甸甸的目光，使蔡振华体会到了什么是安危系于一身的含义。

蔡振华成功地捍卫了少帅的荣誉，率队先后战胜捷克和斯洛伐克、朝鲜、瑞典，夺得了自1989年以来中国男子乒乓球队第一个团体世界冠军。赛后，蔡振华和队员抱头痛哭。过去当运动员时拿了那么多冠军，他从来没有这样激动过。他知道滑坡中的中国男队太需要这个冠军鼓鼓士气了。8个月后的奥运战役更充分显示了他的谋略之才。在西班牙巴赛罗那，他指挥王涛和吕林为中国男乒捧回历史上第一枚奥运金牌。

1993年4月在第42届世乒赛上，王涛、吕林再建奇功，结束了中国男乒两届没有桂冠的局面。在象征最高水平的团体决赛中，中国男队虽然以1比3负于瑞典队，但此役却被国际乒乓球界权威公认为一场水平最为接近，争夺也最为激烈、精彩的较量。

〔蔡雅珠（女）·福州实验小学校长·被评为全国优秀校长〕　福建省福州市实验小学校长、党支部书记蔡雅珠，1993年被国家教委评为“全国优秀校长”。同年，福州实验小学被评为福建省文明单位。

1983年，蔡雅珠接任福州市实验小学校长后，学校的改革千头万绪，在“全面发展，又有特长”的综合整体改革实验拉开帷幕的同时，她开始了一项奠基工程——培养一支高素质教师队伍。于是，老教师传帮带，中年教师挑大梁，青年教师练硬功，全体教师的工作都纳入了目标管理体系。除此之外，学校还开展了多种形式的教研活动，如教育信息报告会、演讲会，小型训练活动，联合形式的备课，新课型讨论等，学校掀起了生动活泼、注重教研之风。一支思想业务过硬的教师队伍成长起来，现在学校70多名教职工中有中学高级教师3名。在省里举办的教学比赛中，学校连续4年夺得第一名，有100多篇教研文章在全国及省一级刊物上发表。

她提倡发挥教师的主导作用，引导学生做学习的主人，提高课内40分钟的教学效果，在课程内增设课外阅读、说话、数学游戏和手工制作课，使学生扩大了视野，增强了动手能力。

学校1988年获“全国德育先进校”荣誉，多次获得全国少先队红旗大队、全国“学赖宁、挂奖章”活动先进集体等6项全国级荣誉称号和13项省级荣誉称号。蔡雅珠，女，1938年7月生于福建省，1961年毕业于福州师范学校，现为小学高级教师。1988年被评为全国“三八”红旗手，1989年被评为全国优秀教师。还曾被授予市劳动模范、省育苗奖、庄重文优秀校长奖、省直机关优秀共产党员等30多项奖励。

〔管文蔚·原中共江苏省委顾问·在南京逝世〕

大革命时期的老共产党员、苏中抗日根据地领导人管文蔚，1993 年 9 月 5 日在南京逝世。终年 90 岁。

管文蔚，1904 年生于江苏丹阳访仙桥倪山村。早年就读于江苏省立第三师范学校，曾参加学生爱国运动。1924 年参加革命斗争。1926 年 9 月加入中国共产党。1927 年秋任中共丹阳县委书记。1928 年任中共江苏省委巡视员、武进县委书记。1929 年任中共无锡县委书记。1930 年 4 月被国民党逮捕，后经保释出狱回乡任教。1937 年抗日战争爆发后，领导成立丹阳抗日自卫总团，任总团长，不久改称江南人民抗日义勇军挺进队司令员。1938 年 6 月与陈毅部会合，任新四军第一支队丹阳游击纵队司令员。1939 年 11 月任新四军江北指挥部第一纵队司令员，参与领导创建苏中抗日根据地。1940 年 8 月起先后任通如靖泰行政委员会主任、苏北行政委员会主任兼东台城防司令员、苏中行政公署主任兼苏中军区第二军分区司令员。1945 年 7 月任新四军苏中军区司令员，后任华中野战军第七纵队司令员。1947 年 1 月任华东野战军第十一纵队兼苏中军区司令员。1948 年任华东军区苏北指挥部兼苏北军区司令员。1949 年任苏南军区司令员、苏南行政公署主任。新中国成立后，历任苏南区党委书记、苏南军区司令员、苏南行政公署主任，江苏省委副书记，江苏省副省长，华东军政委员会委员，江苏省政协副主席，江苏省委顾问等职。他是第一届全国政协委员，第六届全国政协常委，第一、二、三届全国人大代表。1985 年 8 月人民出版社出版《管文蔚回忆录》。

〔廖海光·原福州军区副政委·在福州逝世〕　1993 年 2 月 20 日，廖海光因病在福州逝世，终年 78 岁。

廖海光，1915 年 11 月生，湖南酃县人。1930 年 11 月参加中国工农红军。1931 年 3 月加入中国共产主义青年团，12 月转入中国共产党。曾任红军学校第四分校指导员。参加湘赣革命根据地反“围剿”。1934 年 7 月随红六军团西征。后任红二军团直属队中共总支书记、第十七团政委。参加开辟湘鄂川黔革命根据地的斗争和长征。抗日战争爆发后，任抗日军政大学支队协理员、抗大第一分校大队政委、胶东支队政委。1943 年起任胶东军区第十六团政委、南海军分区政委兼中共地委书记，率部开展游击战争，扩大抗日根据地。抗日战争胜利后，任胶东军区新编第五师政委、华东野战军第十三纵队政委、第三野战军二十四军政委。参加胶东保卫战和济南、淮海、渡江等战役。中华人民共和国成立后，任福建军区政治部主任、副政委兼政治部主任、福州军区政治部主任。1960 年至 1982 年任福州军区副政委。1955 年被授予少将军衔和二级八一勋章、二级独立自由勋章、一级解放勋章。是第五届全国人大代表、第六届全国人大常委，中共第十二大代表。1988 年获一级红星功勋荣誉章。

〔端木正·最高人民法院副院长·出任国际仲裁法院仲裁员〕　中国大法官、最高人民法院副院长、著名国际法学家端木正，1993 年被中国政府推荐为国际常设仲裁法院仲裁员。这是我国恢复在常设仲裁法院的活动后首次推荐的仲裁员。同年 9 月 7 日，端木正等赴海牙参加常设仲裁法院建立以来首次召开的全体仲裁员大会。

端木正，字昭定，号翼天，回族，1920 年 7 月生，安徽省安庆县人，民盟成员，是我国目前最年长的大法官。1942 年就读于武汉大学，后获清华大学法学硕士学位。1950 年为法国巴黎大学法学博士，一年后从巴黎大学高级国际法研究所毕业。归国后，任岭南大学历史政治系副教授兼代系主任。院系调整后任中山大学政法系副教授、历史系副教授；1980 年任法律系教授兼系主任；1987 年起任法学研究所所长。

端木正致力于世界法学与中国法学相结合的研究。回国后出版译著 17 种，其中他主编的《国际法》一书已作为全国高等教育自学考试指定教材。近年来主持出版了国家社会科学“六五”规划重点项目：《广东经济特区涉外经济法研究》。他在大学为本科和研究生讲授的课程种类达 11 种。1979 年任中国法国史研究会副会长兼秘书长。还先后担任国际法学会理事、中国政治学会理事、中国法学会理事、全国高等教育自学考试法律专业委员会副主任等职务。1985 年就任中华人民共和国香港特别行政区基本法起草委员会委员。1991 年当选为中国国际法学会副会长。1990 年 9 月，全国人大常委会任命端木正为最高人民法院副院长至今。

端木正一直担任民盟的组织和领导工作，从 1988 年起任民盟广东省主委、中央常委。1988 年当选为第七届全国人大代表，1993 年当选为第八届全国人大代表。

国际常设仲裁法院是根据 1899 年和 1907 年召开的两次海牙和平会议所签署的两个《和平解决国际争端国际公约》而设立的。目前海牙公约共有 78 个缔约国，仲裁法院是由各缔约国挑选和任命的“公认精通国际法问题、享有最高道德声望并愿接受仲裁人职责的”个人组成，每国可提名 4 人，任期 6 年。

我国与端木正同时被推荐为仲裁员的，还有外交部法律顾问邵天任、李浩培以及中国国际法学会会长、北京大学教授王铁崖。

〔赛福鼎·艾则孜·当选第八届全国政协副主席〕　1993年3月26日在全国政协第八届全国委员会第一次会议上，赛福鼎·艾则孜当选为全国政协副主席。

根据赛福鼎·艾则孜的原著改编的同名电影《阿曼尼莎汗王妃》于11月17日在人民大会堂首映。影片记叙了维吾尔族杰出的女音乐家、诗人阿曼尼莎汗王妃传奇的一生。

赛福鼎·艾则孜，1915年3月生，新疆阿图什人，维吾尔族。1932年参加南疆农民武装暴动，当过战士、秘书。1934年在阿图什小学任教员、校长。1935年在苏联塔什干中亚大学学习后，在新疆塔城报社担任过缮写员、校对、编辑、主编，曾加入反帝联合会，任塔城专区反帝联合会组织干事，塔城维文会秘书长、副会长。1944年参加伊犁、塔城、阿勒泰三区革命，先后任临时政府委员、教育厅副厅长、厅长，三区民族军军事法庭秘书、团长。1935年加入三区革命青年团，曾任中央委员。1946年加入三区人民革命党，曾任中央委员，宣传部部长。1946年7月国民党政府与三区临时政府达成和平协议，成立新疆省民主联合政府后，到乌鲁木齐任联合政府委员、教育厅厅长。1947年国民党撕毁和平协议后，回伊宁继任三区临时政府委员、教育厅厅长。1948年加入新疆人民民主同盟，任宣传部部长，《前进报》总编辑，后任新疆民主同盟主席，中华人民共和国成立后，任新疆特区特邀代表团团长到北京出席第一届政协会议，当选为第一届全国政协委员、中央人民政府委员、法律委员会委员、中央民族事务委员会副主任。1949年10月加入中国共产党。后任新疆省人民政府副主席，新疆军区副司令员，中共中央新疆分局常务委员、统战部部长，中共中央新疆分局第四书记，西北行政委员会副主席，新疆军区党委第三书记、第二书记，中共新疆维吾尔自治区委员会书记、自治区人民政府主席，中共中央西北局委员，新疆大学校长，新疆党校校长，中国文联副主席，中共新疆维吾尔自治区委员会第一书记、革委会主任，新疆军区第一政委、党委第一书记。1955年被授予中将军衔。历任第一至七届全国人大常委会副委员长。中共第八届中央候补委员，第九至十三届中央委员，第十、十一届中央政治局候补委员。

〔谭绍文·中共中央政治局委员·在天津逝世〕

中共中央政治局委员、中共天津市委书记谭绍文，1993年2月3日在天津逝世，终年63岁。中共中央于同日发出讣告。

谭绍文，1929年7月4日生，四川成都人。1936年至1948年，在四川新津、成都读小学和中学。1948至1952年相继在成都铭贤学院纺织工程系、西北工学院纺织工程系学习。1952年9月，大学毕业后分配到天津国营第三棉纺织厂任技术员。1953年至1958年，在天津纺织工业学校机织科任教师、副主任。1953年5月加入中国共产主义青年团。1955年5月加入中国共产党。1958至1966年在河北纺织工学院任教务处副处长。"文化大革命"初期受冲击，下放劳动。恢复工作后，任天津纺织工学院教务处处长、党委常委。1978年至1981年任副院长、党委副书记、院长。其间在中央党校学习一年。1981年8月至1982年5月，先后任天津市文教委员会副主任、主任。1982年5月任中共天津市委常委、秘书长。1983年3月至1989年9月任市委副书记。1988年5月任市政协主席。1989年9月任中共天津市委书记、天津警备区党委第一书记。

谭绍文是中共十二大、十四大代表。在中共十四大和十四届一中会全上，当选为中共中央委员、政治局委员。

〔谭震林·已故无产阶级革命家·《谭震林传》出版〕　为纪念杰出的无产阶级革命家谭震林90周年诞辰，浙江人民出版社于1993年10月出版了《谭震林传》。全书约30万字，比较系统地记述了谭震林在长达半个多世纪的革命岁月中，为中国人民解放事业的胜利，为祖国社会主义革命和建设事业的发展作出的卓越贡献。国家主席杨尚昆题写了《谭震林传》书名，江泽民总书记、李鹏总理为这本书题了词。

谭震林，1902年生于湖南省攸县。1925年参加革命，1926年加入中国共产党。1927年冬任茶陵县工农兵政府主席和中共茶陵县委书记，参加井冈山革命根据地的创建。后任中共湘赣边界特委书记、红四军政委、福建军区司令员。1934年中央红军主力长征后留在闽西，任军政委员会副主席。抗日战争时期，历任新四军第三支队政委、第六师师长兼政委、中共苏南区党委书记、苏浙军区政委、新四军第二师政委兼中共淮南区党委书记。解放战争时期，历任中共中央华中局副书记、华中军区副政委、华中野战军政委、华东野战军副政委兼山东兵团政委、第三野战军第一副政委兼第七兵团政委。1949年5月后，历任中共浙江省委书记、浙江省人民政府主席、浙江省军区政委、中共江苏省委书记、江苏省人民政府主席、中共中央华东局第三书记、华东军政委员会副主席、中共中央副秘书长、中央书记处书记、国务院副总理兼农林办公室主任、全国人大常委会副委员长。中国共产党第七、第八、第十、第十一次全国代表大会上均当选为中央委员，八届五中全会上当选为中央政治局委员，第十二次全国代表大会上当选为中顾委副主任。1983年9月30日在北京病逝。

〔**熊汝成·泌尿外科学家·被聘为中华医学会资深会员**〕　1993年1月16日，具有78年历史的中华医学会，正式宣布首批聘任41位在医学上有重大成就、德高望重的内外科专家为中华医学会资深会员。上海医科大学中山医院专家委员会委员熊汝成获得这一荣誉。

熊汝成，1908年11月4日生，湖北蕲春人。1936年北平协和医学院毕业，并获美国纽约州大学颁发的医学博士学位。历任北平协和医学院及其附属协和医院外科助理住院医师、主治医师、助教，贵阳医学院及其附属医院外科讲师、副教授，上海医学院(在重庆)外科副教授。1946年赴美密执安大学医院进修泌尿外科一年多。1947年回国，任上海医学院(1952年改为上海第一医学院，1985年改为上海医科大学)及附属中山医院泌尿外科副教授、教授、泌尿外科主任、系统外科教研组主任、外科教研组主任、医学系副主任、医学系一部主任、中山医院副院长、硕士研究生和博士研究生导师、上海医科大学专家委员会委员等职。1960年加入中国共产党。

熊汝成长期主持并参加一系列泌尿外科专业的前沿课题研究。1960年以来，对肾血管性高血压进行了较全面的研究，提出在我国大动脉炎是引起肾动脉狭窄最常见的病理基础，与国外文献报道迥然不同，在国内外受到重视。1973年研制国内第一台平板型人工肾并投入生产，获上海市重大科技成果奖。1971年起开展肾移植工作，挽救了众多慢性肾功能衰竭病人的生命，1977年获上海市重大科技成果集体奖。1979年与中国科学院上海有机化学研究所和第三军医大学协作研制全氟碳代血液，1981年首先应用于临床，效果良好，1987年获人民解放军总后勤部科学技术进步三等奖。1985年参加体外冲击波碎石术实验研究并与上海交通大学协作研制我国体外冲击波碎石机并应用于临床，1987年获国家科技进步一等奖。1988年指导博士生进行“流式细胞分析术和影像细胞分析术在膀胱肿瘤诊断和预后的应用”的研究，1991年获卫生部医药卫生科技进步三等奖。先后主编《肾脏移植》、《泌尿生殖外科学》、《实用外科学》等8部专著，参加其他泌尿外科专著的编写16部，发表论文130余篇。1983年获上海市劳动模范称号。1985年获全国计划生育先进工作者称号。

熊汝成曾任中华医学会泌尿外科学会副主任委员、名誉顾问，中华医学会器官移植学会名誉主任委员，国家计划生育委员会计划生育科技专题委员会顾问等，并被聘为波兰Bialystok医学院客座教授。

〔**缪莘和(女)·成都干休所政委·获全军先进老干部工作者称号**〕　1993年9月，在人民解放军总政治部召开的全军老干部工作先进表彰会议上，成都军区后勤部第22分部西站第一干休所政委缪莘和被授予全军先进老干部工作者称号。

缪莘和，1946年11月生，云南昆明市人，1959年4月参加中国人民解放军，1979年10月加入中国共产党。历任学员、演员、秘书、干休所干事、副所长、所长等职。她12岁被特征入伍，当上了走钢丝的杂技演员。“文革”中因说了几句真心话，被扣上“现行反革命”帽子，开除了军籍、团籍，被押送到云贵交界的彝族山寨。在关键时刻，是一位在山寨接受“改造”的老将军，象父亲一样开导她，使她坚强地生活下来，并更加热爱党、敬佩老前辈。1982年到干休所工作后，她热情地为老干部服务。干休所住有269户老同志，其中伤残的就有78人。老干部刚进所，面临家属子女调动、孩子转学、孙辈入托上学、户口转移、待业青年安置等问题，有些事难度很大。她从不退缩，整天蹬着自行车跑有关部门，尽最大努力去办。一个个人、一件件事去落实。恁着一股韧劲，先后协助办理家属、子女工作调动72人，户口迁移500余人，子女转学65人，安置待业青年23人，为老干部解除了后顾之忧。干休所是个服务机构，事情繁多，她整天忙个不停。一次，自行车跑坏了，步行出去办事把脚扭伤了，不能行走，只好让儿子背下楼，用自行车推她到办事处给老干部办理子女参加招工考试急需的待业证。地方同志很受感动，本来当天不办公，却破例给办了待业证。建所初期，所里没有家底，为了让老干部吃好，又少花些钱，她经常组织工作人员到附近城镇拉蔬菜、水果等物品。有一次，她带驾驶员开车到贵州拉食油，途中雨雪交加，车又在大山中抛了锚，她忍着饥寒，爬上爬下和驾驶员一起修车，修好车已是半夜，她衣服全湿透了，仍连夜赶到仓库装油。在两年多时间里，她带车拉回生活物资98吨，节约经费一万多元。在干休所的领导岗位上，她廉洁奉公，敬业勤政，分管后勤工作时，经常和战士一起下厨房，但很少在伙房买饭菜，还给当时7岁的儿子定下了"不准进伙房"的规矩，至今一家三代人仍挤住在30平方米的小屋里。工作敢抓敢管，除了做好思想政治工作，还为老干部举办社会主义市场经济、关贸总协定等知识讲座。真诚地为老干部服务，赢得了老干部的信赖，先后被选为省人大代表、被授予省老龄工作先进个人、成都军区后勤部优秀纪检干部、成都军区和全军先进老干部工作者称号，并在全军老干部工作先进表彰会议上作了典型发言。

〔樊友来·浙江玉环县县长·提出并实施"全岛股份化"取得显著成效〕　玉环县是浙江省7个转换企业机制配套改革试点县之一。1993年，樊友来领导该县全面推行股份制经济，激活了区域经济发展的内在动力，当年取得显著成效，被列入第二届中国农村综合实力百强县。

玉环县是全国12个海岛县之一，陆域面积378平方公里，总人口37.73万。地处浙江东南沿海，与开放港口城市温州一衣带水，经济发展受"温州模式"影响颇深。1993年股份合作企业已发展到占全县工业企业总数的65%、出口总值的50%、工业产值的60%、工业税金的90%。股份合作这种产权明晰、机制灵活、利益直接、风险共担的经济形式，赢得了发展机遇，为企业改革提供了有益经验。樊友来适时地提出并实施"全岛股份化"战略，使股份合作经济成为海岛经济的一大特色。在实施过程中，根据企业产权性质和经营状况，实行"一厂一策"，分类指导：(1)改革国有资产管理体制，在搞好国有工业企业资产评估的基础上进行股份化改造，使国有资产管理从实物形态转为价值形态。成立国有资产经营公司，保证其保值增值。(2)搞好集体工业企业产权界定，按产权归属情况确定财产收益的分配方式、比例或定额，然后实行股份制改造。(3)今后新办企业均按股份制或股份合作制企业的形式组建。这一战略的实施在1993年取得重大突破，通过外资嫁接、职工参股、租赁经营、整体拍卖、企业兼并、组建企业集团等多种途径，使175家国有、集体工业企业彻底转换经营机制。与此同时，积极推进相关领域的配套改革，即建立健全社会保障体系，实行社会一体化养老保险；培育和开发劳务、技术、资金、房地产等生产要素市场，组建产权转让市场，发展各类中介服务组织；加快政府职能转换，在简政放权、简化手续、提高效率等方面采取大的举措。在"全岛股份化"的推动下，该县38家渔业公司全部实行股份合作制。

为加快县区域经济的发展，樊友来主张认清优势，把着力点放在提高对外开放的层次和水平上。1992年，依托大麦屿深水良港的港口优势、地处沿海开放带的区位优势、众多在台玉环籍人士的人文优势以及国家授予的对台小额贸易口岸的政策优势，把发展对台经贸作为全岛开放的突破口来抓，建立了比较规范的台贸市场。一年多来，对台经贸迅速起步，对外往来日益扩大，影响力与知名度逐渐提高，得到省政府的肯定和支持。1993年4月，樊友来提出建设深水良港大麦屿港、国家一级渔港坎门港为两翼的现代化港口城市的奋斗目标。同年9月和11月，浙江省人民政府先后批准设立大麦屿国轮外贸运输口岸和浙江省玉环大麦屿经济开发区。

改革开放的进一步深化，使1993年成为玉环县历史上经济发展最快的年份，全县国内生产总值16.7亿元，增长45.8%；工农业总产值43.75亿元，增长56.9%；出口总值5.10亿元，增长84.9%；财政收入1.24亿元，增长56.7%；人均国民收入可达4188元。经济发展的人均指标均居全省前列。

樊友来，1954年3月生，浙江温岭人，大专学历。1983年起历任温岭县副县长，玉环县副县长、县委副书记、县长。

〔樊连珍(女)·法庭庭长·被授予全国法院模范称号〕　1993年12月25日，最高人民法院授予山西省临县人民法院三交人民法庭庭长樊连珍"全国法院模范"称号。

樊连珍，山西省临县人，生于1942年3月5日，中师文化程度，1957年12月参加工作，1962年3月加入中国共产党，当过小学教师，1964年到三交法庭工作，职称为经济师。30年来，她多次放弃进城和调升的机会，坚持在荒凉贫瘠的黄土高坡，为当地人民提供法律服务，被誉为扎根山区的好法官。

三交法庭管辖的区域位于吕梁山腹地，是个山高坡陡、贫穷落后的艰苦地区，大部分村庄不通汽车，连骑自行车也相当困难。为了给山区人民及时调解纠纷，排忧解难，樊连珍坚持到案发地实地勘察，上门办案，30多年中下乡办案步行达6万多公里。临县方圆2900多平方公里内的每一个山头，每一条沟壑，几乎都留下了这位女法官的足迹。一天她从早上6点钟开始，先步行20里调查了一起地基纠纷；又翻山越岭审结了一起债务纠纷案；接着到另一地处理了一起离婚案；天黑后又走30多里调解了一起地基纠纷。等这4个案件办完，已是深夜12点多钟，这一天她步行了120多里山路。有人统计，她在法庭工作的30年中，共牺牲假日两千多个，加班工作九千余小时。她的3个孩子都是托人带大，几个月才顾上去看一次。丈夫老家在条件较好的文水县，1961

年从山西师范学院毕业后分配到三交中学，为了支持她的工作，几次放弃调动的机会。樊连珍甘当人梯，热心帮助和培养后起之秀。她领导过的干部中有14人被先后提拔重用，有些已当了县法院院长、副院长。1984年，上级决定调她到县法院任审委会委员兼庭长，被她谢绝。1989年，县委拟任她为县法院副院长，在谈话征求意见时，她又坚决地推荐了年轻同志。

樊连珍从来拒收礼、拒吃请、拒说情，所办的案全都经受住了时间的检验。30年中，她共办理各类案件1400多件，处理简易纠纷和来信来访7400多件次，做到了无发还，无改判，无检举揭发。在她的严格管理和带动下，三交法庭30年来未发生任何违法违纪问题，连续10年被县法院评为先进单位，连续5年被地区中院评为先进集体，1990年受到省高级法院通报表彰。她自1964年以来，连年被评为先进工作者或优秀共产党员、省"三八"红旗手，25次受到省地县党政部门和法院的奖励。

〔黎泽重·集邮爱好者·通过集邮、办邮刊沟通海峡两岸联系引起反响〕　著名集邮爱好者黎泽重通过集邮、主办邮展、编纂邮刊，为沟通海峡两岸联系作了大量工作，受到海峡两岸同胞和海内外集邮界的赞誉。

黎泽重从1947年上学时，就与邮票结下了不解之缘。近半个世纪来，广集珍藏古今中外邮票5万多张，价值连城。从八十年代开始，他致力于用邮票架起两岸"方寸"之桥，沟通两岸同胞的心。1984年，他获得台湾发行的一枚"世界女排三连冠"邮票，与1981年大陆发行的"中国女排"邮票对比，不仅题材相同，而且构图设计也相似。一种好奇心驱使他从自己收藏中，继续寻找海峡两岸互相类同的邮票，几经努力，结果美不胜收。这使黎泽重从此萌生了用海峡两岸邮票沟通海峡两岸同胞情谊的思想。其后不久由他精心构思的"可喜的同一"专题邮集诞生了，其中包括：孙中山90周年和百年诞辰纪念，罗伯特·科赫发现结核杆菌百年纪念，詹天佑百年诞辰，世界文化名人屈原、李白、杜甫、古铜器、古陶器、古钱币、古乐器、古文物，戏剧、绘画，国际儿童年、国际红十字会以及动植物、花卉、风景、民俗、体育等几十组，先后在北京、石家庄、济南、长沙、广州、深圳等地展出，引起很大反响，这项展出获得湖南省第2届邮展银奖，中央及省市报刊电台都作了报道。

1991年夏，黎泽重得知国民党元老陈立夫是台湾孔孟学会理事长，他想两岸都曾发行过纪念孔子的邮票，若能配上两岸研究孔孟权威人士的签名、题字多有意义。他便立即给陈先生写信，诉炎黄子孙之同宗，叙孔子邮票的同一，并附上《甲子邮刊》请陈先生指教。未及一月，便收到陈立夫先生的亲笔信及题字签名的复印字画一幅，题字中充满陈先生怀念祖国、弘扬中华民族文化的苦心。黎泽重收到信后非常兴奋，向陈先生表示，要为两岸集邮与文化交流多做工作。1992年5月，又得陈立夫的回信及亲笔字幅，上书孔子名言"德之流行于置邮而传命"。国民党的元老与大陆一个普通集邮者鸿雁传情，道理很明显，仍缘于同根、同源，同受孔孟文化之薰陶。

1984年9月，黎译重创办《甲子邮刊》，这份旨在沟通两岸邮友、同胞联系的邮刊诞生后，政协副主席、民革中央代主席屈武曾两度为该刊题写刊名，社会名流巴金、冰心、丁玲等签名题字，两岸诗人、邮友也赋诗祝贺："方寸纸连方寸愿，九州人盼九州同"，"半生冷暖他乡异，一统江山我愿同"，反映了两岸邮界同胞思盼金瓯一统的衷情。《甲子邮刊》辟有"邮海诗帆"、"海峡情"、"在水一方"、"鸿雁觅亲"等栏目，集邮情、乡情、海峡情于一体，熔知识性、艺术性、趣味性于一炉。创刊9年，出版逾百期，发行于两岸和美、英、法、西、加等24个国家和地区，深受海内外邮友和同胞的欢迎。

黎泽重，湖南省湘潭人，1928年10月生，1949年9月入湖南人民革命大学学习，1950年4月参军，长期从事宣传工作。1978年转业回湖南，历任艺术馆主任及艺校教师等职，1989年离休。现为湖南省民间文艺家协会、诗词协会和美国集邮协会会员，海峡两岸民间集邮交流会首任会长，纽约"一国两制统一中国大同盟"高级顾问。他喜爱集邮，更热衷为发展海峡两岸的邮情与文化交流效力。1990年曾被评为中国民间收藏十大新闻人物，并获"海峡两岸特别荣誉奖"，他创办的《甲子邮刊》曾5次被评为全国最佳民间邮刊，他的事迹曾在《人民日报》、《瞭望》杂志等中央及省市报刊、电台报道。

〔潘一乐·桑树育种专家·育成优质、桑树新品种获国家科技进步二等奖〕　中国农科院蚕业所栽桑研究室副主任潘一乐育成优质、抗病、丰产、早生桑树新品种，获1993年国家科技进步二等奖。

潘一乐，1944年1月生，浙江省长兴县人。1965年毕业于浙江农业大学蚕桑系，同年9月分配到中国农科院蚕业所从事栽桑研究工作。1985年11月至1987年5月在日本国宇都宫大学农学部进行合作研究。1989年1月晋升为副研究员。

潘一乐长期从事桑树遗传育种研究。他和同事一道育成"桑树一代杂种丰驰桑"，可用以嫁接，也可采用种子繁殖方法进行繁殖，从而缩短了育苗时间，降低了建园成本，为新区发展蚕桑生产创出了一条新路，在桑树育种上是一个创举。该项目1986年获中国农科院科技改进二等奖。以后他又育出"抗病丰产桑品种育2号"、"早生桑育151、育237"，1991年获农业部科技进步二等奖，1993年又获得国家科技进步二等奖，为我国蚕桑生产作出了杰出贡献。

1985～1987年潘一乐赴日进行合作研究期间，向日本桑树多倍体育种家东城功、押金健吾先生等多次请教和探讨如何提高无性果四倍体桑的诱导率等问题。回国后积极开展了优良桑树品种诱导无性果四倍体的研究。他采用秋水仙碱处理桑树幼芽、新梢，终于诱导出"优质高产新桑品种育71—1"四倍体桑的植株，实现了四倍体、二倍体杂交并取得了三倍体桑的植株。这是桑树育种的一项重要成果。

为了摸清我国桑树资源家底，发挥我国桑树资源优势，为育种提供更多更好的素材，潘一乐于1979年冬赴广州市顺德县和南海县采集了南方优良品种的花粉；1982年春又担负"桑品种资源考察、收集与整理"研究课题，赴贵州省作资源考察，先后到苗族、布依族、侗族、彝族等少数民族地区考察野生桑树资源，走遍了大半个贵州，行程达数千公里，亲自制作采集标本、进行分类，先后共收集到鲁桑、白桑、鸡桑、华桑、长果桑、长穗桑、蒙桑、黔鄂桑等八个桑种和一个变种——鬼桑。通过考察研究，发掘出一些稀有的宝贵资源，有助于发挥桑树杂交优势，造福人类。为此，1986年获中国农科院技术改进一等奖。

潘一乐治学严谨。考察资源时亲自过悬崖、攀高山，定要直接了解资源情况才罢休，在研究工作中十分重视实验结果。他的"关于桑树几个科的叶片茸毛研究"论文，1987年在日本筑波科学城召开的日本蚕丝学会第57届学术演讲会上宣读后，受到日本同行的关注。他先后在《蚕业科技资料》、《蚕业科学》、《蚕桑通报》、《作物品种资源》等刊物和学术会议上发表论文20篇，参加编著了《实用桑树育种学》、《我国栽桑养蚕实用技术》等专著。他还是中国蚕学会理事、江苏省遗传学会理事，九三学社镇江市委委员。1993年1月当选为第八届全国人大代表。

〔潘之美·农民歌手·创作、发表民歌一千余首〕 截止1993年8月，著名农民歌手潘之美已创作、发表一千多首民歌，出版三本民歌集，成为中国歌谣协会会员，湖南省作家协会会员、湖南省民间文艺家协会会员。

潘之美1937年出生在湖南省南县一个农民家庭。他12岁那年，家乡解放，欣喜若狂的农民迎接解放，热情歌颂共产党和毛主席，潘之美深受感染和激励，情不自禁地迸发出一首《亲不过共产党》的民歌："明不过园月亮，暖不过红太阳，美不过农家景，亲不过共产党"。表达了他对共产党、对新社会、新生活的诚挚赞美。并成为他以后创作大量歌谣的主旋律。潘之美生长在农村、劳动在农村，1956年初中毕业后，他边劳动边创作，并发誓要改造旧民歌粗俗的一面，创作出更多更好的新民歌来。他在劳动之余，记录整理了群众中流传的传统歌谣近万首，去粗取精，从中吸取其渗透民族文化精神的精华，创作出具有高尚理想和审美情趣的新民歌民谣。他的《看谁争先当模范》："青山绿水蔚蓝的天，妹在经商哥种田，唱个歌儿挑个战，看谁争先当模范。"是一首改革开放后，农村发生天翻地覆变化的新生活赞歌，表达了农村青年男女在生产致富竞赛中你追我赶的高度热情。潘之美还写了不少脍炙人口的情歌，以《假喊粑头挖到脚》为代表："哥翻粪肥在田角，见妹洗衣下塘坡，急中生智叫'哎哟'，假喊粑头挖到脚，看妹望哥不望哥"。这首反映青年男女在劳动中"试情"的民歌，极为含蓄地表达了他们细腻、真挚的恋情，构思巧妙，语言质朴、自然，没有雕琢，却很动人。

潘之美爱民歌如同自己的生命。1991年，他的胃第5次大出血住院，医生禁止他在病床上学习创作。可是，当医生和护理他的妻子一走开，他就偷偷地在枕头底下取出纸笔写起来。就象他的事迹被收进《中国现代民间文艺家辞典》后所写的那样："中国民歌与民谣，民之心声国之宝；我视歌谣如生命，我之生命即歌谣"。这正是他孜孜不倦、追求不止的真实写照。到目前为止，潘之美已在全国各种报刊发表诗歌1000余首，出了三本民歌集。1989年曾出版了《洞庭情歌》。他的《洞庭歌谣》也将出版发行。

〔潘世建·厦门路桥建设投资总公司总经理·所主持建设的厦门高集海峡大桥被命名为全国十大公路工程之一〕 为展示改革开放15年来我国交通基础设施建设的新成就，由交通部组织评选的全国十大水运工程和十大公路工程命名大会，于1993年9月24日在北京举行。厦门高集海峡大桥名列全国十大公路工程之中，并获福建省优质工程奖。主持大桥建设的是厦门市路桥建设投资总公司总经理潘世建。

厦门高集海峡大桥是我国第一座规模最大的海峡大桥，它从厦门岛的高崎镇跨越高集海峡连接大陆的集美镇，由跨海主桥、集美立交桥、高崎引道三部分组成，全长6695米，双向4车道。1988年1月开工，1991 年 5 月 1 日建成试通车。1991 年 12 月 19 日，中共中央总书记江泽民为大桥正式通车剪彩并题写桥名——厦门大桥。厦门大桥的建成，大大改善了厦门特区的交通条件和投资环境，对促进经济特区的发展，加强厦门岛与闽南金三角地区和广东的经济联系都具有十分重要的意义。

潘世建作为厦门高集海峡大桥建设的总负责人，为大桥建设做出了突出贡献。1984 年，他受厦门市政府委托组建进岛交通通道工程筹建处，负责筹建进岛通道，在仅有 3 人的情况下，开始进行搜集工程水文、地质等原始资料的大量前期准备工作。在建桥和拓宽海堤的两种方案论证中，潘世建力主新建一座跨海大桥，并提出了科学的桥线走向。这一建议被交通部、福建省、厦门市政府采纳。接着，他组织李国豪等我国著名桥梁专家对建桥方案进行评选，确定了交通部公路规划设计院的等跨等截面预应力箱型连续梁方案，得到了交通部批准，并被列入国家“七五”计划的工程项目。在他的主持下，厦门大桥第一次在国内采用了世界上先进的滑模技术和其它先进工艺、材料。他还对大桥照明、绿化、雕塑以及收费岛的建设等精心构思，使厦门大桥成为特区美丽的象征。潘世建作为大桥的总负责人，他不仅承担大桥的前期准备工作，大桥设计方案的招标、评审，工程技术方案的确定，同时还要负责资金的筹集和施工的协调指挥，解决在海峡上建桥的重重困难，为优质、高效地完成厦门大桥工程做出了突出贡献。

潘世建，中国共产党党员，广东省汕头人，1953 年 10 月出生，1972 年 7 月参加工作，1980 年毕业于武汉水运工程学院造船工程专业。曾在厦门市水运公司、厦门工业设计院工作，后任厦门市汽车运输公司业余大学副校长，市交通局副局长等职。

〔潘明继·主任医师·创扶正培本理论治疗肿瘤疗效显著·获福建省劳动模范称号〕　福州市中西医结合肿瘤研究所所长、福州市第一医院主任医师潘明继，从事中西医结合治疗肿瘤 30 年，总结摸索出一套扶正培本的理论，指导癌症治疗，取得明显成效。1993 年被福建省人民政府授予劳动模范称号。同年还被收入英国剑桥国际传记中心名人录。

潘明继，福建南安人，1933 年 10 月生。1955 年 8 月毕业于福建医学院。1964 年从事中西医结合治疗肿瘤的研究工作。有一次他发现两位病情相同的肺癌患者，住院接受化疗的患者，不到两个月就死了；另一位在家服中药的患者却多活了半年。他经过多次临床观察研究，发现放射、化疗虽可杀死癌细胞，但同时也误杀了许多健康的细胞，减弱了人体对疾病的抵抗力。如果用中医扶正培本的办法，在放化疗的同时，用中药培补，既攻又补，攻补兼施，既可围歼癌细胞，又能保障健康细胞的正常活动，共同对“敌”。潘明继将这种办法用于晚期宫颈癌肝转移伴腹水的患者赵雪仙后，病情缓解，逐渐康复。现年 80 岁的赵雪仙已带瘤生存 29 年，还能开店做生意。福州市一位搬运工人胃癌晚期，按常规只能活 3 个月，经他治疗后已存活 18 年，至今健在。据统计，经潘明继治疗的 320 例中晚期胃癌，其中 76 例行根治术者 3 年生存率 60.5%，5 年生存率为 47.36%，10 年生存率为 18.42%，都比国内外同期报道的纯西医治疗效果明显提高。1971 年在全国食管癌学术会议上，他的扶正培本观点博得与会代表的赞同。随即成立全国扶正培本防治肿瘤研究协作组，潘明继被推选为组长。如今扶正培本已成为中医治疗癌症的主要方法之一，被推广使用。

潘明继在研制抗癌药物方面也有突出的成就，他最早研制的三尖杉注射液对淋巴肉瘤、肺癌等都有较好的疗效。经全国大协作研制成功的“三尖杉酯碱”已成为当今国际治疗急单白血病的最佳药物，曾获 1978 年全国科学大会奖。他主持的 9 项国家及省级科研课题，如治疗胃癌的理胃化结汤、治鼻咽癌的扶正生津汤等，分别获卫生部和省级科研成果一、二等奖。近几年，他又投入对爱滋病的防治研究。他筛选的 60 种中药中，已有 18 种被美国、日本等医学科研机构及临床验证，证实具有明显疗效。目前，运用中西医结合防治爱滋病已引起国际医学界特别是美、日等国的高度重视。

潘明继医术高明，医德高尚，蜚声海内外，先后 4 次被评为省、市劳动模范、省有突出贡献的专家、市双文明标兵、科技拔尖人才、先进工作者等 36 次奖励，1986 年被接纳为英国皇家医学会会员，1989 年被授予新加坡国家高级荣誉奖——鱼尾狮奖盘，1991 年被授予美国国际传记学会“毕生学术成就金质塑像奖”。多次应邀赴荷兰、美国、比利时、菲律宾、新加坡、泰国等国参加国际学术会议和讲学。发表专著 3 部，论文 60 余篇。其中《怎样自我发现癌症》、《癌的扶正培本治疗》、《爱滋病的中医防治》等 3 部专著，均被译为英文出版。其中《爱滋病的中医防治》被译为 7 种文字在国外发行。与人合作专著 5 部。

潘明继是国家中医管理局科技成果评选鉴定专家，中国抗癌协会传统医学专业委员会秘书长，中国中西医结合学会肿瘤专业委员会委员和福建中西医结合肿瘤学会会长。

〔潘素梅(女)·杂技表演艺术家·在上海逝世〕

国家一级演员潘素梅，1992年曾获中国杂技艺术家协会颁发的最高荣誉奖“百戏奖”，1993年6月17日在上海逝世，终年52岁。

潘素梅，1941年生，北京市人。1949年起随父学艺，1950年开始在上海“大世界”登台演出，是潘家班“童子团”的第三代传人。1956年参加“上海红色杂技团”，1972年调入上海杂技团。她是中国杂技艺术家协会第一、二两届理事，上海市杂协分会副主席。

潘素梅的杂技基本功扎实，技艺全面，演出的节目甚多，如《晃板》、《转碟》、《抖空竹》、《蹬技》、《扛梯》、《顶碗》、《走钢丝》、《椅子顶》、《大跳板》、《滚杯》、《蹬技》、《蹦床》、《飞人》等，门类众多，技艺精湛。她与朱复正创作演出的《跳板蹬人》曾获第十届“蒙特卡洛国际马戏节”比赛的特别奖“摩纳哥城市奖”。

〔潘强恩·村党支部书记·被聘为中国社会科学院特聘研究员、农业干部管理学院教授〕　广东省深圳市宝安区万丰村党支部书记、万丰实业集团公司董事长潘强恩，既有丰富的实践经验又写出了不少理论和文学著作，1993年底先后被聘为中国社会科学院农村问题研究所特聘研究员、农业部农业干部管理学院教授，引起了各方面的关注。

49岁的潘强恩，虽然过早地脱了顶，但精力充沛，勤于思考，才思敏捷。他从初中毕业上了两年医学专科学校，毕业后当了乡村医生；虽然在缺医少药的农村救死扶伤很受群众的欢迎，但他苦苦思考最多的仍是怎样改变万丰村的贫穷落后面貌。1978年改革开放的大潮把他推上了村党支部书记的位置上，他一面利用业余时间，刻苦攻读马列和毛泽东著作，一面结合实际、积极探索怎样才能使农村脱贫致富。他首先从转变观念入手，1984年就以股份合作制为融资手段，发动群众集资办起17个企业，成立了以工业为主，工农商综合经营的万丰实业集团公司，促进了全村经济迅速发展。为了实现共同富裕的目标，潘强恩还组建了一个扶贫公司。他们从集体积累中抽出400万元作贷款，帮助没有股份的群众入股，使全村人人都成了股东，企业真正为全体村民共有。村民既是劳动者，又是所有者，因而调动了各方面的积极性，大大加快了商品经济的发展。到1993年底，全村企业已发展到64家，企业职工已达35000多人，全村工农业总产值6亿元，利润5000多万元，财政收入2000多万元，人均收入已突破万元大关，村民人均住房50平方米，家家有程控电话。全村公共设施齐备，已变成文明富裕的社会主义新型村镇。

潘强恩在总结经验的基础上，写出了《我的社会主义模式观》、《共有制是最佳选择》、《万丰模式——建设社会主义新农村的有益尝试》等20多篇论文，在境内外报刊发表后，引起了中外学者的广泛关注。国家经委派专家到万丰村调查研究，写出了《共有制经济调查报告》。1992年12月25日，首都部分专家学者在人民大会堂举办了“邓小平理论与中国农村及万丰实践研讨会”。于光远、杜润生等著名学者专家认为，“万丰模式既是现实的共有经济，又是开放性的市场经济，是农村发展社会主义商品经济的一种好模式”。

潘强恩不仅有农民的淳朴，企业家的谋略，还有文人的儒雅。他最珍爱的不是豪华的家俱、时髦的电器，而是家里的上万册藏书。家里凡有空间的地方，都铺天盖地放着书。1992年，他获得深圳市8大藏书家之一的称号。潘强恩不仅喜欢藏书读书，更喜自己写书。20多年来，已先后写成并出版了《浴血青山》、《森严壁垒》等几十万字的长、中、短篇小说。

潘强恩现为深圳市人大代表。1992年被评为深圳市三大风云人物之一。

〔额尔德尼·内蒙古电视台主任编辑·获首届韬奋新闻奖〕　我国新闻界高层次、高荣誉的奖励——首届韬奋新闻奖于1993年12月17日在北京颁奖。内蒙古电视台副台长、主任编辑额尔德尼获此殊荣。

额尔德尼，蒙族，1948年5月出生于牧民家庭，内蒙古哲里木人。北京广播学院电视系毕业。二十多年来献身在内蒙古电视台，是一位集编采于一身的电视新闻工作者。

八十年代初，他深感在我国电影、电视节目里较多地看到的是荒凉的沙漠和人迹罕至的镜头，给人们留下不符合生活真实的印象。决心用电视的特殊手段，把内蒙古的草原、沙漠、森林全面地介绍给观众。这时，在自治区首府一所高级宾馆工作的一名青年服务员，毅然辞去舒适的工作，离开繁华城市回到沙漠去拉他熟悉的骆驼。一片令人如此挚爱的土地，强烈地触动了他的心灵，他开始酝酿拍摄《沙漠散记》。

在风沙与干旱的环境里拍电视是一项艰苦的工作。他带的两名助手刚走到沙漠边缘，由于不能适应当地的饮食和气候，便离开了摄制组。他一人携带沉重的摄制机器进入了内蒙西部阿拉善沙漠，先后用了三年时间，行程一万二千多公里，终于完成了反映牧民生产生活的风土民情《沙漠散记》上集（120分钟)节目。该节目在内蒙古电视台和中央电视台播出后,引起很大反响,观众纷纷来信,谈他们对内蒙古的向往,谈此片"为他们展示了一个陌生而新奇的世界"! 有十几个国家购买了此片。

额尔德尼23年来,共采编2100条新闻,40集电视纪录片,多次获得自治区、国家级奖励,并参加过国际间交流。其中获全国性一、二等奖的作品,除《沙漠散记》,还有《欢迎您,草原的客人》、《草原散记》、《群芳荟萃》(合作)、《呼和浩特存在与大局不合拍的现象》(合作)、《择业与创业》(合作)、《西瓜车皮被倒卖引起的思考》(合作)、《蒙古族》(合作)等。1985年他被评为全国一级新闻工作者,1986年以来曾获内蒙古自治区劳动模范、广播电影电视部先进工作者等十多种光荣称号。

〔霍英东·当选第八届全国政协副主席〕　全国政协八届一次会议于1993年3月26日举行选举大会,霍英东当选为第八届全国政协副主席。1993年7月2日,第八届全国人民代表大会常务委员会第二次会议通过,霍英东出任香港特别行政区筹备委员会预备工作委员会副主任。

霍英东,1923年生,广东番禺人,出身于一个水上穷苦人家,童年在舢板上度过。7岁丧父,家庭生活更加困难。抗日战争爆发后当过苦力、学徒、工人。第二次世界大战后参与经营运输业及转卖剩余物资。五十年代大力发展驳运业务。后来他的航运生意很兴盛。1954年开始从事地产业,其事业不断发展扩大。后经营有地产、建筑、航运、旅馆、酒楼、百货、石油等多种行业。历任香港地产建设商会会长,香港中华总商会副会长、会长,香港霍兴业堂置业有限公司董事长,香港有荣有限公司董事长。据香港《资本家》杂志1992年统计,霍英东及其家族拥有财富达140亿港元,在世界华人富豪中位居前列。他曾说:一个商人要由经验中成熟,其中刻苦耐劳占了百分之九十五。

霍英东十分关心体育事业,大力推动体育事业的发展。他本人也是体育爱好者,爱好举重、踢足球、打网球。还组织东升足球队参加香港甲级比赛。他又是国际足联执委和世界羽毛球联合会名誉会长,香港足球总会会长。1989年曾支援在广州举行的全国元老网球赛。他出资1亿元港币修建的国家奥林匹克体育中心游泳馆,被命名为"英东游泳馆"。他捐建的广州沙面网球馆也于1990年落成。国际奥委会主席萨马兰奇称霍英东为国际体育界的知名人士。

霍英东长期来不断捐款,造福家乡,支援大陆建设事业。1984年捐赠2000万港元,赞助修筑扩建广珠公路中山路段,对于改善中山和珠江三角洲的交通及投资环境作出重大贡献。积极参与投资兴建广州"五星级"白天鹅宾馆,在中山市和番禺县投资兴建了中山温泉宾馆和番禺宾馆。先后获广东中山市和广州市荣誉市民称号。他热心社会文化福利事业,建立了基金达10亿港元的"霍英东基金会",并建立"霍英东教育基金会",还捐款于大陆的一些文教、医疗、体育机构。霍英东及其家族在大陆投资已逾千亿港元。1991年华东水灾,他也带头捐款赈灾。霍英东曾任五届、六届全国政协常委,七届全国人大代表、人大常委会委员,香港特别行政区基本法起草委员会委员。是八届全国人大代表、全国政协委员。还任暨南大学教育和科学发展基金会名誉会长、宋庆龄基金会理事等职。1992年被聘为第一批香港事务顾问。

〔霍裕平·理论物理与等离子体物理学家·当选中国科学院学部委员〕　中国科学院等离子体物理研究所研究员霍裕平于1993年12月当选为中国科学院数学物理学部学部委员。

霍裕平,1937年8月16日生,湖北省黄冈市人。1959年毕业于北京大学物理系并被聘入中国科学院物理研究所进行研究工作。1974年被聘入中国科学院等离子体物理研究所从事科学研究,1978年提升为研究员,曾任该所副所长及中国科学院合肥分院院长。现为该所所长。

霍裕平于六十至七十年代在固体理论、非平衡态统计物理、激光和光学信息变换理论等多个物理领域从事理论研究并取得一批突出的结果:阐明了长期难于理解的稀土离子对铁磁共振的反常影响问题;最早指出在一定条件下激光输出可以是振荡型的;论证了用全息透镜系列实现任意图形变换的可能性,并进一步讨论和分析了全息透镜系列的设计途径。1975年以来在等离子体理论,受控热核反应装置的理论、设计和工程,等离子体应用等方面取得多项突出成果:主持了中国科学院大型核聚变装置的物理设计,提出大大放宽磁场与结构设计的精度要求,显著降低了托卡马克工程难度,且其结论已被国内外实验及分析所证实;八十年代初提出共振螺旋场对等离子体影响问题,对其作了深入理论分析,在实验上发现一系列新现象;1992年对欧洲联合环上的大量实验数据与氘氚等离子体行为作了深入的新分析;在等离子体物理实验、非线性电阻灭磁的工业应用、强磁场实验室的建设、电磁发射技术、超导托卡马克计划及准稳态等离子体研究等的领导决策及研究中取得许多重要成绩,作出了开创性的贡献

〔**薄一波·《若干重大决策与事件的回顾》(下卷)出版**〕　原中共中央顾问委员会副主任薄一波撰写的《若干重大决策与事件的回顾》(下卷)1993年6月由中央党校出版社出版。7月13日,中共中央宣传部、组织部,中央党校,中央党史研究室为该书出版召开了座谈会。

《若干重大决策与事件的回顾》一书,是薄一波1988年4月向中共中央提出,得到中央赞同后开始撰写的,1991年5月上卷出版,1993年6月出版的下卷,记述了1957年到1966年上半年党中央关于政治、经济、文化等方面的一些重大决策与事件。这十年,是中国共产党为探索适合中国情况的社会主义建设道路而经历的一个艰难曲折的时期。在探索中,既有成功的经验,也有失败的教训;决策上的失误比较多,付出了很大的代价。作为这一历史过程的见证人和若干重大决策与事件的参与者,作者采用把个人的回忆和历史文献档案资料结合起来的研究方法,对这一时期的阶级斗争和党内斗争、经济建设、生产关系的变革、党的建设等方面,作了许多实事求是的阐述和分析,在充分肯定成绩的基础上,如实地指出了工作上的失误,尤其是对一些重大失误是怎样发生的,党和人民为了纠正这些失误作了哪些艰苦的努力和巨大的工作,以及未能从根本上纠正指导思想上"左"的失误,终于导致"文化大革命"悲剧的原因,作了认真的探讨和评论,把一些重要的历史经验经过深刻分析留给了后人。

薄一波,原名薄书存,1908年生,山西定襄人。1925年加入中国共产党。在山西、河北从事地下工作。1931年被捕后关押在"北平军人反省分院"。1936年8月经营救出狱,被派往山西开展抗日民族统一战线工作,任中共山西省公开工作委员会书记。抗日战争爆发后,帮助阎锡山建立山西新军即山西抗敌决死队,任第一总队政委。1940年该部编入八路军129师序列后,历任太岳纵队、太岳军区政委,晋冀鲁豫边区行政委员会副主席,太岳区党委书记。抗日战争胜利后,任中共晋冀鲁豫中央局副书记、晋冀鲁豫军区副政委,中共中央华北局第二书记、第一书记,华北军区政委,华北人民政府副主席。中华人民共和国成立后,历任中央人民政府委员、政务院委员兼财政经济委员会副主任、财政部长、国家建委主任、国家经委主任。1959年4月任国务院副总理。"文化大革命"中遭受迫害。1979年重新担任国务院副总理。他曾当选为中共第七届中央委员,第八届中央委员、政治局候补委员、第十一届中央委员,中央顾问委员会副主任。

〔**戴立信·有机化学家·当选中国科学院学部委员**〕　中国科学院上海有机化学研究所研究员戴立信于1993年12月当选为中国科学院化学部学部委员。

戴立信,1924年10月17日生,江苏省句容县人。1947年毕业于浙江大学化学系。早年从事金霉素化学研究,将金霉素的提取方法用于金霉素的初期生产。六十年代首次对α,β—不饱和羰基化合物进行硼氢化反应的研究,发现在这类体系中存在硼氢化反应伴随有消除反应,并继而再硼氢化的现象。近年的研究工作主要在有机合成,特别是金属有机化学在高选择性反应中的作用,注意到金属配位作用是导致高区域选择性和高立体选择性的主要因素。通过钛的配位作用,结合Sharpless不对称环氧化反应和有关开环反应进行了天然产物的合成,利用手性试剂的不对称合成了2,3,6－三脱氧3－氨基己糖全部家族成员。通过铑的配位作用,发现在苯乙烯类型反应中,铑催化的硼氢化反应的区域选择性和经典硼氢化反应的结果恰恰相反,可以高区域选择性地得到仲醇。通过钯的配位作用,实现了远程的区域选择性控制;实现了烯丙基胺的手性底物诱导的、分子间的不对称氧钯化反应和不对称碳钯化反应;对于一类烯胺、烯硫醚的Wacker反应,发生了区域选择性的反转,按反马氏规则加成,成为合成β—氨基酸、γ—氨基酸的有效方法;发展了一个新的烯丙基胺和烯丙基硫醚的羟氯化反应;建立了合成手性的官能团化的吗啉的新方法。还进行了手性双齿氮配体的合成和高碘化合物在有机合成中的应用研究。已发表论文四十余篇。

〔**戴季陶·国民党元老·骨灰在成都安葬**〕
1993年11月27日,在成都市昭觉寺举行了1949年2月在广州去世的国民党政府考试院院长戴季陶骨灰安葬仪式,其骨灰葬于昭觉寺方丈园内新建的一座灵塔中。

戴季陶,原名传贤,号天仇。原籍浙江吴兴,1891年1月6日生于四川广汉。早年留学日本,加入孙中山领导的中国同盟会。辛亥革命后,回上海参与创办《民权报》。1912年9月任孙中山秘书。1914年协助孙中山组织中华革命党,任浙江支部长。1917年8月任孙中山大元帅府法制委员会委员长。1918年任大元帅府秘书长。1919年在上海创办《星期评论》,五四运动爆发后,他以工人运动同情者的姿态出现,对社会主义和劳工问题作过一些研究。1920年夏曾在上海参加过共产主义小组的一些活动,不久即退出。同年与张静江、蒋介石、陈果夫等合股设立“恒泰号”，成为上海证券物品交易所的经纪人，经营投机生意，次年退出交易所。1924 年 1 月被选为国民党中央执行委员、常务委员和宣传部长。后又兼任黄埔军校政治部主任和大本营法制委员会委员长。1925 年孙中山逝世后，他自封继承孙中山思想的“理论家”，写出《孙文主义之哲学基础》、《国民革命与中国国民党》两书，反对联俄、联共、扶助农工三大政策，提出三民主义渊源于孔孟的中庸之道，宣扬阶级调合，形成“戴季陶主义”，为蒋介石发动反革命政变作了舆论准备。同年 7 月广州国民政府成立时，他当选为国府委员。1926 年 11 月到北京，支持西山会议派的主张，蒋介石发动反革命政变后。继续追随蒋介石，南京国民政府成立后，历任国民政府委员、考试院院长，直到 1947 年。1948 年 6 月任国民党政府国史馆馆长。1945 年前，他一直是国民党中央执行委员。从三十年代起他信仰佛教。1949 年 2 月 11 日，在蒋介石统治即将崩溃时在广州服大量安眠药自杀身亡。

〔附注：1994 年 1 月 5 日《团结报》发表《戴季陶死因一说》，该文说，戴季陶晚年患严重失眠症，每日需服大量安眠药才能入睡。因戴死前未留下任何遗言，根据他的性格判断，可能因服了过量安眠药而一睡不醒，并非自杀。〕

〔鞠幼华·高级工程师·专著《现代热能理论与应用》出版〕 鞍山钢铁公司钢铁研究所高级工程师鞠幼华，用七年时间撰写的《现代热能理论与应用》一书，共 31 万字，经专家鉴定，是我国第一部关于现代冶金热能理论与应用的学术专著。经由王大珩、杨振宁等权威专家组成的评审组层层遴选，他的专著被列入《中国青年科学家文库》，成为专著“入库”的十名青年科学家之一，排名第二。

鞠幼华从小学到高中毕业，在校学习仅有四年半，他用放牛和参加生产队劳动的业余时间自学完部分小学和全部初中、高中课程，1977 年以第一名成绩考入东北工学院。毕业后，他又自学十多门专业课，为攻克科研难题奠定了坚实的理论基础。

1986 年初，鞍钢钢铁研究所以“课题招标”、“自由组合”、“效益承包”为主要内容的科研机制改革方案出台后，33 岁的鞠幼华第一个站出来，投标攻克研究所三起三落被公司放弃的“钢铁微能均热轧制工艺研究”课题，目标是达到国际先进水平，当年创经济效益 100 万元，这一举动震动了全所，激动的两位老工程师志愿当他的助手。鞠幼华根据大量计算机仿真分析，大胆地改变传统的钢锭分散装炉为密集堆垛式装炉，用一座均热炉和所耗能量加热了过去需两座均热炉加热的钢锭，收到降低初轧耗能 70%，提高均热炉产量 140%，当年创经济效益 550 万元，被冶金部鉴定为国内首创，达到国际先进水平。鞍钢将鞠幼华研制的“钢的 KJT 工艺”用于生产后，减少热轧坯材裂纹废品 91.0～92.3%，减少外折废品 77.6%，创造了上亿元的经济效益。

1993 年，他大胆改革鞍钢引进的日本 80 年代板坯大连铸生产工艺流程，节能 10%，提高生产能力 15% 以上。鞠幼华 7 年完成 11 项重大科研项目的研究，6 项被列为省、部级重大科研攻关项目，有 5 项经专家鉴定，达到国际先进水平，其中国际首创 3 项，国内首创 2 项，先后 9 次获得国家和省部级科技进步奖，申报发明专利 6 项，其中两项获中国当代专利博览会金奖。被江泽民总书记誉为“90 年代新孟泰”。

鞠幼华，辽宁省庄河人，1953 年 2 月出生，1970 年参加工作，1988 年 10 月入党，先后获得全国“五一”劳动奖章，“全国八十年代有突出贡献的优秀大学生”，钱学森颁发的“全国百名青年科技奖”以及“辽宁省特等劳动模范”、“辽宁十大优秀青年知识分子”、“辽宁省青年科技先锋”等荣誉称号。

〔魏杰·青年经济学家·提出中国经济体制改革的中心环节是政府改革〕 中国人民大学经济系主任、青年经济学家魏杰在 1993 年 10 月接受中国新闻社记者采访时提出，中国经济体制改革的中心环节，不应是企业改革，而应是政府改革。《企业法》不能落实，14 条自主权如月亮高悬，关键是政府的改革严重滞后，企业被完全行政化了。这是中国企业改革成效甚微、政企分不开的根本原因。

魏杰，1952 年生，陕西省西安市人。1974 年毕业于西安师范专科学校政教系。1979 年考取西北大学经济系研究生，获硕士学位。1984 年考取中国人民大学经济系博士研究生，获博士学位后留校任教。1988 年破格晋升为副教授，任硕士研究生导师、博士研究生副导师、中国人民大学经济研究所副所长。1991 年破格晋升为教授，1992 年底任中国人民大学经济系主任。现为博士生导师、国家级有特殊贡献的专家。从 1978 年发表第一篇论文以来，他已经发表论文 200 多篇，出版专著 7 部、译著 2 部，合作出版专著 10 余部，共计 500 多万字。

魏杰积极主张中国宏观经济研究的规范化和细分化。他认为，宏观经济包括三个大的组成部分：宏观经济体制、宏观经济流量和宏观经济政策。按照这个看法，他先后撰写出版了《社会主义宏观经济控制》、《失衡经济学导论》和《宏观经济政策学通论》三部专著。他还对微观经济做了比较系统的研究，认为微观经济研究的主要点有三：一是做为微观经济运行中枢的市场；二是做为微观经济运行供给主体的企业；三是做为微观经济运行需求主体的居民。按照这样的思路，他撰写了三本专著：《微观经济运行中枢——市场运行分析》、《微观经济运行供给主体——多重企业制度分析》和《微观经济运行需求主体——居民经济分析》。他认为，我国市场改革的目标是现代化市场、有调控市场与非均衡市场的统一。他提出了以产权为突破点的企业改革思想，主张我们要由经营权与所有权分离的两权分离，走向所有权的两个层次的分离，即国家有最终所有权，企业有现实所有权，从而使所有权进入企业. 他把居民经济做为微观经济运行的一个组成部分，提出了居民收入、居民储蓄、居民消费的有关重要规律。他较早地涉足经济运行机制研究，其成果主要体现在同他人合著的《经济运行机制概论》、《市场结构与市场机制》、《社会主义经济的运行、发展和调节》等著作中。《经济运行机制概论》一书 1990 年获第四届中国图书奖一等奖。

〔魏伯亭·成都军区原顾问·在北京逝世〕
1993 年 10 月 11 日，魏伯亭因病在北京逝世，终年 73 岁。

魏伯亭，1920 年生，山东潍坊人。1938 年参加八路军，同年加入中国共产党。曾任八路军山东纵队连指导员、营教导员、团政治处主任，鲁中军区团政委，华东野战军师政治部主任。参加了鲁南、孟良崮、豫东、淮海、渡江等战役。中华人民共和国成立后，任师副政委、师政委。1950 年参加抗美援朝，任中国人民志愿军师政委。1957 年毕业于军事学院。后历任军政治部主任，军副政委，军政委，总政治部干部部部长，总政治部副主任，成都军区副政委、顾问。是中共九大代表。曾获二级独立自由勋章、二级解放勋章。

〔魏宗万·影视演员·获第十三届金鸡奖最佳男配角奖〕　1993 年 11 月，魏宗万因在影片《三毛从军记》中出色地饰演了国民党兵油子"老鬼"一角，摘取第 13 届中国电影金鸡奖最佳男配角奖桂冠。

魏宗万在电影《三毛从军记》中饰演的国民党军队老兵，虽不是主角，但一举一动，一招一式，浑身是戏，作为三毛形象的反衬，无论是从三毛裤裆里掏螃蟹，还是抬腿一勾把三毛栽进饭桶里，或是把烟屁股塞进捧着军装的三毛嘴里使之代为受罚等等，最后总是把戏落在三毛身上。他的那种狡猾中带着善良，轻松幽默中带着冷峻而滑稽的表演，使国民党军队中老兵油子形象跃然于银幕之上。

魏宗万，上海人民艺术剧院一级演员，1938 年生于上海。1955 年初中毕业后来到闵行汽轮机厂当机床修理工。1959 年考入上海戏剧学院表演系，实习演出时，他在《八一风暴》中饰主角贺龙，在果戈理的名剧《钦差大臣》中饰演粗野凶狠、自以为是的市长，深受教师们喜爱。1963 年毕业后，分配到上海人民艺术剧院，由于长相"丑陋"，"家庭出身"不好而甚遭冷遇。最初演的都是一些不起眼的跑龙套角色，但他没有自暴自弃，相信自己的实力总有一天会得到发挥。直到 1983 年，魏宗万才第一次在话剧舞台上饰演主要角色——《高山下的花环》中的靳开来。1987 年，他一个人独挑两个多小时的荒诞喜剧《想入非非》，把澳大利亚作家笔下的一位濒临死亡的老人心路历程展现得淋漓尽致，在中国戏剧舞台上开创了一个演员独自演一台大戏的先河。《想入非非》使魏宗万的表演艺术达到了一个新的层次，他也从成功中领悟到，广大观众的审美趣味正在变化，于是专心琢磨在"丑"的形象系列中有意识地创造独特的富有魅力的角色。此后，又在《孔子、耶苏和披头士列农》中饰孔子、《老林》中饰猎人黑子。近年，他又向喜剧小品发展，演出的《单间浴室》、《运动员入场式》、《北京时间零点整》，耐人寻味，深受观众的欢迎。他获得了 1988 年首届全国振兴话剧优秀演员奖和上海戏剧小品比赛大奖，1990 年上海市首届戏剧"白玉兰"最佳配角奖。1990 年，《文汇电影时报》、《上海文化艺术报》为他专门举办了个人喜剧小品演出。

魏宗万 1983 开始涉足影视圈，在国内外颇有影响的影片《一个和八个》里饰八路军逃兵老万头，1984 年在探索性影片《海滩》中扮演愚昧而固执的渔民老鳗鲡，1986 年在《湘西剿匪记》中饰凶残险恶的土匪司令魏彪，1989 年在《一无所有》中饰帮会头目张二，同年，在《开国大典》里饰蒋介石的副官，1990 年在《假女真情》中饰回大陆探亲的台湾老兵何日归，1991 年在《血战落魂桥》中扮演无恶不作的土匪头子曾剃头、《我很丑，可是我很温柔》中饰外表丑陋而内心善良的修伞匠李来福，在《开天辟地》中饰北洋军阀王怀庆，1992 年在《阙里人家》中饰赶马车的三爷孔令然，《三毛从军记》中饰老兵油子等。在电视剧《杜公馆》里饰演青帮头子张啸林，《杨乃武与小白菜》中扮演浙江巡抚杨昌浚，《好人燕居谦》中扮演县委书记燕居谦，《三国演义》里饰大将军司马懿，等等。

魏宗万，从艺 30 年来，先后创造了 120 多个角色，对所扮演角色不论大小、主配，好人坏人，全都认真对待，精心揣摩设计，以朴实无华的表演，使人物个性鲜明，栩栩如生。这几年他逐渐走红，成为当今在影视剧中享有盛誉的“丑星”

〔**魏海敏（女）·台湾京剧演员·首次在北京举行京剧专场公演**〕 1993年10月9、10日两晚，台湾京剧演员魏海敏在北京民族宫礼堂推出梅派名剧《穆桂英挂帅》、《霸王别姬》和《玉堂春》，为明年纪念梅兰芳大师延辰100周年募款义演，也是向她的教师梅葆玖及同行、观众汇报三年来的学习成果。这是台湾京剧演员首次在大陆举办京剧专场公演。魏海敏以稳重大方的台风、娴熟自如的演唱和优美精湛的表演赢得专家和观众的好评。

魏海敏是台湾京剧界公认的中生代最好旦角演员。祖籍河北，1958年出生，原名魏敏，因是台湾海光戏剧学校的第一期毕业生，故本名中加一“海”字。她天生丽质，聪颖灵秀，11岁人海光学艺，毕业后即成为海光剧队的当家旦角演员。她嗓音甜润，功底扎实，扮相俊美，气质出众。戏路极宽，不仅擅演青衣、花旦、刀马旦等各个行当的戏，还能反串老生和小生戏，在台湾京剧界称得上是个艺术全才。十多年来她演过90多个剧目，并多次获得最佳演员奖、旦角金像奖、杰出青年奖、国家文艺奖、梅花奖等。

在多年的艺术实践中，她逐渐领悟到，梅派艺术博大精深，造诣最高，最能代表中国的京剧艺术，也最能展现一个人的艺术才能；梅大师的艺德和人品也是她最敬仰的，因此最终选择梅派艺术做为深造的目标，于1991年6月远渡海峡来北京，正式拜梅葆玖为师继续深造。三年来她虚心求艺、勤学苦练加之悟性极好，规规矩矩向老师学了《穆桂英挂帅》、《贵妃醉酒》、《霸王别姬》、《天女散花》、《太真外传》以及《宇宙锋》、《玉堂春》等梅派代表剧目，使她在艺术上有了很大提高。1992年赴美国纽约等地演出《贵妃醉酒》，被纽约时报记者誉为“最美的贵妃”，荣获纽约州颁发的亚洲杰出艺人奖。1993年赴纽约领奖时演出《霸王别姬》，又以柔情万种的风采和刚柔相济的舞蹈再获赞誉。这次北京之行，专家和观众认为她的表演规矩大方沉稳，分寸掌握得当，深得梅派神韵，颇具大家风范。老师也认为她是理想的新一代梅派继承人。

魏海敏在继承传统的同时，还顺应社会和时代的发展，致力于京剧的改革和创新。1984年以来，她和台湾京剧老生吴兴国合组“当代传奇剧场”，以京剧的传统表演方式为基础，融合现代的戏剧语言，先后推出根据莎士比亚著名悲剧《马克白斯》、《哈姆雷特》改编的《欲望城国》、《王子复仇记》及《无限江山》等京剧，并于1990年应英国皇家剧院之邀，赴伦敦演出《欲望城国》，引起强烈反响，有的报刊以半版篇幅刊发剧照，并称她是：有史以来最美的马克白夫人。”1993年7月推出的由希腊悲剧《米蒂亚》改编的《楼兰女》，则从扮相、服饰到唱腔、念白、表演都进行了更为大胆的突破。这些举措不仅为京剧艺术本身注入了新的血液，也把许多青年观众带进了京剧剧场。

现任台湾中华国剧协会理事长的魏海敏表示，她最钟爱梅派艺术，她计划在台湾成立“梅兰芳艺术文教基金会”，和她的教师梅葆玖携手为振兴京剧艺术效力。

〔**濮存昕·话剧演员·获第三届文华表演奖**〕

1993年，已届不惑之年的北京人民艺术剧院优秀青年演员濮存昕，因在话剧《李白》中成功地饰演李白而荣获文化部第三届文华表演奖，此前，他已因此获上海第四届白玉兰戏剧奖、第九届梅花奖。

濮存昕敏感沉静，悟性强，表演追求那种洒脱而深沉的艺术境界。大诗人李白形象的塑造，对他是个新的难度。为跳出过去的小生戏路，让这位妇孺皆知的年届花甲的诗仙走上今天的话剧舞台，濮存昕整整三个月，在以李白为代表的中国知识分子“仕而不能，退而不甘”的命运矛盾中，寻找创作灵感。剧中有一段戏：李白遭贬，在流放途中惊闻被赦，在欣喜若狂之时又感慨万千，吟出千古绝唱《早发白帝城》。濮存昕以此为情感迸发的契机，设计了一系列动作：先是孩子般地用力抛掉包裹和竹杖，又兴奋地奔向宗夫人，畅快地招呼大家“走，上船去！”继而豪情满怀地大步折回平台，面对巴山蜀水纵声吟出：“朝辞白帝彩云间，千里江陵一日还。两岸猿声啼不住，轻舟已过万重山。”这首诗中国老百姓大都熟悉，而有的并不知道竟是作于这样绝路逢生的时刻。没有悲伤，没有哀怨，没有痛定思痛。“盛唐哀音格亦壮，衰年本色气犹春”，这才是人人仰慕的大诗人李白。濮存昕以节奏鲜明的外部动作及长江一泄千里的气派，展现了此时此刻李白渴望报效国家的情怀。在70多场演出中，每演至此，均赢得观众的共鸣和赞赏。

令人难忘的是全剧的尾声，台上升起一轮金黄色的满月，演员似轻纱般地缓步飘入月影，刹时，布影、灯光、音乐和演员的表演融为一体，李白吟诵的“平平平仄仄”的诗律，像天籁一样降临于舞台上，观众心目中的李白升华、再升华，终于与自然同化，为全剧勾勒出“这才是李白应有的归宿”的意境。

濮存昕，1953年出生于北京。其父是著名话剧导演苏民，自小受家庭熏陶向往舞台，但历经周折。“文革”中，在黑龙江八年的知青生活，造就了他坚强、成熟和旷达。1977年考入空政话剧团，在探索剧目《周郎拜帅》中，以英姿勃发的周瑜，引起了戏剧界的注意。1986年调入北京人民艺术剧院，先后在《秦皇父子》中饰扶苏、《巴黎人》中饰罗德兰、《雷雨》中饰周萍，电影《最后的贵族》中饰陈寅、《清凉寺钟声》中饰明镜法师，在电视剧《编辑部的故事》中幽默含蓄地塑造了当代蹩脚诗人田桥，在北京人艺的新戏《鸟人》中饰精神分析学家丁保罗。

痴情于话剧的濮存昕平时喜爱读书学习，舞台上下、银屏内外的他，都透出一股难得的书卷气，只读过高小的他，靠自学取得了中专文凭。父母亲的严格家教，老一辈艺术家敬业克己的艺德熏陶出他宠辱不惊、淡泊名利的气度，面对荣誉，他平静地说：“做一名演员重要的不是获奖与否，而是自己的创作，要更经得住观众的推敲，仅此而已。”

附录

中国共产党
第十四届中央委员会

中央委员会总书记:江泽民

中央政治局常务委员会委员:江泽民　李　鹏　乔　石　李瑞环　朱镕基　刘华清　胡锦涛

中央政治局委员(按姓氏笔划为序):丁关根　田纪云　朱镕基　乔　石　刘华清　江泽民　李　鹏　李岚清　李铁映　李瑞环　杨白冰　吴邦国　邹家华　陈希同　胡锦涛　姜春云　钱其琛　尉健行　谢　非

中央政治局候补委员(按得票多少为序):温家宝　王汉斌

中央书记处书记:胡锦涛　丁关根　尉健行　温家宝　任建新

中央委员会委员(按姓氏笔划为序):丁文昌　丁关根　丁衡高　于永波(满族)　王　克　王　涛　王　海　王　群　王汉斌　王成斌　王兆国　王茂林　王忠禹　王维澄　王朝文(苗族)　王森浩　王瑞林　毛致用　乌力吉(蒙古族)　尹克升　邓鸿勋　艾知生　卢荣景　叶连松　叶选平　田纪云　田曾佩　史玉孝　白立忱(回族)　白清才　司马义·艾买提(维吾尔族)　成克杰(壮族)　吕　枫　吕培俭　朱　训　朱光亚　朱森林　朱敦法　朱镕基　乔　石　伍绍祖　任建新　华国锋　全树仁　多吉才让(藏族)　刘中一　刘正威　刘仲藜　刘华清　刘安元　刘纪原　刘忠德　刘剑锋　刘精松　齐怀远　关广富(满族)　江泽民　阮崇武　孙维本　李　景　李　鹏　李九龙　李长春　李文卿　李来柱　李岚清　李伯勇　李希林　李际均　李其炎　李泽民　李贵鲜　李铁映　李瑞环　李德洙(朝鲜族)　杨正午(土家族)　杨白冰　杨国梁　杨德中　吴　仪(女)　吴文英(女)　吴邦国　吴官正　何光远　何竹康　何椿霖　佟宝存　谷善庆　邹家华　汪家镠(女)　沈达人　宋　健　宋汉良　宋克达　宋清渭　宋德福　迟浩田　张　工　张　震　张丁华　张万年　张立昌　张连忠　张勃兴　张思卿　张美远　张帼英(女)　张福森　陈玉英(女)　陈邦柱　陈光毅　陈希同　陈奎元　陈俊生　陈敏章　陈焕友　陈锦华　陈慕华(女)　邵华泽　邵奇惠　林丽韫(女)　固　辉　罗　干　和志强(纳西族)　岳岐峰　周　南　周文元　周玉书　周光召　周克玉　郑必坚　赵志浩　赵南起(朝鲜族)　赵富林　郝建秀(女)　胡　平　胡启立　胡富国　胡锦涛　侯　捷　侯宗宾　姜春云　袁伟民　热　地(藏族)　贾庆林　贾志杰　贾春旺　顾秀莲(女)　顾金池　钱正英(女)　钱其琛　铁木尔·达瓦买提(维吾尔族)　倪志福　徐惠滋　高　严　高天正　高德占　郭振乾　郭超人　陶驷驹　黄　菊　黄　璜　黄启璪(女)　黄镇东　曹双明　曹芃生　戚元靖　崔乃夫　梁栋材　尉健行　彭珮云(女)　葛洪升　蒋心雄　蒋民宽　蒋祝平　韩杼滨　程维高　傅全有　傅锡寿　鲁　平　普朝柱　温家宝　谢　非　谢世杰　雷鸣球　路甬祥　廖　晖　魏金山

中央委员会候补委员(按得票多少为序):王学萍(黎族)　耿全礼　马启智(回族)　孙文盛　克尤木·巴吾东(维吾尔族)　吴光宇　赵金铎(满族)　贾那布尔(哈萨克族)　桑结加(藏族)　曹伯纯　梁光烈　王志武　王洛林　江村罗布(藏族)　杜青林　李毅中　吴基传　张孝文　张俊九　郑斯林　钱树根　阎海旺　谭乃达　王云龙　石宗源(回族)　刘泽民　杨永良　吴玉谦　奉恒高(瑶族)　贾治邦　高祀仁　郭东坡　黄　瑶(布依族)　曾庆存　廖文海(女)　王广宪　许其亮　孙同川　汪啸风　沈滨义　陈明义　岳海岩　龚谷成　程安东　田成平　汤洪高　孙家正　李慧芬(女)　宋宝瑞　张彦仲　郝　岩　柴松岳　乌云其木格(女,蒙古族)

刘明祖　彭昆生　温宗仁　石兆彬　刘　淇　张德江　秦玉琴(女)　顾　浩
钱国梁　王太华　王乐泉　史大桢　白恩培　朱开轩　刘振华　李奇生
李淑铮(女)　陈云林　陈玉杰(女)　王如珍(女)　石玉珍(女,苗族)
卢瑞华　朱丽兰(女)　杨健强(白族)　栾恩杰(满族)　王思齐　刘云山
李春亭　邹竞蒙　范钦臣　罗冰生　丹　增(藏族)　回良玉(回族)　苏　荣
刘　毅　张　肖(女)　周永康　贺国强　刘方仁　张秋祥　王梦奎　邹世昌
高昌礼　汝　信　姜永荣　戴相龙　李嘉廷(彝族)　沙健孙(回族)　陈至立(女)
钱运录　徐匡迪　郭树言　李建国　欧广源　厉有为　刘华秋　杨振怀　曾培炎
黎　明　俞正声　曾宪林　田凤山　王　占　吴爱英(女)　赵延年(回族)
吴贻弓　李继耐　郑贤斌　桂世镛　熊光楷　张健民　马忠臣　兰保景　何其宗
叶　青　房维中　肖　秧

中央军事委员会

主席:江泽民
副主席:刘华清　张　震
委员:迟浩田　张万年　于永波　傅全有

中央纪律检查委员会

书　记:尉健行
副书记:侯宗宾　陈作霖　曹庆泽　王德瑛　徐　青
常务委员会委员(按姓氏笔划为序):王　光　王德瑛　刘丽英(女)　安启元、李至伦　何　勇　陈作霖　侯宗宾　徐　青　曹庆泽　尉健行　彭　钢(女)　傅　杰
委员(按姓氏笔划为序):丁凤英(女)　万绍芬(女)　马世昌　王　光　王其超　王茂润　王宗春
王富中　王福义　王德顺　王德瑛　乌兰木伦(蒙古族)　巴　桑(女,藏族)甘子玉　艾维仁
田聪明　冯少武　冯芝茂　冯锡铭　朱育理　多　巴(藏族)　刘　昆　刘　锷　刘丽英(女)
刘明仁　刘贵岭　刘峰岩　刘积斌　刘善祥　安启元　祁培文　孙祖梅　孙隆椿　李　钊
李文海　李成仁　李至伦　李金华　李俊杰　李振东　李恩潮　李焕政　李清林
李惠仁　杨兴富　杨英昌　杨贤足　杨昌基　杨崇汇　杨敏之　杨德清　杨德福
吴景春(女)　何　勇　佟国荣　闵耀中　汪文风　沈茂成　宋国臣　张　轰　张文岳
张华林　张均法　张宝顺　张惠新　陈为松　陈光琳　陈作霖　陈明枢　范新德　林兆枢
林殷才　尚　文　周声涛　郑国雄　赵　丛(满族)　赵　地(女)　赵宗鼐　胡之光　柳　斌
侯　颖　侯宗宾　饶凤翥　洪　虎　贺邦靖(女,白族)　袁守芳　格日勒图(蒙古族)
贾　军　夏国华　顾云飞　钱冠林　徐　青　朗大忠(傣族)　曹庆泽　曹克明　崔　毅
尉健行　隋永举　彭　钢(女)　董范园(女)　蒋冠庄　韩德乾　傅　杰　傅志寰　谢安山
靳玉德　谭福德　翟泰丰

中共中央各部门

中共中央办公厅主任：曾庆红
中共中央组织部部长：吕　枫
中共中央宣传部部长：丁关根（兼）
中共中央统战部部长：王兆国
中共中央台湾工作办公室主任：王兆国（兼）
中共中央对外联络部部长：李淑铮
中共中央党校校长：胡锦涛（兼）
中共中央政策研究室主任：王维澄
中共中央文献研究室主任：逄先知
中共中央党史研究室主任：胡　绳
中共中央编译局局长：宋书声
人民日报社社长：邵华泽
中共中央直属机关工作委员会书记：曾庆红（兼）
中共中央国家机关工作委员会书记：罗　干（兼）

中华人民共和国第八届
全国人民代表大会常务委员会

委员长：乔　石

副委员长：田纪云　王汉斌　倪志福　陈慕华（女）　费孝通　孙起孟　雷洁琼（女）　秦基伟　李锡铭　王丙乾　帕巴拉·格列朗杰（藏族）　王光英　程思远　卢嘉锡　布　赫（蒙古族）　铁木尔·达瓦买提（维吾尔族）　李沛瑶　吴阶平

秘书长：曹　志

委员（按姓氏笔划排列）：于洪恩　万绍芬（女）　王永宁　王佛松　王宋大　王启东　王叔文　王晓光　王淑贤（女）　王越丰（黎族）　王朝文（苗族）　厉以宁　叶正大　叶叔华（女）　史来贺　生钦·洛桑坚赞（藏族）　白尚武　冯之浚（回族）　冯克煦　曲格平　朱　良　朱启祯　伍精华（彝族）　任现春（瑶族）　刘国光　许　勤　许嘉璐　孙廷芳　孙鸿烈　阳忠恕　阴法唐　玛依努尔·哈斯木（女，维吾尔族）　严义埙　李立功　李永泰（朝鲜族）　李　伦　李旭阁　李克强　李学智　李桂英（女，彝族）　李绪鄂　李森茂　李登海　李　灏　杨纪珂　杨初桂（女，侗族）　杨　明（白族）　杨泰芳　杨振亚　杨振怀　杨竞衡　杨海波　来金烈　吴大琨　吴长淑（朝鲜族）　吴树青　邱　晴（女）　何厚铧　何浣芬（女）　何　康　佟志广　谷建芬（女）　汪　恩　沈辛荪　迟海滨　张文华　张仲先　张　寿　张克辉　张序三　张国祥　张明远　张　挺　张彦宁　张绪武　陈光健　陈培民　陈舜礼　林兰英（女）　林丽韫（女）　林宗棠　罗尚才（布依族）　周占鳌　周　南　周　觉　孟连昆　项淳一　赵东宛　郝诒纯（女）　胡　敏　柳随年　逄先知　姚　峻　秦仲达　聂　力（女）　聂大江　莫文祥　夏家骏（土家族）　顾林昉　顾诵芬　钱　易（女）　徐采栋　徐起超　徐　静（女）　陶大镛　陶爱英（壮族）　黄长溪　黄玉章　黄毅诚　戚元靖　崔乃夫　康振黄　章师明　章瑞英（女）　彭士禄　彭清源　董建华　董耐芳（女）　董辅礽　蒋顺学　傅铁山　曾宪林　曾宪梓　谢铁骊　谢颂凯　楚　庄　蔡子民　蔡　诚　熊清泉　滕　藤　潘　季　薛　驹　戴　杰

中华人民共和国主席、副主席

主　席：江泽民
副主席：荣毅仁

中华人民共和国中央军事委员会

主　席：江泽民
副主席：刘华清　张震
委　员：迟浩田　张万年　于永波　傅全有

中华人民共和国最高人民法院

院　长：任建新
副院长：高昌礼　祝铭山　马　原　端木正　谢安山　唐德华　刘家琛　王景荣

中华人民共和国最高人民检察院

检 察 长：张思卿
副检察长：梁国庆　陈明枢　王文元　赵登举　赵　虹

中华人民共和国国务院

总　理：李鹏
副总理：朱镕基　邹家华　钱其琛　李岚清
国务委员：李铁映　迟浩田　宋健　李贵鲜　陈俊生　司马义·艾买提(维吾尔族)　彭珮云(女)
罗　干
国务院秘书长：罗　干(兼)
外交部部长：钱其琛(兼)
国防部部长：迟浩田(兼)
国家计划委员会主任：陈锦华
国家经济贸易委员会主任：王忠禹
国家经济体制改革委员会主任：李铁映(兼)
国家教育委员会主任：朱开轩
国家科学技术委员会主任：宋健(兼)
国防科学技术工业委员会主任：丁衡高
国家民族事务委员会主任：司马义·艾买提(维吾尔族)(兼)
公安部部长：陶驷驹

国家安全部部长:贾春旺
监察部部长:曹庆泽
民政部部长:多吉才让(藏族)
司法部部长:肖扬
财政部部长:刘仲藜
人事部部长:宋德福
劳动部部长:李伯勇
地质矿产部部长:宋瑞祥
建设部部长:侯捷
电力工业部部长:史大桢
煤炭工业部部长:王森浩
机械工业部部长:何光远
电子工业部部长:胡启立
冶金工业部部长:刘 淇
化学工业部部长:顾秀莲(女)
铁道部部长:韩杼滨
交通部部长:黄镇东
邮电部部长:吴基传
水利部部长:钮茂生(满族)
农业部部长:刘江
林业部部长:徐有芳
国内贸易部部长:张皓若
对外贸易经济合作部部长:吴仪(女)
文化部部长:刘忠德
广播电影电视部部长:孙家正
卫生部部长:陈敏章
国家体育运动委员会主任:伍绍祖
国家计划生育委员会主任:彭珮云(女)(兼)
中国人民银行行长:朱镕基(兼)
审计署审计长:郭振乾
国家统计局局长:张塞
国家税务总局局长:刘仲藜(兼)
国家工商行政管理局局长:刘敏学
国家环境保护局局长:解振华
国家土地管理局局长:邹玉川
新闻出版署署长:于友先
海关总署署长:钱冠林
国家旅游局局长:刘毅
中国民用航空总局局长:陈光毅
国务院法制局局长:杨景宇
国务院宗教事务局局长:张声作
国务院参事室主任:常捷
国务院机关事务管理局局长:郭济
国务院外事办公室主任:齐怀远
国务院侨务办公室主任:廖晖
国务院港澳事务办公室主任:鲁平

国务院特区办公室主任:胡平
国务院研究室主任:袁木
国务院台湾事务办公室主任:王兆国
国务院新闻办公室主任:曾建徽
中国轻工总会会长:于珍
中国纺织总会会长:吴文英(女)
新华通讯社社长:郭超人
中国科学院院长:周光召
中国工程院院长:朱光亚
中国社会科学院院长:胡绳
国务院发展研究中心主任:孙尚清
中国气象局局长:邹竞蒙
中国专利局局长:高卢麟

中国人民政治协商会议第八届全国委员会

主　席:李瑞环
副主席:叶选平　吴学谦　杨汝岱　王兆国　阿沛·阿旺晋美(藏族)　赛福鼎·艾则孜(维吾尔族)　洪学智　杨静仁(回族)　邓兆祥　赵朴初　巴　金　刘靖基　钱学森　钱伟长　胡　绳　钱正英(女)　苏步青　侯镜如　丁光训　董寅初　孙孚凌　安子介　霍英东　马万祺　朱光亚　万国权
秘书长:朱训
常务委员(按姓氏笔划为序):丁石孙　于洪亮　万国权　马大猷　马品芳　马烈孙(回族)　王　惠　王　蒙　王之泰　王丹凤(女)　王文元　王光美(女)　王扶之　王郁昭　王叔云　王厚德　王思明(布依族)　王洪昌　王济夫　王恒丰　王神荫　王鸿祯　王照华　王锡爵　王黎之　毛增滇　方荣欣　巴岱(蒙古族)　巴图巴根(蒙古族)　孔令仁(女)　石　泉　石邦定(苗族)　卢　强　卢邦正(彝族)　叶大年　叶至善　叶宝珊　叶笃义　田一农　田光涛　田麦久　田昭武　白纪年　冯元蔚(彝族)　冯克熙　冯宏顺　冯理达(女)　冯梯云　宁光堃　召存信(傣族)　邢永宁　邢崇智　朱元成　朱光亚　朱作霖　华联奎　多杰才旦(藏族)　邬沧萍　庄世平　庄逢甘　刘　珩　刘　豹　刘广运　刘世增　刘汉桢　刘邦瑞　刘存智　刘延东(女)　刘亦铭　刘应明　刘炳森　刘海清　关　涛(女)　关世雄　江　平　江家福(壮族)　江景波　安士伟(回族)　孙延年　孙敏初(哈尼族)　麦赐球　贡唐仓·丹贝旺旭(藏族)　芮杏文　严庆清　严克强(壮族)　严忠勤　苏　星　苏　赫(蒙古族)　李　刚　李　毅　李子奇　李世济(女)　李东海　李金培　李振声　李梦华　李鹿野　李蓼源　李默庵　李赣骝　杨　堤　杨　槱　杨永斌　杨光华　杨纪珂　杨拯民　杨斯德　肖　乾(蒙古族)　吴　京　吴文俊　吴式铎　吴廷栋(侗族)　吴克泰　吴希海　吴修平　吴祖强　吴冠中　吴蔚然　何东昌　何振梁　何鲁丽(女)　余国琮　谷超豪　邹承鲁　沃祖全　沈求我　沈祖伦　沈遐熙(回族)　宋志英　宋克湘(土家族)　宋鸿钊　启　功(满族)　张　明　张　治　张　竞　张永珍(女)　张存浩　张全景　张纪域(白族)　张志公　张伯权　张君秋　张宝顺　张春男　张素我(女)　张乾二　张敬礼　张媛贞(女,满族)　张新时　陆榕树(壮族)　陈仲颐　陈启智　陈明绍　陈秉权　陈学俊　陈荣悌　陈祖沛　陈家振　陈难先　陈培烈　陈彬藩　陈铭珊　陈灏珠　邵恒秋　拉敏·索朗伦珠(藏族)　松　布(土族)　明　旸　罗冠宗　罗涵先　罗豪才　帕提曼·贾库林(女,哈萨克族)

岳书仓(满族)　金　鉴(满族)　金开诚　金日光(朝鲜族)　金泰甲(朝鲜族)　金鲁贤
周与良(女)　周同善　周绍铮　周铁农　郑万通　郑守仪(女)　郑励志　宗怀德
房维中　经叔平　项朝宗(苗族)　赵乙生(瑶族)　赵先顺　赵伟之　赵庆夫　赵海峰
赵维臣(满族)　胡正名　胡如雷　胡峨亭　胡鸿烈　俞　雷　俞泽猷　施奠邦
姜笑琴(女)　姜培禄　姜燮生　恰扎·强巴赤烈(藏族)　贺敬之　秦文俊　袁　木
袁行霈　袁隆平　都本洁　聂卫平　贾亦斌　顾英奇(满族)　钱李仁　钱景仁　徐四民
徐志纯　徐英锐　徐昭隆　徐展堂　徐崇华　徐惟诚　爱泼斯坦　高　狄
高占祥　高兴民　高振家　高景德　高镇宁　郭东坡　郭秀仪(女)　郭秀珍(女)
唐立民　唐有祺　唐树备　唐敖庆　唐翔千　浦　山　谈家桢　谈镐生　陶开裕
桑顶·多吉帕姆(女,藏族)　黄　昆　黄大能　黄甘英(女)　黄克立　黄启章
黄其兴　黄峻山　黄凉尘　梅向明　梅养正　曹达诺夫·扎义尔(维吾尔族)
盘　俊(瑶族)　阎洪臣　梁步庭　梁尚立　梁黄胄　梁裕宁(女,壮族)　彭少逸
彭司勋(土家族)　葛志成　董幼娴(女)　蒋正华　蒋民宽　蒋光化　蒋丽金(女)
韩　叙　韩生贵(回族)　韩美林　韩培信　程连昌　程志青(女)　傅元天　童　傅
曾近义　谢　晋　谢希德(女)路　明　解　峰　嘉木样·洛桑久美·图丹却吉尼玛(藏族)
蔡文浩　管仲伟　廖延雄　廖灿辉　廖静文(女)　黎遇航　蓟天聪(维吾尔族)
潘蓓蕾(女,高山族)霍懋征(女)　戴树和　戴爱莲(女)

中国国民党革命委员会
第八届中央委员会

名誉主席:朱学范　侯镜如　孙越崎
名誉副主席:贾亦斌　赵祖康
主　席:李沛瑶
副主席:彭清源(常务)　徐起超　李赣骝　何鲁丽　沈求我　周铁农　童　傅　程志青　胡　敏
秘书长:朱培康

中央监察委员会

主　席:谭惕吾
副主席:廖运周　覃异之　方少逸　张素我　张克明　邵恒秋　顾毓琼　吴　京
秘书长:周锡卿

中国民主同盟
第七届中央委员会

主　　席:费孝通
副主席:钱伟长　高天(常务)　谈家桢　陶大镛　罗涵先　马大猷　冯之浚　丁石孙　康振黄
孔令仁　谢颂凯　吴修平　张毓茂
秘书长:俞泽猷

中央参议委员会

主　任：苏步青
副主任：叶笃义　冯素陶　李文宜　吴作人　陈敏之　林亨元　闻家驷　萧　乾
秘书长：吴春选

中国民主建国会
第六届中央委员会

主　席：孙起孟
副主席：陈邃衡　陈铭珊　万国权（常务）　冯梯云　黄大能　李崇淮　白大华　朱元成
冯克煦　路　明　刘　珩
秘书长：朱元成（兼）

中央咨议委员会

主　任：浦洁修
副主任：王艮仲　徐崇林　资耀华　李文杰　汤元炳　周同善
秘书长：莫艺昌

中国民主促进会
第九届中央委员会

名誉主席：谢冰心（女）　赵朴初
主席：雷洁琼（女）
副 主 席：陈舜礼（常务）　葛志成　楚庄　叶至善　梅向明　陈难先　冯骥才　邓伟志　许嘉璐
秘 书 长：陈益群

中央参议委员会

主　任：赵朴初（兼）
副主任：柯　灵　潘承孝　梅达君　王鸿祯　方　明
秘书长：毛之芬

中国农工民主党
第十一届中央委员会

名誉主席：周谷城
主　席：卢嘉锡
副 主席：方荣欣（常务）　姚　峻　章师明　田光涛　蒯天聪　陈灏珠　阎洪臣　宋金升　蒋正华
秘 书长：宋金升（兼）

中央咨监委员会

副主席：郭秀仪　邓昊明　李洁之　梅日新
秘书长：王大鲁

中国致公党
第十届中央委员会

名誉主席：黄鼎臣
名誉副主席：伍觉天
主　席：董寅初
副　主　席：杨纪珂（常务）　陆榕树　郑守仪　王宋大　罗豪才
秘　书　长：王宋大（兼）

九三学社
第九届中央委员会

名誉主席：严济慈　金善宝
主　　席：吴阶平
副 主 席：徐采栋（常务）　郝诒纯　安振东　王文元　杨　樞　陈明绍　陈学俊　赵伟之　洪绂曾　金开诚
秘 书 长：刘荣汉

中央参议委员会

主　任：王淦昌
副主任：黄汲清　袁翰青　柯召　谢立惠　陈立　高觉敷　陈恩凤　笪移今　启　功　葛庭燧

方 亮 李 毅

秘书长：李毅（兼）

台湾民主自治同盟
第五届中央委员会

名誉主席：苏子蘅

主 席：蔡子民

副主席：张克辉 陈仲颐

秘书长：潘渊静

中央评议委员会

主 席：李辰

副主席：田富达 曾明如 许文思 曾重郎 徐萌山

中国人民解放军各总部、
各大单位主要负责人

总参谋部 **总参谋长**：张万年（上将） **副总参谋长**：徐惠滋（上将） 李 景（上将） 曹刚川（中将）

总政治部 **主 任**：于永波（上将） **副主任**：王瑞林（上将）周子玉（中将）杜铁环（中将）徐才厚（中将）

总后勤部 **部 长**：傅全有（上将） **政 委**：周克玉（上将）

国防科工委 **主 任**：丁衡高（上将） **政 委**：戴学江（上将）

海 军 **司令员**：张连忠（上将） **政 委**：周坤仁（中将）

空 军 **司令员**：曹双明（上将） **政 委**：丁文昌（中将）

第二炮兵 **司令员**：杨国梁（中将） **政 委**：隋永举（中将）

军事科学院 **院 长**：赵南起（上将） **政 委**：张 工（中将）

国防大学 **校 长**：朱敦法（上将） **政 委**：李文卿（上将）

沈阳军区 **司令员**：王 克（上将） **政 委**：李新良（中将）

北京军区 **司令员**：李来柱（上将） **政 委**：谷善庆（上将）

济南军区 **司令员**：张太恒（上将） **政 委**：宋清渭（上将）

南京军区 **司令员**：固 辉（上将） **政 委**：方祖岐（中将）

广州军区 **司令员**：李希林（上将） **政 委**：史玉孝（上将）

成都军区 **司令员**：李九龙（上将） **政 委**：张志坚（中将）

兰州军区 **司令员**：刘精松（上将） **政 委**：曹芃生（上将）

各省、市、自治区主要领导人

省、市、自治区	省(市、区)委书记	省、市长(区主席)	人大常委会主任	政协主席
北　京	陈希同	李其炎	张健民	王大明
天　津	高德占	张立昌	聂璧初	刘晋峰
河　北	程维高	叶连松	吕传赞	李文珊
山　西	胡富国	孙文盛	卢功勋	胡富国
内蒙古	王　群	乌力吉	王　群	千奋勇
辽　宁	顾金池	闻世震(代)	全树仁	孙　奇
吉　林	何竹康	高　严	何竹康	刘云沼
黑龙江	岳歧峰	田凤山(代)	孙维本	周文华
上　海	吴邦国	黄　菊	叶公琦	陈铁迪
江　苏	陈焕友	陈焕友	沈达人	孙　颔
浙　江	李泽民	万学远	李泽民	刘　枫
安　徽	卢荣景	傅锡寿	孟富林	史钧杰
福　建	贾庆林	陈明义	贾庆林	游德馨
江　西	毛致用	吴官正	毛致用	朱治宏
山　东	姜春云	赵志浩	李　振	陆懋曾
河　南	李长春	马忠臣	李长春	林英海
湖　北	关广富	贾志杰	关广富	回良玉
湖　南	王茂林	陈邦柱	刘夫生	刘　正
广　东	谢　非	朱森林	林　若	郭荣昌
广　西	赵富林	成克杰	刘明祖	陈辉光
海　南	阮崇武	阮崇武	杜青林	姚文绪
四　川	谢世杰	肖　秧	杨析综	聂荣贵
贵　州	刘方仁	陈士能	王朝文	龙志毅
云　南	普朝柱	和志强	尹　俊	刘树生
西　藏	陈奎元	江村罗布	热　地	帕巴拉·格列朗杰
陕　西	张勃兴	白清才	张勃兴	周雅光
甘　肃	阎海旺	张吾乐	卢克俭	申效曾
青　海	尹克升	田成平	宦爵才郎	韩应选
宁　夏	黄　璜	白立忱	马思忠	刘国范
新　疆	宋汉良	阿不来提·阿不都热西提	阿木冬·尼牙孜	贾那布尔

中国科学院
主席团

主席团名誉主席：严济慈　卢嘉锡　武　衡　钱学森

主席团顾问:朱开轩　朱光亚　朱丽兰　刘积斌　怀国模　张存浩　盛树仁

主席团执行主席:周光召

数学物理学部主任:吴文俊

化学部主任:严东生

生物学部主任:邹承鲁

地学部主任:涂光炽

技术科学部主任:师昌绪

主席团成员(以姓氏笔划为序):王德宝　师昌绪　孙鸿烈　吴文俊　吴阶平　严东生　邹承鲁　张炳熹　宋　健　李振声　闵恩泽　林兰英(女)　周光召　涂光炽　高景德　钱令希　黄　昆　黄维垣　谢希德(女)

院长、副院长

院长:周光召

副院长:胡启恒、王佛松、严义埙、许智宏、路甬祥

院　士

数学物理学部

1980 年以前当选:

于　敏　马大猷　王　元　王承书(女)　王淦昌　王绶琯　叶叔华(女)　卢鹤绂　冯　端　曲钦岳　朱光亚　庄逢甘　杨　乐　苏步青　李　林(女)　李正武　李国平　李荫远　严济慈　吴文俊　吴式枢　何泽慧(女)　何祚庥　余瑞璜　谷超豪　汪德昭　沈　元　陆启铿　陈　彪　陈景润　周光召　柯　召　郝柏林　胡　宁　胡世华　胡济民　赵忠尧　段学福　洪朝生　姜伯驹　夏道行　钱伟长　钱学森　钱临照　徐叙瑢　唐孝威　谈镐生　黄　昆　黄祖洽　章　综　彭桓武　葛庭燧　程开甲　程民德　谢希德(女)　谢家麟　管惟炎　戴元本　魏荣爵

1991 年当选:

丁大钊　丁夏畦　万哲先　王业宁(女)　王梓坤　方守贤　甘子钊　石钟慈　白以龙　吕　敏　汤定元　苏定强　苏肇冰　杨立铭　杨福家　李家明　李德平　闵乃本　张仁和　张恭庆　张淑仪(女)　张涵信　陈建生　范海福　周毓麟　冼鼎昌　经福谦　赵忠贤　胡仁宇　胡和生(女)　徐至展　席泽宗　黄胜年　蒲富恪　廖山涛　熊大闰　潘承洞

1993 年当选:

王乃彦　艾国祥　严志达　李方华(女)　吴杭生　应崇福　陈佳洱　林　群　周　恒　霍裕平

化学部

1980 年以前当选:

卢佩章　卢嘉锡　申泮文　田昭武　冯新德　邢其毅　朱亚杰　刘有成　严东生　肖　伦　时　钧　吴征铠　吴浩青　何炳林　闵恩泽　汪　猷　汪家鼎　汪德熙　沈天慧(女)　张存浩　张青莲　陈茹玉(女)　陈荣悌　陈冠荣　陈家镛　查全性　侯祥麟　顾翼东　钱人元　倪嘉缵　徐光宪　郭慕孙　郭燮贤　高　鸿　高小霞(女)　高济宇　唐有祺　唐敖庆　黄　量(女)　黄维垣　黄耀曾　梁树权　梁晓天　彭少逸　蒋丽金(女)　蒋明谦　嵇汝运　蔡启瑞　戴安邦

1991 **年当选**：

王　夔　王方定　王佛松　朱清时　刘元方　江元生　孙家钟　何国钟　余国琮　汪尔康
沈家骢　张　滂　张乾二　陆婉珍(女)　陆熙炎　陈俊武　陈敏恒　陈耀祖　周同惠
周维善　赵玉芬(女)　俞汝勤　袁　权　徐　僖　徐如人　郭景坤　黄志镗　黄葆同
游效曾　蒋锡夔　程镕时　谢毓元　楼南泉　黎乐民

1993 **年当选**：

邓从豪　陈庆云　陈鉴远　林励吾　林尚安　胡　英　殷之文　黄本立　梁敬魁　戴立信

生物学部

1980 **年以前当选**：

王世真　王伏雄　王志均　王应睐　王德宝　贝时璋　冯德培　朱祖祥　朱既明　刘建康
庄孝僡　汤佩松　李庆逵　李竞雄　吴　旻　吴中伦　吴阶平　吴英恺　吴征镒　邱式邦
邹　冈　邹承鲁　沈允钢　沈善炯　张香桐　陆宝麟　陈中伟　陈华癸　金善宝　周廷冲
郑作新　郑国锠　赵善欢　钮经义　侯光炯　施履吉　娄成后　姚　鑫　徐冠仁　谈家桢
曹天钦　梁栋材　梁植权　曾呈奎　谢少文　蒲蛰龙　裘维蕃　鲍文奎

1991 **年当选**：

毛江森　尹文英(女)　石元春　田　波　庄巧生　刘新垣　许根俊　孙曼霁　阳含熙　杨弘远
杨雄里　杨福愉　李振声　吴建屏　吴孟超　张广学　张树政(女)　张新时　陈子元
陈可冀　陈宜瑜　姚开泰　钦俊德　施立明　施教耐　洪孟民　洪德元　唐崇惕(女)
阎隆飞　谢联辉　强伯勤　翟中和　薛社普　鞠　躬

1993 **年当选**：

王文采　卢永根　朱兆良　孙儒泳　李　博　吴祖泽　郝　水　龚岳亭　韩济生　曾　毅
裘法祖

地学部

1980 **年以前当选**：

丁国瑜　马杏垣　王　仁　王之卓　王恒升　王鸿祯　方　俊　叶连俊　叶笃正　卢衍豪
业治铮　任美锷　刘东生　刘光鼎　关士聪　孙殿卿　杨遵仪　李星学　吴汝康　宋叔和
张伯声　张宗祜　张炳熹　陈永龄　陈述彭　陈国达　武　衡　岳希新　周立三　周明镇
郝诒纯(女)　侯仁之　施雅风　秦馨菱　贾兰坡　贾福海　顾知微　徐克勤　翁文波
郭文魁　郭承基　高由禧　涂光炽　陶诗言　黄汲清　黄秉维　董申保　程纯枢　程裕淇
傅承义　曾庆存　曾融生　谢义炳　谢学锦

1991 **年当选**：

马在田　马宗晋　叶大年　朱显谟　刘宝珺　安芷生　许厚泽　孙　枢　孙大中　孙鸿烈
杨　起　李吉均　李德仁　李德生　苏纪兰　肖序常　吴传钧　汪品先　沈其韩　张弥曼(女)
陈庆宣　陈运泰　陈俊勇　陈梦熊　欧阳自远　周秀骥　赵其国　赵柏林　袁道先
徐冠华　盛金章　黄荣辉　常印佛　傅家谟

1993 **年当选**：

王　水　文圣常　丑纪范　李廷栋　陈　颙　赵鹏大　殷鸿福　郭令智　章　申　程国栋

技术科学部

1980 **年以前当选**：

丁舜年　干福熹　王大珩　王之玺　王守武　王守觉　王补宣　叶培大　史绍熙　师昌绪
吕保维　朱物华　任新民　刘盛纲　庄育智　杨　槱　杨嘉墀　李　强　李文采　李国豪
李敏华(女)　严　恺　肖纪美　吴自良　吴良镛　汪闻韶　沈　鸿　张　维　张　煦
张光斗　张作梅　张沛霖　张钟俊　陆元九　陈芳允　陈学俊　陈能宽　邵象华　林为干
林兰英(女)　罗沛霖　周惠久　郑哲敏　孟昭英　柯　俊　胡海昌　钱令希　钱钟韩
徐芝纶　徐采栋　郭可信　高庆狮　高景德　陶亨咸　黄文熙　黄宏嘉　曹建猷　梁守槃

雷天觉　蔡其巩　蔡金涛　潘际銮　潘家铮　魏寿昆

1991 **年当选：**

王　选　王　越　王之江　王启明　王淀佐　卢　强　卢肇钧　叶恒强　母国光　匡定波　刘广均　刘永坦　孙　钧　孙钟秀　孙家栋　严陆光　杨芙清(女)　杨叔子　李志坚　李衍达　吴全德　吴承康　吴德馨(女)　邱大洪　邹世昌　闵桂荣　汪　耕　沈志云　宋　健　宋振骐　张兴钤　张效祥　陈俊亮　林秉南　欧阳予　苗永瑞　周干峙　周尧和　周炳琨　赵仁恺　胡聿贤　姚　熹　钟香崇　保　铮　侯　洵　俞鸿儒　闻邦椿　夏培肃(女)　顾诵芬　高镇同　唐九华　唐稚松　黄克智　黄纬禄　曹楚南　屠守锷　蒋民华　童宪章　谢光选　路甬祥　阙端麟　窦国仁　蔡睿贤　颜鸣皋　戴汝为

1993 **年当选：**

王大中　王希季　王崇愚　邓锡铭　石青云(女)　齐　康　许学彦　李依依(女)　宋家树　陈翰馥　周兴铭　周孝信　周巢尘　钟万勰　徐性初　梁思礼　董韫美　程庆国

中国工程院

主席团

主席团成员(以姓氏笔划为序)：丁衡高　王大珩　卢良恕　师昌绪　朱光亚　朱高峰　宋　健　张　维　张光斗　陆元九　范维唐　林　华　罗沛霖　季国标　金怡濂　周干峙　侯祥麟　姚福生　钱易　段瑞钰　潘家铮

主席团执行主席：朱光亚

院长、副院长

院　长：朱光亚

副院长：朱高峰　师昌绪　潘家铮　卢良恕

院士

(以姓氏笔划为序，共 96 人)：丁德文　丁衡高　马福邦　王　选　王　涛(女)　王　越　王大珩　王永志　王光远　王明庥　王淀佐　王德民　韦　钰(女)　文伏波　石元春　卢良恕　师昌绪　朱光亚　朱高峰　刘天泉　刘永坦　刘先林　刘更另　刘鸿亮　关　桥　阮雪榆　严东生　苏君红　李大东　李同保　李国豪　李恒德　李鸿志　李德仁　杨奇逊　吴中伟　吴有生　何继善　何德全　邹　竞(女)　闵桂荣　闵恩泽　汪成为　汪槱生　沈志云　宋　健　张　维　张光斗　张直中　张宗祜　张锦秋(女)　陆元九　陈力为　陈俊亮　范维唐　林　华　罗沛霖　季国标　金国藩　金怡濂　周　镜　周　廉　周干峙　周仲义　郑哲敏　赵仁恺　胡启恒(女)　胡海涛　段镇基　侯祥麟　姚福生　顾诵芬　钱　易(女)　钱七虎　钱学森　钱皋韵　倪光南　徐更光　徐承恩　殷瑞钰　郭孔辉　黄旭华　黄培云　戚元靖　常印佛　章基嘉　梁应辰　屠善澄　彭士禄　蒋新松　傅熹年　谢友柏　谢礼立　路甬祥　管德　潘家铮

1989年～1993年《中国人物年鉴》

勘误表

年	页	栏	行	误	正
1989	75	左	6	7月5日	7月6日
1989	87	左	13	1927年4月	1927年5月
1989	87	左	18	政治局委员	政治局候补委员
1989	354	左	18	抗日战争先锋军	抗日先锋军
1990	42	右	5	1945年生	1954年生
1990	294	左	19	起忠贤	赵忠贤
1992	78	左	11	1930年6月	1930年9月
1992	78	左	16	1931年	1934年
1992	78	左	29	1945年	1940年
1992	476	左	20	曹梵生	曹芃生
1993	33	左	倒10	1983年	1973年

29″74C1 型 丽音数码多道立体声
NICAM DIGITAL STEREO

国际线路（21 制式）
全新超平面直角，与对比度显象管
全新"多梦"（DOME）音响系统
数字"丽音"（NICAM）解码器，
可接收立体声
屏显功能齐全/定时关机
43 键电视/录像两用遥控器
抽屉式调谐面板，屏道自动设定

25″64C1 型彩电

国际线路（26 制式）
平面方角显象管
红外线多功能遥控
全功能屏幕显示
AVISAV 输入
菜单方式屏幕显示
个人爱好（P.P 键一画面状态存储

21″54C10A 型彩电

国际线路四种制式
红外线多功能遥控，屏幕显示
电压合成调谐，可预选记忆 32 套节目
电脑自动搜索选台
具有定时关机功能（最大定时 120 分钟）
具有无信号后自动关机功能
备有视频一音频输入插座

创造美好新生活

北京牡丹电子集团公司

厂址：中国北京市海淀区花园路 2 号
电话：2046611 电挂：6018
传真：2010321 邮编：100083
总经销：北京牡丹电子集团公司销售公司
地址：北京市德外大街马甸南村 14 号
电话：2046189 邮编：100088

五〇五荣获国家级星火奖
神功袋蜚声华夏再创辉煌

——国家级星火奖近日在京颁奖，505 神功元气袋成为星火一、二等奖中医药保健行业唯一获奖项目

五〇五神功元气袋发明人世界发明家来辉武教授

第 41 届布鲁塞尔尤里卡世界发明博览会金奖
第 14 届美国纽约世界发明家博览会世界发明家奖
美国洛杉矶中华医学会“杰出成就奖”
第 25 届奥运会中国体育代表团首选医疗保健品
中国中西医结合大会推荐产品
中国体质保健产品金奖等国际国内 60 多项大奖

祛病强身　内病外治

●神功元气袋（普通型）

功能与主治：健脾益肾、调整气血、通经活络、平衡阴阳，用于脾肾两虚、气血不足、阴阳失调所致的胃脘痛、慢性胃炎、腹胀、腹泻、中老年虚劳、阳痿、腰肌劳损及妇女月经不调、痛经、带下等病症。长期使用，可增强体质，改善微循环，提高机体免疫功能，无毒副作用。

●神功元气袋（儿童型）

功能与主治：健脾益肾、益气养血、消食化积、平衡阴阳，用于小儿消化不良、食欲不振、腹痛、腹泻、遗尿等病症。长期使用，可增强体质，提高机体免疫功能，无毒副作用。

●神功元气袋（妇女型）

功能与主治：健脾益肾、调整气血、通经活络、平衡阴阳，用于脾肾两虚、气血不和引起的月经不调、痛经、带下及胃脘痛、腹胀、腹泻、中老年虚劳、腰肌劳损、产后腰痛等病症。长期佩戴，可改善微循环，增强机体免疫功能，无毒副作用。

●神功药枕

功能与主治：清肝明目、醒脑开窍、镇惊安神、芳香避秽，用于高血压病、颈椎病、神经衰弱等病所致眩晕头痛、眼花耳鸣、健忘失眠、胸闷心悸等症。

●神功健脑帽

保健治疗：头晕、目眩、失眠、神经衰弱、记忆力衰退、耳鸣、耳聋、视力减退、高血压等慢性病症。

●神功护肩

保健治疗：肩周炎（俗称五十肩、漏肩风、肩痹等），肩关节周围软组织损伤及慢性劳损、上肢痹痛、麻木、重着、活动不便、屈伸不利等。

●神功护膝

保健治疗：风湿性关节炎、类风湿性关节炎、关节扭伤、膝关节周围组织损伤、劳损等引起的关节肿、痛、屈伸不利，以及风、寒、湿邪侵袭肢体引起的肢体麻木、重着、活动不便等。

●神功洗乐剂

保健治疗：皮肤斑疹、瘙痒疼痛；手、足癣；阴道炎、尿道炎及淋病引起的外阴痒痛、性欲障碍。

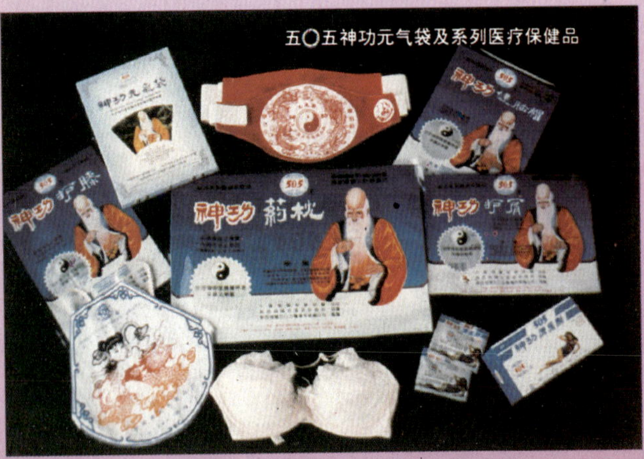

●神功健美纹胸

保健预防：乳腺增生、乳腺炎、乳房无名肿块、乳房发育不良。并对预防肿瘤癌变、缓解或治疗月经病、带下病、妊娠病、产后病等妇科杂病起到重要的作用。

本厂常年办理邮购业务

邮购价（含邮资）每条 58.50 元。

地　址：陕西咸阳乐育北路 19 号（505 信箱）
邮　编：712000　　联系人：周　华
电　话：（0910）218328　　216783 转 388
传　真：（0910）218606
电　挂：8286

陕西省咸阳抗衰老研究所研制　中国咸阳保健品厂出品　陕西咸阳五〇五医药保健总公司监制

西北乡镇企业之花
陕西省泾云实业开发总公司

陕西省泾云实业开发总公司董事长、总经理焦志学

陕西省泾云实业开发总公司，是经陕西省工商管理局批准，泾阳县工商管理局注册登记的镇办企业集团，是由全国先进乡镇企业陕西省云阳造纸厂为龙头等十四家企业组成的集团企业，包括云阳奶粉厂、云阳建筑公司、泾云塑料编织厂、云阳蔬菜公司、云阳蔬菜批发市场、云阳无病毒果树示范苗圃、云阳冷藏库、泾云石油供应站、云阳园林站、陕西省花卉协会云阳插花基地、泾云磷肥厂、云阳工贸公司等。

经营范围：轻工造纸、乳制品、化工塑料、建筑建材、果菜和贸易。

其中陕西省云阳造纸厂、云阳奶粉厂多年来分别被授予全国先进企业、省级先进企业、省级文明单位、省级重合同、守信用单位等一百多个光荣称号。企业主导产品有光纸、秦川奶粉分别获国优和省优产品称号。

本公司于1993年分别建成了全国最大的无病毒果树示范中心苗圃、西北最大的蔬菜生产基地和批发市场、陕西省最大的塑料编织厂和插花基地。

本公司位于陕西省泾阳县云阳镇，距西安、咸阳市分别30公里和20公里，距咸阳国际机场10公里。

云阳镇有悠久文化历史，是隋唐古县，据长安志记载，隋唐著名悟空法师为“京兆长安府云阳县人”（今泾阳县西北），近代著名书法家于右任先生为本镇斗口于村人。1936年西安事变后，中国工农红军改编为八路军，当时总部设在云阳镇中街，中共陕西省委设在云阳镇东街，时间长达五年之久。云阳周围还有两座唐陵。中国水利史上著名郑国渠距云阳镇15公里。解放前，于右任先生曾在泾阳和云阳分别支持李仪祉先生和崔贯一先生修建泾惠渠和云惠渠，并支持贯一先生办了两个示范苗圃和农场。于右任先生除在本镇庄口村和杨府村分别办了两所小学外，还在自己故里举办了斗口农事示范农场。云阳自古以来是历史名镇，今天又得到联合国开发计划署的关注，支持兴建全国最大的无病毒果树示范苗圃。

全国先进企业云阳造纸厂抄纸车间

联合国开发署支持的云阳无病毒果树示范苗圃

陕西泾云实业开发总公司

地　址：陕西省泾阳县云阳镇

电　话：直拨（09205）82482、22480

电　报：4786

云阳蔬菜市场

泾云塑料编织厂车间